CDRF
中国发展研究基金会
China Development Research Foundation

中国发展高层论坛2014
China Development Forum 2014

全面深化改革的中国

China To Comprehensively Deepen Reform

下

李 伟◎主编

中国发展出版社
CHINA DEVELOPMENT PRESS

图书在版编目（CIP）数据

全面深化改革的中国：全2册/李伟主编．—北京：中国发展出版社，2014.12

ISBN 978-7-5177-0266-5

Ⅰ.①全…　Ⅱ.①李…　Ⅲ.①体制改革—研究—中国 Ⅳ.①D61

中国版本图书馆CIP数据核字（2014）第247989号

书　　名：全面深化改革的中国（全2册）
主　　编：李　伟
出版发行：中国发展出版社
（北京市西城区百万庄大街16号8层　100037）
标准书号：ISBN 978-7-5177-0266-5
经 销 者：各地新华书店
印 刷 者：北京明恒达印务有限公司
开　　本：720mm×960mm　1/16
印　　张：64.5
字　　数：1115千字
版　　次：2014年12月第1版
印　　次：2014年12月第1次印刷
定　　价：160.00元
联系电话：（010）68990625　68990692
购书热线：（010）68990682　68990686
网络订购：http：//zgfzcbs.tmall.com
网购电话：（010）68990639　88333349
本社网址：http：//www.develpress.com.cn
电子邮件：121410231@qq.com

目录 Contents

下　册

第13章 转变政府职能，改善投资环境

第8章

探索低碳发展与绿色增长之路

张国宝

国家能源委员会专家咨询委员会主任

探索低碳发展之路

我想利用这个讲坛谈谈我对能源的看法。

一、中国能源工业发展已经进入了新的阶段

如果说过去30年大部分时间我们都处于能源供应紧张阶段，增加能源产品的产能、保障供应一直是能源工作的主要任务，那么现在这一状况已经改变，中国已成为世界上第一大能源生产国和消费国。2013年能源消费了37.6亿吨标准煤，换算成国际上通用标准油，是26.3亿吨标准油。去年中国的电力装机容量达到12.5亿千瓦，超过美国成为世界上装机容量最大的国家。事实上，2013年中国能源消费的增速和石油进口的增速已在显著下降，去年中国一次能源消费只增长了3.9%，和前十年几乎是两位数的增长相比有了显著下降。去年中国石油进口只增长了1.8%，和过去几年的增长率比也显著下降。当然这里的原因首先是结构调整和节能工作取得了一定成效，但也显示出中国的经济增速在放缓。电力和煤炭供应紧张的时代可以说已经过去。去年我们发电装机平均发电小时数只有4 511小时，比前年减少了68小时，通常在电站设计时平均是按年发电5 500小时考虑的，如果有需要的话可以达到6 000甚至7 000小时，所以总的来讲我们发电小时数并不高。在有些地区表现得更为明显，像东北地区可能发电小时数更要小一些。煤炭也出现了供大于求的状况，价格显著下跌，下水煤从高峰的时候850元/吨左右，到现在只有550元以下。我预计今年不会再出现电力和煤炭供应的紧张状况。能源工作的重点已经从过去增加产能保障供应转向结构调整、技术创新和大力发展新能源、大力发展可再生资源的新阶段。这是我对当前能源工作的看法。

二、中国能源的对外依存度

对于中国能源面临的挑战，国际、国内谈论的都很多，特别是中国原油的对外依存度近几年来持续增长，引起了国际社会的关注。但我要告诉大家，中国能源整体的自给率仍然高达90%。这个怎么算出来的？我们去年一共消耗了37.6亿吨标准煤，也就是26.3亿吨标准油，我们本国自己生产33.88亿吨标准煤，也就是23.7亿吨标准油，所以整体能源自给率高达90%，目前这个数字仍然高于美国。我特别算了一下，美国2012年应该是81%的本国自给率，这两年自给率在提高，但我觉得也没有达到90%。引起国际社会注意的主要是中国进口原油的数量，2013年进口原油2.8亿吨，对外依存度高达58%，进口天然气530亿立方米，增加25%，对外依存度上升到了31.6%，进口的天然气以管道气和LNG形式大约各占一半，去年进口了大约1 700万吨LNG。中国的石油和天然气对国际市场的依存度逐年攀升的趋势，我预计还将继续。所以扩大国际合作、扩大能源领域的对外投资，和在国内发展石油替代产业是我们能源工作应该重视的课题。比如说鼓励电动车的发展、煤炭的转化利用，在中国适度开展煤制油、煤制烯烃和大力发展轨道交通为主的公共交通等，都是以其他的能源替代石油能源的做法，我觉得中国下一阶段应该给予很大关注。以烯烃为例，在中国所消耗的原油当中，实际上有大约8 000万吨左右不是作为能源而是作为化工原料，大部分用来生产乙烯等石油化工品。但是由于新的技术的出现，用甲醇代替传统的油制造烯烃已经发生了革命性的变化，现在用传统石脑油制造烯烃已经面临很大压力，这点石化界应该高度关注。

三、中国应该继续大力发展可再生资源和核能

我为什么主张在中国要发展核电？日本福岛核事故以后，有些国家提出弃核打算，但我仍然坚持在中国应当继续适度地发展核电。现在中国运行的核电只有17台，核电发电量只占全部发电量的2%。我算了一下，在全世界有核电的国家当中，中国核电的发电量排名第六，但是核电占整个发电的比例中国排名第30位，几乎是所有有核电国家的末位。以韩国为例，它的国土面积和人口总量大体相当于中国浙江省，但是它有23台核电机组，已经高于中国全国的核电装机容量。另外，中国水电在可再生资源中占了重要地位。我到四川做过考察，以2013年1～8月份的数据为例。四川水电的外送达到395亿千瓦时，相当于减少煤炭消耗1 343万吨，减

少二氧化碳排放3 760万吨，减少烟尘排放13.23万吨，减少灰渣376万吨。四川省煤电的平均上网电价是0.49元/千瓦时，水电是0.288元/千瓦时，已创造出非常可观的经济效益。今年中国可再生资源、非化石能源增长显著，煤炭占一次能源消费的比重去年是65.7%，比前年同比下降了0.9个百分点，非化石能源的消费占一次能源消费的比重由2012年的9.1%提到到了2013年的9.8%，提高了0.7个百分点，但是距离2015年非化石能源的比重达到11.4%的目标，还差1.6个百分点，也就是说今明两年平均每年必须提高0.8个百分点，任务仍然非常艰巨。中国现在可再生资源的装机容量已达3.6亿千瓦，占全国装机容量的30%左右，发电量也已经占近1/4~1/5，因为前年是21%，去年的数字我还没有，估计接近25%已经是由非化石能源发电。

四、关于雾霾的治理

这是近年国际社会、中国老百姓、中国政府非常关注的问题。对于雾霾产生的原因，专家有各种不同的解读，显然汽车尾气和燃煤都是造成雾霾的重要因素。在2013年我写了一篇关于雾霾治理的意见送给了中央领导，习近平总书记特意做了批示，说“国宝同志的意见颇有道理”。受到他的肯定我很高兴，我在这个文章当中主要讲到，要加快国家产业结构和发展方式、能源结构的调整。对于能源结构的调整我想提几点具体的建议，不是全面的，针对社会上议论比较多的几个问题。

一是应该发展核电，增加核电在整个能源当中的比重。现在的比重太小，我认为在现代技术条件下，吸取了以往核电的一些不安全的教训，核能是可以做到安全利用的。第二要继续淘汰小的高耗能电厂和分散的小的锅炉。在我任内一共淘汰了7 500万千瓦的小燃煤机组，但是今后淘汰小燃煤机组的任务仍然十分繁重，我们还有众多的自备电厂，大部分都是小机组，有些当然是工艺所必需的，当然有些是因为受到税收政策的影响，今后应该鼓励低能耗的自备电厂进行淘汰。

我还想讲一下对电网的看法。我认为在中国已经成为世界第一大装机容量的国家以后，发展高效的智能电网是必要的。昨天晚上二频道播了一个对话节目，赞成和不赞成特高压的意见都有。有的同志担心全国搞成一张网会增强垄断，会在出现电力安全事故的时候引起较大范围的电网垮塌。这些担心我认为可以在现代技术条件下加以解决。不久前在中国有一本关于第三次工业革命的畅销书，这本书中很大篇幅谈到了今后要像现在的信息互联网一样形成新的能源网络，分散的发电和用电单位就像我们现在互联网上无数的终端用户一样，我们有手机、有个人电脑，每个人都可以往网上发布信息、获得需要的信息。本书设想在未来社会当中，每个微小单元的发电都可以把自己的能量送到网上去，同时从网上获得需要的能源。如果这样的设想能够成立的话，就必须要有一张互联互通的电网。我最近陪同美国 AES 公司（这是美国最大的一家跨国电力公司）的董事长访问了国网的调度中心和西安电力设备制造厂，他对中国电网的网络非常赞赏和敬佩，认为美国真的需要这样的电网，但因为美国历史形成的复杂电网系统使他们很难进行改造，非常羡慕。

另外在克林顿总统时代的能源部长，也是我的好朋友，理查森先生最近专门在美国政务网站发表了一篇政论性文章，认为美国电网应该向中国电网学习。所以我说中国电网是墙里开花墙外红，国内争论不休，国外赞叹不已。如果能像传统的互联网一样，一些微小的单元都可以把自己的屋顶的太阳能发电、分散的风力发电、生物质发电、波浪能发电、废弃物发电都送到网上去，用户都从网上获得能源，没有一张互联互通的电网怎么能做到呢？有的人强调分布式供电系统，我觉得他们在理解上可能有些偏颇。分布式的供电不是自我封闭的自发自用，也是要和网络进行连接，把自己富余的电力送给别人用，在自己不足的时候也可以从网上得到资源。还有人说直流没有争议搞直流不就完了，为什么还要搞交流？我相信这个问题在100 年以前爱迪生和特斯拉的争论已经回答了，大家看看我们现在的电力难道只有直流或只有交流吗？为什么直流和交流都能运转？因为电网的特性，不是光是直流或交流就可以解决所需要的一切，包括在直流进入双极闭锁的时候如何进行有功和无功的补偿、如何组网都需要发挥交流和直流的各自特性来完成。

张玉卓

神华集团有限责任公司总经理

对资源价格改革的路径思考

资源价格改革在十八届三中全会后已成为改革的热点话题，这其中的重要原因之一就在于现有的资源价格运行机制和体系不能适应资源产业和能源产业的发展形势，影响到经济社会的健康推进，特别是不利于环境治理与保护，已到了非改不可的地步。

所以，我想就资源价格改革如何有助于推动绿色发展，从路径实施方面谈三点。

一、加强模式设计，引导模式匹配

核心思路就是资源价格改革坚持“市场化趋向”，以此为前提针对不同区域，因地制宜地设计不同资源价格改革模式，杜绝“全国一盘棋和一刀切”，要多上营养价值标准一致的“特色菜”。我粗略设想了一下，大致可分三大资源价改模式。

一是实行行业指导价下的浮动价格机制。按照成本加成思路，以各种资源性商品的社会平均成本为依据，加计国家核定比例的利润，形成资源性商品的行业指导价。市场经营主体依据国家发布的行业指导价和实际的市场供需形势，进行自主上下浮动。这种模式适用于公用事业色彩浓厚的资源产业。

二是实行市场调节下的阶梯式价格机制。该模式目前已在居民生活用电中得到有效应用，并且引导节能减排的效果总体良好。它可以在水、电、气等消费侧资源价格改革中推广使用。

三是实行资源性产品的市场自由定价机制。煤炭基本完全市场化，并已与国际市场接轨，石油行业在原油侧也基本国际化，在成品油和天然气方面还处于非市场化管控。可以看出，煤炭实行市场自由定价、依靠价格杠杆，一定程度上促进了行业结构优化，下一步可以考虑在电力、成品油、天然气产业有序推进该模式。

上述三种模式，只是一个粗略的价改模式的概念性讨论，需要进一步细化完善，并在统一指导下，再按照区域特点及区域内的资源行业特征，进行因地制宜的模式选择与匹配。

二、逐步推进外部环境成本内部化

多数资源产业的开发利用都直接涉及到环境影响，而以往的外部环境成本均不在资源价格涵盖范围内，不利于行业对环保的重视与参与。因此，资源价改的核心任务应该是通过价格形成机制的重新设计，实现外部环境成本的内部化，并有别于以前提到的“环境损害”成本，而是要反映资源的生态价值和代际补偿，要有利于资源的环境友好和可持续利用。

三、要注重资源价改的协同配套，协同推进

过往的价格改革多偏重于单个行业内的自我革命，忽视了与关联产业的协同和相关政策法规的配套，导致价格改革难以按期有效推进。下一步价改，特别是煤炭、电力、油气等资源价格改革，不应简单地只在行业内研究，而应该考虑到彼此的关联性，从国家资源优化配置和产业互融互联的趋势考虑，建立并完善资源产品上下游价格互动机制，加强协同研究和协同推进。此外，在资源要素价格市场化的推进过程中，还要协同考虑和运用税收、财政、金融等多种方式来配套支持资源价改的调整。例如，发挥财税政策的引导调节作用，加大对使用节能节水节电产品和低油耗、低排量汽车或电动汽车的支持力度，在节能减排技术应用等方面给予金融财税扶持；同时制定对高耗能、资源破坏和浪费行为的惩罚性税收政策，尽快建立科学、公平、透明成本监审制度。以这样的辅助手段来加快资源要素价格的市场化改革，才能真正呼应我们今天的主题，即：通过资源价格改革，撬动绿色发展。

杨　华

中国海洋石油总公司总经理

资源产品价格的市场化改革

我针对资源价格改革这个话题，发表几点看法。

一、资源性产品是一种携带了若干属性的商品，应当遵从商品的价值规律

资源型产品具有一般商品所不具有的多重属性，但它本质上依然是一种商品。按照经济学的基本规律，商品的价值取决于它的效用，在市场经济条件下，其价格由市场进行调节，主要受供求关系影响。运用好价格这一重要杠杆，充分发挥市场配置资源的决定性作用，才能使有限的资源为人类创造更大的价值。

在各种资源型产品中，石油天然气具有较强的全球性特征。中国石油天然气市场和世界油气市场紧密相连，中国油气价格与世界油气价格波动息息相关。今后一段时间，受世界石油供需进一步宽松和美元升值等因素影响，国际原油价格可能呈现下行趋势，但仍将保持高位震荡，“廉价石油”时代已一去不复返。在天然气价格方面，全球目前有北美、欧洲和亚太三大区域市场，2009年以来，页岩气的大量开发使北美地区天然气价格长期维持在低位，去年以来美欧气价大幅上升，三个区域市场的价差明显缩小。总体来看，油气行业全球化的特点使其市场竞争越来越充分，油气资源价格的市场化定价成为客观趋势。

未来一段时间，世界石油天然气需求将会平稳增长，而全球石油供应增幅可能会超过需求增长，天然气产量与需求增长保持同步，全球油气市场总体供需平衡，价格更加趋于稳定，为中国的油气资源价格改革提供了良好的宏观环境。

二、遵循商品的价值规律定价，能够提高资源产品使用的效率和效益

要促进资源产品有效利用，需要建立合理的价格形成机制，使资源品价格反映

其真实成本。石油天然气等不可再生资源的价格还要反映资源稀缺程度、生态损害和环境成本。就中国的情况来看，目前资源能源不合理利用的现象比较突出，能源使用效率不高，资源浪费比较严重，其中一个很重要的原因就是价格没有完全理顺。

资源品价格如果不能充分反映市场供求关系，实际上是在鼓励粗放式的经济发展方式，间接导致资源能源利用效率低下，并对整体经济运行产生不利影响。错位的价格会带来错误的市场信息，催生错位的需求，影响资源的合理配置，进而使发展不可持续。比如，在中国大部分地区都受到严重雾霾困扰的情况下，大力发展天然气产业是优化能源消费结构、改善大气环境的重要途径。但是目前国内天然气价格水平总体偏低，以至于出现进口气价格高于国内天然气销售价格的“倒挂”现象。这样既不利于扩大天然气进口，也无法激励生产商的积极性，加剧了市场供需矛盾。同时，偏低的天然气价格给市场传递了错误信号，不能真实地反映市场供求关系和资源稀缺程度，不利于促进天然气高效利用和资源优化配置，阻碍了天然气市场的可持续发展。

要破解上述矛盾，必须通过市场化改革进一步理顺资源性产品的价格，建立市场化的定价机制，使能源资源商品被低估的价值回归它的本来面目。这样有利于促进资源节约和环境保护，有利于促进经济发展方式转变，有利于实现经济社会可持续发展。我们期望，接下来的油气资源价格市场化改革能进一步深化，在更大程度、更大范围发挥市场配置资源的决定性作用。

三、资源性产品价格改革是一种正向的市场校正，但过程并非一蹴而就，需要积极审慎推进

推进资源价格市场化改革的核心，是让供求发挥更大的调节作用，使价格主要由市场来决定。同时，价格信号反过来又间接地引导市场供求，使生产者能够根据市场情况调节生产，消费者在价格的引导下合理消费、减少对资源的浪费。通过这样的市场机制，使价格的“无形之手”成为促进节能减排、撬动绿色发展的有力杠杆。

由此可见，资源产品价格的市场化改革是一种正向的市场校正，能够很好地避免政府管制价格带来的政策失灵。我们也要看到，这一改革涉及多个方面的利益调

整，不仅影响能源行业，也会对诸多相关行业和居民生活带来影响，所以要综合考虑宏观经济形势、市场供求情况、社会心理预期、企业及群众承受能力等因素，正确选择改革时机，合理把握改革力度，循序渐进，审慎推进。我认为，推进资源价格改革与其他目标之间并不矛盾，从长远来讲是统一的，通过广泛听取各方面意见、建立配套的利益调节机制，改革一定会得到绝大多数人的支持。更重要的是，这样可以提高资源利用效率、推进绿色发展，最终将为全体民众带来福祉。

中国海油作为中国能源产品的重要生产者和供应者，我们积极支持资源产品价格的市场化改革。我们认为，这不仅是中国转变发展方式的迫切需求，也是企业提高自身竞争力的重要途径。我们将继续加大油气资源产品的供给，为价格改革创造良好的市场环境，并积极为政府推进价格改革建言献策。我们愿和大家一道，为实现绿色发展、加快建设“美丽中国”做出贡献。

思文凯
BP 集团董事长

能源和碳市场价格：绿色发展的杠杆

BP 参与中国发展的历史由来已久，可一直追溯到 20 世纪 70 年代初。迄今为止，BP 在华累计投资逾 44 亿美元。能够与中国伙伴合作经营 19 家合资企业，我们深感自豪。展望未来，我们期望持续参与中国经济建设。我本人也很高兴能参与这一盛大的论坛。今天，我探讨的主题是价格改革，阐释 BP 的观点，即借助市场力量是中国绿色能源未来发展的重要路径。

中国发展回顾

首先请允许我回顾中国改革的成就。

我们估计，自 1990 年以来，中国经济的整体能源强度降低逾半——年均下降 3.3% 左右。作为煤炭的替代燃料，天然气供应建设快速发展，目前天然气消费量已达 10 年前的四倍之多。中国可再生能源取得长足发展。过去 10 年，中国风能装机容量高于世界其他国家和地区。

中国已展示了其进行能源生产与消费革命的决心。在去年 11 月召开的第十八届三中全会上，中国政府重申了这一决心，并进一步强调市场作用、行政指令及其他激励措施。全会决定：①市场成为资源配置的决定性力量；②提高非公有制经济地位；③在建设更美好中国的原则基础上，深化生态保护改革。

事实上，这一改革进程也已启动。去年的能源领域价格改革实施以来：①成品油价格目前更及时地反映了国际油价波动情况；②页岩气、煤层气和进口液化气等已实行市场化定价；③市场供需基本决定煤价。

显然，中国已借力市场之风，开始扬帆远航。

展望前程

展望未来，我们不可低估前途的困难。中国最近几十年的显著进步使得其有望成为全球最大经济体。而这有赖于持续增长的能源需求。BP 预测：中国 2012 ~ 2035 年中国年均能源需求增速将放缓至 2.4%。

我们预测到 2035 年，中国能源结构中：①煤炭所占比重将减少，但仍将超过 50%；②天然气所占比重将翻番，达到 12%；③非化石燃料（核能、水电及其他可再生能源）所占比重也将翻番，达到 18%。

因此，中国将更依赖于进口能源，面临更多可持续发展方面的挑战。同时，尽管二氧化碳排放量增速会下降，但 2012 ~ 2035 年间排放量仍会增加 44 亿吨。这些对中国可持续发展均构成重大挑战。

市场的作用

所幸，解决方案并不需要改变航向，只是让船帆扬的更高一些。只要中国能加快现有渐进式改革，将会受益匪浅。根据论坛要求，BP 提交了一份报告，其中重点关注市场在促进绿色发展中所起的作用。

现在，我将文件的四个要点总结如下。

第一，是提高能源效率的巨大潜力。从全球范围来看，将一次能源转换为有用的热能、光能和动能过程中，能源损失高达十之八九。中国正走上提高能源效率的发展道路。我们预计，到 2035 年，中国的能源强度将降低近半，仅今年的目标便是下降 4% 左右。提高能源效率将减少碳排放并降低成本。

第二，我们倾向天然气替代煤炭。天然气是最清洁的化石燃料，其碳排放量只有常规燃煤发电的一半。鉴于中国拥有丰富的含气页岩，目前快速实现减排的实用方案就是开发这些页岩气资源以满足中国能源需求。事实上，经济学家计算，若全球范围内 1% 的煤炭发电转为天然气发电，其二氧化碳减排量大致相当于可再生能源发电量增长 11% 所能实现的二氧化碳减排量。

第三，尽管有此反差，从长期发展来看仍须继续推动可再生能源发展。我们对中国在可再生能源产能、消费及技术等方面所取得的成就表示敬意。不过，除水电外，目前可再生能源在中国能源需求总量中的占比刚刚超过 1%。综观世界各国，我们预测，到 2035 年，可再生能源在能源消费总量中的占比仅达到 7%。可再生能源技术是未来能源发展的重要组成部分。在达到此目标同时，我们仍需满足目前的能源需求，而这必然意味着可观的化石燃料总量。

第四点，也是最后一个要点：全世界都需要采取的最重要政策措施便是碳的定价。BP 坚信，无论是提高能源使用效率，还是提高低碳能源，特别是天然气资源的使用量，最佳减排途径都是借助市场力量提供财政激励措施来实现减排。对中国在全国七省市试点建立世界第二大排放交易体系，我们表示敬意。目前，BP 已通过在上海的石化合资企业上海赛科石化（SECCO）参与到试点方案中。我们期待市场的进一步发展，以提高碳减排的成本效益。鉴于中国过去实施其举措的成功业绩，我期待这一计划亦能成功，并能更有力的推动其他地区相关体系的发展，包括欧洲（目前正努力改善其排放交易系统的效率）。

结论

上述四大要点的共同之处是市场驱动力。BP 认为，从长远来看，开放和竞争的市场是分配稀缺资源、鼓励能源经济使用及激励技术创新最有效的机制。在绿色发展方面，中国被视为世界领先经济体的中坚力量。因此，我们认识到中国也会在可持续发展中发挥领导作用。我们希望能有机会尽 BP 之所能。

裴克强

英美资源集团董事长

我想先谈谈煤炭在能源结构中的重要地位。英美资源是一个矿业公司，热能煤是我们的主要产品，但我们的业务重点之一是减少温室气体排放。英美资源是美国“未来发电计划”（Future Gen Project）的创始成员之一，以创建全球第一座接近零排放的火力发电厂。此外，我们还致力于降低汽油和柴油的排放。

煤炭不会轻易地被淘汰。国际能源署（IEA）预测在今后几年里，煤炭将取代石油成为全球最主要的能源来源。目前，煤炭发电提供了全球40%的电力。东南亚在建的发电厂中有75%的发电量来源于煤炭。中国现在每年要消耗40亿吨煤炭。煤炭驱动了许多发展中国家实现经济腾飞。但是煤炭业需要变得更加清洁。火力发电厂现在有多种技术选择来实现这一目标，如用大规模的高效节能型热能厂取代传统的老式火力发电厂，在减少用煤量的情况下产生更多热能；改造燃煤发电厂来捕获被浪费的热能，为附近的住户供热，淘汰耗能量很大的老式家庭供热锅炉。不适合节能改造的发电厂应使用先进的减排技术来降低排放。

中国有非常严格的污染防治法律，而且计划大力落实这些法律，如让致污者对污染行为负责并进行赔偿，对所有企业进行全天候监控，其中包括煤炭、水泥和冶金业的15 000家重污染企业。为了解决城市污染的问题，中国将淘汰六百万辆排放不达标的机动车，关闭15 000个燃煤加热炉。

中国面对着发展绿色经济的机遇。它充分认识到：节能减排对商业大有裨益，而且提高了自身的比较优势。许多能够实现短期回报的节能项目正在进行中，以提高能源和水的利用效率。它们的成本往往在同类项目中最低，而且也最容易操作。

根据会议发言录音翻译整理，未经本人审定。

中国还利用政策鼓励对于低污染节能型企业和资源节约型产业的投资，其中也包括煤炭。

中国在实现绿色增长方面具有天然的优势，譬如，它庞大的市场确保了经济的规模效应。它的投资率很高，能快速更替资本储备。此外，它的私营部门生机勃勃。如果中国推行了碳税，那么政府必须做出相应的安排，并找到实现减排的方法。否则，碳税就会像其他国家那样，只是对普通税收的一种补充。在定价改革方面，绿色增长显然需要大量投资，这会推高生产的单位成本，应该通过绿色科技来提高效率，从而抵销单位成本的上涨。一旦出现剩余成本，它们要么被产业吸收，降低企业利润，要么被传导到下游产业，最终由消费者承担。

水资源的质量和匮乏对中国的许多地区都提出了挑战。和许多国家一样，中国的水价没有反映出其实际经济成本和价值。中国的清洁水计划希望达到事半功倍的效果，主要通过提高水循环和水处理来改善水资源的复原能力，这已经体现在水价中了。目前在全球采矿业中，67%的水资源需求来源于水循环。所以，绿色增长需要加强监管，鼓励上游产业使用清洁技术，同时辅以可转让、可管理的价格改革，才能降低对下游的冲击。

最后，中国城镇化的速度和规模给环境带来了巨大挑战。我认为不能仅仅靠市场来解决这一问题。政府需要在鼓励绿色增长政策的同时制定相关法律。不同能源之间的取舍可能只是绿色增长中的一部分，如使用可再生能源来抵销因水资源回收处理而推高的能源需求。政府补贴不是万灵丹，因为在很多国家它纵容了产业低效利用能源。监管者必须确保自己对所有产业和企业一视同仁。随着价格和服务越来越充分地体现出绿色成本，决策者面对的挑战是在维持经济增长的同时刺激能效的提高，降低污染，并且建立起适当的监管框架，从而最小化中国社会可能受到的任何冲击。

马哲睿

时任道达尔集团董事会主席、首席执行官

共赢的合作伙伴关系

首先我想感谢李鸿忠书记和李伟主任邀请我在“荆楚之夜”招待晚宴上代表外方发言。我们知道湖北不仅风景秀美，而且是著名的鱼米之乡。湖北的省会武汉市与法国开展交流的历史由来已久。早在20世纪90年代初，东风汽车公司就与标致汽车公司共同建立了合资公司。在过去几十年里，武汉是法资公司重要的投资平台，我们甚至将它称作“中国小巴黎”。道达尔公司也参与了这个历程，助力法国和湖北构筑密切的合作关系。1995年，我们就在武汉开设了大型的分公司，并于1999年重点发展了当地的零售网络。作为湖北省的合作伙伴和老朋友，我想就我们与湖北、中资公司以及中国的合作谈些看法，从而促进能源业的发展。

道达尔公司一直致力于提供优质能源，这意味着作为全球领先的石油公司，我们的宗旨不仅是为当地人民提供充足能源，而且要生产质量更高、更环保的产品，尊重当地人民的需求和愿望。当然，我们还要遵循当地的政策和发展目标。

我们是一个国际性石油公司，已经与不少中国公司在海外开展多个合作项目，不过我们依然热烈欢迎与中国公司开展更多海外合作，帮助中国公司获得更多新技术和新资源，来满足中国市场的需求。

提供更优质的产品还意味着我们致力于清洁能源。目前，我们正在与中国合作伙伴密切合作，提高对华的液化天然气供应，这也有助于中国政府大力提高清洁能源使用以降低污染的举措。我们与地方合作伙伴共建合资公司，以提高它们的技术发展水平，引进我们的光伏太阳能板技术。

本文是作者生前在中国发展高层论坛2014年会的“荆楚之夜”晚宴上的演讲。

中国政府宣布在能源业开展新一轮改革后，我们非常乐于加大对华投资。如果政府能够建立具有竞争性、合理的商业环境，并且投资回报令人满意，那么会更加坚定我们的决心。

和大多数综合性公司一样，我们在中国启动了大规模项目，如煤炭转化、页岩气、太阳能和零售营销等。这些项目是与地方合作伙伴共同开发的，我希望这些项目都能在未来数月或数年正式上马。我们观察到中国能源业正在深化改革。对我来说，这不仅会推高能源需求，而且也使我们面对的挑战更加严峻，如在环境方面的挑战。作为一个国际石油公司，我们希望与中国共享全球的能源技术专长、共享利益和增长，从而为中国的可持续增长做出贡献，同时实现共赢和共同增长。

沃尔克马尔·邓纳尔

博世集团董事会主席

在过去的几十年里，中国的发展成绩举世瞩目，令人敬佩。然而，快速的发展也带来了诸多挑战，比如能源短缺和环境污染。为了更好地应对这些挑战，一条着眼于平衡发展的“低碳化发展之路”势在必行。2010 年数据显示，中国工业化生产过程中所产生的二氧化碳排放量占总量的 41%，能源发电占 32%，建筑行业占 19%，车辆交通占 8%。所以，在制定减少碳排放方案的过程中，这四大领域的节能减排势必成为重中之重。然而，减排最便捷的途径莫过于优化能源的使用效率，即提高能效。下面，我将从汽车、工业与建筑三个方面，与各位分享博世对能效提高的理解，并对再生能源在其中的作用进行阐述。

在汽车技术领域，为实现二氧化碳减排，内燃机技术的改进仍潜力巨大。比如，喷射系统还可以进一步改良，小型化的涡轮增压发动机在节能减排方面贡献巨大。到 2020 年，通过配备更先进的内燃机，汽油车和柴油车的平均油耗有望在 2012 年的基础之上再减少 20%。除了传统内燃机技术，电动出行是另外一个我们需要着力开发的领域。电动化将对缓解大城市的交通拥堵和环境污染起到至关重要的作用。目前看来，受到成本和续航里程的影响，纯电动车对人们的吸引力还不是很大。而插电式混合动力汽车是个不错的选择：通过结合传统内燃发动机和混合动力系统，它可以达到更长的续航里程。然而，要确定哪一种技术更为可取，我们需要考量的不仅仅是汽车技术本身，更要着眼于能量转换的整个过程，也就是从最初的能量产生一直到最终能源驱动车辆。这样看来，只有当驱动电动车前行的能源大部分来自于可再生能源时，电动车才算是完全实现节能减排。显而易见，提高传统

根据会议发言录音翻译整理，未经本人审定。

内燃机能效是目前最有效降低二氧化碳排放的方式之一。

在工业生产领域，又有哪些低碳化发展途径呢？自动化和电动化便是其中的重要技术，也就是说，机器将可以根据生产的需要和指令自动运行，从而节约大量能耗。此外，我们也为客户提供改进能耗的建议，博世力士乐的4EE理念就是其中之一。它不仅应用于单一的制造过程中，更是贯穿于整个生产体系。自从2009年开始，我们已经把该项目成功地应用在生产液压元件的博士力士乐常州武进工厂中，能耗优化达到约10%，二氧化碳排放减少约50%。

在建筑领域，节能减排的理念同样适用。例如，我们为商业建筑提供的基于互联网技术的能量管理平台，它可以通过先进的信息通讯技术为提升能效创造机会。此外，新一代的供暖和空调技术也可以大幅降低能耗，尤其是当传统能源技术和可再生能源技术相结合的时候。博世为住房提供的节能解决方案中。配备了燃气热水器、太阳能集热器、无刷直流风机和热泵系统。智能控制系统将根据太阳能的多少来决定是否启动热水器。通过这一方式来供应热水，每年可节省约60%的能源耗费。另一个大家所熟知的节能概念便是智能家居：通过本地网络，使一系列产生、使用、存储能量的家居设备实现互联，比如太阳能板、遮阳篷、通风系统和高效能电池，从而实现住房的智能管理，并大大降低建筑能耗。

综上所述，节能减排依然潜力巨大。不断挖掘这一潜力是我们最重要的工作。博世正致力于在这一领域的投入，而中国正是推进这项工作的重点区域之一。

在低碳经济方面，政策能起到什么作用呢？欧洲国家为减少二氧化碳排放设立了远大目标。但在实际操作中，特定技术被政策选中并被持续补助，通常会事倍功半——很可能导致产能过剩，且效果不尽如人意。相反，采取开放的态度会更有效。政府应设定一个宏观目标，比如二氧化碳的最大排放量，并建立适当的体系，然后放手让市场决定哪项技术最适合。体系内的开放环境和公平竞争可促进市场不断学习，同时也可刺激创新。

为了保证未来的可持续发展，中国还将面临许多挑战。如何能在不损害经济增长和人民致富的前提下减少碳排放，很可能是中国所面临的最大挑战。而开放的市场策略和公平的竞争环境将会激发中国的发展潜力，增强创新性。中国必将踏上低碳化的发展之路，而博世愿为中国低碳经济的未来添砖加瓦！

盛纳德

米其林集团总裁

我的发言将集中谈谈交通。它是经济发展的一个重要推动力，也是二氧化碳排放的重要源头之一，占所有化石燃料排放量的24%，而且这一数字还在上升。

但是，我们同时又处在启动革命性变革的十分有利的关头，因为我们拥有三个推力：一是与汽车和多种交通联运有关的新的“硬技术”；二是新的“软技术”，包括大规模的信息系统、信息技术革命和现在涌现的大量的数字客户终端；三是人的心态的快速变化，尤其是对全球性问题不断增长的了解、社交网络和对变化的企盼。

为此，我们主张同时采取五项重要的变革措施。

一是确立严格的二氧化碳减排目标。把道路交通纳入联合国气候变化框架公约于2015年的第21次会议（COP21）已经是个里程碑的事件，不可忽视。

二是在城市中建立二氧化碳超低排放区域，以推动高质量的多种公共交通换乘、高效率的车辆和电子道路交通。

三是重新设计并施行创新性的“最后一英里”货运递送系统，解决现有的不合理的货运带来的拥堵和尾气排放，以及过度使用私家车进行包括购物在内的活动等问题。

四是采用信息技术为基础的新手段和适应“公共交通站点到家门”需求的特殊车辆，推广人员运输的“门到门”解决方案。

五是动员更多私人投资用于新的交通基础设施建设，以解决公共预算不足的问题。

根据会议发言录音翻译整理，未经本人审定。

为了成功地实施这些变革，技术、公共政策、新型经济措施和创新的生态系统必须最大程度地发挥协同效应。特别应鼓励公共和私立的创新生态系统、商务模式以及点对点的合作模式，以支持新的道路交通模式和革命性的技术的诞生。

同样，应该推出新兴经济措施以支持几项精心挑选的公共政策。比如，我们认为，一个有效的减排二氧化碳的战略，就不应忽视赋予二氧化碳直接或间接的价值这样的需求，只有这样才能创造新的财源，以便用于投资可持续性项目。

我们认为，尽管道路交通的有些方面可能变得昂贵，但是人类已经做好准备开展变革，因为沿着这条新路前行，就意味着更好的生活水准、新的可持续性活动、新的就业机会。

概括地说，重组交通，将交通非碳化，不仅是必需的，也是可行的。我们已做好准备参与国际的、国家的和地区的任何努力，以使其成为现实。

中西宏明

株式会社日立制作所代表执行役、执行役社长

鉴于交通对于低碳发展的重要作用，我想先谈谈这个问题。

中国在“十二五”规划中制定了非常积极的目标，要求同时兼顾诸多重大问题；特别是新型城镇化，必须设计周全，而且采用循证式落实方法。中国的人口流动规模庞大，城镇化速度惊人，政府应该适当地控制规模和速度，从而使其易于管理。

公共交通是新型城镇化的核心要素，也是节能的关键，与低碳发展之间存在着重要的战略关系。中国的“十二五”规划对此提出了具体的目标，并在为此而努力。具体来说，“十二五”要求大力发展低碳公共交通，在五年的时间里使运营车辆、民航业的单位周转量能耗下降5%。

要实现可持续发展，在注重环保的同时，还要考虑到“经济”和“人”的活动，基于客观数据来规划和运营城市非常重要。其核心是建立一个“城市运营平台”，以规划公共交通并监控解决城镇化中出现的问题。“城市运营平台”应考虑到经济活动、人和环境保护。它的功能之一是用IC卡等传感器来掌握、分析和引导市内以及中转站周边的人的转移方式，即“客流”，从而有效地实现低碳公共交通。大数据不仅帮助我们了解公共交通的使用情况，而且使我们掌握人们在生活方式上的变化。关于住宅、商业、教育、娱乐等定点信息，都证明了城镇化的方式。

接下来，我想介绍一下关于日本公共交通对策的范例。

日本制定了一体化的铁路建设和城市开发法律，为实现铁路盈利和城市低碳打下了基础。譬如目前正在东京大都市区的秋叶原和筑波之间修建的筑波快线。这条

根据会议发言录音翻译整理，未经本人审定。

线路与开发商设计的柏之叶智慧城充分融合在一起。通过统筹建设铁路和开发城市，形成了有机结合的城市群。而以车站为中心，官、民、学三方共同建设紧凑型、多功能的城市基础设施。到2020年，将实现减排40%的目标。

在这些基础上，我想提两点建议。

第一，建设以公共交通为中心的城市，通过城市运营平台，将道路交通管制、轨道交通运行管理、公共汽车运行管理、公用自行车管理等城市中各种信息融合起来，推进公共交通优先的低碳城市建设。

第二，为发展低碳公共交通，制定共同的指标或目标，促进不同部门的协调与合作。

哈立德·法利赫

沙特阿拉伯石油公司总裁、首席执行官

当我们探索中国发展低碳经济措施时，也许应该从李克强总理最近对污染的“宣战”中可见一斑——他把这场“战争”称之为“大自然对低效和盲目发展发出的红灯警告”。

中国的能源革命：下一步的目标

和1970年相比，今日中国经济按照实际价值计算，是当时的40倍。但是，它消耗的能源仅是当时的12倍——这确实是能源强度方面的巨大进步。然而，在能源供应结构方面，当前的情景却不尽如人意：大约80%的电能源自煤炭。实际上，煤炭占据了中国整个能源构成的2/3，这是全球平均数的两倍多。相比之下，天然气对一次能耗的贡献仅为6%（迄今为止，这在G20国家中是最低的），而现代化的可再生能源则落后约1%。石油在能源构成中大约为18%，虽然保持了自己的市场占有率，但是仍旧远低于33%的全球平均数。

这种能源构成使得中国80%的能源都能自给自足，但是中国为此付出的代价却是居高不下的碳浓度和地面污染。鉴于目前形势，我对中国实现自己环境平衡发展目标的建议是，着力从以下三个关键点做好协调处理：①大幅度提高其他能源的效率；②进行适当的经济结构重组；③形成同样匹配的能源构成。

经合发展组织中欧洲国家所树立的典范

中国如何才能实现这一目标呢？

我认为，经合组织欧洲国家在此方面为我们树立了优秀的典范，因为它是另外

根据会议发言录音翻译整理，未经本人审定。

一个大的经济体，而且关键的是，它已经从一个钢铁和煤炭经济体成功过渡到高效节能、多样化知识驱动型经济。今天，经合组织欧洲国家已经成为世界上能源密集型最低的地区，它们每1 000美元 GDP 只能消耗大约 0.1 吨油当量的能源。相比之下，中国的能源密集型程度是欧洲的两倍。就碳浓度而言，中国每1 000美元 GDP 会产生一吨的二氧化碳，这个浓度是欧洲的三倍高，这主要归因于中国能源构成中煤炭所占的支配性地位。

那么，欧洲是如何成功实现节减排的呢?

首先，欧洲能源使用率得到了大幅度的提高，这主要是通过投资和技术来是实现的。其次，在欧洲经济领域，提高了非能源密集型服务业的贡献。而在工业部门，重点则朝着高附加值和更加知识密集型工业转移。最后，欧洲的能源构成得到了重组和实现了多样化。石油依旧占据 1/3 的份额，而且保持着（自 1970 年以来的）最大能源份额。煤炭份额下降到了 30%，而天然气的份额则得到了三倍增加，占比大约 1/4。

沙特阿拉伯的经验

我认为，中国和沙特的情况有相似之处。和中国一样，我们也是能源密集型经济，在相当短的时间内这种经济经历了迅速的增长。但是我们决心朝着高附加值、服务业和以知识为基础的经济发展。

在能源需求方面，沙特政府启动了广泛的沙特节能计划，通过该计划，我们有望在接下来的几十年中把总的能耗降低大约 1/3。在能源供应方面，我们正在重组能源结构，把重点放在天然气上。今天，天然气提供了我们公用事业所需的一半能源，在接下来的 20 年中，这个比例要提高到 3/4 左右。为了实现这一目标，我们正在进行最大的天然气勘探与开发项目，旨在开发常规和非常规资源。在确保经济发展的同时，我们也在探索减少碳排放的其他所有途径，尤其把重点放在下列研发和技术方面：开展运输业的燃料和发动机效率研究；进行碳回收和变废为宝。

三个转化途径

我认为，在中国制定真正有效和可持续性低碳发展方针的过程中，必须要遵循三个转化途径。

首先，当中国避开中等收入陷阱，信心百倍地继续自己的健康发展时，它需要进行审慎的经济重组，把更多重点放在服务业和能源密集程度较低的行业。进一步提高能效是另一个关键所在。最重要的是放宽对能源市场和能源价格的管制，这是因为市场信号是鼓励消费者在能源利用方面做出明智选择的最有效途径。

其次，能源构成需要实现合理的再平衡，使天然气发挥更大的作用，同时坚定不移地向清洁煤转变必须成为中国的重中之重。

第三，在中国不断膨胀的汽车需求下，交通运输能源可能会出现稳定健康的增长。由于电能和燃料电池替代品面临多重障碍，石油将继续在交通运输业中独领风骚。这意味着中国的石油需求仍会强势增长。这只会提高沙特阿拉伯等主要产油国对中国的稳定原油供应。我们将一如既往坚定地致力于中国的能源安全以及与原油有关的投资。同样，我们坚信中国将会创造一个能够促进商业发展和法规监管的环境。

我坚信，可持续性的经济发展与低碳发展并非互相排斥。我们致力于支持中国在这两方面所做的努力，并借此帮助中国把大自然的红灯变为绿灯。

中国的生态环境风险及其应对

夏　光　环保部环境与经济政策研究中心主任

生态环境问题是我国当前面临的突出现实问题，也是影响未来我国经济社会发展的重要因素。现在已进入“十二五”最后两年，全社会对生态环境问题给予了前所未有的关注，完成“十二五”生态环保目标还面临艰巨的任务，同时，“十三五”发展规划已在积极的谋划之中，这都要求我们对生态环境形势进行客观科学的评价，辨识未来生态环境风险，为国家制定发展和改革顶层设计方案提供基础信息和对策建议。

一、主要生态环境风险

“生态环境风险”是指将来可能发生的生态环境问题及其影响后果，反映了现实挑战和未来趋势。分析生态环境风险，主要是依据现有生态环境状况，参考各种政策因素的变化趋势，对未来生态环境问题发生的方向和程度进行预测或展望，其结论既有必然性和可信性，也有主观性和不确定性，有待未来实践检验。

总体上看，当前和未来我国生态环境存在以下几大风险：环境质量风险，人群健康风险，社会稳定风险，生态安全风险，区域平衡风险，国际影响风险。简言之：生态环境变化趋势比较复杂，问题仍然突出，风险有增有降，前景可能转好。以下详述之。

1. 环境质量风险

环境污染和生态破坏具有一定的趋稳向好态势，但形势仍然十分严峻。

本文是作者为中国发展高层论坛2014年会提供的背景报告。

(1) 水污染：有所控制，但难以根本解决

水污染仍将是我国突出的环境问题。“十一五”以来，我国一直把防治水污染作为环境保护的重点领域，实施了许多流域污染防治项目。从大的方面看，大尺度的水污染问题，如大江大河、大型湖泊、城市水系的污染问题，有所改善或进展较大，图1反映了近年来主要河流水质改善的情况：七大水系好水质的占比上升，差水质占比下降。

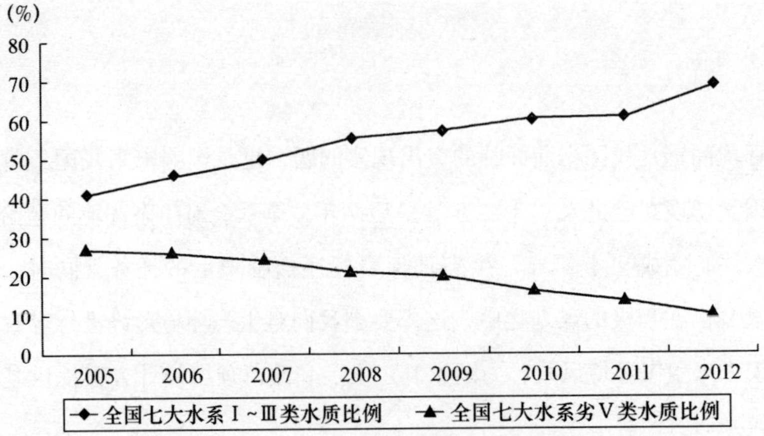

图1　全国七大水系水环境变化情况

但是小范围的局地性水污染问题，如居住环境脏乱、小流域水污染、农村小溪小河环境退化等，有一定加重或蔓延之势。总体上看未来水污染防治的压力很大，难以根本解决。

2012年，全国地表水国控断面总体为轻度污染。长江、黄河等十大流域的国控断面中，Ⅰ~Ⅲ类、Ⅳ~Ⅴ类和劣Ⅴ类水质断面比例分别为68.9%、20.9%和10.2%。珠江流域、西北西南诸河水质为优，长江流域、浙闽片河流水质良好，黄河、辽河、松花江、淮河流域轻度污染，海河流域中度污染。

湖泊水环境质量有好有劣，富营养化仍是湖泊污染的主要表现。62个国控重点湖泊（水库）中，Ⅰ~Ⅲ类、Ⅳ~Ⅴ类和劣Ⅴ类水质的湖泊（水库）比例分别为61.3%、27.4%和11.3%。梁子湖、洪湖、泸沽湖和抚仙湖等水质为优。鄱阳湖、洱海、镜泊湖、三峡库区等水质良好，太湖、巢湖、洞庭湖、兴凯湖、阳宗海和博斯腾湖等轻度污染，洪泽湖为中度污染，滇池、白洋淀、淀山湖、贝尔湖等为重度污染（见表1）。

表1　　2012 年重点湖泊（水库）水质状况　　单位：个

湖泊（水库）类型	Ⅰ	Ⅱ	Ⅲ	Ⅳ	Ⅴ	Ⅴ
三湖*	0	0	0	2	0	1
重要湖泊	2	3	8	12	1	6
重要水库	3	10	12	2	0	0
总　计	5	13	20	16	1	7

注：* 三湖指太湖、滇池和巢湖。

地下水环境质量观察点中，较差和极差的占有很高比例。2012 年，全国地下水水质监测中，水质呈优良级的占 11.8%；良好级的占 27.3%，较好级的占 3.6%，较差级的占 40.5%，极差级的占 16.8%（见图 2）。

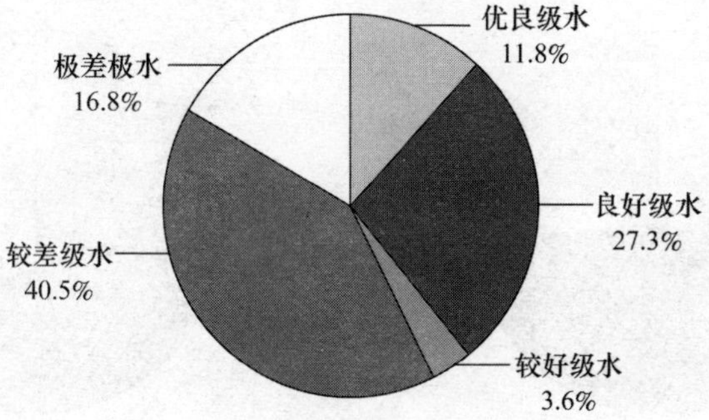

图 2　2012 年全国地下水水质状况

与上年相比，地下水水质呈变好趋势的占 17.0%，稳定趋势的占 63.6%，变差趋势的占 19.4%（见图 3）。

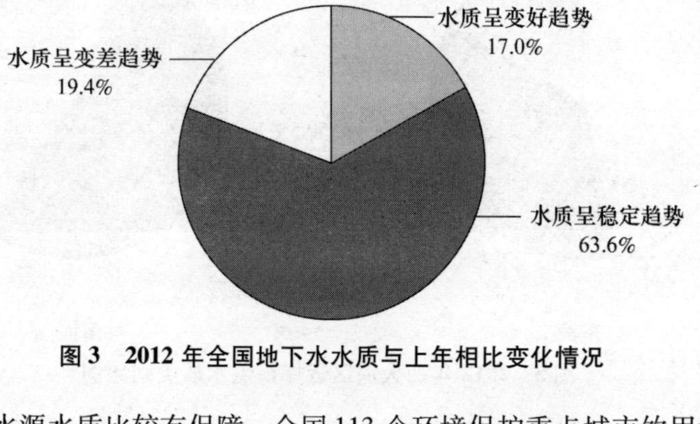

图 3　2012 年全国地下水水质与上年相比变化情况

城市饮用水源水质比较有保障。全国 113 个环境保护重点城市饮用水水质达标率为 95.3%，与上年相比，上升 4.7 个百分点。

海洋环境质量总体较好，近岸海域水质一般。符合第一类海水水质标准的海域面积约占中国管辖海域面积的94%，全国近岸海域水质总体稳定（见图4和图5）。

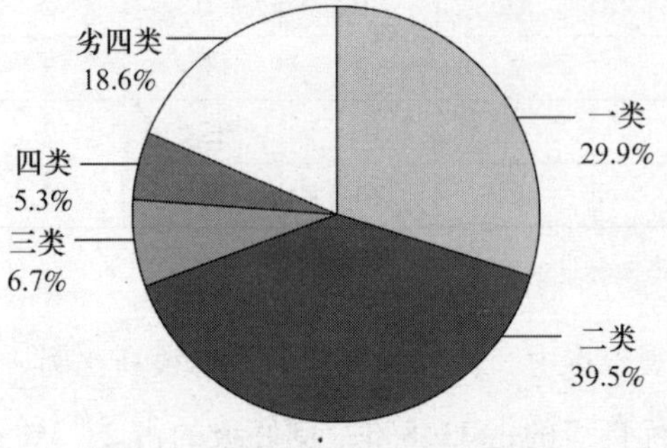

图4　全国近岸海域水质类别比例

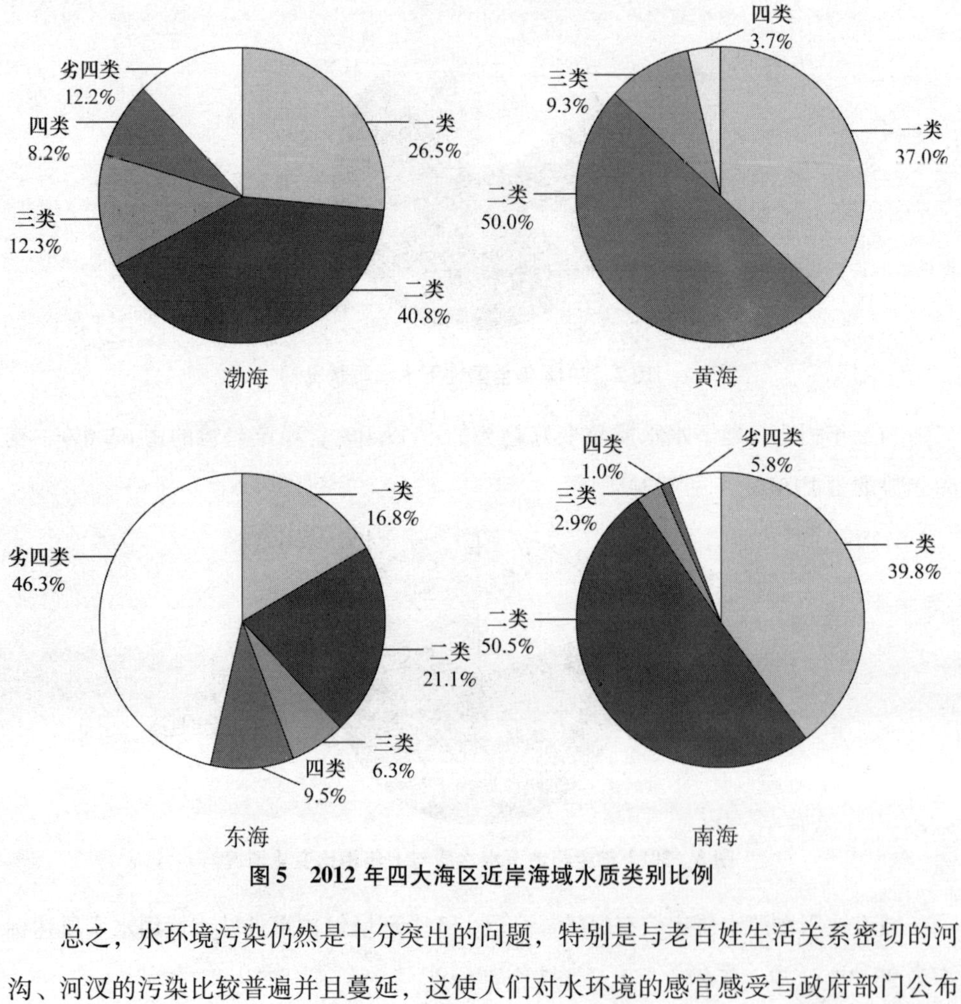

图5　2012年四大海区近岸海域水质类别比例

总之，水环境污染仍然是十分突出的问题，特别是与老百姓生活关系密切的河沟、河汊的污染比较普遍并且蔓延，这使人们对水环境的感官感受与政府部门公布的基于环境监测数据所得结论之间出现了一定差异，说明水环境问题是复杂的，必须用更加全面和严谨的方式来反映水环境质量。

（2）空气污染：改善与加剧并存，雾霾成为环境问题的代表性标志

按照监测指标的显示，相比于过去煤烟型污染和沙尘很重的年代而言，近年来很多城市的空气质量有所改善。2012 年，全国城市环境空气质量总体保持稳定。全国酸雨污染总体稳定，但程度依然较重。地级以上城市环境空气质量达标（达到或优于二级标准）城市比例为 91.4%，与上年相比上升 2.4 个百分点，超标（超过二级标准）城市比例为 8.6%（见图 6）。

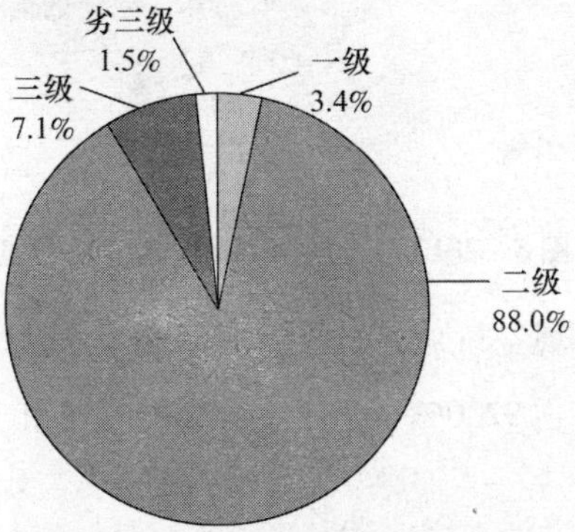

图 6　2012 年地级以上城市环境空气质量级别比例

2012 年出现酸雨的市（县）占 46.1%；酸雨频率在 25% 以上的 133 个，占 28.5%；酸雨频率在 75% 以上的 56 个，占 12.0%。全国酸雨分布区域主要集中在长江沿线及以南－青藏高原以东地区。酸雨区面积约占国土面积的 12.2%（见图 7 和图 8）。

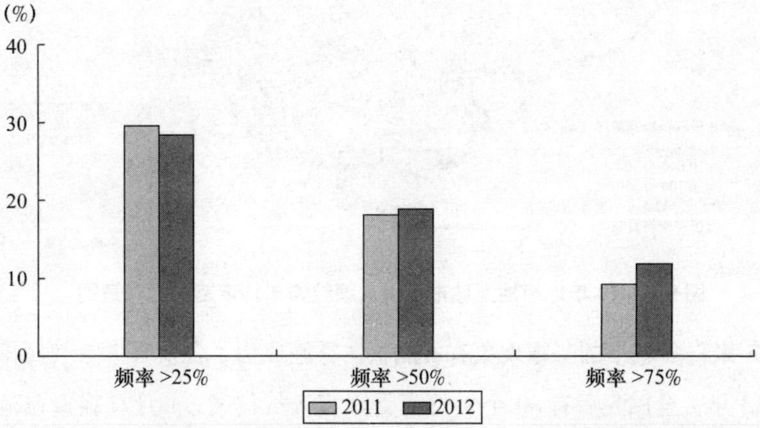

图 7　不同酸雨频率的市（县）比例年际变化

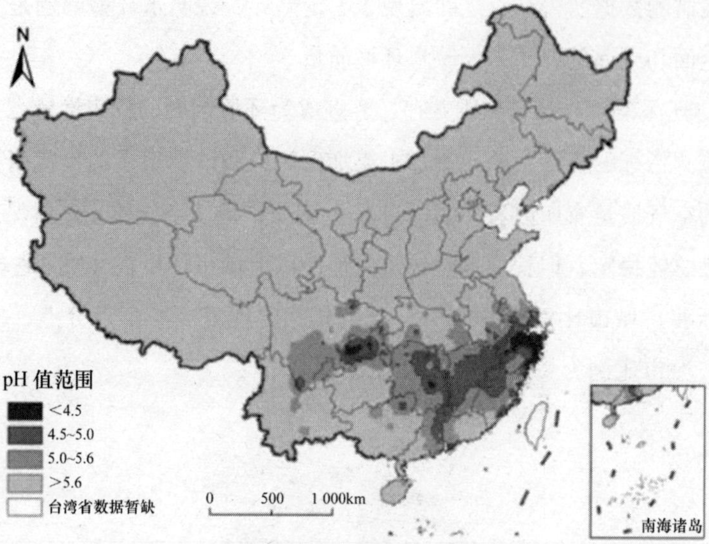

图 8　2012 年全国降水 pH 年值均等值线示意图

地级以上城市环境空气中，包括 PM2.5 在内的可吸入颗粒物年均浓度达到或优于二级标准的城市占 92.0%，劣于三级标准的城市占 1.5%（见图 9）。

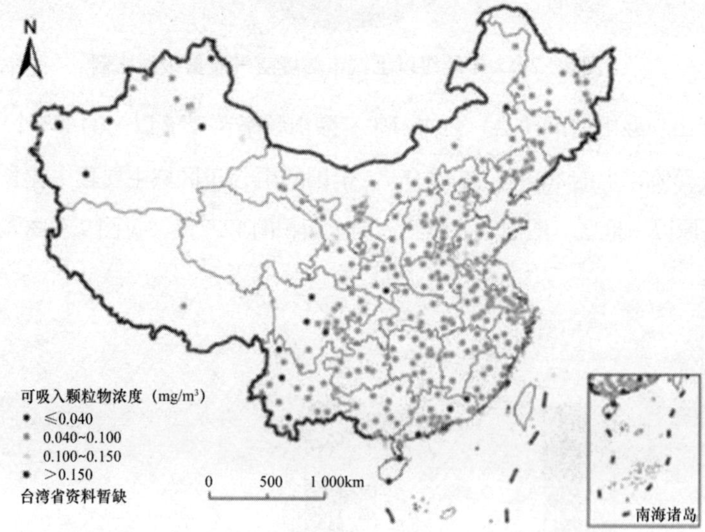

图 9　2012 年地级地上城市可吸入颗粒物年均浓度分布示意图

近两年来许多城市的灰霾现象有所加重，雾霾成为了公众眼中空气污染的典型特征。2013 年，全国先后有 30 个省份遭受雾霾天气侵袭，1 月雾霾覆盖范围涉及了 17 个省市自治区 1/4 的国土面积，影响人口约 6 亿，10 月末东北地区发生大规模雾霾，12 月全国陆续有 25 个省市、100 多座城市不同程度出现雾霾，覆盖了将近一半的国土。北京最高时的空气污染程度达到世界卫生组织建议水平的 11 倍。

对于雾霾，可以把它分为两类：一是大范围、短时间的大雾霾，覆盖了上百万平方公里国土，时间持续一周上下，有风也难吹散。它主要由大雾这样的气象条件引起，中间夹杂着人类生产生活排放的污染物。二是局地性、常态化出现在大城市上空的灰霾现象，犹如一个锅盖扣在城市上空，只要无风就会出现，有风则随之散去。它主要是由于人类排放的污染物过多和过于集中，超过了大气容纳和净化的能力而引起的。因此，我们对于第一类雾霾无须太过虑，毕竟时间短，虽然感官不好，但不会对健康造成太大影响，而第二类雾霾才是我们的大敌，浓度高、时间长、近地面，侵蚀健康于无形，治理之不可延怠，故治理雾霾的重点应在大城市，治理的主体应是当地人口。

总之，就绝对水平而言，我国城市空气环境质量远没有达到公众认可和满意的程度。

（3）土壤污染：信息不充分，潜在风险日益积累

土壤污染不像水污染、大气污染那样具有显在性，不容易直观上看到，所以对土壤污染的评估更加依赖监测和调查数据。然而恰恰是这个最需要数据来说明情况的地方，却最缺乏数据。《2012 年中国环境状况公报》中没有关于土壤污染的信息，因此，判断未来土壤污染趋势的依据主要是公开媒体上的信息。据《经济参考报》报道，当前，我国土壤污染出现了有毒化工和重金属污染由工业向农业转移、由城区向农村转移、由地表向地下转移、由上游向下游转移、由水土污染向食品链转移的趋势，逐步积累的污染正在演变成污染事故的频繁爆发。

根据环保部《关于加强土壤污染防治工作的意见》，我国有2 000万公顷耕地受到重金属污染，约占耕地总面积的 1/5。部分地区土壤污染严重，在重污染企业或工业密集区、工矿开采区及周边地区、城市和城郊地区出现了土壤重污染区和高风险区；土壤污染类型多样，呈现出新老污染物并存、无机有机复合污染的局面。土壤污染途径多，原因复杂，控制难度大。由土壤污染引发的农产品质量安全问题和群体性事件逐年增多，成为影响群众身体健康和社会稳定的重要因素。近来，“镉大米”“重金属蔬菜”等事件的曝光引发了舆论对土壤污染问题的关注。根据广东有关部门对珠三角土壤检测结果显示，由于土壤污染，珠三角多地蔬菜重金属超标

率达 10% ~20%。频发的土壤污染事件引发民众担忧。约 1/5 的耕地存在土壤污染，粮食每年因此减产上百亿公斤。

（4）农村环境污染：呈一定扩大之势

农村过去是环境好的代名词，但现在这种天堂般的景象在很多地方已不复存在。随着城市产业向农村转移，农村环境形势依然严峻，突出表现为工矿污染压力加大，生活污染局部加剧，畜禽养殖污染严重。2011 年对全国 364 个村庄的监测试点结果表明，环境空气质量达标的村庄占 81.9%；农村地表水为轻度污染；农村土壤样品超标率为 21.5%，垃圾场周边、农田、菜地和企业周边土壤污染较重。

2012 年，全国 798 个村庄的农村环境质量试点监测结果表明，农村饮用水源和地表水受到不同程度污染。试点村庄1 370个饮用水源地监测断面（点位）水质达标率为 77.2%。其中，地表水和地下水饮用水源地水质达标率分别为 86.6% 和 70.3%。地表水饮用水源地水质主要超标指标为氨氮、总磷、五日生化需氧量、高锰酸盐指数和溶解氧，总氮为湖泊（水库）类饮用水源地首要超标指标。地下水饮用水源地水质主要超标指标为总大肠菌群、氨氮、氟化物、锰和总硬度。984 个地表水水质监测断面（点位）中，Ⅰ~Ⅲ类、Ⅳ~Ⅴ类和劣Ⅴ类水质断面（点位）比例分别为 64.7%、23.2% 和 12.1%。主要超标指标为五日生化需氧量、氨氮、总磷、高锰酸盐指数和石油类，湖泊（水库）主要超标指标为总氮。少数试点村庄地表水存在重金属超标情况。对粪大肠菌群水质类别进行单独评价，Ⅰ~Ⅲ类占 80.0%，Ⅳ~Ⅴ类占 15.0%，劣Ⅴ类占 5.0%。

很多农村地区已几乎找不到未被污染的河流。“污水乱泼、垃圾乱倒、粪土乱堆、柴草乱垛、畜禽乱跑”是我国农村比较普遍的景象。农村还存在大量掠夺式的采石开矿、挖河取沙、毁田取土、荒坡垦殖、围湖造田、毁林开荒等行为，很多生态系统功能被严重损害。大部分农村地区的人居环境不能令人满意。“露天厕、泥水街、压水井、鸡鸭院”，缺少基础设施，卫生条件差，有很多不良生活习惯。

（5）生态退化：自然系统的生态功能有所下降

生态系统退化问题比较突出。全国沙漠化土地面积 173 万平方公里，占国土面积的 18%，石漠化面积超过 12 万平方公里。全国水土流失面积达 294.9 万平方公里，占国土面积的 30%；其中，水力侵蚀面积 129.32 万平方千米，风力侵蚀面积 165.59 万平方千米。全国 80% 以上草原不同程度退化，草原超载现象仍很普遍。

自然湿地萎缩，河流生态功能退化，生物多样性呈现下降趋势。重要滨海湿地中，长江口和珠江口海水富营养化严重；滦河口－北戴河大型底栖生物密度偏低，浮游植物丰度偏高；黄河口大型底栖生物密度、生物量偏低，浮游植物丰度偏高；长江口浮游植物丰度异常偏高，大型底栖生物量偏低；各河口区鱼卵仔鱼密度总体较低。目前已查明外来入侵物种524种。在世界自然保护联盟（IUCN）公布的全球100种最具威胁性的外来生物中，中国现有51种。近10年，新入侵中国的恶性外来物种有20多种，常年大面积发生危害的物种有100多种，危害区域涉及中国31个省（区、市），造成了严重的经济损失。目前入侵中国并造成严重危害的外来林业有害生物有36种，年均发生面积280多万公顷。根据世界自然基金会2012年生态足迹报告，我国人均生态足迹为2.1全球公顷，是人均生态承载力（0.87全球公顷）的将近2.5倍。

2. 人群健康风险

环境污染对人体健康具有不利影响，这是普遍接受的常识，因此，虽然目前的科学研究和调查还没有直接得到关于污染程度对健康的定量影响，但环境污染严重导致疾病增加，应该是合理的推论。可以说，环境污染的引起的人群健康风险是在上升的。根据2012年世界银行发布的报告，2009年中国因PM10污染引发公众发病和过早死亡造成的健康损失占国内生产总值的2.8%。目前，有关部门正在对环境污染与人体健康影响进行大规模的调查。

全国肿瘤登记中心发布的《2012中国肿瘤登记年报》披露，肺癌已代替肝癌成为我国首位恶性肿瘤死亡原因，且发病率和死亡率仍在继续上升。联系到日益增多的雾霾天气，人们自然提出肺癌高发是否由污染引起的疑问。那么，我国肺癌高发和死亡率上升是否与当前空气污染有直接的关系？

专家表示，越来越多的流行病学研究表明，空气污染与人群肺癌发病/死亡率的升高存在显著关系。国内外大量的流行病学研究表明，短期暴露于高浓度大气污染物，如PM2.5、二氧化硫、二氧化氮等，将对人体健康造成不利影响，表现为人群超额死亡的增加，因呼吸系统疾病和循环系统疾病门诊或急诊就诊人次的增加等。国内的统计数据显示，近40年来，我国吸烟人群几乎没什么变化，但目前肺癌发病率却在不断增长，因此有人认为，这与当前我国的雾霾天气直接相关。专家表示，肺癌的发生是多因素共同作用的结果，除吸烟和大气污染外，还有室内空气污染、职业致癌因子、电离辐射、饮食因素、病毒感染、真菌毒素、内分泌失调、家族遗传等。另外，人口老龄化也是我国肺癌发病率上升的重要因素。

3. 社会稳定风险

社会稳定是我国高度重视、压倒一切的治理目标。过去社会稳定问题主要是由拆迁、治安等事件引起，近年来由环境问题引起的社会稳定问题有所增加。这种情况的实质是环境问题的后果由不同的人群承担，增大了社会不公正性，引发了社会群体事件。那些排放污染物的企业获得了经济效益，赚足了钱的老板们离开了污染的地区，但居住在当地的百姓成为环境污染后果的承担者。或者，城市里的人们享受着富足的生活，但他们产生的垃圾却运往农村地区，使那里的人们承受恶臭和污水的后果。这种利害分化的结果引起社会对立情绪和过激行为的上升，使各种社会群体性事件有上升趋势。2005 年以来环保部直接接报处置的环境事件共 927 起，重特大事件 72 起。可以说，这种上升趋势有不可避免性，这是环境形势的新特征。

近几年环境污染事故或事件明显增多，略举数例：云南铬渣污染事件；广西龙江河镉污染事件；安徽怀宁、浙江德清、广东紫金、湖南衡阳血铅超标；豫鲁交界徒骇河水污染事件；浙江建德交通事故致苯酚泄漏事件；浙江杭州笤溪饮用水水源水质异常；大连、昆明群众抗议化工 PX 项目环评事件；四川什邡市群众反对铜钼建设项目；浙江启动群众反对废水排海工程项目；广西南宁居民抗议垃圾场恶臭，等等。自 1996 年来以来，环境信访和投诉数量保持年均 29% 的增速，儿童血铅超标、持久性有机污染物、危险化学品、危险废物等引发的环境污染事件仍呈高发态势。这些事故事件与群众健康关系密切，公众关注度强，赔偿成本和维稳成本高，都表明我国环境问题对社会的影响已经发生了重大的变化，社会公众由过去对环境问题知之甚少或无暇顾及，逐步转变到十分关注和坚持维权。

4. 生态安全风险

生态安全是指生态环境保持基本的运行状态，不因压力过大而出现功能降低的后果。因此，生态安全如同交通安全等一样是人类活动应该达到的起码要求，是最低的生态环保要求。我国未来生态安全的主要风险来自于污染事故和突发事件。

经济体系发生生态安全风险具有一定的规律性。一般而言，投入使用的生产体系，在经过十多年到几十年的运行之后，发生生产事故进而导致环境污染事故的概率是显著上升的，即使加强预防和更新，风险仍很高。我国目前正在运行的经济体系，包括各种设备和设施等，都是在过去二三十年间建成投产的，现在进入了跑冒滴漏的高风险期，就像行使了 30 万公里的汽车比新车出故障的概率高一样，我们现在的经济体系的环境风险是在加大的。

2012 年，全国共发生 542 起突发环境事件，包括 5 起重大突发环境事件。按事件起因分类，生产安全事故引发的突发环境事件 11 起，交通事故引发的 11 起，企业排污引发的 3 起，自然灾害引发的 1 起，其他因素引发的 7 起。按污染类型来看，33 起事件中有 30 起为水污染，2 起为血铅，1 起为大气污染。环保举报热线共接到群众来电及网上反映问题23 000多次。

5. 区域平衡风险

区域平衡风险是指区域发展中生态环境问题加剧，原来生态环境比较好的地区出现环境退化的趋势，区域内发展与环境之间、人与自然之间原来比较平衡的关系，由于资源开发和产业转移的规模和强度越来越大，出现了失衡的情况，生态环境问题变得比较突出。

由经济结构和总量所决定，长江和珠江等流域的污染物排放量与环境承载力之间的缺口可能进一步加大，农村地区生产生活污染出现加重和蔓延的态势，“黑三角”“锰三角”等集中性区域资源破坏和环境污染触目惊心。因此一些地区环境质量下降的可能性是明显存在的，甚至是必然的。

据有关部门 2011 年对中部省区的调查，部分地区并未真正贯彻落实“环保优先”原则，降低了环境准入门槛，接纳了许多经济发达地区淘汰掉的高污染、高能耗项目。某省沿海 80% 左右的建设项目为化工、医药中间体、农药、冶金、造纸、氯碱、印染、钢铁等重污染行业。沿海开发过程中，盲目大干快上了一批“两高一资”项目。该省多地先后新建了数个百万吨级的钢铁企业，有的买入生产许可证，有的借壳新建。建设项目未批先建、拆分项目报批、越级越权审批等环境违法违规行为比较普遍。

近几年国家注重区域平衡发展，大力推动欠发达地区采取集聚式发展方式加快追赶步伐，建立了很多示范区、试验区、发展带等。在此过程中，环境风险也成为新的挑战。我国目前制定的污染物排放标准及环保产业政策主要是针对传统产业领域，对高新技术产业带来的环境问题认识不足，缺乏相应的环保标准和政策。许多高新技术企业会产生大量危险废弃物，如电子信息产业会产生大量的重金属污染问题；太阳能板的多晶硅生产是高耗能大户，环境污染严重；生物制药产业会带来新型生物污染问题。而对这些高新产业发展带来的潜在新污染问题并没有好的环境污染治理措施，现行污染物排放标准已不适用，但又没有新的环保标准可用。

工业园区是近年来各地招商引资发展经济的主要形式之一，这几年其“集中污染”问题也逐步显现出来。有些沿海化工园区大部分企业隶属农药中间体、医药中间体、精细化工产业，这类企业投资规模小、装备技术含量低、品种变化幅度大、产生的污染物成分复杂、治理难度大、达标接管或排放压力巨大，由此引发的环境矛盾日益突出。

6. 国际影响风险

国际影响风险是指我国在生态环境和气候变化等领域内承受的国际压力趋于加大，既包括国际社会对我国承担国际环保义务的要求、生态环保要求，也需要增强对国际环境问题的应对能力。总体看，随着我国更深程度地参与全球化过程，以及随着综合国力提高而必然出现的国际地位更加重要，我国目前我国温室气体排放总量已居世界前列且还在增加，人均排放量也超过了世界平均水平，由此产生了国际社会要求我国承担更多减排责任的压力。我国是负责任的环境大国，已经提出了到2020 年单位国内生产总值二氧化碳排放比 2005 年下降 40% –45% 的目标。在目前排放形势下，国际社会对我国提出了更高的减排要求，这对我国的能源结构调整和节能减排增加了更大的压力。

履行全球环境公约是我国越来越大的责任。我国已经加入保护臭氧层、消除持久性有机污染物、保护生物多样性等 50 多项国际环境公约，履约任务很重。同时，与以往不同的是，随着我国综合国力的增强，国际社会基本不再提供履约的资金和技术援助，这对我国是新的压力和挑战。

国际贸易规则谈判中日益重视环境责任的识别和分担，这对我国这样的贸易大国影响很大。据环保部政研中心的研究，我国对外产品出口中包含巨大的生态环境逆差，即我国能源消耗总量中有 1/3 以上是在为国外生产产品，二氧化碳、二氧化硫、氮氧化物排放量的 1/3 左右也是由出口产品造成的。这其中存在着国际市场享受产品效益而我国承担环境污染后果的不合理现象。由于一些国家设立贸易绿色壁垒，我国在产品出口方面承受了一定的损失，而且将来还会出现承受损失的情况。

目前，国外废物向我国非法转移的问题也十分突出，国际上很大一部分电子垃圾进入我国，由此带来土壤和地下水污染等，威胁生态环境安全。同时，外来物种入侵对我国的危害也在加大。据不完全统计，我国已有500多种外来入侵物种，常年大面积发生危害的有100多种，涉及我国31个省、市，每年直接经济损失近千亿元。

随着我国企业“走出去”日益扩大，对外投资引发的资源环境问题成为新的国际关注点。一些对外投资企业环保意识不足，在开发利用当地资源中造成生态退化和环境污染，受到舆论批评，这是我国融入全球化中付出的新的环境代价，必须予以重视并严格遵守当地环保法律法规。

严重的生态环境问题已经使我国的国家形象受到很大负面影响，2013年发生的在黄浦江上游水源地区被扔进数千头死猪的事件，以及近年来频繁发生的大面积严重雾霾事件等，都在国际上产生了一定震动，在一定程度上削弱或抵消了国家软实力。

二、影响生态环境风险的正反因素

生态环境风险是未来可能发生的生态环境问题及其影响后果，因此它们会受到未来将会发生的一些因素的影响或支配，这些因素有的抑制强化生态环境风险，有的增强这些风险。

1. 抑制生态环境风险的因素

当前，从中央到地方，从政府到社会，都兴起了一股强大的环保之风，这会在很大程度上抑制或减轻生态环境压力。

首先，改革《决定》展示空前的生态文明意愿。中央《关于全面深化改革若干重大问题的决定》对生态文明建设做出部署，包括建立系统完整的生态文明制度体系，实行最严格的源头保护制度、损害赔偿制度、责任追究制度，完善环境治理和生态修复制度，健全自然资源资产产权制度和用途管制制度、划定生态保护红线、对领导干部实行自然资源资产离任审计和责任终身追究制、实行资源有偿使用制度和生态补偿制度、改革生态环境保护管理体制等。这一系列制度的深度和强度，在很多人看来是“出乎意料、超乎想象”的。由于我国政治动员力强的特点，中央设定的目标都会配备相应的资源来强力推动，因此可以预见生态环保的力度将会得到很大的加强，减轻生态环境退化的趋势。

其次，新的干部考核评价体系开始发挥作用。2013 年，《关于改进地方党政领导班子和领导干部政绩考核工作的通知》强调今后对地方党政领导班子和领导干部的各类考核考察，将强化约束性指标考核，加大资源消耗、环境保护、消化产能过剩、安全生产等指标的权重，不能仅仅把地区生产总值及增长率作为政绩评价的主要指标，不能搞地区生产总值及增长率排名。这对于环境保护具有非常重要的意义，因为环境保护在这些考核和问责的新制度中占有比较大的分量。现在，这些新制度已经开始实施，例如京津冀及周边地区重污染天气应对工作中，制定了加大责任追究力度的规定，对工作不力、履职缺位等导致持续 3 天重污染天气的，将对主要领导和分管领导依法实施问责。国务院将在次年初对各省（区、市）大气污染防治目标责任落实情况进行考核，并作为对领导班子和领导干部综合评价的重要依据。全国已有 29 个省（区、市）将环境保护或生态文明建设相关指标纳入干部政绩考核。

最后，最严的环境保护行动计划开始实施。2013 年开始实施的国家《大气污染防治行动计划》，提出十条 35 项具体措施，着重强化细颗粒物（PM2.5）为重点的大气污染防治。《京津冀及周边地区落实大气污染防治行动计划实施细则》提出了 22 项配套政策措施，其中环保电价、新能源汽车等 4 项政策措施已出台，需要出台的 25 项污染物排放标准已发布 18 项，需要出台的 9 项污染防治技术政策、19 项保护技术规范已全部发布。开展大气污染防治专项检查，仅去年 11 月份全国就出动执法人员 7.14 万人次，检查企业 2.9 万余家、施工场地近 9200 个。对京津冀及周边地区 6 省（区、市）的 19 个市开展了两次督查行动，检查企业 403 家。中央财政新增设立大气污染防治专项资金，首批安排 50 亿元支持北京、天津、河北等五省（区、市）大气污染治理。继续安排 6.4 亿元支持 12 个重点城市燃煤锅炉烟尘治理。

自此之后，全国各地纷纷制定出台了本地区的大气污染防治行动计划，力度前所未有，例如北京市的行动计划提出的目标是经过五年努力，全市空气质量明显改善，重污染天数较大幅度减少，到 2017 年，全市空气中的细颗粒物年均浓度比 2012 年下降 25% 以上，控制在 60 微克/立方米左右，措施包括开展源头控制减排工程、能源结构调整减排工程、机动车结构调整减排工程、产业结构优化减排工程、末端污染治理减排工程、城市精细化管理减排工程、生态环境建设减排工程、空气重污染应急减排工程等。河北省已淘汰了数千万吨落后钢铁产能。

同时,《水污染防治行动计划》和《土壤环境保护和污染治理行动计划》也将出台,涉及投资数万亿元。天津的清水河道行动计划提出控源截污在先,治污修河调水开源多措并举,构筑与美丽天津要求相适应的水环境体系,加快打造一批美丽乡村和清洁社区。

2. 推高生态环境风险的因素

冰冻三尺非一日之寒。引起我国生态环境问题的众多因素目前仍在起作用,未来也将存在,因此生态环境风险仍可能增加。

一是生态环境回旋余地大大降低。我国是资源环境大国,具有较强的生态环境承载能力,但这种能力现在已经被大量使用,留下的回旋余地被大大压缩了,例如交通便利的沿江沿河地带已经布满了各种工业产能,大量水土资源、生态系统都进行了开采或利用,再进一步的经济开发活动只好深入到生态脆弱的腹地或边疆,由此引起的生态环境风险大大增加。目前生态环境超载的情况已经比较突出,北方地区水资源量绝对短缺,全国地下水超采区总面积超过60万平方公里,2011年全国牧区县和半牧区县的草地牲畜超载率超过40%。环境纳污净化能力透支,污染物排放总量居高不下。2012年全国二氧化硫、化学需氧量排放总量分别超过环境容量的1.8倍和2倍左右。

二是经济发展对生态环境的结构性压力还将持续。这种压力是指由于产业结构、技术结构等原因所产生的经济活动对生态环境的压力(见图10)。在这种结构下,即使并不大的经济总量也可能带来很大的生态环境压力,或反过来,在更好的结构下,即使经济总量大也不一定带来很大的生态环境压力。目前这种结构性压力主要反映在两个方面:一是经济体系中以资源消耗为特征的产业结构占有较大比重,二是这种产业中落后产能占有较高比重。

目前,我国重工业产值占工业总产值的比重保持在70%左右,并具有较快发展势头。"十二五"时期,把钢铁作为重点产业发展的省份达26个,石油化工的25个,有色金属的20个,煤炭资源开发的15个,火电的12个,西部12个省区中有11个把化工、钢铁、有色金属等作为重点产业发展,产业重型化特征仍将继续强化,这使工业污染处在高位状态。

同时,资源利用水平不高,我国已成为世界上能源、钢铁、氧化铝、铜、铅、

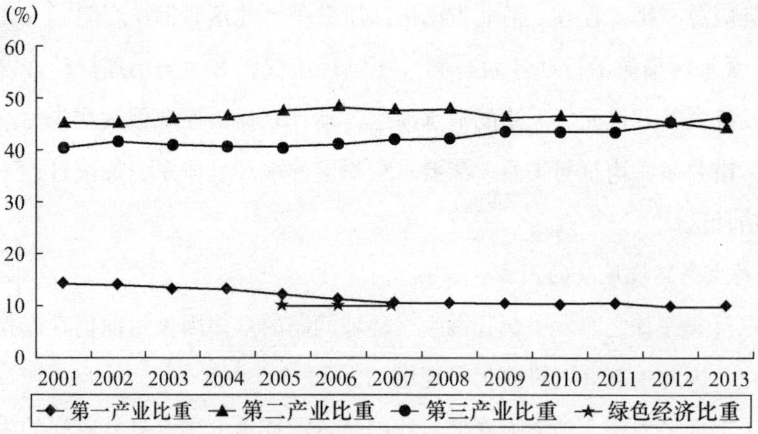

图 10　我国产业结构变化趋势

锌、水泥等资源消耗最大的国家。2012 年我国经济总量占全球的 11.6%，却消费了世界 45% 的钢材、50% 的水泥、46% 的煤炭、21.3% 的能源。煤炭消费总量近 35.2 亿吨，超过世界上其他国家总和。单位 GDP 能耗是世界平均水平的 2.2 倍。

农业生产方式不合理也带来了生态环境问题。大量畜禽粪便、污水、农药、化肥流失，塑料薄膜的大量使用都对土壤造成威胁。根据统计数字，我国农业生产过程中，农药、化肥、塑料薄膜的使用量在持续增长（见图 11）。

客观回想一下我国经济发展的历程，就会发现出现生态环境问题和风险是有必然性的。由于中华民族积弱积贫太久，受尽欺凌，所以我们追求经济增长的愿望强过世界上任何国家和民族，为此把“人民日益增长的物质文化需要与落后的社会生产之间的矛盾”定为我国唯一的社会基本矛盾，这个基本定位再进一步演化成为以经济建设为中心即经济优先的国家发展战略。在人口众多、国土有限、知识缺乏、技术落后的国情条件下实施经济优先战略，特别是追求以工业化为特征的经济增长，付出严重的生态环境代价几乎是不可避免的。这可能是必然的宿命，但不等于没有出路。在以这种发展战略推进经济增长取得一定成就后，就必须果断转变发展战略，走生态文明之路。

三是国家环境治理体系和能力差距大。环境治理体系及其能力是国家在大力推动经济发展的同时为了减轻生态环境问题的后果而采取的一切对策措施。针对我国经济发展强度大因而对生态环境的冲击也大的情况，本来应该及时增强环境治理体系和能力，使之能够对抗经济发展带来的不利影响，维持二者的基本平衡，但遗憾

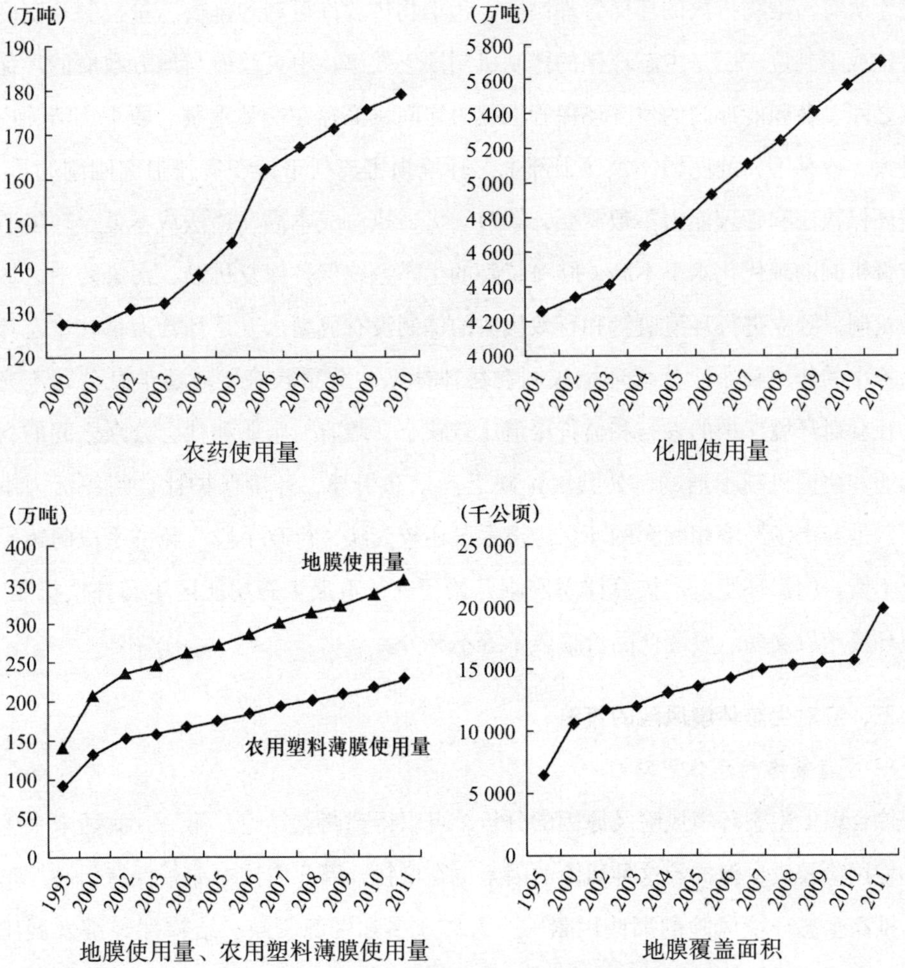

图 11　近 10 年我国农用化学品投入变化趋势

的是国家环境治理体系和能力在快速经济发展的局面下差距拉大，日显滞后，力不从心，其结果则犹如人之两腿，一腿快速长高，一腿生长缓慢，则人体必然倾斜，乃至倒塌。

国家环境治理体系和能力不足主要有以下表现。一是生态环保法律制度“热值”较低，含金量少，威力不足，很多生态环保法律法规比较原则、软弱，标准偏低，惩戒力小，还有一些重要的领域如土壤污染防治等还缺乏有力的立法。二是生态环保管理制度不健全，主体功能区划定后相应的配套规定受到一定的地方利益抵制，生态保护红线缺少有力的政策保障，资源环境承载能力监测预警机制、环境容量和海洋资源超载区域限制性措施、耕地河湖休养生息、环境污染第三方治理、严格监管所有污染物排放的环保管理制度、污染物排放许可制和排放总量控制等制度还缺位或不到位。三是生态环保的体制机制缺乏效率，中央政府与地方政府的环保事权之间、各职能部门的生态环保管辖权力之间，都存在交叉重叠、职责不清、内耗过大、效率不高的问题，领导干部生态环境损害离任审计和责任追究刚刚起步。四是环保执法和管理能力不敷需要，缺口增大，执法成本高，违法成本低，环境监管监督机制的现代化水平不高，陆海统筹的生态系统保护修复机制、污染防治区域联动机制、独立进行环境监管和行政执法的体制没有成型。五是社会力量在生态环境保护中的作用较小。公众环境权利在法律体系中分量较轻，环境信息公开不充分，社会对环境保护的参与和监督渠道比较狭窄，政府、企业和社会公众之间的有效沟通和协商机制不通畅，公共舆论缺乏互动和引导，环境保护社会组织活力不足。六是与市场经济相配套的环保经济手段还较欠缺，行政手段与经济手段的边界划分不清，国家环境资产核算体系刚刚开始研究，重点生态功能区生态补偿机制、资源环境产权交易、资源产品价格改革等不充分。

三、应对生态环境风险的策略

1. 应对策略的总体思路

综合以上生态环境风险及原因的分析，可以得到两点结论：第一，我国未来生态环境风险较大，但抑制这种风险的因素也在增强，因此应该对前景保持信心。第二，推高生态环境风险的那些因素——人口众多和资源紧缺、结构性经济发展压力、国家环境治理体系和能力薄弱——都具有宏观性特点，即它们都需要在国家发展理念和发展战略的层面上进行调整才能消除对生态环境的压力。

由此，未来针对生态环境风险所采取的对策，必须超出生态环保自身的范围，而到与之相关的经济、政治、社会、文化领域中去寻找和构建。这种思路就是党的十八大提出的生态文明建设要深刻融入经济建设、政治建设、社会建设和文化建设之中的“五位一体”要求，我们把这种新的生态环保对策称为“整体优化的环保战略”。

2. 实行“整体优化的环保战略”

“整体优化的环保战略”是指：从政治、经济、社会、文化等方面全面纳入环境保护的要求，使这些对生态环境具有重要影响的领域都向着环境友好的方向进行优化和转变，最终实现改善生态环境、增进人民福祉的目标。其具体内容为：

①发挥我国特有的政治优势，增强党和国家对环境保护的政治领导力。加快政治体制改革，全面提升政治体制对环境保护的保障作用，增强环境保护的国家意志。增加环境保护在干部考核任用制度中的权重，特别是使生态环保考核结果对提拔任用干部起到实质性作用。强化中央对各级政府和各个部门的环境保护问责制。加快生态环境管理的“大部门体制”改革，增加生态环境主管部门参与经济发展决策的渠道和话语权。强化各级人民代表大会和政治协商会议对生态环保工作的立法、监督和问责职能，增加人大代表和政协委员中来自环境保护领域的成员名额，

②实行环境优先方针，以保护环境优化经济发展。实行从紧和严厉的环境保护政策，优先进行环保立法和编制发展规划，并以此作为制定国家和地方发展规划的基础。提升环境保护标准，促进转变经济发展方式。加快淘汰落后产能，实行主要污染物排放总量控制，增强区域发展的可持续性。优先发展绿色产业、环保产业、清洁生产和循环经济。将环保投入作为公共财政支出的重点，对重要生态系统实行休养生息。

③开发民间能量，提升社会力量在生态环保中的作用。使环境保护优先惠及民生，把解决影响群众健康的环境问题作为工作重点，改善群众生存环境，尤其是让群众喝上干净的水和呼吸清洁的空气。通过立法扩展并保护公众的环境权益，将公民环境权写入宪法。加大公众对政府环境保护工作的监督力度，鼓励新闻媒体发挥监督作用，倡导可持续消费的生活方式，引导环保社会组织有序发展。

④发挥天人合一的优秀文化传统，提升全社会生态环保意识。将生态价值观纳入社会主义核心价值体系，形成资源节约和环境友好型的执政观、政绩观。强化企业的社会责任感和荣誉感，形成“保护环境引以为荣”的道德风气。对企业家进行环境知识启蒙教育和可持续发展教育，激励激发企业家的环境“慈善”之心。培育公众的现代环境公益意识和环境权利意识，逐步形成“利益相关，匹夫有责”的社会主流风气。形成道德文化制度，提高全社会生态环保的自觉行动能力。

⑤逐级实现环境改善的阶段目标，不断追求环境优美的长远目标。把环境优美作为中国梦的组成部分，在目前环境质量出现趋稳向好态势的基础上，重点扭转大气污染等突出环境问题加剧的局面，首先实现国家《“十二五”发展规划》确定的“明显改善环境质量”的目标，并继续强化生态环保工作，推进国家环境治理体系和治理能力的现代化，在 2020 年创造出与全面建成小康社会相适应的生态环境

面貌。

3. 关于更新我国社会基本矛盾表述的建议

目前为止，关于我国社会主义社会基本矛盾的表述是“人民日益增长的物质文化需要同落后的社会生产之间的矛盾”，这是确立以经济建设为中心的国家发展战略的理论基础。随着我国经济快速发展，综合国力不断增强，同时生态环境退化等问题日益突出，我国提出了建设生态文明的重大历史任务。如果说在改革开放的早期阶段，经济发展的最大难题是生产力受到束缚、难以为人民群众提供丰富的物质和精神产品的话，那么经过30多年的改革开放过程，现在经济发展遇到的最大难题之一是资源环境难以提供持久的支撑。因此可以说在现阶段，经济快速增长对资源环境的强大需求与我国人均资源水平不高和环境承载能力脆弱之间的矛盾，已经成为一个普遍的、基本的现象，成为全社会面临的一个基本矛盾。我们要应对未来的生态环境风险，就必须扭转经济优先的发展战略，确立环境优先的发展方针，这就需要首先在理论上更新对我国社会主义社会基本矛盾的认识。为此，建议在坚持原来基本矛盾表述的基础上，将“日益增加的经济发展对资源环境的压力与我国有限和脆弱的生态环境承载力之间的矛盾”也作为我国社会基本矛盾的表述。这个呼吁早有学者提出，现在应该更具必要性和现实性。

参考文献

[1] 环境保护部，2012年中国环境状况公报。

[2] 环境保护部，2012年中国生态环境状况公报。

[3] 张高丽，推进生态文明，建设美丽中国，求是，2013年第3期。

[4] 周生贤，在2014年全国环境保护工作会议的讲话，中国环境报，2014年1月18日。

[5] 俞海，张永亮，中国绿色经济的行动、成效与挑战。研究论文。

[6] 夏光，用系统完整的制度保护生态环境，人民日报，2013年11月16日。

[7] 夏光，当前环境形势该如何评价？中国环境报，2013年7月9日。

[8] 朱彤，PM2.5对健康的影响能否说得清？中国环境报，2013年4月1日。

倡导高效、低排放的天然气发电

西门子公司

执行概要

天然气是优质、清洁、环保、储量丰富、具有经济竞争力的化石能源。据《BP世界能源统计2013》，2012年世界天然气消费已占世界一次能源消费的24%。发电是天然气应用的最重要领域。据世界能源署《世界能源展望2013》，2011年全球发电消费天然气占全球天然气总消费的40%。

根据西门子研究，到2013年年底，全球天然气发电装机1 388GW，占全球总发电装机的22%，2013年全球天然气发电量5 300TWh，占总发电量的23%。西门子预测，全球天然气发电将持续稳定增长，到2030年，全球天然气发电装机2 555GW，占全球总电装机的25%，天然气发电9 300TWh，占总发电量的25%。

天然气发电是中国电力结构中必不可少的组成部分。天然气发电有利于保障能源供给，优化能源结构，有利于提高能源利用效率，有很强的调峰能力以及突出的环保效益，理应在中国电力结构中发挥越来越大的作用。2013年在中国各地爆发的雾霾气象，更催促着我们加速天然气能源的发展和天然气发电的发展。特别是中国目前正处于快速城市化的进程中，在城市化的规划和进行中更早更好地考虑包括天然气热电联供与分布式能源及其他新能源在内的城市能源发展新战略，将大大地提高能源利用效率，获得更好的经济效益和环境效益。

据国家能源局发布信息，截至2012年底，中国全国天然气发电总装机容量40.278GW，约占全国发电机组总装机容量的3.52%，全国天然气发电量109.2TWh，占全国发电量的2.19%。

本文是西门子公司为中国发展高层论坛2014年会提供的专题报告之一。

根据研究，西门子认为，到2020年中国天然气发电总装机规模可达140GW，约占中国全部发电装机规模的7%，天然气发电量可占总发电量的约4.8%；到2030年中国天然气发电总装机规模可近270GW，约占中国全部发电装机规模的10%，天然气发电量可占总发电量的约7%。西门子认为，适当足够的天然气发电装机与发电量比例，是中国发电结构优化和电力系统经济稳定安全运行所必需。

要实现中国天然气发电发展的宏大目标，高效的天然气燃气轮机机组是关键性的决定因素之一，这包括用于集中式发电的大型燃气轮机和用于分布式能源发电的中小型燃气轮机。

西门子开发拥有单机功率从5MW到375MW全范围的发电（含分布式能源）用燃气轮机技术，以及全范围的联合循环与热电联供发电技术，已经为全世界提供了约3 000台发电用燃气轮机，包括1 400多台中小型燃气轮机（5MW至<60MW）和1 500多台大型燃气轮机（>100MW），此外西门子提供的大型联合循环电站超过260GW。作为西门子先进燃气轮机技术的代表之一，西门子8000H级燃机是世界上最大和最高效的燃气轮机之一，并且得到了完全的验证。

自2003年以来，西门子向中国的战略合作伙伴上海电气转让了大型燃气轮机（E级、F级和H级）技术，并协助上海电气成功地进行了消化吸收国产化。对适用于分布式能源发电的中小型燃气轮机，西门子也在积极推进中国国产化。西门子非常愿意与中国同行以及中国政府相关部门分享西门子在全球范围获得的关于天然气发电方面的经验。

中国十八大指出，“市场在资源配置中起决定性作用”。西门子认为，建立合理有效的政策引导和市场机制，是推进天然气发电有序并加速发展的必要条件。西门子认为，在中国有如下几个方面值得关注：①制定中国天然气发电中长期规划；②制定和采取措施，切实鼓励当前天然气发电企业充分发挥天然气发电的优势；③通过市场机制增强天然气发电的经济性；④简化并加快审批流程；⑤采用最先进的天然气发电技术；⑥在天然气发电规划与系统设计、燃气轮机制造、服务以及研发等方面进一步鼓励国外先进企业进入中国，以多种形式与国内企业合作。

一、全球天然气①发电现状与预测

天然气是优质、清洁、环保、储量丰富、具有经济竞争力的化石能源。据《BP世界能源统计2013》，截至2012年底全球天然气探明储量达187.3万亿立方米，2012年全球天然气产量3.364万亿立方米，2012年全球天然气消费已占全球一次能源消费的24%。

发电是天然气应用的最重要领域。据世界能源署《世界能源展望2013》，2011年全球天然气消费的40%用于发电，预计到2035年，天然气用于发电占当年天然气总消费的38%②。

根据西门子研究③，截至2013年年底，全球天然气发电装机约1 388GW，占全球总发电装机的22%，2013年全球天然气发电量约5 300 TWh，占总发电量的23%。

西门子预测，从2013～2030年，全球发电量年均增长2.7%，从2013年的23 500TWh增长到2030年的36 700TWh；全球发电总装机从2013年的6 330GW增长到2030年的10 175GW，其中，全球天然气发电持续稳定增长，到2030年全球天然气发电量约9 300TWh，占全球总发电量的25%，天然气发电装机2 555GW，占全球总发电装机的25%（见图1和图2）。

二、中国2020年/2030年发电预测与天然气发电预测④

中国拥有丰富的天然气资源。据报载信息，中国常规天然气可采资源量达37万亿立方米，页岩气可采资源量达25万亿立方米（不含青藏区），煤层气约10万亿立方米。此外，中国也在大力发展进口天然气、煤制气以及生物质天然气等等。据中国发改委公布信息，2013年中国天然气产量1210亿立方米，天然气进口量534亿立方米，天然气表观消费量1 692亿立方米。

---

① 本报告的天然气包括国产与进口的常规非常规天然气、煤制气、生物质气以及高炉煤气、焦炉煤气等气体燃料。天然气发电指包括所有使用这些气体燃料的联合循环机组发电、简单循环机组发电、热电联供机组及分布式发电机组发电。

② “新政策情景”为38%，“目前政策情景”为39%，“450情景”为36%。

③ 西门子关于全球及中国发电的研究与预测数据来源于西门子内部报告MEP2014，Siemens E ST，Jan. 2014。下同。

④ 注意：本报告引用的西门子对中国的预测数据未含中国台湾和中国香港特别行政区。

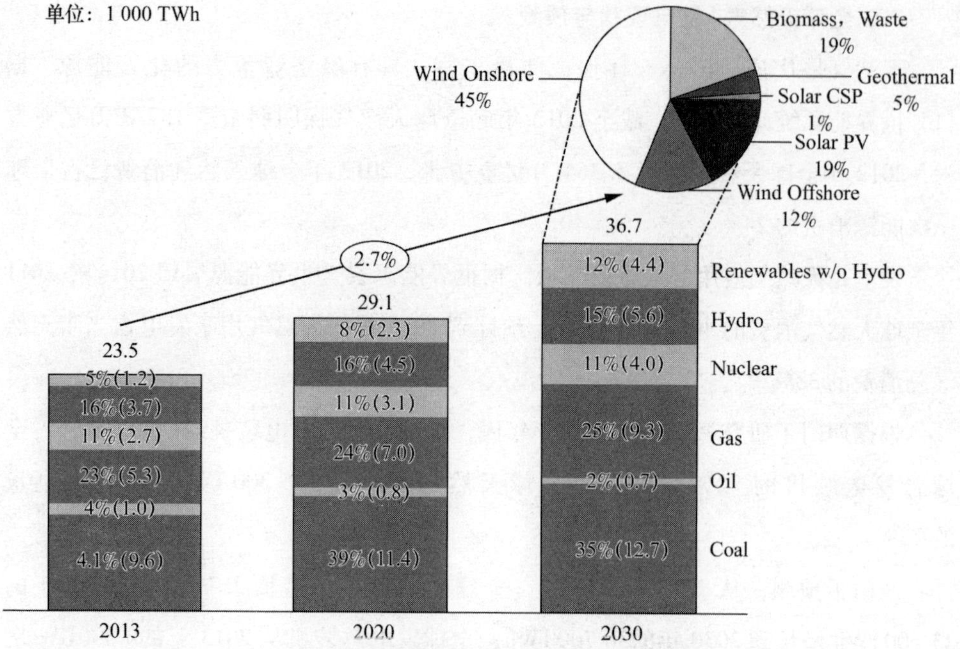

图 1　西门子对全球 2020 年/2030 年发电量的预测

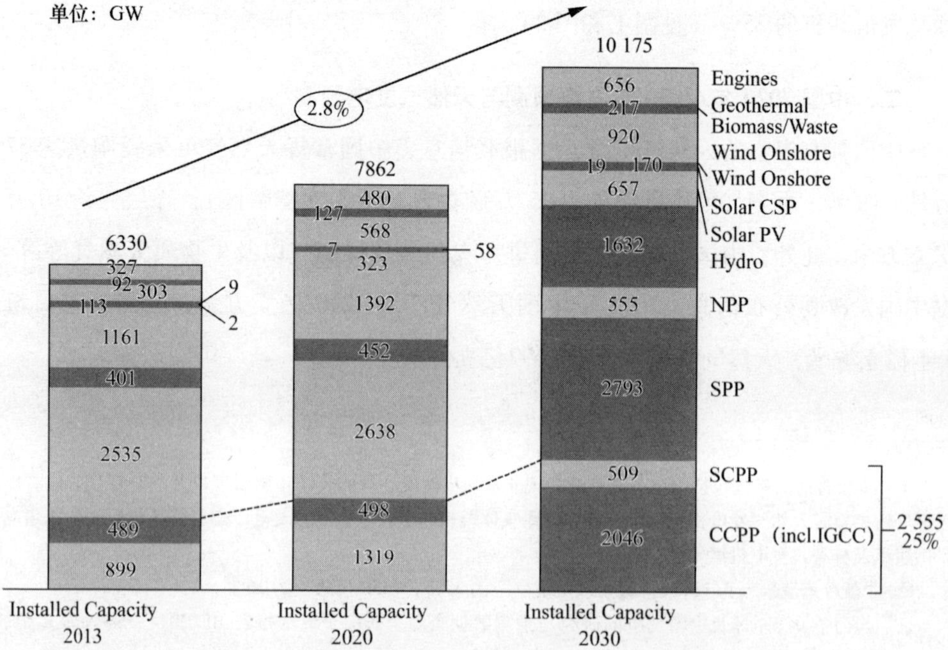

图 2　西门子对全球 2020 年/2030 年发电装机容量的预测

天然气发电是中国电力结构中必不可少的组成部分。天然气发电有利于保障能源供给，优化能源结构，有利于提高能源利用效率，有很强的调峰能力以及突出的环保效益，理应在中国电力结构中发挥越来越大的作用。2013 年在中国各地爆发的雾霾气象，更催促着我们加速天然气能源的发展和天然气发电的发展。特别是中国目前正处于快速城市化的进程中，在城市化的规划和进行中更早更好地考虑包括天然气热电联供与天然气分布式能源及其他新能源在内的城市能源发展新战略，将大大地提高能源利用效率，获得更好的经济效益和环境效益。

据国家能源局2013 年12 月发布《天然气发电安全监管报告》显示，截至2012 年底，中国全国天然气发电总装机容量40. 278GW，约占全国发电机组总装机容量的3. 52%，全国天然气发电量109. 2TWh，占全国发电量的2. 19%。

中国能源发展“十二五”规划确定了有序发展天然气发电的方针，预计到 2015 年，全国集中式天然气发电装机规模达 56GW，天然气分布式能源期望目标为50GW。

根据西门子的研究，西门子预测：从 2013 ~ 2020 年，中国发电量年均增速 5. 4%左右，平均电力消费弹性系数为 0. 72；到 2020 年，中国总发电装机达约 1 930GW，总发电量约7 785TWh，人均用电量达5 600KWh。自 2020 ~ 2030 年，中国发电量年均增速 2. 4%左右，平均电力消费弹性系数为 0. 4，到 2030 年，中国总发电装机约2 660GW，总发电量约9 828TWh，人均用电量超过7 000KWh（见图 3、图 4）。

西门子认为，到 2020 年，中国天然气发电总装机规模可超过 140GW，约占中国当年全部发电装机规模的 7%，天然气发电量可占总发电量的约 4. 8%；到 2030 年，中国天然气发电总装机规模可超过 270GW，约占中国当年全部发电装机规模的 10%，天然气发电量占当年总发电量的约 7%。

西门子认为，适度足够的天然气发电装机与发电量比例，是中国发电结构优化和电力系统经济稳定安全运行所必需。特别是大型天然气发电机组优良的调峰运行性能，为保证中国电力系统经济可靠运行以及接纳所有的可再生能源发电，提供了可靠的保障。另一方面，以能源利用效率高、清洁环保等特点为主要特征的分布式天然气能源系统，是优化中国发电结构和能源系统的重要组成部分。

西门子估计，到 2020 年中国天然气总供应/消费量可达4 450亿立方米，到

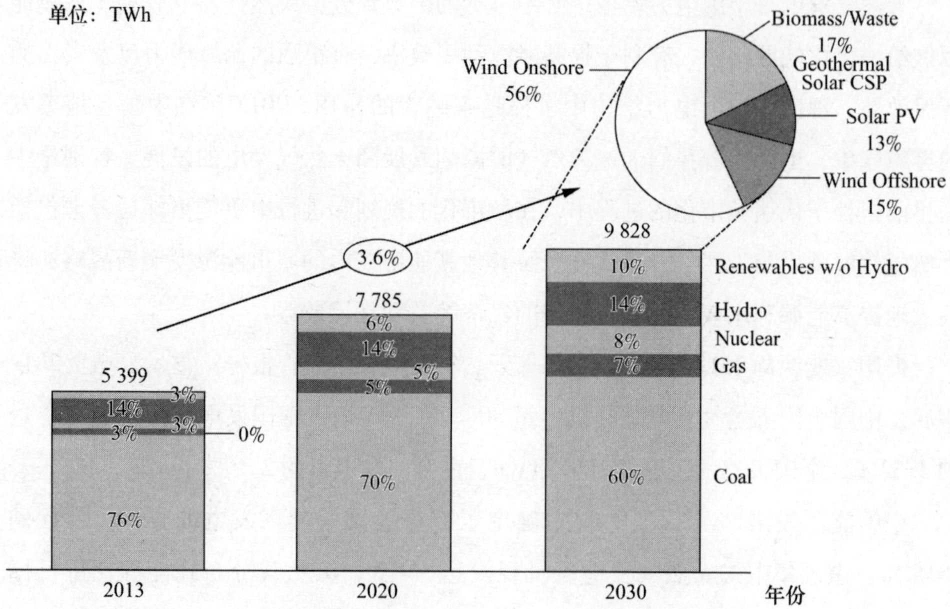

图 3　西门子对中国 2020 年/2030 年发电量的预测

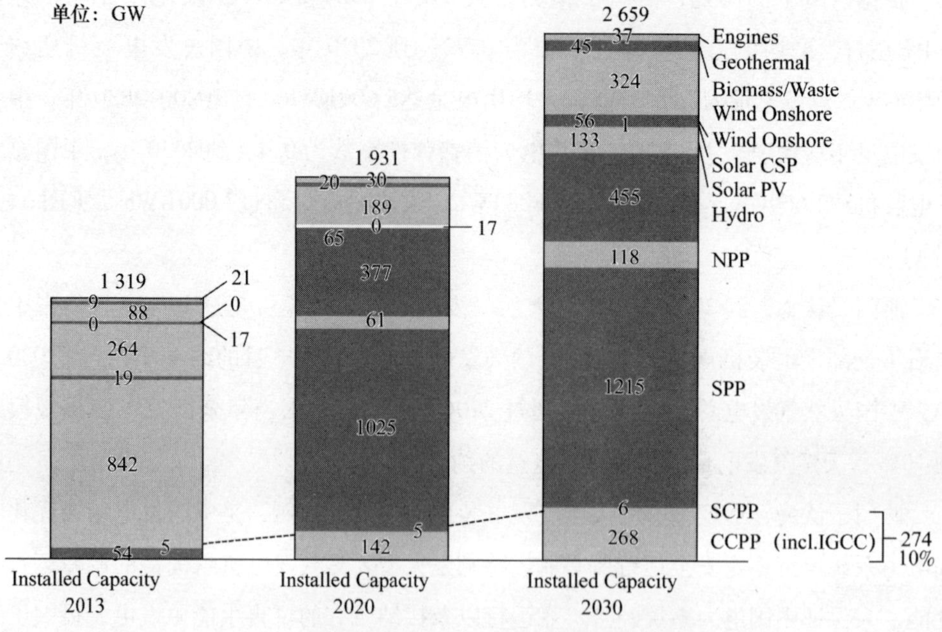

图 4　西门子对中国 2020 年/2030 年发电装机容量的预测

2030 年中国天然气总供应/消费量有可能达6 500亿立方米。以 20% ~25% 的天然气消费用于天然气发电计，中国将有足够的天然气供应用于发电。

三、西门子先进燃气轮机技术助力中国天然气发电发展

要实现中国天然气发电发展的宏大目标，高效的天然气燃气轮机机组是其中关键性的决定因素之一。这包括用于集中式发电的大型燃气轮机和用于分布式能源发电的中小型燃气轮机。

西门子开发拥有单机功率从5MW到375MW全范围的发电用燃气轮机技术，以及全范围的联合循环发电技术，已经为全世界提供了约3 000台发电用燃气轮机，包括1 400多台中小型燃气轮机（5MW至<60MW）和1 500多台大型燃气轮机（>100MW），此外西门子提供的大型联合循环电站超过260GW①）。

图5列出了西门子全系列发电用燃气轮机及其功率范围。图6、图7、图8展示了西门子先进燃气轮机技术的几款代表性机型和应用。

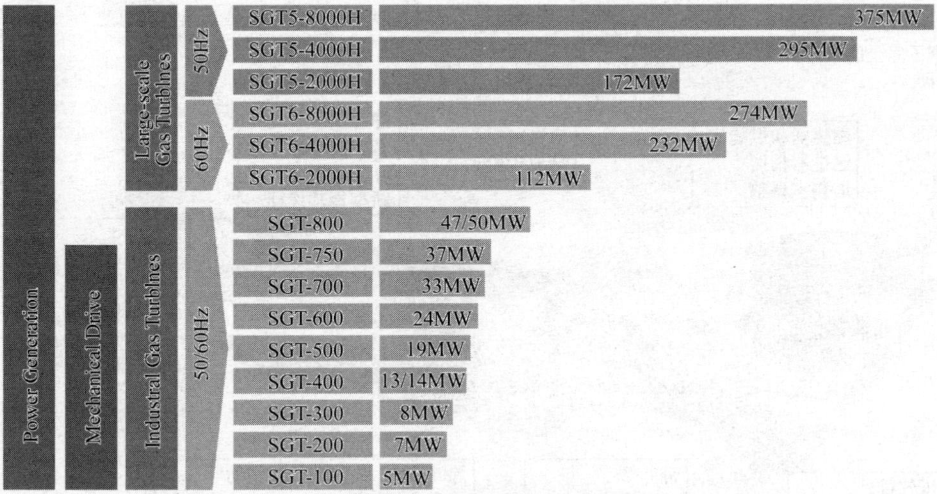

图5 西门子燃气轮机系列

自2003年以来，西门子向中国的战略合作伙伴上海电气转让了大型燃气轮机（E级、F级和H级）并协助上海电气成功地进行了消化吸收国产化。对适用于分布式能源发电的中小型燃气轮机，西门子也在正在积极推进中国国产化。西门子非常愿意与中国同行以及中国政府相关部门分享西门子在全球范围获得的关于天然气发电方面的经验。

作为世界最大的环保科技供应商之一，西门子在2013财年利用绿色技术帮助

---

① 西门子业绩数据包括运行中、建造中和已退役的机组。

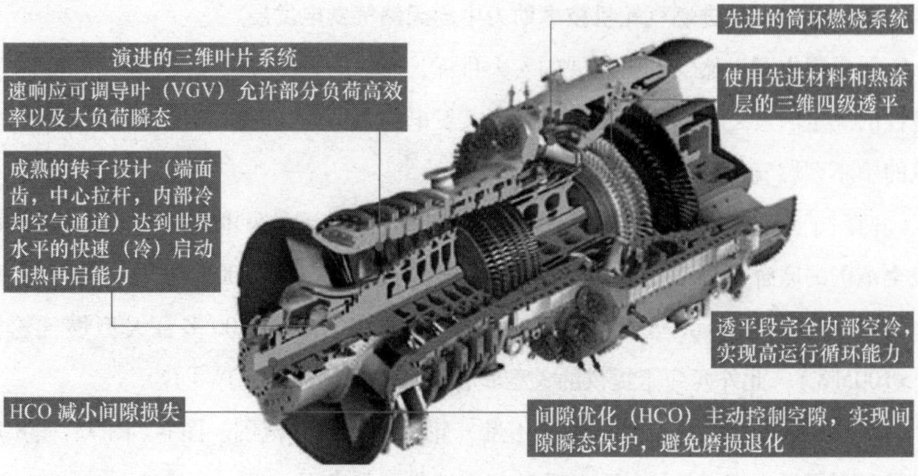

图6　西门子 8000H 大型燃气轮机

注：联合循环效率 >60%，并且具有最好的运行灵活性，世界上最大最高效的燃气轮机之一，并且得到了完全的验证。

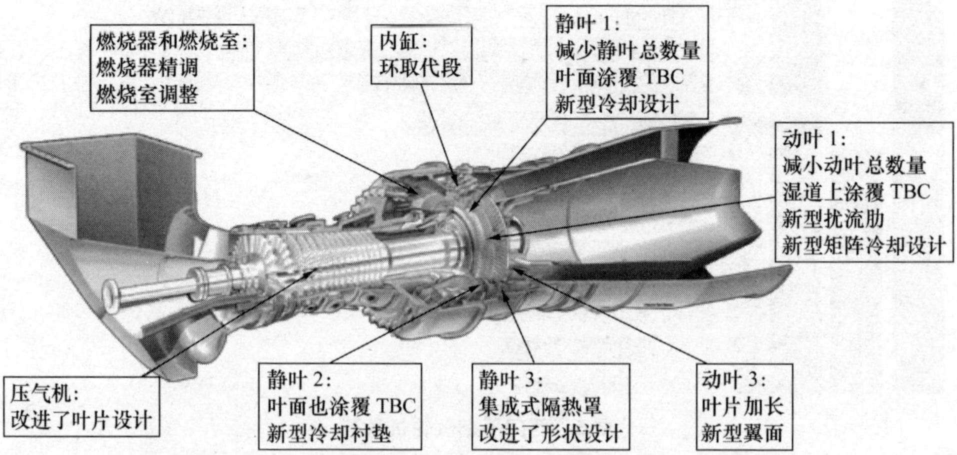

图7　西门子用于热电联产和分布式的中型燃气轮机 SGT-800 增强型

注：额定功率 50.5MW，简单循环电效率 38.3%（ISO），联合循环运行效率达 55.1%，低于 10ppm 的干式低排放。

客户减少二氧化碳排放 3.77 亿吨，相当于柏林、伦敦、墨尔本、莫斯科、圣保罗、开普敦、洛杉矶、墨西哥城、纽约、新加坡、首尔以及东京 12 个城市全年二氧化碳排放量的总和。2013 财年，西门子与环保相关业务组合的营收已达 323 亿欧元。

四、西门子对中国天然气发电发展的建议

中国十八大指出，“市场在资源配置中起决定性作用”。西门子认为，建立合理

图8　西门子分布式发电系统——中国业绩示例

注：山东邹平，焦炉煤气发电，两台西门子 SGT－200 燃气轮机（左图）；河南天冠，低热值生物质气发电，一台西门子 SGT－400 燃气轮机（右图）。

有效的政策引导和市场机制，是推进天然气发电加速发展的必要条件。西门子认为，在中国有如下几个方面值得关注。

①关于中国天然气发电中长期规划。天然气供应是天然气发电的前提基础，天然气气源的规划是天然气发电规划的前提。建议中国政府部门核实天然气资源（包括常规与非常规天然气、煤制气、生物质气、进口天然气等），编制并公布较为明确的天然气发展中长期规划，以及相应制定公布明确的天然气发电中长期规划，包括全国规划和地区性规划以及指导地方政府编制地方和城市规划。这样，企业在制定天然气发电商业规划和开展项目时，以及政府部门在进行审批流程时，能够基于明确的规划信息，为企业市场决策和政府部门审批提供确定性基础，促进天然气发电的发展。为确保规划的实施实现，具体的推动措施更是很重要。

②制定和采取措施，切实鼓励当前天然气发电企业充分发挥天然气发电的优势。目前由于各种原因，国内一些大型天然气电站的运行小时不高，未能充分发挥已有的优势；分布式天然气能源的进展很有可能较大地落后于“十二五”规划。鉴于此，西门子建议政府相关部门制定和采取措施尽快改善目前的状况，其中，气源的保障、上网电价的制定以及电网的积极协调是关键。

③通过市场机制增强天然气发电的经济性。例如，实行合理的分类气价、明确

合理的天然气发电电价形成机制、适当的扶持补贴等。同时建议重视并量化环境成本，充分显现发挥天然气清洁、高效的优越性，例如在中期建立碳交易体系。尤其是针对于分布式能源的各种价格直接关系到其运行经济性和能效利用水平，是分布式能源能够按照预期发展的基本保证。

④简化并加快审批流程，例如包括审批范围与准则、所要求的文件、审批过程的规范透明以及审批权的下放等等。对分布式天然气发电，需要政府进一步推动，彻底解决并网上网难、审批烦冗的困扰。

⑤采用最先进的天然气发电技术。经过多年发展，世界天然气发电技术已趋于成熟，特别是一些最先进技术已在世界范围获得了验证与良好的应用。例如，先进高效的H级大型燃气轮机、分布式发电用先进高效中小型燃气轮机、高效直流余热锅炉、优化的联合循环热力系统、全寿命期的技术经济分析方法与工具等等。中国作为天然气发电的相对后来国家，应用这些已被验证的先进技术，可以取得更好的后发优势效益。

⑥此外，我们认为，进一步开放市场，在天然气发电规划与系统设计、燃气轮机制造、服务以及研发等方面进一步鼓励国外先进企业进入中国，以多种形式与国内企业合作，也将对中国天然气发电行业的长远健康发展带来更多裨益和活力。

发展智能制造　促进绿色增长

西门子公司工业业务领域

前言

去年，我们几家制造业公司就中国“工业产业结构调整和转型升级”提出建议。在当今世界制造产业形势不断变化和刻调整、技术创新不断以及中国比较优势发生变化的大背景下，在中国发展高层论坛2014之际，西门子就中国“发展智能制造，促进绿色增长”提出建议。

虽然我们所处的是一个全球化的时代，但不同国家的制造业形势并不相同。当中国在过去30年里扩大制造基地之际，上世纪末由信息技术为美欧经济发展注入动力，但也忽视、削弱了制造业，近几年才重拾、加强制造业。

我们认为，发展智能制造、促进绿色增长是中国经济由数量向质量发展的关键。绿色增长可通过环保和可持续发展的方式来实现。智能制造是打造中国制造业竞争力的未来之路。

我们欣然经历并参与了中国过去30年的发展，更愿为中国的智能制造和绿色发展做出贡献。由于我们是制造业企业，所以本文主要针对制造业领域及我们所服务的生产力及资源效率管理、数字化企业和所取得的经验展开讨论。

摘要

经过30多年的经济高速发展，中国国内生产总值已跃居全球第二，占11%。然而，中国尚未达到大而强。举例来说，截止到2012年，中国人均GDP或者人均购买力仅相当于德国或美国的1/5~1/4，世界排名第85位。高质量发展经济依然

本文是西门子公司工业业务领域为中国发展高层论坛2014年会提供的专题报告之一。

是内在需求。

1. 制造业

2012 年，中国人口占世界人口的 19%，而制造业占全球制造业总值的比重已达 23%，成为全球第一制造业大国。而在 1980 年，这个数字仅为 6%。制造业占国内生产总值的 35%，而美国仍然为通常的 15%。然而，由于这种发展模式给环境和自然资源带来了沉重的负担，不具有可持续性。

改变经济增长模式，有质量地增长，已列为中国政府的头等大事。但这也会导致国内生产总值的增速放缓。现在中国已步入平稳增长期，制造业的增值速度甚至可能会更低。这种形势的背后有着国内、国际两个方面的原因。

从国内的情况来看，制造业需要进行结构调整和升级换代，这是因为制造业的很多细分领域的产能过剩问题已非常严重，例如计算机、纺织、有色金属、电动机械、通信设备及钢铁等领域。而其他一些领域，如医药、石油、污水处理、供水系统以及印刷等，则还需进一步追赶以满足需求。到 2013 年底，现货库存仍处较高水平，对国内制造业的产能需求处于平稳甚至轻微下降态势。另外，人力资源、上游产品价格和投资等制造要素的成本却在增加，也限制了制造业的快速增长。

虽然我们所处的是一个全球化的时代，但不同国家的制造业形势并不相同。当中国在过去 30 年里扩大制造基地之际，欧洲和美国却走向了相反的发展方向。美国上世纪末的“新经济”政策固然获得动力，但也削弱了制造业。中国单个企业在努力做大做强、内伸外延、试图向产业链上下游拓展的同时，德国大量的中小企业在主导经济，而且每个企业作为产业链的节点致力于其核心竞争力而且服务于本地产业链。

近几年，美国、欧盟等传统工业化国家发生了重大变化：制造业越来越受到政治领导人的重视，各种各样提升制造业在经济中的作用的措施也相继推出。这一变化也深刻影响着中国的商业环境。由于西方国家不能、将来也不会仅仅注重质量，数量也将成为保证就业和平衡贸易赤字的追求目标，因此中国的出口增长率将比过去几十年大大降低，甚至可能减少某些领域的出口。

过去 10 年整个世界都在向新兴国家尤其是亚洲国家靠拢。这些国家正在快速崛起，且势头迅猛。但是，某些新兴国家崛起的光环最近出现弱化之势。俄罗斯、巴西、印度等国家当前经济增长弱化说明，强大的增长动力并非固有，而需要通过积极改变来赢得。

中国的总体出口占国内生产总值的百分比将在下一个10年出现下降。中国公司将面临更加激烈的全球市场竞争，因为许多国家将更多地注重本土化生产，而不是增加进口。中国社会和中国公司必须意识到并且接受这种变化。在未来的日子里，中国不太可能保证出口的稳定正增长，某些特定行业会尤为明显。

中国制造业面临调整，这与西方国家在发展到一定水平之后的历程有颇多相似。由于增速放缓，很多公司会感觉到合并的必要性，因为在以多样化赢得竞争力方面，他们的力量还不够强大、速度也不够快。每个行业的整合方式都会不同，这取决于产业链的需要：规模与多样化、质量与成本，关键满足市场的要求。

2. 绿色增长

化石燃料开采导致的环境污染是非常严重的问题；中国空气中的二氧化碳排放与中国四种主要化石燃料（硬煤、烟煤、原油和天然气）的总体开采是一一对应的直接关系。为此，中国政府已把实现“绿色增长”作为本国发展的优先选择。

制造业是二氧化碳排放的直接或间接主要来源。每一家新老工厂都必须提高资源效率，为缓解环境问题做出努力。这也是长期内甚至2030年以后有可能实现年度二氧化碳总排放降低趋势的先决条件。一方面，二氧化碳升高使越来越多的人的财富增加而导致化石燃料的开采越来越多；第二个原因就是资源效率的提高太过缓慢。

“绿色增长”是指整个制造业的产量增加，但能源和原材料投入以及排放量不会增加。很明显，现实存在着限制性条件，而且，当前的水平还远远没有达到理想的状态。

绿色增长是制造业的前提。优化工艺流程，优化机械设备，优化工厂环境和基础设施，加强工艺转型和工艺稳定性，利用能源回收、闭环制造、资源回收技术，使用电气设备和自动化设备，设计节能增效解决方案以及根据ISO50001标准采用能源管理系统可以助力绿色增长。

自动化供应商在这方面发挥着重要作用，因为他们及他们的自动化产品很大程度上决定着设备和整间工厂的性能和功能。最典型的客户就是机器制造商和工厂建造商。因此，自动化供应商，尤其是有完整产品线和全球发展策略的供应商，为打造设备生产的未来潮流和制造业的总体发展趋势付出了巨大的努力。大部分智能设备和智能制造方面的理念都对自动化产生了直接的影响。反之也是如此，适当的自动化设备是实现这些理念的先决条件。

3. 建议

中国需要更多地依靠国内增长，必须扩大内需。制造业开展升级换代和结构调整对于赢得竞争力至关重要。如何使市产业链的每个节点都具一流的核心竞争力？法规的确立、理念的创新、自动化水平、物联网及服务之广泛应用都主导着中国制造业的未来。

尽管出口对中国的重要性将会降低，但仍有必要加强国际竞争力，以保证中国的本土制造企业顺应全球发展趋势。工业国家还将会是中国未来出口商品的主要进口国和贸易合作伙伴。中国的政策应高度重视深化更多的国际法规以及产品的标准化工艺过程。

中国还需要应对范围更广的出口活动，传统增长点不会再像过去那样扩张，更多制造行业必须参与到出口业务，而且必须提供附加值更高、品类更丰富的产品。

政府还需要意识到，宏观经济手段可能与企业的自然手段相互矛盾：企业会自动地更多瞄准国内市场，因为国内市场的复杂程度很可能更低，比如外国的法律法规、语言差异以及文化差异。

集中力量采取行动，成功降低重度污染水平是至关重要的任务。只要化石燃料的总体开采数量不减少，全球的二氧化碳问题就无法得到解决。通过提高制造领域的资源效率，可以实现绿色增长。在这方面，还有必要进一步补充和完善关于资源效率、供应商及进口商透明度的国家规范，降低对电网及电网持续扩张的压力。

中国制造企业需要在整个价值链中具备更高的灵活性。而这只能通过提高自动化水平来实现，因为很有可能在多样化产品需求增加的同时，生产过程的复杂性也提高了。

要提高工厂的资源效率且同时提高生产力，最重要的方法就是建设“数字化企业”。数字化企业即是一种智能化的制造理念，可以大幅缩短产品的上市时间。

“工业 4.0”是根据传统工业化国家的形势制定的一项举措。“数字化企业”是“工业 4.0”的基础：用比今天自动化程度更高的方式来开展小批量生产，甚至能根据客户的具体要求单台定制产品而且保障企业利润。

人才在制造业和打造竞争力的过程中发挥着至关重要的作用：具备必要技术和

头脑的人才，是由研究人员、工程师、技术人员以及训练有素的工人队伍组成的结构合理的劳动力队伍。教育、再教育需要为制造业提供可靠的人力资源。

中国的工业愿景发生的变化会带来不确定性，因为涉及这个过程的人员会感觉到恐慌。但如果这个过程的方向非常明确，不阻碍变革进程，还能对个人的损害加以限制的话，就可以削弱负面不良影响。很多公司可能需要更多的指导和支持，以了解和顺应变化、提高竞争力。

一、总体形势

真正的绿色制造就是“不制造”。然而，这对于今天的各个国家以及全球预期人口来说，显然是行不通的。

全球二氧化碳排放与全球四种主要化石燃料（硬煤、烟煤、原油和天然气）的开采是一对一的密切关系。无论采用何种工艺，如果没有有效的二氧化碳捕获，情况不会发生改变，今天是这样，未来也不会有所改变。

国际能源机构及其他人士所言每天都得到证实，即全球化石燃料的开采仍在增加，预计这种情况会一直持续到2030年以后，二氧化碳的排放量也将如此。发达国家降低的消耗量立即就被今天和未来的发展中国家所增加的消耗抵消了。

二氧化碳排放对全球气候的不利影响以及随后导致的气候变化再也无法避免。从科学的角度看，主要问题不在于化石燃料资源稀缺，而在于全球大气层蓄积二氧化碳的能力有限。在这种情况下，全球工业无法保证从根本上改变这一局面，因为工业与社会中的其他领域一样，也是问题的制造者。唯一的选择就是尽可能采取小型措施来抑制问题的进一步恶化，而这需要全世界所有人一起努力。即便这些小型措施都会需要很大的投入，对任何一家公司来说都可能是一个巨大的障碍。下面我们分几部分来介绍一些可行的并已得到验证的方法。

任何有关绿色制造、绿色增长的讨论的前提并且以下不再表述的一点，就是“防止水、土壤和空气遭受重度污染”。工业化国家在过去的几十年里执行严格的环境法规，大量投资现代化工厂，逐步彻底淘汰许多制造业活动，但这往往带来了严重的失业问题。有些国家和省份还在一定程度上实现了去工业化。

很多这类制造业活动被所谓的新兴国家接手，有的时候，这些新兴国家的环境标准甚至还达不到20世纪60年代的工业化国家。

涉及到水、土壤、空气等方面的污染问题时，工业化国家今天所讨论的话题更为细微和敏感（如可吸入粉尘、化肥残留、药物残留、核废料、水力压裂等）；而目前公认的最大问题是二氧化碳污染物。

二、中国制造业的现状

经过 30 多年的经济高速发展，中国国内生产总值已跃居全球第二（11%），仅次于美国。然而，尽管国内生产总值很高，但中国并未真正强大起来。举例来说，截止到 2012 年，中国人均 GDP 或者人均购买力仅相当于德国或美国的 20% ~ 25%，世界排名仅为第 85 位。

2012 年，中国人口占世界人口的 19%，而制造业占全球制造业总值的比重已达 23%，成为全球第一制造业大国（见图 1）。而在 1980 年，这个数字仅为 6%。但是，这种发展模式并不具有可持续性。

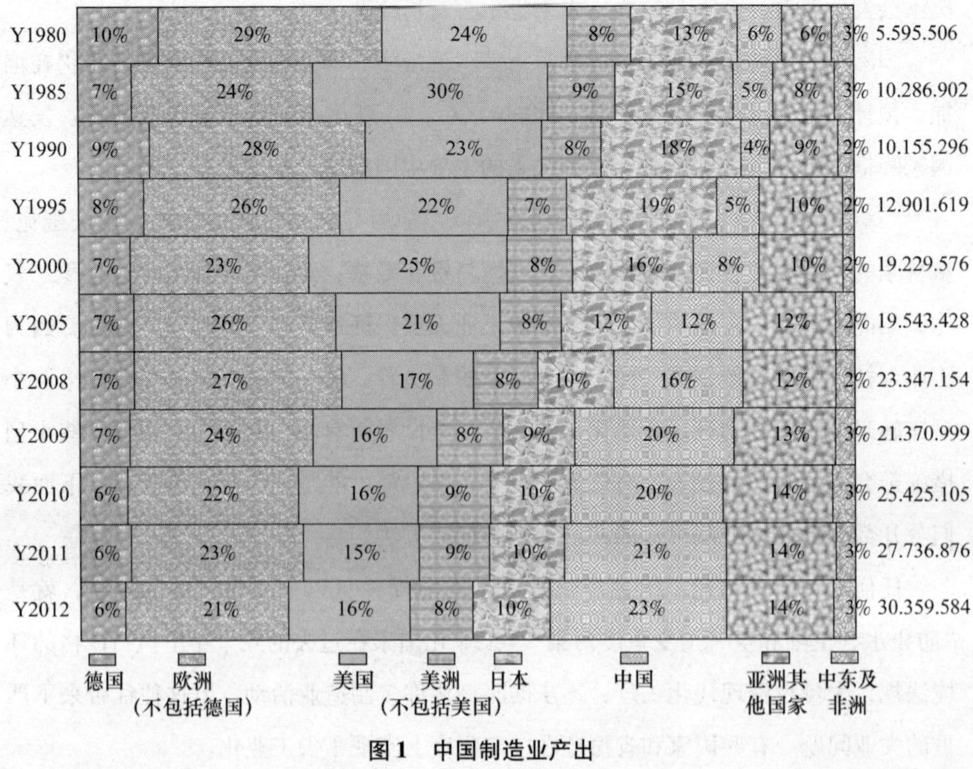

图 1　中国制造业产出

对此，必须改变经济增长模式，从重数量而变为重质量。这已成为中国政府的当务之急，但同时这也将会导致国内生产总值的增速放缓。现在中国已步入平稳增长期，制造业的增值速度甚至可能会更低。这种形势的背后有着国内、国外两个方面的原因。

从国内的情况来看，在制造业的很多细分领域，产能过剩已是非常严重的问题，其中包括但不限于计算机、纺织、有色金属、电动机械、通信设备及钢铁。而其他一些领域，如医药、石油、污水处理、供水系统以及印刷等，则还需进一步追赶，以满足需求。

到2013年底，现货库存仍处于较高的水平，使得国内制造业的产能需求处于平稳甚至轻微下降的态势。由于出口的增速降低，国内价值链产能过剩，从而使得竞争更加激烈，拉低了息税前利润值。另一个系统性的问题就是制造要素的成本上涨，其中包括人力资源成本、上游产品价格上涨以及制造设备的投资增加等。

当中国在过去30年里扩大制造基地之际，欧洲和美国却走向了相反的发展方向。但是，最近几年美国（及一些欧盟国家）的政策从单纯的“新经济”推广模式转变为均衡的制造业，这一变化也导致了以下结果的出现。

一是西方国家不能、将来也不会仅仅注重质量，为了保证就业和平衡贸易赤字，数量也将是追求的目标。因此，中国的出口增长率将比过去的几十年大大降低，部分领域的出口甚至还会减少，尤其是那些中国出口率很高并且在全球占有很大生产份额的领域（比如电子制造业或纺织业），最有可能发生这种问题。

二是中国的总体出口量占国内生产总值的百分比将在下一个10年出现下降，但出口份额可能仍大大高于同等规模的其他国家，如美国、巴西、印度等国。

三是中国公司将面临更加激烈的全球市场竞争，因为很多国家会更加注重本土化生产，而不是增加进口。

四是从工业化国家向新兴国家的转变将不会再像过去的几十年那样快速。世界以缓慢的变化寻求各国之间新的平衡。因此，中国不能期望通过新兴国家获得太多增长，尤其是存在巨大账户赤字的新兴国家，因为这些国家会更密切地注意限制外国对本国增长的不利影响。

五是随着经济周期越来越明显，中国的经济发展速度将在未来几年进一步衰退。社会和公司必须意识到并且接受这种兴衰沉浮甚至增速为负的形势是一件非常自然的事情，即便中国国家的经济发展起步较晚。在未来的日子里，中国不太可能确保实现稳定的正增长。这会在某些特定行业尤其明显，如投资品行业。

六是中国将面临重新整固制造业的问题，这一点与西方国家发展到一定水平之后所进行的过程非常相似。由于增速放缓，很多公司会感到公司合并的必要性，因为他们通过多样化赢得竞争力的力量不够强大，速度也不够快。每个行业都将出现不同形式的整合，而这取决于规模（或成本）是否比多样化（或质量）更能满足客户要求这一前提。

优化流程以提升生产力、加强技术创新以提高竞争力、提高附加值、将制造业扩展到服务领域，所有这一切都正在进行当中，例如纺织、钢铁、水泥以及黑色金属等行业的目前状况。

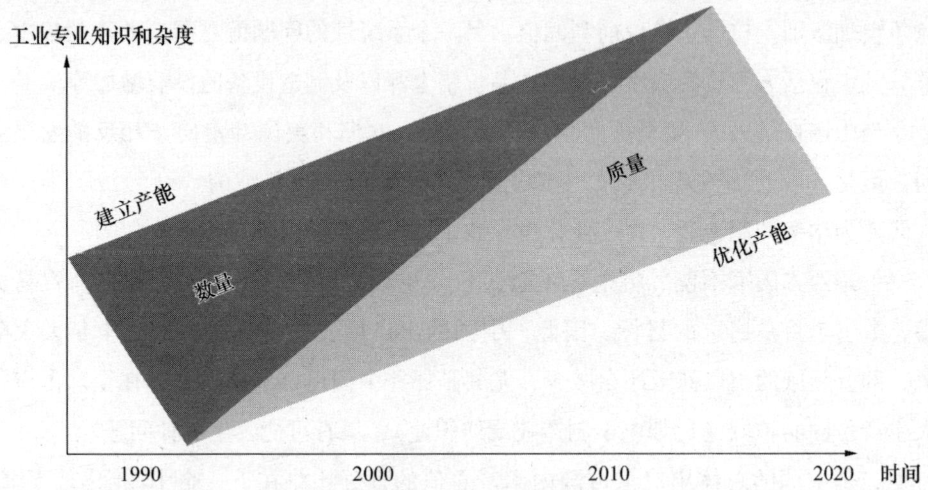

图 2　工业生产内部的变化

把工厂从高成本的城市搬迁到西部地区、提高人均附加值、开展技术改造、实行产品生命周期管理（PLM）等等，这些措施都可以平衡成本问题。参考案例包括化工厂、电厂、造纸厂、汽车制造厂、设备制造厂等。

新一届政府还对环境保护给予了高度重视，要求减少单位 GDP 的能源消耗、节约化石资源、提倡利用回收资源发电、控制重金属元素进入空气和耕地。

从劳动密集型制造转变为技术密集型制造有着非常重要的意义。

上述一切努力在转型期都是必不可少的。但是，制造业的未来是怎样一番图景？中国如何能达到美国和德国这样发达国家的水平？

三、欧盟和美国的制造业现状

正如前面所提到的，除了目前仍然存在的有待解决的问题，欧洲和美国等不同地区过去造成的水、土壤、空气严重污染问题均可认为或多或少地得到了解决。

大多数公司都是服务本地市场的小公司。

一般来说，整个行业的组织性任务都留给了市场参与者自行解决，而不纳入国家规划。公司自己决定该做哪些工作、选择什么样的合作伙伴、希望在世界上哪个地区开展业务等等。国家所起的作用就是提供支持、设定限制条件和建立法律规范。

通常很多制造业公司的生产沿价值链纵深不大，这是因为公司仅在价值链上的某一部分具备高度的专业化。这种模式只有在多样化的、供应商行业非常强大的、供应链管理非常出色的发达经济体才能实现。

但也有许多具备深厚内部生产能力的“隐形冠军”公司，将价值链上的各主要部分深入开展并形成了深厚的核心技术，而这出于战略考虑仅保留在内部使用。另外一个原因就是，如果价值链的某个部分生产容量太小，只有市场中对此最专注的参与者才会感兴趣。从这个事实还可以得出结论，即规模较大的制造型公司内部生产的价值链纵深通常较低。特别是在德国，很多中等规模的公司主要靠出口，一般全球性的“隐形冠军”公司就在他们中间。

人工大批量生产中低复杂产品的现象都已不复存在。大规模生产（如果有的话）都是通过高度自动化的生产和装配完成的。复杂产品和高度复杂产品（如汽车、飞机等）的生产都是在复杂的价值链中完成，最初在供应商的场所完成自动化部件生产，然后在 OEM 商的场所分多个步骤人工完成装配工作。由于过程复杂且数量太小，目前这种装配工序还无法通过自动化完成。

今天，很多部件的生产也采用了自动化生产过程，因为通过手工生产已无法完成（尺寸、质量、精度等）。而将这些部件全部自动组装为最终成品还非常罕见，主要是受到批量生产条件的限制。

当中国在过去 30 年里扩大制造基地之际，欧洲和美国却走向了相反的发展方向。大多数国家的制造业对国内生产总值的贡献大幅降低。一个原因是这些国家与个人财富相关的服务领域的重要性提高了，而且追求生活质量、轻视实际产出等等软性因素的重要性也有所提高。另外一个原因是中国的低廉劳动力成本促使制造能力向中国转移。两种发展分道扬镳，但却向着同一个方向发展，最终导致美国率先出现工业基地大幅萎缩，紧接着欧洲也步其后尘。人们接受了这个过程，有时甚至是被迫接受，因为人们将这个过程看作是经济进化的自然结果。

在过去的10年里，巨大增长均来自“绿色产品”。美国在这方面制定了法律规范，支持带动整个行业增长的产品（风力发电、太阳能发电等）。很多这类制造厂都属于智能化制造的范畴。

下面几段的内容从自上而下的角度显示出部分国家的制造业占其国内生产总值的比例，显示出国家之间存在的巨大差异以及传统工业化国家25年来生产迁移的后果。

由于2008年发生金融危机，许多过去几十年假设的基本理念现在都受到了人们的质疑。主要讨论的就是减少制造业工作岗位到底是不是一项好的决策。据此，西方国家政府正重新考虑加强本地制造业，因为制造业才是平衡就业市场、支撑总体竞争力的主要因素。

美国和欧盟国家经过越来越多的讨论得出的结论是：必须遏制制造业在国内生产总值中比例下滑的趋势，并采取措施（见图3）。至于制造业占GDP的比例多少为合适，并没有一个清晰的数字，但是，人们共同的感受就是：10%～15%这个比例太低了。因此，法国（12%）、德国（20%）、意大利（15%）、英国（11%）、美国（15%）等多个国家相继推出促进制造业的举措。

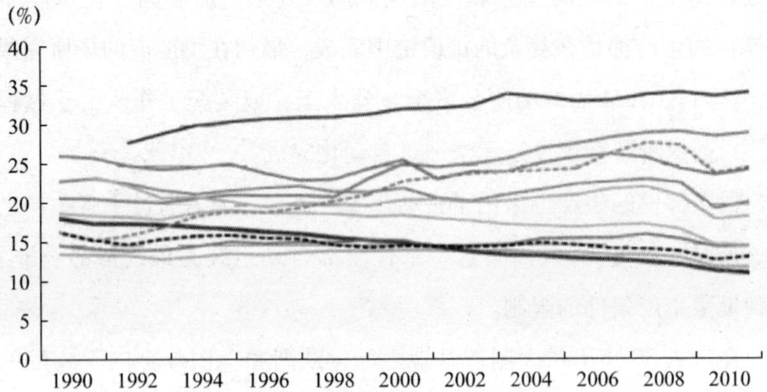

图3　制造业占国内生产总值（GDP）的比例

伴随金融危机的发生，还有一项重大变化，那就是西方国家政府现在试图限制自己债务，政策更有利于国家之间的贸易平衡。

最近，至少又有一项基本现实某种程度上光环在退去，这就是新兴国家的崛起。毫无疑问，整个世界都在向新兴国家尤其是亚洲国家靠拢。这些国家正在快速崛起，且势头迅猛。但是，俄罗斯、巴西、印度及其他国家当前的经济衰退却传递出这样一个信息：强大的增长动力并非固有。这些国家的增长势头都或多或少得自于工业化国家的疲弱，它们的增长严重依赖工业化国家输入的流动资金。由于西方国家的经济似乎正变得越来越稳定，一些新兴国家目前所面临的残酷事实是：它们的现实经济情况或许并不像它们设想的那样强大。

四、部分概念的定义

本文的标题“发展智能制造，促进绿色增长”还需要更加精确定义。“绿色增长”的意思是，整个行业的产出增加，而能源和原材料的投入以及排放量不会增加。很明显，这有现实条件的限制，且当前的水平还远远没有达到理想状态。正如之前所述，我们确实需要依靠绿色增长来避免对环境的严重污染。这是一切后续工作都可称作是“绿色”工作的前提条件。

能源效率：衡量一个过程中所需要的能源在技术可行的前提下可以量化降低的方法，前提是不对质量或生产造成负面影响。

能源管理：能够前瞻性地管理并全面协调能源的采购（如合同管理）、转换、分配以及使用，以满足各项需求，同时考虑到生态和经济方面的目标。意思就是采取措施实现能源的高效使用和处理。

能源管理体系（ISO 50001）：是全面管理体系的一部分，用于制定、导入、实施、检查以及更新能源战略的组织结构、规划、责任、技术、过程以及资源。

能源数据管理体系/能源监测系统：是用来检测、分析、记录和将能源数据可视化的设备和软件程序，也可以用来调节并监测工厂及建筑物的能源需求——从标准意义上说，是运营能源管理系统的基础。

资源效率包括在工厂里与材料、电、燃料、水、空气、附属设施的投入以及最终产品、废料、废热、废水、废气的生成量等有关的所有方面。甚至财务和人力资源也包括在这项讨论之中。

本文无法就所有这些方面的问题展开讨论，尤其是没有涉及有毒污染、有害物质、废物、石油等物质的处理方法及管理规范等话题。

五、生产当中的能源效率

生产当中的能源效率太过于复杂，没有一种简单直接的方法可以对其加以说明，需要将其分解一下。我们把能源效率分为七个小标题，在下面的第 1 ~7 节逐个进行解释说明。

1. 过程、设备、工厂

减少能源投入而不降低产出，其中最重要的调节因素就是设备的机械结构、物理设计和工艺流程。必须明确强调的是：设备的设计和工艺流程决定了某项操作所需要的能源输入。使用中只有进行设备改造，能源消耗也才会降低。设计方案还决定了运行过程灵活度的高低。例如，空载期间是否可以关机的问题。还包括内部液压装置、气动装置中压缩空气的使用和作用。对设计工程师来说，最艰巨的工作就是找到能源需求最少的设计方案。一台设备或者一个工艺流程直接需要的能源通常包括以下几种：

①机械能——用于移动轴、工具、齿轮、转轮、泵、液压泵的能源（一般由电动机提供）。

②压缩空气——作为另一种形式的机械能输入气动驱动装置和气缸。注意：在压缩空气管道与设备相连接的工厂里，通常使用集中式压缩机，而液压泵通常直接安装在设备里，因为穿过工厂的高压液压管道很少见。

③电能——直接启动电子设备、送入电加热器、激光工具（可能非常高）、电磁铁等的能源。

④气态或液态燃料——直接送入设备内部的燃烧器的能源。

虽然设备的设计方案决定了生产运营所需要的能源总投入的利用率，但是，驱动装置和电动机的设计决定了来自公共电网或工业电网的一次能源产生的所需机械能的效率。电网的设计及电网中电站的设计决定了真正的一次能源（大部分为化石燃料，再加上核能、风能、太阳能等）转化为电能并馈送到电网的效率。最后一项属于输配电话题，本文不做详细讨论。

下面列出了一些众所周知的节能潜力方面的特殊案例。大量论文和文件记录对造成巨大能源损失的设计方案及哪些设计变更能带来令人振奋的改进做了阐释。

①传送液体和气体的泵。这里主要是避免发生节流阀降低流量的同时未经调节的泵电动机仍以全速运转的现象。节流阀会造成节流阀这个位置的机械能有50%以上转变为废热。节能增效解决方案就是取出节流阀，用一台变频器来调节电动机的转速。但即便这样，也是对设备设计的修改，尽管修改幅度并不很大。

②液压传动装置以及由液压传动装置提供能量的液压泵。我们在这类传动装置和液压泵中看到了上面讲过的类似作用：低效率的老式设计在经过修改之后，效果大大改善。

尽管液压传动装置历来就不是高效率的传动形式，但是，由于没有其他更好的办法可以取代，因而通常必须使用这些装置。所以，高效率液压系统很重要。

③气动传动装置和由气动传动装置提供能量的压缩机。这是一个与液压传动装置非常类似的装置。即使某个特定生产步骤所需要的能源不能进一步降低，但仍然具备生产顺序方面的优化潜力。如果部件在处理之前需要多次加热，那么这种预加热应快速与生产工序衔接，以免部件在工序之间冷却。因为这样就会需要多次加热，造成能源浪费。智能化设计的工艺链可以把能源浪费降到最低。

2. 设备环境与基础设施

在工厂里，不仅有生产设备，还有大型基础设施，用来供应压缩空气（见上面内容）、供热、通风、空调（HVAC），更有污水和供水装置、内/外部物流系统以及照明设施。所有这些系统都像生产设备一样属于设备，但通常这些设备来自完全不同的供应商。但共同点依然是：设备的设计和工艺流程决定了某项操作所需要的能源输入。使用中只有进行设备改造，能源消耗也才会降低。

另一个重要话题就是与管理生产设备的能源需求同时发生的工厂和办公楼的能源需求管理。回收生产本身所产生的废热和/或办公楼产生的废热方面具备大量潜力。必须将楼宇自动化、工厂自动化和过程自动化与资源管理的共同战略紧密联系到一起。

有一个很有意思的方法，这就是利用各种可再生能源在本地为工厂生产电能或热能。这个方法与降低总体能源需求一样，进一步降低了对电网和电网永久扩张的压力。而且还有助于削弱断电、限电、关键地区计划内临时停电所带来的影响。

这些措施可以在上千家工厂同时实施。每个场所的微弱影响累积起来，积少成多，就可以在全国范围内带来巨大的影响。

3. 工艺转型、工艺稳定性

这个部分是标题五下第一部分内容的延伸。采用了节能增效设计的设备按照标题五下第 1 分部的话题，或许在稳态条件期间可以达到这样的性能。问题往往出在试产或产品变更时。尤其是当有必要反复出现动态变化时，如果时间太长，效率就会大大降低且很多试制品需要再次恢复，直到质量达到稳定状态。这对灵活生产的概念以及带有待机或关机节能模式的设备来说非常重要和关键。设备只有很快恢复状态以及关机模式之后的首个新部件达到完美质量的情况下，才真正有意义。

此外，必须在生产期间有非常稳定的质量控制和快速反馈回路。试制品和残次品总是会带来能源和材料的浪费。因此，应该避免出现这类部件，尤其要彻底防止出现这种部件流入生产过程和组装过程，而到最后才发现。

这时就需要有一套监测总体状态的系统，当设备达不到质量标准时，尽早发出预警并安排维修。不必要的维护也是资源浪费，维护太迟常常意味着大修和中断生产。

4. 能源回收、闭环制造、再循环

这是从另外一个方面来谈标题五下第 2 部分的话题。过程工业（水泥、炼钢、化工等）要处理大量的（热）能源，通常温度都会非常高。在过去，尤其是对于新工厂，人们意识到应该优化过程，重复利用过程中或过程外的废热能，而高温有助于利用热力学原理回收废热。

而传统的制造业却不是这样，原因在于能源总量小或温度不很高。

但这种局面正在改变。虽然温度低、废热总量小，使得高效回收的热力学过程更加复杂，但更有必要，技术方面更加可行。必须清楚，投入到生产设备中的所有能源，无论是电能、机械能还是化学能，都转换成了废热。大部分高能效设备也是如此，只不过程度低一些。这种废热能常常没有得到再利用。冬季的时候，废热或许能带来好处，因为可以为工厂供暖，但是夏季的情况更糟，因为必须额外使用空调系统和冷却装置把这些废热“输送”出去，这些空调系统和冷却装置又成为能源的消费者，从而产生更多的废热。在今后的几年里，将对下面几个主题做出重大改进，并成为高资源效率制造设计的一部分。

一是废热处理，包括通过热能到热能、热能到冷能、热能到电能、热能到清洁水以及其他转换过程进行能量收集和再循环使用。

二是智能化热能管理的生产设备。这个主题不只限于能源、废热，还包括原材料。这种通过减少废料、短循环回收废料等方式提高材料利用率的小型措施成千上万。很简单的一个案例就是，汽车车身冲压工序大约留下一半的精致废料。这种小块的冲压板料（如车窗冲压件）通常被收集起来回收再利用，但最初开始回收的工序很低（如炼钢）。带正确助剂的整个炼钢链以及随后的热、冷轧过程重新开始。大约50%的精致板料一次又一次变为废料。而有一种绿色方法不但能回收废料，还会避免在价值链的最低点再循环。

5. 电气设备和自动化设备

每台机器、每条生产线和每间工厂都需要自动化设备来运行，其中包括能源分配设备、传感器、驱动装置、控制器、操作面板、通信交换机以及服务器等，这些设备对机器、生产线以及工厂实现的预期功能至关重要，是把机械系统转变为自动化设备之“大脑”。这种自动化设备由自动化供应商提供，由设备制造商购买。如之前所述，机器的能源需求量由设备的设计和运行模式决定（最具可行性的方案在设计阶段就已确定）。所以问题是：自动化设备如何帮助实现节能增效？简短的一段描述引出下面几个问题。

①自动化产品本身的设计（自动化供应商的任务）。

②降低产品（大部分是电子类产品）自身运行所消耗的能源：使用更精细的电子元器件和电路板设计。

③提高能源转换设备的效率，其中最重要的是电动机和驱动装置，按照设备和过程设计的要求将电能转变为机械能，高效电动机和变频器可以帮助节约大量能源。

④节能增效控制策略：设备的设计方案一般不限制运行的细节。比如电动机在部分负载时，驱动状况或磁场会减弱。驱动装置的软件必须为此提供支持。

⑤自动化产品的运行（自动化供应商提供的设计工具的支持，而设备制造商完成该项任务）。

⑥选用恰当自动化产品，最大限度降低能源消耗。例如选择有关机模式的，避免让个人电脑或操作面板一直运行。这类减少微量能源消耗的方法有许多，需要人的高度意识，也需要培养设计工程师发现这类节能机会并选择合适的自动化产品。

⑦在设计新的设备、生产线和新的工厂时，应增加待机功能和关机功能。在运

行过程中使用这些模式是很复杂的。创新的自动化产品支持这一功能。

⑧通常设计人员为了提高设备的可靠性，会预先在设计方案中留出一些余量，防止设备过载时发生故障。这些余量叠加到一起，超额的部分就会非常可观，这就会造成资源效率降低，所以应通过认真细致的计算来避免出现这种问题。

6. 节能增效设计

我们在标题五下第 1 节谈到了设备的设计方案对节能增效设备的重要性。设计工具必须支持设计人员完成这项工作。通过运用最佳实践设计规则以及在后面进行能量流仿真是有可能做到的（避免摩擦损耗、减少移动质量等）。设计方案的修改还将改变后来作为部分设计迭代的能源需求。

对于现代设备的设计来说，非常重要的是从一开始就实施待机模式和关机模式，与机械设计和工艺设计同时开始，而不是仅在后面的自动化产品中才关注。

7. 根据 ISO50001，实行能源管理体系

ISO50001 与 ISO9001 标准相类似，不是一项技术性标准，而是公司开展能源管理所使用的检查清单和管理工具。该标准由五大部分组成，共同构成能源管理体系。

①能源政策：这部分内容是关于如何选择能源供应商、合约、评估法律形势（如二氧化碳证书）、聘用外部咨询人员等等，是制定能源消耗总体规划和长期节能目标的基础。

②能源规划：这个部分包括详细的规划、需求预断以及实现既定目标的行动计划。

③实施与运行：培训操作人员和其他人员，以及公司上下各个层级就能源政策和能源规划进行沟通。

④检查：测量、采集数据以及将所有设备和整座工厂的能源流数据可视化，这对与能源消耗计划进行对比和发现更多节能潜力具有非常重要的作用。包括在设备和生产线中安装传感器和测量设备，还包括对日常运营数据进行处理、存档和可视化的软件的安装。

⑤管理审核：在定期开展的管理审核过程中，管理层应审查能源消耗的结果，看是否实现了之前设定的目标，并且设定新的目标。还需要与类似公司的基准过程进行比较，确立本公司目前的水平。

需要重申，设备设计和工艺流程决定了某项操作所需的能源量，之后只有通过改造才能降低。但是，每台设备，尤其是在有各种设备的工厂里，运行模式方面存在很高的灵活性（满载、半载、切换、生产顺序、高峰调节等等）。积极开展能源管理有助于充分发挥这种运行方面的灵活性，最大限度地降低能源消耗。然而除此以外，如果只有变更和改造设备和工艺流程才能实现扩展目标，能源管理还有助于发现变更和改造的机会。

上面阐释了智能化制造与仅注重产量和生产成本的传统制造之间存在的明显区别，智能化制造需要更复杂的管理。

六、自动化供应商的贡献

资源效率对于工厂来说，是工厂设计和设备设计的必须考虑的一部分。否则工厂就无法达到效率指标。自动化产品就是这项工作的一部分。尽管仅靠自动化供应商无法使工厂的资源效率提高，但他们可以为实现这一目标做出巨大的贡献。自动化供应商可提供：

①咨询或专业知识，如：能源服务与环境服务；设备分析；规划测量和关机策略；规划增效措施；评估控制柜。

②硬件，如：节能增效电动机和驱动装置；用来测量与能源消耗有关的功率、能流以及测量很多其他物理量的传感器、测量设备等。

③软件：如：在设备和生产线的设计过程中使用仿真软件来评估能源需求；用于驱动装置、电动机和控制器的选型的计算软件和规划软件；在线数据采集、并将结果可视化处理的软件。

④驱动装置和控制器的实时功能，如：降低类似于半负荷情况下的能源消耗；交替运行待机和关机程序。

七、现代化工厂

除了在本报告的第一章所提出的观点，工业行业所有公司仍须因循同样的基本法则，即：①面对全球市场的激烈竞争，公司务须提高生产率；②扩展产品的品种和型号，能为每一客户定制产品和服务；③降低资源消耗，同时减少废品。

未来的工厂要生存下去，就必须满足以上各项要求—至少在发达国家将是这样。

如今人们的共识是，将来的制造公司，其每一个过程都将是无缝衔接和完全数字化的。未来的工厂就是数字化的工厂。这主要受到三大力量的推动，即普适计算、网络化和数字化。

“普适计算”意味着计算能力无处不在，可以随时随地进行计算。计算的形式有很多，如嵌入式计算（设备等）、移动式计算（平板电脑、智能手机等）、桌面式计算（台式机、便携式电脑，笔记本等）和基于服务器的计算。只有先构思出这些计算能力能够完成哪些工作，计算能力是才有意义。

“网络化”意味着所有计算机互联互通，使设备和设备之间以及人和设备之间完全联通。与普适计算类似：有交流的内容情况下，连通和网络本身才具意义。

因此，第三个话题“数字化”是最为重要的，因为是数字化创造了内容。数字化充分发挥作用的时间还不长，仅仅处于起步阶段，这是由于前两项为数字化提供必要基础。

“数字化”意味着结构、行为、功能、工作流程、过程等全部可以用正规的数学来表达，这是将他们输入计算机的前提条件。不能用正规的数学来表达的东西，就必须由人来完成。这种用正规的数学方法描述的“东西”通常被称为“模型”。目前，人们在开展各种活动来为事物寻找模型。“模型”已成为时尚用语。

以上这三大主要推动力共同创建了今天的动态环境，并以日新月异的速度相互促进和发展。

这三大主力正推动“数字化工厂”或“数字化企业”等概念逐步成为现实。每间新工厂和每间工厂的升级改造都是在向着这一愿景迈进。

图 4 以图形的方式显示出必须在生产力和效率之间架起一座桥梁。因此，寄望于技术，从提高生产力和资源效率两个方面入手位“数字化企业”提供可能。

1. 产品设计

产品的设计过程已经采用了数字化的工具——核心三维设计，摒弃了之前的手工制图板。这使得仿真和验证设计效果，而无须制作真正的样——这还在不断改进。从设计阶段就消除制作（大量）实物样品制作的时间、工作量和成本是根本目的。这就对工具和模型质量之要求更加严苛：未来产品的物理现实，只能用规范的数学来描述。

产品设计过程中的决策决定了很大一部分资源投入（材料、能源等）以及后面

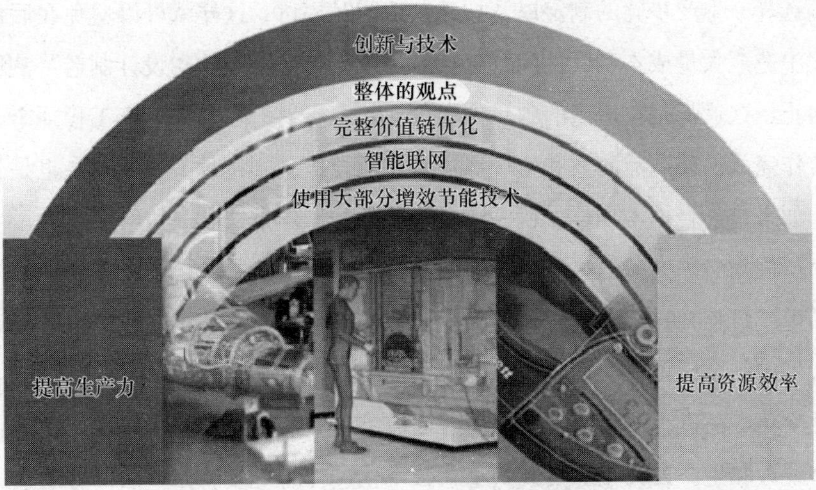

图4　少投入多产出，在提高生产力和提高资源效率之间架起一座桥梁

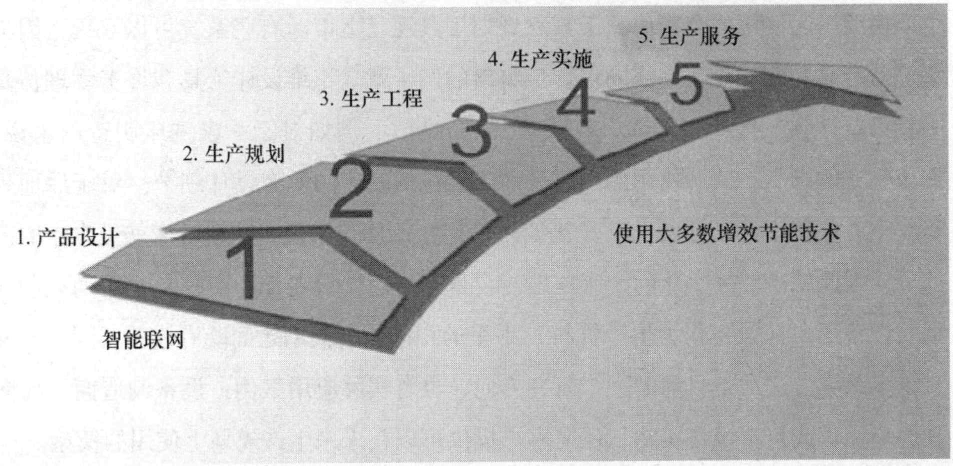

图5　从全局看待整个价值链上的完整的生产过程，并提高每一个过程步骤的生产力和资源效率

生产中的废料生成量。因此，必须遵循资源效率高的设计规则，使用的仿真工具且显示出能达到的资源效率也极其重要。

综上所述：①对产品要使用全生命周期管理软件进行虚拟开发、规划和优化；②通过制作虚拟样品，大幅缩短产品的开发时间；③对各种备选设计方案进行虚拟化分析，提高资源使用效率。

2. 生产规划

未来的产品设计和生产规划需要一部分串行，一部分并行。大多数关键生产步骤和所用材料都是在产品设计过程中就已决定。为了获得最理想的效果，最好能将材料的选择、生产步骤的制定以及加工制造同时探讨，这样就可以避免在后面的生产过程中造成大量成本和其他问题。这就是几十年来著名的“设计制造”法则。而迄今为止，这这都是在适当的项目中运行，并由研发工程师和生产工程师个人之间联手合作完成。使产品研发和生产保持密切的合作，这在过去是、现在也是管理的首要。如果这种合作不到位，就一定会给后面的工作带来麻烦和增加成本。

生产规划必须支持通过产品设计提升“资源效率”。这意味着找到资源效率高的产品生产过程并且提出改进建议，反向影响产品设计。这再次显示出产品设计和生产规划的结合，可以实现总体最佳化、提高资源效率。

数字化产品设计多年前即已开始，而数字化生产设计却起步较晚，目前正处于把产品设计和生产设计无缝集成到全新数字化过程的阶段。如产品部分所述，现在的生产也必须用可以数字化的规划工具即数学模型来描述。用于建立生产模型并与生产模型一起使用的全新仿真工具和规划工具现已上市。有些系统可以双用，因为它们对产品和生产设备一视同仁。最突出的例子就是三维设计工具和许多物理仿真工具以及计算工具（如 FEM，有限单元法分析）。例如对于一家铣床制造商来说，铣床是它的产品。其所使用的产品设计工具包括铣床的所有设计细节。对于后面想要在生产中使用铣床开展生产（比如齿轮箱）的用户来说，这台铣床就是生产的一部分，因此就需要数字化的铣床模型。设备制造商（设备作为产品）手里的设备模型与设备用户（设备作为生产资料）手里的相同设备模型之间既有许多共同点，又有许多差异。这又是目前的一个研究方向，也有实际应用案例：设备制造商不仅向其客户销售或租赁设备实物，还向客户提供可以在未来生产规划上使用的模型。

上面提到的铣床案例是一种通用型设备的代表，能通过数控程序、铣削工具和夹具的联调，实现产品尺寸与生产设备匹配，无限地生产出各种不同的部件。

传统生产设备都是仅能生产某一种产品，不能生产多种产品。在这种情况下，产品设计和生产设计之间的关系显得非常密切。产品设计的每一次修改都可能严重改变生产设备和自动化的物理布局。因此，基于数字化工具的、产品生命周期以和生产生命周期集成的过程有望大大提高生产力。

综上所述：①产品生命周期管理（PLM）软件需与自动化技术集成，生产实现完全仿真与优化；②因此能够节约时间、资源和能源成本，产品上市时间也缩短一半。

3. 生产工程

如果每件工作（产品设计、生产规划）都在生产步骤中提前安排妥善，那么，“生产工程”这部分工作就多余了，因为生产步骤中会自动完成。在完美的模型基础上，在设计阶段就已提前把所有问题识别出来并解决，不再有任何不可知的影响。自动化程序和参数已经制定出来，设备清单和制造计划也均已正确完成。

现有的水平却是：生产规划的结果还没有做到如此的细致。所以还必须通过生产工程这部分工作为后面的生产线组装和装配工作本身制定出细则。其中主要任务就是自动化工程，也就是让所有的控制程序、人机界面、全部参数均与自动化部件相适应、与设备相适应、与后面的自动化功能相适应。

对于这项任务，自动化工程师需要使用前面两道工序的结果。这项任务在过去乃至今天仍在很大程度上通过纸质文件和非正式、没有及时跟踪的信息完成。很明显，这会导致处理错误。通常在产品设计阶段和生产规划阶段所犯错误在生产工程中才会发现。此外，自动化工程师还会找到改进的空间，并付诸实施。而现在最重要的是，这些设计变更需要反馈回产品设计和生产规划，以便保持高度一致。

大部分自动化工程都是离线完成的，意味着在设备和生产线成形之前完成。这再次表明，自动化工具必须支持自动化工程师处理复杂性和处理后面的现实情况，并同样支持自动化工程结果的离线校验、验证。其目标就是生产工程结果能为实际设备百分之百地利用。

设备的实际组装过程就是对之前一切工作的检验。很可能会再次出现错误，导致设计变更，这些变更不应该没有记录，而必须反馈到产品设计、生产规划和生产工程。

综上所述：①每个系统和工具之间都需实现无缝通信、保持数据自洽；②集成并统一执行所有自动化任务，使自动化工程师可以调制各种自动化部件（控制器、驱动装置、传感器、操作员控制台等）；③运行流程、设备流程和工艺流程需要事先集成优化。

4. 生产实施

工厂在这一步真正成为现实。现在关键的问题是其生产力。按照预想的市场条件设计的工厂物理结构和组织结构，现在希望能够完美地达到期望值，否则就是投资失误。日常运营管理工具（ERP，MES 等等）均已安装完毕，设计、选择的实际设备应达到设计的资源效率目标，符合当时的最高水平并且经济、可行。所有提高资源效率的技术均得到适当的使用，那么工厂的运营就能够达到“绿色”绩效的最高水平。

综上所述：①全集成自动化解决方案、高效电动机、齿轮、变频器等工具和手段可以提高工厂生产力；②实现生产绩效最佳、反应速度迅捷；③生产过程控制可以智能化数据高度关联。

5. 生产服务

现代化设备和工厂都非常容易磨损、运行效果不理想、出现瑕疵以及因误操作而停机。必须持续在线监测性能参数以便能立即发现偏差。但是，如果不尽快对问题做出反应并跟踪解决，也就只能保留问题的完整记录而已。所以，自动化供应商和设备制造商需要提供扩展服务来对此提供支持。强烈建议工厂的管理层充分利用供应商的服务，并把这种服务纳入工厂的日常运营。

综上所述：①自动化供应商需依据行业市场和工艺流程专业知识，提供与产品、系统和应用有关的、贯穿整个生命周期的服务；②缩短宕机时间，充分利用资源；③提高生产力和资源效率、降低总体成本。

八、德国的“工业4.0”倡议

1. 何谓“工业4.0”

“工业4.0”是德国确定的名词，内容直接摘自《“工业4.0”战略举措的实施建议》一文（德国，2013年4月）。

（1）保证德国制造业未来的发展

得益于其管理复杂工业过程的强大能力，德国的制造业的竞争力在世界上名列前茅。价值链的管理过程，在于各个不同的合作伙伴完成各种不同的任务。数十年来，德国成功地运用信息和通信技术（ICT）实现了高水平管理。而今天，将近90%的工业制造过程都是在信息和通信技术的支持下进行的。在过去的30多年里，信息革命给我们工作和生活的世界带来了天翻地覆的变化，其影响力堪比第一次工业革命和第二次工业革命中机械化和电气化。个人电脑向智能设备发展进化，伴随着智能网络（云计算）提供越来越多基础设施和服务的新浪潮。这一趋势与越来越大规模的小型化和不可阻挡的互联网进步相结合，使普适计算成为现实。

越来越多功能强大、自主式的微型计算机（嵌入式系统）正以无线联网的方式实现相互之间的互联互通并与互联网的联通。这使现实世界与虚拟世界（信息空间）之间通过虚拟现实系统（CPS）这一形式实现融合。随着2012年新的互联网协议（IPv62）的引入，现在已有足够的地址可供智能设备通过互联网实现全球范围的直接联网。

这意味着有史以来第一次有可能实现资源、信息、物体、人四者之间的联网，建立起物联网和服务。物联网和服务也为工业界带了深刻的影响。在制造领域，这一技术进步可被描述为工业化的第四个阶段，或者称为“工业4.0”。

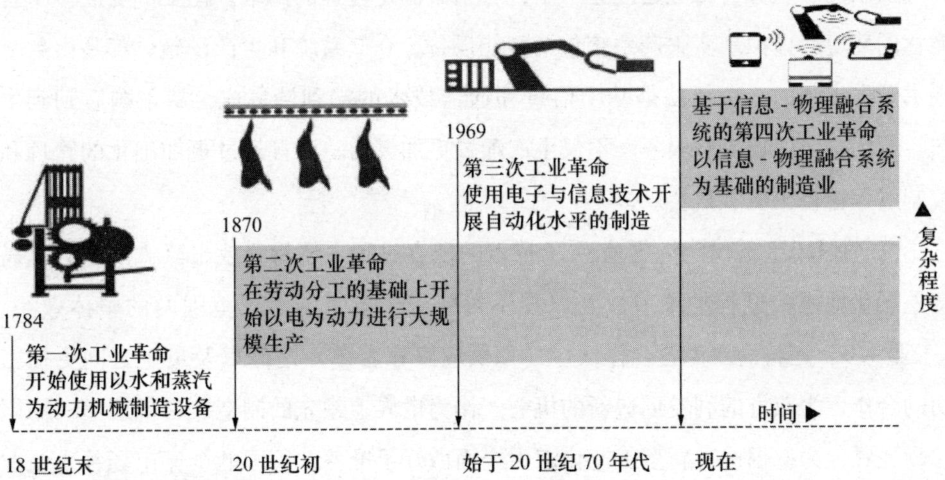

图6　工业革命的四个阶段

资料来源：德国工程院。

工业化开始于18世纪末期机械制造设备的诞生，像机械织布机这样的设备使商品的制造方式发生了根本性的革命。第一次工业革命之后，20世纪初开始了第二次工业革命，在劳动分工的基础上引入电力驱动的大规模商品生产。随后又被20世纪70年代初期开始的第三次工业革命所取代，并一直延续至今。第三次工业革命利用电子信息技术（IT）提高制造过程的自动化水平，机器不仅取代了大量的人力劳动，还取代了部分“脑力劳动”（见图6）。

作为世界领先的制造装备供应商，德国需要发挥自身的力量，在嵌入式系统领域让物联网和服务扩展到制造环境中去，从而引领第四次工业化的进程。

推进“工业4.0”的发展进程，不仅能使德国的竞争地位更加稳固，还将推动用解决方案去应对全球性的挑战（如资源和能源效率）和国内的挑战（如人口变化的管理）。然而，在本身所处的社会文化背景下思考技术创新至关重要，因为文化和社会的变革也是以自身的力量推动创新的主要作用力。例如，人口变化有可能使我们社会的各个关键领域发生变革，如组织学习的方法、工作性质、健康（人们的寿命越来越长）以及本地社区的基础设施等等。这都将对德国的生产力产生巨大影响。通过优化技术创新过程与社会创新过程二者之间的关系，我们将为德国经济提高竞争力和生产力做出重大贡献。

（2）物联网和服务之于制造业

物联网和服务有可能建立起一个包含整个制造过程的网络，把工厂变成一个智能化的环境。虚拟现实生产系统包括智能设备、仓储系统和生产设施，都是由数字技术开发出来的，特征就是基于信息和通信技术的端到端集成，从采购后勤到生产、营销、出厂物流和服务。不仅生产配置更加灵活，而且通过更加细化的管理和控制过程挖掘出更多机会。

“工业 4.0”不仅能优化基于 IT 技术的现有过程，还将释放出巨大的潜力，高度差异化地跟踪过程的细节以及以往不可能记录下来的全球范围内的整体效用。“工业 4.0”还将需要商业合作伙伴（如供应商和客户）之间以及员工之间更加密切的合作，为双方的利益创造新的机会。作为世界上领先的制造装备供应商，德国独领风骚，为挖掘这一新型工业化潜力全面做好了准备。德国的全球市场领先企业包括众多提供专业解决方案的“隐形冠军”，德国的中小型（SME）百强企业中，有 22 家是机器设备制造商，其中三家位居前十名。诚然，很多机械设备制造行业的领先企业都认为它们的主要竞争对手是国内企业。与汽车和化工产品一样，机械设备也是德国的主要出口产品。而且，德国的机械设备制造商期望自己能在未来继续保持领先地位。它们中的 60% 相信，它们的技术竞争优势将在未来五年得到提升，只有不到 40% 的企业希望保持现有地位。无论怎样，全球制造工程领域的竞争正变得越来越残酷。不仅亚洲的竞争对手给德国的工业带来威胁，美国也正在采取措施有计划地推进“先进制造”，以对抗德国的工业化。而且，制造一直在向动态和复杂的方向发展。例如，激光烧结技术的进步意味着现在可以在几个小时的时间里“打印”出高质量的复杂 3D 结构。这将带来全新的商业模式和服务，最终用户将会更深地介入进来，客户可以创建自己的设计，然后把设计方案通过电子邮件发送给“复印店”，或者可以自己扫描物体进行“复制”。

因此，在“工业－科学研究联盟”的倡议下，“工业4.0”平台中的合作伙伴为实施德国政府的战略举措制定了自己的发展目标，以确保德国工业的竞争力。

(3)“工业4.0”举措的巨大潜力

①满足个别客户的要求：“工业4.0”可以把个人、客户的特殊要求纳入设计、配置、订货、规划以及制造和运行的各个阶段，允许在最后一刻修改设计方案。“工业4.0”可以生产非经常项目，在生产容量极低（一个批次）的情况下仍可实现盈利。

②灵活性：基于虚拟现实融合系统的自组网络可以动态配置商业过程的各个方面，如质量、时间、价格、生态友好性等，有助于连续“整理”材料和供应链。而且还意味着工程过程可以更加快捷，可以变更制造的过程，弥补临时性的短缺（如供应问题造成的短缺），在较短的时间内大幅度提高产量。

③优化决策：为了在全球市场取得成功，在无事先通知的情况下能够做出正确决策的能力至关重要。“工业4.0”提供端到端的实时透明度，能够在工程阶段提前验证设计方案，并对生产中断和全球范围内公司生产场所的全面优化做出灵活反应。

④资源生产力和效率：工业制造过程的总体战略目标仍适用于“工业4.0”：从给定数量的资源交付尽可能多的产品，使用尽可能少的资源交付指定数量的产品。虚拟现实融合系统让制造过程在整个价值网络实现一对一的优化。而且，可以在生产过程中对资源、能源消耗或排放量进行持续优化，而无须中断生产。

⑤通过新的服务项目创造价值机会：“工业4.0”开启了价值创造的新方法和新的就业形势，例如下游服务。可以把智能算法应用到智能设备记录的各种海量数据（大数据），创造出新的服务。尤其对中小企业和创业型公司来说，将有大量的机会来开发“工业4.0”B2B（企业对企业电子商务）服务。

⑥应对工作场所人员方面的变化：人与技术系统之间的交互协同，将与工作组织和能力发展措施一道，共同为企业提供新的方式，将人员方面的变化转化为企业的优势。在熟练工人短缺以及员工队伍日趋多元化（年龄、性别、文化背景）等问题面前，“工业4.0”将提供更加多样化和灵活的职业发展通道，使人们保持工作就业，更长久地保持生产力。

⑦实现工作和生活二者之间的平衡：使用虚拟现实融合系统的公司，其工作组织的形式更加灵活，意味着公司有条件满足员工不断增加的需要，更好地平衡工作和个人生活，更好地平衡个人发展和专业的持续发展。举例来说，智能援助系统为组织工作提供了新的机会，可用新的灵活性标准满足公司的要求和员工个人要求。由于员工队伍的规模缩小了，这会给信息-物理融合系统公司在招募最佳员工方面带来明显优势。

⑧仍然具备竞争力的高工资经济："工业4.0"的双重战略将进一步巩固德国作为领先供应商的地位，并成为"工业4.0"解决方案的最大市场。

不过，"工业4.0"不仅只给相关行业带来技术或IT方面的挑战，不断变化的技术还将给组织带来深远影响，为开发新业务和新的公司模式以及促进员工提高参与度提供机会。20世纪80年代，德国通过把可编程序控制器（PLC）与制造技术集成，同时采用基于社会化合作伙伴关系的方法管理员工队伍，凭借交付更灵活的自动化制造顺利完成了第三次工业革命（工业3.0）。其强大的工业基础、成功的软件工业及语义技术领域专业诀窍意味着德国已经完全做好实施"工业4.0"的准备。技术认可方面的问题和劳动力市场熟练工人数量有限等当前面临的障碍都有可能被克服。但是，只有当所有利益相关者共同放开物联网和服务为制造业提供的潜力，才有可能确保德国的工业发展有一个光明的未来。

德国政府从2006年起开始在其高科技战略下推广物联网和服务，现已成功启动了几个技术项目。工业科学研究联盟目前正在通过"工业4.0"项目跨领域推进这一举措。由德国信息技术协会（BITKOM）、德国机械制造商协会（VDMA）以及德国电气电子行业协会（ZVEI）等专业组织联合成立秘书处建立起来的"工业4.0"平台是其实施的下一个步骤。接下来的任务将是为关键的优先主题制定研发路线图。保证德国制造工业的未来发展是"工业4.0"平台上的合作伙伴为自身设立的目标。该平台邀请了所有利益相关者继续探索"工业4.0"提供的机会，以便大家联合起来提供帮助，确保这一革命性的愿景成功实现。

2. "工业4.0"以及其他倡议

正如已经提到的，这些举措主要是传统工业化国家在经历了20年生产向新兴国家转移之后而得出的观点。目前，这些措施即将开始实施，但到目前为止，详细的概念还没有制定出来。

"工业4.0"将带来新一代的机器设备、生产线和工厂以及新的运行方式。但预计这些机器设备业已也可用在"传统"的工厂里。因此,"工业4.0"的步伐是渐进式的而非革命性的。

九、建议

集中开展并成功降低重度污染水平的活动是资源效率呈现效果和影响等其他主题的前提条件。考虑到这类活动不管怎样已经被纳入中国政府的议事日程,那么,应该根据第5部分的内容,就高资源效率工厂的概念和规则提出一些建议,形成以下改进措施。

①完善涉及资源效率以及供应商和进口商透明度的各项法律法规。抓住成为环境衡量标准(如二氧化碳足迹、产品等)的机会。这些衡量标准将日益发挥重要的作用。

②最大限度地降低工厂对环境的影响("好邻居")。这些工厂甚至可以设在要求非常严格的城市地区或者农村地区,而不会破坏农田和水资源。

③降低电网的压力以及电网永久扩展的压力。

④只要全球化石燃料开采不减少,全球性的二氧化碳问题就不会得到解决,只会抑制其进一步快速增长。

第二个建议是关于第7部分的原则问题。建设高资源效率工厂并同时提高这些工厂的生产力,最重要主题就是实行"数字化企业"。这一概念的核心是:工厂中的每件物品(产品、机器、部件等等)都有一个"对等的"的形式模型。这样,在开始生产实际产品之前,可以先用这些数字化代表进行全面规划和组织,这比用实际试验品进行评估成本更低、速度更快。由于建造这些实物的时间和成本等方面的原因,大部分实物试验品仅限一个或很少的几个型号。一个经过验证的概念是在真实世界的工厂里完成之后成为其他工厂的参照标准。

"工业4.0"是根据传统工业化国家的形势提出的一项举措,目前处于评估和细节定义的早期阶段。其依据是"数字化企业"这样的主题,促使其产生的理念就是"用比今天自动化程度更高的方式处理小批量的生产,或者根据客户的具体要求定制生产"。从宏观角度看待这个问题,则可得出以下结论。

①中国需要更多依赖国内增长,必须扩大国内需求。

②中国需要应对更大范围的出口活动，因为增长的主要贡献者不再像过去那样扩张，意味着更多的行业必须参与出口，必须提供更加丰富的产品，产品必须具有高附加值。

③工业国家还将是中国未来出口的主要贡献者和贸易合作伙伴。因此，中国的政策应首先解决深化国际法规和产品标准化过程等问题。

④尽管中国出口的重要地位将会下降，但仍有必要加强国际竞争力，确保中国本地制造业的发展与国际潮流保持同一步调。中国政府应该意识到，宏观经济手段可能与企业的自然手段存在相互矛盾，因为可能国内市场的产品复杂程度更低（国外法规、语言差异、文化差异等），企业会自动将更多力量瞄准国内市场。

⑤中国公司需要适应波动。一般来说，这需要沿着整个价值链提高灵活性。实现这一点必须通过提高自动化水平来实现，这是因为很有可能在多样化产品需求增加的同时，生产过程的复杂程度也同时提高了。

⑥在制造领域调整结构、升级换代以及打造竞争力方面，人是最重要的因素。人才发挥着重要的作用。行业的升级换代离不开具备必要技术和头脑的人才，离不开由研究人员、工程师、技术人员和训练有素的工人组成的结构合理的员工队伍，包含能够理解并构建中国“工业4.0”的人才。

另一方面，中国的工业图景将发生变化。这无疑会带来不确定性，因为这个变化过程中涉及到的人感觉到恐慌。而如果这个过程的方向非常明确，不阻碍变革的进程，还能对个人的损害加以限制的话，就可以减弱负面不良影响。很多公司可能需要得到更多的指导和支持，了解和应对如何处理这些过程。

能源改革与绿色增长

卡特彼勒公司

执行摘要

全球经济正在向绿色发展模式转型，作为全球经济绿色可持续发展的关键要求，推动能源绿色发展已经成为世界各国能源战略调整的共同方向。

中国经济将继续保持高速发展，在加快步入工业化、城镇化进程的形势下，随着人民生活水平的提高以及更多能源依赖型技术的兴起，能源消耗量将越来越大。未来20年，中国对能源的需求会显著增加。中国的能源绿色发展将持续承担着存量优化与持续增长的双重任务，并面临着环境污染治理和应对气候变化的双重压力。在满足经济发展需求的同时实现污染治理和碳减排承诺，将成为中国能源绿色发展的核心问题与长期挑战。

依据卡特彼勒在全球能源项目的经验，结合中国的具体情况，基于我们的专业知识以及与中国和其他国际合作伙伴的互相学习，本报告列出了我们认为值得关注与借鉴的全球趋势或国际经验，并对中国能源绿色发展提出了相应的一系列具体建议，主要包括如下几点。

1. 能源项目的效率与经济性有很大的提升空间，中国可以优化能源项目投资，最大化实现环境和经济利益，推动能源高效利用，从电力、热力的生产环节入手提高工业能效

中国应当充分发掘能源利用效率提高的潜力，从电力、热力的生产环节入手提高工业能效。继续推广余热余压利用，加速推广工业用户燃气分布式能源、热电联产：在能源密集型工业用户、在实施工业锅炉“煤改气”进程中优先鼓励发展燃气

本文是卡特彼勒公司为中国发展高层论坛2014年会撰写的专题报告。

分布式能源；在焦化、冶金、石化、化工用户中推广工业废气热电联产；在轻工业用户中推广有机废弃物沼气热电联产工程，提升能效的同时减少废物排放。

能源项目应以资源最优化利用为衡量准则，应以能效的高低而非规模的大小作为能源项目的首要考核目标。各类天然气发电项目应按照能效进行区分，修订《天然气利用政策》，调整天然气利用顺序，确保天然气分布式能源市场发展的正确轨道，对大中型区域式天然气冷热电三联供项目、小型天然气分布式能源项目采取区别对待的政策；关注沼气工程能效、品质，沼气行业补贴应当从产业链的前端向终端倾斜，不再依据项目数量发放一次性补贴，而是依据发电量、产气量提供补贴，从而达到扶持沼气产业化的目标。

2. 各种能源需要综合利用，全面高效利用各种能源，加快煤层气有效开发利用，产业化发展沼气行业

获得经济、可靠的能源解决方案对能源安全、经济增长至关重要。能源政策应当平衡而全面、鼓励负责开发和利用所有能源，包括传统能源和清洁、可再生能源。中国应对高品质的、可承担基础负荷供应的清洁能源保持高度战略关注，包括煤炭的清洁高效利用、煤层气、沼气发电或提纯等。

充分认识到清洁燃气能源的积极作用，在中长期政策制定和执行中给予明确的激励政策，并确保落实到位。倡导建立清洁、安全、高效的煤炭开采行业，进一步积极开发煤层气等煤炭共伴生资源。注重可再生能源与循环经济的结合，实现沼气行业产业化。

3. 深化改革开放与体制创新，建立并优化环保效益与经济效益共同驱动的长效市场机制

考虑进一步深化改革开放与体制创新，建立环保效益与经济效益共同驱动的长效市场机制：开展一系列的电力体制改革，包括：扩大直供电许可范围；设立绿色电价机制并与碳排放交易联动；在全国范围内推行峰谷电价、差别气价政策，继续深化碳交易市场机制建设；开放民间资本进入电源建设和运营领域；加强对关键电力数据、能源项目信息的搜集和分析，为能源政策的制订提供更加准确、及时的决策支持；政府出资成立大规模的国家能效贷款担保基金，充分调动商业资本投资于低碳产业，扶持更多地节能服务企业（EMCO）参与能效提升改造、可再生能源项目。

我们相信，通过关注工业能效、注重清洁燃气能源、支持基于市场机制的能源

解决方案、深化改革开放与体制创新，可以帮助中国更好地实现能源绿色增长、推动能源可持续发展、为保障全球能源安全和应对气候变化做出卓越贡献。

一、中国能源绿色增长面临的挑战

全球经济正在向绿色发展模式转型，作为全球经济绿色可持续发展的关键要求，推动能源绿色发展已经成为世界各国能源战略调整的共同方向。

中国经济将保持飞速发展，在加快步入工业化、城镇化进程的形势下，随着人民生活水平的提高以及更多能源依赖型技术的兴起，能源消耗量会越来越大。未来20年，中国对能源的需求将显著增加。中国的能源绿色发展将持续承担着存量优化与持续增长的双重任务，并面临着环境污染治理和应对气候变化的双重压力。在满足经济发展需求的同时实现污染治理和碳减排承诺，将成为中国能源绿色发展的核心问题与长期挑战。"十二五"规划的制定为解决这些问题和挑战以及实现可持续发展提供了方向和动力。在具体实践过程，我们了解到在能源项目的效率与经济性、综合全面利用各种能源、能源政策与市场机制等方面仍面临一些现实性问题。

1. 能源项目的效率与经济性有很大的提升空间，尤其需要关注工业能效

全球能源利用效率提升空间巨大，能效提升蕴藏了巨大技术和经济潜力。自1990年以来，全球所有新增能源需求中有半数以上是通过能效提升实现的，每年由此节省的能源相当于1.5万亿美元①。能效提升已被公认为满足全球能源需求的"头等大事"。依据麦肯锡全球研究所报告，在从当前到2020年这段时间内，通过提高能源效率可以使全球能源需求增长量减少一半以上，从而使每年节省的能源需求总量达到142EJ②，这相当于5 000多座1 000MW发电厂的年总产量③。在过去数年中，全球已有许多大幅提高能效的实例，例如2007～2013年，美国汽车燃油经济性提高了25%，对2035年前美国的电力需求预测也在几年间数次调低，能效提高的潜力以及由此带来的经济效益出乎人们预料。

中国能源利用效率总体偏低，2012年中国国内生产总值约占世界的11.5%④，

---

① 联合国基金会，能效专家组，实现能效潜力：G8国家的目标、策略和措施，2007。其中节能金额的计算使用终端用能环节的平均能源价格并假设平均能源价格在每兆焦12美元左右。

② 麦肯锡全球研究院，遏制全球能源需求的增长：提高能效机遇，2007。

③ 发电厂的计算基于以下假设：一座1 000MW的发电设备，并且每年的正常运营率为85%。

④ IMF，世界经济瞭望，2013。

但能源消耗占世界的21.9%①，单位GDP能耗是世界平均水平的2倍以上②。依据美国劳伦斯伯克利国家实验室研究，通过提高包括工业电机、配电变压器等设备能效，到2030年时中国每年可节约5 600亿TWh电力，相当于届时全国电力消耗的6.8%，同时每年还可节约1.0 EJ天然气能源、减少6亿吨CO_2气体排放③。

中国工业能效提升潜力巨大，2011年电力与热力生产、石化、化工、钢铁等各类工业行业消耗的能源超过了整个中国能源消耗的70.8%，包括全国发电量的73.8%④；与此同时，当前的中国正处于技术节能边际效用的高峰时期，用于提高工业能效的每万元单位投资可以带来4~5吨左右标准煤的年等效节能量，远超过相对于太阳能、风能、核能领域的单位投资节能量（见图1）。因此提高工业能效是中国能源绿色发展的便利途径，也是实现可持续工业发展的最有前景途径。

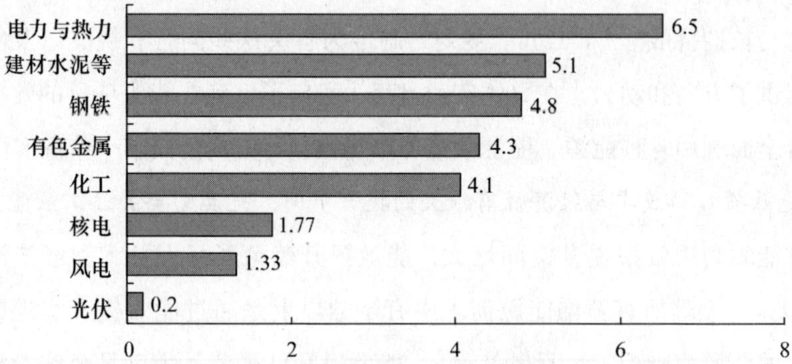

图1　工业节能和新能源的单位投资节能能力（吨标准煤/年＊万元投资）

数据来源：WWF，中国经济刺激计划对气候和能源的影响，2010。

能源项目应以资源最优化利用为衡量准则，应以能效的高低而非规模的大小作为能源项目的首要考核目标。不应以装机容量大小而应以节能减排指标和经济效益为首要考核目标。能源效率的高低与项目规模的大小并非正比例关系。以天然气分布式能源为例，项目之所以综合能效高、经济效益好，关键在于其发电后的余热是否得到了真正的有效利用。只有在余热得到充分匹配利用的情况下，才能产生较高

① BP集团，BP世界能源统计年鉴，2013。

② 中华人民共和国国务院，节能减排“十二五”规划，2012。

③ Business Case for Energy Efficiency in Support of Climate Change Mitigation，Economic and Societal Benefits in China，LBNL-5031E，美国劳伦斯伯克利国家实验室，2011。

④ 中华人民共和国国家统计局，中国统计年鉴，2013。

的能源利用效率，进而获得良好的经济效益。针对一个工业园区的区域型大型分布式能源项目，规模多大于100MW，普遍采用燃机联合循环+冷热电三联供形式，发电效率较高，但综合热效率较低，在利用余热为周边供热时，因其周边多个工业用户的热负荷需求的多样性、变化性，很难将余热充分匹配利用，同时大型项目的供热管道也相应较长，热损耗较大。相反，为单个工业用户量身设计的小型天然气分布式能源项目，多为50MW以下规模，直接采用热电联产或冷热电三联供形式，发电效率略低，但热效率大大提高，可以较容易的实现电力与热力的综合最优匹配，可以灵活、高效地满足该工业用户的实际负荷需求变化。因此小型的分布式能源项目，反而能够比大型项目更好地体现出综合、高效的能源利用效率。

再以沼气能源为例。作为农业大国的中国拥有丰富的农业沼气资源，并已开发了数量可观的农村小型沼气工程，但其中为数众多的项目处于效率低下甚至废弃状态。中国将农村沼气定位为改善民生，列入国家国债资金支持范围，着眼于沼气项目的覆盖范围与数量，资金补贴仅简单的依据项目数量提供，而不是优先考虑项目的规模大小、运行质量。这导致农业沼气工程面临一些问题：①无形中鼓励了大批小规模的、专业化程度不高的沼气项目上马。工艺落后，沼气生产不稳定，运行成本高。②沼气用途单纯，多为炊事和照明，利用效率低下。③运行管理不专业，目前留守农村的以老人妇女和孩童为主，多数沼气工程的经营者缺乏沼气工程运行和管理的专业知识与技能，导致沼气工程难以为继。

2. 各种能源需要综合利用，开发利用煤层气，沼气等高品质高可靠性的清洁能源方面存在很大的空间

获得经济、可靠的能源解决方案对能源安全、经济增长至关重要。能源政策应当平衡而全面、鼓励负责开发和利用所有能源，包括传统能源和清洁、可再生能源。没有一种单一的方式能够解决全球日益增长的能源绿色发展需求。在想方设法降低风能、太阳能的发电成本，并使之更可靠的同时，也必须设法确保基本负荷的电力、热力供应，必须大力发展清洁煤利用、天然气、煤层气、沼气等高品质、高可靠性的清洁能源。

与风电、光伏“靠天吃饭“不同，天然气包括煤层气、沼气这些高品质、高可靠性的清洁燃气能源可以持续生产供应，年利用率极高，是可以承担电力、热力基础负荷、满足电力市场持续性需求的稳定来源，在电力供应链中的系统消纳成本更

低，并且带来的碳减排量更高。以天然气分布式能源为例，其每兆瓦装机容量的年均 CO_2 减排量分别是风电、光伏的 1.5 倍、2.4 倍（见表 1）①。

表 1　天然气分布式能源节能减排能力对比

类型	单位	100MW 天然气分布式能源	10MW 风电	10MW 光伏	10MW（比例）天然气联合循环发电
年利用率	%	85%	34%	22%	70%
年发电量	MWh	74 446	29 784	19 272	61 320
年产热量	MWht	103 417	0	0	0
年节能量 - 标煤	吨	12 805	12 619	8 166	6 428
年减排量 - CO_2	吨	42 751	27 644	17 887	28 172
年减排量 - NOx	吨	59	25	16	39.3

长期来看，作为高品质的清洁低碳能源，天然气、煤层气、沼气等各类燃气将一直是能源系统转型的重要助力。近年来，全球地缘政治格局变化、天然气供需关系发生转变、气候变化和环保压力、美国非常规天然气突破、日本核危机影响以及新能源的经济技术性等因素，也进一步推高了全球对天然气的重视度和依赖度。

中国是全球最大的风机、光伏电池生产国，拥有丰富的风力、太阳能资源，也同样蕴藏着丰富的天然气、煤层气、沼气资源，这些清洁燃气能源的高效利用，将对中国的能源安全、能源结构、经济增长带来重要影响。中国对于常规天然气和页岩气、煤层气等非常规天然气的勘探和开发正在大力进行，但在煤层气利用、沼气产业化等方面仍面临问题与挑战。

3. 中国的能源、电力体制和市场机制依然亟须改革

建立并完善以市场机制为主导的能源政策，是世界各国能源体制发展的基本趋势。为促进能源绿色发展，实现节能减排，欧美国家无论实行强制性政策还是诱导性政策，均以市场机制为主导。美国于 2009 年启动 390 亿美元资金用于成立能效公益基金，用于发放低息或无息贷款等，另有 80 亿美元用于能效贷款担保计划，并通过税收杠杆调节新能源产业的资金流向。这些措施或创新的金融平台充分调动了美国的节能服务或是新能源企业能以最快的速度与市场对接，参与低碳产业。欧

① Combined Heat and Power：A Clean Energy Solution，USDOE & USEPA，2012.

盟成员国利用固定价格法和固定产量法的杠杆作用，鼓励电网公司采购新能源电力。与此同时，欧洲、日本等大力发展节能服务（EMCO）产业，利用市场化的机制使得节能产品提供商与有节能需求的客户联系起来，并把这一产业充分商业化。

与西方国家不同的是，中国的节能与碳减排工作中，各级政府扮演了更为重要的角色，并形成了具有自身特色的节能与碳减排机制。中国政府鼓励企业进行技术改造与新能源投资，特别是国有与国有控股企业。这些企业正是中国目前低碳产业的投资主体。中国的电力、能源体制依然亟需改革，而由于节能与新能源相关的投融资机制不健全，能源服务企业难以获取足够的融资，中国的节能服务业在相当长的时间内处于小而散的状态。中国的这种特色机制为风电等新能源快速发展带来支持，但也造成了诸如沼气等可再生能源产业化进程缓慢，举例来说，全球大型沼气工程技术已经成熟，中国的沼气专业公司多项技术处于全球领先状态，并已经通过多个世行、亚行贷款示范项目获得证实；但由于中国沼气产业定位不明确、财政支持力度不够、国有企业关注缺少、市场投融资机制尚不健全，导致了中国沼气商业化程度较低的现状。

二、对中国能源改革与绿色增长的具体建议

依据卡特彼勒在全球能源项目的经验，结合中国的具体情况，基于我们的行业知识以及与中国和其他国际合作伙伴的互相学习，本报告对中国能源绿色发展提出了一系列具体建议，涉及政策法规建议、制度标准修订、市场体制创新与改革，主要包括如下几点。

1. 优化能源项目投资，最大化实现环境和经济利益，推动能源高效利用，从电力、热力的生产环节入手提高工业能效

许多工业能效提高的重点放在了输配电、用电环节，例如变压器、电机、LED灯节能改造，然而发电与热力生产的环节是节能减排、提高能效空间最大的环节，这个环节不但能效非常低，也是最直接的污染物排放环节。举例来说，工业用户如果采用天然气分布式能源的方式同时获得电力、热力，而非从燃煤电厂、锅炉分别获得，就可以将终端用户能源利用效率从45%提高到75%甚至更高，并且二氧化碳排放减少50%以上，二氧化硫、固体废弃物排放减少为零10。

因此我们建议从电力、热力生产这个最初始环节入手提高工业能效，继续推广余热余压利用、加速推广工业用户燃气分布式能源、热电联产。

一是在能源密集型工业用户中推广小型天然气分布式能源。在能源消耗密集、负荷需求稳定的行业，针对能源成本敏感度较高的工业用户，单独量身打造高效的小型天然气分布式能源系统（50MW 以内）。依据卡特彼勒的调研，以及各行业的生产运行、负荷需求特点，以下行业最为适宜运行天然气分布式能源，并可有效凸显出项目的经济效益：①造纸/制浆/木材加工；②食品加工/奶制品/饮料/酿酒；③化学/化工/炼油；④制药；⑤水泥/石膏；⑥塑料；⑦轮胎/橡胶；⑧制造；⑨陶瓷；⑩纺织。

二是在实施工业锅炉“煤改气”的进程中优先鼓励发展燃气分布式能源。“煤改气”不能简单地等同于将燃煤锅炉改为燃气锅炉，在当前中国天然气供不应求的条件下，应选择最优能效的利用方式，优先鼓励工业用户将分散燃煤锅炉改建为小型分布式能源站，将宝贵的天然气最为高效的转化利用。以 1 台 30 蒸吨锅炉改造为例，与市电 + 燃气锅炉方案对比，小型分布式能源方案在获得同样容量的电力、热力情况下，可以将综合能效由 54.7% 提高至 78.9%，减少 4.3 万吨二氧化碳排放，并节约 37% 的能源总成本①。从而确保“煤改气”清洁化改造的过程中，工业用户为节能环保、大气污染治理带来社会效益的同时，企业自身也能随之得到切实的经济效益。

三是在焦化、冶金、石化、化工用户中推广工业废气热电联产。这些工业用户产生的大量焦炉煤气、兰碳煤气、矿热炉尾气、炼厂气、黄磷/电石等工业废气，存在排放、空燃现象，推广热电联产，可以实现工业节能与循环经济，在为工业用户带来能源成本下降的经济效益的同时，也会显著降低单位产品能耗指标、提高产品利润，提升企业竞争力，促进产业升级。

四是在轻工业用户中推广有机废弃物沼气热电联产工程。在酒精、造纸、食品、生物制药等轻工业中，回收有机废弃物，开发大型沼气热电联产工程（1MW 以上），可为工业用户提供清洁、稳定、可靠的电力、蒸汽或热水等能源，在提升能效的同时减少废物排放。

---

① 卡特彼勒（中国）投资有限公司，张经鹏，天然气分布式能源热电联产方案与市电 + 燃气锅炉热电分产方案对比，2013。计算基于索拉透平 Solar Turbines Titan 130 燃气轮机参数及以下假设：燃气锅炉效率 90%，年运行 6 800 小时，工业电价 0.835 元，天然气价格 2.9 元/Nm^3，蒸汽价格 260 元/吨，全部电力与热力自发自用。

2. 全面高效利用各种能源，加快煤层气有效开发利用，产业化发展沼气行业

高品质、高可靠、可承担基础负荷供应同时具备经济效益与投资回报的绿色低碳能源如煤层气、沼气发电等，应获得战略关注与支持。清洁燃气能源的积极作用应当被充分认识，在中长期发展规划中给予相应的战略位置，在政策制定和执行中给予明确的激励政策，并确保落实到位。

以煤层气为例。应倡导建立清洁、安全、高效的煤炭开采行业，继续积极开发煤层气等煤炭共伴生资源、鼓励投资开发利用废旧煤矿瓦斯发电。建议修改《煤层气（煤矿瓦斯）排放标准》中的煤层气排放限值，对低浓度煤矿瓦斯做进一步的细分并区别对待。对于10% ~15% CH_4 浓度的煤层气，应禁止排放，可考虑与高浓度煤层气混合以适应30% ~40% CH_4 浓度发电要求；对于15% ~30% CH_4 浓度的煤层气，应鼓励进行低浓度发电。同时，进一步加快简化煤层气项目审批手续，减少实际操作层面上的项目核准、土地、并网发电等各类手续办理审批时间。确保煤层气发电企业气源供应。加强煤层气矿业权管理，协调好采煤企业与发电企业的利益关系。

在沼气方面，中国有丰富的各类废弃生物质资源，考虑技术可行性和资源竞争性，每年可用于生产生物燃气资源潜力约2 000亿 m^3，能转化当量天然气1 250亿 m^3，相当于2012年中国天然气表观消费量的85%①。沼气是一种清洁的可再生能源，沼渣沼液是优质的有机肥，可以形成资源利用的良性循环。与此同时，沼气生产不受传统天然气市场波动影响，对中国降低天然气进口依存度、保障能源安全带来积极影响。建议注重可再生能源与循环经济的结合，有效支持沼气行业产业化。在城镇化、工业化的快速发展中，加强推广畜禽废弃物、餐厨垃圾、垃圾填埋、污水处理等废弃物在无害化处理的同时实现沼气化、资源化的循环利用。

对于新建规模化的畜禽养殖场，沼气收集利用工程应成为规划必需附属项目，并在选址过程中充分考虑附近农业生产种植面积配套，充分消纳利用沼渣沼液，确保促进循环农业发展。对于餐厨垃圾，考虑建立餐厨垃圾管理条例，对餐馆按照用水量和营业额缴纳餐厨垃圾专项使用费用，从而促进餐厨垃圾的收运集中处理，推广厌氧发酵发电技术。对于污水处理沼气，应当加速新的污水、污泥处理行业标准

① 杭州能源环境工程有限公司，李倩，生物燃气资源潜力，2014。

修订，明确污水、污泥区分，把污泥处理的重要性提升到与污水达标相等的地位。对于超过 10 万吨日处理量的污水处理厂，积极鼓励引入沼气发电循环利用。对于低于 10 万吨日处理量的项目，可以更多从环境影响而非经济性上进行考量。在此基础上，适时建立对资源化和能源回收利用的补贴政策，或针对创新技术给予减税。在具备条件的地区，可先行补贴、减税试点。鼓励信誉好、技术强、前瞻性的公司入市，在污泥技术上设定高标准起点，摒弃无序竞争，进一步推进行业市场化。

3. 深化改革开放与体制创新，建立并优化环保效益与经济效益共同驱动的长效市场机制

以能源效率为主要出发点修订相关能源产业政策，对同类型的清洁能源项目以能效的高低采取区别对待。政策支持包括补贴政策要充分与环境目标，能效目标相一致。通过系统性综合考虑全生命周期的综合营运成本以优化产业投资，提高经济和能源效率。

以沼气行业为例。农业沼气应当从改善民生的定位转向扶持行业规模化、商业化、专业化发展，从追求项目数量、地区覆盖广度转向以项目质量、能效、经济和环保效益考核。沼气补贴应当从产业链前端向终端倾斜，不再依据项目数量发放一次性补贴，而是依据发电量、产气量提供补贴，从而达到鼓励高效、专业化的沼气工程建设、项目良好管理运行的目的。沼气发电价格政策应该根据沼气发电造价及运营成本变化情况，按照合理成本加合理利润的原则，适时提高沼气发电上网标杆电价，同时考虑依据发酵原料不同，给予不同的电价补贴。

对天然气应用来说，在当前中国天然气供不应求、气价面临上涨压力的情况下，应按照项目能效的高低进行区分，修订《天然气利用政策》中的天然气利用顺序：将综合能效最低的天然气发电项目列入第三类（限制类）或第四类（严禁类），将能效居中的大型天然气热电联产、大中型天然气分布式能源项目列入第二类（允许类），将综合能效最高、更能够体现经济效益的小型天然气分布式能源项目（<50MW）列入第一类（鼓励类）。与此同时，简化小型天然气分布式能源项目的行政许可程序，并施行积极的补贴优惠政策，激励节能服务公司投资开发针对单个工业用户量身设计的高能效项目。

修订《电力法》相关条款，扩大直供电许可范围。全面推进电力用户与发电企

业的直接交易，允许分布式能源自发自用或直接向终端用户售电，扩大直供电交易范围至所有的可再生能源站、天然气分布式能源站，放宽电压等级限制与直购电用户范围，进一步在发电侧和售电侧形成多买方、多卖方的市场竞争，打破电网企业单一买方和单一卖方的市场格局。

设立绿色电价机制并与碳排放交易联动。企业、机构、个人可自行选择购买高于普通电价的绿色电价，绿色电价高出部分资金用于补贴支持清洁能源、可再生能源。购买绿色电价的单位，可将相应的减排量用于碳排放交易中的配额清缴。

同时，我们建议在全国范围内推行峰谷电价、差别气价政策，继续深化碳交易市场机制建设。推进电力体制改革，开放民间资本进入电源建设和运营领域。加强对能源项目信息、关键电力数据的搜集和分析。为能源政策的制订提供更加准确、及时的决策支持。在此之外，金融支持是能源改革不可或缺的部分，建议促进发展能效贷款担保基金。基金可逐次投入、分批试点以降低商业风险，最终逐渐取代节能或新能源领域的部分财政拨款、政府直接投资或政府奖励。这种创新的绿色金融平台将会充分调动商业资本投资于低碳产业，扶持更多地节能服务企业（EMCO）参与工业能效提升改造、可再生能源项目。

三、结束语

作为世界第一大能源生产国，中国已经构建了安全稳定的现代能源产业体系，中国能源的发展，不仅保障了国内经济社会发展，也对维护世界能源安全做出了重大贡献。作为全球能源消费者、工业制造商以及能源转换和发电产品的主要制造商，能源是卡特彼勒的业务核心，我们致力于以更具可持续的方式为客户提供更低碳绿色的能源，期待着助力中国迈向更加稳定、高效、经济、清洁的绿色增长之路。

我们相信，通过关注工业能效、注重清洁燃气能源、支持基于市场机制的能源解决方案、深化改革开放与体制创新，可以帮助中国更好地实现能源绿色增长、推动能源可持续发展，为保障全球能源安全和应对气候变化做出卓越贡献。

能源和碳市场价格：绿色发展的杠杆

BP 集团

概述

在本文中，我们将讨论中国如何在现有发展形势下，以市场价格为杠杆，促进未来经济可持续健康发展（或者说鼓励“绿色发展”）的范围和需要。根据这一做法，不但可以按竞争市场水平实施能源定价（例如：石油、天然气和电力价格），而且还可以引入碳市场，作为限制和最终降低温室气体排放以及解决相关地区污染的措施。本文共分三个部分：第一部分回顾了中国在推动经济发展中取得的成绩，以及由此给能源和环境政策带来的挑战；第二部分从中国和第三方两个角度，着眼于未来，审视目前的能源和环境政策，着重强调能源资源持续定价改革以及碳排放控制市场机制的可能性；最后一部分讨论支持实行定价改革和市场机制的几大原则。我们认为，中国决策层在筹划国家绿色发展的举措时，可以将这些原则作为有用的参考。

一、中国经济发展——成就与挑战

1. 中国经济发展成就

最近几十年，中国经济发展取得了巨大的成就。这些成就已被反复提及。经济改革实施35 年以来，GDP 年均增长率达到了令人瞩目的9.9%。根据目前的改革议程，中国领导人将继续推行可持续发展的道路，在未来 35 年内，使中国发展成为一个发达经济体。

本文为 BP 集团为中国发展高层论坛 2014 年会撰写的专题报告。

2. 中国能源消费——回顾

能源消费是中国经济发展的主要驱动力之一。《BP世界能源统计年鉴》① 长期追踪中国能源消费情况。2000~2012年，中国能源需求增长了179%，占全球一次能源需求增长的56%，占全球石油需求增长近50%、全球煤炭需求增长86%。

主要受益于持续工业化和城市化进程，中国能源消费快速增长，但这也对国内资源和环境形成了巨大压力。2012年，从购买力平价（ppp）来看，中国在全球经济中所占的比例为15%；而在全球能源消费中的比例为22%。中国能源强度（能源强度是评价能源使用效率的综合指标，用来评价每生产一个单位的GDP需要多少单位的能源）为全球平均值的161%（42% ppp）。

在经济发展的早期阶段，中国发电、居民供暖和工业主要依赖于煤炭，这对环境造成了相当大的影响。中国目前是主要的碳排放国家之一，人均排放量从2000年世界平均水平的66%增加到2012年的140%，而在此期间，经合组织国家保持在世界平均水平的61%。中国政府、公民和消费者逐渐形成了一个共识，即：中国需要更清洁的环境。

与此同时，能源需求增长使中国更加依赖于进口。根据《BP世界能源统计年鉴》，2012年中国石油和天然气消费进口比重分别达到57%和25%。不断上涨的对外依存度使得能源供应安全成为关注的焦点。

中国也长期关注这些问题及其发展趋势。最近，官方发布的“十二五”规划（2011~2015）进展情况评估报告阐明了前一期能源和环境措施的实施进度。国家发展和改革委员会（发改委）介绍，2011年以来，宏观经济和增长目标完成情况良好，同时需要加大力度力争达成在能源和环境方面的五大指标，这包括降低的能源强度和碳排放；特别是随着收入增加，消费者对现代化的舒适性和便捷性的需求增加而导致能源需求增大，降低能源强度和减排就需要更多努力。

3. 中国能源消费——展望未来

展望未来，中国经济增长将会逐渐放缓。同时随着工业化、城市化和经济多元化格局的不断演变，投资力度将逐渐倾向于服务业和信息产业。基于以上考虑，

---

① 《BP全球能源统计年鉴-2013》，http：//www. bp. com/en/global/corporate/about-bp/energy-economics/statistical-review-of-world-energy-2013. html。

《BP2035 能源展望》①，即 BP 对于未来能源趋势的预测，得出如下结论。

①中国年均能源需求增长将从 2000～2012 年的 8.9% 下降到 2012～2035 年的 2.4%，同期煤炭需求增长将从 8.8% 下降到 1.2%。2030 年以后，煤炭需求将呈现明显的下降趋势。

②中国能源消费结构将从单一依赖于煤炭走向多元化格局。在能源结构中，2012～2035 年煤炭比重将从 69% 下降到 52%；天然气比重将从 5% 增加到 12%。到 2035 年，非化石燃料在能源中所占的比例将从目前的 9% 增加到 18%，其中核能 5%，水电 7%，另外可再生能源 6%。

③能源强度（即实现一个单位 GDP 增长需要的能源数量）预计在 2012～2035 年间将下降 49%（年均 3%）。

④CO_2 排放量增长预期将从 2000～2012 年的年均 8.6% 下降到 2012～2035 年的年均 1.7%。

⑤尽管能源消费和碳排放总量增长预期将会下降，但增长总量依然十分庞大，因此，2012～2035 年能源消费总量预期将增长 70%。就碳排放而言，尽管排放增长率下降，但 CO_2 排放总量预期在 2012～2035 年将增加 43 亿吨（47%）。

4. 中国能源挑战

中国要保持持续经济发展面临巨大挑战。目前的能源消费模式显然无法适应长期发展需要。显然，中国领导人已经意识到了这一点，正在推出一系列新政策，控制经济需求增长，提高能源结构中非化石燃料的比重。

中国可持续能源发展的核心具有两个显著特征：能源强度高水平；过分依赖煤炭。形成这一局面的原因是多方面的。

首先，制造业在中国经济中占比过大（见图 1）。第二产业在 2012 年 GDP 中仅占 45%，但却占中国能源消费的 75%，拉高了中国能源强度。从某种程度上讲，对于一个正经历工业化和城市化的国家，这是不可避免的。随着中国经济的发展，能源密集型制造业占比越来越大——正在从组装产品转向生产更为复杂的工业设

① 《BP2035 能源展望》，2014 年 1 月：http：//www.bp.com/extendedsectiongenericarticle.do？categoryId = 9048887&contentId = 7082549。

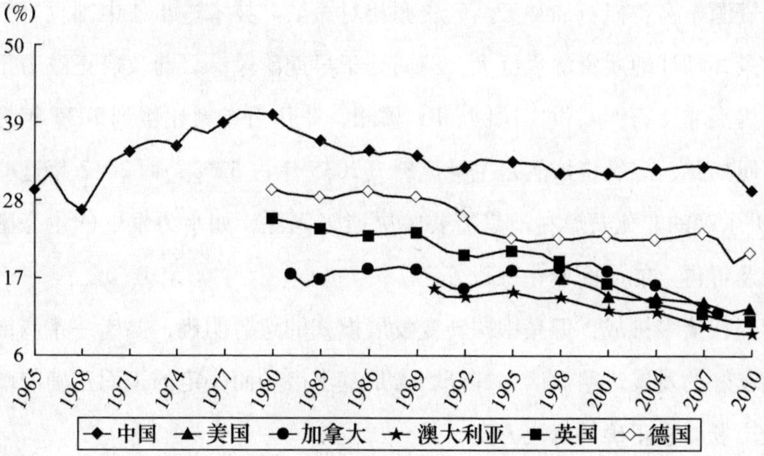

图1　中国制造业比重：相比其他国家

资料来源："全球经济"网站，世界银行。

备。这导致了制造业在中国GDP中所占的比例处于全球最高水平①。

其次，无论是与较发达国家还是新兴工业化国家相比，中国整体能源效率偏低。许多老企业能效低，技术、工艺和管理水平相对落后，导致生产效率低下。由此，主要工业产品单位产品能耗比国际先进水平高10%～20%②。但是也应该看到，中国正在迅速追赶世界先进水平，新型工业设备和设施的能效正在接近国际标准。

第三，消费者行为变化的影响作用日益显著。中国正在从低收入国家转变为中等偏上收入的经济体，城市化将会持续发展，消费者将寻求更加现代化和舒适的生活。在中国，城市居民的能源消费是农村居民的3.7倍③。预计未来15～20年，将有三亿人从农村转移到城市。如何合理引导在此过程中产生的能源需求，同时兼顾可持续发展的目标，将成为中国面临的严峻挑战。

第四，出于经济和安全因素，中国将优先考虑国内能源供应。中国能源结构

① 制造业产出国际比较—英国下议院研究摘要，http：//www.parliament.uk/business/publications/research/briefing-papers/SN05809/international-comparisons-of-manufacturing-output。

② Xie Zhenhua，绿色发展：实现"中国梦"的重要保障，在国家政府学院的讲话，2013年4月15日。同时，资源利用效率不高，2010年我国资源产出率与日本相比只及日本的1/7～1/5（主要资源种类不同），2011年我国GDP占世界的比重不到10%，但能源消费量却占全球的20%左右，主要工业产品单位产品能耗比国际先进水平高10%～20%。

③ Xie Zhenhua，绿色发展：实现"中国梦"的重要保障，国家政府学院讲话，2013年4月15日。

中，煤炭资源丰富，但石油和天然气资源相对短缺。技术进步使中国页岩气有良好的开发前景，预计地质资源量巨大，但尚处于早期阶段。目前政府正致力于通过大型项目来提高非化石燃料供应比例。BP预测，非化石燃料比例到2035年将上升到18%，即便如此，煤炭将依然是主导燃料（2035年占52%，而2012年这一比重为69%）。更乐观的非化石燃料前景需要解决诸多问题，如水力发电的生态影响、核能安全以及可再生能源商业化挑战等。

尽管存在诸多挑战，但是中国转变发展模式的意愿明确，要走一条高能效、低碳及环境友好的发展之路。诸多杠杆因素是基于市场而决定的，而正确的政策激励可以刺激市场寻求正确的解决方案。

二、中国能源政策——发展回顾

1. 历史背景

长期以来，中国一直将能源规划作为经济五年计划的组成部分（五年规划周期）。1978年之前，中国能源规划的主要政策是依赖国内能源资源，这就意味着煤炭在能源供应中占主导地位，重点支持以重工业和钢铁生产为主的工业化步伐。即便如此，从第一个五年计划开始，能源节约在中国能源政策中已经处于重要地位。1978年中国开始实施经济改革，随着经济起飞和能源对经济发展的重要推动作用，能源政策和规划逐渐扩大到对能源多样化的关注，例如开发煤以外的能源资源以支持经济发展。这项政策还要求提高能源技术、加强国际合作以扩大能源供应。

进入21世纪，重工业发展和能源需求突飞猛进，同时人们增加了对国内污染和全球变暖影响的关注程度。"十一五"规划开始重视经济结构的再平衡，同时兼顾能源效率、非化石燃料发展和减少排放。降低能源强度和国内污染排放等强制性指标首次列入五年计划中。2009年，政府宣布了到2020年将碳强度从2005年水平降低40%～45%的承诺。这一承诺被写进了"十二五"规划（2011～2015）。"十二五"规划还指出了一些新目标：能源强度从2011年水平降低16%，非化石燃料在能源结构中的比例达到11.4%，天然气比例翻番达到7.5%，制定国内污染控制目标。

继2013年6月14日公布了十项空气质量改善措施以后，国务院于2013年9月12日进一步颁布了《大气污染防治行动计划》。该计划提出了一系列目标，例如到

2017年煤炭占能源消费总量比重降低到65%以下，同时将非化石能源的比重提高到13%。

自中国新一届领导班子于2012年11月任职以来，在促进中国发展的格局中，政府将“生态文明”和“绿色发展”提高到与经济、政治、文化和社会进步同样的高度。值得关注的是，在本文所述背景下，能源价格改革亦被正式确定为未来发展的一项指导原则，并将成为政策商定中不可分割的组成部分。2013年召开的十八大三中全会进一步提出改革方案，市场将在资源配置中起决定性作用。

从历史上看，规划和政策为经济发展提供了可靠的、付得起的能源供应保障。从近期来看，它们还将有助于重新平衡经济结构、提高能源效率、控制各地污染和降低碳排放。《BP2035能源展望》预测，未来25年内，政策将在提高能效和降低煤炭消费方面进一步发挥作用。

2. 能源价格市场化进程

以往，市场导向的措施在中国能源政策中并不占主导地位。然而，能源价格市场化的趋势日益明显。目前，中国实质上放开了原油和煤炭价格，正逐步减少对成品油和天然气价格的监管，而对监管严格的电价亦有改革举措。

在原油领域，1998年6月1日起，在适当监管下，国内原油价格已接近国际价格。

在成品油领域，发改委于2013年3月26日调整了2009年的定价机制。新价格机制下，发改委仍调控国内成品油价格，将调价周期由22个工作日缩短至10个工作日，并取消上下4%的幅度限制，适当调整国内成品油价格挂靠油种。虽然还是成本加成机制，但新定价机制能更及时、全面地反映国际油价波动，有利于提高炼油毛利，减少市场投机行为。2013年6月11日，国家标准化管理委员会石油产品和润滑剂标准化技术委员会通过了国家汽柴油国五质量标准。到2018年在全国实施后，这一标准预计将对中国炼厂和燃料市场产生重要影响。此外，2013年9月16日，发改委宣布将在2014~2015年对符合国四和国五标准油品适当加价。

在天然气领域，页岩气、煤层气和进口液化气等已市场化定价。在广东和广西试点后，2013年6月28日，发改委宣布自2013年7月10日起在全国范围内实施净回值定价机制。新定价机制取代成本加成法以替代燃料净回值基础，生产商和消费者谈判以发改委规定的省级门站价为上限。“存量”非居民用气为2012年实际使用气量，到2015年底省门站价逐步提价至增量气价水平。增量气价格一步调整到与上海进口燃料油、液化石油气组合的85%（权重分别为60%和40%）此外，我们期望居民阶梯气价的实施将鼓励节能。

在煤炭领域，市场供需基本决定煤价。2012年12月28日，发改委宣布解除发电用煤价格干预。

在电力领域，批发和零售市场仍有监管。不过已有大用户直供电等突破。但是，煤价上涨可导致电价低于供电成本。

我们对中国继续放开能源价格充满信心，这也是实现绿色发展的重要杠杆。

3. 低碳能源取得的进展

中国在低碳能源方面取得了重大进展，可再生能源消费（水电除外）从2004年不足100万吨油当量增加到2012年3 200万吨油当量——占2012年全球可再生能源消费量的13%，但由于中国能源需求总量巨大，可再生能源仅占中国能源消费总量1.2%。

中国对气候变化的忧患一定程度上推动了可再生能源发展。中国于2002年核准《1997年京都议定书》，作为附件二成员国，中国并没有降低温室气体排放量的对外强制义务。但是，在对气候变化（特别是给中国带来的负面影响）进行国内评估后，中国从2005年开始主动降低温室气体排放量。中国2005年通过了《可再生能源法》，并陆续推出特别举措以促进太阳能和风能发电（包括生产和部署）。

在2009年12月哥本哈根《联合国气候变化框架公约》（UNFCCC）第十五次缔约方会议（COP－15）上，中国宣布从2005～2020年，争取单位GDP碳排放量降低40%～45%，非化石燃料在一次能源消费中比重升至15%左右，增加森林覆盖率4 000万公顷，森林蓄积量增加13亿立方米。

哥本哈根会议之后，中国首次在国家发展规划中增加了降低碳排放量的目标。前述目标被纳入了国务院2011年3月批准的“十二五”规划：从2010～2015年，单位GDP能耗降低16%，GDP二氧化碳排放降低17%。

国家目标逐省落实到区域目标。根据《万家企业节能低碳行动实施方案》，约有17 000家企业综合能源消费量万吨标准煤，运输和公共建筑能源消费过五千吨标准煤，要与本省商定2015年节能目标。并就锅炉、电动机、建筑物和照明等设备推出具体节能项目。预计节约2.5亿吨标准煤。

4. 建立碳交易市场和定价方面取得的进展

中国已将应对气候变化的措施作为未来经济和社会发展规划中的一项重大战略要素，并在“十二五”规划中宣布：到2015年建立全国碳排放交易体系（ETS）。在2013年七省市筹备试点碳排放交易，为未来全国碳排放交易体系积累经验。试点地区二氧化碳排放量预计过7亿吨，是继欧盟碳排放交易体系（EU ETS）之后全球第二大碳排放交易体系。

2013年下半年，中国碳排放交易体系取得重大进展，深圳、北京、上海、广东和天津等五个试点省市均成功推出，重庆和湖北两个省市（有望于2014年推出）。目前，BP的石化合资企业上海赛科石化（SECCO）已列入上海试点方案。

三、中国能源和环境政策——展望未来

1. 目标和政策工具

根据BP的经验，在一个国家确定能源发展方向中，定价和市场化改革是根本驱动力。这样的路径不仅能提高能效、降低碳排放和当地污染排放，还有助于新技术和新产业，从而成为可持续发展的新引擎。

显然，中国正在采取重大举措（包括逐步开放能源市场），遵循可持续发展的道路，以期持续增长。如我们所目睹的，通过制定目标、法令、财税政策和市场导向的改革，中国已取得了很大进步。展望未来，中国决策者面临的重大问题是选择什么样的手段营造可持续发展的未来。

在本文最后部分，我们将分析不同政策的优点，探索为促进经济更可持续健康发展，中国未来实施价格为主和市场导向政策的潜力。

2. 开放市场和市场定价——益处

BP认为，从长远来看，开放和竞争的市场是分配稀缺资源最有效的机制，而且市场定价可推动节能与增加清洁能源供应所需的技术创新。

基于此，BP欢迎中国能源价格市场化趋势及创建碳交易市场。如前所述，这一趋势在原油和煤炭价格领域尤为明显，成品油和天然气价格在逐步放开，监管严格的电价领域亦有限放开，碳交易系统尚在早期。

我们认为，有几点原因正推动这一趋势的进展——这很大程度上与市场定价和机制激发效率和创新的潜力有关。

在市场框架中，价格和数量是供需的结果——价格决定于供应成本和消费者所愿购买数量的交集。一般而言，这将产生最佳的社会和经济效应，反映收入消费及资源利用方面的社会集体偏好。在可持续发展方面很难找到比优化稀缺资源配置更好的方法。而有助于提高政策作用和促进持续发展的关键政策因素，是能源领域价格改革。

市场竞争决定的定价带来的另一大收益是“绿色发展”，即竞争与不断提高效率齐头并进。市场参与者在谋求竞争优势时，往往有一个内在的持续动力推动着他们去追求各种效率。这一原则既适用于从开采到产品制造的各种资源生产活动，也适用于消费——各方寻求新的改进方法来降低成本和资源投入，同时维持相当的产出或服务水平。对生产者而言，这会增加利润或市场份额；对消费者而言，这会增加消费或可支配财富。对整体经济而言，这有利于经济增长。

价值链上的许多组成部分的效率均可改善，包括工艺、材料、设备、基础设施等，并体现在不同程度及不同增量变化上，如增加使用绝缘材料；以及所提供和消费的商品与服务的方式发生更激进的转变，如运输方面，转向混合动力汽车发动机、公共交通甚至远程办公。从这层意义上讲，开放和竞争市场提供的内在持续动力不仅提高效率，更有助于创新。

在以市场为主导的创新方面，近期大概没有比美国“页岩气革命”更好的例子。在美国，水力压裂等开采技术的创新应用促进了美国非常规天然气以及石油产量的迅猛、显著增长。美国由此扭转了多年来产量下滑的趋势，且有望在 2018 年由能源净进口国转变为能源净出口国。多种因素共同促成了这一重大转折，包括灵活的劳工法规、矿权所有权、完善的输配基础设施以及有利的监管环境等，而创新的主要驱动力是高度开放且具有竞争力的能源市场——在这个市场环境中，能源价格可以根据供需变化而自由浮动。

这样的变化往往在市场允许自由运作时发生，且市场价格可刺激企业进行资产、技术和产能投资。

3. 财税政策：税赋和补贴——收益与风险

当然，各国政府总会遇到政治、社会和财政压力，促使其对某些活动进行补贴或征税，而能源资源消费往往同时牵涉到补贴和征税措施。然而，尽管这些措施可以在中短期内取得成效，但从长远看，我们认为会造成经济效率低下，因为它们对市场有扭曲效应，可人为地降低或提高价格以及增加或减少需求，而这会导致资源的次优配置。如果它们成为永久性措施并植根于经济结构中，从长远看，经济方面会表现欠佳，而且可能大大抵消任何短期社会效益。

出于此种原因，我们认为应尽量慎用财税措施，并尽可能作为暂时过渡之用。即使征税旨在提高基本公共服务收入，也应维持在最低限度，并尽可能以减少扭曲影响为前提应用与支出。

事实上，许多新兴和发展中经济体通常的做法是，保持能源价格低于供应成本，并为消费者提供补贴，以力求能源可支付得起并被广泛使用，尤其是对弱势人口而言。然而，这样的价格管制阻碍了供应方面的创新——只有投资回报更具吸引力，供应方面的创新才会接踵而至。从长远看，这种管制减少了能源供应，并加大了能源价格压力。即使在短期内，这样的政策也会造成鼓励过度使用能源的后果，并使富人得到的补贴多于穷人。总之，价格补贴无助于解决价格承受力或公平性问题，我们认为，最好通过其他方式解决这些问题。

经常听到有关人为压低能源价格的类似辩护，认为能源价格上涨会削弱一个国家出口方面的竞争优势，并随之影响就业、GDP 和税收收入。然而，这种说法既低估了能源价格上涨对创新和提高效率的激励作用，也有悖于国际经验。在日本和德国，能源价格上涨促使生产更为高效、出口更具竞争力；在美国，市场化价格促成页岩气革命和包括制造业复苏在内的经济多重效益。

4. 碳排放市场

在进行广泛的市场机制与价格改革同时，将市场力量引入碳排放控制，一些重要原则有助于中国建立碳排放交易体系并实现绿色经济增长的不断努力。

市场竞争力和市场定价本质上都是可持续发展的重要内在支持因素，同时，通过引入更多的市场和定价功能也有可能放大或加快“绿色”效应。

特别是，它们可以用来控制经济活动中的环境和社会影响，而这些影响的成本和利益却未在市场价格上得到充分或直接的反映，这通常被称为“外在效应”。

最明显且最重要的外在效应例子可能就是从各种工业生产过程、土地变迁及化石能源消费利用中所排放出的二氧化碳和其他温室气体。

如果这些气体对气候的影响所造成的社会和生态成本未能反映在市场价格上，那么从社会观点看，这一失误本身会导致资源的无效配置。同样问题还涉及到当地的空气污染和与之相关的人类健康成本。

另一方面，如果只能通过直接、自上而下的强制指令及调控监管措施来限制排放，以扭转失误，这种干预往往会偏于武断并造成经济效率低下——因为通常有关部门会强制推出一些昂贵且无效的减排活动，却忽略了其他一些廉价又有效的减排机会。

外在效应定价可以通过由市场决定何时何地进行减排活动来克服上述问题，从而有利于以最小成本开展减排活动。这就是BP之所以支持将设立碳价作为限制温室气体排放的最佳且最有效政策的原因。确定碳价可使能效更具吸引力，并使低碳能源更具竞争力。基于此，中国着手建立碳排放交易体系是一大进步，该体系有望逐步撤除强制性计划，如万家企业节能低碳行动实施方案。

第一，碳税或市场机制？通过征税或创建一个“总量管制与排放交易”市场，可以设定二氧化碳排放量的总体限额，并完成碳定价。之后，市场参与者可购买或出售总体上限内的二氧化碳排放许可。

BP一直推荐根据总量管制与排放交易系统确立碳价——主要是因为市场往往能为客户提供最高效、最具创新性的解决方案，还因为这一过程可从设定排放限制开始，而排放限制在某种程度上是按科学方法测定的——并让市场通过以最小成本提供减排所需级别来设定碳价。而以税收形式进行碳定价的困难就在于，碳排放的社会成本或危害成本几乎无法计算，也无法达成一致，更何谈将碳税设定在适当水平。若设置过低，为避免不能接受的环境后果而进行的减排将有所不足；若设置过高，经济发展又将受到不必要的制约。

第二，碳定价——共同利益。外在效应定价，尤其是碳定价的一个优点是经常能够提供一些所谓“共同利益”。为体现有效性与高效能，政策应明确哪些具体的外在效应具有针对性，以帮助确定适当的价格。

就这一点来说，与针对各种环境破坏问题（如全球气候变暖、局地空气污染或水污染）而设立更为广泛的“环境税”或定价措施相比，专门的碳定价往往更为可取，因前者需采用极为不同的估值方法，且每种方法本身都可能十分复杂并具争议性，几种方法共同确立的如此宽泛的税种往往极不透明，且难以量化或求证。

这个问题至少在某种程度上由针对单一资源的外在效应定价来解决，因为它通常具有同时应对多种形式的环境和健康损害的功效。比如，重视降低碳排放还会使当地空气污染和相关不良健康影响减少。当然，这并不表示在某些情况下完全不需要更为直接的监管干预，例如：考虑到健康或安全原因，或者污染只是小范围的且外在效应定价具有较大影响时，需要严格测定阈值。

第三，碳定价收入的使用。碳定价机制的另一挑战是如何支配碳排放税或碳补贴拍卖收入。从纯粹政策角度上讲，对外在效应赋予一定价格主要是为了改变人们的行为，而不是增加财政收入。不过，外在效应定价确实以最低社会成本减少了对环境的破坏，同时也可能意味着相当大的财富转移——政府可以出于此种原因选择外在效应定价，或者至少善用这一元素。

对于设置在国家经济体系内的碳定价机制，大量的财富将从碳密集型产品领域及其消费者处转移至中央政府部门，而政府部门必须决定如何支配这一收入。若碳定价最终成为全球性定价，财富将有可能从成立时间较长的经合组织市场经济体流向非经合组织国家。

一种选择是将全国性碳收入用以资助扩大限碳影响的活动，但其经济效率低下。另一选择是使用碳收入补充政府一般性收入中的公共开支，但其具一定政治风险，因为一旦外在效应价格成功改变了人们的行为，收入将随时间推移而下降。BP认为，最经济有效的方式就是简单地将收入回馈于经济发展中，并以不扭曲的方式进行回报，比如，减少企业税或所得税或国家社保费。

第四，应对碳“泄漏”和营造公平的竞争环境。无论首选哪种碳定价方法，都必须了解并避免潜在的不良后果，如“碳泄漏”风险。当国际社会尤其是国际竞争对手尚未实行可比价格时，在国内实施不成比例的碳排放价格会使国内能源密集型企业发展失衡，并在国际竞争中身处劣势，包括国内经济增长得不到环保收益，因为工业活动和温室气体排放只会移向别处。

基于此，在国际上推出可比定价机制之前，通过对能源密集型贸易部门提供过渡性保障来营造公平竞争环境就显得十分重要，哪怕只是暂时性的。BP 更倾向于从总体碳排放费用中拨出临时救济款给客观定性为能源密集型的企业和贸易部门，并以某些免费排放津贴的形式进行分配。我们认为，这种做法比所谓的碳税或能源税的边境税调整（BTA）更为可取，因为碳价适用于国外进口，BTA 则可被视作贸易歧视，其具一定操作复杂性，并会引发政治摩擦。此外，尽管 BTA 不鼓励进口国外碳密集型产品，其在支持国内出口方面也毫无作为。

5. 采用有针对性、过渡性的激励措施补充碳交易市场

中国目前拥有一套不断发展的减排政策工具（以量化为导向、以财政和市场为导向），但需要强调的是，BP 认为，若能够小心谨慎、有针对性地使用这些工具，有时或有所助益。

即使是在辅以碳定价的开放而充满竞争性的市场，对于有额外限制和有时限的政策干预，针对性和临时性支持有时也是正当的，BP 称之为“过渡性激励措施”。事实上，近年来中国在实践过程中采取的诸多措施均属此类激励措施。

这种激励措施的主要目的不是为了减少碳本身，而是尽量降低新兴低碳技术的成本，使之在仅辅以碳定价的前提下，最终达到市场竞争水平。早期使用新的可再生能源和低碳技术是有必要的，以便进行必要的学习并使其最终参与市场竞争。

例如，整体经济的碳价不能单纯依靠鼓励低碳技术的大规模开发和应用，或仅依靠一个时间表，而时间表中要求减少的排放量又超越现有技术或系统所能达到的性能。即使设定了碳价，对于寻求独立项目尤其是大型能源基础设施项目的私营企业而言，示范和应用创新技术的风险回报与成本效益比率也有可能过高。

尽管如此，我们认为，有资格争夺这些激励措施的技术应基于严格和透明的标准，特别是要显示出能大规模实施碳减排的潜质，并且还有降低成本的可靠途径。此外，这种激励措施必须是临时性的（过渡型），最长持续时间不超过实现目标所需的时间，并应尽快清零。

6. 碳定价和过渡性激励措施——欧盟和美国的经验教训

虽然过渡性激励措施可以发挥有限的过渡性推动作用，但需要强调的是，它们只是为达到目的所采取的手段（降低技术成本）而已。在我们看来，目的本身（碳减排）与之截然不同，所以应该由不同机制（即碳价本身）来传导。区分这一点至关重要，因为一旦忽略这种差别，当过渡性激励措施指向以节能减排为目的的可再生能源技术时，即可再生能源技术本身变成目的时，人们很快就会认识到这是一个多么昂贵且不可靠的碳减排途径。

这也是欧盟过去 10 年来经历过的非常挑战。加上欧盟碳排放交易体系（EU ETS），总量管制与排放交易系统几乎涉及欧盟经济的半壁江山（大型工业和电力设备），欧盟制定了雄心勃勃的可再生能源发展目标，并将这一目标与成员国绑定起来，这就必须要求有补充政策支持，以期实现这些目标。

尽管欧盟已成功降低了一些可再生能源技术成本（比如陆上风电），但这些雄心勃勃且对成员国具有约束力的可再生能源发展目标却造成两大不良后果。其一，可再生能源为达到适度减排消耗了非常高昂的经济成本，隐含的碳价高达每吨数百欧元（尽管这在某种程度上是由几个成员国所选择的特定支持机制造成的）。第二，由于可再生能源发展目标适用于电力部门，而后者已包含在欧盟碳排放交易体系（EU ETS）中，因此它们有效地切断了该体系内其他地方所需要的减排，并在排放交易系统中将碳价减至一吨约5欧元。反过来，这又减少了对低碳创新和碳排放交易体系中温室气体减排活动（包括以气代煤）的激励。与此相反，碳排放交易体系（ETS）中的低碳价意味着欧盟发电厂从美国进口和使用低成本煤炭变得经济实惠，发电行业煤改气曾使得发电用煤被越来越多的廉价而充足的天然气所替代，而在当前情况下，燃煤发电仍可满足碳排放交易体系中的上限要求。针对以上两大后果，一些欧盟成员国开始削弱对一些可再生能源技术的支持力度，虽然可再生能源发展目标目前在欧盟范围内仍然有效，但整个欧盟开始反思2020年之后是否及应如何对可再生能源提供专项支持。

欧盟经验与美国经验形成了鲜明对比，后者既无碳价也无强制性可再生能源发展目标（生物燃料的目标除外），但在过去18个月里，其温室气体排放量得到大幅削减，减幅之大超过包括欧盟在内的任何一个国家或地区。究其原因，一部分归结为经济低迷，但主因还是电力部门煤改气推动美国煤炭出口到欧盟，而美国页岩气革命产出更多廉价而丰富的天然气推动了煤改气。正如我们所见，页岩气革命部分程度上是由美国支持建立开放而有竞争力的市场及市场定价所促成的。因此，我们回到了问题的原点：市场和市场定价是分配稀缺资源和实现增长的最有效机制，且对于分配稀缺的自然资源和实现绿色发展尤其如此。

如果对自然资源进行市场定价是实现可持续发展的最有效手段，那么值得一提的是，天然气是中短期内最有可能为可持续发展做出重大贡献的特定自然资源。天然气不仅产量丰富，并因此供应安全和经济实惠，天然气发电所排放的二氧化碳也不及燃煤发电的一半，而且其成本只相当于除陆上风电以外的大多数可再生能源当前成本的一小部分。更为重要的是，天然气可以大规模使用，从而较快实现大规模温室气体减排。若煤改气发电增加1%，则全球范围内二氧化碳减排量大致相当于可再生能源发电量增长了11%，使用天然气显然更为切实可行，其不仅有助于更快实现减排目标，且成本也更为低廉。

随着社会（包括中国和其他国家）日益关注实现绿色发展，尤其关注如何应对气候变化，我们认为，最行之有效的方法是从两方面进行资源价格改革：一方面，通过逐渐减少资源消费补贴，实现以真正的市场能源价格为准；另一方面，在整个经济范围内逐步推行碳价。这将促使我们在当前作为的基础上采取更为迅速且更大胆的行动（也就是说，加快改进能源效率、增加天然气的使用），与此同时，逐步发展那些成本较高且尚不成熟、但终将成为必需替代品的项目，如碳捕获和储存及可再生资源。

值得注意的是，如果国内推行碳价的速度过快，或全球其他地区跟风速度慢甚至不推行碳价，商机就会变为代价极高的挑战，因为国内重工业将被迫转移，而且/或者事实证明低碳商机过于昂贵或无法实现。

选择任何政策都会面临挑战。比如，能源价格放开后，能源消费者要付出更多，而这可能导致其短期内对价格的担忧。

不过，从长远来看，我们相信消费者会从自由运作的市场中获益——不仅是能源价格方面，还有对经济层面的更广泛的积极影响。

四、结论

作为中国经济发展的长期参与者，BP 对中国的发展雄心和所取得的成就表示赞赏，也理解中国所面临的挑战。

中国政府不断出台调控目标和政策，引导中国经济朝着更加可持续发展的方向前进。目前，在提高能源效率、减缓煤炭消费增长速度和相关的碳减排及地方污染减排方面，已经取得了显著效果。所有这些令人欣慰。不过，中国面临的额外挑战也十分严峻，需要依托市场力量，采取更多、更有效的政策方案。

作为一家国际能源公司，BP 通过认真细致的研究、投资和长期实践认识到：开放的市场竞争和能源价格自由化是实现可持续发展的最佳推动力。这二者与中国最新的改革原则是相一致的，即让市场在资源配置中发挥决定性作用；尤其是在中国经济调整时期，这二者可带来的多重收益更为明显。

法律声明

本文所载资料并不完整。我们虽已尽所能，但其中信息仍然可能存在不准确、不具时效性，或不适用于特定个案。我们不对文件中的任何误差或遗漏承担任何责任（除了欺诈性的失实陈述）；您根据本文所载资料做出的任何决定，由自负其责。对于依赖或任何使用本文所载资料所造成的任何直接、间接、特殊、后果性的或其它任何损失或损害，BP及其任何附属公司均不承担责任。就任何具体项目，您应妥善获取独立财务建议。

本文包含前瞻性陈述。前瞻性陈述涉及风险和不确定因素，因为它们涉及到将要或可能在未来发生的事件，并取决于当时的情况。实际结果可能会因多种因素而有所不同。

中国能源改革建议书

荷兰皇家壳牌有限公司

序言及致谢

今后20年，全球能源供应和需求将经历重大转变，在对中国能源行业构成挑战的同时，也带来了机遇。先进的可再生能源技术、智能电网与通信网络的深度集成，被有些人称为“第三次工业革命”，这将刺激经济发展，加深中国与其他国家之间的相互依存。譬如，在美国及世界其他地方，非常规天然气的开采和利用日益盛行，能源价格亦因之降低。随着技术进步和供应转移，能源外交格局将面目全非。有朝一日，世界各国可能签署一份旨在降低温室气体排放量的约束性全球计划，但就算没有这样的协定，中国仍将不可避免地面对来自其他国家的与日俱增的压力，中国的能源行业将受到越来越严格的监督。

2020～2030年，在中国工业的转变和发展、持续的城市化进程以及经济发展方式从制造业向服务业转型等因素的推动下，中国国内能源需求结构也会有所改变。着重于低碳、经济划算和保障能源安全等方面，将出现新的限制因素。启动中国能源改革刻不容缓。中国能源发展的下一步必须是促成旗帜鲜明地推进以更加绿色、更加高效、更加安全的能源体系为目标的战略转型。越早做到这一点越好。

壳牌与中国国务院发展研究中心（DRC）密切合作，制定了一系列政策组合，提出了一条路径，以期为中国朝着更加绿色、更加高效、更加安全的能源体系转型给予指导。这项研究是为了促进围绕中国能源体系的未来，特别强调以降低能耗、

本文是荷兰皇家壳牌有限公司为中国发展高层论坛2014年会提供的专题报告。本文档包含了从荷兰皇家壳牌有限公司与中国国务院发展研究中心合作开展的研究工作中得出的信息、预见和建议。双方分别运用各自的知识、技术专长或分析模型，提出了有关建议。序言及致谢部分由荷兰皇家壳牌有限公司首席执行官Ben van Beurden撰写。

减少温室气体排放、增强能源安全等为议题展开对话，而作的多方面努力的重要环节之一。我们的建议书提出，要大刀阔斧地改革中国能源体系，描绘新的蓝图；进一步深化现行改革。其结果将是一个市场化程度更高、更富活力和竞争力、紧急应对能力更强、更符合中国的国内及国际利益的能源体系。

为了支持这一提议，我们郑重主张在企业、政府和民间团体之间展开对话，以便中国把握这些独一无二的机会，稳定能源供应，保障能源安全，提高能源效率，同时减少浪费，加快清洁能源部署。

一、背景简介

能源已成为全球发展变化最迅速的领域之一。近几十年来，能源技术、供需模式、地缘政治以及全球能源体系的许多其他方面均已发生了重大转变。现在，能源技术正引领着全世界走向新的经济秩序，有人称这个过程为“第三次工业革命”。

在今后20年乃至更长时间内，中国将是推动这些变化的中坚力量之一，中国将有机会完成自身在能源生产和使用上的变革。中国在大步向着发达经济体迈进的同时，也面临着瞬息万变的能源格局的变化。区域能源结构随供需关系的变化而变动，能源技术在许多领域掀起了创新浪潮。与那些先发展起来的国家不同的是，中国必须在追求其经济增长目标的同时，兼顾对保护环境和可持续发展的高度重视。

要在可持续发展经济和能源开发方面成为全球领头羊，中国必须调整好国内需求与全球能源体系的变化和优先事项。中国应当积极地将其能源发展方式转型与其经济发展方式转变相结合。根据我们的分析，通过到2020年初步构建并在2030年基本形成“安全、绿色、高效”的能源系统，中国将能发挥出最大潜力。“安全”能源系统的含义是指，立足国内建立能源供应体系的基础上，具备影响国际能源价格、保障石油供应和运输通道安全、紧急状况下应对和应急等能力。“绿色”能源系统的含义是，以绿色低碳为方向大幅度调整优化能源供应结构和利用方式。“高效”能源系统的含义是，能源开发、生产、转化、输送、使用各环节的能源效率高，能源系统的经济效率和资源配置效率高。

实现中国能源发展方式转型，关键是要构建具有战略视野、基于市场、综合性、连贯性的能源政策体系，实现中国能源的安全、绿色和高效发展，促进能源生产和消费革命。该政策体系应该体现以下几个原则和导向。

①能源政策体系要体现战略视野，不仅要解决诸多短期突出矛盾，更要着眼于未来中国能源发展长远目标的实现。

②能源政策体系应进一步发挥市场机制的作用，增强竞争活力与动力，通过价格信号来引导投资和消费，同时对垄断性环节进行有效管制。

③能源政策体系要统筹考虑供给、需求、创新、竞争和能源安全多个方面的问题。

④能源政策体系应该是统一和连贯的，避免左右摇摆或大幅波动，也要避免不同政策之间相互矛盾与掣肘。

⑤能源政策体系应该具有动态性和环境适应性。能源政策实施与调整要考虑经济与社会的可承受力，并随着能源市场供需关系以及外部环境的变化而进行动态调整。

这个政策体系框架有两个基础性方面，一是政府必须履行的一些重要的基本职能，如制定法律和标准、完善监管等一系列基础性制度安排；另一方面是保证能源市场能够良性运转所必需的一些重要制度设计，如制定准入规则、完善价格机制、竞争政策、税收政策、排放交易体系等。

二、中国能源体系改革的历史和背景

自 1980 年以来，中国经济体制改革已经实现了快速经济增长和转型。中国已经从一个落后的农业大国走向一个大力推动城市化进程的工业国家，实现了从计划经济向市场经济的转变。这样的转型源于具有显著累积效应的经济政策转变，尽管各个转变之间保持了连贯性。1978 年端于农村的经济体制改革，已逐步发展到覆盖中国经济的几乎所有领域。过去几十年，中国经济改革取得了举世瞩目的成就，贫困人口大幅减少，人均收入快速提高，工业及生产力的地理布局实现了转变。

随着时间的推移，中国能源政策的目标也有了新的发展。虽然最近几十年，中国已经实行了旨在保障能源安全、促进经济繁荣的重大能源政策，但当前的治理和政策措施并不足以达成中国政府提出的 2030 年发展目标。在建设现代化可持续发展能源体系的过程中，决策者面临着诸多严峻挑战，主要包括以下几个方面。

一是决策者能否清楚地阐明总体能源战略，为政策制定和实施给予更好的指导？能源政策应从能源战略出发。模糊或多变的能源战略目标和优先事项会破坏一个国家制定并实施政策的能力。

二是能否通过在政府内部及各级政府机构之间进行更好的协调，避免重复性工作，保证连贯性。良好的能源政策不应在政府机构之间造成重复性工作，并且各个政府机构制定的政策应当保持连贯，而不是相互掣肘。负责制定影响能源发展的政策的中央政府机构之间，以及中央与地方政府政策之间，保持连贯性至关重要。

三是当短期政策目标与长期政策目标相互抵触时，能源政策与宏观经济政策能否适当地兼顾二者？逆周期宏观经济政策应当刺激需求，而这很可能在短期内增加国内能耗。虽然这不一定与能源政策目标相矛盾，但如果逆周期政策提供了针对排放密集型生产活动的激励，那么，它们可能在能源供应和需求以及碳排放强度方面产生持续性影响。另外，能源价格调节与消费品价格之间可能发生冲突。

四是政府能否对能源体系进行恰当干预，同时避免因筹划不周的过度监管，降低人民总体生活水平？不同于消费品市场，能源市场的特点是存在重要的外部影响，如自然垄断和内在战略重要性。挑战在于采取适当数量和类型的干预，以充分发挥优势，同时避免因“将问题留给市场来解决”而付出沉重代价。

五是能源政策能否处理好效率、公平与国际竞争力等目标之间时有发生的冲突？在为能源价格松绑时，政府必须将下游行业和居民的购买力纳入考虑。应当谨慎权衡这些政策措施及其他举措对个人和企业的影响。

其中许多挑战都直接或间接地与赋予能源体系管理机构的权力有关，而不论这些机构能否不断发展，实现构建一个安全、高效、绿色的能源体系的目标。为了支持中国的快速增长带来的根本转变，在制定法律框架时必须把握好节奏。虽然中国加入 WTO 为在许多经济部门推进深化改革注入了动力，但能源体系改革却没有得到类似的刺激。中国能源行业改革步伐在很大程度上取决于对国内形势的判断，尽管意外的冲击，如进口能源价格飙升，会导致改革速度加快或力度加大。

三、能源体系改革的国际经验

中国并非第一个细致检查其能源体系，寻求改进的国家。其他国家在改革其能源体系的过程中取得的成功和失败，都能为刚刚踏上能源转型之路的中国提供有益的经验与教训。国际经验涵盖了各式各样的问题，从能源体系的全面治理，到设计排放权交易机制等细节，不一而足。理解其他实行能源改革的国家所做的努力，有助于中国确定其可能希望效仿的政策和应当避免的前车之鉴，因为中国的改革道路可能与大多数国家的经历大相径庭。中国是一个大国，其决策及产生的结果可能影响到国际市场和全球环境。中国向市场化高收入经济体转型是一个持续的过程，中国计划经济的一个历史遗留问题是存在大量国有企业，这构成了特殊的挑战。通过分析其他国家所做的努力，并从中国的独特处境来审视这些努力，我们得出了10个核心经验教训，可能值得中国汲取和借鉴。

一是能源市场要求进行强有力的监管，市场手段与行政指令应双管齐下。围绕着能源形成的自然垄断环节要求进行积极的监管。此外，能源市场失灵会影响到整个国民经济乃至国家安全，能源生产和使用过程中产生的排放也会对全球造成影响。

二是竞争性市场是可行的，但有时候，得到了妥善监管的垄断是必要的。在能源行业的某些部门，如零售部门，竞争性市场很管用，因为竞争可以降低价格，为消费者提供更好的体验。但在诸如运输等部门，自然垄断——不论是国有还是私营——可能更为恰当，因为其成本是固定的，网络重复建设会摊薄效益。

三是在逐步从计划经济转向市场经济的过程中，改革顺序极其重要。应当尽早实行基础改革和以行政指令为主体的长效政策，如旨在提高能效的政策。在初期阶段，还应当建立强有力的监管和治理机制。接下来，应当推进所有权和市场结构改革。在零售部门推进改革之前，应当首先实现批发价格自由化。

四是在开展周期漫长的计划之前，必须审慎考虑。在能源行业，固定资产的使用寿命很长。此外，其他政策领域的抉择，特别是交通领域的决策，会令一个国家的能源需求走上特定增长轨道，难以进行调节。同样地，供应侧投资会对发电部门的碳排放强度产生长达数十年的影响。在敲定系统组件之前，做出明智的抉择，可以降低能源需求、增强能源安全、提高能率、减少排放，以及产生其他诸多长期效益。

五是为了克服变革阻力，可能需要向实力雄厚的传统垄断企业给予短期支持。通常，能源政策的一个主要目标是在很大程度上让供需关系决定价格，同时适当地将所有外部影响内在化。改革往往会威胁到传统垄断企业的业务模式，但通过既能为其带来效益又不会妨碍长期经济发展目标的短期过渡性安排或配套政策，可以克服有关阻力。

六是监控、合规和强制执行至关重要。有时候，中国的能源政策其实与发达国家的能源政策不相上下。在诸如建筑物和家用电器的能效标准等领域，实际的挑战在于通过加强监控或提供更有效的合规激励等，强制合规。

七是应当避免不必要地广泛推行政策和采取重叠措施。能源政策包含多重目标，政府往往实行有时相互重叠甚或彼此矛盾的多项政策。一项政策取得的效果可能在一定程度上或完全被另一项政策所抵消，譬如，二氧化碳排放税和排放权交易制度。诸多不同决策者之间应当协调行动，以免不必要地扩大政策范围，造成重叠或冲突。

八是如有可能，政策应当侧重于具体目标，而不是实现这些目标的手段。市场经济体制允许参与主体利用有价值的分散化信息来做出更加明智的决策。侧重于目标的政策给企业留出了创新空间，同时，通过明确政策倾向，政府赋予了企业在政策发生冲突时作出适当决策的能力。

九是各级政府作出的决策会对能源体系产生持久影响。各级政府作出的决策都会影响到国家能源体系。诸如电力基础设施开发和能源外交等政策必须由中央政府来实施，但还有许多政策在本质上更具地方性特点，如，城市交通和规划。对于地方政策实施，中央政府制定的明确框架有助于保证地方政策与国家目标相一致，在其制定过程中也能对所产生的影响做更加透彻的考量。

十是降低能源消耗和碳排放强度与提高人民生活水平并不相悖。建立在廉价能源和对环保的无知之上的西方经济增长模式已经过时。当前人们已经认识到矿物燃料排放对环境的危害，并且能源成本高昂，中国正是在这样的时代背景下，朝着发达国家过渡。然而，其他国家在同一时期作出的努力表明，清洁能源和环保举措可以与经济增长并肩同行，为一个更具可持续性的全新发展模式指明了道路。

四、符合中国国情的现代能源政策框架

要保持高速增长，中国能源体系必须不断发展。必须大力推进改革，以满足国家快速向现代化高收入国家转型的需要。为补充国务院发展研究中心从历史、政策和经济的角度就中国能源体系开展的研究工作，我们确定了六个首要政策领域，构成符合中国国情的现代能源政策框架的支柱。

1. 六个首要政策领域

①能源价格政策：中国能源体系必须从主要由政府定价向大多数价格运转良好

的市场转变。

②竞争政策：能源市场不能由少数几家拥有不当权力的企业主导，而应让运转良好的市场在能源行业发挥优化资源分配的作用。

③资源税费政策：中国还应当适当提高资源税税负，完善计征方式，将重要资源产品由从量计征改为从价计征。

④能源安全政策：一条多管齐下的策略可以通过加强国内能源开发、丰富进口燃料供应渠道、通过提高能效降低需求、开发战略储备以及帮助稳定国际能源市场等途径，增强能源安全。

⑤能效政策：在坚实的法律框架的支持下，中国可以通过充分发挥监管作用和市场机制，在所有经济部门全面提高能效，达到国际先进水平。

⑥环境保护政策：必须将降低能源碳排放强度作为首要任务，中国必须通过行政监管与市场机制并举，努力实现2015年和2020年约束性减排目标，在为本国创造短期效益的同时，为从长远上保护全球环境做出贡献。

在制定符合中国国情的现代国家能源政策框架的过程中，思考了三个根本问题：良好的能源政策框架有什么特征？鉴于这些特征，应当采取什么样的流程来制定框架？所制定的框架应当包含哪些要素，包括哪些总体政策目标？因此，我们列出了适合中国的良好能源政策框架的六个特征。

2. 良好能源政策框架的六个特征

①战略性：框架应当以长远的目光看待能源体系，融合中国领导人确立的工作重点、长期行动计划的内在目标以及总体经济发展的关键目标。

②连贯性：框架应当保持连贯，避免不同政策之间相互重叠和掣肘。连贯的总体战略应当协调短期和长期目标，缓和彼此矛盾的能源政策目标之间以及能源政策与其他国家计划之间的紧张。

③全面：框架应当包含能源体系的所有关键要素，包括关于供应和需求、定价、技术创新、竞争、能源安全、城市化和交通等领域的政策。

④高效：框架应当推行理论上合理，实践中可行，能够实现其目标的政策。成功的实施应当结合总体经济发展工作重点，体现战略高度，如为处于不同发展阶段的中国各地区量身定制配套措施。

⑤机动灵活：框架应当包括定期政策回顾，以确定所产生的影响和取得的成

效。框架应当机动灵活，可根据战略、国内国际能源市场、总体经济形势以及其他因素等的变化作出必要调整。

⑥市场机制：框架应当强调向市场化能源体系转移，为解决许多当前及未来的能源挑战做好铺垫。政策可以瞄准整个能源市场，从供需两侧发挥有效作用。供应侧政策应当激励投资，如开放市场准入和放开价格管制，而需求侧政策则应包含鼓励消费者更加高效地使用能源的价格信号。

为了开发符合这些特征的政策框架，我们从目标结果的角度，考虑了目标投入和有关政策方面。要做到综合全面，政策框架必须既包含能源行业政策，又涵盖诸如城市化和交通等对能源体系实际成效有显著影响的领域的政策（见图1）。

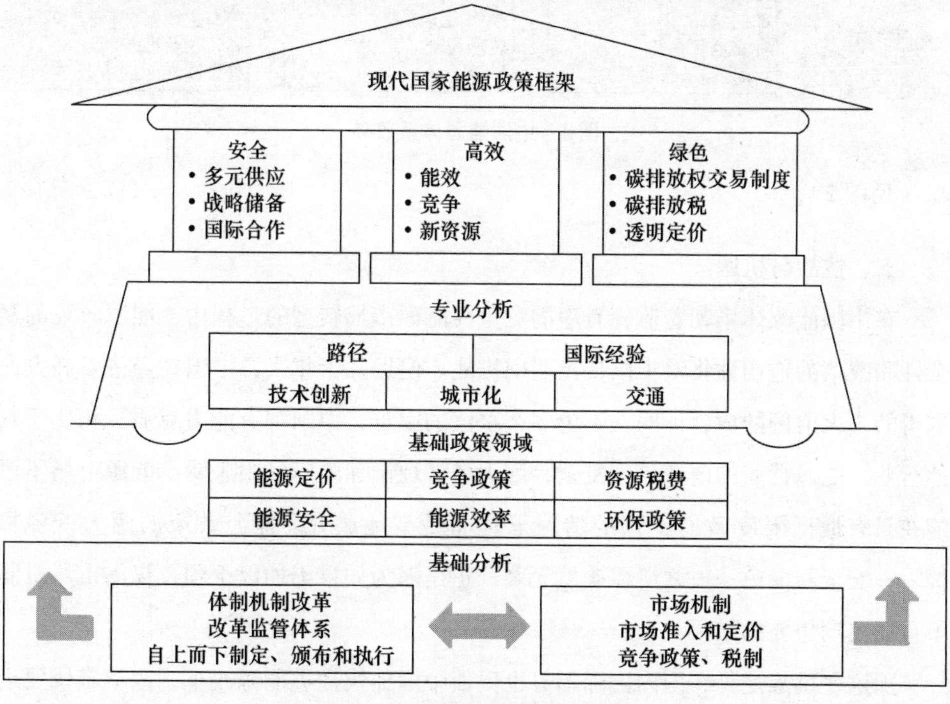

图1　现代国家能源政策框架

要成功实施，措施必须基于基础和专业的分析。通过这样的分析，我们提出了中国能源发展的主要目标：建立更加安全、高效、绿色的能源体系。市场治理改革可以为实现这三个目标作出根本性贡献。包括：完善负责监管能源市场各个方面的机构和政府部门；加强能源市场竞争法规建设；通过部分和全部私有化，优化市场结构；放宽对新企业的进入限制；促进开发新产品和技术创新；降低成

中国能源体系改革						
目标	安全增强安全，减轻动荡		高效提高人民生活水平		绿色降低碳排放强度	
关键指标	进口能源占比	电力、燃料多元化	人均GDP增速	电价实惠	碳生产率	碳预算余量
供应侧机制	• 多元供应 • 战略储备 • 国际合作		• 开发低成本供应		• 碳定价 • 支持清洁能源	
需求侧机制	通过下列途径，降低（峰值）需求： • 提高能效 • 结构调整		通过下列途径，降低（总体）需求： • 提高能效 • 结构调整		通过下列途径，降低（无效）需求： • 提高能效 • 结构调整	
市场治理	体制 部门结构 独立监管机构 （如，竞争管理局）	+	法规 上网定价规制 资源税制 MRV	+	市场参与主体 国有企业 私营企业准入 外企准入	

图2　中国能源体系改革

本（见图2）。

五、挑战与机遇

在中国能源体系朝着监管有序的竞争性能源市场转型的过程中，能源政策的复杂性和改革的迫切性将对中国提出明确挑战。但近几十年来，中国在经济发展方面取得的史无前例的成就证明，不论多么艰巨的困难，中国都有能力克服。相比于其他行业，能源行业的改革更为复杂，因为经济理论和国际经验表明，能源市场不可能在只有最低限度政府干预的情况下轻而易举地放开。能源政策的两大首要目标——安全和绿色——之所以确然无疑，正是因为如果不加以干预，仅靠市场机制不可能实现想要的结果。

除这些挑战之外，国内国际形势也促使中国加快推进能源改革，改革步伐要迈得比当今的发达经济体更大更快。发达国家早在数十年前便已踏上转型之路，因此这些国家的电价普遍较低，但最近，它们也开始收取排放税费，这导致了能源价格上涨。相比之下，中国必须几乎同时以相对较快的速度应对这两方面的挑战，并且还要兼顾能源安全、经济持续增长以及气候变化威胁等问题。中国改革规模之宏大，也是前所未有的。虽然这样的宏大规模带来了一定的益处，但这也令政策抉择变得更加复杂，因为首先一点，国内决策将对全球价格和技术进步产生直接影响。

此外，必须克服制度和政治障碍，主要包括三个方面。

一是既得利益。在西方经济体，国有能源企业惧怕能源市场改革，引入竞争会削弱其盈利能力，因而大力阻挠变革。在中国，大型国有企业和廉价能源的其他主要用户，以及严重依赖于能源密集型行业来实现GDP和经济增长的地方政府，也面临着类似的盈利下降风险，可能对改革构成阻力。通过从新能源行业入手启动改革，并且在短时间内允许实力雄厚的传统垄断企业继续获得部分经济租金，可能有助于消除阻碍。这些经济租金的许可期限和企业进入门槛应避免造成长期财政成本问题，并应帮助达成改革的长远目标。

二是监管领导力度微弱。美国的经验表明了对能源市场进行强有力的监管的益处。相反，微弱的监管、领导或协调，会阻碍改革，不利于一个国家充分挖掘其潜力。一个可能的解决方案是将计划的协调和监管职责委派给具备充分权力的高级官员。

三是来自底层的阻力。如果政府不通过补贴来抵消能源价格上涨，那么，居民也会反对改革。在中短期内，销售电价有可能依然由政府决定，让居民承担任何价格上涨，都属于政策决策事务。最佳途径有可能是逐步朝反映了发电和输配电的实际成本，并纳入了碳能源环境成本的销售电价转型。

尽管存在这些障碍，中国在其他经济部门实行改革所取得的成功，以及在能源行业采取的初步行动表明，这项任务是可以完成的。自20世纪80年代以来，通过开展一系列以市场为导向的经济体制改革，中国经济实现了突飞猛进的发展，中国的经济和社会发展取得了巨大成功。在这个过程中，中国的能源体系为现代历史上最大幅度的生活水平提升给予了支持，能源体系治理和政策也得到了显著改善。

通过我们开展的研究工作而提出的现代国家能源政策框架和政策建议，融合了我们对中国能源体系在近期的历史和治理的深刻理解，从曾经面临过类似的艰难的能源体系改革的其他国家汲取的经验教训，以及通过我们的专家专有建模得出的真知灼见。尽管面对重重艰难险阻，但分析表明，所提出的政策建议将有助于中国建设更加安全、高效、绿色的能源体系。

六、结语、建议和政策方向

中国当前所处的形势，是任何世界经济强国从未经历过的。中国实现增长的时代，是一个能源政策可以引导经济发展，而不是经济发展的附带结果的时代。中国走向发达国家的时代，是一个气候变化、限制性资源和整体可持续发展等问题在国际上备受关注的时代。中国突破这些界限的时代，是一个技术——特别是信息技术的进步使得人们可以采取经深思熟虑的方法来构建国家能源体系，从而实现安全、繁荣和保护环境的时代。

需要一系列政策来成功引导中国的能源转型。要构建具有战略视野、基于市场、综合性、连贯的能源政策体系，实现中国能源的安全、绿色和高效发展。中国在努力变革能源生产、供应和消费方式的同时，应该秉持以下五个原则和导向。

①能源政策体系要体现战略视野，不仅要解决诸多短期突出矛盾，更要着眼于未来中国能源发展长远目标的实现。

②能源政策体系应进一步发挥市场机制的作用，增强竞争活力与动力，通过价格信号来引导投资和消费，同时对垄断性环节进行有效管制。

③能源政策体系要统筹考虑供给、需求、创新、竞争和能源安全多个方面的问题。

④能源政策体系应该是统一和连贯的，避免左右摇摆或大幅波动，也要避免不同政策之间相互矛盾与掣肘。

⑤能源政策体系应具有动态性和环境适应性。能源政策实施与调整要考虑经济与社会的可承受力，并随着能源市场供需关系及外部环境变化而进行动态调整。

这个政策体系框架有两个基础性方面：一是政府必须履行的一些重要的基本职能，如制定法律和标准、完善监管等一系列基础性制度安排；另一方面是保证能源市场能够良性运转所必需的一些重要制度设计，如制定准入规则、完善价格机制、竞争政策、税收政策，排放交易体系等。

壳牌和国务院发展研究中心都充分发挥了各自的技术专长、国际最佳实践和所掌握的真知灼见，以保证所提出的建议将有助于帮助中国描绘新的蓝图；进一步深化现行改革，这也是我们的目的所在。其结果将是一个市场化程度更高、更富活力和竞争力、紧急应对能力更强、更符合中国的国内及国际利益的能源体系。

第9章

化解政府债务风险，推进财税体制改革

楼继伟

财政部部长

财税体制改革与发展转型

刚才张高丽副总理讲了六个方面改革的任务，专门有一条是财税改革，而且其他五方面的改革都跟财政有关，所以我们的压力是很大的。我想集中在财税改革的某一方面来讲，补充一下高丽副总理讲的我们的发展转型。

从去年开始一直到现在，我们基本上采取简政放权而不是大规模的财政刺激手段来应对相对低迷的经济环境。目前看，效果是不错的。高丽副总理刚才已经给大家报告了一些数字，我们已经减少了多少行政审批，今年还要继续减少。确实，这些做法带来了效果，焕发了市场的活力。但是我也知道大家可能会有一些担心，因为中国过去在这些方面也有教训。中国过去也是放权，放权之后出问题，就再收权，收权之后又僵化，然后再放权，我们自己叫作“放乱收死”的循环。熟悉中国经济历史的，可以数出来一共有多少次，不下 10 次。这次会不会呢？我觉得出现这种循环的可能性比较小。因为我们过去是在计划经济时期，包括改革开放早期只是计划经济放开了一角，计划经济实际要求中央计划管理，就是中央计划部门知道所有的信息和需求，掌握所有的供给，然后分行政层次下达指令，按照隶属关系去执行，假设条件是要求中央计划部门无所不知、无所不能，实际上做不到，经济就僵化了；然后就是要放权，让下级的行政部门都有权力，结果打乱了所谓综合平衡，再收权。现在为什么这种可能性小了？98% 以上的价格已经放开了，企业自主决策了，政府将很多应该由市场决策的权力放给市场，价格是自由的，市场会出清，形成供求平衡，所以就不太容易出现过去那种“放乱收死”的循环。特别是三中全会《决定》提出，使市场在资源配置中起决定性作用，这种可能性就更小了。不要忘记，在说这句话的同时还有一句话，叫更好地发挥政府的作用。政府的放权是两条，一条是取消政府对市场不必要的干预，审批权放给市场，大部分完全没问题，可以放下去。但是还有一条是更好地发挥政府的作用，就是如何在不同级别的政府之间确定管理责任。在这些方面如果放权做得不好的话，也可能出现“放乱收死”，当然其危害不会像过去计划经济时期那么大。我们应该减少一些弯路，这样实际上是一个跟财政改革相关的问题。张高丽副总理讲到了财税改革三个内容：一是预算的规范和公开，二是税收的改革，第三是中央和地方管理责任和支出责任的划分。我不可能把三方面都讲，我刚才提到的问题，实际是和最后一个改革任务相关。

首先是处理好政府和市场的关系，应当放给市场的权力坚决要下放。在这个基础之上，怎么更好地发挥政府的作用？按照三中全会的要求，我理解有三件事情要做好。第一，就是应当由政府履行的职能如何在不同层级的政府之间划分。第二，政府管理方式如何转型，特别是公众参与和透明化的问题。第三，政府减少管制，如何从事前的审批转向事中和事后的监管。这都是怎样更好地发挥政府作用的问题。我不愿意用更多理论，我想举点例子。

第一个问题，关于政府的职能如何在不同层级政府之间划分。我们就讲讲雾霾。大气污染实际是一个跨区域外部性的问题。大家都知道，大气污染主要是燃煤使用和汽车尾气造成的。这就带来一个问题，汽车全国到处在生产，还在进口，如果它的尾气排放不达标，在生产地会创造 GDP 和税收，但是卖到全国各地，就会影响各地的大气，造成雾霾。同样的例子，油品和燃煤也是一样，如果我们简单地把审批权和监督权都放给比如说市政府、县政府，那么它可以说它生产汽车但并不关心这个车卖到全国各地造成的尾气危害，这就引来一个思考，全域外部性的问题应该由哪级政府来管。其实洛杉矶有个很好的例子，洛杉矶在 20 世纪 40 年代就发生了雾霾，最后科学家分析发现主要原因是燃煤和尾气。洛杉矶自己没有什么电厂，不生产汽车，也不生产汽油，是其他地方生产卖到这里来的。洛杉矶人民做了很多斗争没有结果，因为底特律的汽车制造商、德克萨斯的炼油厂都在国会游说，不愿意为环保标准提高成本，最后造成美国像纽约、华盛顿都污染了。这时候人民觉醒了，1960 年包围了国会，通过了一个法案，联邦环保署成立。作为联邦机构，环保署在全国执法，包括进口环节的执法。经过 40 年努力，洛杉矶终于空气达标了。

这个例子就说明了不是什么权都应该放的，全域外部性的问题应该谁来管就是谁来管。我们国家是缺水的，我们现在就发现，很多地方的城市为了造景，把水截流，同时造成下游干枯。水利的问题是个全局性的问题，假定在一个省内影响整个省内的生态，这个事情应该是省里管，不能放到县里管，否则会让临县没有水。

第二个问题，要公众参与。我们看到下放权力的时候，有的市政府把规划权下放给所属区了。区实际上没有这个能力，我们虽然可以对它进行培训，但要考虑到城市规划总的布局、区块划分关系城市发展的整体性，这一层次的规划是不能下放的，区只能在规划授权内做很小的调整。还有一个大的问题，如何使规划符合实际，符合城市长远的发展，我们发现透明度不够，公众参与不够，应该是公众参与使之更科学，并且公开，有时间表、有路线图，使得开发商们有准确的预期，公众也便于安排自己的发展，同时也监督政府，最大程度地减少规划的随意性。

第三个问题，如何转向事中和事后的监管。我认为在中国，我们金融业可能走得比较前一点。他们定了一些规则，这个规则是透明的，按月、按季考核。我们很多其他部门还没有做到这样，基本还是靠审批。当然金融业的规则是不是都合理，需不需要完善，这是另一个问题。相比之下，前两个问题是基础，职责定位合理、清楚，做事公开、透明，合规性监管才能让人服气，才能对严重违规出重手，让违规者得到足够的教训。

上述这些讲的实际既是更好地发挥政府作用也是发展转型问题，很多是财政的问题或与财政相关。三中全会《决定》一共60节，第17~19节讲财税改革，其中第19节专门讲不同层级政府之间责任的划分，另外两节也给我们提出了任务，也就是预算的规范和公开以及税制改革，我们在积极推进。政府职责划分问题更大的程度上涉及国家治理体系和治理能力现代化，这是我们三中全会的目标。这件事情非常重要，我们也正在这方面进行研究。正如刚才高丽副总理讲的，有的需要凝聚共识，有的需要试点先行，然后通过立法来解决这些根本性的问题，我们才会有国家治理体系和治理能力的现代化。

李剑阁

中央汇金投资有限公司副董事长

申银万国证券股份有限公司董事长

我想讲四个方面的问题。

第一，我国政府的债务风险总体是可控的。审计署去年对中国各级政府的债务做了摸底的调查，到2013年6月末，全部政府性的债务总额是30.3万亿，其中中央是12.4万亿，地方债务是17.9万亿。

这个债务水平和年底的GDP相比是占整个GDP的53.2%。日本和美国国家的债务水平远远高于我们国家，从百分比来看，中国的债务总体风险是可控的，并不是外界宣扬的那么严重。当然问题也是有的，主要是增长的速度比较快。去年的后半年增长了9%，债务主要是来自于地方府。

第二，债务问题我们政府是完全有经验可以证明而且可以借鉴并处理好的。回忆一下1999年中国四大专业银行，国有商业银行当时的债务水平非常高，有学者说技术上应该比较破产。到了2000年，中央政府果断了剥离了不良资产14 000亿，当年的财政收入才13 000亿，也就是说一次性剥离银行的债务超过了当年的财政收入。这个数字当时来说是天文数字，但是事实证明我们这件事做得非常好。后来随着商业银行的上市，四家银行很健康，并且在2008年以后由于别的国家金融危机，我们四大银行一举成为世界上的名列前茅的银行。这说明我们是有历史的经验可以借鉴，来处理好这件事。

当时14 000亿，我们的贷款总规模是10万亿。大家都担心政府的债务最后风险出现在银行。我想说政府的债务能控制，如果波及到银行这个风险也是完全有能够控制。当时的贷款规模是10万亿，现在是120万亿左右，所以这个比例对现在的规模来说并不比当年更大，而四大银行经营状况比过去更加稳定。这几年已经对曾经出现的坏账做了150%到200%的拨备，所以整个银行总体上是健康的。

第三，政府有能力而且有手段来解决现在存在的债务。根据中国社会科学院的调查，2012年底中国政府总的净资产达到52万亿的水平，而总资产大概是两倍于GDP。GDP2012年是52万亿，100亿的总资产，对于总资产的水平来说，债务比例也是比较低的。

因此如果我们根据十八届三中全会国有企业、国有资产通过从管资产到管资本的角度的转移，甚至于出售国有资产来改善公司的治理，地方政府有足够的资源来解决它的债务问题。到了2010年国有资产大概是22万多亿，资源性的资产在2011年是67万亿，但是包括土地和矿产等等。这么多的资产去这些债务是完全有能力的。

最后我想说一点，其实大家在关注政府债务的同时，应该更加关注企业可能出现的债务风险，因为最近出现的支付危机，这些企业是资不抵债的。政府的资产很健康，但是企业却可能会有一些因资不抵债导致市场上的违约。

《金融时报》最近有一篇文章，如果说中国的金融行业、金融企业出现违约，出现雷曼的状况还言之过早，我认为企业虽然会出现问题，但是我们打消刚性支付旧的做法，让市场约束更加强，企业的债务也不会带来信托性的风险。

贾 康

全国政协委员；财政部财政科学研究所所长

我非常简要地说说，作为研究者是怎么看待当下中国公共部门债务的。这方面最权威的数据应该是不久前审计署公告里披露的全套信息，我们根据这样的审计结果可以知道，中国现在从中央到省、市、县、乡镇五级合在一起公共部门债务率是在 GDP 的 40% 左右，有了这样的基本判断，首先我们可以形成中国公共部门债务还处于安全区之内这样一种总体认识。

40% 的负债率有很多的信息。审计署是把三种债务合在一起做处理形成了这样的认识，比如说：第一种是政府有直接偿还责任的债务，是应该完整地记录负债率的；第二种是政府有担保责任的债务；第三种是发生了问题有可能把政府连带进来的债务。第二、三种术语上可以是会务负债，可能发生也可能不发生，可能多发生也可能少发生。审计部门是把前面几年第二、三部分实际发生债务清偿的部分按照最高年度的发生的比率计算进整个的公共负债规模，形成了 40% 的判断。

40% 为什么是在安全区？我的理解，最直接的参照是欧盟成员国签马约划定的 60% 的预警线。虽然这个预警线美国和日本并不认账，但是不妨是作为一个安全区内外的数量界限。我们明显低于 60%，如果说总量上我们中国当下的公共部门债务是处于安全区之内，那进一步就要看分析人士怎么看待风险。总量在安全区之内并不意味着可以掉以轻心。我认为，相关的风险至少有这么几个方面要指出。

第一，中国的为数巨大的 18 万亿左右的政府债务，它里面的很大部分是地方政府的隐性负债。不透明、隐性和相伴随的明显的不规范性就是中国的风险来源，不透明就使很多方面在事前、事中无从实施有效的风险防范。监督不到位、风险防

根据会议发言记录整理，未经本人审定。

范机制不到位，一旦某些地方出事，资金链断裂必然要采取救火式的应急措施来平息事态。救火式的案例在过去的中国改革开放过程中可以观察到一些，虽然不多，但是确实有前车之鉴。这个带来的损失不光是成本比较高，而且对政府的公信力会产生非常明显的削弱作用。

另外一个不可忽视的风险是，在总量可控的同时，确实可以观察到某些局部、某些地方政府辖区内债务率相当高。审计署也给出了明确的口径，债务率是地方所有可用财力年度合在一起和 GDP 相抵，某些地方这个债务率已经高达100%以上。这种情况并不是说一定出事，但是这样的局部是值得我们特别注意怎样防范风险的。

在这个信息的基础上，用眼睛的余光观察全局发生的同时，要聚焦到看起来风险度比较高的局部，另外还要指出某些项目的风险度比较高。我们很多地方负债主要以隐性负债形式形成，投入对象是公益性很强的项目，这些项目竣工以后在运营过程中不足以产生可以解决还本付息问题的现金流，这样的项目风险怎样消化是特别值得继续关注的问题。

除此之外也得指出，在中国改革开放发展市场经济的过程中，在最近几年，虽然有应对亚洲金融危机和世界金融危机的客观需要，但是债务总体水平的增长特别是地方政府层面债务规模的增长明显是比较高的，亚洲金融危机和世界金融危机之后各自出现了两次增长率的高峰。最近两年也可以观察到，两到三年的时间段增长的幅度高达60%以上。

把这些问题放在一起想特别强调一点，要特别注意防范风险，要标本兼治而追求治本为上。治本为上要对存在问题的根据做深刻认识，特别强调有效制度供给不足和中国公共部门债务，特别是地方债的风险防范的内在关系。大量的地方债是不得以潜规则牵制替代明规则，绕过预算法地方政府操纵下以融资平台等等的法律架下公司法人实体举借的，背后的操纵者是地方政府。这里很多的苦衷，不能简单地责备当事人觉悟高不高。地方要贯彻自己的发展战略势必要向市场融资，它暴露的是体制改革深化不到位，暴露我们的有效制度供给不足，制度的主题、深化改革的主题应该是讨论地方债和公共部门负债风险防范的时候特别要抓住的带有深刻意义的最重要的视角。抓住制度建设，我们就要从市场经济发展的全局、财政体制在全面改革中实施配套走向现代财政制度、支持现代国家治理这些客观需要出发，注重于如何在深化改革中理顺财政体制关系，中央、省、市、县，各级有完善立法，而由法律给出要求的合理事权。后面是合理的税基配置，再有现代意义的完整透明的受公众监督的预算和相配套的各级产权和举债权，也就是说要把中国今后地方政府的债务推向阳光化的轨道，这个事情已经在做。已经有连续五年的地方债登堂入室的表现，开始三年每年2 000亿，然后抬高到2 500亿、3 500亿，今年预算抬高到4 000亿。它的发展是综合治理中应该以开明渠、堵暗沟、阳光化的地方债置换隐性负债，如果处理好，风险可控制的同时，地方债兴利除弊、发挥正面效应会做得越来越好。

建设性的考虑至少有如下八个方面：

第一是扁平化的前提下要分税制，要靠体制使各级政府的行为能够得到有效制度供给来支撑的健康化。

第二是修订预算法，要把开前门落实在法律的形式上。

第三是掌握好已经登堂入室的地方债，扩大规模和影响。

第四是区别一般公共债和政府公共债务。

第五是编制好资产负债表和政府公共负债体系。

第六是积极引导发展公司合作伙伴关系 PPP 这样的自营资本。

第七是探索防范风险的偿债基金。

第八是引导地方融资平台，在以后的存续期内更多对应到有现金流的项目建设。

中尾武彦

亚洲开发银行行长

改革公共财政，实现包容性增长

介绍

我很高兴能在中国经济转型的这一关键时刻有机会和大家共同探讨政策的议题。我深知于去年 11 月举行的中国共产党第十八届三中全会的重要性，也了解到本月召开的全国人民代表大会通过了十八届三中全会上得出的结论。

自 1978 年改革开放以来，得益于有效经济政策的实施，中国经济得以空前的速度持续增长。然而，两位数的经济增速不会永远持续下去。随着经济日趋成熟，技术赶超和农村剩余劳动力带来的优势会逐渐减弱。同时，经济的快速增长也付出了代价。过度依赖投资、出口和工业发展造成了经济结构的失衡，也导致了诸多社会和环境问题，而解决此类问题需要转变增长模式。

十八届三中全会上通过的《中共中央关于全面深化改革若干重大问题的决定》（简称《决定》）明确地认识到了这些挑战。《决定》强调经济由量的增长转向质的提升，充分体现了中国政府到 2020 年的战略愿景。

《决定》的全面性和明确性给我留下了深刻印象。中国领导层致力于完善现代市场体系，加快政府职能转变，深化公共财政改革，发展缩小城乡差别的机制，开放金融领域以及保护环境。中国领导层承诺让市场在资源配置中起决定性作用。中国的新愿景将释放私营部门的活力，继而加快向更高收入国家的转变。

在此，我想强调，市场作用的加强并不会削弱政府的作用。相反，市场机制的有效运行离不开政府能力的提升，政府要确保社会公正公平、提供公共服务、加强执法以及处理外部性等市场无法调节的问题。

当前的任务极具挑战性。中国需要进行结构改革，这点说起来容易，做起来难。今天，我将重点讲述公共财政改革对于中国实现可持续和包容性发展的重要性，具体内容涉及税收、地方政府财政、公私合作和国有企业改革等领域。

公共财政改革

先将谈谈政府职能转变和公共财税改革。

很高兴看到《决定》强调通过转变政府职能支持市场发挥更大作用。在提供良好的公共服务、营造有利于市场发展的环境等方面的政府职能将愈加突出。《决定》要求增加社会支出，满足日趋成熟的中国经济不断增长的需求。要实现以创新促增长、进而转变为高收入水平国家，就需要加大人力资本投资。随着人口的快速老龄化，中国还要加强社会保障体系，包括提供全民医疗保险和养老金。

要为上述举措提供资金，就需要通过调整税收体系来增加财政收入。中国已经历了重大的税收改革，目前正在试行一些重要举措，比如对服务业改征增值税，允许地方政府引入房地产税等。

然而，中国需要做的还有很多。在此，我建议税收改革应遵循以下六个原则：①充足性，提供必要的资源；②公平性，保证收入和财富的公平分配；③简单性，有利于缴纳和征收；④中立性，避免干扰经济活动的正常进行；⑤激励性，调整外部性，鼓励采取必要措施；⑥前瞻性，预见未来的社会经济挑战，比如人口变动与经济增长放缓。

基于以上原则，我在此提出四项具体的税收改革措施。

首先，有必要提高税收在 GDP 中所占比重。中国的财政收入占 GDP 的 22%，与经济合作与发展组织成员国 34% 的平均水平相比，所占比重仍相对较低。中国可通过扩大税基来增加税收，包括设立新税种、提高税收征缴率和征收执行力。

第二，促进公平。中国在提高累进个人所得税所占比例方面仍有改进空间。目前，个人所得税仅占地方和中央政府税收总和的 6%，征税基础目前也仅限于工资，应在此基础上有所扩大。同时，对资本收益、房产、遗产和赠予财产征税将有助于建立更具累进性的税收体系。

第三，中国应进一步扩大增值税税基。这将提高税收体系的中立性和简单性。在社会人口老龄化加剧、劳动力人口比重下降的情况下，将提供公平稳定的收入来源，为成本日益上涨的社会保障提供资金。

第四，税收体系应该能够应对日益严峻的环境挑战。我注意到，中国在持续推进资源税改革，将煤炭资源税由“从量计征”改为“从价计征”。此外，还应扩大消费税的征收范围，将石化产品等危害环境的产品纳入征收范围。此举将为未来对温室气体排放进行征税奠定基础。

地方政府财政

要全面解决中国的公共财政问题，地方政府财政尤为重要。

目前，地方政府占据了全国总支出的85%，但其收入却不到全国总收入的50%。当中央转移支付无法弥补地方财政缺口时，地方政府往往会转向预算外资金，导致地方债务累积。自2010年以来，地方政府债务已增长了67%。

尽管地方政府的总负债占GDP的30%，仍在可控范围内，但其过快的增速仍然让人担忧。此外，有近40%的负债是由不透明的地方政府融资平台带来的，融资平台规避了《预算法》中关于地方政府举债的禁令。自2008年以来，四万亿人民币的一揽子刺激计划中，有2/3的融资责任都落到了地方政府身上，这导致此类融资手段增多。

为解决地方政府融资平台导致的诸多问题，中国应该确立适当的监管和规范机制，但更为重要的是重新审视中央和地方政府之间的支出责任分配，以便缓解地方政府的压力。保证地方政府拥有充足的收入也至关重要。

增加地方财政收入可有以下几种方法。

第一，首要任务就是强化地方税种。国际经验表明，在这方面，对自然资源和房地产征税是合适的选择。我很高兴看到《决定》中讨论了征收这些税种的可能性。

第二，在提供教育、医疗和养老金等社会服务方面，除扩大中央政府的支出职责范围外，还应考虑增加中央政府向地方政府的转移支付。

第三，应通过引入市政债券，增加地方政府举债融资的灵活性。中央政府已经在六个城市试行这一措施。然而，与此同时，应具备有效的债务管理和监督机制，避免地方政府因疏忽而造成过度借贷。

此外，改革中还应注意发展跨省补偿机制，由较富裕省份补偿较贫困省份。然而，这一机制需要精心设计，谨防会导致地方政府过度支出的道德风险或不当激励措施。

公共—私营部门合作（PPP）

既然和公共财政改革有关，我想在此谈一下公私合作的作用。

公私合作是公共部门和私营合作伙伴间关于提供公共服务的一项长期合同。自20世纪90年代初以来，中国开展了1 000多个公私合作项目，积累了丰富的经验，在交通、能源和水管理等领域已投资九万亿元人民币。最近，在提供市政服务方面也鼓励采用公私合作的形式。

公私合作可以调动私营部门的资源，降低政府提供公共服务的成本，更高效地提供公共服务。公私合作可改进公共项目的筹备、采购和实施。这一模式可帮助中国的地方政府从服务的供应方转变为购买方。

然而，公私合作的确会给地方政府带来风险和潜在的财政成本。当地方政府在公私合作模式下向私营合作伙伴提供稳定收入来源时，政府就放弃了这部分收入。此外，公私合作通常会以隐性或显性的政府担保形式带来或有债务。在发达和发展中经济体中，都有许多公私合作的失败案例。技术规范和商业可行性不匹配、风险分配机制缺失和项目准备不充分等因素造成了诸多问题。

因此，我想强调公私合作项目并非万全之策，应加以精心设计、妥善实施，而不应成为将支出转移至透明度低的预算外资金的工具。从本质上而言，我们应该将其视为更高效地提供公共服务的方式。

国有企业改革

要允许市场在经济中发挥更大作用，规范市场秩序，国有企业改革是重要一环。不仅如此，国有企业改革还与公共财政改革密切相关。在许多发展中国家，政府大量补贴低效的国有企业，导致财政支出过于宽松，消耗了政府的潜在收入。

十八届三中全会肯定了国有企业在中国现代化进程中发挥的重要作用，同时，承诺深化国有企业改革。由于公有制仍然是中国经济模式的支柱，所以挑战就在于如何提高国有企业的效率。

中国的私营经济已创造了60%的GDP，提供了80%的新增就业岗位。但是，国民经济的关键领域仍由国有企业主导，有些私人投资受到挤压。主要的银行也属于国有性质，所以国企占据了大多数的贷款资源。

改革的另一选择就是进一步分离国企的管理权和所有权。这一模式已经在一些国家取得了成功。可将国企公司化，在管理团队的选择方面应采取任人唯贤的举措。

更为重要的是，应允许私营企业与国企公平竞争。这一点与融资渠道尤为相关。虽然中国在开放金融领域方面已经取得了显著进步，但金融资源仍偏向大型国有企业。中小企业的融资渠道有限，导致影子银行激增，这是中国经济另一令人担忧之处。

国企改革也对财政增收有一定意义。比如，《决定》提到将越来越多的国企利润转移到教育和医疗等公共事业支出和社保基金领域。总而言之，越强大，实行了改革后的国企缴税就应越多。

总结

亚洲开发银行（亚行）是中国的长期合作伙伴。自1986年以来，亚行已为中国在多个领域提供将近300亿美元的贷款，以及技术援助赠款4.26亿美元。我们感到高兴的是，亚行还支持中国政府正在实施的公共财政改革及长期战略规划。此外，我们还协助国家发展和改革委员会准备制定从2016年开始实施、具有长期结构改革内容的“第十三个五年规划”。

尽管面临着众多挑战，中国仍然具备一项重要的比较优势，那就是可以学习成功和失败的国际经验。亚行可帮助中国从其他国家的改革中获取重要的经验教训。

对中国而言，有必要尽早实行这些改革。正如中国伟大的哲学家老子所言，中国应该“天下难事，必做于易，天下大事，必做于细”。如果现在不迎难而上，那中国日后面临的挑战会更加艰巨。

道格拉斯·彼得森

麦格希财讯集团总裁兼首席执行官

透视公共债务风险

背景——全球基础设施融资需求

当今世界，数百万人的生活水平能通过建设新的道路、获得电力和清洁水资源以及改善通信服务得到显著改善。全球各地仍需大量投资以消除生活水平的差距。麦肯锡估测，未来16年每年的基础设施投资需求将超过3万亿美元。这其中很大一部分投资可能发生在中国，中国居住着全球约1/5的人口。得益于中国的高储蓄率，融资在中国不是主要问题。中国的问题是如何确保投资效率，以及不让纳税人承担不必要的高负担。

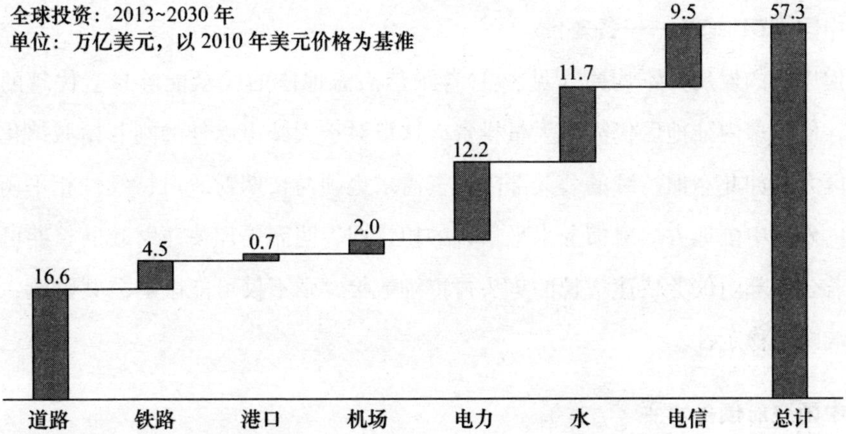

图1　2013~2030年全球投资，至2030年全球基础设施投资需求超过50万亿美元

数据来源：麦肯锡公司。

中国 GDP 增长——沿海城市

中国的经济发展已取得了巨大成就。过去 30 年人均国内生产总值（GDP）已增长 23 倍，目前已达到6 800美元，其中排名靠前的天津、北京和上海的人均 GDP 已超过14 000美元。主要城市的基础设施看上去已与很多发达经济体相似。中国在通信方面的投资更是其他地区少有。最近有报道称，中国的 4G 业务将超越大型发达国家市场。

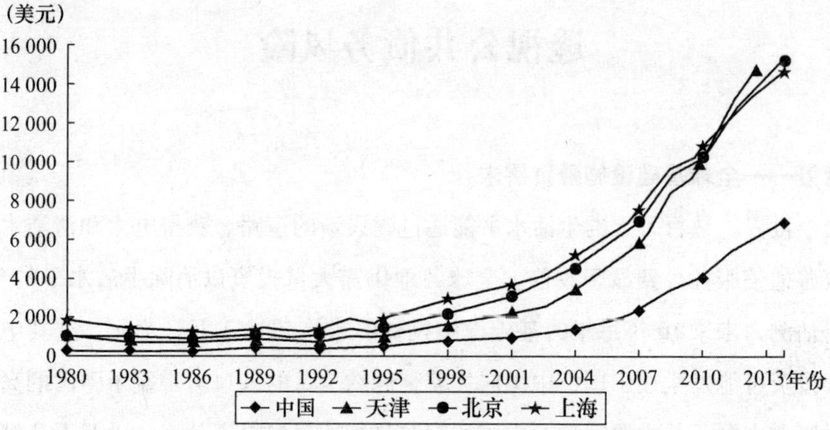

图 2　过去 30 年中国人均 GDP 增长 23 倍

数据来源：国家统计局。

中国 GDP 增长——各省份

但中国的发展并不均衡（见图 3）。虽然沿海地区的民众能够享受优越的基础设施，但很多内陆地区仍需要大量投资，这点对于大城市以外的刚开始城镇化的内陆地区尤其如此。但持续的公共部门投资需求也须与长期财政可持续性相平衡。近期国内外对中国地方政府债务水平攀升的担忧即表明需更加关注财政的长期可持续性。若公共部门债务快速增长的势头再持续数年，则不仅可能削弱公共财政，也可能影响财政稳定性。

中国政府债务水平

但是客观地讲，目前中国政府债务水平还未达到令人担忧的水平。中国审计署的报告显示，中国政府负有偿还责任的债务与 GDP 的比率约为 37%。中国审计署对政府债务的定义比标准普尔在进行主权评级分析时通常纳入广义政府债务的范围更宽泛。即便如此，中国的政府债务水平相比标准普尔全球评级体系中评级为

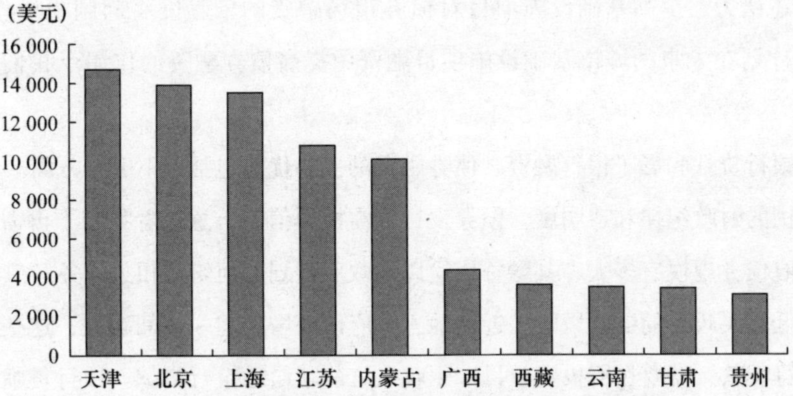

图3　2012 年中国各省人均 GDP 显示发展不均衡

数据来源：中国统计年鉴 2013 和标准普尔估测。

AAA、AA、A 和 BBB 的其他主权政府仍不算高。但问题不是中国目前的政府债务水平太高，其高增速才是主要的担忧因素。另一个相关的问题是国有企业在基础设施项目中的主导地位抑制了民营企业的发展。这使得收入对家庭的再分配更难实现，而收入再分配是经济再平衡的重要因素。这很大程度上取决于中央政府降低经济增长对地方政府投资依赖的能力。

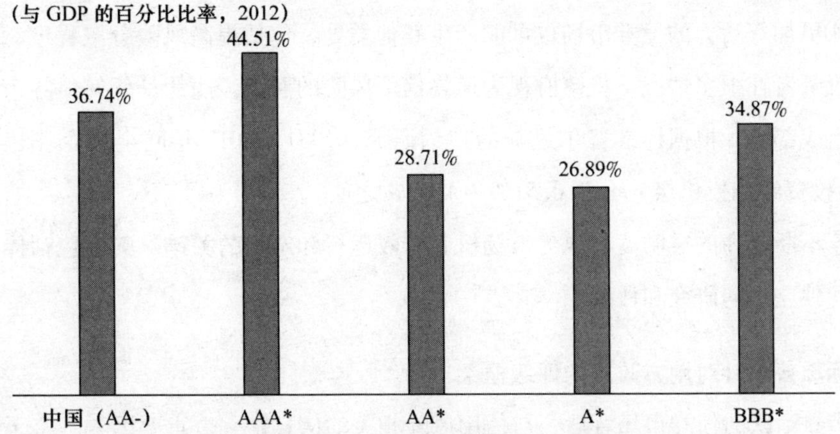

图4　与类似评级主权政府的广义政府债务相比，中国政府债务水平并不高

注：＊各评级水平的主权政府债务水平中值由标准普尔评级服务估测。

数据来源：中国政府债务对 GDP 的比率来自于国家审计署 2013 年的报告。

中国公共债务

显然，这些问题是复杂的，需要政策制定者多方面的关注。我们注意到中央政府已有改革蓝图，旨在提高地方政府的问责和效率，以确保长期的财政可持续性。我们还认为，提高基础设施项目对债券市场融资的依赖度将起到积极作用。中央政府计划在未来的城市基础设施项目融资中提高债券融资的作用令我们感到鼓舞。

相比银行贷款和影子银行融资，债券融资的主要优势包括以下五个方面。

①更优的财政纪律和透明度。债券发行人需披露信息，意味着我们不再需要猜测地方政府债务规模有多大、其融资用途以及政府计划如何偿还相关债务。

②降低相关政府的财政风险。近期地方政府债务增长的一个问题是，这些债务通常是银行贷款，需要在所投资项目产生收入之前就偿还银行贷款。银行贷款还面临利率风险，可能构成短期流动性挑战。以固定利率长期债券融资可降低以上担忧。

③提高民营资本对基础设施项目的参与。实施信用增强的债券融资可提高民营资本参与度。融资是中国民营企业面临的主要挑战。对于民营基础设施企业而言更是如此，它们通常需面对规模大很多且与政府有关联的竞争对手。若创新型债券融资能够缓解民营企业的融资难题，可能会有更多民营企业在基础设施项目建设上取得成功。

④更加有活力的债券市场也可能产生其他益处，包括提高风险分散程度，以及削弱投资者在很多情况下将政府视为最终信用风险的看法。违约是任何债券市场的重要组成部分。根据标准普尔最新的违约研究，1981～2012 年间全球企业违约率（包括投资级和投机级）介于 0.51%～4.09%之间。

⑤不断提高的透明度将成为市场机制有效运行和定价的关键。其中包括体现透明度和独立性的研究和评级。

标准普尔针对地方政府的评级框架

多数活跃的债券市场背后，与信用风险相关的信息是一个重要因素。鉴于未来地方政府仍可能在基础设施项目中发挥重大作用，与项目相关的债券投资者希望了解地方政府的信用状况。麦格希财讯下属公司标准普尔评级服务可在这方面发挥作用。在全球范围内，我们的国际公共财政评级团队对 35 个国家的地方政府进行了评级。我们依靠多年来在地方政府评级领域的经验，建立了透明的评级框架，我们基于此框架对上述地方政府进行评级。我们基于对图 5 中八个因素的分析得出评级。在获得足够信息的前提下，我们能够使用该方法论帮助评估中国地方政府的信用状况。

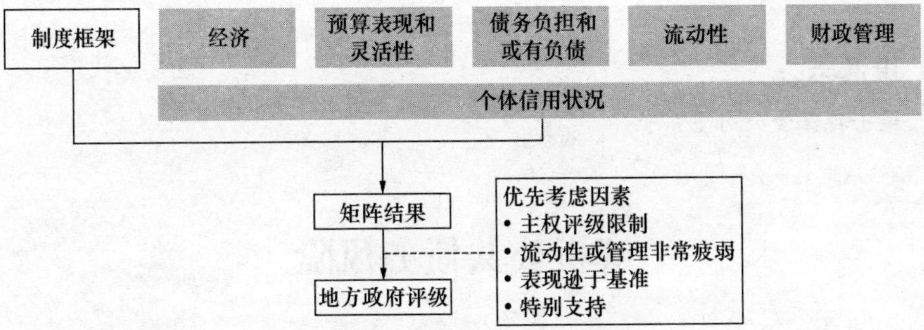

图5 标普评级框架

作为在评级、基准指标和分析方法方面的全球领导者，麦格希财讯集团致力于帮助发展全球资本市场，当然也包括中国市场。

随着中国金融市场日益成熟，自由化程度不断提升，下一阶段的发展也将迎来诸多挑战。

但我们也有乐观的理由。过去几十年，中国政府在应对外部和内部冲击，以及实施合理政策方面的历史表现强劲，而且中国宏观经济也存在缓冲空间。

我认为若有灵活性和决心，基础设施融资缺口将能够得到填补，并缓解公共财政和银行的部分压力。

康浩志

瑞士再保险公司董事长

解析公共债务风险

就在不久之前，投资界还认为给政府的借贷行为是无风险的，并预计这种投资回报会带来相应的“无风险利率”。金融市场曾将公共债务作为主要基准，用来衡量其他资产类别的信用风险。当时，投资界所持的观点是，大型或发达市场的公共债务是最安全的。

2009 年发生的欧洲主权债务危机打破了对政府债务的这种信任，并导致对公共部门借贷行为更严格的审查。危机表明，向政府借贷不再是无风险的，2011 年 8 月美国丧失其 AAA 信用评级即是明证。突然之间，财政整顿成为了流行术语，而过高的公共部门债务（相对于 GDP 或外汇储备）被视为是衡量经济脆弱性的主要指标。

欧洲的经历

欧洲主权债务危机可帮助我们更好地了解公共债务风险。然而，我们首先需要询问的是，为何 2009/2010 年间看似普通的欧洲债务负担突然间会成为全球经济危机的源头？是什么原因导致投资者对一些欧洲市场的评估从“无违约”变成“接近违约”？

值得注意的是，2007 年之前，很多欧洲经济体的公共部门债务并不存在问题。例如，当时爱尔兰和西班牙的公共债务负担非常低。爱尔兰的公共债务仅为 GDP 的 25%，而现在则高达 120%。西班牙当时的公共债务也只是 GDP 的 36%，现在则达到约 100%。

1. 仅仅关注公共部门债务具有误导性

导致所谓“欧猪五国”（葡萄牙、爱尔兰、意大利、希腊和西班牙）公共部门债务膨胀、并最终引发主权债务危机的因素有很多。为了支持经济增长，在外部需求疲弱的情况下，财政赤字增加。由于经济增长趋势较低，本来看似可以承受的预算规模突然间就变得过大。过度的信贷增长也使得资产和金融泡沫不断扩大，尤其是建筑部门。与此同时，单一货币制度制约了使用货币贬值措施，而这种措施有助于刺激出口并恢复竞争力。

此外，市场也从“良好均衡”转变为“不良均衡”状态。在良好均衡状态下，欧洲主权债务预计不会发生违约事件。这使得利率保持低位，政府可以在可承受的条件下转滚债务。而在不良均衡状态下，市场会考虑到违约风险，这导致政府债务利率上升。在某些情况下，投资者不但要求较高的风险溢价，而且甚至会完全避开政府债务。因此，债务状况变得无法持续。

另外，值得注意的是银行业的脆弱性，以及这种脆弱性如何成为2008年以来危机源头以及导致公共部门债务急剧增加的主要因素。在一些欧洲市场，虽然宽松的货币政策降低了融资成本，但银行业的资产负债表状况十分脆弱，这使得它们不愿意增加借贷。这些都加重了经济衰退和债务问题。与此同时，为控制风险蔓延，政府不得不吸收金融部门的部分债务，这些都导致了公共部门债务的显著增加。

以上这些分析都表明，仅仅关注公共部门的债务具有误导性。虽然目前公共部门债务水平可能较低、并处于政策制定者可控的区间范围内，但是外部的突发性事件和经济结构性的失调可能会迅速破坏这种均衡态势，例如，通过财政赤字或政府或有负债等手段紧急援助金融部门等。更为广泛地分析公共和企业/金融部门的经济脆弱性，以及银行业的健康状况，对于全面应对公共部门债务内在的风险十分重要。

2. 在通缩和老龄化社会背景下管理债务问题

2007年以来，全球范围内的债务杠杆有所提高，主要是美国、欧洲和日本的政府部门，以及亚洲的企业部门。2007年，亚洲（不包括日本）总债务占GDP的比例为149%，2013年，增加到211%左右①，不过这依然低于美国或欧洲的债务水平。

回顾欧洲的经历，我认为，其公共部门债务增加的风险需要放在更广泛的社会

① 《洞察亚洲：亚洲放任债务膨胀》（Asia Insight：Asia's Debt Indulgence），摩根士丹利，2014年2月24日。

经济条件下予以考虑，如欧洲的通缩和人口老龄化情况。通缩使得管理公共部门债务的动态过程更加复杂化，因为名义 GDP 的增加将放缓。而人口结构变化虽然是个长期现象，但也会对潜在增长和储蓄水平起到负面影响，从而使得债务问题愈加难以轻松解决。

以上这些观点或许对亚洲和中国都具有意义。例如，自 2012 年初开始，亚洲的生产者价格指数有所下降，类似于 2009～2010 年次贷危机最严峻时期的情形。北亚地区也正面临着人口迅速老龄化的挑战。因此，我们需要针对不同市场目前的社会经济条件，分析其公共部门的债务风险。

从中汲取的教训

为了让公共财政部门重拾市场信心，欧洲已经历了经济衰退和财政整顿的困难时期。从这一经历中可以汲取的一个重要教训就是，最终需要解决的是结构性问题。一个主权国家偿还债务的能力有赖于其经济回复力、经济增长和解决就业的能力，以及其国际竞争力。

投资者对于主权信用的信心取决于一个国家的制度和经济结构的实力，以及政府是否愿意在必要时推行纠正措施等。以希腊为例，该国在缩小财政赤字方面取得巨大进展，从 2009 年 10.5% 的基本赤字转变为 2013 年的略有盈余。然而，其在结构性改革议程方面有所落后，因此抑制了投资者的信心，并推迟了希腊金融危机的最终解决时机。

鉴于目前总体债务水平增加、宏观经济条件不断波动且人口日益老龄化，管理公共部门债务是我们所面临的日益严峻的挑战。根据国际标准，或相对于其人均收入而言，中国的债务水平依然较低。然而，需要谨记的是，公共债务务必在更为广泛的经济背景下进行管理，例如，国有和金融部门的脆弱性可能会导致政府产生或有负债，而社会迅速老龄化及现行的结构性改革举措都有可能对财政状况产生影响。

氏家纯一

野村控股株式会社常任顾问

我先来谈谈日本的情况。我想大家都知道，日本有庞大的公共债务，它与 GDP 的比例高达 250%。此外，绝大多数中央政府的支出都是高度刚性的。在总数达到 10 000亿美元的中央政府支出中，3 000亿美元用于社保，而且每年增长 100 亿美元；2 300亿美元是为了偿还国家债务；1 600亿是地方分配税收。这三个组成部分占到了总支出的 70%。尽管如此，政府公债的收益一直在下降，1990 年债务对 GDP 的比例是 70%，10 年国债的收益是 7%；2000 年比率是 150%，收益率不到 2%；现在比率已经高达 250%，但是收益率却不到 1%。

这又做何解呢？原因之一可能是由于日本央行一直在不断地购买政府公债。去年四月的时候，日本央行引入新的"定量和定性宽松"货币政策，吸收每月政府债券的 70%，以实现在两年内实现 2% 的通胀率和货币基础扩大一倍的目标。更重要的原因可能是 90% 的政府公债都是国内持有的。截至 2013 年 9 月，40% 的政府公债是银行持有，20% 是保险公司持有，10% 是养老金持有，日本央行持有的不到 20%。现在的问题是：我们的机构投资者为什么在不停地购买？

我想给出五个可能的解释。

首先，我们的机构投资者通常都被视为风险规避型投资者，而风险规避型投资者都更喜欢政府债务，只要他们觉得政府能够继续运行。

第二，现在新的巴塞尔协议 III 提高了绝大多数资产类别的资本要求，但是中央和地方政府风险权重却还是零。

第三，去年安倍政府展现出他们的能力，表明他们能在今年 4 月将消费税提高

根据会议发言录音翻译整理，未经本人审定。

到8%，而且有可能在明年10月份将之提高到10%。

第四，我们仍是全球最大的债券国，我们的净国际投资是30 000亿美元。我们的经常账户在过去30年里一直有大额盈余，但在过去三年盈余出现了下降。主要原因在于贸易平衡被破坏，出口没有太大变化，但进口却出现了增长，其中半数增长都来自于大地震之后的能源进口。

所以说能源政策对日本的经常账户有着巨大的影响。政府打算提高能源效率、重新激活核反应堆、从北美进口更加便宜的页岩气、增加可再生能源所占的份额。我认为在今后几年里经常账户应该还是能够保持盈余。

最后，日本基金经理人的报酬和绩效之间的相关度是非常有限的，所以对他们来说非常简单并且也比较明智的做法就是跟从传统观念，即“政府债券是安全的”。这是过去几十年里所形成的观念，其中有一种不断自我加强的稳定性，但是这种稳定性需要非常努力地说服投资者相信，政府会继续努力实现更少的财政赤字，即使是一点一点来实现。

现在来看看中国的政府公债。

和日本一样，中国现在也在经历人口老龄化所带来的财政负担，因为需要负担养老金。现在中国60岁以上人口所占比例达到了12%至13%，接近日本30年前的水平。预计到2040年中国将达到日本现在水平，也就是超过30%。人口老龄化正在加速，人们越来越长寿，要为公共的养老金项目筹资会变得更加困难。而且在中国，这种财政负担会比日本更重，因为中国需要扩大养老金体系，把农村人口也包括进来，而且中国看来没有太多选择，只能延后退休年龄以及开始领取养老金的门槛年龄。

中国政府债务风险评估与应对思路、策略要领

贾　康　财政部财政科学研究所所长

中国政府债务的总体规模、地方政府债的真实情况以及关于中国政府债务风险的判断，是近年各方面高度关注的重大现实问题。

根据中国最高决策层的部署，国家审计署于 2013 年 8 月至 9 月组织全国审计机关 5.44 万名审计人员，按照“见人、见账、见物，逐笔、逐项审核”的原则，对中央、31 个省（自治区、直辖市）和 5 个计划单列市、391 个市（地、州、盟、区）、2 778个县（市、区、旗）、33 091个乡（镇、苏木）的政府性债务情况进行了全面审计。内容包括政府负有偿还责任的债务，以及债务人出现债务偿还困难时，政府需履行担保责任的债务（简称政府负有担保责任的债务）和债务人出现债务偿还困难时，政府可能承担一定救助责任的债务（简称政府可能承担一定救助责任的债务）。此次共审计62 215个政府部门和机构、7 170个融资平台公司、68 621个经费补助事业单位、2 235个公用事业单位和14 219个其他单位，涉及730 065个项目、2 454 635笔债务。对每笔债务，审计人员都依法进行了核实和取证，审计结果分别征求了有关部门、单位和地方各级政府的意见。

这次审计形成的全套信息，在迄今所有关于中国政府债务情况的信息中，是最具有“第一手材料”依据和完整的覆盖面，从而也可认为最具权威性的数据信息。本文除特殊说明的之外，数据均来自国家审计署于 2013 年 12 月 30 日发布的《全国政府性债务审计结果》公告（2013 年第 32 号）。

本文是作者为中国发展高层论坛 2014 年会提供的背景报告。

一、中国政府债务的总体规模与结构状况

1. 总量概况

截至2013年6月底，全国各级政府负有偿还责任的债务206 988.65亿元，负有担保责任的债务29 256.49亿元，可能承担一定救助责任的债务66 504.56亿元（详见表1）。

表1 **全国政府性债务规模情况表** 单位：亿元

年度	政府层级	A 政府负有偿还责任的债务（政府直接债务）	B 政府或有债务	
			B1 政府负有担保责任的债务	B2 政府可能承担一定救助责任的债务
2012年底	94 376.72	2 835.71	21 621.16	94 376.72
	96 281.87	24 871.29	37 705.16	96 281.87
	190 658.6	27 707	59 326.32	190 658.6
2013年6月底	中央	98 129.48	2 600.72	23 110.84
	地方	108 859.2	26 655.77	43 393.72
	合计	206 988.7	29 256.49	66 504.56

2. 结构状况

（1）中央政府性债务构成概况

①中央财政债务：

——政府负有偿还责任的债务97 360.94亿元，主要是由中央财政资金偿还的国债债券、国际金融组织和外国政府贷款81 511.05亿元，占83.72%。其中特别国债18 202.28亿元，分别用作中国投资有限责任公司资本金15 502.28亿元、用于补充国有商业银行资本金2 700亿元。

——政府负有担保责任的债务2 506.89亿元。包括转贷给中央单位由非财政资金偿还的国债债券、国际金融组织和外国政府贷款1 416.89亿元；中央汇金投资有限责任公司发行用于商业银行配股和中国出口信用保险公司注资，由财政部提供担保的债券1 090亿元。

②中央部门及所属单位债务：

——政府负有偿还责任的债务768.54亿元，主要是以国家重大水利工程建设基金偿还的南水北调工程建设贷款537亿元，占69.87%。

——政府负有担保责任的债务93.83亿元，主要是中央单位举借由非财政资金偿还的债务。

——政府可能承担一定救助责任的债务161.12亿元，主要是中央所属高校、医院、科研院所的债务，分别为85.80亿元、23.11亿元和5.58亿元，合计114.49亿元，占71.06%。

③中国铁路总公司（原铁道部）通过发行政府支持债券或以铁路建设基金提供担保等方式举借22 949.72亿元，用于铁路项目建设。如果铁路总公司出现偿债困难，政府可能承担一定的救助责任。截至2013年6月底，该公司汇总财务报表反映资产总额46 631.59亿元，负债总额29 182.15亿元。

（2）地方政府性债务构成概况

地方政府性债务在政府负有担保责任的债务中，包括了全额拨款事业单位为其他单位提供担保形成的债务383.52亿元；在政府可能承担一定救助责任的债务中，包括了地方政府通过国有独资或控股企业、自收自支事业单位等新的举债主体和通过BT（建设-移交）、融资租赁、垫资施工等新的举债方式为公益性项目举借，且由非财政资金偿还的债务19 730.13亿元，具体情况如下。

①从政府层级看，省级、市级、县级、乡镇政府负有偿还责任的债务分别为17 780.84亿元、48 434.61亿元、39 573.60亿元和3 070.12亿元（详见表2）。

表2　2013年6月底地方各级政府性债务规模情况表　单位：亿元

政府层级	政府负有偿还责任的债务	政府或有债务	
		政府负有担保责任的债务	政府可能承担一定救助责任的债务
省级	17 780.84	15 627.58	18 531.33
市级	48 434.61	7 424.13	17 043.70
县级	39 573.60	3 488.04	7 357.54
乡镇	3 070.12	116.02	461.15
合计	108 859.17	26 655.77	43 393.72

②从举借主体看，融资平台公司、政府部门和机构、经费补助事业单位是政府负有偿还责任债务的主要举借主体，分别举借40 755.54亿元、30 913.38亿元、17 761.87亿元（详见表3）；三类债务的大数与比例见图1。

表 3　　2013 年 6 月底地方政府性债务余额举借主体情况表　　单位：亿元

举债主体类别	政府负有偿还责任的债务	政府或有债务	
		政府负有担保责任的债务	政府可能承担一定救助责任的债务
融资平台公司	40 755. 54	8 832. 51	20 116. 37
政府部门和机构	30 913. 38	9 684. 2	0
经费补助事业单位	17 761. 87	1 031. 71	5 157. 1
国有独资或控股企业	11 562. 54	5754. 14	14 039. 26
自收自支事业单位	3 462. 91	377. 92	2 184. 63
其他单位	3 162. 64	831. 42	0
公用事业单位	1 240. 29	143. 87	1 896. 36
合计	108 859. 17	26 655. 77	43 393. 72

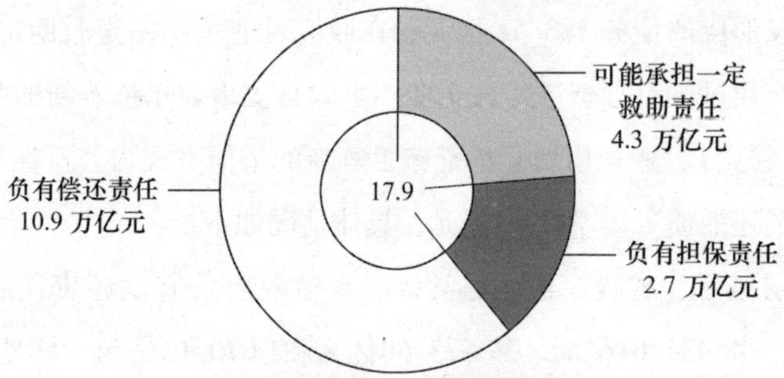

图 1　全国地方政府性债务概况

注：较 2010 年 6 月末的数据增加 7. 2 万亿元。

③从债务资金来源看，银行贷款、BT、发行债券是政府负有偿还责任债务的主要来源，分别为55 252. 45亿元、12 146. 30亿元和11 658. 67亿元（详见表4）。

表 4　　2013 年 6 月底地方政府性债务资金来源情况表　　单位：亿元

债权人类别	政府负有偿还责任的债务	政府或有债务	
		政府负有担保责任的债务	政府可能承担一定救助责任的债务
银行贷款	55 252. 45	19 085. 18	26 849. 76
BT	12 146. 30	465. 05	2 152. 16
发行债券	11 658. 67	1 673. 58	5 124. 66
其中：地方政府债券	6 146. 28	489. 74	0. 00
企业债券	4 590. 09	808. 62	3 428. 66

续表

债权人类别	政府负有偿还责任的债务	政府或有债务	
		政府负有担保责任的债务	政府可能承担一定救助责任的债务
中期票据	575.44	344.82	1 019.88
短期融资券	123.53	9.13	222.64
应付未付款项	7 781.90	90.98	701.89
信托融资	7 620.33	2 527.33	4 104.67
其他单位和个人借款	6 679.41	552.79	1 159.39
垫资施工、延期付款	3 269.21	12.71	476.67
证券、保险业和其他金融机构融资	2 000.29	309.93	1 055.91
国债、外债等财政转贷	1 326.21	1 707.52	0.00
融资租赁	751.17	193.05	1 374.72
集资	373.23	37.65	393.89
合计	108 859.17	26 655.77	43 393.72

④从债务资金投向看，主要用于基础设施建设和公益性项目，迎合了地方经济社会发展的资金需要，推动了民生改善和社会事业发展，而且形成了大量优质资产，大多有经营收入作为偿债来源。在已支出的政府负有偿还责任的债务101188.77亿元中，用于市政建设、土地收储、交通运输、保障性住房、教科文卫、农林水利、生态建设等基础性、公益性项目的支出为87 806.13亿元，占86.77%（详见表5、图2）。

表5　　2013年6月底地方政府性债务余额支出投向情况表　　单位：亿元

债务支出投向类别	政府负有偿还责任的债务	政府或有债务	
		政府负有担保责任的债务	政府可能承担一定救助责任的债务
市政建设	37 935.06	5 265.29	14 830.29
土地收储	16 892.67	1 078.08	821.31
交通运输设施建设	13 943.06	13 188.99	13 795.32
保障性住房	6 851.71	1 420.38	2 675.74
教科文卫	4 878.77	752.55	4 094.25
农林水利建设	4 085.97	580.17	768.25

续表

债务支出投向类别	政府负有偿还责任的债务	政府或有债务	
		政府负有担保责任的债务	政府可能承担一定救助责任的债务
生态建设和环境保护	3 218. 89	434. 60	886. 43
工业和能源	1 227. 07	805. 04	260. 45
其他	12 155. 57	2 110. 29	2 552. 27
合计	101 188. 77	25 635. 39	40 684. 31

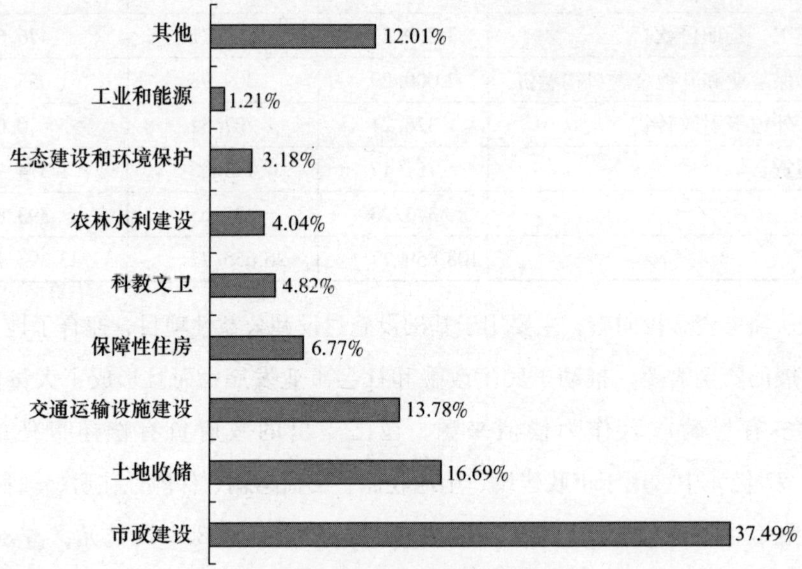

图 2　地方政府直接债务资金投向

其中，用于土地收储债务形成大量土地储备资产，审计抽查的 34 个重点城市 2 本级截至 2013 年 6 月底储备土地 16. 02 万公顷；用于城市轨道交通、水热电气等市政建设和高速公路、铁路、机场等交通运输设施建设的债务，不仅形成了相应资产，而且大多有较好的经营性收入；用于公租房、廉租房、经济适用房等保障性住房的债务，也有相应的资产、租金和售房收入。

⑤从未来偿债年度看，2013 年 7 月至 12 月、2014 年到期需偿还的政府负有偿还责任债务分别占 22. 92% 3 和 21. 89% ，2015 年、2016 年和 2017 年到期需偿还的分别占 17. 06% 、11. 58% 和 7. 79% ，2018 年及以后到期需偿还的占 18. 76% （详见表 6）。

表6　　2013年6月底地方政府性债务余额未来偿债情况表　　单位：亿元

偿债年度	政府负有偿还责任的债务		政府或有债务	
	金额	比重	政府负有担保责任的债务	政府可能承担一定救助责任的债务
2013年7月至12月	24 949.06	22.92%	2 472.69	5 522.67
2014年	23 826.39	21.89%	4 373.05	7 481.69
2015年	18 577.91	17.06%	3 198.42	5 994.78
2016年	12 608.53	11.58%	2 606.26	4 206.51
2017年	8 477.55	7.79%	2 298.60	3 519.02
2018年及以后	20 419.73	18.76%	11 706.75	16 669.05
合计	108 859.17	100.00%	26 655.77	43 393.72

二、关于中国地方政府债务的变动趋势和特征

中国公共部门债务中，为各方最为关注的是地方政府性债务这个部分，其变动趋势和特征值得专作考察。2009年后，正式的“地方债”在中国已登堂入室（但还实际上附带有中央政府的隐性担保），前三年每年发行2000亿元，后两年分别为2500亿元和3500亿元。与地方隐性债相比，这种正式的“地方债”只占很低比重。而地方隐性负债中，至少七千余家融资平台的债务现是比较主要的部分。中国的地方政府性负债发生于经济社会转轨背景之下，由来已久，为数巨大，近些年在政策扩张期，又有迅速的规模扩张。从增长幅度看，于1997年后、2008年后，由于应对亚洲金融危机和世界金融危机的客观需要，两次出现大幅上升情况（见图3）。

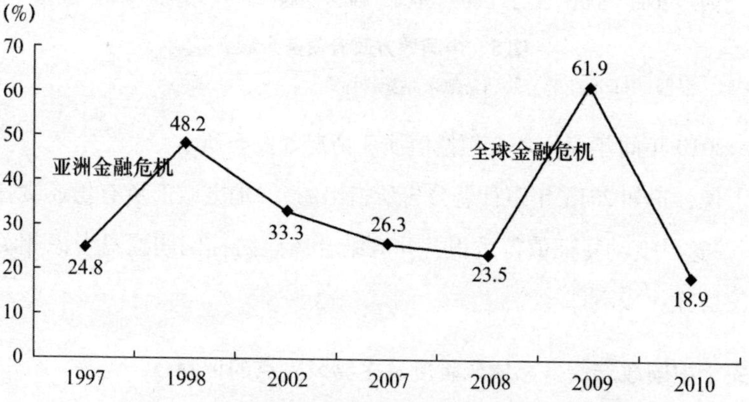

图3　中国地方政府性债务增长率（1997～2010）

资料来源：根据2011年审计署公告等计算。

2010 年曾有增幅的明显回调，但其后两年半的时间段内，仍有三种债务累计 63.53% 的增幅（见图 4）。

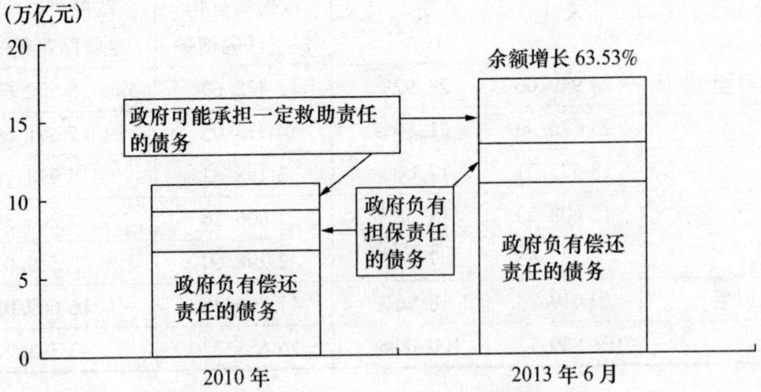

图 4　地方省、市、县三级政府性债务余额对比

数据来源：审计署审计结果公告（2013 年第 32 号、2011 年第 35 号）。

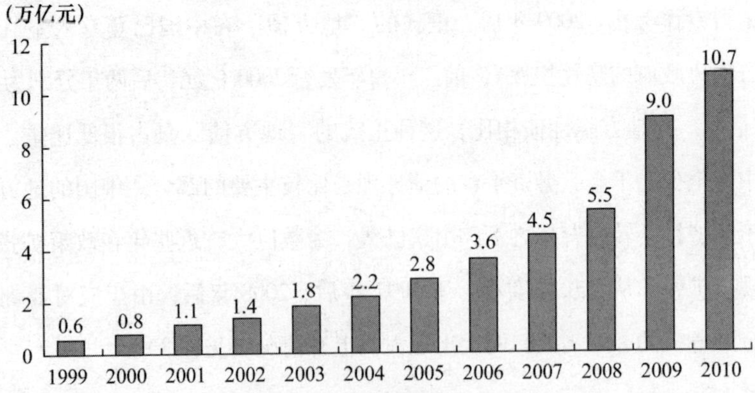

图 5　中国地方政府债务余额

资料来源：根据 2011 审计署公共和其他来源资料计算。

1999～2010 年间年度债务余额量值演变情况如图 5 所示。

总体上说，正如 2013 年审计署公告所指出的，“地方政府负有偿还责任的债务增长较快”，这一变动特征值得重视，并应结合风险防控问题通盘考虑相关的制度建设和对策措施。

三、关于中国政府债务总体风险度及主要风险点的评判

关于中国政府债务风险制度的判断和风险点的认识，是关心政府债务问题的人士所共同聚焦的命题。

1. 债务总体风险度

根据审计署公告中的信息，可知与风险度紧密相关的如下四个重要指标的基本情况。

①负债率（债务余额/GDP）。截至2012年底，全国政府负有偿还责任的债务余额与当年GDP（518942亿元）的比率为36.74%。政府负有担保责任的债务和可能承担一定救助责任的债务大多有相应的经营收入为偿债来源，只有在被担保人和债务人自身偿债出现困难时，政府才需承担一定的偿还或救助责任。审计结果显示，2007年以来，各年度全国政府负有担保责任的债务和可能承担一定救助责任的债务当年偿还本金中，由财政资金实际偿还的比率最高分别为19.13%和14.64%。考虑以上因素后测算，2012年底全国政府性债务的总负债率为39.43%，低于欧盟成员国签订马约时使用的60%的负债率控制标准参考值。

②政府外债与GDP的比率。截至2012年底，全国政府外债余额为4 733.58亿元，占GDP的比率为0.91%，低于国际通常使用的20%的控制标准参考值。

③债务率（债务余额/政府年度全部收入）。截至2012年底，全国政府负有偿还责任债务的债务率为105.66%。若将政府负有担保责任的债务按照19.13%、可能承担一定救助责任的债务按照14.64%的比率折算，总债务率为113.41%，处于国际货币基金组织确定的债务率控制标准参考值范围之内。

④逾期债务率。截至2012年底，全国政府负有偿还责任债务的逾期债务率为5.38%，除去应付未付款项形成的逾期债务后，逾期债务率为1.01%；政府负有担保责任的债务、可能承担一定救助责任的债务的逾期债务率分别为1.61%和1.97%，均处于较低水平。

总之，我国各级政府债务的总量规模显然仍处于安全区。

2. 若干风险点

接下来的问题是，我们并不应基于总量风险可控而轻视若干主要的风险点。

①与制度安排缺陷相关的“不透明”及其风险。我国以地方隐性负债为主要组成部分的政府债务负担，现存主要弊端在于不透明、不规范，以潜规则强制替代明规则的方式运行，不利于防范风险，或者说在现阶段这一点也已成为其最大的风险。因为在有效制度供给不足的情况下，虽然地方债在多方面产生了其积极作用，一定程度上填补了地方税体系贡献不足的空间，但以隐性方式出笼，势必带来风险

防范机制的不到位和资金使用低绩效水平等问题。一旦风险的聚集越过临界点而威胁经济社会的和谐与安全，则只能以“灭火”的应急方式去平息事态，结果将对政府公信力造成极大损害和可能需要以极大的代价来换取社会常态的恢复。

②一些局部的和项目的风险。审计结果揭示，截至2012年底，有3个省级、99个市级、195个县级、3465个乡镇政府的负有偿还责任的债务的债务率高于100%。另在调研中也可知，有一些具体项目的风险度较高（如公益性较强而现金流较弱的投资项目）。

③部分地方和单位违规融资和违规使用债务资金带来的风险。审计发现，部分地方违规通过BT、向非金融机构和个人借款等方式举借政府性债务2457.95亿元；地方政府及所属机关事业单位违规提供担保3359.15亿元；融资平台公司等单位违规发行债券423.54亿元；国发〔2010〕19号文件下发后，仍有533家只承担公益性项目融资任务且主要依靠财政性资金偿还债务的融资平台公司存在继续融资行为；财政部等4部委2012年底明确要求地方政府规范对融资平台公司的注资行为后，仍有部分地方将市政道路、公园等公益性资产和储备土地等以资本金形式违规注入71家融资平台公司，涉及金额544.65亿元；部分地方违规将债务资金投入资本市场22.89亿元、房地产市场70.97亿元和用于修建楼堂馆所41.36亿元。

四、对症下药，标本兼治，疏堵结合，兴利除弊：防控风险的思路与对策建议

中国政府性债务中最主要的风险，目前阶段可认为存在于地方隐性负债部分，而隐性债的主要成因有以下几点。

①省以下分税制不到位，地方税体系迟迟未成型，地方收入紧张。

②转轨与发展进程不断强化地方“有偿”筹资和政策融资的现实需要，但制度建设在混沌状态中未得到规范推进，“潜规则”强制替代“明规则”来形成融资。

③GDP考核压力（有形与无形的并存）生发地方短期行为动因，加大了隐性举债的力度。

④中央部门、地方高端自上而下的“达标”要求形成的压力，也是促使地方隐性债增加的力量之一。

因此，对症下药、标本兼治并且“以治本为上”的思路，应注重在深化改革中推进制度建设，有堵有疏、疏堵结合，但从中长期看应援引大禹治水“堵不如疏”

的古老智慧，在“治存量”（逐渐消化收缩已有隐性债存量）的同时，“开前门，关后门，修围墙”，或曰“疏通明渠，堵住暗沟”，发展规范化、有利于风险防范的“阳光融资”式地方举债机制，以有效制度供给，在政府债务融资领域兴利除弊，服务于全局的发展和配套改革。

向前看，具体建议有以下几点。

①在财政体制扁平化前提下以“一级政权，一级事权，一级财权，一级税基，一级预算，一级产权，一级举债权”外加“中央、省两级自上而下转移支付”为原则推进配套改革，因势利导，防范风险，着眼全局统筹发展、实现制度创新与配套，渐进走向全面的“阳光融资”。

②结合《预算法》的修订，明确地以“正面表述”方式规定地方债的发行条件、程序、审批、监督和绩效考评等要求，以利逐步和更大步伐地以规范的地方公债和市政债，置换、替代隐性债。

③分两大类管理地方债务：一般债务（地方公债，不与具体项目挂钩）；专项债务（市政债，对应、挂钩于具体项目）。积极合理细化各自的管理方式方法。

④专业化编制全国和地方资产负债表，在对政府债务加强制度规范、程序约束、公众监督的同时，发展健全政府债务（特别是地方债）的市场化约束体系与机制。

⑤积极地在改革创新中以 PPP（公私合作伙伴）方式化减部分地方政府债务，这样既可减轻政府债务的压力，又可调动民间资本、社会资金的力量来加大、加快地方基础设施建设，并且取得更好的资金使用结合绩效，同时扩大民间资本的发展空间，实现共赢多赢。积极地探讨、发展偿债基金等风险应对机制。进一步优化对于地方融资平台的多部门协调配合监管机制。

财税改革远景与近观①

中国国际金融有限公司

摘要

财税体制规定了经济主体的基本权利义务，可谓经济宪法。历史上，财税改革屡次起到突破作用：20 世纪 80 年代城市经济改革以利改税加承包制为起点，90 年代的分税制为市场经济改革奠定了基础。当前中国经济面对投资过高、产能过剩、地产泡沫、政府债务等问题，无不与财税有关。从效率、公平、可持续性三大原则出发，本文探讨财税改革的可能路径，并分析其经济影响。

一、我国财税体制主要缺陷

好的财税体制须满足效率、公平、可持续三原则。效率原则，意谓政府规模、税制以及中央地方权责划分等制度安排应尽量避免扭曲市场的资源配置。公平原则，要求政府税收和支出起到调节收入分配的作用。可持续性原则，要求公共开支的资金来源有长期保障。除此之外，宏观调控还要求财税体制具有自动稳定器功能，主要通过累进税率和保障支出来实现。从这四方面衡量，我国当前财税体制的突出问题包括：间接税在税收结构中占比过高、保障支出占比过低以及地方政府融资不规范。

（1）间接税占比过高、政府规模扩大违背效率原则

间接税以商品和劳务的生产、流通为课税环节②，即便企业经营不盈利也会产生间接税。我国间接税占税收比例 70% 以上（表 1），远高于国际平均水平。地方

---

① 本文是中国国际金融有限公司为中国发展高层论坛 2014 年会提供的专题报告。本报告执笔人为中金公司研究部彭文生、赵扬、边泉水、朱维佳。

② 我国的间接税包括增值税、营业税、消费税、关税、资源税和城市维护建设税。

政府享有间接税分成，容易产生投资冲动，导致产能过剩。而在直接税中，我国不动产税占比过低，企业所得税占比则明显高于发达国家（图1），不利于对企业家的激励。其次，政府支出占GDP比重从2000年的20%左右上升到目前的30%左右，越来越多的资源通过政府而非市场来配置。尤其是，地方政府通过融资平台及土地出让获得资金，而地方政府预算体制不完善，资金管理缺乏透明和监督（表2）。

表1　　　　中国税收结构中，间接税占比高

	2012年		
	金额（亿元）	占财政收入比重（%）	占GDP比（%）
全国财政收入	117 210	100.0	22.6
税收收入	100 601	85.8	19.4
消费税	7 872	6.7	1.5
增值税	26 416	22.5	5.1
进口产品消费税、增值税	14 796	12.6	2.9
营业税	15 748	13.4	3.0
关税	2 783	2.4	0.5
企业所得税	19 654	16.8	3.8
个人所得税	5 820	5.0	1.1
房产税	1 372	1.2	0.3
非税收入	16 609	14.2	3.2

资料来源：Wind，中金公司研究部。

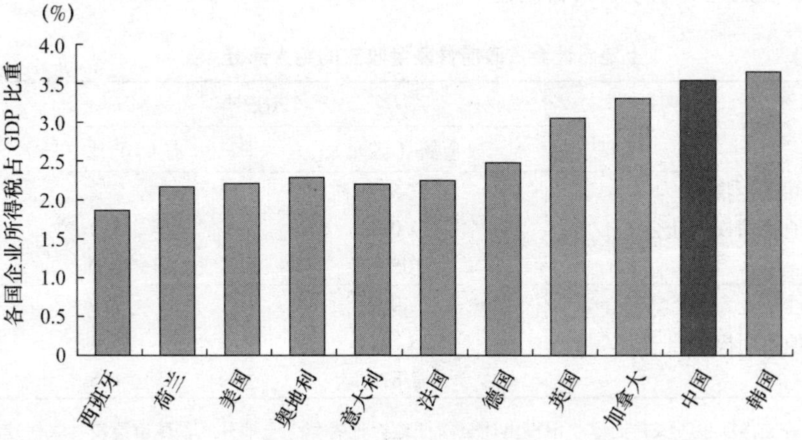

图1　我国企业所得税占GDP比重高于主要发达国家

资料来源：Haver，中金公司研究部。

（2）财政的再分配职能不足

间接税多被转嫁给消费者，而富人的消费倾向远低于穷人，因此间接税下穷人的实际税率反而高。间接税因而具有累退性，不利于调节收入分配。同时，我国政府支出中医疗、养老等保障支出偏低，而应该享受社会保障的主要是穷人，因此我国的政府支出也于穷人不利。发达国家的政府支出中社会保障支出占比较高，其社会保障支出占 GDP 比例在 9% ~17% 之间，医疗约占6% ~8% 。相比之下，我国社会保障支出占 GDP 比例为 2.4% ，医疗为 1.4% 。

（3）财政自动稳定器功能弱

税收累退，保障偏低，自动稳定器作用自然较低。同时，土地财政还有顺周期性。地方基建资金依靠土地收入，融资平台也靠土地抵押借债。经济周期上行，土地出让量价齐升，政府资金充足，支出增加；反之则反是。土地财政因此加剧周期波动。

（4）地方财政行为扭曲

首先，地方财政行为缺乏有效约束，导致政府和市场边界模糊，损害了市场效率。其次，财权与事权不匹配。无论单一制还是联邦制，发达国家中央和地方的事权、财权相对明确。而我国中央政府支出在全部财政支出中比例偏低（图 2、表 3），中央财政调节收入分配的职能较弱。第三，地方政府融资不规范，严重依赖土地。而土地财政导致政府存在推升房价的激励，泡沫又从资金、土地、劳动力等方面挤压实体经济，并也扩大财富和收入分配差距。扭曲的财政行为造成了地方政府债务高企，威胁地方财政的可持续性。

表 2　　土地出让金占政府性基金收支的绝大部分

	2012 年	
	金额（亿元）	占 GDP 比（%）
全国政府性基金收入	37 517	7.2
国有土地使用权出让金	27 011	5.2
其他	10506	2.0
全国政府性基金支出	36 069	7.0
国有土地使用权出让金*	28 241	5.4
其他	7 828	1.5

注：*在支出项中，国有土地使用权出让金指征地拆迁补偿、土地开发、城市建设、农村建设支出等。

资料来源：Wind、中金公司研究部。

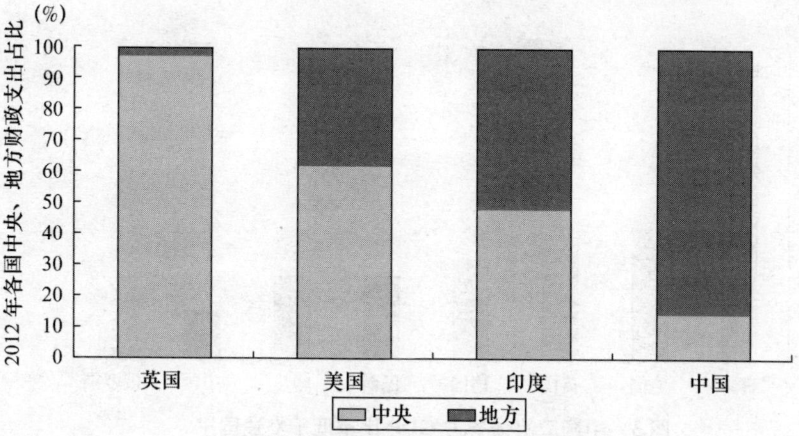

图 2　我国中央本级财政支出占比偏低

资料来源：Haver，Wind，中金公司研究部。

表 3　　我国中央和地方财政收支关系

	2012 年		
	金额（亿元）	占财政收入或支出比（%）	占 GDP 比（%）
全国财政收入	117210	100.0	22.6
中央本级收入	56133	47.9	10.8
地方本级收入	61077	52.1	11.8
全国财政支出	125712	100.0	24.2
中央本级支出	18765	14.9	3.6
地方本支出	106947	85.1	20.6
其中中央对地方税收返还和转移支付	45383	36.1	8.7
财政赤字	－8503	NA	－1.6

资料来源：Haver，Wind，中金公司研究部。

综上，我国财税体制的矛盾主要集中在三个方面：间接税占比过高、社会保障支出过低、地方政府财政行为不规范。

二、税制和地方政府财政是改革的主要领域

财税改革涉及重大利益调整，具体措施尚存争议，因此推进速度不会很快。但方向明确：税制改革重点降低间接税比重；预算改革重点增加民生支出和透明度；

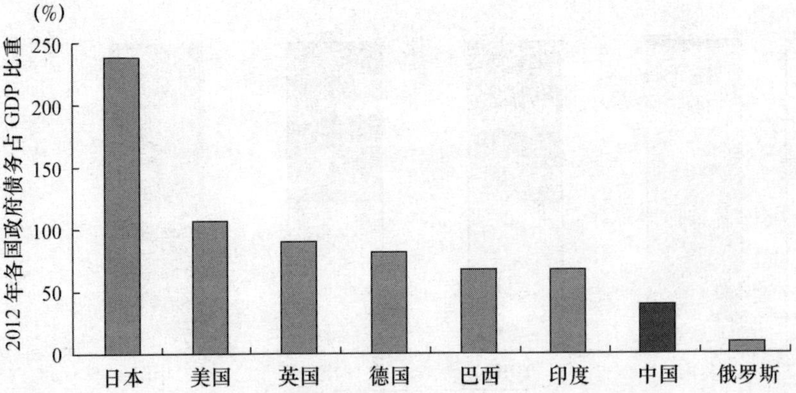

图 3　中国政府债务占 GDP 比重低于发达国家

资料来源：Haver，Wind，中金公司研究部。

财政体制改革重点理顺中央地方关系。

间接税占比过高是我国税制不合理的集中体现，改革方向是降低间接税比重。具体措施可能如下：①扩大营改增；②推广房产税；③推进资源税从价改革；④将部分消费税从价内改为价外；⑤引入遗产税、资本利得税；⑥降低增值税税率。

提高直接税比重需推广房地产税。首先，土地是生产要素之一，房地产税反映对要素征税的重要方面。房产税在上海的试点已经比较成熟，杭州、深圳等城市也已对房产税做了充分研究。下一步的推广可能以目前的上海模式为主，即对新购买的增量住房征税。对存量住房征收房产税，还存在较大争议，短期内推行的阻力较大，是房产税改革的中长期目标。其次，所得税缺乏加税空间。个税改革方向是将所得分类计税改为综合计税，将包括资本利得在内的更广泛的收入都纳入个人所得税范畴，但这需要征税技术的配合。短期内个税改革主要是调节免征额和税收级距，方向是减税，而非增税。我国企业所得税率已经不低，改革方向也是减税，尤其是对中小企业税负。另一个增加直接税的可能手段是开征遗产税。经过 30 多年的经济高速增长，我国已形成一个庞大的富裕群体，开征遗产税具有一定条件。但由于尚缺乏社会共识，遗产税的开征尚需时日。

预算改革包括调整预算支出结构和完善财政预算体系。前者的方向是扩大保障在支出中的比例。十八大报告提出，未来财政政策将致力于“包容性增长”，要让增长惠及所有地区和人群，政府提供必要的公共服务，财政主要用于民生支出。因此，适当扩大社会保障在预算支出中的比例，提高政府支出的再分配功能，已经形成政策共识，将会在十八届三中全会之后的财税改革方案中有所体现。

预算体系改革，涉及全口径管理，即将广义的公共收支纳入财政预算管理。目前的财政预算管理仍不是全口径的：政府性基金预算、社会保险预算和国有资本经营预算资金占到全部政府资金约37%（图5），却未纳入财政预算管理。然而，在财政预算自身尚不完善的情况下，全口径的预算改革实际效果可能有限。深层次的预算体制的改革，势必牵涉到政府体制改革、政府职能转换等议题，短期内难以形成社会共识。

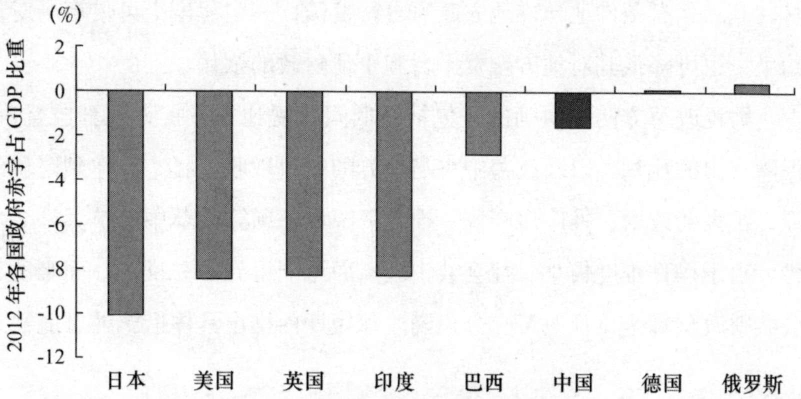

图4　中国财政赤字占 GDP 比重不高

资料来源：Haver，Wind，中金公司研究部。

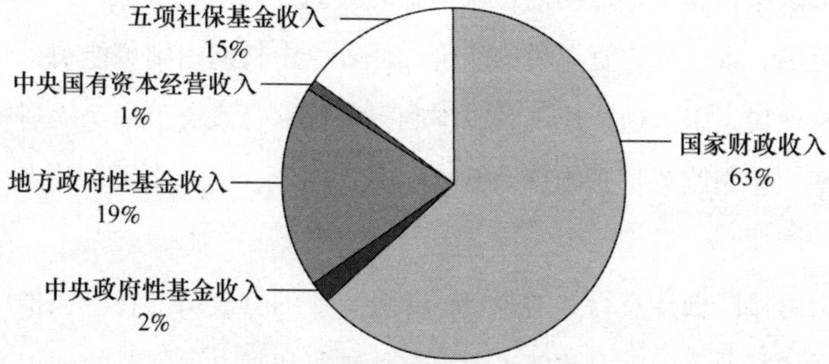

图5　2012 年全口径政府收入结构

资料来源：Wind，人力资源和社会保障部，中金公司研究部。

财政体制改革最重要的方面是中央和地方的财政制度安排。如何改变目前地方政府财权和事权不匹配的局面，仍然存在较大的争议。一种意见是将财权更多给予地方，以保持地方政府发展经济的积极性，鼓励地方政府之间的竞争以形成促进经济增长的机制。另一种意见则希望将更多事权统筹到中央，以避免地方政府对经济的过多干预和由此导致的重复建设、产能过剩等问题，同时加大中央政府在全国范围内的再分配职能。

现有体制安排缺少对地方政府的有效监督，可能的改革方向是将部分重要事权收归中央，并通过规范的转移支付纠正地方财权和事权的不匹配。同时，中央政府将承担起更大支出责任，特别是在公安、医疗、教育、环保和卫生等方面。

地方财政可持续性弱，有两个应对可能。其一，在地方政府事权上收的同时开新的地方税种，培养地方税源。但这牵涉到分税制的基本安排，尚未形成共识，推进仍需时日。其二，有条件地允许地方政府自行发债，一定程度上可借市场对地方财政形成约束，也可降低其对地方融资平台和土地财政的依赖。

总体上，财税改革方向是明确的，包括降低间接税比重，扩大预算监督范围，增加社会保障支出的比例，以及改善中央与地方的财政税收安排。具体到财税改革的可能路径，扩大营改增、推广房产税、推进资源税，预算改革中的扩大社会保障性支出等措，由于操作难度较小、社会共识较高而可能得到率先推行。而难度和争议较大的公共财政预算全口径改革、分税制改革短期内推出具体措施的可能性相对较小。

三、财税改革推动经济结构转型

众多可能的改革措施中，短期内比较确定的是扩大营改增范围，扩大现有的增量房产税试点范围，继续推广资源税的从价计征等；中长期内则可能引入针对存量的房产税或者物业税，引入遗产税以及资本利得税等综合意义上的个人所得税，同时下调增值税率。税制改革将影响劳动供给、收入分配、资本积累、并由此影响经济结构。

营改增将会直接降低涉及行业的税负。部分行业的营改增已在全国推广，下一步是扩大营改增的行业范围。财政部表示，有关铁路和邮电通信业的试点方案已在积极准备中，争取 2015 年全面完成营改增。这些服务业的增加值率一般在 46% 左右，销售收入中超过一半可用于增值税抵扣，而抵扣的进项税率远高于营改增后缴纳的销项税率（因为主要商品的增值税率仍为 17%，而服务业营改增后的税率为 6% 或 11%），因此会降低相关行业的税负。而且，伴随着企业购入固定资产以及其他投入品的增加，减税效应将随时间延长而愈加显现。国家税务总局的数据显示，2012 年营改增试点地区共为企业直接减税 426.3 亿元[①]。我们估算，2013 年营改增将减税1 200亿元左右。2015 年营改增扩大到铁路运输和邮电通讯，减税幅度可能扩大 50%[②]。减税效应将促进服务业发展，其他利用这些服务作为投入的行业也将获益，消费者也会得益。交通运输、仓储物流和邮电通讯等营改增推广行业具有一定公共品属性，其效率提高有利于降低社会的交易成本，促进投资创业。

房产税的推广提高资源配置效率，改善收入分配，控制房地产泡沫。首先，房产税税负将主要落在拥有多套住房的富有人群，降低现有税制的累退属性。而缩小收入分配差距有利于提高全社会平均的消费倾向，因此房产税有利于提高消费率，降低储蓄率和投资率。其次，扩大房产税提高了对投资房地产获益行为的征税，可抑制房地产泡沫。泡沫消退，意味着投资于其他行业的回报相对上升，有利于资金投入实业，也有助于改变我国目前偏重两高一资的不合理的产业结构。第三，房产税可以建设成为一个持久的地方税种，带来下调增值税的空间，具有鼓励消费的作用，有利于我国的经济结构升级。

资源税改革有利于节能环保，促进经济结构转型。未来的资源税改革，方向是将更多的资源品由从量税改为从价税。2011 年国务院修订了资源税暂行条例，主要是将原油和天然气从过去的从量征收改为从价征收（即按照销售额的固定比例征收）。二者的区别在于，从量征收价格上升的时候单位产品纳税额不变，而从价税可在需求推动价格上升的时候自动提高税率，从而减少资源消费。因此，资源税改革可以促进节能环保行业的发展，同时降低资源行业的垄断利润。由于资源税改革会抬升高污染、高耗能、资源密集型的“两高一资”企业的成本，这些行业的投资相对减少，利于产业结构调整。

财税改革将改善宏观经济结构。上述的财税改革的中长期方向与短期可能推行的措施将对宏观经济运行、经济结构调整产生多方面的影响。改革的效果取决于相

---

① 见财政部网站报道，www.mof.gov.cn/zhengwuxinxi/caizhengxinwen/201302/t20130218_733542.html，《人民日报：经济聚焦——营改增效果怎么样》。

② 这两个行业统计上被并在交通运输、仓储及邮电通信业这一大行业中。该大行业 2012 年合计增加值24 960亿元，按 2007 年投入产出表计算其增值率在 0.46，则推算 2012 年该行业总产值约54 027亿元，中间投入约29 067亿元。如果营改增后适用11%的增值税率，则以 2012 年的行业增加值和投入值计算，当年应纳增值税1 002亿，应纳营业税1 621亿，营改增后减税达 619 亿元，比财政部估算的 400 亿元还要多 200 亿元左右，扩大约 50%。

关措施推进的节奏与步伐，但我们可以勾勒三个方面的影响。

第一，消费率上升。上述措施从两个方面促进消费，抑制投资：①改变目前对消费征税，对储蓄不征税的状况；②降低收入分配差距，提高平均消费倾向。推进资源税改革将有利于节能环保，两高一资行业将感受到更大的调整压力。

第二，提高全要素生产率，主要体现在规范地方政府行为和抑制房地产泡沫上。财政收支的规范化，将抑制地方政府对投资和经济增长的过度追求，降低地方政府对市场经济的干预程度，提高市场配置资源的份额；同时，房产税的推广也将在一定程度上纠正土地财政推升房地产泡沫的过程，有利于其他实体经济的发展，从而提高整个经济的运行效率。

第三，增加财政的自动稳定器功效，降低宏观经济政策逆周期操作的力度，从而减少决策失误的影响。尤其是可以减轻货币政策逆周期操作的负担，促进宏观经济平稳运行。

总体上，财税体制改革的方向有利于纠正政府尤其是地方政府扭曲的财政行为，释放制度红利，促进市场经济更有效的运行。

关于提高中国劳务报酬个人所得税免征额的建议

安利公司

内容摘要

通过扩大就业来改善和保障民生，一直是中国经济发展的重要目标。十八大报告提出："就业是民生之本。引导劳动者转变就业观念，鼓励多渠道多形式就业，促进创业带动就业"。随着中国市场经济的不断发展，就业和消费的方式日益呈现出多样化的特点，用工制度也越来越多样化，以劳务报酬为主要收入来源的劳动者逐步成为劳动力市场的重要组成部分。这种用工形式，不仅增加了个体收入，还创造了灵活的就业机会，丰富着社会商业形式，也在一定程度上缓解了中国新型城镇化过程中的就业问题，并将在此进程中扮演更加重要的角色，为构建和谐社会贡献更大的力量。但不可否认的现状是，以劳务报酬为主要收入来源的劳动者多属中低收入人群，并且由于中国较为特殊的个人所得税征收模式，他们的劳务报酬所得还一直承担着较为沉重的税赋。

纵观世界各国个人所得税征收模式，无论是欧美发达国家，还是诸如印度、埃及、巴西这样的发展中国家，或者是经济转轨的俄罗斯、越南等国都对包括工资、薪金所得和劳务报酬所得在内的劳动所得实行统一的征税方法，按年综合征收，统一扣除有关费用。在中国，香港、澳门和台湾地区也沿用这类模式，实现了较为合理的税负。在这一环境下，劳务报酬个人所得税也成为了"中国特色"的产物。

种类繁多的扣除与宽免条目是综合个人所得税模式和混合个人所得税模式的重要特色，这种个税模式更加注重税负的公平性，除了让居民量能负税外，也释放出更多的人文关怀。相比较而言，中国目前现行个人所得税模式下的劳务报酬个人所

本文是安利公司为中国发展高层论坛2014年会撰写的专题报告。

得税，从大量国内外企业和大批相关从业者的角度而言，其存在的合理性仍有待商榷，而且相关规定多年未作调整，存在该项税种免征额偏低，与中国社会和经济发展形势脱节的情况。也导致了部分综合高收入者纳税偏低，低收入者反而纳税偏高的不公平现象。

现行的《中华人民共和国个人所得税法》规定：劳务报酬所得，每次收入不超过4 000元的，减除费用800元；4 000元以上的，减除20%的费用，其余额为应纳税所得额；劳务报酬所得个人所得税适用税率为20%。对劳务报酬所得一次收入畸高的，可以实行加成征收。在1980～2013年的33年间，个人所得税法规定的工资、薪金所得费用减除标准已经先后提高3次，从每月800元提高到每月3 500元，增加了近3.4倍；而劳务报酬所得的定额费用减除标准仍然为每次收入减除800元，未作任何调整。

因此，我们代表众多外国投资者、中国国内企业，以及大批获得劳务报酬的相关从业者的利益，郑重建议：在中国现行的分类个人所得税模式下，提高劳务报酬个人所得税的免征额，以部分遏制综合收入高的人纳税偏低、收入低的人反而纳税偏高的不公平的局面。从中国社会和经济发展的长远角度来看，实施个人所得合并征收，综合考量居民的家庭状况、生活成本、发展要求，增加更多的扣除与宽免条目，实现量能负税，体现人文关怀，是构建中国和谐社会的必经之道。

报告沿用以上分析思路，整体分为以下三个部分。

报告第一部分为三种国际个人所得税模式下的劳务报酬征税方式。通过对分类个人所得税模式、综合个人所得税模式以及混合个人所得税模式的分别介绍，引入相应的施政国家，并对该国个人收入所得的构成和征税方式加以说明。通过对相关文献的查阅发现劳务报酬个人所得税仅存在于分类税制下的中国。对比发现，中国在征税模式上与国际存在部分脱节的情况，与外国种类繁多的纳税宽免和扣除条目相对比，中国的劳务报酬个人所得税免征额明显过低，存在不合理性。

报告第二部分为中国劳务报酬个人所得税的现状与问题分析。通过对劳务报酬的概念、征税规定、重要程度的阐述，介绍中国劳务报酬个人所得税的征税现状，并引入相关的问题与分析。并得出中国税法针对劳务报酬个人所得税的相关规定较为陈旧，已不适应中国社会发展现状的结论。对于中国公民个人而言，同等收入却需要缴纳不同数额的税金，使社会公平性受损；对于在中国经营的企业而言，这一现象导致劳务成本升高，在一定程度上阻碍企业的管理与发展；对于中国国家而言，该税制不符合世界各国现行模式与国际发展趋势，在一定程度上有碍中国经济与世界的接轨。

报告第三部分为向中国政府提出的相关政策建议。该部分内容提出，目前中国社会用工形式日趋多元化，以劳务报酬为主要收入来源的劳动者已经逐步成为中国劳动力市场的重要组成部分。中国经济社会已发生巨大变迁，但是劳务报酬个人所得税减除费用标准和税率的落后，降低了企业和个人的收益和积极性，已在一定程度上阻碍了中国经济的平稳发展和部分中国民众生活水平的提高。因此建议，提高劳务报酬所得个人所得税的免征额，使之与工资、薪金所得个人所得税的免征额一致，确保劳务报酬所得和工资、薪金所得在纳税上的平等，从而进一步提高中低收入群体的收入，提升他们的幸福感，让更多人共享中国改革发展成果。具体而言，首先是提高部分税负偏重人群的劳务报酬所得减除费用标准，其次是推行综合征收与分项征收相结合，以综合征收为主的个人所得税模式。

通过扩大就业来改善和保障民生，一直是中国经济发展的重要目标。特别是十八大报告提出："就业是民生之本。实施就业优先战略和更加积极的就业政策。引导劳动者转变就业观念，鼓励多渠道多形式就业，促进创业带动就业。"随着中国市场经济的不断发展，就业和消费的方式日益呈现出多样化的特点，用工制度也越来越多样化，以劳务报酬为主要收入来源的劳动者逐步成为劳动力市场的重要组成部分。这种用工形式，不仅增加了个体收入，还创造了灵活的就业机会，丰富着社会商业形式，也在一定程度上缓解了中国新型城镇化过程中的就业问题，并将在此进程中扮演更加重要的角色，为构建和谐社会贡献更大的力量。

但不可否认的现状是，以劳务报酬为主要收入来源的劳动者多属中低收入人群，并且由于中国较为特殊的个人所得税征收模式，他们的劳务报酬所得还一直承担着较为沉重的税赋。以劳务报酬作为主要收入来源的劳动者，由于还需要自行承担养老、医疗等社会保障费用，可支配收入更为减少。这一税负现象不符合各国现行模式与国际发展趋势，也有违十八大倡导的"权利公平、机会公平、规则公平"的公平原则。不仅损害了这部分劳动者的利益，还增加了雇佣劳务工作者的企业经营成本，因此不利于改善民生以及创业。

为此，我们建议改进"劳务报酬个人所得税"的征收方式，实现"劳务报酬所得”和“工资、薪金所得”在纳税上的平等，从而进一步促进多元化就业模式，并提高中低收入群体的收入，让更多人共享改革发展成果。

一、三种国际个人所得税模式下的劳务报酬征税方式

纵观世界各国的个人所得税模式，大致分为三种模式：分类个人所得税模式、综合个人所得税模式以及混合个人所得税模式。劳务报酬个人所得税属于第一种模式，即分类个人所得税模式。目前，欧美发达国家普遍采用后两种模式，对个人收入不做划分或者简单划分，划分标准中均将工资薪金所得和劳务报酬所得合并归入个人所得、劳动所得或勤劳所得，进行统一征税。

1. 分类个人所得税模式

分类个人所得税模式即为：对不同性质所得设计不同税率和费用扣除标准，采取源泉一次课税方式。目前，中国采用此类个税模式。分类税制模式具有分类课征，征收简便，征管成本低的优点。由于不考虑纳税人家庭负担和支出的抵扣制度，也会造成综合收入高的人少纳税，收入低的人多纳税的情况。

劳务报酬所得税是中国分类个税模式的产物，根据中国现行税法，劳务报酬所得实际上适用三级超额累进税率。

2. 综合个人所得税模式

综合个人所得税模式即为：将纳税人全年不同性质所得，全部加总，减除法定扣除额，余额按统一累进税率课税。以美国、英国、澳大利亚等为代表的很多发达国家目前采用此类个税模式。

美国个人所得税税基为纳税人在一个纳税年度内从各应税来源收到的所有收入减去税法中规定的不予列计的项目。计算税基的第一步是计算出计税年度中从各应税来源收到的所有收入，即毛所得，主要包括：工资薪金，从应税来源取得的利息、股息、租金收入，以及从经营行为中获得的利润和其他收入，劳务报酬也包含在毛所得当中。

计算出调整后的毛所得之后，还要经过两次扣除，才能得到应税的税基。一种扣除称为个人免税额（Individual Deduction for Adjusted Gross Income），指允许纳税人从调整后毛所得中扣除的一定数量的货币额，该扣除额根据个人在纳税申报表中申报的依靠其抚养的人数的多少而有所不同，个人免税额的美元价值需根据每年的

通货膨胀率进行相应的调整。还有一种扣除是从调整后的毛所得中减去的特定项目(Deduction from Adjusted Gross Income)。纳税人既可以选择标准扣除，也可以选择分项目进行扣除。以上这两种扣除构成了美国独具特色的税前扣除制度。

可以看出，英美国家普遍采取量能征税的方式，综合考虑纳税人的全部收入(其中包括中国定义下的劳务报酬)，同时根据家庭状况、基本生活和发展开支等情况加以扣除，再施以分段比例税率。

3. 介于前述两种个税模式之间的混合个人所得税模式

混合个人所得税模式兼有分类制和综合制的优点，既坚持“区别对待”原则，对资本所得按特定办法和税率征税，又以量能课税为原则，对个人不同来源的非资本所得综合课税，较好的遵循效率、公平和财政收入三原则，是一种适应性较强的税制模式。目前，以挪威、瑞典等国家为代表的一些欧洲国家采用此类个税模式。这种模式始于北欧四国的混合型个税改革，赢得了很多欧洲国家的支持，也是目前国际个人所得税制改革的趋势。

混合个人所得税模式，首先扣除成本费用后将个人所得分为资本所得（Capital Income）和劳动所得（Labor Income）两部分。资本所得主要包括股息、利息、租金、资本利得；劳动所得是以劳动报酬为主的非资本性收入，主要包括工资薪金、非货币福利、退休金、社保补贴等，中国税法定义的劳务报酬所得也包含在其中。其次，资本所得适用单一税率。该税率等于劳动所得适用的最低一级累进税率，或者近似等于企业所得税税率。最后，劳动所得适用累进税率。由于应纳税所得额是个人所得额扣除个人基本生活费用后之余额，因此累进税率第一级就表现出间接累进特点。以后各税级中，收入越高，边际税率越高。

按照分类个人所得税模式，收入来源多元化的个人可通过分解收入、扣除多种免征额少缴税，而收入来源单一的个人由于免征额单一，相对多缴税，从而造成税负不公平。纵观世界各国个人所得税制，劳务报酬个人所得税作为一个独特的存在，在一定程度上降低了部分中国民众的收入，在税收征管体系中愈显尴尬。

二、中国劳务报酬个人所得税的现状与问题分析

目前，中国对劳务报酬征收个人所得税的法律依据是几经修改的《中华人民共和国个人所得税法》和《中华人民共和国个人所得税法实施条例》。为了更清晰地分析个人所得税劳务报酬所得减除费用标准和税率存在的问题，现对现行个人所得

税法规中关于劳务报酬的相关规定及劳务报酬在当前社会中的重要性加以说明。

1. 劳务报酬所得的概念

《中华人民共和国个人所得税法实施条例》第八条：劳务报酬所得，是指个人从事设计、装潢、安装、制图、化验、测试、医疗、法律、会计、咨询、讲学、新闻、广播、翻译、审稿、书画、雕刻、影视、录音、录像、演出、表演、广告、展览、技术服务、介绍服务、经纪服务、代办服务以及其他劳务取得的所得。

中国国家税务总局规定的区分工资、薪金所得与劳务报酬所得的基本标准是：工资、薪金所得属于非独立个人劳务活动，即在机关、团体、学校、部队、企业、事业单位和其他组织中任职、受雇而得到的报酬；劳务报酬所得则是个人独立从事各种技艺、提供各项劳务取得的报酬。两者的主要区别在于：前者存在雇佣与被雇佣关系，后者则不存在这种关系。

2. 劳务报酬所得征税规定

《中华人民共和国个人所得税法》第三条、第六条：劳务报酬所得，每次收入不超过4 000元的，减除费用800元；4 000元以上的，减除20%的费用，其余额为应纳税所得额；劳务报酬所得个人所得税适用税率为20%。对劳务报酬所得一次收入畸高的，可以实行加成征收。

劳务报酬所得，属于一次性收入的，以取得该项收入为一次；属于同一项目连续性收入的，以一个月内取得的收入为一次。

《中华人民共和国个人所得税法实施条例》第二十一条、第十一条：劳务报酬所得一次收入畸高，是指个人一次取得劳务报酬，其应纳税所得额超过2万元。应纳税所得额超过2万元至5万元的部分，依照税法规定计算应纳税额后再按照应纳税额加征五成；超过5万元的部分，加征十成。

上述规定可以用表1说明。

表1　劳务报酬所得税规定

收入额	每次收入不超过4 000元	每次收入4 000元以上
扣除额（率）	800元	20%
适用税率	三级超额累进税率：20%、30%、40%	
计税方法	按每次收入计征	

劳务报酬所得适用税率表如下表2。

表2　劳务报酬所得适用税率

级数	本次应纳税所得额	税率（%）	速算扣除数（元）
1	不超过20 000元的部分	20	0
2	超过20 000元至50 000元的部分	30	2 000
3	超过50 000元的部分	40	7 000

3. 劳务报酬的重要性

随着中国经济的高速发展，社会用工形式日趋多元化，以劳务报酬为主要来源的劳动者越来越多。随着这部分劳动者及其劳务报酬的不断增加，来自劳务报酬所得的个人所得税呈快速增长的趋势。劳务报酬所得渐成重要的收入组成部分。

这些年来，取得劳务报酬的不仅包括教授、演艺明星、法律顾问和设计师等高收入群体，更包括直销员、快递员、装修工人和地产经纪等中低收入群体。值得注意的是，在这些人中，以劳务报酬为唯一或主要收入形式且收入偏低的人不在少数。

另一项数据更清晰地体现了劳务报酬的日益重要。据中国国家税务总局统计，1994 年，中国来自劳务报酬所得的个人所得税收入只有 2.07 亿元，占当年全国个人所得税收入的 2.49%。2011 年，全国来自劳务报酬所得的个人所得税收入已经达到 137.84 亿元，比 1994 年增长了 65.6 倍。

4. 中国劳务报酬个人所得税的问题与分析

根据我们对部分企业、事业单位和相关纳税人的调查，发现现行个人所得税劳务报酬所得减除费用标准和税率存在一些亟须解决的突出问题。通过实际案例分析和对比，能够更加清晰地了解这些问题。

（1）税法相关规定多年未调整，已不适应中国社会发展现状

随着中国经济持续发展，劳动者的工资、薪金和劳务报酬也在逐步增加。在 1980～2013 年的 34 年间，个人所得税法规定的工资、薪金所得费用减除标准已经先后提高 3 次，从最初的每月 800 元提高到现行的每月3 500元，增加了近 3.4 倍；而劳务报酬所得的定额费用减除标准仍然为每次收入减除 800 元，未作任何调整。

以劳务报酬为主要来源的劳动人群，收入来源相对单一、金额相对较少、收入稳定性差，属中低收入群体，纳税免征额偏低的现状直接导致该群体人员的税负相对较重，这种税负不公损害了这一类劳动者的根本利益，严重影响了纳税公平。

（2）对个人而言，同等收入却缴纳不同数额税金，使社会公平性受损

针对个人的劳动所得，劳务报酬所得的减除费用标准和税率与工资、薪金所得不相同，致使个人所承担的税高于相同收入情况下的工资、薪金所得的个人所得税负担，造成性质相同的两类劳动所得的个人所得税负担不公平，特别是对一些自由职业者和以劳务报酬作为生活收入主要来源的人群影响很大。这种税负不公现象损害了这一类劳动者的根本利益，有违十八大倡导的“权利公平、机会公平、规则公平”，严重影响了纳税公平。除此之外，由于劳务性质所决定，这个群体与被服务单位之间不存在稳定的、连续的劳动人事关系或劳动合同关系，因此收入来源并不固定，却还要承担更高的税负，使他们在精神和物质上承受双重负担，这对于中国社会的和谐发展增加了不稳定性。

例如，江苏省苏州市的张某是一家在中国获得直销牌照直销企业的直销员，他与该直销企业签订劳务合同，因此张某属于需要缴纳劳务报酬个人所得税人群的范畴。张某的高中同学李某，在当地一家食品加工厂当工人，与该工厂签订有劳动合同。张某和李某的月收入同为3 500元人民币，由于李某获得的收入为工资所得，其工资金额无须缴纳个人所得税；但张某获得的收入为劳务报酬所得，所以按照现行规定需缴纳劳务报酬个人所得税 540 元，占到其收入的 15. 4%。这样，张某的税后收入只有2 960元，仅为李某实际收入的 84. 6%。此外，若李某的工资超过个人所得税的起征点3 500元，他在缴纳个人所得税前，还允许将“三险一金”扣除；而对于张某而言，不仅没有这些险金的保障，更高的劳务报酬会使他缴纳比李某更多的个人所得税，并且他并无“三险一金”等社会保障。

（3）对企业而言，劳务成本高，影响企业管理与发展

在中国现行的税率体制下，有降低税负要求的，不仅仅是个人，还有在中国经营的国内外企业。通过对福建省内一些企业的调查，发现近几年有不少企业花大力气转型升级，在此过程中企业聘请了一些高级专业人才，并为之付出了大量的劳务报酬。福建省内一家光电企业的负责人表示，去年该企业短期聘用了一位业界高级人才，为企业服务了 10 个月，按照双方约定，企业共向其支付了 20 多万元的税后劳务报酬。企业为这笔劳务报酬代缴纳了近 7 万元的劳务报酬个人所得税，税款约占这位专家获得的劳务报酬的 1/3，远高于个人所得税的金额，使得企业需要负担更高的经营成本，减缓了企业发展的速度。

（4）对中国而言，该税制不符合各国现行模式与国际发展趋势，有碍中国经济与世界的接轨

纵观全世界的个人所得税制度，无论是发达国家如美国、日本、法国、瑞典和澳大利亚，还是发展中国家如印度、埃及和巴西，或者经济转轨国家如俄罗斯、匈牙利和越南，以及中国的香港、澳门和台湾地区，都对包括工资、薪金所得和劳务报酬所得在内的劳务所得实行统一的征税方法，按年综合征收，统一扣除有关费用。中国的个人所得税制度将工资、薪金所得和劳务报酬所得分别征税的做法，与国际通行做法不符，不仅不公平，而且会给取得跨国工资、薪金所得和劳务报酬所得的纳税人及相关税务机关带来很多障碍，不利于按照国际惯例协调中国与有关国家间的税收关系，也不利于中国经济与世界的全面接轨。

三、政策建议

通过综合调研结果，我们可以得出以下结论：目前中国的社会用工形式日趋多元化，以劳务报酬为主要来源的劳动者已经逐步成为中国劳动力市场的重要组成部分，劳务报酬在居民收入构成中占据越来越重要的地位。

个人所得税劳务报酬所得减除费用标准和税率已经多年没有改变，与之相对应，近年来中国个人就业和收入、消费水平、物价水平等方面的情况都发生了巨大变化。由此带来的税负不公平、中低收入者税负较重和企业用人成本上升等问题，显然不利于中国的经济发展和社会公平的实现。因此，调整现行个人所得税法中的劳务报酬所得减除费用标准和税率显得尤为重要。

根据以上情况，我们提出下列关于修改个人所得税法的建议。

1. 提高部分税负偏重人群的劳务报酬所得减除费用标准（免征额）

找寻和确定个人所得税劳务报酬所得费用减除标准的依据是解决目前个人所得税劳务报酬所得费用减除标准问题的关键所在。中国应当依据劳务报酬所得与工资、薪金所得都属于纳税人的工作收入这个基本事实，基于纳税人的“生计需求”（而不是所谓的“成本”）设计费用的减除额。

适当提高没有工资、薪金所得，只有一处劳务报酬所得的纳税人的减除标准，可以考虑劳务报酬所得费用减除额与工资、薪金减除标准相同，即每月3 500元。没有工资、薪金所得，从多处取得劳务报酬所得，申请汇总缴纳劳务报酬个人所得

税的纳税人，也可以照此办理，并且在汇总纳税时退还在各处取得劳务报酬所得时多扣的税款。同时，对于连续提供劳务超过一个月、一次性取得报酬的纳税人，可根据其劳务时间，按月计算其所得额和应纳税额。

这样，既可以大幅度地减轻以劳务报酬为生的中低收入者的个人所得税负担，又可以适当平衡劳务报酬所得和工资、薪金所得的个人所得税负担。但是这种调整应当考虑两个因素：一是劳务报酬所得的适用税率是否同时调整，二是在实践中个人每月一般取得多少项劳务报酬所得。

2. 推行综合征收与分项征收相结合，以综合征收为主的个人所得税制

降低税率、提高扣除标准虽然可以解决现有矛盾，但是改革现行的分类税制才是治本之法。国际上没有劳务报酬个人所得税的说法，很多国家和地区都对个人收入采取合并征收或者混合征收，同时会做出种类非常多的扣除。参照当今世界大多数国家的做法，我们可以考虑将不同所得分项征收的个人所得税征税模式改为综合征收与分项征收相结合、以综合征收为主的征税模式，以平衡税负、保障低收入者的基本生活和加大对高收入者的收入调节力度。其中，最重要或者应当首先考虑的是将工资、薪金所得和劳务报酬所得等劳动所得合并计算，合理设置扣除项目及其标准，按年计征，按月预征，年终汇算清缴。

参考文献

[1] 王一涵，美国个人所得税制度的经验及借鉴．理论学习与探索，2009（03）。

[2] 夏春梅，从美英个人所得税看我国个人所得税．商业经济，2013（08）。

[3] 张永慧，郭慧芳，北欧国家混合个人所得税模式实践及其借鉴，生产力研究，2011（07）。

[4] 中国税务报社课题组，《关于我国现行个人所得税劳务报酬所得减除费用标准和税率问题的调查报告》，经济研究参考，2013（19）。

[5] 郑惠强，《关于提高劳务报酬个人所得税免征额的建议关于提高劳务报酬个人所得税免征额的建议》，全国政协十一届五次会议提案。

第10章

提速金融改革，加强金融监管创新

尚福林

中国银行业监督管理委员会主席、党委书记

积极稳妥推进金融改革

金融体系是资源配置的枢纽。回顾我国金融业的改革历程，从国有银行的股份制改造到利率、汇率市场化等重大金融改革，为金融监管奠定了良好的宏微观基础，为金融发展提供了强劲的动力；金融监管分业设立，专业性、有效性不断提升，既促进了金融业的可持续发展，也为更加平稳地推进下一步改革铺平了道路。今天重温这段历史是想说明，中国的金融改革、发展和监管始终相辅相成，密不可分。金融监管部门在履行使命时必须更好地统筹三者的关系，矢志不渝地推进改革。

当前中国经济运行平稳，金融体系也有序运行，但是金融发展中仍然有一些不平衡、不协调和不可持续的问题，关键是要抓住当前的有利时机，部署和实施好各项金融改革，最终实现提高资源配置效率、推动经济可持续发展的改革目标。这要求金融监管部门更好地把握政府与市场的边界，更好地实现效率与稳健的平衡，更好地做到改革与治理的统一。在这里我主要谈四点看法。

第一，要切实把握好政府与市场的行为边界

金融体系的核心功能在于融通资金，进而满足实体经济的风险分散、期限转换、价格发现等差异化的需求。当前，中国还存在着一定的金融抑制，这限制了金融功能的发挥，降低了金融体系的效率。金融中介的目标是实现利润最大化，而社会公众的利益是在风险可控的基础上，实现资源配置效率的最大化，这二者并非完全一致，如果金融中介的利益同公众利益的关系失衡，那么金融体系就可能会积聚系统性的风险。这次国际金融危机就是一个深刻的教训。

要在促进金融发展和维护金融稳定之间保持良好的平衡，必须科学合理把握行为与市场行为的边界。对于金融机构能够管好的事项要让权于机构，还权于市场；对于涉及到金融业安全稳健运行、金融消费者权益保护等事项，要切实管理到位。我们将深化行政审批制度改革，优化市场准入，通过简政放权增强活力、增强动力，释放改革红利。围绕简化业务结构，防范关联交易风险、控制杠杆倍数和增强透明度，健全监管制度安排。改革的方向是建立一个富有活力、充满动力，运行稳健的金融体系，这样能够更好地服务经济社会发展。

第二，积极推进金融改革，形成可检验改革成果

全面深化金融改革的关键在实施，形成可检验的改革成果。

其一要鼓励民间资本进入金融业，增强市场的活力。我们当前还存在着一些金融抑制，鼓励民间资本进入金融业有利于增强市场的活力。经国务院同意，银监会已经正式开展民营资本发起设立银行的试点，第一批已确定了5家民营银行，我们将对民营银行探索差异化的监管，确保试点既积极又稳妥。在试点中要突出市场机制的决定性作用，完善公司治理体制。突出特色化业务、差异化经营，体现服务小微企业、服务社区的功能特点。突出风险和收益自担的商业原则。尤其是要防止股东的关联交易、持续注资的能力和风险承担的能力。在做好增量改革的同时，也要推进已有的民营银行股东切实履行好出资人职责。地方政府要更好地区分公共管理职能和出资人职能，进一步支持这些银行建立和完善现代公司治理机制，发挥好这些银行的特色和作用。

其二要大力发展普惠金融服务，惠及广大城乡居民。中国的小微企业和“三农”贷款已连续五年实现了“两个不低于”，也就是说贷款增长额不低于上年增长额，贷款增长速度不低于平均增长速度。同时小微企业和“三农”领域，仍然存在着“融资难、融资贵”等问题。银监会将继续推进银行业机构布局下沉，金融服务中心下移。鼓励银行积极运用互联网、手机、POS机等信息技术，降低运营成本，改善客户体验，让城乡居民切实得到更便捷的金融服务。

其三要完善金融机构的治理体系，实现稳健高效。金融机构的治理体系是市场化经营管理能力的集中体现，当前要适应银行业跨境、跨业、跨市场发展的新趋势，进一步健全“三会一层”的治理结构和制衡有效、激励兼容的运行机制，提高董事履职能力。改进绩效考核体系，逐步扭转盲目追求规模高增速、业绩高指标、利润高增长的惯性思维。根据不同银行业务属性，改进银行业务管理体系和组织架构设置，按照栅栏原则，做好业务风险隔离。

其四要提高金融业对外开放水平，深化合作共赢。十八届三中全会指出，探索对外商投资实行准入前国民待遇加负面清单的管理模式。目前外资银行在华营业机构已经有947家，外资银行的资产年均复合增长率达到20%，中资银行在海外业务也在持续增长。未来我们将进一步加大开放力度，支持金融业“引进来”和“走出去”，探索逐步放宽进入门槛，提高外资银行开展业务的便利性，鼓励外资银行在中小企业融资、跨境金融服务等方面发挥更大的作用。支持中资银行以贸易自由化、对外投资便利化、企业国际化等金融需求为导向，拓展国际业务。

其五要促进直接融资与间接融资协调发展，优化资源配置。当前中国间接融资占比在80%以上，银行业资产占全部金融资产的比重超过90%。这种格局既反映了银行业在金融资源配置中的主导地位，也反映了金融体系过于依赖银行业的结构性缺陷。未来我们将致力于提高直接融资比重，逐步实现直接融资与间接融资协调发展，积极发挥银行业在提高直接融资占比中的作用。规范发展理财融资，推进信贷资产证券化常态发展，盘活信贷存量，提高资金使用效率。

第三，切实强化风险管控

当前，中国金融业的风险总体可控，但一些业务和领域也存在着潜在风险。同业、理财等金融产品不断发展，金融业务链条在逐步拉长，利率风险和流动性风险在上升。市场融资成本抬高，金融机构就被迫寻找更高收益的投资，加大了市场的风险偏好。这其中既有短期性、临时性因素，也有长期的、结构性的原因。随着改革全面深入，经济环境和金融体系快速变化，需要在金融业务和金融结构演变中寻找动态平衡，风险防控难度进一步提升。应当牢固树立风险意识和问题意识，发挥好金融机构、金融市场和监管机构的主观能动性，构筑金融风险的“三道防线”。

第一道防线是加强金融机构的风险管理。作为风险管理的第一责任人，金融机构要建立与其资产负债规模、业务复杂程度和风险偏好状况相匹配的风险管理和内控体系。针对风险形成机制、触发机理、传染路径，做好重点业务和重点领域风险的盯防。对于理财、同业、信托等等，要加强合规管理，做好风险监测和防控化解工作，根据业务发展趋势，推进表内外、境内外和母子公司的并表管理。

第二道防线是完善金融市场的约束。市场约束是市场在资源配置中发挥决定性作用的重要一环。我们将进一步督促金融机构改善信息披露质量，提高透明度，继续支持和引导外部审计和评级机构在市场中发挥越来越重要的作用。银监会始终重视与外部审计机构的沟通，并建立了专门的会谈机制。下一步要针对金融创新中的会计核算等问题，进一步用好这个机制，同时更好地发挥行业协会的自律作用，加快推进金融产品登记信息系统等基础设施建设。

第三道防线是提升金融监管的有效性。金融改革越深化，金融市场越有活力，同时也就需要提高金融监管的效率。一是要完善微观审慎和宏观审慎有机结合的银行业监管政策框架。银监会吸收国际监管改革的最新成果，发布实施了新资本管理办法和流动性风险管理办法。二是针对不同类型银行的特点，完善分类监管框架。三是强化金融监管协调。中国已经建立了金融监管部际联席会议制度，并就一些重大改革事项、影子银行、互联网金融，同业业务监管等进行了有效沟通和协作。未来将进一步加强金融监管部门之间的政策协调，防止政策博弈和监管套利。四是加强金融知识教育和消费者保护，有效维护金融消费者合法权益。五是加强配套设施建设，加快推出金融机构市场退出机制和存款保险制度。

第四，加强监管能力建设，提高推进金融改革的水平

在中国这样一个新兴加转轨的国家，监管当局既承担着防范金融风险、维护金融稳定的职责，也肩负着提升金融效率、促进金融发展的使命。随着各项改革的推进，未来金融工作中面临的困难和挑战只会增加不会减少。我们只有加强监管能力建设，尽快实现监管治理体系和治理能力的现代化，才能处理好改革进程中的各种冲突。金融监管治理主要是指，监管机构通过制度安排，构建行使监管权力、实施监管政策的良好政策环境和运行机制，是有效实现监管目标的持续进程，也是有效监管的内在基础和根本保障。金融监管机构应当在独立性、透明度、问责制和职业操守四个方面，拿出自我革新的勇气和胸怀，强化金融监管治理。既提升监管能力，又强化监管意愿。对于金融风险和不合规行为，要及时制止、加大处罚，并加强监管透明度建设。不断完善金融监管的理念、政策、机制、流程和工具，以实现金融改革、发展和稳定在更高水平上的平衡。

易　纲

中国人民银行副行长；国家外汇管理局局长

今天我讲话的主题是中国的金融改革。大家知道，三中全会刚刚闭幕，在今年还有未来这六年，一直到2020年，中国的金融改革主要在以下几个方面。

一是金融市场的对内、对外开放。这是一条主线。在开放上，在银行方面民营银行进入银行业，比如多层次的资本市场，比如发展股票市场和合债券市场。另外，要明显地提高直接融资的比重。大家都知道中国经济一直是以间接融资、银行贷款为主。未来随着新兴的机构特别是民营企业的进入，还有股票和债券市场的发展，我们会大幅度提高直接融资的比重。我们还会鼓励金融创新，丰富金融市场多层次发展，并且提供更多的产品给市场参与者。这个是对内、对外开放，大家可以看到银行、证券、保险都会有一些新的所有制、金融服务的提供、竞争的加剧，还有对目前空白领域的弥补。所以市场的对内、对外开放，在今年、明年和未来的几年会有明显的改革和进展。第一条主线是从金融机构方面，从对内对外开放方面来讲。

第二条主线是从市场的开放和价格的开放来讲。大家知道，我们三中全会有一个重要的决定，就是使市场发挥决定性的作用。其实你观察中国的经济，在产品市场上，市场起决定性作用的比重已经很高了。我们的差距在哪呢？我们市场起决定作用的差距主要在要素市场上。大家知道金融市场是一个重要的要素市场。我们在金融市场上，差距主要在哪儿？一条主线我刚才说了，是对机构的开放，对内对外的开放。另外一条主线就是人民币的汇率市场，人民币利率的市场化，还有我们稳步推进资本项的可兑换，这些就是在金融市场的价格。一个价格最重要的就是利

根据会议发言记录整理，未经本人审定。

率，另外一个价格就是人民币的汇率，这是人民币对外币的比价，人民币的利率是资金的价格。实际上这方面我们已经有了很好的基础，大家知道我们一直在推进利率市场化的改革，在债券市场、固定收益市场上已经完全市场化了。去年我们放开了人民币的贷款利率，今年、明年重点是推进人民币存款的改革，从而使得固定收益、存款、同业贷款各个方面有一个全方位的利率市场化。我们想在利率市场化方面会有全面性的进展。汇率形成机制，大家观察到汇率浮动幅度在扩大，最近汇率的形成机制、走势、双向浮动，大家都觉得是一个新的气象。我想汇率今后双向浮动会成为一个常态。另外人民币汇率的弹性会增加，人民币将主要由市场供求来决定。中央银行对于市场的介入将逐步减弱，在越来越大的程度上汇率将由市场来决定。在汇率和人民币利率改革的同时，我们也会稳步地推进资本项的可兑换。大家观察到资本项的可兑换，从直接融资到外债，一直到 ODI，就是在境外的直接投资，境内投资是 FDI，这方面的程序都做了大幅度的简化。所以人民币资本项可兑换进程会进一步加快。

有的朋友会担心，中国金融业这样大幅度的市场化我们准备好了没有？金融风险是不是可控？所以我刚才说，在大力度推进金融改革的同时也会加强金融监管，落实监管的标准，建立存款保险制度，完善金融机构市场化的退出机制。同时大家会看到，将来中国金融业整个基础设施的建设，包括清算、托管、后台，整个场外市场的连接，各种市场的互联互通，这些基础设施都会进一步的加强，保证我们金融市场的安全高效运行和整体的稳定。

我特别简单地描述一下今年、明年还有今后几年我们金融改革主要的框架。我先谈一下我作为外汇局的局长，在过去五年，在推进我刚才说的改革上的体会。2009 年，国家外汇局明确提出了推进外汇体制改革，当时我们就提出了五个转变，这五个转变都是什么？第一，从重审批转变为重分析和监测。第二，从重事前的监管转变为重事中和事后的管理。第三，是从重行为的管理转变为强调主体的管理。第四，从有罪假设转变为无罪假设。第五，是从正面清单转变到负面清单。大家知道我们在过去五年中推进这五个假设，实际上是非常艰难的历程。首先我们推改革要带队伍，我进行改革要靠这个系统，要靠这个系统的干部来执行。这不是说，中国政府决定简政放权、减少审批就能够马上做到的，因为你要通过一个系统，通过一支队伍做这件事儿，那就要求你这支队伍理念的转变，首先权力的格局要变了。

有很多人想不通，理念的转变、工作方式的转变、知识结构的转变也很困难。你怎么能让一个过去就知道怎么样审批业务的人转变知识结构，让他能够分析数据，从而发现问题，转变为事中和事后的管理呢？事中和事后的管理实际上是很艰难的，需要很辛苦的工作，要建立数据库，要有基础，要会分析，要能发现问题，发现线索。这些和过去只是简单的审批相比，难度要高得多。

我给大家举个例子。我们过去进出口收汇、付汇要逐笔核销，两三年以前把逐笔核销完全取消了，现在变成我们观察国际收支的数据，进口、出口，然后把数据进行分析，从而也能够做到对跨境资金的有效监管。过去逐笔审批，这个机构的权力，给企业和业界带来了很多不便，我们中国企业的竞争力就低，现在竞争力就高，就方便了。就这么一个小小的改变，需要我们在机构上、人员的训练上、理念的转变上、工作方式的转变上，都是一个高难度和艰难的过程。但是我相信我们会沿着这个方向走下去，中国未来几年金融改革的前景还是非常乐观的。

黄　毅

中国建设银行副行长

中国金融改革的进程

过去的30多年中，中国经历了1997年亚洲金融危机和2008年美国次贷危机诱发的全球金融危机，这两次危机事实上加速了中国的金融改革进程。回顾我们金融改革走过的路，现在面临需要解决问题和我们改革取得的成就同样重要。党的十八届三中全会为我们下一步金融改革做了顶层的设计，明确了中国金融改革的目标、方向和主要内容。今天，我结合“提速金融改革”这个专题，跟大家探讨一下四个问题。

一、关于利率市场化的问题

这个是中国金融改革最基本、最核心的问题。相对于利率管制而言，利率市场化并不是完全的利率自由，中央银行可以通过市场干预的方式影响利率或调控利率，形成以基准利率为基础，由市场供求决定的市场利率体系和利率形成机制。

目前，我国利率市场化改革仅剩放开存款利率管制最后一步，鉴于我国资金市场供不应求的结构特征，存款利率放开作为利率市场化改革的核心部分，何时推出和推出的方案涉及的相关问题如何把握，仍需精准制导。如利率管制条件下，稳定的利差收益可以使银行赚取丰厚的利润，各级财政也因此增加税入，加大改善民生，但是长期地扭曲价格信号必然伤害实体经济。解决利率价格的单轨和并轨问题，形成科学合理的利率体系在我国目前经济发展阶段已十分迫切。再如，利率市场化改革会导致多种风险，我国70%金融资产跟利率相关，改革初期利率中枢会上

根据发言录音整理。

行且波动加剧，相当数量的金融资产价值会出现贬损等等。如何运用市场化的手段，有效监控、熨平利率波动带来的资产风险暴露是利率市场化改革需要尤其关注的问题。

二、关于金融体系建设的问题

金融改革的目标之一，是要建立有效的金融市场体系。金融体系主要包括市场结构、市场功能和市场监管。过去相当长的一段时间内，我国高速而又粗犷的经济发展模式积累了诸多问题，如资产结构不合理、资产质量较低。因此要顺利推进金融市场体系改革，一项重要工作就是合理分散和化解这些已经累积的金融风险。

首先必须培育健康的资本市场，提高直接融资在社会融资规模中的占比，包括发展债券市场、股票市场。其次要加快创新新型投融资工具，如优先股、银行理财、CDS等工具。此外，还要不断提升市场整体的流动性水平，盘活存量资金、资产，加快推动银行资产的证券化和信贷资产直接转让。还有现存以“一行三会”为监管主体的分业监管体制，与目前金融机构综合化经营，金融市场的结构、产品、服务多元化趋势形成对比，一定程度上暴露出目前的监管体制与金融市场不尽匹配，存在监管缺位和监管重叠、监管尺度和标准不统一等问题。例如债券市场，不同品种对应不同的监管部门，改革的要求和呼声一直很高，但关键环节仍难突破。在分业监管的大格局下，解决监管空白和过度监管并存的问题，提高金融体系整体运行的效率，迫切需要建立既分工又合作的监管协调机制。

三、关于金融行业的开放问题

在发达国家金融市场中，既存在一些大型银行，又存在众多中小型银行和小型社区银行，不同规模的银行在定位、服务对象、产品种类等方面差别很大，可以满足经济活动中不同类型企业和居民的需求。我国的银行业机构看似大小皆有，但在服务经济社会的过程中，仍留下了众多金融供给短缺的领域，如中小企业、科技创新类企业。监管部门采取很多措施，鼓励扩大民营资本在整个银行业资本中的比重，目的就是改善金融市场结构，实现金融业的合理分工，全方位服务实体经济，但是，实际效果并不理想。我国加入世界贸易组织以来，外资在我国设立银行和非银行金融机构的速度不断加快，资产比重不断提升，但我国金融业的竞争程度较传统实体行业仍不够充分。党十八届三中全会以后，银行监管当局放宽了对外资金融机构资本计量和准入的门槛，扩大开放局面，让更多的非国有机构、资本进入市场，就是以开放促竞争的具体实践。如何使金融行业的竞争愈加充分，国内银行业在经营转型、风险管理、资本管理能力等方面均需要提升。

四、关于互联网金融的问题

当前，金融市场上出现了互联网金融快速发展的情况，并衍生出新的金融业态和金融创新。互联网金融借助网络科技的力量，有条件解决了金融过程中信息不对称问题，利用大数据法则解决金融服务碎片化，弥补了传统商业银行业务无法延伸到的领域。但是，短期内无法设计出一种有效的风险管理模型。相比国际成熟市场，我国互联网金融业态的发展路径有其自身的特点。西方国家的金融机构借助互联网手段创新了传统金融的运行模式，比如网络运营的直销银行、P2P 借贷等，被称为“金融互联网”。而我国的发展路径则是由电商通过互联网平台去做金融业务，被称为“互联网金融”，这一方面体现出我国金融市场的结构不合理，另一方面与我国金融机构在信息化过程中忽视低收入但群体庞大的零散类客户的金融需求有关。面对互联网金融市场的火爆，市场参与者都比较理性，但却很难形成共识。互联网金融这个创新业态要鼓励支持，但是要实现持续健康的发展，还应该有序规范，采用正当合法的竞争方式，最终与传统商业银行形成一个合理互补的市场结构。

杜嘉祺

友邦保险控股有限公司首席执行官、总裁

我的发言将侧重于人身保险行业。

内地人身保险行业的改革始于20世纪80年代，经历了长时间的发展，然而仍然存在很多改善的空间，无论是在保障覆盖还是长期储蓄方面都存在很大的缺口。以下我将分五点阐述为何及如何通过深化金融改革，大力发展人身保险市场，更好地服务客户，促进中国整体经济的发展。

第一，缩小保障缺口。中国的储蓄率超过GDP的50%。如果你问中国家庭他们为什么储蓄这么多钱，很可能他们会回答主要是因为缺少一个可持续的社会保障体系——这也是此次论坛的主题之一。

由于缺乏足够的商业保险提供的保障，中国家庭通过储蓄以应对医疗需求或当家庭经济支柱发生死亡或意外致残等事故时可能导致的收入损失。和高储蓄率相对应的是中国较低的人身保险深度，仅为GDP的1.7%。以英国作为比较，英国的储蓄率为11%，而人身保险深度为8.5%。这是在成熟市场的一个普遍状况，储蓄率伴随着保险深度的增加而降低，这可归因于人们通过商业保险满足保障需求。

第二，在为身故及医疗费用提供更好的财务保障的同时，在中国建立一个结构健全且高效的退休储蓄计划刻不容缓。中国家庭的储蓄率虽然高，但辛苦挣来的储蓄的回报并不高。中国的退休规划产业还处于起步阶段。国际保险公司虽拥有推动退休储蓄快速发展所需的技术经验，但受到在其他大多数国家都没有的参与市场的限制，无法完全有效地发挥作用。

香港的强积金（MPF）计划要求个人通过商业保险工具为以后的退休生活进行

根据会议发言录音翻译整理，未经本人审定。

储蓄。新加坡也有类似的名为中央公积金制度（CPF）的计划。这两个计划都是可持续的，因为它们要求个人为退休进行储蓄，大大减轻了政府潜在的财政负担。中国一直在试行“企业年金”计划。随着中国的老龄化，养老金计划的发展将成为改革的重要一环，变革势在必行。

显而易见，中国需提高所有范畴的保险深度，这也引出了我想讲的第三点。中国的商业保险仍然不完善。坦率地说，其中的一个原因是设立的经营者之间缺乏竞争。前五大本土保险公司占据了70%的市场份额，前十大保险公司的市场份额超过85%，而其中国有企业占据了大部分的份额。所谓的外资保险公司在中国的市场份额不到5%，而且股权或市场准入受到限制。高度国营机构的集中及非均衡的竞争不利于创新。相反，它阻碍了中国保险市场的发展所需的新产品和新服务的推出。

十八届三中全会决议的重点之一是要使市场在资源分配中起决定性作用。一个自由的市场可通过提升消费者的风险认知以及多样化的产品选择推动发展。它也将有利于保险人才的培训和发展，为本土保险公司进军国际市场打好基础。

第四，深化发展债券市场。目前中国的资本市场以银行贷款为主导，而银行贷款本质上期限较短。债券市场可以为经济发展提供长期资金，这一点对于冲出“中等收入陷阱”至关重要。以韩国为例，韩国的企业债券市场占GDP比重达到80%，而中国不到15%。相反韩国的银行贷款占GDP的135%，而中国为160%。债券市场的自由化和深化发展对中国而言将是一个双赢的局面。私营企业将获得更多更有效的融资途径，投资者将获得更实际的投资回报。

第五，政策的积极落实更为重要。习近平主席在索契冬奥会期间接受专访时表示：改革的成功取决于“一分部署，九分落实”。他说的太对了。就实际情况而言，一些政策的落实还是比较滞后的。比如，国务院多次强调发展商业养老保险和企业年金以补充社会保障体系的重要性。然而，我们仍在等待相关政府部门推动商业机构参与的有关细节。改革成功的蓝图已很明确，但落实改革的时间表以及贯彻执行的力度，也同样需要明确。

我非常高兴能看到金融改革和建设可持续的社会保障体系都列入了本届中国发展高层论坛的议题。期待和各位同仁共同探讨中国保险市场的发展将对深化金融改革和推进可持续的社会保障体系建设做出的贡献。

中国商业银行资产质量与风险控制

连　平　交通银行首席经济学家

我国商业银行深化股份制改革后，经历了 GDP 高速增长背景下业务发展的黄金 10 年，各项经营指标快速接近和赶超国际同业。然而随着经济增速的逐步放缓，原先被业务快速扩张暂时掩盖的资产质量和风险控制领域的潜在问题开始逐步显现。本文将主要从信用风险和流动性风险的角度，对中国商业银行的风险状况和未来的走势进行分析，并在此基础上提出商业银行控制和防范金融风险的政策建议。

一、商业银行资产质量总体状况分析

2003 年以前，我国商业银行不良贷款率普遍较高，行业不良率超过 20%，资产质量较好的股份制商业银行不良率也超过 5%。2003 年起，随着宏观经济增长提速、国有银行不良贷款剥离和深化股份制改革进程的逐步推进，商业银行资产质量逐年提高，至 2010 年行业不良余额持续下降，不良率达到 1% 以下。2011 年至今，在国内外经济金融形势的不利影响下，商业银行不良余额开始出现小幅反弹。

2013 年以来，商业银行不良贷款增长呈现一定的加速，目前我国商业银行金融机构不良贷款余额持续了 9 个季度的增长态势，达到5 921亿元。而随着 2008 年国际金融风暴后信贷投放由大规模高速增长期逐步向平稳中速增长期的过度，信贷增长对不良贷款率的稀释作用也持续减弱。2013 年末，商业银行不良贷款率升至 1%，不良贷款率季度增长逐渐加快，未来商业银行资产质量仍面临一定压力。

近年来，在业务和盈利水平较快增长和拨备覆盖率、拨贷比等监管要求明确的

本文是作者为中国发展高层论坛 2014 年会提供的背景报告。

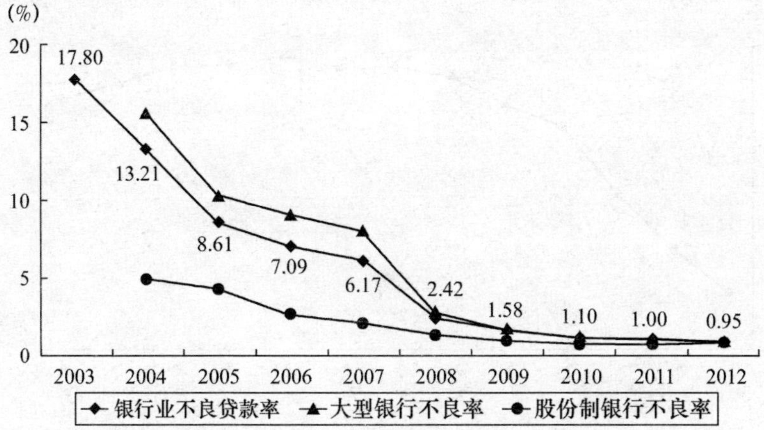

图1 各类型商业银行不良贷款率变动情况

资料来源：银监会，交行金研中心。

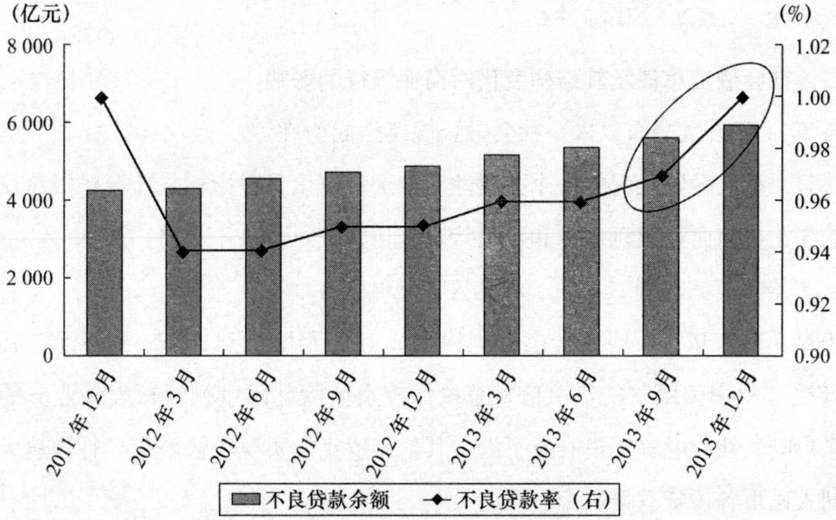

图2 商业银行资产质量继续面临下行压力

资料来源：银监会，交行金研中心。

双重影响下，商业银行大多采取了加大拨备提取力度的主动提升抗风险能力策略，不良贷款拨备覆盖率持续提高。虽然2013年以来受不良贷款较快增长影响，商业银行拨备覆盖率略有下行，但依然稳定在280%以上的较高水平，且行业贷款损失准备总额达16 740亿元，整体拨贷比超过2.8%。从目前商业银行的拨备水平和未来的盈利趋势看，即使未来仍有一定的风险暴露压力，商业银行也有足够的抗风险能力将贷款的潜在风险在体系内进行消化。

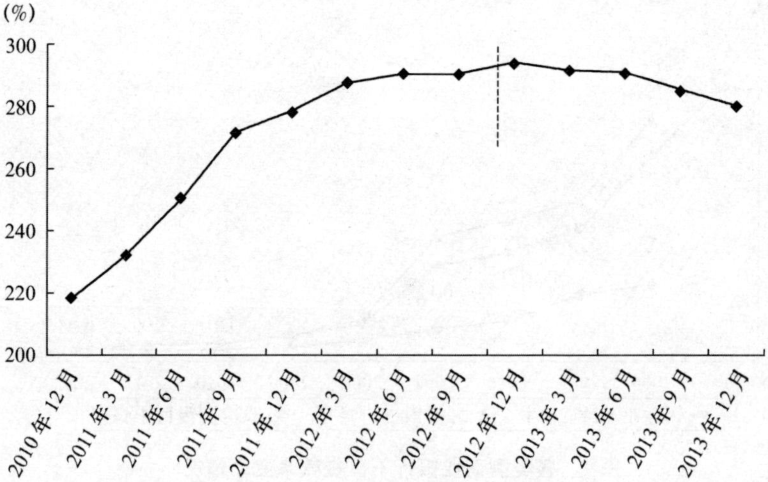

图3　商业银行拨备覆盖率下行压力加大

资料来源：银监会，交行金研中心。

二、社会融资总量及其结构变化对商业银行的影响

自2011年首次公布以来，社会融资规模已成为在“金融脱媒”背景下更全面地反映整个社会融资状况的一个关键性金融宏观审慎管理指标。社会融资总量及其结构的变化也与商业银行业务和风险状况密切相关。

1. 社会融资规模持续扩张，结构呈多元化

2002~2013年，我国社会融资规模由2万亿元增长到17.29万亿元，其中仅2011年受“稳中偏紧”的货币信贷总量调控及监管部门整顿银行表外业务等政策性因素影响，社会融资规模有所下滑，其他年度年均实现较快增长，且增速大大高于同期人民币各项贷款增长率。

随着社会融资规模的增长，融资结构也进一步多元化，银行表内融资虽仍为社会融资的主渠道，但“一家独大”的格局正逐渐改变。2013年社会融资规模中，银行表内融资（含本、外币贷款）增加9.48万亿元，占比为54.5%，较2010年以前70%以上的水平显著下降；银行表外融资（含委托贷款、信托贷款和银行承兑汇票）增加4.71万亿元，占比为30%，成为社会融资中增长最快的项目；直接融资（含企业债券融资、非金融企业境内股票融资及其他）增加2.02万亿元，占比为11.68%，2009年后首次出现下降。如果从长期视角观察，金融脱媒所导致的银行表内融资占比快速下降的趋势更为明显。

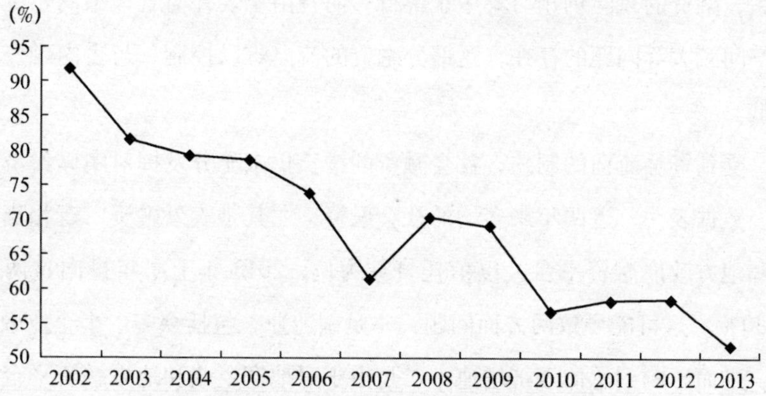

图 4 人民币贷款在社会融资规模中的占比变化

资料来源：中国人民银行，交行金研中心。

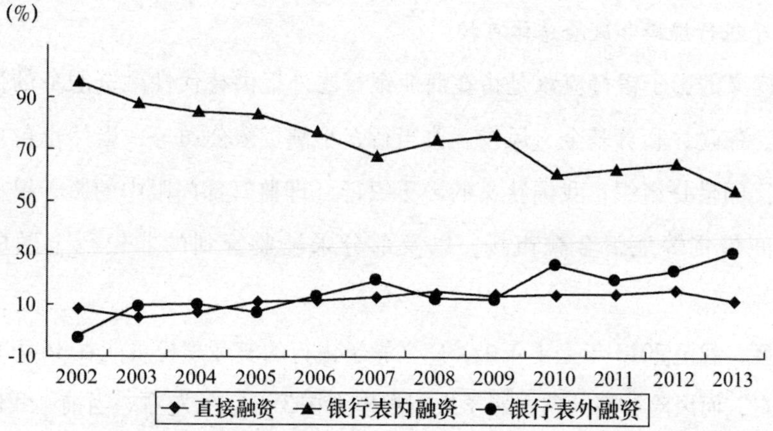

图 5 银行表内、表外及直接融资占比情况

资料来源：中国人民银行，交行金研中心。

虽然社会融资规模呈现一定的多元化趋势，但在资金的来源和流向上仍存在结构性问题，而这些问题的出现明显对商业银行风险状况的稳定不利。

首先，直接融资发展仍然不足，银行仍是社会融资的主渠道。一方面，受到股市低迷和 IPO 高频率、长时间暂停等因素的影响，股票融资长期得不到有效发展。而债券融资虽然有一定增长，但增速也相对较慢，且波动性较大。到 2013 年，企业债券融资和股票融资均出现较大幅度的下降，直接融资在总融资中的占比已经回落到 2007 年以前的水平。另一方面，银行表外融资替代了表内融资占比下降后的市场空间。表面上看融资渠道开始多元化，然而表外融资项目不但与银行仍有千丝万缕的联系，融资的风险仍相对集中于银行；而且由于表外监管体系尚不健全，非常规操作空间较大等问题的存在，这部分融资的流向难以控制，与表内融资相比反而效率较低。

其次，受到资金流向的制约，社会融资的增长仍未充分发挥对实体经济应有的支持作用。数据表明，近两年来多增的社会融资，尤其是表外融资，有相当部分流向房地产和地方政府融资平台。以信托贷款为例，2013 年上半年投向这两个领域的占比约 50%。这可能导致两方面问题：一是制造业、包括众多中小企业融资环境受到挤压，进而影响到总体经济增速；二是由于房地产企业和地方融资平台往往能够承受较高的融资成本，其融资行为事实上推高了总体的融资利率，是实体经济融资成本居高不下的重要原因之一。

2. 影子银行规模和风险总体可控

我国广义的影子银行应该是指在商业银行之外提供替代性融资服务的信托公司、券商、保险、私募基金、风投、典当行、小额贷款公司等，当然也包括了地下钱庄等民间借贷组织；我国狭义的影子银行（即监管部门眼中的影子银行）则仅限于民间借贷等地下金融市场，以及部分未被监管到的非银行金融机构或业务。

经测算，截至 2013 年上半年末，广义影子银行的实际规模可能在 16 万亿～18 万亿元左右，而风险较高的狭义影子银行规模则在 3 万亿元左右。当前，我国影子银行的确潜藏着一定风险，尤其是部分非银行理财产品的流动性风险、高利借贷的违约风险等值得警惕，但对此不宜过分夸大。第一，不应将我国影子银行与西方国家的影子银行混为一谈。与衍生品发达、杠杆率高、规模庞大的欧美影子银行相比，目前我国各类影子银行业务规模较小，衍生品不发达、杠杆率较低；而监管覆盖面相对较广，其风险可控程度也较高。尽管我国部分影子银行也存在风险隐患，但充其量只能是局部问题。第二，不应在广义影子银行相对庞大的数量与狭义影子银行的高风险属性之间画上等号。广义影子银行是一个中性的概念，而狭义影子银行因风险隐患较高而成为监管亟待加强的对象。第三，在总体融资需求平稳增长、特别是房地产和地方融资平台融资需求旺盛、而银行信贷投放受限的情况下，影子银行的发展仍将成为趋势。

三、商业银行体系重点风险状况分析

1. *地方融资平台潜在风险不容忽视*

2009年起，政府融资平台贷款风险在银行体系积累的问题就开始引起市场的关注。随着存量平台贷款的逐步归还以及平台融资渠道的进一步拓宽，平台贷款的质量始终得到了较好的控制。至2013年，政府融资平台风险状况继续保持稳定，虽然信贷和非信贷融资均出现增长，但非信贷融资已经逐步成为平台的融资主渠道，这种结构性的变化有助于推动平台再融资的进程，在平台信贷政策相对偏紧的情况下，为平台还款提供了一定的资金保障。总体来看，平台贷款资产质量可控，但存在潜在风险。

一是平台的信用敞口仍在扩大。根据银监会统计，上半年全口径平台贷款新增约4 000亿元，已超过去年全年增量（3 228亿元）。全国政信合作业务余额8041.88亿元，增长超过3000亿，增幅高达60.34%。根据审计署最新公布的数据，截至2013年6月末，地方政府依靠债券和信托进行的融资（含负有偿还责任的负债和或有债务）分别达到1.8万亿和1.4万亿。

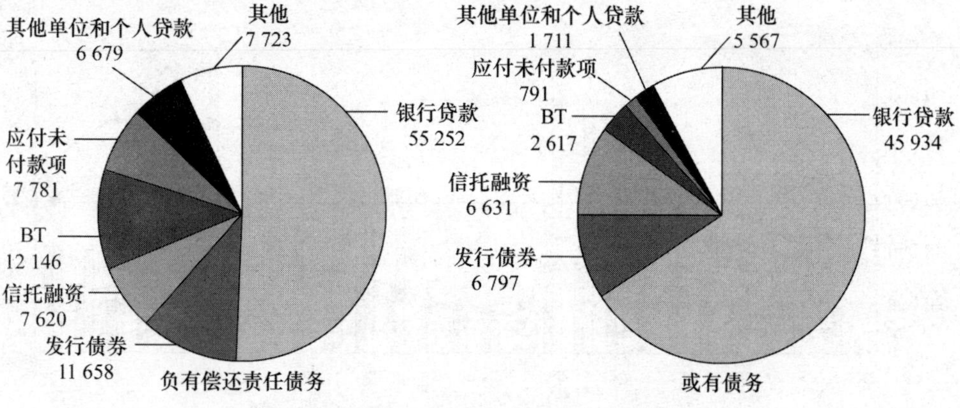

图6　2013年6月末平台债务融资结构（单位：亿元）

资料来源：审计署。

二是平台公司还本付息压力明显增大。一方面，平台贷款已经进入集中还款高峰期，三年内集中到期的贷款占存量的35%，显示出较大的中短期还款压力。在实际操作中，不乏平台公司通过调整项目建设期等方式与银行协商延长存量平台贷款还款期的案例。而在平台公司新的融资中，虽然大部分用于新增项目的建设，但也有一定的借新债还旧债现象存在。另一方面，平台融资的财务成本大幅提高。由于非信贷融资的占比已经逐步接近40%，而非信贷融资的成本远高于贷款，新的融资结构下，平台融资的平均成本呈现逐步走高的态势，预计2013年比2010年至少提高30%以上，这将使未来平台资金运作的难度大幅增加。

三是财政代偿压力巨大。由于平台的投资项目所产生的现金流在现阶段仍不足以归还贷款本息，仍需要地方财政提供代偿支持，因此平台贷款资产质量走势与地方财政的能力密切相关。财政代偿资金主要来源于财政收入和土地收入等两个渠道。据统计，2013年全国地方债务到期还款3万亿元，同比增长超过60%，约占当年地方财政收入的50%，远高于同期地方财政收入15%的增幅。在债务规模不断扩大、财政收入增长放缓而土地价格上涨空间有限的情况下，财政收入与还本付息规模的匹配程度将出现背离，这将会带来越来越大的违约风险。

2. *房地产贷款安全边际经受挑战*

近年来，商业银行的房地产贷款在经历了较为完整的房地产市场快速上涨、小幅下跌和企稳回升的周期性考验后，资产质量始终表现出稳健的走势，这与长期以来商业银行对房地产行业相对谨慎的授信政策有紧密的联系。

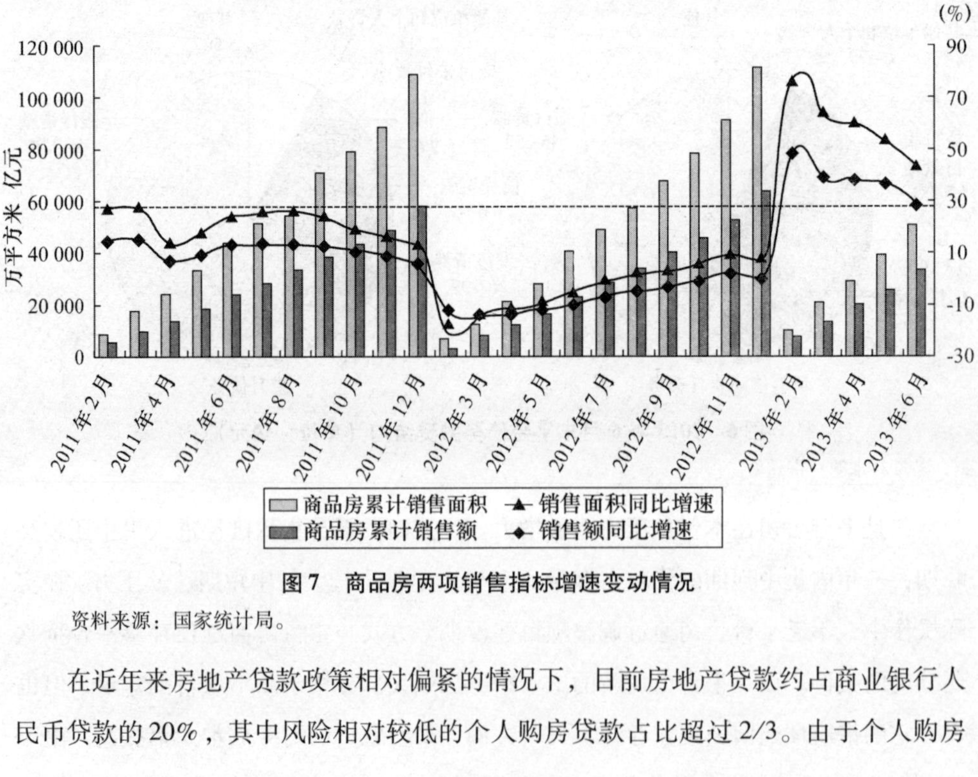

图7　商品房两项销售指标增速变动情况

资料来源：国家统计局。

在近年来房地产贷款政策相对偏紧的情况下，目前房地产贷款约占商业银行人民币贷款的20%，其中风险相对较低的个人购房贷款占比超过2/3。由于个人购房贷款抵押率普遍较高，贷款对抵押物的比率一般不高于70%，为银行贷款提供了一定的安全边际。目前即使有部分地区的房价出现较大幅度的下跌，但由于抵押物价值仍高于按揭贷款，违约情况也并未明显增加。而经过多年的控制和整顿，商业银行对房地产开发贷款的准入要求也不断提高，借款人一般为资质较好的大型开发商，贷款归还有较好的保障；且开发贷款在房地产贷款中的占比较低，即使有个别开发商出现风险，对房地产贷款的总体质量也不会产生大的影响。

但值得关注的是，我国商业银行以房产和土地为主要抵押物的抵押贷款占比高达30%~40%，进一步增加了商业银行对房地产市场的风险敞口。因此房产和土地价格的大幅波动不仅会影响房地产贷款的质量，也会因抵押物价值的下降对其他抵押贷款产生一定负面影响。

3. 特定领域贷款仍是不良贷款增长的主要来源

2011年下半年以来，受到内外部经济环境和国家产业政策调整等因素的影响，抗风险能力较弱的亲周期企业和行业的盈利能力出现快速下降，且有向上下游企业扩散的趋势，成为商业银行不良贷款增长的主因。

一是传统不良贷款多发领域的风险暴露依然较为明显。除“两高一剩”行业外，以钢贸等特定行业和东部沿海地区的外向型企业为代表的中小企业不良贷款增长较快，并且有进一步向其他行业和地区蔓延的趋势。而从上市银行的公开数据看，小微企业贷款的不良率普遍比平均不良率高1~2个百分点。

二是部分行业的潜在风险开始显现。一些新出现的产能过剩行业积聚的潜在风险已经开始以单点和偶发的形式出现。其中，光伏、机械设备制造、造船和航运等行业由于受到外部需求影响较大，已经有企业出现大幅亏损和经营困难的现象，如果这种趋势进一步演化，未来这些行业的不良率将快速上升。

三是贷款风险开始出现向上下游的传统强势企业扩散的趋势。近年来，大型国有企业显示出较强的抗风险能力，一直是商业银行业务拓展的重点。但从近两年的情况看，即使是央企也不再等同于无风险，随着某些行业经营环境的进一步变化，处于产业链上游的央企也开始受到波及。由于这类企业往往贷款规模较大，且涉及较多的机构，对商业银行资产质量将产生较大影响。

4. 信用风险外部传染正在发展

从理论上讲，银行的表外业务可能并不构成信用或市场风险，但由于中国商业银行的特殊地位决定了投资者对银行信用声誉和投资回报的要求。随着表外业务基数的不断扩大，表外业务风险也开始出现向表内转移的趋势，引起了业界和监管部门的高度重视。其中，理财业务（包括银行代销的信托、基金和保险等同业产品）最具代表性。近年来，银行理财或代销的产品本金或收益无法按约定兑付的事件时有发生，提醒商业银行要更多关注表外业务的高速发展中风险防范的问题。

一是要重视表外业务的流动性风险管理。目前，商业银行普遍采用“资金池”模式来运作理财业务，将不同期限和类型的理财产品资金统一放入一个“资金池”集合运作。虽然监管机构对此已经有了较为明确的监管规定，但在操作中客户很难将单款理财产品与投资的资产组合相对应，尚难以实现客观科学风险测评的要求。而在某些情况下，通过滚动发行理财产品偿还到期产品的形式，一些短期融资被投入长期项目，一旦发生资金链断裂，这种流动性风险就会立刻显现。因此合理的配置理财产品的资产负债结构，将产品组合的流动性控制在可承受范围之内，是防范理财产品流动性风险的关键所在。

二是要重视风险转移可能引发的系统性风险。目前，理财产品的基础资产配置已经广泛覆盖至信贷资产、票据、债券乃至股票、商品、汇率以及相关金融衍生品，通过表外业务的发展，银行与信托、基金、证券等机构也更广泛和密切地联系起来。由于银行在代理同业产品的过程中，一定程度上以自身的信誉对产品进行了背书，因此在出现风险后投资者也将银行作为索赔的对象。而在实际操作中，银行也往往会因此而承担一些本应由产品发行机构承担的信用风险，造成风险由表外向表内的转移。未来如何防范风险在产品与机构之间互相传染而引发系统性风险问题，已经成为金融从业者和监管者面临的重要挑战。

5. 流动性趋紧风险逐步显现

2013 年可以说是个流动性问题年，在某些时点出现了部分银行流动性较为紧张的现象。尤其是 6 月末和年末两个时点，商业银行流动性均出现了短暂的紧张局面，货币市场利率大幅上升，最终由央行向市场注入流动性才使市场稍事平稳，这是 2000 年以来所罕见的。多重因素共同导致了银行流动性趋紧的问题。

首先，融资供不应求是流动性问题的基础性原因。2013 年实际 GDP 增长 7.7%，但货币信贷增速则都在放缓：M2 和信贷增速分别由 2012 年的 13.8% 和 15.0% 降至 2013 年的 13.6% 和 14.1%。与此形成鲜明对照的是，信托贷款、委托

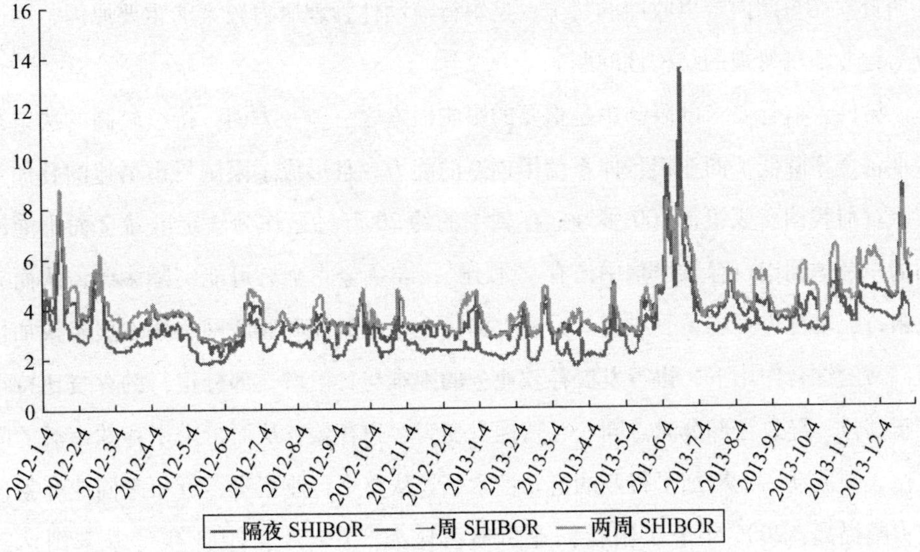

图 8　银行间同业拆借利率在某些时点较高

数据来源：WIND。

贷款表外融资却高速发展，且随着信托和委托贷款利率的大幅上升，社会融资的整体利率水平也明显上升。这些因素造成 2013 年社会融资需求与货币信贷供给之间存在明显供不应求的状态。

其次，增量结构显著变化是流动性问题的重要诱因。从流动性创造的角度，信贷投放、新增外汇占款、财政存款下放是目前影响市场流动性的主要因素。按往年经验，信贷投放是个常量，即每年信贷投放总量年初已基本确定；外汇占款是个变量，近两年变化较大，对流动性有明显的影响。过去财政存款基本是个常量，但在 2013 年却因为众所周知的原因变成了变量，资金下放明显低于市场预期，其中 1 ~ 11 月金融机构口径的政府存款增加了 2 万亿元，对冲了货币投放的 72%，客观上造成银行体系的资金紧张。

第三，存量及其结构的深刻演变是流动性问题的主因。在现行存贷比监管体制下，为投放贷款，银行需要增加足够的一般性存款。在货币市场基金等竞争性产品收益率不断提高的情况下，银行吸收存款的难度大幅增加，不得不采取在月末和季末发行理财产品等方式回拢存款。这导致 M2 等一下统计数据存在一定程度的失真，而银行实际存款形势更为严峻。从资产负债期限结构来看，商业银行的中长期贷款占比也越来越高，资金来源和运用的期限匹配越来越不合理。银行面临大量中长期贷款在短期内难以收回的状况，是银行流动性管理压力较大的重要原因，这已成为行业不可忽视的结构性问题。

第四，监管要求的限制也是重要的影响因素之一。一方面，持续较高的法定存款准备金率降低了商业银行体系信用创造的能力，且形成了限制货币增速的叠加效应。目前我国商业银行100多万亿存款中的约20万亿是作为法定准备金而不能运用的，考虑到银行存款增量中已有“水分”，准备金完全有可能实际多缴，从而导致银行流动性进一步承受压力。另一方面，在金融脱媒和互联网金融发展步伐加快等因素的综合作用下，银行发展存款业务的困难与日俱增，部分银行的存贷比持续处于高位，导致在部分时点同业存款摇身变为客户存款，从而带来了存款市场的间歇性大幅波动，也增加了行业的流动性紧张。从整个行业来看，近年来同业存款比例大幅提高：2006年上市银行同业负债占比为8.6%，至2013年三季末则达到15.5%，而实际水平可能达到约20%。

最后，利率市场化改革推进也会产生流动性收紧的效应。由于我国长期存在利率管制、存款利率低于均衡水平。在近期利率市场化向纵深推进，存款增速放缓，且货币政策维持稳健的条件下，存款市场竞争明显增强，这导致在利率市场化初期我国存款利率呈上升趋势、而这与流动性偏紧的市场态势也形成了一定的非收敛蛛网效应，该效应在2013年对流动性紧张带来了明显影响。

四、商业银行整体风险状况评价与趋势判断

商业银行未来主要面对的仍是信用风险的挑战，而流动性风险在一定程度上可以通过货币政策的调节、监管环境的变化和商业银行自身业务结构的调整加以缓解。总体来看，商业银行的风险状况仍将保持稳定可控。经过压力测试，预计在GDP增长率7.5%左右的背景下，商业银行不良贷款惯性增长的趋势可能延续一段时间，不良贷款率可能增长到1.1%～1.2%的水平。如果GDP增长率接近7%，而商业银行无法出台有效政策对潜在风险加以控制，不排除不良贷款率增长至1.3%～1.5%的可能性。一旦GDP增长率低于6%，则不良贷款可能出现较大规模增长，不良率可能会达到5%以上。

1. 信用风险特征短期内难现根本转变

从目前状况看，短期内宏观经济走势依然将平稳，商业银行风险特征也将维持

表1　　　　不同 GDP 增长假设下银行不良贷款率测算

	GDP 增速	商业银行不良贷款率
乐观假设	高于 8%	1% 以下
平稳假设	8% ~7.5%	1% ~1.2%
悲观假设	7.5% ~7%	1.2% ~1.5%
极端假设	低于 6%	5% 以上

数据来源：交通银行金融研究中心测算。

现有的状态。其中，受外需冲击较大的小企业和部分产能过剩问题突出行业的企业暂时仍无法摆脱经营的困境，这些企业的不良贷款增长是未来商业银行资产质量惯性下滑的最主要因素；平台贷款和房地产贷款虽然可能有单发性风险发生，但这两个领域的资产质量依然处于运行平稳的可控状态，并不足以导致商业银行资产质量出现大幅下滑。

一是平台贷款质量保持稳定，但局部地区可能发生违约风险。具有潜在政府信用的平台贷款 2014 年不会出现大的波动，但未来的潜在风险依然不容忽视。一方面，随着平台融资集中到期，地方政府将面临更大还本付息的压力。未来平台还款需求的增速依然明显高于财政收入的增长，未来两年到期债务规模仍分别达到 2.38 和 1.86 万亿。另一方面，由于低层级地方政府债务增长较快，导致部分低层级地方政府债务率偏高，截至 2012 年底，已有 3 个省级、99 个市级、195 个县级、3 465个乡镇政府负有偿还责任债务的债务率高于 100%。同时，在地区收入水平并不均衡的情况下，部分欠发达地区低层级政府的代偿能力已经略有不足。因此，不能排除未来有些地区的地方政府由于短期流动性问题而导致平台贷款违约的可能。

二是房地产市场短期内大幅下跌的可能性不大，房地产贷款资产质量保持平稳有一定保障。虽然 2014 年房地产市场的走势并不乐观，1 月份 70 个大中型城市中有 6 个出现了房价下跌，但总体来看一线城市房价相对稳定，即使出现短期下跌，空间也相对有限。因此未来房地产贷款质量可保持较为稳定的状态。然而，一些不确定因素也应引起充分重视。如：2013 年在有些地区（如温州、鄂尔多斯等）已经开始出现房地产成交萎缩、价格回落的现象，违约案例也呈现快速增加的态势。未来不能排除其他地区房价大幅下跌到银行安全边际以下，导致不良贷款增加的可能性。

2. 潜在信用风险同时爆发影响巨大，但应为小概率事件

从目前状况看，只要宏观经济保持平稳增长的态势，实体经济、房地产和融资平台的潜在风险短期内同时爆发的可能性较小。但如果出现经济增速持续放缓并带动房地产市场大幅走弱的情况，则银行贷款质量将面临巨大的挑战，在以下三种情况同时出现的极端情况下，银行不良贷款率可能上升到10%以上，将严重威胁到银行的持续经营能力。

一是实体经济生产经营困境向银行传导。经济增速持续放缓的冲击可能通过资产估值压力、进出口贸易疲软和市场整体流动性收缩等方式，造成国内企业出现大规模亏损，进而对我国商业银行的资产质量产生影响，导致不良资产总体规模增加。

二是房地产贷款风险加大。根据压力测试情况，我国房地产业价格如果因经济放缓而出现大幅下跌，则可能对房地产贷款的信用风险造成较大影响。且跌幅一旦超过银行相关贷款的抵押率30%，则房地产贷款和抵押贷款的不良率均将以递增方式大幅上升。同时，房地产市场走弱也会造成银行贷款抵押物处置出现困难，减慢资金回笼速度。如果房地产市场整体跌幅超过50%，商业银行不良贷款率增长可能超过7%。

表2　　不同房地产价格走势假设下银行不良贷款率测算

房地产价格跌幅	新增不良贷款率（房地产贷款）	新增不良贷款率（抵押贷款）	总不良贷款率增长
30%以下	影响不大	影响不大	0.1%～0.2%
30%～40%	1.4%～2.8%	0.6%～1.3%	1.9%～3.8%
40%～50%	2.8%～4.2%	1.3%～1.9%	3.8%～5.6%
50%以上	5%以上	2%以上	7%以上

数据来源：交通银行金融研究中心测算。

三是地方政府融资平台贷款风险暴露。以地方政府目前的收入水平完全可以支持平台贷款的偿还，但经济增速过度放缓，则地方财政收入增幅将出现下降，而地方政府以土地升值收入支撑地方经济发展的土地财政可能难以为继，地方政府偿债能力将大幅削弱，融资平台贷款违约率也有可能明显上升。

上述三种情况如果同时出现，银行不良贷款率将快速上升。但迄今为止，经济

运行中存在许多与上述假设相背离的特征，这表明未来出现潜在风险同时爆发的可能性较小。

3. 商业银行出现系统性流动性风险的可能性不大

在商业银行存款增速趋势性放缓，资金来源依然受限的情况下，未来银行流动性仍会面临压力。但经过2013年的“钱荒”，货币供应不会出现大幅下滑局面，总体流动性将保持平稳，发生流动性过度紧缩的可能性很小。

从商业银行自身的情况来看，近年来存贷款业务期限结构有所改善，截至2013年末，金融机构中长期贷款余额占比55.6%，较2010年末下降4.7个百分点；作为稳定的负债来源，定期存款在总存款中占比58%，较2010年末提高了6.2个百分点。尽管不排除未来部分金融机构继续出现阶段性的流动性问题，但目前行业流动性比例、存贷比和超额备付金率都处在较为平稳的水平，在短期内迅速恶化的可能性不大。

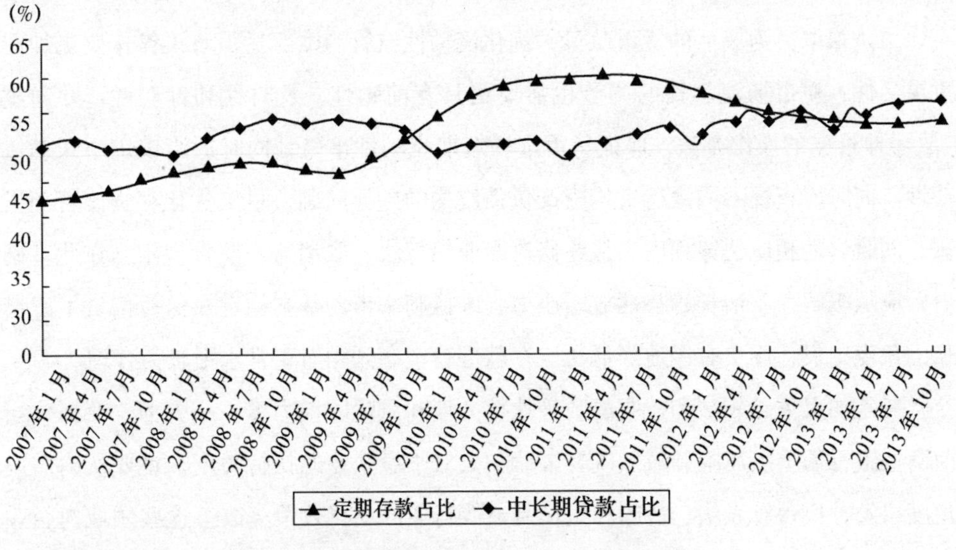

图9 中长期贷款占比下降而定期存款占比提升

数据来源：WIND，交通银行金融研究中心。

从外部环境看，目前我国央行用于调节流动性的长短工具品种丰富，“弹药”较为充足，有足够的政策调节空间来防范和控制流动性风险。公开市场短期流动性调节工具（SLO）的推出和常备借贷便利（SLF）的使用频率增加进一步增强了流动性调节的灵活性和针对性，同时也有助于稳定市场预期。而监管部门也将持续加强和改善对银行的流动性监管，引导商业银行合理调控资产规模，妥善把握风险与效益的平衡。这些都有利于防范和管理银行体系流动性风险，促进商业银行稳健运行。

五、防范和控制商业银行风险的政策建议

一是经济增速保持在7.5%~8%之间为好。经济增速显著放缓会显著降低商业银行的盈利能力，并通过加大产能过剩和加重中小企业困难而导致银行不良贷款大幅增加，这不利于商业银行补充资本和稳健发展。尤其是在经济增速降低至6%以下的情况下，不但实体经济将受到巨大冲击，还会造成房地产价格大幅下跌和政府偿债能力快速下降等连锁反应，最终可能造成商业银行因不良资产增加逐步丧失贷款投放能力的极端影响。而将经济增速保持在7.5%~8%的区间，既可以为结构调整和改革提供充足的空间，更为重要的是，这样一个较为平稳的经济增速有利于就业稳定、财政收入增长和商业银行的稳健发展。

二是采取更为灵活的货币政策，优化流动性监管制度。货币政策操作要更加注重灵活性，对市场流动性的调节也需要更具有前瞻性，及时性和针对性，要通过“放短抑长”的操作方法，保证货币市场短期流动性平稳，同时适当锁定中长期流动性。同时应正视不同银行机构资产负债结构的差异问题，尽快优化存贷比管理机制，同时启动相应法律程序，最终修改商业银行法，取消这一监管规定。在此基础上，应从缓解存款增长趋势性放缓压力、维持利率市场基本稳定及保持信贷平稳增长的角度出发，逐步有序地降低法定存款准备金率到相对正常水平较为合理。

三是加大重点领域和行业的政策扶植力度和风险防控力度。一方面，要抓住当前商业银行的重点风险领域。既要继续加大对小微企业的扶持力度，也要从内需的角度出发，出台对光伏、造船和机械制造等行业的支持政策，改善这些领域内企业的生存环境，从源头上减少不良贷款的发生。另一方面，也要加大对房地产等非实体经济领域的调控力度，防范资产泡沫问题对银行资产质量的潜在影响。同时，对存量不良资产可以通过资产转让和证券化等模式，引入不同风险偏好的社会资金参与商业银行不良资产的处置过程，进一步分散商业银行的信用风险。

四是控制平台公司融资总量增长，提高其债务清偿能力。不但要把控好平台贷款的增量，更要监控平台公司在债券、信托等非信贷市场的融资行为，要使地方政府债务增长与清偿能力提升相匹配，防止平台公司负债规模过大，超过地方政府的实际偿付能力。同时要严控资金运作型的融资，避免借新债还旧债的现象，对平台公司新增的贷款或其他融资，必须落实有现金流收入保障的具体建设项目，并增加有效资产的抵押。

五是重点把控理财业务发展的节奏和风险。商业银行在理财业务发展过程中，不能简单从扩大市场份额和销售规模出发，应当综合考虑资本成本、综合收益和风险防范的问题。严格按照监管要求做好表内与表外业务直接的防火墙，防止表外业务的风险向表内蔓延；控制好产品周期内各个环节的操作风险、流动性风险，做好应对预案，有效处置可能发生的各类风险事件，尤其是在理财产品的设计和发行环节，既要对各类客户有吸引力，也要做好综合成本收益的测算。

六是双管齐下防控信用风险在不同金融部门间的传播。鉴于信托贷款、委托贷款等非信贷融资大量流向房地产和地方融资平台，未来应进一步加强监管，从资金募集、资金投向、资金使用等多方面完善“全流程”监管，同时排查清理存量金融风险。在此基础上，要加大对投资者的教育力度，改变投资者对信托等高风险产品刚性兑付的惯性思维，重点防范其他金融部门的信用风险因品牌和声誉等非正常因素向银行体系传染。

七是进一步完善并加强对影子银行的监管。对待影子银行，既要肯定其填补了现有银行体系业务的一些空白，为各类融资主体提供了更丰富的融资渠道；也要正视其业务扩张带来的潜在风险。在风险可控的前提下，有效地指导其产品创新，引导影子银行在支持实体经济和中小企业融资方面更多地发挥积极作用。未来应通过立监管、建规范、疏需求、稳发展的管理思路，将影子银行纳入规范发展的轨道。

八是推动商业银行调整资产负债结构，合理应对流动性风险挑战。既要关注商业银行资产负债表的流动性状况，也要加强对表外业务的管理，改变表外业务发展过快且期限错配较为严重的状况。在流动性应急机制的建设上，商业银行要通过自身资产结构的调整增加流动性储备，从而进一步降低对外部资金融入，尤其是央行在关键时刻资金投放的依赖度。

九是积极引导民间资本进入商业银行，优化金融资源配置。进一步调动民间投资积极性，让更多民间资本进入到金融业，充分发挥民间资本在资源配置方面的积极作用。以国有资产为主导的银行体系在短期内很难改变抓大客户、做大项目，做大资产规模的经营模式。因此，在部分小微企业发展较快的区域，应积极吸引民营资本投入地方性或中小型银行类金融机构，在引进资本的同时也要引进新的经营和管理理念。通过战略决策层面的转变，引导这些机构加大对小微企业等急需资金的实体经济部门的资源投入。在优化存量信贷资源的同时，引入一定的市场竞争，推动传统银行体系业务转型的步伐。

发挥长期机构投资者在中国未来经济发展中的作用

经纶国际经济研究院；友邦保险控股有限公司

摘要

2014年3月5日，国务院总理李克强在第十二届全国人民代表大会第二次会议政府工作报告中指出，2014年政府工作的重点在于：推进养老保险建设，推动医改向纵深发展，为了人民的身心健康和家庭幸福，一定要坚定不移推进一系列改革。

中国目前的金融系统仍然处于不均衡的状态。金融体系过度依赖于短期银行贷款，不利于经济的转型和长期发展。本文强调，金融体系的改革及深化需要以促进机构投资者的发展作为其近期目标，以构建完善的金融监管和风险管理体系作为中期目标，并以建立更为公平和可持续的社会保障体系和深化医疗体系改革作为长期目标。金融体系只有在拥有多元化的、经验丰富的机构投资者的前提下，才能确保市场化定价和风险评估的有效性。一味地发展金融市场，而忽略对机构投资者的培养，无疑是本末倒置的。

本文主要对作为长期机构投资者的保险和养老资产行业的发展提出建议：通过引进创新及高效的产品和服务，更好地满足国内民众对改善医疗体系、商业保险以及社会保障的需求；同时促进资本市场的深化发展以及金融体系的稳定。具体方案如下。

①营造健康的商业环境，坚持市场在资源配置中起决定性作用的原则，开放平等地引入国际先进经验，以竞争促创新，从而构建和完善可持续的长期保障体系。

②通过税收等优惠政策，鼓励个人参与定期储蓄和医疗保障等保险计划，开发企业年金等市场化产品，以应对养老和医疗需求，减轻政府的财政负担。

本文是中国发展高层论坛2014年会的专题报告。

③深化发展多层次资本市场，尤其是固定收益市场。

④提高保险资金投资基础设施以及其他长期投资项目的能力。

⑤利用先进科技工具，开发新的营销渠道。

一、简介

中国拥有19%的世界人口，而其保费仅占全球保费总额的5.3%。中国的保险密度（人均保费）为179美元（不到世界平均保险密度656美元的1/3），保险深度（保费占GDP百分比）只有3%（不到世界平均保险深度6.5%的一半）[①]。从金融资产方面看，保险及养老资产仅占2012年金融总资产的8.7%（北美为29%，全球为30%）。

由表1可知，全球平均家庭金融资产的分配更为均衡，银行存款，证券以及保险和养老金各约占1/3。全球平均资产分配较为合理：银行存款是短期流动性工具；证券属于高风险高回报资产；而养老金和保险资产则提供长期的退休养老及其他社会保障。

表1　不同地区金融资产类别占金融总资产的百分比（%）

资产类别	中 国	北 美	全 球
银行存款	66	16	32
证 券	25	53	36
保险和养老金	9	29	30

数据来源：安联保险，《全球财富报告2012》。

尽管2012年中国保费的增长率超过10%（其中寿险增长11%，非寿险增长12%），是亚洲地区增长率最高的国家之一，但是中国保险保障仍然极为不足。

经纶—奥纬公司近期发表的《亚洲金融2020》[②] 报告的结论是亚洲（包括中国）的金融业的能力不足以支撑亚洲地区经济转型。报告列举了亚洲金融业的五个结构性缺陷，如果不加以注意，可能会阻碍亚洲未来的发展：①过度依赖短期银行融资；②缺乏长期（保险和养老金）机构投资者；③缺乏金融普惠（中小企业贷

① 瑞士再保险2013 Sigma报告《2012年度世界保险业：漫长曲折的复苏之路》。

② 《2020亚洲金融：构造一个新的亚洲金融体系结构》，详见：http：//www.fungglobalinstitute.org/en/asia-finance-2020-framing-new-asian-financial-architecture。

款和进入资本市场的渠道)；④支付系统不能应对不断更新的客户需求（小额、零售、网上操作和跨境交易)；⑤结构性缺陷威胁金融稳定（贸易过度依赖美元、影子银行、缺乏跨境政策协调等）。

中国金融系统同样存在上述问题。在十八届三中全会上，中国做出的改革决定中有13个目标同经济金融息息相关，旨在提高金融市场效率并通过金融系统来实现金融普惠和社会平等。要完全实现这些目标，没有良好发展的保险和养老行业是无法做到的。

我们希望通过本文说明，金融体系的改革及深化需要以促进机构投资者的发展作为其近期目标，以构建完善的金融监管和风险管理体系作为中期目标，并以建立更为公平和可持续的社会保障体系和深化医疗体系改革作为长期目标。金融体系只有在拥有多元化的、经验丰富的机构投资者的前提下，才能确保市场化定价和风险评估的有效性。一味地发展金融市场，而忽略对机构投资者的培养，无疑是本末倒置的。一旦金融市场中存在足够的机构投资者，就可催生更好的价格机制和更透明有效的风险管理，包括对冲和吸纳信贷风险、流动性风险、到期风险和营运风险的能力。只有在一个运作良好的金融系统中，养老金和长期社会保障基金才能获得合理的回报，起到长期持续社会保障的作用。

本文就全面发展长期机构投资者提出具体建议，其中重要的是发展保险和养老资产行业，从而更好地支持中国金融行业改革的重点：促进社会平等（医疗、养老、社会保障系统）和深化资本市场改革。

二、中国当前金融结构的问题与挑战

1. 以短期银行产品为主导

从表2可见，中国金融体系多半为银行体系（GDP的135%），银行资产超出了股票和债权市场的资产总和（GDP的104%）。由于银行体系以短期存款作为按揭或长期项目的资金来源，这种期限错配的先天不足，限制了金融系统向实体经济提供长期资金的能力。而且，在发生金融危机时，由于短期存款期限可能迅速缩短，金融系统更易面临危机蔓延和资金外流的冲击。

由于缺乏机构投资者，中国的资本市场大多由散户投资者驱动，股权融资作为一种更为稳定的长期融资方式仍未得到充分发展。中国的证券市场市值仅相当于其

GDP 的 59%，不到银行资产的一半（GDP 的 131%，详见表 2.1），而且市场的主体是上市国有企业。

表 2　　2011 年部分国家的金融结构（%GDP）

国家/地区	银行资产	股票市场市值	私募债券市值	公募债券市值
中国	131.5	58.8	23.1	22.4
英国	191.9	126.5	12.3	58.6
香港	225.9	396.8	15.3	36.0
印尼	29.9	45.1	1.4	10.8
印度	65.2	69.7	4.9	29.6
日本	187.4	68.8	37.2	218.9
马来西亚	120.2	144.1	58.1	54.0
菲律宾	44.9	73.9	0.9	29.1
新加坡	131.4	148.2	0.0	45.4
泰国	114.4	81.7	12.7	49.8
美国	63.7	110.2	91.9	82.6

数据来源：Martin Čihák，Asl1 Demirgüç－Kunt，Erik Feyen，and Ross Levine，论金融标杆管理的全球发展，世界银行：政策研究报告 6175，2012 年 8 月。

股权资金的缺乏，尤其对于中小型企业来说，还意味着中国的企业只能更多依赖于债务，这样一来杠杆率更高。这不仅妨碍金融普惠，而且会影响金融稳定，因为高杠杆企业和银行体系在应对危机时更易受到冲击。

2. 缺乏长期机构投资者

由于种种历史遗留问题、政策及机构等原因，长期机构投资者在亚太地区包括中国未能得到充分发展。在美国，保险及养老资产规模已达银行总资产规模的 1.5 倍，但在新兴亚太市场仅占 13%（如计入亚洲发达国家，则为 38%）。以其管理的资产规模占 GDP 的比例来看，大部分新兴亚太国家市场的保险及养老金的深度不足 20%，而欧洲地区为 64%，澳大利亚达到 130%，美国则已达 152%。

其中一个原因是养老及社会保险需要长时间的积累才能达到足够的储蓄额，这方面的计划不够完善。另一个原因是养老资金的投资组合受到限制，往往比较保守，投资回报较低，并因此形成了恶性循环，回报低，投资者就失去了长期投资的动力。

同样，中国保险业的规模在过去 10 年一直处在一个较低水平。以 GDP 占比衡量，寿险及非寿险总保费几乎没变，从2002年的2%到2011年的3%。同一时期，银行在金融体系里保持着主导地位，资产规模不降反升，从占GDP的122%升至131%。证券市场则极不稳定，资产规模曾在2007年大于银行，而在2011年又不到银行资产的45%（详见表3）。

表3　　2002~2011年中国的银行资产、股票资金及保险资产规模

年度	银行资产	股票市场市值	保费规模		
			寿险	非寿险	总额
2002	121.5	34.4	1.7	0.6	2.4
2003	127.6	35	2	0.6	2.6
2004	126.8	34.9	1.8	0.7	2.5
2005	120.9	32.2	1.8	0.7	2.4
2006	114.7	59.7	1.7	0.7	2.4
2007	109.5	125.2	1.7	0.8	2.4
2008	110.2	110.1	2.1	0.7	2.9
2009	122.5	79.2	2.2	0.8	3
2010	130.3	83.7	2.4	1	3.4
2011	131.5	58.8	2.1	1	3

数据来源：Martin Čihák，Asl1 Demirgüç－Kunt，Erik Feyen，and Ross Levine，论金融标杆管理的全球发展，世界银行：政策研究报告6175，2012年8月。

虽然机构投资者的交易份额有所提升（相应地散户投资者的份额有所下降），中国的股票市场仍具高波动性和短线操作的特征。没有长期机构投资者广泛深入的参与，证券市场更易被短期投机所操纵，阻碍其有效地发挥高效资源分配、价格透明化、健全风险控制以及可信公司治理的作用。

深化发展的机构投资者有助于通过多种方式提升投资决策的质量，包括专业研究、执行公司和信贷规则、提供长期稳定的资本以降低金融波动（如利率波动及汇率波动）。例如，2013年5月美联储声称将逐步缩减其购债计划而导致新兴市场的利率及汇率剧烈波动，但对新加坡及马来西亚的影响较轻，这是因为其规模庞大的退休基金使其市场能够吸收资金外流对债券价格、证券价格以及汇率产生的影响。而缺少长期机构投资者的市场，如印尼，则不得不以更大幅度的利率调整（上升）和货币贬值来应对此轮市场波动。因此，较小的长期资金池意味着更为依赖外国投资者的融资，金融系统亦更易受到国外资金在危机时期抽离而产生的影响。

人们往往善忘长期的保险及养老基金作为主要投资者对资本市场深化发展的贡献，它们执行信贷规则、改善公司治理、确保市场的双向流动性以及合理价格。

3. 金融结构失衡妨碍金融普惠及系统稳定

金融结构失衡亦阻碍金融普惠，其中最突出的问题是中小企业缺乏金融支持，而中小企业正是社会就业及经济发展的驱动力。目前，中小企业难以从正规银行获取贷款，而且小企业的规模也令他们难以在证券市场上获得融资。另一方面，影子银行的形成及其扭曲定价反映了市场对资金确实有需求。

在中国该问题十分严重。中小企业占企业总数90%，贡献70%的就业率，创造了60%的GDP，贡献了50%的税收，及创造了65%的专利。然而，它们获得的银行贷款却不足20%。

中国经济正从以前的出口制造业为基础（世界工厂）转型为内需消费驱动的知识型经济。在此转型过程中迫切需要金融行业对创新、新科学技术和研发投资的支持。中国的“传统行业”获得了银行贷款总额度的50%，这是一个畸高的金融资源份额。同时，很多高新技术企业排队等待上市，而由于中国资本市场更青睐大型的传统企业，诸如腾讯和百度等优质企业已经转向海外金融市场。尽管中国正努力为非上市企业的股权转让缔造新三板市场，但目前中国以及整个亚洲还没有成熟的风险投资或私募股权投资市场，可投资于创新型或小型企业。

由银行体系提供私募股权与风险投资所需资金亦必然引入新的系统风险。

正因缺乏多样化的投资及融资工具以支持实体经济活动，影子银行出现并欲填补该缺口。影子银行规模中很大程度上反映了银行系统缺乏融资和投资产品，只能通过非银行体系提供这些产品，例如信托公司和资产管理产品。在中国，过去三年影子银行的平均增长率为35%，规模达到GDP的70%。快速增长使系统产生风险，引起了国内及国际金融监管机构的注意。

随着亚洲的银行开始更多地转向住宅抵押借款、市政和基础设施融资和长期国债，银行的期限错配问题也会随之扩大。亚洲（包括中国）需要重新思考和设计其金融结构，以更好地应对实体经济需求的变化。

为了快速达成此目标，首先要发展的是长期机构投资者——保险和养老资产行业。这些行业能够吸纳长期风险，催化资本市场从质和量两方面快速启动变革。

三、发展中国保险作为长期投资者

寿险是一项长期业务，需要长期投资匹配长期债务。发展保险行业可直接推动资本市场的发展。

1. 发展保险市场，满足不断变化的人口结构和社会保障需求

医疗需求：随着中国人口的老龄化，预计到2020年，总医疗支出将从2011年的3 670亿美元增加到1万亿美元①。到2020年，在所有亚洲国家中，中国将面临最大的医疗保障缺口，预计将达到730亿美元②。截至2011年底，中国的社保体系覆盖率超过95%，但主要提供基本的医疗保障，无法满足更高的医疗需求。不断增长的医疗支出将造成财政负担的日益加重；因此，需要引入商业医疗保险来缩小医疗缺口，并减轻财政负担③。

中产阶级人口比例增加：2005年，中国的中产阶级占城市人口比例为29%。这一比例到2020年，预计将增加到75%。随着收入的增长，民众对医疗服务以及保险保障的需求也将随之提高④。

近年来，医疗费用的增速（年增长率约为10.9%⑤）远远超过通货膨胀率(2%~3%左右⑥)。这意味着民众需增加医疗支出，或者投资于收益率远高于通胀率的产品来应对不断增长的医疗成本。然而，在现有的经济环境下显然不太可能实现，这就更加凸显了医疗保险的重要作用。

目前很多国家都利用科技提供先进的医疗保险保障，这些技术可以引进到中国，从而促进中国医疗和保险市场的发展。

---

① 麦肯锡，2012年7月，《中国的医疗：进入未知的水域》，(Healthcare in China: Entering Uncharted Waters)。

② 瑞士再保险，2012年11月新闻稿，http://www.swissre.com/media/news_releases/nr_20121128_health_protection_gap_asia_pacific.html。

③ 麦肯锡，2012年7月，《中国的医疗：进入未知的水域》，(Healthcare in China: Entering Uncharted Waters)。

④ 麦肯锡，2012年7月，《中国的医疗：进入未知的水域》，(Healthcare in China: Entering Uncharted Waters)。

⑤ 麦肯锡估算。

⑥ CEIC数据2008~2013年。

2. 提高中国巨额储蓄的使用效率

中国是世界上储蓄率最高的国家之一（占 GDP 的 51%，而美国仅为 17%①）。由于缺乏足够的教育、医疗以及退休等社会保障计划，中国家庭更倾向于储蓄（预防性储蓄）。然而，该巨额储蓄并没有被有效地投资；其产生的回报不足以支撑社会保障的需求。目前 1 年期银行存款利率为 3.3%，10 年期为 4.75%②，远低于医疗费用的增长速度。其他金融产品的回报率也落后于医疗费用的增长速度：信托产品回报约为 8% ~9%；银行理财产品回报为 6% 左右；3 年期国债回报约为 5%③。

目前，保险公司和养老金资产大部分投资于银行存款和国债和。银行存款达 30% 的资产，国债占 10% 左右。这样的资产回报使得养老资产和保险资产无法抗衡通胀，远远不能满足未来医疗和退休的需求。保险公司 2013 年的投资回报率为 5.04%，为 2011 年以来最高（2012 年为 3.39%，2011 年为 3.57%，2010 年为 4.84%）。

目前养老金收支缺口巨大。据估计，截至 2013 年底，该缺口约为 18.3 万亿人民币，到 2033 年底将达到 68.2 万亿人民币。假定 GDP 保持 6% 的年增长率，到 2033 年，养老金缺口将达到 GDP 的 38.7%。

四、深入发展资本市场、充分发挥机构投资者的作用

1. 大力发展保险行业，支持基础设施建设

李克强总理的讲话中提到中国将大力推进城市化的进程，这需要极大的基础设施投入④。同时中国还需要解决基础设施发展不平衡的问题：富裕以及年长者享有更为完善和先进的基础设施，而年轻人和穷人则相反。目前，中国还有 10% 的贫困人口，以及 592 个贫困县⑤。随着中国 GDP 的增长以及城市化，人们对安全的饮用水、电力以及住房的需求也会日益增长。

麦肯锡的一份报告表明，全球基础设施投资未来 18 年（2013 ~2030 年）将达

① 世界银行数据库。

② 中国银行定期储蓄利率，http://www.boc.cn/en/bocinfo/bi4/201207/t20120705_ 1887042.html。

③ http://stock.jrj.com.cn/2014/02/24072716729659.shtml。

④ 根据麦肯锡的 Herbert Pohl 的发言。http://www.yicai.com/news/2013/03/2579146.html。

⑤ http://www.cpad.gov.cn/publicfiles/business/htmlfiles/FPB/fpyw/201203/175445.html。

到57万亿美元，其中中国将会达到16万亿美元①。亚洲开发银行研究表明，到2020年，亚洲的基础设施投资将达到约8万亿美元②。

如此庞大的基础设施投资将对中国的财政预算造成极大的负担，并且由于固有的期限错配，通过银行贷款支持基础设施投资也不太现实。反之，保险公司和养老基金作为长期投资者，通过将长期资金来源和长期需求相匹配，可以更有效地为中国的基础设施建设提供融资。

中国缺乏机构投资者。目前，中国的互惠基金、保险基金以及养老基金的总和仅为GDP的19%，而银行存款却达GDP的51%（详见表4）。

表4　　传统基金管理资产的对比：中国和美国

	相当于GDP的百分比		全球市场份额（%）	
	中国	美国	中国	美国
共同基金	4.7	77.6	1.4	45.9
保险资金	14.2	44.9	4.3	26.3
养老资金	0.9	69.2	0.2	32.0
银行存款	51.0	77.4		

数据来源：安联保险，《全球财富报告2012》；世界银行，《全球金融发展数据库》。

保险公司以及养老基金属于最重要的机构投资者，然而他们的长期投资渠道仍然受到监管限制。截至2013年底，保险公司的资产配置中很大一部分仍是银行存款（30%）和国债（10%）。由于中国的证券市场不发达以及波动较大，证券投资仅占10.2%。而基础设施投资更少：保险公司共投资了161个基础设施建设项目，共计投入资金514亿人民币，仅占所有资产的6.9%③。

保监会近年在积极推动企业投资管理和风险控制水平提高的基础上，逐步放开投资比例的限制。保监会2014年2月最新公布的保险公司和保险资产管理公司的投资上限包括④：①30%的权益类投资；②30%的不动产类投资；③25%其他金融

---

① 麦肯锡，2013，《基础设施生产效率：如何每年节省$1万亿》，（Infrastructure Productivity：How to Save $1 Trillion A Year）。

② ADB and ADB Institute，2009，Infrastructure for a Seamless Asia，Manila。

③ http：//stock.jrj.com.cn/2014/02/24072716729659.shtml。

④ CIRC文件。http：//www.circ.gov.cn/web/site0/tab5168/info3904709.htm。

资产（包括信托和银行理财产品等）；④15%境外投资。

保监会的举措有利于保险公司根据自身的营运需求获得更高的投资回报。未来，合格的保险公司应逐步获得更大的投资自由度，以便更好地投入资本市场；此举亦有利于吸引国际保险机构加大对中国保险市场的投入，推动中国的金融市场的改革与建设。

2. 深化发展债券市场

发达国家的保险公司通常通过投资于资本市场提供长期资金，如投资于政府和公司债券、资产担保债券以及股权。欧洲保险公司的资产配置中约60%为政府和公司债券（包括资产担保债券）。债券可以提供现金流以及久期匹配，是广受保险公司欢迎的投资工具。

表5　　欧洲和中国保险公司资产配置比较（2011年）

		欧洲	中国
		99.2千亿美元	8.8千亿美元
现金存款		3%	30%
股权		15%	11%
债券	公司债券	36%	50%
	政府债券	28%	
其他*		12%	3%
投资基金	衍生工具	1%	6%
	对冲基金	1%	
不动产		4%	
总计		100%	100%

注：*包括其他资产及投资。

数据来源：Oliver Wyman：《欧洲保险》，2013年6月；《财经》。

一个成熟的债券市场有益于优化资产配置，为定价假设提供另一种选择，并可对冲货币市场波动的风险。

五、推进机构投资者建设的具体措施

发展更多的长期机构投资者有利于促进金融市场结构多元化，提高市场效率，响应了十八届三中全会的决议。要达到这个目标，金融机构的质与量都要飞跃。竞争会刺激创新，催生优质的产品和服务，形成合理的价格和风险分摊机制，使得机构能满足市场复杂多变的需求。

更为重要的是，大量保险、养老基金以及资产管理等大规模机构投资者的产生，在市场紧张时期，可作为稳定市场的缓冲器，有益于利率、外汇、衍生品、股票和资本市场的有序运作。最近新兴市场的发展表明，机构投资者的缺乏将会造成极大的市场波动。因为在发生资本外流时，没有机构可以阻止。

对于促进保险和养老基金等长期机构投资者的发展，具体建议如下：

①营造健康的商业环境，通过引入优秀的国际保险公司的典范运营模式，促进行业竞争。保险深度过低的部分原因是市场缺乏适当的竞争。更多的竞争可以为消费者提供更多的产品选择，加强消费者有计划地储蓄的意识。竞争可以促进服务质量的提升，并激励保险公司提高风险管理水平。

②为个人参与定期储蓄和医疗保障等保险计划提供优惠政策，开发企业年金等市场化产品，以应对人们越来越长寿，但养老保险却不足的状况。

③鼓励更多的机构投资者尤其是境外投资者加大长期投资，合理配置资产。

④利用先进科技工具，开发新的营销渠道。科技有助于抓住中国保险市场发展的机遇。科技通过削减运营成本和增加透明度，能极大地增强竞争力。这里能应用的科技变革包括大数据、社交网络的信息化发展、社交媒体、电信、计算机化以及远程信息处理等。

⑤利用与外资保险公司的合作提高保险、再保险和融资能力，促进风险评估和风险管理的发展。

六、结论

2014 年 3 月 5 日，国务院总理李克强在第十二届全国人民代表大会第二次会议政府工作报告中指出，2014 年政府工作的重点在于：推进养老保险建设，推动医改向纵深发展，为了人民的身心健康和家庭幸福，一定要坚定不移推进一系列改革。其中，与保险有关的改革如下：

①巩固全民基本医保，通过改革整合城乡居民基本医疗保险制度。完善政府、单位和个人合理分担的基本医疗保险筹资机制。

②在全国推行城乡居民大病保险。

③加强城乡医疗救助、疾病应急救助。

社保是民生之基，其改革重点包括：

①建立统一的城乡居民基本养老保险制度，完善与职工养老保险的衔接办法。

②改革机关事业单位养老保险制度，鼓励发展企业年金、职业年金和商业保险。

③完善失业保险和工伤保险制度。

保险行业在支持这些政府的改革计划中可以起到重要作用，通过引入创新及高效的产品和服务，更好地满足国内民众对改善医疗、商业保险以及社会保障的需求。

关于中国发展包容性金融的几点建议

万事达卡

摘要

中国经济的高速增长极大地减少了贫困，但也加剧了收入和社会地位的不平等。这不独是中国面临的问题，欧美等发达国家也一直在努力解决包容性增长的难题。世界银行等国际组织已将发展高水平的包容性金融列为通往包容性增长和减少不平等的途径之一。

本文将探讨中国领导层如何发展包容性金融，提高包括支付、借款、投资和保险的整个金融体系的可及性和使用度。包容性金融的发展机遇遍布全国。在一些农村地区，基本的金融服务如开立账户服务尚不普及。在一些城镇地区，复杂的金融产品如信贷、投资和保险的普及率也不高。中小企业也缺少完备的金融服务，如低成本的融资渠道。

对于提升中国金融包容性来说，以下三点尤为重要。但它们成功的关键都基于政府和企业共同合作。

金融需求分不同层次。拥有资金账户以及进行电子支付是最基本的需求。中国不同地区的人口拥有不同层次的金融需求，因此金融包容性的实现不只存在于农村地区。

在需求的每一层次都必须同时注重金融产品的可及性和使用度。政府在缩小金融产品可及性和使用度之间的差距上可发挥重要作用。

在发展包容性金融的过程中，银行仍将发挥关键作用。同时，富有创新精神的非银行机构在这一过程中的作用同样不容小觑。中国领导层应重视为这些企业的繁

本文是万事达卡为中国发展高层论坛2014年会撰写的专题报告。

荣发展创造环境。

一、包容性金融对包容性增长的重要意义

过去30多年，中国的扶贫工作取得了卓越的成绩。1981年，中国2/3的人口日均消费水平不足1美元[①]；至2010年，中国以惊人的效率使6.8亿人脱贫——这比拉丁美洲现有人口总数还多——从而使中国的贫困率从1980年的84%降至如今的不足10%[②]。30年间，中国脱贫人口总数约占全球绝对贫困人口下降总数的3/4。中国政府在减贫方面取得了辉煌的成就，无论是扶贫规模、投入资金，还是在过去20多年中绝对贫困人口数的持续减少，堪称全球典范。

中国自20世纪80年代初期以来实现了经济的持续增长，这一方面使政府有能力投入大量资源来消除绝对贫困，但另一方面也带来了收入差距扩大，并造成人们获取机会不平等和社会流动性差的问题。这不仅是中国面临的问题，欧美等发达国家也一直在努力解决包容性增长的难题。欧盟制定的《欧洲2020战略》旨在实现明智的、可持续的包容性增长，其目标为：帮助至少两千万贫困人口脱离贫困和社会排斥，并将20～64岁人群的就业率提高到75%[③]。美国总统奥巴马将美国社会流动性的降低与收入差距的扩大联系起来，他指出，出身20%收入底层的群体所获得提升和发展机遇的概率远低于来自高收入水平家庭的群体，他还注意到，巨大的收入差距让美国人不再信任美国的制度，由此产生的文化分歧对美国绝非益事。

造成这种不平等的一个重要原因是人们获取及使用金融产品和服务的水平存在显著差距。基于包容性金融对减少贫困、促进共同繁荣的重要意义，世界银行已将其列为核心工作之一。世界银行近日宣布了一项新计划，至2020年，所有劳动适龄人口都能借助技术创新（如电子账户、电子移动钱包）享用广泛的金融产品和服务。甚至连国际清算银行（BIS）这样的标准制定机构，在制定金融部门政策时都将公平性纳入其中，以实现包容性增长。对包容性增长的关注表明，一个金融排斥的现金社会是不透明的，会给金融稳定造成风险[④]。

本文将关注中国领导层如何通过发展包容性金融来降低不平等，实现包容性增

①② "Poverty Not Always with Us"，《经济学人》，2013年6月1日。

③ 欧洲委员会（http：//ec. europa. eu/europe2020/index_ en. htm）。

④ 国际清算银行（BIS）在2012年在巴斯举行的金融包容全球合作（GPFI）会议上的发言。

长。根据世行估算，64%的中国成年人在金融机构[①]拥有账户，这反映了中国在银行基础服务的可及性方面成绩巨大。但如果将包容性金融狭义地理解为拥有银行账户，那将错失巨大的机会。完整的包容性金融意味着整个金融体系的可及性和使用度，包括支付、借款、投资和保险。中国各地在发展包容性金融方面都蕴含机会。中国仍有很多人口生活在农村地区，基本的金融服务在这些地区的普及度远不如城市。银监会2011年发布的数据显示，约1 700个乡镇尚无银行网点[②]。在城镇地区，即使在有银行账户的人群中，较复杂的金融产品如信贷、投资和保险的普及也不足。此外，在中国，包容性金融的机会并不局限于个人领域，中小企业同样缺少完整的金融服务。万事达卡在2013年为中国发展论坛撰写的白皮书中对此有所涉及，中国中小企业最大的发展制约之一即缺少低成本的融资渠道，虽然中小企业在GDP中占比不小，但是其贷款仅占银行贷款总额的20%至25%。

在成功地使国家摆脱了绝对贫困后，中国领导层正在为实现更加包容的增长而努力。这在中国政府制订的发展目标中也有所体现：到2020年全面建成小康社会（实现国内生产总值和城乡居民人均收入比2010年翻一番），使国家的发展更平衡和更具包容性。2013年底召开的十八届三中全会，定下了继续推进市场化改革的基调，涵盖财政和农村领域改革，以实现更开放、更具包容性的可持续经济发展。这份大胆的经济改革计划涵盖放开价格管制、对私营和外资企业开放市场、国有企业改革、财政改革、通过土地改革和户籍制度改革推进城镇化进程、加大对农民财产和土地权益的关注，使城乡居民共享公共服务。此外，中国也一直积极参与全球对话和国际合作，通过参加2010年20国集团（G20）国家建立的“金融包容性全球合作计划”（GPFI）等途径发展包容性金融。

本文将在全球案例研究的基础上，探讨如何通过引导市场创新并释放市场活力，实现包容性金融的发展。

二、发展包容性金融的三原则

中国领导层对在经济发展中更注重市场规律并实现更大的包容性已经彰显出坚定的决心。然而，如何提升金融包容性同时保持国家政治、经济和社会稳定仍任重

---

① 世界银行2011年《全球金融包容性指数》报告。

② 中国银行业监督管理委员会（CBRC）于2011年1月发布的数据。

道远。在发展包容性金融、获得收益并最大程度减少其对社会体系可能带来的影响方面，万事达卡在全球积累了丰富的与国家政府及机构合作的经验。

对中国来说，有三点原则尤为重要，这不仅适用于消费者，也适用于企业，尤其是中小企业。但需要提请中国领导层注意，没有私营部门的积极参与，发展包容性金融难以成功。政府可以产生大部分资金流动并通过政策进行激励。私营部门则通过创新、服务网络、效率和专业知识来触及金融体系未覆盖的群体。因此，这三点原则实现的基础是政府与私营部门的通力合作合作，这对于发展包容性金融至关重要。

1. *必须分层次满足用户的金融需求*

发展包容性金融并非一蹴而就，而是应循序渐进。原因有二：

其一，用户的金融需求具有不同的优先顺序。基本的需求，例如拥有资金账户以及进行电子支付，一般是最重要的部分。其次重要的是借贷、投资、长期储蓄和保险等更为复杂的需求。在任何市场中，消费者的金融需求层次的基础都是：①拥有一个安全的交易账户，以接收和持有资金；②基于日常需求的电子支付（点对点支付和账单支付）。在此之上的其他复杂需求的重要性，如借贷、投资、长期储蓄、保险等，则因市场而异（图1）。金融产品在全球40%收入最低的成年人中的覆盖率也印证了需求层次这一观点（图1）。

其二，按照金融需求层次发展包容性金融更易获得成功，原因在于：①人们更重视对基本需求的满足，因此更易接受相应的解决方案；②更重要的是，按照层次顺序满足人们的需求，能让更多的需求更有可能得到满足。例如，如能对用户支付进行记录，相关信息可用于对该用户进行风险评估并据此对其发放贷款。获得信用的用户将有更大的机会创造财富并进行储蓄，进而催生出对保险产品的需求。

包容性金融对中国的重要意义在于其不仅适用于农村地区，在城市也具有广泛的相关性。中国人口拥有不同层次的金融需求。农村地区的大多数人都没有正规的银行账户，处于需求层次的底部。城镇居民的需求层次更高一些，尽管有固定的银行账户，但很多人仍然很少使用复杂的金融产品，如投资。大多数人把钱存进国有银行。由于政府设置的利率上限，存款回报率要明显低于富裕群体通过更复杂的金融产品如投资信托的获利。利用这种市场断层，中国最大的电子商务公司阿里巴巴推出了一款面向大众的基金产品，其回报率是银行利率的两倍多。在该产品推出后

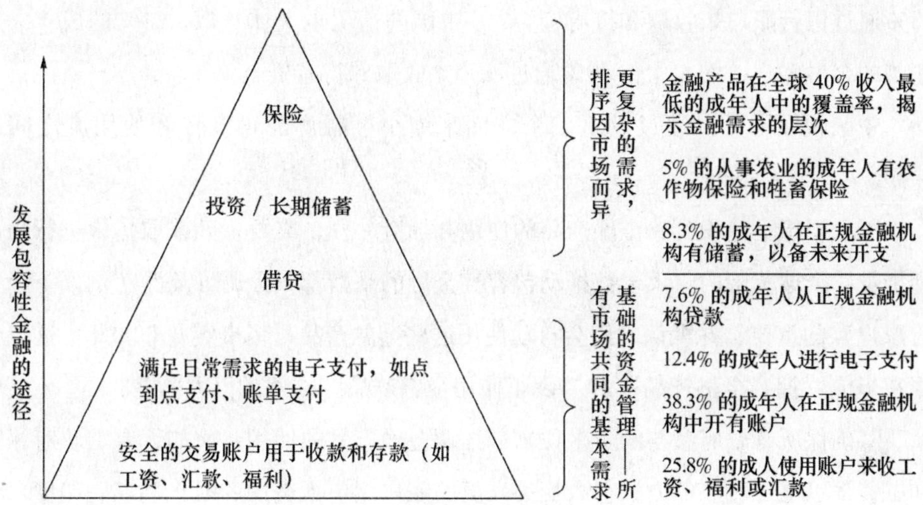

图1　金融需求层次

资料来源：2014年万事达卡顾问服务，2011年世界银行全球金融包容性指数数据库。

的前三个星期，阿里巴巴就吸收了10亿美元，且其基金总额仍在以每天4 500万美元的速度不断增加①。

随着中国不断发展包容性金融，领导层应着重关注两个方面：①认识到金融需求层次的存在以及民众处于不同需求层次这一事实。首先，根据需求层次推广相符的金融产品，可事半功倍；其次，这将确保包容性金融的实现不仅局限于农村，也能覆盖城镇地区。②意识到政府在发展包容性金融中的关键作用，但政府不是唯一推动力，私营部门的作用也非常重要，发展包容性金融的成功关键是政府和私营部门的紧密合作。

2. 在需求的每一个层次都必须同时注重金融产品的可及性及使用度

第二个原则可实现包容性金融的益处。若人们不使用金融产品，即使拥有这些产品也无法真正受益。“可及”是指对金融产品具有正式所有权，“使用”是指实际表现出对产品的使用。因此，发展包容性金融，不仅要更多人拥有金融产品，更要推动用户对金融产品的使用。当前，可及性和使用度之间存在很大的鸿沟。举例而言，全球40%收入最低的成年人中，仅38%在正规金融机构拥有账户②，其中仅

① Quartz. com。

② 世界银行2011年《全球金融包容性指数》报告。

68%通过银行账户来收取和持有资金[①]。中国的情况也大体类似，64%的成年人有正规的金融账户，而其中仅48%通过账户来收取和持有资金。

中国领导层可以通过以下三个方面来缩小金融产品可及性和使用度之间的差距。

①从思想上认识到，金融产品的使用和拥有一样，需要主动采取措施进行强调和衡量。全球范围内，大多数推动包容性金融的举措都只强调可及性（例如一个银行账户）的重要，并默认人们会自动使用这些金融产品。但事实并非如此。这也体现在当前"拥有金融产品"和"真正使用金融产品"之间的巨大落差。

②确保所有政府参与的金融往来都强调金融产品的使用。例如，要求政府津贴和工资都以电子转账的方式存入相关人员的账户。包括美国、尼日利亚、印度、南非在内的发达及发展中国家都在努力朝这个方向迈进。

③制订为金融活动的参与者（如消费者、商户、供应商）创造价值的政策，鼓励人们使用金融产品。如韩国政府早在1988年汉城奥运会之前，韩国政府就开始对接受银行卡的企业实施税收优惠，对拒绝接受银行卡的企业进行审计。针对消费者的激励措施，包括彩票和税收优惠。最近，韩国政府还允许使用银行卡缴纳学费及其他公共服务费用，进一步鼓励金融产品的使用。[②]

3. 非银行机构在市场驱动下的创新将发挥重要作用

在发展包容性金融的过程中，银行仍将发挥关键作用。银行通过调整自身架构，提供手机银行、代理银行等服务，推陈出新，以较低成本服务尚无银行账户的群体。

仅靠政府不行，同样，仅有银行努力也不够。鉴于银行现有的基础架构和客户群，依赖银行提供所需的新商业模式、创新和产品并不现实。非传统的市场参与者或非银行机构在这一过程中扮演着重要角色，其作用不容小觑。这些机构主要依靠创新开发区别于银行服务的新产品。当前中国的互联网金融浪潮就是一个市场引导创新的例子，用户可通过支付宝等金融工具来借贷和理财。当然，机会远不止此。

万事达卡在2013年为中国发展高层论坛撰写的白皮书里探讨了为什么在全球

① 世界银行2011年《全球金融包容性指数》报告。

② 万事达卡顾问服务。

范围内，包括中国，中小企业都是创新的关键驱动者。大多数非银行金融机构初创时都是中小企业，对中国领导层而言，为中小企业的繁荣发展创造环境并解决它们目前面临的两大发展障碍十分重要。这两大障碍是：①缺少低成本的融资渠道；②金融供应链低效。万事达卡在去年的白皮书中所探讨的可供领导层采纳的一些措施包括：

①消除国有企业相对于中小企业的结构性优势。已有包括英国在内的多个成功范例，通过国有企业私有化的方式实现这一转变，且未在此过程中引发政治动荡。

②建立倾向于中小企业的融资体系，着重加强小型/地方银行的发展，增强中小企业的融资能力以及大银行的放贷动力。

③当前利率制度使得国有企业贷款对银行极具吸引力，需要对此进行改革。

④金融供应链的严重低效在跨境贸易中被放大，通过支付创新可降低这一问题。

以下是全球范围内的创新案例，对探索中国适用的模式或能有所启发。这些案例重点展示如何满足位于需求层次底层的三项重要的金融需求。

三、可供中国借鉴的国际案例

1. 确保农村人口拥有交易账户

城镇化加速是过去10年中国最主要的发展趋势。城镇地区人口比例已从2002年的35%增至2013年的53%，并将在2020年达到61%[①]。这意味着自2002年起，有2.5亿多人生活在城镇[②]。尽管这一变化极大促进了经济并改善了数千万人的状况，但在人口的物理流动过程中并未伴随相应的金融流动，导致城镇化的意义无法全部实现。中国已为城市本地居民建立了比较完善的基础设施服务制度（如拥有银行账户），但外来人口却因种种限制在这一方面举步维艰，甚至一小部分原本在家乡持有账户的城市外来人口也由于银行产品的不可移动性被迫放弃其原有账户。

中国需加快发展步伐，确保全民及企业都能享有基础金融服务，如拥有金融交易账户。建立一个金融服务平台能以最具成本效率的方式实现农村地区的金融服务

①② 世界银行2013年版《世界发展指标》。

覆盖，其可移动性也能保证城镇化进程中人口迁移所产生的金融账户转移。基于中国已高达85%的移动电话渗透率，移动金融服务当是达成此目标的重要助推[①]。

近期的数据反映出移动支付在中国市场的指数级增长。阿里巴巴集团旗下的支付宝实现了500%的年同比增长率，年交易量达9 000亿人民币，阿里巴巴已跃升为全球最大的移动支付公司。类似的创新参与者如微信也正在通过移动解决方案转变点对点支付模式。毋庸置疑，中国移动金融服务正加速发展，其中私营企业的成绩引人注目，但其影响仍主要辐射城镇地区，偏远地区的群体才刚刚开始体会其益处。移动金融还未以有效的方式触及到农村地区尚未享有金融服务的群体。在中国，问题在于是否可以依托移动电话渗透率为更广大地区尤其是尚未享有金融服务的群体提供支付及其他金融服务，以及如何实现。单凭私营部门或中国政府很难实现这一目标，中国需要一种公私合作模式，可为所有利益相关方提供有效的激励措施。

已有多个国家在移动金融服务方面成绩斐然，除满足基础金融需求之外，还提供如借贷及储蓄等更复杂的金融解决方案以满足人们更高层次的金融需求。肯尼亚移动支付服务商M-Pesa即是典范。M-Pesa初始仅提供境内汇款服务，以方便城市外来人员向其在农村的家人汇款，随后其业务范围扩展到储蓄和贷款。自其2007年推出后的几年中，M-Pesa在肯尼亚成年人群中的覆盖率已超过70%，每年实现的支付量占肯尼亚全国消费支付总量的10%以上[②]。此外，其储蓄和借贷服务m-Shwari推出后的半年内，累计储蓄额已相当于银行储蓄总额的1%以上[③]，覆盖接近全国10%的人口的400多万个贷款账户[④]。

M-Pesa并非一枝独秀，以下是全球范围内的其他成功案例（表1）。

尽管移动货币服务发展迅猛，但在全球100多个移动货币服务中，活跃用户超过100万人或普遍覆盖国内无银行账户人口的仍不足10%[⑤]。分析表明，众多成功的移动货币服务都着眼于其解决方案的可及性和使用度，来自于非银行机构、中小企业和私营部门的创新：

---

① ChinaDaily. com，GSM协会情报。
② M-PESA，万事达卡顾问分析报告。
③ 无银行账户者的移动支付，M-Pesa。
④ 《非洲经济日报》。
⑤ 万事达卡顾问服务。

表1　其他成功移动货币服务提供商

国家	解决方案	推出时间	用户数量（单位：百万）	无银行账户人口中占比
津巴布韦	EcoCash	2011	3.0	58%
哥伦比亚	Daviplata	2011	1.9	16%
海地	TchoTcho	2007	0.7	14%
孟加拉国	bKash	2011	8.0	12%
巴基斯坦	EasyPaisa	2009	7.4	8%

数据来源：世界银行（World Bank）、全球移动通信协会（GSMA）、Financial Inclusion. org、解决方案新闻稿、万事达卡顾问服务。

①公私合作，有利、适度的监管环境，政府提供指导与支持，既不过度限制也不放任其“野蛮生长”。

②设计初衷为针对金融需求层次（见图1）中的基础金融需求提供解决方案，积累一定用户量后会增加其他相关功能以满足更高层次的金融需求。

③众多的分销网点——如移动网络代理商网点。

④为包括商户、消费者以及服务分销商在内的所有参与者提供可创造价值的创新商业模式。

⑤传统银行业及传统支付方式在服务无银行账户群体方面的局限性，例如交易规模较小。

这些移动支付服务仍然非常注重提高用户的使用度。例如在很多案例中，解决方案提供商意识到“闭环机制”（Closed Loop）明显限制了用户的使用。“闭环机制”是指移动支付服务要求收、付款人必须拥有同一移动支付提供商的账户；如果收款人使用另一个移动支付服务（此时为“开环机制”，Open Loop）将无法付款。因此越来越多的移动支付服务正转向“开环机制”。M-Pesa目前提供与其移动钱包关联的开环支付卡。Western Union在意大利、万事达卡在非洲也推出了许多“开环机制”的支付服务。此外，全球交通支付系统（如日本的Suica卡、香港的八达通卡、纽约的Metro Card）都已意识到“开环机制”的益处，也正做出转变。

万事达卡在2013年为中国发展高层论坛撰写的白皮书中强调，中国实施开放性支付制度及标准对于保持中国经济增长、实现全球领先地位十分重要。实际上，这对于发展包容性金融、实现包容性增长也同样重要。在推动针对农村地区人口的移动支付服务的发展过程中，确保移动支付服务的开放性与互通性显得尤为关键。

2. 实现全面数字化——扩大电子支付应用范围，减少现金使用

中国在从现金过渡到电子支付方面取得了长足进步，但90%的交易仍采用现金支付（按交易笔数，而非交易额统计）①。现金提取耗费时间，携带风险较高且易滋生腐败。据调查，现金成本消耗了高达1.5%的GDP②。通过采用电子支付来减少现金使用将促进经济增长，并提升金融包容性。在减少现金使用方面，中国可借鉴一些成功案例。

支付卡的大幅增长成为中国电子支付领域的关键驱动力。2006~2011年，借记卡和信用卡的交易量增长了五倍，其中借记卡的交易量占88%③。为加快发展并更多地取代现金交易，中国需着眼于扩大商户受理度。这一方面，中国与美国等发达国家相比仍有很大提升空间，美国成年人口中POS终端机普及率比中国高六倍④。

移动交易终端机（M-POS），例如始于美国的Square及在瑞典兴起的iZettle，能够帮助小微型商户迅速地以最具成本效率的方式通过手机接受银行卡支付。即便在美国这样一个传统商户受理度很高的市场，Square的表现也十分出色。自2010年推出以来，Square已扩展到加拿大和日本市场，每年可处理150亿美元的支付，商户数量高达200万个⑤。同样，iZettle自2011年上市以来，已拓展到挪威、丹麦、芬兰、英国、德国、西班牙、墨西哥和巴西市场。

中国的中小企业数量接近美国的两倍⑥，因此鼓励M-POS发展将促进中国的商户受理度。移动交易终端的高可及性和使用度需要融合下列关键因素：①弹性技术成本（例如便宜的接收器和移动数据网络）；②简化定价与包装（例如统一费用，降低甚至无安装费用及商户账户要求）；③演变的风险模式（例如整合社交媒体、消费限额等非传统数据）；④高效的分销模式（例如在线网络/移动网络，零售商网

① 万事达卡顾问－全球支付地图。
② 万事达卡顾问服务。
③ 万事达卡顾问－全球支付地图。
④ Lafferty。
⑤ 公司网站，Techcrunch，《商业内幕》。
⑥ 万事达卡顾问服务。

点）；⑤商户与消费者之间对于电子支付益处的广泛认知。

市场中现金的另一主要来源是工资等形式的报酬支付。包括中国在内的全球很多雇主都以现金方式向无银行账户的员工付薪。中国占40%的底层收入人群中，超过80%领取现金薪水[①]。不过这一情况正在发生改变，世界各地的私营企业主及公共部门都开始认识到现金交易的成本以及电子支付的益处。在俄罗斯，大部分无银行账户的员工通过工资卡领取薪水。阿联酋于2009年通过了《工资保障制度法》，要求500多万名无银行账户的外国员工通过工资卡领取工资[②]。

在如下情形中，通过支付卡付薪的机制拥有更高的可及性及使用度：①在金融包容性和节约行政成本的驱动下，政府/大企业领导层通过卡片领薪；②自动取款机（ATM）和POS终端的大量安装保证资金使用便利；③工资支付过程中利益链各方多赢；④工资卡功能的进一步增强鼓励了卡片的后续使用，并为所有电子支付的参与者创造更大价值，例如：汇款、账单支付并提供与之伴随的社会认同。

现金的另一关键来源是其在全球范围内B2B供应链中扮演的重要角色。买家与供应商之间对于现金的依赖造成了效率低下、高风险及流动性等挑战。巴西一家饮料分销商在供应链中用电子支付取代现金后，成本节约了40%以上[③]：①该公司员工摒弃了纸质账本，在巡店时仅携带一台智能设备，记录进货需求；②供应商代表随后来门店补货时也通过便携式POS终端机接受对方通过银行卡支付；③零售商会提供一张银行卡用以在交货完成后专门支付分销商费用，分销商也可以使用其个人或公司银行卡进行交易；④支付通过便携式POS终端机完成。

以下是高可及性和使用度的数字化B2B供应链解决方案的关键成功因素：①实物商品依赖供应链的高速流通（如易腐货物）以及零售商分散的行业；②风险稳定的环境，分销商接受通过支付卡与零售商进行收支往来；③受理电子支付的移动POS终端经济可靠；④可为包括分销商和商户在内的所有利益相关者创造价值的经济模式。

以上探讨的三个案例表明：①公私合作的价值——例如，在阿联酋，政府通过了工资保障法，私营部门则提供相应的解决方案（例如工资卡）；②非银行机构或

---

① 世界银行2011年《全球金融包容性指数》报告。

②③ 万事达卡顾问服务。

中小企业在推动市场主导创新中的作用（例如 Izettle、Square）；③必须关注可及性和使用度——例如，工资卡在俄罗斯的成功是因为政策和激励措施促使雇主们关注工资卡的使用，而非仅靠可及性来保障。

3. 借贷——为中小企业和消费者提供更佳、更有效的信贷方案

在 2013 年中国发展高层论坛上，万事达卡白皮书就中小企业融资所面临的挑战及其对创新和整体经济增长造成的阻碍进行了探讨。中小企业和消费者贷款难也阻碍了中国更具包容性的发展。我们将首先回顾 2013 年白皮书中所探讨的这些挑战并进行展开讨论，探索中小企业和消费者融资难题的解决之道。

在中国，只有最符合资格的中小企业才可以获得银行贷款。因此，虽然中小企业在 GDP 中占比不小，但是中小企业贷款仅占银行贷款总额的 20% 至 25%①。不仅如此，中小企业贷款利率更是远高于大型企业。如中小企业银行贷款利率约为大型企业所享受利率的两倍（即中小企业的贷款利率通常为中国人民银行制定的基准贷款利率上浮 20% 至 50%，而大型企业则可以享受基准利率下浮 30% 的折扣）②。即使在这样的利率水平下，许多中小企业也无法获得银行融资，不得不求助于贷款利率更高的所谓“民间借贷”。在消费者方面，根据世界银行发布的 2011 年《全球金融包容性指数》报告，中国占 40% 的下层收入人群中，只有 8% 的成年人能够从正规机构获得贷款，而英国和美国的这一比例分别为 12% 和 17%。

这种情况在农村地区更为严重。尽管 2007 年以来中国政府推出多项金融政策，致力于促进“三农”的发展，但在过去几年中，四大商业银行因为风险回报因素撤回了县级以下地区的投资。目前在这些地区只有农村信用合作社（RCC）为农民提供信贷，且能提供的贷款仅为每户人民币 500 元左右③。一些城市银行和商业银行也通过它们的内部资金系统，将从农村地区汇集的资金转移到大城市和其他经济发达地区。此类活动导致存款大量外流，并造成农村地区融资困难。因而，一些乡镇企业，主要是农民被迫从当地人手中借高息贷款来满足资金需求。

造成这一问题的主要原因是银行发放贷款所需的常规信息不足。对消费者而

① 中国社会科学院和中国小额信贷联盟。

② 中国经济信息网。

③ 《太阳报》，2008 年。

言，中国央行管理的征信局仅覆盖了约30%的人口，即便与其他发展中经济体如巴西（50%）相比，这一比例也偏低[①]。与诸如美国的发达市场不同，该信息还仅限于消费者的不良记录，大大限制了贷款人在放贷过程中正确评估风险的能力。此外，大量消费者没有正式的信用记录（即“缺乏信用记录”）。这些人群包括最近进入劳动力市场的人士（如毕业生、重返职场的家庭主妇）和移民。相对大企业而言，中小企业缺乏充足的资本、良好的盈利纪录或政府担保来保护其免受损失。

万事达卡2013年白皮书讨论了中小企业贷款难题的部分解决之道，包括开发当地银行业务模式，授权进行非传统贷款方式，如创新支付手段。鉴于其对中小企业和消费者的广泛适用性，本文将进一步探讨利用非传统方式借贷这一思路。

为缓解中小企业和消费者的融资难题，中国可鼓励采取多种非传统和创新技术。Cignifi公司已经开发出一套算法系统，通过分析用户的手机使用习惯（手机通话、短信和数据使用）来评估其的生活方式和相应的信贷风险。该模型基于对超过一亿手机用户的数据分析[②]，为移动用户计算其“Cignifi风险评分”，衡量用户的贷款违约风险。Cignifi已经帮助巴西、智利和墨西哥的放贷机构，在未产生额外信贷风险的情况下将贷款获批率提升了25%[③]。

Lenddo是一个直接贷款机构，它为发展中国家的新兴中产阶层开发了一个网上平台，帮助用户通过社交网络来建立其贷款资质。其理论前提是，在线社交网络难以造假。Lenddo的会员通常是拥有正式工作、受过良好教育但没有银行账户的中产阶级人士。潜在借款者的贷款资质“Lenddo评分”主要基于以下三个因素：①社交媒体活动（Facebook、Yahoo、Gmail、Twitter和LinkedIn）；②密切接触者的品格参考；③过去的表现，如申请人是否曾在Lenddo贷款。自2011年推出以来，Lenddo在全球范围内已拥有25万多名会员，目前主要活跃于哥伦比亚和菲律宾[④]。

Entrepreneurial Finance Lab（EFL）专注于中小企业贷款，其开发的电脑化信贷申请工具采用心理测试分析企业家精神特质。这项需时40～45分钟的测试采用问答题形式。申请者30～60分钟后即可知测试结果。EFL已在全球22个国家的五个发卡机构推出，主要在非洲和拉丁美洲市场，数据表明拖欠率降低了35%～40%，

①② 世界银行，国际金融公司（IFC）。

③④ 公司网站，万事达卡顾问服务。

通过利率减半实现了2.5亿美元贷款额，平均每笔贷款金额为7 500美元[①]。

最后，电子支付能更好地提供可能对放贷产生影响的信息。如阿里巴巴利用其支付机制，已经成功地拓展到中小企业贷款领域。通过查看中小企业的销售信息控制信贷风险，阿里巴巴的中小企业融资业务迅速增长，并深受客户青睐。2013年一季度，共有25 000家在线零售商成功获取贷款，平均贷款额达11 000元[②]。紧随阿里巴巴之后，贝宝（PayPal）最近推出了自己的中小企业贷款举措。

基于非传统数据的借贷具有显著的发展潜力，但其成功需要合适的环境。如果中国考虑进一步鼓励这一举措，有几个因素对成功至关重要，领导层必须认识到对非银行机构或中小企业，以及公私合作提供的解决方案和创新而言，可及性和使用度的重要性：①隐私权法，力争在保护隐私和鼓励借贷方利用个人数据发展创新贷款解决方案之间取得适当的平衡；②支持性的监管环境，使非传统金融机构可参与放贷并获得成功；③广泛部署可覆盖更广泛人口的数字基础设施，其高度安全性保证了高使用率；④非银行机构或中小企业在推动市场主导创新中的作用（例如，Lenddo、EFL）。

四、总结

为确保更具包容性的增长，中国需要发展更高层次的包容性金融。分析表明，以下三点原则对中国领导层进一步发展包容性金融有所裨益。

①金融需求必须分层次解决，拥有一个支付交易账户并有能力进行电子支付是最基本的需求。在中国，人们的金融需求处于不同层次，因此，金融包容性问题绝非仅限于农村地区。此外，政府不能仅靠一己之力，与私营部门合作也很重要。

②各层次金融需求的各个阶段都必须强调金融产品的可及性和使用度。政府在缩小可及性和使用度二者的差距方面可发挥重要作用。

③银行将在推动包容性金融进程中继续扮演重要角色，但非银行机构的创新也不容忽视。中国的领导层必须专注于创造可供这些公司茁壮成长的环境。

基于全球的案例研究，我们建议中国采取多项措施发展包容性金融，以确保中国的经济增长更具包容性。

---

① 公司网站，万事达卡顾问服务。

② Technode.com。

关于中国放松金融管制的策略建议

于尔根·费琛　德意志银行集团联席首席执行官

内容摘要

我们认为中国在未来几年不仅应逐步放开利率和资本账户的管制，还需解决一些关键的金融风险，包括地方政府债务的再融资风险、信用风险的错误定价、银行间利率的过度波动以及人民币汇率缺乏弹性。为此，建议中国的决策者考虑以下改革举措：①发展地方政府债券市场；②通过允许“有管理的违约”纠正信用风险的错误定价；③更快地转向以利率为目标的货币管理；④加快建立存款保险制度；⑤通过积极地减少外汇干预增加人民币汇率的灵活性；⑥放宽私人和外国投资者的金融市场准入资格；⑦消除 QFII 税收政策的不确定性；⑧制定绿色融资政策框架；⑨实施国际监管标准。

一、放松管制过程中的风险

过去几年，中国通过放开银行贷款利率、扩大 QFII 额度、增加汇率灵活性和开发创新金融产品等措施，在放松金融行业管制方面已取得显著进步。金融市场的主要价格，包括银行贷款利率和汇率，目前更接近市场均衡点，市场机制在金融资源的配置方面发挥着更大的作用。

然而，中国的金融开放只完成了一半。为了提高金融资源的配置效率，减轻由于过度监管造成的结构失衡，中国需要做到以下几点：①取消对存款利率的管控；②进一步加大人民币汇率的灵活性；③进一步开放人民币资本账户；④通过取消对

本文是中国发展高层论坛 2014 年会的专题报告。

私人和外资投资金融机构限制过度，放宽金融行业的市场准入。尽管放松金融管制的目标大多已形成共识并写入了三中全会的《决定》，但最具有挑战性的问题是如何设计具体的改革规划来实现这些目标，同时避免过渡期的系统性风险。

我们认为中国决策者需要高度关注的最大风险包括以下方面，其中的一些方面反映了旧体制遗留的问题。

1. 地方政府债务的再融资

根据最新的国家审计局报告，近年来中国地方政府债务规模快速增长至 GDP 的 32% 左右。然而，最大的风险是地方政府债务（多数是贷款和信托贷款的形式）与其项目现金流之间的期限错配。例如，典型的银行贷款或信托贷款的期限为 2 ~ 3 年，而项目现金流只能在 10 ~ 20 年内偿还本金和利息。一旦宏观政策收紧、针对银行和信托公司的审慎监管发生变化或投资者对理财产品（WMP）的看法恶化，这种再融资风险就会导致重大违约。在西方国家，地方政府债务的平均期限为 7 至 10 年，这与地方政府资产项目的偿还能力更加接近。

2. 信贷风险错误定价

过去很多年没有发生过银行和信托公司破产，高风险理财产品（风险与西方国家的垃圾债券类似）也少有违约。这并非因为所有银行、信托公司和理财产品的基本面特别强，而是因为大多数出了问题的机构和理财产品都由当地政府或国有企业纾解困境。每有违约，地方政府的高官会受到惩处，促进了此类隐性担保的存在。这种隐性担保的动机以及市场由此形成的认知（即政府会对所有银行、信托公司和理财产品进行担保），导致一些高风险的借债方发行的信贷产品不能正确定价，也就是说他们能以更低的利率借钱。因此，他们借得太多，放大了系统风险。最近中诚信托的一款理财产品部分违约，这是纠正错误定价的明智的一步，然而单是一宗违约远远不够。

3. 利率过度波动

2013 年年中以来，中国的银行间利率波动很大，2013 年 6 月和 12 月以及 2014 年 1 月出现大幅走高。银行间利率的波动和由此导致的债券收益波动对市场预期造成负面影响。尤其是利率大幅波动，容易让金融市场参与者和公司对货币政策的意图感到困惑，为信贷可获取程度的展望带来不确定性。这种不确定性容易打消投资的积极性，不利于经济增长。对金融公司的影响则在于，银行间利率突然走高会加剧一些银行和信托公司面临的久期风险，这可能会导致重大违约。导致利率波动的原因相当复杂：这与预测流动性的能力不足、政府间缺乏合作、贷存比、银行流动性管理不力、影子银行活跃以及在货币管理中过度强调货币供应总量目标有关。针对银行间利率波动的原因进行深入的分析是仍需进行的工作。

4. 汇率缺少灵活性，导致过度资本流动

目前跨境资本流动量处于可控范围，因为有 QFII 和 QDII 的额度限制，而且人民币尚未实现完全可兑换。然而，一旦资本账户开放（比如取消 QFII 和 QDII 制度），如果外国投资者发现很容易通过利率套利，大规模的资本流入以及/或者流出就会导致汇率过度波动，金融体系动荡，并损害实体经济。汇率缺少灵活性是可能导致利率套利猛增的关键原因。中国宣布"有管理的浮动汇率体制"已近9年的时间，人民币兑美元的汇率波动仍然处于世界最低水平之一，其年化日波动率仅是马来西亚林吉特的1/7、韩元的1/13 和澳元的1/11。全球投资者认为人民币基本绑定美元，考虑到中国无风险债券和美国国债之间存在2%～3%的利率差，如果中国的债券市场向全球投资者开放，大量资金就会流入中国。

二、改革策略建议

鉴于需要构建更开放的金融体制以提高效率，以及控制并化解上述金融风险，中国应谨慎制定放松金融管制的策略。我们认为，除了诸如解除存款利率管制和开放资本账户等拟定的策略，改革策略至少应该包括以下因素。

1. 发展地方政府债券市场

正如上文所讨论的，地方政府资本支出过度依赖期限较短的贷款和信托贷款是金融系统面临的一个主要风险。这个问题应该通过发展地方政府债券市场来解决。这将逐步替代贷款和信托贷款，成为更加透明的融资来源，久期风险也更低。在理想的状况下，期限更长的地方政府债券应该占地方政府资本支出融资来源的50%以上（在中国只有10%）。为了启动改革，中国应该修改预算法，允许地方政府独立发行债券，建立地方政府债券可信的信用评级机制，要求地方政府公布资产负债表和中期财务预测，并建立法律框架监管当地人大的批准程序和资金使用情况。

2. 允许"可控的违约"纠正信贷风险的错误定价

在中国如此规模的经济体，每年发生几起小银行破产、十几起垃圾债券（或理财产品）违约是正常的，事实上，这也是金融市场为信贷风险正确定价所需要的。最近中诚信托相关信贷事件发生之后，我们认为监管机构应该在今年内允许一些非标准的理财产品违约，略微提高扣减率（比如从 CCT 产品的 7%）至 10% ~20%。这些“可控的违约”事件可能导致高风险借贷者的融资成本上涨 100 ~200 个基点。以高融资成本筛除最有问题的借贷者是遏制信托行业过度借贷、降低系统风险的必要手段。

3. 更快地转向以利率为目标的货币管理

去年 6 月以来银行间利率过度波动，从技术层面来讲，可以用很多与银行间市场供需形势难以预料相关的理由来解释。然而，造成过度波动更为根本的原因，是央行继续关注 M2 增长，将其作为主要目标。鉴于流动性冲击更加频繁，M2 稳定增长自然意味着利率更加波动。我们认为央行应尽快把目标转向政策利率，而不是等到几年以后。加速转向基于政策利率的货币管理框架能显著降低利率的波动，有助于稳定市场预期。

转向以利率为目标的过程中，央行和银行监管机构应该放松甚至取消贷存比和银行的信贷额度。由于银行须在季末满足 75% 的贷存比要求，因此每个季度的最后几天许多银行都会争抢存款。这已经成为最近季末银行间利率升高的一个重要原因。在我们看来，如果更为常规的公开市场操作已经能够为金融机构和企业创造一个融资成本合理、稳定的体制，这些对借贷活动的量化限制（包括贷存比和信贷额度）也就没有必要了。中国仍然能够将监控广义的货币增长率（例如 M3 增长率）作为中期目标，同时将公开市场操作设为短期目标。这是德国央行过去采用的政策框架，目前欧洲中央银行也在使用，在我们看来这是个成功的模式。

为了确保银行对流动性风险的审慎管理，在取消贷存比之后，中国监管机构应该推出流动性覆盖率（例如要求银行确保高质量和流动的资产等于或大于其在未来 30 天的支出），以及或者要求“稳定融资”，例如要求银行确保充足稳定的资金来源（例如个人存款和加权调整的 CD 存单和公司存款，不包括银行间融资）以支持其贷款。这些措施应该有助于减少导致类似于 2013 年银行间利率飙升的银行久期风险。

4. 加快建立存款保险制度

存款保险制度的缺失，会对存款利率管制的进一步解除造成阻碍。在自由利率环境，小银行将被迫以更高的存款利率揽储，资产负债表里的资产项会承担更多风险。一旦储户认为有违约风险，小银行的信贷和久期风险很可能会上升并导致挤兑。为了避免这些风险扩散至更多银行，存款保险制度是必要的。此项制度亟须早日推出，它的缺失已拖延了其他改革的开展，比如利率管制的放松和资本账户的开放。

5. 更积极地减少外汇干预，增加人民币汇率的灵活性

正如我们此前指出的，一旦中国开放资本账户，人民币绑定美元的市场观念将驱动大量投机资本的流动。我们的分析显示，如果人民币兑美元汇率的年化日波动率增至林吉特波动水平的一半，投机者的货币对冲成本就会增加0.4%左右。这相当于推出有实际意义的托宾税来抑制投机资本的流动。我们认为增加人民币汇率的灵活性是进一步开放资本账户的必要条件，且通过减少每日外汇干预即可实现。

6. 放宽私人和外国投资者的金融行业市场准入资格

中国金融开放的一部分内容应该是消除针对国内私营及外国投资机构的市场准入限制。中国中小企业融资难的一个重要原因是缺少社区银行，在多数国家这类银行都是私营的。考虑到中国经济规模庞大，我们认为中国需要上千家私营社区银行为小公司服务，这对创造就业机会尤为重要。允许外资银行全面开展人民币产品和服务，取消合资券商和资产管理公司的外资所有权限制，不仅会帮助这些外国公司在中国扩大业务，也是他们推动人民币在世界范围内广泛使用的前提条件。

7. 消除QFII税收政策的不确定性

扩大合格境外机构投资者（QFII）项目是中国规划的资本账户开放的关键部分。除了扩大QFII额度，另外一个政府应该采取的重要政策变化是消除长期以来QFII资本收益税政策的不确定性。从法律层面来讲，根据中国企业所得税法的规定，QFII应该支付10%的资本收益税。但是在实践中，税务机关既没有实施这个规定，也没有澄清QFII的资本收益税是否应被征收或者按照双边税收条约予以免除。不清晰的税收政策增加了投资者的成本（例如很多基金管理公司即便在基金赎回或关闭之后仍然不得不为投资者代扣潜在的责任税款），使利润和汇款的计算复杂化。对很多全球投资者来说，政策不确定性导致的法律风险比税率更加重要（也就是说不论是零税率还是10%的税率都不如清晰的政策本身那么重要）。我们相信高层的政策干预能够帮助解决政府部门之间在这个问题上的僵持状况。

8. 制定绿色融资政策框架

中国经济的一个主要结构性问题是工业结构“偏重”（污染重工业占 GDP 比重很大），能源结构以污染最严重的煤炭为主。这些结构问题源自不良的激励机制——鼓励投资污染项目，而不鼓励投资绿色工业。中国需要一系列财政金融政策的改变来纠正这些激励措施，例如帮助投资者内化“外部成本”。比如，需要对煤炭征收更高的资源税，推出碳税，对二氧化硫和氮氧化物排放征收更高的污染税（接近国际水平），将这些税收所得应用于支持清洁能源开发，允许私人投资者进入页岩气项目，银行应该基于“赤道原则”评估项目，上市公司必须公布投资的环境影响。如果这些措施得以有效实施，将会有力推动私人投资者投资环保、清洁能源和节能项目。

9. 实施国际监管标准

在开放资本账户和金融行业、允许更多国内金融机构在国际市场经营和投资的过程中，中国的金融机构将获得更多国际影响力。为了国内和全球的金融稳定，中国应该下更大力气实施国际监管标准，包括一些列入 G20 日程的标准。这些不仅包括审慎监管标准，例如巴塞尔 III 的框架、国内系统重要性金融机构（SIFI）管理体制以及处理风险加权资产的未来发展，也应确保出台适当的解决机制，加强衍生品和其他市场相关的监管以及对迅速增长的影子银行的监管。尽管还有待完善，在某些领域中国已经取得进步，且做出了承诺。信息披露和透明是必需的，还需持续开展同业互查、实施评估流程。跨境合作和信息交流也将是一个重要因素。对于中国的银行尤其是两家全球系统重要性银行（G-SIBs）（中国银行和中国工商银行）而言，如果国内市场准入限制过多，这些银行在海外的发展也将受到制约。就金融稳定与监管和货币政策的协调而言，建立“金融监管协调联合部级会议”将有助于达成更好的协作效应，并为中国官方参与国际论坛提供支持。

建立中国更为高效和现代的金融体系

瑞士再保险公司

摘要

金融自由化是指减少政府对金融服务业的影响并提高业内（通常是银行、保险和资本市场）的内部竞争。通过开放市场并引入新竞争者，现有公司将必须提高效率，否则将面临失去市场份额的风险。这样，客户能够获益于更低的价格和更优质的服务，而总体经济也能够从中受惠。在过去30年中，中国的实际GDP年均增长率约为10%。根据购买力平价原则估算，中国在2012年已经成为继美国之后世界上第二大经济体。中国金融行业在改革期间取得快速了发展。例如，目前中国已经拥有各种金融机构，包括银行、保险公司和证券公司等。根据一个常用来衡量金融市场发展指标，即，金融资产占GDP的比率，中国已经从1978年的53%增至2012年的197%。虽然截至目前，已经引入了很多放松管制的举措，但是相对产品市场自由化程度，以及很多其他发展中国家的金融改革而言，在某种程度上，中国的金融自由化进程依然滞后。根据国际经验及我们在（再）保险方面的专业知识，我们认为，建立强大的保险业将有助于改善中国金融体系面临风险时的回复力，并为长期投资和经济增长提供资金支持。具体而言，在建立中国更高效和现代的金融体系，并支持保险业发展的同时，将需要考虑以下一些重要因素：①积极进行公共行政管理，以加强监管和完善监督框架；②发挥私营部门的能动性，建立危机管理和金融安全网；③发挥保险的积极作用，支持长期融资并推动经济增长。

本文为瑞士再保险公司为中国发展高层论坛2014年会提供的专题报告之一。

一、全球趋势与国际经验

根据定义，“金融自由化”是指减少政府对金融服务业的影响，并增加业内（通常是银行、保险和资本市场）的内部竞争。通过开放市场并引入新竞争者，现有公司将必须提高效率，否则将面临失去市场份额的风险。这样，客户能够获得更低的价格和更优质的服务，而总体经济也能够从中受惠。

发达经济体的金融自由化可以追溯至20世纪80年代，当时在所谓的“大爆炸”式的改革中，取消了对伦敦证交所的管制。欧盟建立单一市场则通过废除对价格和产品的控制，使金融服务业进一步自由化。美国1999年废止格拉斯－斯蒂格法案（Glass-Steagall Act），使得银行可以在同一个实体名下接收存款、提供贷款并承销证券。不过，据信这也促成了最近的全球金融危机。20世纪90年代后期和21世纪初期间，日本在所谓的“大爆炸”式的改革中，对多家大型银行和保险公司进行了重组，旨在刺激停滞不前的日本经济。

在大多数新兴市场，国有银行和保险公司继续占主导地位，但是近年来影响力有所减弱。政府已经开始开放市场，引入外国竞争；不过在某些情况下，保护主义措施依然存在。

金融危机之后，政府为一些金融机构提供了紧急救助，监管机构也努力加强了监管标准，这必然会增加政府对行业的影响力，从而减少竞争，并在某些情况下扭曲资源分配。这种对金融服务业的“重新管制”，至少在发达经济体，将会导致营商成本增加，盈利降低，并可能会对社会造成不利影响。

以下部分将简要回顾主要发达市场的金融市场自由化经验，这将有助于指明中国未来的发展之路。

1. 伦敦“大爆炸”式的改革

20世纪80年代，玛格丽特·撒切尔领导下的英国政府启动了一波自由化浪潮，影响到劳斯莱斯、英国航空和英国电信等公司。1986年，政府决定解除对证券交易所的管制，推动自动化交易并废止固定佣金制度。进一步的金融和经济改革使得伦敦再次成为可与纽约比肩的国际主要金融中心之一。

对于保险公司而言，“大爆炸”改革[①]营造了有利于交叉销售保险产品的环境。

---

① http：//citeseerx. ist. psu. edu/viewdoc/download？doi = 10. 1. 1. 198. 8487&rep = rep1&type = pdf。

继股市自由化之后，投资银行收购了大多数股票经纪公司；零售银行则扩大了产品范围，通过收购或内部发展业务，与寿险公司、一般保险公司和建房互助协会展开竞争或合作，来营销寿险、个人险种和办理抵押贷款等。在这些新的“金融超市”中，因为已经有现成的客户沟通渠道，逐渐兴起的银行保险业取得了更高的利润，因为他们向现有客户销售新产品比向全新客户销售更容易。

2. 欧洲单一市场

欧洲一体化可追溯至20世纪50年代，当时法国、德国、比利时、意大利、卢森堡和荷兰设立了欧洲煤钢共同体。单一市场最终于1993年成立，其中，人员、资金、商品和服务可以自由流动，以刺激竞争和贸易，并提高效率。

单一市场有助于确保市场自由化，并通过以下方式尽可能惠及企业和消费者：①取消贸易障碍和对实物的海关监管；②统一各国关于公司跨境贸易的限制；③改变欧盟的公共采购规则；④修改立法，以便人们可以到其他成员国定居和工作；⑤取消服务业障碍，允许企业提供跨境服务。

对于非寿险或一般保险业而言，单一欧盟保险市场的建立始于1973年，当时颁布的首个理事会指令（73/239/EEC）旨在协调有关承保和从事寿险以外（对于寿险业，相关的首个理事会指令于1979年发布）直接保险业务的法律、法规和管理规定。

1994年①，引入了由成员国对总部位于其境内的保险公司进行单一授权和金融监督的制度（“母国控制原则”）。这种由总部所在成员国签发的授权是真正的“欧洲护照”，使得保险公司可以在欧共体内任何地区从事保险业务－通过在其他成员国开设代理或分支机构，或从所在国或另一个成员国直接提供服务。该单一许可监督体系之所以能付诸实现是因为共同体的保险立法高度统一，尤其是在审慎监管方面。成员国还被要求废止对保费价格以及保单条件事先通知/验证的控制要求。

3. 美国废止格拉斯－斯蒂格法案

1933年的格拉斯－斯蒂格法案是在大萧条时期颁布的，以便分离商业和投资银行业务，这使得银行不再能够利用存款人的资金承担过多风险。1999年，经过几十年的游说，这一法案被废止。废止这一法案的其中一个理由是银行业的市场份额被证券公

---

① http：//ec. europa. eu/internal_ market/smn/smn11/sp11_ en. htm。

司所蚕食。此外，由于银行所从事的证券业务本质上风险较低，所以将商业和投资银行业务结合起来可提升银行的多样性，而且还有助于美国银行与外国对手竞争。

格拉斯－斯蒂格法案的废止引发了一波银行并购潮，如1999年的花旗与Travelers，2000年的JP摩根与大通的交易等。这些金融综合企业能够利用其巨大的资产负债表向客户提供贷款和投资银行服务。然而，这种安排也可能会导致利益冲突。例如，一些银行也许向特定公司提供不必要的过多贷款，容许这些公司负债过多，以便赢得有利可图的投资银行业务。

虽然金融危机期间大部分倒闭的银行（如贝尔斯登和雷曼兄弟）是单纯的投资银行，但是商业银行却起到关键作用，因为它们同时是按揭证券和信用违约掉期交易的买家和卖家。因此，次级市场崩溃导致所有银行（及美国国际集团）产生巨额损失，并迫使政府最终利用纳税人的钱来拯救金融系统。

4. 日本“大爆炸”式的改革①

20世纪80年代后期，房地产和股市泡沫破裂导致日本进入“失落的十年”。为刺激经济，日本政府推行了短期的财政和货币政策，以及长期的“结构性改革”，包括1996年启动的“大爆炸”计划下的大量金融自由化措施，以及改革了日本的监管风格，即从行政指导性质转向更明确地以法律规则及其解读为基础的透明制度。改革同时还涉及银行、证券和保险业的金融法律等方面。

虽然结果好坏不一，但是变革旨在将受到高度监管的、以银行为中心的金融体系转变成以市场为中心的、透明的金融体系。至少在理论上，新的高效的资本市场将会促使日本经济可持续复苏，并最终形成新的后工业化的经济发展模式。

5. 新兴市场的解除金融管制与自由化

在大多数新兴市场，政府往往严格控制着主要行业，如能源、公用事业、电信与金融服务业；这些行业一般被视为具有战略意义、属于国家利益，是控制实体经济的关键渠道。即使并非国有，这些行业也可能受到家族企业集团的控制，而这些企业集团与政府有着密切关系。

近年来，新兴市场的政府一直在通过出售国有企业的股份，解除行业管制，以便减少债务并提高效率。例如，中国出售银行、能源、工程和广播行业的少数股

---

① http：//papers. ssrn. com/sol3/papers. cfm？ abstract_ id＝1918584。

份，巴西则将机场出售给基金投资。在国有企业依然占主导地位的越南，政府计划强制企业拆分非核心资产、澄清其报告关系并改善内部控制和财务报告制度。

虽然政府对保险公司的直接控制没有对向银行那样严厉，但是银行和保险公司之间的交叉持股往往使得进入壁垒过高，因为潜在的新进入者需要自行建立分销网络。不过，还是有其他方法刺激竞争。例如，马来西亚政府正逐步废除火险和车险业务的法定费率；一旦实现自由化，保险保费将会通过市场以及客户的风险状况来确定。保险公司之间竞争加剧会压低保费，短期内将会对保险公司的盈利产生负面影响。为此，保险公司必须在风险定价机制、产品创新和差异化、分销渠道及理赔机制方面做好准备。

另一方面，印度尼西亚正朝相反方向推进。继从事相关业务的保险公司持续亏损之后，金融服务管理局（OJK）于今年早些时候设立了一个费率评定机构，以制定火险、水灾险和车险的最低和最高法定费率。

不过，随着东盟经济共同体将于2015年成立，可以预计东南亚的金融服务业将会进一步自由化，届时金融业将逐步开放，引入外国竞争。过去一直受到高度监管和保护的市场最有可能吸引外国竞争对手。因此，行业利润在未来将预计会受到压力，并且波动加大。小型保险公司将被迫与其他公司合并或关闭。然而另一方面，从更长远角度而言，这也将是提高市场效率的催化剂。

6. 危机后发达经济体对金融业的“重新管制”

全球金融危机及随后政府为维持金融稳定而做出的响应在根本上改变了世界金融格局。对金融机构的紧急救助使得政府成为重要股东，政界因此对经营（包括薪酬）具有发言权。“低干涉、基于原则”的金融监管被认为是不够的。随着新金融法规的制定，监管机构被赋予更大权力，可以促使银行持有更多资本和流动性，甚至插手清算破产机构。

新法规（从禁止银行自营交易的沃尔克规则到欧盟提议的奖金设限）与自由竞争经济原则相抵触，并可能会导致意想不到的后果，如市场流动性减少及银行家固定薪酬提高。

近年来，多家银行倒闭或合并之后，银行间的竞争程度急剧减弱。与此同时，虽然基准利率处于历史低点，但是银行借贷成本，尤其是对中小企业的银行借贷成本，则有所提高，原因是刚生效的监管规定迫使银行持有更多资本。未来数年，随着这些新的金融法规逐步生效，对于所有利益相关方来说，银行成本都将提高，即股东回报减少，员工薪酬降低，客户成本增加。虽然这种对金融业的“重新管制”无疑使得银行业面临危机更具回复力，但是其成本也不可忽视－客户、员工和股东在未来几年中将会不断付出代价。

二、中国的重要成就与挑战

在过去30年中，中国的实际GDP年均增长率约为10%。根据购买力平价估算，2012年，中国已经成为继美国之后的世界上第二大经济体，并且早在2001年就超越日本。

1. 中国金融市场取得的成就

在改革期间，中国的金融活动增长迅速。回顾过去30年来的金融改革，我们可以看到已经取得以下重要成就：①利率自由化取得进展。②国有商业银行的治理结构改革，即将部分股份出售给战略投资者，并在境内和境外证交所上市。③减少了对金融机构的进入限制以及对资本流动的控制。④通过机构重组和引入全球标准，进行了重要的监管改革。⑤采取多项措施，推动了证券市场的发展。

改革之前中国几乎没有金融业，而目前拥有各种金融机构，包括银行、保险公司和证券公司等在中国遍地开花。一个常用来衡量金融服务业发展的指标是金融资产占GDP的比率，中国的这一数据已经从1978年的53%增至2012年的197%（见图1）。

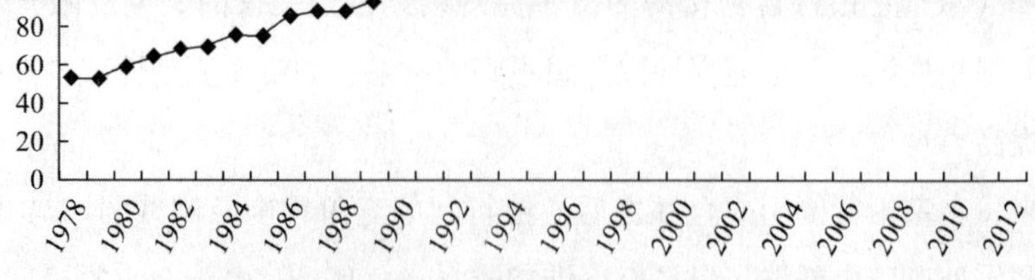

图1　金融资产占GDP的比率（1978～2012年）

资料来源：中国统计年鉴2013。

2. 中国金融市场面临的挑战

虽然目前为止，中国已经引入很多放松管制的政策，但是金融业依然显示出金融压制①、发展不平衡和潜在不可持续性的典型特征。

①金融压制。虽然国有银行所有权结构从以前的完全国有制变为现有的股份制，但是政府依然主导金融行业。对金融机构的持续保护主义和商业决策干预，使之成为用之方便的政策工具，但这也从某种程度上助长了官僚作风并扭曲了激励机制，妨碍了银行进一步商业化及有效分配金融资源的功能发挥。

②金融发展不平衡。虽然近年来努力推动直接融资，但是银行信贷依然占企业融资的近90%。资本市场还存在其他不平衡现象，例如固定收益市场份额远低于股票市场，且公司债市场的份额依然过小。相关理论认为，相对于银行服务，经济发展会增加对非银行金融机构和证券市场服务的需求。然而，目前为止，中国尚未完全利用到这种互补性。如果高收入国家的发展历程可以提供借鉴，中国未来的发展可能需要有赖于更为均衡的金融体系。

③潜在不可持续性。银行一直以来都被作为帮助政府实现其宏观经济和行业政策目标的工具，因此并不总是审慎地提供贷款。虽然这也许有助于实现政策目标，但是也让银行面临贷款组合业绩恶化的更大风险，从而增加公共政策的最终成本。另一个问题是系统性风险，即金融机构统一行为和运作方式所内含的风险。目前的主要问题是，财政、货币和金融监管机构之间缺乏信息共享和协调，建立防范系统性风险的宏观审慎框架的进展有限等等。。

相对于中国产品市场的自由化程度，以及很多其他发展中国家的金融改革进程来说，中国金融体系的自由化在某种程度上依然滞后。一个简单但有用的指标是金融自由度（见表1），它常用来显示银行业效率以及金融业独立于政府控制和干预的程度②。银行和其他金融机构（如保险公司）和资本市场的公有制会削弱竞争程度，并在总体上降低可提供的服务水平。在理想的银行和金融环境中，政府干预处于最低水平，央行对金融机构的独立监督和监管仅限于强制执行契约义务并防止欺

① 金融压制的特征包括：严厉的利率管制、频繁调整准备金要求、政府干涉信用分配，及控制资本账户（McKinnon，1973）。

② 每年美国传统基金会（Heritage Foundation）都会发布经济自由度指数。为了衡量经济自由度，需要考虑定性和定量因素。其中一个标准就是金融自由度。

诈行为等。根据市场调控予以分配信贷，政府不拥有金融机构。金融机构向个人和公司提供各类金融服务。银行可自由提供信贷、接受存款并经营外币业务。外国金融机构可自由经营，与国内机构享有同等待遇。

表1　　部分国家/市场的金融自由度得分（满分 =100）

市场	得分	市场	得分	市场	得分
香　港	90	印　尼	60	菲律宾	50
新加坡	80	南　非	60	印　度	40
瑞　士	80	台　湾	60	中国大陆	30
英　国	80	巴　西	60	俄罗斯	30
泰　国	70	柬埔寨	50	老　挝	20
美　国	70	日　本	50	朝　鲜	0

资料来源：美国传统基金会（Heritage Foundation），http：//www. heritage. org/index/。

表 2 根据两个领先的行业指数，罗列出了全球前十大金融中心。其中显示，中国金融业取得了稳步发展，而上海作为国际金融中心处于强劲地位。这些调查也有助于审视中国金融业发展的优势和劣势。第一个调查，即 2011 年全球金融中心指数表明，上海在人员、市场和基础设施标准方面有所改善，而基础设施和商业环境方面处于落后地位。总体商业环境方面有所恶化。第二个调查，即 2010 年国际金融中心发展指标，也反映出大致相同的情况。

表2　　前十大全球金融中心

排名	2011 年 3 月全球金融中心指数①	2010 年 7 月国际金融中心发展指标②
1	伦　敦	纽　约
2	纽　约	伦　敦
3	香　港	东　京
4	新加坡	香　港
5	上　海	巴　黎
6	东　京	新加坡
7	芝加哥	法兰克福

① 全球金融行业指数，2011 年 3 月。

② 新华 – 道琼斯国际金融中心发展指数。

续表

排名	2011年3月全球金融中心指数	国际金融中心发展指标（2010年7月）
8	苏黎世	上 海
9	日内瓦	华盛顿
10	悉尼/多伦多	悉尼

资料来源：全球金融行业指数，2011年3月；新华－道琼斯国际金融中心发展指数。

3. 保险市场的改革与发展

在改革的早期阶段，主要是国有保险公司主导市场。然而，时随境迁，虽然国有保险公司依然占据了较大的市场份额，如中国人民保险公司（人保），然而，继2001年12月中国加入世界贸易组织之后，各种类型的保险业务和市场参与者数量都快速增长。外资/合资保险公司的数量从2001年的21家增加到2012年的52家。

随着保险市场的发展，监督框架也在不断演变，从仅关注市场行为转变为“三大支柱”的监管框架：市场行为监管、偿付能力监管和公司治理结构监管。在非寿险方面，车险占非寿险保费的最大份额。而中国车险市场也正在进入一个新的发展阶段：外国保险公司刚刚取得进入机动车第三者责任强制保险市场的权利，同时车险费率正逐步实现自由化。与此同时，在寿险业务方面，2013年8月5日取消了传统保险产品2.5%的技术性利率上限①（不过这一上限对于分红型和万能寿险依然有效），这意味着传统寿险业务定价自由化改革的开始。

一般而言，保险业的监管是个通过实践来学习的过程。保险市场在不同的发展阶段需要不同的监管重点。如何有效改善风险控制和对国内保险公司的监控一直都是中国保险监管委员会（保监会）的一个问题。

三、基于国际经验的政策建议

根据国际经验以及我们在（再）保险方面的专长，我们认为，如果要建立中国更为高效和现代的金融体系，尤其是在促进保险业的健康可持续发展时，需要考虑以下一些重要因素。

① 2.5%的上限是1999年设定的，因为当时保险公司由于激烈的价格竞争而蒙受损失，保险给付金额竟然大于保险保单所获得的投资收益。

1. 积极进行公共行政管理，以加强监管和完善监督框架

中国与国际金融体系日益接轨以及人民币的国际化趋势，这些都将迫使中国改善监管和监督框架。需要进行制度性安排，更好协调监管资源与结构，以应对金融服务行业日益一体化的现象。一个定义清晰、有效运作的宏观审慎框架对于中国预防和缓解具有破坏性的风险至关重要，例如，防范影子银行业务快速增长时可能会出现的风险（如信用风险）。

顺周期性监管是（再）保险业讨论的一个重要主题。保险公司拥有稳健管理资产负债的传统，一般会买入并持有固定收益资产直至其到期。处理各类资产及套期保值业务“公允价值”变化的新会计标准，可能会导致损益表波动加大，这可能会产生恶性循环，即在金融危机期间，公司被迫处置资产，以便加强资本实力。然而，大规模资产处置可能会进一步压低资产价格①。

金融危机之后，许多的国家地区，通过推动监管改革，以加强市场基础设施和行业竞争力。例如，香港保险业联会设立保单持有人保护基金，以恢复公众对本地保险业的信心②。另一个例子就是美国总统奥巴马有关金融服务业的新的联邦监管制度，其中包括建立国家保险署的提议。2001 年澳大利亚也进行了金融服务业的重大监管改革，包括更大程度的公司披露、加强对银行和保险公司的审慎监管要求，以及重组监管机构的组织与责任。

2. 发挥私营部门的能动性，建立危机管理和金融安全网

过去几十年曾出现重大市场错位导致国民经济面临严峻挑战的局面。互联网泡沫破灭、全球金融危机、日本的地震和海啸以及泰国水灾只不过是不同市场中的几个风险例子而已。因此，中国应该利用金融市场自由化这一契机，加强国家风险管理能力并建立更公平、全面的社会保障网。

危机会加速产品创新。历史显示，危机往往可能会成为金融市场创新的跳板，加速风险和商业格局的结构性转移。1906 年袭击美国旧金山的大地震和火灾被广泛视为一个里程碑式的事件，对地震学、工程和地震保险都具有深远影响。突然来袭的危机

---

① 有关更多详情，请见法国北方高等商学院（EDHEC）风险与资产管理研究中心（2006 年 11 月）《国际财务报告准则及偿付能力指令 II 对保险公司资产负债管理和资产管理的影响》（The impact of IFRS and Solvency II on Asset-Liability Management and Asset Management in Insurance Companies）。

② http://www.hkfi.org.hk/en_media_20090629.htm。

往往会促使保险业者寻求解决方案，以期在新的风险和商业格局中取得成功。在借鉴过往危机并着眼于发展中国的危机管理能力时，我们认为需要考虑以下重要因素。

（1）基于资本市场的保险解决方案

一系列重大灾害或金融危机可能会导致全球性财产（再）保险能力不足，从而推高保险价格。例如，安德鲁飓风和北岭地震之后全球再保险能力非常缺乏，导致1991至1994年期间的保险费率上涨一倍以上。这些情况都推动了行业努力寻找另类再保险能力来源。

“巨灾债券”因此面世，这使得（再）保险业能够扩大自然灾害风险的可保性①，甚至还解决了（再）保险面临的长期问题，如信用风险。此外，还有其他一些基于资产市场的相关保险解决方案，包括巨灾互换、行业损失担保、或有资本和附带再保险（reinsurance sidecar）等。相关风险也不再局限于自然灾害，还包括其他保险风险类别，如死亡率和长寿风险。

值得注意的是，这类风险解决方案十分受欢迎，原因是行业参与者意识到其潜在的价值创造能力。这突显出私营部门的创新能力，不但能够满足市场需求，而且率先推出这些产品的金融机构也最有可能维持竞争优势。

（2）地震保险共同体

地震是最具毁灭性的灾害之一。在很多新兴市场，受灾者很少从保险业或政府获得足够的补偿。例如，1999年土耳其伊兹密特和迪兹杰地震造成了200多亿美元的经济损失；仅约10%属于保险损失。② 1999年台湾南投县集集大地震亦造成141亿美元的严重经济损失，保险赔付仅10亿美元。在这些情况下，传统保险显然没有提供足够的保障。中国大陆发生重大地震之后也出现类似的重大保障缺口。

作为应对，各国政府开始引入地震保险共同体，增加保险深度并鼓励建造抗震建筑，以更好地管理地震风险。土耳其于2000年8月引入强制性地震保险，设立了由世界银行提供启动资金的土耳其灾害保险共同体（TCIP）。旨在缓解可能对政

---

① 在典型的巨灾债券交易中，特殊目的机构（SPV）与分保人签订再保险合同，并同时向投资组合发行巨灾债券。如果没有发生损失事件，那么投资者将会得到一系列的票息付款并收回本金，用以补偿对其资金的使用以及所承担的风险。然而，如果发生预定的巨灾事件，那么投资者将蒙受利息、本金损失，甚至血本无归。这些资金将会转给分保人来履行再保险合约。

② 所有损失数字都是事件当时的估计数字，并未更新至目前价格。

府形成的财政负担并提高公众的保险意识。通过在国际市场进行再保险，风险得以进一步缓解。同样，中国台湾于2002年4月成立住宅地震保险基金（TREIP），以更好地管理住宅地震风险。该基金综合利用各种资源，包括本地共同保险、一家非营利基金、再保险和政府支持。新的住宅火险保单也进行修改，包括自动保障地震风险，赔偿额根据重置成本计算。

这些例子表明，可以利用一些公私合作形式，更好地进行风险融资，而不只是完全依赖政府的灾后救助努力[①]。除了地震以外，保险共同体也可针对为其他自然灾害风险提供保障来进行构建。

（3）寿险残留业务的解决方案

金融和经济危机导致了部分保险公司破产或迫使一些保险公司退出了某些领域的业务，因为其经济价值不再具有吸引力。所以，近年来，很多寿险公司对其寿险业务组合进行了结算，不再接受新业务，并将这些组合归为残留业务。针对这种情况，在发达国家逐步形成了将这些残留寿险业务出售给其他公司的活跃市场。在此类交易中，已中止的业务被转移给一家（再）保险公司，由这家公司接收该业务的所有剩余保费以及保单持有人责任。

这类产品创新，不但便于现有业者退出市场、释放有效业务的价值，同时保护了保单持有者的利益。更重要的是，它可以让公司在经济危机时期加强流动资产和资本能力。对中国这样的新兴市场来说，寿险业残留业务解决方案可以用于市场重构，为合并和并购大开方便之门；收购方可以选择它们希望保留的业务，并通过残留业务解决方案处置其余业务，也有利于保险公司的上市举措。

（4）重塑医疗融资系统

过去几十年间，大多数国家的医疗费用增长速度超过GDP。例如，目前美国、瑞士和法国等国的医疗成本占其GDP的比例已经分别上升到约15%、11%和10%，而且没有在近期下降的任何迹象。新兴市场的医疗成本也在不断攀升。随着世界各国现有自给自足的医疗体系将更加开放和自由化，急需各方携手增加对可持续健康融资机制的参与程度，尤其是来自私营部门的贡献。

在医疗保健方面，国际上达成的共识是建立全民风险共同分担计划，以确保全

① 公私合作将在下一部分进行进一步讨论。

体民众防范医疗融资风险。

政府可发挥市场竞争的力量，而且要确保公平与公正的全民保障目标。证据显示，通过低收入补贴及强制保险等各种监管措施可实现公平目标。对于税务制度效率不高的国家，商业保险可能是个较好的选择。

社会保险或由税收支持的医疗保健体系往往会成为政府沉重的经济负担。国际趋势是增加私营部门对医疗系统的参与程度。

医疗保障系统通常包括三个层面：①覆盖大多数人的基本医疗保险机制，这往往由政府或其授权代理机构经营；②第二层额外保障由商业市场提供，并由保险监管机构监督；③第三层保障由国家建立，主要为那些极端贫困人口提供特别援助。

（5）以创新性融资方式应对中国人口老龄化问题

作为世界上人口最多的国家，中国无法避免人口老龄化的趋势。到2050年，中国“银色人口”将占总人口的1/3以上，即高达4.39亿人。中国将不得不面对老龄化社会带来的挑战。根据国际经验，我们认为中国在应对人口结构变化及老龄化人口时应该考虑以下重要因素。

在社会人口迅速老龄化的背景下，为未来养老金和医疗支出提供资金将是个艰巨的任务。这需要创新性融资方式，包括利用商业保险解决方案补充传统方式。近年来，已经有一些简单的（再）保险解决方案以帮助养老基金管理长寿风险。与此同时，政府机构也开始利用公私合作计划，发挥公共部门（监管、经济规模、数据和信息）和私营部门（承保专业知识、风险管理技能和融资资源）部门的各自优势，来应对长寿风险。此外，资本市场还有一些创新的解决方案，可以将部分长寿风险转移给其他风险承担者。例如，长寿风险证券化预计将会吸引更多资本，并为寻求转移长寿风险的养老金计划和私营年金保险公司提供创新方式。

总之，中国应该把握金融部门自由化这一契机，加强风险管理能力并改善社会保障网。政府应该采取进一步措施，并争取得到私营和非营利部门的支持，建立基础广泛的养老和健康融资机制、引入激励机制，鼓励各方积极参与自愿养老、医疗和长期护理计划，并推行多方参与的结构性计划，旨在为老年人口保持稳定的退休生活水准。

3. 发挥保险的积极作用，支持长期投资并推动经济增长

发挥保险和其他长期机构投资者长期融资的积极作用，是提高中国金融体系效率和增强稳定性的关键步骤之一。在机构投资者中，寿险公司、养老基金和主权财

富基金一般都有长远的投资期，这与其负债的长期性质密不可分；这些机构是长期资本的主要提供者。寿险公司的特征是净收入流稳定且投资模式周期性较小，这有利于金融稳定，在财务困难时期可以起到缓冲作用，并有助于为经济的长期投资需求提供资金。

保险公司和其他长期机构投资者具有巨大潜力，可以支持一系列领域的发展，如基础设施、房地产、研究与开发及新科技。例如，长期融资对于培育新成立的创新性高增长企业十分重要；致力于可再生能源和低碳技术项目对于可持续性的经济增长也非常关键。2012 年，经合组织成员国家的保险公司和其他长期机构投资者拥有超过 83.2 万亿美元的资产，其中大部分投资于债券和股票①。截至 2012 年底，仅养老基金就管理着 20 多万亿美元的资产，年净储蓄资金流入额超过 1 万亿美元。但是，其中仅约 1% 的资产投资于基础设施项目，而投资于清洁能源项目的比例则更小。然而，机构投资者一直在寻求新的长期的、能够抵抗通胀的投资回报来源。资产配置的趋势也显示投资组合正逐步发生转移；对新兴市场和新资产类别的兴趣有所增加。例如，越来越多的保险公司投资于另类投资项目，包括自然资源、基础设施（包括环保设施）和房地产，以用来分散投资组合的风险，并获得较高回报。

虽然发达市场的机构投资者实力最强，但是预计新兴市场的机构投资者将不断扩大其规模并增加影响力。在设计金融市场自由化和发展的计划时，中国的政策制定者应该：①确保政策和监管框架有利于长期机构投资者的发展；②政府部门的长期投资项目应该明确和透明，并要为私营部门提供参与以及参加公私合作的机会；③推动项目债券或证券化资产等工具的发展，并推行风险缓解政策，以支持长期投资项目。如果中国可以吸引长期机构投资者将较大份额的资产投资于中国长期发展，这将会提高生产力和竞争力并维持中国经济的活力。

---

① 资料来源：经合组织《大型养老基金和公共养老储备金年度调查》（Annual Survey of Large Pension Funds and Public Pension Reserve Funds），2013 年 10 月；经合组织《机构投资者与基础设施融资》（Institutional Investors and Infrastructure Financing），2013 年 10 月；经合组织《20 国集团/经合组织机构投资者长期投资融资总体原则》（G20/OECD High-level Principles of Long-term investment financing by institutional investors），2013 年 9 月。

金融市场的管制松绑：挑战与策略

——中国飞机租赁商赢得长期成功的关键要素

波音公司

执行摘要

全球市场对飞机的需求在过去几十年里保持着极为稳定的增长和强劲的回复力。这一持续的增长转化成不断上升的对新飞机的需求。我们预计，在未来 20 年里，新飞机的长期需求将超过35 000架，价值4. 8 万亿美元。针对中国的预测显示，未来 20 年里中国对新飞机的需求量将达到6 000架，价值7 800亿美元。有鉴于此，飞机融资将为全球的融资商和租赁商提供不断增加的大量机遇。市场尤其期待飞机租赁公司在飞机融资领域里发挥重要作用，截至 2020 年，全球预计有超过 50% 的飞机将通过租赁获得。中国是全球飞机市场中规模最大，增长最为迅速的区域，中国飞机租赁商凭借着自身对于该地区资本的使用能力、在该地区的地位和对于该地区的了解，有条件抓住并利用这一机遇。

一、中国飞机租赁商赢得成功的关键要素

飞机租赁商实质就是融资商，其成功将取决于能否在下述几个具体领域里达到卓越：在全球范围内高效管理其资本结构及飞机资产投资组合；建设出技能高度娴熟、高度专业的工作团队；业务所在国家/地区的法制环境具有可预测性和灵活性、透明度高、对债权人友好并且税务高效。

1. 资本

租赁商获得长期成功和增长的关键之一是需要在资本来源（以美元为主）方

本文是波音公司为中国发展高层论坛 2014 年会撰写的专题报告。

面，拥有全球的视野和触及能力。全球的资本市场，无论公私，都是最具深度、最为高效的资本来源，因此，飞机租赁商了解并进入这些资本市场将至关重要。2009年，由资本市场提供融资的新飞机的交付量占全球新飞机交付总量的3%，这一数字预计将在2014年增长至20%。

仅2013年一年，全球飞机租赁商通过资本市场融资的数额就已接近100亿美元。这些租赁商包括中银航空租赁、通用电气金融航空服务公司（GECAS)、国际租赁金融公司（ILFC)、航空资本集团（ACG）以及Aircastle等等。融资结构各有不同，包括无担保票据、担保定期贷款、资产担保证券（ABS)、股权、增级的设备信托证书（EETC）等等。同样成交也包括几笔由进出口银行提供担保的在资本市场再融资的贷款。

成功的融资商要么是上市公司（作为上市公司，这些公司必须大量公布财务/投资组合信息)，要么是会分享业务表现数据的公司—这些公司进行必要的数据分享，从而确保多种不同的投资人能够做出明智的投资决策。为获取公共资本市场资源，必须要获得由独立信用评级机构提供的信用评级，这些机构包括惠誉国际、穆迪氏和标普。中银航空租赁和工银租赁已迈出了这一里程碑的一步，获得了公开的评级，因此已做好开始进入资本市场的准备。

目前，中国租赁商依靠母公司/所有人和中国的银行提供资本。这样的做法在某些市场条件下会在短时期内显得高效，但是这种的做法集中出现会带来波动性和流动性风险，从而有可能限制长期的成功。对于中国租赁商的投资组合和财务状况的细节信息，全球市场知之甚少。但可喜的是，中国的证券化市场正在开放，这应该会为租赁商在中国市场将由飞机担保的投资组合证券化铺平道路。

2. 资产管理

飞机租赁商取得成功并吸引高效资本的另一个关键要素是建设出相应的专业知识技能、体系和规章制度，从而对潜在的飞机资产风险进行管理。在创造出一套具备流动性、多元化、对投资者友好的投资组合的同时，能够通过有效的业务交易度过行业周期起落，是将盈利最大化并且保持长期可持续性的关键。

中国租赁商总体位于发展的初期。其中有许多公司已证明了自己有能力为新飞机成功进行售后回租交易，并且已致力于从飞机制造商手中直接订购新飞机。然而，在这一初始租赁中，理解并评估租金返还条件、租赁交易成本和残值投资假设条件，将最终决定市场流动性以及租赁的营利性。随着这些初始租赁租期将满，主动且细致的管理、租金返还条件的执行以及再行销能力，对于最大化残值和投资组合成功将至关重要。

我们鼓励获取符合行业标准的基于风险的定价模式。业内的一些公司已经开发出了成功的定价模式。成功的中国租赁商将需要了解购置价格、租期/租赁费、残值估价、税务影响以及资本成本/杠杆成本是如果协同作用的，以确保足够的盈利。

建设或获取专业技术知识以促进对租金返还条件和交易成本的了解、评估和执行，可能是风险最高的需要应对的领域。口碑优质的业内租赁咨询人员可以提供所需的必要专业技术知识。我们建议中国租赁商考虑从如下两种方式中选择一种：一是聘请这一类咨询人员；二是在相关技能还在内部建设的时期，直接从这一类企业以及/或者从其他成功的租赁商处聘请特定的人员，帮助管理这一流程。

全球的业务版图，以及在全球范围内再行销和/或买卖飞机资产的能力同样至关重要。截至目前，中国租赁商业务仍集中于将新飞机落户于本地的中国航空公司，而中国之外的业务范围较为有限。为将盈利最大化并创造出专业投资者所需的投资组合多样性，必须要拥有将飞机在全球范围内落户的能力。我们在此再次建议中国租赁上要么雇佣外部专家，要么在这些技能在内部建设的时期雇佣特定的具有市场专业技能的人员。必须要有外向型的业务版图和事业，包括潜在的找到关键区域专家的能力。

3. 基础设施

①法治环境。一个可以预测且对债权人友好的资产融资法治环境（比如开普敦公约）是长期增长的必要条件。开普敦公约旨在促进资产融资以及航空设备的租赁、扩大融资机遇、降低资金成本，并由此为航空业提供可观的经济效益。中国在2010年2月签署了开普敦公约；然而，由于国家法律禁止将租赁作为破产补救措施，所以中国无法采纳与破产补救办法相关的强制性资质声明。因此，中国目前被排除在了（经合组织）贴现名单之外，不能获得额度达10%的开普敦贴现。由此带来的结果是，自2012年以来，中国的航空公司由此已损失500万美元，并预计未来两年内还将再损失约2 000万美元。为成功入选贴现名单，中国政府应敦促经合组织内的欧洲各国政府与欧盟代表移除这一强制性声明。中国国航、中国南航和中国东航已共同将该请求提交中国民航局，以向欧盟提出相关主张。

②税务与会计。中国租赁商如今在税务和会计政策方面处于竞争劣势之中。中国的所得税相比其他国家或地区而言较高。以新加坡为例，新加坡政府为吸引租赁商、促进租赁业发展，出台了相应的税收政策。新加坡的所得税最低可达5%，同时租赁交易不被征收增值税、进口税或其他税费。与美国和其他国家不同，中国的税收政策并没有加速折旧的利好安排。税务与会计政策需要具有相对吸引力，否则，租赁商应被允许利用其他国家或地区的更有吸引力的税收政策（比如香港、新加坡，爱尔兰）。

③特殊目的实体（SPV）。使用破产隔离实体是行业的标准做法，为增加租赁商的运营灵活性及最大程度降低结构风险，需要在中国建立相关的政策。

④自由贸易区（FTZ）。进一步开发符合国际惯例的自贸区将创造机会，使自贸区与其他国家地区间的飞机交易关税能够最小化或被消除，使在岸特殊目的实体（SPVs）能够被建立，使中国租赁商能够发行资产担保的证券，这一点是全球市场的通行做法。

⑤外汇管制。对飞机租赁商实施高效且为商业导向的外汇管制措施将帮助吸引资本，并帮助确保获得长期成功。

⑥人才资源。若想在定价、评估、法务以及合同、技术、市场、财务、风险等领域吸引高技能人才，需要提供高品质的工作环境，包括工作签证的便捷办理、丰富的高品质教育和医疗保健资源、较低的个人所得税、健康的生活环境以及具备全球竞争力的薪水。

二、结语

中国租赁商已做好准备，向具有全球一流业务及口碑的飞机租赁公司的目标迈进。为实现这一目标，可以考虑在几个关键领域更进一步，包括：

①在全球范围内发展出多元的、具有竞争力的并且是透明的资本结构。

②建设高效、具备竞争力的基础设施，包括但不限于可以预测的并且是透明的法治环境，具有竞争力的会计和税收政策，以及自由贸易区的有效使用。

③创造具有吸引力的工作环境，包括提供具备全球竞争力的待遇，以获得并开发出关键的专业知识能力。

金融市场自由化：全球工业集团在中国的挑战和应对策略

西门子金融服务集团

内容摘要

2014年1月22日，国家主席习近平主持召开了中央全面深化改革领导小组第一次会议，国务院总理李克强等中央领导人出席会议。会议审议通过了中央全面深化改革领导小组下设经济体制和生态文明体制改革、民主法制领域改革、文化体制改革、社会体制改革、党的建设制度改革、纪律检查体制改革6个专项小组名单。

我们有理由相信2014年将成为深化改革的重要一年。在本文中，我们将为推动深化金融市场改革进言献策。

进一步放宽管制范围能够提高效率，降低资金成本，将为货物及服务贸易的定价提供更加有利的条件，将提升中国作为理想的跨境贸易区的竞争力和吸引力。基于这样的考虑，我们建议建立标准化、自动化、直通式的跨境付款流程，取消跨境付款及结售汇时的文件提交，减少影响经济效率的重复管控。控制的责任应该交由经济实体强有力的内部控制系统，而监管机构依赖经济实体递交的报告完成从微观到宏观的控制方式的转换。我们提出的这些建议，一方面来源于我们参与人民币国际化与外管局外汇试点项目过程中积累的经验，另一方面来源于我们作为一家业务遍布190多个国家的全球性集团的长期实践经验。西门子集团严格的内部控制系统以及出色的财务风险管理和现金管理系统在全球享有盛誉。在2013年道琼斯可持续发展全球指数的评比中，西门子在“公司管理”一项上高居3300名被调查者之首。我们相信财务管理的核心是由强有力的中央司库负责监控财务风险、集中管理

本文是西门子金融服务集团为中国发展高层论坛2014年会撰写的专题报告。

集团融资及外汇风险。

在报告正文中，我们将详细阐释：①西门子严格的财务控制系统——司库运作模式的“最佳实践”；②西门子财务管理中的核心环节——“资金控制”流程以及直通式的结算流程；③以一家全球性的工业集团的视角对中国金融市场改革进一步发展的具体建议。

2008 年的金融危机导致监管机构加强工业集团金融业务的监管成为趋势。在中国，集团财务公司是非银行金融机构，接受银监会的监管。财务公司作为集团专业的内部金融服务提供者，已经成为趋势。在这一点上，中国在世界范围内处于有利地位，应当再接再厉，不断加强和提升，从而支持工业集团建立一个完整的财务风险管理和财务风险控制系统。西门子是中国第一家成立外资集团财务公司，将财务公司作为集团内部成员公司与金融市场和银行市场之间的桥梁的跨国企业。我们认真地建议银监会，更多优惠和灵活的政策会吸引更多的跨国集团成立集团财务公司，激发中国在司库领域的新发展，从而在财务风险管理方面取得更高的成就，并为进一步放宽跨境贸易管制、开放经常项目和资本项目做好铺垫。

作为控股公司的西门子（中国）有限公司（以下简称“西门子中国”），和作为司库中心的西门子财务服务有限责任公司（以下简称“西门子财务公司”），积极参与中国的改革试点并从中受益。

1. 西门子与外管局试点项目

西门子中国作为外管局试点项目的跨国公司总部申请人，西门子财务公司作为试点业务主办企业，西门子获得批准进行所有试点业务：境内外汇资金集中管理，境外外汇资金境内归集，外债和对外放款额度集中调配，经常项下跨境集中收付汇(包括货物贸易净额结算和集中结售汇)。

借助外管局试点项目，西门子希望在中国实现高效且高度自动化的现金管理、支付解决方案以及外汇交易集中管理。在我们看来，外管局试点项目的相关规定为我们实现上述目标提供了一个很好的基础（人民币也可作跨境货币包含其中）。我们认为外管局试点项目是一个双赢项目，它允许西门子进一步深化试点并将我们上述的司库运作模式引入中国，作为一项成功实践与监管机构和其他经济实体分享。

我们强烈建议，监管机构进一步完善外汇试点项目（包括其他试点）的相关规定以便解决这些问题。站在中国这样大的经济体的国家监管机构的角度上来看，我们的建议看起来像是“小细节”。然而，我们认为有必要重申，这些看似细节的问题如果不加以改善，将会阻碍外汇试点政策产生重大影响，减慢中国试点计划的推广，减少其对经济实体产生的积极影响。正是在这样的背景之下，我们在此进行反馈和提出改进建议。

2. 西门子对于如何进一步试点改革的建议①

关于深化改革以实现经常项目和资本项目的完全可兑换，我们提出以下建议：

一是试点企业无论货物还是服务贸易的支付、转账汇款和外汇交易的结算，都无须提交文件。监管机构依赖公司提交的报告。如果有需要，国际收支报告可以进一步改善（例如，欧洲通行的版本）。对于过渡时期，企业可以提供承诺函，承诺遵守所有法律部门、监管部门和税收方面的相关要求，或者由监管机构或监管机构指定的独立审计机构对企业的内部控制系统进行审查。

二是国际收支报告的提交可以与实际支付过程相分离，编码和附言的输入应该标准化。欧洲类似的报告系统提供的信息符合中国监管机构的要求，可以作为中国加强和改善监管报告质量的参考模式。在报告系统开发完毕前，应该允许企业每月提交一次纸质或电子版的国际收支报告，而不必在执行付款的当日提交。

三是应该考虑实现购汇环节和付汇环节的完全分离。如果企业的内部控制系统能够监控所有资金流，非法和投机交易不能进行，那么政府监控作为一层额外的监控，就可以节省掉。这样，中国作为商业和贸易中心，就向更具有竞争力和灵活性的市场化的世界其他地区的方向迈出了必要的一步。高效的跨境贸易结算节省了成本，提高了竞争力，进一步使中国的进出口及国内经济受益。

四是西门子在190多个国家设有销售组织，因此集团内部成员公司之间存在大量的跨境外汇应收和应付款项。在没有外汇管制的国家，应收和应付款项的结算是通过每个成员公司在内部银行开立的内部结算账户上的会计簿记来进行的。在中国，西门子成员公司的账户由西门子财务公司持有管理，境外的西门子成员公司的相关账户由Siemens AG持有管理。资金都集中在资金池中，每个成员公司拥有的资金份额也反映在内部结算账户里。因此西门子成员公司之间结算时无须移动资金。为减少外部融资，西门子财务公司的资金池主账户可以与西门子境外资金池账

---

① 相关规定参见附录1。

户相联结（根据外汇试点项目的规定目前只能通过跨境贷款/借款的方式）。这套内部结算系统使得西门子内部成员之间不需要进行应收/应付项目的轧差净额结算，而对于西门子客户的应收及对于西门子供应商的应付的轧差净额结算不会有多少量，因为同时与企业具有双向业务往来的业务合作伙伴并不多。

我们了解到，这不是西门子遇到的个别问题，而是适用于所有大型跨国工业集团的问题。我们建议允许跨国公司对集团内部公司间的贸易通过账目簿记的方式进行结算，同时允许自由的跨境资金汇集。现金的跨境流动可以被记录在国际收支报告中。集团内部结算账户的对账单能够确保所有交易完全透明。

我们再一次重申，进一步放宽管制范围以提高效率，能够降低资金成本，为货物及服务贸易的有效定价提供更加有利的条件，提升中国作为理想的跨境贸易地区的竞争力和吸引力。

西门子建议监管机构从以下几方面改变关于经常项目和资本项目的试点规定：①尽可能地依赖经济实体的强有力的内部控制系统（例如附件3的西门子P2P流程），以取代监管部门的直接监控；②更多地依赖经济实体提交的改善过的监管报告，从而免除付款及结售汇时的文件提交及阻碍标准化和自动化、影响提高经济活动效率的重复控制。

我们相信，外管局试点项目的进一步发展将为改革带来如前所述的突破性影响，这也是国内外工业集团和其他经济实体所期盼的。

西门子为能参与到中国改革的下一个决定性步骤中而倍感自豪。

一、导言：中国金融市场改革和西门子“最佳实践”

李克强总理在2014年世界经济论坛年会上题为“在改革开放与合作中重塑世界经济”的致辞中指出：今年中国经济政策的基调是稳中求进、改革创新，这与国际社会对重塑世界经济的期待是吻合的。

2014年，我们预计中国将继续深化金融改革，并为实现以下目标采取进一步行动：①进一步放宽对经常项目的外汇管制，实现完全可兑换；②进一步放宽对资本项目的外汇管制，实现完全可兑换；③最终使人民币成为世界上一种重要的储备货币。

实现这些目标所需要的具体的改革措施，监管机构通过推出各种试点来评估。

在运营层面上，这些改革措施对工业集团的财务风险管理、现金管理和支付流程管理的影响最大。

西门子是一家业务遍布190多个国家的全球性集团，其中央司库部门在全球现金管理和财务风险管理方面积攒了丰富的知识和经验，成为该领域的楷模。作为控股公司的西门子（中国）有限公司（以下简称“西门子中国”），和作为司库中心的西门子财务服务有限责任公司（以下简称“西门子财务公司”），积极参与中国的改革试点并从中受益。

西门子成功地将人民币作为集团在全球的计价结算货币，支持人民币国际化。2013年，西门子也被批准成为北京地区跨国公司总部外汇资金集中运营管理的试点（以下简称外管局试点项目）公司。同时，西门子通过位于上海外高桥自贸区的一家主要的贸易子公司评估自贸区试点政策。

西门子非常荣幸有机会通过中国发展论坛，参与探索下一步改革政策与措施，并分享我们在现金管理、支付流程管理和财务风险管理领域已经成熟，经过考验的最佳实践，同时希望对其他工业集团和经济实体有所启发，为中国有一个更美好的未来作出贡献。

我们建议从以下几个方面修改现行规定：①试点企业无论是货物还是服务贸易付款、转款和外汇交易结算，无须提交文件；②集团内部成员公司之间的结算由会计簿记完成；③资本项目进一步放开，允许自由的人民币跨境资金池；④监管报告应当加强，但与日常交易分离。这样，经济实体，尤其大型跨国工业集团在很大程度上可以实现自动化、高效率地管理资金、融资和外汇风险。

下面简要介绍西门子的司库运作模式以及关键流程。这是我们改革建议的根基。

二、西门子司库运作模式[①]

西门子司库部门负责西门子集团全球的所有财务风险的监控和管理。集团总司库直接向德国西门子总部的首席财务官汇报。

财务风险主要包括流动性风险、外汇风险、利率风险、商品风险和交易对手风

① 细节参见附录2。

险。所有风险通过西门子“经典”司库模式进行管理，即公司司库作为“内部银行”，成为集团成员公司（所有公司都由西门子集团控股，全球范围内共约1000家）和金融市场之间的桥梁。

西门子全球有四个司库中心，分别设在慕尼黑（总部）、伊塞兰（美洲）、香港（亚太地区除了中国）和中国，从而做到全天24小时覆盖全球。

在中国，西门子财务公司成立于1998年，为西门子中国成员公司提供全方位的财务服务。西门子财务公司从设立之初便得到中国人民银行和外管局，以及后来成立的银监会的大力支持。西门子财务公司作为中国司库中心和内部银行，也是西门子中国的成员公司与外部银行之间的桥梁。换句话说，西门子财务公司在业务职能上隶属于西门子公司司库，而在法律架构上隶属于西门子中国。

包括融资和外汇交易的司库活动由司库部门代表西门子成员公司负责完成。司库活动还包括基于财务风险管理“公司全球指引”的监控活动。各国执行“公司全球指引”时需考虑当地的法律、法规。“公司全球指引”对所有成员公司具有约束力，成员公司的管理层需遵守“公司全球指引”并支持司库的活动。

在中国，司库活动由西门子财务公司执行，该公司拥有金融许可证。

三、资金控制及结算流程

为了支持司库业务，司库部门作为集团内部银行，开发并负责运行全球性的IT平台，保证司库交易的标准化和自动化，对于货物和服务贸易项下的外汇交易与结算更是如此。

作为流程技术领域的世界领先者，西门子不仅将其知识和经验应用到营运业务的流程中，同时也应用到司库业务的流程中。我们很自豪，西门子拥有资金控制及付款流程——从采购到付款，不仅做到了标准化和自动化，而且流程包括一切必要的预防性或发现性控制手段来确保只有合法交易才会发生，所有司库活动产生的资金流必须正确记录在资产负债表上。由于一切司库交易，包括外汇、利率、大宗商品对冲交易以及货物贸易和服务贸易项下的支付都必然产生资金流，所以任何内控制度的中心环节必定是付款流程。在西门子，只有对某项条目下了订单，在SAP中创建了一个未清条目，发票已收到、货物已收到、税款已经支付，并且在发票、货物、税款三项匹配成功后付款文件才能自动生成并且直接发送到支付工厂等待处理。内控制度主要针对职责分工、防范行贿和欺诈，以及从整体上确保只有真实合法的交易才能结算。付款文件发送后，就不能再改动。支付工厂把付款文件递交给外部银行前，还要进行额外的自动化核查。付款只能通过已在系统（支付工厂的一部分）上注册过的而且被授权的银行账户汇出，并且经过了欺诈防范、禁运、反洗钱等相关的核查后，才能汇至业务合作伙伴的已经注册在系统中的银行账户。总的来说，支付的执行是一个基本上自动完成的过程，很少涉及人工干预。

如果我们不得已必须手工执行付款，我们认为该付款具有高风险，必须进行许多人为核查。这与通过IT系统自动完成的过程相比，在处理速度、准确性和严谨控制方面都降低了可靠性。

通过外汇试点项目，西门子希望将自动化流程应用于中国。几年前，我们已经将这一流程应用于人民币的境内付款。然而，为满足向商业银行和监管机构提交纸质版付款申请书和相关原始文件的规定，自动化流程不能用于跨境收支和外汇交易。现在，随着金融市场新的改革政策和措施的出台，比如外管局的外汇试点项目，希望这种不理想的局面能够得以改变。

四、西门子与外管局试点项目

西门子中国作为外管局试点项目的跨国公司总部申请人，西门子财务服务有限责任公司作为试点业务主办企业，西门子获得批准进行所有试点业务：境内外汇资金集中管理，境外外汇资金境内归集，外债和对外放款额度集中调配，经常项下跨境集中收付汇（包括货物贸易净额结算和集中结售汇）。

借助外管局试点项目，西门子希望在中国实现高效且高度自动化的现金管理、支付解决方案以及外汇交易集中管理。在我们看来，外管局试点项目的相关规定为我们实现上述目标提供了一个很好的基础（人民币也可作跨境货币包含其中）。我们认为外管局试点项目是一个双赢项目，它允许西门子进一步深化试点并将我们上述的司库运作模式引入中国，作为一项成功实践与监管机构和其他经济实体分享。

五、外管局试点项目实施过程的观察体会

在新的支付方式与结算流程在中国的应用过程中，我们遇到了一些问题，使得我们不能完全实现预期中只需极少人工干预的、内置有效核查的电子自动化付款流程。

这些问题包括：①文件提交以及对货物贸易与服务贸易支付的区分对待；②缺乏高效的外汇交易/远期交易项下购汇环节及付汇环节分离；③国际收支报告的格式和提交时间要求；④净额结算。

我们强烈建议，监管机构进一步完善外汇试点项目（包括其他试点）的相关规定以便解决这些问题。站在中国这样大的经济体的国家监管机构的角度上来看，我们的建议看起来像是“小细节”。然而，我们认为有必要重申，这些看似细节的问题如果不加以改善，将会阻碍外汇试点政策产生重大影响，减慢中国试点计划的推广，减少其对经济实体产生的积极影响。正是在这样的背景之下，我们在此进行反馈和提出改进建议。

六、西门子对于如何进一步试点改革的建议

（1）试点企业无论货物还是服务贸易的支付、转账汇款和外汇交易的结算，都无须提交文件

监管机构依赖公司提交的报告。如果有需要，国际收支报告可以进一步改善（例如，欧洲通行的版本）。对于过渡时期，企业可以提供承诺函，承诺遵守所有法律部门、监管部门和税收方面的相关要求，或者由监管机构或监管机构指定的独立审计机构对企业的内部控制系统进行审查。理由如下：

①公司有责任保留所有文件/单证。以西门子为例，“资金控制”流程确保只有真实贸易背景的结算才能产生付款文件。因此，如果工业集团已经建立完整、行之有效的内部控制系统，政府的控制就可以节省了。

②为了实现更高的效率并降低成本，我们想实现付款文件集中化自动化（即代表成员公司）的管理。一个付款文件包括许多未结项，有时多达数千项（每年跨境业务的未结项总量高达约30万条，而西门子在中国并不算是一个很大的集团）。根据我们的经验，由于笔数过多，商业银行常常不能及时核查相关文件。这一问题特别是在涉及到服务贸易的外汇交易结算与支付的方面（我们有很多超过5万美元的支付）十分突出。根据我们的观察，自从实施新的规定——即《国家税务总局国家外汇管理局关于服务贸易等项目对外支付税务备案有关问题的公告2013年（40）号文》后，税务局的反馈时间甚至比以前更长，许多与服务相关的款项只能在发票收到后的6到8个月才能支付。同时，对货物贸易与服务贸易支付的区分对待是否

可以放弃，因为付款时缴税义务已经完成。

（2）国际收支报告的提交可以与实际支付过程相分离，编码和附言的输入应该标准化

欧洲类似的报告系统提供的信息符合中国监管机构的要求，可以作为中国加强和改善监管报告质量的参考模式。在报告系统开发完毕前，应该允许企业每月提交一次纸质或电子版的国际收支报告，而不必在执行付款的当日提交。

①理由：在实现付款文件自动化的过程中我们发现，中国的银行无法处理付款文件中由SAP系统生成的国际收支报告代码。

②针对大型企业以及集中支付的情况，替代解决方案就是创建一个国际收支报告，例如在最为常用的ERP系统SAP中生成。根据我们现有的调查，目前在中国还没有任何关于实现国际收支报告自动化的尝试，这主要是因为相关法律规定企业需要提交纸质报告并且带有公司印章。如能调整相关法规，必将激励企业改进IT/ERP系统，从而使大型集团公司集中支付的改革目标更容易实现。

（3）应该考虑实现购汇环节和付汇环节的完全分离

如果企业的内部控制系统能够监控所有资金流，非法和投机交易不能进行，那么政府监控作为一层额外的监控，就可以节省掉。这样，中国作为商业和贸易中心，就向更具有竞争力和灵活性的市场化的世界其他地区的方向迈出了必要的一步。高效的跨境贸易结算节省了成本，提高了竞争力，进一步使中国的进出口及国内经济受益。理由如下：

①将支付指令与资金来源进行关联降低了支付流程的速度。除了提交自动发送给银行的支付文件外，企业必须手工编制资金来源报告给银行，而银行只有在核查过资金来源后才能完成支付。

②如果不能在支付、即远期结售汇之间实现购汇环节和付汇环节的分离，作为企业，就不能从银行竞争中获益。引入银行竞价机制以得到最有利于企业的报价，是企业对股东的责任。我们必须最经济地使用资金。通常，这是通过要求合作银行对远期和即期交易进行竞价，然后选择最合适的报价来实现的。然而在当前适用的购付汇分离却同时向外管局报告的规定下，购汇银行必须向支付银行披露外汇利率等购汇信息，这是不符合反垄断法规定的。因此，目前所允许的分离模式在实际操作中是不顺畅的。

（4）净额结算：西门子在190多个国家设有销售组织，因此集团内部成员公司之间存在大量的跨境外汇应收和应付款项

在没有外汇管制的国家，应收和应付款项的结算是通过每个成员公司在内部银行开立的内部结算账户上的会计簿记来进行的。在中国，西门子成员公司的账户由西门子财务公司持有管理，境外的西门子成员公司的相关账户由 Siemens AG 持有管理。资金都集中在资金池中，每个成员公司拥有的资金份额也反映在内部结算账户里。因此西门子成员公司之间结算时无须移动资金。为减少外部融资，西门子财务公司的资金池主账户可以与西门子境外资金池账户相联结（根据外汇试点项目的规定目前只能通过跨境贷款/借款的方式）。这套内部结算系统使得西门子内部成员之间不需要进行应收/应付项目的轧差净额结算，而对于西门子客户的应收及对于西门子供应商的应付的轧差净额结算不会有多少量，因为同时与企业具有双向业务往来的业务合作伙伴并不多。

我们想建议监管机构改革的下一步是允许集团内部成员公司之间的跨境应收/应付款项以会计簿记的方式进行结算，并且允许自由的跨境资金池。跨境的资金移动可以通过国际收支报告来监控。内部结算账户对账单保证所有交易的透明性。

我们相信，这套先进的系统也将使在中国投资的其他集团受益，帮助提高现金管理的效率并能够更好地对集团资金进行监控。进一步放宽管制范围能够提高效率，降低资金成本，为货物及服务贸易的定价提供更加有利的条件，提升中国作为理想的跨境贸易地区的竞争力和吸引力。

七、总结

西门子建议监管机构从以下几方面改变关于经常项目和资本项目的试点规定：

①尽可能地依赖经济实体的强有力的内部控制系统（例如附件3的西门子 P2P 流程），以取代直接监控。

②更多地依赖经济实体提交的改善过的监管报告，从而免除付款及结售汇时的文件提交及阻碍标准化和自动化、影响提高经济活动效率的重复控制

我们相信，外管局试点项目的进一步发展将为改革带来如前所述的突破性影响，这也是国内外工业集团和其他经济实体所期盼的。

西门子为能参与到中国改革的下一个决定性步骤中而倍感自豪。

附录1：相关规定

	相关凭证 /Documents	相关报告 /Reporting	轧差净额结算 /Netting	购付汇分离 /Delink FX
1.《北京地区跨国公司总部外汇资金集中运营管理试点操作方案》 Operational Guideline for Pilot: Centralized Administration of FCY for Multinational Headquarters in Beijing	第七章 第四十九条 第七章 第五十条 第七章 第五十一条	第七章 第五十四条 第七章 第五十五条	第七章 第四十七条 第七章 第四十八条	
2.《货物贸易外汇管理指引》 Guidelines on Foreign Exchange Administration for Trade in Goods	第十四条 第十九条			
3.《货物贸易外汇管理制度改革相关问题解答》（第三期） Related Questions and Answers about Institutional Reform of Foreign Exchange Administration for Trade in Goods（Volume 3）	问题6			问题13
4.《服务贸易外汇管理指引》 Guidelines on Foreign Exchange Administration for Trade in Services	第六条 第八条 第九条 第十条			
5.《服务贸易外汇管理指引实施细则》 Implementational Guidelines on Foreign Exchange Administration for Trade in Services	第一章 第六条 第一章 第七条 第一章 第十二条			
6.《服务贸易外汇管理问题解答》 Related Questions and Answers about Foreign Exchange Administration for Trade in Services <2013（40）>				解答三

续表

	相关凭证 /Documents	相关报告 /Reporting	轧差净额结算 /Netting	购付汇分离 /Delink FX
7.《国家税务总局国家外汇管理局关于服务贸易等项目对外支付税务备案有关问题的公告》——2013年第40号 Announcement of the State Administration of Foreign Exchange and the State Administration of Taxation on Relevant Issues Concerning the Filing of Tax for External Payments for Trade in Services and Other Accounts	公告全文			
8. 国家外汇管理局关于印发《通过金融机构进行国际收支统计申报业务操作规程》的通知 Announcement of the State Administration of Foreign Exchange on Operation Procedures of Reporting International Balance of Payments Statistics by Financial Institutions		通知全文		
9.《国家外汇管理局综合司关于跨国公司集中收付业务数据报送相关问题的通知》 Announcement of the State Administration of Foreign Exchange General Office on Related Issues of Centralized Collection and Payment Data Submission for Multinational Corporations				
10. 西门子财务服务有限责任公司《关于跨国公司总部外汇资金集中运营管理试点业务的申请》 Business Application of Siemens Financial Service Ltd. for Pilot: Centralized Administration of FCY for Multinational Headquarters				第七章

附录 2：司库运作模式及内部银行

1. 司库运作模式

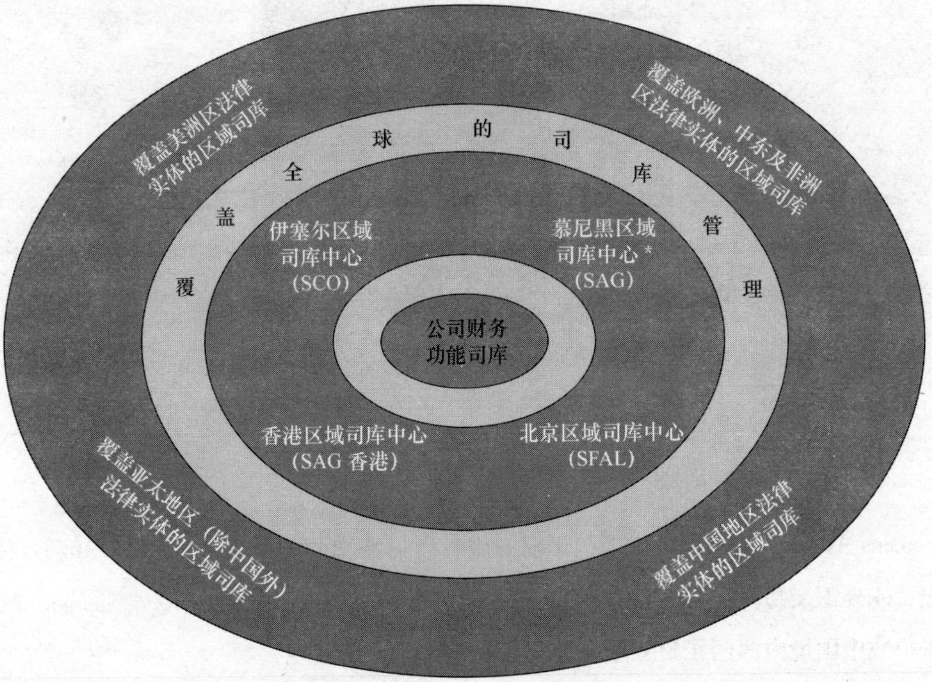

图1 全天24小时覆盖全球

注：*慕尼黑区域司库中心在执行欧洲、中东及非洲地区的司库职能同时负责协调全球各个司库的运作。

2. 内部银行

内部银行的核心部分是内部结算账户。所有西门子控股的公司必须在司库公司（Siemens AG、Siemens Finance B. V. 、Siemens Financieringsmaatschappij N. V. 、Siemens Bank GmbH and Siemens Capital Company LLC、西门子财务服务公司）开设内部结算账户。所有内部已开具发票的交易都会在每月的最后一个工作日通过会计簿记（借记/贷记）直接自动结算，不需要轧差净额结算。内部结算账户的会计簿记条目即为最终结算，不需要外部银行进行实际的汇款。所有成员公司都在相应的司库公司开立内部结算账户以及加入资金池。

通过内部结算账户系统的内部结算账户对账单，所有交易都有正确记录，可以一一对应存在司库公司的外部银行账户（资金池）的资金变动。

内部结算账户被用于：①成员公司间交易；②第三方供货商付款（通过境外

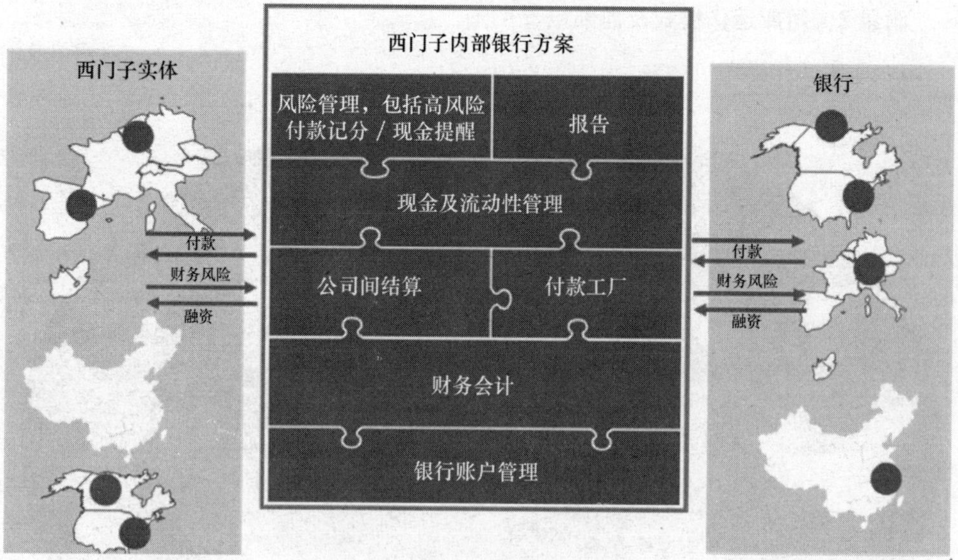

图 2　西门子内部银行方案

Siemens AG 账户或中国境内西门子财务服务公司账户的代付功能实现）；③利息簿记；④外汇交易簿记；⑤资金池交易簿记；⑥从客户收款（通过境外 Siemens AG 账户或中国境内西门子财务服务公司账户的代收功能实现）。

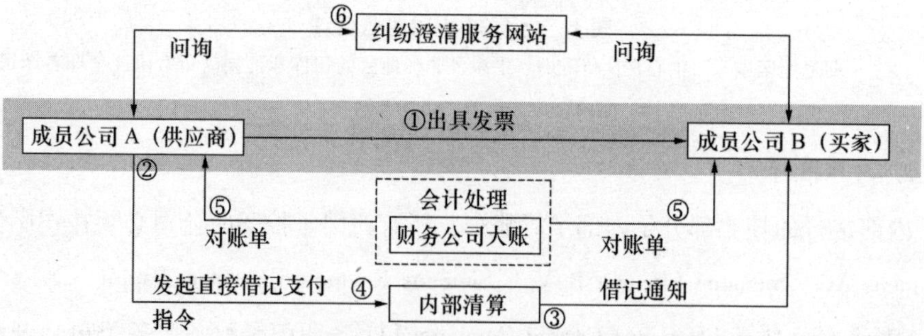

图 3　不涉及外部银行账户

我们已经为西门子中国内部成员公司的境内人民币结算建立了这一内部结算系统。无须发生资金流动，结算由会计簿记完成。

在外汇试点项目中，我们希望在跨境集团内部结算时采用上述方式。

通过连接西门子财务服务公司的国内资金池和 Siemens AG 及其他西门子司库公司在海外离岸资金池，实现跨境资金的余额管理。

附录3：“从采购到支付”流程（P2P）

西门子作为一家工业集团因为拥有一套可靠而有效的内部控制体系而享有盛誉。完善的内部控制体系能够确保只有合法业务才能发生，其中的财务管理模块有效地预防了投机行为的发生。西门子愿意与中国的工业集团分享我们的内控体系，例如简要介绍一下西门子的“从采购到支付”流程（P2P）。

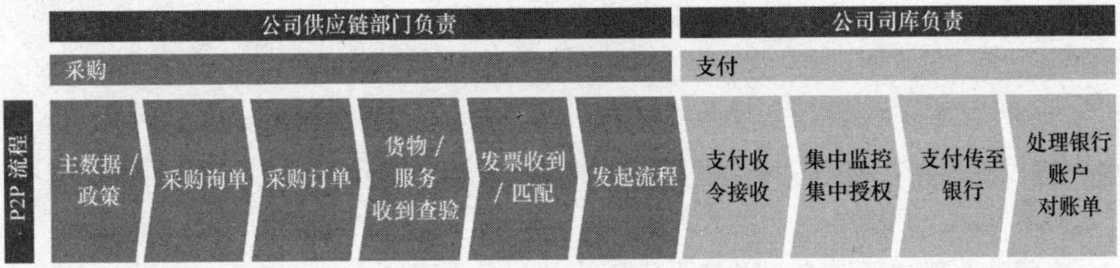

图4 “从采购到支付”的流程

上面的图表展示了“从采购到支付”的主要流程，一共由10个步骤组成。

①“从采购到支付”流程连接西门子公司内部的多个部门。第一步是建立和维护主数据和相关政策，这些是完成后续步骤的基础。

②购买操作过程的第一步是创建一个采购询单（IT系统）。在大多数情况下，这项任务是由工程部门，技术销售或者其他运营部门来执行的。询单在被批准后自动发送给采购部门。

③在采购部门中，每一个员工都有特定的权限来创建或者授权采购订单

④在交付货物或服务后，必须核查收到的货物或服务。

⑤发票必须与采购订单以及货物签收单相匹配。

⑥如果核查通过，可以发起有关订单付款的下一个的操作步骤。

⑦支付这个子流程主要由司库部门负责。收到支付指令（理想情况下通过生成于SAP系统的支付文件获得）。

⑧支付文件的集中监控与集中授权。

⑨支付文件在签名后发送至银行。

⑩处理银行账户对账单。

实施改革提高融资效率，中国可应对金融市场挑战

标准普尔评级服务

摘要

中国的金融未来正备受关注。中国公共债务水平已大幅上升，而生产率增长正随着中国经济发展进入下一个阶段而放缓。

中国国内生产总值（GDP）增长率曾经以两位数为常规水平，但目前已回落至7%~7.5%。政府部门每次仔细核查公共部门财政状况，都会发现大量新增债务。虽然标准普尔评级服务不认为中国会出现信贷紧缩，但我们认为影子银行系统错位的激励机制得不到解决的时间越长，扭曲程度也会越大。

自中国改革开放开始三十多年来，中国成功避免了困扰许多其他新兴市场经济体的外部危机和债务危机。中国政府避免了这些经济体所犯的错误，并将导致危机的市场漏洞降至最低。这些错误包括在金融业还未成熟到足以应对风险时就开放资本账户；经常项目赤字；以及在刺激增长和创新方面转向进口替代而不是推动出口。

随着中国经济发展进入下一发展阶段，也出现了新的挑战。最显著的就是“影子”银行活动的快速增长。

近期备受瞩目的一个理财产品兑付困难的案例突显出一些问题。中诚信托有限责任公司（中诚信托）一项30亿元人民币（约合5亿美元）集合信托计划的投资者据称遭受了2亿元人民币的损失。该信托计划的基础资产为煤矿项目。在市场得知发债人缺乏偿付信托产品的资金后，投资者强烈要求获得全额偿还，因存在隐含政府担保。最终各方达成协议。中诚信托显然已与一家不具名的新买家达成协议，

本文是为中国发展高层论坛2014年会提供的专题报告。

从而能够偿还所有本金，但无法支付最后一年的剩余利息。

尽管目前可能避免了危机的发生，但多个未得到解答的问题直指金融业内持续存在的风险。例如，不确定这一事件是否仍会对其他类似产品的投资者产生影响，使他们预期类似的救助举措，因此放弃必要的尽职调查。

中国金融系统内潜在减值信贷规模正在上升，并且只要市场普遍认为，包括影子银行产品在内的任何通过国有控股银行发售的产品是政府担保的，进而继续扭曲风险/收益关系，潜在减值信贷规模就会继续上升。

总而言之，各种融资扭曲导致的过度投资意味着，对于收入仅够覆盖支出的项目而言，它们创造收入来偿还银行贷款或影子银行产品的能力将越来越有问题。扭曲程度越大，偿还的可能性越低。道德风险忧虑存在的时间越长，可疑信贷的规模越大，一次事故导致系统性危机的风险也越大。在GDP增长9%~10%时看上去可行的项目，在增长率降至7%~7.5%后就不一定可行了。

道德风险游戏不能永远持续下去。政府将在某一时点不得不允许某些此类产品选择性违约，或由于系统性风险而被迫采取行动，这在事先也很难就此作出预判。

要判断情况将如何发展，可能最好从不会出错的地方开始。

中国的外部头寸依旧非常强劲。外汇储备为3.4万亿美元，相当于GDP的40%以上。此外，资本管制也意味着很难将资金带出中国。

政府财政也依旧强劲。即使根据新发布的债务数据，中国公共债务对GDP比率仍维持在36%左右。随着部分减值资产转移至政府资产负债表（危机时通常会发生这种情况），这一比率可能会显著上升，但财政仍有可观的缓冲空间。

因此可能的压力点来自以下因素的相互作用：①为薄弱项目提供融资且可能偿还困难的影子银行产品；②银行资产负债表；③信贷流；④与投资和GDP增长率的联系。

很难判断发生信贷事件的情景下，经济扩张会遭遇多大的打击。

无论如何，值得注意的是违约是任何债券市场的不可或缺的一部分，且可能是捋顺银行与非银行体系内问题的一个好办法。根据标准普尔最新的违约研究，1981~2012年间全球企业违约率（包括投资级和投机级）介于0.51%~4.09%之间。投机级企业违约率在1991年达到峰值11.01%。但作为全球第四大的中国债券市场，却仅有个别违约发生。这不是因为所有的发债人都能够全部且及时地偿还债务，而是因为地方政府或信托公司对它们实施救助，或银行发放新的贷款，允许借款人借新还旧，而不是将原本的贷款列为不良资产。

我们认为，中国债券市场能够消化一些违约事件。正常运作的债券市场将风险转移至那些愿意和有能力承担风险的投资者身上。这降低了违约的潜在影响，还分散了原本集中于银行业的风险。

尽管风险上升，我们对中国的基准情景假设仍是中期内年增长率保持在7%左右。过去10年间中国政府在处理外部和内部冲击上的历史记录，以及中国经济体所蕴藏的政策空间和各类宏观经济缓冲因素，都是支持我们基准情景假设的理由。

在政策层面，包括中国政府在内都明了需采取什么行动来抑制道德风险和资源配置日益不当的忧虑，即风险需要适当定价。这就意味着若理财产品的基础资产变糟，投资者必须面临可能无法收回本金和利息的前景。此外，借款人需支付与其项目的偿还可能性对应的收益率，而不是借助政府信用度占便宜。

中国金融市场发展趋势日益备受关注。随着中国经济发展驶入新阶段，中国面临公共债务水平大幅上升且生产率增长放缓的局面。“影子”银行系统一项信托产品的兑付困难事件及随后的救助措施也引发了对道德风险的担忧。但另一方面，强化金融系统的普遍性措施在中国也同样适用，过去10年间中国政府在处理外部和内部冲击上的做法，以及中国经济体所蕴藏的政策空间和各类宏观经济缓冲因素，都是令我们放心的理由。

通常金融市场的自由化与创新同步而行，且在此基础上转而培育更加高效和更具流动性的资本市场，改善连接借款者和投资者之间的中介渠道，以及促进风险转移。但是，若缺乏合理的监管和健全的风险管理，金融创新带来的隐患可能超过益处，2007～2008年的全球金融危机即是例证。

就本质而言，金融创新就是一个试错的过程，其中涉及尽职调查、价格发现以及产品成熟时间。通常创新环境中所固有的诱因会鼓励风险偏好和过度的杠杆水平，而且金融监管通常会滞后。

首先，这迫使市场参与者完全承担恰当识别和管理相关风险的责任。但最终监管机构、放贷者和借款者必须制定一个健全的风险管理框架，以防止或至少限制那些会阻碍金融创新的行为。

即使存在上述框架，金融创新仍会带来新的和隐藏的风险。若没有预测和对冲此类风险的能力，当这些风险变成现实时，市场参与者将遭遇严重打击，令他们自身以及更广泛的金融市场陷入险境。

鉴于此，透明度是所有金融市场中最重要的因素。交易对手必须对交易风险有最大可能的了解，否则效率说就无从实现。信息必须及时、清晰、准确和完整。信息的标准化和质量与信息的数量同等重要。以上各方面因素的任何缺陷都将削弱金融创新的益处，并增加金融创新的风险。

概要

- 近期中国“影子”银行系统广为人知的一项信托产品兑付困难事件及之后隐晦的救助措施引发道德风险忧虑。
- 我们依旧认为中国政府能够管理该国短期内的经济风险，同时增长率将放缓至更加可持续的水平。过去10年间中国政府在处理外部和内部冲击上的做法，以及中国经济体所蕴藏的政策空间和各类宏观经济缓冲因素，都是支持我们上述预期的理由。
- 但中国金融业的风险正在上升。债务水平和信贷规模激增，金融业内的道德风险忧虑继续攀升，生产率增长低迷也要求政府实施提升效率的改革措施。
- 若中国积极应对上述挑战，或将继续实现较快且较稳定的增长率。但若缺乏相关举措，我们认为发生国内信贷/金融业危机以及经济增长率显著放缓的可能性将大幅上升。

有关透明度的基本原则对中国而言尤其重要。一直以来中国经济增长稳定且令人瞩目，还帮助拉动全球经济走出近期的金融危机。但目前中国这艘经济航母正接受密切观察，中国经济增长模式的可持续性备受关注。

中国国内生产总值（GDP）增长率曾以两位数为常规水平，但目前已回落至7%～7.5%。政府部门每次仔细核查公共部门财政状况，都会发现新的大量债务。虽然标准普尔评级服务不认为中国会出现信贷紧缩，但我们认为影子银行部门错位的激励机制不得到解决的时间越长，扭曲程度就越大。而扭曲程度越大，在风险资产价格最终回到正确水平（这也是必然结果）之时，金融业和实体经济遭受的打击也就越大。

自中国改革开放开始30多年来，中国成功避免了困扰许多其他新兴市场经济体的外部危机和债务危机。中国政府避免了这些经济体所犯的错误，并将导致上述危机的市场漏洞降至最低。这些错误包括在金融业成熟到足以应对风险之前开放资本账户、经常项目赤字及在刺激增长和创新方面转向进口替代而不是推动出口。

其次，中国起点较低令其能够快速赶上。从落后于全球科技前沿水平开始发展意味着，在提高生产率的过程中，刚开始可借鉴许多经验和技术，因而生产率提升较快。生产率的快速提升转而推动经济加速扩张，掩盖了资源配置的低效率。换句话说，只要GDP快速增长，很多潜在问题能够相对容易地消化或掩盖。

最后，金融抑制（限制家庭的选择从而达到减少消费和释放更多资源用于投资的政策）在很多方面对中国起到助推作用。这在西方分析师听起来可能不可思议，但标准普尔认为这对理解中国的成功故事至关重要。消费一直遭到压制，使得中国能够长期维持投资热潮和对外盈余，但投资并非总是高效的。

可以说如果中国的投资和消费以相同的步伐扩张，可能就无法避免曾经困扰过其他发展中经济体的危机。中国居民无法在全球范围内摆布其资产组合，但好处是也不会遭遇来自其他地区的“买家罢市”。金融抑制也令银行获得充裕且垄断性的资金，作为对企业低成本贷款的来源；自筹资金且保守运营的银行业也为经济体提供额外的缓冲。

随着中国经济步入下一发展阶段，中国也面临新的挑战。最显著的就是“影子”银行活动的快速增长，首先需明确的几个问题是：影子银行融资究竟包括什么类型的融资活动？金融业内减值信贷规模是否被低估？低估程度如何？监管机构是否拥有工具和勇气来控制过度增长？普遍的隐性政府担保导致的扭曲程度有多大？最为重要的是如果出现差错，整体状况将会演变成何种局面？

一、解决道德风险问题

根据旧有的中国银行业模式，故事非常简单。银行吸纳存款（通常实际利率为负值），发放贷款（通常对象为关系密切的企业）。家庭投资选择有限，企业获得低成本资金进行投资和发展。但是最近几年这一模式发生了变化，且其中相当部分的操作已经挪至资产负债表外。除了吸纳存款，银行开始发行理财产品。这通常是对商业票据、其他固定收益产品、房地产贷款、大宗商品和股票进行捆绑投资。我们认为，这些产品的基础资产的信用质量较为稳健。

我们认为，理财产品市场的出现大体而言具有积极意义。家庭与储户拥有更多选择，资产多元化程度提高且收益增加。银行则找到新的收入来源。发债人找到新的储蓄池进行融资。但是，这也带来了新的风险。举例来说，此类产品没有标准化，因此买家很难进行比较。尽管它们最初的结构非常简单，但现在结构已变得更加复杂，因此监管机构在风险监控方面可能存在滞后风险。

近期，备受瞩目的理财产品兑付危机突显这些问题。中诚信托有限责任公司（中诚信托）一项30亿元人民币（约合5亿美元）集合信托计划的投资者据称遭受2亿元人民币的损失。该信托计划的基础资产为煤矿项目。在市场得知发债人缺乏偿付信托产品的资金后，因存在隐性政府担保，投资者强烈要求获得全额偿还。最终各方达成协议。中诚信托显然已与匿名新买家达成协议，从而能够偿还所有本金，但无法支付最后一年的剩余利息。

尽管暂时可能避免了危机的发生，但多个未得到解决的问题直指金融业持续存在的风险。首先，虽然根据原始的购买条款投资者已经遭遇亏损，但仍不清楚为何不愿正式承认该计划已经违约。其他的问题包括缺乏最终买家的身份信息、解决方案的具体条款，以及负责分销该产品的中国工商银行股份有限公司所发挥的作用。此外，也不清楚这一事件是否仍会对其他类似产品的投资者产生影响，使他们预期类似的救助举措，因此放弃必要的尽职调查。

解决方案似乎很简单：监管机构允许那些进行糟糕投资的影子银行产品违约，让产品利率升至市场水平，但到目前为止监管机构还不能或不愿这么做。

目前对政府为何未采取行动灌输市场纪律存在两派观点。

第一派观点是政府不希望影响社会稳定。该观点认为最好静候事态变化，让目前的影子银行模式继续下去，寄望于再度依靠经济增长来解决所有问题。这一观点的依据是对整个金融业风险重新定价的影响过于严重。

第二派观点则更为乐观，认为政府确实想灌输一定的市场纪律，但在等待恰当的时机，确保已建立了必要的金融架构。举例而言，该金融架构包括中国人民银行的银行间拆借窗口扩展至中小型银行。若发生影子银行信贷事件，中小型银行可能需要流动性。

无论哪一观点是正确的，中国金融系统内潜在减值信贷规模正上升，并且只要市场普遍认为，包括影子银行产品在内的任何通过国有银行发售的产品是政府担保的，从而继续扭曲风险/收益关系，规模就会继续上升。

二、由市场决定

中国中央政府已经表态，希望消除道德风险，限制政府隐性担保，并为非银行业的健康发展提供平台。中央政府的主要目标之一就是让市场发挥决定性作用。如果一家政府关联实体或地方政府对上述陷入困境的集合信托计划提供救助，我们认为就错过了解决道德风险问题的一个黄金机会。

中国国务院近期发布文件以更好地监管影子银行业务。监管机构面临的问题是理财产品进入市场的时间表和条件，包括在更具挑战的市况下这些产品的表现。我们认为，这些投资的风险和成本也必须清晰且有效地传达，如果这些产品是面向散户投资者的则尤其如此。

理财产品的基础资产基本上毫无限制。此类产品的承诺年化收益率（在10%左右）通常是银行自身发行产品的两倍，因而对投资者极具吸引力。更关键的是此类产品与银行自己的理财产品一样通过银行销售（政府隐性担保）。

风险和收益的关系被政府隐性担保所混淆，从而导致风险产品的利率过低，以及此类风险产品的供应过剩。这导致对在此扭曲结构下（成本太低且太容易获得）获得融资的项目过度投资。

这并不是说传统银行渠道没有出现过度放贷的行为。自全球金融危机爆发后，中国激进且大体上成功的应对措施是扩大银行贷款规模，2009 年的信贷增长率超过30%。但并不是所有上述贷款都得到了有效投资。

总而言之，各种融资扭曲导致的过度投资意味着，对于收入仅够覆盖支出的项目而言，它们创造收入来偿还银行贷款或影子银行产品的能力将越来越有问题。扭曲程度越大，偿还的可能性就越低。道德风险忧虑存在的时间越长，可疑信贷的规模越大，一次事故导致发生系统性危机的风险就越大。在 GDP 增长9% ~10%时看上去可行的项目，在增长率降至7% ~7.5%后就不一定可行了。

三、找出压力点

道德风险游戏不能永远持续下去。鉴于可能会有许多项目以不切实际的收益率发行越来越多的影子银行产品来获得资金，政府将在某一时点不得不允许某些此类产品选择性违约，或由于系统性风险而被迫采取行动，这在事先也很难就此作出预判。

要判断情况将如何发展，可能最好从不会出错的地方开始。我们能够想到的中国经济模式中依旧坚不可摧的两个领域是：外部头寸和政府财政。

中国的外部头寸依旧非常强劲。外汇储备为3.4万亿美元，相当于GDP的40%以上。此外，资本管制意味着资本很难大量流出中国。即使出现资金大举撤离，政府仍可选择让人民币贬值，而不是保卫预先确定的人民币汇率。无论如何都很难想象会发生全面的国际收支危机（包括耗尽官方储备），以致需要国际货币基金组织（IMF）援助的情况。

政府财政也依旧强劲。即使根据新发布的债务数据，中国公共债务对GDP比率仍维持在36%左右。随着部分减值资产转移至政府资产负债表（危机时通常会发生这种情况），这一比率可能会显著上升，但财政仍有可观的缓冲空间。

因此，可能的压力点来自以下因素的相互作用：为薄弱项目提供融资且可能偿还困难的影子银行产品；银行资产负债表；信贷流；以及与投资和GDP增长率的联系。一个信用事件的关键要素可能包括：

①政府部门允许一个重要的理财产品或一部分理财产品违约。

②紧接着出现“影子银行”挤兑。随着部分产品（可能集中于非银行发债人）重新定价，下调价格以更为恰当地反映风险水平，造成明显的市场动荡。此后可能会有更多的产品遭遇违约。非银行信贷市场的新融资窗口可能关闭。

③对于那些通过资产负债表外借贷参与风险项目融资程度较大的银行来说，它们的流动性和偿债能力将面临质疑。中国人民银行入场干预和向所有有偿债能力的机构提供流动性（以及区别对待）的意愿和能力至关重要。

④甚至可行投资项目的融资也收紧。投资放缓、资产价格（股票和住宅）大幅下跌。

⑤随着增长放缓，不良贷款可能上升，更多的银行面临困境。这又导致信贷进一步收紧，经济增长也进一步放缓。

此时，应对政策的有效性显然是至关重要的。即使放贷会对银行的资产负债表造成严重伤害，政府是否仍会命令银行放贷？中国人民银行是否会释放银行的存款准备金来“融通”不良资产？政府是否会购买某些债务或直接提供担保？道德风险是否转化为另一种形式继续存在？

另外也很难判断在这样的情景下经济扩张会遭遇多大的打击。从国民经济核算方面来看，如果将投资对经济增长的历史贡献剔除，并且考虑到对消费的连锁影响和部分具有抵消作用的政府支出，GDP年增长率将降至4%左右（季度增长率的降幅可能更大）。增长放缓持续时间将取决于清理银行资产负债表和恢复信心所需的时间。从历史上的案例来看，我们认为20世纪90年代的中国和更为近期的越南均为国有经济占主体、信贷推动经济增长的典型。其金融过度膨胀后，信贷大幅放缓曾拖累经济增长率降至约5%，尽管这两个例子中都未发生金融动荡。

鉴于中国在全球经济中具有系统重要性，此类事件的辐射效应可能对亚洲和其他地区的很多国家造成重大影响。

四、违约益处

无论如何，值得注意的是违约是任何债券市场的重要组成部分，且可能是理顺银行与非银行体系内问题的一个好办法。根据标准普尔最新的违约研究，1981～2012年间全球企业违约率（包括投资级和投机级）介于0.51%～4.09%之间。投机级企业违约率在1991年达到峰值11.01%。但作为全球第四大的中国债券市场，却仅有个别违约发生。这不是因为所有的发债人都能够全部且及时地偿还债务，而是因为地方政府或信托公司对它们实施救助，或因为银行发放新的贷款，允许借款人借新还旧，而不是将原本的贷款列为不良资产。近期由太阳能组件生产商上海超日引发的违约事件是一个积极信号。我们认为它将是一个先例，可以推动中国出现更多的基于风险定价的信贷产品。

我们认为，中国债券市场能够消化一些违约事件。正常运作的债券市场将风险转移至那些愿意和有能力承担风险的投资者身上。这降低了违约的潜在影响，还分散了原本集中于银行业的风险。

违约促使承担责任的主体由政府转向投资者。但要使转变有效发生，投资者需要得到进行尽职调查所需的信息，使他们能够根据风险和收益情况更为恰当地对项目和投资进行定价。不具有经济性和低效的投资或项目将没有市场，或者需要向投资者提供更高的收益率。

五、预防胜于救治

中国有句格言：上医治未病，中医治欲病，下医治已病。

随着中国经济发展进入新阶段，金融业自由化程度不断提高，经济增长放缓，政府仍旧在经济中发挥决定性作用，中国面临一系列新的挑战，在此背景下上述格言显得格外重要。若上文所述趋势不得到抑制，我们会看到道德风险导致普遍的风险资产价格低估，以及对不可行项目的过度投资，这可能伤害整个系统。最终可能发生信用事件，并造成投资和GDP增长大幅放缓。

尽管风险上升，但我们对中国的基准情景假设仍是中期内年增长率保持在7%左右。过去10年间中国政府在处理外部和内部冲击上的做法，以及中国经济体所蕴藏的政策空间和各类宏观经济缓冲因素，都是令我们放心的理由。

在政策层面，包括中国政府在内都注意到需采取什么行动来抑制道德风险和资源配置日益不当的忧虑。即风险需要适当定价。这就意味着若理财产品的基础资产变糟，投资者必须面临无法收回本金和利息的前景。此外，借款人需支付与其项目的偿还可能性对应的收益率，而不是搭政府信用的顺风车。

对任何政府而言，向市场灌输纪律性永远都没有好的时机。但我们必须明白中国政府束手等待的时间越长，最终产生的问题可能越大。

提升中小企业在经济发展中的作用

渣打银行

一、中小企业概况

1. 中小企业在经济建设中的作用

中小企业（SME）是经济发展的催化剂，对发展有着重要的贡献，因此不论是发达国家还是发展中国家，都十分重视中小企业。人们普遍认为，鼓励创业精神有利于提升竞争力、促进贸易和创造更多工作机会。此外，小企业还是推动创新、减少贫困、创造就业和促进社会融合的推动因素。

中小企业是全球经济的支柱，对 GDP 和就业有着重要的意义。这一板块通常占企业总数的大约 95% 左右，雇用近 66% 的劳动力，占各国 GDP 的比例达到 30% ~60%。从历史来看，在我们经营业务的大多数市场中，中小企业的增速约为 GDP 增速的两倍，在中东、非洲和亚洲，中小企业的年增速有望达到 10% ~12%。

2. 中小企业在中国的作用

中小企业对中国的经济和社会发展至关重要。官方统计数据显示，中小企业为中国贡献了约 60% 的 GDP、70% 的出口、52% 的税收和 80% 的就业。此外，75% 的技术创新和 80% 的新产品也来自中小企业，随着中国经济向价值链的更高端转型，中小企业将成为未来中国经济发展的重要环节。

政府和非政府组织出台了各种政策和工具，扶持中小企业的发展，其中包括补贴担保计划、拨款、培训，以及在法规方面给予银行各种激励，鼓励它们向中小企业贷款等。

本文是渣打银行为中国发展高层论坛 2014 年会撰写的专题报告。

3. 其他国家的中小企业成功经验

许多国家都曾成功利用中小企业推动经济发展。研究其中表现出众的国家，能让我们大受裨益。下文选择了韩国和意大利的例子，其原因在于：(1) 中小企业在推动这两个国家转型成为发达经济体的过程中发挥了重要的作用，(2) 这两个国家的政府不断推出成功的政策，扶持中小企业的发展，(3) 这两个国家从全盘发展的角度看待相关计划，不局限于法律框架或中小企业技术项目或政策。第3节将重点介绍其他国家在特定领域采取的最佳做法。

(1) 韩国：与时俱进

纵观全球发达市场，韩国的中小企业对就业的贡献最大，其比例高达90%左右，高于德国（80%）和美国（50%）。这归功于韩国一直以来，坚持从政策和基础设施发展方面支持中小企业的发展。

韩国的中小企业政策独具特色，它们综合全面、与时俱进。其中包括：制定相关法律框架（制定支持中小企业的法律和政策），推出提升中小企业能力的项目（小企业支持中心和女性企业中心），提供资金支持（《1994年地区中小企业法》规定向特别支持区的中小企业提供资金，2005年创立韩国风险基金投资公司（KVIC）组合型基金）。

过去50年，支持主题不断演变。20世纪60年代，中小企业的发展刚刚起步，中小企业政策也主要关注基本面。1966年，韩国实施《中小企业框架法》，1968年在商务部下设中小企业司，负责处理逐渐增多的中小企业相关事务。还针对当地工会，颁布了《中小企业合作法》。20世纪70和80年代，支持重心投向发展。一系列推动出口和技术设备更新的政策出台，鼓励本地化及降低对进口的依赖。20世纪90年代，为了应对金融危机，支持重心转到了重组和创新上。1994年，《地区中小企业法》出台，旨在进一步促进特别支持区中小企业的发展，并设立了信用担保。2001年，《中小企技术创新促进法》实施。2005年，由政府支持的组合型基金KVIC启动，为技术创新领域的中小企业提供稳定的资金。目前，该基金的管理资产达15亿美元，投资超过150家风投公司和收购公司，并每年向风投基金注资2亿~3亿美元。它还支持企业与外国投资者合作，鼓励打造全球网络，并确保基金管理系统的透明度。KVIC的创立推动了韩国的立法并强化了其法律体系，确保为风投行业提供稳定的资金，同时还促使国家修改法规，力求吸引更多的私人投资者投资风投基金。

(2) 意大利：小企业集群带动的大型全球经济体

鉴于其在欧盟的独特地位，意大利的经济发展尤其耐人寻味。意大利经济规模庞大，主要特征包括较高的人均 GDP、相对高昂的人工成本以及小企业的影响力。意大利是全球最大的经济体之一，但其工业企业中，员工不足 100 人的高达 98%。近 90% 的公司，员工人数少于 20。意大利工业企业的平均员工人数为 7 人。

意大利政府制订的中小企业支持项目和政策，无不彰显出其独特的中小企业 DNA——“中小企业集群”。中小企业集群指生产同类产品、高度合作、高度专业和相互依赖的中小企业群体。位于帕尔马的帕尔马干酪商业联盟就是一个典型的中小企业集群。公司加入集群后，可以接触到分包商、获得零件和服务，规模小不再是劣势。生产组织和现成的治理结构都有利于降低新企业的准入门槛。

与韩国一样，意大利也会根据集群处于的不同发展阶段调整政策。在集群刚刚形成时，中小企业还处于启动阶段，重心会放在降低准入门槛上。Sabatini 法为机械设备融资提供利率补贴。政府对南部地区的小公司给予更大的支持力度，该地区处于初期阶段的集群比例较高。在集群达到可观的规模后，支持重心将转向发展。1989 年，意大利出台了出口融资法律，中小企业只有在其商业联盟成员达到 8 个时，才有资格获得资金支持。1991 年，还向中小企业商业联盟提供财政补贴，鼓励它们发展技术。

虽然复制意大利的中小企业集群结构的难度很大且不现实，但中小企业在特定行业合作产生的协同效应，既能降低准入门槛，又能形成规模优势，这一点值得研究。如果能够针对特定目标行业的群体推行中小企业计划，那么这些计划在落实起来会更加简单。

二、中小企业的需求

1. 资金来源

除非中小企业能提供重要的抵押品，否则金融机构通常不愿向规模较小的中小企业提供贷款。这是因为中小企业倒闭概率较大，因此风险更高。另外，中小企业往往缺乏规范的财务报表，透明度不够，且财务方面缺乏自律。此外，透明可靠的公共和私人信息（征信系统）欠缺、薄弱的法律框架和不良债权，令情况更加雪上加霜。

2. 有利的营商环境

不同国家的营商环境大相径庭。物业注册、合同执行、公用事业基础设施、税率和贪污等在这些问题比较突出的国家中，都会对小企业造成不同程度的影响。

此外，由于中小企业管理经验相对不足且缺乏正规的管理团队，因此中小企业业主还需要学习管理和财务技巧。当前的各种举措，不论是政府、非政府组织还是私人行业发起的，往往只能在个别领域实施。

3. 金融便利

中小企业业主往往身兼多职，工作时间长。因此，他们需要简单、便利和有效的银行服务，确保有效快速地处理生意。所以，他们需要的是便利的银行服务平台。

4. 中小企业在不同生命阶段的银行服务需求不断变化

随着中小企业不断发展，他们对银行服务和解决方案的需求也在演变。规模较小的中小企业更喜欢“低干涉”的合作方式，更简单的流程和产品。随着规模不断扩大，他们的需求日益复杂，因此需要更加精细化的服务和定制化的解决方案。而在这些企业变得更加成功之后，他们需要跨境拓展。他们可能需要建立海外业务，或者为新成立的子公司获取贷款。因此，他们需要无缝跨境银行服务。

三、满足中小企业需求的解决方案和最佳实践

政府和金融机构在中小企业的发展中，均扮演着重要的角色。下文阐述了政府和金融机构支持和加快中小企业发展的途径。这些解决方案还与上文提到的中小企业需求形成对应。旨在强调主要的挑战，并且阐述了渣打银行已经执行的部分解决方案。

1. 银行如何支持中小企业

（1）制订创新的中小企业信用担保标准

与规模较大的企业相比，中小企业缺乏规范的财务报表，透明度不高。这使得中小企业难以通过传统的方法和流程（例如使用财务报表判断信用度）获取贷款。而通过更简单的创新信贷审批流程，中小企获取贷款的难度将降低。为此，渣打银行在部分市场推出了商业分期贷款（BIL）服务，以银行结单和征信机构信息作为审批贷款的依据，并采用基于分析法的记分卡评估此类信息。这种方法为小型企业提供了快捷便利的贷款解决方案，而 BIL 也成为我们各个市场中的领先产品之一。中国是我们最重要的 BIL 市场之一。截至 2013 年 12 月，我们在中国有约 4 亿美元的 BIL 贷款余额，而在全球有 20 亿美元的 BIL 余额。

（2）提供能降低中小企业信用风险的金融解决方案

传统的贷款解决方案需要提供许多中小企业没有的抵押品。此外，中小企经营历史短、规模小且更易受市场波动的影响，因此中小企业的信用度弱于大型企业。为了解决这一问题，渣打银行提供应收账款服务和保理服务等解决方案，通过这些解决方案，中小企业供应商可以凭借大客户的应收账款获得流动资金贷款，有效地将供应商的信用风险转移给他们的优质客户。

（3）与私人和公共部门合作，培训中小企业的银行和商业技能

许多中小企业缺乏基本的财务规划技能，在这一方面银行可以提供帮助。自 2009 年起，渣打银行开始向其所在市场的中小企业客户提供培训，帮助他们成长及更好地管理企业。

例如，2013 年 9 月，渣打银行（中国）有限公司与普华永道合作在成都举办了一次面向中小企业的定制培训项目。该为期一天的研讨会覆盖超过 130 位中小企业业主，他们接受了财务管理和会计方面的培训。这些培训计划旨在帮助中小企业更有效地管理财务，同时获得发展业务所需的适当产品和服务。

渣打银行中国还面向中小企业客户启动了 eMBA 项目。客户将在接受商业模式优化、税务规划、公司内控和管理、现金/资本管理等主题的培训后，获得相关认证。

（4）提供专为满足中小企业需求的便利交易服务

从市场研究和客户访谈中，我们得知中小企业业主十分繁忙，没有时间处理他们的银行交易。因此，他们更喜欢简单易行的银行服务。为了解决这一问题，银行需要拉近服务与客户之间的距离。渣打银行就专门针对中小企业的需求，推出了全球网上银行平台 Straight2Bank。通常，银行会提供零售网上银行平台和/或企业银行平台。前一种平台对中小企业客户而言过于简单，因为他们拥有不同的产品（例如贸易），需要更精细的功能（例如，针对不同管理团队成员的多级访问权和授权）。另一方面，后一种平台对中小企业而言过于复杂，许多与他们无关的功能令他们望而生畏。而面向中小企业的 Straight2Bank，在易用性与需求相关性之间达到

了完美的平衡。

截至2013年12月，渣打银行在中国已经拥有超过7 000个Straight 2 Bank活跃用户，约占渣打中小企业客户总数的2/5。2013年全年，通过Straight 2 Bank执行的交易总数超过350 000件，占我行处理交易总数的85%。

（5）根据中小企业的生命阶段，向其提供差异化的服务和解决方案

中小企业的需求随其生命周期不断演化。规模较小的中小企业看重服务的便利性，因为他们的需求较为基本，银行知识也处于初级阶段。为了满足此类需求，渣打银行在多个市场（尤其是新加坡、阿联酋和韩国）推出了一体式捆绑解决方案，从现金管理到贷款解决方案均涵盖其中。这不仅帮助中小企业简化交易过程，更为他们提供了满足需求的综合解决方案。例如，向阿联酋中小企业客户推出的商业精华（Business Essentials）捆绑式服务，就是适合规模较小的中小企业的一体化交易解决方案之一。它包括提供免费支票本的存款账户、免费注册使用为中小企业量身定制的Straight2Bank网上平台、优惠的定存利率、外汇服务、汇出电汇服务（OTT）、员工薪酬服务和中小企业商务借记金卡（SME Gold Business Debit Card）。只需一个应用程序（而不需要分散的多个应用程序），便可将单据数量减少30%到40%，将交付时间缩短25%到50%。此外，组合式交易定价相比临时购买单个产品和服务，能够为客户节省成本。

随着中小企业不断发展，他们对服务的需求也愈加复杂。为此，我们委派专门的客户经理，在外汇、贸易和现金管理专家团队的支持下，为客户度身定制满足其需求的解决方案。

（6）提供跨境人民币解决方案

随着中小企业日益成熟及希望向海外拓展业务，我们需要满足他们的跨境银行服务需求。例如在中国，我们设立专责跨境代表，与我们所在市场的其他代表合作，为非洲、东南亚和中东等中国主要“贸易走廊”提供更好的服务。渣打还对发展中的人民币国际化予以支持，向中小企业客户提供创新的解决方案。例如，渣打银行中国是首批完成人民币跨境公司间双向借款的银行之一，根据面向位于昆山的台资企业的一项试点计划，帮助了该地区一家台资企业开展该业务。

（7）利用大数据抢占优势地位

作为下一个创新、竞争和生产力的前沿技术，“大数据”如今成为全球瞩目的

焦点。银行也开始积极创新，提供利用“大数据”的解决方案。虽然这些解决方案大多处于初级阶段，但潜在解决方案可能会覆盖广泛的领域，例如风险管理、市场分析、流程效率和客户体验。例如，基于大数据应用程序的智能分析结果已被用于增强跨渠道的营销效率，实施事件驱动的营销，并指导银行网上平台的实时营销。未来，我们认为其中一些程序将有助于我们的中小企业客户，提升他们的效率并降低银行服务的成本。

2. 政府如何支持中小企业

（1）制定促进中小企业贷款的政策和担保计划

政府可以通过实施促进中小企业贷款（不论是自愿型还是强制型中小企业贷款）的政策和计划，对阻碍中小企业发展的市场失效做出赔偿。

自愿型中小企业贷款计划旨在提升中小企业贷款的吸引力，进而鼓励银行增加对中小企业的贷款。这些举措旨在解决下面的一个或全部问题：①如果银行因为资产负债表受经济危机或更高资本要求的掣肘，而不愿意向中小企业放贷，那么政府将推行各种计划，降低向中小企业提供融资的成本；②如果银行因为中小企业的信用风险高而不愿意向它们贷款，那么政府会试着介入，以降低银行承担的信用风险。

为了应对银行资产负债表减值，各国政府都实施了各种资助计划，力求向中小企业提供融资的成本。英国推出了融资换贷款计划（FLS），根据银行的贷款账目，按照补贴利率向银行注资。该计划更注重对中小企业的贷款，银行越早提供贷款，获得的奖励越高。埃及也推出了类似的计划，其政府宣布银行持有的中小企业资产不必遵守央行14%的准备金要求。

其他国家的政府选择解决中小企业信用风险问题。政府信用担保（CG）计划为中小企业的部分贷款提供担保，降低了中小企业的固有信用风险。CG计划可以采取多种形式，为投资组合或账户提供担保。渣打银行与8个国家或地区的政府携手合作，为中小企业提供政府分期贷款（GIL），这八个政府分别是：中国香港、新加坡、中国台湾、马来西亚、泰国、韩国、印度和巴林。截至2013年9月，我们的GIL结余达12亿美元。

推出贷款保险计划（LIS），是缓解中小企业信用风险的另一个途径。以新加坡为例，总保费由保险公司根据借款人的现状确定，并由政府提供50%的保费支持。

一些政府则选择实施强制型的中小企业贷款计划，要求银行向中小企业贷款。例如，阿曼央行规定商业银行的中小企业贷款必须占其贷款总额的5%以上。对银行而言，此方法的主要缺点是，如果信贷环境欠佳，银行在切实遵守该要求时就会面临挑战。还会导致外资银行不愿投资该市场，从而影响当地银行业的竞争环境。因此，要想使此方法发挥作用，应在此基础上制定更广泛的计划，构建透明、高效的环境，降低银行面临的中小企业信用风险。

（2）改善有关财产权和抵押权的法律框架

有效的抵押体系可降低违约率，减少贷款人的违约损失，从而鼓励放贷。这涉及到一系列的许可抵押品（尤其是动产抵押品），以及确定明确的优先级排序（澄清抵押债权人的权利）、高效的抵押登记（使优先权益为公众所知），并且在发生违约的情况下，应有效执行对抵押品享有的权利（包括扣押和处置）。中东地区在这一领域面临挑战。而美国、英国、中国香港和新加坡等发达市场，均已建立了行之有效的成熟抵押体系。

2004年，中国开始着手改革其动产担保框架，鼓励抵押有价动产获取融资。在改革之前，中国法律对动产抵押品的使用做出的规定，是中小企业融资的主要制约因素，因为银行贷款主要基于房地产抵押，而中小企业通常并没有这类抵押品。《中国物权法》的制定显著扩大了动产抵押品的使用范围，并该法律在电子登记系统创建后得到了进一步的落实。中小企业可以申请应收账款（AR）抵押融资，此类融资可通过以及通过电子登记系统注册在案。2007～2011年底，AR抵押贷款达9万亿元人民币，其中43%流向中小企业。

（3）提升信贷和信息透明度—征信局、中小企业评级、公司登记册

政府可通过建立征信局、协调制订中小企业评级和设立公司登记册，促进信息流动，从而帮助缓解已知的中小企业高风险。

征信局的目标在于开发全面的征信系统，涵盖个人和商业信用信息，实现对微型、小型和中型企业的无缝覆盖，从而帮助贷款人更有效地管理信用风险，扩大获得信贷的渠道。同时还强制规定，应向信用登记处/登记局提供数据，并向其进行相关咨询。另外，这些数据应当能以电子方式实时访问和使用，并保持更新。在发展中市场，信息环境尤为脆弱，需要着手收集金融服务行业中所有相关参与企业以及非金融参与企业（例如公用事业和零售商）的信息。还应鼓励征信局提供信用评

分等额外服务。

新加坡征信局（CBS）得到了政府的大力支持，是东南亚为数不多的私立征信机构，同时收集消费者和企业的数据。该局与邓白氏集团建立了伙伴关系，可获得上千家新加坡公司的交易信用数据。2010 年 5 月，CBS 推出定制的信用评分解决方案，以准确量化与中小企业信贷申请相关的风险。这包括贸易信贷经验，并将这些与企业所有人和主要利益相关者的个人信用记录结合起来。在应对小型企业的风险时，如果没有详细的财务信息或此类信息不可靠，那么这种形式的混合分数就显得尤为重要。

印度中小企业业信用评级公司（SMERA）是该国第一家关注微小中型企业的评级机构，提供综合评级，供金融机构在信用评估中使用。截至 2011 年底，该机构共覆盖80 000家中小企业。SMERA 的股权十分多元化，由 11 家银行共同拥有，因此贷款人都愿意认可其评级，并向评级好的中小企业提供财务和非财务优惠待遇。评级按照规模进行分类，所以公司都会接受同业间的评估。定价政策旨在将费用维持在中小企业可负担的水平。

另外一项挑战也正逐渐显现，即在全球范围内执行日益严格的客户尽职调查（CDD）和反洗钱（AML）要求。如果银行在权衡收益机会时，发现达到这些要求的成本过高，那么就有可能不向部分中小企业提供银行服务。因此，银行和政府应当通力合作，寻求相应的方式（如：设置新程式或改进现有的风险参数）来解决这个问题，并确保 CDD 和 AML 合规。

（4）标准化会计和审计准则

强大的会计和审计准则可降低信息的不透明现象，改善中小企业的融资渠道，并鼓励基于财务报表提供贷款。然而，各国必须在提高透明度与减少中小企业监管负担之间取得平衡。国际财务报告准则（IFRS）已针对中小企业做出修改，大约有 60 个国家或地区似乎已采用国际财务报告准则中小企业版。其他国家如德国和欧盟国家认为，中小企业版仍过于昂贵，因此采用了简化版。在欧盟，员工不足 50 人的公司无须开展强制性审计，这一规定也是为了在提高透明度与减少小企业业监管负担之间取得平衡。

（5）放松商业限制，减少官僚作风

研究显示，国家的市场准入成本、财产登记成本越低，其制造业的中小企业规模越大。另外，监管改革可以促进建立正规的中小企业。例如，墨西哥和哥伦比亚通过改革，简化了工商登记手续，使得注册企业数量大幅增加。

过去几年，中国已实施了改革，加速企业注册和贸易，简化借款流程，加强保护投资者。世界银行对中国在改善经商便捷度方面所做出的努力也给予高度评价。未来，随着中国从投资驱动型模式转型，政府对企业在其生命周期各阶段包括起步、运营、贸易、税收及歇业，提供支持和强大的基础设施显得更为重要。

（6）继续进行金融改革

中国在新的领导班子下，正不断加快金融改革的步伐。利率市场化，人民币国际化和上海自由贸易区（FTZ）的建立将提升金融资源配置的效率，并对银行在华开展业务的方式产生深远的影响。渣打积极地应对这些变化和机遇。我们在离岸人民币市场处于领先地位，承销人民币债券，促进人民币在国际贸易融资中的作用。自中国人民银行去年中旬颁布简化跨境人民币业务的措施以来，我们已完成数个跨境人民币借款业务。此外，我们也即将在上海自贸区设立一家支行。我们拥有广泛的全球网络和深厚的金融专业知识，能为我们的客户提供量身定制的产品和服务，并积极响应人民币的政策号召，为人民币国际化贡献一分力量。

（7）协调与整合中小企业计划

已有的研究表明，利用现有中小企业支持计划的功能协同效应，比建立成本昂贵的新机构更有效。可建立一个“牵头机构”，负责协调该领域的不同公共和私人组织。该机构还应作为不同计划的信息知识库，包括支持政策的接受者的特征、成功案例和产出率。

马来西亚的中小企业支持计划涵盖法律和监管问题、金融基础设施和融资，并采取整合方式进行落实。为了确保协调、有效地实施中小企业发展计划，马来西亚中小企业公司（SME Corp Malaysia）成立。全国中小企业发展理事会（NSDC）提供政府政策指导，确保制定和有效协调适当的政策，促进中小企业的发展。2004年，NSDC和马来西亚中小企业公司制定了中小企业发展框架，协调针对中小企业的各项计划。框架分三个阶段：加强中小企业发展基础设施、建设国内中小企业能力、增强融资渠道。

（8）同非政府组织和商业组织合作开发其他融资渠道

股权是发债的有力补充，尤其是对高增长的创新型中小企业而言。同其他中小企业融资方式相比，股权基金中的中小企业参与度有限，因为股权基金通常关注那些有高增长潜力的优秀公司。不论如何，这些公司在得到亲力亲为的深度开发的同时，推动了就业增长。同时也鼓励雇佣年轻专业人士，因为高增长的创新型行业中的管理人员通常较传统行业中的年轻。股权基金案例中成功的关键因素就包括聘请一位技能高超且经验丰富的基金经理。此外，在较小的新兴市场中，区域性基金较之某一国基金更受欢迎，因为这将带来更多的投资机会和渠道。

2001 年在巴西推出的创新项目（The Inovar Program），通过建立一个风投资本市场并加强对科技类企业的私人投资，来支持新的科技型中小企业的发展。Inovar 创立了一个研究/知识和信息发送平台，并为引入和加强风投在巴西小企业基金中的投资开发管理能力。该项目的风投平台为2 650位注册企业家和200 名投资人提供了不同项目的注册方式的信息。该平台还建立了科技投资设施（Technology Investment Facility），投资者可借此对风投基金进行联合分析和尽职调查。在此平台上已开展了超过50 次联合尽职调查，15 个风投基金的约 1.65 亿美元得以落实或批准。该项目还成立了20 个风投论坛，以便于中小企业同潜在投资者和目前的商业计划沟通，使得45 家中小企业获得超过10 亿美元的风投/私募投资。

另一个鼓励股权流动的方式是推动诸如英国的 Crowdcube（www.crowdcube.com）和美国的 Cricle Up（www.circleup.com）这类群众集资网站的发展。对政府而言，股权的记录和登记方式的最有效设计以及网站在何种程度下对集资的小企业的破产和轻罪等负责任等的相关政策仍然存在疑问。很显然，用衡量上市公司保荐人的标准来对待这类网站并不现实。但不论如何，这是一种增加融资渠道，开发新的资金来源的方式，值得进一步探索。

影子银行能提供融资的新渠道，但需要对其加以监管以确保风险可控，这点对中小企业尤其重要，因为他们往往更容易受欺诈和不受监管的银行活动的影响。

四、渣打银行中小企业业务概览

1. 业务概述

中小企业银行业务部目前下属于个人银行业务部（CB），业务遍布全球，在亚洲、非洲和中东等本行开展业务的 32 个国家或地区提供服务。该部门业务多元化，单一国家或行业占该部门收入的比例都没有超过 15%。

中小企业是负债主导型业务，是本行资金和流动性基础的主要部分，客户存款占 CB 的 20%，占本行客户存款总额的 10%。总体而言，中小企业占 CB 总收入的比例约为 20%。我们认为，中小企业是本行的“高价值”板块之一，向客户提供全方位的商业银行产品和解决方案，例如现金管理、存款、支付、工资、贸易服务、营运资本融资、外汇、对冲、保险、投资、定期贷款及设备融资。

鉴于中小企业市场巨大且十分重要，我们最近对业务架构进行了调整，以便我们能更专注于该领域，确保我们以最佳方式给客户以支持。

2. 覆盖模式和投资组合状况

本行有近 50 万活跃的中小企业客户，在零售和商业领域向他们提供服务。

零售客户子板块包括年销售额低于1 000万美元且通常低于 500 万美元的小企业。他们获得的信用融资数额要小得多，并根据记分卡上规定的一组预设标准和规则发放，这被称为“计划放款”。此子板块的新客户由专责“新业务”销售人员吸引过来，之后由投资组合经理负责管理。本行还在投资组合管理型子板块拥有大量“大众市场”客户，其中大多是非借款客户，主要由本行的分行或呼叫中心员工提供服务。

商务客户子板块包括营业额通常为1 000万美元以上的中型企业，以及营业额介于1 000万美元至 2 亿美元之间的“高价值小企业业”。专责客户关系经理负责管理这些客户。在需要并获得担保时，一位独立的信贷主任会酌情授予信用融资，并由其负责批准每年至少审核一次的申请和贷款。

3. 我们的客户及解决方案

对本行在亚洲、非洲和中东的运营而言，中小企业是关键的增长型业务和客户群体，同时会加强本行“一心做好，始终如一”的品牌承诺。

如第 3 节所简述，中小企业业务部根据客户的需求和复杂程度，向其提供解决方案。投资组合管理型子板块中的小额借款客户需要基金，同时是为了扩大业务规模或用作营运资本，为此，中小企业业务部通过“计划贷款”提供了短期或中期融资。我们还通过一体化的捆绑服务，提供简单、方便、全面的解决方案。对于关系管理型子板块中，银行业务需求更复杂的大型客户，重点是贸易、一般营运资本融资、现金管理服务、销售投资和对冲金融产品。两个板块在与客户建立更广泛关系的过程中，均提供以财产为抵押的按揭贷款和贷款。这些解决方案由专责客户经理

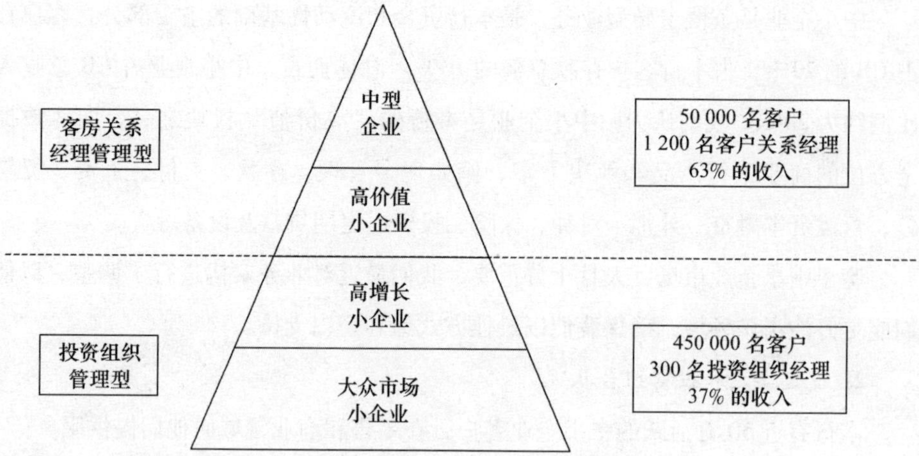

图 1　客户类型广泛，需两种不同的覆盖模式

为客户量身定制，并由外汇、贸易及现金管理专家团队提供支持。

向中小企业提供的产品和解决方案，还取决于市场或地区的成熟度和准备情况。例如，在非洲，由于没有设立征信局之类的机构，欺诈事件高发、利率高企且波动剧烈，因此计划放贷式无抵押贷款通常不会在这一地区提供。金融衍生品也仅在更成熟市场提供。不过，本行经常会及时审核新产品和解决方案的引入，并努力引领其所在市场的发展。

五、结论

中小企业在国家的经济发展中不可或缺，而政府和金融机构在确保该行业顺利发展方面起着举足轻重的作用。本文重点介绍了一些国家的成功经验、发展成功高效的中小企业行业的要求，以及渣打银行的中小企业银行业务模式。

渣打银行的业务遍及亚洲、非洲和中东。中小企业银行业务部是本行和此板块几项计划的主要发展助力，增强了我们“一心做好，始终如一”的承诺。其中一项举措是，2013 年 9 月，我们在纽约举行的克林顿全球倡议（CGI）上承诺，将重点通过提高对中小企业的融资，及培训边缘化群体（包括小企业主和青少年女性），为我们所在的市场提供增加就业和就业技能方面的支持。

参考文献

[1] 渣打银行，2009 年 8 月，“中东——中小企业的重要性日益增大”（Middle East-The rising importance of

SMEs）。

[2] 国际金融公司，2010 年 10 月，“扩大发展中世界的中小企业获得金融服务的渠道”（Scaling-Up SME Access to Financial Services in the Developing World）。

[3] 欧洲议会，2013 年 7 月，“银行体系的稳健性是中小企业得到更多融资的关键”（Banking system soundness is the key to more SME financing）。

[4] Song，B. J，2010 年 9 月，“韩国中小企业政策经验”（Experiences of Korean SME Policies）。韩国产业经济与贸易研究院。

[5] Bianchi，P，Miller，L. M. 和 Bertini. S，1997 年 3 月，“意大利中小企业带给新兴国家的经验和教训”（The Italian SME Experience and Possible Lessons for Emerging Countries）。

[6] BBC 新闻，2013 年 4 月，“英国央行延长融资换贷款计划”（Bank of England extends Funding for Lending Scheme）。

[7] 全球中小企业联盟，“四项支持中小企业发展的全球经验”（Four Global Experience to support SME development）。

[8]《华尔街日报》，2013 年 10 月，“国际金融协会表示，银行应向中东地区的中小企业提供更多贷款”（Banks Should Lend More to Middle East SMEs，Says IIF）。

[9] CentralBanking. com，2013 年 5 月，“阿曼央行推出多项中小企业措施”（Omani central bank unveils SME measures）。

第 11 章

发展混合所有制经济，深化国有企业改革

徐乐江

宝钢集团有限公司董事长

我今天谈的话题主要有三个方面。

第一，在市场配置资源起决定作用的大环境下，充分竞争行业里的国有企业，唯一的发展方向和路径就是混合所有制。

为什么这么说？钢铁行业我最熟悉，大学毕业后我就来到宝钢。1978 年中国全国不到3 000万吨钢产量，而去年是 7. 8 亿吨钢产量。中国的钢铁行业是最接近世界水平的行业。一半国企、一半民企。前年，整个钢铁行业只有 0. 04% 的销售利润率，去年涨到 0. 5% 。未来，中国要实现发展的两个百年目标，要在全国范围内实现工业化和城镇化，钢材作为基础建设原材料，钢铁企业的发展任重而道远。看看美、欧、日等发达国家和地区就会知道，钢铁行业并非夕阳行业。可今天中国的钢铁行业却走不下去，面临产能过剩的困境，老百姓也开始把“钢铁行业”当成过街老鼠，尤其是在一些国际大都会城市里。宝钢作为中国最好的国有钢铁企业，也一直在思考未来将何去何从。今天，靠政府说“让谁关停不让谁关停”已经不好使了，“国企不关停民企关停”不公平，“民企不关停国企关停”显然也不现实。所以我认为今后市场要发挥配置资源的决定性作用，一定是通过竞争来进行优胜劣汰。长久来看，我国的工业化进程告一段落以后，市场不需要那么多钢材，钢企将如何生存？我想只要时代大背景不改变，钢铁业作为充分竞争的行业，走混合所有制道路将是唯一的方向。

第二，混合所有制的目的不是为了混合而混合，而是为了让国企在深化改革中能够增加竞争力和活力，这才是关键所在。所以我们也一直在思考，宝钢作为国有

根据会议发言记录整理，未经本人审定。

企业，在下一步的深化改革进程当中，会遇到哪些难题？

①资产体量大。宝钢5 000亿的总资产，近3 000亿的净资产，发展混合所有制经济将从哪里着手？首先是有限公司变成股份公司。今天的改革是要解决全国老百姓的事情，国有企业的责任和义务也应该适当地划一部分给社会上的社保体系，从而充分保证国有企业的经营属性。

②混合所有制经济进入国有企业，就要实现“双赢”。如果不能实现“双赢”，人家资本进来干什么？资本都是要逐利和发展的。今天要改革的事情不是谁控股谁不控股，而是应该建立透明公正法制的竞争环境，同时还一定要把公司治理结构夯实，从而能够保证不管是谁的资本都可进可退，获得共同发展、共同成长。

③从国际经验来看，改革这个过程相当漫长，而且难度也很大，需要处理很多的历史遗留问题。比如说无效资产的处置问题，比如说国有企业的职工问题。某个角度上讲，国企职工既是改革者也是牺牲者，要提高企业的效率和竞争力，往往就不需要这么多的员工，如何使员工们在改革中不要失去作为一个劳动者最体面的岗位，这是很关键的。对我们来说，国企改革仍然面临很大的问题。中国的国企都是从计划经济时代走过来的，承担了历史上所遗留的很多的“包袱”，这方面的问题一定要处理好，否则的话大量国企会因此倒闭，大量的员工也会因此失业。

④估值问题，这也是一个有难度的技术问题。宝钢股份是一个上市公司，是中国最好的钢铁企业，去年，宝钢股份一个公司的利润就把全部中国钢铁上市公司的利润都囊括了。7 块钱的净资产，市场上的股价为每股 3. 88 元。其他所有制企业跟我谈外资和民资，问我能不能进行混合所有制。我就告诉他们一条原则，净资产 7 块钱以上的可以谈，净资产 7 块钱以下的可以到市场去买，免谈。所以，我们感觉到这些问题将是下一步在混合所有制过程中出现的一些难解之题。这些难题不突破的话，混合所有制的发展要取得成功那将是一句空话。

最后，我想说，对于充分竞争行业里的国企而言，在今天市场配置资源起决定作用的大环境下，走混合所有制之路是大势所趋。但是，这场改革的对象也应包括政府部门。政府部门的观念不突破，改革的难题是不可能解决的。十八届三中全会明确指出，经济体制改革的核心是处理好政府和市场的关系，使市场在资源配置中起决定作用。但我们不要忘了，前提是我们的政府比过去更加高效。

唐　桥

五粮液集团公司董事长

关于混合所有制与国企改革的思考

我简单谈一谈对混合所有制与国企改革的一些思考。

第一，和谁发展混合所有制经济

“公”＋“私”模式的合作既有利于弥合双方的短板，又能发挥各自所长，能够优势互补、发展共赢。

无论是个体、私营、外资，甚至还有产业投资基金，都可以作为混合所有制合作的可选对象。具体操作时，我们更应倾向于有市场、有技术、有上下游关联的战略合作伙伴，长期的利益交集，这种合作更可持续。同样，民营企业或外资企业在选择与国有企业合作时，也会考虑国有企业的资产质量是好是坏、产业结构是否合理、企业包袱是否沉重、市场资源能否整合等。我们认为要搞混合所有制，不是单纯地做加法，更重要的是相互间要有共同的价值取向，要能够优势互补、资源整合，要能发生核碰撞，发生核裂变，这样才能释放出意想不到的能量。

第二，发展混合所有制经济的一些难点

首先，是持股比例的问题。如果在混合过程中国企一股独大，民企或其他基金的参股沦为形式化、象征性参股，既不能激活国企的经营机制，反而会因为民企参与权降低，影响混合所有制的发展。

其次，是不同经济成分的企业文化的如何“融合”的问题。企业的文化，实际上是企业的灵魂。在国有企业与民营企业、外资企业合作过程中，文化的碰撞是必然的；如果文化融合不到位，反而会产生分歧、矛盾、不协调，导致分道扬镳。

最后，融资难易程度和融资成本的差异。总体上，国企融资难度和融资成本低于民企。这使原本在体量和实力上不占优势的民企在参与混合所有制经济时更加处于劣势地位。

第三，如何发展混合所有制经济

要发展混合所有制经济：

一要建立明确的进入机制，确定非公经济可以进入的范围，或制定明确的“负面清单”，不再笼统、含糊地描述和界定。

二要本着契约精神建立明确的利益共享、风险共担机制，要充分保障非公投资者的话语权。

三要建立明确的退出机制。投资者不管属性，都可“进”可“退”，在规则之下资本可由进退。

四要建立和完善现代公司治理结构，要从资本的属性角度去思考现代企业的管理。

五要加快推进国有企业的“去行政化”，进一步“政企分家”，还国有企业一个真正的“企业身份”。

六要加快推进资本市场改革，为各种经济成分营造一个公平合理的投融资环境。

七要加快推进全国统一的征信体系的建设和职业经理人制度的完善，为混合所有制经济的经营管理人才队伍的发展壮大创造良好的环境。

我国现在已经具备了发展混合所有制经济的“天时”和“地利”，还需要在“人和”上再努一把力。我相信，只要我们大家同心同德，同舟共济，共同探索，就一定能够迎来我国混合所有制经济发展的“黄金时代”。

汉斯－保罗·博克纳

波士顿咨询公司全球董事长

在过去几十年里中国一直在持续对外开放，进行深度去集团化，国企改革的动力越来越强。我们之所以要讨论开放问题是因为如果想确保劳动生产率和效率得到提高，确保中国经济更加强劲，关键的因素就是竞争。这个问题不仅存在于中国，在其他国家也如此。存在国企或私企垄断或缺乏竞争的地方，必然会出现效率和劳动生产率低下、资源得不到有效利用的现象。所以我会重点谈一下如何促进竞争、提升效率和劳动生产率，只有这样才能使中国在接下来几十年里不断增长。

波士顿咨询集团与中国发展研究基金共同完成了一个国企改革方面的研究，在此我有一些想法想与大家分享。正如我刚才所说，在过去30多年里，中国一直在对国企进行改革，在宏观层面上调整国企的资源配置，在微观层面上提升国企的效率和收益率。显然这些努力收到了显著成效。民营资本通过股权参与进入多家国企，因此出现了很多混合所有制企业。现代企业制度的引进将国企从政府的繁文缛节中解放了出来，很多国企自己也在不断进行自我转型。

很显然，现在还有很多重要问题需要解决，这些问题正阻碍着中国国企进入下一阶段的改革。国企在竞争性行业中仍然占据重要地位，在其他很多行业也进行着行政垄断，这意味着在这些行业没有竞争或者说竞争很少。国企应当建立起真正现代化的企业管理机制，明确划分权利和职责。而这两个问题又是密切相关的。垄断会使国企丧失提高效率的动力，反过来导致国企更加依赖于行政垄断和特惠待遇以获取资源和资金，从而形成一个恶性循环。中国在去年11月的十八届三中全会上提出新一轮国企改革举措，就是要应对上述这些问题，其目的在于鼓励混合所有

根据会议发言录音翻译整理，未经本人审定。

制、加强国企的现代企业制度、明确定义不同国企的职能。

我想提三个建议来应对这些挑战。

第一，对国企要有一个清晰的、系统的定性，明确哪些应该是国家所有制、混合所有制或私人所有制。我的建议是将企业分成三个领域：安全领域、战略产业和竞争性产业。当然了，这种定性有人为解读的成分。曾经有欧洲公司将乳制品公司视为战略产业，因此不允许外资进行收购，不允许外资拥有。所以说哪些产业属于国家安全、哪些产业属于战略产业、哪些属于竞争性产业必须要有一个清晰的界定，而且应该是狭义的界定。

第二，要集中国家资源并主要划拨给国家安全相关产业。政府应该强调发展战略产业领域中的混合所有制，国有资本应该完全退出竞争性行业。这样的过程不是一两年就可以完成的，北美、日本和欧洲都进行了多年的变革才实现目标。我们建议逐步发展混合所有制结构，同时对资本市场和监管架构进行改善。首先要有一个明确的分类；第二要确保企业能够进一步细化至上述领域；然后应该设立国有资产管理平台来对国企进行控股和管理，同时推动混合所有制结构的发展。与此同时，我们需要真正做到扩大并深化资本市场和立法环境来支持这样的发展。我们建议通过改变管理架构来使政府与企业脱钩。我认为设立像国资委这样的国有资产管理平台非常重要。从长远看，我们应该将国资委的职能进行调整，将监控职能和股东职能分开，从而避免出现混乱，同时建立起管理机制，明确划分权利和职责。就管理模式而言，我认为重要的是将国家控股的管理和企业本身的监管区分开。有一点很重要，那就是企业管理应当完全遵守市场原则，确保让市场发挥其自身作用。此外必须注重人员管理，党内干部只任职于管理平台，由职业经理人来管理国企，制定长期管理激励机制，遵守市场原则，并切实应对竞争、效率和劳动生产率问题。

最后，我认为需要改善企业管理的外部立法环境，如平等对待所有股东、加强外部监管和信息披露、保护所有的利益相关方而不仅仅只是保护股东。很显然这是一个长期的过程，可能需要 5 到 10 年才能实现，并最终在以下两个方面取得很好的平衡：一方面真正引进竞争机制，另一方面要使国企能够从容地进行改变，否则很容易出现国企在短期内大规模倒闭的情况，这会带来负面的影响。但我们必须记住，我们的最终目的是竞争、劳动生产率和效率，所有制结构只是使其行之有效的工具。若我们不把竞争机制引入各种产业，所有制本身是不能带来竞争的。

钱果丰

香港铁路有限公司主席；恒生银行主席

我的发言主要包括以下三个方面。

我对“混合所有制”的理解

混合所有制并不是一个新概念，此前的国企改革，形式上虽然实现了多种所有制的混合，但由于种种原因，实质上仍是国有经济为主。而过去几年中，国内的企业家和学者也在不断地就到底应该是“国退民进”还是“国进民退”进行辩论，这都说明混合所有制经济在国内的发展进程并非一帆风顺。

十八届三中全会明确提出了“使市场在资源分配中起决定性作用”，以及“积极发展混合所有制经济”，表明了中央政府将公有制经济和非公有制经济放在同等地位发展的态度。公有制经济和非公有制经济，两者不应该是零和博弈，不应该是相互对立的状态，而应该是共赢博弈，应该是优势互补、共同发展的状态。

混合所有制既能够推动国有企业的改革，优化国有企业的产权制度，提升国有企业的管理效率和资源分配效率；也能够拓宽非公有制经济的发展领域，提升其品牌和竞争实力。但要实现真正的混合所有制经济，目前尚需要政府在配套性政策和制度保障方面做出完善和创新，为其提供连续性的政策保障，以减少非公有制经济参与混合所有制的担忧，提升其参与的积极性。

一种特殊形式的“混合所有制”——PPP 模式

近年来，PPP 模式在国际上受到广泛关注，尤其是在基础设施领域。PPP 模式最早兴起于英国，其运作实质在于通过政府的引导和监督，在公用事业领域引入民

根据会议发言录音翻译整理，未经本人审定。

间资本，将项目的所有权和经营权交给社会投资者，目的在于建立社会竞争机制，提高公用事业的服务质量。

基础设施建设的特点在于建设周期长，资金需求大，这对政府来说是巨大的压力，而 PPP 的运作模式使得政府、公共部门和社会资本能够共同参与基础设施项目的建设和运营，实现互利共赢。其中，社会资本在满足项目的建设质量和运营服务质量的前提下，必然会追求项目的效率和回报率，这也间接使得公共资源的配置效率得到提高。对政府部门来说，一方面资金成本的压力得到了缓解。另一方面将承担更多的监督和指导职能，从而保证公共服务的质量。

虽然 PPP 模式是为社会提供公共服务的一种更高效的方式，但 PPP 模式也需要政策的有力支持，需要政府在政策和法律层面做出保障，以减少政策不确定性的影响。此外，社会资本投资公共基础设施必然会追求适当的回报率，这也需要政府出台一些优惠的配套性政策，比如允许社会资本同时进行商业或者房地产的开发等，从而提高社会资本参与的积极性。

PPP 模式在国内城市轨道交通领域的应用

目前，国内城市轨道交通发展面临很大的机遇。国务院 2012 年发布的 64 号文件《关于城市优先发展公共交通的指导意见》提出了通过特许经营等多种方式吸引和鼓励社会资金参与公共交通基础设施建设和运营；2013 年发布的 36 号文件《关于加强城市基础设施建设的意见》又提出在公用事业领域发展混合所有制经济，这些政策推动了中国城市轨道交通建设的热潮。截止 2013 年末，全国已有 19 个城市建成轨道交通线路 87 条，运营里程 2539 公里；而获批建设轨道交通的城市达到 37 个，超过 50 个城市正在规划轨道交通建设。但另一方面，依据国家审计署公布的数据，截至 2013 年 6 月底，各级地方政府负有偿还责任的债务已超过 10.8 万亿。这从一个侧面说明了城市轨道交通建设和运营所需的巨额资金，单靠地方政府的财政力量已经很难满足，这就给非公有经济和社会资本以 PPP 模式参与城市轨道交通建设提供了契机。

不可否认，非公有经济和社会资本投身城市轨道交通行业将面临着很大的挑战。城市轨道交通运营的服务质量是社会公共服务的重点，随着经济的发展，社会公众对公共服务的要求也逐渐提高，如何保证公众能够安全、舒适、快捷的交通出行，对社会资本参与城市轨道交通建设来说是一个巨大的考验。

英国伦敦是世界上最早建成轨道交通系统的城市，为减轻政府负担，提升地铁运行的稳定性，伦敦地铁在2000年成功地引入了PPP模式，成为国际上轨道交通行业建设和运营的成功典范。而港铁也参与了伦敦地上铁的运营，积累了丰富的PPP模式的运作经验。目前港铁在全球范围内，为伦敦、墨尔本、斯德哥尔摩等多个城市提供了高效的城市城际铁路运营业务。

港铁是目前全球少数能够盈利，也是最卓越的轨道交通运营商之一。列车准点率、可靠度达到了99.9%以上，在顾客服务，服务可靠性、业务表现以及安全方面均处于国际领先地位。港铁的优异业绩在于其独特的“轨道＋物业”模式，这种模式创建了轨道交通的可持续发展，既减轻了香港政府的财政压力，也使香港市民享受到了安全、舒适、便捷的公共交通服务，真正实现了政府、公众和企业的多赢。

在内地，港铁于2006年通过PPP模式参与了北京地铁4号线的投资和运营管理；之后，又以PPP模式参与了杭州地铁1号线和北京地铁14号线的投资和运营管理。这些项目的成功实施，不仅减轻了各地政府的财政负担，更重要的是有效提升了城市公共服务的质量，获得了各地政府和市民的高度认可。

近来，北京等各大城市雾霾现象严重，引起了中央和地方政府的高度关注。克强总理在2月份的国务院常务会议上提出，要对燃煤、汽车尾气和扬尘三个重点污染源加大治理；在刚结束的两会上又提出“要坚决向污染宣战”。而公共交通的建设被认为是减少汽车尾气的有效措施，随着城市轨道交通网络的建设发展，人们选择公共交通出行的方式将会逐渐增加，这必然会减少私家车尾气的碳排放，从而减少城市污染。而PPP这种混合所有制模式，将大大有助于加快内地城市的公共交通建设，加快推动改善城市的生活环境，还城市居民洁净的蓝天和清新的空气。

发展混合所有制，完善现代企业制度[①]

波士顿咨询公司

一、国企改革历程回顾

过去30多年，中国国有企业改革一直围绕着宏观层面的“国有经济布局”和微观层面的“提升国企效率”两大主题展开。2003年之前，“国有经济布局”的方向是国有经济战线的收缩，“实现国有资本从低效企业到高效企业、从小型企业到大型企业、从一般竞争性部门到国家必须抓的战略性部门集中”[②]，以摆脱国有企业大面积亏损的困境[③]。改革的成果是非公有制资本通过兼并收购、股权改造等方式参与到国企改革当中，混合所有制经济得到了相当程度的发展。而“提升国企效率”的方向是建立“现代企业制度”[④]，从而实现政企分开、企业自主经营、科学经营。改革的成果是众多国有企业从原来的“全民所有制企业”改制成为公司制公司，并依据公司法初步建立了公司治理机制[⑤]。2003年以后，在“防止国有资产流失，实现国有资产保值增值”的原则指导下，国企改革的思路发生了一定的变化：

---

① 本报告是波士顿咨询公司受中国发展研究基金会委托展开研究和负责撰写。波士顿咨询项目团队与中国发展研究基金会就报告观点进行了充分交流和讨论，分析和观点总结由波士顿咨询公司独立完成。

② 资料来源：吴敬琏，“重组国有经济，完善国有经济的所有制结构”，收录于董辅礽等主编《国有企业，你的路在何方》，经济科学出版社，1997年版。

③ 从1986~1997年，国有企业的亏损面从13%上升至38%，亏损率从7.3%上升至66%，其中亏损面=亏损企业个数/企业单位数*100%；亏损率=亏损企业亏损额/（利润总额+亏损企业亏损额）×100%。资料来源：国有企业改革与董事会建设，宁向东等，中国发展出版社。

④ 1993年11月，十四届三中全会通过《关于建立社会主义市场经济体制若干问题的决定》明确指出，国有企业改革的方向是建立现代企业制度，其含义是“产权清晰、权责分明、政企分开、管理科学”的制度。公司制（特别是股份公司制）被逐渐定义为“现代企业制度”的主要实现形式。

⑤ 1994年《公司法》出台，是国有企业深化改革的一个重要里程碑，为中共十四届三中全会的“现代企业制度”提供了法制保障。

国有经济退出竞争性领域的步伐有所放缓。国资委作为国有企业的监管者和出资人，对国有企业、特别是央企，提出了“突出主业、做强做大”等战略调整的要求，并出台了一系列举措，加强对企业责任人的经营绩效考核①、推动董事会的建设等等，旨在进一步提升企业效率。

二、当前国企改革亟须解决的几大问题

当前，我国在“国有经济布局”和“提升国企效率”两大主题上仍有诸多本质问题亟待解决。

（1）“国有经济布局”

国有经济涉及竞争性领域的比例仍然偏高；众多行业的行政垄断仍然存在。2001年，国企在非战略性领域②的资产配置为43%③，而2011年，这一数字上升到49%。由此引发的主要问题是竞争领域市场的公平性受到损害。国有企业在金融、土地等资源获得上具有较大优势，譬如，2009年以来，国有企业融资成本在7%～9%左右，而民营企业的融资成本普遍远高于10%④，国有企业和民营企业的竞争地位不平等。与此同时，众多行业的行政垄断仍然存在，譬如医疗领域、铁路系统的客运环节等，国有企业依赖行政垄断，缺乏动力提升经营效率，相关领域的经济活力受到抑制，发展缓慢。

（2）“提升国企效率”

国有企业的现代企业制度并没有真正建立，公司治理机制中各方关系没有完全理顺。在一些企业，内部人控制现象依旧严重。政府依旧对国有企业行政干预较多，“管人、管事、管资产”，使得企业的经营决策不自主、缺乏市场化的人才、管理层和员工激励不足等。直接的后果是国有企业的经营效率仍然低下：2008～2012年国有及国有控股工业企业的利润率、资产回报率（ROA）及股本回报率（ROE）

---

① 参见国资委2号令《中央企业负责人经营业绩考核暂行办法》。

② 非战略性领域指国资委定义的战略性行业及国家铁路网络运营和烟草之外的行业，国资委定义的战略领域包括关系国家安全和国民经济命脉的重要行业，包括军工、电网电力、石油石化、电信、煤炭、民航和航运等七大行业以及基础性和支柱产业领域，包括装备制造、汽车、电子信息、建筑、钢铁、有色金属、化工、勘察设计和科技等九大行业。

③ 资料来源：财务部。

④ 资料来源：揭秘钱荒及四项对策国企占用大量贷款，21世纪经济报道，2013年12月。

均低于民营工业企业[①]。以化工行业的上市公司为例，国有及国有控股化工企业的2012年利润率为1.2%，资产回报率（ROA）为0.8%，股本回报率（ROE）为2.5%，而民营化工企业这三项指标分别为4.7%、3.7%、7.2%[②]。

这两大问题互相掣肘。布局不合理限制了效率提升，而效率低下又加倍地依赖于政府在金融、土地等资源要素的补贴以及行政垄断。

三、新一轮改革方向

2013年11月，党的十八届三中全会明确提出，要“积极发展混合所有制经济”[③]，“允许更多国有经济和其他所有制经济发展成为混合所有制经济”；同时，要“推动国有企业完善现代企业制度”，并“准确界定不同国有企业功能”，深化国有企业改革。

此番改革，旨在从更深层次解决前述问题：在宏观层面，通过发展混合所有制，重新调整国有经济的布局方向，破除行政垄断，在多个领域向民间资本、国际资本开放，建设公平的市场环境，提升经济活力；在微观层面，通过发展混合所有制，优化国有企业的股权结构，改善治理机制，提升国有企业效率。

然而，要实现本轮改革的目标，需要攻克一系列难题和挑战。本报告将就“发展混合所有制经济”和“改善国企治理机制”的一系列难题和挑战，提出可能的解决方案。

1. 发展混合所有制经济

现阶段发展混合所有制经济，需要应对三大难题。

一是我国国有企业数量多、涉足行业广，如何将国有企业分门别类以有重点地推进混合所有制，避免“一刀切”？我国有10万多家国企[④]，总资产约为90多万亿[⑤]，涉及行业广泛，从核工业、电力、运输、到金融、工业制造、零售，需要制

---

① 以2012年为例，国有及国有控股工业企业的利润率为6.2%，ROA为4.9%，ROE为12.6%，资产负债率为61.3%，而民营工业企业这四项指标分别为7.1%、13.2%、29.3%及54.2%。资料来源：中国统计年鉴。

② 数据来源：Wind，申万研究。

③ 资料来源：《中共中央关于全面深化改革若干重大问题的决定》，十八届三中全会，2013年11月。

④ 2008年末，中国国有企业数量为14.3万个。资料来源：中国经济普查年鉴，2008。

⑤ 资料来源：《2013年1~12月全国国有及国有控股企业经济运行情况》，财政部。

定明确、统一且具有指导意义的分类方法。

二是哪些行业是发展混合所有制的重点，国有资本和非国有资本的混合程度又应该是多少？发展混合所有制经济，国有资本对某些企业或行业的控制力从股权层面将发生变化，需要明确国有资本在哪些行业应保持绝对或相对的控制力，哪些领域应该更多由非国有资本主导。

三是对不同类型的企业，发展混合所有制的路径是什么？我国国有企业情况千差万别，既有涉足行业比较单一的地方国有企业，也有涉足行业众多的大型央企，实现改革目标的路径也就可能千差万别。因此需要顶层制定改革路线图，对相关企业和地方政府给予方向上的指导。

针对以上难题，我们提出以下建议。

（1）以国资目标和行业本质两个维度，划分三类国有企业

确定发展混合所有制的重点，首先需要将国有企业分类，但我国目前缺乏统一明确的分类。现有的分类或者没有给出清晰的分类边界，容易造成归类混淆，或者不能指导改革实践，直观表明哪些行业应为改革重点。如国资委按行业对国家的战略价值将央企分为四类：涉及国家安全、涉及国民经济命脉、涉及支柱产业及其他①。上海国资委则结合行业的市场属性，将国企分为公共服务类、功能类和竞争类三类②。

我们认为，国有企业的行业划分是改革的工作重点之一，需要成立专业课题组展开详细研究，制定相关政策，并最终通过立法加以确定。只有清晰界定分类边界，才能明确哪些行业可以发展混合所有制，哪些行业需要更多由国有资本掌控；更重要的是，只有清晰界定分类边界，才能避免各种利益集团以“国家安全”、“战略需要”等理由阻碍混合所有制的发展，譬如将产业链上某个环节的“公共事业性质”泛化到整个产业链，导致整个产业链无法推进混合所有制。

为抛砖引玉，我们参考国际经验③，结合我国实际，暂且从两个维度划分我国

① 参考2013年12月19日国资委副主任黄淑和在国新办新闻发布会上的讲话。

② 资料来源：《关于进一步深化上海国资改革促进企业发展的意见》，2013年12月。

③ 市场经济成熟国家通常以单一维度对国企进行分类：从国有资本的目的或者从行业的市场属性。如芬兰、瑞典、新西兰和挪威以国资目标将国企分为承担特定任务、有战略利益的商业类和以投资者利益为主的纯粹商业类三类；再如法国和新加坡以所属行业的市场本质将国企分为竞争类和非竞争类。

国企：第一个维度是国有资本应实现的目标：产业控制和财务回报；第二个维度是行业的市场本质：自然垄断和自由竞争。相应地，我们尝试着将现在国有企业涉足的众多行业，归类到以下三个象限（见图1）①，并分别命名为保障类、战略类和竞争类。

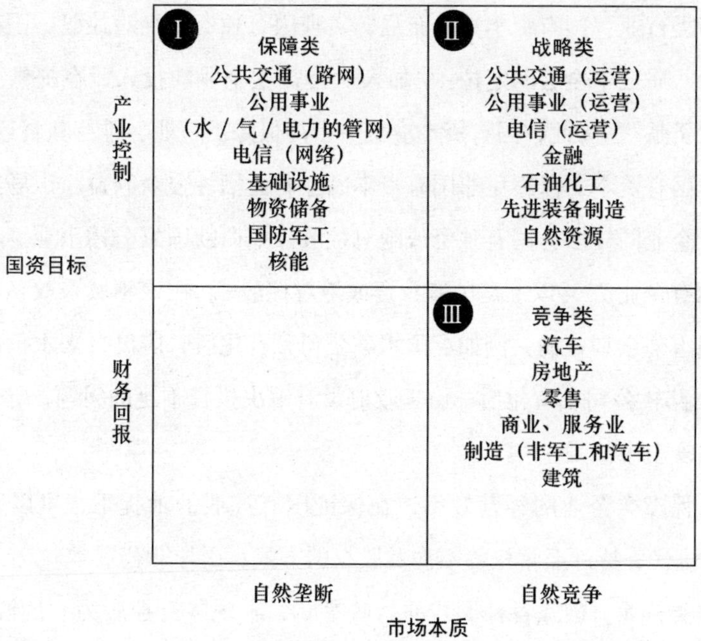

图1 从两个程度进行国企分类

①保障类行业是保障国家安全和人民生活水平的基础行业，行业目标是实现社会效益，国有资本投资该类行业的目的是实现产业控制。由于初始投资巨大，保障类往往也是需要规模经济的自然垄断行业。

②战略类行业是国家为实现特定任务（如稳定经济、实现产业升级等）而需要进行产业控制的行业。通常，国家在不同的历史时期将不同的行业定义为战略领域。行业本身是竞争性的，但国家往往采用行政垄断方式设置准入壁垒，排除竞争。

---

① 需要指出的是，产业分类还应按行业沿行业价值链和上下游进行进一步的严格界定。例如，公用事业类中基础设施的初始投资较大、短期收益不明显，但决定着公共产品的质量基础，应划分在保障类；运营环节营利性有所提高，并可引入竞争机制提高服务效率，但由于物价等因素，政府仍需一定的产业控制，划分为战略类；下游的设备制造、通用技术服务等环节则应引入充分的市场竞争。

③竞争类行业是除保障类和战略类以外的行业。国有资本进入这些行业的目的是追求资本增值和投资回报，而这些行业的市场本质也是自由竞争的。

（2）国有资本集中布局保障类，战略类着力发展混合所有制，竞争类国有资本参股或退出

①保障类行业：国有资本集中布局，实现国有独资或绝对控股。国有资本的布局应符合十八届三中全会的定位："加大对公益性企业的投入，在提供公共服务方面作出更大贡献"。为此，国有资本应集中布局保障类行业，维持独资或绝对控股，谨慎引入非国有资本，以避免非国有资本因逐利而牺牲公众利益。市场经济成熟国家的保障类企业同样多为国有独资或绝对控股，如西欧国家公用事业、核能、军工等行业的国有企业75%以上是国有独资或绝对控股①。在该领域采取私有化被证明是很容易损害公众利益的：例如英国水务公司私有化后，居民自来水价格五年内增长了60%；路轨公司私有化后，由于政府没有解决投资不足的问题，导致服务质量下降，众多安全事故发生②。

为提升保障类企业的经营效率，在保证国有控股的前提下，可以采用服务合同、BOT③ 协议、特许经营权等不涉及股权的方式，引导非公资本参与。

②战略类行业：破除各种形式的行政垄断、实现国有控股为主的混合所有制。战略性行业应该是当前大力发展混合所有制经济的重点。从前述国企分类的方式可以看出，战略类行业的市场属性是竞争性的，但国家为了达到产业控制的目标，设置了准入壁垒排除竞争，形成了各种形式的行政垄断。人为限制竞争的后果是国有企业效率低下、资源配置扭曲、和行业缺乏活力，这是全球范围内在行政垄断领域"去国有化"运动的主要动因④。以西欧为例，受行政垄断保护的电信、电力、制造业、金融、石油等战略行业是1977～2004年间引入非公资本的主要行业，涉及的交易金额占到所有"去国有化"行业的87%⑤。这些引入非公资本的企业经营效

---

① 数据来源：私有化晴雨表，www. privatizationbarometer. net。

② 资料来源：魏伯乐等，《私有化的局限》，2004年。

③ 指建设－经营－移交协议，即政府授权私营公司建设、拥有和经营一项设施，然后在一定时期末将所有权移交给政府。

④ 资料来源：约瑟夫·E·斯蒂格利茨，热拉尔·罗兰，《私有化》，2013年。

⑤ 数据来源：私有化晴雨表网站 www. privatizationbarometer. net。

率均得到了明显提升，同时市场环境得到了改善，整体经济得到了发展，撒切尔时代英国经济的发展与其“国有化”运动不无关系。

但现阶段，国有资本应在该领域仍保持绝对控股或相对控股。这些行业的健康发展对整体经济的稳定往往有举足轻重的影响力，如金融、石油化工（特别是上游环节）。在我国法制法规还不健全、市场经济环境还不完善、政府以外部监管手段规范行业运行的经验尚不充足的情况下，国家应在这些行业保持一定的控制力，以股东的角色从内部来影响行业的运作。为保证国家在战略性行业特殊事项的控制，还可在股权结构辅以“黄金一股”[①] 等机制确保控制权。竞争类行业：国有资本参股或退出、建设公平的市场环境

③国有资本应逐步退出竞争性领域。我国国有企业改革的实践表明国有资本退出竞争领域有利于资源的有效配置、市场的公平、和整体经济的增长。在市场经济成熟国家，国有经济已经基本退出了竞争领域。鉴于当前我国仍有大量国有企业参与竞争性领域[②]，实现完全退出并不能一蹴而就，在相当长一段时间内，国有资本还将存在。为此，我们建议一方面国有资本逐渐退股，发展混合所有制，一方面全力建设公平的市场环境，譬如拓宽非公资本融资渠道；通过立法限制政府对国有企业各种显性或隐性的财政补贴（如低价土地租金等）；减少政府行政审批；等等。

2. 循序渐进发展混合所有制，完善资本市场和法制环境

我国国有企业众多且情况千差万别，改革的途径也将千差万别。譬如我国有地方国企，属于竞争类行业、核心主业突出、财务表现优良且企业性质已经是混合所有制，如格力空调，改革的路径相对简单：国有资本持续退股，所得投资回报纳入地方财政。但也有央企集团母公司，全资持有、控股或参股多个一级子公司，一级子公司下又有二级、三级子公司，企业个数达到上百，涉及的行业广泛、地域广阔、体量巨大[③]，且业绩表现良莠不齐。在这种情况下，发展混合所有制可能涉及

① 黄金一股首先被英国提出并采用，是政府的一种特权股，赋予国家或政府的权力超越了一股一票的规则。黄金一股通常以否决权的形式出现，典型的权利集中在确保国家安全、保证公共产品供应、维护员工利益等方面。

② 在国资委直属的113家央企中，主营业务涉及房地产行业有14家、消费品10家、服务类7家、汽车制造5家、非战略物资贸易4家。数据来源：国资委网站。

③ 根据国资委2012年公布的数据，央企平均资产规模约2 800亿元。

的问题众多，包括如何理清各业务板块行业归属的问题、剥离不良资产时的定价问题、如何解决地方财政、地方就业的问题，等等。改革的路径将复杂且漫长，需要针对企业的实际情况，逐一分析，方可制定切实可行的策略。

但即使情况千差万别，仍有道路可循。英国、德国等国家20世纪“去国有化”的历程表明①，顶层的整体规划和高阶路线图，有助于改革的顺利开展。为此我们认为，发展混合所有制，可按照以下高阶路线图，循序渐进。

第一步：如前文所提及，需明确定义国企的行业类别。

第二步：各级国资委及国有企业根据定义，理清其业务所在行业归类。特别对央企集团母公司来说，不仅要横向理清业务板块类别，也要纵向理清产业链上各环节的类别。

第三步：成立国资管理平台（简称“平台”，平台设立的原因将在下文论述）持有并管理国有企业，推动发展混合所有制。可以判断，未来的平台数量必然不止一个，设立的方式也必然众多，具体操作方式不是本文的重点，但我们建议平台的设立需遵循以下原则：①改革成本最小化。设立平台可能涉及集团业务的分拆、重组等，为国有企业带来业务上的冲击。因此需要权衡利弊，选择收益最大而成本最小的方案。②便于外部监管及内部管理。政府监管不同类型的企业的力度必然有所区别，为便于政府监管，同时便于平台管理人员积累投资运营和管理经验，建议针对保障类、战略类、竞争类行业，分别设立平台。

现有的国有企业可大致归入不同的平台持有和管理。①对国有集团母公司下的国有企业，如其行业归类单一（仅为保障类、或战略类或竞争类），则在条件成熟的情况下，集团母公司改组为国资管理平台，相应地，其原来持有的国有企业归入平台管理。②对国有集团母公司下的国有企业，如果其且行业类别并不单一（多数集团公司或既拥有保障类又有竞争类或既有战略类又有竞争类），则需要分离不同类型的资产：集团公司可剥离竞争类的非核心主业，划拨到其他国资管理平台持有并管理；或者将不同类型的资产分离，在条件成熟的情况下，成立两个或多个国资管理平台，分别持有或管理不同类别的资产。③对规模较小、业务相对单一的国有企业（非集团公司），则纳入新设或改造的保障类、战略类、竞争类平台持有或

---

① 参考朱秋霞，德国国有企业私有化的原则、方法及对我国的启示，开放导报，2005年4月。

管理。

第四步：由战略类和竞争类平台，按照国有资本参股的目标，推动旗下国有企业实现混合所有制。而实现的方式可以多样：公开上市、引入战略投资人、管理层收购、员工持股等等。

可以预见，第三、第四步将是一个长期的过程，因此可以同时进行：集团母公司下的国有企业在平台尚未建立的情况下，由国资委推动，先行实现混合所有制。在条件成熟的情况下，再归入平台持有和管理。

与此同时，混合所有制的实现需要资本运作，资本市场应健全规范、运作顺畅，因此要逐步完善资本市场，包括股票市场、债权市场、国有产权交易市场等。譬如众多企业如通过公开上市实现混合所有制，则股票市场应容量大、流动性良好、充分保护投资者；再如众多企业如通过管理层收购实现混合所有制，则需要资产评估公开、透明、公正，以防止国有资产流失。国家还需要提供必要的金融渠道，为民营资本、国际资本等提供资金支持。

除此之外，还需要同时完善相关法制法规，以保障各利益相关者权益，后文将有所论述。

3. 改善国企治理机制

完善国有企业（包括混合所有制企业）治理机制，需要应对下列难题及挑战。

一是如何在国有资本管理架构上推动“政企分开”？在当前的国有资本管理体系下，国资委既是出资人又是监管者，导致了“政、资难分”（即监管人角色与“出资人”的角色合一）和“政、企难分”（即政府对企业的行政干预已超越公司法中定义的普通股东的权益）

二是在管理模式上，政府对国企到底应该“管什么”“管多深”？当前，国资委职能定位多重交叠，对国有企业“管人、管事、管资产”，一方面管得过多，企业的自主性、积极性受到损害；另一方面又因为管得多而难以管得准，无法根据企业的实际情况开展管理，只能采取“一刀切”的粗放式管理。

三是在人事安排上，如何处理“党管干部”与“职业经理人”之间的矛盾？又如何引入长效激励机制？当前很多国有企业集团领导甚至子公司领导均由政府任命，导致政企联系难以切断，也导致企业管理层的薪酬绩效难以市场化，不能形成有效激励，管理层很少以“股东价值最大化为导向”进行决策经营。

四是如何完善国有企业公司治理的外部环境？当前，由于立法不全、执法不严、信息披露不完善等原因，大东侵占小股东权益、国有企业内部人控制等诸多现象频繁发生。

为打消民营资本、国际资本参与发展混合所有制的顾虑，确保其参与混合所有制公司运作后利益能得到有效保障；更为提升国有企业经营效率，实现国有资本保值增值，需要解决这些难题。

针对以上难点，我们提出如下政策建议。

（1）长期分离国资委监管和出资人职能、短期设立国资管理平台

长期来看，国资委的监管部门和出资部门需要分设，便于政企分开。国际经验表明，国有企业的监管者与出资人职能大多由不同的政府机构承担：监管部门负责监督政府、出资人机构、国有企业的运作与管理；而出资人机构依法享受出资人权利、履行出资人义务，与普通出资人并无差别。譬如，法国设立国家监督署，监督国有资本经营，同时设立与其平行的国家参股局，行使国家所有权。经合组织（OECD）也在《国有企业公司治理指引》中提到，有必要在政府代行国有所有权时，将政府职能与所有权主体权利安全分离。

由于分离国资委职能将是一个长期的过程[①]，短期内比较现实的做法是在现有国资委的架构下、在国资委和企业之间建立国资管理平台，由平台作为直接出资人控股、参股国有企业。平台依据公司法成立，遵循公司法和其他相关法律，不从事具体的生产经营，而是以股东身份参与国有企业的管理和运作。同时，国资委逐步向纯粹的监管者转变。

（2）政府管平台、平台管企业以董事会建设为核心

政府对平台的管理总体上应当以董事会建设为核心：政府依据公司法和其他相关法律参与平台董事会选举；作为股东审核平台的财务报告；通过董事会参与平台的重大决策，但不干涉其日常经营等。同时，政府监管机构监督平台的合法合规性。对保障类平台，政府需要加强外部监督，如强化外部审计、加大信息披露等，以保护公众利益，减少财政浪费。

① 分离国资委职能，需要剥离各地方国资委的监管职能并整合、归并非国资委系统其他政府部门的监管职能、建立相关法律法规等等。

平台对国有企业的管理应遵循市场化原则，同样以董事会建设为核心。竞争类平台的管控可借鉴淡马锡的模式，以财务管控为主，监督财务，不干涉经营管理和人事安排。保障类和战略类平台需要采取战略管控，参与制定企业发展战略，以实现国家产业政策；对特定的重大投资决策有超越董事会的审批权等。但这种特殊权力必须事前被严格界定。

董事会建设是公司治理的核心，为此我们建议：

①政府及平台作为股东，尊重董事会的独立性。新加坡淡马锡[①]成功要素之一就是政府充分尊重董事会的独立性：财政部任命淡马锡董事会主席，淡马锡董事会有权决定公司的经营方针、在投资决策、资金使用等方面享有自主权，不受财政部的制约。对于政府部门提出的特别要求，淡马锡也将其纳入市场化评估程序，有权予以驳回；如必须执行而又造成亏损，政府予以相应的经济补偿。淡马锡同样尊重旗下淡联企业董事会的独立性。

②政府和平台严格选聘董事会成员。法国、瑞典、新加坡等国有出资人机构、平台公司，都设立了专门的部门、设定了严格的程序，为国有企业选聘董事会成员。每一个董事会成员都经历长时间的审核、推选、评价、董事会投票、股东代表大会投票等过程，以确保新加入的成员是企业发展所需要的。

③政府和平台确保董事会具有专业性、多样性、公正性，并与管理层适度分离。市场发达国家的国有企业的董事会成员大多具有丰富的行业经验，并多为非执行独立董事，以保证企业决策的独立性，防止内部人控制。譬如淡马锡目前的10名董事会成员，其中9名是非执行独立董事，均为来自独立私营企业的商界领袖。

（3）“党管干部到平台，企业聘用经理人”，引入长效激励机制

在人事管理方面，应逐步实现“党管干部到平台，企业聘用经理人”，即平台的管理人员由政府任命，而平台公司之下企业的管理人员，则采用市场化的原则，由企业董事会从职业经理人市场直接聘用，不受政府约束。“党管干部到平台”是秉承我国政治体制一贯坚持的“党管干部”的原则，保障国有资本的社会效益、经济效益目标的实现；“企业聘用经理人”目的是在企业经营、运作上，最大化地实

---

① 成立于1974年的淡马锡是公认运作较为成功的平台，截至2013年3月31日，淡马锡投资组合总值2 150亿新元，约占新加坡GDP的60%，股市总市值的20%。资料来源：2013年淡马锡年报。

现“政企分开”。

无论是对平台还是对国有企业的董事会、管理层，都应该制定长效激励机制，以保证其利益与国有资本目标一致。这种做法在其他国家的国有企业运作中已经屡见不鲜，譬如淡马锡管理层的薪酬机制就与其三年的资产回报挂钩，而非一年。

我们认为，制定长效激励机制应遵循下列原则：①激励方案应该由董事会最终确认，对平台而言，政府可以有相当的话语权，但对国有企业，政府不应干涉；②激励方案的设计应该根据市场的原则而定，需要考虑到行业的差异、企业的差异等多种因素。对平台而言，董事会应委托商业运作的、专业的第三方机构制定标准，而非政府统一划定；③激励方案应该体现相关人员担当的责任、风险以及业绩表现等要素，薪酬应随着这些要素浮动，防止“只上不下，只升不降”；④对平台和保障类国有企业而言，激励方案应公开化、透明化，便于公众监督；⑤激励方案的形式可多种多样，包括股票、期权、长期奖金计划①、长期分红权②等。

（4）完善公司治理的外部环境

参照市场经济成熟国家国有企业公司治理的最佳实践，结合我国相关机制建设的现状，我们认为在完善国有企业治理外部环境方面，需要重点关注：平等对待所有股东；加强外部监督和信息披露；保护其他利益相关者。

①平等对待所有股东。在过去发展混合所有制的实践中，曾经发生过国有企业在引入民营资本后，企业管理层与民营资本合谋向民营资本输送不正当利益、侵吞国有资产的问题；也发生过国有大股东利用控制权的不平等，侵害小东权益的案例。我国公司法虽然明确规定“公司股东滥用股东权利给公司或者其他股东造成损失的，应当依法承担赔偿责任追根溯源”，同时规定了代理投票制、累积投票制、少数股东的股东大会召集请求权和召集权等一系列的保护少数股东权益的措施，但在事前保障和事后救济的制度安排上仍存在缺陷。

为实现平等对待所有股东，我们建议：a. 考察其他国家在“平等对待所有股

---

① 长期奖金计划（Long-term bonus）通常指在期初设定一个较长周期的业绩目标（如3~5年），期末根据达到该目标程度的不同，公司在期末支付不同数额的奖金给激励对象。

② 长期分红权（Dividend sharing）指公司向符合条件的激励对象公司授予激励对象占总股本一定比例的虚拟股份，该虚拟股份可以获得对公司剩余利润的索取权利，即分红权利，但不参加股东会，也没有投票权，该权利不需员工出资也不得转让和出售。其本质是员工参与公司剩余利润的分享。

东”方面的法制建设，完善公司法和相关法律；b. 在司法体系内，简化并完善少数股东权益申诉和救济的工作机制，做到司法独立；c. 在组成混合所有制公司时，股东各方可签订一般法律框架之外的合约规定，譬如核心高管的任职安排、投票权分配、退出机制等等，以避免未来可能发生的冲突；d. 同时，为避免少数股东滥用其申诉权利，在保护少数股东权益立法和执法机制建立的同时，同样保护董事会、管理层的权益，建立替代性的听证会或仲裁程序，以避免高成本的法律诉讼；等等。

②加强外部监督和信息披露。在发展混合所有制的过程中，要防止“国有资产流失”和“内部人控制”现象的发生，需要加强对国有企业的外部监督和信息披露，以便国有企业的最终股东“全体人民”知情并监督。当前，国资委作为监管机构，设定了严格的审核、稽查、监事派出等机制，发挥了重要的外部监督作用。但是，国有企业内部人控制所致的贪污腐败案例仍时有发生，证明外部监督机制仍需要进一步的健全。

为此我们建议：a. 建立和完善独立的资产评估机构和审计部门，就国有企业的资产出售、股权受让等，开展独立的资产评估和外部审计；b. 鼓励政府监管机构聘用第三方专业的审计机构对国有企业和控股混合所有制企业开展定期或专项的外部审计；c. 借鉴市场经济成熟国家对国有企业信息披露的相关规定，在遵循市场竞争原则的基础上，加强对外信息披露，譬如公开国资管理平台整体财务状况、公司治理机制、重大资产出售等信息；等等。

③保护其他利益相关者的权益。在发展混合所有制的过程中，国有企业其他利益相关者的权益也有可能受到影响，譬如引入民营资本后，企业可能为降低成本开展大规模裁员，或者在与银行、供应商的合作中引入不规范的操作等等。

为保护员工、债权人、供应商、客户等利益相关者权益，我们建议：a. 完善《劳动法》《合同法》《破产法》等相关法律，并强化执行；b. 在组成混合所有制公司时，政府、国有股东、非国有股东就利益相关者的权益保护达成协议，譬如裁员规模等；c. 在混合所有制的董事会、监事会建设中，给予利益相关者相应的席位，参与公司治理；等等。

四、小结

总结而言，发展混合所有制经济的意义在于调整国有经济布局、提升国有企业效率。

发展混合所有制的重点领域在战略类和竞争类，保障类领域则仍维持国有资本的绝对控股。战略类领域要破除各种形式的行政垄断，竞争类领域实现国有资本的参股或退出。发展混合所有制经济要循序渐进，并完善相应市场和法制机制。

完善国有企业（包括混合所有制企业）公司治理，政府监管机构和出资人机构应分开设立，短期内在国资委下设立国资管理平台行使出资人职能。政府对平台的管理及平台对企业的管理应以董事会建设为核心；保证董事会独立、专业、高效。党管干部到平台，平台以下企业引入职业经理人，并建立长效激励机制。同时完善公司治理的外部环境，平等对待所有股东、加强外部监督和信息披露、保护其他利益相关者。

第12章

走出去引进来，构建开放型经济新体制

▶ 钟　山

商务部国际贸易谈判代表（正部长级）兼副部长、党组副书记

构建开放型经济新体制

下面我就构建开放型经济新体制与各位进行交流，讲三个问题。

为什么要构建开放型经济的新体制

第一，中共十八届三中全会提出要坚持改革开放的成功实践，构建开放型经济的新形势，加快培育国际竞争新问题。习近平总书记指出中国越是发展就越要开放，面对事情国情的变化，构建开放型经济新体制在新的历史起点上推动对外开放，不是选择的问题，而是必须这么做的问题。构建这样的一个新体制，是从中国的实际出发，我们要从贸易大国走向贸易强国，就必须要构建这样的一个新体制。去年，我国已经成为全球第一贸易大国，但是我们仍然是大而不强。我们与世界这些贸易强国比，还有很大的差距。所以贸易从大到强我们需要构建这样的新体制。

第二，我们要从吸引外资为主向吸引外资和对外投资并举，这就需要我们构建这样的一个新体制、机制。

第三，我们需要更加全面、更加广泛地参与国际交流与合作。我们是国际合作的后来者，也是国际投资贸易规则的实践者，但不是制定者。我们需要融入国际社会，需要和国际社会共同制定贸易投资的规则。同时，中国要进一步扩大对外开放。我们必须要构建这样的一个新的开放型经济的新体制。

第四，这也是我们国家经济社会发展的需要。中国的经济发展到今天，需要进一步扩大对外开放，通过开放促进改革，促进中国经济与社会的健康、可持续发展。

根据会议发言记录整理，未经本人审定。

开放型经济新体制的内涵

我认为开放型经济的新体制具有以下三个方面的内涵。

一是以负面清单和准入前国民待遇为抓手。这包括改革利用外资、对外投资管理体制两个方面的任务。目前我国利用外资仍然采用了专案审批加产业指导的管理方式，审批环节多。这种审批的方法我们必须要改。去年我们有一个重大探索，就是批准设立上海自贸区，这个试验区是简政放权、创新管理体制、探索新的管理方式。经过五个多月的实践，我们初步可以得出这样的试验是受到世界各国欢迎的结论。同时，也可以证明中国实行准入前国民待遇加负面清单是可行的。短短几个月，上海自贸区受到各个国家和国内各方面的重视和关注。

第二是坚持多边和自贸区两个轮子一起转，推动完善全球贸易管理体制。我们将积极参与全球经济治理，推动20国集团发挥全球经济治理主要平台的作用，推动国际金融体制的改革，推动世界贸易组织的多哈回合谈判，积极参与气候变化，能源、资源、粮食的安全等全球性问题的国际合作，加强与发达国家间的宏观政策的协调和市场的开放，与新兴市场和发展中国家实现优势互补。我们同时还要加快实施自贸区战略，积极发展与其他国家和地区的自贸关系。

三是扩大内陆和沿边开放，构建全方位对外开放的新体制。我们要协同推进东中西部的对外开放，步形成分工协作、互动发展的对外开放格局。中国对外开放是从东到西的，东部地区起步早、发展快，但是中部和西部地区相对发展滞后，这已经引起了中央政府的高度关注。我们要加快推动中西部地区的经济发展，尤其是要扩大其对外开放。同时，我们要加快沿边开放的步伐，特别是鼓励沿边的口岸、边境城市加强与周边国家的人员往来、贸易往来。去年我们又提出建设丝绸之路经济带、海上丝绸之路，促进沿边地区与周边国家的政策沟通、道路联通、贸易畅通、货币流通和民心相通，提升沿边开放的水平。

如何提高对外开放的能力

为推动世界经济早日走出金融危机，踏上强劲可持续和平衡增长的道路，需要构建和完善开放合作，互利共赢的全球贸易体系。在此，我想提四点创意。

一是积极推进多边体制的后发力谈判。世界多边贸易体制是全球多边贸易的基石，金融危机以来，我们对多边贸易体制存在着不同的看法，认为世贸组织是全球经济贸易的重要基础。去年底协议的达成是世贸组织多哈回合 12 年来首次实现零的突破，使人们重拾对多边贸易体制的信心。现在世界组织成员都在探讨协议的实施和结束多哈会谈的路径选项，中国愿意与国际社会一道促进多边贸易体制朝着更加开放、公平、公正的方向发展。

第二，积极推进开放包容透明的自贸区谈判。当前全球各种区域安排快速的发展，包括近几年美国推动的 TPP 和 TTIP 的各种大的自由贸易区的谈判，中国自贸区谈判这几年来也取得了较快的发展，我们已经建立了 10 个自由贸易区。我们主张坚持开放、包容、透明的原则，是企业经济合作既有利于参与方，又能体现对多边贸易体制和规则的支持。

第三，积极推动国际投资规则的谈判。二战以来形成的多边贸易体制，确立了国际贸易的基本规则，使国际贸易成为世界经济的发动机。在全球跨国投资不断发展的今天，世界各国应共同努力构建统一的多边贸易投资的规则，完善投资环境，打破投资贸易的各种各样的壁垒，扩大市场准入，保障投资者的合法权益，降低不必要的投资风险，为跨国投资发展提供制度保障。

第四，积极参与全球经济治理的有关谈判。2008 年国际金融危机的爆发，给全球经济治理提出了更高的要求，五年多来多边贸易体制、20 国集团、区域经济合作等国际治理平台有了新的发展，货物贸易、服务贸易、国际金融、政府采购、知识产权、全球价值链、发展援助以及可持续发展领域的规则，都在不断地演进。总的来看，国际贸易规则的变化是积极的，是以变革来适应当前的新形势的，我们愿意与各方共同合作，推动建设公正、合理的国际贸易的新秩序。

历史已经证明，国际贸易投资的自由与健康发展是推动世界经济增长的重要力量，今后一个时期各国应认真履行有关承诺，发扬同舟共济的精神，反对任何形式的贸易和投资的保护主义。坚持通过沟通、协调化解摩擦，坚持发挥各自的比较优势，最大限度地扩大利益交汇点，共同塑造合作共赢的全球国际贸易的新格局。

李克平
中国投资有限责任公司副董事长、总经理兼首席投资官

走出去，引进来

走出去，引进来，是对外开放的两个方面，也是一个国家在经济全球化时代，在全球范围内进行资产配置、要素流动和市场融合的一个重要途径。

首先，从中国的角度来看一下过去几年的基本变化。一方面是金融危机之后，中国吸引的外商直接投资有一个下降的趋势，这主要与发达国家在金融危机中去杠杆化有相当大关系。与此同时，我们也看到了另外一个趋势，过去 10 年在全球的非金融投资中，来自中国的部分以年均 40% 的速度上升。这是中国在加入 WTO 以后，商品实现更大程度自由化贸易的同时，发生的一个经济结构上的、全球要素流动上的重大变化，而且这个变化可能将进一步持续和加速。出现这样一个变化的原因很多，一个是当前中国的经济体量已经上升到世界第二，而且中国已经成为第一贸易大国，同时也是一个全球制造大国。但是，中国这样一个大的经济体，既是一个资源短缺的国家，又是一个技术还不先进、产业结构还不完善的国家，国内有高额的储蓄，对外又有巨额的外汇储备。这样的一些基本因素决定了中国经济的发展，需要加快和加大国际化的过程，其中一个重要的方式就是走出去。所以说，中国经济的国际化或者中国企业的国际化和走出去，是中国经济发展的一个客观要求，也是使全球经济结构能够更加均衡发展的一个必然趋势，这是一个非常合理、自然的过程。

中投公司是 2007 年中国政府成立的主权财富基金，它的主要任务是在全球范围内进行多元化的投资。在这样一个过程中，中投把风险调整后的收益最大化作为投资目标，建立了自己的多元化投资组合。在实现这一目标的同时，中投也在努力

帮助中国企业走出去和推进中国企业的国际化，怎么样扮演好自己的角色，我们也做了很多有益的尝试。

从中投整个全球投资布局来讲，在推动中国经济国际化的广度和深度的时候，我们主要考虑两方面因素。一方面是中投在决定自己的战略配置偏好的时候，我们会比较多的考虑中国的需要，或者说中国视角。比如说，我们对长期资产的配置比例高于一般的主权财富基金，也远高于一般的大型公共养老基金。原因是我们希望通过中国主权基金在全球的投资，能够更好地去提升和促进一些产品的供给；改善了供给，中国经济在全球范围内就能得到更好地融合和支持。这就是为什么中投在行业偏好上，会较大比例地投资能源、自然资源、农业以及相关的基础设施等领域。这一点是为了在全球范围内推进和改善相关供给的一个战略偏好，但是这个偏好是以实现商业目标为前提的。另外一个方面，中投在推进中国经济国际化的时候，也有一个基本优势，就是通过在全球的投资建立了比较广泛的、全球的投资网络平台，通过自己的直接投资、委托投资和与其他投资机构合作的方式，形成了一个遍布世界各个地区和大多数国家的投资网络平台。

因此，中投公司在走出去方面发挥的重大作用，一是表现为桥梁的作用，连接了国内和国际市场，不仅有利于中国企业更好地了解国外市场，也帮助外国企业对中国需求有更深的理解。二是表现为平台的作用，通过建立这样的一个网络，中投成为一个很好的国际投资平台，我们在进行股权、债权投资的同时，也试图成为中国企业和国外企业能够嫁接、对接的撮合者，为中国企业也为国外的投资伙伴企业提供更多的信息。

但是，在过去的几年中我们感到，在这样的一个过程中，特别值得中国企业借鉴和注意的是，国外投资过程中有一些问题需要我们国内企业做非常充分的准备。一方面是对境外法律法规和相关监管政策的理解，只有充分理解才能更有效地进行相关结构安排，才能进行合法、合规的投资。第二个方面是对于投资目的地国家社会福利政策的深入理解，对企业在当地运作的可持续性以及包括成本等相关方面问题进行合理的预期。第三个是税收和劳工政策，在某些国家会是极度困扰企业的问题。此外，从内部来讲，还有人才问题，国际化、专业化的人才队伍是特别值得关注的因素。

最后，我想回到投资自由化这个题目上来。中国企业在走出去的过程中，特别是国有企业，不得不面对的一个情况是，有些国家、有些地区对于中国国企的担心和某种程度上的警惕，实际上限制了我们在全球范围内更有效地自由发展。要破解这样的问题，中国企业除了自身需要有更多的研究和对国外投资环境的理解之外，也需要提高我们自己的经营管理水平。同时我认为，也是一点建议，在中国企业走出去的过程中，我们的行业协会需要提供更多的公共信息服务，我们的政府部门需要为企业走出去——不管是国内走出去还是国外走进来——提供更多的公共信息和相关政策法规的支持服务。各国政府在相关法规、政策的制定中，也需要从如何让全球经济更有效地配置、互动、互利的角度去考虑，从而减少障碍，促进各国经济在全球范围内更好地融合和发展。

傅育宁

时任招商局集团董事长

投资自由化与企业走向世界

——发展中国家企业跨国投资失败的原因何在？如何提高企业境外投资的成功率？

中国的企业在走出去的过程中，需要更好地完善自身，来实现对外投资的同时，注意与当地民众和政府的相互理解和沟通。

今天我们需要讨论的话题涉及到中国企业如何走出去投资。我们看到过很多的失败案例，也有很多可以归咎的原因，我想跟大家分享的是招商局的走出去的经验，也包括了我们对于一些问题的看法，从香港对外投资的一些经验和看法。

中国现在已经是世界上第二大经济体，所以很自然地是中国企业要走出去，要去国际市场做他们的业务。在过去的10年当中，非金融投资已经实现了40%的增长，累计达到了5 000亿美元这样一个规模。这种非金融类的对外直接投资，事实上很大一部分是和对外工程承包有关的。这种承包项目，事实上占到我们所有的对外非金融直接投资的很大一部分，差不多是1.3∶1的比例。我想跟大家分享的是我们在对外承包工程方面遇到的一些问题。大家都知道招商局主要是一个基础设施投资公司，应该说是中国最大的港口和终端，就是说物流终端的投资公司。同时我们也在港口网络方面，有大量的投资来进一步地为中国的贸易发展提供便利。所以过去五年的金融危机，事实上给我们提供了一个很好的机会。

我给大家举一个例子。印度并不是一个很强大的制造业的国家，但是随着印度经济的发展，印度会成为一个非常有意思的消费市场。2006年的时候我去了印度，是塔塔集团的董事长邀请我去的。当时我们觉得，我们可以在印度跟他们有所作为的，比如说在他们的港口设施方面进行投资，比如说和塔塔公司或者是类似的公司合作。事实上我们却并不能够做成，这是非常不幸的事情，不知道这是由于保护主义还是其他的一些原因。所以我们转而去斯里兰卡，我们觉得斯里兰卡是一个非常重要，或者是说位于一个非常重要的贸易通道上，它的地理位置非常重要，因为它能够支持南亚的贸易。当时我去的时候，斯里兰卡的内战还没有结束，所以我和他们的总统见面。我说如果说内战持续下去的话，我们是没法投资的，尤其是基础设施领域。当时总统跟我说，傅博士，我们应该能够在三个月内就结束我们的内战。所以，我就去了，也去投资了，非常有意思。他当时是希望国外的一些投资者能够帮他们建立或者是建设在科隆坡的港口。尽管他进行了招标，但是招标的结果他却把它推翻了，因为他说赢得招标的公司并不会真诚地来从事这样一个项目。之后他邀请了我们招商局去投资，但是事实上紧随其后的是金融危机，没有一个公司愿意去，中国招商局是唯一一家愿意去投资的公司，因此我们很轻易地就得到了这个港口 35 年的运营权，我们的标价是新加坡港务局标价的一半。我们仅花了两年办时间就把这个港口建好了，这个港口是一个深水港，在整个地区应该说是水最深的。现在很多的轮船公司都找到我，问我能不能用这个港口的设施呢？我问他为什么不用其他地区的港口设施呢，他说你这儿的设施非常好。

对于我们来说呢，这样一个做法，事实上可以支持我们和印度的贸易，所以这个案例非常有意思，我觉得这是一个非常成功的案例，也可以证明金融危机对我们来说确实有它的机会。当然金融危机对于我们的一些船运公司是造成了非常大的问题，因为对他们来说，融资的成本越来越高。我们就跟他们提议，你们可不可以这么做，也就是说我们把你们的所谓的非核心的业务，也就是说你们的港口业务进行收购。前提是你们把这些资产卖给我们，你跟我们签订了长期的服务合同，同时你必须要使用我们的设施，随着你们在中国的投资你们可以用我们的设施，我想这是一个双赢的安排。这样能够帮助这些企业来解决它们当时的融资困难或者是金融方面的困难。同时我们也进行了其他的一些并购，其中一个是在澳大利亚。至少我认为那是一个能够帮助中国提高物流效率的这样一个合作项目。

我们在中国的业务每年的增长率达到 100%，而且更重要的是，这是一个非常成功的商业模式，而中国反过来是可以采纳或者采用这样一种商业模式的。当然了大家也知道我们有招商银行，有很多的航运方面的设施。其实很少有人知道我们还在做这个食品的供应链的工作或者是业务。在过去的二三十年来，包括印度、韩国、日本、新西兰，我们一直都在做所谓的食品供应链的工作，而且每年都有非常高速的增长。

那么有人问我，为什么不把这样好的商业模式拿回中国来用，比如说把欧洲、美国等等的优质食品引进到中国呢？我觉得这是完全可以做的，对中国的消费者来说这也是好事，而且随着中国经济的发展，对于高质量食品的需求也会不断增长。当然，我们也会看到有一些问题。第一个，显然是保护主义，不仅仅是贸易保护主义，还有投资保护主义。中国在全球范围内也不断地致力于保护投资和贸易的自由化、便利化。当然，我想专门提一个问题是我们自己遇到的。我们有很多的工程承包，尤其是很多的建设工程在海外开展，无论是私营部门还是国有的这种项目。有的时候价格非常高，当然有一些企业是赚钱赚走了，但是从长远来说，像非洲这样的国家他们会抱怨“你看我们的项目，你们要的价格太高了”。我想从那个角度来说，中国的企业是有优势的，而且应该进一步的加强它们的竞争力，从长远的角度来看对外投资。

聂思捷

必和必拓公司董事长

去年习主席在一次演讲中引用了一句中国俗语：一花独放不是春，百花齐放春满园。在不到40年的时间内，中国再次成为全球最大的进出口国、最大的制造国和第二大经济体。2001年，美国的一本畅销书预测中国会在五年或十年后崩盘，但事实上，中国在过去的13年里日益强大。不过即使在这种情况下，现在还有些国家、有些人在质疑中国投资的规模和性质。在这节分组会里，我们要考虑的是中国如何将“走出去”和引进外商投资的政策结合起来。

尽管全球跨境投资、金融体系和流动性与过去大为不同，但我认为对于中国和它的贸易国来说，它们最大的机遇在于“品牌中国”。许多西方人的确很难了解中国，但是正如前主席胡锦涛先生所说的，中国的命运从来没有像现在这样与全球命运紧紧地联系在一起。今天，我们生活在全球化时代，各国经济日益融合，相互依赖性越来越强，而国家利益也越来越统一。这让我想起一句中国成语“同舟共济”。

像中国发展高层论坛这样的高层会议向世人展示了，中国领导人认识到本国作为全球领袖和发展中国家所面临的挑战。全球都会受益于中国的市场开放、贸易和投资自由化，其中不仅包括实体货物的贸易自由化，更多的是指资本和服务自由化。鉴于一个基于规则的开放型多边贸易体系对于全球增长发挥着重要的支持作用，所以20国集团的讨论应当把它作为核心议题。在2008年的金融危机之后，贸易和资本流动不再那么全球化。但全球化时代并未结束，事实上，我们只是处于下一波全球化浪潮的开端。现在出口仅占到全球GDP的20%，外商直接投资仅占固定投资总量的9%。

根据会议发言录音翻译整理，未经本人审定。

资源业从本质上来说是一个全球性产业，无论从它的开采地点还是销售地点来说均是如此。我们的投资往往是长期性的，而且规模庞大。各国通常对资源业采取了非常严格的审查，因为它的战略不仅决定了相关公司的未来，而且可能涉及整个国家。

目前，要开发必需的资源来支持全球增长所面临的挑战日益严峻。作为一个产业，我们必须加大投资，开发更先进的技术。有些国家会排除或限制外资进入本国资源业，但历史经验表明，比起过去，独善其身不仅可行性差，而且成本极高。事实上，对于外国投资和国际合作采取开放的态度，会让一个国家变得更加强大。

我相信，在“走出去”和吸引外资的道路上，中国所面临的风险不仅仅体现在监管领域，而且体现在那些政府通常不进行监管的领域。中国现在要做的是，在加速资本和服务改革的同时，完善旨在促进自由贸易的物流基础设施，清除人为的贸易壁垒。有些关于不同产品和所有制标准的壁垒虽然不显眼，但的确阻碍了贸易和竞争，如对中国对外投资的规模限制和对并购的限制。同样，有些外企不愿投资于中国，是因为它们对中国的体系运作方式存在误解。毫无疑问，我们在同一条船上，我们应共同努力来促进相互了解。我认为对于中国来说，创新不仅仅是创造精密技术的源泉，而且可以促进中国和世界的相互理解，让世界了解中国的发展方向和中国人民。

回到资源业上，必和必拓与中国的贸易关系可以追溯到130年前。虽然和中国悠久的历史比起来不算什么，但对一家公司来说算是很久了。作为中国的资源供应商之一，我们对中国的发展做出了一定贡献，我们非常理解中国及中国人民，而且对他们有深厚的感情。中国的发展不仅对于我们公司举足轻重，对全球成千上万人民亦是如此。在我看来，在中国和世界之间建立起桥梁不仅是国家政府之间的任务，而且需要公司参与其中。和其他公司一样，我们已经开始从事这方面的工作。譬如，我们每年为中科院的研究生院提供25个奖学金名额，而且赞助了2008年北京奥运会。我相信，只要所有人共同合作，加深相互理解，那么就能够同舟共济。

南存辉

正泰集团董事长

今天这个论坛的主题叫作“投资自由化与企业走向世界”，我从民营企业的角度来谈一些问题。

克强总理讲“改革是中国最大的红利”，我们感同身受。特别是这次全国“两会”，政府工作报告中提到“坚持推动贸易和投资自由化、便利化”，我觉得会对民营企业、国有企业，乃至世界各国企业之间的互动发展，产生巨大的积极作用。

我们正泰主要围绕“电”做文章。起家的时候就是做低压电器、输配电设备，后来又投资光伏发电，在国内外已经建了几十座光伏电站，成为全球首家光伏系统解决方案提供商，也是国内民营企业中最大的光伏电站投资运营商。在光伏产业发展过程中，很多监管部门的关爱让我们心存感激。我们的体会是，监管当然越严越好，但是有时候也会牺牲一些效率。

从政策层面来看，现在国家监管部门也在放权，比如国家发改委等有关部门已将对外投资审批权限下放到省里，审批金额提高到3亿美元。但是，从企业实践角度来看，还存在着一些问题。

一是规模偏小。从规模上讲，尽管资源类与非资源类对外投资的审批权已经放到省里，但1亿美元和3亿美元的金额小于实际需要的数额。清科研究中心统计显示，2013年我国共完成跨境并购138起，涉及交易额514.63亿美元，较2012年334.83亿美元上升53.7%，平均交易金额就达到4.86亿美元。

二是审批流程较长。国家对境外投资采用多元审批、逐级审批制度，审批流程复杂冗长，一般需要3~4个月。这导致在海外投资或收购时，中国企业经常处于下风，进度和效率不如其他国家的企业，导致许多机会白白流失。

三是目前资本类项目的海外投资，仍采取外汇管制方式，需要审批。外汇汇至境内除核实来源用途外，个人外汇每年只有5万美元的兑换上限，远远不能适应海外投资需要。

为此，我提出三条建议。

第一，不涉及敏感国家和地区或敏感行业的项目，3亿美元以下项目仅需向省发改委备案即可，不必再报国家发改委审批。敏感国家和地区或敏感行业采取“负面清单”方式，凡是不在清单上国家和地区或行业均不受限制。

第二，不涉及敏感国家和地区或敏感行业的项目，3亿美元以下项目，省级发改委备案后，主要储备外汇可以在项目投资额内自由兑换。同时，建议取消相应的个人境外投资和个人境内外汇换汇的限制。

第三，签署更多双边税收优惠协定，减少海外投资项目税负，并建议对外投资达到一定规模以上的企业可以享受企业所得税优惠，以此鼓励走出去。

约瑟夫·斯蒂格利茨
美国哥伦比亚大学教授；诺贝尔经济学奖获得者

构建开放型经济新体制

在中国过去30多年的经济腾飞里，对外开放发挥了核心作用。中国的对外开放具有多个层面，如对新思想、新观点的开放，出口带动型增长，外国直接投资带来新技术和开放市场等。中国对于海外的投资也帮助中国获得新技术并保障了关键商品的进口供应。

中国的对外开放有何特殊之处呢？它对于全球化的管理和应对优于别的国家。首先，中国审慎地选择了改革的顺序和速度。它没有迅速或完全放开资本市场，避免了像其他国家那样在这个过程中出现不利于增长和外国直接投资的不稳定状况。其次，中国没有迅速或完全放开金融市场。有大量证据表明，放开金融市场会加大不稳定性，而且是2008年导致经济危机四处蔓延的原因之一。此外，在很多国家，放开金融市场还降低了对国内企业特别是中小企业的投资，导致整体增长下降。第三，中国从部分西方银行/国家的经历中学到了教训，没有像它们那样采取操纵市场、滥用信用卡、掠夺性贷款和风险管控不善等糟糕的措施，从而避免了非常不利的后果，如限制工业化、失业率上升、失去对经济的控制。第四，中国的汇率体制管理很成功，避免了其他国家容易出现的不稳定。中国的对外开放取得成功的关键是它将开放作为实现目标的手段，而不是将开放本身作为目标。正如钟山副部长所说，对外开放是促进中国发展的战略之一。在下一轮改革中，扩大对外开放有利于提高中国人民的福祉。

不过，过去可行的经济政策不一定适用于未来，因为世界在不断发生变化，而

根据会议录音翻译整理，未经本人审定。

且中国已经取得了巨大的成功。譬如，目前人们广泛认识到，中国必须改变对出口拉动型增长的依赖，转而依靠内需，特别是制造业。不过，依赖内需决不意味着像美国那样采取消费拉动型增长，因为地球的资源无法承受这种结果。中国需要找到不同的经济增长模式。所以，中国全面改革的核心内容之一是打造开放型经济的新模式。这个模式应该从中国过去的成功中汲取经验，也要从中国很久以前的经济发展问题和其他国家近期的失败中学习教训。

和其他改革一样，既得利益会影响到对外开放，所以现在最重要的是制定规则。现在制定好清晰的游戏规则会将对未来产生深远的影响，也就是说，目前的行动决定了未来的日程。在这个过程中，我想特别提到两种政治风险。首先，改革必须抵制短期投资者施加的压力。中国的成功基于它对长期战略的重视。短期投资者则只着眼于眼前。其次，除了人们常常提到的“监管俘获”以外，“认知俘获”，即对部分观点的俘获，也可能引发风险。

像过去的开放模式一样，新的对外开放模式应包括多个维度，如对新思想、金融、贸易、投资和全球治理的开放。作为一个学者，我认为最重要的开放是对新思想和新观点的开放，维持并不断扩大与世界的互动，特别是在科学技术方面的互动。中国力求成为一个创新大国，所以我们很自然地会把知识产权作为思想开放的一部分。之前的许多发言人都提到知识产权保护的重要性，但是知识产权保护的体制多种多样，重要的在于细节。我们需要建立起一个以发展为导向的知识产权保护体系。这与 TRIPS（《与贸易（包括假冒商品贸易在内）有关的知识产权协议》）和近期美国的倡议（如 TPP（《跨太平洋伙伴关系协议》））都不尽相同。它应该更接近 10 年前世界知识产权组织倡导的知识产权保护概念，即发展导向型知识产权保护体系。它的核心内容是能够获得关键性知识和挽救生命的药品。

学术界广泛认为美国的知识产权体系设计不周全，不能广泛推动科学或提高标准，而是以其他为目标。譬如，最近美国高等法院的决定切实地改变了美国知识产权体系的本质。因此，当中国在对外开放的过程中探讨应该采用哪种知识产权保护体系时，它应该认识到目前存在多种知识产权体系，而它应该选择以发展为导向的体系，以帮助自己成为创新型国家。

接下来，我想谈谈金融。我们谈到这个领域里的对外开放时，必须将重点放在金融对于经济的核心作用以及金融业的首要核心功能，如提供信贷（特别是对中小企业提供信贷），开展风险管理，在不剥削民众和不操纵市场的前提下以低成本为普遍民众提供金融服务。这些功能对于维持金融体系的稳定至关重要。在任何经济体，这些任务都很艰巨，对于发达国家亦是如此，因为我们已经看到大批金融机构在危机中倒闭，而且危机过后人们的思想发生彻底转变。现在我们所面临的关键问题是：如何通过对外开放来提高实现些目标的能力？

在这里，我想简单谈三点。首先，我们要警惕资本和金融市场自由化，特别是在快速开放这些市场的情况下。政府应该强制所有银行向中小企业发放贷款，其中既包括外资银行，也包括本国银行。政府应该监管跨境资本流动——这也是全球危机后我们对金融体系认识变化最大的一点。现在连国际货币基金组织（IMF）也改变了在这个问题上的立场。它们宣称管理跨境资本是目前对外开放的重要组成部分。第二，即使在面对外部压力的情况下，也要保持强有力的监管体系。必须这么做的主要原因是金融业的运作会带来很多外部性，可能对经济稳定、各方对市场和金融体系的信心和信任、经济体系造成系统性影响。第三，满足国内金融需求的重要性超越了货币国际化的意义。人们起草促进货币国际化的政策时，必须警惕它给经济带来的风险。

现在，我们来看看贸易政策。钟山副部长在讲话中提到中国支持多边主义，我非常欢迎中国的这种态度。我认为这个框架能够推动必要的贸易谈判。我也很支持发展回合在贸易谈判中的作用，因为它纠正了过去贸易协议中的部分失衡问题。我所担心的是地区性贸易协定和双边贸易协定会在多大程度上破坏多边贸易体系。过去全球贸易协定取得了巨大成功，大幅压低了贸易壁垒，促进相互竞争，提高人民生活水平，使各方的消费者从中获益。但是新的贸易协定将重点放在其他问题上，如知识产权保护、非关税壁垒和投资协定等。许多所谓的非关税壁垒本质上都是为了保护医疗、安全、环境、经济和金融稳定的监管规定。譬如，有些协议干扰了协议国监管金融体系的能力，引发更多金融动荡。

钟山副部长刚才在讲话中提到投资协定和保护投资者的重要性。在探讨投资协定时也要非常注意细节。最近签署的贸易协定中经常包含有投资者和国家的争端解决机制。没有充分的证据表明，普适性投资协议以及投资者和国家间仲裁可以促进投资。特别是中国，在没有签署这些协议或采取此类仲裁机制的情况下也成功地吸引到了投资。巴西、印度和南非已经宣称不签署任何投资协定，因为它破坏了贸易争端解决机制。中国也应该加入他们的阵营。

在过去30年里，对外开放的最根本变化是它日益具备双向性。中国在海外的投资活动越来越活跃，其中包括利用主权财富基金开展的对外投资。中国还在大规模提供对外援助，它是中国获取技术和分散风险的重要途径。不过中国还是要从过去的经验教训中有所领悟。在当今世界，人们必须意识到企业责任和透明度的重要性。企业应着眼于长远，不要参与可能导致经济不稳定的短期资本流动，同时要投资于气候变化或发展等全球性问题。中国投资于发展中国家时不应只是获取当地资源，而且要帮助它们实现发展，这是因为中国在发展方面有很多可以传授给别国的经验。

由此，我想谈谈中国在全球经济中扮演的新角色。正如钟山副部长所说，中国已经是全球最大的经济体之一，但尚未在制定游戏规则和创建新机制方面发挥应有的积极作用。不过它已经开始注重这方面的工作，如参与建立金砖五国发展银行，并在多年前倡导建立新的全球储备体系。展望未来，中国应在制定全球经济规则的工作上发挥更重要的作用，其中的一个重要方面是积极提供全球公共产品，或许其中最重要的一个产品就是让我们拥有清洁的环境和大气，为气候变化做出贡献。同时中国还要就宏观经济稳定、公共产品供应等开展国际合作研究。世卫组织呼吁筹集全球性基金来救治欠发达国家人民遭受的疾病，中国也可以贡献自己的力量。

最后，构建开放型经济新体制是中国继续实现其高速增长、提高人民生活水平的重要举措。世界在不断变化，所以中国要继续摸着石头过河。过去，中国成功地应对了全球化进程中出现的各种问题，但是未来工作中的任何失误都可能会使中国的繁荣稳定付出巨大代价，所以改革的速度和顺序至关重要。我们非常理解也很欢迎中国的十八届三中全会强调了在全面深化改革的过程中要不断推进对外开放。我坚信中国会成功地建立起开放型新经济体制，从而打造出具有中国特色、充满活力的创新型市场经济。

第13章

转变政府职能，改善投资环境

唐良智
武汉市市长

加快政府职能转变 努力打造全国投资发展环境最优城市

武汉是中国中部地区中心城市，两江交汇、三镇鼎立，人口1 022万。武汉有三大突出优势：一是区位交通优越，是中国经济地理中心、中国内陆最大的铁水公空综合交通枢纽。二是科教实力雄厚，拥有高等院校 80 所、在校大学生 120 万；武汉·中国光谷是国家自主创新示范区，知识创造和技术创新能力居全国高新区第二位。三是淡水资源丰富，水域面积占市域面积的1/4。

武汉经济持续保持两位数增长，预计今年 GDP 突破10 000亿元。

中国政府提出，建设长江经济带，武汉、上海、重庆是长江流域三个重要节点城市，发展前景广阔。

为加快城市发展，我们认真贯彻党的十八届三中全会精神，切实转变政府职能，着力营造与国际接轨的投资环境。

一、简政放权，打造“零障碍、低成本、高效率”的政务环境

按照减项目、减程序、减时限、减费用、下放审批权的思路，深化行政审批制度改革，最大限度减少政府对微观事务的管理，提高行政服务效能。

2011 年以来，市级行政审批项目由 748 项减少到 240 项，精简 2/3 以上。

市、区都建立了政务中心，行政审批服务事项全部进入政务中心办理，为企业和市民提供“一站式”服务。“武汉市民之家”是全国面积最大、功能最全的市级政务中心。

当前，我们正抓紧制定权力清单、程序清单、责任清单，减少事项、优化程

序、强化监督，既防止权力“越位”，也补足监管“缺位”，加快建设法治政府和服务型政府。

二、加强对经济活动的引导和服务，营造良好的产业生长环境

科学制定产业规划。实施工业倍增计划，重点发展汽车、装备制造、石化、食品轻工等九大产业集群。实施服务业升级计划，重点发展金融、物流、会展、文化创意、现代商贸等服务业。大力发展新一代信息技术、生物、新能源等战略性新兴产业，武汉·中国光谷是全球重要的光电子信息产业基地。

完善资金、用地、财税、人才等产业支持政策。设立规模100亿元的战略性新兴产业引导基金。对来汉投资创业的世界一流创新团队，最高给予1亿元创业资助。

三、以交通建设为重点，营造功能完善的基础设施环境

对外交通方面，建设畅达全国、联通世界的立体交通网。武汉是全国高铁中心，乘高铁4~5小时可达北京、上海、广州、西安等中国主要大城市；是长江中游航运中心，武汉新港开通了江海直达航线。航空方面，开通了武汉至巴黎、首尔、东京、洛杉矶等25条国际和地区航线，今年将开通至莫斯科和墨尔本的国际航线，加快打造中部门户机场。

市域交通方面，构建以轨道交通为骨架的快速路网。已有3条轨道交通线建成运营，正同步建设9条地铁线，规划到2020年，形成总里程439公里的轨道交通网。

随着投资环境不断改善，国内外资本加速向武汉聚集。标致雪铁龙、本田汽车、通用汽车、雷诺、联想、微软、施耐德电气、汇丰银行、沃尔玛、联邦快递等201家世界500强企业在汉投资合作。

投资环境，没有最好，只有更好。我们将把改善投资环境作为公共服务政府的主要经济行为和政府职能转变的重要方向，努力打造全国投资发展环境最优城市。

热忱欢迎各位嘉宾到武汉走一走、看一看，亲身感受武汉的发展环境和城市魅力，畅叙友谊，洽谈合作。

朱云来

时任中国国际金融有限公司总裁兼首席执行官、管理委员会主席

我从宏观和历史角度谈一下投资环境和政府职能的转变。

从经济发展来讲，如果从历史上看，改革开放到现在已经是 36 年。应该说当年的改革开放是非常具有创新性和历史性，也制定了一系列新的改革措施，开始了高速发展阶段。但现在情况不一样了，中国是取得了很大成就，但是经济和社会发生了很大变化，因此政策需要做一个创新系统的审查。现在很多人讨论顶层设计，这是非常有必要的，但更重要的是以系统的设计真正完成一整套的经济发展建设制度，这样才有可能提供一个良好的投资环境和气候。非常重要的是一些行业性的政策，政府需要建立一个更明确的规则，明确政府的职责，能够给市场和企业更多地根据市场的情况来决策的权力。市场规模越来越大，涉及的方面越来越广，全靠政府来制定这些基本政策和价格，对经济的进一步发展是不利的。如果要有长期的可持续的发展环境，需要有系统性的政策设计，政府是可以比较有所作为的。

36 年前，当时的政府制定的一系列改革开放政策开启了中国迅速发展的历史，大家都看得很清楚，现在的中国经济发展程度和 36 年前相比不可比拟。但是中国今天的经济也到了一个阶段，经过大量迅速的投资形成了大量的产能过剩，经济要重新走上良性发展的道路，还需要有一个很好的市场导向的调整过程。

未来中国的增长潜力不比 36 年前看到的中国的发展潜力小，相反更有潜力。如果想充分发挥出来，必须有更清晰的政策框架体系，一个以法律为基础的市场环境，明晰的市场制度，能够给企业创造更多的自主决定的机会。简单地简化不一定起到真正的效果，总而言之需要政府和企业积极探讨，尽快有所突破，能够有一个系统性的制度性建立。这是政府应该也是可以做得到的，会对经济发展起重要的推进作用。

戴瑞礼

普华永道全球主席

普华永道第十七期全球CEO年度调查给我们带来了一个好消息，即CEO们的工作重点从维系企业生存重新转向促进企业增长。包括100多名中国/香港CEO在内的1 300多位企业领导者参与了这期调查。受访CEO们的信心回升，意味着他们将更为积极地开辟新的投资市场。但是，投资者之间的竞争日趋激烈。因此，政府部门需要发挥更大的作用，包括：①确保监管适度、合理；②对知识资本进行有效保护；③保证财务数据真实可靠；④增强城市对所需人才的吸引力，促进自身发展。

图1展示了受访CEO对自身业务及全球经济的信心情况。与去年相比，有两倍之多的CEO认为未来12个月全球经济将实现增长。但是，有意思的是，受访CEO们对全球经济发展的信心上升，但对企业的短期增长前景却持谨慎态度，乐观情绪并没有明显上升。受访者对企业2014年实现业务增长的信心并没有太大变化。去年，发达经济体表现疲软，复苏道路坎坷，而新兴经济体则急速成长。今年，两者的发展趋势则恰恰相反，发达经济体经济回暖，而部分新兴经济体则增速放缓。因此，许多企业正在调整其着重发展的海外业务市场的分布结构。

中国仍然是企业的首选短期投资市场，但是与去年相比，今年受访CEO们认为美国、德国和英国比部分金砖国家更具吸引力（见图2）。同时，令中国感到担忧的一个问题是越来越多的CEO将目光重新转向本国市场或其他比较年轻的新兴市场挖掘业务发展机会，尤其看重印尼、墨西哥、土耳其、泰国和越南等国家。

受访的中国CEO们，尤其是和金砖国家的CEO相比，对短期发展前景的信心

根据会议发言录音翻译整理，未经本人审定。

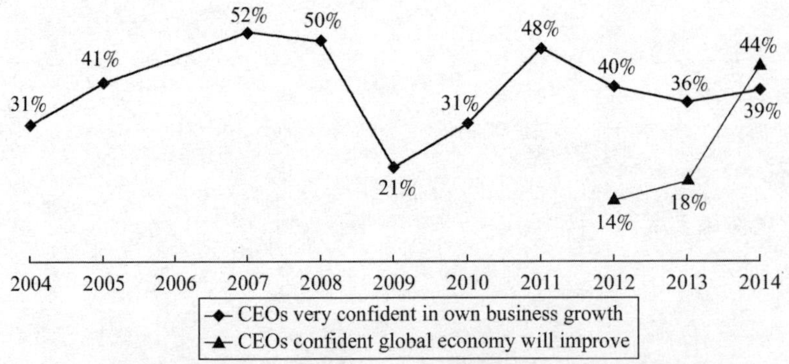

图1　2004～2014年受访CEO对自身业务及全球经济的信心

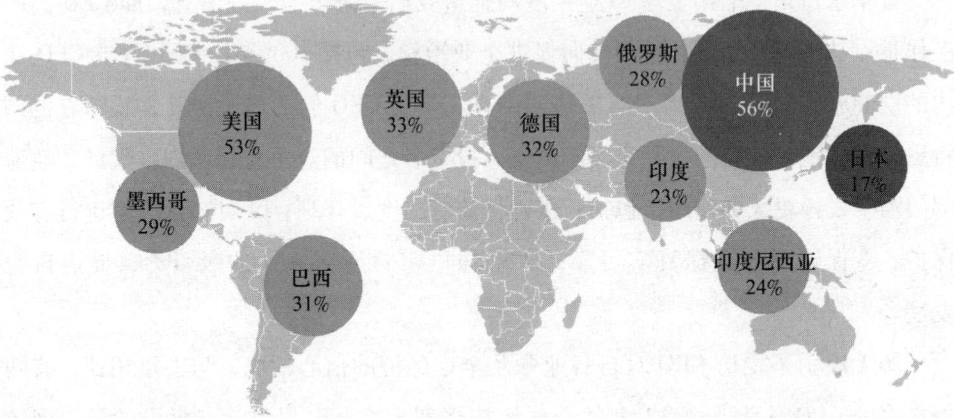

图2　受访CEO选择除本国之外的对企业实现短期收益增长最重要的市场

有所回升。受访中国CEO的信心回升显然与全球经济的复苏有密切关系，同时还取决于中国经济的持续强劲增长。耐人寻味的是，受访的中国CEO们通过开发新市场来寻求业务增长机会的可能性最小，与14%的全球平均水平相比，仅有5%的受访中国CEO计划开发新市场。

从整体而言，受访CEO对企业的收益增长前景持更为乐观的态度，但同时他们也更为担忧监管过度、国家财政问题导致不确定性等问题。

“监管过度”是全球CEO年度调查多次关注的焦点问题，也是企业面临的头号难题。事实上，企业今年对监管要求所带来的影响的担忧首次超过了其他经济层面的难题（见图3）。

近80%的受访CEO认为监管要求给企业带来成本上涨的问题，同时40%的受

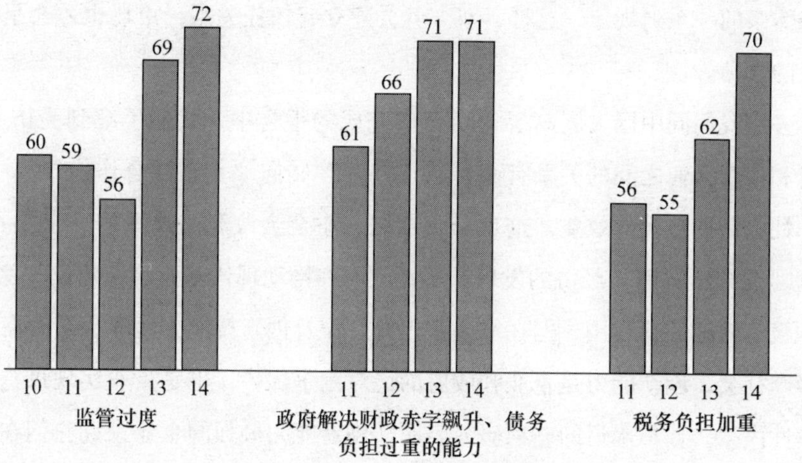

图3 受访CEO最担忧的问题

访者认为监管要求阻碍了企业发展新业务，或实现创新的进程。所以，若我们仔细想想，就不难发现政府之间的竞争也日趋激烈。如果政府部门能够保持当前及未来监管政策的稳定性和清晰度，给商界人士吃一颗定心丸的话，则会在竞争中获得真正的竞争优势。

普华永道认为政府可以通过更多方面的努力从竞争中脱颖而出，如改善投资环境、积极解决网络安全、完善医疗基础设施建设、监管以及教育方面的改善等。尤其是全球成长型市场的政府部门更应该不断重新审视自身的职能，保持竞争优势。政府应该遵循将工作重心放在公司治理，而不是对企业的管理上的指导性原则；为企业提供治理框架，成为企业的合作伙伴，协助企业创造价值，但总体原则是政府不干预企业的发展，让市场发力并在应对各类挑战的过程中发挥主导作用。

建立信任是企业释放投资潜力、加强合作、为社会提供更多就业机会的关键因素。受访CEO认为，企业希望对政府的工作成果、工作重点及主要责任有一个清晰的认识。例如，企业和政府分别发挥何种作用，担负哪些责任？或者司法体系是否真正地独立、公正？所以，政府合同授予制度和定价制度的清晰明了有助于双方建立信任关系。建立信任关系有助于鼓励私营企业寻求新的业务发展机会。政府部门应明确工作思路和相关政策，不确定性会导致国家在竞争中处于劣势地位。如果企业领导者在心存疑虑的情况下做出资本支出、扩大业务范围等重大决策，就会引发资本配置不当等风险。政府的工作重点是制定有助于建立一个统一、公平和开放的市场体系的一系列规定。这样，双方就会建立起信任关系，市场也才会呈现出欣欣向荣的景象。

在去年我们同中国发展高层论坛合作完成的报告中，我们了解到受访 CEO 认为政府和私营企业之间的关系有必要从“共存”转向“真正的合作伙伴”，进而为企业和社会创造更大的效益。这也是十八届三中全会改革路线图的一个核心内容，即鼓励“混合所有制”经济的发展。尽管政府在推动现代基础设施建设等项目方面能够积极有效地发挥作用，但在掌握和提升合作及创新技能方面却常常面临挑战。

当今社会，创新能力是企业和政府的绝对竞争优势，也是企业实现可持续增长的根本性因素。普华永道的一项研究表明，创新能力最强的企业预计它们在未来五年的增长率是全球平均值的近两倍。受访的中国 CEO 还在新产品或服务创新方面发现了最佳商机。事实上，与 35% 的全球平均水平相比，52% 的中国受访者看到了创新给企业带来的发展契机。如果大家想想中国国内经济的发展速度及其带来的大量发展机遇，就很容易理解为什么中国 CEO 如此关注创新了。

政府部门要推动创新成为一种关键的社会价值，认可创新企业及发明者的工作和努力，简化审批流程，更为有效地保护知识产权。最重要的是，政府不能包办企业创新，而应全面提升企业自主创新的能力。“创新”目标应更多地侧重创新质量而非专利数量。

总之，我们发布的《第十七期全球 CEO 年度调查报告》的研究结果显示，中国市场依然对全球投资者具有很强的吸引力。显然，中国政府部门在经济体制改革方面持续不懈的努力对增强企业领导者的信心非常有帮助。但是，随着企业的关注焦点重新转向“促进增长”，中国领导人将在继续提升对投资及人才的吸引力方面面临挑战。普华永道认为政府可以通过更多方面的努力从竞争中脱颖而出，政府部门不仅要创造最优投资环境，还要积极解决网络安全、基础设施建设、工作透明度及教育方面的问题。普华永道可以在上述各项工作中协助全球客户在日益激烈的竞争中取得成功。

亚当·博森

彼得森国际经济研究所所长

关注现金去向以推动竞争

我们所面临的终极挑战就是保持经济的活力，而活力通常又是以适度竞争的形式呈现出来的。这话听起来好像很空洞，但我认为，有两个关键环节使这句话言之有理。首先，你需要让既有企业处于足够的压力之下，这样它们才不得不去适应、创新并竞争。第二，你需要使足够多的新进入企业有成功的机会，不仅仅是小规模的成功，而是有潜力成为新一代既有企业。欧洲当前存在的问题以及美国解决自身诸多问题的能力都表明了这种构架的重要性。简而言之，多数北欧国家的储蓄水平和教育水平都要高于美国，但美国仍在生产率发展方面占据了上风，原因就在于私营部门的竞争。在我看来，这样的构架与去年秋天的十八大所设定的企业和投资改革议程也是相一致的。

首先，有个定义上的问题需要说明。大家应该注意到了，我刚才说的是既有企业必须面对足够压力，这样才会去竞争。我刻意没有说明这些既有企业是不是国有企业。在座各位都很清楚，国家插手太多只会扼杀经济增长和政治稳定。但我们同样也应该认识到，一些理论上的私营实体也可能会像公共部门一样无须参与竞争，因此满足于现状，并对新进入企业的发展加以遏制。虽然并不常见，但在美国、法国等国仍有这样的例子：公共部门实体面临着足够多的竞争，所以才能在经济发展中发挥有效作用。（当然了，也有一些产业和部门自然而然地会存在垄断，至少是

作者声明：我要感谢多位同事对本文提出了有益的建议，尤其要感谢尼古拉斯·伯斯特、加里·胡夫鲍尔、尼古拉斯·拉迪以及陆瑞安所给予的指导和见解。不过文中所言纯属我个人观点，并不代表彼得森国际经济研究所、该所董事会及该所员工的立场。请联系 posena@ piie. com。

需要实用新型专利，这个就不讨论了，因为情况较简单。）

无论从哪个角度来评估，中国国有企业的重要性都已经变得越来越低：国有企业的投资在国家总投资中所占比重正在下降；国有企业的产量增长率要低于私营企业；国有企业在总就业人数中所占比例及绝对就业人数都在持续减少。这样的转型是正面的，因为国有企业容易拖累经济的增长。以资产收益率来计算，国营工业公司的生产率一直低于私营工业公司；而且大概自2005年以来，按绝对价值计算也已经落后。服务行业的情况也与此类似。国营服务部门的资产收益率在2008年（目前只有这一年的数据比较全面）为3.4%，只达到非国营部门的一半水平。除了2010年，国有公司的资产收益率自2007年以来一直低于他们的资本成本①。不过我们接下来的讨论就要有点深度了，既不要对国有企业进行一味地讨伐，也不能任由它们继续霸占着政治上的便利。

先来说第一点。我们怎样去判断既有企业是不是正高枕无忧地躺在床上睡大觉呢？我们应该采取哪些措施来防止类似情况发生呢？首先要提的就是20世纪初对美国来说至关重要的那些反垄断法案。很多国家都引进了这些法案，中国当前的改革议程也明确列出了这一点。但这只是一个必要不充分条件。有明确证据表明，我们的眼光不要狭隘地局限于消费者价格标准，这在很多时候会让过多的政治联合变成更广意义上的垄断或寡头。

我认为更基本的一点在于企业管理。人们经常讨论这个术语，不过在我看来，与垄断势力不同的是，企业管理是可以用一种非常简单的方式来进行评估的：不管是公营还是私营，企业实体是否被允许囤积大量现金？它们是否被允许以存在风险的方式进行与其核心业务不一致的投资？它们是否在实质上允许经理人在极端情况下掠夺公司财富，而且这种极端情况并不少见？以上才是关键所在。我们可以回顾一下詹森和麦克林40年前所做的研究（以伯利和米恩斯早前的理论为基础）。他们认为经理人这种内部人员的酌情处理权和公司为股东及至整个社会所创造的价值之间有着非常强烈的反向关系。美国在20世纪80年代出现了兼并与收购潮，随后很多公司以“承担债务”的方式来管理经理人。但这同样会带来一些合理的担忧，即

---

① 请参见彼得森国际经济研究所尼古拉斯·拉迪将于2014年夏季推出的著作《毛时代之后的市场：中国私营部门的崛起》。

这种杠杆作用在某些情况下被用到了极致（那将是另一种形式的掠夺）。不过在我看来，下面这一基本理念是正确的：资产负债表上由经理人自主处理的自由闲置现金是评判企业管理是否功能失调的最佳指标。

在座的一些人现在可能会不认同地抬起眉毛，指出过去几年里在美国和西欧的企业资产负债表上就出现了大量现金，此外日本自20世纪90年代中期出现经济问题之后也一直会在资产负债表上留有大量现金余额。这在一定程度上可以归因为针对金融震荡所采取的合理的预防性管理措施，但主要还是一个指示器，显示出竞争的缺乏及企业管理上的问题。随之出现的是经济明显缺乏活力，在日本如此，在意大利、法国、西欧和南欧一些地方也越来越多地出现这样的情况。现在这在美国也成了一个现实的问题，我们可以看到美国的创新力大不如从前，老牌企业受到的竞争压力也远不如从前（虽然大家总是可以将那家丧失优势的硅谷公司拿出来举例）①。

着重关注公共部门或私营部门企业囤积自由现金的另一个原因就在于中央政府可以直接这样做。明确的账目和审计可以让公众和市场了解资金的去向。合适的外部董事能让人们知道经理人在何时何地出现了不当行为。适当的税收和股东权利可以减少持现诱惑。当然了，这些措施也并不完美。审计人员有可能被蒙蔽，外部董事有可能被拉拢，这种现象在美国和全球各国都有。但是从广义上讲，一直以来的事实证明，外部经理人、有效审计以及股东权利联合在一起之后就可以降低人们留存大量现金的程度以及这些现金被滥用的可能。

无论是在中国还是在美国，我们都应该考虑通过免税代码来应对这一问题。这种办法对国企和私企来说同样有效，不过从某种程序上来说对国企更为容易操作。我们需要调动这些国企的现金来实现公共目的。人民的代表要确保有令人满意的红利被源源不绝地交给国企的最终所有者。此外，这些税收不应被当地政客所攫取，因为他们会保护当地受欢迎企业不再签署新合同，随后这些企业就会把钱囤积起来，这就变成了一种自我强化的循环。政客会保护地方垄断、地方国企，甚至是地方优势私企。企业会向在位的政客提供资金。他们确实会为当地办一些小事，但最终会对资金分配形成根深蒂固的扰乱。

---

① 请参见罗伯特·高登关于美国创新力下降的著作，由美国国家经济研究局19895号工作论文进行了汇总。

比如说德国就一再出现这种情况，既有企业的权力被伪装成涉及一系列股东利益的交易。事实上，这意味着那些有幸住在西德城镇的人们现在仍然有着很好的盈利。事实上，他们正从德国其他地方攫取金钱，并偏好旧式的既有企业制度。所以德国现在仍像20世纪50年代初期一样擅长于同样的四个领域：散装化学品、汽车、机床和大型工程。这种僵化的既有企业制度所带来的结果就是，德国更广泛意义上的生产率增长，尤其是服务业的生产率增长持续低下。

要想建立起富有活力的企业部门，另一种办法就是开放对服务部门的投资，包括外商投资。亚洲开发银行的研究表明，中国服务业所占GDP比重一直低于同期发展的其他亚洲经济体。根据国际上的对比结果，中国服务业所占GDP比重应比现有水平高出10个百分点。出现这种反差的一个关键原因就在于服务业对私企和外企来说相对封闭。在工业领域，国企所占比重与1978年相比已经下降了2/3；与此不同，大部分服务业仍由国企控制。这在某种程度上也很正常，因为国营公共事业公司在全世界都很普遍。然而，在金融、媒体、IT和交通等其他行业，国企仍是一个多余的投资和竞争障碍。在教育和医保领域，国家可能仍想保持其主导地位，但仍有很多机会可以进行更多私人投资。这些投资障碍以后会变得越来越具有破坏性，因为服务业为下一轮经济扩张提供了最佳机会①。

生产活力的另一个关键因素就是小型企业所面临的环境。我并不是指以前的老一套说法，什么百分之几百的好工作都是小型企业创造的或是其他诸如此类的荒谬言论。我的同事尼古拉斯·拉迪曾警告过人们，认为中国没能成功地培养小型企业的说法是荒谬的。连我这样的非专业人士都知道，邓小平在1978年开始实施的改革是中国转型的起点，而这一转型在最初的表现就是那些把庄稼带到市场上出售的农民、个体零售商和个体户；现在中国每年也都会达成数百万笔网络交易。

话虽如此，中国要想保持活力和竞争，就得着重努力确保小型企业能够发展成中型企业，并创立新兴产业，引进新的竞争对手。根据经合组织的斯特法诺·斯卡佩特与其合著者所做的研究，美国及其他一些自由化程度很高的经济体与德国和法国那种生产率比较低下的经济体之间最显著的区别就是后者很少有小型企业发展成

① 请参见彼得森国际经济研究所C·弗莱德·伯格斯腾、加里·克莱德·胡夫鲍尔和肖恩·迈纳将于2014年秋季推出的著作《架起跨太平洋之桥：发展中美自由贸易和投资》以及前述拉迪著作。

大型企业。无论是对发达经济体来说还是对中国这样的发展中经济来说，都有必要采取措施来鼓励实现这样的转变。

这种发展所面临的障碍有很多，经常会涉及到一些政治姿态和具体规定，如德国有规定要求一旦企业员工超过25人或200人就要有某种工会代表。我们看到中国在某种程序上对其中一些涉及最小成立规模和资本的问题做出了应对，至少在改革提议中是这样做的，但对那些限制发展的规定所做的打击仍然不够。通常这类问题的主要因素就是根深蒂固的行业规定和准入障碍，而这些都是既有企业权力的直接政治体现。使问题更加严重的是政治阶层偏好低风险机会并有意保护既有企业，这样的话他们在获取现金的时候就无须与新人打交道或是惹恼付给他们现金的企业。很显然，这正是国企占主导地位的中国服务业所存在的问题。没有哪一种方法能简单地应对这个问题，正如我们在美国、英国和其他国家所看到的那样，即使在真正民主的社会也会有新公司成为这种腐败的牺牲品。因此，关注自由现金囤积在哪里，对于小型企业的发展来说也很重要。

对于这个问题，我认为需采取三个实际步骤，而且这三个步骤符合十八大和此次论坛所讨论的中国改革推力。首先，我们需要有一个愿意为新企业提供融资的金融部门，还要有一个能为新企业提供信贷和投资的系统。这个问题已经有很多文献著作了。不过问题的最终落脚点可能还在于不能允许银行系统出现大银行的寡头垄断，因为他们不会愿意做出这样的努力。我们需要让多家银行进行竞争，也需要不同的金融机构①。保持生产活力、推动小型企业发展的第二项原则就是取消那些伪装成安全或行业标准的不必要的规定。正常情况下没有人会说中国目前不需要更多安全规定，但这些规定不应该在产业基础上针对某一产业，也不应该在高度微观的层面来实施，否则在位企业的政治攫取就会占据上风。我发现，中国的服务业目前尤其面临这样的问题，其生产力一直处于滞后状态。第三点，我们需要改进国企乃至大型企业的企业管理，将税务法、股东权利、审计、外部董事和外商直接投资等因素结合到一起，这样无论是政府还是市场都不会允许现有企业躺在大量现金上酣然入梦了。

① 2009~2012年在英国银行货币政策委员会任职期间，我曾就英国的情况对这一问题进行过详细论述。

雷夫·约翰森

爱立信公司董事长

我想对政府职能转变提几点建议，希望能促进中国提高效率。

说到投资环境，有两个关键词是必须要做到的，第一个是透明度，第二个是可预见性。如果投资环境具有透明度和可预见性，那么政府职能的合法性就会加强。同样，为了提升投资者对政府部门的信任，就必须用问责制来进行必要的追责。这也可以从某种程度上更加坚定投资者的信念，无论外国投资者还是中国投资者均是如此。

首先，关于政策的设计和落实，我想说一点，总体来说，政府在各类磋商方面表现很好。欧盟有一个影响评估机制，让政府和业界或其他相关机构坐在一起，询问并了解相关政策具体怎么实施，会产生什么样的影响。随着社会发展日益复杂，就像在中国这样，监管程序变得更具技术性，同时也更加依赖监管部门的外部。这意味着我们必须制定有效的方法在影响评估方面开展协作。我建议采用更加正式的程序来进行政策设计和协商，譬如发布监管提议征求公众意见，或是发布公开通告，举行公众听证。还有一个办法是很多国家都采用的，那就是为监管部门设立咨询委员会。

第二，现在有很好的机会让中国政府和其他政府以被我们称之为“电子政务”的方式进行有效沟通和互动。很多国家都可通过简单的技术改善个人或公司的身份管理，利用移动宽带来识别身份。也可以通过电子政务来处理监管、税收、收费、关税以及与人力资源有关的所有一切事务。这种方式的速度更快、成本更低，为周边社会创造出宝贵的价值。

根据会议发言录音翻译整理，未经本人审定。

在此我想列举几个有趣的数据。不同国家成立新公司的成本截然不同。据我们所知成本最低的国家是丹麦，成立一家新公司只需 88 欧元，印度的成本大概是其10 倍。在意大利则需要3 000欧元。可见如果以丹麦为基准，那么在不同国家成立新公司的成本可能会是丹麦的 1 至 30 倍之间。

第三，中国政府现在大力支持成立中小型企业，以提升创新能力，同时拥有更美好的增长前景。很显然，要想实现这一目标，需要降低门槛、加快进程、放松投资管控，帮助企业以多种方式进入资本市场和银行信贷，同时还需要我们所说的“智力资本”。

中小型企业不是凭空产生的，它们往往因为周围有一家学术机构或一家大公司而成群出现，由此产生了集群效应。我认为政府的职能就是确保这样的集群能够进行有效融资。

最后，中国要向服务型经济和增值型经济转型，那么只要拥有先进的技术以及必要的基础就有很大机会来实现这个目标，但是工业不应被完全取代。事实上，在后工业时代，制造业、传统行业和服务业是相辅相成的。我们公司就是一个很好的例子，我们生产移动基站，也提供核心网络，但我们一半以上员工都在为运营商和客户提供服务和帮助，以真正建立起一个服务行业。因此我们不应该认为服务业和制造业是相对或不同的，在良好的投资环境下，它们是相辅相成的。

第14章

房地产市场、宏观经济稳定与中国改革突破口

张玉良

绿地集团董事长、总裁

中国房地产市场的现状与未来

我在房地产这个行业从业了20多年，一直在密切关注这个行业的发展。当前，社会上对中国房地产市场有一些不同的声音，比如，有些媒体、专家（包括行业从业者）说，中国房地产经过多年的高速发展，如今迎来了拐点。有人甚至说，中国房地产市场马上要崩盘了。对此，我的答案是："不会!"我看今天北京的天气很好，未来5~8年中国的房地产至少还会像北京今天的天气一样好!

关于当前和今后一段时间的中国房地产市场，我有以下三个主要观点。

第一，中国房地产市场存在一些新情况和新特点，但总体基本面仍然是好的。大家之所以对中国房地产市场有不同意见，就是因为市场出现了一些新情况和新的特点，如部分城市房地产市场冷清、住宅市场增长放缓等。对这些新情况、新特点视而不见、以偏概全都不对，要全面、客观、辩证地分析，才得出公允的结论。这些新情况、新特点突出体现在三个分化上。一是不同区域的分化。部分三四线城市产业发展不健康，人口净流出严重，而前几年土地供应巨大，房屋库存增长，供求矛盾趋缓，市场冷清。反之，大部分产业、人口集聚的一二线城市供求矛盾依然紧张，市场行情依然看涨。二是不同人群的分化。可能有的家庭已经有几套住房，但有的家庭还在为拥有一套住房而苦恼。三是不同产品的分化。普通住房产品供应在加大，但产业地产、商业地产、养老地产、医疗地产、文化地产等多元化的产品供应还无法满足经济转型和社会发展的需求。因此我认为，着眼于这些结构上的分化并有针对性地满足结构性需求，中国房地产市场还有巨大的空间。

第二，房地产市场健康发展与宏观经济稳定密切相关。据统计研究，房地产市场在当前的宏观经济中扮演着“三个60%”的重要角色：一是房地产业关联着60%左右的实体经济产业；二是房地产业关联着60%左右的银行资产负债；三是当前中国普通老百姓60%以上的家庭财产是以房产形式保有的。因此我认为，房地产市场的健康发展与宏观经济的持续稳定息息相关，特别是在当前中国经济“爬坡过坎”的转型过程中，应该避免房地产市场的大起大落，既要防范市场过热、房价过快上涨的风险，也要防范市场过冷、房价大幅下跌的风险。从这个意义上来说，最近中央对房地产“分类调控”“双向调控”的政策导向非常切合实际，将有利于稳定市场预期，促进行业健康发展。

第三，房地产行业在新一轮经济改革中还将继续保持发展。我认为，房地产行业在新一轮改革中将面临三大机遇。一是市场化的机遇。十八届三中全会提出，使市场在资源配置中起决定性作用。随着新一轮市场化改革的全面深化，资源配置将更加市场化，房地产调控也将更加市场化和具有针对性。在这种相对宽松的环境下，优化供应端，建立合理的住房供应体系，并通过市场化手段加大住房供应量，缓解结构性的供求矛盾，将成为房地产行业的首要任务。届时，房地产行业的产能还将进一步释放。二是城镇化的机遇。新型城镇化“以人为核心”“产业与城镇融合发展”两个基本导向，将推动房地产行业继续向前发展。《政府工作报告》和《全国城镇化规划》都重申了“三个1亿”的城镇化目标，即解决约1亿进城常住的农业转移人口落户城镇、约1亿人口的城镇棚户区和城中村改造、约1亿人口在中西部地区城镇化。随着上述目标的逐步落实，大量进城落户人口、棚改居民将对城镇首套住房和改善住房产生需求，这将为住宅产业发展提供强劲的动力。此外，要解决转移人口的就业问题，必须发展产业，增强城市的综合承载能力，而这必须有具体的载体。因此，现在方兴未艾的产业地产还将面临巨大的市场需求，顺应这一需求、积极进行转型发展的房地产企业还将获得长足发展。三是中国市场延伸的机遇。随着中国经济开放性水平的提升，国内国际两个市场的关系将更加密切，海外市场将成为国内市场的延伸。这将为房地产企业进一步统筹国内国际两种资源、两个市场，加快“走出去”步伐奠定更加坚实的基础。

冯　仑

万通集团主席；万通投资控股股份有限公司董事长

房地产市场与宏观经济稳定

讲房地产已经讲了大概将近20年了，这20年里面其实一直在讲三个角色，一个叫企业，一个叫市场，还有一个叫政府。这三个角色到底是什么关系？有很多著作论述，刚才也有人讲了很多理论。我一直在找一个生活中的经验想把这件事说明白，一直没成功。直到上个礼拜喝了一次大酒之后，我想明白了。事实上，企业就是要喝酒的人，他要追求不断的兴奋度，要追求无数的快乐，企业的本能就是这样。有人说喝了酒舒服，但实际上有一点不舒服但他还是要追求。第二个是酒店，这就是市场。酒店放了各种各样的酒，有各种招牌和幌子，各种妖娆的服务员和促销员摆了很多酒，引你进去。第三个是管喝酒次序的人，比如说经理、警察和你的朋友坐在那不断劝你的，这样的人就构成了政府。我们为什么喝大了呢？第一，过分追求快乐而忘了自己的身体承受力，比如说更多的负债、追求暴利，结果过头了喝倒了。第二种情况就是酒没有找对，找到了假酒，或者你只能喝低度酒但你却喝烈酒。也就是市场给你提供的各种各样的机会是有陷阱的但你不知道，喝大了。第三，周围的人劝酒不断地说，比如经济学家说没有泡沫没有问题，这个东西极其重要利润很好，这就是劝酒。还有一种是极端不能喝，喝多了就像是高晓松一样，甚至是把酒瓶夺了。但夺了酒瓶以后喝酒人说我不爽政府管得不对，喝酒的权利是与生俱来的人权之一。所以这三者之间的关系我们一直搞不清楚，所以我们都不爽。市场也经常跟我们讲，有讲喝酒不好的经济学家讲泡沫，也有讲机会非常多的喝酒才爽。比如说谢国忠一直说喝酒会死人的，但也有人说喝酒有益于健康，会让市场

根据会议发言整理，未经本人审定。

经济健康地发展。这个事吵吵了十几年，但今年我很高兴，因为这件事终于正常了，正常了有三个标志：第一，我们喝酒的人作为企业知道要健康地喝酒，不要喝大酒，喝大酒有益于快乐一时，但无益于长期身心健康。过去两三年来，房地产公司的直接融资已经到了平均40%左右了。整个社会这个行业的直接融资有15%左右。也就是说直接融资越来越多是有利于控制风险的，因为每个投资人他们对风险的控制比银行要严格。而能得到这种直接融资的企业也不是一般企业，一定是项目好、企业好、管理好、有品牌、能持续发展的、有经验的企业。所以也就是说现在很好，随着市场经济的竞争，越来越多的企业开始觉得喝酒要慎重。比如说喝到high是不好的，要持续地喝这是企业家房地产行业普遍的共识。第二，大家觉得要换酒，不少人进军商用不动产、养老、度假房地产市场，尤其是住宅公司万科也讲要成为城市的服务商，大家显然都想换酒了。一换酒度数降低了，换来换去换了低度酒。所有的转到住宅以外，实际上都是在房地产价值链的中间和上游走，以前是制造业，现在是服务业和金融业，尤其是服务业风险很小。所以房地产行业现在换酒主要是由制造业换成服务业和金融业。在美国所有的房地产公司80%以上是服务业和金融业。而80%都是开发公司，所以现在我们要换酒，换酒以后这件事情喝醉的人就少多了。第三，政府也明白了不让喝酒是不行的，行政调控不让喝酒大家也是要不舒服的，最后把酒瓶子都砸了，酒厂关了，市场没有了，于是谁也得不到好处。于是政府说喝酒是可以的，要自然而然地喝，量力而行地喝，要在家长监控下喝，要各自知道喝酒伤身体，要提醒，就像现在对烟的管制，我们现在对烟的管制很好，有提醒，政府该管的管住，同时大家自己愿意抽可以在户外抽又不伤害别人。所以政府最近的管理，比如说资本市场有限度地放开，优先股放开，另外对限价、限购慢慢弹性化掌握，同时也不以简单的房价作为一个目标来强制性地进行，不管所有人只允许喝二两，这个是不行的。另外对整个保障的目标要明确，现在大概20%左右由政府来兜底。监管喝酒的人慢慢也知道了必须得让喝好，但要换酒不能只给一种酒，同时也把不能喝的人稍微管管。

总之，到今天为止，我觉得这个市场已经转型到持续健康发展的新起点了。未来的持续健康发展是可以期待的，就像今天的晴天，我们应该抱有信心。

任兴洲

国务院发展研究中心市场经济研究所所长

对当前中国住房市场的认识

我想对当前中国的住房市场谈谈自己的认识。

今年以来，整个社会舆论对中国住房市场的讨论和判断与以往明显不同。悲观的观点认为市场马上要崩盘，乐观的观点认为房地产还有长达十几年甚至更长时间的高速增长。我所在的国务院发展研究中心市场所有一个房地产基础领域研究课题组，我们在进行了大量调研以及分析研究后认为，目前中国的住房市场既不应特别悲观，但也要正视现实出现的变化。我想谈以下三个方面的认识。

一、当前中国住房市场出现了一些比较明显的新的阶段性趋势

新的阶段性趋势主要表现为三个方面。

1. 住房投资增长速度放缓，或者说是增速换挡

我们作了一个测算，从1998～2011年，中国房地产开发投资高速增长，年复合增长率为24.4%。而从2012年开始，这种高速增长的态势发生了变化，2012年和2013年比上年增长分别为11.4%和19.4%，整体上明显放缓。我们认为这种放缓是符合规律的，是在房地产市场持续十几年高速增长以后的规律性回落，而且这种回落不仅仅表现在投资方面，还表现在住房销售以及其他方面。所以，住房投资增速换挡是当前一个比较明显的市场特征。影响增速变化的原因是什么呢?

①当然是经济增长速度的换挡。2012年和2013年，中国经济增速从9%以上的增长回落到7.8%和7.7%的增速

②根本原因在于中国住房的供求关系发生了明显的变化。我们的研究小组根据全国第六次人口普查数据，再结合其他一些数据进行推算，其结论是，到2012年，

中国城镇常住人口家庭户已经户均1套住房。也就是说，中国住房总量已经有2亿多套。从国际经验来看，在这样住房总量条件下，住房市场的供求关系会发生明显的阶段性变化。当然，中国住房的成套率还不高，只有73%左右。

③就是住房占有是不均衡的。但我们要关注总量变化以及带来的供求关系的变化。近十几年来中国房地产超高速增长，大规模建设住房，使得整体的住房存量规模已经相当大。与此同时，城镇住房结构也在发生变化，每年存量住房的交易规模和新建住房交易规模已经各占半壁江山，有的城市二手房交易量远在于新建房交易量，这必将对新建住房进而对新房投资产生重要影响，导致投资增速回落。客观来看，没有一个国家住房市场是永远高歌猛进的，发展到一定程度，供求关系变化，投资就会规律性地回落。

2. 中国住房市场出现分化

近两年来，中国不同区域和不同城市在住房销售、土地市场以及住房价格等方面都表现出分化的特征。我们课题组在大量调研中了解到，这种市场分化的特征不是偶然的。像江苏省这样经济发展比较好的东部省份，其多数城市的住宅去库存化率已经长达15到16个月左右，整体上发生了变化，尤其是三、四线城市明显。市场分化有人口聚集程度的因素、有产业布局的因素，也有住房供求关系变化的因素。

3. 双轨供给格局的形成

“十二五”期间，中国保障性住房供给大幅度提高，到2015年3 600万套保障性安居工程全部开工建设后，保障面会惠及20%左右的城镇中低收入家庭。城镇“双轨”住房供给局已经形成。一边是商品住房市场，一边是政府为主导的保障功能，各自归位，让市场在配置资源发挥决定性作用，同时也发挥好政府的作用。这种格局的变化也对商品房市场产生影响。

二、在变化的市场形势下，应该注重防范风险

1. 避免住房投资增速失控性下降

住房投资增速的回落，对经济增长、地方财政、地方债务都会产生不同程度的影响，我们应当避免失控性下降。日本当年房地产泡沫破灭的教训，就是当市场风险加大时，不要主动强力挤泡沫。我们也要注意，不要加大强力挤泡沫的程度，要

把握好政策的力度。同时，应避免在住房投资规律性回落的时候而采取盲目的刺激，因为盲目刺激将带来更多的房地产过剩，加大泡沫积累的风险。

2. 注意不同城市房价风险

在区域市场分化的过程中，要高度关注三、四线城市住房相对过剩的风险和一线城市地价过高对房价压力过大的风险。特别是在市场销售和价格已发生变化的情况下。

3. 要重视房地产的资金问题

现在又出现了部分因资金链断裂而跑路的房地产公司老板，还贷压力也在加大，这会引发连带的金融风险。

4. 我们还要做好房地产市场的预期管理

因为房地产市场是一个对预期非常敏感的市场，今年以来，一些银行收紧信贷，一些楼盘项目出现降价，市场预期马上迅速反应，需求者观望和银行惜贷的情况有所加剧。所以，当前管理好预期是个重要问题，否则会对市场的波动产生放大效应。

三、因地制宜，多种调控机制并用

在上述背景下，中国房地产的调控思路也一定会发生转变，由以往的统一调控转向分类调控。因为，各地市场分化，突出矛盾和问题已经变化，因此不能再采取“一刀切”政策。应发挥地方政府的作用，因地制宜进行有针对性的调控。同时，要保持中性的金融政策，完善住房保障机制，加强预期管理，并着手建立房地产调控的长效机制。

佐藤康博

瑞穗金融集团总裁、首席执行官

房地产市场和宏观经济稳定

——日本的经验教训及对中国的启示

一、前言

房地产部门在中国经济中占据的比重逐年增大（见图1），同时，有时也表现出价格暴涨等不稳定的方面（见图2）。因此，为了中国经济能够实现稳定增长，房地产市场健全发展的必要性可以说越来越大。中国政府在今后推行相关措施时，日本过去经历的房地产泡沫的经验教训是值得作为前车之鉴的。在此，分析、说明一下日本房地产泡沫发生和破裂的原因以及其后日本经济疲软的情况，然后阐述从中得出的对当前中国的启示。

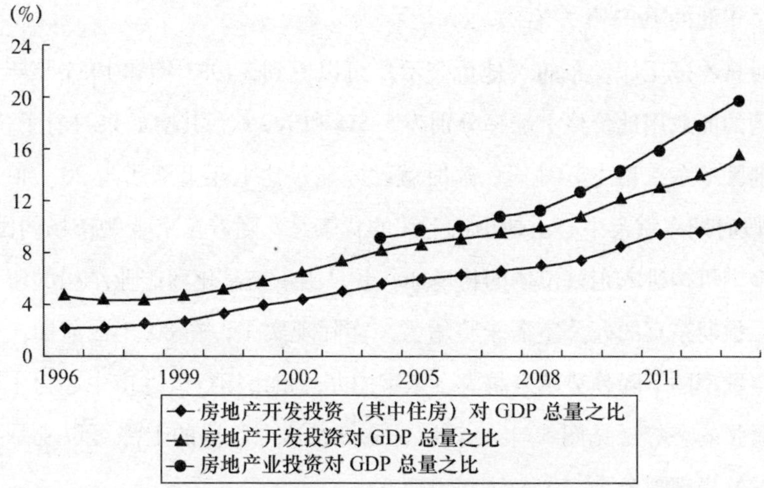

图1　房地产部门在中国经济中的比重

资料来源：司尔亚司数据信息有限公司（CEIC）。

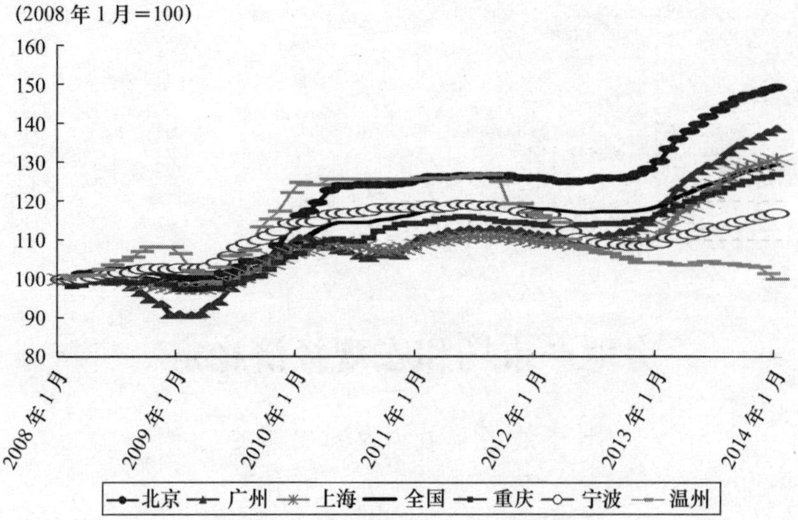

图2　中国新建住房销售价格的变化

资料来源：司尔亚司数据信息有限公司（CEIC）。

二、日本房地产市场动向回顾——从泡沫发生之前到泡沫破裂

我们按照时间顺序来回顾日本房地产市场发生泡沫及其破裂的经过。

1. 泡沫发生前夜——20世纪80年代前期

在日本，房地产泡沫，更加广泛地来说包括股票市场在内的所谓资产泡沫发生于20世纪80年代后期，不过，房地产市场以东京市中心为主开始呈现出活跃景象则是在略早于此的1983年左右。

从当时日本国土厅发布的《地价公示》可以看到，1983年和1984年年内，东京地区平均的商业用地价格上涨率分别为5.5%和7.2%，其中如果只看千代田区、中央区、港区等东京市中心地段，这时就已经显示比上年上涨了近20~40%（见表1）。这段时期东京市中心土地价格上涨的背景是，随着东京金融市场的国际化，预计外资金融机构进入东京市场的将增加，并且由于信息化和产业结构的服务化发展等影响，预期东京的办公室需求将增大。实际现实中，在80年代前期，东京地区办公室空置率的下降趋势越来越大，东京的办公室市场行情以市中心为主越来越趋向供需紧张的态势（见图3）。也就说，地价在这个阶段的上涨可以说是有实际需求作支撑的局部现象。

表1 东京的公示地价上涨率（商业用地） （上年环比%）

	东京地区商业用地平均	千代田区5－9	中央区5－1	港区5－1（5－9）
1984年1月1日时点	5.5	24.9	22.2	22.0
1985年1月1日时点	7.2	30.3	36.4	38.9

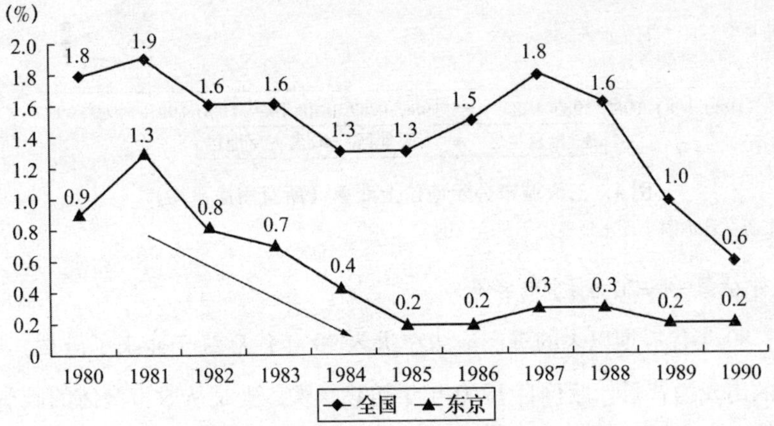

图3 日本20世纪80年代的办公室空置率

资料来源：一般社团法人日本楼房协会联合会。

2. 发生泡沫、地价的暴涨扩散——从20世纪80年代中叶到后期

可是在这之后，加上投机性资金的流入，房地产价格的上涨逐渐变得过热，从80年代后期开始呈现出了所谓泡沫的状态。而且，上述对办公室需求增大的预期也越来越强。日本国土厅为了加强东京都加上周围各县的“东京大都市圈”的中枢管理功能和国际功能，于1985年推出了《首都改造计划》，该计划作出的预测是，到2000年为止，仅东京都内各区的部分就会出现共约5 000公顷，即相当于250座超级高楼规模的办公室楼面需求。在此预测之下，地价上涨预期越发增高，地价的上涨从东京市中心开始扩散到全东京地区甚至神奈川县等周围的各县。进而从1987年左右开始，地价暴涨的浪潮不再只限于东京地区，也波及到了大阪、名古屋等地方大城市（见图4）。尽管80年代后期地价暴涨，可是由于将在后面详述的当时急剧的日元升值以及美国要求日本扩大内需的压力增大等原因，结果宽松的金融政策反而长期持续。在这样的大环境下，地价上涨预期的扩散带来现实中地价的进一步上涨，从而导致了房地产泡沫的形成。

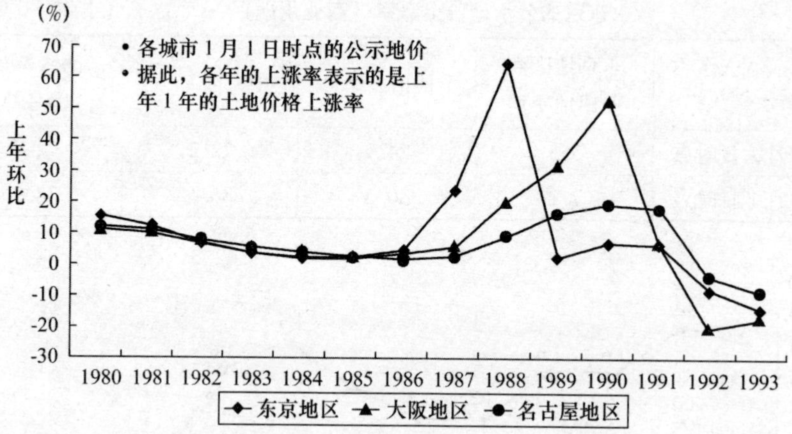

图4　三大城市公示地价上涨率（所有用途平均）

资料来源：日本国土厅土地鉴定委员会《地价公示》。

3. 泡沫破裂——20世纪90年代

但是，80年代后期以来的资产泡沫在进入90年代后终于迎来了破裂。以利率看涨预期的出现为背景，股价自1990年年初起暴跌，先是从股市泡沫的破裂开始，不久房地产市场也迎来了“盛宴”的终结。根据一般财团法人日本房地产研究所每半年公布的市区土地价格指数，六大城市（东京都内各区、横滨、名古屋、京都、大阪、神户）的商业用地价格上涨率，从1990年3月的上年环比27.6%到次年1991年的3月大幅度缩减到同比3.3%，进而在同年9月降至同比-4.5%、1992年3月降至同比-15.2%，下滑趋势急速加快（见图5）。此后，日本便进入了房

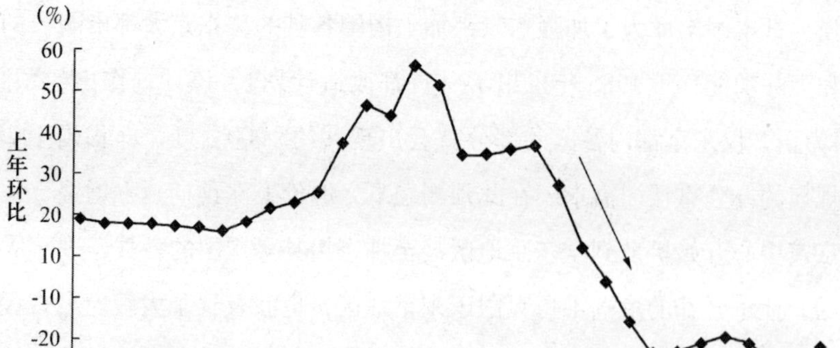

图5　六大城市市区土地价格指数（商业用地）变化率的情况

注：六大城市指东京都各区、横滨、名古屋、京都、大阪、神户。

资料来源：一般财团法人日本房地产研究所。

地产市场和经济长期停滞的局面，并发生了严重的不良贷款问题。

三、日本房地产泡沫发生的原因

我们来看一下导致泡沫发生的原因。

1. 长期的金融宽松

第一个原因可以举出从80年代中期直到末期长期持续的金融宽松。由于日元在1985年9月的“广场协议”后飙升，日本发生了所谓的“日元升值萧条”，为此，央行日本银行采取了下调贴现率等金融宽松措施。“日元升值萧条”到1986年11月就结束了，日本经济在坚挺的内需拉动之下开始复苏。可是，央行在这之后仍继续实行降息等金融宽松措施，从1986年1月到1987年2月为止的期间，贴现率总共5次、累计下调了2.5个百分点，此后直到1989年5月为止的约2年3个月，贴现率一直固定在当时历史最低水平的2.5%。也就是说，从发生“日元升值萧条”的时期开始算起，宽松的金融政策长期持续了将近4年之久（见图6）。其间，货币供应量（M2+CD）对名义GDP之比大幅度高出了80年代前期的趋势线（见图7），漫溢出来的流动性涌入房地产市场及股票市场，导致了资产泡沫的发生。

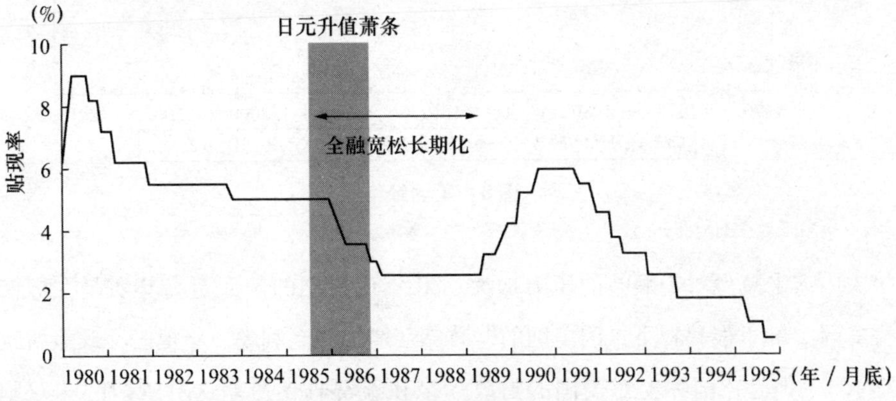

图6 贴现率的变化

资料来源：日本银行。

另外，金融宽松的长期化很大程度上也是受了80年代前期以来的世界经济形势及国际上政策协调潮流影响的结果。

80年代前期，美元走高的同时，美国的经常逆差大幅度膨胀（见图8），占其中核心部分的对日贸易逆差扩大（见图9）。为此，美国要求日本通过调整汇率、

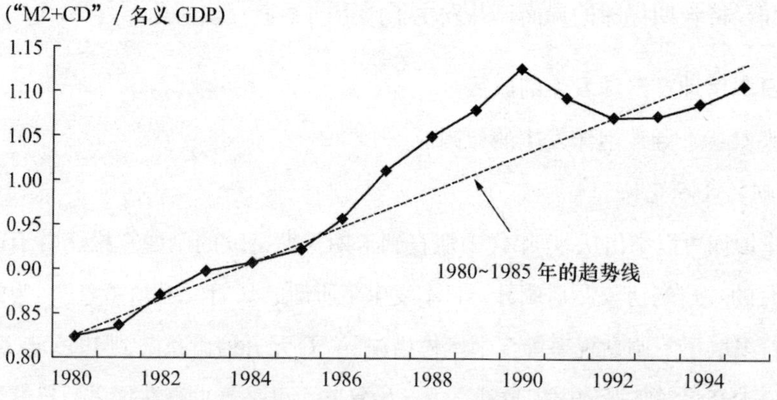

图 7　货币供应量（M2 + CD）对名义 GDP 之比

资料来源：日本银行、日本内阁府。

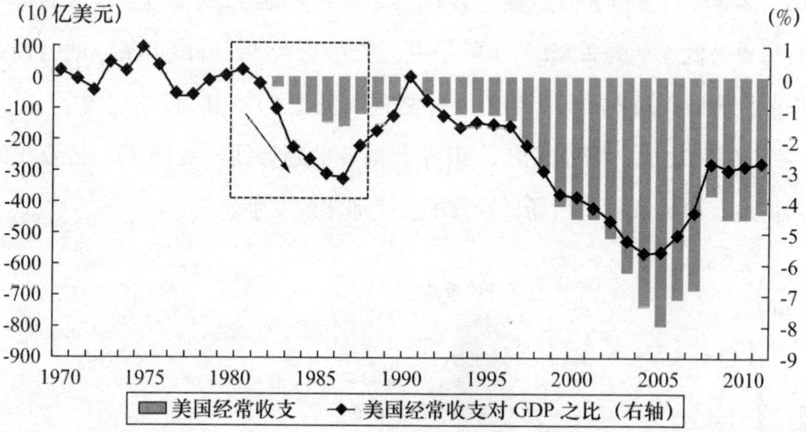

图 8　美国经常收支

资料来源：美国商务部。

扩大内需来减少对美顺差的压力加大。80 年代前期的美元走高其实是在标榜“强大美国”的里根政权下，因美国的财政赤字增加和高利率、坚挺美元政策所致（见图 10）。但是，国际上对美国的财政赤字和经常收支逆差这对所谓的“双胞胎赤字”越来越担忧，而且美国议会把对日贸易逆差扩大问题看得很严重，加剧指责日本，在此背景下，里根政权把政策方向转向了纠正美元走高，特别是在国际协调框架当中推动美元对日元贬值。日本政府在面临美国保护主义压力的威胁和日美贸易摩擦日益加剧的情况下，也被迫进行意识到纠正美元走高和扩大内需的政策运营。就是在这种局势中，1985 年 9 月在纽约广场饭店召开了五国峰会（美、英、法、西德、日五国财长和央行行长会议），针对纠正美元走高进行磋商并达成了协议（即

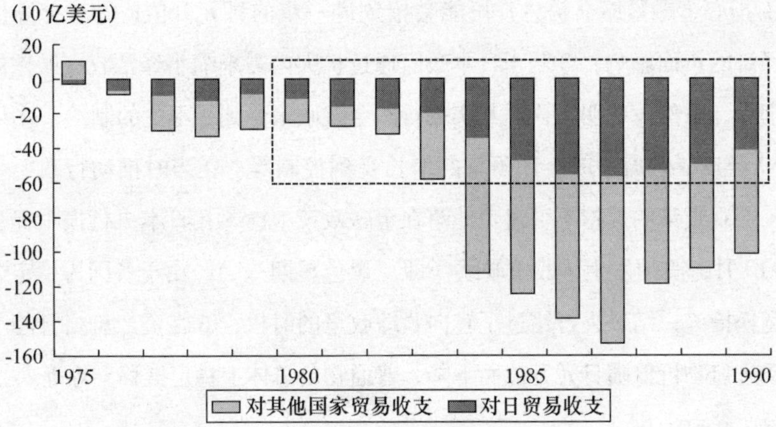

图9 美国贸易收支

资料来源：美国商务部。

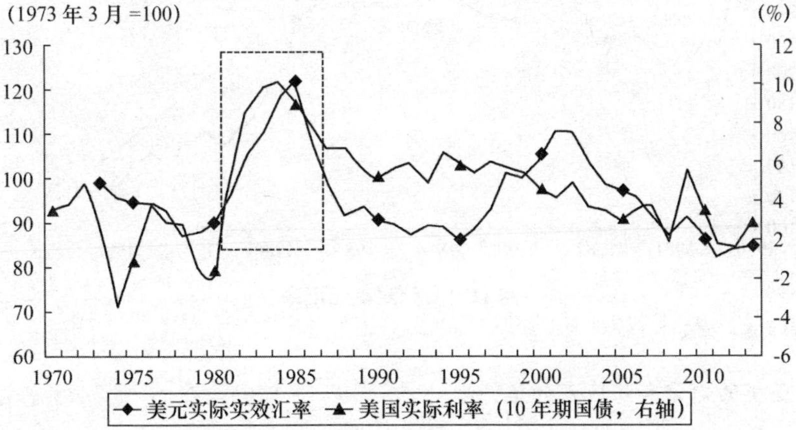

图10 美国的实际利率和美元的实际实效汇率

资料来源：美联储、美国商务部。

“广场协议”），所发布的声明中包含了美国为削减财政赤字而继续努力，日本在刺激内需的同时，恰当关注日元汇率并灵活运营金融政策的语句。

“广场协议”后，外汇市场上出现了急剧的日元升值、美元贬值（见图11）。日元对美元的汇率从1985年8月底的1美元=239日元到9月底变成了1美元=216日元50钱，短短1个月时间升值20日元以上（10.4%）。之后，日元也继续快速升值，到1987年底时升到了1美元=121日元25钱（对比1985年8月底，日元升值97.1%）。如前所述，正是为了应对这种急剧的日元升值带来的“日元升值萧条”，日本开始实施金融宽松，可是宽松措施在1986年秋景气触底后也仍然继续的原因有：①担心金融紧缩（提息）可能会招致进一步的日元升值；②过分高估了日元升值对经济的负面影响；③基于日本政府通过扩大内需来缩小经常收支顺差的经济政策运营理念，虽然没有明写，但其实央行的金融政策受到了不少的制约；④从1983年度到1987年度，政府一般会计预算的增长受到控制等，在当时推动行政财政改革的情况下，宏观政策的负担不可避免地落在金融政策上；⑤在日本央行摸索提息时机的1987年10月，美国发生了股市暴跌（即“黑色星期一”），由于各国为稳定金融市场而采取宽松措施，结果央行错过了转向紧缩政策的时机；⑥在资产价格日趋上涨的同时，由于进口物价伴随日元升值而下降，普通物价总体上稳定推移，等等。

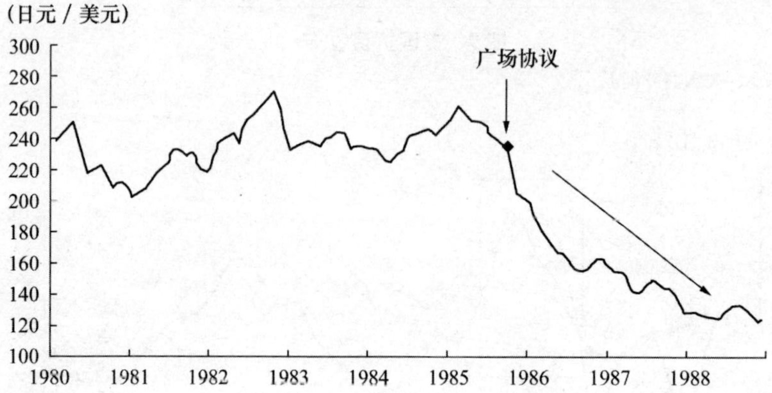

图11　日元对美元汇率

资料来源：美联储。

2. 坚挺的内需和房地产升值预期

第二个原因是，克服了“日元升值萧条”，企业及家庭对日本经济的前景越来越有信心，于是积极的投资和消费活动持续，内需呈现出一派繁荣景象，由此对于房地产市场升值的期待也增强。

如前所述，“日元升值萧条”在1986年11月就结束了。景气在日元继续升值的情况下仍得以恢复的背景在于，消费因有交易条件改善（能够廉价购买进口产品的日元升值利好）作为支撑而维持了良好势头，还有，在高科技化、国际化、业务多元化、放宽限制等的潮流下，设备投资也保持了强劲。因为快速地克服了“日元升值萧条”，同时日本及日本企业在国际上的地位稳步提高，于是日本全体对日本的今后更具有信心了。在经济活动的各个主体共享乐观看涨预期的局面下，自80年代前期起不断增大的、以东京为主的地价上涨预期也逐渐愈演愈烈，形成了认为地价会一直上涨的所谓“土地神话”，这在宽松的金融环境持续之下，不用多久，脱离实际需求的房地产投机变得过热，越发加剧了地价的暴涨。1985年时为1 060万亿日元（按现在汇率，约合62.4万亿人民币）、相当于名义GDP3.2倍的土地市值总额在1986年以后急速膨胀，顶峰的1990年时达到了2 477万亿日元（按现在汇率，约合145.7万亿人民币）、名义GDP的5.6倍（见图12）。

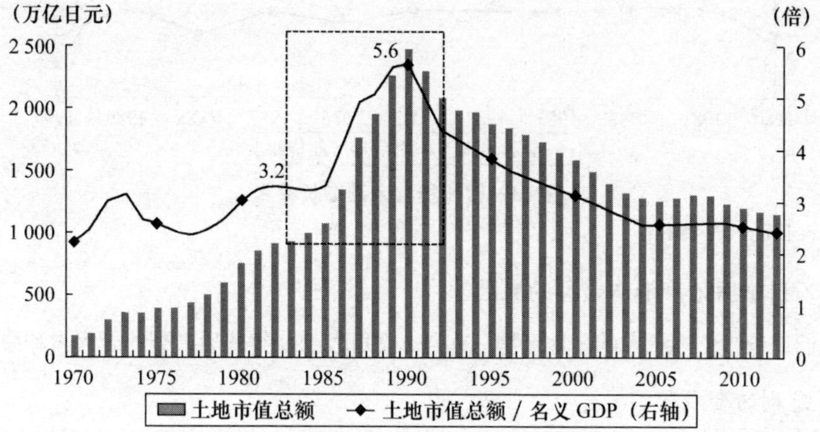

图12 土地市值总额

资料来源：日本内阁府《国民经济统计》。

3. 银行积极融资

第三个原因是，以房地产市场的兴旺景象和地价上涨为背景，银行加强了对房地产业的融资及以房地产为抵押的贷款。也因为当时在金融市场化的背景下，大企业的筹资方式从间接金融转向了直接金融，于是银行积极地开展对房地产业的融资及对中小企业和家庭的以房地产为抵押的融资。随着房地产价格的上升，抵押的价值升高，信贷评审负担减轻，这也是银行倾向于房地产融资的原因。日本国内银行对房地产业贷款余额的增长率，从1980年的上年环比5.7%到1986年大幅度上升到同比31.6%。1986年贷款整体的增长率为同比8.4%，由此也可见房地产业贷款的增长速度突出之快（见图13）。仅靠抵押价值的上升、其实后来回顾来看在风险管理方面做得不够充分的贷款增加，而这在日后作为不良贷款问题暴露了出来。

如上所述，日本房地产泡沫的发生出于各种原因，不过，概括起来可以说：在资产价格不断上涨的情况下，极其宽松的金融政策的长期持续酿成了经济活动主体乐观的看涨预期，基于这种预期的企业、家庭、金融机构的经济行为生成了泡沫。

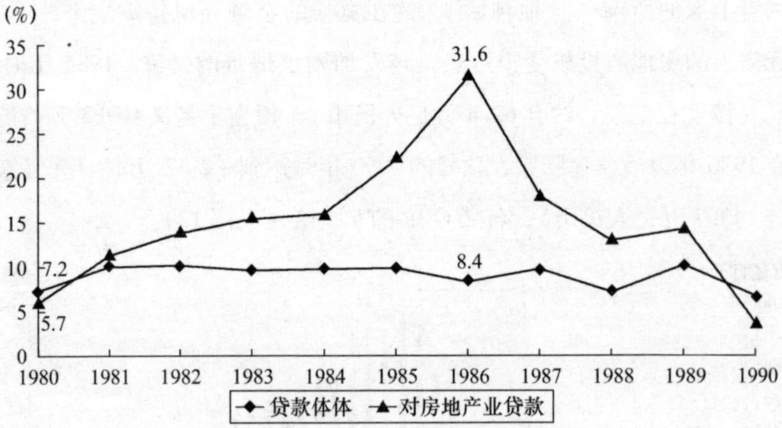

图 13　银行贷款余额增长率

资料来源：日本银行。

四、日本房地产泡沫破裂的原因

我们来分析上述日本的房地产泡沫在进入20世纪90年代后破裂的导火索和原因。

1. 急剧的金融紧缩

金融政策的急剧紧缩被认为是房地产泡沫破裂的导火索。影响尤其大的是1990年初春开始对房地产业融资实施总量限制等，采取了可以说是急剧刺破泡沫的紧缩政策。具体来说就是，1990年3月27日，当时的大藏省（即财政部）发出了“关于控制土地相关融资”的通知，要求“目前，除了对政府的住房用地开发机构等的贷款以外，针对房地产业的贷款，以将其增长水平控制在贷款总量增长水平以下为目标，在各家金融机构进行调整”。另外，因为当时对建筑业和非银行金融机构的贷款（非银行金融机构开展贷款业务时的资金来源于银行借款）也被看成是导致地价暴涨的原因，所以还要求“目前，对房地产业及建筑业、非银行金融机构这三个行业的融资执行情况进行报告”。

另外，与实施总量限制基本同一时期，在1990年3月20日，央行将贴现率从4.25%上调到5.25%，提升了1个百分点，进而在同年8月30日进一步上调到了6.0%。到1989年5月为止，贴现率一直维持在当时历史最低水平的2.5%，可是在而后的短短1年3个月的时间里却一下子提升了3.5个百分点（见前面图6），也就是从长期持续的宽松一变成为急剧的紧缩。受这种急剧紧缩的影响，房地产相关贷款骤减（见图13），地价上涨的动向也快速萎缩（见图5）。

2. 导入地价税成为雪上加霜

而且，1991 年 3 月，尽管房地产市场当时已经过了顶峰、开始下滑了，政府却以刺破泡沫为目的，决定要导入地价税（国税）（从 1992 年 4 月开始施行）。由于这项在顶峰过后的、如同雪上加霜的政策，房地产市场骤然冷却了。对于 20 世纪 80 年代后期的地价暴涨拉大了“有钱人和没钱人”之间的差距的不满，特别是普通工薪阶层购买自家住房变得困难，对此的不满蔓延于全社会，所以 90 年代初期，社会舆论总体上倾向于赞成刺破泡沫。在此背景下，与导致泡沫发生的原因、即为期过长的宽松政策正相反，这下子是操之过急的金融紧缩和为刺破泡沫而进行的总量限制及变更税制导致了房地产市场急速趋向停滞。

五、泡沫破裂后的日本房地产市场和不良贷款问题

就这样，日本的房地产泡沫破裂了。从人口动态的角度来看，房地产市场在 90 年代遭遇的也是逆风。也就是说，在劳动年龄人口过了增长高峰、转向减少的情况下，作为实际需求的房地产购买需求开始减少了（见图 14）。泡沫破裂之初，政府及金融监管部门、甚至金融机构都过分低估了其影响，认为房地产市场很快就会恢复的看法强，可是这种期待最终落空了。认为地价会一直上涨的“房地产神话”破灭，对于房地产市场的预期开始逆转。很多在泡沫期展开乐观的“牛市”经营的企业因泡沫破裂而遭遇了经营环境的急速恶化，出现了债务负担过重的问题，企业破产增加（见图 15）。随着房地产价格的不断下跌，房地产抵押融资等的呆

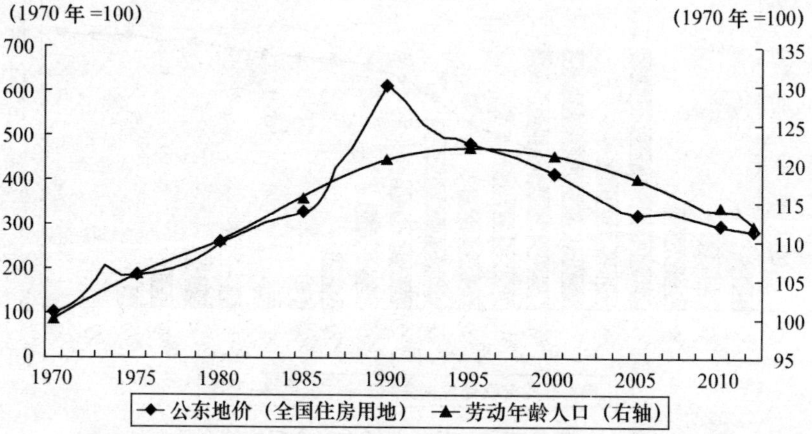

图 14 劳动年龄人口和地价

资料来源：日本国土交通省和总务省。

账增加，处置不良贷款的重负压在了金融机构身上。再加上当时安全网尚不够健全完善，90 年代末期，由于大型金融机构的倒闭，问题发展到了日本国内金融系统危机，从而落入了景气恶化又进一步催生出新的不良贷款的恶性循环。其结果，从处置不良贷款问题开始引起关注的 1992 年度到处理告一段落的 2004 年度为止，日本国内银行处置不良贷款的损失累计共达 94 万亿日元（按现在汇率，约合 5.6 万亿人民币）（见图 16）。为克服作为泡沫后遗症的不良贷款问题，结果花费了将近 10 年时间。

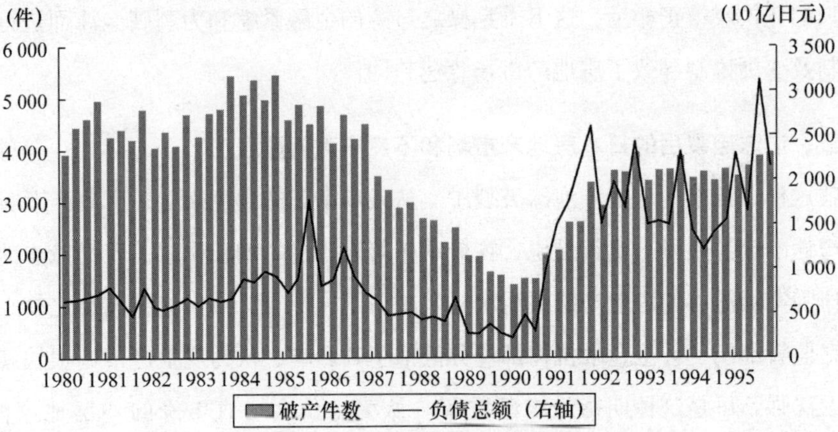

图 15　企业破产情况的变化

资料来源：株式会社东京商工调查。

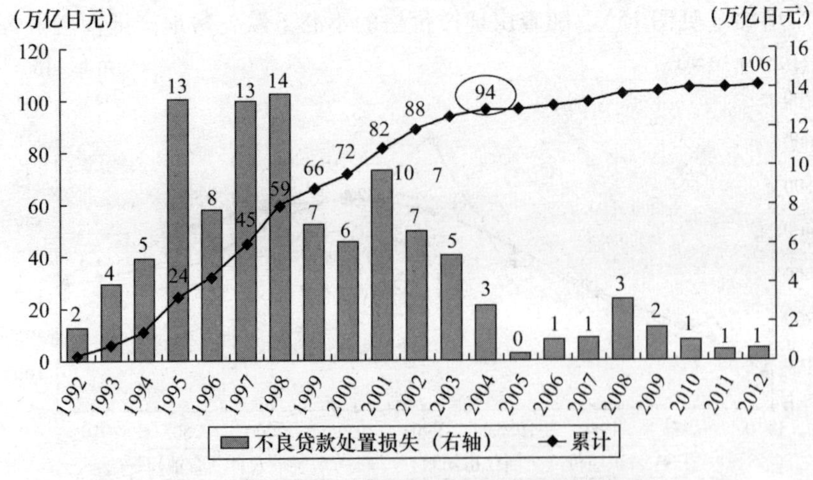

图 16　银行不良贷款处置损失（全国银行合计）

资料来源：日本金融厅。

六、对当前中国房地产市场的启示

1. 近年的中国房地产市场——与上世纪八十年代的日本相比较

先来看一下近年中国房地产价格的动向。在中国，房地产市场一活跃起来，国内围绕到底是不是发生了房地产泡沫的争论就会跟着热烈起来。从在中国房地产市场占据大份额的住房市场来看，尽管城市之间存在差异，不过可以说近年中国的价格上涨还没有达到80年代日本的激烈程度。

回顾日本发生泡沫时的房地产价格的动向，从1980~1990年为止的10年间，价格涨到了3倍的水平（图18）。与此相对，中国的新建住房价格从有可使用的统计数据的2005年以后的变化来看，直到最近2013年为止，基本上一直是上涨走势，不过，9年涨到1.5倍，增长幅度和日本相比较小（价格上涨速度相对较快的一线城市平均值，见图19）。另外，如果也考虑宏观经济整体的增长速度，相对日本的房地产价格以超过GDP增长的速度上涨，中国的价格上涨速度较之GDP的增长要缓慢。

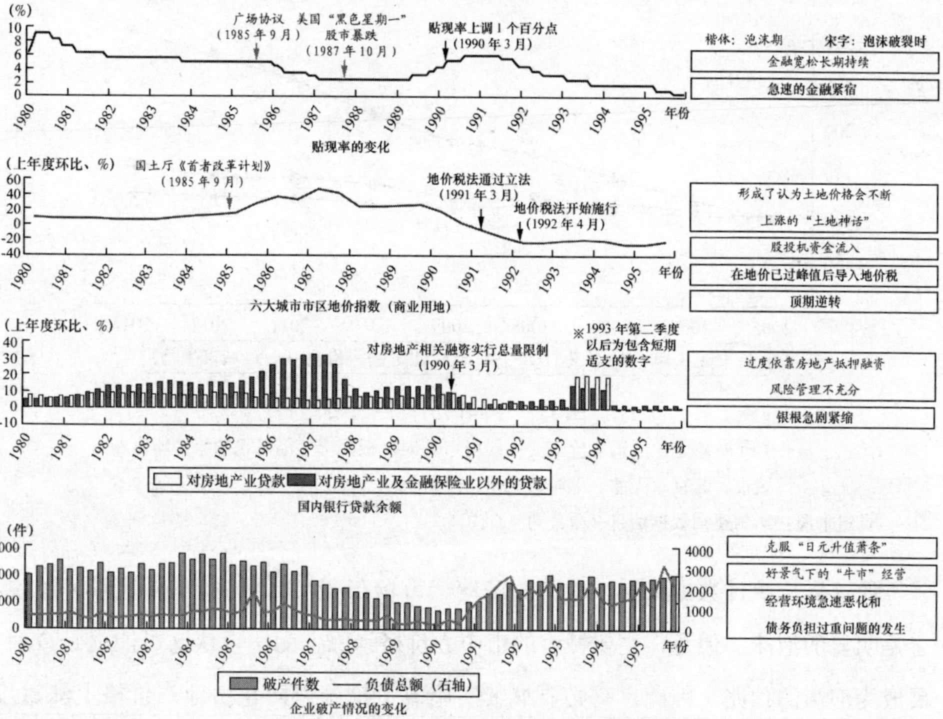

图17　日本房地产泡沫发生和破裂的全貌

资料来源：瑞穗综合研究所编制。

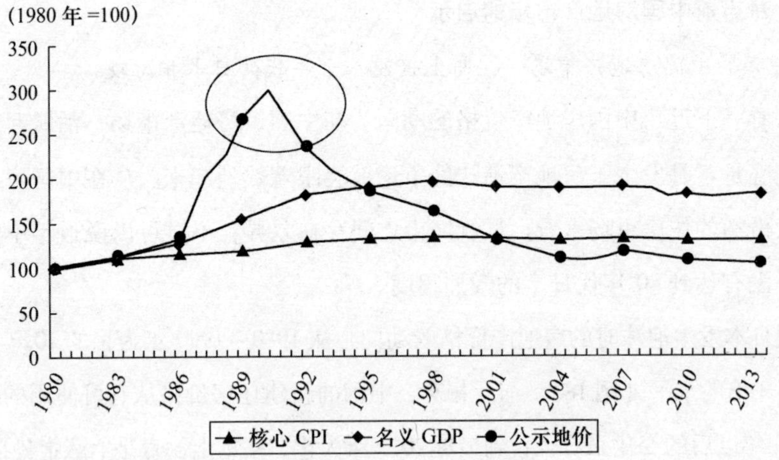

图 18　日本的房地产价格

注：为次年 1 月 1 日时点的公示地价，三大城市所有用途平均值。

资料来源：日本内阁府《国民经济统计》、总务省《消费者物价指数》、国土交通省《地价公示》。

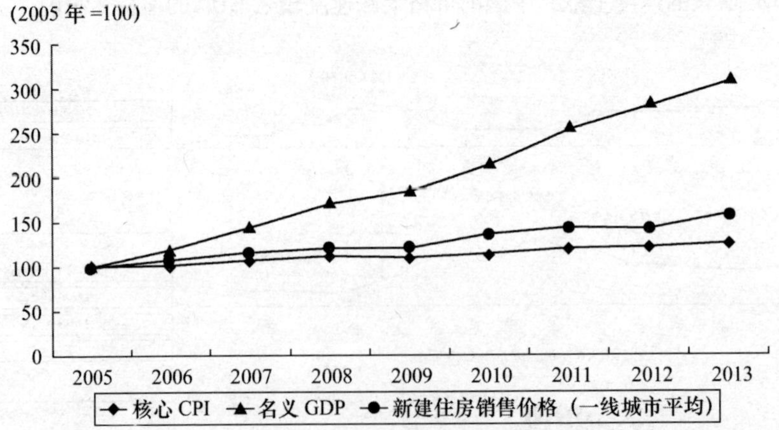

图 19　中国的房地产价格

注：①核心 CPI 及新建住房销售价格（一线城市平均）根据上年同月比的年平均值算出。

②一线城市：北京、天津、上海、广州、深圳。

资料来源：司尔亚司数据信息有限公司（CEIC）。

像这样从统计数据来看，中国的房地产市场与 80 年代的日本相比较，还说不上是明显的泡沫。但是，主要城市的市中心价格暴涨，无法否认这可能就是今后发展成为泡沫的预兆。因此，有必要继续实施政策措施以防止房地产价格上涨过度。另外，从社会政策的角度出发，也需要控制房地产价格暴涨，因为从与家庭收入对比来看，住房价格仍然属于高水平。按照联合国人居署（UN-HABITAT）的标准，住房价格与年收入之比在6倍以下属于适当水平，然而在中国，标准面积90平方米住房的房价一直高过这一水平，2013年时达到了6.5倍（见图20、图21）。特别对大城市居民、中低收入的家庭来说，购买住房的负担不轻，“买房难”已成为直接关系到居民生活的社会问题。

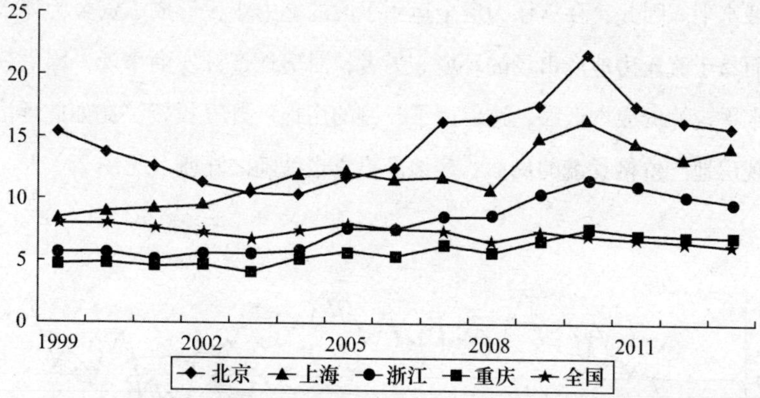

图20　中国新建住房销售价格对家庭收入之比［各省市（城市部分）］

注：①假定平均1套住房面积90平方米，按住房销售总额÷总销售面积推算出的住房价格。

②按人均可支配收入×家庭平均人数（各年）推算出的各省市家庭收入。

资料来源：司尔亚司数据信息有限公司（CEIC）。

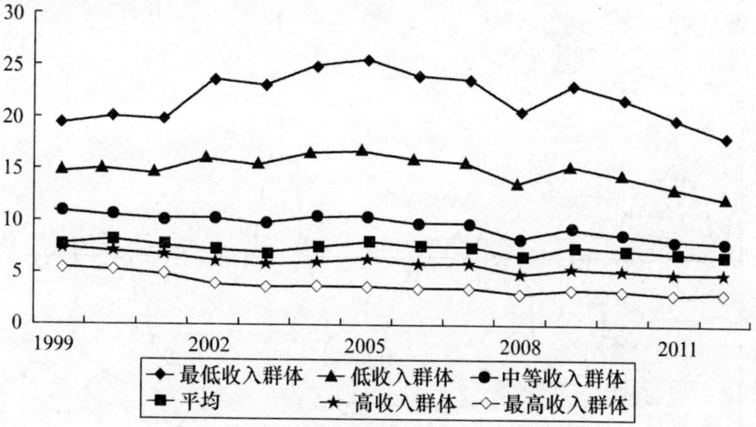

图21　中国新建住房销售价格对家庭收入之比（各收入群体［城市部分］）

注：1. 住房价格的推算方法与图20相同。

2. 按人均可支配收入×家庭平均人数（2012年）推算出的各收入群体的家庭收入。

资料来源：司尔亚司数据信息有限公司（CEIC）。

2. 从日本的经验教训得出的启示

鉴于这种情况，作为从日本泡沫发生及破裂的经验教训得出的对中国今后措施的启示，可以举出如下两点。

（1）避免实际利率倒挂状态长期持续的必要性

日本的痛苦教训是，80年代后期实际利率的下降（见图22）助长了脱离实际需求的房地产投机、房地产投资，导致了房地产泡沫。回过来看中国的情况，实际利率一直处于低水平。因此，存款作为资金运用手段的魅力小，形成了资金为谋求高水平投资回报而易于流入房地产市场的环境。另者，对房地产开发商来说，因借款利率被控制在低水平，筹资成本低廉，这促进了旺盛的房地产开发投资。在如此环境下，中国屡屡出现房地产价格暴涨的局面，房地产投资也就随之旺盛（见图23）。

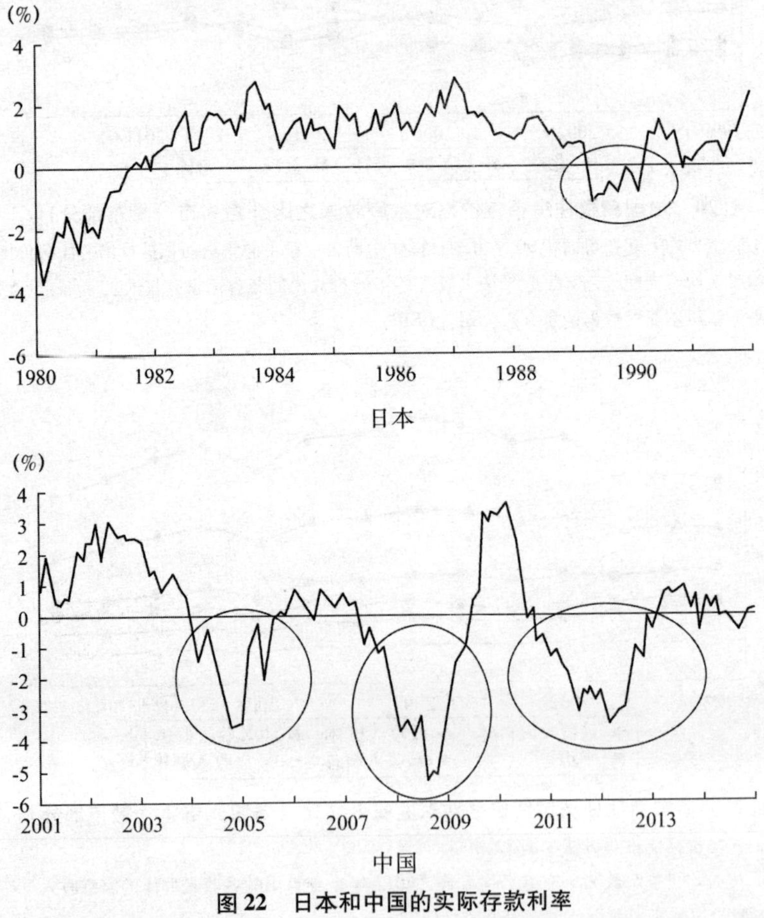

图22　日本和中国的实际存款利率

注：3个月存款利率－消费者物价上涨率。3个月存款利率，日本的使用300万～1 000万日元存款的平均利率，中国的使用基准利率。

资料来源：国际货币基金组织《国际金融统计》（International Financial Statistics）及司尔亚司数据信息有限公司（CEIC）。

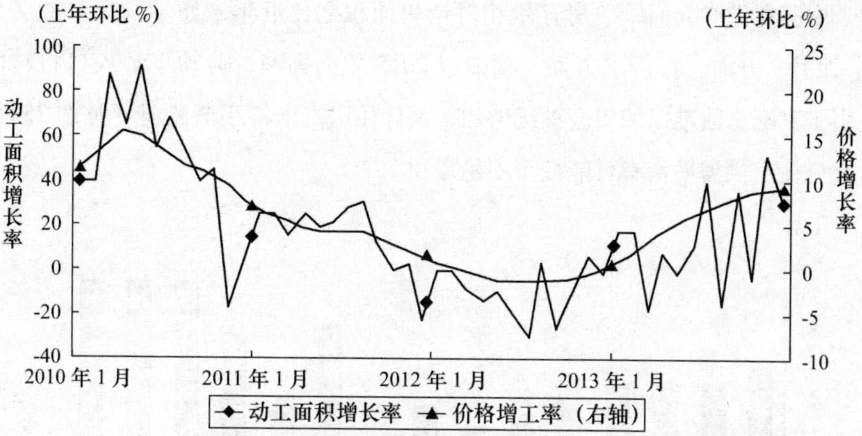

图 23 中国的住房动工面积及价格的增长率

资料来源：司尔亚司数据信息有限公司（CEIC）。

无论是对照日本泡沫期的经验教训，还是对照中国房地产市场迄今的动向，都有必要避免实际利率倒挂状态的长期化。为此，作为重要措施，需要推动利率市场化；但是在进行时，有必要考虑到对金融机构等的影响，以渐进并且有秩序的方式来推进。下面就从金融机构的角度出发来分析、整理一下在资金的运用和筹措方面的必要措施。

首先，从金融机构的资金运用的角度出发，需要推动直接金融市场的发展。如果以合理反映风险和回报的条件筹措资金的直接金融市场得到健全完善，银行贷款便会以市场利率为基准核心，更容易把借款人的信用情况合理地反映于贷款利率（并且，健全完善直接金融市场还可带来有助于房地产以外的投资运用商品扩大、遏制过度的房地产投资的附带效果）。

另者，从金融机构筹措资金的角度出发来看，为了缓和存款利率在利率市场化过渡期的上升压力，放宽存贷比要求等的措施也可作为研究、考虑的对象。因为如果在保留存贷比要求的情况下推行存款利率市场化，恐有可能加剧银行间吸收存款的竞争，导致存款利率过度上升。伴随存款利率的上升，利差收入缩小，即便是为了避免银行因此而经营困难、抵御不景气的能力下降，也值得研究探讨这类限制的理想形式。

（2）继续遏制房地产价格暴涨、房地产投资剧增的必要性

如前所述，在日本，脱离实际需求的房地产投资扩大导致了泡沫破裂后的长期

疲软。中国在供应方面，住房存量相对销售面积之比近年来处于偏高水平（见图24）；而另一方面，在需求方面，预测以2015年为高峰，劳动年龄人口将转向减少，由于家庭总数难以期望会继续增加，预计住房需求将逐渐趋弱（见图25），由此，今后住房供需平衡有可能变得不稳定。

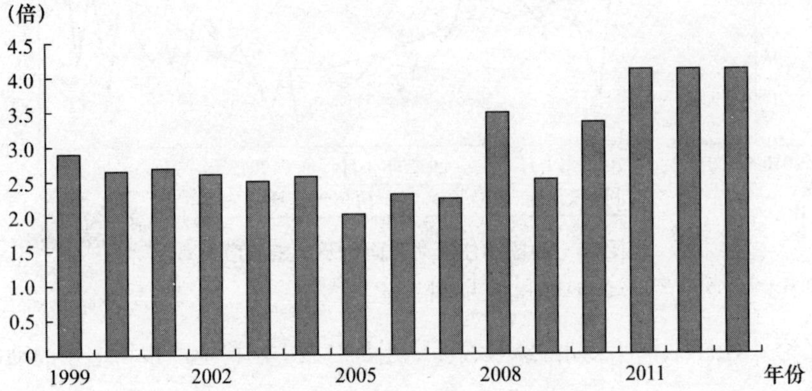

图24　中国城市新建住房存量（对销售面积之比）

注：用年底的在建存量面积（按施工面积—竣工面积推算）和竣工存量面积的合计除以该年销售面积的倍率。

资料来源：司尔亚司数据信息有限公司（CEIC）。

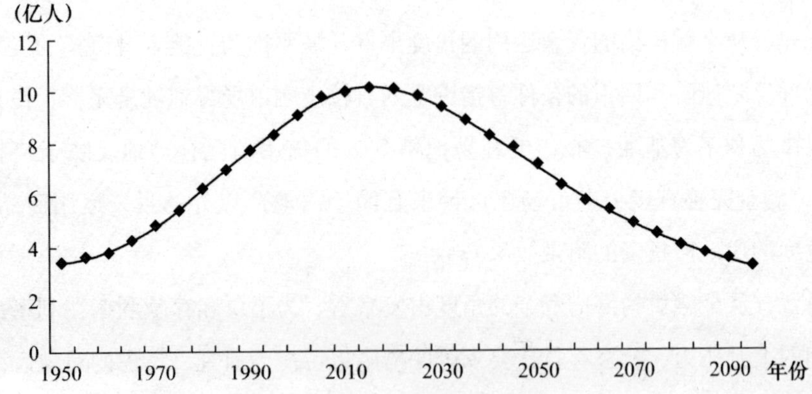

图25　中国的劳动年龄人口预测

注：联合国《世界人口展望2012年版》的低位预测值。劳动年龄人口为15~64岁的人口。

资料来源：Population Division of the Department of Economic and Social Affairs of the United Nations Secretariat, World Population Prospects: The 2012 Revision。

鉴于这种情况，中国采取遏制房地产投资的政策是理想的。中国政府迄今不仅采取了遏制房地产投机的措施，比如对购买非自住房的融资条件予以严格化、对住房转卖收入加强征收个人所得税等，并且对银行向房地产业放贷予以限制、加强确认贷款资金用途的管理以及加强外汇管理以控制国外热钱流入等，通过控制对房地产开发商的资金供应，来设法控制房地产投资的增长，当前继续实施这些措施可以说是合理的，并且是重要的。

（3）但是，切忌操之过急的紧缩措施——需要加强金融机构的危机抗御能力

不过，在推行这些措施时必须注意实施的速度。在日本，房地产融资总量限制和快速提息等急剧的金融紧缩以及导入地价税等的措施一个跟着一个地推出，结果导致了房地产市场的大幅度调整，成为经济长期疲软的导火索。

正因为房地产部门在当今中国经济中占据的比重大①，其调整对于经济的负面影响也就不容轻视。例如，国际货币基金组织经济学家 Ashvin Ahuja（阿什文·阿胡加）和 Alla Myrvoda（阿拉·密尔维达）所著报告（2012）的推算结果是，中国的房地产投资如果减少 1%，GDP 增长将减少 0.1%（见表 2）；进而，如果因为房地产部门的急剧调整而使金融系统受到像日本泡沫破裂后那样的重创，则不可否定对经济的负面影响可能会比这个推算还要严重。因此，切忌操之过急的紧缩措施过度地冷却房地产市场。既不能太快，也不可太慢，政策运营需要慎重并且恰到好处。与之同时，为了加强金融系统对房地产市场行情恶化时的抵御能力，存款保险制度、救济金融机构及金融机构倒闭处理程序的相关制度等安全网的建设完善、依据巴塞尔Ⅲ的银行资本充足率要求的切实履行以及风险管理升级等，现在金融方面正在推行的加强基础的措施，其切实地落实也很重要。

表 2　　　中国房地产投资减少 1% 对中国经济的影响　　　单位：%

经济指标	减　幅	经济指标	减　幅
工业附加价值生产额	-0.1	进口	-0.8
GDP	-0.1	固定资产投资整体	-0.4
社会消费品零售总额	-0.1	住房价格	-0.7
出口	-0.7	住房销售面积	-1.5

资料来源：Ahuja，Ashvin and Alla Myrvoda. “The Spillover Effects of a Downturn in China's Real Estate Investment,” IMF Working Paper，WP/12/266，November，2012。

① 例如，房地产业及与房地产业密切关联的建筑业的固定资产投资对 GDP 之比在 2013 年达到了 20.2%，截止到 2013 年 9 月，这两个行业占城市就业人数的比率达到了 15.2%。在金融领域，房地产业占的比重也高，截止到 2013 年底，房地产相关融资占银行贷款余额的比率达到了 20.3%。

七、总结

房地产市场的动向与国家的经济政策、财政和金融政策紧密相关。因此，为了预先防范房地产泡沫的发生或是破裂，下述三点很重要。

首先第一点重要的是，要避免因采取过度的刺激经济措施而导致市场对房地产升值抱过分期待。

第二点，应避免实际利率倒挂的金融宽松状态长期持续。为此重要的是，通过作为中期目标推动利率市场化，确立起市场本身具备的调节功能，同时，为了金融系统的稳定，建立健全安全网。

第三点是一定要避免急剧的金融紧缩措施及对房地产相关融资的过分遏制。

以上根据日本的经验教训阐述了为避免房地产泡沫发生及破裂需注意之处。房地产价格的上涨能够带来资产效应、激活消费活动，从这个角度来说对于经济的发展是有利的，这是事实；但另一方面，房地产价格的上涨还具有会拉大贫富差距的负面部分（这不只是中国，而是世界各国相同的），由此来看，适当、合理地控制房地产价格对于经济和社会的可持续、稳定的发展是极其重要的。

中国不仅是当今世界第二位的经济大国，而且通过贸易、外汇和股票等金融市

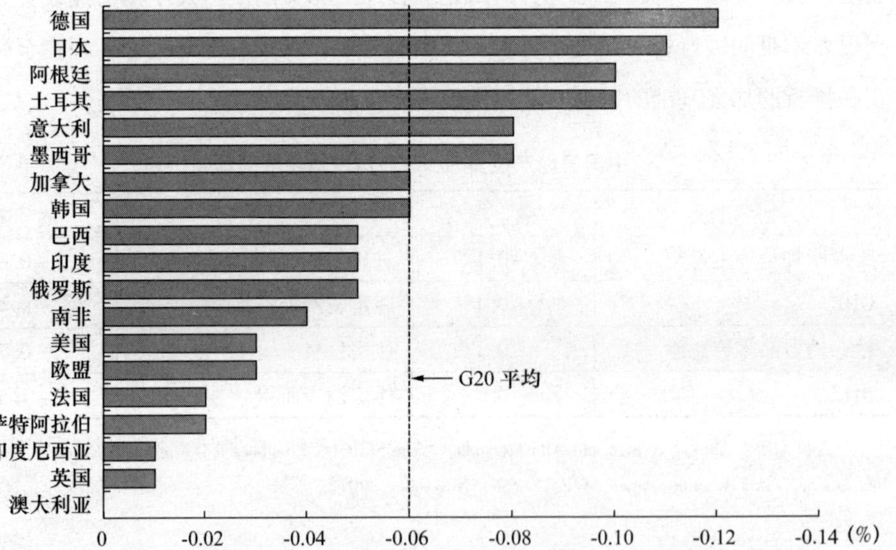

图 26　中国房地产投资减少 1%时的 GDP 减幅（G20 国家）

资料来源：Ahuja，Ashvin and Alla Myrvoda. “The Spillover Effects of a Downturn in China’s Real Estate Investment,” IMF Working Paper，WP/12/266，November，2012。

场，业已成为世界经济的一大部分。中国政府迄今采取了有助于维持经济稳定的各种政策、措施，并取得了扎实成果。不过，假如今后中国经济以房地产市场为起点出现减速的话，对包括一衣带水的邻邦日本在内的世界各国的影响也不会小（见图26）。为此，我们作为外国企业经营者也需要更加认识到中国经济保持稳定的重要性，并给予更大关注。为了中国能够实现房地产市场和宏观经济稳定，瑞穗金融集团愿意立足于我们与日本经济的变化一起走过来的经验，贡献绵薄之力。

菲利普·希德布兰德

贝莱德集团副董事长；瑞士国家银行前行长

关于房地产的讨论必须要结合本届论坛的大背景来看，即中国领导层需要在经济再平衡和保持增长之间做出权衡和取舍。进行再平衡的必要性显而易见，而且也符合世界经济的利益。中国当前的投资产出率是50%左右，这是一个前所未有的水平。大家可以看一下之前经历了转型的主要经济体，如马来西亚、泰国和韩国，它们的投资在GDP中所占比值最高也只有45%。所以说50%这个比率算是历史新高，很可能造成投资分配不当，而房地产就是其中一个可能的领域，我会在第二部分里谈谈这方面的情况。

很显然，中国领导层已经决定要对经济进行再平衡。而且我认为我们必须看到，中国的经济再平衡符合全球经济利益。现在的问题是采取什么样的力度和什么样的速度。现在我给大家做一些非常简单的数学题。假定中国希望将它的消费产出比从当前的35%提高到50%，当然了，50%也还是低于大多数发达国家，它们的消费产出比都要高于50%。如果中国想在10年内实现这一再平衡目标，那么它的消费增长速度每年必须比GDP增长速度快4个百分点。也就是说，如果要维持当前7%的GDP增速，那么在这10年里，消费增速必须每年达到11%左右。而目前我们还没有看到中国出现这样的消费数据，这反映出两点：要么中国领导层打算花更长时间实现再平衡，比如说20年，甚至更久；要么我们将看到整体增长速度下降，这是再平衡产生的一个结果，也可以说是为之付出的一个代价。因此，怎样实现再平衡是一个会对全球经济产生重大影响的问题。

接下来我想谈谈我对楼市的一些看法。在大多数现代经济体中，房地产对整体

根据会议发言录音翻译整理，未经本人审定。

经济增长至关重要，在中国亦是如此。中国也认识到了这一点，因此在制定房地产政策方面非常审慎。事实上，房地产业占到中国 GDP 的 15% 到 20% 左右，是其他国家房地产所占比例的两倍。在中国，土地出让和房地产的相关税收对地方政府绩效来说尤为重要，因此楼市的税收也是一个非常重要的方面。中国政府现在正致力于提供更多经济适用房，以满足那些低收入群体的需求。大家可以看到，中国打算在 2015 年之前建成3 600万套保障房，而这也只能满足 20% 左右的需求。除此之外，他们还需要建起相应的零售商场和物流中心，才能支持住房消费的增长势头，而这是经济可持续性增长的一个重要组成部分。

中国是不是存在楼市泡沫？我们不能简单地下结论，而应该区分一下一、二线城市和三、四线城市。在一线城市和二线城市，基本面比较强劲。这些城市的房价确实很高，但这是由一系列因素造成的，如供不应求、富裕人群的投资选项有限、人口增加、农民工的涌入等等。一、二线城市房价收入比因巨大的贫富差异而加大。根据世界银行的报告，中国收入前 20% 的人群掌握了 47% 左右的财富，而后 20% 的人群只掌握了 4. 7% 的财富。因此当前的住房供应过度倾向于高级住宅，导致平均房价上涨。我们的结论是，在一、二线城市，基本价格还是说得过去的，我们不用太担心。而三、四线城市的情况更让人担忧，它们房地产供应过剩的可能性要高得多，必须要在接下来的几年里采取应对措施。

最后我想就中国的影子银行问题谈两点看法。这个问题引起了日益广泛的关注，特别是西方媒体。很多欧美评论人士都很关注中国的影子银行问题，认为这将成为一个很严重的问题。我们认为这些问题可能被夸大了。事实上，中国的影子银行跟美国或欧洲的影子银行根本无法相提并论，因为其中 90% 都是资产负债表以外的业务，而且最终都和国有企业有关联，这表示公有部门和影子银行之间有很强的关联。如果影子银行遇到的困难最终削弱了国有企业的话，那将导致可持续增长转型的过程更加困难。我想指出的是，中国经济和中国政府有大量的储备。他们的汇率越来越灵活，可以派上用场；而且他们也有很到位的监管。此外，中国领导层越来越愿意依靠市场力量来进行管理，尤其是在信贷方面。正如史蒂芬·罗奇先生提到的那样，中国确实有很多问题和很多挑战需要应对，但我们还是认为，至少一、二线城市暂时没有楼市泡沫风险。

当前中国房地产市场运行中需要高度重视的问题和风险点

国务院发展研究中心市场经济研究所课题组

一、中国房地产市场发展现状的简要分析

自1998年住房制度全面改革以来，中国住房市场化程度不断提高，住宅投资增速明显，住房供给规模快速增加。1998～2013年，中国城镇住宅投资额由4311亿元增加到58951亿元，年均增长19%。城镇居民住房条件明显改善，人均住房建筑面积从1998年的18.7平方米提高到2012年的32.9平方米（见图1）。

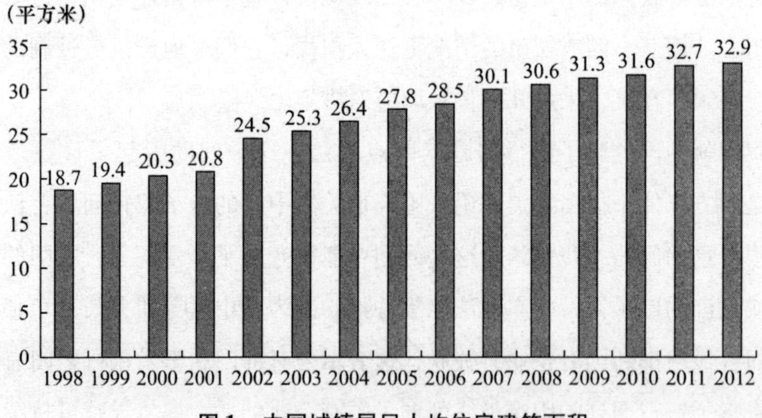

图1　中国城镇居民人均住房建筑面积

资料来源：WIND资讯。

1998年以来，中国商品住房竣工量大幅提高，城镇住房供应总量不断上升，城镇住房存量显著增加。根据国务院发展研究中心课题组（以下简称“课题组”）依

本文是中国发展高层论坛2014年会的背景报告。执笔人：任兴洲、刘卫民、邵挺；邓郁松参与了讨论和修改。

据全国第六次人口普查数据的推算表明，2012年底全国城镇家庭户的户均住宅套数已达到1左右。从国际经验看，在这个总量水平上，住房市场供求关系将趋向平衡。

在城镇商品住房市场不断发展，居民住房水平不断提高的同时，中国住房保障体系逐步建立并不断完善。特别是进入“十二五”时期以来，保障性安居工程①建设加快推进，住房保障受益群体持续扩大。截至2012年底，全国累计用实物方式解决了3 100万户城镇家庭的住房困难，覆盖面达到12.5%。如果“十二五”期间能顺利完成3 600万套保障房新开工任务，到2015年底，全国就可以累计用实物方式解决5 178万户城镇家庭的住房困难，城镇家庭保障覆盖面将达到20.4%。届时我国住房市场结构会发生很大变化，政府在解决城镇中低收入家庭住房困难方面将发挥更积极的作用。

在中国城镇居民住房条件得到持续改善、住房保障覆盖面逐步提高的同时，中国住房市场发展中也面临着一些突出的矛盾和问题。

第一，尽管城镇住房总量已达到户均1套左右，但仍有一些住房条件比较简陋，有些住房缺乏独立卫生间和厨房。根据课题组利用第六次人口普查数据进行推算，2010年中国城镇家庭户的户均成套住房（同时拥有厕所和厨房的住房）为0.73套/户（非成套住房大多兴建于20世纪50～70年代）。

第二，城镇居民住房的实际占有不均衡。虽然在总量上城镇居民户均住宅套数已达到1左右，但实际上居民家庭占有并不均衡。有的家庭占有二套甚至多套住房，有的家庭尚没有住房。

第三，中国商品住宅销售价格从2003年以来进入一个较快上升周期。2003～2013年间，全国商品住宅销售价格从2 197元/平方米提高到5 850元/平方米，年均上涨10.3%。在城镇化进程中，随着城镇居民收入的提高、城镇家庭户数的裂变和增加使得住房需求较快增长，加上政府促进房地产市场发展的政策取向，以及一段时间内投资和投机需求增加，都成为中国住房价格较快上升的推动因素（见图2、图3）。

第四，住房市场的区域分化特征日益明显。目前，一、二线城市住房供给仍相

---

① 保障性安居工程由实物住房保障和租赁补贴构成。实物住房保障由保障性住房和各类棚户区改造组成，前者包括廉租住房、经济适用住房、公共租赁住房和限价商品住房；后者包括城市棚户区、国有工矿棚户区、林区棚户区（危旧房）、垦区危房和中央下放地方煤矿棚户区。

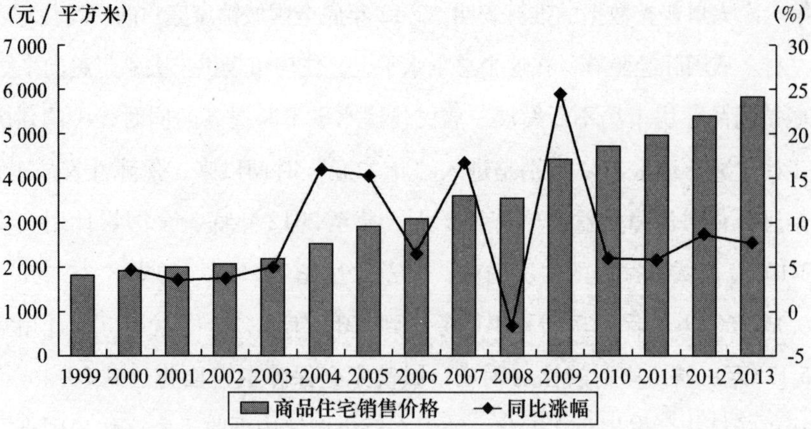

图 2　中国商品住宅销售价格及涨幅情况：1999～2013

资料来源：WIND 资讯。

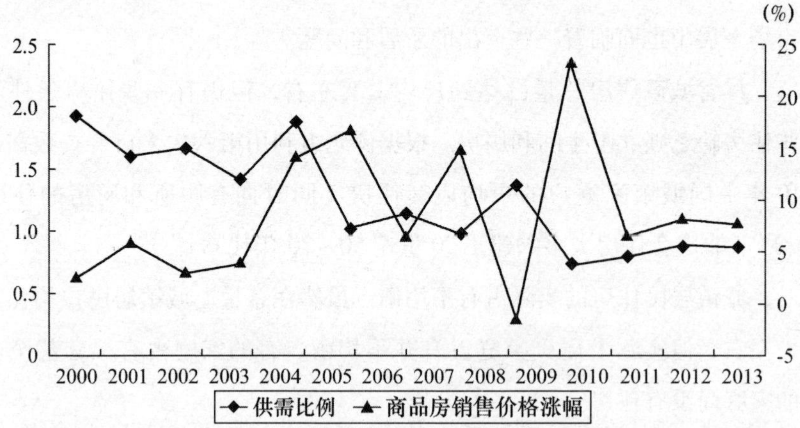

图 3　商品房价格涨幅与供需结构的关系

资料来源：WIND 资讯。

对不足，住房销售量增长较快①。而三、四线城市的住房库存不断增大，不少城市去库存化周期平均达到 14～16 个月。供不应求使得一线城市价格上涨压力较大，北京、上海、广州、深圳等一线城市的住宅价格同比涨幅要远远高于二、三、四线城市。2013 年 9 月到 12 月间，一线城市新建商品住宅价格指数同比涨幅连续四个月超过 20%，二、三线城市的同比涨幅水平保持在 11% 和 8% 左右（见图 4）。

第五，在大规模保障性安居工程建设中，仍面临着政府财政压力和资金来源不

① 一线城市是指北、上、广、深；二线城市是指房地产市场供需活跃的省会城市和计划单列市。

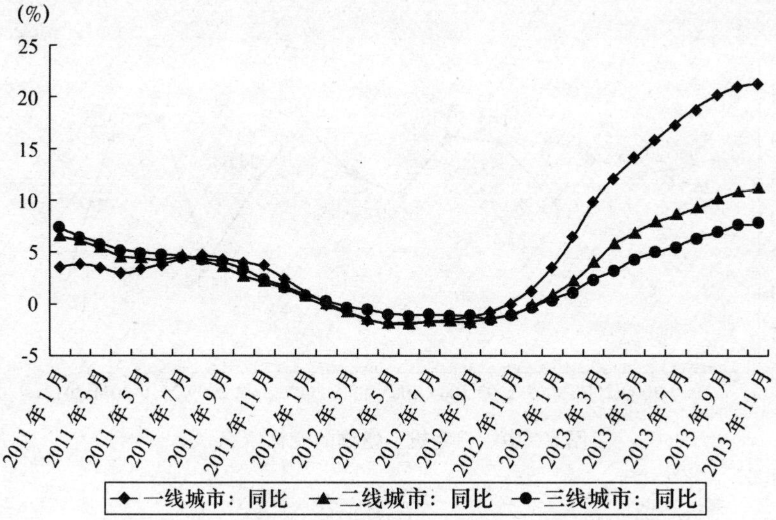

图4 中国新建商品住宅价格指数的月度同比涨幅

资料来源：WIND资讯。

稳定的问题。同时，大规模保障性住房建成后，公平合理的分配以及投入使用后的后续管理仍是需要着力解决的问题。

二、当前中国房地产市场运行中需高度重视的问题和风险点分析

1. 房地产投资正常回落过程中应防止盲目采取刺激政策而引发风险

随着中国住房供求总量逐步趋向平衡、住宅投资增长的动力减弱以及宏观调控政策体系不断完善，前些年房地产投资持续高速增长的态势将难以为继。因此，未来房地产开发投资增速回落是中国房地产发展的客观规律，也是分析未来房地产业发展及存在问题的基础条件（见图5）。

2013年，房地产开发投资完成额的增速为19.8%，与2012年相比，增速出现恢复性回调。但从先行实物量指标分析，2011～2013年间，每年全国土地购置面积平均在3.96亿平方米左右，较“十一五”期间提高了5.3%，而2011～2013年期间，每年商品房竣工面积为9.78亿平方米，较“十一五”期间提高了46.3%，这意味着土地供给规模增速远远不及竣工规模增速，因此，后续施工规模增长动力不足，房地产开发投资增速将面临下行趋势（见图6）。另一方面，与前十几年来新建住房大规模增长相比，随着存量房资源大量形成，再加上区位条件、基础设施以及就业就医等综合生活成本、公共服务水平等因素，目前一些大中城市的存量房市

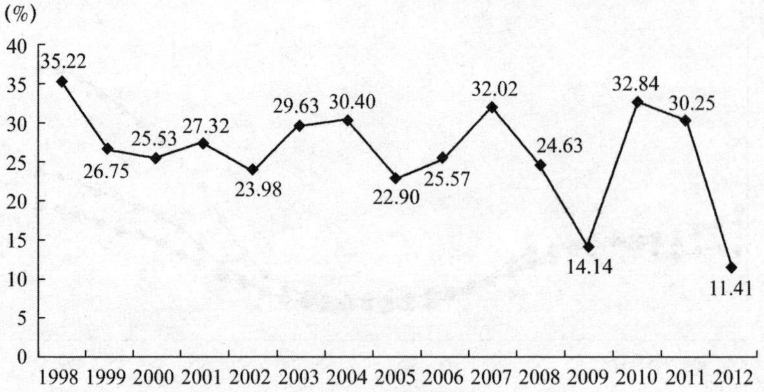

图 5　中国住宅投资增幅的变化情况

资料来源：国家统计局。

场与新建住房市场交易已经形成平分秋色的格局。例如，2013 年北京二手房交易签约 18. 65 万套，新建商品房交易签约 19. 93 万套，两者规模已经大体相当，这必然导致住房消费者对新建商品房需求出现分流，从而抑制新增房地产投资的形成。

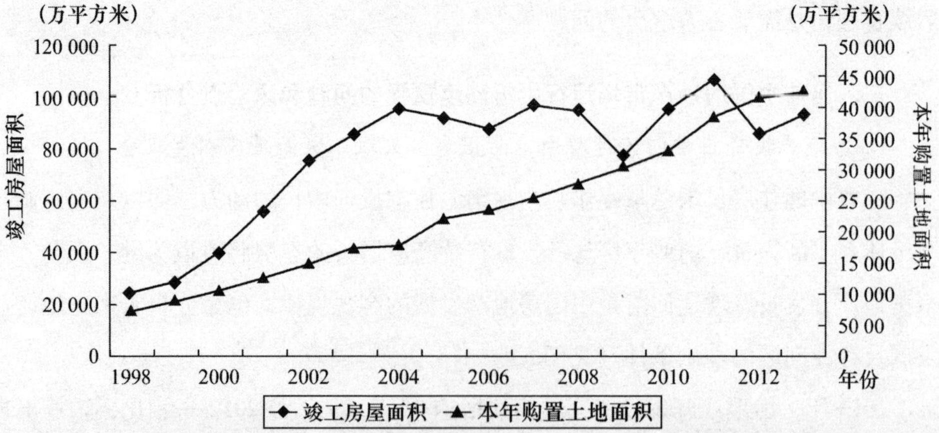

图 6　1998～2013 年中国房屋竣工面积与土地购置面积

资料来源：国家统计局。

房地产投资增速的规律性回落，必然会对固定资产投资增速产生影响，进而对中国经济增长的带动作用有所降低，并对地方财政、税收、就业等诸方面产生一定的压力。在这一阶段，最需要防范的是没有认清现阶段房地产投资回落的客观规律性，而盲目通过放松信贷、土地和税收等办法，对房地产市场进行不恰当的刺激。如果这样，将很可能会形成严重的房地产“产能过剩”问题，使得鄂尔多斯等地的问题和风险在房地产领域蔓延。

2. 一线城市超高的土地价格将给后续市场房价带来较大的上涨压力

当前，中国不同区域住房市场分化程度进一步加深。一线以及热点的二线城市土地出让价格持续攀升，土地成本占房地产开发成本的比重越来越高，一线城市的地价水平同比增幅远超过二、三线城市。截止到2014年1月，一线城市成交土地出让的楼面均价已达到10 158元，同比增幅达243%；二线和三线城市分别是2 338元和1 304元，同比增幅分别为53.17%和35.37%。从一定意义上讲，房地产市场区域分化的特征首先表现在土地市场上。从2013年开始，开发企业逐步增加一线和部分二线城市的土地储备量，减少在三、四线城市的拿地数量，这一趋势目前仍在延续（见图7）。

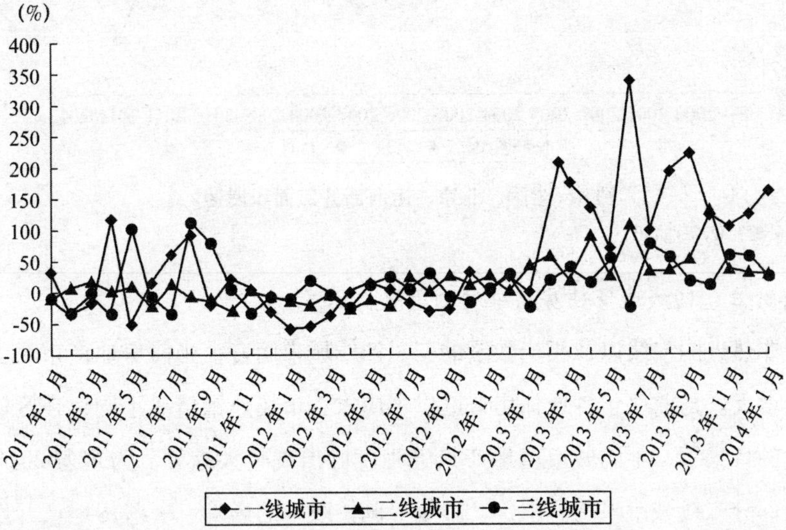

图7 中国城市成交土地的楼面均价同比增幅（2011年1月~2014年1月）

一线城市和部分二线城市地价过快上涨，会同时催生两类风险：一是短期内强化房价继续较快上涨的预期，带动购房需求提前释放，进一步推高房价。二是在一些存量住房较多、住房库存数量较大的城市（如杭州），不排除开发企业采取降价策略回收资金，这会显著增加当前高价拿地企业的财务风险，导致开发周期延长，不能及时形成有效住房供应，甚至出现资金链紧张、导致土地闲置等现象。

同时，对于一线城市来说，住房供求紧张的格局仍没有根本缓解。2013年，全国住宅新开工面积累计同比增速为11.6%，一线城市的住宅新开工面积累计同比增速均低于全国平均水平，而且根据新开工面积与销售面积比值测算，部分一线城市的住房后续供应能力还有持续降低的趋势。而一线城市和部分二线城市的住房需求仍在增长，持续的低供给和高需求之间的矛盾会进一步增大。另外，不断上涨的高房价使得一线城市和部分二线城市的房价收入比进一步增大，高房价越来越超出居民的实际支付能力，使得住房市场的潜在风险和泡沫持续积累（见图8）。

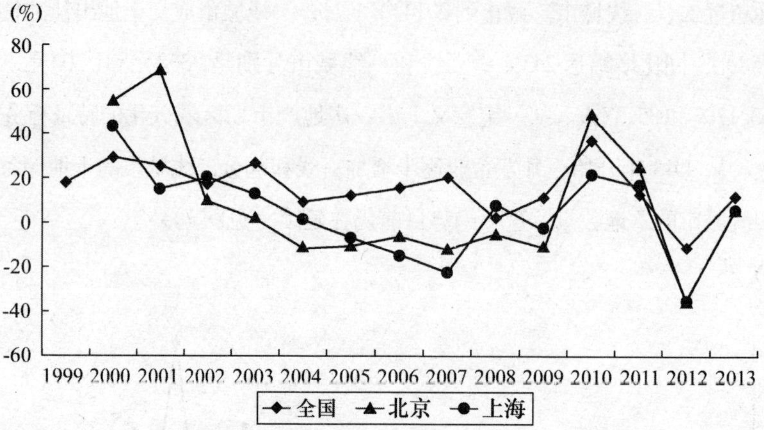

图8 全国、北京、上海新开工面积增速

数据来源：WIND资讯。

3. 部分三、四线城市住房供给过剩风险在积累

对于非热点的二线以及相当数量的三、四线城市而言，当前房地产市场去库存压力持续增大。与前些年各地住房普遍供不应求、市场热销情况不同，在区域市场持续分化的背景下，不同城市房地产景气程度已出现较大差异。为规避2011年以来一线及部分二线城市限购、限价、限贷等调控政策的影响，一些房地产开发企业纷纷将拿地重点转向二、三线城市，住房开发规模大幅增加，目前正处于有效供给大规模形成阶段。但由于这些城市的产业发展、人口聚集以及前些年居民住房水平增长较快等因素，后续的住房消费需求动力已明显不足。在大规模供给增加和市场需求动力不足的情况下，部分二、三、四线城市必将面临住房库存加大，去库存周期拉长的阶段性供给过剩问题。从库存压力指标分析，二线城市商品房存销比（当期可销售套数/三个月以来销售套数均值）远高于一线城市。2014年1月份，一线城市存销比为6.3，而二线城市为12.8，后者是前者的2.03倍（见图9）。

防止供给过剩是下一步三、四线城市需要重点防范的主要风险。鄂尔多斯市是房地产供给过剩的一个典型案例。2005～2011年期间，鄂尔多斯市在煤炭行业和房

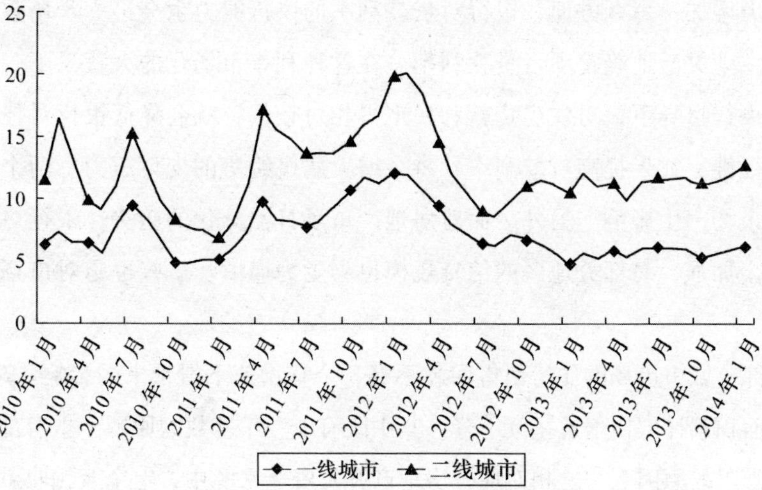

图9　一、二线城市的存销比情况

数据来源：Wind资讯（经过平滑处理）。

地产市场以及居民收入处于上涨预期阶段，鄂尔多斯房地产开发规模出现超常规增长，表现为施工面积、新开工面积以及土地购置面积大幅攀升，房价持续较快上涨。在2011年以后，鄂尔多斯市房地产各项指标又出现断崖式下滑和持续低迷。究其原因，导致鄂尔多斯房地产困境的主要问题是严重的房地产供给过剩。

从城市群布局以及产业转移趋势看，未来10年，我国将会形成3大都市圈、19个城市群或城市化地区，并吸纳50%左右的城镇新增人口。我国产业与人口结构正面临着新一轮的优化布局与调整。产业结构转型升级以及人口流动对于区位条件较好、基础设施和公共服务较为完善的热点城市的住房需求增长有带动作用，但对三、四线城市的住房市场冲击较大。在现有的财政体制框架下，这些城市为了继续推动城镇化建设和维持财政运行，仍不得不继续供应土地，从而进一步增加三、四线城市住房供给过剩压力。

4. 应重视金融环境变化对房地产市场产生的影响

房地产与金融体系高度交织，无论是前期土地开发、项目建设还是居民消费，都与金融息息相关。因此，房地产市场变化会直接涉及对金融领域，同时，金融环境、金融政策以及融资情况也会对房地产市场产生重要影响。

一是利率市场化将对开发贷款和住房消费贷款带来一定影响。随着中国利率市场化的不断推进，一方面，银行存款利率将会出现上升趋势，银行的资金成本和经营压力增加；另一方面，银行对贷款利率的议价能力也会进一步增强，银行可以更加主动灵活地确定项目贷款利率。在这种利率市场化的大背景下，如果商业银行在央行指导下，对住房贷款利率定得相对较低，就会降低银行对住房消费贷款的积极性，如果提高贷款利率，将会增大居民购房的支付压力。两个方面都会对住房市场产生影响。另外，面对房地产市场日益分化的趋势，银行对信贷风险管控也会加强，对部分地区的信贷规模也会更为谨慎。这些也是对市场产生影响的因素。

二是部分城市市场的住房销售回款不畅，个贷增速下滑带来的影响。2013 年，全国销售面积累计同比增速持续下降，其中既有上一年基数的原因，也有部分城市销售进度受阻的原因。与之相对应，房地产开发资金来源中，定金及预收款、个人按揭贷款累计同比增速也是逐月回落，销售资金回笼速度不容乐观（见图 10）。

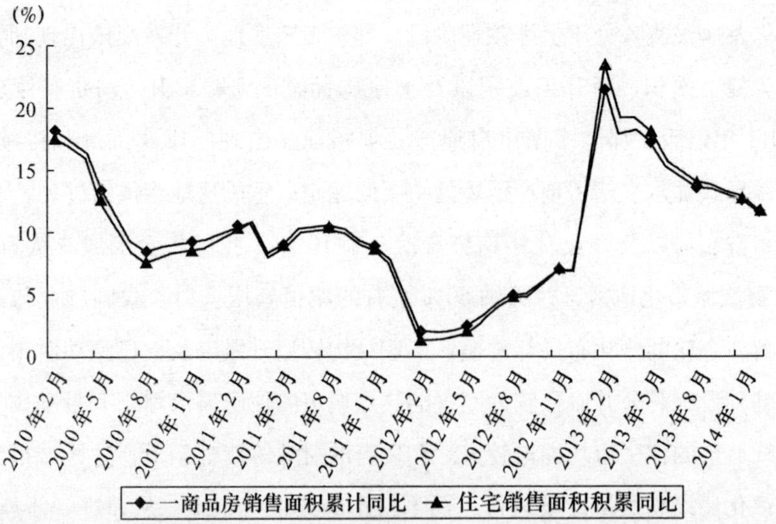

图 10　商品房销售面积累计同比增速

数据来源：WIND 咨询。

三是国家加大对“影子银行”的监管力度，房地产的融资渠道收窄。在我国房地产金融市场体系发展过程中，除了银行信贷体系以外，还有相当比重的信用中介机构为房地产业提供多层次、多样化融资。其中，有些机构暴露出业务不规范、管理不到位、监管套利、兑付风险等问题。随着国家加强防范影子银行风险，房地产融资渠道将面临进收紧问题，相关融资成本也会进一步提高。

5. 房地产市场变化对地方土地财政的影响应高度关注

中国的地方政府是国有土地的主要供应者，目前，土地出让收入是政府最重要的非税收入来源，短期内地方政府对土地财政仍有较强的依赖。2000～2013年间，国有土地使用权出让收入从596亿元增长到4.1万亿元（年均增长38.7%），占地方财政收入的比重也从9.3%提高到60.9%，最高占比达到了67.6%（2010年）。同时，土地资产的价值通过金融杠杆被迅速放大。土地抵押贷款已成为金融机构最主要的一类贷款，是城市政府最重要的融资来源。因此，如果地方房地产市场出现下行波动，地方政府融资平台的土地抵押物存在重新评估的风险。

此外，在一些房地产细分领域的潜在风险也值得高度关注，特别是商业地产领域的供需失衡问题日趋凸显。在城镇化、市场化快速推进的同时，众多城市纷纷加大商业地产投资力度。据不完全统计，不少城市都制定了庞大的商业地产建设规划。未来2～3年新增商业地产供应（包括零售物业和办公楼）数量庞大，这些供给有些可以为城市的高速增长所吸纳，但有些城市商业地产定位同质化严重，导致二、三线城市的商业地产发展面临挑战。

三、对当前房地产政策的几点建议

一是引导住房向居住本质回归、促进住房供求基本平衡。住房是高质量城镇化的重要支撑，确保广大居民实现居住权是“以人为本”的客观要求。而城镇化快速推进阶段也往往是住房需求旺盛、房地产市场容易过热的阶段，因此，在这一特殊发展阶段，公共政策尤其要强调引导住房向居住本质回归，根据人口增长的规模与结构、住房市场运行情况以及产业发展趋势等因素，因地制宜地制定和落实好住房市场调控政策，适当抑制投资需求，严格遏制投机需求，通过信贷、土地、税收、住房保障等多种政策组合，实现房地产供求基本平衡和市场的平稳运行。

二是鼓励和支持首套、中小户型住房消费，有序释放刚性和改善型住房需求。对于首次置业且购买中小户型的家庭，要优先满足其贷款需求，提高批贷效率，并实行合理的首付比例和一定幅度的利率优惠。支持“先小后大、先租后买”的住房梯级消费行为，实现改善型住房需求有序释放，并鼓励改善后的家庭将闲置住房释放出来，通过二手房租售市场盘活存量资源，增加整体住房的有效供给。

三是注意防范住房市场的金融风险，实施中性的住房金融政策。从住房阶段性特征、宏观经济增速趋缓以及国际经验来看，我国住房市场正进入金融风险易发期。要避免房地产市场在短期内需求发生大幅波动，应做到稳定住房金融政策，因此，在宏观调节利率时，宜采取相应政策对冲利率调整对房地产市场的影响。建议实行住房首付和贷款利率反向调整政策，如在贷款利率下调时，适当上调首付比例，防止因利率政策调整造成购房人支付能力在短期内发生重大变化，保持住房支付能力稳定，避免在利率政策波动时催生房地产泡沫。

四是建立与现阶段住房需求相适应的土地供给机制，加强土地的供后监管，实现房地产市场供求关系的预先调节。实行差异化的住房供地机制，促进不同区域的住房供求总量的基本平衡。对供求紧张的大中城市，应加大住宅用地供应规模，提高中小户型住宅用地比重，并有效控制需求释放节奏，重点满足基本居住需求。对于供求已经较为宽松的城市，应适度控制供地节奏，提高已供土地的利用效率，有序释放改善型需求。

五是加快完善房地产税收体系。按照十八届三中全会《决定》中“加快房地产税立法，适时推进改革”的要求，建议统筹考虑交易环节和持有环节税负水平，适当减轻交易环节税收比例。同时，在总结上海、重庆两地房产税试点效果的基础上，进一步扩大房产税试点工作。

六是建立全面、系统、动态更新的城镇住房信息系统。搞清城镇住房存量，是制定合理房地产政策的基础工作。特别是在全国住房存量规模日益增加、套户比接近临界值的背景下，住房市场风险及其对政策的敏感性远远高于过去。因此，应结合本次不动产权属登记工作，尽快建立完整、可靠的城镇住房信息系统。

七是畅通市场和政府政策信息渠道，提高信息透明度，强化市场的预期管理。当前，中国的房地产市场正处在分化时期，市场对价格、销售策略以及对政府政策都高度敏感，出于各种不同立场的各类解读也很多。而房地产的特点之一就是预期引导起着较大作用，市场的总体承受力还比较脆弱。因此，各级政府和行业协会应着力畅通政策及市场信息的渠道，提高信息透明度，加强预期管理，引导社会正常合理的预期，防止因各种非理性的解读误导市场预期进而产生负面效应。

房地产与中国改革的突破口

郑永年 黄彦杰 新加坡国立大学东亚研究所

一、中国的房地产问题

虽然中国当前的经济社会改革千头万绪，但房地产市场可能是整个经济社会问题的一个症结。透过中国房地产业的畸形发展，我们可以看到当代中国财政、金融、产业、社会、政治和文化等方方方面问题之间的相互联系。我们认为，正是因为房地产是当代中国各种问题的交集，房地产改革既是中国未来改革绕不开的领域，也可以成为下一步改革的一个重大突破口。

关于中国房地产的泡沫似乎不用再赘述。现在只要在中国的大城市周边走走，就可以发现数量惊人的空置房。现在一线城市的单位房价已经高达20 000 ~ 30 000人民币以上，相当于一般居民半年的收入，这在全世界都是罕见的。很明显，这些空置房中很大一部分只是个人和企业的投资品。房地产市场泡沫和空置房平行存在的现象也一直是国际社会的关注，很多人总是把中国和日本的房地产泡沫进行对比。两者之间确实有一定的相似性。日本房地产的崛起是日本战后经济繁荣的结果。“二战”后 30 年，房地产一直以比较温和的速度增长。但在 20 世纪 80 年代中叶的“广场协议”之后，日元对美元快速升值，导致房地产价格以一日千里的速度增长，在六年内增长了 3 倍以上。在日本房地产价值达到顶峰的 1991 年，东京的地价等于全美的土地价值。众所周知，不久以后日本就遭遇了房地产泡沫破裂和经济衰退的“失去的十年”。就房地产市场的规模、泡沫发展的背景和私人资本的推动力来说，中国和日本的房地产泡沫有极其相似的一面。如果将北京、上海、广州

本文是中国发展高层论坛 2014 年会的背景报告。

等一线城市过去15年的基准房价与日本20世纪80年代相比，不难发现两者之间惊人的相似。

但是中国与日本的房地产泡沫又有非常不同的一面。首先，比起八十年代的日本，中国金融体制相对于整个实体经济来说更落后。中国金融体系以国有银行为主，而国有银行的存贷款利率都是中央银行直接控制的。最近几年，面对较高的通胀率，中国国有银行提供的存款利率一直偏低，而中国股市自从2007年以来又一蹶不振，所以中国私人资本除了投资实业以外只有房地产市场、理财产品和地下钱庄这三个去处。最近几年，因为大部分制造业的利润逐渐下降，私人资本更涌向房地产、理财产品和地下钱庄这三个方向，而房地产又是三者之间最安全、收益最稳定的投资品。总而言之，只要基准存款利率继续被压低在市场均衡水平之下，房地产市场总能有私人资金源源不断地流入。

中国房地产背后的推手除了民间资本以外，还有地方政府的财政利益。1994年的分税制以后，中央财政占财政收入的比重迅速提高，而许多地方财政则陷入一种捉襟见肘的境地，特别是城市发展需要的巨大资金无法筹措。这时正逢土地出让的“招拍挂”改革，让许多经济发展较快的地方政府有了一笔可观的财源。从地方财政的角度看，这里有一个清晰的良性循环：财政水平取决于土地水平，土地价值取决于地产价值，而地产价值又取决于城市的人口和基础设施规模，而基础设施规模又取决于财政能力。于是，在过去十几年，卖地收入很快成为许多地方财政的重要财政支柱。地产增值作为土地财政的重要环节，自然而然成为地方政府财政利益的一部分。所以与80年代以私人和财团为主的日本房地产投资热不同，中国的地方政府构成了中国房地产泡沫的重要推手。

二、房地产泡沫的后果

中国的房地产市场的畸形发展已经导致了严重的经济社会后果。据社科院2009年的调查，中国的平均每套房的价格大约是城市三口之家8年的收入和农民三口之家30年收入的总和，全国85%的家庭无力购房。尽管这个数字现在已经不再公布，但肯定会更高。如果我们只看北京、上海、广州等地的房价，大部分85后和90后年轻移民应该是无力购房的。这些无力购房群体其实并不在少数：中国的超大城市模式导致超过半数的现代服务业和就业机会聚集在北、上、广等几个大城市及其周边的经济区。即使房价继续上涨，大学毕业生还会不断涌向这些高房价地区。而大多数年轻人光靠自己的努力是很难得到一个体面的生存空间的，他们至少得依靠长辈和家庭的支持。很多中产家庭为了买房可以说是倾家荡产：如果一对来自于农村或小城市的年轻人想在一线甚至是二线城市安家，不仅是年轻人的财富要耗尽，两代家庭的积蓄可能都要用作首付。正是在这个特殊的背景下，高房价使得中国社会尤其是年轻一代的不满达了新的沸点。

高房价对整个社会尤其是年轻人的影响又不限于经济，其社会和文化后果可能远远超出经济后果。高房价和高地价不仅提高了整个经济的运行成本，还提高了租金在整个社会财富中占的比重，压缩了所有劳动者的生存空间，影响了社会的创新和创业能力，最终导致一种极度不健康的社会心态。设想一个刚刚走上社会的科学研究人员，为了在大城市养家糊口，可能得承受占到收入一半以上的按揭贷款，那他还有什么动力去搞学术研究？那些想创业的年轻学生，除了加盟像淘宝这样的电商以外，如何能够付得起高额的租金？那些有一定资本的私人企业家，面对高房价和房地产利益的诱惑如何会去投资技术？那些以街边店铺为生的小经营者，面对高租金和高物价，如何能够保存自己的良心，拒绝降低商品和服务的质量？那些海外留学人员，面对国内高房价极其引发的社会矛盾，如何抗拒海外生活和工作条件的诱惑？与此相反，对于因为家族的地产而一夜暴富的郊区市民或是通过房地产投资赚得盆满钵满的投机商而言，从房地产泡沫中学到的，一定是投机取巧而不是辛勤的劳动和艰苦的创业。由于高房价导致的收入和财产不平等，官员和商人普遍“多房”即使不是社会现实，也很容易成为一种大众意识中的“常识”。如果这种社会现实进一步固化成为所有人的价值基础的话，整个社会就会变得缺乏共同的价值，官方意识形态就会缺乏常识的基础。

从长远看来，中国房地产泡沫如果继续任其发展下去，那么中国的大城市很可能会“香港化”。什么是“香港化”？“香港化”指的是因为房地产价格持续过高而导致的整个经济社会的停滞。自从房地产开始复苏之后，香港的房价一路飙升，现在已经达到了一种可以让大学毕业生的收入无法支付房租的程度。有的地方甚至出现了露宿街头的大学毕业生。众所周知，香港的高房价已经严重影响了香港的国际竞争力，使得香港落后于新加坡和韩国这样的后起工业经济体。现在，这种社会经济危机已经政治化，具体表现为香港日益崛起的泛民主化和本土化等政治运动。不管政府做什么都要反对。越来越多的年轻人加入了反对派，为了反对而反对。这些政治运动的原因从表面上是香港年轻人的政治觉醒，实质上是因为年轻人在当今的香港经济和社会中普遍找到不自身的位置，看不到未来安居乐业的前途。有些年轻人还将香港当前的经济社会状况归罪于中央政府和大陆移民，因此更激烈地要求政治上的独立。香港之所以会这样，既有其地少人多的自然原因，也是其特殊的经济政治结构所致。相比之下，中国没有一个大城市的土地供给是像香港那样紧缺的。中国的房地产问题更多的是国内财政和金融导致的。在很大程度上，中国一些大城市已经出现了“香港化”的端倪。但中国大陆跟香港非常不同：中国既没有比较健全的法律制度，也没有庞大的中产阶级。如果中国沿着“香港化”的方向发展，其政治后果只会比香港更加严重。

三、房地产作为改革突破口

虽然房地产问题千头万绪，但中国房地产的畸形发展的核心问题是政府没有将房地产的性质摆正。房地产既有产业和经济发展的一面，更有福利和社会建设的一面。而且房地产作为社会福利的一面完全可以与作为经济产业的一面在制度上区分开来，例如新加坡的组屋制度。这一点中国并不是没有注意到，而是没有能在制度层面上贯彻到底。如果中国政府能够将房地产的经济与社会属性分开，保证“居者有其屋”，那么以上所讨论的各种社会、经济和政治隐患就都能从根本上得到解决：年轻人更有动力从事创造性工作，创业者会更加踏踏实实地创业，年老人可以更放心地安度晚年。正是因为一开始没有把这个问题摆正，把房地产作为支柱产业，才使得房地产问题与中国财政、金融和实体经济中的各种其他问题混合在一起，变成中国当前经济社会发展的一个最大的“定时炸弹”。

总体上看，同改革开放以来经济建设取得的巨大成就相比，中国在社会权利方面取得的进步不是很理想。社会权利如果不能实现，整个社会就没有社会凝聚力，社会稳定和“中国梦”就都没有基础。最近十年，中国政府已经把民生问题提上改革的首要议程，这是非常必要的。那么，民生问题或者中国社会所认同的民权要如何实现？这需要很大的努力。而对大多数民众来说，住房是社会权利中最重要的权利。就解决人民的住房权来说，政府有几个方面的问题需要考量。

1. 中国需要调整房地产政策思路

在中国，房地产主要被视为经济政策的一部分，而非社会政策的一部分。把房地产视为单纯的经济政策领域，其 GDP 功能（对经济增长的贡献）被凸现出来，而其社会功能（社会成员对住房的需求和人们的“空间权”）就被忽视了。这种政策思路要调整，要实现房地产从经济政策到社会政策的转型。

纵观世界各国，凡是房地产市场发展健全和公共住房解决得好的国家，都是把房地产作为国家社会政策的一部分。这些国家并不把房地产看成是其经济增长和发展的一个重要资源，也就是说，房地产对 GDP 的贡献不是这些国家政府的首要考量，首要的考量是社会发展，是社会成员的居住权。经济因素当然很重要。房地产的发展也必须考虑到供求关系，否则是不可持续的。但是这种市场导向的经济考量应该是在宏观的社会政策框架内进行的。

地窄人稠、土地资源十分紧张而经济高度发展得新加坡是亚洲社会房地产市场发展的最健康的国家。新加坡学习了欧洲公共住房的经验，又结合自己的国情，创造了独一无二的公共住房制度。在新加坡，80%以上的家庭住在公共住房。公共住房投资是新加坡社会性投资最为重要的一个环节。

2. 中国需要考虑调整中央和地方财税关系，减少地方政府对房地产的依赖

正如前面所分析的，房地产的畸形发展和地方政府的财政利益密不可分。长期以来，政府从行政上限制土地的供应量，利用卖地收入弥补收入不足并提供城市发展基金。同时，政府所推行的“招拍挂”制度也阻碍着竞争性土地供应市场的形成。各级地方政府的卖地财政提高了土地价格；而发展商通过抬高房价，将高土地价格转嫁到房地产的买家，即消费者身上。

现在，房地产已经是地方各级政府的 GDP 主义的一个核心组成部分。地方政府在 GDP 主义的指导下将房地产的经济性质发展到极致，而没有照顾其社会福利属性。房地产本来就是一种特殊社会产品，因为其直接关切到社会成员的空间居住权，也直接关乎社会稳定与和谐。

在这样的 GDP 主义的驱动下，无论哪个角色，政府、发展商还是投资者，都想从房地产那里获得巨额的利益。正因为这样，在中国房地产投资过程中，带有极大的投机性。应当指出的是，中国的地方政府也是这个过程中的投机者。不管地方政府投机的动机（如出于地方财政考量）的理由如何，在制造房地产泡沫方面，地方政府和发展商同样具有不可推卸的责任。实际上，产生大量的房地产泡沫是地方政府和发展商利益共同体的结果。

要促成房地产从经济政策向社会政策的转型，就必须改变地方政府对于房地产依赖的现状。也就是说，中央政府必须提供给地方政府其他的动力机制。这就必须

改变目前中央和地方政府的财税分配机制。1994 年实行分税制以来，财力上移到中央政府，但责任并没有相应转移。现在很多领域是中央政府出政策，地方政府出钱。这给地方政府很多财政压力。同时，地方以 GDP 为中心的经济政策也需要大量资金投入到基础建设。于是，卖地也就成为一个创收机制，或者第二财政。这是地方政府努力提高地价的一个重要原因。因此，要不中央政府向地方分权，使得地方政府拥有更大的财税权；要不中央政府把一些现在由地方政府担负的责任也收上来。如果没有这种调整，地方的土地财政压力还是很大，而房地产价格还是会继续上涨。十八届三中全会《决定》强调，要调整中央和地方关系，增加中央政府的事权。这个方向是对的。房地产应当是其中一项重要事权。

3. 中央和地方政府都必须大量增加社会性投资，尽量满足作为福利品的家庭基本住房需求

改革开放 30 多年来，中国的经济增长主要来自生产性投资。社会投资不但一直没有得到重视，反而每况愈下。教育、医疗卫生、社会保障、公共住房、环保等等方面的社会投资严重不足。特别需要指出的是，每次经济危机总会导致生产性投资的激增和社会性投资的减少。2008 年的全球金融危机之后，中国对于各个生产领域的投资激增，已经导致了很多工业领域的产能过剩，造成浪费和低效率。这其中许多的过剩已经在市场层面反映出来了。但房地产业的供给过剩则由于其错综复杂的利益结构而被掩盖起来。相反，直至去年，房地产还在继续被许多地方政府当作是经济增长的主要来源。这种局面必须改变。社会性投资严重不足，则社会制度就建立不起来，消费社会也无从谈起。大量增大社会投资，尤其是增加经济适用房和廉租房等保障性房的建设投资，不仅可以有助于解决一部分城市居民和新移民的住房问题，同时也能刺激消费，带动长期可持续的经济增长。

4. 私人资本的投机也是房地产泡沫的一个重要原因

其中一部分是外国投机。对外国的投机必须加以限制。中国目前的房地产市场过分开放，在完全没满足本国国民要求的情况下，就全面向外国投资者开放，导致这里的风险极大。另外一块是国内民间资本。民间资本组成“炒房团”大量投资房地产，这里除了房地产政策导向和高利润以外，还跟民间资本在中国所受的种种限制有关。一方面要规制房地产过度投机行为，一方面也要为民间资本形成提供必要的制度护航。正因为很多领域不允许民间资本进入，而当今的金融体系又存在许多缺陷，民间资本才纷纷组成“热钱”走向房地产领域。

5. 房地产改革必须要因地制宜，以人民的实际需求为本

中国房地产市场的特点是高房价对不同群体的影响非常不同。从宏观上看，中国城市的住房自有率和人均面积在全世界也不算低。实际上，很多城市居民不仅有自住房，往往在本地还有投资房。另外，许多有钱有权的家庭还在许多地方拥有不止一套投资房。真正缺少自住房又无法负担高昂房价的多是年轻的城市间移民。所以未来的房地产改革必须要考虑不同人群的需求。例如对于年轻的城市间移民的第一套自住房，政府要有专门的住房保障政策。相反，对于那些拥有多套投资房的人，政府必须要通过全国统一的不动产登记系统，掌握其财产信息，通过征房产税的办法遏制房地产投机。

从技术上说，要遏制炒房和投机并不难，例如可进行统一的不动产登记、限制购房的数量、规定住房居住的最低年限、收取房产税等等。但这些政策往往都没有持久的效果。中国政府这些年房地产调控的经验已经表明，光从房地产市场本身入手来改革房地产，任何政策都不会很有效。真正有效的改革必须从更宏观的层次上着手。这些宏观的改革可以逐步地推进。房地产既是中国当代社会经济问题的症结，也是中国社会与经济改革的突破口。从第十一个五年规划的经验来看，社会改革不能全面出击。能够做的已经都做了，如果继续全方位进行改革，就很难取得具有实质性的进展。改革的核心任务应当是找到突破口。无论是社会保障、医疗卫生、教育和住房，如果其中有一个领域取得重大突破，那么就会带动其他方面的改革。

从现实情况看，选择房地产作为改革的突破口还有很多的优势。我们可以从如下几方面来看。在政治方面，政府在房地产问题上已经花费了很大的精力，但到现在为止并没有取得重大的进展。在这场和既得利益的较量中，如果政府退缩，政府的政策甚至政治信用就会受到严重损害。一旦政府退缩，既得利益集团会变得更为强大。在社会层面看，社会对房地产的抱怨最多。这是因为房地产对社会来说最为重要，是社会生存的基础，尤其在中国文化背景中。房地产作为一种特殊的社会产品一旦泡沫化，就会造成社会的泡沫化。在经济层面，房地产已经俨然成为中国经济，尤其是地方经济的支柱产业，不仅存在着严重的泡沫，而且也让中国的产业结构进一步。现在，各级政府拼命地从房地产谋取暴利，而不是通过企业改革、技术进步和管理水平的提高。“房地产病”已经成为中国经济病。世界上还没有一个国家通过发展房地产，而实现经济可持续发展的；相反的例子倒是不少，很多经济体因为“房地产病”而衰落。从政策平台建设来看，如果设计得好，房地产改革可以

带动其他领域，如教育、医疗、社会保障、公积金、社区建设（包括宗教和种族和谐）等方面的改革。在这方面，中国可以向新加坡学习到很多好的经验。

综上所述，如果中国能够在第十二个五年规划期间，或者更长的时间内，把房地产市场改革好，那么就可获取数十年的社会长治久安。社会稳定了，民众怨气少了，就可以为未来更多的系统性改革赢得时间，创造良好的社会条件。

四、房地产与中国发展模式的未来

最后，我们还想从房地产问题引申开来，提出一个更深层次的问题，那就是中国的经济社会发展“何处去”的问题。

从 1978 ~ 2014 年，中国的改革开放已经进行了 37 年，时间不算短了。甚至在更短的时间内，日本、韩国、新加坡和中国台湾等东亚国家和地区都曾创造了经济奇迹。从成就上看，中国也已经成为世界第二大经济体和中等收入国家，基本解决了 13 亿人的温饱甚者小康问题。从规模上看，中国也已经有了世界上最大的企业、最大的国内市场、最活跃的消费群体、最大的研究和发展团队。这是中国经济发展不可抹杀的成就。房地产价值的飞速上升也是这种成绩的一种具体表现。

但从一个宏观的历史角度看，中国的经济发展还是有很多缺憾：中国既不是世界领先的科学技术大国，也没有多少国际知名的品牌，可以说“大”而不“强”。从历史角度看，中国既没有像 19 世纪末的德国和美国那样，引领一场新的世界范围的工业革命，也没有像 20 世纪中叶以后的美国、日本甚至韩国那样，为世界消费者提供一种新的消费模式。从技术层面上，我们的发展很大程度上还是建立在技术引进而不是技术创新上的。从发展层面上，我们的发展还是一种粗放式的动员型发展，主要靠的是国内移民、土地开发、信贷扩张、资源开采和环境破坏等。这种发展的动力与其说是靠“人”，还不如说是靠“天”。更严重的是，这种动员式的发展模式是不可持续的，而且发展每进行一步代价也就更大。房地产市场只是这种模式的最集中、最典型的代表而已——这是一种利用人口聚集、土地出卖、资源开采、信贷扩张和透支年轻人未来的不归路。等到中国人口老化加剧、城市土地短缺和基准利率提升时，房地产泡沫必然破灭，经济增长也将无以为继。与其等到泡沫破灭，不如首先从解决住居民的“居住权”开始，对中国过去 20 年的房地产发展模式进行根本改革。从房地产入手修正中国的发展模式，将是中国未来可持续发展的必经之路。不管怎么看，数千年来，“居者有其屋”历来就是中国梦的重要组成部分。

第15章

构建公平而可持续的社会保障体系

胡晓义

人力资源与社会保障部副部长

建立更加公平可持续的社会保障制度

建立更加公平可持续的社会保障制度，是党的十八届三中全会提出的全面深化改革的重点任务之一，也是开拓中国特色社会主义事业更加广阔前景的重要举措。

一、关于“更加公平”，谈四个观点

第一，强调社会保障制度要“更加公平”，首先是基于公平正义是中国特色社会主义的本质特征和基本价值取向，在国民收入的分配的各个环节都要兼顾效率和公平，而作为再分配重要手段的社会保障则应更加注重公平。当我们确定了社会主义市场经济的改革方向之后，就注意妥善处理市场效率与社会公平的关系。十八届三中全会明确了“使市场在资源配置中起决定性作用”，同时提出社会保障制度要“更加公平”，这两者构成相辅相成的平衡关系，既要让一切创造社会财富的源泉充分涌流，又要让发展成果更多、更公平地惠及全体人民。

第二，强调社会保障制度要“更加公平”，又是基于中国社会经济发展进入到新阶段的客观背景。2013 年，我国国内生产总值达到 56 万多亿元，人均 6700 多美元，进入中等收入国家行列，但发展不平衡仍是基本特征。在这一阶段，人民群众的公平性诉求愈发强烈。在社会保障领域，越来越多的群众从要求享有基本保障转向要求城乡之间、地区之间、群体之间的收入关系均衡、平等、公正和透明。这种诉求应当被看作是推动社会进步的力量。三中全会强调“更加公平”，要求社会保障制度不仅要注重发展规模和进度，而且要更加注重内部结构均衡，体现了新的发展阶段的鲜明特征。

第三，强调社会保障制度要“更加公平”，进一步明确了社会保障领域深化改革的方向。最近十几年，我国社会保障体系建设成效显著：我们着力改革了职工基本养老保险制度和基本医疗保险制度，重建了社会化的工伤、生育保险制度，始建了失业保险制度；进入新世纪以来，相继建立了新型农村合作医疗制度、城镇居民基本医疗保险制度、农村最低生活保障制度、城乡医疗救助制度、新型农村社会养老保险制度和城镇居民社会养老保险制度。这些重大的社会保障制度，最迟都在2012 年实现了在全国各地普及。到 2013 年底，基本养老保险覆盖了 8.2 亿人，全民医保覆盖了 13 亿多人，工伤、失业、生育保险分别覆盖了 1.99 亿人、1.64 亿人和 1.64 亿人，全国统一的社会保障卡发放了 5.4 亿张，初步构建起惠及全民的社会安全网，在促进全体人民公平分享社会经济发展成果方面迈出了一大步。

但也要看到，我国的社会保障体系仍有许多不足，特别是相当一部分农民工和灵活就业人员没有参保，如养老保险还有近 2 亿符合参保条件人员没有纳入覆盖范围，机关事业单位退休养老制度尚未全面改革，与企业职工养老保险制度“双轨”运行，“待遇差”矛盾突出；许多地区城乡居民养老、医疗保险制度还是分设的，既有违公平原则，也造成公共管理资源浪费；各项社保制度之间的衔接也还不够顺畅，在一定程度上阻碍了劳动力合理流动，进而影响了市场对人力资源的配置效率。三中全会强调“更加公平”，既是对前一时期社会保障体系建设公平性取向的肯定，又是在此基础上针对突出矛盾提出的改革的更高要求。

第四，今后一个时期，促进社会保障制度更加公平的主要任务有：一是全覆盖，以基本养老、医疗保险为重点，实施“全民参保登记计划”，真正实现全体人民老有所养、病有所医；二是推进机关事业单位养老保险制度改革，着力解决社会反映突出的“双轨制”、“待遇差”矛盾；三是大力推进城乡统筹，国务院已经决定合并实施新农保、城居保，建立统一的城乡居民基本养老保险制度，城乡居民基本医疗保险的统筹也要进一步推进；四是搞好各项制度之间的衔接转续，为市场在人力资源配置中期决定性作用扫清制度障碍。

二、关于“可持续”，谈三个观点

第一，要以百年为期审视和安排社会保障体系建设。我国社会保障体系始建于 20 世纪 50 年代，自 90 年代以来进行了重大变革和重构。未来几十年，涉及社保体系建设的重大外部环境，一是要努力实现“两个一百年”的奋斗目标，使中国人民过上更加幸福的生活；二是要面对人口老龄化进入高峰期的重大机遇和严峻挑战；

三是随着我国经济更加广泛深刻地融入全球化，要准备应对各种经济波动的影响。因此必须深谋远虑。回顾国际社会保障130多年的历程，最应汲取的经验是，既要随经济发展逐步提高保障水平，又要严防福利刚性的弊端。有些国家社会保障体系建立了几十年，但在国际金融危机中几陷崩溃，须引为戒，不能因一时之需或满足部分群体的诉求，而扭曲了社会保障制度的发展方向。

第二，要实现社会保障基本制度的定型。经过60多年的建设，特别是经过近十几年的改革，我国初步构建起适合国情特点、与社会主义市场经济体制相适应的社会保障体系框架和基本制度安排，其中经历了许多曲折，付出了很高代价，但被实践检验是行之有效的，广大人民群众从中不断获益，这一局面弥足珍贵。我们应在现有基础上努力实现基本制度的大体定型并不断完善。保持稳定，才能徐图发展；不折腾，才能长久持续。如果总是换路数、改模式，时间耽误了，思想搞乱了，反复“缴学费”，就谈不上制度持续发展。

第三，健全可持续发展的体制机制。制度定型不是拒绝变革，当前最需要通过深化改革来完善的，是建立和巩固支持社保制度可持续发展的体制机制。一是增强制度的激励性。特别是养老、医疗保险等有个人供款的项目，要强化多缴多得、长缴多得的激励政策导向，避免单纯依靠政府投入来保障的倾向。二是提高统筹层次。基本养老保险的目标是实行基金全国统筹，其他社会保险项目也应积极推进省级统筹，从体制上打破地域藩篱，增强社保资金调剂功能和使用效率。三是拓宽筹资渠道，坚持国家、用人单位、个人多方供款。政府进一步加大对社保的财政资金投入；单位要依法履行参保缴费义务，但也需适时适当降低企业费率，保持其发展活力；个人费率总体已不低，主要是提高实际缴费比例，减少断缴现象。还要积极开辟国有资产划转社保基金等新的筹资渠道。同时，对多达几万亿的社保结余基金探索市场化投资运营的路径，努力实现保值增值，以减缓未来资金支付压力、实现制度可持续发展并促进经济建设。四是合理调节抚养比。针对人口老龄化高峰期的挑战，结合我国人口结构和人力资源供求趋势，加强精算，未雨绸缪，适时实行渐进式延迟退休年龄政策，完善医疗保障制度，保持社保资金长期平衡，使我国的人力资源得到更加充分的开发利用。五是发展多层次的社会保障。大力发展企业年金、职业年金、补充医疗保险和商业人寿、健康保险，为群众提供能够满足多层次、多元化需求的制度安排，改变过度依赖政府基本保障的格局。

安赫尔·古里亚

经济合作与发展组织秘书长

促进公平、可持续的福利体系

女士们、先生们：

我非常高兴今天能够出席中国发展高层论坛。

我们身处的时代充满了挑战，特别是贫富差距不断扩大、人口老龄化程度不断加深以及劳动力市场充满了不确定性。应对这些挑战，在很大程度上需要依赖于更加公平、更具有可持续性的福利体系。

经合组织国家福利体系面临的挑战

许多经合组织国家的福利体系正面临着严峻的挑战。未来几年，人口老龄化将会加大政府的预算压力。据我们预测，到2060年，医疗及养老支出将会从2007年的13.9%上升至20%～24%左右。① 相比之下，到2050年，在半数经合组织国家内，劳动年龄人口将会下降近30%，这会使社会保障的筹资更为艰难。②

中国的进步

中国目前正在加强社会安全网建设，打造现代福利制度。中国已经建立起了适用于所有居民的最低工资标准，而且几乎每个人都或多或少从医保制度中受益。越来越多的企业开始履行自己的责任，为员工缴费加入工伤、失业、生育等社会保险

---

① 经合组织经济政策文件第6号，2012年，《经合组织2011年养老金概览》中第四章节关于“公共养老金支出长期预测”的内容。

② 根据经合组织人口结构预测数据库，在2007～2050年期间20至64岁年龄段的人口出现下降的国家包括奥地利、捷克共和国、丹麦、爱沙尼亚、德国、希腊、匈牙利、意大利、日本、韩国、荷兰、波兰、葡萄牙、斯洛伐克共和国、斯洛文尼亚和西班牙。

项目。

中国在很短的时间内取得了极为丰硕的成果。与持续努力相一致的是，社会性公共支出占GDP的比重从2007年的6%增加到了2012年的9%[①]。虽然这一比重仍远低于经合组织22%的平均水平，但中国的进步无疑是显著的。

未来，中国还需要进一步深化改革，以满足不断增长的城市人口的需求，例如：

①需要消除当前城市中对于外来务工人员和本地劳动力的差别待遇。

②应提高养老金的可转移性：中国的现代公共交通网络使移动更加便捷，但令人遗憾的是，养老金制度却仍然拘泥于一种无法转移的框架中。

③随着经济的再平衡，人们需要更好的机会来顺利转换工作，因为拥有小片土地已经不再是安全网了。

④在提供更高质量且覆盖全民的医疗服务上，中国还大有可为。

经合组织的有益经验

经合组织的一个重要使命是确定最佳实践，以便各国分享经验、相互学习。关于如何促进公平、可持续的福利体系，并没有一个放之四海而皆准的统一模式，但是我可以和大家分享三条经合组织国家的经验，或许对中国应对本国挑战会有一定帮助。

第一条经验是，政府建立的养老制度应该既具有全民性又具有可持续性。

大部分经合组织国家建立全民养老制度已有50多年了，但是，有些国家忽视了农村地区或者没有确保城市地区的覆盖率，因此现在面临着贫困老龄人口的问题。

确保制度具有可持续性，需要统一男女退休年龄，并将退休年龄延迟至67或68岁[②]。一些经合组织国家最近为了实现这一目标也实施了相关的改革。我们的分析表明，中国若采取这些措施，可以将城市就业率提高6%。[③]

---

① 《中国迈向繁荣之路：避免中等收入陷进的改革》，经合组织经济处工作文件第1093号，2013年。

② 信息来源于美国社会安全局官方网站、英国就业与退休保障部门。

③ 结果根据消除49至64岁年龄段城市男女之间活跃度差异来计算，其中所利用的2010年的就业率数据来源于国家统计局《中国2010年人口普查资料》。

第二条经验是福利需要考虑成本效益。

比如，在卫生领域，经合组织国家80%的支出来自税收或者社会缴费，而这种支出是可以通过改革减少的。过去10年，许多国家都在促进健康生活方式和预防慢性病方面加大了投入。

如果实施一系列改革，例如把初级卫生服务从医院剥离出来，以及把医生的收入与他们处方里开的药物和检查脱钩等，中国可能不需要加税就可以有资金来扩大其医疗卫生体系。

第三条经验是应该将社会保障视作一种投资。

例如，失业救济如果和培训相结合，可以更有利于人们实现再就业。同样，增加对幼儿园和儿童设施的投入可以有助于提高女性劳动力的参与度，并促进性别平等。社会保障与经济进步和包容性增长是相辅相成的。

大部分经合组织国家已经建立起了现代福利制度，以满足公民对优质服务和社会保障的需求。由于人口老龄化和政府预算节缩，这些国家现已遇到了一些挑战。它们需要恢复养老金制度在经济上的可持续性，改革劳动力市场政策以便有效地保护失业人群，同时阻止医疗费用的上涨。

相反，中国目前正在建设福利体系，巩固社会安全网，以及提升为民众提供社会服务的能力和水平。在此过程中，你们可以学习经合组织国家的经验，扬其长、避其短。我们经合组织也期待着继续与大家合作，共同实现这一目标。

中国面临的主要社会风险及解决方案

约瑟夫·斯蒂格利茨　美国哥伦比亚大学教授；诺贝尔经济学奖获得者

很久以来，中国就认识到可持续性不仅指环境的可持续性，还包括政治、社会和经济的可持续性。确实，经济表现和社会进步衡量国际委员会认为 GDP 之所以不能作为一个好的度量方式，原因之一就在于它没有包括对可持续性的衡量。换句话说，就算 GDP 表现为强劲增长，但实际增长却可能为昙花一现。

在此，我想重点说明可持续性的一个方面，即中国面临的社会风险及降低这些风险的方法。同样，经济表现和社会进步衡量国际委员会不仅认识到了经济与环境风险的重要性，也同样认识到了社会风险的重要性。

我要特别指出两个风险我认为它们是相关的——严重的不公平（特别是机会不公平）以及公共部门和私营体制内部缺乏信任。它们都会让人们感觉到体制不公平，一些人以牺牲他人利益来为自己谋利。这不仅带来广泛的社会后果，如影响社会和政治稳定，甚至造成负面的经济后果。我们常常忽略信任在打造现代经济体系中的重要性，但是一旦信任缺失，人们就会相互欺骗，一方会竭尽全力保证自己不会或无法被骗，或者即使被骗，受到的伤害也在有限的范围内。信任度低的社会有可能沦为一个热衷诉讼的社会，宝贵的社会资源将用于解决争议而不是创造财富——唯一的真正赢家将是律师。近年来，大量经济学文献开始关注社会中信任和公平感的重要性，以及信任缺失对经济绩效的负面影响。

在本文中，我首先要讨论的是“不公平”，其次是“信任”，最后谈谈哪些政

本篇文章是作者为中国发展高层论坛 2014 年年会准备的背景论文。作者非常感谢 Lawrence Lau 教授和纪沫（Mo Ji）教授给文章提出的指导建议，文章观点仅代表作者个人意见。

策能够帮助中国管理这两种风险。

一、不公平

在过去的30多年中，中国的主要成就之一是减贫——它在如此短的时间内取得了历史上最大的减贫成果。所有社会群体都受益于中国惊人的发展，然而，一些群体的获益要多于其他群体。尽管近年来中国政府致力于打造和谐社会，但中国的不公平水平仍在急剧攀升。如今中国的基尼系数（即对不公平水平的标准度量）已经可以和美国匹敌，而美国是所有发达国家中不公平水平最高的国家。虽然很多国家在很多方面效仿美国，但在不公平这一点上，美国能教给别人的只有经验教训而已。

虽然库兹涅茨观察到，由于某些经济领域的发展快于其它领域，所以发展的早期阶段通常伴随着不公平水平的急速攀升，但是在过去的半个世纪中，很多发展中国家的表现证明，不仅早期发展阶段不一定伴随着严重的不公平，而且提高公平水平有助于促进经济增长①。如果我们使用其他更可靠的经济绩效度量指标，比如家庭收入中位数，那么这种情况更加明显。

有些人试图为严重的不公平辩护。他们指出不平等日益扩大是一种全球现象，是更宽泛的经济力量发挥作用时不可避免造成的后果。如果仔细研究这些“证据”就会发现，这种说法并不正确。部分发达工业经济体和新兴经济体就抵制了这种趋势，即它们的不平等程度并没有恶化，有些经济体的不平等水平甚至在降低。经济规律同时作用于大西洋两岸，而政治体系和政策塑造了经济规律。有时，它们致力于打造出公平程度高、机会平等以及普遍存在公平感的社会，但有时打造出的社会恰好与此相反。中国致力于建设“社会主义市场经济”，所以必须确保自己采用了前一种政治体系和政策，而非后者。

这一点尤其重要，否则十八届三中全会决议中的两处陈述就会相互矛盾。决议要求“使市场在资源分配中起决定性作用”，但同时“保障和改善民生……促进社会公平与公正”，确保“社会既充满活力，又和谐有序”。

市场经济通常与严重的不公平和机会不平等密不可分。在近几十年里，不公平

① 可参见世界银行《东亚奇迹》报告。

引发的问题极其严峻，以至于虽然大多数西方国家的 GDP（按传统方式计量）持续上升，但大部分人的生活境况每况愈下①。（然而我们注意到在很长一段时间里，发达国家的人均 GDP 并没有上升。现在，法国、希腊、意大利、西班牙和英国经通胀调整后的人均 GDP 均低于金融危机前的水平，希腊尤为严重。政府项目削减以及收入水平降低给这些国家带来严重的社会风险。这里已经蕴含着一个值得我们注意的重要教训，即：社会和经济风险相互交织，难以分割。）

如果实际情况确实如此，那么让市场发挥决定性作用是否会引发更多社会风险？答案是否定的，并且这届全会的报告为这一看似困难的问题提供了解决方案。

全会报告提出了政府角色这一重要问题："核心问题是处理好政府和市场的关系"。即使市场力量能够充分发挥其作用，也并不一定保证它造就的收入与财富分配方式有利于社会和谐。恰恰相反——正如我之前提到的，市场力量常常导致严重的不公平以及机会不平等。特权阶层的人生来就有教育、医疗和就业机会，而其他人并非如此。但是，虽然市场力量常造成严重的不公平，但这些后果也并非不可避免。市场经济有多种形式，所造成的不公平和机会不平等的程度也相去甚远。采用斯堪的纳维亚模型的经济体富有活力，同时公平和机会平等程度较高。其典型市民的幸福指数远高于美国（这里的典型市民以单纯按照收入划分的中产阶级为例。如果用更宽泛的指标来定义中产阶级，如除收入以外还将健康和教育纳入衡量范围的联合国开发计划署人口发展指数 HDI，那么这种对比更加显著）。这两者是相互联系在一起的，即：这些国家的生机和活力部分来源于其较高的机会平等程度和更完善的社会保障制度（如社会安全网）。

中国正在努力建设具有中国特色的社会主义市场经济，它有必要牢记管理社会风险的重要性。错误的游戏规则会增加社会风险，而正确的游戏规则能够缓解风险，并确保实现三中全会制定的目标。

我们注意到市场经济形式多样，这就意味着中国面临着艰难抉择。首先，市场并不是存在于真空中。它如何实现功能取决于规章制度，而既得利益者往往努力确保规章制度为己所用。美国破产法中的一个条款规定金融衍生品享有优先免除权，而学生贷款即使在破产时也不可免除，这明显倾向于金融部门，而且导致教育机会

① 我们注意到即使在所谓表现最好的欧洲国家德国，很大部分人口正面临着生活水平的下降。

减少，结果造成经济扭曲。设计糟糕的公司治理法允许 CEO 及其他管理人员将超出正常比例的公司收入用于个人福利，结果降低了用于员工或投资于未来工作的资金量。

其次，总有特殊利益集团试图让游戏规则按照有利于他们的方向设定，并常常以牺牲他人为代价来争取有利于自己的游戏规则。这并不只是个零和博弈，也可能是一个负和博弈。

使市场经济得以运行的核心是“激励”与“问责”这两个概念。个人奖励和社会回报之间往往会存在着显著差异，在这种情况下，市场经济体无法产生既符合社会需求又具备经济效率的结果，如某些东西（如污染）过多但其他东西（如研究）过少。个人有利可图的行为可能导致社会以及经济风险不必要地大幅上升。没有一个激励制度可以脱离完备的问责制而正常运行，因为个人行为必然会带来一定后果。但（基本上在所有市场经济体里）要将大型企业的所有权和控制权分离，往往会产生道德风险和问责不力的问题。例如，在美国的金融业里，有些人通过操纵市场、掠夺性贷款以及掠夺性和歧视性贷款赚得盆满钵满，他们的奖金取决于个人的短期赢利能力，但他们给社会造成重大经济和社会损失时，却无须承担任何责任。

第三，即使有明晰而合理的游戏规则，还要能落在实处，而且实施过程应公正公平。不幸的是，在获得司法救济方面的不平等情况跟收入不平等一样严重，或者比后者更甚，这有可能进一步强化不公平感。金融危机后美国的情况就是很好的教训：那些把经济推到崩溃边缘的人没有一个对自己的行为承担了责任——即使房市止赎危机清晰地表明了银行曾经有系统地向法院说谎，但结果依然如此。虽然一些中层经理被定罪，但公司高管甚至都没有被收审，还自称对公司业绩表现“有功”而把大笔奖金收入囊中。无论是宣称公司业绩归功于自己并借此获取丰厚的奖金，还是在经营失败时把自己的责任撇干净，这两种现象都会让民众认为社会严重不公。

如果我们仔细审视市场经济中的不平等现象，便会发现其中多数是由市场失调造成的。这不仅属于市场失灵，也属于政府失灵，因为后者没能履行好自身职责，保障市场的有序运行。不平等在很大程度上跟寻租行为有关，即经济或政治权力强大的人为自己攫取更多经济利益。这样一来，把经济规模做大并不能给他们带来回报。此类例子相当丰富，譬如垄断企业通过限制生产来获利（这会缩小经济规模，而不是使其正常扩张），金融业采用掠夺性贷款、信用卡滥用、市场操控等手段来获利（这在很大程度上解释了为什么在金融危机之前，金融业能把所有企业收益中的40%都变为已有，而且并没有实质性证据表明它通过什么“创新活动”改善了经济。相反，大量证据表明金融业加剧了经济波动，使社会底层的人民陷入了贫困）。类似的例子还有贪腐，即有政治影响力的人利用自身职权以低于市价的价格拿到公共资源、以高于市价的价格向政府卖出产品，或者在违反有关法律法规、危及环境、工人安全和公共健康的情况下逃避责任。

在现代经济体/社会中，即使以市场为主导时，政府仍然要发挥着重要角色，这在所难免。譬如，我在前文解释了，为何要有设定基本的“游戏规则”，政府为何要负责设定和实施这些规则。在制定游戏规则的过程中，有些人的呼声必然要比别人的声音更响亮。不过当政治呼声的不平等愈演愈烈——尤其是在这些不平等跟经济不平等密切相关时——人们便会认为社会不公。普通民众的处境也愈发不利。举个例子，很多人认为如今美国的政治体系根本谈不上“一人一票”，更准确地说应该是“一美元一票”

长期以来，西方国家一直都认可特殊利益集团的角色，不过有人担心社会变革和制定政治流程的规则变化已经强化了特殊利益集团的角色，并加剧社会的不平等。随着中国经济不断发展，特殊利益集团的影响力似乎也与日俱增（无论这些集团是房地产、金融、出口制造业、汽车业还是钢铁业）。我们很难准确地量化评估其影响力扩大的情况，或量化判断这种情况是否属实。但不管在任何社会里，民众的感受至关重要。如果人们普遍存在相似的感受，那就本身就是个问题。因此，可以说中国存在着严重的社会风险，即特殊利益集团过度影响政策制定——或者说人们感觉他们在过度影响政策制定。

不平等现象长期存在可能造成更为严重的后果。有证据表明，特权阶层的偏好和行为改变会沿着反社会的方向产生。生于特权阶层的人会逐渐认为其特权理所当然，自己可以据此利用他人，或不遵守那些对维系社会运行秩序至关重要的规则。

二、信任缺失

第二个主题也是第二大社会风险：对社会体制的信任缺失。调查表明在全球范围内，信任感普遍减弱。有些证据表明，造成这种情况的部分原因在于不公平和机会不平等的程度加深，导致大部分人感觉处于顶层的人并非通过公平手段达到这一位置，而是倚仗不公平的影响力（而且这些人的比例过高）。民众不会嫉妒那些为社会做出杰出贡献的人，如DNA、电晶体和激光的发现者们——况且这些人也并没有处于收入金字塔的顶端。

在许多西方国家，无论个人是否通过诚信手段赚钱，位于金字塔顶层的富人们都在努力逃税漏税。他们高薪聘请说客制造税法漏洞，高薪聘请税务律师把自己的钱转到开曼群岛或其他避税天堂——他们把钱存在那儿可不是因为群岛的阳光可以让钱增值更快。这些赤裸裸的不平等都反映出大规模腐败问题——而不是指那种用棕色纸信封装着钱塞来塞去，小打小闹式的贿赂。

在失业率高的国家，得到工作的人并不一定是最胜任工作的人，而是最有“关系”的人，这使人感觉极其不公平。这样的社会被视为腐败社会。

简言之，在人们普遍感觉不公平和不平等的社会里很难创造信任感——在那些这种感觉已经达到极限的社会里尤为如此。不平等必然会引发不公平感。

与其他国家一样，中国也已经开始了反腐斗争。腐败不止会导致资源分配不合理——虽然有些部门做得不错，但牺牲了公众的利益——还引发了广泛的不公平感。习近平主席领导的反腐斗争意义重大，有助于建立大众对政府部门的信任。政府最近采取的厉行节约、反对铺张的作法，目标在于抵制浪费，使群众的不平等感降低，同时降低腐败动机。

公众讨论往往聚集在对政府机构的信任缺失，但事实上信任缺失的问题已经广泛蔓延，如：危机发生后对于金融机构的信任缺失——这是可以理解的，美国一家主要银行的高层就金融危机相关事宜出庭作证时表明，事实上只有傻子才会在交易中信任银行。货物既出概不退换——他们都是成年人，应该很清楚这一点。80年前，由于利益冲突对金融机构缺乏信任带来的结果是政府加强监管力度。然而如今，信任缺失翻了一番，因为金融机构不值得信任，负责监管它们的政府也担不起人们的信任。

100多年前，对食品安全的信任缺失促使美国对食品业进行监管，但一些公司仍试图能让自己随心所欲地生产有害人体健康的食品。

在中国，这些问题导致的社会风险更加可怕：人们有充分的理由担心牛奶及其他食品的质量安全，环境危害理所当然地受到广泛关注。由于如今国内假冒产品太多，验证机构缺乏公信度，人们蜂拥至香港购买婴幼儿配方奶粉。一些科学家认为，过去几年开始困扰中国的雾霾问题将推高肺癌的患病率，再过几年就会有更多证据暴露出来。很多人不相信公司不会污染环境，也不相信政府管理部门能控制公司的污染行为。

对于公私机制的信任缺失已经相互纠缠，难解难分，特别是在“监管俘获”泛滥的情况下（就像美国现在那样）。“监管俘获”是引发美国金融危机的原因之一。危机发生之后，美国也没有充分采取行动来确保未来金融系统的稳定。

正如不平等程度恶化会带来多种后果一样，信任坍塌也会带来其他社会风险。这二者都会摧毁社会和谐，造成社会不稳定。

和不平等一样，信任缺失不只是一个社会风险。正如我们所注意到的，它会严重影响经济。在某些国家，信任缺失的范围太广，所以没有人相信政府报告的数字，例如国内生产总值、减贫成果和通货膨胀率等。这些数字对于公司制定未来系统的发展规划至关重要。经济表现和社会进步衡量国际委员会的工作目的之一就与日益加剧的信任缺失有关。在不少国家里，国内生产总值表明经济发展向好。但多数公民从自己的生活状况感受到经济形势并不像数字表现出来得那样。问题并不在于政府“造假”，而是没有使用正确的测量标准。

由此还引发出另一危机，即信任感降低带来的影响很难在短时间内消除。人们很容易失去信任，认为体制不公。重建信任则并非易事——但也不是不可能。它需要杰出的领导力、设计周全的项目和严格的政策执行，让人们重新相信能力和公正，相信手握权力和影响力的人不会腐化堕落。有一部关于“证实偏差（confirmatory bias）”的著作表明，一旦对于不平等/腐败/信任缺失的认知成形，印证这些认知的证据就会显得更加突出，从而加强这些认知。因此，某些“过失”产生的影响可能会非常负面，即使在总体表现已经显著改善的情况下依然如此。

此外，信任度高的社会和缺乏信任的社会之间存在多种平衡。从长久看来，信任度高的社会可能表现更好，特别是用典型市民的幸福感作为衡量指标时。有迹象表明，如果社会（被视为）是公平的，机会主义和猜疑不会大行其道，那么信任就能够不断衍生。腐败诱使人采用各种形式的“欺骗”手段，降低社会信任度。如果政府官员必须靠贿赂老师来使后者履行职责，那么他会觉得从其他人那里受贿也是理所当然的。私营部门对行为的可接受性降低标准时，私营部门的“欺骗”就会对公共部门的腐败推波助澜（例如企业高管滥用信托职责，利用顾客的不知情不当获利或盘剥工人）。对于可接受行为的界定并没有明确的标准，所以灰色地带无处不在。任何一个经济领域内的不良行为都会传染蔓延到其他领域，因此要全方位且同时解决治理问题。

三、解决方案

要想提高中国的公平性和机会平等程度，其政策框架并不难搭建。这个框架必须全面而多层次，涉及不平等的各个方面和各种表现。中国已经在基层减贫工作上取得了卓越的成绩，但仅仅关注贫困不足以解决不公平和机会不平等这样的社会风险。收入、财富、健康、教育、司法公正、政策呼声和住房等方面的不公平问题都需要关注。当然，在中国还有些需要特别关注的问题，如城乡发展不平衡、地域发展不平衡、农民工和户口制度带来的特殊问题等。

即使市场在资源分配上的作用日益具有决定性，但让某些部门完全依赖市场会存在很多问题——不仅会降低效率，而且更重要的是会影响社会公平。比起欧洲，美国的私人医疗体系效率最低——花钱不少但效果极不理想。有些计算表明，假如美国医疗体系的效率能够与法国相提并论，那美国所有预算问题就不复存在。欧洲政府在私人医疗体系中发挥的作用更多更加重要。美国高等教育体系可能被公认为世界上最好的教育体系，但它完全依靠非营利组织和国家机构。营利性私立学校只有在两个方面体现出优越性——一是剥削寒门学子，二是利用自身的政治影响力获取政府基金并规避旨在保障教育的监管，以确保自己能继续盘剥。

中国公民希望并要求有更多优质医疗和教育服务。政府必须以公平公正的方式为他们提供这些服务，并让他们信任自己所获得的服务质量，这点非常重要。

税收改革对于提升公平和信任十分重要。在现行的税收体系中，关于资本收益（房产和资本利得）的税收累进程度不够，扭曲了经济体系。还有个特别要指出的问题是：地方财政依赖卖地收入，结果为腐败行为创造机会，促使当地建立制造企业，转而造成很多行业产能过剩。我和其他一些学者还认为，应将资本利得和房产税作为税收改革的重点，整合所有所得税种，将其纳入更全面的累进所得税制。

我曾经反复强调，每一个税收和支出项目，每一项法律和法规都有助于塑造社会——包括决定社会中不公平和机会不平等的程度。在经济学家能够对这些塑造过程所施加的影响中，人们往往关注效率问题。但我认为本文中提出的这两个社会风险同样应被列为首要问题——人们应该从不公平、机会不平等和信任带来的影响这一角度看待这些风险。

我在前文指出，特殊利益集团的影响力过大时不仅会恶化不公平程度，而且导致信任缺失。一纸禁令是无法解决这个问题的，必须建立相应的机制来遏制它们的影响。在绝大多数国家，公民社会机构和智库对特殊利益集团的影响产生了一定（但是有限的）限制作用。在环保等领域里，这些机构表现得更为高效。

现代经济学中的重要观点之一是“公益事业即公众受益”。这意味着保障社会的正常运转，并且让政府承担起保障社会运转的责任会对所有人大有裨益。其中蕴含的一层深意是：绝大多数国家都监督不足。有鉴于此，这些国家必须调动起公众的支持来开展监督，至少能借此降低集体监督的成本（例如通过公民社会进行监督）。

旨在提升透明度和促进信息流的机构也可以发挥重要作用。不透明衍生不信任，因为人们怀疑掌权者有所隐瞒。审查制度和秘密也会让民众产生怀疑。我想强调一点，人们不仅担忧腐败，而且担心政府掩盖自己的错误和失败，甚至担心政府未能兑现承诺或达到预期，担心特殊利益集团施加不正当的影响。

媒体、现代技术和与知情权有关的法律在提升透明度、促进信息流方面都起到了重要作用。实际上，在现代社会，信息流不可能被完全控制，这方面的尝试也只能增强不信任感。现代媒体将所有事务放在上亿双眼睛的监督下，现代技术能够不断提升透明度。

某些社会和经济变化有利于促进透明化，而其他变化则阻碍其进程。金融衍生产品和影子银行体系都导致了金融体系的不透明化，这种不透明的金融体系又削减了人们对社会和经济的信任度。人们深知这种不透明滋生了腐败，帮助特殊利益集团获得优待或其不应具备的影响力。这些行为可能在使个人获利的情况下使社会收益变为负数。

建立和维持信任——也就是设定公平的游戏规则——意味着特殊利益群体不再拥有特殊渠道（如接触主要政策制定者或决策者的渠道）。如果缺乏广泛参与、平等渠道和正当程序，人们往往会怀疑某些人（包括特殊利益集团）享受了特殊待遇。之前我说过公正是所有社会发展的基本原则。特权通道从本质上来说是不公平的，必然导致不公平的结果，特别是在缺乏媒体等有力监督的情况下。事实上，财力雄厚的特殊利益集团常常享有特权通道。因此政府需要采取措施来改善普通公民在形式上和实质上所享有的通道，同时限制特殊利益集团的特殊通道。我在文中已经简要描述了一些可行的措施，在这里列出几项普适原则。

①问责制。我们之前讨论过问责制的重要性。对于“腐败”行为，对于违反规定，破坏经济稳定、环境、卫生和健康的行为一定要严惩不贷。在成功提高政府信任度、遏制腐败的国家里，多数都引入了强有力的问责体系——滥用信任的人会受到惩罚。腐败官员的资产被没收并用于公益事业，如促进贫困地区的教育。

②不平等。公共部门和私营部门之间的收入差距过大会引起腐败，尤其是当公务人员的工资收入较低，并且公共服务设施（比如教育医保）匮乏时，更容易滋生腐败。不过，有些不平等程度最高的国家廉洁水平也最高。

③制度设计。已经有很多文献研究了利于反腐的各种制度特征，我在此就不一一赘述[①]。

在上一部分的结尾处，我分析了信任瓦解时很难再重建。但是历史上以及近年来也有不少例子表明，可以通过政策大幅减少腐败。重建信任需要一个全面的日程，必须增强透明度，缩小腐败可能滋生的范围，改善问责制；必须激励人们的亲社会行为，设计更加合理的机制来约束反社会的行为；必须同时在宏观层面（如不公平和机会均等程度）和微观层面（如具体的腐败表现）全方面治理社会不信任的源头（不管它是在私有领域还是公共领域）。具有象征意义的检举措施和相应行动都很重要，但是如果没有辅以更彻底的行动，那么会引起社会不满情绪，甚至破坏信任。这一综合性日程的大部分内容都已经包含在三中全会报告里面。

在这篇文章里，我们描述了中国目前面对的两大社会风险——信任缺失、不公平。我认为这两点是紧密联系的严重不公平和机遇不均等的社会里很难重新建立信任。这就是为什么建立和谐社会如此重要的原因（和谐社会一直是发展中国特色社会主义的核心内容）。

---

① 在2013年3月北京举办的“管理”讲座上已做简要描述。

健康中国，惠及未来

西门子公司医疗业务领域

一、卫生是国民经济的重要组成部分

中国的“十二五”规划（2011～2015）旨在通过加大对人的全面发展的重视，从而促进包容性和公平的增长与发展。医疗卫生已成为中国政府的一大工作重点。尽管相比繁荣经济体还处于欠发达状态，但中国最近几十年在改善医疗卫生服务方面取得了令人瞩目的进步。最近几年，中国国务院多次下发进一步促进健康服务业发展的政策文件，包括最近的《关于促进健康服务业发展的若干意见》。

健康是人类发展的一个重要组成部分，健康不仅能改善人民生活水平，还可以提高人们学习、掌握技能和为社会作贡献的能力。一个群体的身体健康还可以提高经济效益，因为它可以提高劳动生产率，减少由疾病造成的经济损失。因此，投资健康服务业永远是政府的明智之选。医疗卫生行业在国民经济中占据重要地位，尤其是对于发达国家而言。美国的医疗支出，无论是占国内生产总值（GDP）的百分比还是人均医疗支出，均居世界之最，远远超出其他国家。美国的医疗支出占GDP的16.7%，人均医疗支出超过7 500美元。法国和比利时的医疗保健费用占GDP的11%左右。紧随其后的是占GDP 10%～11%的瑞士、加拿大、德国和奥地利。绝大部分其他发达国家的医疗支出占GDP的百分比维持在高个位数。这部分国家的平均百分比是10.1%。最靠后的国家包括英国、西班牙和日本，它们的医疗支出占GDP的百分比在7%左右（这对于拉低总开支是件好事）。

医疗支出的增长趋势看上去并未放缓。美国国会预算办公室在最近的研究中估计，美国的医疗支出在未来10年可能翻倍。它预计，美国到2022年的医疗支出将

本文是中国发展高层论坛2014年会的专题报告。

达到 1.8 万亿美元。这其中，大约一半的资金要用在老年人身上，而剩余很大一部分资金预计要用于帮助低收入人群缴纳保险，这是最新医疗法规规定的内容之一。纵观近期的医疗支出增长趋势可知，美国出人意料地落后于其他国家。回到相同的经济学数据，2012 年，美国和北美的总医疗支出上升幅度平缓，只有 4.7%。亚洲预计会以 11.7% 的增长率高居榜首，紧随其后的是增长率达到 11.6% 的东欧和俄罗斯。中东和非洲的医疗支出将增长 10.7%，拉美的医疗支出增长比较平缓，为 8.3%。西欧的医疗支出实际上会下降 1.6%，这很大程度上是由使经济增长放缓的债务问题导致的。

中国仍然处于经济社会发展的早期阶段。非同寻常的经济繁荣为众多投资创造了良好的条件。医疗支出从 2006 年的1 560亿美元飙升至 2011 年的3 570亿美元，增长一倍以上，逐渐接近国内生产总值（GDP）的 5%。中国的医疗卫生行业将继续以惊人的速度向前发展，根据国务院文件，到 2020 年预计会达到 1.2 万亿美元。中国仍然是世界上最富有吸引力的市场之一，也是到目前为止发展最快的大型新兴市场。然而，在过去的几十年里，医疗行业相比整体经济仍然表现欠佳。促进健康服务业发展和深化医疗改革已成为中国政府的一大工作重点。中国政府的目标是到 2020 年将医疗支出增加至 GDP 的 7%，从而惠及全国人民。然而，这并不是说“越多越好”。美国的做法未必适合效仿。跟其他的发达国家一样，中国需要找到一种更经济适用、更可持续发展的路径。

二、中国乃至世界面临的一个主要挑战

根据欧盟发布的《2012 年欧洲医疗健康概况》报告，在 2008 到 2010 这三年间，所有欧盟 27 国男性的平均预期寿命达到 75.3 岁，女性达到 81.7 岁。而且，预计未来几十年欧盟的预期寿命还会继续延长，到 2060 年，男性寿命将达到 84.6 岁，女性将达到 89.1 岁。

中国的人均寿命从 2000 年的 71.4 岁延长至 2010 年的 74.8 岁。出生率从 1970 年的 33.4/1 000下降到 1980 年的 18.2/1 000，2010 年进一步下降到 11.9/1 000。与此同时，65 岁（含）以上人口占比从 1982 年的 4.9% 上升至 2010 年的 8.9%。根据联合国发布的《201 年世界人口预测》报告，60 岁（含）以上人口将继续增加到 4.4 亿人。届时，60 岁以上人口将达到中国总人口的 34%。

老年人口数量不断增长加上出生率降低导致人口变迁，因此医疗费用势必会增加。而在老年人由于容易患慢性疾病造成医疗费用增加的同时，能负担这些不断增加的医疗费用的年轻人却在变少。

许多国家启动了远程监护试点项目。这些试点项目要达到的目的是，通过远程监护慢性疾病患者，让他们能够住在家里，从而减少花在移动医疗服务和援助式居住机构上的费用。中国是全世界人口最多的国家，容纳着将近 1/5 的世界人口。数十年来，中国一直受益于“人口红利”——其理想的人口结构为经济社会的长期稳定发展奠定了坚实的基础。然而，随着中国劳动力年龄的增长（15～59 岁），也将和许多其他国家一样面临着养活老龄人口的挑战。到 2050 年，“银发人口”将占到中国总人口的 1/3 以上，达到令人震惊的 4.39 亿人。

三、慢性病是威胁健康和经济发展的主要因素之一

慢性病属于持续时间长并且一般进展缓慢的疾病。根据世界卫生组织（WHO），心血管疾病（譬如心脏病、心力衰竭和中风）、癌症、慢性呼吸道疾病（譬如慢性阻塞性肺病和哮喘）以及糖尿病是慢性病的四种主要类型。业已证实，慢性病已成为当今世界的头号杀手，全球每年 63% 的死亡是由慢性病造成的，或者说，在全球的5 700万例死亡中，有3 600万例死于慢性病。

慢性病与年龄和生活方式都有关。后者所造成的事实是，在由慢性病造成的所有死亡中，900 万例发生在 60 岁以前。80% 归因于慢性病的死亡发生在中等和低收入国家。世界经济论坛（2010）将慢性病定为全球经济增长的五大威胁之一。它们将加剧贫困、阻碍发展、威胁医疗体系并造成残疾和不平等。消除主要风险源——譬如抽烟、不健康饮食、缺乏运动和有害使用酒精——可以防止大多数慢性疾病。据估计，通过消除主要危险因素，大约 3/4 的心脏病、中风和二型糖尿病及 40% 的癌症可以得到预防。2010 和 2011 年，世界经济论坛均将非传染性疾病（NCD）定为全球经济发展的一大威胁，这是因为它们发生的可能性很高，并且造成严重经济损失的潜力巨大。世界经济论坛建议各国政府出台重要政策，系统地响应这一经济社会发展威胁。

过去几十年里，中国的慢性病增速也非常快。造成这一趋势的主要原因有很多，包括城市化、生活方式和饮食变化、人口老龄化、烟草使用、空气和水污染等等。超过2.6亿中国人患有某种慢性病。它们是中国人最主要的死亡原因，大约85%的死亡是由慢性病造成的，或者说1 130万例死亡中有960万例死于慢性病。根据《世界银行2012年度报告》，未来20年内，在中国40岁以上的人口当中，慢性病患者数目将达到原来的两倍甚至三倍，而大部分将集中在未来10年之内。糖尿病将是最普遍的疾病，而肺癌患者人数将增加五倍。到2030年，人口老龄化可能使中国的慢性病负担至少增加40%，而如果缺乏管控和政府干预，这一数据还可能是50%。中国每年70%以上的医疗支出与慢性病有关，其中50%由中国患者自掏腰包。在慢性病的所有花费当中，84%被用于治愈性治疗。

与慢性病有关的经济负担有很多是可以避免的。譬如，哪怕每年将心血管疾病（CVD）死亡率减少1%，估计30年（2010~2040）可以产生相当于中国2010年实际GDP68%的经济价值，总额超过10.7万亿美元（按购买力平价计算）。然而，如果中国未制定有效的措施应对慢性病，这些疾病所造成的负担将会加剧未来中国老龄人口激增和劳动力减少对经济社会的影响。而且，健康劳动力相对患病、年老家属的比率降低，势必会增加未来经济遭遇衰退的可能性，给中国造成重大的社会挑战。

四、政策倡导：经济有效的慢性病管控措施，降低总医疗成本的系统性计划

一方面，中国政府希望增加在医疗行业的投入，从而达到满足日益上升的医疗服务需求的目的。而另一方面，世界各国的政府已经意识到，降低总的医疗支出更为重要（图1）。经济有效的管控和系统性计划的目的是，提供一种协调、经济有效及系统的老年人管理方法，从而提高他们的生活质量（图2）。

1. 更多地重视预防保健

2010年，估计至少有5.8亿中国人拥有至少一种可改变的与慢性病有关的危险因素。在这些人当中，70%~85%的人年龄在65岁以下。如果不加以控制，到2030年，这些行为和营养方面的危险因素可能导致中国的慢性病负担增加50%。

中国每年的绝大部分医疗支出与慢性病有关，其中有84%用于治愈性治疗。相比之下，只有1.3%的医疗费用被花在公共卫生和疾病预防事业中。世界各国运用了许多以预防保健为主的慢性病管控计划。譬如2012年，诊断糖尿病人的预计总成本是2 450亿美元，其中的1 760亿美元属于直接医疗费用，剩余690亿美元属于生产率降低导致的成本。

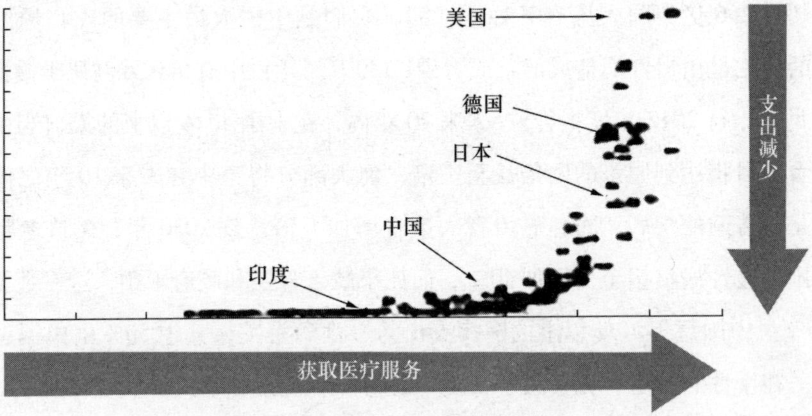

图 1　医疗支出 vs 人类发展指数

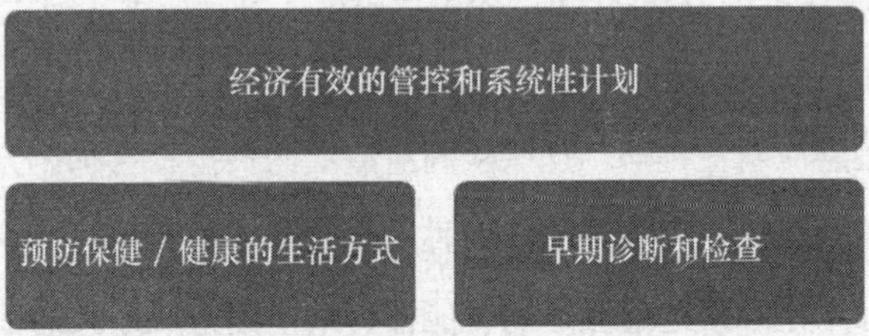

图 2　经济有效的管控和系统性计划的框架

慢性病已成为一种主要经济负担。提供预防保健是减轻这一负担的可靠途径。譬如，美国糖尿病协会发布的最新研究报告估计，诊断糖尿病人的总成本已从 2007 年（上一次调查这项成本时）的1 740亿美元上升至 2012 年的2 450亿美元。这一数据意味着，该成本在五年时间内增加了 41%。在 2012 年2 450亿美元的诊断糖尿病人预计总成本中，有1 760亿美元属于直接医疗费用，690 亿美元属于生产率降低导致的成本。

由美国糖尿病协会组织的全国性项目糖尿病预防计划（DPP）得出的结果表明，通过调整生活方式，譬如通过经常锻炼身体和选择低脂肪、低热量饮食减肥，数百万高风险人群可以延迟或避免发展成 2 型糖尿病，该群体占糖尿病患者总数的 95%。改变生活方式对于所有参与的种族人群，无论是男性还是女性，都特别有效，可将他们患糖尿病的风险降低 58%。改变生活方式对 60 岁以上的人也特别有效，可将他们患糖尿病的风险降低 71%。诊断糖尿病人每年产生的平均医疗支出约为13 700美元，其中约7 900美元归因于糖尿病。平均而言，诊断糖尿病人的医疗支出约比非糖尿病人的医疗费用高2.3倍。另一项有关糖尿病发生率的研究表明，在全球范围内，给疾病预防项目投资1美元，节省的治疗费用预计可以带来3美元以上的投资回报。因此，预防保健可以降低患糖尿病风险，进而大幅减轻经济负担。

包括肺癌和心脏病等与吸烟有关的疾病数量庞大，但已不再快速增加，因为禁烟运动，减少了烟民总数，尤其是在美国等发达国家。

英国国民健康服务（NHS）实施了一个为特定年龄人群提供各种健康检查的项目。结果表明，为患者制定疾病预防措施——譬如健康饮食、经常锻炼身体等等——可以减少患慢性病的潜在危险因素。

为了改善慢性病患者的健康状况，控制或者减少相关费用，可以针对不同的慢性病制定和实施所谓的疾病管理计划。参加这些项目的患者可以获得一套标准、协调的基于症状的干预计划。德国最近已成功推出2型糖尿病管理计划。

许多国家启动了远程监护试点项目。这些试点项目要达到的目的是，通过远程监护慢性疾病患者，让他们能够住在家里，从而减少花在移动医疗服务和援助式居住机构上的费用。

通过侧重预防医学，譬如增加保健和全面健康活动，全球总共可以节省数万亿美元医疗支出。据美国的一项研究估计，通过更好地控制老年人高血压病或超重及肥胖人群的糖尿病和心脏病治疗，数千亿美元费用可以被节省下来。

2. 利用创新技术进行早期诊断和检查可以非常经济有效

疾病被发现得早，可以减轻对患者及其家属的影响，也可以减轻对医疗系统的影响。当今世界80%的医疗费用被花在治疗痴呆症、癌症和心脏病等慢性病上，而且其中绝大部分被用于对付晚期慢性病。

借助先进的体内和体外诊断技术，慢性病早期即可被诊断和检查出来，这可以减轻医疗系统的负担。痴呆症正成为全世界的家庭、医护人员和医疗系统的最大负担之一。欧洲就有700多万人在遭受不同形式痴呆症（譬如阿兹海默症）的折磨。这个数字在20年内预计会翻倍。毫无疑问，痴呆症已是我们面临的最大社会挑战之一，它给我们的医疗系统造成了巨大的社会经济负担。据估计，这些成本在2010年达到了1 000亿欧元以上。如果不采取行动，老年疾病的发生率还会进一步增加。欧洲65岁以上人口数量预计将从2008年的8 500万人增至2060年的1.51亿人，增加将近一倍。在同一时期内，80岁以上人口数量将从2 200万上升到6 100万人。这对家庭的影响也是很大的：在 Alzheimer Europe（AE）开展的一项调查中，50% 医护人员表示每天要花 10 个多小时照顾痴呆症晚期患者。阿尔茨海默病随时可能成为美国的一种流行病。如今已有 540 万美国人患有阿尔茨海默病，平均每隔 69 秒就有一个人患上该病。痴呆症已成为美国最严重、发展最快的问题之一，每年导致的成本高达2 000亿美元。

尽管痴呆症患者数量庞大并不断增加，媒体报道和政府重视力度在提升，而且这种疾病造成的精神和财政负担不断增大，但痴呆症依然得不到充分的诊断和治疗。痴呆症目前还未成为中国面临的主要挑战，但随着老龄人口数量的激增，在不久的将来，它就会发展成为中国社会的一大主要负担。越来越多的人一致认为，在早期准确地诊断出痴呆症和阿尔茨海默病——造成痴呆症的最常见疾病，是延长病情稳定时间从而提高患者生活质量的关键，它有助于及时辅导患者和护理人员，有助于优化疾病管理。新开发的先进分子成像技术可让我们进一步了解痴呆症患者的大脑，客观地评估大脑所处的状态，从而做出更准确、更早期的诊断。这有助于延迟制度化的时间，减轻护理人员的负担，进而为患者、护理人员、社会保障体系和医疗保健体系创造好处。

事实上，尤其是运用先进的医学成像、分子成像和临床诊断技术进行的早期诊断和检查，可以有效地帮助降低总医疗成本。而且，以治疗为导向的诊断和微创治疗可以为患者以及医疗系统创造实实在在的益处，特别是对于心血管疾病和癌症。事实证明，这些在最近几十年内新推的创新技术可以有效减少治疗的持续时间和复杂度并缩短恢复时间，从而在降低总成本的同时，提高患者的生活质量。能让患者控制和监测自身健康状况的可穿戴设备等新技术，是该系统性计划的另一重要组成部分。患者可以定期接收有关健康生活新诀窍的最新信息，以及与疾病管理有关的最新临床新闻。譬如，利用新开发的技术进行早期诊断以及之后的资讯与支持，可以将门诊费用减少 30% 左右。与此同时，宣传和教育活动必须与所有医生和医务人员都接受全面培训的初级医疗体系密切相关。

五、结论

凭借有利的人口变化趋势，随着城市化进程的继续推进，疾病负担的加重，整体经济的稳健增长和收入的提高——有助于提高治疗意识和享受更多医疗服务，再加上政府从社会和战略角度上对医疗行业的重视，中国的医疗保健行业将保持强劲增长。中国医疗行业到2020年预计将达到1万亿欧元规模。老龄化和慢性病是政府要解决的两大长期挑战。与此同时，中国需要继续制定一项长期战略。这项战略不仅要重视当前面临的挑战，还要设想未来有可能成为挑战的问题——譬如痴呆症。创新的体内和体外诊断技术可以充当帮助应对这些挑战的强大工具。中国还可以向其他国家学习制定医疗保健制度的经验教训（参见附录）。通过持续投资和不断推进健康服务业发展，尤其是鼓励所有利益相关者（私人投资者、保险公司、医疗服务提供者、患者和全体人民）积极参与，中国政府定能在全球范围内率先解决这些挑战，在未来几十年大力推动其经济社会的发展。中国将独辟蹊径，提供更经济适用、更实惠和可持续发展的医疗服务，为全中国人民谋福利，提高人民生活质量，实现他们的“中国梦”。

参考文献

[1] 世界卫生组织，2010，世界卫生统计。

[2] Wang，L.，Kong L.，Wu F.，Bai Y.，and Burton R. 2005.

[3] 预防慢性病，Lancet 366：1821－24

[4] 世界卫生组织，2009，全球健康风险；比较风险评估项目，日内瓦：世界卫生组织。

[5] 世界经济论坛，2010，2010年全球风险报告，全球风险网络报告，日内瓦。

[6] 世界银行，《创建健康和谐生活：遏制中国慢性病流行》。

[7]《议会》杂志，2013年9月。

[8] 联邦基金，国际医疗体系简介，2012。

[9] 波士顿咨询公司和瑞士再保险，发掘银发市场的金色机遇：保险公司如何从中国人口老龄化趋势中获利，2012年4月。

[10] 中国国家卫生和计划生育委员会，中国卫生统计年鉴，2012。

附录：世界其他各国健康体系概述

1. 美国

(1) 覆盖人群

2010年，56%的美国居民通过私人自愿医疗保险（VHI）获得了初级保健，其中，51%居民的保险由其雇主负责办理，5%居民直接自己投保。公共计划覆盖了

27%居民的医疗保险：其中14%享受国家老年人医疗保险（Medicare），12%享受医疗补助（Medicaid），1%参加军人健康护理项目。近5 000万居民（约占总人口的16%）未投保。投保的人中有2900万人属于“保额不足”之列，因为相对于居民收入而言，自付额费用较高。2009年，约有940万美国人同时享受Medicare和Medicaid（“双重达标”）。联邦国家儿童健康保险计划（CHIP）为低收入家庭里的儿童提供保险，（有些州以扩展医疗补助的形式，其他州以独立项目的形式存在），让800万名儿童从中受益。无证移民通常无权享受公共保险服务，2007年，约57%的无证移民没有医疗保险。接受Medicare基金的医院（绝大多数）必须为稳定患者的紧急医疗条件提供护理，而且有数个州会为无证移民提供超出“稳定”护理的紧急医疗补助。一些州和地方政府提供额外的保险覆盖人群，如无证儿童或孕妇。

据预测，到2022年，《患者保护与平价医疗法案》（Patient Protection and Affordable Care Act）的实施将减少3000万未投保人群数量。

（2）卫生服务的组织方式和筹资渠道

Medicare计划的赔付率通常由各区域调整的收费表决定。Medicaid计划下的赔付率因各州而异。私人健康保险公司通常与提供者协商付款额。

医师：大部分门诊保健医师也在私人诊所工作，其中许多医师自主营业，自负盈亏。所有美国医生中初级护理医生占约1/3。大部分初级保健医生都经营小型诊所，这些诊所通常只有少于五个全日制医生。患者一般有自由选择医生权，至少在网络提供者方面有选择权，而且通常并不需要注册初级护理服务，其取决于他们的保险计划。初级护理医生除了在某些管理式医疗计划中会提供专科护理外，一般不具有正式的专科护理职能。专科医生既可以在私人诊所工作，也可以在医院工作。医生的费用由以下几种方式结合而成：协议费用由大多数私营保险公司按人头分担，行政费支付主要由公共项目支付。投保的患者一般直接负责医生费用的一部分，未投保的患者名义上负责全部医生的费用，但是这些收费经常会减少或被放弃（根据慈善医疗福利的程度不同，提供者给定的减少或放弃大有不同）。

工作时间之外的护理：工作时间之外的护理有很大的不同，但急诊室会提供其中的大部分。与其他工业化国家相比，美国在工作时间之外的护理最少。据报道，2009年，美国初级护理医生中只有29%的医生会为他们的病人提供不用去急诊室就能看医生的工作时间之外的护理。一些保险公司会提供工作时间之外的电话咨询热线服务。

医院：医院分为非营利性医院（约70%病床）、营利性医院（约15%病床）或公立医院（约15%病床）。公立医院为自费病人提供服务。医院的费用由以下几种方式结合构成：每项服务费用或每日费用，病种付费或预付费，以及按人头付费。一些医院医生是受薪的医院员工，但大多数都是某种形式收费服务为基础的医师，其付款不包括 Medicare 的疾病诊断相关组（DRG）预支付。院派医生日益普遍，2009 年，所有医院中有 89% 的医生为院派医生，提供有 200 多个床位。

心理健康护理：心理健康护理由营利性和非营利机构提供，而且其支付方式根据提供者的类型和支付者的不同而变化。自 2010 年起，大多数以雇主为基础的保险必须为医疗保险中的心理健康护理提供相同的覆盖率。集心理健康护理和初级保健为一体，是许多研究人员和政策制定者的目标，但目前尚未普及。

长期护理：长期护理由营利性和非营利机构提供，而且其支付方式根据提供者的类型和支付者的不同而变化。医疗补助，而非国家老年人医疗保险，包含长期护理，因为医疗是一个社会救助计划，而病人往往必须要"支出"他们的资产以得到长期护理援助的资格。临终关怀也被纳入医疗福利，在某些情况下，专业护理团队提供家庭保健治疗和护理提供。

政府角色：政府的作用不仅复杂而且不断演变。医疗保险呈分散式覆盖，有许多私人和公共来源，且美国各地覆盖率差别脚大。医疗保险和医疗补助服务中心（Centers for Medicare and Medicaid Services，CMS）负责管理美国联邦医疗保险项目（致力于帮助 65 岁或以上老人、残疾人士、末期肾脏疾病患者）并与州政府合作以管理医疗补助（Medicaid）和联邦计划国家儿童健康保险计划（State Children's Health Insurance Program），该计划为联邦与州政府合作项目，旨在帮助特定低收入人群。私人保险需由国家监管，但通常在设计福利方案时可以有较大自由度。

2. 日本

（1）覆盖人群

日本大约3 500家保险公司参与全民健康保险体系。75 岁以下的雇员及其家属必须参与由其雇主（如受雇于大型企业）或日本医疗保险协会（如受雇于小型或中型企业）提供的保险。其余 75 岁以下的人口（失业、自雇、退休及其他）则受市町村运作的“公民健康保险”计划覆盖。75 岁及以上的人口受在所有都道府县设立的保险公司运作的健康保险计划覆盖（“老年人健康保险”）。个人不能选择其保险计划。未能连续参保的人员在重新参保时必须补缴最多两年的保费（但在他们无能力支付该等保费的情况下公共援助会为其代缴）。常驻非公民和长期访问者同样必须参保；非法移民不受全民健康保健体系的覆盖。大多数成年人参与补充私人健康保险，其福利主要以一次性付款的形式提供，如住院治疗的日常费用。

（2）医疗服务的组织方式和筹资渠道

基层医疗：基层医疗和专科护理被视为相同专业，尽管对此一直存在争论，有人认为它们应被视为不同专业。惯例上，医生接受培训成为专科医生，然后选择在诊所或医院工作。诊所主要由医生或医疗公司所有，一般由医生管理，但部分诊所由国家政府、地方政府或公共机构所有。诊所提供基层医疗以及专科护理，但需要住院治疗和使用昂贵医疗设备的专科护理通常是由医院门诊部门提供。病人不需要在一名全科医生那里登记，但政府要求病人选择自己的家庭医生。病人可以选择去任何诊所就诊。日本的家庭医生没有“守门人”的职能，但政府提供财政激励鼓励人们首先去家庭医生那里就诊，比如，当病人去医院门诊部之前在诊所就诊的情况下所发生的额外账单（收取高于保险的价格）在部分医院将给予偿付。几乎所有诊所均提供药品发放（医生可以直接向病人提供）。对药剂师的使用正在日益增加，但在 2008 年，大约 2/3 的处方仍然是在药店配药。

在诊所工作的医生为受薪雇员或个体经营者。诊所从保险公司那里获得保费以及从病人那里获得相应共担额。费用采用一个复杂公式进行计算，为所提供服务的基本费用、免费医疗的补充费用、慢性疾病管理月度付款和某些其他付款之和。上述付款的相对比例尚不清楚，但大部分是基于按服务项目收费予以支付。

夜间急诊护理由医院门诊部（配备随时候命医生）以及普通诊所和夜间急诊护理诊所提供。医生和诊所获得夜间急诊护理的额外费用（包括电话咨询）。通常夜间急诊护理诊所的工作人员由医生和护士构成以及由当地政府所有，当地医疗社团提供人力资源。国家政府向地方政府划拨经费为这些诊所提供补贴。如果必要的话，病人转诊时夜间急诊护理诊所可提供病人的相关急诊信息。政府针对夜间急诊服务提供有一个被称为“儿童医疗急救电话建议”的全国儿科医疗咨询电话热线。

医院：私人非营利性医院的床位约占床位总数的 55%；其余床位在公立医院

（往往比私立医院的床位大）。私人营利性公司实际上不允许拥有和管理医院。公共医疗保险体系支付给医院的款项包括医生费用（通常为医院的受薪雇员）。公立医院的医生经医院批准可以私下执业，在这种情况下他们一般提供受公共医疗保险覆盖的医疗服务。

病人一般可以自我转诊，一些大型医院和学术医疗中心对并非通过医生转诊的病人收取额外费用。所有急性病治疗医院床位的大约一半完全通过按服务项目收费获得资金支持，另一部分在一定程度上通过“联合诊断程序”（DPC）的每日支付筹资。医院可自愿选择接受 DPC 支付或维持按服务项目收费；DPC 费率乘以医院特定系数，从而使其与按服务项目收费的医疗费支付保持相对一致。

心理健康护理：日本拥有世界上人均数量最多的精神科床位，但在过去 10 年里一直在采取一些措施将心理健康护理转向社区一级。私人和非营利性机构拥有大约 80% 的精神科床位，服务提供者通常基于按服务项目收费获得支付。心理健康护理受公共医疗保险体系覆盖，针对病人实行 30% 的标准共同付费（尽管采取了一些财务保护措施，包括降低刚从精神病机构出院的病人的成本分担额）。门诊和家庭心理健康服务（包括心理治疗）同样予以覆盖。

长期护理：相较于其他国家，日本的长期护理服务传统上更多是由医院提供，不过将更多病人导向疗养院等类似机构目前已成为一个政策重点。自 2000 年以来，由市政当局管理的国家“长期护理保险”计划涵盖 65 岁及以上的人口和部分年龄在 40 岁至 64 岁的残疾人群。该计划涵盖居家服务、家庭护理、临时看护和住家护理，但不包括医疗服务。医院的姑息治疗受公共医疗保险覆盖。家庭姑息治疗的医疗服务受公共医疗保险覆盖，而护理服务受长期护理保险覆盖。该计划大约一半的资金来自税收，一半来自保费。保费金额根据市町村的不同而有所差异且与收入挂钩（针对 65 岁及以上的人口设置六个不同的保费级别，40 岁至 64 岁的人口为收入的 1%，最高为缴费上限）。涵盖的所有服务适用 10% 的共同付费，最高为收入上限。机构照护的床位和食宿须收取额外的共同付费，但低收入者可予以免除或减少。服务提供者包括营利性和非营利性机构，但营利性机构不允许提供机构照护服务。

政府角色：政府监管全民健康保险体系的几乎各个方面。国家政府通过在利益相关者之间形成共识设定收费标准、向地方政府、保险公司和服务机构提供补贴以实施相关政策，以及制定和强制实施针对保险公司和服务机构的各项细则。日本的47个都道府县（区）和1742个市町村同样作为地方政府参与医疗服务体系的运作。

3. 法国

（1）覆盖人群

法国医疗服务体系的覆盖范围极其广泛。所有居民，无论是在职者（包括工薪阶层、个体户及其家属）、失业者（及其家属）、学生抑或是退休人员，都可以成为非竞争性的法定健康保险（SHI）基金的受益人。该基金是以就业为基础的法定实体机构。自2000年全民医疗保险（CMU）实施以来，政府还承担起了不符合SHI纳入条件的居民（占人口的0.4%）、正在申请居住权的非法移民以及来自欧盟国家的游客的医疗服务费用。但对于来自欧盟以外国家的游客，法国政府则只承担急诊护理所需费用。与之互补的私人医疗保险（PHI）的保险费用由雇主或通过提供家计检验学券（CMU-C）来申请支付，其保障范围涵盖了使用者付费项目和/或特殊服务项目（例如心理医生和营养师），目前的覆盖率是95%。法定健康保险基金现在也提供私人医疗保险服务，与民间（非营利性）企业相互竞争，向CMU-C受益者提供帮助（CMU 2012）。

（2）医疗服务的组织方式和筹资渠道

医师：GP和专科医生的私人诊所仍然是最主要的医疗服务来源。多数医师为自由执业（59%），其中GP的比例（68%）比专科医生（51%）更高。所谓自由执业是指医生的工作场所不在公立医院或非营利医院，并且论量计酬（FFS）。自2011年起，所有专科医生和GP看诊的费用都是23欧元（约合29美元）/次。如果医师的医学修养水平较高，收费可以高于这个水平。另外，自2009年起，医师可以选择通过按绩效付薪系统（CAPI）获取额外收入。2004年卫生财政改革法推出了面向成人（16岁以上者）的非强制性专科护理系统：虽然在初级护理医生处进行登记、看诊不带有法律强制性，但由此可带来的经济利益（包括更高的共付医疗费/次看诊、购买处方药时不需开具转诊单）使目前有超过85%的人在GP处登记、看病。患者可以自由选择全科或者专科医生。

工作时间之外的护理：工作时间之外的医疗服务工作由以下机构或个人承担：公立医院的急诊科；与地区卫生机构签订协议并且获得经济补助的私立医院；可从

事急诊工作的自由执业医师；专门在工作时间之外营业的、有 SHI 基金资助及医护工作志愿者参与的公立机构 maisons médicales de garde。GP 可以从地区卫生机构处获得这些机构的有关信息，以及根据疾病和医疗服务提供方分类的电话热线：例如，SHI 的糖尿病人专线（Sophia），以及互济会 MGEN 的糖尿病风险因素信息热线。

医院：2/3 的医院床位属于公立医院或非营利性医院，并且由 SHI（90%），PHI（7%）或患者（3%）承担相应费用。所有的大学附属医院都是公立的，而其他的则是私立的营利性诊所，所有权属于个人或者大型企业（例如 Générale de Santé），目前后者正呈增多趋势。对私立医院或者公立医院的资金给付机制是一样的，但 SHI、PHI 和自付额所占的比例各不相同。自 2008 年以来，每间医院和诊所都通过类似疾病诊断相关组（DRG）预付制的方法获得所有住院或门诊支出的报销。公立和非营利医院也可从专项补助金中，获得对以下工作的补贴：科研教育（最多高出预算的 13%）、急诊服务、器官获取及移植（最多高出医院预算的 10% ~11%）。在私人诊所，医生除来自 DRG 中的指定收入外还有其他收入；而在公立医院或非营利医院，医师的工资则全部根据 DRG 收费表规定支付。自 1968 年以来，医院医师可以在公立医院以个人名义行医。2009 年，《医院、患者、健康、领地改革法案》通过扩大医院管理者在制定医院方针和运营决策方面的权利，对公立和非营利性医院的管理进行了调整。

心理健康护理：SHI 的保障范围覆盖了住院治疗、门诊治疗、药物和社区卫生保健，但并不包含精神科门诊和心理健康教育。SHI 承担部分私人诊所中的 GP 和精神科医生的服务费用；全额承担长期精神异常者的治疗费用。SHI 承担公立和私立精神病医院为成人和儿童提供的服务费用。患者共付医疗费占每日费用的 20%，每间医院略有不同。社会福利和资助由国家和地区政府提供。67% 的心理健康患者在门诊机构（主要是医学心理中心、日间诊所或家中）接受治疗。25% 的病人接受完全的住院治疗，9% 接受不完全的住院治疗。心理健康（痴呆症除外）支出约占医疗服务支出的 8%；其中，2/3 用在医院，另外 1/3 用在社区。由 SHI 和国家资助的公立或非营利机构提供超过 90% 的住院支出。公立心理健康机构的资金来自先前设定的预算（其大小按人头计），私立机构则通过收取基准费用及日利息获得收入。

长期护理：在法国，体弱的老年人目前有四种渠道可以获得长期健康与社会护理资助。①国家团结自治基金（National Solidarity Fund for Autonomy，CNSA）：其经费来自 SHI 和 Solidarity Day（取名自始于2004 年的无偿工作日），用于资助养老院和社区对老年人的长期护理，以及发放津贴（年总额 150 亿欧元，约合 190 亿美元）。②地方当局：它每年提供超过 20 亿欧元（约合 26 亿美元）的长期的家计调查津贴。③护理家庭：目前其自付额平均水平为1 500欧元（约合1 913美元）/月/人。④PHI 合同：其保障范围包括某些不包含在 SHI 中的项目以及某些日常开支。

政府角色：为了对地区医疗服务进行改革，2009 年，法国根据《医院、患者、健康、领地改革法案》（Hospital，Patients，Health，Territories Reform Act）设立了地区卫生机构。该机构的建立，使医院与社区保健、公共卫生服务、公共卫生监测以及医疗服务资助的管理得以整合。国家卫生预算向地区卫生机构调拨资金，使其得以通过一系列手段和激励措施确定人群需要，并与医疗服务提供方签订合同。另外，由国家政府负责发放的经常性专项基金也用于发展合作医疗和全天候、多专业、多学科的医疗服务。

第16章

包容性增长下的教育改革、劳动力市场与投资女性

鲁 昕

教育部副部长

建设现代职业教育体系

一、从教育角度看新增劳动力供给和需求的形势

从供给看，近几年来，我国每年进入劳动力市场的总量在1 700万人左右，其中700万左右是中等职业学校毕业生，700万左右是高等学校毕业生，这其中高等职业教育与普通本科又各占一半。充沛的、低成本和相对高素质的劳动力是改革开放以来我国经济社会快速发展最根本的支撑因素之一。

从需求看，当前新增劳动力就业的结构性矛盾仍然是十分突出的。从短期来看，是高校毕业生就业难和技术技能人才供给不足的矛盾。有关机构对全国100个城市人力资源市场供求变化状况的持续监测表明，技能劳动者和专业技术人员的供求缺口明显加大，2010～2012年年均比率已超过2∶1的水平。从中长期来看，是产业加速转型升级与高级技术技能人才短缺的矛盾，尤其是一线劳动力对先进技术的适应能力，日益成为产业和企业升级的人力资源瓶颈。同时，社会建设和文化创意产业的发展需要劳动者具备全新的知识、技术和技能结构。在上海、深圳等地调研表明，许多高技术企业一线劳动者中的90%已经需要本科层次的技术技能人才。

另外，从国际经验看，青年就业问题的核心是实体经济发展与职业教育体系相互间能否形成有力支撑。2008年国际金融危机以来，青年失业率仍然保持在个位数的国家，基本都是国际竞争力排名靠前、实体经济发展强劲和职业教育体系完善的国家。实体经济和职业教育体系的高度相关性，使各国在应对金融危机挑

本文根据人民日报2014年3月24日新闻稿《教育部副部长鲁昕：建设现代职业教育体系》整理。

战、重塑实体经济竞争力、推进再工业化和迎接新工业革命的挑战中将职业教育的改革创新摆在关键位置。

二、中国解决就业结构型矛盾的核心是教育改革

教育改革的突破口是什么呢？我们认为是现代职业教育体系，主要体现在以下五个方面。

一是以就业为导向，特别是要服务好青年就业。统计数据表明，近几年来，高职毕业生初次就业率仅低于“985”院校，高于“211”院校和其他本科院校，中职毕业生就业率多年保持在95%以上，这是职业教育最重要的一个贡献。

二是建立系统化的技术技能人才培养体系。职业教育的使命是支持国家完成工业化、信息化和现代化的技术技能积累。按照这样的要求，要把职业教育作为一种人才培养的类型并且是主要的类型，建立系统化的人才培养制度，打破原来职业教育“断头路、终结性”的格局，构建从中职、专科、本科到专业学位研究生各个层次的技术技能人才培养体系。

三是将产教融合、校企合作贯穿体系建设全过程。在办学体制上，强化行业指导、深化企业参与，推动企业参与人才培养全过程。在人才培养模式上，积极推进学历证书和职业资格证书“双证书”制度，使职业教育的专业体系、课程内容和人才培养方式更加适应产业需求、职业需求。

四是构建开放立交、内外衔接的人才成长立交桥。推进职业教育体系内部有机衔接、职业教育与普通教育双向沟通，职业教育和继续教育统筹发展，要让广大学生有多次选择的机会，有多种方式继续深造，有多样化的人才成长路径，真正建立终身学习的制度。

五是充分发挥市场作用充分调动社会资源。建设现代职业教育体系，要推进管办评相对分离，形成政府宏观管理、学校自主办学、评估引导推动的共同合力。要扩大职业院校在招生考试、专业设置、教师聘用、人事管理等方面的自主权，推动职业院校面向经济社会需求自主办学。同时要充分调动社会力量参与举办职业教育的积极性，吸引更多资源向职业教育汇聚。另一方面，要按照十八届三中全会的精神，探索多元主体共同参与办学的股份制、混合所有制等多种形式，加快发展民办职业教育，允许办学者或骨干教师以资本、知识、技术、管理等要素参与办学并享

有相应权利。

三、教育领域的三方面改革

一是大力提升现有职业院校的办学水平，完善中高职衔接体系。

二是引导部分地方本科院校向应用技术类型高校转型，加快缓解高校毕业生就业问题。现在不少地方政府、高校、行业企业等社会各界已经形成了一个共识：地方本科高校一定要更紧密地服务地方、服务行业企业，适应新技术发展和产业转型升级的要求，为经济社会建设和公共服务发展培养高层次技术应用人才。去年6月，35所定位于应用技术类型高校的地方本科高校发起成立了应用技术大学（学院）联盟，到目前为止，已有超过百所地方高校申请加入。下一步，要通过试点推进、示范引领，引导部分本科高校加快向应用技术型高校转型发展的步伐。对于那些自觉按照应用技术型办学的高校要予以制度上的支持，对于在高专、高职基础上设立的本科学校要鼓励其坚持职业教育的方向，对于办学定位不清的新设地方本科院校要明确其应用技术型的定位，通过加快人才培养模式改革，让每一位学生在学校里学到真正有用的知识、技术和技能，逐步实现人才培养和就业需求的无缝对接。

三是要坚持职业教育面向人人，增强职业教育的包容性和开放性。现代职业教育体系要为所有社会群体的就业和每一个劳动者职业发展提供服务。下一步将着力拓宽职业教育覆盖面，将升学高中毕业生、农民、新生代农民工、残疾人、失业人员等群体纳入现代职业教育体系，通过职业教育实现农村剩余劳动力的有序转移和进城农民工有机融入城镇化。着力发挥职业教育的扶贫作用，按照精准扶贫的思路，会同有关部门努力使每一个贫困家庭都有一个有技能、能够稳定就业的孩子，真正实现脱贫。着力拓宽一线劳动者的职业发展通道，扩大高等学校和职业院校招收一线劳动者的比例，促进社会纵向流动和社会公平。

蔡 昉

时任中国社会科学院人口与劳动经济研究所所长

关于收入分配的问题

我想讲一点收入分配的问题。

自2004年以来，劳动力市场逐渐走向强劲，先是民工荒，进而转变成了全国性的劳动力短缺。与此同时，从2004年到目前，普通劳动者的工资迅速上涨，农民工的工资剔除了物价因素以后，每年上涨达到12%。有些年份——尤其是越往后这些年，涨的速度就越快。同时我们也看到，不仅农民工，其他普通劳动者，甚至农业中雇佣劳动者的工资，都以非常快的速度上涨。我们也知道农民，工资性收入构成了其收入的重要组成部分，特别是农民收入增量，绝大部分来自于外出就业得到的工资性收入。因此很自然，普通劳动者、农民工的工资上涨也就意味着农民收入的普遍提高。在过去四五年的时间里头，基本上农民的人均收入增长速度都快于城镇居民的收入，因此城乡收入的差距缩小了——当然这点还有争议。我们过去很多研究发现，大概在全国的收入不平等中，如基尼系数中，约有50%来自城乡收入差距，那么很自然，城乡收入差距缩小了，基尼系数也应该下降。由于它占的比重如此之大，因此我们在国家统计局的数据中，至少看到基尼系数涨到2007年最高点，稍后增长就慢一点，而2009年以后就出现下降的趋势，因此很自然，我们可以得出一个结论，劳动力市场良好的工作帮我们缩小了收入差距。当然很多人不这么乐观，我也提出有两个失灵。

第一个是劳动力市场失灵。市场是可以失灵的，而且我们实实在在看到了劳动力市场失灵的现象。当普通劳动者，即非熟练工人的工资上涨过快的时候，我们就

根据会议发言记录整理，未经本人审定。

发现了劳动力市场的工资是趋同的，就是说你受教育的年限多，不见得比我挣的多了；或者说我没有怎么受教育，但我的收入增长比你快，两者之间的差距在缩小。这个缩小代表着教育的回报率有所下降。大学生就业比农民工就业难，农民工中，受教育程度高一些低一些没有收入差距，因此产生了这种可怕现象：农民的孩子不想上大学了，甚至不想上高中了。当时鲁部长告诉我们一个好消息，以后有第三种选择，就是上一个和劳动力市场结合更紧密的职业教育。但美国教授又说，你今天觉得你接受的职业教育是一种技能，那你怎么知道五年、十年以后它还有用呢？很多人辍学、不愿意再读书了，未来他们的受教育程度可能就不能满足产业结构升级的需要。十年树木、百年树人。根据人口普查的数据，过去20年中国成人的受教育年限只增长了2.7年，而且在这20年里面我们经历了普及九年义务教育和高等教育的扩招。那么今后还有这样的速度吗？我们产业结构升级所产生的教育缺口至少是3~4年。因此，这是一个潜在的危险。今天我们有强劲的劳动力市场，几年以后还是不是这样，会不会产生一批新的脆弱群体？

还有一个就是政策失灵。王小鲁教授不赞成我说收入差距在缩小，他认为很多隐性收入没有被统计，而隐性收入的规模比统计局统计的表面收入要高。我们承认的确还有一部分收入没有统计上来，比如说财产性收入、资产性收入、不公正地占有资源的收入。这些收入绝大部分是被收入最高的群体占有，但是你无论计算什么指标，无论是最高10%与最低10%相比，还是最高10%和最低40%比，你会发现它的收入差距确实大幅度提高了，虽然也有下降趋势。从2009年之后，其实也是下降的。一方面说我们收入差距也有缩小趋势，我们叫它“库兹涅茨转折点”；另一方面由于资源占有的不公正和政策上的原因，我们再分配还不是一个累进式的方式，没有解决收入差距的问题。固然，市场的失灵应该政府来做，那么政策的失灵呢？也应该由政府出面调整，更好地规范资源分配制度，坚持反腐败，提高公平程度。市场应该在能够发挥作用的地方起到决定性的配置资源作用，同时，政府这只看得见的手可以显著地解决资源分配的不公问题。

谭 琳

全国妇联书记处书记、党组成员，妇女研究所所长

在一个以“全面深化改革的中国”为主题的经济峰会上，能设女性专题论坛，我想这是非常有远见、非常有战略性，同时在中国也是有现实意义的。在我看来，目前我们在说投资女性就不再仅仅是某一个项目，更为重要的是在全面深化改革的框架里面，在这样的法律政策改革里面能更多地体现性别平等。如果能这样做，将极大地释放女性的创造力、活力，甚至于可能成为中国发展的一个新引擎。

首先看一下我认为投资女性有多重要，这个重要性超过很多人的想象。

大家都知道中国有超过6.5亿的女性，如果她们能够平等地享有民主权利，平等地获得发展机会，平等地分享发展的成果，那中国将是一个不一样的中国，可能世界都会为之改变。全社会就业人员中，女性占到了46%；农村劳动力中，女性超过了60%。我们讲产业结构升级，讲农业现代化，没有这些女性的创造力几乎是不可想象的。中国两亿流动人口中，女性占到了46.8%，她们中将近90%的人是在工作，大部分人在服务业和制造业工作。如果我们的服务业、制造业要升级，必须考虑到这些女性。在中国现在在校大学生里面，女性大约占50%。如果把人才看作一个人才池，那里边有一半女性。中国的公务员队伍也有超过40%是女性。如果我们考虑公共政策的改革，或者公共服务的升级，那么我们必须想到如何让这样的女性更有说话的权利，更多地参与决策，在这样的论坛有更多的女性发表见解。

看到这些数字，大家应该就能知道毛泽东为什么说在中国妇女是半边天。我还没讲家庭角色，如果加上家庭角色的话，就如我一个朋友写的一本书，叫《妇女顶起了多半个天》。

根据会议发言记录整理，未经本人审定。

第二个我想说一下，从这组数字里面的一些数字，比如教育、流动，也能看到中国在人力资本投资、女性投资上已经做的事和取得的成绩。

我在加几个数字。大家能够看到，中国女性的平均受教育年限已经到了 8.4 年，仅仅比男性少不到一年。中国妇女获得的政府贴息或者是低息小额贷款比例高于男性。为什么是这样？因为她们获得商业贷款的可能性远远低于男性。还有在教育投资方面，我们能够看到的成果是女性平均期望寿命超过 77 岁，比男性高 5 岁左右。最后一个重要的指标，孕产妇死亡率，现在中国平均孕产妇死亡率已经 26.1/100 000。这是取得的成绩。其中有很多差异性，我们改革要促进公平的同时消除差距，扩大公平的程度。

最后一分钟，我说说我对改革政策重点和方向的看法。

首先现在挑战中国儿童优先和性别平等最有挑战部分就是贫困地区，贫困家庭的女孩，她们的家庭，她们的营养，她们的安全。大家也可以从一些事例中想到这一点。第二个就是农村妇女，包括她们的生产生活的技能，包括她们拥有土地的权利，这都需要我们投入政策的改革和创造来保障。第三个，男女两性在劳动力市场上的机会公平。权利的公平中国法律是保障的，但是机会的公平我们还有许多事情要做。比如说招聘，当我们面对同样受到大学教育的男生和女生的时候，如果某个企业问男生的时候，问他有什么能力，问女生的时候问的却是你有没有生育的负担，这对受过教育的男女两性来说是非常不公平的。此外，还有职业生涯中的晋升、退休等等。

为了保障劳动力市场的公平，除了要强调企业和国家有公平的政策之外，其实还有很多在公共服务和公共管理中需要创新的部分。比如说要完善生育保险制度，在中国现在的生育保险需要扩大覆盖面，需要提高统筹的程度，更需要政府——包括中央政府和各级政府承担更多的责任。

再有一个就是发展托幼服务和养老服务，这需要投入力量，对于解放目前正在更多承担家庭内务的女性劳动力有非常重要的意义。

最后一个重点，建议面对流动人口和留守人口妇女，要关心她们的身心健康，特别是生殖健康部分。

姚 洋

北京大学国家发展研究院院长、教授

谈谈非正规的教育培训问题

我们的教育结构在十几年间发生了非常大的变化，2000 年开始的扩招，当时看是向美国学习，搞一般性的教育，现在看我们走了一些弯路，需要重新思考，重新把教育进行升级。我觉得这个方向是非常非常重要的。

美国和德国的差距是经济结构的差距。美国是金融加高科技的经济结构，德国是制造业再加上中等技术这么一种经济结构。中国在水平比较低的时候，采用美国这样的教育结构，实际上是过于超前了。在未来的 20 ~ 30 年间，中国的经济结构可能会更像德国，而不是美国，这种情况下我们把高等教育分级是非常正确的。

我想说一下非正规的教育。现有的工人培训问题，不知道教育部新出的计划里面会不会有这一项，就是关于这些已经在工作的人，他们的技能水平如何提高的问题。这部分人的数量非常非常大，从农村到城市的移民是 2.4 亿，或者是 2.6 亿，看怎么统计。其中大概有 1.6 亿是离开本县到外地去就业的。他们的教育水平非常非常低，我们 2010 年的调查是发现农村的平均教育水平只有八点几年，这些进城打工的人 80% 达不到 9 年的教育水平。

我们政府已经提出来收入翻番的规划，简单算一下，我们就知道可能对这部分人翻番有难度，因为他们现在的月收入已经是3 000多块钱，翻一番就意味着是6 000多块钱，即1 000美元。以他们这样的教育水平要达到1 000美元的月收入，非常有难度的，因为这个收入已经快接近南欧了。

另一方面，中国经济在未来 5 ~ 10 年会是一个大转型的时期。今天早上我听

本文根据会议发言记录整理，未经本人审定。

广播讲到中国的再平衡已经在发生，我的感觉不是因为再平衡在发生，而是因为结构转型发生了作用。任何国家的经济发展都有一个共同特征，就是制造业就业先增长然后下降，中国实际上已经接近制造业的顶峰，那么制造业的就业可能在未来的三五年间会下降。这意味着有很大一部分低端的劳动力会被挤出制造业，被迫到服务业去就业。这个服务业的就业量到底有多大？是不是他们会去送快递，或者去做家政？可能这个市场慢慢会饱和。另外很简单的一些服务业，也是需要技能的。我们家最近买了一个跑步机，工人把货往那一送，即安装不了，按理说他们应该给我安装好。我们看到服务业市场，逐步地在进行替代，以前都是城里人在做，现在慢慢都是农村的孩子在做，稍微有一点技术含量，他们就做不了。

另外一方面，我们发现农村的这帮孩子，或者是家庭，是在被增长所打败，就是发生了另外一种资源的诅咒：你初中毕业拿到的月工资会和大学生一样高，所以农民理性地选择干脆别上高中了、大学了，直接工作就好了。我们在被自己的增长所打败。我们的正规教育可能搞得非常好，但是孩子们不愿意接受正规教育怎么办？这是一个很大的问题，在农村正在发生的问题。特别穷的地方，也许不要去搞职业教育。科学院中国农业政策研究中心做过很多调查，发现贫困地区的职业教育，基本上等于没有教育，甚至上了一年职业教育之后，再给他一次考试，还不如初中毕业时候的考试成绩，几乎是同样的考题，他这一年把学习过的东西全部忘记了。在这种情况下，我们干脆一次到位，搞这种 12 年的高中教育，全面推广 12 年的高中教育，把职业教育推到后面去。这可能是一个比较现实的选择，否则，我们广大的贫困地区可能会产生新的这种低技术的人员。也许我们新的改革方案已经有了，希望国家不仅仅关注如何把正规教育搞好，这个当然非常重要，但另一方面我们能不能把在岗的这些人的培训也加强起来，有新的政策出台？

方 晋

中国发展研究基金会副秘书长

我是非常荣幸作为这一场讨论当中唯一一名中国男性来谈论女性发展这个重要的话题。

谭琳女士刚才提到了毛主席那句著名的话，妇女顶起半边天。我经常就会问自己，谁顶起了另一半呢？很显然，回答的是男性顶起另一边。但是呢，我今天并没有这个资格来替所有的男人讲话。我今天是代表中国发展研究基金会来说两句。

我们这个高层发展论坛在过去 14 年一直以来都是中国和世界进行政策对话的重要平台，中国经济社会发展所面临的主要问题都在我们论坛得到讨论，我觉得女性的发展显然也是其中之一。

为什么我们要在今年特别设一个女性的分论坛呢？因为我觉得中国现在正在经历非常关键的经济社会转型，女性可以说是解决这些问题和挑战的关键。国务院发展研究中心和高盛研究中心合作进行一项研究，推进中国的女性创业，所以在中国发展高层论坛提出这个女性问题是再合适不过的。

除了举办活动之外，我们也会做很多的研究。在国务院发展研究中心以及其他一些政府机构和研究机构的支持之下，我们已经成功地做了一系列研究，都是一些关于社会最重要的经济社会研究，比如说城镇化、人口变化、儿童早期发展，刚才我们也讨论到了这一点。

我们所做的这些研究，也提交了一系列政策建议，其中已经有一部分被中国政府所采纳，影响到了中国的发展进程。关于我们这里所探讨的具体问题，女性发展的问题，在过去一个半小时里面我们听到很多来自私营部门的代表，介绍了她们自己公司里面的一些做法，来促进性别的平等。通过促进性别平等，来提升妇女能够获得经济机会。

我觉得政府也需要发挥更积极主动的作用，来促进妇女的发展。这是因为如果我们信奉的是这样的观点，就像很多研究所表明的那样，对女性进行投资，不仅仅是出于道义上应该做的事情，不仅仅是能够造福妇女本身，而且对她们的家庭，对她们的社区，对整个国家都有非常大的好处，而且有非常明显的经济效益。根据经济学理论，如果政府能够更为积极主动地一些事情，那像私营部门和民间会有更大的发展空间，这也是为什么中国发展研究基金会通过研究，大力倡导通过政策的建议，呼吁政府在这方面有更大的作用。

我们组织这次活动，也希望有成效，希望大家密切关注我们将和高盛基金会联合进行的这个研究。在今年的下半年会有一些研究的成果，我们会举办一次研讨会来推进研究的成果，在座的各位有空都可以来。

克里斯蒂娜·拉加德

国际货币基金组织总裁

感谢主办方邀请我来到特设女性会场，讨论女性领导力和创业问题。我觉得这是一个很好的想法，希望以后还能继续这样的讨论，直到有一天完全没有必要再这样做，因为到那时所有的目标都已经实现，已经没有什么必要讨论，但现在我们还没有做到这一点。

继续大家刚才所讨论的内容。女性平等不仅在政治上是正确的，同时也能带来经济效益。我们国际货币基金组织最近正在进行情况评估，因为只有进行评估，才能充分展示评估结果。

我们建立了模型来研究女性参与经济活动的情况，比如说女性和经济增长之间的关系，结果我们发现，全球几乎所有国家，无论是发达国家还是新兴国家或低收入国家，只要女性拥有进入职场的机会，那这些国家的 GDP 都可以大幅提升。大家可以看一下女性群体、男性群体、女性进入职场的机会、男性进入职场的机会。要让两者完全平等有一点不切实际，但这只是我们所建的一个模型。研究结果表明，这样做可以让美国的 GDP 在 2020 年之前增长 5%，印度的 GDP 可以增长 27%，而很多中东国家则可以增长 30% 以上。对这些国家的经济来说，这可不是无关紧要的增长。

如果女性能够拥有和男性一样多的机会来参与经济活动并进入职场，那绝对能够带来经济效益。大家可以看一下当前的情况。在大多数地方，女性的能力都没有得到充分的开发，但人力却被过度剥削。这话是什么意思呢？她们的能力没有得到充分开发，因为她们的机会是有限的，她们面临着各种障碍，其中有些障碍很难克

根据会议发言录音翻译整理，未经本人审定。

服，尤其是在缺乏女性典范或是缺乏女性领袖来鼓励她们继续努力的时候。而她们被过度剥削的原因正如刚才桑顿先生所说，她们组成了大多数非正规市场的主要劳动力，没有报酬或报酬很低。即使她们得到了报酬，女性的平均工资也要比男性的工资少16%。这一比例在另一些国家甚至更高。鉴于所有这些原因，很显然从经济和商业角度来看，女性都应该获得进入职场的机会。

几年之前，高盛一位优秀的经济学家针对日本女性职场机会做过一个很好的研究。我们对此进行了情况追踪，大概两年前，我们做了一次深入的调查，研究如果女性有机会进入职场的话，日本经济可以得到怎样的提升和增长。我很高兴地看到，安倍首相决定大幅增加儿童照看中心的预算，并进行劳工市场改革，这将使日本女性有更多的机会进入日本职场。很显然，人们对此是有一些预期值的。高盛进行过研究，我们进行过研究，日本也决定这样做，所以说这样的实践肯定是会带来一些成效的。

我们国际货币基金组织内部也在这方面制定了目标，2003 年我们承诺要让机构中的女性员工达到50%，现在的数据是48%，所以我们已经离这个目标很近了。不过话说回来，国际货币基金理事会由成员国代表组成，因此理事会成员是由 188 个国家指定的。我认为现在情况不如以前，因为之前执行董事是 23 名男性一名女性；而现在执行董事是 24 名男性。

约翰·桑顿

美国布鲁金斯学会董事会主席

我有四个姐妹，所以说我这一生似乎都在与女性这个话题打交道，对女性的优势和劣势都有着深刻感受。我简单说几句作为开场白，因为我知道我们的嘉宾都有很多的话要说。

女性占据了我们人口总数的一半，但让人难以想象的是，没有哪一种自然资源会像女性潜能一样在所有国家都没有得到充分的开发。在美国，大学录取的女生和男生的比例是1.4:1；在中国，女性在大学生中所占比例达到一半。然而在美国，财富世界五百强公司只有3%的首席执行官是女性，只有15%的董事会成员是女性，还有13%的财富世界五百强公司的董事会中根本没有女性。这种巨大的反差存在于法律、新闻等各个行业。

情况最糟糕的是政治领域。美国国会议员中只有17%是女性，到目前为止还没有女性担任过总统或副总统。亚洲的情况更加糟糕，在韩国和日本，公司董事会中分别只有1%和2%的女性。中国的情况比较特别，在新中国成立之后，毛主席曾经说过女性撑起半边天，得益于这一政策，中国女性进入职场的比例达到了74%，这已经是全球最高比例之一，在亚洲国家比较罕见，与北欧国家都有的一拼。中国白手起家的女性亿万富翁要多于其他任何一个国家。然而，整体情况仍是不均衡的，中国只有1%的首席执行官和8%的高管是女性。

所有国家都应该把应对性别不平等问题视为第一要务，不仅仅是因为我们应该这样做，而且还因为忽视这个问题会给经济效益和竞争力造成不利影响。大学毕业生中有一半甚至更多都是女性，如果没有充分利用她们的潜能，那在任何社会都是

根据会议发言录音翻译整理，未经本人审定。

对人才和教育资源的巨大浪费。亚洲经济正在快速增长，这个问题也变得更加突出。以中国为例，女性在职场起步阶段的职位占了55%，而在中高管理层则只占到21%，在行政管理层只占9%，也就是说有很多优秀人士无法达到职业的顶层。

研究发现，如果管理层男女平衡的话，公司的业绩就会更好。麦肯锡公司做过的一项调查显示，女性高管所占比例较高的公司在业绩、利润和股本回报率方面都胜过了那些女性高管较少的公司。无论是公司还是国家，他们所设定的创新重点都是一个关键领域，在这一领域男女平等和其他形式的多样性能够带来更多的开放性思维。

我们需要采取哪些措施来应对性别差异并创造机会使更多女性发挥领导作用呢？第一要务就是创立包容性的职场文化，不仅要让女性参与进来，还要使她们有机会继续发展下去。美国的一个主要问题就是，女性进入领导层的机会正在慢慢增多，但是那些大公司的文化主要还是20世纪50年代时形成的，其中很多理念使拥有家庭的女性在事实上根本无法满足进入领导层后时间和精力上的要求。要想真正实现领导层的性别多样化，公司对工作方式和工作地点的期待必须有所变化。为什么呢？比如说Facebook的首席运营官谢丽儿·桑德伯格即使在生完孩子之后也能够取得现在的成就，就是因为她能够控制工作中的各项参数。如果我们真的希望有越来越多的女性感觉到有合理的方式让自己既能留在职场同时又能尽到照顾家庭的义务，那我们必须让更多的人，无论是男性还是女性都能拥有这样的机会。此外，在家庭中需要发生的核心转变则是男性在处理家务和照看儿童方面也应该撑起半边天。

研究表明，如果企业想要设立性别平等文化，那么最为有效的一项因素就是公司首席执行官或高管的投入。公司领导层必须把推进性别平等和其他战略目标放在同等重要的高度。作为一个战略重点，性别多样性必须通过着重强调、具体计划和对进度的详细评估来推进。亚洲所面临的挑战尤为严峻。欧洲有53%的企业在调查中表示性别多样性是公司十大要务之一，在亚洲这个比例只有30%。如果公司首席执行官积极参与制定公司性别平等项目并全程参与多日活动的话，那会完全不同于那些只说个开场白就走人的高管，而且整个公司都能感受到这样的差别。当然，这些变化不会一夜发生。公司领导层必须致力于长期目标，而且要明白文化的转变对涉及到的每个人来说可能都会非常艰难。但是我们应该认识到，如果公司实现多样化并安全度过必然会出现的风暴时，就会有更好的表现，人人都会从中受益。

最后，虽然这不是今天讨论的重点，但是我觉得也应该提一下，无法达到公司领导层的大多数工作女性对社会健康来说同等重要。美国近期的一份报告指出，美国有1/3的女性生活在贫困边缘。对于这4 200万女性以及依靠她们生存的2 800万儿童来说，任何一场事故、一次急救或是失去工作都有可能在经济上毁掉她们。在美国，从事最低工资工作的人中有2/3都是女性，其中大部分都没有带薪病假。女性比男性更有可能从事薪酬很低的粉领服务行业，这一行业是美国发展最为快速的行业之一，但整体上工资很低。我们需要制定政策，让女性能够拥有同样的机会来进入中高收入行业。整个社会也应支持大部分工作女性所要扮演的双重角色，那就是在工作的同时还要照顾家庭，有时还要抚养孩子。为她们提供更多质高价廉的儿童照看服务也是一项必要的措施。此外，96%的单亲母亲都认为，带薪休假对她们来说是最有帮助的一项职场政策。

我们的第一个小组讨论会讨论的是创业精神和领导力。推动更多创业也是一个尤为有效的缩小性别差异的方法。对于女性来说，社会上的各种偏见和障碍会限制她们在大企业发展的机会，而选择自己创业则是另一种从事经济活动并在社会上发挥领导作用的途径。而且女性创业家也更有可能雇佣一些女性员工，这会对性别问题产生正面影响。当然了，创业并不是轻而易举的事情。在任何情况下，女性都可能面对更多的障碍，如家庭责任，同时在获取融资方面也会遇到更多的困难。接下来我会听听各位嘉宾精彩的观点，然后再进行积极的互动讨论。

罗兰·贝格

罗兰贝格管理咨询有限公司创始人、荣誉主席

我来自有“职业教育之母”之称的德国。鲁昕副部长对中国职业教育体系的介绍和设想给我留下了非常深刻的印象。我也想就此发表自己的一些看法。

每个国家的教育体系多多少少都有一些共同之处。它们大体上都分为七个层次，即：学前教育、小学教育、初中教育、高中教育、中学后非高等教育、高等教育和先进研究教育。德国的职业教育体系为德国乃至欧洲教育体系奠定了主要基础，对培养和发展工业化社会做出了巨大贡献。在此，我想向大家详细介绍一下德国的职业教育体系。

德国的职业教育体系包含了333个官方认可的职业，可以说是包罗万象，如机械行业、理发和会计等。这个庞大的体系可以全方位满足经济发展的职业需求。60%的中学毕业生接受了职业教育和培训，约合150万人。职业教育体系约有7万师资。在许多行业里，60%左右的劳动力拥有职业教育和培训的背景。手工艺的所有从业者基本都要接受相应的职业教育和培训。因此，职业教育和培训对于德国的教育体系乃至整体德国经济都至关重要。

德国的职业教育和培训体系被称为“双轨制”体系，因为它将在校学习和学徒制结合起来，后者主要侧重于工作实习。学生每周有一至两天在学校学习理论知识，剩下三至四天则进行实践。这种体系的好处在于：雇员能够最大程度地满足企业对熟练工人和合格工人的需求。职业教育和培训的内容基于企业和产业的需求，而且要满足政府颁布的官方标准。它保障了产业和企业的用工来源，降低了劳动力的流动率，将外部招工成本降至最低。此外，鉴于欧洲目前的经济状况，德国的职

根据会议发言录音翻译整理，未经本人审定。

业教育和培训体系也是德国青年失业率低于其他欧洲国家的主要原因。譬如，西班牙的青年失业率已经上升到50%~60%，意大利的青年失业率为42%，法国在30%左右，而德国只有7%。即使从全球水平来看，德国的青年失业率可能也算是最低的。

德国的职业教育和培训体系历史悠久，所以很难简单地直接照搬。早在1897年，德国首先针对各种手工艺建立了职业教育和培训。到20世纪20年代，这个体系得到发扬光大，以满足工业、商业和服务业的需求。“二战”后，德国于60年代对整个系统进行了简化和现代化，特别是根据当时的技术发展进行了现代化。其中涵盖的职业数量有所减少。政府加强了联邦州在职业教育和培训的管控、监管、维持强制性标准等方面的作用，帮助学生更好地融入工作之中。学生在实习公司可以拿到全薪，而且切实地掌握了所在行业和公司所需要的技能。与此同时，学生也可以在职业学校学到普通教育的内容。

学生要参加由学校、雇主和工会组织的考核。雇主和工会的主要代表是工商会。学徒通常还要完成一些独立项目才能获得学历以顺利毕业。企业源源不断地接收学生实习，60%的学徒会留在培训公司工作，人员流动性也很低。职业教育和培训结束后，学生在获得实际工作经验的情况下仍可以继续去大学深造。所以这种体系相当灵活。

德国职业教育和培训体系给德国经济带来的一大好处是大幅提高制造业和高附加值服务业在整体经济中的比重，并且这个比重还在不断上升。这两个行业在整体经济中的占比高于其他欧洲国家和美国。数据显示，制造业在整体经济中的比重是24%，服务业是28%，其他欧洲国家、美国甚至日本这两个行业的比重都低于德国。只有中国的制造业比重高于德国。而且和其他国家不同的是，制造业的比重仍然在不断上升。

欧盟曾经对职业教育和培训的经济效益和社会效益进行评估。从企业的微观效益来说，职业教育和培训能够提高公司竞争性和雇员生产效率。与其他未接受职业教育和培训的劳动力相比，接受职业教育和培训的劳动力人均收入较高，技能不匹配的成本也更低。从社会效益来看，更多没有接受学术教育的劳动力可以凭借职业教育和培训拥有丰富的职业发展机会。研究证明，职校毕业生的就业满意程度高于其他教育体系的毕业生。从宏观经济效益的角度来看，职业教育和培训促进了经济增长，提高了生产率，加强了国家竞争力，并且提升了具有高附加值的技术驱动型制造业和服务业在经济总量中的比重。在社会发展方面，我刚才已经提到它可以降低青年失业率，提升收入的平等性和社会凝聚力，降低两极分化，提高社会流动性。

这个体系具备诸多优点，但是我也希望强调一点：因为这个体系已经发展了100多年，所以无法简单地直接搬到别的国家，必须根据本国的经济、社会、文化和政治环境来调整它。所以中国可以借鉴德国的经验，但不能简单照搬。

奥斯坦·古斯比

美国芝加哥大学教授；美国总统经济顾问委员会前主席

我想简单地就教育体系、经济增长和劳动力市场之间的关系谈三点内容。

首先，无论在哪个层面，教育体系对于经济增长都至关重要。所有的数据都清晰无误地证明了这一点。无论在国家、省/州和市这个层面还是在个人层面，教育程度更高的个人、城市、省/州或国家的经济表现都更突出。他们的收入更高，失业率更低，经济复苏能力更强，而且有能力不断提高。鲁昕副部长刚才介绍的数据非常有趣。中国大学生在就业率为77.4%，而职业教育毕业生的就业率比全日制大学生的就业率还要高。这与美国的情况恰好相反。在美国，学历越高的人群，失业率越低。目前美国的失业率从两位数下降到6%左右，而大学生的失业率为3%以下。所以我想说的第一点是，数据显示教育对于经济表现发挥着基础性作用。

在这一点上，我想特别强调两个问题。①人们必须不断提升自己的技能。美国教育体系及其他体系中存在着一种趋势，即在设计技能培训课程时，要使授课内容包含当前就业必须掌握的所有技能。但10年之后，人们所需的工作技能就会发生翻天覆地的变化。美国政府曾在全国普查中调查了各个工种在就业市场上的比重。结果让人们大吃一惊，在目前人们从事的工种中，很多在30年前根本不存在，所以任何教育体系都不能将目标定为学生在18岁或21岁需要掌握的技能，而是应该着眼于长期学习。②在美国教育体系里，高等教育的市场导向性很强。联邦政府不会集中规划高等教育的课程设置。它不会具体要求学校培养哪些技能，或告诉学生必须掌握哪些技能。但美国的劳动力自身有很强的动力来探索自己能够依靠哪些技能找到工作。如果在政府设计的体系里，雇主可以清楚地告诉教育体系他们需要哪

根据会议发言录音翻译整理，未经本人审定。

些技能，那么在当前分权管理的架构下，教育系统的工作人员就可以将它们融入教学中。总而言之，我想讲的第一点是：教育、技能和经济增长相互关联，融入人们的一生。

第二，美国的教育体系非常奇怪。它的优缺点都不同于其他国家。国家层面和城市层面的PISA（国际学生评估项目）测试结果显示，美国从幼儿园到十二年级的教育水平属于中等。事实上，这个结果还算乐观，因为美国在其他许多测试中都达不到平均水平。然而，美国的高等教育占据了全球排行榜的前列。尽管美国的中小学教育并不突出，但这并没有对劳动力的生产率造成负面影响。美国工人的技术水平和工资收入都相当高。所以问题就来了。美国从幼儿园到十二年级（即到学生18岁）的教育水平不过了了，为什么高等教育如此卓越？或许一个非常重要的原因是：美国的教育体系竞争性很强。即使是市场上最小的组成部分，也有教育机构努力满足它的需求。人们的任何教育需求都可以得到满足，而且教育机构之间的竞争非常激烈。特别要指出的是，规模庞大的知名研究型大学也在提供教育服务，它们是美国宝贵的国家资源。其他国家也在试图照搬美国模式，通过建立大规模研究型大学来创造新概念和新观点，创建新公司。美国的许多大规模产业集群都以研究型大学为核心，与校园往往只有一墙之隔。

我不知道这算是讽刺还是很有趣——我们发现顶层的高等教育极其重要，我们也发现为3~6岁儿童提供的早期教育意义深远。事实证明，获得优质早期教育的儿童在25岁的职场表现更优异。从某种意义上来说，高质量的早期教育为随后的学校教育和终身学习开启了一扇大门。我之所以重点强调这一点，也是因为已经有研究表明美国在这方面需要吸取不少教训。

第三，任何一个没有实现广泛经济增长的国家都不可能建立起全覆盖的高质量教育体系。有些国家虽然收入和平等水平较高，但教育体系的不平等水平也很高，如美国。美国、中国和其他国家在经济发展的过程中，必须要考虑如何开展职业教育培训。美国主要通过社区大学来推行职业教育，虽然效果显著，但是资金严重短缺。随着高等教育的成本不断上涨，让人们广泛地享有高等教育也成了个问题。美国现在已经受到这方面的困扰，其他国家也会紧随其后。这是因为富裕程度越高的国家引进顶级研究人员和学者的成本就越高，高等教育的成本也会水涨船高。政府需要将教育成本控制在大家可接受的范围内，让所有人享有教育权利。

马克·史华兹

高盛集团副董事长

众所周知，高盛是首屈一指的全球性投资银行，但我们不仅希望在商业领域出类拔萃，还希望在慈善事业上有所建树，希望对我们所工作和生活的社区有所贡献。

在过去六年里，高盛拿出18亿美元资助世界各地的慈善项目，其中最具代表性的就是“巾帼圆梦”万名女性创业项目。我们对此深感自豪。在过去五年里，高盛切切实实地扶植了10 000名女性创业者。

我们为什么要投资女性？为什么要把它做成高盛慈善事业中的旗舰项目？因为我们知道投资女性不仅是正确之举，而且很值得去做。投资女性有助于促进各国GDP的增长，有助于提升各国的人均收入。我们都知道女性是每个社区、家庭和社会的支柱。在我们每个人工作的公司和组织里，女性也是它们的支柱。所以这个以女性为核心的项目在全球引起了共鸣。我们希望能够打造一个关注女性的全球性慈善项目，因为没有任何一个群体像女性那样值得我们去关注和支持。

让我们自豪的是，这个项目经过五六年的努力实现了预期目标。40多个国家的一万名女性参与了这个项目，并顺利毕业。我们与中国、亚洲及至全球的顶尖大学合作，向这些学员提供商业和管理培训、导师辅导、网络关系等。这10 000名女性中有40%来源于亚太地区，其中最让我们自豪的是其中有2 100名女性是从中国项目毕业的。

这些女性已经产生了巨大的影响。高盛不仅会对旗下的产品或者服务进行评估，也会评估我们的慈善项目。我们每个月都在追踪这10 000名女性的进展，结果

根据会议发言录音翻译整理，未经本人审定。

表明 30 个月后，她们所开创的事业收入上升了 82%，其中 71% 的女性增加了用工人数。我们的的确确地改变了她们的生活，她们的员工的生活，以及她们所在社区的生活。

最后，虽然这个项目取得了不俗成绩，但这仅仅是它的第一阶段。高盛希望再接再厉，进一步加强对这10 000名女性的投资，不断完善这个项目。我们意识到，虽然已经对这10 000名女性提供了大量教育、培训、支持和辅导，但仍然不够。许多研究表明，教育本身并不能完全解决问题，女性开创中小企业时非常需要信贷。我们发现在全球范围内，各国女性创业时获得资金的难易程度相差甚远。因此，高盛几周前与国际货币基金组织、世界银行和国际金融公司在华盛顿共同宣布，要启动一个庞大的新项目，打造一个价值六亿美元的信贷工具，资助全世界的10 000名女性开创自己的中小企业。

中国有2 900万个中小企业是由女性创立的，可能没有太多人意识到这一点。尽管我们现在经常探讨的是国企，但没有多少人意识到中国有 99% 的企业都是中小企业，它们占到了中国 GDP 的 60% 和就业的 80%。这些证据有力地证明了，高盛、世行、国际货币基金组织和国际金融公司为何要努力帮助10 000名女性清除信贷方面的障碍。我欢迎在座各位加入我们的信贷工具计划，与我们开展合作来帮助10 000名女性改变自身、她们的家庭、她们的事业以及她们所居住的社区。

第17章

结语

李 伟

论坛主席；国务院发展研究中心主任

大家中午好！

首先感谢道格拉斯·欧博赫曼对本届论坛非常精彩的总结，感谢他作为我的合作伙伴、论坛的外方主席，在整个论坛的举办中所做的特殊贡献。到目前为止，本届论坛可以说已顺利地完成了各项预定的议程。

本届论坛以“全面深化改革的中国”为主题，围绕诸多的热点、难点、重点问题进行了讨论，可以说气氛热烈、讨论深入、成果丰硕。中国发展高层论坛已经走过了15年，我们非常高兴地看到，论坛已经成为了一个具有标志性的、全方位、高层次、高水平的国际交流平台，这些特点，可以从我们论坛参会代表的高层次和多样性，论坛讨论议题的重要性、及时性、针对性和丰富性中得到充分的体现。

本届论坛也一如既往得到中国政府以及国务院主要领导人的高度重视。今天下午李克强总理还要会见外方主要代表，张高丽总理在本届论坛开幕式上做了精彩演讲，在论坛及峰会的举办过程中，中国政府各有关部门以及企业界、学术界的重量级人物也参加了我们的论坛，并作了精彩的、有分量的演讲。譬如大家熟悉的徐匡迪先生、楼继伟先生、钟山先生、徐宪平先生、苏波先生、胡晓义先生，张国宝先生等等。多个地方政府领导人也莅临我们的会议，北京市市长王安顺先生、湖北省委书记李鸿忠先生、天津市副市长任学锋先生也都做了非常精彩的演讲。还有许多中方机构负责人出席了峰会的各项活动，参加了我们的讨论。

今年论坛还继续得到了企业界领袖、各大国际组织和学术界的强有力支持。今年我们外方正式代表达到了98位，其中世界级企业领袖以及国际行业领先企业的董事长或者CEO共70位。另外，国际重要国际机构的负责人以及学术界著名的专家学者28位，包括克里斯蒂娜·拉加德女士、亚行的中尾武彦先生、OECD的古利亚先生、世界银行的英卓华女士等等。还有很多我没有提到名字的朋友，都在论坛各种场合发表了精彩的演讲。

今年的论坛延续了议题丰富、形式多样的特点。此外，除了论坛和峰会单元的讨论，还有晚宴、午宴、早餐会、企业家沙龙等多种类型的活动，各种活动达到了38场，100多位嘉宾发表了演讲和致辞。此外，论坛还为中央政府各部门以及地方政府与外方朋友的会谈安排了30多个专场。在这儿特别值得一提的是，在去年论坛结束以后，有18家国际企业家们，组织了18篇中国与世界经济有关问题的专题研究，成果丰硕，我们会把它们全部呈送给国务院主要领导，并根据它的具体领域和内容，送给中央政府的有关部门。在此，我对他们所作出的努力和成果表示深切的感谢。

女士们，先生们，中国全面深化改革已经吹响了集结号、翻开了新的篇章。今天下午，李克强总理在会见有关代表的时候，相信还会就大家关心的问题进行深入地阐释。从昨天张高丽副总理以及几天来各部委、地方领导的讲话当中，可以确定无疑地使大家了解到中国政府改革的意愿和决心。我们这个论坛，是中国改革开放的产物，因中国改革开放而生，应中国改革开放而盛。论坛将牢记自身在这一时代新篇章的使命，致力推动中国改革开放的全面深入，和大家一起共同建设美丽中国，共同建设美丽世界。

中国发展高层论坛积极践行“与世界对话，谋共同发展”的宗旨，良好地履行了自身的历史使命。这个论坛现在不仅是国务院发展研究中心的论坛，而且是中央和地方政府、国内外企业界领袖、重要国内外组织、学界领袖共同的价值平台。为什么称为“价值平台”？因为我们在这儿凝聚共识，在这里分享先进的理念和思想，在这里我们播撒智慧的种子，在这里搭建合作交流的桥梁，这些都是其价值所在；而这一价值绝不能以金钱来衡量，而是比黄金、宝石更为珍贵的精神财富。

请允许我用“我们”。我们的中国发展高层论坛，在世界风云际会的大变迁中走过了令人难忘并取得业已自豪成绩的15年。但是，我想对我们所期望论坛长盛不衰的愿望来说，这只能算是一部长篇巨著当中的一个章节。我提议让我们以更大的热情、更深的参与、更高的智慧，共同谱写论坛未来丰富多彩的新篇章！

各位嘉宾，在第15届中国发展高层论坛即将闭幕之际，请允许我代表国务院发展研究中心，向支持和参与本届论坛的中外朋友们表示衷心的感谢！向以道格拉斯·欧博赫曼先生为代表的外方代表朋友们表示衷心的感谢！向以卢迈秘书长为主的工作团队的辛勤付出表示衷心的感谢！向为论坛的宣传报道做出贡献的新闻界的朋友们表示衷心的感谢！向为与会人员提供热情服务的钓鱼台国宾馆的领导及所有的工作人员表示真诚的感谢！

最后，我再预宣布一下，明年的中国发展高层论坛的日期暂定在 3 月 23 日，在这个过程当中，我们会及时和各位保持联系。

最后，我宣布第 15 届中国发展高层论坛胜利闭幕！

谢谢大家！

道格拉斯·欧博赫曼

卡特彼勒公司董事长、首席执行官

李伟主任，卢迈秘书长，各位嘉宾、与会者，尊敬的市长阁下，女士们、先生们：

能够担任2014年中国发展高层论坛的外方主席，我感到十分荣幸。这是我事业上的重要里程碑，我会将此经历铭记于心。

中国现在正处在社会转型的关键点。在京参会的几天里，中国政府决心有条不紊地迎接一系列挑战，并公开征求、听取外部意见的表现给我留下了十分深刻的感触。

让我们首先回顾一下中国今天所取得的成就及其对中国和世界产生的深远意义。正如张副总理昨天提到的，过去30年里，成千上万的中国人摆脱了贫困。请大家想想这其中的意义。这的确是一件了不起的事情。

在过去的两天里，我们通过中国发展高层论坛的讨论了解到，中国政府决心继续全面深化改革，坚定不移地走惠及十三亿人民的可持续发展道路，并使中国更紧密地融入国际社会。我相信，这些措施将会在未来的30年里为中国与全球经济带来更为显著的变化。

那么，下一步的改革措施将会如何？

过去两天，我们参与并倾听了就一系列重要问题展开的真诚坦率的讨论。张副总理清楚传达了三中全会和人民代表大会关于改革的决议。论坛议题包括现代化进程中法治的重要作用，依靠市场力量进行经济结构改革的必要性，深化财税改革的途径，发展社会事业以增强社会公平，推动城市化进程的构想，加强环境保护与应对工业产能过剩的重要性等。论坛阐述了市场经济透明度的重要性及进出口投资贸易过程中经济开放的必要性。

改革议程艰巨而复杂，但参会之后，中国政府使我坚信，这些问题都会得到解决。有些人可能说，这已经不是第一次谈改革了，对此问题的讨论前已有之。但过去两天里，在认真听取讨论并与各位国际同行交流之后，我想在座不少朋友和我一样，认为今年的会议与往年相较确实有所不同。

会议基调发生了变化，内容也与过去有所不同。显然，中国领导人已决心将中国从“经济大国”转变为“经济强国”，并重视推动经济转型，以实现长期的健康可持续发展。

我也非常高兴地得知，中国决定更加深入地融入国际社会，实现由市场决定企业发展与资源配置。在公平的竞争条件下，企业或成或败，一切取决于创新、竞争及努力。这将使创新与科技对中国的发展发挥日益重要的作用。然而要提高中国的创新能力，并借助跨国公司提供的技术改善环境、提高生产力，中国必须把加强对知识产权的保护纳入改革计划。

中国宏大的改革议程极富挑战性，但我相信，以中国发展高层论坛为代表的国际交流论坛为国际商业领袖支持改革、提供坦率建议与反馈提供了有益机会。在场的外国企业都与中国的发展和融入有着密不可分的联系。我们欢迎中国明确、坚定地提倡持续深化改革。这些改革以市场力量驱动，并有实际行动支持，很可能彻底转变中国的增长模式。

我在开幕式演讲曾提到，中国正在进行的改革任务繁多、情况复杂，但就像30多年实施的改革一样，这些计划将改变中国，为中国人民与全球经济带来切实利益。张副总理在讲话中指出：中国政府是善于将设想化为行动的。

因此，在第15届中国发展高层论坛闭幕之际，我相信并希望过去几天里我们描述与讨论的重要改革计划能够得到重视并实施。我们已经播下了更深入、更全面改革的种子。在社会法治、经济开放、贸易投资自由化的支持下，这些种子将随着持续进行的市场化、透明化改革而不断生长。在中国政府坚定不移的推动下，改革将带来丰硕成果，并使中国与世界经济从中受益。

最后，衷心感谢各位的参与，感谢此次论坛的举办。

谢谢大家。

CDRF 中国发展研究基金会
China Development Research Foundation

中国发展高层论坛2014
China Development Forum 2014

全面深化改革的中国

China To Comprehensively Deepen Reform

上

李 伟◎主编

中国发展出版社
CHINA DEVELOPMENT PRESS

图书在版编目（CIP）数据

全面深化改革的中国：全2册/李伟主编．—北京：中国发展出版社，2014.12

ISBN 978－7－5177－0266－5

Ⅰ.①全…　Ⅱ.①李…　Ⅲ.①体制改革—研究—中国　Ⅳ.①D61

中国版本图书馆CIP数据核字（2014）第247989号

书　　名：全面深化改革的中国（全2册）
主　　编：李　伟
出版发行：中国发展出版社
（北京市西城区百万庄大街16号8层　100037）
标准书号：ISBN 978－7－5177－0266－5
经 销 者：各地新华书店
印 刷 者：北京明恒达印务有限公司
开　　本：720mm×960mm　1/16
印　　张：64.5
字　　数：1115千字
版　　次：2014年12月第1版
印　　次：2014年12月第1次印刷
定　　价：160.00元
联系电话：（010）68990625　68990692
购书热线：（010）68990682　68990686
网络订购：http：//zgfzcbs.tmall.com
网购电话：（010）68990639　88333349
本社网址：http：//www.develpress.com.cn
电子邮件：121410231@qq.com

前言 *Foreword*

2013年底，中国共产党召开了十八届三中全会，通过了《中共中央关于全面深化改革若干重大问题的决定》，描绘了中国全面深化改革的新蓝图、新愿景，明确了全面深化改革的总目标、战略重点、优先顺序、时间表和路线图。2014年是贯彻落实十八届三中全会精神、全面深化改革的第一年，改革的任务重大而艰巨。

本届论坛正是在这样一个背景下召开的。论坛以“全面深化改革的中国”为主题，围绕新型城镇化、财税体制改革、社会保障体制建设、开放型经济体制建设、生态文明建设等一系列重大问题展开讨论，凝聚改革共识，探索改革路径，助推中国改革开放事业阔步前进。

中国发展高层论坛自2000年经朱镕基总理批准创办，创办以来每年都在中国“两会”之后的第一个周末举办，始终本着“与世界对话，谋共同发展”的宗旨，围绕中国经济社会发展最紧迫的现实问题，围绕中国经济和世界经济发展的密切关系，围绕国际社会关心的热点问题展开广泛而深入地讨论。光阴荏苒，岁月如梭，弹指一挥间中国发展高层论坛已经走过了15个春秋，这也正是在中华民族伟大复兴历程中不断取得新成就、不断创造奇迹的15年。这15年中国经济快速发展，经济社会结构深刻变革，国际影响力显著提升，这也是论坛得以兴盛发展的最根本的依托。

论坛对于增进中国与世界的相互了解，促进中国与世界的共同发展进步，发挥了重要的积极作用。新一届领导人对本届论坛继续予以充分肯定和高度重视。中共中央政治局常委、国务院总理李克强亲切会见了出席论坛的主要外方代表，代表们就创新驱动经济、物流业发展、知识产权保护、提高能效、外企在华投资经营环境等提出问题，李克强总理一一作答，并听取了大家的意见和建议。中共中央政治局常委、国务院副总理张高丽出席开幕式，并就中国深化改革开放发表了重要讲话。此外，多位中方部委领导、地方政府领导、国内企业界及学术界的重量级人物莅临会议，并在论坛上做了精彩演讲。今年的论坛继续得到国际企业界、各大国际组织和学术界的强有力支持，出席论坛的外方正式代表有世界级的企业领袖、国际行业领先企业的董事长或CEO，国际组织负责人及国际学术界著名的专家学者，他们分别都在论坛的不同场合发表了精彩的演讲。

作为论坛的主办方，国务院发展研究中心将不断创新，加快中国特色新型智库建设的步伐，努力为中国政府提供更多更有用的政策建议，为全面深化改革提供高质量的智力支持。“欲穷千里目，更上一层楼”，展望未来，我相信在中外各界朋友的共同努力下，中国发展高层论坛一定会办得更有特色、更有水平、更有成效，为促进中国和世界的合作共赢做出更大的贡献。

作为本届论坛思想智慧的总结，将论坛与会代表深入研究、探讨和沟通的发言、评论及研究报告结集出版，对于学习借鉴其他国家发展的经验，顺利推进中国的改革开放事业具有十分积极的意义。

国务院发展研究中心主任

李克强总理
会见出席中国发展高层论坛2014年会的境外代表并座谈

国务院总理李克强24日下午在人民大会堂会见来华出席中国发展高层论坛2014年年会的境外代表并同他们座谈。来自世界500强企业负责人、国际著名大学和研究机构专家学者，以及世界银行、经合组织负责人等70余人参加。

美国卡特彼勒公司董事长欧博赫曼、澳大利亚力拓集团首席执行官威尔士、美国联邦快递公司董事会主席施伟德、美国杜邦公司董事长柯爱伦、法国欧莱雅集团董事长安巩、美国陶氏化学公司董事长利伟诚、法国道达尔集团董事会主席马哲睿等分别就创新驱动经济、物流业发展、知识产权保护、提高能效、外企在华投资经营环境等提问。李克强一一作答。

李克强说，此次论坛以“全面深化改革的中国”为主题恰逢其时。改革很重要的就是要发挥市场活力和创造力，激发经济内生动力，这都与创新密不可分。中国经济要实现转型升级，关键也要依靠创新。要完善体制机制，把国家自主创新示范区股权激励、科技成果处置权收益权改革等试点政策，扩大到更多科技园区和科技单位，充分调动科研人员创新创造的积极性。同时要更加重视知识产权保护，加强立法和执法，加大对侵权行为的惩罚力度，不让违法者的小利损害国家的大利。也希望一些国家取消不合理的对华高技术出口限制。

李克强指出，中国过去20多年一直是吸引外资最多的发展中国家。今年前两个月实际使用外资仍以两位数增长，表明中国有巨大市场和吸引力，投资环境不断得到改善。虽然中国目前有充裕的外汇储备，但我们仍欢迎外资企业来华投资兴业，带来先进的理念和技术。对于在境内注册的公司，无论中资外资，中国都一视同仁。我们将通过建设好上海自贸试验区，积极探索准入前国民待遇和负面清单管理模式，健全事中、事后监管体系，尽快形成可复制的经验，推广到更多地方乃至全国。我们正同美、欧开展投资协定谈判，这将有助于为双方企业提供更加公平良好的投资环境。

李克强表示，中国未来调整经济结构，不光要发展先进制造业，还要大力发展服务业。服务业是就业最大容纳器，也有助于节能降耗。要通过扩大营改增范围，有序放宽准入，为服务业发展减负助力。要促进健康、医疗、养老、金融、物流等服务业在公平竞争中得到发展，也让中国消费者在服务消费方面有更多选择。

与会外方代表表示，中国的发展对世界经济至关重要，赞赏中国政府坚定致力于全面深化改革，相信中国的投资环境会越来越好，将为中外企业发展提供更多机遇。跨国企业关心和支持中国的发展，愿同中方扩大合作，实现共同发展。

（新华网北京2014年3月24日电，记者谭晶晶）

张高丽副总理
在中国发展高层论坛2014年会上的主旨演讲

全面深化改革　推动经济社会持续健康发展

尊敬的各位来宾，女士们、先生们，朋友们：

春天的北京，万物复苏，生机盎然。今天，中外企业家、专家学者、政府官员和国际组织代表相聚一堂，以“全面深化改革的中国”为主题深入讨论、交换意见，这对于推进中国的改革开放和现代化建设很有意义。李克强总理明天还要会见外方的主要代表。在此，我代表中国政府，对本次论坛的召开表示热烈祝贺！对各位来宾、新老朋友的到来表示诚挚欢迎！

改革开放是决定当代中国命运的关键抉择，正是靠坚持不懈推进改革开放，才使中国人民的面貌、社会主义中国的面貌、中国共产党的面貌发生了历史性的深刻变化，取得举世瞩目的成就。在我国改革开放新的重要关头，中国共产党召开了十八届三中全会，通过了《中共中央关于全面深化改革若干重大问题的决定》，描绘了全面深化改革的新蓝图、新愿景、新目标，涵盖经济、政治、文化、社会、生态文明等各个领域，涉及中国现代化建设的各个方面，总目标是完善和发展中国特色社会主义制度，推进国家治理体系和治理能力现代化。《决定》更加注重改革的顶层设计，更加注重改革的系统性、整体性、协同性，充分体现了中国共产党推进改革的坚定决心和巨大勇气，反映了人民群众的愿望和时代发展的要求，是全面推进中国特色社会主义伟大事业的行动纲领，在中国现代化建设进程中具有重要里程碑意义。

女士们、先生们！

中国全面深化改革的蓝图已经绘就，“一分部署，九分落实”，下一步关键在于行动。英国历史学家卡莱尔曾说过，要迎着晨光实干，不要面对晚霞幻想。中国共产党是善于把理想付诸行动、把蓝图变成现实的政党。三中全会后，中央成立了以习近平总书记为组长的全面深化改革领导小组，负责经济体制、政治体制、文化体制、社会体制、生态文明体制和党的建设制度改革的总体设计、统筹协调、整体推进、督促落实。刚刚闭幕的十二届全国人大二次会议通过的李克强总理所作的政府工作报告对今年中国经济社会发展作出了全面部署。我们要以邓小平理论、“三个代表”重要思想、科学发展观为指导，在以习近平同志为总书记的党中央坚强领导下，把改革创新贯穿于经济社会发展各个领域各个环节，进一步解放思想、解放和发展社会生产力、解放和增强社会活力，为社会主义现代化建设提供强大动力和制度保障。

第一，我们将坚持依法治国基本方略，致力于推进法治中国建设。法治是治国理政的基本方式。坚持依法治国、依法执政、依法行政共同推进，坚持法治国家、法治政府、法治社会一体建设，是推进国家治理体系和治理能力现代化的必然要求。坚持法律面前人人平等，任何组织或个人都不得有超越宪法法律的特权，切实维护人民权益。我们将强化权力运行制约和监督体系，用制度管权、管事管人，把权力关进制度的笼子。深化司法体制改革，加快建设公正、高效、权威的社会主义司法制度。深化行政执法改革，整合执法主体，推进综合执法，减少执法层级，加强食品药品、安全生产、环境保护等重点领域的基层执法力量，提高执法和服务水平。努力建设法治的市场经济，依法保护各种所有制经济的产权和合法权益，依法维护市场竞争秩序，惩处市场失信行为，为经济社会发展提供坚实的法治保障。

第二，我们将坚持以经济体制改革为重点，使市场在资源配置中起决定性作用和更好发挥政府作用。历史和现实经验都表明，市场经济的健康发展离不开市场活力的充分释放，也离不开政府的有效治理。我们将通过改革，让市场这只“看不见的手”放得更开，让政府这只“看得见的手”用得更好。继续推进简政放权，在已经取消和下放416项行政审批事项的基础上，今年再取消和下放200项以上审批事项。大力推动各级政府对行政审批实行清单管理，清单之内的事项要建立规范、透明的程序，提供高效、优质的服务；清单之外的事项都由市场、社会主体依法自主决策，使企业“法无禁止即可为”，使政府“法无授权不可为”。优化国有经济布局和结构，积极发展混合所有制经济，制定非国有资本参与中央企业投资项目的办法，推出一批允许非公有资本参与的项目。完善主要由市场决定价格的机制，健全金融市场体系，完善人民币汇率市场化形成机制，推进利率市场化。加快建设统一开放、竞争有序的现代市场体系，建立公平、开放、透明的市场规则，为包括外资企业在内的各类所有制企业，创造权利平等、机会平等、规则平等的条件，努力构造公平竞争的市场环境，最大程度激发企业、市场社会的活力。

第三，我们将深化财税体制改革，建立现代财政制度。财政是国家治理的基础和重要支柱，财税体制改革是全面深化改革的重点之一。建立现代财政制度，就是要建立统一完整、法制规范、公开透明、运行高效，有利于优化资源配置、维护市场统一、促进社会公平、实现国家长治久安的科学且可持续的财政制度。在体系上要建立全面规范、公开透明的预算制度，公平统一、调节有力的税收制度，中央和地方事权与支出责任相适应的制度。在功能上要适应科学发展的需要，更好地发挥稳定经济、公共服务、分配调节、环境保护、国家安全等方面的职能。在机制上要符合国家治理体系和治理能力现代化的新要求，实行权责对等、有效制衡、公开透明、可持续的制度安排。我们要按照完善立法、明确事权、改革税制、稳定税负、透明预算、提高效率的思路，努力建设法治财政、民生财政、稳固财政、阳光财政、效率财政。

第四，我们将积极推进社会领域改革，促进社会公平正义。促进社会公平正义、增进人民福祉，是改革的出发点和落脚点。我们将完善促进就业、创业制度，消除各种就业歧视，实施激励创业的优惠政策；坚持建机制、补短板、兜底线，编实、筑牢社会保障网；深化教育、文化、医药卫生等领域改革，完善住房保障机制，推动社会事业由政府主办向政府和社会共办转变；深化收入分配制度改革，形成合理有序的收入分配格局，让发展成果更多、更公平地惠及全体人民；推动户籍制度改革，有序实现农业转移人口市民化；进一步改进社会治理方式，激发社会组织活力，创新有效预防和化解社会矛盾的体制，提高社会治理水平。

第五，我们将加强生态环境保护治理，努力建设美丽中国。保护生态环境就是保护生产力，改善生态环境就是发展生产力。去年，中国政府出台了《大气污染防治行动计划》，我们将全力以赴打好环境治理、生态建设这场攻坚战、持久战，通过长期不懈努力，使中国空气质量逐步改善。把生态环境保护和经济结构调整、科技创新驱动、化解过剩产能紧密结合来，划定并牢牢守住环境容量底线和生态红线，持续推进大气、土壤、水体等污染防治，实施重大生态修复工程，推动生产方式、生活方式和消费模式绿色转型，最大限度地减轻经济活动对资源环境的压力。加快生态文明制度建设，顺应自然、尊重自然，努力建设山清水秀、天蓝地绿的美好家园，实现中华民族永续发展。

第六，我们将着力构建开放型经济新体制，形成全方位开放新格局。中国与世界的联系更加紧密，世界的发展越来越深刻地影响着中国，中国的发展也为世界繁荣作出越来越大的贡献。我们将大力拓展对外开放的广度和深度，放宽投资准入，有序扩大服务业对外开放，探索外资准入前国民待遇加负面清单管理模式，推进中国上海自由贸易试验区建设，并适时开展新的试点，为外商营造公平、稳定、透明、可预期的投资环境。继续推动双边和多边贸易谈判，加快自贸区建设，促进贸易投资自由化、便利化。进一步扩大沿海沿边内陆开放，推进丝绸之路经济带、21 世纪海上丝绸之路建设，加快与周边国家和区域基础设施互联互通建设。坚持引进来与走出去更好结合，积极为企业到海外寻求合作伙伴创造更加便利的条件，促进国际国内要素有序自由流动、资源高效配置、市场深度融合，实现互利共赢、共同繁荣发展。

女士们、先生们！

中国改革已进入攻坚期和深水区。我们要以敢为天下先、敢于啃硬骨头、敢于涉险滩的精神，从老百姓最期盼的领域改起，从制约经济社会发展最突出的问题改起，从社会各界能够达成共识的环节改起，按照确定的路线图、时间表，做到准确、有序、协调推进改革。要坚持于法有据，重大改革立法先行，充分发挥法治的引领和推动作用，在法治轨道上推进改革。要突出重点，抓住牵一发而动全身的重点领域、关键环节，集中力量全力突破，带动面上改革。要大胆探索实践，尊重群众首创精神，及时总结新鲜经验，调动各方面积极性，稳妥扎实，重在实效，积跬步以至千里，积小流以成江河，不断把改革推向前进。要把改革与发展紧密结合起来，使改革为经济持续、健康发展提供体制、机制保障，发展为改革创造良好条件。

女士们、先生们！

中国是世界上最大的发展中国家，仍然处于工业化、城镇化较快的发展时期，国内市场需求潜力巨大，劳动者素质和技能不断提升，企业创新动力和能力日益增强，特别是全面深化改革将极大激发全体人民的创新、创造、创业热情，增强市场主体活力，形成新的内生增长动力。过去的一年，困难比预料的多，结果比预想的好。面对经济下行压力等矛盾问题，我们坚持稳定宏观政策，不采取短期刺激措施、不扩大赤字、不超发货币，通过创新宏观调控方式，确保经济运行处于合理区间，经济社会发展实现了稳中有进、稳中向好。国内生产总值增长7.7%，居民消费价格涨幅控制在2.6%，城镇新增就业1 310万人。实践充分证明，中国经济具有稳健发展的基础，具备在相当长时期保持中高速增长的综合条件。同时我们也清醒认识到，当前中国经济发展中多种矛盾问题相互交织叠加，面临一些可以预见和难以预见的挑战。解决矛盾，克服困难，促进经济持续健康发展和提质增效升级，根本出路在于深化改革开放。

2014年是全面深化改革的第一年，是实现“十二五”规划目标的关键一年。政府工作报告提出了今年经济增长7.5%左右、新增就业1 000万人以上、物价涨幅控制在3.5%左右的目标，这些目标兼顾了需求和可能、近期和长远、稳定就业和调整结构，经过努力是可以实现的。我们将坚持稳中求进、改革创新，保持政策的连续性和稳定性，继续实施积极的财政政策和稳健的货币政策，创新宏观调控思路和方式，巩固稳中向好的发展成果。我们将注重底线思维、战略思考，努力扩大内需特别是消费需求，加快中西部开发开放，促进京津冀协同发展，健全城乡发展一体化体制机制，积极稳妥推进新型城镇化，进一步释放中国经济发展的潜力。我们将加快转变经济发展方式，调整优化经济结构，大力实施创新驱动发展战略，注重保护知识产权，培育战略性新兴产业，加快发展生产性服务业和生活性服务业，提高发展质量、效益和水平。

女士们、先生们！

“日出江花红胜火，春来江水绿如蓝。”不断推进改革开放的中国将会焕发新的生机和活力，也将为世界经济发展提供新的空间和机遇。我们将一如既往地欢迎和鼓励境外企业来华投资兴业，与中国企业一起发展进步，不断取得丰硕成果。13亿中国人民将坚定不移沿着中国特色社会主义道路阔步前进，全面建成小康社会，实现中华民族伟大复兴的中国梦，为人类和平与发展的崇高事业作出应有的贡献。

中国发展高层论坛已经连续举办了15届，见证了新世纪以来中国改革开放的伟大历程，已成为具有全球影响力的论坛。在这里，我真诚希望各位来宾、各位朋友，围绕主题，畅所欲言，为中国的改革开放和现代化事业贡献智慧和力量。

最后，预祝本次论坛取得圆满成功！

谢谢大家！

（2014年3月24日，人民网－人民日报）

目录 Contents

上 册

第1章 全面深化改革，开创发展新路

第 2 章 中国与世界经济增长：2014 年及中长期展望

第 5 章　转变经济增长驱动力：从投资驱动到创新驱动

第6章 农业现代化与中国粮食安全

第7章　应对产能过剩：从制造大国到制造强国

第1章

全面深化改革，开创发展新路

李 伟

论坛主席；国务院发展研究中心主任

尊敬的张高丽副总理，道格拉斯·欧博赫曼主席，女士们，先生们：

大家早上好！

在这北京最美好而又充满希望的季节里，我们相聚在一年一度的中国发展高层论坛，一起度过繁忙而又满怀期待的两天议程。首先，请允许我代表论坛的中方主席，代表中国发展高层论坛的主办方——国务院发展研究中心，对参加本届论坛的各位嘉宾和新老朋友们表示热烈的欢迎和衷心的感谢！

今年的论坛非同以往，具有非常重要的意义。自2000年朱镕基总理批准论坛创办以来，它已走过了15个年头。这新世纪的15年，可以说论坛从一棵幼松茁壮成长为扎根中华大地、环视全球的参天大树，而辛勤地予以施肥、浇水、剪枝的园丁，正是今天在座的、未在座的，长期以来积极参与并大力支持论坛的国内外商界、企业界、经济理论界以及政府、国际组织的国内外朋友。在此，我由衷地表示深切的感谢和敬意！论坛茁壮成长了15年，也正是中华民族伟大复兴历程中不断取得新成就、不断创造奇迹的15年，这也是论坛得以兴盛发展的最根本的依托。这些成就和奇迹可圈可点，可赞可叹，值得中国人民和中国人民的朋友们引以为自豪。然而，我们也清醒地认识到，成就和奇迹再大，也只能证明过去，经济社会发展存在的突出矛盾和挑战则是现实的、严峻的。我们确实已经成为了第二大经济体，但仍是最大的发展中国家；我们是第一大贸易国，但还不是贸易强国；我们时逢世界经济新一轮调整和发展的战略机遇期，但也面临人口红利减弱、产能过剩、地方财政金融风险、创新动力不足、资源能源对外依存度较高、环境污染较重、贫

本文为2014年中国发展高层论坛开幕式致辞。根据会议发言整理，未经本人审定。

富差距较大等诸多问题和挑战。要解决业已积累的各种矛盾和问题，保持中国经济社会持续健康稳定的发展，改革乃是关键所在。去年年底，中共十八届三中全会通过了《关于全面深化改革若干重大问题的决定》，描绘了中国全面深化改革的新蓝图、新愿景、新目标，明确了全面深化改革的战略重点、优先顺序、时间表和路线图。可以说改革的冲锋号已经吹响，下一步的关键在于落实。

2014 年是贯彻落实十八届三中全会精神、全面深化改革的第一年，改革的任务重大而艰巨。今年的论坛正是在这样的大背景下，以“全面深化改革的中国”为主题，围绕新型城镇化、财税体制改革、社会保障体制建设、开放型经济体制建设、生态文明建设等一系列重大问题展开讨论，正是为了进一步凝聚改革共识，探索改革路径，助推中国改革开放事业阔步前进。明天李克强总理将要会见与会的主要外方代表；一会儿张高丽副总理将就中国深化改革开放发表重要讲话；多位中央部门和地方领导人也将出席这两天的会议。这些都充分反映出，中国政府改革开放的决心没有改变。我们将继续发挥论坛的平台作用，深化与各方面的对话合作，为中国和世界的繁荣进步共谋良策。

女士们，先生们，作为论坛的主办方——国务院发展研究中心，当前正按《决定》中关于“加强中国特色新型智库建设，建立健全决策咨询制度”的改革部署，按照习近平总书记、李克强总理、张高丽副总理（国务院发展研究中心的主管领导）的重要批示精神，加快中国特色新型智库建设的步伐，努力为中国政府提供更多、更管用的政策建议，为全面深化改革提供高质量的智力支持，为提升国家的软实力发挥更重要的作用。

“欲穷千里目，更上一层楼。”展望未来，我相信在中外各界朋友的共同努力下，中国发展高层论坛一定会办得更有特色、更有水平、更有成效，为促进中国和世界的合作共赢做出更大的贡献！

预祝论坛取得圆满成功，祝愿大家在未来两天里，分享见解，凝聚共识，广交朋友，不虚此行！

谢谢大家！

李鸿忠

湖北省省委书记

尊敬的李主任，各位嘉宾，女士们，先生们，朋友们：

在早春的北京，在我们的国宾馆芳菲苑与各位世界500强的高管、国际组织和机构的负责人、著名的学者相聚，共划全面深化改革的大计，共绘荆楚人民美好的未来，我们非常感谢国务院发展研究中心能给我们这个宝贵的机会；而且在全世界有着重要影响的中国发展高层论坛给我们安排一个“荆楚之夜”，给了我们一个向世界各国，特别是向企业界介绍湖北、宣传湖北、推介湖北，与各位交朋友的宝贵机会，在此，我代表中共湖北省委、省人民政府，对各位嘉宾的光临表示热烈的欢迎，对长期以来关心支持湖北发展的海内外朋友，表示衷心感谢！

我们知道中国发展高层论坛已经举办了十几年，过去我们没有这样的机会参与这等峰会，今天我们有幸参加了，感觉论坛今年所定的题目和邀请到的中外嘉宾，都是我们没有想到的。套用一句商业上的语言，国务院发展研究中心给我们一个专场、给我们一个“荆楚之夜”的专场，非常值。今年关于“全面深化改革的中国”这个话题，可以说举世关注。去年11月召开的中共十八届三中全会绘制了全面深化改革的路线图，吹响了全面深化改革的冲锋号，改革开放已经成为中国大踏步前进的主旋律，也将成为湖北省建成之年走在前列的强劲动力。今天我们感到非常荣幸的是，众多的世界500强的主要领导人光临我们的“荆楚之夜”，其中有相当一部分已经在湖北有投资，还有一批正在和我们进行商谈投资的事项。我们相信，刚才这个介绍短片，加上李主任做的精彩演讲，让已经在湖北有投资实践的各位企业家们，一定能够感受到湖北有利的投资环境、丰厚的历史积淀和优美的自然环境。

本文为中国发展高层论坛2014年会“荆楚之夜”晚宴演讲。根据会议发言记录整理，未经本人审定。

刚才短片当中已经介绍了，湖北处于中国的经济地理中心，用中国的话叫天元的位置，这里素有革旧鼎新的历史传统和敢为人先的创新精神，我列举几条。

湖北诞生了中华人文始祖炎帝神农氏，我们今天喝的茶，餐桌上摆的菜，穿的衣服，如果交专利费的话都得给炎帝始祖。我们湖北是南方丝绸之路和东方茶港的源头，当年沿着丝绸之路送到欧洲去的，有我们英国客人品的红茶，俄罗斯客人喝的黑茶，一条茶道就是从湖北开始，由长江进入汉江，在襄阳北上，穿过内蒙古、蒙古国、俄罗斯，然后向西，直达欧洲地中海沿岸。湖北曾经群雄逐鹿，是打响推翻封建帝制第一枪的首役之地。中国有一个历史大人物张之洞，讲过"昔贤整顿乾坤，缔造先从江汉起，今日交通文轨登临，登临不觉亚洲遥"；我们的国务院总理李克强强调，中部地区长江流域是缩小区域差距的突破之地，就像下围棋一样，既要强调金边银边又要在中间布局，最佳之地就是湖北。新中国成立以来，党中央国务院把湖北作为战略重点布局之地，使它成为全国重要的制造业基地、高新技术产业基地、优质农产品生产加工基地、现代物流基地和综合交通枢纽。

改革开放以来，古老的荆楚大地更是焕发出勃勃生机。九省通衢，意味着交通发达，这是清朝乾隆皇帝对于湖北位置的概括。当今的湖北已经由九省通衢向九州通衢改变；产业基础更加牢固，"湖广熟、天下足"的美誉也被赋予了新的内涵；科教领域更加成功，"唯楚有才"成为创新的不竭源泉。有一个数字值得一提，武汉市有一个最大的优势，仅仅武汉市在校大学生就是120万人，超过北京、上海，在中国城市中居第一，我想在全世界城市中也是数量第一。湖北的生态特色更加彰显，生态优势成为绿色发展的宝贵财富。武汉市的中心城市作用更加突出，大武汉呈现出大开放的独特魅力。从2004年党中央国务院实施中部地区崛起战略以来，湖北省生产总值连续十年两位数增长，去年已经突破了2.4万亿，居全国第九位，居于中国省、市、自治区经济发展的第一方阵。改革筑就了湖北的历史辉煌，也展示了湖北的美好前景，当前制度创新的改革红利机遇和国家区域发展战略红利机遇湖北同时具备。2013年7月，在中共十八届三中全会召开之前，习近平总书记视察湖北，系统提出了中国全面深化改革的伟大构想，并勉励湖北要抓住机遇，加快建成中部地区崛起的重要战略支点，争取在转变经济发展方式方面走在全国的前列。这是赋予湖北改革发展的新定位、新内涵、新使命，既为我们指明了方向，又为湖北省实现又好又快发展注入了强大的动力。

今年3月5号，国务院总理李克强在《政府工作报告》中，将长江经济带的建设提升为国家战略，这又给了地处长江中游、中三角核心的湖北省巨大的发展机遇。当前和今后一个时期，我们将以改革开放、创新发展为统领，把握发展大势，抢抓发展机遇，发挥区域优势，加快富强、创新、法制、文明、幸福湖北的建设，夯实建成之年走在前列的基础和实力。我们将坚持市场决定取舍、绿色决定生死、民生决定目的的发展三围纲要。我们将以推动长江中游城市集群建设、打造中国经济增长第四极的宽广视野，全面推进湖北的改革开放。我们将依托长江黄金水道，抢抓国家建设长江经济带的重大机遇，推进湖北长江沿岸新一轮开放开发，让湖北成为内陆开放发展的新高地。

当前湖北大开放的功能优势更加凸显，投资贸易便利化水平进一步提高。目前湖北已与全世界160多个国家和地区建立了经贸往来关系，来湖北投资的世界500强企业已经达到了212家，居中部地区的首位。今天很多湖北各界的老朋友都来了，我们之间已经建立了深厚的友谊，感谢你们为湖北的经济社会发展作出的重要贡献。刚才我跟日本野村证券的领导人讲过，20世纪80年代的时候，野村证券进入中国开展业务，那是第一阶段；以十八大为标志，中国进入新一轮的发展阶段，必将会为我们世界500强的各位企业家获得更大的发展空间，创造更有利的发展机遇。随着全面深化改革开放的各项措施的实施，随着建成支点、走在前列系列战略部署的推进，湖北的发展环境和条件必会更加优越，更加符合企业家的意愿。我们真诚地邀请所有关心、支持湖北发展的朋友，多来考察访问、交流经验；热诚欢迎更多的海内外朋友参与到湖北的科学发展、跨越式发展的伟大事业中来。我们期待和各位一起，共同分享改革发展机遇的红利，共同推进互利合作和共赢。

最后借这个宝贵的机会，祝各位嘉宾身体健康、工作顺利，愿“荆楚之夜”给各位留下美好的记忆。

谢谢！

王安顺

北京市市长

全面深化改革，提升北京发展和管理水平

尊敬的各位嘉宾，女士们，先生们，朋友们：

大家上午好！非常高兴受到邀请，参加中国发展高层论坛第十五届年会对话会，围绕着“全面改革，开拓新路”的主题，与各位嘉宾一起相互交流。

刚才，韩俊先生已经介绍了我的有关情况，在这里，我更想向大家介绍一下我所工作和服务的这座城市。在中国改革开放30多年不平凡的历程中，北京发生过许多具有影响力的改革故事，城市面貌也发生了沧桑巨变。在座的朋友可以看出来，到2013年，北京实现地区生产总值1.95万亿元，中关村、CBD、金融街世界知名，轨道交通运营里程达到465公里，每天客运量1 000万人次，人均受教育年限超过了11年，人均期望寿命达到81.35岁——空气质量再好一点可能寿命会更长，城乡居民人均居住面积分别达到31.31平方米和51.35平方米。但是，长期的发展过程当中，北京也形成了比较明显的城市病。包括哪些呢？比如人口过多，交通拥堵，房价高涨，环境污染等。把首都建设和管理好，是国家治理体系和治理能力现代化的重要内容，我们的责任重大、使命光荣。矛盾与问题是历史积累形成的，城市发展到今天不可避免地凸显出了，解决这些矛盾和问题，本身就是推动发展过程，这会更加激发我们奋斗的决心。我们将牢牢地把握首都是全国的政治中心、文化中心、对外交流中心和科技创新中心的这样一个城市战略定位；要坚持问题导向，全面深化改革，加快建立特大城市可持续发展的体制机制，努力把北京建设成为国际一流的和谐宜居之都。这四个中心的确立，也是在2月25号国家主席

根据会议发言记录整理，未经本人审定。

习近平视察北京的时候确定的。另外一个终极目标是把北京建设成国际一流的和谐宜居之都，这也是习近平主席给我们定下的目标，我们要为实现这样一个目标努力奋斗。下面我想就四个方面情况，给大家做一个介绍。

第一，坚持以经济建设为中心，发挥市场在资源配置中的决定性作用。北京是13亿人口大国的首都，常住人口现在是2 180万。在社会主义的初级阶段，发展仍是解决所有问题的关键。保持经济持续健康的发展，我们固然有许多有利的条件，但是也面临着经济国内外环境广泛而深刻的变化，也面临着增长适度换档期、结构调整期这样一个叠加影响的考验。我们必须通过深化经济体制改革，破除体制机制的障碍，不断解放和发展社会生产力，不断提高综合实力和国际竞争力。经济体制改革是全面深化改革的重点，是坚持以经济建设为中心的逻辑要求，核心问题是要处理好政府与市场的关系，使市场在资源配置中起决定性作用并更好地发挥政府的作用。近些年来，我们坚持社会主义市场经济方向，在扎实推进行政管理体制、国有资本管理、资源要素价格、投融资体制等改革方面，都取得了积极的成效。但总的来看，政府这只看得见的手用得比较多，市场在配置资源中的决定性作用发挥得还不够充分，或者说还不够好。政府、市场、社会关系需要进一步理顺。我们将继续加快转变政府职能，努力以政府权力的减法换取市场和社会活力的加法。去年在中央人民政府带头简政放权的同时，北京市也下放了400多项审批的权限项目，但这远远不够。今年我们会继续简政放权，减少行政审批的项目，在提高办事效率上下功夫。同时，要创新政府的管理方式，把该管的事情管好、管到位、管出效率。特别要尊重市场规律，在加快推进市政基础设施建设等领域方面进行市场化改革，积极发展混合所有制经济，大力引进央企、民企、外资等各类市场主体，不断增强创造的活力和内生的动力。中国会更加开放，北京也会更加开放，也诚挚邀请世界各地的企业家到北京投资发展事业。

第二，坚持创新驱动，构建高精尖的经济结构。创新是发展的灵魂，北京是全球创新资源最集中的城市之一，高等院校、科研院所和科技人才高度集聚，科技创新优势明显。2013年，全市的技术合同成交额达到了2 851.2亿元，占到了全国的38.2%；中关村企业总收入突破3万亿元，同比增长20%以上；新创办的科技型企业6 000余家，仅去年一年，就有49家企业跻身2013年度福布斯中国最具潜力的公司，占到全国的近1/4。我们将以中关村国家自主创新示范区建设为重点，在贯彻落实国家确定的先行先试政策的基础上，着力打破行业壁垒、部门分割、所有制限制，推进科技项目和经营管理、成果评价机制改革，完善以企业为主体的技术创新体系，打通科技与经济转移、转化的通道，促进科技成果资本化、产业化。未来三年，还将围绕城市可持续发展和服务民生的重大需求，组织实施“首都蓝天行动”、食品质量安全保障、数字化制造技术创新、先导与优势材料创新发展等12项重大科技专项，打造创新发展战略的高地，培育发展战略性新兴产业。全社会研发经费支出占地区生产总值的比重我们想一直保持在5.5%以上，近期六七年以来一直持续在5.5%以上。为什么说这句话？因为随着经济规模不断增加，要保持在5.5%以上是非常重要也是有些难度的。中关村国家自主创新示范区总收入要达到6万亿元。

第三，坚持可持续发展，努力破解特大城市发展面临的困境、难题。可持续发展既是原则也是目标，面对城市发展的难题，我们将继续深化研究深层次的体制机制原因，用改革和制度创新的办法，不断提升城市治理的水平。

一是健全人口的调控机制。天地之间莫过于人，政府有责任为所有人提供基本公共服务，保护生命和财产安全，让他们的健康生活得到比较好的发展。但是在各种资源有限的情况下，如果任由人口总量自由膨胀，最后的结果必然是对所有人都不负责，所以控制人口规模要从调整产业结构入手。我们正在研究对不适宜在北京发展的产业和业态，完善控制增量、疏解存量的政策措施，着力构建高精尖产业结构，使经济发展更好地服务于城市的战略定位，保障人民群众安居乐业。

二是健全大气污染治理机制。这个问题大家都非常关注。北京地区大气污染物主要来自机动车辆的排放。我们现在机动车保有量达到540多万辆，尾气的排放是大气污染的重要因素。另一个就是燃煤的排放、工业的排放和扬尘。根据中国科学院的监测研究，在重污染天气中，燃煤排放与机动车排放的贡献率高达70%，再加上全球气候变暖这样一个外因，增加了现阶段雾霾天气发生的概率。所以现在我们关注着每一天，天气好我心情就好，天气不好我压力就非常之大。我们也编制了《2013~2017年清洁空气行动计划》，细化提出了84项重点任务，颁布了《北京市大气污染防治条例》。去年全市大气污染防治的财政投入是80多亿元，带动社会投入了700多亿元。治理大气污染是一场攻坚战，也是一场持久战，我们将借鉴国际的理念和经验，继续以治理PM2.5为重点，聚焦压减燃煤、控车减油、治污减排、清洁降尘等四大领域，咬定青山不放松，一步一个脚印向前迈进，努力让雾霾天气越来越少，蓝天越来越多，也给我们各位嘉宾和企业界的朋友们带来一些好的心情，以此来欢迎大家。

三是完善交通制度的机制。交通拥堵是各方面因素共同影响的结果。我刚才讲了地铁是1 000万、地面公交每天是1 300万人次。交通拥堵有人口多、经济发展水平较高、同步进入汽车时代的原因，也还有城市规划不合理、公共交通发展滞后、交通管理现代化水平不高等原因。这些年北京城市交通建设与管理的力度还是很大的，也取得了一定的成效。有关部门监测，去年市区交通拥堵指数是5.5，低于我们没有实施限号出行等措施之前的7.5，应该说我们推出的一系列措施使拥堵的状况有所减轻。我们将坚持不懈地努力落实公交优先战略，完善轨道交通投入建设运营机制，优化地面公交线网的结构，探索运用提高机动车使用成本的经济杠杆，控制机动车的使用强度，引导绿色出行。

第四，坚持京津冀协同发展，打造发展现代化的新型首都经济圈。在全球化时代，随着城市化、工业化的发展，特别是信息技术的广泛运用，城市之间的经济联系越来越紧密，城市群在国家发展、区域发展中的作用越来越突出。北京地处的京津冀地区是中国最重要的三大城市群之一，从这些年的工作实践中我们深切地认识到，北京发展离不开京津冀协同发展，北京要解决遇到的突出问题，必须纳入京津冀和环渤海经济区的战略空间加以考量。我们必须打破“自家一亩三分地”的思维定式，更加主动地发挥作用，推动京津冀继续朝着“目标同向、措施一体、作用互补、利益相连”的路子走下去。我们将把破除行政壁垒、推动京津冀协同发展作为全面深化改革的重点任务，着力加强顶层设计，实现规划同图，在一张图上共同规划京津冀的发展，健全合作发展协调机制，共同调整优化城市布局和空间结构，推进基础设施、产业和市场一体化，扩大环境容量生态空间，努力实现优势互补、良性互动、共赢发展。

各位嘉宾，对于北京的发展和管理，中央政府高度重视，国际社会广泛关注，我们相信，通过全面深化改革必将最大限度地释放发展红利，探索出一条中国特色的特大城市发展新路。我们也真诚地期待各位专家学者、企业家朋友，以独特的视角和丰富的经验，为北京改革发展建言献策，帮助我们把这个伟大的城市建设好、发展好、管理好。

谢谢大家！

任学锋

时任天津市副市长

主持人，各位嘉宾，女士们，先生们：

大家上午好！很高兴参加这次论坛。在这里，我见到了很多在天津投资的老朋友和参加夏季达沃斯论坛的朋友，刚才我们分享了王安顺市长关于北京全面改革的新思路、新做法，下面我想简单介绍一下天津全面深化改革的一些情况。

天津是中国北方最大的港口城市，是中国四个直辖市之一，人口有1 400万，距离北京120公里，如果大家乘坐高铁只需要半个小时。改革开放以来，天津经济社会保持健康快速的发展，近年来围绕着实现国际化港口城市、北方经济中心和生态城市这一国家对天津的城市定位，加快构筑先进的产业体系，形成了航空航天、装备制造、电子信息、新能源、新材料和石油化工等具有比较优势的产业。在座的很多企业，像卡特彼勒、陶氏化学、空客、庞巴迪、联合利华、正大、西门子、ABB等都在天津有投资，而且也取得了很好的发展。目前有150多家世界500强企业在天津建立了生产和研发制造的基地。2006年滨海新区被纳入了国家的发展战略，正努力成为中国经济的第三增长极。过去五年，天津的经济保持了较快的发展，年均增长15%，城市综合竞争力也得到了提高，这些都得益于我们扩大改革开放的举措。面对当前复杂多变的经济形势和制约天津发展的深层次矛盾，我们正在按照党的十八届三中全会的要求，全面深化改革、扩大开放。下面我想侧重讲三个方面的情况。

第一，推进京津冀协同发展，京津联动发展，打造中国经济增长和转型升级的新引擎。去年5月习近平总书记到天津考察，提出了北京、天津要谱写新时期社会

根据会议发言记录整理，未经本人审定。

主义现代化的“双城记”的要求。今年2月26日，习近平主席主持召开了京津冀协同发展的座谈会，明确提出了京津冀协同发展、联动发展是国家的重大发展战略。刚才安顺市长介绍了京津冀协同发展的重要性，在此我想和大家分享一下天津在促进京津冀协同发展和参与方面的做法。天津主要是在发挥区位、港口和产业集群的优势，积极参与和推进区域基础设施的互联互通、产业发展的互补互促、资源要素的对接对流、公共服务的共建共享和生态环境的联防联控。比如说我们在基础设施和互联互通方面，正在加强海港、空港、铁路、公路等交通网络的对接。天津港是世界第四大港，港口吞吐量突破了5亿吨，集装箱吞吐量超过了1 300万标箱，通达180多个国家和地区500多个港口。我们将进一步完善集输运体系，提升通关效率，进一步扩大京津一体化的通关，更好地为北京和腹地进行服务。天津机场的二期今年将建成，将来它的旅客吞吐量将达到3 000万以上，另外我们国际公务机中心今年将投入使用。京津城际开通六年来，到现在累计运载旅客超过1亿人次，仅去年就达到2 600万人次。在此基础上，我们将进一步加快铁路公路建设，尽快形成现代化、智能化综合交通网络，促进区域的同城化发展。我只是讲了交通方面，还有很多内容不介绍了。

第二，推进自贸区建设，构建开放型经济体制。首先，适应经济全球化的新趋势，推动对内对外相互促进的开放，实施“引进来”和“走出去”相结合。我们主要是借鉴上海自贸区经验的基础上，结合天津的特点，制定中国天津自由贸易区的总体方案。这个方案主要是依托港口的优势，建立大物流体系，促进贸易电子化带动腹地对外开放和区域协调发展。其次，在金融创新方面，主要在产业金融创新方面实现新的突破。天津在融资租赁和保理业务方面有了很好的尝试。截至去年，注册各类融资租赁公司600多家，其中累计完成将近300架飞机的租赁业务，各类租赁资产总额已经超过了250亿美元。再次，通过科技和人才制度的创新，建立高水平的制造业和研发转化的基地，同时我们还要加快生产型服务业的发展，促进制造业和服务业的融合发展。另外，我们要加快职能转变，积极探索对外商投资实施准入前国民待遇和负面清单的管理模式，简化审批，建立诚信体系，加强事中、事后的监管，用政府权力的减法促进市场活力的加速。

第三，加强生态文明建设。刚才安顺市长讲了大气治理环境保护，天津已经实施了控煤、控车、控尘、控制工业污染，我们将进一步进行能源结构调整，更多地用燃气来代替煤，同时削减燃煤1 000万吨，大力发展科技型中小企业。前一段时间，我们通过立法的形式划定了永久的生态保护线，也就是将来全市域的25%都是被保护的，同时实现大气污染防治的网络化管理。总之，我们将努力在建设生态城市方面，作出自己的贡献。

女士们，先生们，今年9月，2014年夏季达沃斯论坛将在天津举行。这次论坛的主题是推动创新来创造价值，我们将从科技突破创造价值、工商业转换创造价值和环境的持续性和包容性创造价值以及国家区域和全球竞争力创造价值四个维度开展讨论。在此诚挚邀请大家再次光临天津，出席2014年夏季达沃斯论坛。

谢谢大家！

刘世锦

国务院发展研究中心副主任

深化改革，加快转入经济增长新常态

讨论中国经济走势，首先需要了解中国经济目前所处的发展阶段和基本背景。三年前，在分析国际经验的基础上，我们提出了一个基本判断：中国经济在经历了30多年的10%左右的高速增长后，将会出现增长放缓，进入一个中高速的增长阶段。从过去两年的实际情况看，中国经济已经进入了这样的增长阶段转换期。在这样一个背景下，2013年中国能取得7.7%的经济增速，应该说很不容易。

更值得关注的是，在这一速度背后，中国经济结构已经并仍发生一些具有中长期意义的转折性变化。中国经济通常被认为是以投资为主、工业为主，较多依靠外需的经济结构。2012年，消费占GDP的比重开始超过投资，虽然2013年有所反复，但大的变动趋势已经确定；2013年，第三产业比重首次超过第二产业。过去一些年，中国的外贸出口增幅经常保持在20%以上，目前已经回落到5%～10%的增长区间。这一调整已不能主要归因于外需变化，而更多地要由随着汇率和国内要素成本上升而出现的出口竞争力变化来解释。劳动力、土地等要素投入的增长速度也在减缓，2012年中国16～60周岁以下的劳动年龄人口已经开始下降。这样，我们就可以看到一个与过去30多年大不相同的经济增长结构变化：逐步转向以消费、服务业为主，更多地依靠内需，更多地从要素效率提升获取动力。

接下来的问题是，目前这种增长走势能够持续多长时间。从大的背景看，中国经济仍处在由高速增长向中高速增长的转换期。这个中高速增长的“底在何处”，还没有探明，或者说，中高速增长的均衡点还没有找到，还可能有一个探底的过程。从已经公布的今年前两个月的统计数据看，经济运行总体平稳，但也面临着较大的下行压力。

与此同时，眼光应当放远一些，力争在今后一两年内能够完成增长阶段的转换，进入一个新的稳定增长轨道或者状态。对此我们可以给出一个概念，比如“中高速稳定增长期”，或者“经济增长的新常态”，其含义是，中高速增长的“底”已经探明（比如说7%左右），这样一个速度能够稳得住，且能够持续较长一个时期（比如5年或者更长时间）。在这样的增长新常态下，应当力争实现我们称之为“六可”的目标，即企业可盈利、财政可增收、就业可充分、风险可控制、民生可改善、资源环境可持续。中国经济如果能够进入这样的增长新常态，我们将会比较顺利地达到2020年全面实现小康社会的预定目标。

不论是短期内稳增长，还是通过加快转型进入中高速稳定增长期，从当前现实情况看，都会遇到三方面的重要挑战。

第一个挑战是如何有效把控和化解转换过程中的财政金融风险。当前财政金融风险隐患集中在地方融资平台、房地产、产能过剩行业和影子银行等领域。它们之间相互交织、相互传导，形成一个风险传递的循环。

第二个挑战是如何有效提升非贸易部门的效率。与发达经济体相比，后起经济体全要素生产率差距更多地表现在以服务业为主的非贸易部门。研究显示，与美、日、欧等国相比，中国的非贸易部门的效率更低。特别是在那些行政性垄断的非贸易部门，主要是基础设施、基础产业，资源配置扭曲状况尤为突出。如果这些扭曲得到纠正，中国非贸易部门乃至整个经济部门的效率将大大提升。

第三个挑战是如何拓展新增长领域并促进多种形式的创新。这些领域既可能由于潜在需求被挖掘而催生，如教育、医疗、文化、体育等；也可能由于新技术出现而触发，如网上购物、光伏发电等；还可能由应对既有突出问题、寻求新增长模式而引发，如节能、节水、清洁能源、减排等绿色产业。加快创新是拓展新增长领域更重要的途径。近年来，中国已经出现了创新资源区域集中的趋向，促进了部分创新区域或创新城市的发展。随着与全球技术前沿距离的缩短，以往中国作为模仿者、追赶者的角色将逐步改变，而可能在部分领域与先行者并驾齐驱甚至局部赶超。

应对上述挑战的关键是深化改革。中共十八届三中全会已经对改革作出部署，当前的重点是加以落实。应当以稳增长、促转型倒逼改革，加快推出一批针对性、时效性强的改革举措，或者说“快变量改革”的举措，对增长和转型起到切实的推动作用。这里列举比较重要的以下几个方面。

第一，分类清理地方融资平台，建立明确的惩戒机制，在条件具备的城市试行地方发债，规范和重建地方政府偿债能力和融资能力。最近已有若干起金融违约事件发生。当务之急是确立有关当事者切实承担风险和责任、推动改革和重组并利于防控全局性风险的违约处理机制。加快全国不动产信息系统建设和联网，明确全面开征房地产税的时间表，加快推动征地制度改革和集体土地入市交易，增加住房有效供给，稳定房价预期，并逐步改变地方政府的收入模式。

第二，以破除行政性垄断、促进竞争为重点，加快基础产业领域改革。在这一领域的放宽准入上，应该有一些标志性的大动作，既要“放小”也要“放大”。具体来说，在行政性垄断问题突出的基础产业领域，放进去一两个大的竞争者，能够产生有效竞争。比如，在铁路领域，要拿出几个区域或大的项目，让外部投资者，包括地方政府和民营投资者去组建新的铁路公司；在电信领域，允许以民营资本为主发起形成大的电信运营商；在石油领域，在上海自贸区建立国际性的石油交易中心，放宽、放开原油和成品油进口，打通国内外市场，允许地方炼厂做大做强，同时开放上游勘探市场，包括页岩气勘探市场。

第三，以服务业为重点，加快对外开放和对内放开。按照准入前国民待遇加负面清单的管理模式，着力推进金融、教育、医疗、文化、体育等领域的对外开放。与此同时，更要加快服务业的对内开放，凡是允许外资进入的，首先应允许国内资本进入，尤其对民营资本，要打破各种隐性壁垒，形成平等的进入、竞争、使用生产要素的条件。尽管服务业已经成为规模最大的产业，但技术含量和附加价值高、效率提升潜力大、最能体现一个国家产业竞争力的，主要还是制造业。必须汲取一些国家制造业“空心化”的教训，毫不动摇地持续发展制造业，重点加快制造业转型升级。关键要使企业真正成为创新主体，通过竞争形成一批创新型行业龙头大企业和大量的创新型中小企业。加强基础研究、应用研究和产业化应用之间的相互融合，更多地通过市场竞争和需求导向的办法配置政府研发资源，提高资金使用效率，使之更好地在创新发展中起到引导和支撑作用。

吴敬琏

国务院发展研究中心研究员

这个题目有两个部分，改革优先顺序和短期增长风险。实际上可以说是两个题目，一个是改革的优先顺序，一个是短期增长风险。

我先说第一个问题，改革的优先顺序。过去有一种改革战略叫作寻找突破口，先突破一两个突破口，然后经过若干年把所有需要突破的地方都突破了，新的市场经济体制就建立起来了。自从2010年“十二五”规划提出要有顶层设计和总体规划，这时改革的设想，从系统的观点来看就成为主流。寻找突破口不是主流看法了，产生了一种新说法叫优先顺序。是不是就意味着不是突破一两个口而是一组重要的改革项目？这个看法我觉得比前一种更加需要系统性地观察。

但是中央三中全会的决定中，各个方面的改革项目一共是336项，在这336项里面哪些作为优先选择呢？根据1993年的总体方案设计和从1994年开始的上一轮改革的概念，我觉得，有用的就是“最小一揽子改革”。现在的330多项改革里面，要选出那些最为重要的和关联性最强的少数改革项目，形成一个“最小的一揽子改革”。它是一个系统，不是单向的突破口，另外一方面又不是面面俱到，因为改革的资源是有限的，只能选出那些最重要的而且关联性最强的。怎么选呢？就是从现在到2020年段的时间里可能有几个段落，在第一个段落应该选一些什么呢？这个选择“最小的一揽子改革”，就是优先项目选哪些。现在有一些不同的想法，比如说一种想法是先易后难，容易改的先改，难的靠后，优先顺序就以难易来排序。

而在实际选择中，似乎最流行的一种观点是说有共识的先改，没有共识的后改。比如说简政放权就可以先改。有些事情没有达成共识，具体来说那有不同的意

本文根据会议发言记录整理，未经本人审定。

见，那么就可能放后了，比如说土地产权制度改革、国企改革。国企改革有一点共识就是实行混合所有制，但什么叫混合所有制、怎么搞混合所有制大家想的并不很一致。我提一个想法，我认为优先顺序最好是按照需要，按照让我们的市场经济体制能够发挥作用所必需进行的改革作为最优先的改革。

现在最重要的问题是要提高国民经济运行效率，这是一个最核心的问题。而要提高运行效率，就一定要有一个体制制度的基础，即有一个一定水平上能有效运行的市场经济制度，这个改革应该放在优先地位。如果说没有共识，那么要做工作很快地形成共识，否则这个改革形成的新体制就不能发挥作用，不能提高效率，那么改革最终会受挫。要让它能够发挥效率就要选择那些最必要的改革，优先出台。比如说我们的国家部门改革就是非常重要的，国家部门改革有两个部分，一是政府职能，二是国有经济。因为过去到底市场还是政府起决定作用这个问题悬而未决，而且在过去 10 年里政府的作用越来越大，这是经济中的一个核心问题。所以我们要让改革能够发挥作用，使大众能够从改革中得到实际的好处，那么就一定要精心地设计选择出这样一些必要的改革。

第二个问题是短期增长风险。我对这个题目琢磨了半天没有懂，什么叫短期增长风险？是不是改革掉到了底线以下就是风险了？我觉得这个问题并不在于增长速度是 7.5 或是几。另外一种意见我觉得是对的，就是李总理讲的我们不是要保 7.5、7，而是要保就业。我需要补充一点，不但要保就业的数量，而且要保就业的质量。现在我们出现了一个非常奇怪的问题，普通的劳动力比如说家政服务者或者叫保姆，他们短期的工资是在提高的，而且他们的平均工资比面临着严重就业问题的大学毕业生还要高。这是什么问题？是就业结构问题，而就业结构的根本问题在于生产结构。像我们这样一个急需提高技术水平、提高效率的国家的生产结构，居然出现有知识、有技术的劳动力的紧缺程度比家政服务劳动者还要差的情况，这说明我们的增长结构、发展方式有问题。我们实际上面临的最大可能的风险在哪里？在财政金融部门。国民的资产覆盖率杠杆率太高，或者说资产泡沫已经形成，产生了一种系统性危机的风险。这件事情想得到根本解决，要靠提高效率，而提高效率的关键在于改革，在于形成一个有效率的体制。但是改革要起效果、起作用需要很长的时间。于是在这期间就要防止系统性风险。这一方面是靠当局用短期宏观政策保持，但根本性上还要靠提高效率。

周其仁

北京大学国家发展研究院教授

谈一项改革如果没有其他方向改革的配合很难推进，所以这次全会通过的决定是一个全面深化改革的决定，不是一个单项的改革。但另一方面，改革像做一切事情一样资源也是有限的，想全面改革，但实际上拥有的资源总是跟这个目标之间有差距，所以这中间就有一个选择的问题，怎样让有限的改革资源聚焦起来达到全面深化改革的目的。我想，这个难题的破解还有一个思路，就是现在改革并不是完全从头画一个新体制的图，因为中国从1978年以后已经进行了30多年的改革，社会生活的有些部分已经发生了非常重要的变化，只不过这个变化很不均衡。所以可以从现状的分析中发现哪些地方是相对薄弱的，而有限的资源可能对它起较大的作用，且这些地方一旦突破会对全面改革有较强的带动作用。

这次全会决定最重要的一条，至少在经济制度方面最重要的一条，是让市场在资源方面起决定性的作用。这条落实下去和不落实下去对未来中国的作用有天壤之别。要落实就要寻找一个重点，我的看法是要让市场发挥决定性作用，最重要的是找到那个场所，市场是一个场所，是一个market place。研究现在中国所有的场所，初级市场发育得很好，农贸市场、专项产品市场其中有一些已经有全球性影响，如义乌的小商品市场和阿里巴巴的网上市场、交易平台。这些不是下一步改革的重点，下一步改革的重点是场所中的高端部分，是以交易所为代表的场所。这些场所很小，但完成了价格发现的功能，对全国的资源配置都有极强的辐射性影响，这是我们目前的薄弱环节。多年来我们的股市跟国民经济的增长之间是脱节的，这个脱节不是自然原因就是我们高端市场的有些制度安排，像政府和市场关系的界定这些

本文根据会议发言整理，未经本人审定。

问题没有解决。所以我的看法，如果要让有限的资源配置到全面改革当中去，让市场发挥决定性的作用，那些交易所为代表的高端市场就是下个阶段改革的重点。

其中一个就是资本市场，因为它的带动性非常强。我们现在讨论国有企业改革、多种所有制，都有一个价格发现问题，大量资产重新组合有定价的问题，如果没有好的定价机制，只能一对一谈。私人财产可以一对一谈，什么价就是什么价；公有财产一对一谈，政治上通不过，一定会弊端丛生，带来大量政治上不能接受的问题。后来叫停实际上跟这个原因是有关的。现在我们讨论要把一部分国有资产转到社会保障基金中去，这是非常好的思路。但社会保障基金怎么做，它的高端市场保障基金才可以有效运作？没有市场调节，高端市场是很难运作的。

还有垄断企业的开放，比如说电讯，要动员更多的民营企业，组织更多的民营集团进去。中国的民营企业比过去有很大的发展，但是要进入这些垄断性较强的市场，如果没有有效的资本市场来帮助配置是很难实现的。

还有地方债务，第一是过去怎么了，第二是未来怎么办。完全拿土地押给银行套钱来发展，哪怕没有走到头也快了。下一条路是什么？是要债市承担未来城市化融资的问题。债市也是一个高端市场。

中国企业要走出去，离不开外汇市场。外汇市场到今天很不容易了，双向汇率的变动。但可能还有一个关键性的改革要放进去，就是人民银行在市场中的地位要划清楚，要有一个权力清单和负面清单。简单地讲，就是除非出现某几种情况，一般不能入场这么大手地买卖外汇。央行在外汇市场里起的责任太大、太重，最后各方都跟央行博弈，会有很大的系统风险。央行撤出来才可能反映供求。

土地现在炒，就是以现在重庆、成都、武汉、天津这四个农村土地产权交易市场为中心，组建一个交易所，这个体系发挥作用以后会倒退过去推动确权，推动土地的流转，因为它会把流转的好处显示给相关各方看。所以我的看法，以这个交易所为代表的市场场所是改革的重点。

要改这个领域也要有最小的配套，第一条要修订法律。因为这些高端市场都有一些相应的法规制约，这些法规有正面的东西，但是从经验来看也有反映过去、观念跟不上甚至一些部门利益包含在法律里头。现在政府领导人的理念我认为是对的，法无禁止公民企业都可为，法无授权政府不可为，这个原则非常正确。但是这个原则在中国要落实，一定要修订法律。因为现在法禁止的很多事情不合理，法授权的许多事情也不合理。总的来说是对市场活动的禁止偏多偏杂，对政府和政府主管部门的授权范围太大，所以一定要修订法律。如果全面修法有困难，可在高端市场领域，允许现成的法律暂停发挥作用。第二条，划清政府和市场的界限。首先要在高端市场做，具体来说就是监管部门和交易所的关系要理清楚，现在问题是边界跨越得太多。我有过这样的观点，现在的高端市场非常像计划时代的工厂，计划时代是部委管工厂，最后的结果是非全面改革不可。现在的高端市场，一举一动一招一式都要经过行政审批，人财物都管，没有发挥市场本身应该发挥的作用。上海交易所理事会十几年不开会，完全没有功能，完全是行政部门的附属机构，这样的市场是很难发挥作用的。第三条，界定这个关系不能由现在的监管部门主导，你让他主导他难以割舍，要按照这次框架由深化领导小组去主导。你让监管部门去主导，就是我在部门里我也一样舍不得。怎么可以把这个权放出去呢？如果主席要我用一句话概括，我的概括就是全面深化改革，让市场在资源配置中发挥作用，要紧紧围绕这个交易所为代表的高端市场，改法律、改组织、改机构。而且从整体看，这些市场现在落后于国民经济的表现，因此如果改对了会有很明显的增长，可以避免短期增长的风险，也可以凝聚更多新的改革获利阶层支持改革进一步推进。

李稻葵

清华大学经济管理学院教授

对尼尔·弗格森的演讲做一个评论，我感到既荣幸又有很大压力。我必须要承认，在这样的论坛上发言我经验非常有限，尼尔·弗格森给我做了很好的表率。我们试图要让观众对我们讲的东西感兴趣，但我常很难做到这一点，现在我想再努力一下，谈一谈我对他演讲的看法。

总的来说，我支持他的三个观点。这三点是非常重要的，但其中一个观点我不赞同。我完全赞同的观点，甚至通过我自己的研究证实了的观点，就是中国并没有落后于西方，而是在历史上某个时间段自毁了前程。从北宋时期到明朝，中国的人均 GDP 其实和西方差不多，但是在清朝突然拉开了差距，所以说中国并不是被像英国这样的国家所超越。当然一方面是因为中国人口在那时候出现了激增，而英国同期的人口并没有这么快速的增长。

第二点我完全赞同他的观点的是，所谓的三个杀手级的应用，这的确是非常重要的六个要素，这也能够解释中国经济在过去 35 年中取得成功的原因。此外，我想补充一点，像中国这样的国家，要想赶超西方国家的话，并不需要下载所有的六个应用，或者说同时下载。其实经济增长的不同阶段我们只要应用其中几个最有效的或者相关的就可以了。我们回顾一下，在 20 世纪 80 年代初最最重要的应用是什么呢？是农业去集体化，这就大大增加了中国的农业生产力。在 80 年代的中后期，去集中化也是非常重要的，企业和地方政府都有了很大的自主权，能做很多好的事儿。第三个阶段是最重要的，是所谓私有化的应用，包括私有企业的建立。相对来说很多国有企业被私有化了，很多的私有企业走过了私有化的进程，那是 90 年代

本文根据会议发言记录整理，未经本人审定。

末最重要的应用。之后我们加入了世贸组织，国际化成了当时关键的应用。中国的对外开放应该说变得越来越重要，通过这种开放将经济推到更高的阶段或者水平。目前，我们现在想要进行的改革在我看来是去监管，或者说放松监管。也就是说，政府希望能够放出一些权力在经济活动方面减少对经济的干预。所谓的反腐运动，事实上，也可以被视作是减少政府干预的一个内容，明天我们有六位政府官员会给大家以不同的方式来讲政府该做哪些事儿，哪些是不该做的。所以每个经济发展阶段，只要把一件事儿、一个应用做好做对了，我们就会取得成功。邓小平也表达过类似的意思。其实他所有的观点用耐克公司的广告词来说就是“去做就行了”。中国有很多不完美的地方，我们都可以理解，但是不管怎么说，随着经济的发展可能会慢慢地自我修复或者纠正这些错误。所以我想说，我赞同尼尔·弗格森的观点。

我想补充一下第三点，也就是尼尔·弗格森刚才提到的六个致命的病毒当中的一点。刚才他提到的这六个病毒，我想如果把它们跟中国过去35年遇到的挑战比起来，其实都不算什么。如果说要看杠杆化或者杠杆率，250%的杠杆率高不高?的确高，但是要看这个国家的储蓄率多少，经济增长速度多少，才能看出债务对GDP的比例是高还是低，这是日本的情况。对于我们来说，我国的经济每年有50%的产品和服务并不是国内消费的，而是用来出口的，我们赚来的外汇用来买美国的国债，高达50%的国家储蓄率的背景来支撑我们的负债水平，其他国家可能远远没有那么高的储蓄率。中国有250%杠杆率，我们储蓄率是50%，我们有5倍于这个杠杆率的储蓄率，有充足的政策应对所谓高杠杆率的问题，比如说可以用我们的储备投资，用投资的收益解决地方政府高债务的问题等等。

最后我想说的一点，是我并不赞同尼尔·弗格森的一点，也就是关于中国的民族主义。中国人可能比较熟悉清朝时中国的版图，当时属于中国清朝的一些区域，后来给了俄罗斯，这个事情发生在180年前。有意思的是，这些割让给了俄罗斯的土地，不仅仅面积巨大，而且有非常丰富的资源，包括森林、土壤资源。但是在今天中国的媒体上，在中国的学校教科书、课堂里，没有任何人提到任何可能性或者说中国任何的欲望，要把这些土地收回来。事实上，中国已经在20年、15年前解决了所有的领土划界问题，所有的问题都已经和平地解决了，没有人愿意回去翻老账。当然时不时我会和我的俄罗斯朋友喝了几杯伏特加之后，他们会说不好意思我们从你们那拿了土地，我们当时非常穷，就拿了点土地。我经常会说不要再说这个事情了，历史就是历史不要再提了。中国人都不是历史学家，我们在这方面的记忆力短一点，不要想太多的事情。

第二就是钓鱼岛，很多人都关注这个钓鱼岛，为什么呢？为什么这么一个小小的岛，这么小的领土却有这么大的争议？我个人的理解是，这并不是关于领土的问题，甚至说这并不是社会的问题，这是关系到我们和我们的伙伴日本及其领导人的问题。他们两年前挑起了这个议题，当时中国说我们搁置争议共同开发，但事实上日本人并不赞同。尼尔·弗格森，我想再次说一点，你正在写基辛格自己的传记，我希望你能读一读相关的档案，看看当时基辛格是怎么表述钓鱼岛问题的，他讨论这个问题的时候是发生在美国和中国关系正常化之前的，你可以真正地研究一下这个非常有意思的历史问题。所以这个问题并不在于中国，而是在于日本，事实上日本是挑起这个争端的一方。

最后一个比较有意思的画面是什么？他们在干吗？这些年轻人在庆祝中国的春节。这是春节之前，他们在干吗？他们要赶着回家，有 3 亿中国人加入到春运大潮，从北京、上海这样的大城市回到他们的家乡。为什么他们要这么做呢？因为谁都想回家，你怎么会想让他们不远万里去非洲、拉美重新建立他们新的家园呢？他们对这个没有任何的兴趣，这是文化的原因。他们从文化上来说不愿意离家太远。我的学生，包括哈佛的这些同学，他们越来越多地对出国失去兴趣，他们愿意回国学习，哈佛对中国学生的吸引力可能在下降。这种中国的恋家文化非常重要，我并不认为中国的年轻人是那么的民族主义。

最后我想说一点，这是我们的希望。这是在 2016 年要到中国来学习的年轻人，我也参与了这个项目的组织，来自全球的 100 多位学生都会到我们这儿来学习，在学校里享受言论自由。这种年轻人之间的交流可以保证未来永久的和平，这就是我们这个项目想要实现的目标。我非常高兴未来两年他们能够到我们学校来跟我们的学者进行交流。

克里斯蒂娜·拉加德

国际货币基金组织总裁

中国的下一轮转型：今后的关键步骤

非常荣幸受邀在2014年中国发展高层论坛上发言。在此我要感谢国务院发展研究中心的李伟主任以及中国发展研究基金会的卢迈秘书长对我的热情接待。我还想感谢本次午宴的主持人，国务院研究室主任宁吉喆先生，以及中国银行业监督管理委员会主席尚福林先生。

过去20年里，我多次来到中国，每次都能惊喜地看到，中国在不断地变化，始终焕发着新的生机，并一直在努力实现着一个“中国梦”（正如习近平主席提出的）。在这一征途上，国际货币基金组织一直是中国的伙伴。事实上，今年是国际货币基金组织成立70周年，值得在此回顾的是，中国是我们的创始国之一。我们一起走过了漫长的道路。

很难相信，1944年时，国际货币基金组织只有35个成员国，它们艰难地努力重建被战争所摧毁割裂的全球经济。而今天，我们有188个成员国，各国在全球范围内以过去难以想象的方式相互联系。在这一过程中，国际货币基金组织已转变成国际经济合作最重要的机构之一。

当然，中国也在转变。今天，中国是世界上最大的贸易国，全球第二大经济体，取得了人类历史上前所未有的减贫成就。国际货币基金组织拥有全球视角的经验和技术专长，在中国推进其伟大事业的过程中向其提供了支持。反过来，我们也从中国的成就中获得益处，吸取经验。

今天，中国站在下一次历史转型的关口——这一转型将使中国走上质量更高、更可持续的增长道路，进一步提升其全球领导作用。所以，我想谈三个问题：第一，全球经济的现状和对中国的影响；第二，实现中国下一轮转型的关键政策步骤；第三，中国在21世纪中发挥的全球作用——对世界意味着什么。

一、全球经济的现状

首先谈一谈全球经济。我们再过几周就要发布最新预测，所以今天我只谈一些粗略的走势。

总体而言，全球前景在改善，世界经济正在慢慢好转，但增长还是太弱、太不均衡。我们在今年1月预测全球经济活动将从2013年的3%加快到2014年的3.7%，这主要将得益于发达经济体的经济好转。2013年的最后几个月，由于来自先进经济体的外部需求增强，新兴市场和发展中经济体的经济活动略有回升。尽管外部融资状况的收紧将抑制国内需求，但新兴的亚洲仍将是一个增长亮点，今明两年的增长率将在6.7%左右，是全球最高的。中国仍将是这一强劲增长势头的主要驱动力量，尽管增速将有所放缓，但将更可持续。在发达经济体中，美国的增长将是最强的，这得益于其强劲的私人需求。即使如此，美国必须继续谨慎地管理其货币支持措施的退出过程，并解决中期财政的不确定性。欧元区的温和复苏正在巩固——核心国家的复苏较强，但南方国家的复苏较弱。最近几天在银行业联盟方面取得了令人鼓舞的进展，我们期待进一步措失的实施，这对于确保持久复苏至关重要。在日本，安倍经济政策的货币之“箭”促进了私人投资和出口的增长。但是，为保证经济持续增长，需要同时射出“三箭”，包括制定中期财政计划和进行结构性改革。

总的来看，虽然全球前景缓慢增强，但一些旧有风险依然存在：金融部门改革尚未完成，债务负担沉重，不平等程度加剧，失业率过高。同时，我们看到新的风险正在出现。我特别想指出两点：第一，在先进经济体，特别是欧元区，长期低通胀风险正在浮现，需要适当地加以应对，包括必要时采取非常规货币政策。第二，在新兴市场经济体，市场波动可能随着先进经济体退出非常规货币政策而加剧。鉴于内部和外部失衡较为严重的国家可能受到更大影响，对它们而言采取强有力的宏观经济政策应对措施将是关键所在。另外，有关各方都应继续清晰地沟通政策并开展合作。

这对中国意味着什么？中国显然已经成为全球经济的稳定力量。事实上，过去

5年里，中国在全球总增长中占1/3以上，在新兴和发展中经济体的增长中占近一半。展望未来，全球经济的加强将为中国经济提供支持——有助于中国在商业、贸易、金融等多个领域继续发挥领导作用。但为了保持并增强这种作用，中国需要进一步采取重要的政策步骤。

二、实现中国下一轮转型的关键政策步骤

下面我就来谈谈第二个问题——中国的下一轮转型。

中国之所以取得了巨大的经济进步，是因为中国领导人和人民有勇气、不畏惧地推行大刀阔斧的改革，即使这些改革在短期内代价高昂。现在，中国再次站在重要关口。尽管整体上经济增长数据仍然十分乐观，但其背后存在着一些有待克服的严重阻碍因素。习近平主席在最近的一次讲话中这样说："停顿和倒退没有出路，改革开放只有进行时，没有完成时。"挑战是明确的：使经济增长更具包容性、更有利于环境、更可持续。三中全会宣布的改革蓝图正是针对这一难题的雄心勃勃的全面解答。

基于这一改革蓝图，我想强调三个关键步骤：①释放服务部门的潜力；②建立现代化的、全球一体化的金融部门；③提高包容性，保护环境。

我下面就针对每一点展开谈谈。

第一是释放服务部门的潜力。中国的上一轮改革使其变成一个制造业大国，下一轮改革必须以增强现代服务部门的作用为目标。这不仅会释放服务部门的巨大增长潜力，而且会促进就业和消费增长以及提高生活水平。同过去的改革一样，消除阻碍私人部门发展的障碍仍将是关键所在。

例如，中国目前是世界三大专利申请国之一，仅2011年就有43.5万项专利申请。而在创意出口方面（即在中国注册的专有商标的出口产品），中国在世界排名第一。问题是，如何保持和发扬这种成功？只有具备现代化的教育、先进的医疗保健、一体化的金融体系，生产率才能持续提高，创新活动才能蓬勃发展。所以，需要消除进入这些关键领域的障碍，使创新活动能够推动中国经济发展继续处于领先地位。

第二是建立现代化的、全球一体化的金融部门。金融部门也能极大地促进增长和改善福利。为了实现金融部门的现代化，中国已经采取了值得称赞的步骤，包括最近一段时间出台的一些重大措施。中国在扩大汇率波幅方面已经取得了进展，并且，周小川行长已表示将在两年内完成利率放开过程。货币政策操作的市场化程度也已提高。中国若要成功实现下一次转型，必须建立现代化的、强健的、全球一体化的金融体系，而这方面仍有很长的路要走。

首先，中国的金融机构将从更多的竞争和知识转让中受益。这有助于庞大的国内储蓄更好地流向产效最高的领域，也能使中国的银行做好准备在全球发挥更大作用。资本账户的逐步开放将为这一过程提供便利，同时这也有助于实现国内储蓄的多元化，使经济更能经受得住冲击。资本账户的开放还会提高人民币作为全球货币的潜在作用。当然，在放开金融部门的同时，必须加强宏观经济政策框架，并不断改善监管。危机带给了我们这个非常重要的教训。

第三是提高包容性，保护环境。我已经谈了服务部门和金融部门，这两个部门的改革是提高经济增长质量的重要步骤。而增长的可持续性同样重要。经济增长若要持久，需具有包容性，使其好处被广泛享有，且应具有环境可行性。同很多国家一样，中国的经济成功是有代价的——不平等程度加剧，环境破坏日趋严重。

国际货币基金组织的研究显示，收入不平等不利于可持续增长。扩大获得教育、医疗保健和金融服务的机会，能极大地减轻不平等；旨在增强竞争的改革也能起到同样作用；适当的再分配政策和牢固的社会安全网也有助于增强社会凝聚力。基金组织近期开展的其他研究还显示，妇女对劳动力市场参与程度的提高能带来显著效益。一些国家如果能消除劳动力市场的性别差距，人均 GDP 可提高 27% 之多。幸运的是，在为妇女创造公平竞争环境方面（特别是高层职位），中国已经取得了长足进展。这也促进了女性企业家队伍的壮大——中国企业家中有 1/4 是女性。即使如此，仍存在大量限制因素。消除这些限制对中国的女性和男性都是有益的，对整个国家也是有益的。

关于环境，挑战是众所周知的。空气质量恶化、水资源严重短缺、沙漠化，这些对人的健康和经济的发展带来了极大损害。它们是中国下一阶段发展过程中的重大风险。令人鼓舞的是，中国已采取重要步骤改善环境。目前，正在考虑征收环保税，并且已分配资源、关闭污染工厂。然而，必须开展更多工作，促进“绿色”的经济增长。国际货币基金组织对很多国家强调一个问题：应改善自然资源的定价，并且更严格地执行规则。这两方面的有力组合能促使环境质量显著改善。

我深知这些改革的广度和深度，它们涉及服务、金融、环境等多个领域。我也深知完成这些改革所需的勇气和毅力。它们实施不易，但若得以成功实施，确实能支持中国的下一轮转型。正如中国一句俗语所言："不怕慢，只怕站。"

三、中国在21世纪中的全球领导作用

下面我就来谈谈第三点，也是最后一点——中国在21世纪中的全球领导作用。

我刚刚讲了中国在全球范围的经济领导作用。中国也已证明了其在很多其他领域的全球领导作用。例如，在技术方面，中国目前拥有世界上最大的高速铁路网络。在短短六年时间里，中国就从进口这一技术转向出口这一技术。中国在科学方面处于领先地位——从海洋到天空的各个领域。中国的载人潜水器达到了世界下潜深度之最。中国的月球车已经成功登月，神州十号飞船已经在外太空轨道运行。中国也是很多低收入国家的主要发展伙伴，包括非洲国家。此外，中国在二十国集团以及亚太经合组织等主要国际论坛上发挥着越来越大的作用，在最高层战略对话中的作用也显著增强。

随着中国继续发展，其发挥的全球作用会进一步增大。例如我前面说过，在实施适当金融改革的情况下，人民币最终可能成为国际储备货币，获得与中国经济规模相称的地位。中国在国际机构中也能发挥更大作用。在国际货币基金组织，一旦2010年治理改革生效（我们正在努力推动实现这一目标），中国将成为第三大成员国。中国已经是国际货币基金组织筹集资金与开展业务的重要出资方。另外，中国人在国际货币基金组织的各个层级发挥着领导作用。我非常感谢副总裁朱民将他的智慧与经验带到我们的管理层，并感谢我们每年录用的中国年轻经济学家——仅2013年，中国人就占基金组织新录用人才的1/3。通过基金组织，中国能够在国际合作中发挥领导作用——"新的多边主义"。我相信，这对于21世纪每个国家的成功都极其重要。

四、结语

简而言之，中国采取一系列步骤完成下一轮转型，不仅有利于本国的发展，也有利于整个世界。的确，中国的成功对于全球经济的成功至关重要。前方的路很清晰。中国过去经受住了挑战，我坚信中国会再一次取得成功。老子说过："合抱之木，生于毫末；九层之台，起于累土；千里之行，始于足下。"

克里斯托夫·拜尔

德国国际合作机构董事会联席董事长

主办方请我们就中国下一轮改革的优先顺序谈谈自己的看法。

我认为这个问题很难回答，因为我深信中国未来的改革必须是综合性改革，而综合性改革的一大特点就是要同时开展多方面的工作。所以，要想确定优先顺序非常困难，因为这些工作都是相互关联的。

不过我还是想着重谈谈两个重要领域。除了大家刚才说到的资本市场和金融市场以外，我想说的是劳动力市场改革和教育改革。在我看来，这两点应该是改革的优先事项。为什么呢？我基于三方面的考虑提出这一建议。

第一是人口结构的变化。我们都知道，人口红利无疑是中国过去经济增长的动力来源之一，而这样的人口红利到2020～2025年之间就会消失，也就是说中国劳动力过剩的情况很快将消失。已经有很多公司感觉到中国著名的劳动力过剩现象已经结束，而这又是进一步增长的基础，所以我们必须认真考虑这一因素。

第二是人口流动。中国国家统计局的数据显示，在中国有1/5的儿童属于留守儿童，也就是5 800万～6 100万的儿童是留守儿童，这几乎相当于一个国家的人口，如意大利或泰国。这些留守儿童的父母在城市里打工，他们没法跟着父母一起过去，只能留在家乡。有研究发现，这些儿童的辍学年龄要远远早于城市儿童，而中国的中学辍学率已经比较高了，所以这个问题也需要认真对待。

第三是服务业。刚才大家已经谈了很多这方面的情况。中国服务业现在发展迅猛，但服务业的劳动生产率实际上在下降。和其他国家比起来，这样的情况让人觉得不可思议，因此我才建议要将劳动力市场和教育改革放在改革进程的最前沿。

根据会议发言录音翻译整理，未经本人审定。

如果你们问我在劳动力市场和教育改革中应该采取哪些更加具体的措施，我的建议是：首先要完全取消户籍制度。我们知道中国政府已经开始在一些试点地区取消户籍制度。我认为，可持续的城镇化对中国未来的发展和增长至关重要，而要想实现可持续的城镇化就必须完全取消户籍制度。户籍制度只会造成工资方面的歧视，而且无法有效地将工人分配到空缺职位。

说到改革的具体措施，我的第二点建议涉及到教育体系。去年的研究表明，中国劳动力的供给和需求在多个层面上存在严重不匹配。部分地区的公司招不到足够的工人。以浙江省为例，2010 年的职位空缺和应聘工人的比例是 1.5 比 1，而接受过高等教育的人的雇佣率则相当较低。大家可以比较一下中国的教育体系与世界其他体系。我们强烈建议进一步引进可行的职业培训体系。德国在这方面有着丰富的经验，而且无论是工业国家还是新兴国家、发展中国家，我们都支持他们进行改革，由私营部门和政府共同开展职业培训，使这一体系成为教育体系的一大有力支柱，从而克服教育体系所存在的问题。

引进可行的职业培训体系是一个极为困难的过程，不仅仅因为这是个技术性举措，而且因为它的内涵不仅在于成立一些职业培训中心，而且要改变人们的观念，让私营部门认识到，他们在提高劳动力技能方面有着不可推卸的责任。正因为如此，引进职业培训体系相当复杂，甚至有可能是一个哲学问题，因为它涉及到如何理解政府在改善劳动力技能方面的角色，以及如何理解私营部门、人们和学生自己在其中所扮演的角色。

利伟诚

陶氏化学公司董事长、总裁、首席执行官

中国对全世界都至关重要，而且在过去30多年里，它的工业化程度突飞猛进。中国的创新能力和解决问题的能力影响到了我们所有人。在今年的论坛上，各部委官员向我们介绍了中国如何开展多项改革来实现下一阶段的稳定增长。我的发言不会面面俱到地涵盖各个改革领域，而是想重点谈谈可持续的城镇化。

在过去几十年里，中国的经济发展成绩斐然，小镇发展成了城市，首都发展成了超级都市。这种转变将13亿中国人卷入了快速城镇化进程中。但高速的经济增长严重破坏了环境。李克强总理称，日益恶化的空气和环境污染问题为低效盲目的发展模式拉起了红色警报。在未来20年里，还会有三亿人进入城镇。中国城市需要为他们提供清洁空气和水，健康、充足且安全的食物。有人认为要想实现这个目标，中国必须做出抉择：是继续保持7.7%以上的高速增长，还是以降低增长速度为代价提高国家的宜居性。中国可以通过可持续性战略来兼顾环境、人和商业的健康发展。

由于时间有限，我想重点谈两个实现可持续增长的途径。

首先，政府应承诺在科学和公共政策的交集部分开展创新。许多研究者和公司也都致力于此。我们公司在上海有500名科学家专攻材料、生物、物理等领域，并且致力于解决清洁水、安全居住等环境挑战。譬如，上海陶氏中心研发了一种智能性涂料，可以吸引空气中的挥发性有机化合物，如甲醛。此外，我们还对智能性材料进行了创新，降低汽车和船舶等的自重，从而减少所需的化石燃料以及由此产生的排放。我们的上海中心还研发了水的清洁技术。这种新型水清洁技术使水的净化

根据会议发言录音翻译整理，未经本人审定。

程度提高了40%，而所需能源却降低了30%。这些技术都是在中国研发、在中国制造，最后对全球发布。我只想用这些例子说明，科学发展和中国需求之间的交集部分正在如火如荼地开展创新。

洁净的空气和水、能效和可持续性都是城市规划和城市政策的核心要素。不过这些工作不能完全由私营部门完成。中国必须改造教育体系，才能实现可持续增长，同时改变对下一代工程师、科学家和商业领袖的培养方式，才能使人才集中于研究可持续发展，而不是像过去30年那样只关注工业化。我们在广州、上海、北京、天津等地与众多学校合作，希望能够推动这个改造过程。推动教育体系的完善不仅可以培养优秀的工程师和科学家，而且有助于培育合理有效的公共政策。这也是我建议的实现可持续发展的第二种途径。

我相信中国要想实现跨越式发展，就要使商业、政府和公民社会相互协作，在监管者和被监管者之间开展合作。政府应依据科学理论制定明智的政策。中国过去30年的繁荣和增长不能自动转化成未来30年的发展，所以政府应用科学的组织方式构建商业、政府和公民社会之间的合作模式。

尼尔·弗格森
美国哈佛大学教授

全球视角下的中国改革与转型

我想这是中国发展高层论坛第一次邀请历史学家而不是经济学家，来做午餐演讲。我决不会挑战诸位经济学家的专长，而是想给大家介绍一些历史观点。

首先，我想把大家带回六个世纪前的1414年。毫无疑问，中国是当时最先进的文明。从任何一个角度来看，它的技术、建筑和文明水平都在全球遥遥领先。我本人是苏格兰人，所以要让我承认中国首先发明了高尔夫确实有些困难，不过中国宋朝就已经出现了高尔夫的雏形。图1总结了经济史上最重要的事实，即自10世纪起，西方国家的富裕和强大程度远远超过东方国家。这些国家/地区的人均GDP比充分展示了历史研究中所谓的“大分流”。

彭慕兰（Kenneth Pomeranz）曾以此为题发表过著作。经济史学家按照已故的安格斯·麦迪森（Angus Maddison）教授的思路对“大分流”进行的最新研究表明，“大分流”的分流程度相当惊人。从17世纪初至20世纪70年代，西方国家一直在以让人惊叹的速度变得更加富裕和强大，几乎没有受到任何干扰。在麦迪森理论中，北美与中国之间的人均GDP之比最极端，达到最高值22:1。我在《文明》一书中解释了造就“大分流”的原因，即西方安装了六个“杀手级”应用程序——请原谅我在这里借用了互联网时代的术语。

制度等新观念起源于西方，特别是英语国家。第一个应用程序是经济和政治竞争以及合法等观念。第二个应用程序是17和18世纪的科学革命，它超越了之前的

根据会议发言录音翻译整理，未经本人审定。

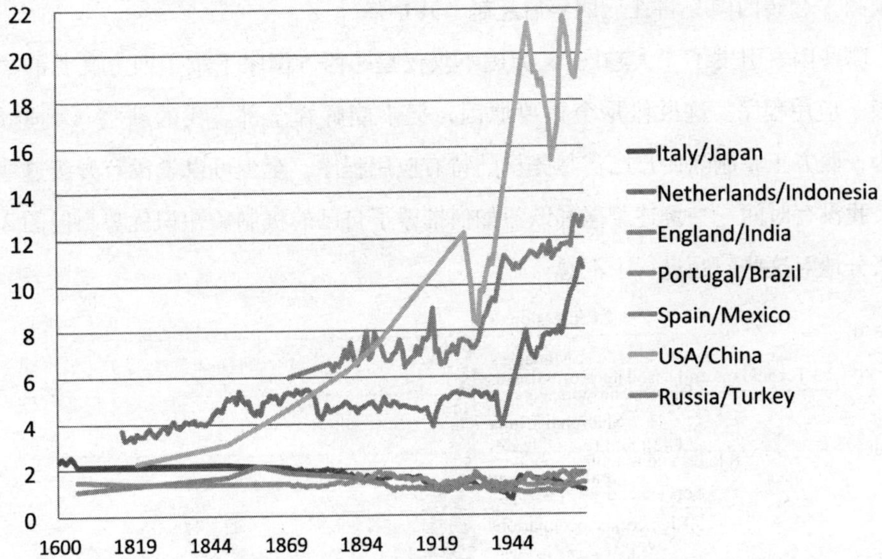

图 1　大分流：1600 ~ 2010 年的人均 GDP 比

所有科学进步。第三个应用程序是基于私有产权的法治，这里指的是英国特有的法治观点，它与欧洲大陆的法律体系存在诸多不同。第四个应用程序是现代医学，将人们的寿命延长了一倍以上。第五个应用程序是消费者社会，即绝大多数人可以拥有很多消费品。第六个应用程序是职业道德，即人们应该长时间工作，而且具备生产力。这些观念首先出现在西方，我认为它们是解释“大分流”的最佳原因。在我们所生活的时代，所有国家多多少少都下载了西方文明孕育出来的这六个“杀手级”应用，特别是中国。这也完美地解释了当代另一个令人咋舌的经济现象——全球再次出现大趋同。1978 年，美国的人均财富比中国高出 20 倍，但在“大趋同”的影响下，这个比例迅速收缩到5∶1。而且我们有很充分的理由相信，“大趋同”尚未中止。去年 OECD 发布的展望称，到本世纪中叶，美国人的富裕程度不足中国的两倍。这算是经济财富上的大逆袭。

现在大家都已经很习惯“金砖四国”这个缩写。这个词由高盛的经济学家所创造，代表了由中国、俄罗斯、巴西和印度组成的“俱乐部”。这个概念也得到国际货币基金组织的承认。“金砖四国”将保持当前的发展势头，至少在它们的 GDP 总量赶上最大的发达国家之前不会停止。但是没有人给发达经济体发明这样的缩写名称，所以我将它们称作“JUUGS”，即日本、美国、英国和德国。国际货币基金组织预测“金砖四国”将在三四年后超越“JUUGS”。

哪些因素引发了“大趋同”？原因不仅仅是非西方国家下载了西方文明的“杀手级”应用程序。这虽然是个重要原因，但不能解释全部。我的新书《大退化》认为，西方正在删除使自己占尽先机的特有应用程序，至少可以说没有升级这些程序。我没有时间一一赘述美国和欧盟如何摧毁了自己的机制和知识优势。但图 2 恰如其分地对这些问题进行了汇总。

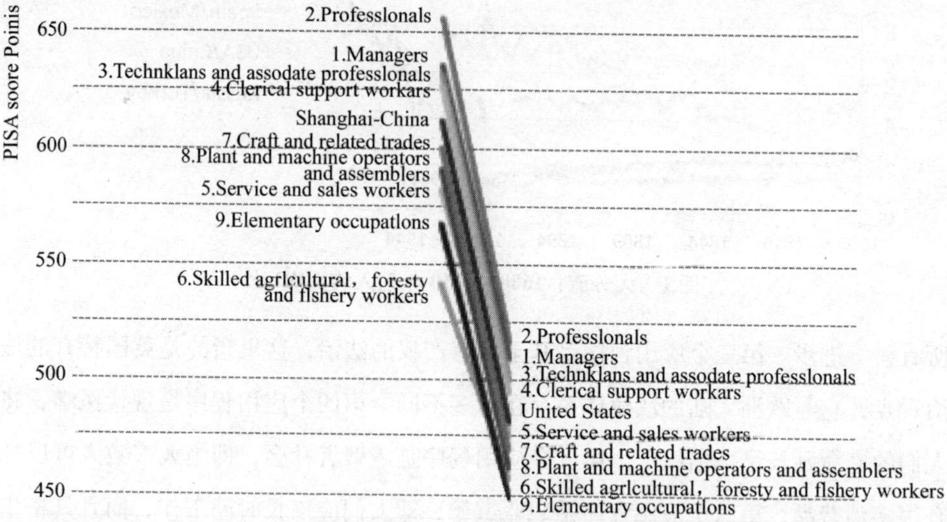

图 2　根据父母职业划分的 2012 年 PISA（国际学生评估项目）数学测试成绩：中国上海和美国对比

资料来源：经济合作与发展组织。

我们知道 OECD（经济合作与发展组织）的 PISA 研究对全球许多国家的十五岁青少年进行了标准化数学测试及其他测试。上海也参加了这个测试，并展现了自己的教育成果（见图 2）。OECD 两三个月前刚刚发布了最新的测试结果，即使将父母职业这个因素考虑在内——我们知道这个因素对教育结果的影响很大——上海应试者的数学成绩也遥遥领先于美国，甚至连上海体力劳动者孩子的数学水平都高于美国专业人士的孩子。顺便提一句，在所有 OECD 成员国里，美国是唯一一个青少年数学水平低于 60 岁老人数学水平的国家。

接下来，我想讲讲六个“杀手级”病毒。它们就像破坏电脑系统一样威胁着中国的经济增长。有些是大家太过熟悉的问题，所以我不会深入剖析。第一个病毒是中国的人口问题。值得一提的是，有预测表明美国的人口问题不会像中国那么明显。图 3 预测了 2010～2100 年时各国 65 岁以上人口的比重。众所周知日本的老龄化问题非常严重，但大家没有意识到德国的问题也相当严重——这也应该为人们所认识。引人注目的是在 21 世纪中叶之前，中国在快速向德国靠拢。我们都知道造成这种状况的原因是什么。

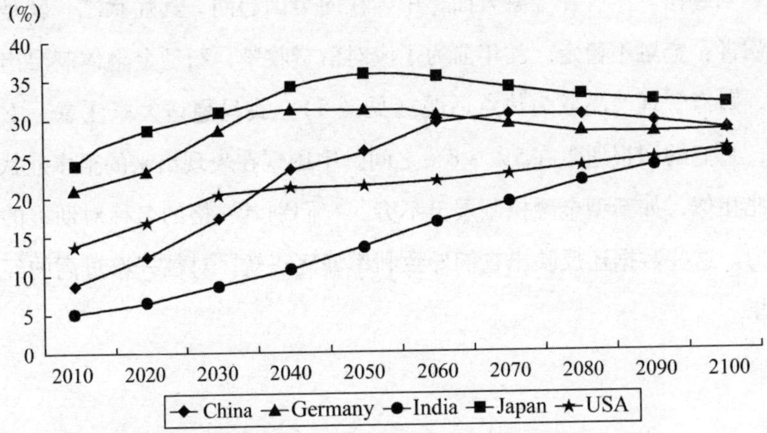

图 3　2010～2100 年各国 65 岁以上人口的比重

资料来源：联合国。

第二个病毒在美国被称作“杠杆过度”，即信贷债务，这也是大家在中国发展高层论坛上一再讨论的话题。许多人估算了中国信贷总额在 GDP 中的占比。图 4 展示了我的哈佛同事完成的结果，我认为这是目前最好的估算。

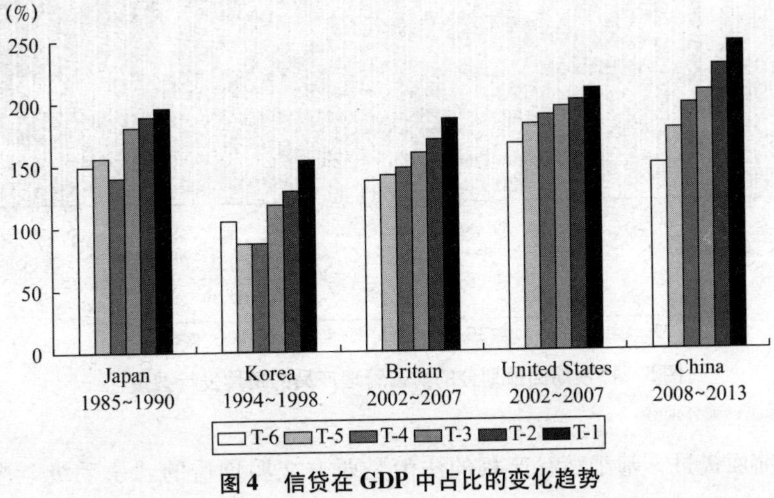

图 4　信贷在 GDP 中占比的变化趋势

资料来源：中国人民银行、中国信托业协会。

中国信贷的GDP占比迅速飙升，不仅与美国在2002~2007年间的情况相似，而且有过之而无不及。几年前我曾经著书描绘了一块神奇的土地——中美共同体（Chimerica），将中国和美国融为一体。2007年我第一次使用这个词语时，中国和美国是两个截然相反的实体，它们就像被对方的差异所吸引的情侣一样。如今，这两个国家越来越像。至少在金融方面，中国在向美国趋同，其症状之一就是我要讲的第三个病毒：金融不稳定。几年前为了应对信贷收紧，新型金融体制层出不穷并迅速扩散，财富管理产品成为热点话题（见图5）。我只想请大家注意一下此类产品的比重，它们的回报通常在5%~8%之间。中国现在表现出来的很多症状与金融危机的先兆相似，如新型金融机制层出不穷，它们别具一格的名称对幼稚的投资者充满吸引力。这些数据还反映出它们导致利率偏离正轨，对杠杆率过高的经济造成可怕的后果。

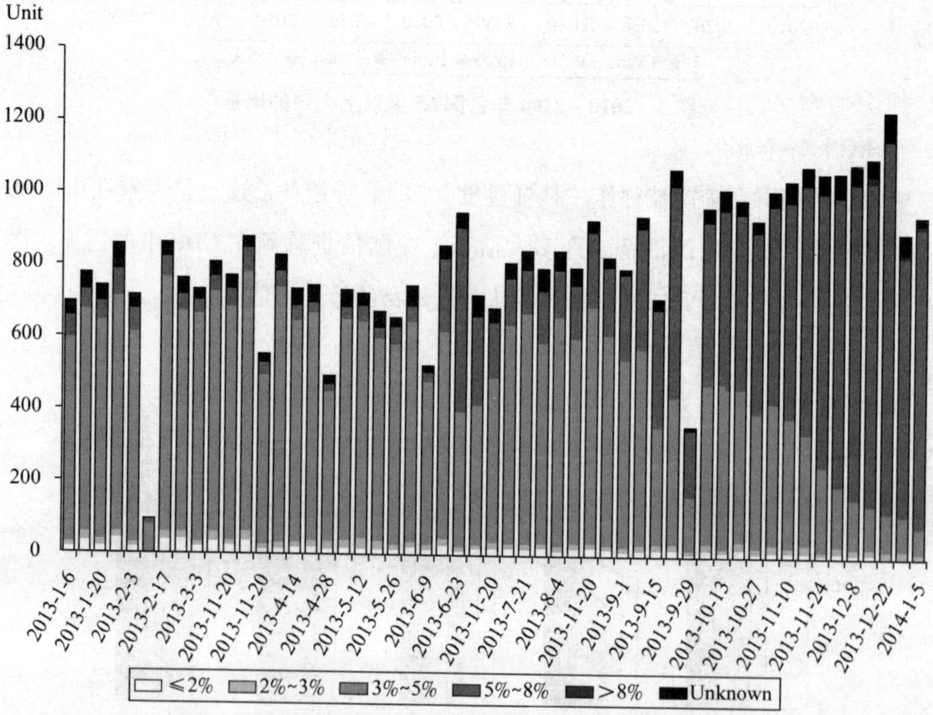

图5 按预期回报划分的财富管理产品的每周发行数量

资料来源：美林证券。

我在前面提过，基于私有产权的法治是西方文明创造的“杀手级”应用之一。自亚当·斯密开始，绝大多数学术研究都强调了这一点，而且这个话题屡屡出现在与中国高层的对话中。中国需要从法制转为法治。虽然就此的讨论很多，但尚未变成现实。我们来看看“世界正义工程”的打分指标（见图6）。在法治方面有八项主要衡量指标，美国和中国之间的确存在显著差距（深色表示美国，浅色表示中国）。我认为如果没有法治保驾护航，中国庞大的经济体量无法长期保持高速增长。

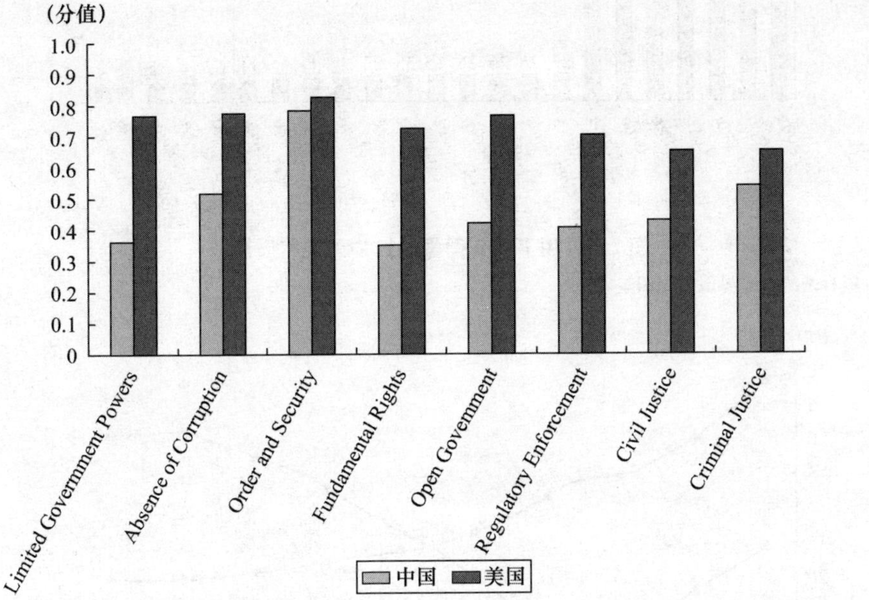

图6　2012~2013年世界正义工程对中美两国的打分（最低0分，最高1分）

资料来源：世界正义工程（World Justice Project）。

最近巴黎的空气污染比北京还严重。图7的数据显示，中国的空气质量不是全世界最差的，但的确逊于西方国家。在过去两年里，这已经成为一个政治问题。但是中国要如何解决这个问题？在我看来答案很简单，只要提高所使用能源的清洁度就可以。中国的未来对于进口能源的依存度越来越高。英国石油公司（BP）的数据显示，从现在到2035年，这方面的财富也会发生逆转。众所周知，美国正在迈向能源独立之路——这并不是大新闻。真正的大新闻是中国在走向严重的能源依赖之路，而且它的依存度在向美国过去的能源依赖看齐。图8展示了能源赤字/剩余在消费总量中的比重。

我在中国研究方面是个门外汉，但我要提出的问题简单明了：中国要如何应对危机？即使中国面对的危机只是增长放缓，而不是金融危机。至少对我来说，在

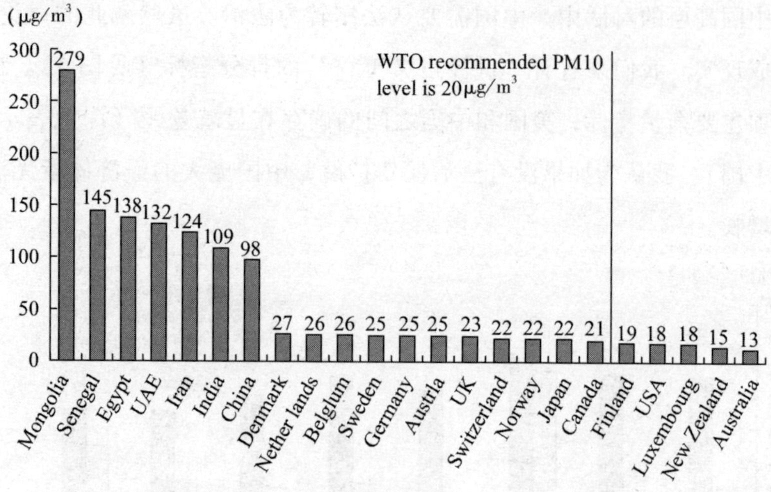

图 7　（用 PM10 衡量的）户外空气质量

资料来源：世界卫生组织。

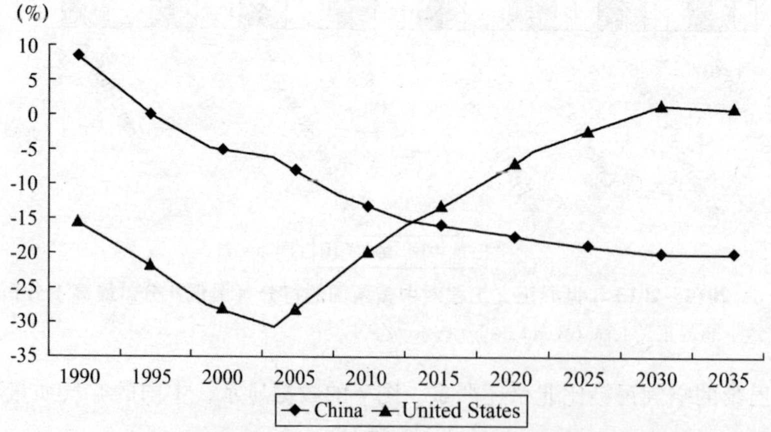

图 8　1990～2035 年能源赤字/过剩在消费量中的比重

资料来源：英国石油公司。

2014 年新年庆典上看到《红色娘子军》这部芭蕾舞剧重新上演感到非常不安。欧洲历史已经清楚地告诉我们：在困难时期，领导人很容易倾向于取悦民族主义思潮。如果政府的合法性完全建立在经济增长上，那么经济增长下滑时，民族主义思想就是政府最容易获得合法性的途径。这一点不仅适用于中国，几乎整个亚洲都是如此。卡内基国际和平基金会发起的调查结果令人震惊（参见图 9）。在日本，61.8% 的受调查者认为中国是一个军事威胁。在中国，53.9% 的受调查者认为日本是一个军事威胁。更让人吃惊的是，71.6% 的中国受访者认为美国也是一个军事威

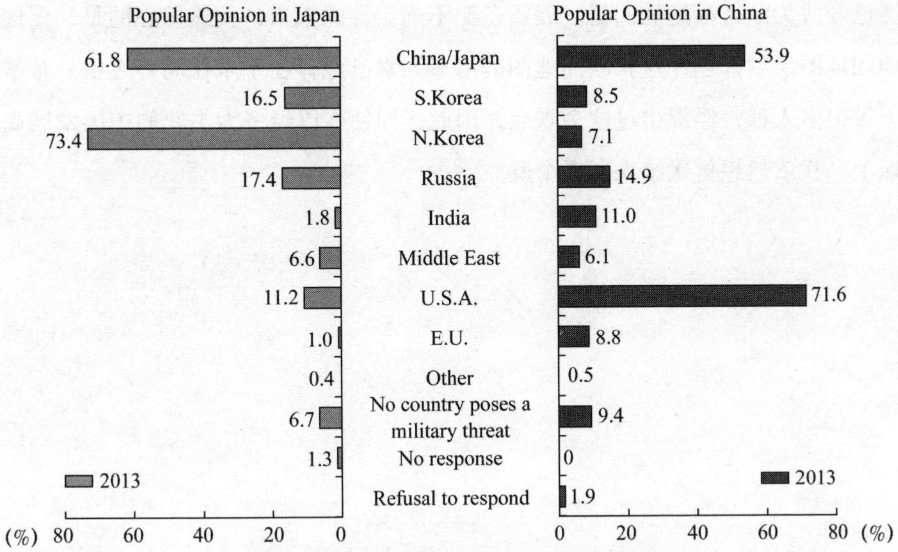

图9　关于军事威胁国/地区的民意调查

资料来源：卡内基国际和平基金会。

图10　1914年绘制的欧洲地图

胁。这促使我们要停下脚步反思一下。

今年是2014年。对于历史学家，特别是研究欧洲的历史学家来说，2014是一个具有极其特殊意义的年份。在1914年，一位德国地图绘制师制作了这张欧洲地图（参见图10），现在已经不可能再绘制这样一份欧洲地图了。乌克兰局势让我意识到，这张老地图右边的部分与百年前非常相似。对于整个欧洲来说，国家之间的冲突已经成为渐行渐远的回忆。展望东亚不确定性的未来，我最担心的是，促使这位德国地图绘制师创作这张欧洲地图的诸多元素已经存在于东亚局势之中。基辛格博士等很多人都曾经提出过这个观点，因此，即使在以经济为主题的中国发展高层论坛上，我依然想再次给大家提个醒。

彭安杰

万事达卡总裁、首席执行官

今天我想谈谈包容性金融，因为我认为它对未来的改革日程至关重要。国际货币基金组织的拉加德女士在昨天的发言中提到，在过去 30 年里，中国有 7 亿人摆脱了贫困，超过全球脱贫人口总数的 80%。与此同时，上亿中国人开始接受金融产品。这些成就相当惊人，但问题是，中国卓越的经济增长不仅帮助数亿人摆脱贫困，也拉大了贫富差距。我相信，如果不解决这个问题，那么就会引发社会压力，严重阻碍改革和发展。所以，我想重点谈谈包容性金融的四个方面。

首先，为什么包容性金融如此重要？如果没有包容性金融，那么很多人就会落后于当前的发展。目前全球有 25 亿人口还没有银行账户，即使在数十亿拥有银行户头的人中，也有不少没有定期使用账户，导致他们没有储蓄、缺少未雨绸缪的观念、无法获得贷款，等等。包容性金融之所以如此重要，是因为它一旦缺失，就会产生巨大的风险。而有了它，就可以使现有增长更具公平性、可持续性和包容性。

第二，包容性金融包含哪些要素？它不仅仅指小额信贷，不是指开个银行账户，也不是指有机会使用金融服务和金融产品，而是指定期使用银行账户。这对许多国家都是一个挑战，中国也不例外。中国 2/3 的人口拥有银行账户，但只有一半用账户来接收或存放资金。一方面，政府应该利用这些账户定期发放社会福利，提高账户的使用率；另一方面，应提高银行账户的便捷性，而建设好电子支付方面的基础设施是提高便捷性的关键。

第三，什么是发展包容性金融的最佳途径？我想这涉及一系列步骤。最根本的是有身份和账户来接受资金。这是其他所有金融行为的基础，如电子支付、信用记

根据会议发言录音翻译整理，未经本人审定。

录、借贷、投资和购买保险。每一个步骤都以前一个步骤为基础。这些不仅适用于消费者，而且对商业更为重要，特别是中小企业。如果包容性金融发展得好，就能促进中小企业大幅扩张，从而创造出大量就业机会，实现普遍增长。众所周知，共享式增长能够显著促进国内需求和生产的增长。

第四，哪些因素会驱动包容性金融？最有效的方法之一是公私合作。我认为政府与企业开展合作能够最快、最有效地实现包容性金融。为什么呢？从全球范围来看，金融业最大的资金流动来源于公共部门，金融业接收到的资金中有30%来自政府，如用于支付社会福利等。我们需要公共部门来监管金融业，帮助建立客户身份体系，这样汇丰和万事达等企业就可以通过了解各国在客户合规方面的规定，更好地开展运营，并且创造出更和谐的商业环境。私营部门能够推动分配、创新、效率和执行能力。政府和发展领袖日益倚重这种公私合作模式，与万事达等公司共同推进包容性金融。以南非为例，现在数百万南非人都在以现金的方式领取他们的社会保障金，而万事达为他们提供了个性化、安全并使用环保技术的借记卡。在接收方，万事达与本地技术公司合作，帮助杂货商和小摊贩等接收银行卡消费，所以银行卡持有者可以在本地便捷地使用银行卡。由此引出了第二个驱动包容性金融的因素。

和其他国家一样，中国的银行在持续推动高层次的包容性金融的发展，使自己的基础设施适应消费者需求，并且提供移动银行等金融服务。越来越多中小银行都参与了这个过程。譬如德国的中小企业依靠数百家本地小银行获得一半的资金来源。此外，越来越多非银行金融机构参与到包容性金融中，如肯尼亚通过手机提供金融服务。在中国，阿里巴巴等互联网创新公司也在包容性金融领域发挥了重要作用。

最后，我想引用一下比尔·盖茨关于包容性金融的看法。他关注了以人为本的概念，认为金融包容性是改变穷人生活方式的范式。这种关于范式转移的认识相当深刻。我相信中国能够推动这种范式转移，使自身的繁荣发展更加公平、可持续和包容。这不仅需要帮助人们获得金融服务，而且更重要的是关注金融服务的使用率。

皮埃尔·布多昂

庞巴迪公司总裁兼首席执行官

全面深入改革的新途径

2011年，中国达到了一个拐点，即在历史上城市人口首次超过农村人口。请考虑以下数据：20世纪80年代初，中国仅有约1.9亿的城市居民；而今天，住在城镇的中国人口已经超过7亿，占全国人口总数约53%，而且还在以年均2 000万的人数持续增长。以这样快的速度整合如此之多的人口不是一项容易的任务。它给城市的财政、基础设施、公共服务事业和城市环境带来了巨大的压力。幸运的是，这个问题的解决已经纳入中国的“十二五”规划中。

我认为，目前面临的多项重大挑战之一是再次把大城市转化为小城市。这不是说缩小城市面积，而是通过人口比例规划实现这一目标。人口比例规划是说保留现存区域的质量，引导工业集中在工业园区发展，推广高效的公共交通解决方案。例如：去年，庞巴迪公司与合作伙伴中国南车集团浦镇车辆有限公司一起获得一项订单，为苏州城区提供18辆低地板电车。和苏州一样，现在许多中国城市认识到电车系统在形象工程中的价值，认识到在室内确保所有居民可持续的移动性将给城市带来更大的吸引力。

自2012年起，中国的领导者们提出了一个通向“生态文明”社会的过渡期的概念。尽管采取了很多控制空气污染的创新举措，但这仍然是令人关注的问题。例如，北京、上海、广州和贵阳等城市都实行了车辆限购。但是，中国政府深知这些政策不能仅停留在对汽车的限购，因为人们拥有汽车的愿望不会消失。因此他们大量投资发展最先进的地铁系统并扩大既有地铁线路。这样，中国目前已经拥有总长度为2 000多公里的地铁线路，其中许多线路由庞巴迪提供地铁车辆。同样，政府也大量投入建设全世界最大的高速铁路网络并兴建新的机场。这些投资通过超高速列车（比如ZEFIRO 380）和轻型低排放的飞机（比如C系列飞机），使得中国西部和中部的新星城市和东海岸的城市乃至世界其他国家连接起来。

我的观点是，如果中国希望数百万的汽车拥有者——包括现有和潜在的私家车用户——选择乘坐公交出行，关键要解决连通性问题。为了实现这些目标，中国城市不能完全依赖地铁。由于地方债务的攀升，这会更加促使政府考虑低成本的公共交通方案，例如，我们的创新产品——高运载量的单轨系统。

我坚信：当各种要素就绪的时候，中国的城市会比以往更加宜居并更可持续发展。当一流的技术和政治愿望亲密携手时，改革能够得以积极地贯彻只是时间的问题。

郑永年

新加坡国立大学东亚研究所所长

今天，我想就改革的风险来谈几点自己的看法。前面几位发言人都是从经济角度来谈改革。正如周其仁教授所指出的，其实改革不仅仅是经济问题，更多地涉及到其他层面。所以，我想从政治经济学的角度来谈一点我的看法。

我觉得，中国改革最大的风险还是“不改革”，也就是没有重大改革。现在我们所面临的风险，不管是影子银行、地方债务还是房地产泡沫，都是“不改革”的产物，这些风险都需要通过改革来克服。我不知道大家发现没有，三中全会以后，中央层面都在谈改革，但如果去了地方、企业和社会上，大家对改革还是无动于衷。有了改革的顶层设计，接下来就是执行。我最近跑了很多地方了解中国改革执行的状况。正是基于实际观察，我才担心中国下一步的风险仍然来自于“不改革”。

这里面有几个矛盾。第一个矛盾是权力集中与改革之间的矛盾。当前的改革需要权力集中，这是因为既得利益集团很强大，如果不集中权力就很难克服既得利益集团的阻力。但是权力集中对改革也会产生负面影响。以前 20 世纪 80、90 年代的改革都是通过分权进行的，现在一集权，改革就产生矛盾了。很多地方领导人说反正权力都在中央手里，那你去做事情吧，我就等着。从分权式改革转向集权式改革至少会产生调整成本，需要很多领导人进行调整。譬如像李克强总理前几天所说的一样，大部分的官员还是恋权的，我觉得这就需要调整。

第二个矛盾是反腐败与改革之间的矛盾。中国的腐败问题比较严重，影响了政府的合法性。如果影响到老百姓对政府的信任，那么再好的改革也没用。现在政府推出的很多改革方案都挺好，但因为缺少社会信任，大家就觉得很麻烦。中央开

根据会议发言录音翻译整理，未经本人审定。

展反腐败行动之后，我发觉现在各个地方，尤其是一些司局级以上的干部，整天很担心，所以静观其变。他不知道自己明天会不会被拎出来，感觉到很大的不确定性。改革要涉及到周边很多人的利益，要改革的话很多人就找你的茬、挖你的老底。在反腐败搞廉政方面，甚至有个别省份已经开始做“负面清单”，就是领导干部不要做什么。譬如省里的主要领导干部，省委书记、省长不能管人事、不要管财政、不要管重大项目，等等。我觉得廉政当然很重要，但改革是需要人干活的，不干活保持清廉并不算你的本事。占了那么多好的位置又不干活保持清廉，这是另外一种变相的腐败。我觉得大家要考虑到这一点，改革需要由人来推动，所以我觉得当前的反腐思路要变一下。

第三个矛盾，我觉得我们的改革主体还不是很明确。中央政府是顶层设计的主体。当然它自身也是一个改革主体，改革财政、税收和货币政策都是中央政府需要做的事情。可是在很多方面中央政府不是改革的主体，改革的主体还是地方政府、企业和社会。现在我们讲改革要宣传和宣讲，但在中国改革的历史上，想要通过宣讲实现改革成功的可能性不大。80 年代的农村生产承包责任制、农村地方选举和民主、村民自治，90 年代的国企民营化这些改革都不需要宣讲，中央没动起来地方就已经动起来了，这样的改革才是有效的。所以我们强调改革顶层设计完成之后，一定要调动地方企业和社会这些改革主体的积极性。

最后，我觉得还有一个很大的矛盾，就是改革跟社会期待之间的矛盾。现在改革任务有几百条，社会的期望很高，但是大家有没有发现，中国社会已经越来越没有耐心了。改革，尤其是结构性改革，需要很长时间，但是中国社会现在很难有耐心。以前的分权式改革不知道由谁负责任，现在的集权式改革大家知道谁要负责任。如果在两三年内改革不出成果，那么中国的社会压力会很大。现在改革的国际环境并不好，社会各个地方都在激进化。所以我觉得改革还是要找到突破口，任何一个人都不可能几百点一起推进。突破口当然要考虑经济增长，需要老百姓得到实实在在的好处。对于老百姓得不到好处的改革，我想越激进、越改革，这个社会就越不稳定。所以我觉得社会改革还是比经济改革更重要。

全面深化改革的行动纲领

——解读《中共中央关于全面深化改革若干重大问题的决定》

杨伟民 中央财经领导小组办公室副主任

十八届三中全会通过的《中共中央关于全面深化改革若干重大问题的决定》（以下简称《决定》），深刻阐述了中国全面深化改革的重大意义，总结了中国改革开放35年来的历史性成就和宝贵经验，提出了到2020年全面深化改革的指导思想、总体思路、主要任务、重大举措。《决定》充分体现了党的十八大精神，体现了习近平总书记系列讲话的精神，体现了中国全面深化改革的决心，是中国今后一个时期全面深化改革的行动纲领和总依据。

一、全面深化改革的时代背景

《决定》是中共中央在全面分析当前和今后一个时期国内外大势的基础上作出的重大战略决策。

1. 中国正处于从中等收入国家迈向高收入国家的重要阶段

2013年中国人均国内生产总值预计为6 700美元左右，已经位于上中等收入国家行列，今后的任务是通过持续健康发展，迈进高收入国家行列，实现中华民族伟大复兴的“中国梦”。中等收入阶段是一个爬坡过坎的阶段，是一个经济风险的多发期、社会矛盾的凸显期，同时也是改革的攻坚期和深水区。因为发展的动力源已经发生变化，利益格局已经形成，如果再沿用过去从低收入国家到中等收入国家的体制机制，则很难成功实现跨越。这已经被国际上许多国家发展的实例所佐证。许

本文是作者为中国发展高层论坛2014年会提供的背景报告。

多国家可以很顺利地从低收入国家发展成为中等收入国家，但很少有国家可以很顺利地从中等收入国家发展成为高收入国家，而是陷入“中等收入陷阱”。中国能否走出“中等收入陷阱”，迈进高收入国家行列，是对中国共产党执政的一个严峻考验。而助推中国走出“中等收入陷阱”的关键一招，就是全面深化改革。

2. 中国仍处于可以大有作为的重要战略机遇期，但战略机遇期的内涵和条件发生了变化

十六大作出过一个重要判断，即21世纪头20年，对中国来说，是一个必须紧紧抓住并且可以大有作为的重要战略机遇期。中国抓住了新世纪以来的发展机遇，推动综合国力上了一个新台阶。十八大指出，中国发展仍处于可以大有作为的重要战略机遇期，同时提出要准确判断重要战略机遇期内涵和条件的变化。这意味着，中国战略机遇期仍在，但后十年与前十年相比，内涵和条件已经发生了变化。这主要是因为我们面临的国际环境发生了重大变化。比如，过去经济全球化深入发展，现在则出现“去全球化”的思潮和行为；过去积极促进产业转移，现在则提出“再工业化”，要将转移出去的产业再拉回去；过去高举自由贸易大旗，现在则是保护主义盛行；过去靠“高负债”推动“旺需求”，现在则是“去债务化”，等等。

总之，国际金融危机后，中国发展的国际环境发生很大变化，中国原有的发展方式必须调整，适应原有发展方式的体制必须改革。

3. 中国的基本国情没有变，但发展呈现新的阶段性特征

中国仍处于社会主义初级阶段没有变、社会主要矛盾没有变、发展中国家的基本特征没有变，但中近期呈现许多新的特征。

第一，增长速度换挡。中国的潜在增长率已经从过去的10%左右的台阶，换到了7%～8%这样的一个台阶。大的背景是因为中国已经进入中等收入阶段，发展面临的国际环境发生了变化，小的环境是因为必须消化前期高增长带来的负面影响。比如，中国已进入到结构调整阵痛期，原来的总生产能力中包括了很大一部分专门用于出口的生产能力，国际社会“去债务化”，使得中国的生产能力过剩了。再如，为了应对国际金融危机，保增长、保就业，中国实施了力度空前的经济刺激政策，但任何刺激政策不可能只有好处没有坏处，只有产出没有投入。中国保住了就业，稳住了速度，抵御了外部冲击，但现在我们必须为前期刺激政策的负效果买单，如高房价、过度投放的货币、过快增长的地方政府债等。这些都会影响增长速度。

第二，生产能力过剩。产能过剩是中国当前经济发展中的主要矛盾，而不是凯恩斯主义的有效需求不足。凯恩斯的药方，能治急症，但不能治慢性病。中国目前不仅传统制造业产能普遍过剩，而且在一些新兴产业也存在过剩。产能过剩中有些是结构性的、周期性的，但也有一些是相对于总需求的绝对过剩，相对于中国资源环境承载能力的绝对过剩。产能过剩，既有市场经济盲目性的原因，更主要的是政府不恰当干预、主动推动的结果。中国中央政府提出要加快转变经济发展方式，其要点之一就是转变过去那种主要立足于扩大投资、扩大产能、扩大出口的发展方式。要实现这种发展方式的根本性转变，必须先实现体制的根本性转变。

第三，财政金融风险增大。在高增长时期，中国的财税体制和金融体制的机制，更有利于促增长，而不是自动收缩风险。一旦为了刺激增长，实行积极的财政政策和积极的货币政策，货币和地方政府性债务就像“脱缰的野马”难以控制。由此，目前累积投放的货币已经过多、地方政府性债务规模已经过大了，风险正在积累、逼近。而且，地方政府性债务与房地产泡沫、产能过剩、影子银行等搅在一起，因而必须统筹解决，协同推进公共财政、税制、金融、土地、房地产、行政管理、干部制度等的改革。

第四，城市病显现。中国城镇化率刚刚突破了50%，仍处于城镇化快速发展的时期，但许多城市已经出现了以房价过高、交通拥堵、污染严重、资源短缺为主要特征的城市病，其中尤以北京最为明显。城镇化是把“双刃剑”，顺势而为、妥善引导，会成为带动经济社会发展的持续动力，顺利跨越“中等收入陷阱”；引导不好，仍走老路，会带来诸多矛盾和问题，积累和扩大各种风险。要避免再走粗放扩张、人地失衡、过度举债、破坏环境的城镇化道路，必须理清政府与市场的边界、中央政府与地方政府的事权，并改革户籍制度、土地制度、财政体制、金融体制、规划体制、城市治理体制等等。

第五，劳动年龄人口减少。过去30多年中国的竞争力在相当程度上来自源源不断、无限供给、价廉质优的劳动力，这是我们最大的供给优势。但最近两年，劳动年龄人口总量出现了减少趋势，2012年净减少345万，2013年又减少了244万。这是人口发展的必然，因为现在新增的劳动人口是90后出生的，大多数是独生子女。近两年，除房地产企业将资金短缺作为影响企业发展的第一位要素外，其他行业都将劳动力成本上涨过快作为最主要的影响因素。这说明，低成本劳动力无限供给的时代已经结束了。另一方面，现在每年大学毕业生有700多万，就业比较困难，原因主要不在于增长速度过低，而是大学生的规模与中国目前的产业结构不相适应。中国以制造业为主的产业结构并不需要这么多大学生，流水线上不需要这么多工程师，需要的是一线操作工。大学生主要应该进入服务业，但服务业发展对改革有更大期待，服务业与市场准入、垄断、开放程度、市场监管等关联更大。

第六，资源环境承载能力减弱。任何一个国家，国土空间都是有限的，因而资源环境承载能力也是有限的，有些资源可依靠进口增大承载能力，而空气、水、土地等资源和环境容量是不能进口的。所谓雾霾，就是因为排放的污染超过了大气的自我净化能力。资源环境承载能力减弱主要表现在：一是资源约束趋紧，如水资源全国多年平均缺水量536亿立方米，2/3的城市缺水，110座城市严重缺水；二是环境污染严重，环境状况总体恶化趋势没有根本遏制，一些重点流域水污染严重，全国城市雾霾天气增多；三是生态系统退化，全国水土流失面积、沙化土地面积、草原退化、地面沉陷面积比例过大，生态系统破坏带来的自然灾害频发。这些问题的产生，一方面是客观的，因为中国人口众多、资源短缺、环境容量有限、生态脆弱，历史开发久远；另一方面是主观的，中国虽然增长很快，但却是建立在粗放发展方式上的增长，是体制机制造就了这种发展方式。要从源头上、从根本上跨过资源环境这道槛，必须通过改革建立生态文明的体制。

总之，在变化着的大势面前，依靠原来的体制已经难以保证持久的发展，改革是唯一出路，是决定中国命运的关键一招，改革势在必行，不改革死路一条。

二、全面深化改革的内在逻辑

在大势面前，中国需要做出什么样的改革？《决定》作出了明确的回答，体现了六个特点。

第一，主题全面的改革。《决定》确定的主题是全面深化改革，这与十一届三中全会以来的前6次三中全会有所不同。尽管前6次全会也都与改革有关，但主题仅是某一方面改革。这次则包括了经济、政治、文化、社会、生态文明以及国防军队改革、党的建设制度改革。之所以确定全面深化改革这一主题，一方面是为了与“五位一体”总体布局相适应，另一方面也是改革实践需要。当改革进入攻坚期、深水区的时候，只有坚持全面改革，才能继续深化改革。要通过全面改革，互相解扣，互相促进。比如，若要深化财税体制改革、完善地方税体系，必须明确中央与地方政府以及各级地方政府之间的事权，而事权划分就涉及中央与地方关系这种国家治理体系，是政治体制改革的内容。若要解决盲目开发、产能过剩，必须改变“唯 GDP 论英雄”的干部考核任用制度，这也是属于政治体制改革的内容。

第二，主线清晰的改革。《决定》提出改革的总目标是，完善和发展中国特色社会主义制度，推进国家治理体系和治理能力现代化；改革的总方向是坚持社会主义市场经济。中国特色社会主义、国家治理体系、社会主义市场经济，这三个关键词是全面深化改革的主线，是各领域改革都要坚持的。同时，《决定》还提出了6个“紧紧围绕”，分别是经济体制、政治体制、文化体制、社会体制、生态文明体制、党的建设制度这6个领域的改革主线，体现了各领域改革的基本理念。如第1个“紧紧围绕”是，紧紧围绕使市场在资源配置中起决定性作用深化经济体制改革。这就是说，基本经济制度、现代市场体系、宏观调控体系、开放型经济体系等所有经济领域的改革都要紧紧围绕如何使市场在资源配置中起决定性作用这一主线来展开和推进。提出总的改革目标和方向，并明确每个领域各自特定的主线和方向，不仅使中国全面深化改革总的方向不会迷失，每个领域的改革也不会偏向。

第三，原则明确的改革。中国的改革，从来都是有立场、有原则、有目标的改革，不是心血来潮，想改什么就改什么。《决定》提出了“四个坚持”的改革原则。一是道路，即坚持党的领导，贯彻党的基本路线，不走封闭僵化的老路，不走改旗易帜的邪路，坚定走中国特色社会主义道路。二是思想路线，即坚持解放思想、实事求是、与时俱进、求真务实。三是主体，即坚持以人为本，尊重人民主体地位，发挥群众首创精神，紧紧依靠人民推动改革。四是改革方法。正确处理“四个关系”，即改革发展稳定关系，就是要在发展中、在稳定中推动改革，通过改革促进经济发展和社会稳定，不是搞“休克疗法”；胆子和步子的关系，改革胆子要大，思想要解放，但推进中、实践中步子要稳，不允许犯颠覆性的错误；顶层和石头的关系，既要搞好顶层设计，也要允许摸着石头过河；整体和重点的关系，既要坚持全面深化改革，也要重点突破。

第四，重点突出的改革。《决定》的定位是全面深化改革。与此同时，坚持问题导向原则，把经济体制改革作为全面深化改革的重点，发挥经济体制改革对其他领域改革“火车头”的牵引作用。《决定》确定的15个重要领域，6个是经济，1

个生态文明体制也与经济密切相关，占了所有改革任务的近一半。主要考虑是，当代中国的问题，根本上说还是发展问题，推进经济持续健康发展是党和国家的首要任务；实现中国梦，根本途径是科学发展，关键是全面深化改革；经济问题解决得好，有助于解决其他方面的问题；经济基础决定上层建筑，经济体制改革进展顺利，有助于牵引其他领域的改革。

第五，力度空前的改革。《决定》2 万字左右，16 个部分中有 15 个重要领域、55 个关键环节的改革任务、300 多项改革举措，可谓“句句是改革，字字有力度”。每一句话的内涵都十分丰富，落实下去都会使该领域的体制机制发生重大变化。如“建立国家公园体制”这 8 个字，就会使全国 120 万平方公里的开发保护发生重大变化。之所以形成力度空前的改革，是因为在起草和修改《决定》中，是按照两个重要原则来把握的：一是只写改革，特别是重大改革，原则上不写发展的任务和一般性的改革；二是修改时，对于有可能削弱改革力度的意见，除非理由特别充足，一般不接受。而加大改革力度的意见，只要有最大公约数甚至有一定共识，都会写上。最终，能写上的都写上了，能写实的都写实了，能坚持下来的都坚持下来了。这充分体现了以习近平为总书记的党中央的改革决心和勇气，体现了新的中央领导集体有胆有识、敢于碰硬、勇于担当、敢于啃硬骨头的气魄。

第六，落实有力的改革。通过一个好的《决定》固然重要，但要把改革任务落实下去，变为经济社会发展活力，变为国家治理的能力，必须贯彻落实下去。《决定》的落实是有保证的，最主要的是两个机制。一是组织保证的机制，明确提出中央成立全面深化改革领导小组，负责改革总体设计、统筹协调、整体推进、督促落实。这一机制已经建立，而且是由习近平总书记亲自挂帅的“司令部”；同时成立了 6 个专项小组作为 6 个直接作战的“方面军”，成立了中央改革办这一“督战部”。二是有时间倒逼的机制，《决定》鲜明提出到 2020 年在重要领域和关键环节改革上取得决定性成果，完成本决定提出的改革任务，这就使得改革成为可检查、可评估的总体规划，也是中国共产党向全体人民作出的庄严承诺，体现了新的中央领导集体抓工作踏石留印、抓铁有痕的执政新风。

三、全面深化改革的主要亮点

《决定》覆盖领域广，涉及的改革领域、任务、举措很多，牵动经济社会生活的方方面面，这里仅就其中10个影响重大的改革亮点，谈一下我的理解和体会。

1. 推进国家治理体系和治理能力现代化

《决定》提出改革的总目标是完善和发展中国特色社会主义制度，推进国家治理体系和治理能力现代化。过去我们说的建设富强、民主、文明、和谐的社会主义现代化，是分别从经济、政治、文化、社会各自的发展角度提出的。而国家治理体系和治理能力现代化，则是从制度层面提出的现代化目标，使发展的目标与制度的目标衔接起来了，现代化的内涵更加丰富了。同时，中国特色社会主义，是从社会性质的角度来看的，而国家治理体系和治理能力，则是从现代国家的层面提出的，也就是说，不仅要完善和发展中国特色社会主义制度，也要实现现代国家的目标。

推进国家治理体系和治理能力现代化的目标，包含四层含义。一是治理体系的全面性，是国家的整体制度体系，包括了经济、政治、文化、社会、生态文明体制以及内政外交国防、治党治国治军各方面的治理体系。二是治理主体的多元性，在国家治理体系中，要实行多元主体共治，是民主的一种体现，而不是单一主体、仅依靠一种力量的管理。国家治理体系有两个层面的要义，一个层面是主要通过市场化改革和社会治理体制改革，实行政府、市场、社会组织、公民共同治理国家；另一个层面是主要通过行政体制改革，实行党、人大、政府、政协协同治理国家。三是治理方式的法治化，治理的基本特征是依法治理，而不再是简单的命令式、行政化的。国家治理就是依法治国，要通过民主法制建设和政治体制改革，实现法治国家、法治政府、法治社会的一体建设。四是治理能力的现代性，国家治理能力和水平是检验一种社会制度比较完善、比较定型的重要标志。国家治理体系和治理能力现代化，是对改革更高的目标要求，改革要形成相对稳定成熟的制度体系，而不是缺乏定势和战略定力的变来变去的体制机制。

2. 使市场在资源配置中起决定性作用

中国改革的基本方向是社会主义市场经济，这一点必须坚持。但什么是社会主义市场经济？《决定》修改了原来的定义，将市场在资源配置中起“基础性”作用改为“决定性”作用。这两个字的改变，意义十分重大，是《决定》最大的亮点和重大理论创新。

第一，抓住了社会主义市场经济体制的本质特征。理论和实践都证明，市场配置资源最有效率，市场决定资源配置是市场经济的一般规律。社会主义市场经济同样需要遵循这一规律。1992年十四大确定的社会主义市场经济，定义是“使市场在社会主义国家宏观调控下对资源配置起基础性作用”。“基础性作用”，给人的理解是在市场之上还有一个力量在配置资源，那只能是政府。过去对宏观调控也有扩大化的误解，似乎宏观调控就是政府作用。1992年后，对市场与政府关系虽然在表述方面有所调整，如在市场配置资源基础性作用之前增加了“更大程度”“更广范围”等，但主要是在市场作用方面量的调整、程度的加强，没有质的变化。这次《决定》两个字的改动，则抓住了中国经济体制改革最深层次的问题、社会主义市场经济最本质的特征。“决定性”的意思是，资源配置的决定者只有市场，政府可以影响和引导资源配置，但不是决定者。

第二，明确了经济体制改革的主线和路线图。社会上对中国改革的突破口、重点等有很多讨论，有的认为是财税体制，有的认为是金融体制，有的认为是土地制度等等。这些改革无疑都是重要的，但是，如果我们在理论上停留在原来对市场配置资源的认识水平上，停留在原来市场经济的定义上，据此设计出的各个领域的经济体制也不可能是彻底的。《决定》提出紧紧围绕市场在资源配置中起决定性作用深化经济体制改革，这就是改革的突破口和路线图，经济体制改革中的基本经济制度、市场体系、政府职能和宏观调控、财税金融等改革，都要以市场在资源配置中起决定性作用为标尺，属于需要摸着石头过河的改革也有了检验的尺度。

第三，抓住了中国现实经济问题的根本。经过20多年改革，中国社会主义市场经济体制已经建立，但目前的经济体制在很多方面很不完善，核心问题还是政府对资源的直接配置过多、不合理的干预太多。产能过剩、城市病严重、耕地占用过多、地方债风险、生态环境破坏等，很大程度上都与政府干预多有关。如，中国产能过剩的原因，除了具有与其他国家相同的原因，即市场本身的盲目性外，很重要的一个原因就是政府干预过多，是地方政府推动下的盲目投资导致的。

因此，既然我们要实行社会主义市场经济，而市场决定资源配置又是市场经济的基本特征、主要内涵、一般规律，就要解放思想，破除理论障碍，在理论上承认这一规律、在实践上遵循这一规律。

3. 清晰界定政府的职责和作用

把基础性作用改为决定性作用，绝不是否定或弱化政府作用。在现代经济中，市场和政府的作用同样重要。但是，要认识到市场作用与政府作用的内涵不同。要使市场在资源配置中起决定性作用，必须界定政府这只手应该伸向哪里、可以伸多长，只有管好政府这只手，市场这只手才能发挥好作用。《决定》清晰界定了政府职责，可以概括为“宏观调控、市场监管、公共服务、社会管理、保护环境”20字。与十六大的定义相比，有三点变化：一是少了经济调节，二是多了宏观调控，三是把保护环境单独突出出来。这种改变，符合社会主义市场经济体制的内涵，又具有极强的现实针对性，为今后继续推进转变政府职能的改革指明了方向。这5项职责是现代市场经济国家政府普遍履行的职责，也是在推进国家治理体系和治理能力现代化中政府必须履行的职责。

4. 更加公平地对待各种所有制经济

《决定》在完善基本经济制度方面的一大突破和创新，就是在改革理念和改革措施方面体现了更加公平地对待各种所有制经济。《决定》提出公有制经济和非公有制经济都是社会主义市场经济的重要组成部分。过去我们将个体经济、私营经济作为有益补充，后来承认是社会主义市场经济的重要组成部分，但加了“在法律规定范围内”的前提。十五大把非公有制经济作为社会主义市场经济的重要组成部分，但没有与公有制经济放在一起。这次把公有制经济和非公有制经济放在一起，认为都是社会主义市场经济的重要组成部分，十分鲜明。在保护产权、使用生产要素、参与市场竞争、法律保护、市场准入、依法监管等各方面，都强调各种所有制经济平等、公平、公正、统一等关键词。比如，提出“两个不可侵犯”，即公有制经济产权不可侵犯、非公有制经济产权同样不可侵犯；提出“四个平等”，即权利平等、机会平等、规则平等、规则平等。过去讲支持发展非公有制经济，往往加上“加强监管”的前置词，而这次则强调依法监管各种所有制经济。

5. 深化国有企业和国有资产管理体制改革的新思路

《决定》在深化国有企业和国有资产管理体制改革方面提出了新思路、新任务、新举措。有效实施这“三个新”，必将掀起国有企业改革的第二波高潮。

一是积极发展混合所有制经济。混合所有制经济不是新概念，但这次有新的内涵和定位，作为了基本经济制度的重要实现形式。完善基本经济制度的方向，就是要让国有企业和国有资本更多地发展成为各类资本交叉持股、相互融合的混合所有制经济，包括发展非公有资本控股的混合所有制企业。

二是界定了国有资产监管的主要功能。十六大提出建立国有资产管理体制，定位是管资产和管人、管事相结合。《决定》强调以管资本为主加强国有资产监管，意味着今后的国有资产管理体制，要强化管资产，弱化管人、管事，企业管理人员要增加市场化选聘比例。这些改革思路也是与发展混合所有制经济相适应的，既然是混合所有制的，国有资产的管理当然主要是管资产。

三是改革国有资本授权经营体制。提出组建若干国有资本运营公司，有条件的国有企业改组为国有资本投资公司，意味着代表国家履行出资人职责的应该是多元的。

四是确定了国有资本投资运营的领域。重点是提供公共服务、发展重要前瞻性战略性产业、保护生态环境、支持技术进步、保障国家安全等，这与过去有所不同，强调国有资本要更多用于提供公共服务和保护生态环境。

五是国有资本投资运营要体现全民所有性质。《决定》强调国有企业属于全民所有，这是要求国有企业要真正体现这一属性，所以要划转部分国有资本充实社会保障基金，提高国有资本收益上缴公共财政比例，国企改革要增强社会责任，合理确定并严格规范国有企业管理人员的薪酬水平、职务待遇、职务消费、业务消费等。

六是准确界定不同国有企业功能。要推进国有企业分类改革，不同行业实行不同的改革方略。一方面，国有资本要加大对公益性行业的投入，在提供公共服务方面作出更大贡献。另一方面，对于自然垄断行业，国有资本可以继续控股经营，但要实行以政企分开、政资分开、特许经营、政府监管为主要内容的改革。其中特许经营与政府监管具有新意，在这些行业中的国有企业也实行特许经营，也要置于政府监管之下。同时，在自然垄断行业，要根据不同行业的特点实行“网运分开”，具有自然垄断性质的网络部分可以在特许经营和政府监管下实行垄断性经营，但竞争性的运营可以放开。

6. 明确现代市场体系的含义及改革的重点

市场要发挥配置资源的决定性作用，必须要有一个现代的市场体系。《决定》明确了现代市场体系特征，就是生产者自主经营、公平竞争，消费者自由选择、自主消费，商品和要素自由流动、平等交换。建成现代市场体系，要推动以下几个方面改革：一是实行统一的市场准入制度，推进工商注册制度便利化。二是制定负面清单，各类市场主体可依法平等进入清单之外领域，这将是中国经济管理思路和监管方式的重大变革。三是实行统一的市场监管，清理和废除妨碍全国统一市场和公平竞争的各种规定和做法，严禁和惩处各类违法实行优惠政策行为，反对地方保护，反对垄断和不正当竞争。四是改革价格形成机制，总的原则是凡是能由市场形成价格的都交给市场，政府不进行不当干预。政府定价范围主要限定在重要公用事业、公益性服务、网络型自然垄断环节，政府定价也要提高透明度。重点推进水、石油、天然气、电力、交通、电信等领域价格改革，放开竞争性环节价格。

7. 界定宏观调控的任务和体系

长期以来，中国对宏观调控的界限不是很明确，存在把宏观调控扩大化倾向，把宏观调控当作一个筐，什么都往里装。应对国际金融危机中，中央政府要实施积极财政政策和积极货币政策，这是十分必要的，这样做是为了熨平经济周期波动、缓解失业压力。不能很多方面搭车，什么都往里装，把一些市场监管、保护环境、公共服务等日常管理都当作宏观调控。特别是不能让本来不具有宏观调控职责的各级地方政府趁机大力扩大投资、促进增长。否则好的动机会出现不好的效果。

《决定》汲取过去教训，明确了宏观调控的主要任务，简单说，就是总量平衡、结构优化、防范风险、稳定预期 16 个字。同时，还界定宏观调控体系，即“一个导向、两个政策”，即健全以国家发展战略和规划为导向、财政政策和货币政策为主要手段的宏观调控体系。作为发展中国家来看，一个国家有战略性规划还是非常必要的。《决定》明确了宏观调控以财政政策和货币政策为主要手段，在宏观调控体系中没有价格政策和产业政策，而是要求加强财政政策、货币政策与产业政策、价格政策的协调配合，这说明价格政策和产业政策并不是宏观调控的主要手段。

8. 明确财税体制改革的基本思路

《决定》把财税体制改革放在了比较突出的地位，明确了新一轮财税体制改革的目标是建立现代财政制度。财税体制改革的基本思路可以概括为以下四条：一是明确事权。针对目前存在的地方政府承担事权多、相应财力少，中央政府承担事权少、财力多的问题，下一步改革要上收一部分事权，下沉部分财力，实现中央和地方政府事权与财力的相对均衡。二是改革税制。重点是完善地方税体系，同步提高直接税的比重。增值税要适当简化税率，扩大消费税征收范围，逐步建立综合与分类相结合的个人所得税制，加快房地产税立法并适时推进改革，加快资源税和环境保护费改税等。同时，要在中央与省级政府、市县政府之间明确划分各自的主体税种。三是稳定税负。维持财税总收入在国民收入中的比例保持不变，中央与地方财力总体格局保持稳定。四是透明预算。实施全面规范、公开透明的预算制度。

9. 健全城乡发展一体化体制机制

农村土地制度和农业经营体系改革，总的理念是“稳慎”。要坚持三个原则：一是守住底线原则，其中包括三个底线，即农村土地集体所有的性质不能变，耕地红线不能破，农民的合法权益不能侵害；二是问题导向原则，在守住底线的基础上，有什么问题改什么问题；三是试点先行原则，底线不能破又要解决问题，就要先行试点，而不是全面铺开。这里重点说一下三类土地的改革：一是承包地，要在稳定农村土地承包关系并保持长久不变，在坚持和完善最严格的耕地保护制度前提下，赋予农民对承包地占有、使用、收益、流转及承包经营权抵押、担保权能。这是要探索新型的农地产权关系，所有权是集体的，承包权是农户的，经营权可以是非承包户的其他经营者的。二是关于农村集体经营性建设用地，在符合规划和用途管制前提下，允许农村集体经营性建设用地出让、租赁、入股，实行与国有土地同等入市、同权同价。这关系到在产权关系不变条件下如何用好这类低效建设用地。三是关于宅基地，保障农户宅基地用益物权，改革完善农村宅基地制度，选择若干试点，慎重稳妥推进农民住房财产权抵押、担保、转让。

推进以人为核心的城镇化，要重点解决人、地、钱三个问题。一是人的问题。要推进农业转移人口市民化，逐步把符合条件的农业转移人口转为城镇居民，加快户籍制度改革。二是地的问题。健全用途管制，守住耕地红线，从严合理供给城市建设用地，有效调节工业用地和居住用地比价。三是钱的问题。允许地方政府通过发债等多种方式拓宽城市建设融资渠道，允许社会资本通过特许经营等方式参与城市基础设施投资和运营，研究建立城市基础设施、住宅政策性金融机构。

10. 建立系统完整的生态文明制度

《决定》首次确立了生态文明制度体系，从源头、过程、后果的全过程，按照“源头严防、过程严管、后果严惩”的思路，阐述了生态文明制度体系的构成及其改革方向、重点任务。

一是“源头严防”的7个制度。①健全自然资源资产产权制度。对水流、森林、山岭、草原、荒地、滩涂等自然生态空间进行统一确权登记，形成归属清晰、权责明确、监管有效的自然资源资产产权制度。②健全国家自然资源资产管理体制。统一行使全民所有自然资源资产所有者职责。③完善自然资源监管体制。统一行使所有国土空间用途管制职责，使国家自然资源资产管理机构所有权人和国家自然资源管理者相互独立、相互配合、相互监督。④坚定不移实施主体功能区制度。对限制开发区域和生态脆弱的扶贫开发工作重点县取消地区生产总值考核。⑤建立空间规划体系。改革规划体制，形成全国统一、定位清晰、功能互补、统一衔接的空间规划体系。⑥落实用途管制。按照“山水林田湖”是一个生命共同体的原则，建立覆盖全部国土空间的用途管制制度，不仅对耕地要实行严格的用途管制，对天然草地、林地、河流、湖泊湿地、海面、滩涂等生态空间也要实行用途管制，严格控制转为建设用地。⑦建立国家公园体制。对碎片化的自然保护地进行整合调整，解决政出多门问题。

二是“过程严管”的5个制度。①实行资源有偿使用制度。改革自然资源及其产品价格，建立有效调节工业用地和居住用地合理比价机制，提高工业用地价格。正税清费，将资源税扩展到占用各种自然生态空间。②实行生态补偿制度，完善对重点生态功能区的生态补偿机制，推动地区间建立横向生态补偿制度。有序实现耕地、河湖休养生息。③建立资源环境承载能力监测预警机制。根据各地区自然条件确定一个资源环境承载能力红线，当开发接近这一红线时，提出警告警示，对超载区域实行限制性措施。④完善污染物排放许可制。排污者必须持证排污、按证排污。⑤实行企事业单位污染物排放总量控制制度。实行更加规范、公平，以企事业单位为单元，覆盖所有污染物的总量控制制度。

三是“后果严惩”的2个制度。①建立生态环境损害责任终身追究制。对那些不顾生态环境盲目决策、造成严重后果的领导干部，终身追究责任。探索编制自然资源资产负债表，在领导干部离任时，对自然资源进行审计。②实行损害赔偿制度。对严重破坏生态环境的行为，要严惩重罚，加大违法违规成本，使之不敢违法违规。

中国推进包容性增长的结构改革

经济合作与发展组织

前言

过去五年，全球经济复苏的进展缓慢且不平衡，但中国却保持着强劲的增长，并继续努力解决贫困和收入差距不断扩大等问题。由于实施了一系列重大政策措施，比如在农村人口中扩大公共卫生服务、养老体系及低保制度的覆盖率等，增长具有了更强的包容性。

人民生活水平有了巨大提高，但一些主要问题依然存在。流动人口的处境虽已有所改善，但其境况依然值得关注。农村地区的医疗服务质量和教育质量远远低于沿海城市。有些地方的环境及污染问题严重威胁着人们的身心健康。

在此背景下，十八届三中全会提出的综合改革路线图应有助于实现以国家发展、人民富裕、良善治理、可持续绿色增长为核心的“中国梦”。在刚落幕的全国人大代表会议上所公布的各项具体措施也与本报告中的诸多建议不谋而合。

本报告借鉴了经合组织成员国及其伙伴国家的专长和集体经验，就一些对中国经济社会长期发展至关重要的问题进行了分析并提出了政策建议，包括包容性增长、金融体制改革、财政政策、贸易与投资、农业、绿色城镇化和能源。

未来，中国面临的一个重大挑战是如何更广泛地分享繁荣的成果。就政策建议而言，关于如何促进国家经济发展、支持包容性增长，尤其是如何通过提高教育水平和人们的技能水平达到上述目标，报告提出了几项政策行动方案。随着人口老龄化的加剧，这一任务将变得更加艰巨。因此，相关政策需要侧重于扩大有效社会保障的三大支柱（医疗、养老、失业），特别是要关注流动人口和农村人口。

本文是 OECD 为中国发展高层论坛 2014 年会提供的专题报告。

报告还探讨了继续推进贸易及外商投资自由化的政策选择，并提出了加强农民土地权利的政策建议，以便促进农业用地的整合及由此所带来的生产力的提高。城市、能源、交通政策需要更加绿色，确保价格信号能够反映污染成本，并提高环境标准及其实施状况。

经合组织对于能够与中国开展合作和政策对话深感自豪，同时希望能够帮助中国实现更强劲、更清洁、更公平的经济增长。中国参与经合组织各委员会、各机构的工作，也丰实了经合组织的政策讨论和政策成果。中国在世界贸易、经济、金融治理方面的建设性作用日益增强，因此，今日双方之间的伙伴关系比以往任何时候都更加重要。

安赫尔·古里亚

经合组织秘书长

一、实现更具包容性的增长

1. 挑战

2009～2013年，中国实际国民收入以年均8.6%的速度增长，家庭收入在国民收入中占比保持稳定，增长的成果惠及了更广泛的社会群体。无论是在城镇地区还是在农村，比较收入最低的10%的家庭和收入最高的10%的家庭，前者的收入增速都高于后者。如果按照中国规定的以购买力平价计算人均收入1.5美元/天的标准，绝对贫困人口从2012年的9 900万降至2013年的8 250万（占人口总数的6%）。贫困的农村大都集中于自然环境恶劣的地区。虽然2003～2008年收入差距扩大的态势近年来已大大缓解，但基尼系数仍然高达0.47（见图1），略高于经合组织人均收入水平最低、公平性最差的3个国家（智利、墨西哥和土耳其）的加权平均值。当然，以某些标准衡量，其他几个新兴市场大国的公平性问题更为严重。

过去五年里，收入分配的改善主要源于两个因素：就业人群随着城镇化的推进持续从农业部门转移至收入更高的非农部门，以及政府实施的各项社会政策扩大了社会安全网，包括为农村老年人口提供养老金，实质性地降低个人就医疗卫生服务的共付支出，并使得社会性转移支付在全国家庭可支配收入中占比提高了预计5个百分点。

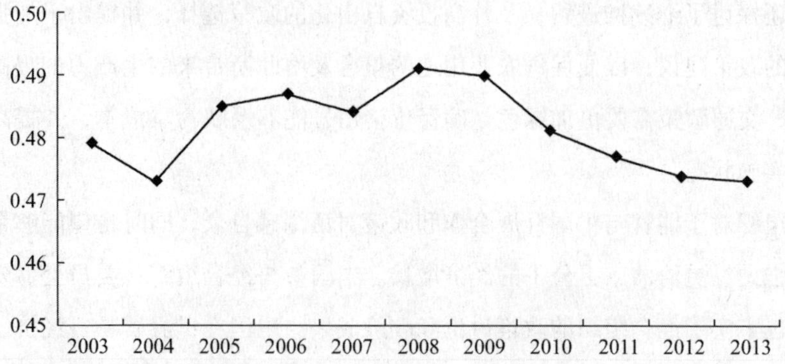

中国

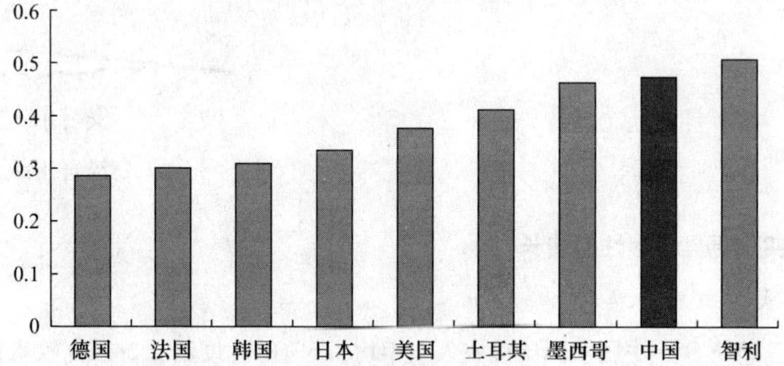

其他国家

图1　近年来经济增长更具包容性（根据可支配收入计算的全国基尼系数）

注：①除日本为2009年数据外，其他国家均为2010年数据。②基尼系数是衡量收入差距的指标，其幅值为0（每个人收入相同或者说完全平等）到1（一个人占有全部收入）。

资料来源：经合组织及国家统计局。

政府面临的一个重大挑战是：在当前人口快速老龄化的背景下，如何促进并充分利用从农村到城市的人口流动。为此，政府需要改善营商环境，使企业能够持续提高生产力，确保经济活动和生活水平继续稳定增长。改革需要在各领域全面进行，并允许市场发挥更为突出的作用，以去除阻碍竞争的桎梏。价格管制和投资项目审批等行政管控会抑制经济的扩张；管制利率则会导致企业资本使用效率低下。金融市场的逐步自由化可以改善信贷分配结构，但是这需要精心安排开展相关工作的前后次序并制定有力审慎的监管框架（见本报告第九部分）。政府所面临的更深层次的挑战是如何清除非公企业进入某些服务业及制造业部门时的准入障碍。为此，贯彻执行十八大三中全会及第十二届全国人民代表大会上的决定将是回应所有以上挑战的关键。

为了确保经济结构调整具有包容性，有必要减少流动人口遭受的歧视。流动人口应被允许保留其土地使用权，以及拥有比最近放开的城市居民“单独二胎”政策更加宽松的生育二胎的权利。在生产力发展水平高、有吸引力的地方，需要供应足量的新增土地用于城市扩张，以避免收入过度集中于现有房产所有者手中。政府需要向所有城市居民提供无差别的社会保障，还需要通过改革提高医疗卫生体系的质量和效率（见本报告第四部分）并进一步整合养老体系并促进其可持续性（见本报告第三部分）。教育是包容性增长的另一个支柱，因此中国需要减少在获取优质学校资源上的不公平，特别是要关注弱势学生和外来务工人员的子女（见本报告第五部分）。就这些方面，一些重要的改革已井然有序地开始实施，然而在全国范围内的持久贯彻往往是一个重大挑战。

2. 主要政策建议

①扩大服务业和能源分配部门的开放水平，增强竞争。

②商业部门的投资仍需要符合环境、安全和区位规划的相关规定才能得到官方许可，但应减少政府审批。

③应进一步放宽对外商直接投资的限制。

④取消现有的能源价格管控。

⑤所有公民应平等享有公共服务，包括高等教育的教育资源和优质的医疗保健。

⑥应缩短社保养老金的等待期，使外来务工人员能够享有更丰厚的养老金待遇。男、女退休年龄应逐渐提高到65岁，然后再根据预期寿命进行调整。

⑦全国统一的新型社会保障卡应为日后的全国职工养老保险制度奠定基础。

3. 经合组织的工作

经合组织正在开发新的包容性增长政策框架，以将强劲的经济增长与生活水平的提高以及对民众生活质量至关重要的成果（如健康状况，就业、技能、洁净的环境、社区支持）结合起来。报告《鸿沟耸立》（Divided We Stand）中分析了收入差距扩大的问题，《民生问题：衡量社会幸福的11个指标》（How’s Life）则重点关注人们的物质生活状况和生活质量。“更好生活指数”这一在线工具使老百姓可以在经合组织确定为与物质生活水平和生活质量息息相关的11个维度的基础上比较34个国家的幸福状况，这些维度包括住房、收入、工作、社区、教育、环境、治理、健康、生活满意度、安全以及工作和生活之间的平衡。

二、中国的新型城镇化：更智能、更环保、更包容

1. 挑战

城镇化是经济增长和社会变革的强大助推力，中国城镇化的发展步伐也非常快。2013 年前的五年间，城市人口增加超过 1 个亿，目前已超过 7.3 亿。事实上，去年城镇化率已高出“十二五”规划预计的 2015 年数据两个百分点以上，但相比以往，这一城镇化率更对应其人均收入水平（图 2）。随着人们从农村迁移到城市，其生活水平迅速提高。尽管城镇化进程带来了可观的收益，它也呈现出巨大的挑战，包括土地利用、环境、城市基础设施的压力以及确保所有居住在城市的人都享有公平待遇的需要。

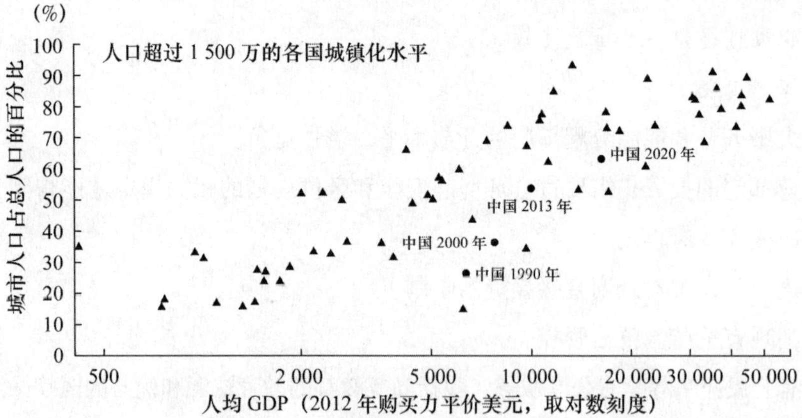

图 2　中国城镇化进展迅速

注：除中国外，其他国家均为 2012 年数据。

资料来源：World Bank，World Development Indicators；National Bureau of Statistics；National Population and Family Planning Commission（2011）；OECD Economic Outlook 93 long-term database；and OECD calculations。

人们选择迁移到劳动生产率和工资水平最高的几个大城市。然而，由于这些特大城市新增建设用地的供应受到限制，人口的大量涌入导致房价迅速上涨，且快于中国其他地区。城镇化带来的收益中相当大的部分被现有土地使用权所有者或地方政府获得，而后者是城市土地的最终所有者，这降低了城镇化的包容性。许多移民和乡镇居民居住在农村建设用地上修建的房屋内，虽然这已地处城市内，但依据法律其所有权不能转让给城市居民。

中央已经开始要求地方政府提供给农民工部分社会福利，而这一群体的总人数

在2013年已达到约2.89亿。地方政府需要给当地农民工随迁子女提供教育，直至其长大到15岁，尽管供农民工子女就读的学校质量往往较低。并且初高等学校、本地医疗、最低生活费和退休金等福利的享受渠道仍然有限。于2013年11月召开的党的第十八届三中全会上就进一步改革户籍制度的声明是正确之举，下一步改革的最佳途径就是进一步将户籍身份与享受城市公共服务的资格脱钩。

在大多数中国城市，空气污染严重，SO_2、NO和PM2.5等污染物浓度都远超世界卫生组织标准。这导致呼吸系统疾病发病率在城市人群中偏高，尤其是婴幼儿和其他体质较弱人群。此外，空气污染也会跨越边境，导致其他国家污染水平升高。根据OECD统计，2005~2010年间，中国环境空气污染造成死亡人数带来的经济成本增加了90%，估计在2010年达到约1.5万亿美元。中国北方城市的水供给也存在问题。

公共交通基础设施的发展令人印象深刻，但仍低于许多发达国家的水平。更好的城市规划可以确保发展与城市公交网络有效连接，方便居民获得本地服务和上下班通勤，从而有助于减少机动车拥堵，尤其是在同时征收交通拥堵费的情况下。更好的政策组合可有助于确保土地的高效利用，进一步提高整体生活质量。这些政策组合过于复杂且相互关联，单个层级的政府很难有效实施，因此各级政府之间的合作是必要的。

2. 主要政策建议

①在满足区划和城市规划标准的前提下，放宽对农业用地转为商业开发和住宅用地的限制，并在对收益征特定税的基础上，允许农民直接向开发商出售土地。

②将本地户口与享受当地公共服务的权利分开，尤其是在上高中和上大学方面。

③采取措施减少机动车使用带来的污染，具体手段包括对交通燃油征税，提高燃油质量，征税程度与汽车环境表现挂钩，并实施交通拥堵收费（而不是车牌配额）。

④提高能源、水和其他自然资源的价格，以提高资源利用效率，减少污染。基于市场的措施需要配合强有力的环境标准和完善的城市规划共同使用。

⑤通过有效的水资源分配制度和管理措施提高用水效率，改善用水管理。提高供水和卫生设施连接到的人群比例。

3. 经合组织的工作

经合组织的《水安全带来更美好生活》出版物可以帮助中国通过使用基于风险的方法，以更具成本效益的方式，改善水资源管理，解决水安全问题。对政策制定者的指导体现在《水和气候变化适应：探索未开发水资源的政策》这一出版物中。中国被邀请参与讨论如何准备《经合组织关于各级政府有效公共投资的原则》，这一出版物将在2014年3月被提请批复为经合组织的政策工具。

三、进一步巩固社会安全网

1. 挑战

自2006年以来，中国政府的社会性支出增长迅速，到2012年已占到GDP的9%，超过墨西哥、印度等许多新兴市场国家，但仍低于经合组织国家平均水平（22%）。中国政府在社会事务方面的增量支出主要用于扩大各种社会保障形式的覆盖率，特别是缴费型社会保障制度的覆盖率。公共卫生体系已有效实现全覆盖（见本报告第四部分）。在除全日制学生之外的群体中，公共养老保险体系的覆盖率已接近85%。

主要改革包括：在农村实行最低生活保障制度；针对农村户籍人口、城市户籍职工的家属及学生实施新的医疗保险制度；实施新型农村养老保险制度和外来务工人员养老保险制度。在“十二五”规划的驱动下，政府社会性支出预计会进一步增加，且未来几年增速会高于GDP。各项社会保险及社会救助制度有助于中国到2020年建立起覆盖城乡居民的社会保障体系。

中国虽然在社保方面已取得显著进展，但仍然面临诸多挑战。农村各项社保制度的福利水平整体偏低。新《社会保障法》为违规处罚提供了有力的法律依据，因此城市地区有更多的企业遵守各项新法。此外，失业补偿体系主要还是依靠新《劳动法》中有关遣散费的规定。根据失业保险的待遇水平和强制遣散费的相关规定，签订无固定期限劳动合同和工作年限长的员工可以获得的失业补偿较高，其补偿水平高于很多国家（图3）。

另一方面，失业救济的覆盖率较低，即使在登记失业人口中（大都是本地非农户口居民）也仅有少数得到了失业救济金。只有43%的外来务工人员签订了劳动合同，但他们大多因为合同期较短而没有资格得到补偿。2012年，仅有8%的外来

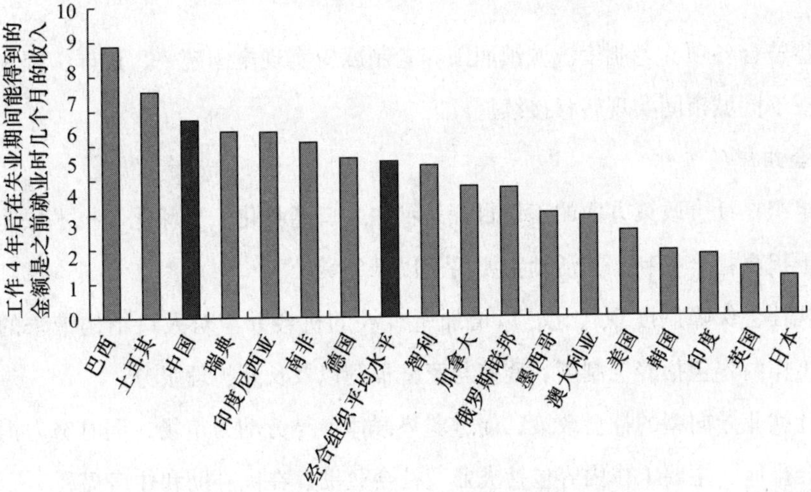

图3 在某单位工作了4年的下岗人员失业一年所能得到的失业救济金及遣散费最高金额

资料来源：OECD Employment Outlook 2011（《经合组织就业前景展望2011》）。

务工人员享有失业保险。由于上述种种原因，只有不到10%的失业人口在2012年领取了失业救济金。相比而言，这一比例在巴西为30%，在俄罗斯为25%（2007/2008年数据）。

虽然近年来中国已采取很多改革措施，但其养老体系仍然呈现割裂状态。农村、城市、政府部门的养老制度各不相同，甚至在各种制度内部，机制安排也不尽相同。农村养老保险和部分城镇居民养老保险制度正在并轨，且并轨后新制度的出资将主要由中央政府承担。现行较低的法定退休年龄（男性60岁，白领女性55岁，蓝领女性50岁）在迅速老龄化社会中也为退休收入的提供带来了严峻的挑战。男、女的正常养老金年龄应逐步提高至65岁。此外，有必要采取与提高退休年龄相配套的措施，例如，为年长的劳动力提供培训以及禁止歧视老年劳动力。与养老金有关的另一个挑战则是，农村人口的养老金虽然近年来有所提高，但仍然处于较低水平。

2. 主要政策建议

①提高失业保险的覆盖率，完善目标机制。将工作重点从就业保障（严格的劳动保护）转向帮助劳动力求职和提高其就业能力。这也将有助于实现失业补偿的再分配。

②提高退休年龄。先统一男、女退休年龄，然后再根据预期寿命调整退休

年龄。

③逐步整合各项养老制度。城镇职工养老制度应实现全国统一，这样，福利待遇就可以在不同城市间实现转移接续。

3. 经合组织的工作

经合组织在社会政策方面的工作目标是：在人口老龄化、全球化和技术快速变革的背景下提高社会福利。其活动主要关注以下领域：

①实现社会保障制度现代化，以增加所有人的机会并应对人口结构带来的挑战。主要工作内容包括养老制度、残疾与家庭福利以及长期护理服务。

②设计就业导向型的社会政策，促进弱势群体参与劳动力市场，同时努力消除贫困和社会排斥。主要工作内容包括失业及社会救助、在岗补助和住房福利。

③此外，经合组织还关注人口老龄化对劳动力市场和社会安全网的影响、长期护理制度的绩效、社会保障制度筹资以及人口流动产生的影响等问题。

四、推进医疗卫生改革

1. 挑战

到2012年，中国的基本医疗保险制度几乎实现了全覆盖，自付费用在卫生总支出中的占比也从60%降至34%。政府卫生支出占卫生总支出的比例上升至56%，而2011年经合组织国家的平均水平则为72%。2012年中国的卫生总支出占GDP的5.4%，以购买力平价汇率计算，人均卫生支出为487美元，这两个数据虽然远低于经合组织国家2011年的平均水平，即GDP占比9.2%和人均3 322美元，但和其他处于同等收入水平的国家相当（图4）。虽然医疗保险已经基本覆盖了原来没有医保的人群（农村居民和城镇非经济活动人口），但福利水平依然较低。然而，2013年，政府医疗卫生支出增幅超过25%，这可能会导致医疗卫生支出占GDP的比重上升至5.8%。政府计划在2014年将医疗卫生支出增加15%，并且到2015年将自付费用占卫生总支出的比例降至30%。

与许多OECD国家和新兴市场国家一样，中国也必须要应对日益严重的慢性非传染性疾病（如癌症、心血管疾病、糖尿病、哮喘等）。主要风险因素包括吸烟（中国是全球男性吸烟率最高的国家之一）、饮酒、体育活动少、不健康的饮食及肥胖（中国目前的肥胖率是15年前的3倍）。与其他新兴市场国家相比，中国的慢病

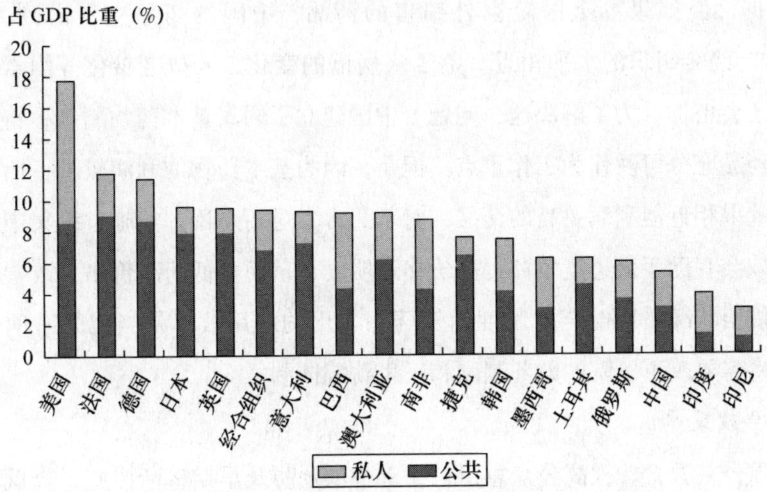

图 4　2011 年卫生总支出

注：澳大利亚、日本、墨西哥为 2010 年数据，土耳其为 2008 年数据，其余国家为 2011 年数据。

资料来源：经合组织，Health at a Glance，Asia-Pacific（《卫生概览：亚太地区》），2012 年；经合组织，OECD Health Data：How does China Compare with OECD Countries（《经合组织卫生数据：中国与经合组织国家比较》），2013 年。

负担较重，后果也更加严重。医疗体系对于解决慢性疾病具有重要的意义。中国当前的医疗体系倾向于提供复杂的医院服务。因而，很多慢病病人拖到病程后期才去治疗。此外，虽然医生数量迅速增加，但很多在职医生不具备相应资质。基层医疗机构因为薪水低、职业前景差，很难吸引到好的医生。

除此之外，虽然医保制度取得了显著进展，但仍然面临着诸多挑战。医保制度呈现“碎片化”，再加上户籍制度的限制，严重影响了医保制度在外来务工人员中的有效覆盖。这一群体通常自付高昂的费用，而后必须要回到原参保地报销，并且报销比例低、耗时长。

医院的组织结构和筹资方面也面临很多挑战。当前按服务项目付费的方式扭曲了服务供给，促使供方采用并不必要的高价诊疗手段，导致医院系统效率低下。政府已尝试通过限制医院药品加成来解决这一问题，但目前该措施只在基层医疗机构和少数医院实施。而且，这一措施也没有解决根本问题，即政府为医院提供的资金不足以支撑医院的运行成本，这意味着医院不得不通过向患者收费来弥补这一资金缺口。

更深层次的挑战是合理用药问题。医院依靠药品收入来实现收支平衡。虽然没有官方数据，但如果算上医院以外销售的药品，中国的药品支出占到 GDP 的 1.7%，这与经合组织的水平相近。鉴于疾病谱的变化、人口老龄化等因素，预计药品消费还会增加。为了解决这一问题，中国建立了国家基本药物制度，将保证质优价廉的药品充分可及作为工作重点。但是，因为基本药物的利润较低，所以医院更喜欢用效果相近但利润更高的药品，对基药常常避而不用。实施省级集中采购的新框架应该会有助于促进竞争和提高价格透明度，从而降低药品价格且改善仿制药等药品的供给状况。用健全的制度确保药品支出的使用效率是当前的一项重点工作，但这将需要改革医院的财务制度和医生薪酬体制。

2. 主要政策建议

①加强公共教育，提高公众意识，完善各项预防及早期诊断措施，降低慢性病发病率。在中国实施综合性预防战略的人均成本将仅为 2 美元左右，低于其他中等收入大国的投资成本。

②系统收集医疗服务及医院的业绩指标，从而定期监测医疗服务的质量和成本。

③统一各医保制度的福利水平，同时通过推广电子健康档案等措施提升管理效率。提高医疗保险在流动人口中的覆盖率，将参保与户籍脱钩。同时，确保中央政府在医保制度中承担更大的出资比例。

④医院改革：对医院的资金拨付要与其生产成本相当。此外，应给予公立医院更大的人事自主权，使其更好地适应环境变化。更加企业化的管理制度和会计制度将通过对相关绩效指标的适当使用，以保证服务质量。

⑤确保为医生和其他医务工作者提供适当的培训和薪酬，鼓励他们选择适合社会需要的职业路径。

⑥通过改善高效平价药物的可及性、完善药品集中采购程序，进一步提高药品使用效率。

3. 经合组织的工作

经合组织通过对卫生政策进行经济分析，帮助各国提高医疗卫生系统的效率。经合组织在卫生领域的职责是：就如何满足对优质卫生服务日益增长的需求为政策制定者提供建议并且为公共和私人利益相关者及公民提供信息。在公共预算极为有限的情况下，这项工作尤为重要。经合组织拥有可靠的卫生系统绩效统计数据，可以有助于各国以其他国家运行较好的医疗体系为基准来衡量本国政策。我们还发现和总结成员国和伙伴国在以下几个方面的最佳实践，包括：加强初级保健和疾病预防、提高医院服务效率、对医生和医院采取适当的支付方式确保他们提供高质量的服务、使医疗卫生服务更好地满足体弱老人的复杂需要、保证为慢病特别是癌症和心血管疾病患者提供最佳的医疗服务。经合组织还与各国分享最佳实践，鼓励国家之间相互学习，从而帮助各国设计更好的卫生政策，提高人们的生命质量。

五、扩大优质教育资源

1. 挑战

中国在提高教育的机会、质量及公平性方面成绩斐然。实现9年免费义务教育是一项了不起的成就。2009年以来，小学的净入学率超过99%，且高级中学（包括普通高中和职业高中）的毛入学率达到了79%，这其中有52.5%的学生就读于普通高中，也就是说接受高级中学教育的学生中有一半左右的学生专注于文化课学习。上海学生在国际学生能力评估项目（PISA）中的表现如今处于世界领先地位，而其中许多来自弱势群体家庭的学生的成绩也远远胜过每一个经合组织国家的同龄人，这说明质量与公平是可以兼得的。

虽然取得了很多骄人的成绩，但中国仍有必要提高小城市和农村地区学校教育的水平，并且为弱势学生提供更多经济上和教育上的支持。外来务工人员子女发现他们几乎不可能进入现居住地的普通高中，而接收这类学生的外来务工人员子弟小学和初中往往在预算上低于其他学校。此外，学校需要拥有更大的自主权，并掌握更先进的教育方法，以便提升教师水平，同时为学生注入更强的创造力和适应能力。现在的毕业率这一指标掩盖了巨大的地区差异，而中国在为大量的农村人口提供高质量的教育和培训上面临着严峻的挑战。年轻一代的数据也掩盖了年长一代中很多人没有受过教育的事实。因此，2011年，中国只有22%的成年人完成了高中教育。根据现在的情况，估计中国73%的年轻人都能在有生之年完成高中教育，相比而言，经合组织国家目前的平均值为83%（图5）。

除了学校层面的提高之外，自1998年起，中国改变了长期以来只为小部分人提供高等教育的政策，并且实行了大规模扩招。2000~2012年，三年制和四年制高等教育毕业生的数量增长了6倍。2013年，随着大学教育适龄人口数量的下降，高

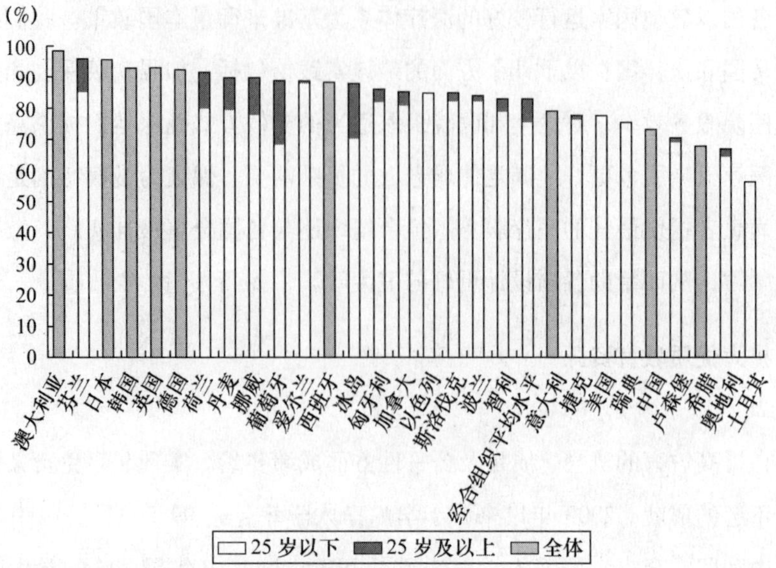

图5　高中教育毕业率（2011）

注：①图中所指均为一次毕业率。②冰岛、加拿大引用2010年数据。③奥地利不包括横跨《国际教育标准分类法》（ISCED）中3级和4级的项目。④按2011年高中一次毕业率降序排列。

资料来源：经合组织，Education at a Glance（《教育概览》），2013年。

等教育毕业率升至32%，而入学率则甚至更高。

虽然取得了这些进步，但中国毕业生的技能水平与经济发展对劳动力的需求严重错位，这导致毕业生进入劳动力市场越来越困难，而毕业生失业率也不断上升。这说明中国有必要提高教育的相关性。增强技能对于中国的长期增长、就业和竞争优势至关重要。同样地，有效的劳动技能政策将是解决不平等问题的不可或缺的一部分。

2. 主要政策建议

①为弱势学生提供经济上和教育上的支持，提高小城市及农村地区学校教育的质量，消除针对城市地区外来务工人员子女的歧视。

②由于高考仍然主要将重点放在学科内容的再现上，因此有必要使高考与课程改革的目标相协调，同时还需提高示范教育，从而确保课程改革的有效实施。

③切实理解推动经济和社会强劲、可持续发展的技能，从而确保以有效、公平且高效的方式向学生传授适当的技能组合。

④出台有力、有效的治理安排，从而形成具有可持续性的教育筹资方式。

⑤建立有关质量标准与指标的体系，以推动中国教育体制现代化。这将可以使

中国的教育制度在国际上和各省之间进行比较，从而认识到自身的优缺点。

3. 经合组织的工作

中国在11月份派代表出席了PISA理事会会议，还将参加国家层面的2015年PISA测试。此前，中国政府已经在九个省份成功组织了预测试。经合组织为中国提供了相应的支持，以帮助中国更好地利用PISA来改革其考试和大学入学制度。

中国正在考虑参加其他调查，例如教与学国际调查（TALIS）和经合组织成人技能调查（PIAAC）。过去5年中，经合组织在《高等教育评估（2009）》和《为工作而学习（2010）》两个系列报告中分别对中国的教育制度进行了调查评估。

六、农业现代化与粮食安全

1. 挑战

中国在增加粮食供应方面的成绩有目共睹。营养不足人口由1990～1992年的2.72亿减少到2011～2013年的1.58亿——占全球减少数量的66%；而营养不足发生率几乎减半，降至11.4%。在2010年之前的20年中，人均粮食产量翻了一番，人均蛋白质供给量增长了1/3以上，这些都代表了中国取得的长足进步。目前，中国的营养不足人口主要集中在农村最贫困人群，且往往是小规模农户的家庭成员。

中国的农业以小规模耕作为主，在投入品方面往往是密集使用化肥和农药，从而实现了较高的土地生产率。随着农村人口不断涌入城市，农民数量逐步减少，同时农村人口老龄化趋势也在加快。因而有必要推进小块农田整合和农业机械化，以确保农业产量在农业劳动力减少的情况下仍能保持增长。

随着收入的提高，人们的膳食结构将不断发生变化，而对肉、奶产品等耗水型食品的需求将要求相关政策能够更好地管理不断增长的用水需求，特别是在北方省份。另外，快速发展也带来了严重的环境污染。根据经合组织的测算，中国当前的农业政策增加了消费者和纳税人的成本：农业支持的总成本（包括生产者支持、消费者补贴，以及农业领域各项公共服务的成本）在2010～2012年达到GDP的2.3%，远高于经合组织0.9%的平均水平。

从全国来看，由于食品消费增速快于食品生产，因而中国已经成为一个食品净进口国（图6）。食品需求增长的一大部分原因是肉类消费增多，这导致用作动物

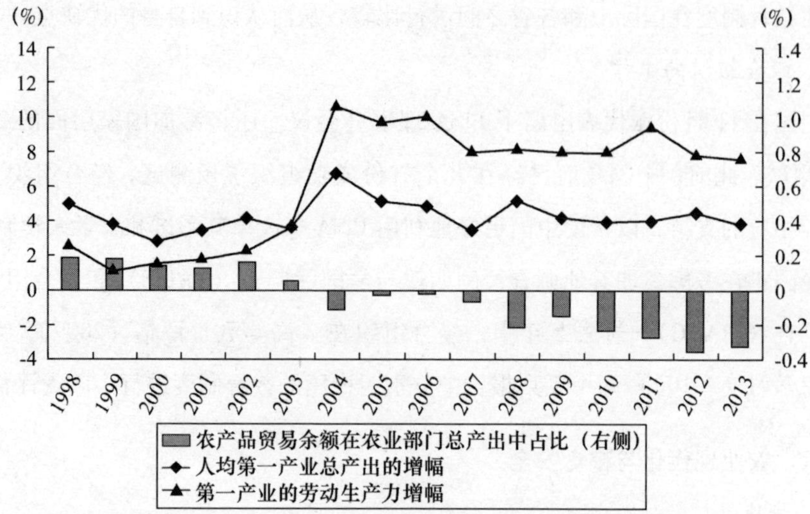

图6　人均食品产量和农业生产率快速提高，但农产品贸易仍处逆差状态

资料来源：商品贸易统计数据库（Comtrade），中国经济数据库（CEIC），《中国统计年鉴》，国家统计局。

饲料的谷物消耗激增，但人类谷物消费量却增长平稳。随着用于扩张城市的土地需求和食品消费需求不断增加，中国将越来越依赖进口，这也反映出中国在这方面，特别是在土地密集型的作物方面，缺乏比较优势。在这种情况下，中国的食品进口渠道有必要实现多元化，从而有效保障粮食安全。

2. 主要政策建议

①拓宽农村贫困人口获得教育和卫生服务的渠道，改善农村基础设施。对于老年人，政府应按照设想快速承担起农村养老的全部责任，同时逐步提高养老金水平。

②逐步取消投入品补贴，而是按统一标准对每单位土地进行直接补贴，且农民无须购买特定的投入品或生产特定的产品。

③通过加强创新来提高农业生产率。进一步加强研发、技术引进和转让、教育、农业培训与咨询服务；考虑使用新品种（包括转基因品种）和施用质量更好的肥料。

④通过调整水资源定价来提高用水效率，以便补偿供水成本，推动减少耗水型作物的生产。

⑤更好地衔接国内外农产品市场，实现食品来源多元化。考虑到中国丰富的货币储备和经常性账户盈余使其可在国际市场购买食品，中国应将玉米从95%自给率

的目标范围中剔除。中国还应进一步与国际市场接轨，以减少国内市场食品供给的波动性。

⑥完善土地市场的发展。加强农民的土地权利，允许农民买卖、租赁和继承土地权，从而促进大规模农业生产和农业机械化的发展；在将农业用地转为非农用地时，补偿金应为市场价格减掉相应的税金；允许农民直接将宅基地出售给开发商。

3. 经合组织的工作

经合组织的工作涵盖了粮食安全的供方和需方两个维度，重点研究政府政策如何对粮食供应产生可持续影响，以及政府如何完善公民粮食获得的途径。经合组织还与粮农组织就粮食安全问题进行合作，包括联合发布一年一期的《农业展望》。该出版物是市场信息、分析和预测的重要、权威来源。

七、改革能源市场、推动绿色增长

1. 挑战

中国的五年规划越来越重视更加绿色和更加可持续增长的必要性。近年来中国的能效提高速度快于经合组织地区，但单位 GDP 能耗仍然相对较高（图 7）。经合组织的分析表明，碳定价和化石燃料补贴改革是向投资者和用户传达明确信号的根本。中国近期启动的碳排放交易试点朝着实现将全球平均温度的升幅限定在高于工业化前水平 2℃的国际目标迈进了一步，并且应当也有助于减少地方的污染压力。

建立一个投资于新的绿色技术和基础设施的商务档案需要制定有针对性的政策。经合组织创建了一个涵盖 5 点内容的绿色投资政策框架，旨在改进私营部门的风险 – 回报等式，引导资本市场投资投向绿色项目。短期来看，转向绿色投资可能会增加投入，但由于整个系统的效率得以提高，从长期来看还是会产生净节约的效果。该政策框架目前正在德国的建筑业、墨西哥的公共汽车快速轨道交通系统、南非的可再生能源领域以及法国的建筑物能效领域进行测试。

为了使其以煤炭为基础的能源结构实现多元化，中国自 2005 年起便为可再生技术推出了强有力的经济激励措施，包括上网电价、电业配额、生物质能源开发项目以及太阳能光伏扶持政策。但是，减少碳排放最为经济有效的措施不是部门性或基于技术的补贴，而是碳定价。正如十八届三中全会提出的 60 项改革任务所言，引入碳税是控制碳排放、减少煤炭使用的有效途径。

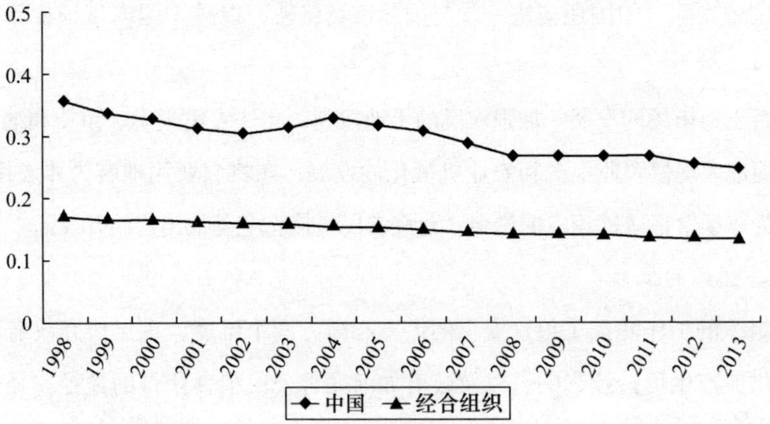

水平

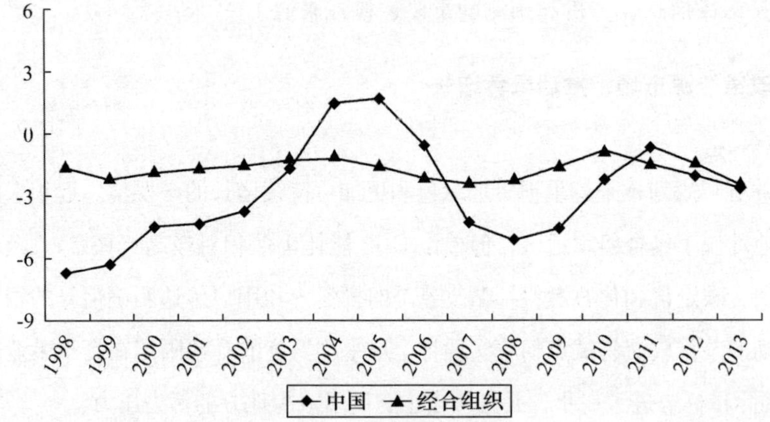

年增长率

图7　中国经济的能源效率逐步提高

注：①水平是指1 000美元 GDP（购买力平价）的一次能源消耗，按 2005 年不变价格计算。2013 年数字为估测数字。中国包括中国香港。②年增长率是 3 年移动平均数。

资料来源：国际能源署，World Energy Balances（《世界能源平衡》）。

尽管中国在风能和太阳能方面的投资在 2013 年减少了 4%，下降至 610 亿美元，但由于太阳能板价格下跌，装机容量大幅提高。据政府测算，在投入水平已经很高的基础上，每年还需增加 400 亿美元的投入，才能实现“十二五”规划中关于无碳能源装机容量的既定目标。近期测算①显示，每年还需投入 2000 亿美元，才能有效支持减排活动，并且实现 2020 年排放强度比 2005 年降低 40% ~45% 的政府目标。

① The Climate Group，“Shaping China’s Climate Finance Policy”，March 2013.（气候组织，打造中国的气候融资政策，2013 年 3 月）

在经合组织地区，由于光伏电池价格下跌，且通过太阳能减少碳排放成本较高，很多国家认为有必要调减太阳能的上网电价。中国未来可能也要重新评估上网电价，特别是如果西部地区生产的太阳能输送成本较高的话。因而，协调实施各项政策对于解决能源部门转型过程中的偿付能力和经济效率问题非常重要，另外还要对各地的节碳成本给予充分的考虑。

2. 主要政策建议

①通过确保碳排放交易试点制度的有效实施，来强化反映污染社会成本的价格信号。可以以此为基础，确立协调统一的全国碳定价方法。由于推行全国性交易制度需要时间，因而针对燃料中的碳含量收税可能会收到立竿见影的效果。

②参加经合组织对《化石燃料预算支持测算及税收支出清单》的评估，并参与经合组织对于能源使用和税收的分析。

③推行综合性的绿色投资政策来促进和扩大私人投资，从而实现绿色增长的目标。

④通过长期稳定的市场信号推动绿色创新，即确保污染性活动和技术的投资成本高于清洁活动及技术。除了运用市场化工具，还需要制定相关政策营造更加有利于创新的整体商业环境，包括强化知识产权制度的政策，因为该制度对于鼓励国际研发合作至关重要。

⑤提高环境标准并改进标准的执行与实施，包括将大城市现行的较高标准推广至全国，进而不断提高机动车及燃料的国家标准，特别是含硫量标准。

3. 经合组织的工作

经合组织的跨领域架构是应对经济、环境和发展政策衔接问题的宝贵财富。经合组织就绿色增长制定的工作流程可支持中国将绿色增长目标纳入更大范围的经济政策制定之中。例如，作为经合组织“绿色城市”计划的一部分，综合报告 Green Growth in Cities（《城市绿色增长》）总结了6个城市绿色增长政策的案例研究结果，包括4个城市层面的研究（巴黎、芝加哥、斯德哥尔摩、北九州）和2个国家层面的研究结果（中国、韩国）。

经合组织还设立了新的绿色增长与可持续发展论坛，让各国不同部委的专家汇聚一堂，讨论在绿色增长方面共同的挑战。

绿色增长指标数据库汇集了计算经合组织绿色增长指标所需的各种数据，并包含了可用于支持经济与环境政策分析、监测绿色增长进展的部分指标。

4. 国际能源署开展的工作

国际能源署（IEA）自1996年起就与中国开展合作，且合作关系不断加深。2013年11月，中国宣布其有意向在“特别合作关系”倡议的框架下启动与国际能源署的多边合作。中国还签署了第三份《联合声明》，表明其强烈且日益增长的合作兴趣，尤其在加强能源安全、推进能源领域的技术研发、提高环境可持续性以及改进能源相关统计资料的质量等方面。这份声明的签署将推动国际能源署与中国各个部门开展广泛合作活动。中国还加入了国际能源署的20个旨在加强全球在核聚变、电动车和氢存储系统等能源研究课题方面合作的《实施协议》。

5. 核能署开展的工作

核能署（NEA）于2001年与中国建立联系，最初的合作重点围绕核安全与核监管展开。此后，双方合作活动逐步加深。核能署于2013年9月同中国国家原子能机构签署了《在和平使用核能领域开展合作的联合声明》。中国正积极努力将核电开发为一种基荷低碳的能源，以满足其发展进程中的电力需求。《联合声明》的签署为中国和经合组织/核能署成员国家间更深入、定期的合作敞开了大门。中国目前拥有20个正在运行的核电反应堆，在建的有28个，是全球最大的核电建设市场。作为“十二五”规划的部分内容，中国将继续稳步开发核能，以提高非矿物燃料在其发电总量中所占的比重。正是在这样的背景下，中国作为正式成员全面参加“跨国设计评估计划”和“第四代核能系统国际论坛”，而核能署则作为该论坛的技术秘书处。

八、深化开放及其在贸易和投资上的全球影响力

1. 挑战

自2001年加入世界贸易组织（WTO）以来，中国经济以两位数的速度增长，并且继续向以市场为基础的现代经济转变，这主要得益于对外贸易和外商投资的增长。2010年，中国的商品和服务贸易进出口总额位居世界第二，并自此逐步缩小与美国的差距，甚至在附加值方面也是如此（不包括进口商品加工为成品再出口的加工贸易）。中国还是外商投资的主要接受国（是除OECD国家外的最大外资接受国），并且在2013年成为世界第三大对外投资国。

OECD和WTO最近共同进行的关于附加值贸易的研究显示，中国的贸易与投资使其经济成为全球价值链中的关键一环。在中国出口总额中外国部件附加值占比

很高，这表明中国已成为制成品的重要组装国与供应国。在 2005～2009 年之间，由于中国的出口产品中本国部件附加值提高，外国部件附加值在出口总额的比例有所下降。经合组织－世贸组织贸易附加值数据库的下一轮更新数据将显示该趋势应在近几年有所持续。

然而近年来，中国的贸易增速减缓，外国直接投资开始趋于稳定。而且，从加工贸易的发展来看，中国进口初级品在最终出口制成品中所占比例自 2009 年来并没有下降。不断上涨的生产成本和汇率升值一直是影响中国市场占全球贸易份额扩张放缓的因素。如果减少仍然相对较高的贸易与投资壁垒，以及严苛的国家控制，那么中国的商贸会再次繁荣（图 8）。2013 年 11 月召开的中国共产党十八届三中全会发布了一些关于进一步开放贸易和投资的建议。

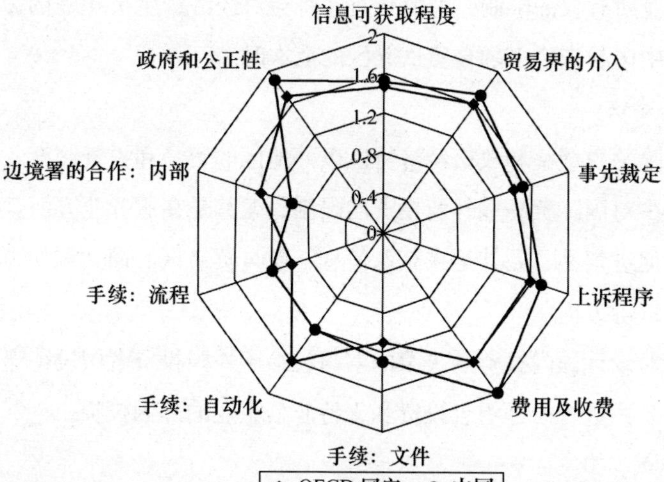

图 8 降低边境通关障碍将提升中国在全球价值链的地位（指数为 2 代表最好表现）

资料来源：OECD Trade Facilitation Indicators database.

在这种情况下，中国把深化改革的重中之重放在制造业和通关手续的简化上。进出口的瓶颈影响到中国的贸易和投资以及对全球价值链的参与。根据经合组织贸易促进指数的研究表明，在诸如中国这样的中高等收入国家，通过进行务实且代价相对较小的贸易促进改革来尽可能地减少贸易成本，可以使出入境成本降低 13%。

虽然外商直接投资总量很大，但是针对外资股权参与的壁垒仍然存在于一些制造业领域和主要的服务业部门中，例如电信、交通、快递、媒体、银行、保险和理财等领域。此外，外国投资者需要能够见到经济净效益才会在中国设立商业存在，而互联网产业（network industries）依然由国有企业主导着，并且鲜见促进竞争的规章制度。因此，服务业贸易限制指数和外商直接投资限制指数显示，中国位于全球贸易限制最多的25%的国家之列。

三中全会传递出的政策走向表明，中国会进一步放宽投资准入，包括开放服务业的一些领域。此外，中国政府最近公布了中国（上海）自由贸易试验区（FTZ）的详细条款，以便进一步开放部分服务业领域的投资。有关该贸易区的一个重要方面是外国投资者在投资所谓的“负面清单”列出的领域才需要审批。在其他领域，只要对投资申请进行登记即可。在投资项目审批方面的这一改变意味着投资程序的显著简化。当然，还有很多领域需要审批，有些领域的投资仍受限制。就其自身而言，该自贸区对中国经济产生的作用可能有限，如果中国政府缩小“负面清单”的范围和放松对企业所有权的限制，上海自贸区将会对经济产生更积极的影响，尤其是当它成为今后中国越来越多的自贸试验区的范本时。

2. 主要政策建议

①进一步清除关税壁垒和放松经济特区以外地区的贸易和投资制度。

②进一步减少对国际贸易和外商投资的限制，尤其是在服务业方面。

③继续努力促进贸易，尤其是在获取信息、参与贸易区、简化和协调文件、自动处理和简化手续等方面。

④减少政府对设计国内投资的决策的参与，给予外国投资者国民待遇。

⑤允许中国公民进行海外组合投资和支持非公企业的外国投资。

3. 经合组织的工作

经合组织开展有关贸易和全球价值链的工作。经合组织与世界贸易组织关于附加值贸易的联合研究就是一例。该研究分析了每个国家在提供供全球消费的商品和服务的过程中附加的价值。附加值贸易的测算指标旨在为决策者考量国与国之间的商贸关系提供新的视角。经合组织还提出了《投资政策框架》，以推动开放、公平、有章可循的国际投资环境。

九、加强金融体系的效率和稳定性

1. 挑战

中国金融体系的发展演变非常迅速。自2009年以来，信贷总量快速增长（图9）。自2007年以来，利率更多地由市场力量而非行政命令来确定。央行已采取许多措施来使信贷分配更加自由化，这些措施包括创造新市场、提高现有市场运作和引入新工具。这导致了在2013年近43%的总信贷流量是通过非银行渠道提供的。然而，来自非银行机构的信贷存量占比仍低于大多数经合组织国家的水平（图9）。

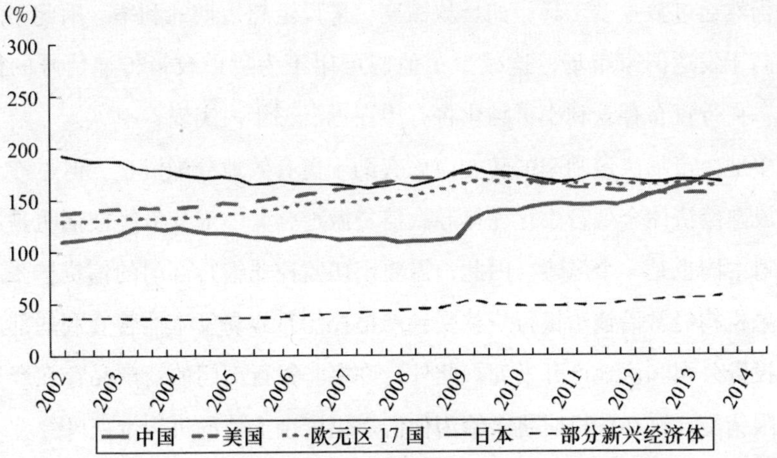

信贷总量占GDP的比重

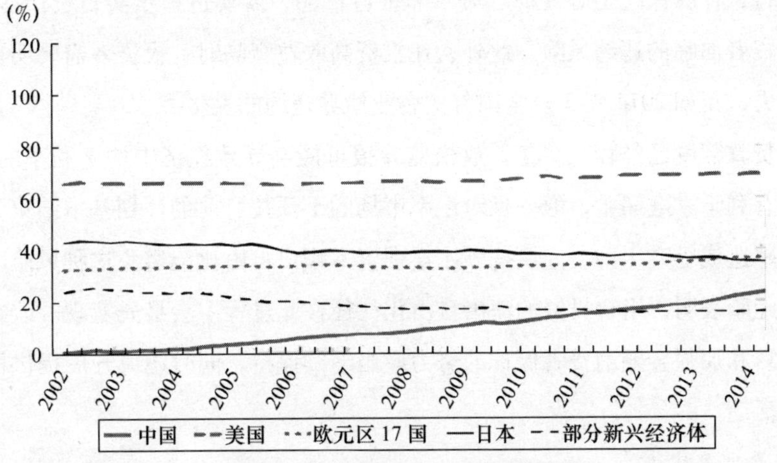

非银行和外资信贷占总信贷的比重

图9 对非金融私人部门的信贷总量

注：①对非金融私人部门的信贷总量是指向包括企业与家庭在内的非金融经济部门的信贷。企业包括国有控股企业和民营企业。通过使用社会融资总量增长作为代理变量，中国信贷数据更新至2014年第一季度。②欧元区17国的所有数据不包括拉脱维亚。③部分新兴经济体包括阿根廷、巴西、印度、印尼、马来西亚、墨西哥、俄罗斯、南非和泰国。其整体数据是用各国数以2005年市场汇率GDP作为权数加权平均计算出来的平均值。

资料来源：BIS，Credit to the private non-financial sector database；Datastream；Eurostat；World Bank；and OECD Analytical Database。

与非居民的金融交易已逐步放开，但总体控制仍然严格。离岸人民币市场已经得到推行，现有少量但不断增长的资本回流入中国大陆。尽管汇率仍然由中央银行决定，人民币汇率浮动幅度是逐步扩大的。

央行仍然通过数量型工具，如贷款额度，来设定超短期的利率。因此，短期利率波动远高于发达国家市场，这减少了他们可用于为货币政策传递信号的信息内容。近日，央行宣布存款利率市场化将有望在近二三年内实现。

向更多地由市场决定利率的转变应该有助于更有效地分配资金，但也涉及到一些挑战。成熟经济体金融自由化往往导致信贷激增，其中部分最终被证明是不可持续的，这对中国也是一个风险。因此，需要密切监控非银行部门的信贷扩张。中国非银行金融机构经常借钱给银行贷款受到严格控制且容易发生监管套利的部门，如地方政府投资公司和房地产开发商。此外，许多非银行部门的新产品存在严重的资产负债期限错配，这在危机时将会给为他们提供资金支持的机构带来风险。

向宽松监管环境的转变还需要更好地保护存款人和中小投资者。对于银行，尤其是小银行，存款保险是必要的。对于非银行产品，需要进一步实行资产多元化，以降低投资者面临的违约风险。此外，在投资高收益产品时，投资者需要明白有可能出现损失，正如2014年3月全国首例企业债券违约的发生。

由于贷款额度已经存在多年，放松监管很可能会导致经济中均衡利率的增加。虽然这将有利于家庭储蓄，但一旦对汇率市场的干预按目前的计划基本结束，它也可能对汇率造成上升压力。谨慎按顺序实现资本账户自由化能避免这种风险。特别是，国际经验表明，组合投资的流出自由化往往在此过程中会最先实现。改善金融机构的披露和加强金融消费者保护的努力应当继续保持，同时还应开展提供民众金融知识的活动。

2. 主要政策建议

①建立存款保险制度。

②对向公众发售的投资产品提出更多地组合多元化要求。

③防范人为降低银行资本充足率的监管套利。

④通过建立逐渐收窄的银行间短期借贷利率走廊，转向使用利率来调控经济。

⑤按顺序实现资本账户自由化，从而限制汇率升值和国内与国外之间的借贷套利。

3. 经合组织的工作

经合组织基于高透明度、信任和诚实的理念，推动以市场为导向的高效、开放、稳定和健全的金融体系，其基础是透明、信任和完整。它监测和调查当前的市场发展和结构变化，并评估和开发相关的银行、证券和机构投资者（尤其是保险公司和私人养老金计划）的改革措施。此外，它促进政策对话和经验交流（可从 www. oecd. org/daf/fin 获取更多信息）。

中国参与了经合组织/亚洲开发银行研究所的亚洲资本市场改革圆桌会议，经合组织公共债务管理全球论坛，以及经合组织/世界银行/国际货币基金组织全球债券市场论坛。中国是经合组织金融教育国际网络的成员，并正在开发金融教育的国家战略。中国也参加了第一届亚洲金融消费者保护圆桌会议，并为 G20/OECD 金融消费者保护工作组的工作做出了贡献和支持。

十、强化地方政府的财政责任

1. 挑战

自 1994 年财税改革以来，中国地方政府的财政收入增速就一直落后于中央政府。尽管如此，绝大部分公共支出仍由地方政府承担。因此，中央政府将其 85% 的税收收入转移给地方政府，尤其是省级政府。而后，各级政府再将资金逐级向下拨付。总体而言，地方政府高度依赖中央税收收入的转移，这部分资金达到了省地级政府税收收入的 2/3，是区县级政府税收收入的 2 倍多。地方政府在征税能力方面几乎没有自主权。事实上，与其他国家相比，中国的地方政府税收自主权最低，但支出责任最大（图 10）。

地方政府有权出售自有资产，包括城市的全部土地。由于政府不能将出售住宅土地使用权所得的利润用于刺激消费，因而这部分资金便成为支持地方基础设施建设的主要资金来源。2009 年，土地销售收入（减掉补偿金和改造成本之后的净收入）占到地方政府总收入的 10%，而地市一级则达到 17%。房地产市场飞速发展进一步推高了这一比例。从经济角度来看，通过土地增值来为交通运输和其他市政设施提供资金合乎情理，但目前在实施过程中会面临诸多重要挑战（见本报告第二部分）。

总体而言，对地方政府要遵循的财务规定较为保守，但相关限制容易被规避。

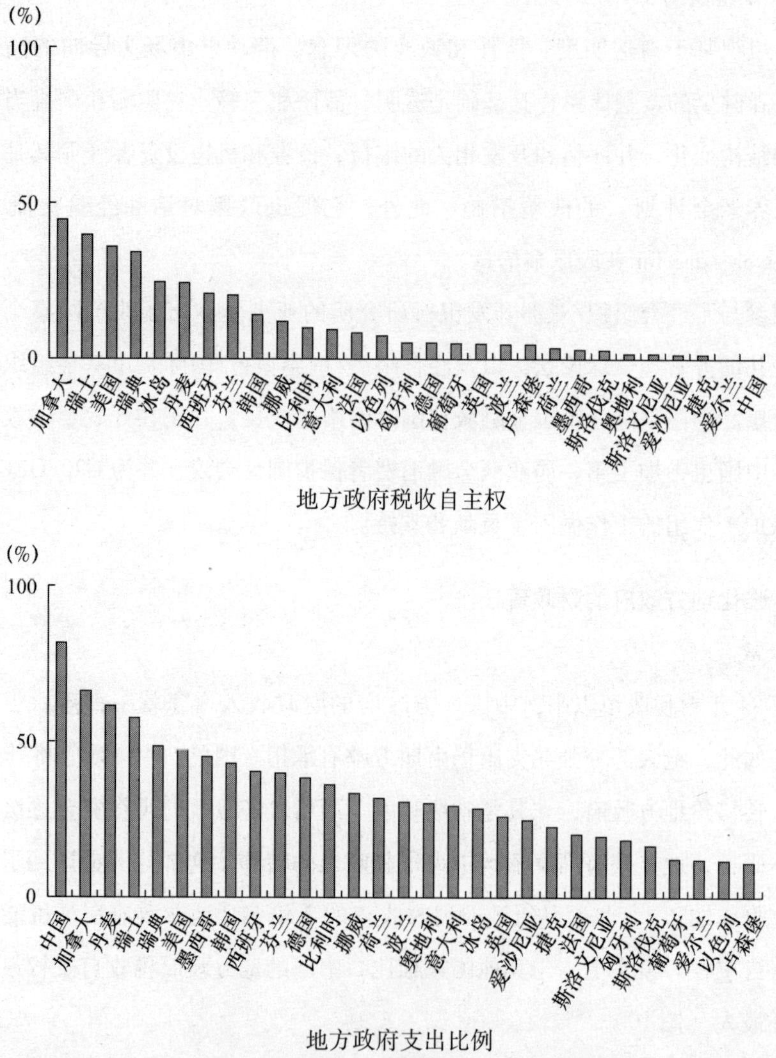

图 10　地方政府的税收自主权和支出状况

注：①中国的数据仅限中央政府数据，且不包括社会保障制度。②地方政府税收自主权为地方立法确定的税收收入占政府总体税收收入的比例。③地方政府支出比例是以占政府总体支出比例的方式表达的。

资料来源：经合组织，Fiscal Decentralisation database（财政分权数据库）。

地方政府通过中央政府能够获得的借款非常有限，尽管它们可以利用现金结余进行举债。不过，名义上独立于地方政府的事业单位还是可以自行借贷的。同样，地方政府全资所有的投资公司也借助贷款为建设项目提供资金。由于金融市场发展滞后，多数此类借贷的还款期都低于五年，因而在投资项目周期内需要频繁地再融资。

中央政府面临的第一个挑战是确保地方政府举债的可持续性，因为2013年上半年地方政府的借贷需求已高达GDP的4.5%，而且负债比率较高。根据债券招募说明书显示的数据，4省市（天津、重庆、青海和上海）的负债比率介于本地GDP的60%到75%之间；而在市场化程度较高的省份，总体负债比率在10%到25%之间（山东、广东、福建和浙江）。这些数字表明，第一组省市债务/税收收入比接近5，而第二组省市则不到2。在经合组织地区，各国的未加权平均水平为2.3。中国各个省市的差异表明，过度借贷更多的是个政治选择的问题，而非当前政府构架的固有特点。但是，有必要在地方债务不可持续的地区建立一个解决机制。及时发布各级地方政府的债务数据有利于提高透明度。另外，如果地方政府（包括目前所有的预算外机构）采用统一的权责发生制会计系统，地方负债状况将会更加明朗。在一个财年开始前三个月而非现在实行的在财年开始后三个月制定预算，也符合国际最佳实践。

另一个挑战是让中央和地方政府的税收收入实现更好的平衡。现行的做法造成资金频繁流动——各省税收收入上缴中央政府，再由中央政府以转移的形式返还地方。这就需要变更税收分摊系数，或增加非专项转移的金额，因为地方政府可能比中央政府更清楚本地的问题。

2. 部分政策建议

①建立地方政府总债务解决机制。

②确保地方总体借贷的可持续性。

③推动地方政府引入权责发生制会计系统并整合预算外机构，每季度向上级报告并公开发布数据。

④允许地方政府保留更大比例的税收收入，提高中央政府对地方政府非专项转移的比例。

⑤针对基础设施建设开发贷款期较长的贷款项目。

3. 经合组织的工作

经合组织通过其高级预算官员委员会和经合组织财政网络开展财政责任方面的工作，前者的使命是推进政府会计核算结构的现代化，而后者则着重分析各级政府之间的关系。与两者的紧密合作将有助于中国实现强化地方政府财政责任的改革。

更多阅读资料

[1] Herd, R., V. Koen and A. Reutersward (2010),《处于过渡期的中国劳动力市场：就业创造、流动及监管》，经合组织经济处工作文件第749号。

[2] Herd, R., Y-W Hu and V. Koen (2010),《为中国民众提供更好的养老保障》，经合组织经济处工作文件第750号。

[3] Herd, R., T. Chalaux, V. Koen and X. Wang (2013),《中国的包容性城镇化政策》，经合组织经济处工作文件第1090号。

[4] Hill, S. (2013),《中国为实现更加干净、健康的环境而进行的改革》，经合组织经济处工作文件第1045号。

[5] 国际能源署 (2013),《新兴经济体的能源投资和技术转让—巴西和中国的案例》)。

[6] Koen, V., R. Herd, S. Hill (2013),《中国迈向繁荣之路：避免中等收入陷进的改革》，经合组织经济处工作文件第1093号。

[7] 经合组织 (2010),《中国经济调查》。

[8] 经合组织 (2012),《聚焦中国：经验与挑战》，经合组织出版社，巴黎。

[9] 经合组织 (2013),《中国经济调查》。

[10] 经合组织 (2013),《中国的城镇化及绿色增长》，经合组织地区发展工作文件2013/07。

[11] 经合组织/粮农组织 (2013),《养活中国：未来十年的前景与挑战》,《农业展望2013-202》。

[12] Wang, X. and R. Herd (2013),《中国财政收入分配及财政转移制度》，经合组织经济处工作文件第1030号。

第2章

中国与世界经济增长：2014年及中长期展望

朱光耀

财政部副部长

2014 年世界经济金融形势

对 2014 年世界经济金融形势最权威的判断是习近平总书记在 2013 年底中央经济工作会议上指出的，2014 年中国发展的外部经济环境十分复杂，充满了不确定性。今年以来，全球经济发展的态势充分印证了习总书记的预见。全球经济的不确定性主要来自以下六个方面。

第一，美联储未来货币政策走向。3 月 20 日，美联储宣布将进一步调整货币政策，并对此做了三点政策说明。一是继续推进量化宽松货币政策退出的进程，购买资产的规模进一步缩减至 550 亿美元，其中包括 300 亿美元的美国国债和 250 亿美元的企业债券。按照当前进程，美联储预计将于今年 10 月完成量化宽松货币政策的退出。二是 6.5% 的就业目标不再作为美联储调整联邦基准利率的唯一前瞻性指引目标。美联储将以一个更全面的包括劳动力参与度、劳动力成本等在内的指标体系替代 6.5% 就业率的单一目标。三是美联储探索新经济形势下提高美国联邦基准利率的可能性。根据美联储主席耶伦近期的表态，美联储预计在完全退出非常规货币政策之后的 6 个月内启动升息进程。这将对美国经济和世界经济产生重大影响。美联储货币政策回归常规并改变当前极低的利率水平，一方面反映出美国对其经济基本面的信心，这是一个利好消息；但另一方面美国货币政策的调整将对全球经济和全球金融市场产生重大的外溢效应。

第二，欧洲经济形势仍面临挑战。今年以来，欧洲经济复苏迹象明显。欧洲昨天发表的政策宣言标志着欧洲在统一金融监管体系方面取得了重大进展。这些都是欧洲自身努力的结果。但是，欧洲的结构改革尚未到位，特别是一些国家的社会承受能力面临新的挑战，值得高度警惕。欧洲经济的全面复苏进程仍然任重道远。

第三，日本经济发展充满不确定性。从今年4月1日起，日本将把消费税税率从5%提高到8%。这是日本政府应对高负债率的必然选择。目前，日本国债占GDP的比例仍处于250%的高水平。有经济学家预测，日本要实现财政的可持续性，需把消费税税率提高到25%～30%的水平。但是，提高税负对于任何国家而言都是一个艰巨的挑战。日本政府为避免消费税税率的提高对国内经济产生过大冲击，拟同时实施5万亿日元的经济刺激计划。日本政府过去历次经济计划均未曾有过完整的实施结果。所以，日本此次经济刺激计划能否完整实施将面临新的挑战。作为安倍政府“第三支箭”的结构调整将取决于日本与美国关于跨太平洋伙伴关系协议（TPP）的谈判进程，其中的一个重点领域就是日本农业。这将给日本的政策体制带来挑战。在这种情况下，如果美国行政当局不能得到美国国会关于TPP谈判的快速授权，日本将很难在谈判中亮出最后底牌。

第四，新兴市场经济发展呈分化的走势。从2013年5月美联储宣布开始研究退出量化宽松货币政策起，新兴市场的金融市场就随即出现巨大震动。近几个月来，一些新兴市场国家加大了结构调整力度。其中，印度、巴西、印尼的经济有明显改善，但也为结构改革付出了重大代价。而另一些新兴市场国家，如土耳其、南非和俄罗斯在结构改革问题上面临巨大困难。新兴市场国家的经济出现了分化的走势。

第五，新的地缘政治的冲击。当前，乌克兰局势为乌克兰经济、俄罗斯经济、欧洲经济乃至全球经济带来重大不确定性。国际货币基金组织正在研究对乌克兰的救援计划。目前来看，要维持乌克兰经济和金融的稳定至少需要300亿～350亿美元的援助。但是，国际货币基金组织要就此形成决议将经历非常艰难的过程。同时，乌克兰在接受附加政策条件方面也面临着新的重大考验。现在，地缘政治风险对全球经济形成新的挑战。

除了以上从国别角度来看的五方面不确定性外，全球经济还将面临第六个方面的不确定性，即来自国际宏观经济政策制定和协调方面的不确定性。首先，宏观经济政策目标制定上存在不确定性。二十国集团财长和央行行长会建议，根据现有经济预测，在未来五年全球经济增速将额外提高2个百分点。这个预测结果很积极，但是能不能实现存在不确定性。其次，各国宏观经济政策的制定存在不确定性。在非常规货币政策退出之后，财政政策将发挥重要的刺激作用。但是，采取怎样的财政政策及如何实施存在不确定性。第三，国际货币基金组织治理结构改革存在不确定性。目前，国际货币基金组织对欧洲的贷款规模占其全球贷款总规模的80%以上。在贷款业务过度集中于欧洲的情况下，国际货币基金组织如何对乌克兰实施救助，如何对未来全球其他地区可能发生的危机进行救助都存在不确定性。而国际货币基金组织治理结构改革面临的更大的挑战是其2010年改革方案能否在今年顺利通过；美国能否按照今年2月G20财长和央行行长悉尼会议要求的，在今年4月国际货币基金组织春季会议前批准国际货币基金组织改革方案。我们希望美国国会届时能够做出理性的决定，国际货币基金组织的改革方案最终能获得真正落实。

刘世锦

国务院发展研究中心副主任

中国经济 2014 与中长期展望

首先向大家表示感谢！大家能到这个分会场来，说明对这个议题感兴趣。有些听众也许还记得，去年在这个会场里边，我们讨论过中国经济中长期增长前景，而且发布了一本书，书名是《中国经济增长十年展望》。今年，我们还将做类似的事情。不过，去年的主题是“寻找新的增长动力和平衡”，而今年则是“在改革中形成增长新常态”。这也是国务院发展研究中心经济增长研究团队的一项成果，该研究以十年为期，而且在把握中长期趋势变化的前提下，观察短期经济增长的变化。

2013 年年中经济出现了回升或者说是反弹。对此，一种观点认为中国经济又重回高增长的轨道。但是，本书的观点是这仅仅是短期的反弹。另外，2013 年中国经济发生了一些具有中长期重要意义的变化，这些变化对未来增长前景有什么样的影响，这都是在座各位非常关心的问题，也是我们这本书试图想给大家回答的问题。与去年相比，今年我们根据过去一年所发生的新变化，对十年增长的框架进行了修正。而且，对一些出现的新问题和新现象进行了专题探讨。

首先，我简单概括一下这本书的结论。中国经济由高速增长向中高速增长阶段转换的态势，在过去一年从更多方面得到了验证。增长阶段转换是我们在三年前提出的基本判断。我们认为，增长速度的变化只是一个表象，更深层次的是中国的需求结构、产业结构、经济增长动力已经或正在发生着具有转折意义的变化。值得关注的是，随着这种变化，中国经济能不能比较顺利地过渡到一种新的所谓中高速增长稳定期，也就是如何通过改革进入所谓“新常态”。该书对中国经济中长期的增长趋势和特点进行了分析，然后在这个基础之上，对中国经济今后十年的增长前景进行了分领域预测，并对应该推动的改革进行了讨论。

然后，我再简单介绍一下这本书的具体结构。导言部分集中概括了本书的一些重要观点，核心是如何平稳地转入经济增长的新常态；接下来是宏观综合部分，这一部分对宏观变量的中长期预测结果进行了调整，然后从需求、供给、产业、区域和城市化以及资源环境等方面进行了分析。其中需求包括城镇住房、基础设施、汽车、出口，供给包括人力资本、创新、全要素生产率、汇率，产业涉及农业、制造业、服务业、金融，区域和城市部分重点是城镇化，资源环境部分则探讨了能源、水资源、土地、碳排放等问题。

接下来，我想重点讲一下经济增长速度变化背后的一些关键变化。一是需求结构发生了转折性的变化。消费率从2000年开始就已经开始下降；但到2012年，消费率又超过了投资率。二是2013年服务业的比重超过了第二产业的比重。30多年来第一次发生这样重要的变化。三是就业对经济增长下滑的容忍度有所提高。2008年以前，GDP增速每提高一个百分点，带动的城镇新增就业量不足100万。但到2013年，带动就业量超过了150万人。这也是为什么我们中国的经济增长速度虽然有所下滑，但就业状况并没有恶化，相反有些地方还出现了所谓“招工难”的问题。四是在经济增长回落的过程中，通胀基本稳定。去年CPI涨幅为2.7%，PPI负增长，这主要是和我们重化工业的产能过剩，和国际大宗商品的低迷有直接关系。第五点，也是我想特别强调指出的是，企业的盈利状况基本稳定。这一点是非常重要的，因为中国经济过去往往表现为所谓的“速度效益型”经济。也就是说，中国企业凡是盈利状况比较好的时候，都是经济增速在10%或者更高的阶段，一旦速度降下来，企业盈利状况就会变差。不过，2013年以后，情况发生了很大变化。速度虽然降低至7.7%，但是企业盈利水平并没有明显恶化，保持了基本稳定。具体来看，是企业亏损面没有扩大，利润增幅也基本上和2012年持平。这些都说明，我们的企业可能已经开始适应中高速增长阶段，在控制成本、开发新产品、开拓新业务领域方面已经取得了一定的成效。

我们从东部区域的变化当中也能找到一些积极的迹象，表明这些地区的企业已经开始逐步适应中国经济由高速增长转向中高速增长的过程。应该讲，东部地区增速首先下来，是比较合乎逻辑，因为增长速度先上去的是东部地区，所以要下来的话基本上也是他们先下来。国际经验表明，典型的追赶型经济体达到11 000国际元

(1990 年 G-K 国际元）左右时，经济增速开始回落。中国东部发达地区实际上已经超过了这个值，所以过去两三年东部地区增长速度开始下降是比较正常的。现在这些地区的增速已经到了7%左右，基本上稳住了。这对判断整个经济增速是否稳住很有意义，因为东部地区经济比重超过50%；而且东部地区如果稳住了也就预示着中部和西部可能在未来两三年时间基本上也能够稳住。

对经济增长阶段转换的共识也在不断增加。2013 年 10 月份国务院发展研究中心曾经做过一次企业调查，大部分企业都认为7% ~7.5%的增长率是比较恰当，而且他们认为五年以后可能还会继续下降。去年，有几个省份 GDP 的增长速度比规划的速度或者预期速度要低，过去这种情况很少发生。到今年，大部分省份都调低了对 2014 年 GDP 增长速度的预期。

考虑到上述结构变化，我们对未来十年的增长进行了滚动更新。去年的预测区间是 2013 ~2022 年，今年则是 2014 ~2023 年。根据 2013 年发生的变化，我们调低了未来十年增长的路径，幅度大致是 0.5 个百分点，下调的主要原因是对出口和投资的调整。2015 年 GDP 增速可能降至 7%左右，到了 2020 年可能就是 6%左右。从结构来看，消费结构我们认为还将继续上升，到 2023 年预计会上升到 60%，投资率则降至 35%左右；服务业比重上升到 57%，服务业就业人数比重也接近 50%。

上述判断是否合理，关键回答中高速增长阶段的稳态增速是多少。我个人，或者我们课题组认为，目前这个稳态还没有达到，所以还会有一个探底的过程。我们希望 6% ~7%左右的经济增速能够持续五年或者更长时间，这样的话 2020 年的时候就有可能实现全面建成小康社会的目标。从国际比较的角度来看，同时还可以实现其他两个目标。一是按现价美元来算，中国 GDP 的总量很可能会接近甚至超过美国；二是人均收入水平会迈过高收入国家的门槛。

可以用“中高速的稳定增长期”，或者“经济增长的新常态”，来刻画这一阶段的特征。或者用比较通俗的说法，就是“六可”，企业可盈利、财政可持续、就业可充分、风险可控制、民生可改善、资源环境可持续。这些都是我们要争取达到的目标。

但也要看到，在经济潜在增速下滑的过程中，宏观管理面临的形势也是比较严峻的。今年 1 ~2 月份有些数据让大家感觉到中国经济下行的压力还是比较大的。书中用比较大的篇幅分析了中国经济目前所面临的风险，比较突出的主要有四大风险：流动性风险、房地产泡沫、地方债务风险、产能过剩。这四大风险通过影子银行、土地、地方融资平台、国有企业等渠道相互交织，形成一个风险平分的平台。

如何才能保证经济转入经济增长的新常态？我们认为还是要加快改革。书中列出了一些重要的措施，包括分类清理地方融资平台、破除行政性的垄断、提高非贸易部门的效率等。中国经济需要提质增效。我们做过调查，要改善中国企业盈利水平的关键是要降低成本，这包括劳动力成本、土地成本、资金成本、流通成本等，而要降低这些方面的成本，关键问题还是要推动相关领域的改革。要进一步加快对外开放，特别是服务业的开放。金融、教育、医疗、文化等服务业领域开放的潜力很大。需要注意的是，对外开放的同时也要对内放开。还要加快创新，要按照市场竞争和需求导向更有效地配置政府研发资源，形成一批创新型的行业龙头大企业和大量的创新型中小企业，形成具有强大创新能力的城市或者区域。

2014 年，中国政府增长目标是 7.5%。我们认为中国经济能不能保持比较高的增长，关键还是看投资增长。现在如果说要有 7.5% 以上的 GDP 增速的话，投资的增长速度最起码要达到 17% 或者 18%，这个方面现在看来挑战是比较多的。居民消费和物价的水平会保持稳定，就业压力总量不会很大，但大学生就业矛盾依然突出。三中全会文件当中提到了很多措施，现在关键是要落实。通过落实这些措施，可以确保今年的中国经济还能实现比较稳定增长，今后三五年进入所谓经济增长的新常态。

刘培林

国务院发展研究中心发展战略和区域经济研究部副部长

我从需求的角度来展望一下未来中国经济的前景。我们课题组想传达的信息，包括这样几个方面。第一，中国经济增长速度由高速向中高速增长阶段转换，是一个规律。第二，这种符合规律的增长阶段转换，其实是中国以往的经济发展比较成功的标志。第三，虽然中国经济增长速度要下降，但今后一段时期的增长速度从国际比较的角度看，仍然将是比较高的速度——虽然和中国过去比有一定的下降。这种背景下，重要的是积极识别新的增长阶段上的增长潜力在哪里。这是我们的研究想要回答的问题。

下面重点围绕城镇住宅、基础设施、汽车和对外出口这四个主要的需求方面，展开分析。

先报告城镇住宅。我们根据国际经验进行类比，推算今后十年中国需要净增加 1 亿套住房，如果考虑住房的更新和折旧，则总共大概需要 1.25 亿套住房。十年以后中国的户均住房大约 1.05 套到 1.1 套，将达到发达经济体的水平。

我们预计中国住房的每年新开工量峰值，大概在 2015 年之前会到来。基于这样的推算，中国城镇住房投资的实际增速在“十二五”时期的最后两年估计会降到 10% 以下。这个降低趋势会延续到“十三五”期间。“十三五”到 2020 年以后城镇住房投资的增速很可能会进一步降低到 5% 以下。当然降到 5% 之前还有连续 10 多年的增长潜力，仍然是比较大的增长空间。

此外，城镇住宅的明显特点是，随着人口流动和城镇化分布格局的变化，未来东部地区会集中更多的住房。

接下来分析基础设施。基础设施是投资中的重要方面。我们知道中国东部有许多地区与同等发展阶段的经济体相比，基础设施已经达到比较高的水平了。中国未来基础设施主要建设潜力应该是在中西部，中西部今后的基础设施投资还会有一个增长过程。随着这个过程的完成，中西部基础设施水平和东部的差距会缩小。一些具体的预测我就不报告了。未来基础投资的重点有这样几个方面。东部地区是城市群的互联互通以及流动人口市民化以后引发的公共服务投资需求；中西部地区是要完成基础设施的追赶和补课，比如交通基础设施、城市的生态建设、国家的重大能源和资源工程的配套等等。不过，要看到，目前的基础设施建设已经引发了所谓地方融资平台这样一个严峻的风险，今后需要构建以地方债和政策性金融体系为核心的新型投融资模式，以便更好地释放未来基础设施投资的潜力。

另外一个重要的需求来自汽车方面。参照韩国人均汽车保有量的增长轨迹，可以看到中国的人均汽车保有量未来仍然会增长，但是增长速度会比前一个阶段放慢。参照其他发达国家人均汽车保有量增长轨迹，大致也能够得到类似结论。我们预计 2014 年汽车产量将达到2 350万辆，大概十年以后中国汽车总保有量 3. 4 亿辆，人均大概 230 多辆。

还有一个重要的需求来自中国的出口。中国现在已经明显呈现出的一个特点是，传统产业竞争优势明显减弱，欧洲和美国市场上，中国出口占有的份额已经持平很多年。接下来中国需要培育新的竞争优势。在培育新竞争优势方面，我们已经观察到新的积极迹象，比如通用设备、运输设备的出口增长趋势已经开始显现，但是总体规模和拉动作用还比较小，还需要今后进一步的政策来培育。

最后谈一下资源环境问题。中国能源已进入一个新常态，这个新常态的特点，一是能源增速比以前放慢，今后大概每年能源需求增长4% ~5%；另外一个特点是能源消费结构将继续优化，煤的比重会下降，而更加清洁的能源比重会相应上升。

何建武

国务院发展研究中心发展战略和区域经济研究部研究室副主任

我主要从三个方面做一下补充，主要是供给侧和行业以及区域方面的我的同事做的研究。

首先，是我们研究中观察到最近这些年增长阶段转换过程中供给侧内在机制的变化。过去的这些年劳动力转移对中国经济增长起着很重要的作用，但是最近一些年出现了一些新的变化。我们研究发现，2008 年左右中国的刘易斯拐点已经出现了。农民工的工资在此之后出现了台阶式增长，明显从以前的 6% 左右的增长上升到 10% 以上，甚至 13%；另外我们发现农民工的工资和城镇职工工资的差距在 2008 年之后缩小，从 70% 下降到 40% ~50%；还有，农村剩余劳动力的供给弹性也都出现了很大程度的下降。这些现象都说明了刘易斯拐点已经出现。

尽管已经出现了刘易斯拐点，但是跟韩国、日本、中国台湾相比，我们农业劳动力比重明显高于这几个经济体，也就说明我们在整体上劳动力数量下降的同时出现了结构性的问题。不仅如此，我们发现新增劳动力结构上也出现了新的变化，以前城市新增劳动力主要是农村转移的劳动力，也就是通常所说的农民工，但是现在这些年，尤其从 1999 年高等院校扩招以后，我们发现新增劳动力主体为应届高校毕业生，近些年比重超过 50%。

除了劳动力转移，过去经济结构的调整也对中国经济效率提升起了非常重要的作用，但是近几年结构调整对经济效率提升的贡献在下降。这些方面都说明了我们经济增长在转换过程中内生机制出现了变化。

下面我就汇报一下从未来在迈向新常态的过程中行业和区域有什么趋势，我们从哪些方面可以培养出新的动力。

从制造业来看，我们发现制造业内部已经出现分化，传统的以资源为基础的重化工业的增长有所放缓，同时我们发现技术密集型制造业的增速有所提升。这种结构变化是很好的，与国际经验比较吻合。但是从未来的发展来讲，制造业还有很多的工作要做，比如说制造业效率的提升。我们发现制造业内部不同部门之间要素的配置仍然存在很大的扭曲，无论是国有企业还是非国有企业，大企业还是小企业，我们发现都有扭曲；而且跟美国比较，我们发现我们行业之间的要素配置扭曲程度要远远高于美国，说明我们还存在很大改进的空间。

从服务业来说，去年已经出现比较积极的变化，我们发现以金融业为代表的生产型服务业比重上升了0.5个百分点，服务业未来的增长空间刘主任已经说了。根据我们对未来的分析，如何促进服务业的发展是面临的重要任务。我们同事做了一个研究发现，2012年实行的营改增改革对服务业发展起到了促进作用，这个改革对降低服务业税负起到了很好的推动作用。

从城市化角度来讲，尽管我们城市化的数量已经上到一个台阶，但是质量有待改进。我们发现地方政府的不当干预对城市化起到了不好的作用，我们也提出了一些相应的建议。

海 闻

北京大学校务委员会副主任；汇丰商学院院长、教授

根据题目谈两个时间段的问题，一个是2014年，一个是中长期。2014年宏观经济指标大家很清楚了，我想评论两点。

第一是关于GDP7.5%的目标。通常我们政府经常定目标，但是今年定的目标跟以往定得有一点不一样。以往定的目标通常只是一个信号，说大家不要都去集中在GDP，而实际跟目标相差距离比较远，比如前两年都是7%、7.5%，实际上达到8、9；今年不仅仅是一个信号，同时也是比较反映一个客观的现实。为什么今年的GDP在7.5%是比较符合现实呢？我觉得有几个原因。第一，我们现在正处在一个结构调整期。大家可以看到现在产业结构正在调整，一是制造业内部的结构调整，从现在低端的劳动密集型正在向高端的资本密集型、技术密集型发展；二是从制造业向服务业的调整，这个调整像火车在换轨，速度要降一些，所以从这个意义上来讲，7.5%我觉得是比较合适的目标。还有就是可以看到政府本身趋于更加尊重市场。上届政府可能一看经济下来了就赶紧用刺激政策，经济热了马上就打压，这届政府一年多的执政以来，比较沉得住气，更多让市场调节，尽管经济有下行趋势，但是不会出台更多的刺激政策，更多是按照市场的发展规律发展。前年、去年都是7.7%左右的增长速度，今年7.5%左右也是很正常的。这是对于GDP增长目标的评论。

另外一个评论，我们的目标是失业率保持在4.1%。这个目标包括刚才讲到的，我们要创造1 100万的就业机会，我认为这个目标是可以达到的。但是这个目标没有意义，为什么？我们的失业率只包括城镇户口的城镇登记失业率，而我们劳动力

本文根据会议发言记录整理，未经本人审定。

很多人没有包括在里面。现在我们城镇化率是53%，但是户籍率只有35%，也就是说有18%的人口在城镇里面居住和公布，但是没有被政府的雷达扫到。创造就业机会1 100万，我们每年新增的移民800万~2 000万左右，如果从就业这个目标来看，农民工的就业算不算就业问题？在我们就业指标里，是否包括农民工的就业问题？我们有18%的人口没有包括在里面，是2.5亿，正好是农民工的数字。所以我说这个就业目标肯定可以达到，但是意义不大，为什么？即使我们在金融危机的时候，非常有意思的是2009年全球金融危机各个国家失业率上涨，唯独中国失业率不但没有上涨而且比2008年低，说明什么？说明我们现在的失业率指标根本不反映中国的实际情况。这是我对2014年宏观指标的评价。

再谈中长期，就是我们要进入一个中长期的发展速度，这个速度到底是多少还没有进入常态。这个7.5%是不是常态？可能有人认为还不是常态，还是高的，常态会更低。当然我比较乐观，我认为7.5%是调整期，可能调整以后我们会恢复到8%左右，但是我相信十年内低于6%的常态是不正常的，如果低于6%一定会出现问题。我认为中国这个调整期百分之七点几是可以理解的，但是我认为至少10年内还会保持8%左右，为什么这么说？第一我们中国仍处在起飞阶段，发展经济学里面罗斯托有一个起飞理念，就是一个国家从传统经济到现代经济有一个起飞阶段，这个起飞阶段有两个重要的变化，一个是产业结构的变化，我们现在产业结构还有很长的路要走，服务业只有40%多，发达国家都是70%以上，所以起码产业结构要有很大调整。还有社会结构调整，城镇化，没有一个发达国家的农民是超过5%的，我们现在还40%多。从这两个调整阶段来看，中国起码还有一二十年的增长才能完成起飞阶段。韩国大概有将近40年起飞，像中国这样的大国起码50年以上。那么经济增长动力来自什么？来自于城镇化和产业结构的服务业。另外一个问题，我们现在的统计也需要更正。我们现在统计基本上是建立在工业社会假设上的统计，很多新型的服务业没有统计进去，比如说互联网里的很多服务，所以将来我相信根据新的产业结构，会把我们现在没有统计的服务业的附加值都统计出来，这样的话我们的GDP会比现在更高。

马丁·费尔德斯坦

美国哈佛大学教授；美国总统经济顾问委员会前主席

2014 美国经济形势展望

我认为现在是展望美国经济的关键时机，因为许多影响其前景的因素发生了变化，而且政策环境也在转变之中。

首先，我想谈谈对于美国经济前景的看法。每年在这个早餐会上，我都对美国的长期前景持乐观态度，因为美国是一个充满活力的社会，创业家的人数不断增长，创业精神得到金融市场的支持，而且美国拥有全球一流的研究机构和大学，等等。但每年我也会对美国的短期经济发展持怀疑态度。美联储和美国政府常常预测美国的经济增长会在今后几个月或几年达到3% ~3.5%的增长率，我认为这种判断过于乐观。我曾说过如果我们运气好的话，实际 GDP 增长能达到2%。不幸的是，这个判断比美联储的预测更准确。2010 ~2012 年的三年间，美国的经济增长率都在2%左右徘徊，可以说经济复苏相当疲软，它用了整整五年才将人均实际 GDP 提升到经济下行前的水平。失业率下降的主要原因是找工作的人数在下降，所以美国的实际情况并不理想。

不过现在我对 2014 年的经济前景非常乐观。我认为今年的 GDP 增长会接近3%，而不是2%。为什么今年的经济增长会相对强劲？主要原因是家庭财富有所增加。去年在美国股市向好和房产价值上升的共同作用下，家庭财富于 2012 年 12 月至 2013 年 12 月之间增加了 10 万亿美元，这个数字相当庞大，比半年的 GDP 水平还高。过去的经验告诉我们，家庭财富增加时，消费水平也会水涨船高。家庭财富每增加 100 美元，每年的支出会增加 4 美元，年复一年均是如此——这就像一条经验法则。所以家庭财富增加 10 万亿意味着消费支出上升4 000亿，超过了 GDP 的

2%。目前家庭财富对支出的影响已经显现出来，如家庭储蓄在税后收入中的比重从6%下降到4%。可以说增加的部分家庭财富已经用于支出，而且将在未来数年里维持这种趋势。

我对今年的经济形势比较乐观的第二个理由是，增加税收和短期减少政府支出造成的财政阻力不复存在。去年美国调高了个人所得税和工资税的税率，大幅削减政府支出，特别是国防预算。在第三和第四季度，联邦政府支出的年度增长减少了四个百分点。不过，2014和2015年不会再出现这种情况了。近期国会已经通过这两年的预算，宣称不会在这两年里增加税收，也不会继续削减联邦支出。所以今年第一季度的数据显示，联邦支出的前景比过去好了很多。此外，地方政府的支出占到美国政府支出的1/3。过去它们的支出受到不少制约，现在也可以适当增加开支了。

因此，在这两个因素的作用下，即家庭财富增加提升了消费支出，财政阻力减少增加了政府支出，我认为今年美国的经济增长更加强劲。近期美国国会达成的预算协议对于短期复苏是一个利好消息，但不幸的是，它并没有解决预算赤字和国家债务日益增长引发的长期财政问题。我担心国会会暂时搁置这个问题，可能到今年晚些的国会中期选举或者2016年的总统大选之后才会有个说法。这非常令人遗憾，因为长期财政问题非常严重，任何解决方案都需要时间逐步落实。现在预算赤字达到GDP的3%，国家债务仍然达到GDP的75%。专注于技术层面的无党派国会预算办公室告诉我们，在未来10年里，由于国债的利率上升，用于老人的支出不断攀升，预算赤字的GDP占比会上升到4%，由此导致债务的GDP占比向100%上升。我们需要达成一个重大预算协议来降低赤字。好消息是只要使赤字的GDP占比略微降低，就可以保证债务的GDP占比显著下降。如果前者的比例从3%下降到2%，那么后者的比例就会下降到50%，这意味着要放缓针对中产阶级的社会福利计划，如资格权益方案、养老金、老人的医保等，限制与政府支出有关的部分减税项目等。我认为虽然华盛顿已经就此达成广泛共识，但迄今为止民主党和共和党之间仍未相互妥协。所以我觉得可能要等到2016年之后才可能取得实质性的进展。

接下来，我想谈谈美联储和它的货币政策，因为这是未来唯一对经济造成影响的政策行动。奥巴马政府试图于2009年和2010年采取一系列财政赤字政策来刺激经济。不幸的是，这些政策的设计有缺陷，虽然暂时推高了GDP，但是最终导致债务的上升速度超过GDP的增长速度。随后政治层面就很难再接受财政政策，一切重担都转移到美联储肩上。2009年上半年，美联储将短期利率——联邦基金利率（即银行隔夜拆借利率）——调低到接近零的水平。低利率未能刺激经济，因为房价对此并不敏感。具体来说，房价下跌时，购房者不会仅仅因为按揭利率调低就出手买房，而由于自身资产负债表疲软且缺乏确定性，银行放贷的意愿也不强。所以美联储开始采取伯南克所说的“非常规货币政策”。它包括两项主要内容：第一项是美联储所说的“大规模资产购买”计划。我们都将它视为量化宽松政策。这项计划购买了大量国债和政府担保的住房抵押贷款证券。第二项内容是通过暗示短期利率未来的走向来提供相关指导，其目标在于压低长期利率，使组合证券投资者将投资转向股票、房地产及其他资产。美联储预测并且希望这会提升这些资产的价格，推高家庭财富，从而提升消费支出。这项政策在刚推出来的前几年无甚建树，但在2013年它的影响显现了出来。所以去年夏天，伯南克主席宣布将逐步减小“大规模资产购买”计划的规模，并在2014的某个时间点停止购买债券和住房抵押贷款证券。这项声明已经在得到落实，美联储不断宣布将每月资产购买规模减小100亿美元。

我认为这个决定非常正确，因为大规模资产购买导致利率长期走低。去年夏天时，美国十年国债的利率只有1.6%，远远低于其4%的正常利率水平。我认为长期处于过低的利率水平会引发美国经济及至全球经济的风险。仅就美国来说，长期低利率会引发以下几种风险：第一是资产价格扭曲。长期低利率刺激投资者购买房产、农场、劣质债券等。他们通常以保证金的形式购买这些资产，以取得高额回报。第二个风险是刺激了放贷者和银行甘于冒险。他们愿意为信用不佳的借款者提供贷款，导致次贷市场再次发展，发放贷款所需满足的条件也大幅缩水。第三个投资风险反映在资产价格和公司并购上，利用衍生品来推高回报率，掩盖投资的真相。

这三种风险的负面影响或许不会成为现实，我们不一定会为它们承担额外的风险并付出代价，因为美国经济在持续扩张。但是一旦经济疲软或增长放缓，那么这些风险就可能引发可怕的后果。伯南克和耶伦一再声明“大规模资产收购”要在它对经济的风险和益处之间达成平衡。我认为近年来，其风险已经超过了益处。所以，放缓这一计划的脚步并且在近期迅速终止它是正确的决定，长期利率已经比去年夏天高出100基点。

“非常规货币政策”的另一个方面是美联储就联邦基金短期利率的未来趋势发布正式指导。美联储的目标是让市场相信利率会长期处于低水平，鼓励投资者购买长期资产，压低长期利率，以推高对房产和证券的需求。当然这种指导对市场的影响作用有多大，我们无从得知，因为与此同时，美联储还在大规模购买债券。我们还看到美联储这种前瞻性指导在随着时间的推移不断变化。起初，美联储声明只是语焉不详地称“我们将在相当长的时期内保持低利率”，那么市场参与者就会揣测“相当长的时期”到底是多长时间。随后，美联储改变了发布信息的方式，明确说“我们要在某一天前保持低利率”。市场参与者就会质疑说“为什么是那一天”。美联储又说“失业率降到6.5%以下后，我们将考虑采取相关措施”。他们并不认为失业率会迅速降到6.5%，因为导致失业率下降的原因不是就业市场供不应求，而是因为积极找工作的人数大幅减少。在美国，那些在过去四周里没有积极寻找工作的人在技术层面不被视为失业人群。所以近期发布的失业率下降到6.7%，接近美联储定的6.5%的基线，美联储不再暗示利率未来将长期保持在低水平。

因此，上周美联储公开市场委员会召开会议时放弃了6.5%这一基准。该委员会由12家地区美联储银行的行长和主席组成。耶伦主席在随后的新闻发布会上发布了美联储审议通过的声明，她只是表示将在就业市场明显改善之前维持低利率和宽松的货币政策。这意味着什么？谁也猜不准。“就业市场明显改善”可能意味失业率下降，可能意味找工作的人数下降，也可能意味长期失业率下降，诸如此类。所以美联储给我们描绘的前景模糊不清。

近年来美联储做了不少奇怪的事情，其中之一是让公开市场委员会的每位成员对未来几年的经济前景和利率走向进行个人预测。如果你看看媒体报道的这些预测，你会发现鸽派和鹰派的意见大相径庭。仔细想想，公开市场委员会的成员对经济前景的观点各不相同，这一点非常重要。媒体透露有人预测联邦基金的利率将于2015年底升上到1%，并于2016年底继续上升到2%。耶伦在新闻发布会上表示，她预测利率将于2015年春天的某个时间点开始上升。这与之前的预测并不一致。她说了一句更重要的话，即“不要太在意委员的个人预测，而是要以美联储的声明为准”。这是什么意思？她的意思是委员会中的多数派、与她意见相同的人会对政策起决定性作用；与主流意见不同的人，即希望采取更宽松或收紧货币政策的人，必须遵从大多数人的意见。她掌握了投票的结果。所以事实上，公开市场委员会的运行相当于所有人在主席的指引下遵从大多数人的意见。许多市场从业者感到迷惑不解。为什么联邦基金利率在2016年底只能达到2%？而公开市场委员会的平均预测结果表明届时美国的通胀率可能为2%，所以实际利率相当于零。即使有预测表明那时候的失业率可能下降到4.5%，相当于美国实现全部就业，为什么联邦基金的实际利率仍然为零？我认为这个问题的答案很简单：耶伦并不认为2016年达到4.5%的失业率相当于全部就业，所以她的目标是在就业市场供不应求的形势更加明显之前保持宽松的货币政策。他们会用各种衡量手段和工资水平来判断就业市场。在过去的12年里，美国的平均实际周薪为零增长，名义工资只上升了1%，所以美国的就业市场疲软但没有通胀压力。所以我认为美国进入了一个货币政策缺乏清晰指导且不确定性极强的时期。

最后，我担心通胀率会迅速上升。美联储没有明确地保证在通胀率上升时收紧货币政策。它没有保证一旦在没有实现完全就业的情况下通胀恶化，自己会显著收紧政策。我想提醒大家注意，在20世纪60年代到70年代初，通胀率攀升的速度非常快。在60年代中期，通胀率为1.4%，和现在的水平非常接近。到了60年代末，它已经从1.5%上升到5.5%，五年后飙升到11%。由此可见通胀率的攀升速度有多快。美联储持有商业银行的高额准备金，需要的时候可以用于借贷，以推高需求。所以问题是，美联储是否会采取行动限制通胀？它们会采取何种措施？我希望美联储能给出一个清晰的答案。

史蒂芬·罗奇
美国耶鲁大学高级研究员

中国的增长转型

非常感谢主办方的邀请，我很荣幸自2000年论坛开办以来就一直在参与论坛的活动。自2000年以来，唯一比中国经济发展得还要快的就是中国发展高层论坛的规模。大家可以看看现在参会的人数达到了怎样的规模。

我们都知道，中国的经济发展正在放缓。从图1可以看到，增长率从历史最高点10.1%下降到今年以及前两年的7.6%。大家都认为中国快要完蛋了，信贷紧缩、影子银行、房地产泡沫还有污染问题都让人倍感担忧。市场上行的时候没有人会提到中国，但当市场下行的时候，大家都会指责中国。

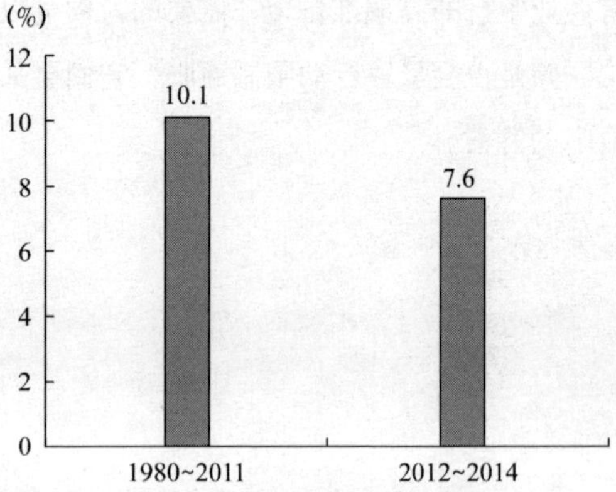

图1　中国的GDP增长率

资料来源：中国国家统计局，2014年的数据由IMF预测（2014年1月）。

目前中国正在进行新旧模式之间的重要转型。我们都知道，结构转型需要很长

根据会议发言录音翻译整理，未经本人审定。

时间。中国的改革也已经推进了相当长的时间，所以现在可以看到经济增长模式出现重大结构调整的初步迹象。我请大家注意表 1 和图 2 描绘的中国三大产业。第一产业是采集业、农业和矿产业，第二产业是制造业和建筑业，第三产业是服务业。从 1980 ~2004 年这 25 年间，第二产业每年的增长速度要比第三产业高出 3 个百分点。从 2005 年开始，两者之间的差距缩小了一半。在过去两年里，也就是 2012 年和 2013 年，第三产业的增长速度首次超过了第二产业，这是一个非常重要的变化。这两张图表告诉我们，中国现在正处于向服务业主导型经济转变的初期阶段。所有成熟的经济体都会经历这样的转变。中国以前以制造业和建筑业为主导，结果经济极度不平衡的问题在过去几年里突现出来。如果中国现在还继续这种增长模式，那就麻烦了，好在中国已经开始转变。

表 1　　特定时间段内中国经济的平均增长速度

年　份	1980 ~2004	2005 ~2011	2012	2013
GDP（%）	9.7	11.0	7.7	7.7
第一产业	4.5	4.6	4.5	4.0
第二产业	11.5	11.9	7.9	7.8
第三产业	8.5	10.4	8.1	8.3
第二与第三产业增长速度差距	3.0	1.5	-0.2	-0.5

资料来源：中国国家统计局。

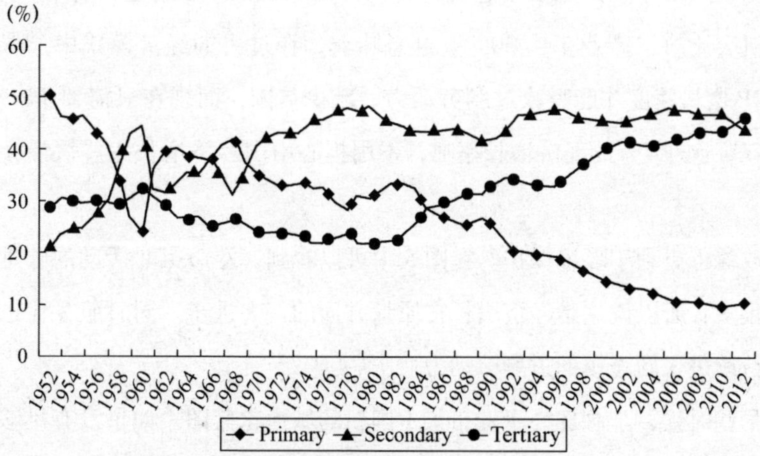

图 2　中国三大产业的 GDP 占比

资料来源：中国国家统计局。

以服务业为主导的经济具备什么成效？首先，这种经济模式有百利而无一害。图 3 展示了中国和其他主要经济体中，服务业的 GDP 占比。

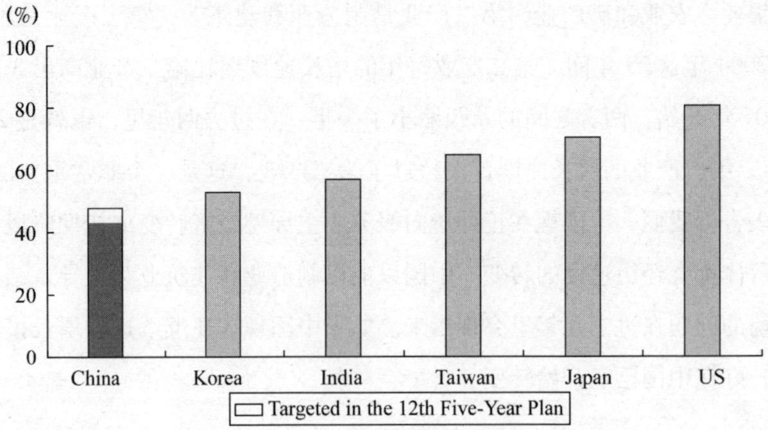

图 3　服务业在 GDP 中的比重

资料来源：OECD。

在三年前开始实行的“十二五”规划中，有人乐观地估计服务业在中国 GDP 中的比重将从 43% 升至 47%。当时有很多人都不相信中国能做到，但实际上这一比重在去年就已经达到 46%。中国能轻松地实现这一目标。不过 46% 或 47% 的比重还是太低了，中国服务业有巨大的发展潜力。关于服务业还有一点被低估了，那就是服务业所需要的人力比其他行业多得多。作为服务型经济，中国无须再达到过去那样的增长速度才能充分吸收过剩劳动力。图 4 表明第三产业每单位 GDP 所创造的就业机会比第二产业多出 30%。这意味着，在过去的经济模式中，需要达到 10% 的 GDP 增长速度才能吸收过剩劳动力、减少贫困，而现在只需要 7% 就行了。所以张开双臂欢迎 7% 的经济增长率吧，不用担心中国经济增长太过缓慢会带来社会不稳定。

经济放缓也更利于环境保护。在图 5 中可以看到，左边工业活动的碳足迹比服务业高出很多，所以说这是经济增长在质量方面的一大进步。同时服务业也可以有效地吸收持续进入新城镇的过剩劳动力。

本周早些时候，李总理终于发布了中国新的城镇化蓝图。如果没有足够的就业机会，那城镇化就不会行之有效，而城镇化过程中的就业主要依靠服务业的发展。因此，服务业和城镇化两者在经济发展过程中相辅相成。中国目前正处于增长曲线的最低点，接下来将会向上攀升，这对中国来说是一个大好机会。所以我对中国的前景非常乐观。中国确实存在很多问题，但每个经济体都有很多问题，尤其是美国。

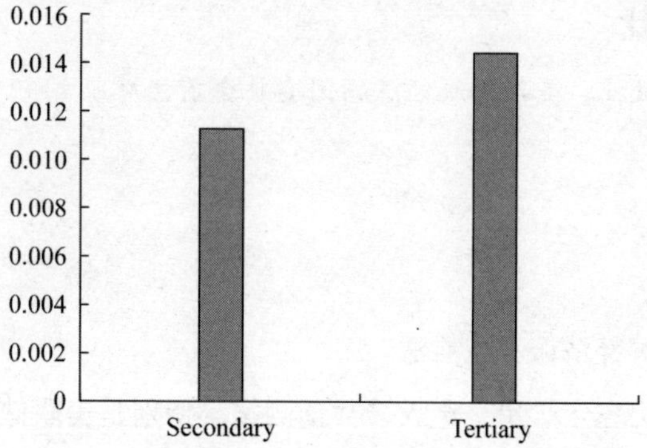

图 4　2009～2012 年单位产出所需的劳动力数量（劳动密集度）

注：劳动密集度指每产出1 000元 GDP 所需的劳动力比值。

资料来源：中国国家统计局。

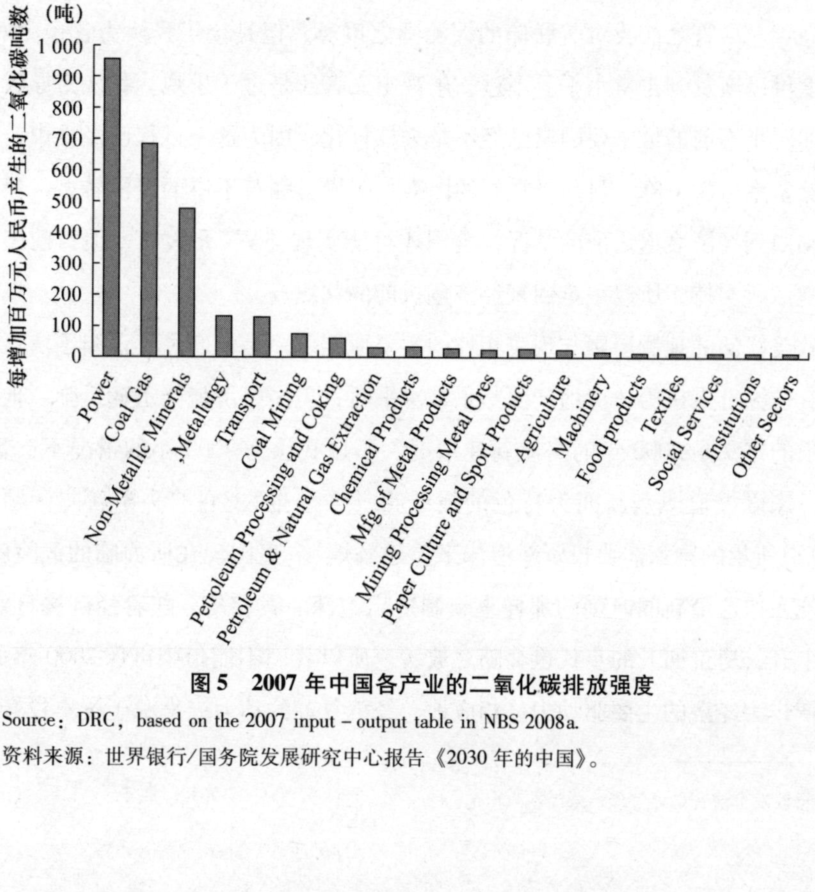

图 5　2007 年中国各产业的二氧化碳排放强度

Source：DRC，based on the 2007 input－output table in NBS 2008a.

资料来源：世界银行/国务院发展研究中心报告《2030 年的中国》。

奥斯坦·古斯比

美国芝加哥大学教授；美国总统经济顾问委员会前主席

首先，我想对美国经济谈三点看法。

第一，至少在过去三年半里，绝大多数预测家，特别是美联储，对美国经济增长率的预测都大错特错。每年他们都预测下一年的经济增长率会回归正常趋势，达到3%以上，但是每年经济增长只有2%或2.5%左右。经济增长如此疲软，美国就业市场的复苏就相当缓慢而痛苦。2014年初，美联储依然预测说今年是经济迅速反弹的一年。尽管之前我对美联储的评测嗤之以鼻，但是今年我认为它预测对了，增长速度可以恢复到正常水平。不过，乐观主义者还是过于乐观。我认为导致美国经济复苏缓步不前的最主要因素已经不是去杠杆化，因为这一过程已经结束，美国的个人储蓄率再次下降。目前更重要的因素是缓慢且痛苦不堪的经济转型。只有当经济活动回到经济衰退之前的情况，美国才可能实现"V"形复苏。但目前美国经济是由泡沫所支持，所以很难回复经济危机前的状况。

导致美联储的预测屡屡与现实相悖的主要原因之一是他们过度预测了房地产的复苏。有一大批人认为，房地产回归正常水平时，美国经济就能迅速反弹。他们对正常水平的定义是2000年的房屋新建情况。不过我认为2000年的情况不会重演。美国有一家以报道讽刺新闻为特色的报纸叫《洋葱报》。它的头条新闻标题就是"深受衰退所累的国家需要投资新泡沫来重建辉煌"。美国现在所面临的危险就是，我们可能在像这篇新闻讽刺的那样重新制造出泡沫。我相信，随着经济逐日好转，利率会上升，房价回升的步伐也会随之放缓。所以我们不能指望再像2000年那样，将房地产作为经济的主要驱动力。相应地，经济复苏的动力应来源于资本投资和出

根据会议发言录音翻译整理，未经本人审定。

口拉动型增长的回暖。我相信资本投资最终会提升美国的经济增长，这是因为：首先，人们对于世界经济和美国经济的恐惧减少了；其次，公司已经恢复了盈利水平，资产负债表上资金充裕。此外，美国投资者在对公司施压，要求公司要么充分利用资本进行投资，要么把钱还给股东，只要不把资金捂在手里就好。美国在能源探索方面不断取得进展，而且成本日益下降，这也是促进资本投资的另一个要素。

第二，在就业方面最紧迫的问题是：从本质上来说，美国的失业情况不属于结构性失业。换句话说，在正常情况下，美国每个空缺职位对应着1.2名失业人士，即1.2:1。在正常的经济衰退里，这个比例上升到2。而在本轮危机中，这个比例达到7，也就是一个空缺职位对应着7名失业人员。虽然现在这个比例已经大幅下降，但是仍然在3左右徘徊。所以说，绝大多数失业仍然是周期性的，但是在复苏的过程中，我们看到有些急需技术工人的空缺职位找不到胜任者。

第三，我们终于进入到一个华府对经济的影响下降的时期。私营部门成了驱动经济复苏的主要来源。这一点之所以如此重要，是因为政府一无是处。我认为未来的一两次选举都不太可能消除当前的政治不确定性，那么这也意味着在贸易议事日程、税收改革、赤字等问题上依然存在很大变数。

最后来看看美国以外的经济体。它们已经进入一个自然流程，特别是中国，内需在随着人口老龄化发生改变。如果富裕国家的经验有所借鉴的话，那么可以预期内需不会转移到消费型制造产品上，而是与强身健体、卫生医疗和教育有关的产品及养老金融服务有关。这是人们在消费方面的一个自然转变。我认为这会缓解中美经济之间的紧张局势。对于严重依赖大宗商品实现经济繁荣的新兴市场、对于采取出口拉动型增长模式从而依赖制造业的国家（如中国），它们将面对一个非常痛苦的时期。

于尔根·费琛

德意志银行集团联席首席执行官

欧洲正在经历漫长的复苏之路。这一点无法否认，但是我觉得开始复苏本身就是好消息。我想和大家分享一些数字。欧元区最大的七个国家自2011年起首次共同实现了经济增长。危机爆发以来，欧元区的经常项目赤字从2008年的-7%第一次扭亏为盈，预算赤字也削减了一半。这些小小的成就证明欧元区一直在采取有力措施，以更加一体化的姿态动用更多工具来应对危机挑战。本轮危机的后果相当严重，特别是那些所受冲击最大的外围国家。它们付出了沉重的社会代价，但目前已经看到隧道尽头的微光。对于南欧国家来说，现在的融资成本处于历史最低点。爱尔兰已经回到了资本市场上，努力为自己危机时推行的援助项目寻求融资。西班牙和葡萄牙的出口也出现了创纪录的增长。可以说，欧元区的所有努力并没有白费。

对欧洲来说，这些进展足以度过危机了吗？事实并非如此。欧洲仍然面对着"增长危机"。现在的增长率为1%，中期增长为1.5%，远远低于美国。无论欧洲整体是否保持乐观情绪，我们都必须认识到欧洲与美国的经济增长之间存在巨大差距。这可不是什么好消息，而且必须得到解决。

我认为，欧洲存在着三个根本性不足。第一是其糟糕的人口结构。这在短期之内无法改观，但政府必须采取行动。第二是过去五年遗留的问题。尽管在复苏方面传来很多积极消息，但我们必须承认欧洲的工业基地投资严重不足。造成这种情况的原因是虽然总部位于欧洲的公司很容易从欧洲融资，但它们把钱投到了别的地方。第三是能源价格过高。这也是很多欧洲公司乐于投资美国的原因之一。

另外一个核心问题涉及到金融部门。在欧洲受到重创之机，欧央行站了出来，

根据会议发言录音翻译整理，未经本人审定。

出色地完成了很多工作。它受到很多指责，有些人认为它做得还不够，有些人认为它越权了。欧央行的确很难在这两者之间实现平衡，但总的来说，它成功地重建了欧元区的金融稳定。这个成就不容小觑。两天前，欧央行迈出促进复苏的第二步，即完成建立银行联盟的工作。在我看来，银行联盟是新兴的欧洲在过去 10 年里最重要的项目。它不仅为金融的可持续增长奠定了基础，而且使金融体系有能力为欧洲提供信贷。长期增长与信贷可得性之间存在着显著的正相关，而且与美国相比，欧洲对银行信贷的依赖性更强。这也是为何美国的资本市场比欧洲发达。经过成功的压力测试和资产质量审查，欧央行将于今年 11 月正式接管欧洲最大的 28 家银行，为欧洲积极的可持续增长提供信贷支持。银行联盟的意义还不仅于此，因为打造银行联盟所强调的正是欧洲多年来所缺乏的，即主权国家向欧洲机制交出主权的意愿。我认为这一点的意义超越了其他所有事情。成功地建立起银行联盟可为进一步完善能源、劳动力及其他经济发展要素的大欧洲市场铺平道路。

需要指出的是，即使有一个非常健康的银行市场也不足以让我们对欧洲复苏信心满满。欧洲还需要开展更多结构改革，特别是劳动力市场改革和社会改革。与此相关的政治流程受到诸多争议，但我们看到外围国家为此付出了很多努力。此外，法国也在这方面做了大量工作，至少社会舆论在发生转变。法国人民似乎已经承认如果不开展结构改革，就无法在与他国的竞争中占得先机。

最后，欧洲的复苏之路还很漫长。我想我们已经认识到，我们只有沿着现在的路走下去才会具备竞争力，此外别无他选。欧洲不能再浪费时间。从这个角度上来说，失业是一个急需解决的问题，对青年人来说尤为如此。如果不将它列为首要解决的问题，那么会危及社会稳定。

我还想就乌克兰局势对欧洲的影响谈两句。好消息是迄今为止，它还没有对欧洲造成任何冲击。乌克兰与其他欧洲国家的经济合作关系微不足道，所以它本身的局势对欧洲影响不大。问题在于乌克兰局势是否会产生溢出效应，从而影响欧洲与俄罗斯及其他地区的关系。一旦出现制裁，所有人都不是赢家。今年是“一战”爆发一百周年，人们应该记住导致战争的原因，这样就可以避免乌克兰局势进一步恶化。不过无论解决乌克兰问题需要多长时间，都不会影响到欧洲复苏的进程。

马丁·沃尔夫

英国《金融时报》首席经济评论员

论坛邀请我跟大家谈一谈对2014年经济的展望。首先，我要澄清我没有聪明或笨到宣称自己能精确预测经济发展走势。有个非常著名的观点认为：经济预测的出现只是为了让占星术显得更靠谱些。我一直将此牢记于心。

今天我想谈三个问题。第一是展望世界经济，特别是对北大西洋地区的经济展望。第二是探讨现实可能好于人们预期的原因。第三是探讨现实可能比预期糟糕的原因。

国际货币基金组织（IMF）一月发表的预测显示，人们普遍认为北大西洋地区已经开始复苏。去年世界经济增长为3%，IMF预测2014年会稳步上升到4%，美国的增长会达到3%，这也是我们所期望的。前面几位发言人提过，欧元区已经展现出一丝生机。在GDP连续几年收缩的情况下，今年欧元区的增长率可能会达到1%，明年达到1.5%。德国的增长率预计在1.5%左右，日本也是1.5%。英国可能是这些国家中预期增长最高的，这可能是因为英国政府在重新创造泡沫经济。新兴国家现在看起来情况不错。增长最快的是亚洲，紧随其后的是撒哈拉以南地区。总体来说，对新兴国家的预期整体向上，近期内我们对它们充满乐观情绪（参见图1和图2）。

为什么经济增长可能好于预期，特别是在北大西洋地区？我认为有三个原因支持人们的短期信心。首先，财政状况明显改善。在北大西洋的主要经济体，长期债券的收益率相当喜人（参见图3）。两年前，意大利和西班牙与德国、美国、英国之间的债券收益差约为6个百分点。欧央行行长德拉吉采取措施后收效显著。债券

根据会议发言录音翻译整理，未经本人审定。

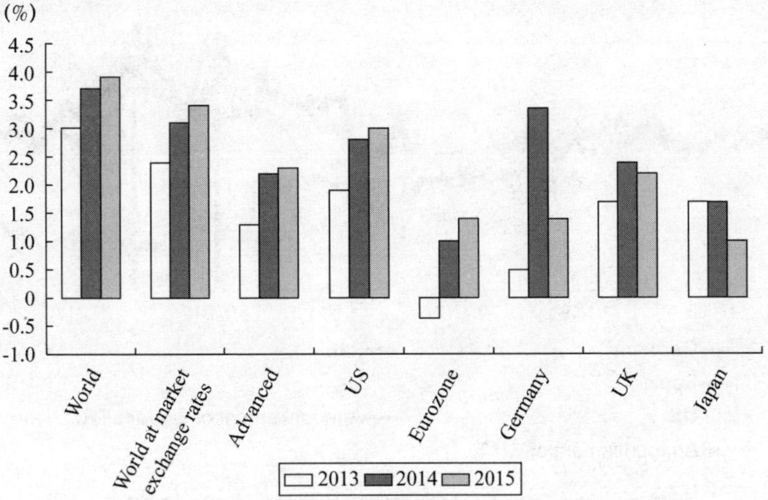

图1 IMF 对全球经济前景的预测（2014 年 1 月）

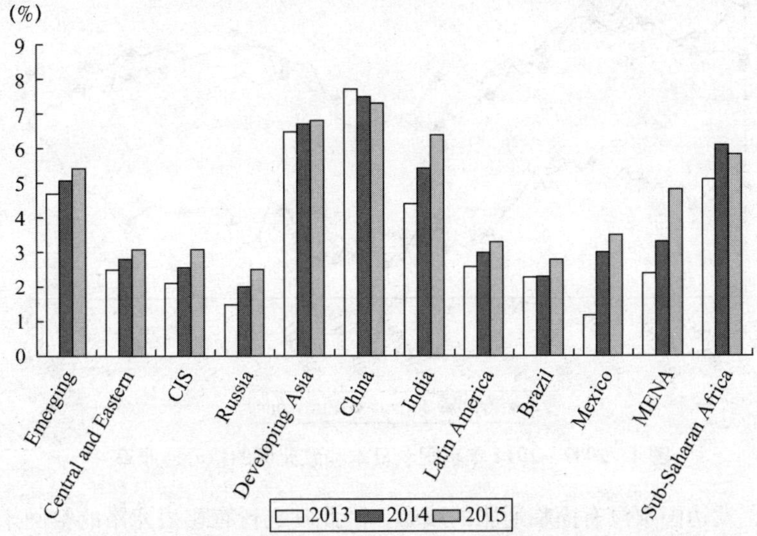

图2 IMF 对新兴/发展中国家的预测（2014 年 1 月）

市场立即做出了反应。目前意大利和西班牙与英国和美国之间的收益差收窄到一个百分点。这种变化可谓相当惊人。德国的收益率依然很低，在2%以下，但美国和英国的收益率都上升了一个百分点，这是因为人们看到了切实的复苏迹象。西班牙和意大利脱离欧盟的危机已经消除。所以，发达国家的整体财政状况明显稳定在一个不错的水平上。我们必须承认欧央行推出的项目是全球金融体系的奇迹之一，因为没有人相信它们会真的产生效果，但市场接受了它们，并且扭转了整个局势。

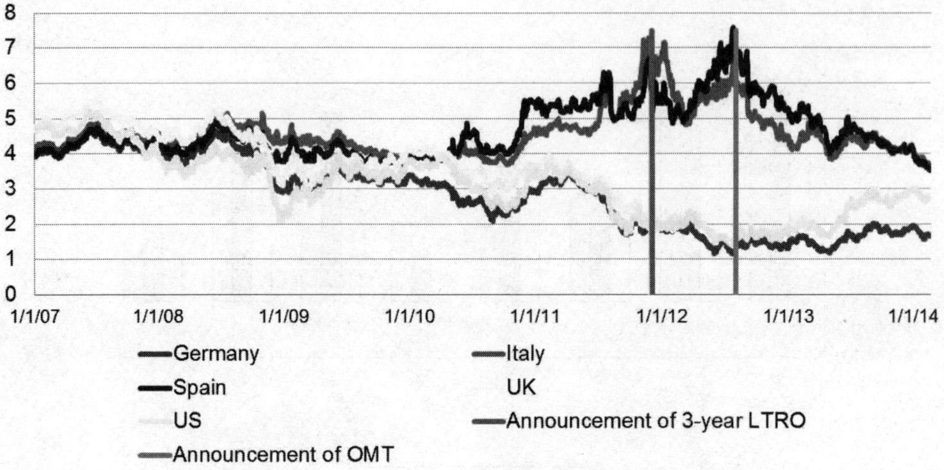

图 3　2007～2014 年发达经济体的债券投资收益情况

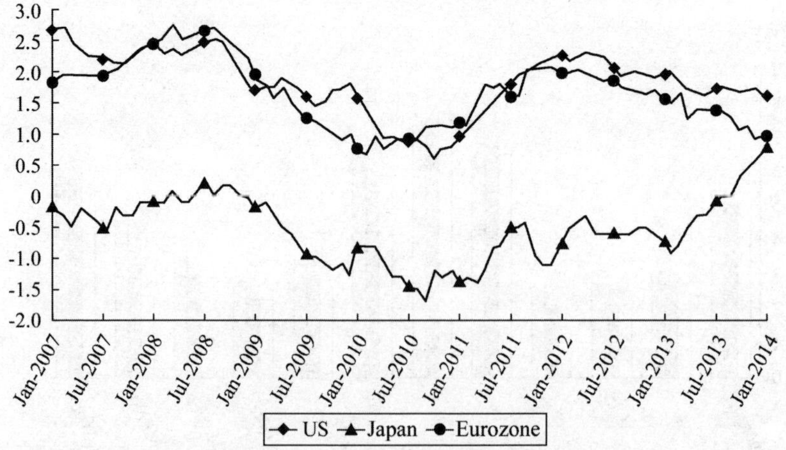

图 4　2007～2014 年美国、日本和欧元区的核心通胀率

其次，发达国家没有面临通胀的威胁，因此其央行有相当充裕的空间来推动复苏（参见图 4）。

第三，发达国家产出的提升潜力很大。即使假设我们再也回不到危机前的正常水平，所有发达国家的产出也都远远低于危机前的趋势增长。如美国的产出比危机前的趋势增长收缩了 1/6，英国的产出收缩了 1/5，欧元区也收缩了 1/6，可见这些国家和地区都有潜力提升产出（参见图 5）。

因此，乐观人士认为我们已经实现了财政正常化，较好地控制了通胀，而且产出提升的潜力非常大，所以复苏指日可待。

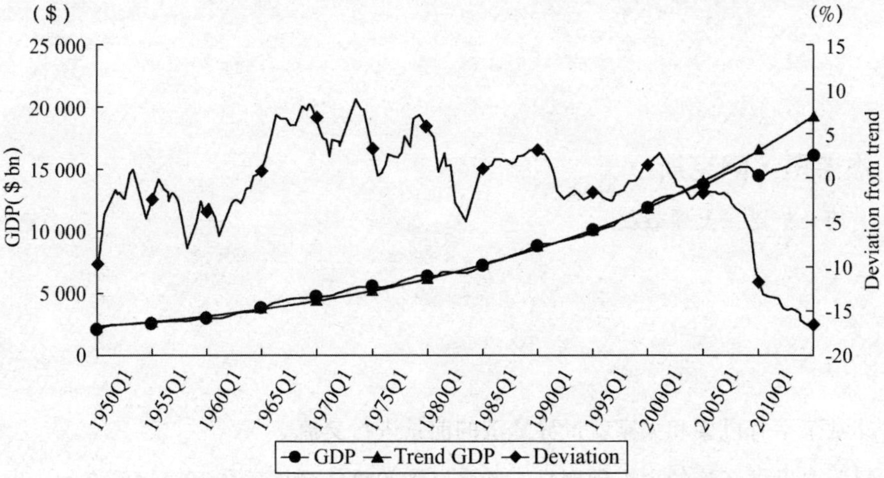

图 5　1950 ~ 2010 年美国的实际 GDP 与潜在 GDP

经济增长为什么可能逊于预期？这也有三点原因。首先，我想提醒大家注意萨默斯最近提出的一个观点。尽管我很早也提出类似观点，但是不如他的影响力大。在过去六年里，我们一直采取了史上最积极的货币政策，它对于经济增长的效力已经耗尽，这表明存在着深层的结构性需求疲软，而且这个问题始终没有得到解决。由此引出第二点，经济长期停滞的威胁并非是臆想出来的。第三，随着货币政策逐步正常化，资本市场和资金流会受到巨大冲击——不过我认为在可预见的未来，货币政策不太可能回到我们所认可的正常水平。在这种情况下，我想和大家分享一下我所观察到的欧洲。尽管欧元区采取了极其宽松的货币政策，但是在过去五年里它的实际内需并没有增长。欧元区将自己的增长都寄托在外需增长上，而我认为这是不可持续的，所以它面对着巨大的通缩风险。除此以外，我认为其他基本面都是向上的。

杰弗里·萨克斯

美国哥伦比亚大学教授

非常荣幸有机会和大家就世界经济的前景进行交流。

目前对世界经济的主流预测是，世界经济的总体增长率在3%～4%之间，发达经济体的增长率为2.5%左右，新兴经济体的平均增长率在5%左右。这为我们判断世界经济提供了一个很好的基线，即全球经济处于上升态势，新兴经济体的增长相对更快。这可以视为全球经济发展的正常状况。那么什么是非正常状况？全球经济受到冲击，破坏了基本的增长机制时，我们将其称为“非正常状况”。在过去的40年里共出现5次这样的“非正常状况”，即1973～1975年，1979～1982年，1989～1992年，1997～1998年，以及2008～2010年的经济危机。基本上每10年就会爆发一次可怕的全球经济冲击，迫使全球经济偏离其正常的增长轨迹。现在我们面临的问题是：如今的经济前景如何？我认为全球经济前景算不上好，但也不算太糟糕。纵观过去的5次全球性经济危机，我认为有四个基本因素引发了这些危机。

首先，部分危机源于油价飙升和油价波动。第二，基本上所有危机都由信贷冲击或银行业恐慌引发或放大。第三，绝大多数危机都被气候冲击所放大，特别是厄尔尼诺周期——但这一点往往被忽视。气候冲击严重破坏了供应侧，影响粮食及其他初级产品的价格，并且导致许多国家动荡不安。第四，地缘政治危机引发了部分危机。我不会一一赘述这四个因素，但是我会以它们为起点研究一下当前的全球经济前景。

首先，在能源市场上，一方面美国进行的大规模油气开发有助于维持整个局势的稳定，在另一方面，全球能源供应中断的可能性也不能被排除，因为与俄罗斯之

根据会议发言录音翻译整理，未经本人审定。

间危机重重，而且中东大部分地区极其不稳定。尽管这些算不上当前的主要危机，但我们也不能自欺欺人地说这些风险都不存在，因为它们很可能变成现实。

其次，在信贷方面，我同意马丁·沃尔夫先生的判断，即整体形势向好。但我认为基本上所有主要国家都存在重大的信贷危机。譬如，欧元区的信贷危机尚未结束；克里米亚的局势很可能触发金融危机；美联储的干预措施使美国进入一个充满不确定性的时期；中国的影子银行危机也是真实存在的，而且尚未找到解决办法。所以我认为信贷风险绝不仅仅是预期，而是我们需要提防的真实存在的风险。

第三，气候冲击往往被人们被忽略，但这个问题相当严重。在 1973～1975 年、1979～1982 年、1989～1992 年和 1997～1998 年厄尔尼诺现象严重爆发时，供应链中断，粮食价格明显受到影响，新兴国家出现动荡。自 1998～1999 年发生严重的厄尔尼诺现象后，在过去 14 年里，我们基本上处于“拉尼娜”（即反厄尔尼诺现象）周期中。现在这一周期即将结束。有研究预测，我们将进入新的厄尔尼诺周期。一旦这变成现实，就会给许多国家带来不稳定因素，特别是热带国家和亚热带国家。两天前我在巴西看到，圣保罗的水库蓄水只有正常水平的 15%，水利供应和水力发电所面临的风险真实可触。这不是一个孤立的案例。我们缺乏相关的预测能力，但是气候冲击是真实存在的。它们的影响很恶劣，却被不少预测家所忽略，而且它们放大了现在的全球经济冲击。

最后，我认为地缘政治的风险也相当可怕。克里米亚的危机不容小觑。2004 年乌克兰放弃了它的核武器，但前提是俄罗斯、美国和英国承诺为其提供主权保护。目前这种保护已经名存实亡，所以全球核机制岌岌可危，这也是为何乌克兰危机不会轻易化解的原因。不幸的是，这场危机会随着时间推移不断升级。我很担心这场危机不会因为我们忽略它就自动烟消云散。在全球范围内，地缘政治的紧张态势在不断升级，我们应该对此有清醒的认识。如中东地区的危机就非常严重，世界各地都埋有危机爆发的导火索，一旦被触发就将颠覆主流的经济预测。

令人庆幸的是，以上这四个因素还没有明确地影响经济增长，但它们都是真实存在的，所以世界并非处于稳定、可靠且可预测的状态。从很多方面来看，对全球经济的主流预测有可能大错特错——虽然有时它们的确会被说中。我们尚未建立起一个可靠、可信的国际机制来抵制这些风险。

目前导致全球经济缺乏确定性的部分原因在于，全球的根本性经济模式仍存在弊端。我们一直在大力推动美国框架下的消费驱动型经济，而这种模式缺乏稳定性。奥斯坦·古斯比先生已经清楚地阐述了这一点。我们需要投资驱动型经济、创新驱动型经济和利于环保的绿色增长，但任何一个地区都不曾建立起一个促进此类可持续增长的全球机制。美国和欧洲的投资处于严重的瓶颈期，这也是为何它们的投资迟迟未能复苏的原因。虽然实业的确拥有大量现金，但是由于没有一个行业走上绿色增长之路，所以阻碍了改革，导致国家政策对投资现状束手无策。我们始终没有实现投资驱动型增长，而是在不断制造出新的泡沫。泡沫转瞬即逝，消费无法承受自身的负重，然后美国就劝说中国和它一起走消费驱动经济的道路。我完全不认同这种做法。我们需要加大投资。现在全球能累积起储蓄已经难上加难，所以千万不要浪费它们，而是应该合理地使用它们，如投资于低碳能源、打造可持续城市、在全球范围内培育可持续的生活方式。但现在这些都还未取得实质性进展。要想让它们变成现实，最终我们需要能支持投资驱动型经济的金融模式。美国的金融模式适用于消费拉动型增长。它秉持商人交易的心态，属于短期金融体系。它通过对冲基金把长期储蓄变成短期储蓄，然后投资于信用卡债务。这并不是促进发展的模式，而是反发展的模式。我们需要把长期储蓄引进长期投资，用长期的结构性项目融资来利用这些资金。这种结构才能让我们走上稳定且可持续的长期增长之路。

以深化改革开启经济增长新常态

——近中期中国经济形势展望

刘世锦　陈昌盛　许　伟　国务院发展研究中心

2013年，中国经济运行基本平稳，同时也呈现出一些新的积极变化，经济增长阶段转换的判断得到更多方面验证。2014年，发达经济体复苏进程依旧曲折，新兴经济体脆弱性逐渐显现，国内经济增速下行的压力仍然较大。“十二五”的后两年以及“十三五”是全面落实三中全会《决定》各项措施的重要时期，通过深化改革释放新的增长潜力，有利于中国经济顺利实现从高速增长阶段向中高速增长阶段的平稳过渡。

一、增长阶段转换期呈现出积极变化

2013年，中国经济增长虽不乏波动，但总体平稳。GDP增速为7.7%，总量达到56.68万亿人民币，约折合9.2万亿美元（根据美元兑人民币即期汇率的全年均值折算）。物价与就业增长形势基本稳定，CPI通胀率2.7%，城镇新增长岗位超过1 300万。中国的货物贸易额亦首次超过4万亿美元，成为全球第一大货物贸易国。在国际金融危机影响尚未完全消除、海外经济形势错综复杂的背景下，中国经济增长取得这样的成绩实属不易。

经济总体平稳增长的背后，经济结构也正在发生积极变化。这些变化进一步验证了我们前期的判断（刘世锦等，2011），即中国经济已经开始了从高速增长向中高速增长阶段的转换过渡；最近两三年经济增速的回落，很大程度是由于发展阶段

本文是作者为中国发展高层论坛2014年会提供的背景报告。

转换所致。在增长速度放缓的同时，中国经济已经和正在出现一些具有中长期意义的积极变化。

首先，与增长速度放缓相适应，中国经济的供需结构已经或正在发生转折性变化（见图 1）。中国经济通常被认为是以投资为主、工业为主、较多依靠外需的经济结构，改变这种结构被认为是结构调整的主要任务。2013 年，第三产业比重首次超过第二产业；而消费率（最终消费占 GDP 比重）则从 2010 年开始，扭转了长期下滑的态势（国家统计局，2014）。过去一些年，中国的外贸出口增幅经常保持在 20% 以上，目前已经回落到 5% ~10% 的增长区间。这一调整已不能主要归因于外

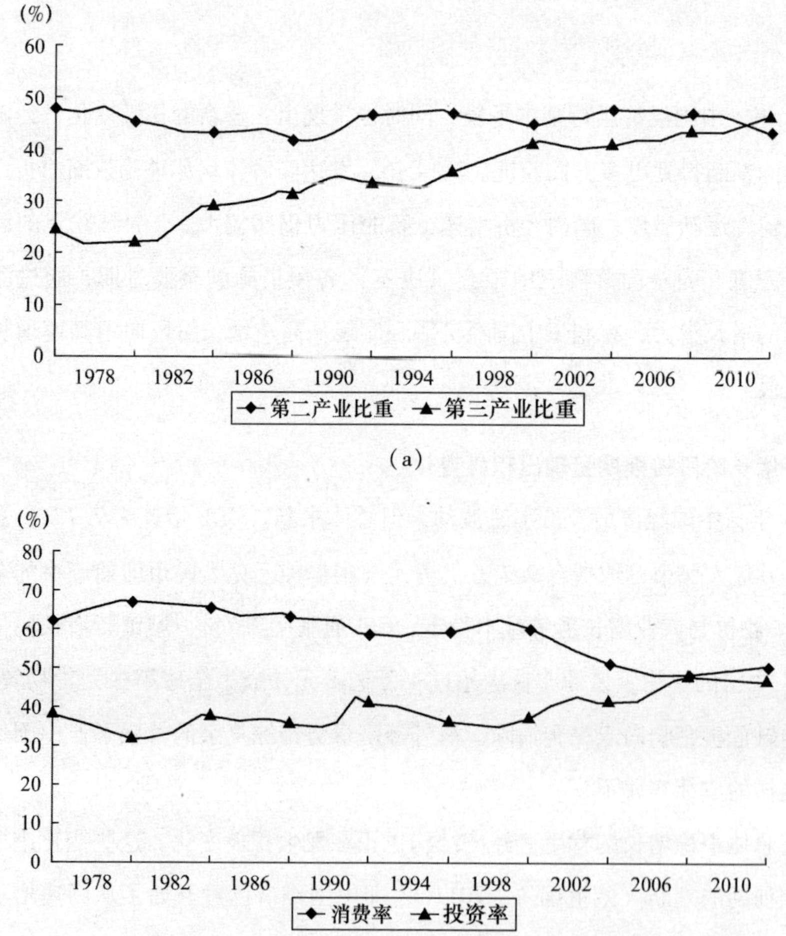

（b）

图 1　中国经济供求结构变化

数据来源：中国国家统计局。

需变化，而更多地要由随着汇率和国内要素成本上升而出现的出口竞争力变化来解释。未来的经济结构，将逐步转向以消费、服务业为主，更多地依靠内需，更多地从要素效率提升获取动力。这样一种新结构与增长速度放缓是适应或自恰的（刘世锦等，2011）。

第二，就业形势基本稳定，新增就业总量对经济增长下滑的“容忍度”提高。近些年，随着经济总量规模的不断扩大以及服务业比重的上升，经济增长对劳动力的吸纳能力不断提升。如图 2 所示，2008 年以前，GDP 增速每提高一个百分点，带动的城镇新增就业数量不足 100 万；2008 年以后，该值平均为 140 万，2013 年甚至达到了 170 万。与此同时，劳动力供给的绝对数量开始下降。16 ~ 60 岁（不含 60 岁）的适龄劳动力人口数量已经连续两年下降。实际上，近年来真实工资水平的上升，已经部分体现了劳动力供求形势的转变。在 2013 年，各地最低工资调整幅度较往年平均水平具有了明显提高。

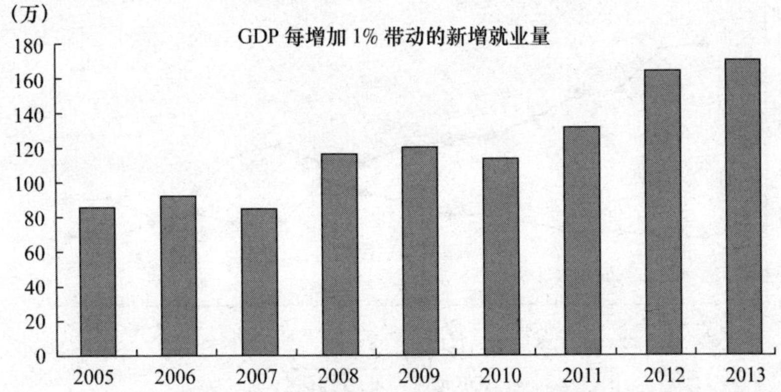

图 2　经济增长对就业的吸纳能力不断提高

数据来源：中国国家统计局。

第三，经济增速回落过程中，通胀水平保持基本稳定。2013 年，CPI 全年平均上升 2.7%，GDP 平减指数增长 1.7%。工业产品出厂价格（PPI）虽然继续负增长，但这与国内重化工业行业结构性的产能过剩以及国际大宗商品价格比较低迷有关系。另外，居民对物价的满意度不高，通胀预期有所反弹。根据中国人民银行调查，2013 年第四季度，61.6% 的受访居民认为物价“高，难以接受”，比上季上升 1.8 个百分点；未来物价预期指数为 72.2%，比上季提高 1.7 个百分点（中国人民银行，2013 年）。从实际的经济和物价运行情况来看，在 2013 年二季度，由于经济增速存在过快下滑的风险，政府采取了稳投资的措施，经济增速有所回升。伴随着GDP环比增速的反弹，通胀也有明显反应。通胀短期内对增长回升的及时响应，从侧面说明实际增速应该就在潜在增长水平附近。

第四，企业利润形势有所好转，亏损面没有进一步扩大。2013年，规模以上工业企业的收入和利润增速分别为11.2%和12.2%，尽管收入增速与2012年基本持平，但利润增速和利润率均有不同程度的回升（见图3）。利润对收入弹性的变化，说明了一部分企业可能已经开始适应中高速增长阶段，在控制成本、开发新产品或者开拓新领域等取得了成效。另外，如果按照过去的经验，如果经济增速降至8%以下，企业亏损面将会明显扩大。但2013年，企业亏损面为11.87%（企业亏损面是指规模以上企业当中亏损企业家数所占比重）。与2012年相比，企业亏损面也没有扩大。

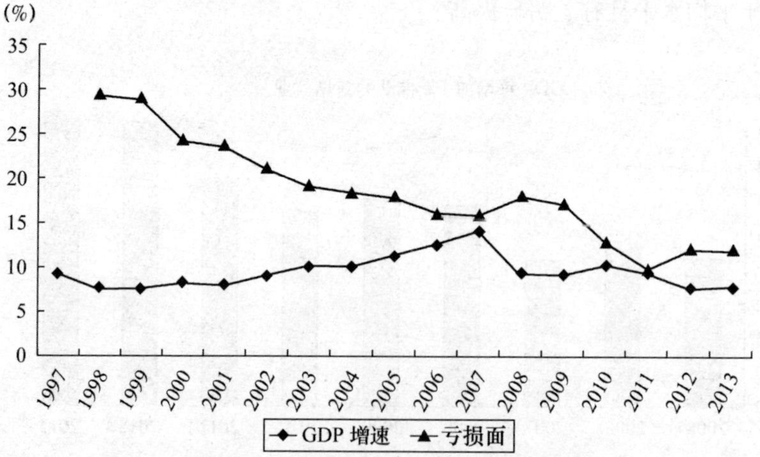

图3　工业企业亏损比例和GDP增速

数据来源：中国国家统计局。

第五，率先回落的东部沿海地区逐步适应新环境，呈现增长走稳的迹象。我国经济的高速增长首先从东部沿海地区起步，当进入经济阶段转换期后，这些发展水平更高的地区增长速度率先回落是合乎逻辑的。近年来东部沿海几个经济大省市增长率已经下了一个台阶，部分地区增长率已经降到7%左右（图4）。可以观察到，东部地区目前企业结构调整、转型升级过程有所加快，部分低效企业被市场淘汰，企业亏损面下降，大部分企业经营状况逐步趋于稳定。东部地区的经济运行在较低增速区间趋稳，意义不应低估。一方面，东部沿海地区占到中国经济总量的大头，这些地区稳住了，中国经济大局基本上也稳住了。另一方面，东部沿海地区增长走稳，或许预示着中部和西部地区的增长在一个时期后也将逐步走稳。

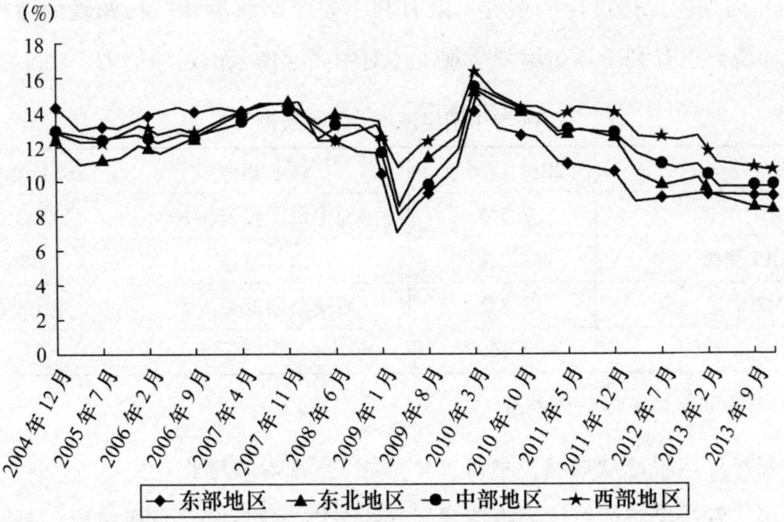

图4　各地区生产总值增速

数据来源：中国国家统计局。

第六，各方对经济增长阶段转换的共识在不断增加。金融危机以来，经过一段时期经济调整，社会各方对增长阶段转换的共识增加，对未来经济增长持有较为理性、符合实际的预期。国务院发展研究中心2013年10月份的调查显示，企业家认为当前经济正常增长率为7.2%，5年后会继续下降。针对“未来2年内，经济增速在什么情况下需要政府加大政策刺激”这一问题，81.4%的企业认为“7%以下”。其中，认为“6%以下政府才应该出手刺激”的企业占到34.4%。企业普遍反映，当前政府宏观政策总体是适度的，从稳定企业经营和预期的角度，希望保持宏观政策的稳定性。面对新的宏观环境，企业主动转型、加强创新的意愿明显增强。2013年，多个省份的地方生产总值实际增速低于预期，而且大多数省区市调低了2014年的经济增长预期目标，强调更多地提高增长质量和效益①。

二、2014年经济增长有望实现7.5%左右的增长

2014年，世界经济将延续发达国家艰难复苏而新兴经济体相对减速的格局，

① 请参见2014年各省、自治区和直辖市的政府工作报告。

中国经济仍处在高速增长向中高速增长过渡的阶段。预计中国经济增速仍有一定的下行压力，但如果宏观调控政策适度，全年平均保持在 7.5% 附近可能性较大（见表 1）。一定时期内保持这样的增速，既有利于为体制改革和结构调整创造相对宽松的宏观环境，也有利于逐步增强微观主体对中高速增长的适应能力。

表 1　　2014 年中国经济核心指标展望

核心指标	2014 预测数	核心指标	2014 预测数
GDP 增速	7.5%	固定资产投资增速	18.3%
CPI 涨幅	3.2%	出口增速	8%
M2 增速	13.8%	城镇新增就业人数	1 100万
财政赤字率	2.1%	—	—

数据来源：DRC 经济增长课题组预测。

1. 外部经济环境继续趋稳，中国出口维持 8% 左右的增长

2014 年，发达经济体总体上维持弱复苏的态势。国际经济危机之后，美国经济的再平衡取得一定成效，家庭和企业资产负债表都有不同程度的改善。而两党达成了上调债务上限的协议，也有利于经济继续复苏。不过，由于美联储持续缩减量化宽松政策力度，经济增长的动能可能会受到一定影响。欧元区方面，爱尔兰、葡萄牙等部分外围国家的债务问题有所缓解，外部需求也可能会成为欧元区经济复苏的动力。另一方面，受到银行业资本不足、高失业等问题的困扰，复苏前景依旧不甚明朗。日本在推行安倍经济学之后，经济出现了一定的复苏，长期的通缩也有所缓解迹象，但结构性改革进展缓慢，消费税改革可能对经济增速造成负面影响。

近年来，随着人民币汇率升值以及国内要素成本的不断上升，中国出口产品的相对竞争力有所下降，在美欧日等发达经济市场所占的份额基本保持稳定，进一步提升空间不大（图 5）。新兴市场需求对中国出口的贡献比重持续增大，但从去年年中以来，由于经济增长放缓、国内政治动荡、财政和货币纪律松弛、经常项目赤字过大等因素，部分国家出现了资本大规模外流、货币大幅贬值的现象，经济运行的脆弱性有所增加。这些因素交织在一起，中国对新兴市场的出口增长很难像过去那样连续 20% 以上的增长。何况，新兴市场自身收入和需求的增长，实际上也受到中国自身增速回落的影响。综合测算，2014 年中国的出口增速预计在 8% ~10% 之间。

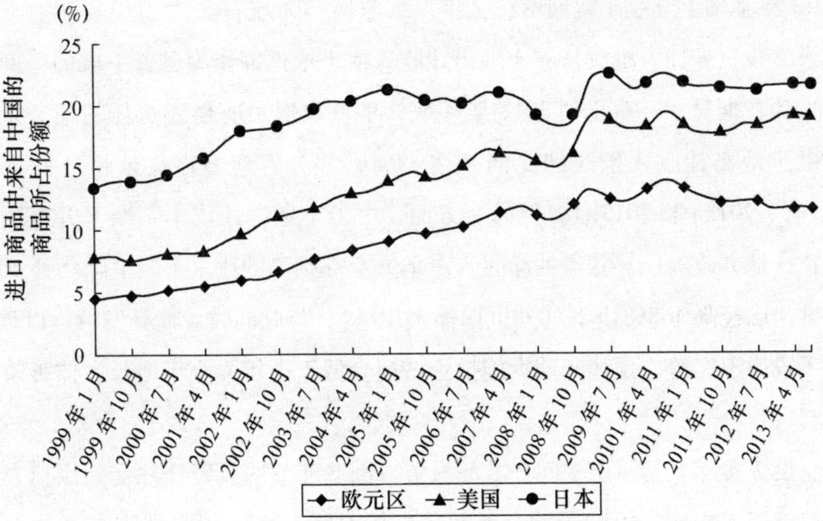

图5　中国出口贸易份额变化

数据来源：Wind资讯。

2. 固定资产投资增速小幅回落

在中国的固定资产投资当中，制造业、房地产和基础设施投资三者相加大致占全社会投资的80%左右，稳住它们，整个投资态势就基本稳住了（见表2）。

表2　　固定资产行业构成和增速预测

主要行业	2013年投资构成（%）	2014年增速预计（%）
制造业	34.0	17.0
房地产业	25.0	16.0
基础设施	21.0	20.0
其他服务业	14.0	23.0
农　业	2.8	22.0
采矿业	3.2	8.0
合　计	100.0	18.1

数据来源：Wind资讯。

2014年，房地产投资增速预计继续下降，而且区域分化的格局日趋明显。以占房地产投资约70%的城镇住宅投资为例，随着城镇住宅年度需求峰值的逐步逼近，住宅实际投资增速也将明显放缓（刘世锦等，2013）。与此同时，二三线城市的住宅库存连续三年保持了较快增长，年均增幅超过了30%。2014年房地产投资幅度预计在2013年基础上继续小幅回落，全年大致增长17%左右。

基础设施投资方面，继续依赖土地出让收入或土地抵押作为融资手段的空间越来越小。审计数据显示，截止到2012年年底，地方政府负有偿还责任的债务余额当中承诺以土地出让收入偿还的比例高达37%，部分省会城市甚至超过了50%（国家审计署，2013a和2013b）。但另一方面，由于土地拆迁成本不断上升等刚性因素的存在，地方政府能够获得的净收入占地方全部预算的比重不断下降。到2013年前三季度，已经降至8%以下（刘世锦等，2014）。与此同时，债券发行、PPP等其他融资手段尚不完善。预计基础设施投资增速会低于去年，全年增长大体维持在20%左右。

制造业投资实际上是属于中间环节的投资。制造环节的投资往往受到出口、房地产和基础投资等终端需求的影响。前面的分析表明，2014年终端需求总体上增速可能在2013的基础上继续下滑，再加上部分行业产能过剩和利润偏低，制造业总体投资增速预计较去年也有所下降。不过，在经济增长阶段转换的背景下，不同制造部门的投资增长可能出现分化。钢铁、化工、建材等重化工业峰值临近，投资增速将持续下降；医药、仪器仪表、文化办公用机械等成长性产业，投资将实现高增长。

2013年，服务业比重已经超过二产，我们预计在2014年服务业比重与二产的差距还将继续扩大。服务业中，文化体育、商务服务、节能环保、批发零售等产业投资有望继续高增长。相对于传统制造业、基础设施和房地产，成长性行业支撑作用尚不足。综合来看，2014年固定资产投资预计增长18%左右，对经济增长的贡献略有下降。

3. 消费增长保持基本稳定

2013年以来，受到居民收入增幅下降、企业效益不佳等因素的影响，消费增长有所放缓。“三公”消费泡沫被挤出，短期对高端餐饮娱乐场所的经营也有一定冲击。但由于商品住宅销售情况较好，与住宅相关的装修建材、家电和家具等消费增长较快，而大众消费蓬勃兴起，网上购物的快速发展，亦对居民消费形成了支撑。2014年商品房销售前景不容乐观，与住宅相关的消费将受抑制。但由于电子商务、信息网络、小额贷款服务等持续完善，信息、文化、教育、健康、旅游等消费热点不断涌现，消费结构逐步改善，预计2014年社会消费品零售总额增长13%左右，对经济增长的贡献略有上升。

4. 物价水平和就业增长基本稳定

由于国内流动性趋紧，市场利率水平长期维持在较高的位置，物价总水平涨幅预计比较温和。而受美国 QE 退出和全球需求增长缓慢的影响，国际大宗商品价格上涨对国内物价的冲击影响不大。不过，三中全会部署的有关要素价格改革若在 2014 年启动，可能会对物价上涨形成一定压力。2014 年整体物价上涨压力比 2013 年略高，预计 CPI 上涨 3.2% 左右。

就业方面，总体压力不大。近几年的经济运行情况表明，随着我国人口结构和经济结构的变化，新增劳动力对就业市场的压力已经有所减弱。当前城市新增就业的压力，主要不是来自城市自然新增人口，而是来自农村转移人口。过去 5 年，我国平均转移农村人口1 680万。根据最近测算，到 2022 年中国农村还有 1.06 亿人口（包括劳动力和其抚养人口）需要转移，平均每年转移人口约1 100万，其中劳动年龄人口大致为 780 万（刘世锦，2013）。这意味着，未来 5 年年均新增城市就业岗位 860 万，就可以满足农村人口转移和城市净新增劳动力的需求。另一方面，过去 5 年 GDP 增速一个百分点预计能够带动城镇新增就业岗位约 140 万个。因此，如果 GDP 增速保持 7.5% 附近，就业态势总体上能够平稳。当然，不排除会出现大学生就业难等结构性问题。

三、力争平稳有序地转入中高速增长阶段

“十二五”时期已过半，经济发展和经济结构调整的规划任务执行基本顺利（见表 3）。若 2014 年能够继续保持类似的进度，“十二五”规划当中关于经济发展和结构调整指标部分可提前完成。比如城镇新增就业，规划提出五年间新增就业 4500 万人，但前三年已经完成了 84%，后续两年只需增加 700 万就可以实现既定目标；服务业比重和城镇化率也是如此。另外，规划提出“十二五”期间的 GDP 目标增速为 7%，一定程度上符合中国经济增长阶段转换的时代背景。但规划对服务业的增长速度和城镇化的进展速度估计低于实际，这在一定程度上表明中国经济结构转型步伐正在加快。

接下来的问题是，目前这种增长走势能够持续多长时间。从大的背景看，我国经济仍处在由高增长向中高速增长的转换期。这个中高速增长的“底在何处”，还

没有探明，或者说，中高速增长的均衡点还没有找到。从国际经验看，日本、韩国从高速增长期回落时，增速下降幅度接近50%（刘世锦等，2011）。我国是一个经济发展不平衡的大国，高速增长回落后的均衡点可能会高一些，比如在7%左右，或者6%～7%之间。对近一个时期的增长回升，我们的判断还是由存货调整、预期改善而引起的一个比较弱的短期回升，不一定稳得住，还可能有一个探底的过程。

与此同时，眼光应当放远一些，力争今后一两年实现增长阶段的转换，进入一个新的稳定增长轨道或者状态。对此可以给出一个概念，比如“经济增长的新常态”，或者“中高速稳定增长期”。其含义是，中高速增长的“底”已经探明，比如说7%左右；这样一个速度能够稳得住，且能够持续较长一个时期，比如5年或者更长时间。

表3　“十二五”规划当中主要的经济发展和结构调整任务完成情况

经济发展和经济结构调整指标	目标值	2011～2013年	2010年
国内生产总值年均增长率（%）	7%	8.2	10.4
城镇新增就业（万）	累计4 500万	3 797	1 168
城镇登记失业率（%）	小于5%	4.1	4.1
价格总水平（CPI,%）	基本稳定	3.6	3.3
国际收支（经常项目盈余/GDP,%）	趋向基本平衡	2.1	4
居民消费率（%）	上升	49.3	48.2
农业基础（粮食产量年均增速,%）	进一步巩固	3.3	2.9
服务业比重（%）	累计提高4个百分点	2.9	-0.2
城镇化率（%）	累计提高4个百分点	3.8	1.6
城乡收入差距（城乡居民可支配收入比值）	进一步缩小	3.1	3.2

数据来源：“十二五”规划，国家统计局以及作者整理。

这样一个经济增长的新常态，应具备若干特征，包括经济增长率从原来10%左右，逐步过渡并稳定在新的均衡点上，比如7%左右；经济结构呈现转折性变化，增长将更多依托消费、服务业和内需的带动；产业升级和创新驱动加快，资源环境压力舒缓，增长的可持续性增强，劳动生产率提升能有效抵减要素成本上升的影响；经济增长能够提供相对充裕的工作岗位，产业调整与人力资本结构基本适应；财政、金融、产业等方面的风险得到有效控制并逐步化解；企业总体上能够实现稳定盈利，政府财政和居民收入保持稳定增长，中等收入群体稳步扩大，等等。

对这一增长新常态，还可以进一步提出“六可”的目标：企业可盈利，财政可持续，就业可充分，风险可控制，民生可改善，资源环境可持续。做到这六条都不容易，这里想强调一下“企业可盈利”。看起来这是一个常识性问题，但往往容易被忽视。实际上，这一条很关键，是其他几条的基础。如果企业盈利水平明显下降，甚至出现大面积亏损，财政收入将可能更大幅度下滑，财政、金融风险不可避免地加剧，企业也将难以通过扩大生产而增加就业，反而可能减少工作岗位，民生改善、资源环境可持续也无从谈起。所以，“企业可盈利”应被视为中国企业乃至中国经济转型成功的关键性指标。

以往中国企业具有典型的速度效益型特征，即当经济增长速度高时盈利状况好，速度降低后盈利水平下降。主要原因是，增长加快时经济规模相应扩大，产能利用率提高，能够有效分享规模经济收益，降低单位产品的成本。而当增长放缓后，这些优势将会减弱。根据有关研究，如果原有的盈利模式不变，当经济增长速度低于7%时，企业盈亏比（亏损额与盈利额之比）会超过40%。也就是说，接近一半的企业可能出现亏损。而美国企业在经济增长率2%～3%，日本企业在增长率1%或零增长时，大多数企业能够盈利。所以，我们讲“企业可盈利”，就是要随着增长速度放缓而实现企业盈利模式的转换，也就是说，在增长速度7%左右时，大多数企业能够保持稳定盈利。实现这一转换涉及到企业转型过程中的诸多关键要素，如企业组织结构的调整、管理方式的创新以至商业模式的改变等。一定意义上可以说，中国产业乃至经济转型能否成功，很大程度上取决于企业盈利模式转换能否成功。

四、潜在增长率回落过程中的风险不容忽视

十八届三中全会对改革做了全面部署。改革蓝图的绘制仅仅是第一步，接下来关键看执行力和落实程度。特别是在潜在增长率下降、增长动力转换的大背景下，如何处理好速度与效率、促改革与控风险之间的关系，显得尤为重要，当然也倍加困难。日、韩等后发追赶型经济体的经验表明，增长阶段转换过程中，充满了风险和不确定性，一旦处理不好，就容易出现过大的波动。从本质上讲，经济危机和深化改革，都会触发或推动经济结构调整和发展方式转变。只是前者是一种市场的自

我纠正，更激进、冲击和震荡力度更强，而且方向性更不确定；而后者是一种风险意识下的主动纠正，方向会更清晰，短期冲击相对较小，但达成共识并付诸实施比较难。

当前我国经济运行过程中的突出风险主要有四个方面，分别是流动性风险、房地产泡沫、地方债务风险和产能过剩问题。这四类风险通过影子银行、土地、地方融资平台、国有企业等渠道，相互交织、相互传导，形成一个风险传递的循环（图6），短期的改革推进和政策选择，都需要在有效管控风险与促进长期结构调整之间寻求平衡。这四大风险相互影响、相互转化，其基本传导机制如下。

首先，地方融资平台依托政府的显性或隐性担保，财务约束不够硬，再加上各类绩效考核的影响，往往投资冲动比较强，对投融资成本的敏感性较弱。同时，由于过去几年房地产需求增长较快，房地产投资存在较高盈利预期，一旦融资受到限制，与房地产相关的企业通常会努力通过非传统渠道获取资金。地方融资平台和房地产对资金的需求，一起推高了全社会资金的边际成本，使大多数实体经济无力负担。

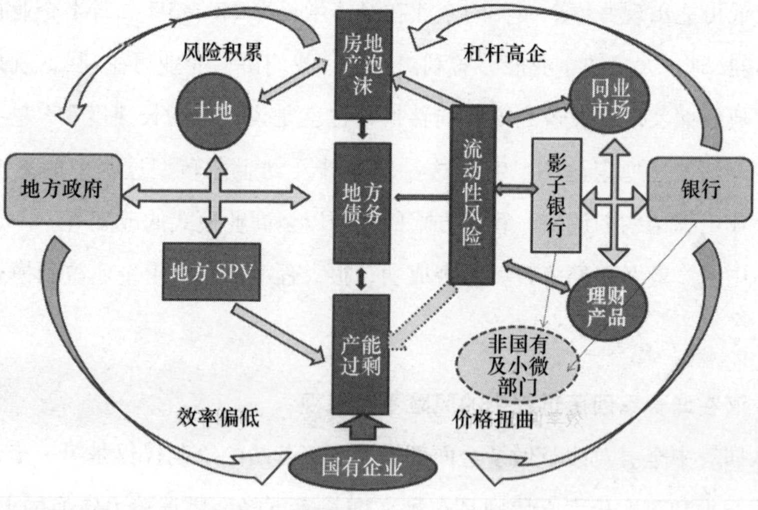

图6　中国经济运行中的风险循环

数据来源：陈昌盛（2013）。

其次，部分制造业部门存在比较明显的产能过剩，地方融资平台资金使用效率偏低，这就出现了一些企业的利润水平低于融资成本的现象，当然也会降低整个社会的基础资产质量。实体经济盈利并不足以支撑高企的资金价格，继而导致资金脱离实体部门，大量本来有创新能力、可盈利的实体部门，无法得到必要的金融资金支持，整个实体部门的盈利水平进一步恶化。而且我国的产能过剩问题，不少与国有企业和地方政府直接干预有关，受到以流转税为主的税制激励、地方竞争的影响，很多过剩产能很难通过市场机制实现优胜劣汰。

再次，银行主导的金融机构，在追求利润和规避监管的驱动下，开始寻求通过表外业务和同业业务扩张资产，影子银行规模明显扩大。特别是中小银行和其他金融机构，为支撑长期资产扩张，资金来源高度依赖同业市场和短期理财产品。杠杆不断被推高，融资链条不断拉长，资金在金融系统内自我扩张过快，与实体经济更为脱节。高成本资金无法流向其他实体部门，特别是有活力的中小实体企业，而是最终又流向房地产和地方融资平台，使本来就错配的资源问题进一步积累，杠杆率进一步升高。

最后，由于中小银行及影子银行以大量短期负债支撑长期资产的扩张，资产负债期限、结构、投向的错配问题不断积累。这些机构的资金链滚动与维持，高度依赖从同业市场、理财市场持续获取短期资金。但当资金的净借（流）出者（主要是四大国有银行）感到资金链收紧（季度或年底结算、央行流动性收紧等），对资金借出稍微收缩，货币市场资金价格就会快速跳升。而资金价格走高，各机构对系统性流动性短缺的担忧增加，即便短期资金充足的机构也不愿拆出资金，一定程度出现“有价无市”局面，使得资金紧张机构拆借更困难，进一步推高资金价格。

近年来，我国货币供应量增速明显高于GDP名义增速，社会融资规模快速扩张，目前M2与GDP之比接近200%，流动性供给总体平稳。但是，受金融系统资源错配、期限错配等问题影响，大量资金的周转只是用于维系资金链的不断裂。不断加长的融资链条，对市场的轻微波动或央行的流动性政策都很敏感。2013年6月和12月的“钱荒”事件，一定程度上已经揭示了我国金融系统的脆弱性。利率市场化背景下资金价格中枢抬升，短期资金成本和长期利率的严重倒挂，进一步加重了金融期限、结构错配的问题，影子银行等高杠杆部门流动性的弦绷得更紧，这极容易引发流动性危机，进而触发波及面更广的金融动荡。

五、通过深化改革化解风险，促进经济转入增长新常态

应对增长阶段转换期的挑战和风险，争取在不长时间内平稳转入经济增长的新

常态，最重要的是把十八届三中全会《决定》中的各项改革措施落到实处，力争在增速下一个台阶的同时，经济质量上一个台阶。为了顺利推动下一步的改革，需要注重改革内在逻辑所决定的关联性，突出重点，抓主要矛盾，同时要坚持底线思维，把改革进程置于风险总体可控的基础之上。此外，要特别重视改革增长效应，把那些有利于稳增长、调结构、促转型的改革放在优先位置。这一点在改革初期尤为重要。通过改革激发增长活力，有利于调节利益关系，增加共识，为后续改革的深化提供支撑。另一方面，增长效应也是检验改革措施合理性的基本尺度。如果一项改革措施无法最终显示对增长的积极作用，其合理性将难以令人信服。

按照这些原则，今后一个时期的改革可以分为两类。一类是攻坚性改革，对那些看得比较准、条件大体具备、风险可以承受的“硬骨头”问题，集中力量和时间，争取取得决定性进展。另一类是探索性改革，对那些方向和目标大体明确，但改革路径和方法仍有较大不确定性领域，允许和鼓励地方、基层开展试点，给出较大的“自选动作”空间。在试点的基础上比较、选择，将那些有普遍意义的内容上升为全国性政策。具体来看，今后一个时期应着力从五个方面推进改革。

一是防控和化解财政金融风险。当前财政金融风险隐患集中在地方融资平台、房地产、产能过剩行业等领域，应正确处理局部风险和全局风险的关系，通过改革强化约束、增进效率，以局部风险有序释放争取不出现系统性风险。分类清理地方融资平台，建立明确的惩戒机制，在条件具备的城市试行地方发债，规范和重建地方政府偿债能力和融资能力。当务之急是确立有关当事者切实承担风险和责任、推动改革和重组，又有利于防控全局性风险的违约处理机制。加快全国不动产信息系统建设和联网，明确全面开征房地产税的时间表，推动征地制度改革和集体土地入市交易，从而增加住房有效供给，稳定房价预期，并逐步改变地方政府的收入模式。按照节能、环保、安全等标准，通过市场竞争推动产能严重过剩行业的重组。哪些企业胜出，哪些企业出局，要由市场做出选择。在企业破产和兼并重组等问题上，要坚持企业自主原则，防止政府搞“拉郎配”；要鼓励跨地区、跨所有制的兼并重组，防止地方保护。政府应把主要精力放在为企业退出和重整创造不可缺少的外部条件上，如完善社会保障体系、开辟再就业门路、组织职业培训、为兼并重组提供必要金融支持等。

二是以破除行政性垄断、促进竞争为重点，加快基础产业领域改革。非贸易部门的低效率，集中体现在基础产业。在这一领域的放宽准入上，应该有一些标志性的大动作，既要“放小”，也要“放大”。具体来说，在行政性垄断问题突出的基础产业领域，放进去一两个大的竞争者，能够产生有效竞争。比如，铁路改革，要拿出几个区域或大的项目，让外部投资者，包括地方政府和民营投资者去组建新的铁路公司；石油领域，在上海自贸区建立国际性的石油交易中心，放宽、放开原油和成品油进口，打通国内外市场，允许地方炼厂做大做强，同时开放上游勘探市场，包括页岩气勘探市场；在电信领域，允许以民营资本为主发起形成大的电信运营商，通过竞争降低成本、促进创新。这样做的好处，既可以提高投资效率，也可以增加投资，使改革红利对稳增长、调结构的作用得到体现。

三是以降成本为重点促进企业盈利模式转换。从国际和国内经验看，企业转变发展方式和盈利模式，最根本和直接的体现就是降低成本。从广东、浙江等地的情况看，当前对企业转型升级形成严重制约是六项成本，即劳动力成本、土地成本、资金成本、流通成本、知识产权保护成本和准入成本。降低这六项成本都亟待相关改革的深入和突破。需要加快社会保障制度改革，提升人力资本质量和劳动生产率；加快土地制度改革，优化土地资源的优化配置，调整用地结构，促进土地的集约高效使用；加快投融资体制和金融体系的改革，改变金融资源的配置扭曲，着力解决实体经济特别是小企业融资难、融资贵的问题；加快流通领域的开放和改革，打破垄断、鼓励创新，把过高的物流成本降下来；进一步通过多种途径保护知识产权，推动知识产权市场交易发展，改善企业的创新环境；以落实负面清单模式为重点改革市场准入制度，为各类企业平等竞争、焕发活力提供更大空间。

四是以服务业为重点，加快对外开放和对内放开。服务业是中国下一步增长潜力最大、新增长点众多的领域。要把服务业作为下一步对外开放的重点，按照准入前国民待遇加负面清单的管理模式，着力推进金融、教育、医疗、文化、体育等领域的对外开放。与此同时，更要加快服务业的对内开放，凡是允许外资进入的，首先应允许国内资本进入，尤其对民营资本，要打破各种隐性壁垒，形成平等地进入、竞争、使用生产要素的条件。继续推动“营改增”扩展到铁路运输业等领域。据国务院发展研究中心课题组测算，“营改增”全面完成后，大多数行业实际税负下降，服务业平均税负将会下降3.3%，从而有力地支持服务业的持续发展（刘世锦等，2014）。

五是积极推动产业转型升级和创新驱动。尽管服务业成为规模最大的产业，但技术含量和附加价值高、效率提升潜力大、最能体现一个国家产业竞争力的，主要还是制造业。服务业特别是生产性服务业，很大程度上是为制造业提供服务的。高竞争力的制造业与高质量的服务业是密不可分的。必须汲取一些国家制造业空心化的教训，毫不动摇地持续发展制造业，重点是加快制造业转型升级，逐步实现由低成本要素驱动向创新驱动的转换。关键要使企业真正成为创新主体，通过竞争形成一批创新型行业龙头大企业和大量的创新型中小企业。加快要素市场建设，促进创新基础设施的建设和开放，鼓励创新要素依据市场需求流动和适度集聚，形成一批具有强大创新能力的城市或区域。适应新技术、新产业的特点，加强基础研究、应用研究和产业化应用之间的相互融合，更多地通过市场竞争和需求导向的办法配置政府研发资源，提高资金使用效率，使之更好地在创新发展中起到引导和支撑作用。

参考文献

[1] 刘世锦等，2011，《陷阱还是高墙：中国经济面临的真实挑战和战略选择》，中信出版社。

[2] 刘世锦等，2013，《中国经济增长十年展望（2013～2022）：寻找新的动力和平衡》，中信出版社。

[3] 刘世锦、余斌、陈昌盛，2013，《努力促进经济向新常态平稳过渡》，国务院发展研究中心内部报告。

[4] 陈昌盛，2013，中国经济已经进入增长阶段转换的关键期，《经济纵横》2013 年 10 期。

[5] 国家审计署，2013a，《全国政府性债务审计结果》（2013 年 12 月 30 日公告），http：//www. audit. gov. cn/n1992130/n1992150/n1992500/3432077. html。

[6] 国家审计署，2013b，《36 个地方政府本级政府性债务审计结果》（2013 年 6 月 10 日公告），http：//www. audit. gov. cn/n1992130/n1992150/n1992500/3291665. html。

[7] 中国国家统计局，2014，《2013 年国民经济和社会发展统计公报》，http：//www. stats. gov. cn/tjsj/zxfb/201402/t20140224_ 514970. html。

[8] 中国人民银行，2013，《2013 年第 4 季度城镇储户问卷调查报告》，http：//www. pbc. gov. cn/publish/diaochatongjisi/193/2013/20131218153726804361898/20131218153726804361898_ . html。

后工业化时代中国的转型

史蒂芬·罗奇　耶鲁大学高级研究员

长期以来，国内外一直对中国现代经济增长的起起落落充满兴趣，现在尤其如此。在过去 30 多年的时间里，中国实际 GDP 年增长率平均保持在 10%，这种超级增长模式已经成为中国进一步深化经济发展和扩大繁荣的主要手段。与此同时，世界其他各国也越来越依赖中国经济对世界经济增长中的强大推动作用——特别是在经济危机之后，发达国家经济发展迟缓的背景下，这种作用显得愈发重要。

出于上述原因，近期中国经济增长放缓给人们带来了恐慌。在 2012 ~ 2014 年的三年期间，年均实际 GDP 增长率大概在 7.6% 左右，与 1980 ~ 2011 年间相比下降了 25%。当时的年均增长率达到神话式的 10.1%（参见图 1）。此次增长放缓是在中国现代经济发展中距离其预想的 10% 增长轨迹最远的一次。在此之前，中国也曾经历过两次经济增长放缓，分别是 1989 ~ 1990 年的动乱（经济增长率降至 4%）和 1998 ~ 1999 年的亚洲金融危机（经济增长率降至 7.7%）。这两次增长放缓都持续了两年，但此次放缓可能会持续三年或更长的时间，因此我们有必要分析一下，除了暂时性、周期性的原因导致增长不足以外，是否存在其他更深层次的原因。

周期性与结构性力量的平衡

首先，现阶段的确存在一些周期性的因素阻碍经济增长。包括美国、欧洲与日本在内的世界主要发达经济体增长缓慢，在外需方面给中国的出口拉动型经济带来了很大的困难。在 2012 年，中国对美国、欧洲和日本这三个经济体的出口占到出

本文是中国发展高层论坛 2014 年会的背景报告。

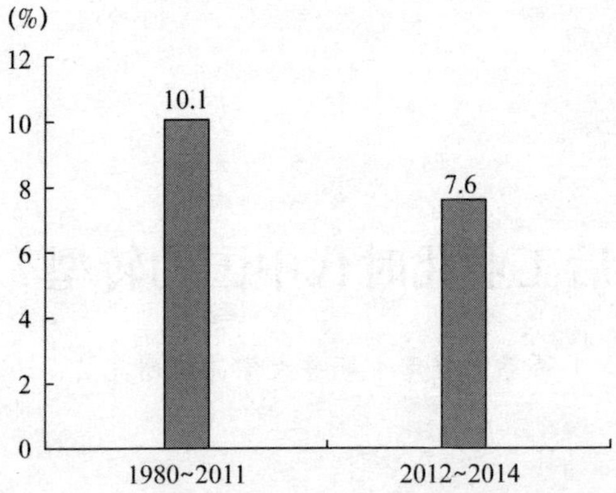

图1　The China Slowdown（Average GDP Growth）

Soruce：National Bureau of Statistics（China）；2014 is IMF forecast（January 2014）.

口总量的44%，而这些国家在2012~2014年间的年均实际GDP增长只有1.4%，算是大萧条之后相当疲软的经济复苏，而且远远低于危机前2000~2007年间的2.3%的年均增长率。因此，由于出口依然占到中国整体GDP的25%，危机后下降的外需给中国带来持续的压力，也是造成这次增长放缓的一个关键的周期性因素。

不过，造成这次经济增长放缓的还有一个更重要的因素：经济增长放缓释放出了中国开始进行经济结构转型的信号，中国经济正在由高速增长的“生产者模式”转换为相对低速但可持续发展的“消费者模式”。这种转型在初始阶段很难有迹可循。这个艰巨的任务需要大力推动，所以往往进展得非常缓慢，但中国已经明确无误地展现出向新的增长模式转换的轨迹。

中国在许多文件里已经充分地探讨过结构调查。“十二五”计划（2011~2015年）中提出了鼓励消费的再平衡框架，其中强调了三项关键内容：通过发展服务业创造就业机会；利用城镇化进程提高工资水平；建立更可靠的社会保障网络，以降低人们由于担心而进行的预防性储蓄。由于迄今为止，“十二五”计划仅实施了三年时间，所以中国在这三个方面的进展虽然不平均，但十分鼓舞人心。

这三个方面对于打造现代消费性社会非常重要。其中，我认为城镇化的进程最为引人注目，其次是服务业发展和社会保障网建设。目前有充足的证据反映出前两个方面的进展：2013年中国城镇人口已超过人口总数的53%，比2010年“十一五”计划结束时增长了三个百分点，比1990年增加了一倍（26%）。与此同时，服务行业（第三产业）在2013年占到GDP总量的46%，与2010年相比增长了三个百分点。

虽然社会保障网络发展稍显迟缓，但于2013 年 11 月召开的党的第十八届三中全会上已经指出这方面的不足。从建立消费型经济再平衡的角度来看，特别需要积极主动地改变中国家庭由于缺乏安全感而表现出的行为模式，如调整独生子女政策和户口制度；向利率市场化过渡，以提高长期被人为压低的利率，使中国储户从中受益；对国企征收 30% 的利润税，为社保与医疗健康等社会保障项目提供资金支持。三中全会的这些倡议都是为了解决一个问题，这个问题也是阻碍“十二五”计划顺利实施的最重要的因素，即中国家庭需要克服因经济不安全而产生的不自信，由此才能使其获得的劳动收入转化为自主消费。

对任何一个经济体未来增长预期的最终判断都反映出周期性因素与结构性因素之间的平衡关系。对中国来说，未来几年内关于经济增长的讨论都会围绕两个问题：可能会压制外需的周期性阻力将持续存在；由消费者主导的再平衡过程产生结构性作用。

周期性阻力是有希望逐渐消退的，但其速度很大程度上取决于在 2008 ~ 2009 年金融中遭受重创的发达经济体的复苏情况。现在距离金融危机爆发已过去五年时间，而恢复的速度却仍然相对缓慢。好在金融危机对全球经济活动最严重的破坏已经结束，经济下行的风险日益减弱。但是，关于发达国家未来几年内是否能加快增长速度还有待观望。

聚焦服务业

如果不再爆发另一次危机的话，那么讨论增长的结构性挑战对关于中国增长的辩论更富有启发性。这些辩论得出了以下根本性结论：随着中国再平衡战略的实施，经济的潜在增长轨迹应有机放缓。在某种程度上，这是因为早期工业化进程中较容易的目标都已经实现。但同样重要的是，这也反映出未来中国的经济发展动力将源于以消费者为基础的服务业——这与过去大为不同，过去主要是通过出口与投资拉动型发展战略，将制造业和建筑业作为高速增长的推动力。

事实证明，许多所谓的亚洲新兴工业化经济体（NIE）都采取了这个模式——它们是极少数成功避免了可怕的中等收入陷阱的发展中国家①。亚洲开发银行的研

① 见 Barry Eichengreen、Donghyun Park 和 Kwanho Shin 所著的美国国家经济研究局工作报告：《快速经济体的经济增长放缓：全球的迹象以及对中国的意义》，报告 16919，2011 年 3 月。

究证明，随着这些国家早期工业化进程的结束，整个经济增长开始集中在缓慢发展的服务业上①。韩国是这方面的一个重要例子：它的工业（第二产业）年增长率从1960~1980年间的12%大幅下降至1980~2000年间的8.3%，与此同时服务业（第三产业）和总体经济活动增长率维持在6.7%左右。中国台湾的情况与此类似：随着服务业对经济的主导程度越来越高，经济发展的速度与早期工业化阶段相比逐渐趋缓。

更成熟的发达经济体的结构性特征显示，以服务业为主导的再平衡过程结束后，经济增长会逐渐放缓——虽然这现在还不适用于中国。作为世界上最典型的服务型经济，美国的情况非常极端。在1950至2013年间，美国服务业在GDP中的占比年均增长3.3%，比生产业3.9%的年均增长率整整低了17%。

随着中国逐步走出早期工业化阶段，其以服务业为主导的经济再平衡变得越来越重要。三年前制定“十二五”计划时，中国计划将其还处于初级阶段的服务业在GDP中的比重从2010年的43%提高至2015年的47%（见图2）。当时，该计划遭到了广泛的批评，被认为目标定得过高，并未考虑到结构调整的过程通常缓慢而痛苦。尽管人们充满疑虑，但正如前文提到的那样，服务业在2013年所占的比重实际上已上涨至46%。在现代中国的历史上，服务业所占GDP比重第一次超过了制造业与建筑业，后两者在2013年合计占到GDP的44%（见图3）。这本身就是再平衡发展道路上令人注目的进步。

这种转型的信号其实已经酝酿多年。在1980~2011年的31年期间，制造业与建筑业的综合年均增长率为11.6%，比服务业8.9%的年均增长率高出了2.7个百分点。在2005~2011年的7年间，这两个增长率之间的差距以每年1.5%的速度逐渐减小。而在过去两年间，即2012~2013年，服务业的平均年增长速度为8.3%，比制造业与建筑业7.9%的总增长率要高出0.4的百分点。这种自2005年起就不断拉近的增长差距，强烈地暗示了中国经济已经开始对经济增长的源泉进行重大结构性调整。

这对中国来说是个好消息。最重要的原因是，发展服务业拉动型经济与吸收劳

① 见Donghyun Park和Kwanho Shin所著的亚洲发展银行经济工作报告：《亚洲的服务业是否是经济发展的动力引擎?》，系列报告322，2012年12月。

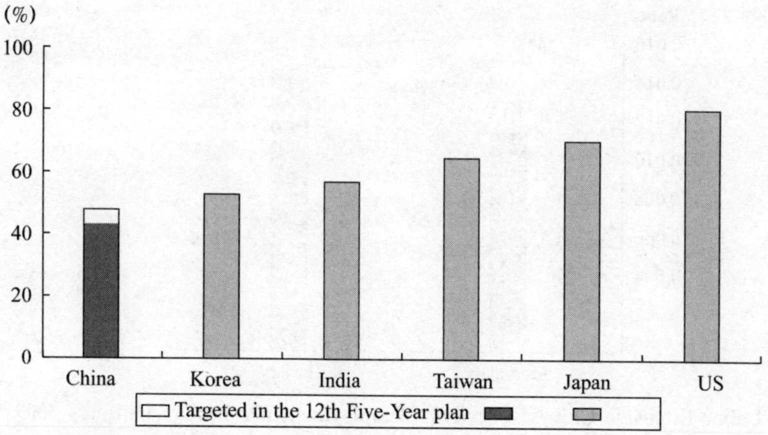

图 2 An Embryonic Chinese Servies Sector（Services output as share of GDP）

Soruce：OECD.

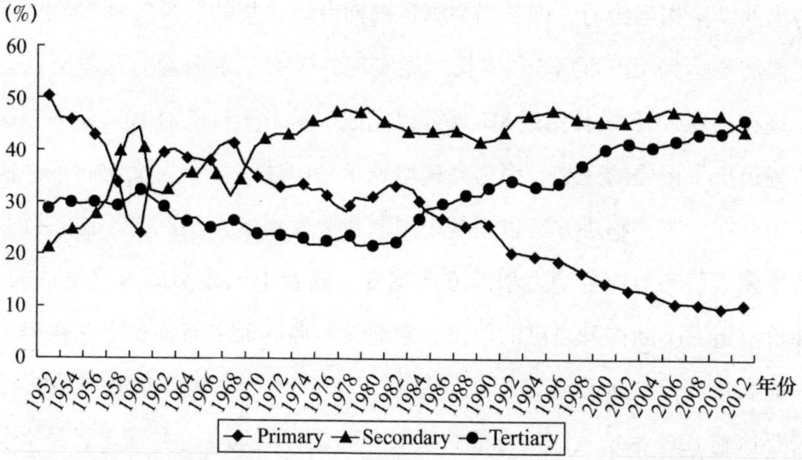

图 3 Services Now Dominate（Compointicn of Chinese GDP By Section）

Soruce：National Bureau of Statistics（China）.

动力这一艰巨任务——即实现就业增长和减贫——之间并不矛盾。这是因为中国服务业的劳动密集程度远远超出制造业和建筑业。在 2009 ~2012 年间，服务业中每 1 000元人民币的产出需要 1. 45 名工人，而制造业和建筑业只需 1. 13 人就可以实现 1 000人民币的产出，前者比后者高出 30%（见图 4）。这就意味着如果纯粹以服务业为基础，那么经济增长率达到 7% 时，其就业率的增长等同于纯粹以制造业与建筑业为基础的经济增长 10% 达到的效果。

当然，中国并不是草率地从一种经济模式转换到另一种经济模式。但我们通过

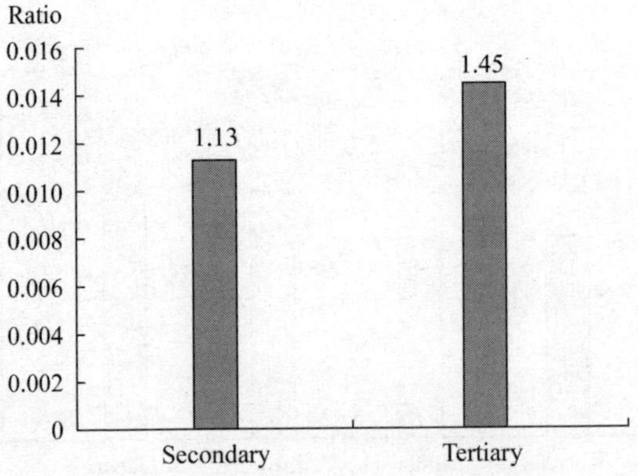

图4　Labor-Intensive Chinese Services（Employment per Unit of Output：2009. 12）

Note：Labor intensity is ratio of employment per RMB 1 000 GDP.

Source：National Bureau of Statistics（China）.

分析得出的结论相当给力，即：当中国逐渐向劳动密集的服务拉动型经济调整平衡时，之前需要达到10%的GDP增长才能实现的吸引基本劳动力和维持社会稳定的任务，现在只要GDP增长接近8%就可以完成。这对于打破对10%这一超级增长速度的依赖迈出了重要的一步，因为高速增长正是中国许多令人忧虑的不平衡现象的根本原因所在。这一解决方案也正是中国制造业发展的自然产物，这一行业正在快速向资本密集型和节约劳动力型的方向演变。随着中国逐渐成为更发达的生产者，在产业价值链上不断提升自己的地位，它通过经典的资本与劳动力互换提升了生产力——即大量进行技术投资，用机器替换工人。过去以制造业为主导的经济发展中，需要达到10%的增长速度才能解决就业问题，但现在这种需求已经下降了。

中国8%的经济增长方案

除了前文提到的原因，还有很多原因支持中国将增长速度的目标定为8%。其中重要的一个是，如果以同样的GDP单位产出计算，服务业比制造业消耗的能源和资源要少得多。相应地，这会延缓中国的环境恶化与污染问题（见图5）。如果经济增长速度放缓，但日益以消费为导向，那么这也会缓和其他宏观不平衡因素，即储蓄过剩减少、中国经常账户盈余进一步降低以及外汇储备累积速度放缓等①。

① 见Stephen S. Roach，《不平衡：美国和中国相互依赖》，耶鲁大学出版社，2014年1月，第217～224页。

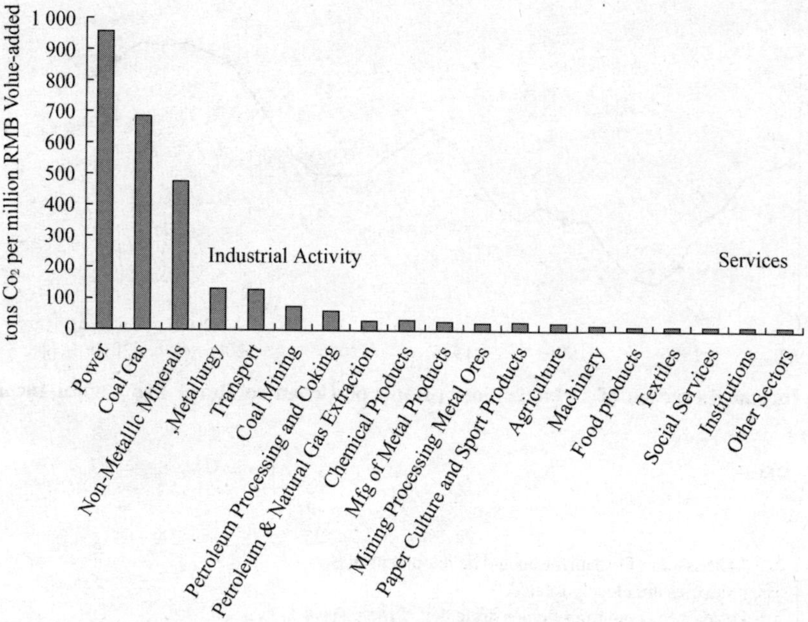

图 5　Income Leverage of Urbanization（Co_2 Emission Intensities of Chinese Indusries：2007）

Source：World Bank/DRC，China 2030.

放缓增长速度但以服务业为主导的经济增长模式非常适合中国，这是因为它更符合“十二五”的精神。“十二五”提出了其他鼓励消费的支柱，即城镇化、有充足资金支持的社会保障所带来的财务安全。中国城镇劳动者的收入是农村劳动者的三倍（见图6），但这里有一个重要的隐含信息：这一杠杆作用的确对提高劳动收入与消费者购买力至关重要，但除非新进城的农民工找到工作，否则并不能起到增加消费的作用。服务业和城镇化的相互作用对中国再平衡的影响正在于此。正如李克强总理最近所说的，发展劳动密集型产业要与继续推动城镇化密切结合（见图7和图8）①。最近十八大三中全会通过了许多社会改革方案，我们有充分理由相信，中国家庭将不会再怕把他们的劳动所得转化为自主消费力。

有人抱怨向服务业主导过渡会放缓生产率的增长速度，最终阻碍经济增长和发

① 见李克强，“协调推进城镇化是实现现代化的重大战略选择”，李克强2012 年9 月7 日在中央组织部、国家行政学院和国家发展改革委联合举办的省部级领导干部推进城镇化建设研讨班学员座谈会上的讲话。

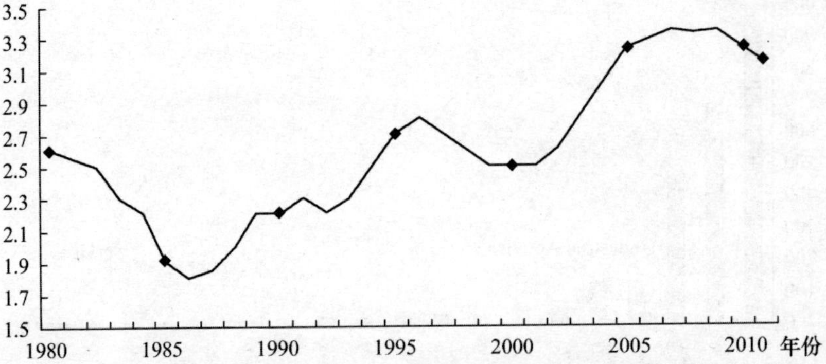

图 6　Income Leverage of Urbanization（Ratio of Urban to Rural Per Capita Income：1980 to 2011）

Source：OECD.

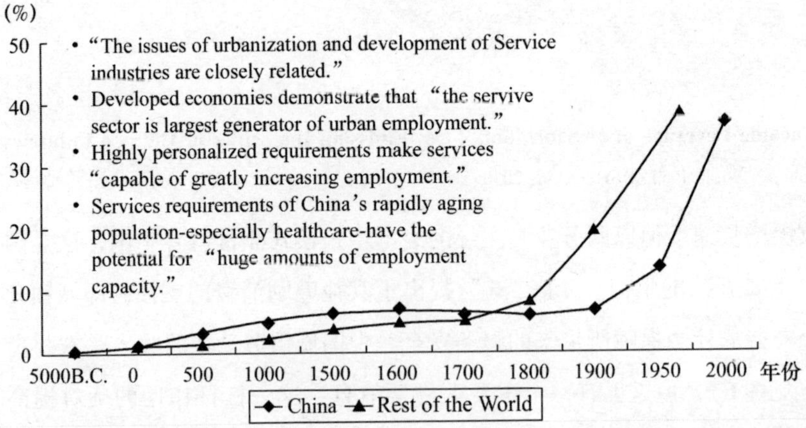

图 7　Premier Li Keqiang on Services and Urbanization（Urbanization Rates：China’s 150 - year lag）

Source：Li Keqiang，“Promoting Coordinated Urbanization - An Important Strategic Choice for Achieving Modernization，September 2012，and OECD China Survey，March 2013.

展。[①] 这种担心是基于一种习惯性对比，即将生产率较高的制造业与从根本上来说生产率较低的服务业之间进行比较。[②] 但这一对比并没有准确反映出中国经济过渡的实际情况。制造业的高效率中生产率较高的工作者并没有转移到生产率较低的服务业岗位上去。实际上，中国劳动再分配的实际情况是，劳动者从生产率较低的农

① 见 Barry Eichengreen，《中国需要服务业革命》，评论汇编，2010 年 6 月 18 日。

② 见 Williams J. Baumol，《不平衡增长的宏观经济学：解剖城市危机》，美国经济评论第三期 57 卷，1967 年 6 月。

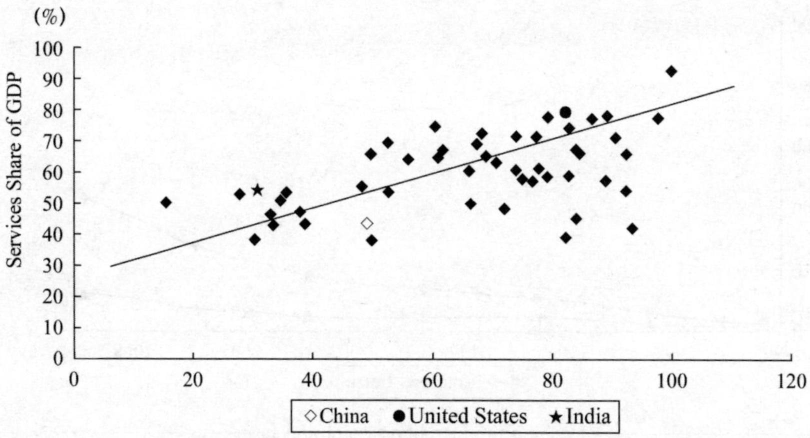

图8 Where the Rubber Meets the Road（Services and Urbanization：2010）

Source：World Bank Development Indicatiors.

业转移到发展迅猛的、生产率较高的城镇服务业。在这一过渡过程中，对中国整体经济增长影响最大的是服务业和农业之间的生产率对比，而不是服务业和制造业的对比（见图9）。基于这一关键原因，服务业主导的经济发展很有可能在未来数年里成为中国经济增长潜力的主要优势。

后工业时代的挑战

对任何发达国家或发展中国家来说，过渡期都不是终点，而是通过终点的手段。对中国而言尤为如此，它的宏伟目标是建设“现代、和谐和创新型社会”。2013年发布的《中国2030》就以此作为它的副标题。该书由世界银行和中国国务院研究发展中心团队共同编写①。由消费和服务主导再平衡的构想在“十二五”中提出，在最近召开的十八届三中全会上被赋予了新的活力，为中国实现经济发展的再次过渡提供了动力。这也符合《中国2030》描绘的蓝图。中国的第一次经济过渡是从农业向工业的过渡，现在日益向后工业社会的服务业模式过渡。本轮过渡有望在2025~2030年的某个时间点实现目标，随后中国在维持经济增长方面面临的问题与所有发达国家一般无二。

眼下中国的工作重点是从一个模式转向另一个模式的再平衡进程，而当这一任

① 见世界银行和中华人民共和国国务院发展研究中心，《中国2030：建设现代，和谐和创新型社会》，世界银行，2013。

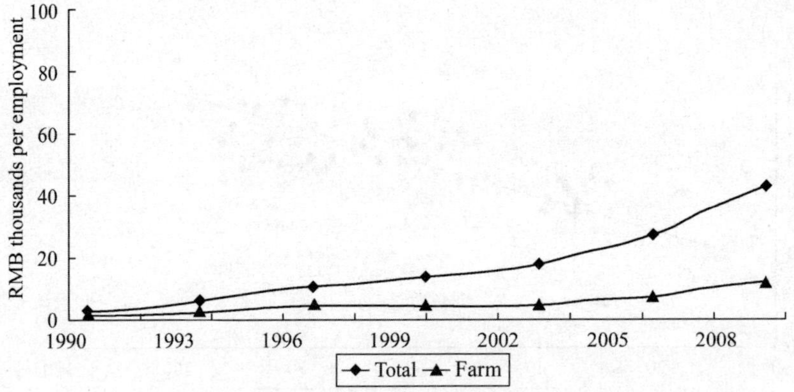

（a） China productivity - Total and farm

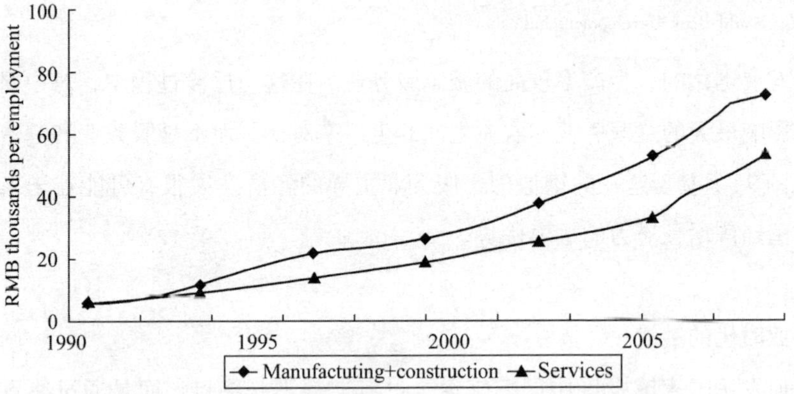

（b） China productivity - Goods * and services

图 9 The Productivity Opportunity

note： * Including manufacturing and construction.

Source：China Statistical Yearbook.

务将要完成时，如何提高生产力将会成为中国所面临的最艰难的挑战之一。诚然，这是一个颇具争议性的结论。无论是在国家发展的哪一个阶段，都很少有经济学家和政策制定者会建议忽略生产率这一重要因素。这也不是我的本意。但是中国目前进行的再平衡结构性调整非常复杂。任何战略要取得成功都必须必须对所有任务进行优先排序。“十二五”计划提出的经济调整框架在十八届三中全会中得到进一步充实扩张，使中国得以在至少未来 10 年之内的时间里，能用行之有效的再平衡方案来指导发展。如果这个方法能取得成效——我个人也认为这会变成现实——它也会为中国在之后更广泛地持续提高生产率奠定基础。

在这个方面有两项举措尤其值得关注，它们为中国实现创新经济这一更长远目标搭建起框架。第一，聚焦七大战略新兴产业，即新一代信息技术、可替代能源、可替代材料、生物技术、电动汽车、能源节约和高端装备制造。第二，把重点放在教育改革、研发联盟和鼓励民营公司创业方面的协同作用上。这些努力不会立刻带来生产率回报，事实上有可能需要几十年的时间。但只要夯实基础，中国就可以在从消费主导再平衡带来中短期回报过渡到提高生产率带来长期回报的转变过程中占得先机。

然而，在初始阶段要将服务业发展的重点放在比较容易实现的目标上，即分配和交易密集型产业，比如批发零售贸易、国内交通、供应链物流、酒店与休闲娱乐、医疗保健和金融（见图10）。尽管这些密集型劳动非常符合吸收劳动力的迫切要求，但它们会极大限制中国未来5~10年的生产力增长。从低生产率的农业向高生产率的服务业转移劳动力从一开始会带来生产率红利，其重要性值得一再强调。的确，如果劳动力从农业转移到制造业，生产力的回报会更丰厚，但是这会错过建设以服务业为中心的基础设施的机会，而这才是任何现代消费性社会的基础。一旦这些基础设施开始运营，中国就可以更好地向以创新为驱动的后工业化社会过渡，这样才能从全面的生产力提高中汲取动力。

全球影响

这些对中国来说是利好消息，可对世界其他国家却未必如此。尤其是美国，他们为了满足其日益庞大的“终极消费者”的需要，已经把中国当成其“终极制造者”①。美国国内收入增长和储蓄都不足，而中国货物廉价而且储蓄过剩，加上利率补贴，正好帮助维持美国的入不敷出。当然，这种依赖是相互的，中国要依靠美国的过度消费来维持其出口型经济的增长，也要依赖以正在贬值的美元为基准的货币策略来提升其国际竞争力。

具有讽刺意味的是，在中国实现经济再平衡的过程中，美国由于储蓄不足可能会陷入困境。尽管美国再三建议中国刺激国内个人消费，但他们发现，中国以前的发展模式有助于维持自己本身不平衡经济的增长。当然，所谓的资源型经济也是一

① 见Roach，《不平衡：美国和中国相互依赖》。

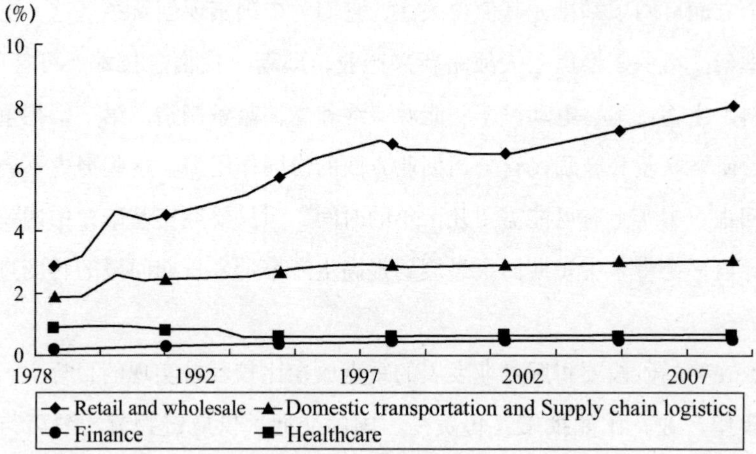

（a） Transactions - Intensivs Services：China （Shares of total Chinese employment）

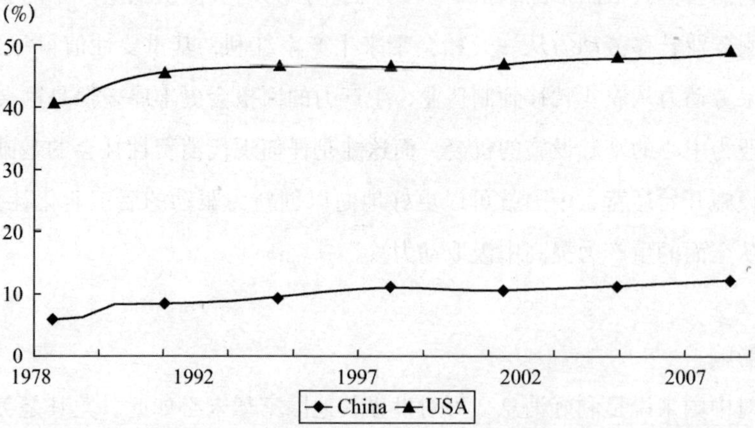

（b） Transactions - Intensivs Services＊： US vs China （Shares of national employment）

图 10　Chian' s Transactions-Intensive Services

note：＊Includes Retail and wholesale trade，domestic transportation and supply chain logistics，finance，and healthcare.

Source：China Statistical Yearbook；China Labor Statistical Yearbook.

样：澳大利亚、新西兰、加拿大，勉强还可算上巴西。随着中国将重点从商品生产转向提供服务，资源经济体将会失去外部需求增长的一个重要来源。实现再平衡进程中的中国将会对美国构成严峻考验，同样，由于中国与其他国家相互依存，这也会对其他主要经济体持续造成巨大压力。

然而，中国经济实现再平衡最终会给其他国家带来巨大的机遇。部分原因是中国是个非常“开放”的经济体。2002 年以来，中国的进口份额一直接近其国内生产总值的30%，消费者对商品和服务的需求所形成的推动力，能够为中国的贸易伙伴带来不小的意外收获，尤其是东亚国家、美国和欧洲。此外，由于现代信息技术联通了整个世界，许多不可交易的服务现在变得可以交易，前文提到的服务业引发的推动力对渴求经济增长的发达国家大有裨益。从现在到2015年，中国的服务经济总量有可能会增加12万亿美元，其中大约有4万亿到6万亿通过与其他国家的贸易实现（见图11）。这对美国这个长期占世界主导地位的服务经济体而言，有可能是真正的好兆头①。

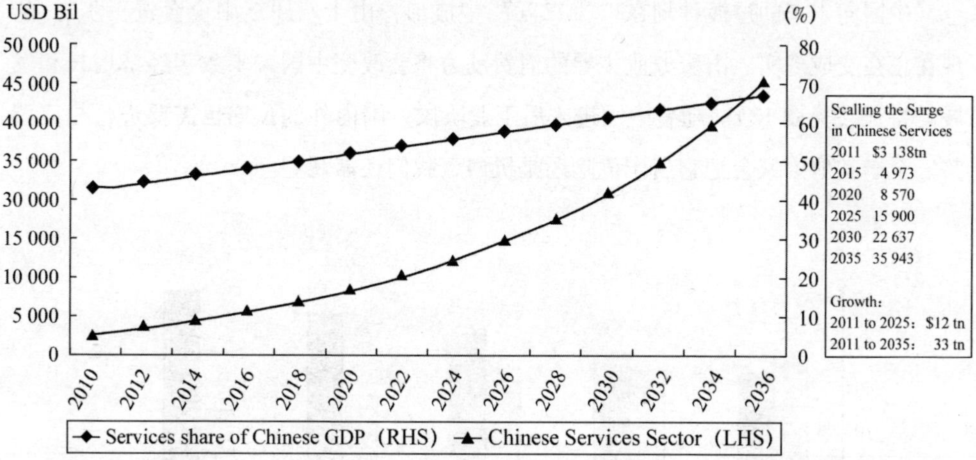

图11 The Coming Bonanza in Chinese Services（Peering Into the Future：Services – Led Next China）

Source：Extrapolations based on World Bank/DRC，China 2030.

预测

综合所有这些因素，要对接下来几年中国的经济增长做出预测极富挑战性。我们大胆地假设没有来自内外部的巨大冲击，那么可以对中国的潜在经济增长做出以下三个预测。

第一，中国经济已经过渡到缓慢增长的道路上。鉴于经济危机后的余震还有不断困扰发达国家，中国对服务业的依赖日益加深，从现在到2015年中国的GDP增长率将会在7%到8.5%之间浮动。

第二，服务业的发展最初会集中在生产率较低的分销和交易处理产业，所以

① 见Roach，《不平衡：美国和中国相互依赖》，第240~244页。

2015年后经济增长有可能会进一步放缓。在2016～2020年间，经济增长率在6.5%～8%之间。

第三，必须要明确今后数年中国看似放缓的GDP增长与过去32年中国所取得的高速增长奇迹之间的区别。无论在国际政策圈子还是在世界金融市场上，关于中国经济增长的讨论都需要认真对待这两种完全不同的事物的比较。如果中国能实现再平衡，并且从现在到2020年维持6.5%到8.5%的增长速度，那么这要比被迫退回增长速度为10%的发展轨道和不可持续、不平等的经济体系好得多。

中国向未来的过渡计划在“十二五”中成形，由十八届三中全会进一步加强，现在正在变成现实。由服务业主导的消费动力将会改变中国未来数年经济增长和发展的特征（见图12）。随着中国进入后工业阶段，国内外的预期也需要进行相应调整。至于其他国家会把它当作危险还是机遇，我们还需观望。

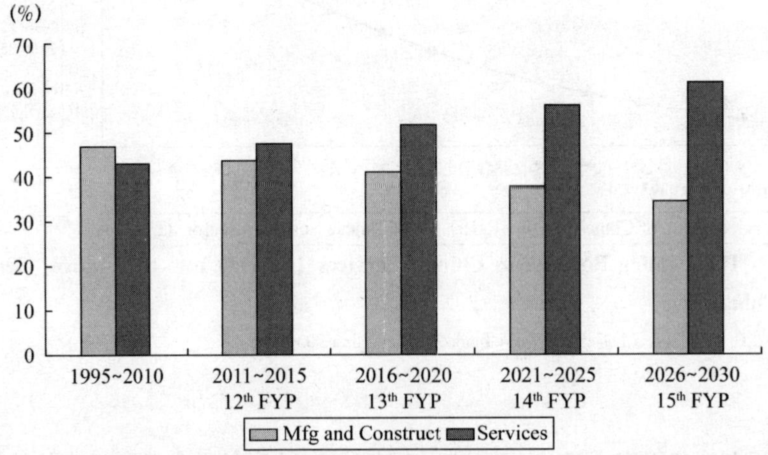

图12　The Next China：From Industry to Services［Composition of Chinese GDP by Sector（Average Shares over designated intervals）］

Source：DRC/World Bank，China 2030.

关于当前经济运行中存在的问题及政策建议

中信证券股份有限公司

中国经济尚处蓄势阶段，短期仍存回落压力。2013 年中国 GDP 同比增长 7.7%，经济总体平稳，通胀压力不大。2014 年，我们判断，中国经济仍处蓄势阶段，增速存在回落压力，预计 GDP 增长 7.5%。从三大需求看，出口温和改善；受地产和基建投资影响，投资增速略有放缓；消费平稳，服务消费是亮点。金融、医疗、住宿餐饮等服务业增速加快，而工业、房地产、批发零售、农业增速放缓。预期上半年经济受到流动性紧张等因素的影响，增速较低；下半年随着改革措施的到位，经济有所回升。通胀前高后低，预计 2014 年 CPI 为 2.5% ~3%，PPI 为 0.2%。

中国经济的三个问题及对策

当前，中国经济存在三个突出问题：内需动能不足、债务风险扩大和产业结构调整滞后。首先是内需不足，主要表现在投资和消费方面。房地产投资减速、基建投资面临下行压力是投资增长下降的主因。随着 2013 年底《党政机关厉行节约反对浪费条例》的发布，规范“三公”消费的影响还将持续一段时间。而住房销售增速下滑将对相关商品的消费带来负面影响。其次是存在局部金融风险暴露的可能。2008 年“次贷”危机后，在宽松货币政策背景下中国整体负债率有所提升，金融风险不断积聚。2014 年经济回落将影响借债主体的偿债能力，而今年也将迎来信用产品的偿债高峰。偿付能力的下降叠加偿债高峰的来临，局部风险暴露的可能性大增，并可能引发信贷紧缩。最后是产业结构调整滞后。当前部分银行为避免不良贷款率飙升，依旧采用借新还旧的方式为煤炭、钢企、有色等资源类行业输

本文是中信证券股份有限公司为中国发展高层论坛 2014 年会提供的专题报告。

血，导致这些行业资产负债率进一步上升，延缓了产业结构调整速度。

针对上述问题，我们建议采取相应的对策。

1. 对于内需动能不足的问题，我们建议通过政策对冲，培育新的内需增长点

①稳基建、稳投资。由于制造业和房地产投资相对市场化，政府投资的着力点还应集中在基建领域。我们认为政府可以增加城市基础设施相关投资，并通过创新投融资方式，采用 BOT、PPP 等方式引入民间资本，降低政府当期债务负担。具体的投资领域可以逐步由路桥扩展至供水、供电等公用事业等领域，在稳投资的同时也能实现这些领域的市场化改革。

②支持服务业发展，加快服务业投资。具体措施包括借鉴保障房的经验，将新建医院、学校土地列入专项供地规划，对于民间资本兴办医院与学校，实施“两免三减半”的税收优惠。

③在减少“政府消费”的同时，增加民生支出及公共服务采购。例如减少公车采购的同时，增加公交车采购和公交系统的投入；加大公共卫生、教育、文化等主导性公共服务领域的采购力度。

④促进居民消费。措施包括推动带薪休假制度的落实，减轻交通、景区的负担，切实满足国民的旅游需求；加大对消费者权益的保护力度，加强对网络购物等新的消费方式的规范，促进新型购物业态的繁荣。

2. 对于金融风险，我们建议化解存量、规范增量，抑制风险蔓延

①分类施治。若仅是因期限错配等原因带来的短期流动性风险，如项目建设过程中存在资金缺口导致无法实现预期收益的情况，可以允许债务展期、“借新还旧”，或通过资产证券化等金融创新手段来缓解流动性压力；对于预期收益无法覆盖债务本息的情况，则应尽快落实相关各方的责任，可以通过债务重组、债务资本化等方式，防止局部风险蔓延。

②规范新增债务。一方面探索发行市政债等更加市场化的融资方式，将隐性债务显性化；另一方面建立风险预警指标体系来控制债务规模，例如地方政府债务余额占地方 GDP 的比重应控制在 45% 以内，地方政府债务余额占财政收入的比重在 100% 以内，当年还本付息占财政收入的比重在 20% 以内，偿债准备金应当达到在当年还本付息额的 80% ~100% 。

③遏制非理性的融资冲动。具体措施包括：划分中央与地方的财权与事权；加

快政府职能转变，划清政府与市场边界，规范政府的投资和担保行为；改革考核目标，强化审计问责机制。需要指出，局部风险暴露有望打破刚性兑付的预期，有助于建立完善的风险定价体系，缓和地产、城投等低利率敏感性领域对中小企业信贷的“挤出效应”，但需要防范局部风险向系统性、区域性风险的蔓延。

3. 针对产业结构调整滞后的问题，我们建议疏堵结合，并通过资源品价改和财税改革，倒逼产业结构调整

①对产能过剩行业制定分类信贷政策。基于盈利状况、环保、资源消耗以及行业技术等指标，制定科学、可标准化、操作性强的信贷政策。对于存量违规、产能严重过剩行业的建设项目，要严格禁止对其放贷；对于存量可置换产能的建设项目，鼓励银行提供定向的信贷支持，加快产能严重过剩行业内的兼并重组以便整合过剩产能，或者通过技术改造、开拓境外市场转移产能。

②对于新兴产业推进金融体制创新、促进产融结合。除了鼓励金融机构加大对科技企业融资支持外，还要放松管制，改善投资环境，鼓励更多社会资本进入相关领域。

③促进资源品价格合理定价。措施包括：打破垂直垄断，放开竞争性环节价格；用价格杠杆激励企业节能环保，继续深化差别电价政策，比如对能耗超过合理标准的落后产能施用惩罚性电价，促使落后工艺、落后产能被加速淘汰，严禁地方政府对高耗能行业提供电价优惠。

④加大财政税收改革力度。健全财政补贴的监督问责机制，对违法行为加大查处力度；完善市场决定价格机制，将政府定价范围严格控制在重要公用事业、公益性服务、网络型自然垄断环节，对于竞争性行业，政府没有必要对其进行财政补贴，而应该让它们在市场竞争中优胜劣汰。

改革重塑经济活力

以上的问题是中国短期面临的主要问题及其表现形态，而中国经济出现以上问题的核心在于经济缺乏活力。要解决中国经济矛盾的关键在于改革，通过改革重塑活力。我们认为改革的核心在于发挥市场在资源配置中的决定性作用，通过一系列改革，提高要素的使用效率，激发社会的创新。通过这些改革，中国经济才能最终摆脱目前的经济困局。如果一系列改革能够顺利推进，那么改革将提高中国的

TFP，从而提高潜在 GDP 增速。未来改革将会涉及到诸多领域，我们建议从四个大方向着力推进改革进程。

1. 放松垄断领域的进入壁垒，打破“玻璃门”“弹簧门”，从而提高要素的使用效率

十八届三中全会提出，要消除市场壁垒，提高资源配置效率和公平性。从三大产业的角度来看，当前我国第三产业的垄断管制程度明显高于第一、二产业，造成要素进入这些行业存在明显的壁垒。从劳动生产率上来看，第三产业的边际劳动生产率已经明显高于二产业，而从资本的边际产出水平上看，大部分服务业明显高于制造业。如果资源按照边际产出调整，那么未来资源（特别是资本）应当更多地进入到教育、采矿、租赁和商务服务、卫生保健、居民服务和金融等行业，从而提升社会整体的要素使用效率。建议降低上述领域的进入壁垒，从而促使要素进入边际效率更高的行业。

2. 改革无效率行业，释放处沉淀的资源

由于部分行业高度垄断，竞争不充分，导致要素配置扭曲，生产效率过低。在垄断程度较高的行业中，除了金融和信息传输、计算机服务和软件业劳动生产率尚可外（这两个行业是资金密集和知识密集行业，劳动生产率高是必然的），其他行业相对劳动生产率都较低，说明劳动力资源在这些行业的配置严重扭曲。处于这些低劳动生产率和高垄断行业的就业人数大约为8 400万，占城市单位就业人数15 200万人的50%以上。通过改革，特别是某些事业单位的企业化改革以后，生产效率有望得到显著提高。历史上看，1998 年国有企业改革导致城市单位就业人数减少3 000多万，占 1997 年城镇单位就业人数的 20% 以上；经过人员裁减，企业产能利用率上升。2007 年以后，我国企业产能利用率趋势上是回落的，而就业人数的增加却是加快的，这显然又到了需要通过改革释放沉淀冗员的阶段了。建议通过本轮改革，使相应单位人员减少 20%，即3 000万，这样可以极大地提高生产率。

3. 进一步推进政府的简政放权工作，调动经济自身的活力、提升创新效率

事实上，中国在创新投入方面并不逊色于其他国家。教育程度和研发支出是最为重要的创新投入，以经济发展水平作为参照系，可以看到，我国的 R&D 支出占 GDP 的比重显著高于同类发展阶段的可比国家；而教育发展程度亦与我国所处的经济发展阶段相匹配。但是，政府对经济的干预，降低了创新的效率。利用 Heritage

Foundation 数据库所测算的经济自由程度指数和财政干预度指标，我们可以将各国划分为两类：经济自由度高、财政干预度低的国家以及经济自由度低而财政干预度高的国家。利用世界知识产权组织（WIPO）所测算的人力资本投入和创新产出指数，我们得到了上述两类国家创新投入—产出转化效率的规律：政府干预度低的国家，1 单位人力资本投入对应 0.56 单位的创新产出；而政府干预度高的国家，1 单位人力资本投入仅转化为 0.28 单位的创新产出。建议通过进一步下放审批权限、全面实施负面清单管理方式，来提升经济的市场化程度，减少政府对经济的干预，激活经济自身的动能，提升创新的效率，从而最终促进潜在经济增长的提高。

4. 通过立法、制度等方面的改革，释放潜在增长空间，培育新的增长点

回顾历史，1998 年国家提出“住房实现市场化”，推行住房体制改革，中国被压制多年的商品住房需求得到释放，房地产行业从无到有、从小到大，从“新的经济增长点”成长为“支柱产业”，进而带动建筑、建材、家装、家电等上下游多个行业的发展。展望未来，在新一轮改革措施的催化之下，可期的新领域包括“环保”和“低空飞行”等。环境公害频发倒逼环保从注重政府事前审批走向完善法制建设，在环保设备和服务领域，相关企业将“从无到有”进入爆发式增长期。放开低空空域管理使通用航空产业迎来新的增长机遇。近期，多年难以推进的低空空域开放问题出现松动，低空空域管理改革有望在全国范围内推开，目标是形成“政府监管、行业指导、市场化运作、全国一体化的管理运行和服务保障体系”，通用航空产业有望借势发力。根据中航工业集团预测，到 2020 年，中国通用航空飞机的数量将从现在的1 000多架次增加到9 000多架次，新增市场价值接近 600 亿美元。与汽车等其他交运设备相比，通用航空业的产业链条更长，对其他行业的带动效应更为显著，辐射从前端制造到中后端的运营、服务、维修、培训等多个领域。

第3章

包容而可持续发展的新型城镇化与城乡统筹发展

徐宪平

国家发展和改革委员会副主任

新型城镇化与城乡统筹发展

推进新型城镇化、统筹城乡发展一体化，这是中国发展进程中的一个重大命题。城镇化是现代化的必由之路，是解决农业农村农民问题的重要途径，是推动区域协调发展的有力支撑，是扩大内需和促进产业升级的重要抓手，对于我国全面建成小康社会，实现中华民族伟大复兴的中国梦，具有重大意义。

工业革命以来，世界城市化已走过了200多年历史，发达国家城市化率普遍达到80%左右。根据联合国发布的《世界城市化展望》报告，2011年世界城镇人口为36.3亿，中国城镇人口为6.9亿，占比为19%；预计到2030年，世界城镇人口将达到49.8亿，中国将达到9.7亿左右，占比将达到19.5%，中国对全球城镇人口增长的贡献率超过20%。中国城镇化规模大、节奏快、影响广泛而深远，中国城镇化道路的选择，备受世界瞩目。

我们说，城镇化是伴随工业化发展、非农产业向城镇集聚、农村人口向城市人口集中的历史过程。改革开放35年，中国经济快速发展，国内生产总值用当年价计算，由1978年的0.36万亿元增长到去年的56.9万亿元，实际增长了25倍左右；与此同时，城镇化快速推进，城镇人口从1978年的1.7亿人增加到去年的7.3亿，城镇化率从17.9%提高到53.7%，吸纳了大量农业劳动力转移就业，提高了城乡生产要素配置效率，带来了社会结构深刻变革，促进了城乡居民生活水平全面提升，成就举世公认。但发展过程中累积的矛盾和问题也不少，比如，大量农业转移人口难以融入城市社会，城市发展模式比较粗放，空间分布和规模结构不合理，“城市病”问题日益突出，生态环境和自然历史文化遗产保护不力，等等。

当前，中国城镇化的内外部环境和条件正在发生深刻变化。随着国际金融危机以来全球经济再平衡和产业格局再调整，随着国内农业富余劳动力减少和人口老龄化程度提高，资源环境瓶颈制约日益加剧，城市内部二元结构矛盾日益凸显，传统高投入、高消耗、高排放的工业化城镇化发展模式越来越难以为继，主要依靠劳动力廉价供给、土地等资源粗放消耗、压低公共服务成本推动城镇化快速发展的模式不可持续，城镇化转型发展势在必行。

推动城镇化转型发展，就是要走中国特色新型城镇化道路，以人的城镇化为核心，以城市群为主体形态，以综合承载能力为支撑，以体制机制创新为保障，全面提高城镇化质量。走好这条道路，必须坚持以人为本，有序推进农业转移人口市民化，稳步推进城镇基本公共服务常住人口全覆盖。必须坚持四化同步，深入推动信息化和工业化深度融合、工业化和城镇化良性互动、城镇化和农业现代化相互协调。必须坚持优化布局，以城市群为主体形态，发挥中心城市辐射带动作用，促进大中小城市和小城镇协调发展。必须坚持生态文明，节约集约利用水、土地、能源等资源，推动形成绿色低碳的生产生活方式和城市建设运营模式。必须坚持文化传承，发展有历史记忆、文化脉络、地域风貌、民族特点的美丽城镇，彰显城市个性和特色。

坚持走中国特色新型城镇化道路，重点是要解决好五大问题。

第一，有序推进农业转移人口市民化。目前我国城镇常住人口中有2亿多农民工及其随迁家属。农民工已经成为我国产业工人的主体，但未能享受城镇居民待遇，城镇内部出现新的二元结构矛盾，也带来农村留守儿童、妇女和老人问题突出，给经济社会发展带来诸多风险隐患。要按照尊重意愿、自主选择，因地制宜、分步推进，存量优先、带动增量的原则，以农业转移人口为重点，兼顾其他常住人口，统筹推进户籍制度改革和基本公共服务均等化，把促进有能力在城镇稳定就业和生活的常住人口有序实现市民化作为首要任务。一方面，通过实施差别化落户政策，全面放开建制镇和小城市落户限制，有序放开城区人口50万~100万的城市落户限制，合理放开城区人口100万~300万的大城市落户限制，合理确定城区人口300万~500万的大城市落户条件，严格控制城区人口500万以上的特大城市人口规模，到2020年努力实现1亿左右农业转移人口和其他常住人口在城镇落户。今年，各类城市要因地制宜制定落户标准，特大城市要采取积分制制定落户标准，引导农民预期。另一方面，通过建立居住证制度，以居住证为载体，与居住年限等条件相挂钩，稳步推进城镇义务教育、就业服务、基本养老、基本医疗、保障性住房等基本公共服务覆盖城镇常住人口。

第二，优化城镇化布局和形态。从城市群布局看，我国东部京津冀、长三角、珠三角三大城市群，以2.8%的国土面积集聚了18%的人口，创造了36%的国内生产总值，但持续发展的压力在加大，而中西部资源环境承载能力较强地区的城镇化潜力有待挖掘。从城市规模结构来看，部分特大城市人口规模与综合承载能力之间的矛盾加剧，但一些中小城市集聚产业和人口不足，潜力没有得到充分发挥。到2020年，我国城镇人口将达到8.5亿左右，合理引导在东中西部地区、大中小城市间的分布，关乎人口、经济与资源环境的协调，关乎中国现代化建设大局。要优化提升东部地区城市群，培育发展中西部地区城市群，构建“两横三纵”城镇化战略格局。依托大城市，增强城市群内部小城市和小城镇的产业功能、服务功能和居住功能，把有条件的县城、重点镇和重要边境口岸发展成为中小城市。

第三，提高城市可持续发展能力。一些城市“摊大饼”式扩张，空间无序开发，重经济发展、轻环境保护，重城市建设、轻管理服务，导致城镇建设用地粗放低效，交通拥堵问题严重，大气、水、土壤等环境污染加剧，城市管理运行效率不高，公共服务供给能力不足。这既不利于提高居民生活水平，也不符合我国基本国情。必须加快转变城市发展方式，优化城市空间结构和管理格局，提高城市规划建设管理水平。增强城市经济、基础设施、公共服务和资源环境对人口的承载能力，强化城市产业就业支撑。完善基础设施和公共服务设施，预防和治理“城市病”。推进创新城市、绿色城市、智慧城市和人文城市建设，全面提升城市内在品质。完善城市治理结构，创新城市管理方式，提升城市社会治理水平。

第四，推动城乡发展一体化。城乡发展一体化是新型城镇化的应有之义。未来中国城镇化率即使达到70%左右，仍将有4至5亿人口生活在农村，新型城镇化必须与新农村建设相辅相成，与城乡发展一体化统筹协调，让广大农民平等参与现代化进程、共同分享现代化成果。坚持工业反哺农业、城市支持农村和多予少取放活方针，推进城乡统一要素市场建设，推进城乡规划、基础设施和公共服务一体化，健全城乡发展一体化体制机制。牢牢守住耕地红线，确保国家粮食安全。加快推进农业现代化，建设农民幸福生活美好家园。

第五，改革完善城镇化发展体制机制。现行城乡分割的管理制度，固化着已经形成的城乡利益失衡格局，阻碍了城镇化健康发展。推进新型城镇化必须统筹推进人口管理、土地管理、财税金融、城镇住房、行政管理、生态环境等重点领域和关键环节的体制机制改革，逐步破除城乡二元结构及城市内部二元结构，通过改革释放发展潜力，为新型城镇化注入活力和动力。

在中国这样一个拥有 13 亿多人口的大国实现城镇化，在人类发展史上没有先例可循，我们需要借鉴汲取世界经验教训，积极有序扎实推进。我们希望国际上更多专家学者为中国城镇化提出意见建议，更多企业机构参与中国城镇化建设进程。

胡存智

国土资源部副部长

土地管理制度与包容而可持续的新型城镇化

《国家新型城镇化规划》的出台，经历了一个相对较为曲折、漫长、审慎的过程。也恰恰是这个过程，推动了社会各界对“城镇化”的深入讨论。去年年底召开的中央城镇化工作会议，标志着各方对城镇化已达成诸多共识，对城镇化的认识更为客观、理性。新型城镇化，其精髓与论坛的主题“包容、可持续”十分契合。

在国家新型城镇化战略决策过程中，国土资源部给予了高度重视和全力配合。我们成立了土地管理制度改革研究小组，开展了系列研究。重点围绕两条主线：一条是土地制度主线，期望发挥制度改革红利，通过土地利用和管理方式的转变，促进国家新型城镇化战略的全面有效实施；另一条是资源承载主线，期望从国土资源特别是土地资源的承载和支撑能力评价入手，谋求城镇化模式的改进、空间格局和形态的优化。这两条主线都有同一个原则，就是包容、可持续和以人为本。

在研究过程中，通过历史回顾、评价，我们得出的第一个结论是：土地制度在我国城镇化历史进程中起着十分重要的作用，不容忽视。从世界各国城镇化发展的普遍经验看，以统筹土地利用活动、协调人地关系为目标的土地管理制度，是促进城镇化健康发展的核心制度安排和重要保障。在我国，随着工业化、城镇化和农业现代化的发展，基本形成了以土地公有制为基础，以耕地保护和节约集约用地为目标，以土地用途管制、土地征收、土地有偿使用为核心的制度框架体系。其中，以用途管制为核心的土地利用管控制度，为统筹安排各业用地和维护粮食安全、生态安全提供了有力保障；以土地征收为主体的建设用地取得制度，为工业化、城镇化的健康发展提供了空间保障；以有偿使用为基础的土地要素市场配置制度，为工业化、城镇化健康发展注入了强大动力；以优化结构、提升效益为目的的土地综合整治，催生了一系列制度改革探索，对促进城乡统筹发展发挥了积极作用。

当然，我们也应当看到，在以“包容、可持续、以人为本”等核心价值观要求的新时期、新形势下，现有土地制度在运行中出现了一些问题，可以说，现有制度与当前阶段的适应性还不够。我简单点说几点。

第一，城镇化建设与优质耕地分布空间上高度重合，导致优质耕地锐减，农业保障基础受到影响，城镇化可持续发展面临挑战。2001～2010 年 10 年间，全国建设占用的耕地中近 1/2 为水田和菜地，同期补充的耕地中水田和菜地不到 1/5。尽管法律上规定了严格的耕地占补平衡制度，但现实中一些地方占多补少、占优补劣、占近补远、占水田补旱地，最终账面上是平衡了，但耕地质量大大亏空。从更大的空间尺度看，我国东部、南部省区既是水田、水浇地等优质耕地集中分布地区，又是全国人口经济集聚和城镇化重点发展地区，城镇化建设导致水田呈现东部和南部地区减少、东北地区略增、全国总体净减的格局，耕地保护压力持续增加。

第二，城镇化过程中土地粗放浪费的现象较为突出，资源利用上不集约，也是不可持续的表现。从 2000～2010 年，全国城镇工矿用地面积增长了 58%（习近平：2000～2012 年城镇建设用地增长了约 70%），但承载人口从每平方公里7 700人降至7 000人，下降了 10%。同期，大规模农村人口转移进城，农村建设用地不但没有减少，反而增加了 2 万平方公里，比 3 个上海市还要大。目前，城镇工矿用地中，处于低效利用状态的有5 000平方公里，占全国城市建成区的 11%。

第三，过度依赖新增建设用地出让收入，过度依赖土地的抵押，这种方式在后土地时代更是不可持续的。我们在调研中发现，某中部省的一个地级市，2001～2012 年一般财政收入 379 亿元，土地出让收益约 50 亿元，但其城镇建设资金总投入达 340 亿元，其中财政投入只占 10%，其余 90% 都通过土地收益及融资解决。这种过度依赖新增土地出让收益和土地抵押筹措资金推进城镇化的模式，如果土地出让收入不可持续，就会变成空头支票，存在极大的财政金融风险，而且，也容易引发社会矛盾，加剧社会风险。这里我想特别强调一下，通过经营土地获得城市发展和运行支出，这在全世界是一种通行做法。但是，如果土地财政过度依赖新增用地收入或不规范的抵押融资，这样的模式是不可持续的。此外，目前还存在农村土地制度与城乡要素有序流动的要求不适应，城乡不协调、不统一等问题，距“包容、可持续的城镇化”还有较大的改进空间。

针对上述问题，按照保障和促进新型城镇化发展的要求，遵循“包容、可持续、以人为本”的基本原则，我们认为，土地管理制度改革，应当以问题为导向，突出重点领域。具体来说，有以下四个方面考虑。

第一，完善土地用途管制制度。按照严守底线、调整结构、深化改革的思路，严控增量、盘活存量、优化结构、提升效率，切实提高城镇建设用地集约化程度，促进城镇化格局与耕地保护、生态文明格局的优化，促进城镇化健康发展用地空间保障能力的提升。

第二，深化土地有偿使用制度改革。扩大国有土地有偿使用范围，逐步减少划拨用地。稳定出让收益、增加土地税收、规范抵押融资、优化收益分配，逐步扭转城镇建设对新增土地出让收益的过多依赖，促进城镇化持续健康发展能力的提升。

第三，规范土地综合整治制度。立足优化用地结构、促进存量空间释放、提高土地利用效率、提升土地资产价值，逐步建立有利于存量建设用地盘活利用的制度政策体系，以节约集约用地推动产业升级和城镇化转型发展。

第四，慎重稳妥推进农村土地管理制度改革。按照守住底线、试点先行的原则稳步推进，在坚持土地公有制、坚守耕地保护红线、维护农民权益基础上有序探索，建立城乡统一的建设用地市场，构建有利于农业转移人口市民化的制度环境，努力化解城镇化中的人地矛盾和社会冲突，促进社会和谐稳定。

确定了改革目标，还需要明确改革路径。好的制度一定是实践经验的总结提升，仅有理论推导是不够的；是通过渐进、有序、持续的探索创新，而不是一蹴而就。在这样的思路下，我们明确了改革的三条基本路径：①完善和定型土地管理核心制度，也就是坚持现有制度框架的核心，不断完善使其成熟和定型；②总结和提升地方成功实践经验，适应新型城镇化要求，不断提供制度供给；③探索和创新土地管理制度政策，适应新形势新要求。通过这三条路径，切实发挥市场配置土地资源的决定性作用，更好发挥政府对土地利用的管控作用，以协调资源保护、空间保障、收益分配和人地和谐为目标，进一步改革完善与我国特殊国情和特定发展阶段相适应的土地管理制度体系，以此推动城镇化的“包容、可持续、以人为本”。

杨伟民

中央财经领导小组办公室副主任

城镇化既要积极又要稳妥还要扎实

城镇化既要积极又要稳妥还要扎实，方向要明、步子要稳、措施要实。这几句话是前不久中央城镇化工作会议提出来的总方针。大家知道中央高度重视城镇化工作，2013 年 12 月召开了中国历史上首次的城镇化工作会议，习近平总书记和李克强总理在会上发表了重要的讲话，明确了下一步推进城镇化的指导思想、主要目标、基本原则和重点任务。下面我根据这次会议的精神，谈一点看法。

为什么中央要在这个时候召开一次城镇化工作会议？

我觉得出于两个方面的考虑。第一，中国的城镇化进程不是现在才开始的，推进城镇化这件事也不是去年或者在前年十八大以后刚刚提出来，其实是在 2000 年中央制定“十一五”计划的时候就提出来了。但是在此之前，中央对推进城镇化工作应该说缺乏宏观层面的指导，一些政策的方向不是很明确。所以最近这 10 年来，我觉得中国的城镇化进程既不是完全由市场来决定的，因为土地主要在政府特别是地方政府手里面；也不是过去计划经济时代的城镇化，国企计划经济时代叫农转非，现在人口已经自由流动了，但是由于户口制度的限制，大概 1.6 亿 ~2 亿农民工，一只脚进了城另一只脚还进不了城，积累了很多矛盾和问题，这需要通过改革来解决，所以亟待中央对城镇化有明确的指导。第二，过去中央一直召开农村工作会议，当然三农工作对中国固然十分重要，但毕竟现在城镇人口已经占到了 50% 以上，即一半以上的人口居住到了城市，所以中央也有必要召开城镇化工作会议。另

根据会议发言记录整理，未经本人审定。

外，十八大以后各方面对推进城镇化的热情特别高涨，但认识很不一致、做法很不相同，有许多不正确的认识和做法，而且存在着一哄而上大跃进的倾向，所以亟待中央来纠偏。否则，看起来可能轰轰烈烈，一时提高眼前的增长速度，但是负面效果却很大，中长期会带来很多危害。所以在这样一个重要的时刻，中央审时度势，决定召开首次城镇化的工作会议。

如何认识当前推进城镇化的宏观背景？

中央之所以在这个时候召开城镇化工作会议，还有一个重要的背景是宏观环境已发生了很大变化，和2000年已经大不一样了。①大体上，增长速度换档了，潜在增长率已经从过去的10%左右降到了8%的台阶。所以在经济减速的时候，如果仍然一味地追求城镇化的速度，就会使城镇化脱离经济发展。②生产能力过剩了。在多数行业面临严重产能过剩的形势下，如果仍像过去一样简单地推动工业的数量扩张来带动城镇化，不仅会加剧产能过剩的矛盾，城镇化本身也是不可持续的。③劳动年龄人口减少了。2012年开始中国劳动年龄人口净减少了500多万。这不仅意味着低成本劳动力无限供给的时代已经结束，而且过去那种只允许农民进城打工、不允许进城定居的传统的城镇化模式也必然会减速。④农民工的诉求不一样了。现在80后、90后的新生代农民工大概占60%以上，他们对未来的期待和老一代的农民工是不一样的，他们要求深度地融入城镇的生活。这就要求我们推进城镇化的重点必须转变，改变原来不允许农民融入城镇生活的板城镇化模式。⑤资源承载能力减弱了。现在缺水的城市、被雾霾笼罩的城市越来越多，许多城市的开发强度已经越来越高，甚至已经到了极限。如果继续在严重超载的地区扩大产业规模，扩张城市规模增加城市人口，继续遍地开花地推进城镇化，资源环境的压力会越来越大。城镇化的速度可能会提高，但人民的生活质量和幸福感会降低。

所以在这样的宏观背景下，城镇化如果方向对头、目标正确、引导得好，会成为我们经济发展持续的动力。但是如果引导不好，仍然走过去的粗放扩张、人地失衡、举债度日、破坏环境的城镇化道路，存在的问题不仅得不到及时的解决和化解，还有可能陷入中等收入的陷阱，影响我们现代化的进程。

推进城镇化的指导思想、目标、原则和方式

城镇化的指导思想是遵循规律、顺势而为。城镇化是一个自然的历史过程，是经济社会发展的过程，所以推进城镇化要因势利导，使城镇化成为一个水到渠成的过程。推进城镇化必须要有历史的耐心，不要把统计化率作为硬任务，不能靠行政命令急于求成，更不能搞大跃进、大干快上、一哄而起，盲目建设新城。

推进城镇化的目标是提高城镇化的质量，有针对性地解决已积累的突出矛盾和问题，而不是单纯地提高城镇化速度。中央城镇化工作会议提出的各项目标和任务都是围绕着提高城镇化质量而确定的。比如在人口方面，强调要提高户籍人口城镇化率的水平；在土地方面，要提高城镇土地利用效率和城镇建成区的人口密度等。

推进城镇化的基本原则是以人为本、优化布局、生态文明、传承文化。以人为本就是要推进以人为核心的城镇化，提高城镇人口素质和居民生活质量，不光是农民工的进城问题，现有城镇居民的生活质量提高也是城镇化的重要的目标。把促进有能力在城镇稳定就业和生活的常住人口有序实现市民化作为首要任务。当然这要坚持自愿、分类、有序原则，充分尊重农民工的意愿，不能搞强迫。优化布局就是要根据资源环境承载能力，构建科学合理的城镇化的宏观布局，把城镇化作为主题形态，使大中小城市和城镇化合理分工、功能互补、协同发展。要按照确定的蓝图进行。生态文明就是要推进绿色、循环、低碳发展，尽可能减少对自然的干扰和损害，集约、节约利用土地、水、能源等资源。要求尽快把每个城市特别是特大城市的开发边界划定，形成生产、生活、生态空间的合理结构。要依托现有山水脉络等独特风光，让城市融入到大自然中。传承文化就是要发展有历史记忆、地域特色、民族特点的城市。

推进城镇化的方式，最主要是要把握好两个分工。一个是市场和政府的分工。要坚持市场在资源配置中的决定性作用，发挥好政府在创造制度环境、编制发展规划、建设基础设施、提供公共服务、加强社会治理等方面的职能。第二是要处理好中央和地方的关系。中央制定大政方针，确定体制框架，确定城镇化的总体战略布局，地方按照这样的大政方针来扩大工作。

英卓华

世界银行常务副行长

新型城镇化与城乡统筹发展

城镇化尤其是城乡统筹发展非常重要。世界银行设立了两个目标：一是到2030年消除极端贫困，二是促进共同繁荣。

解决好城镇化与农村发展问题，本质上是要共享繁荣，确保发展成果惠及所有公民——不管他们迁到大都市、小城镇还是居住在农村地区。

如何将解决城镇化与我们当前的经济环境相结合？

世界经济正在进入一个新阶段。全球经济危机的影响止在消退，非常规货币政策逐步常态化，五年多来，发达国家终于不再是不稳定的根源，而成为了增长之源。

发展中国家需要进行调整，以适应危机后的世界。一方面，它们会受益于更高的外部需求，并得以撤出在过去五年中施行的经济刺激措施，降低因高信贷增长与巨额财政赤字而不断累积的风险。另一方面，发达国家恢复增长会影响流入发展中国家的资金流量，有时这种变化会骤然发生。常态化还意味着全球利率上升，这也表明在发展中国家的投资成本势必会更高——廉价资本的好日子已经结束了。

大多数发展中国家的生产力在此阶段已有所增长，超过了金融危机之前的水平。因此，为了维持之前的增长速度甚至加快增长，各国将需要新的发展引擎，并在增长快速、资本易得的时期未受到足够重视的领域进行改革。

城镇化如果搞好了，可以成为这样的增长引擎，但需要加以重视及合理的政策支持。实际上，绝大多数国家都是在实现高度城镇化之后才迈入高收入国家之列。

城镇化是一项新兴事物。1800 年，全世界只有不到 3% 的城镇人口；到 1900

年，这一比重接近15%；今天，一半以上的世界人口都居住在城镇；而到2030年，全世界将有2/3的人是城镇居民。目前，世界城镇人口的增长基本上都发生在发展中国家，每月入城的人口达500多万，相当于苏州市的人口数量。

城镇化通常与较高的收入水平和生产水平联系在一起。实际上，它能够成为生产力增长与经济发展的重要推动力。城镇地区能够产生积极的集聚效应，如规模更大、效率更高的劳动力市场，更低的交易成本，以及更易出现的知识溢出。城镇地区也使进入市场和融入全球经济变得更为容易。事实上，几乎所有国家都是在城镇化率达到60%之后才达到人均1万美元以上的收入水平。虽然高城镇化水平并不一定意味着高经济增长，但它与经济转型密不可分。

我们正在面临怎样的挑战？

如果缺乏稳健的公共政策，城镇化的正面效应可能很容易被环境污染、交通拥堵及高生活成本等成本所抵消。此外，许多国家的城镇化并没有带来预期的生产力发展与生活水平提高。相反，城镇化的推进伴随着贫民窟、城镇失业与环境脏乱等现象。实际上，目前全球有10多亿人住在贫民窟里。即使管理得当，城镇化与经济转型也提出了平等与整合发展的问题。当前，在快速城市化带来收入不公、城乡收入差距迅速增长的背景下，这些问题成为中国的讨论热点。

这使我们重新回到促进共同繁荣的目标上。

当前中国所面临的挑战，也是世界上其他许多正在经历城镇化的发展中国家所面对的问题，而发达国家在过去也遇到过类似的问题。历史经验告诉我们，在快速城镇化的国家，初始阶段会出现城乡收入差距扩大的情况，然而在相当一部分人口转移到城市中心后，这种差距会减小。在20世纪50年代，西蒙·库兹涅茨已从经验主义角度注意到了这个现象，随后诺贝尔奖得主亚瑟·刘易斯的经济发展理论也支持了这种观点。显然，城乡统筹发展对全世界都是一个挑战。城镇地区的收入水平较高，而极端贫困在农村地区更为常见。实际上，全世界有3/4的贫困人口居住在农村地区。

其他千年发展目标也存在着类似的城乡差异。比如，在全球范围内改善基本卫生条件这一目标已证明难以实现。然而截至2010年，80%的城镇居民与50%的农村居民能够使用厕所。对于很多发展中国家的政府来说，在发展过程中日益加剧的不平等是一个政策问题，这也是世界银行所面临的一项严峻挑战。我们的目标不仅是扶贫，也在于包容性发展。

政府如何实现城镇化过程中的包容性发展？

我们的研究表明，各地同时实现经济发展是不现实的，但也不必要让某些地区一直陷于贫困。政府面临的挑战是如何在进一步推动城镇地区快速经济增长的同时，仍然保证包容性发展。那么怎样实现这一目标呢？

首先，应确保经济活动聚集于城镇。为实现以上目标，应为城镇提供必要的工具与资源，如完善的城市规划，稳健的土地政策，并利用财政与金融工具实现城镇扩张。同时，政府应管控好聚集效应的消极后果，如交通堵塞、环境污染以及可能出现的贫民区及脏乱的城镇环境等，以保证持续产生经济效益。同时，政府应认识到伴随快速城镇化出现的社会紧张问题，如：农民工家庭成员分居异地，儿童由祖父母抚养，老年人留守农村地区，新流入城镇人口与当地居民争抢公共服务等。解决好这些问题是管理城镇化进程中不可缺少的内容，需要坚持为其提供支持。

第二，加强城乡之间的联系。政府为农村与城镇地区提供公共服务时，应注重促进医疗、教育等人力资本的发展。这些服务使人们掌握谋生手段，并且拥有健康的体魄，从而使他们去城里找工作时更具竞争力，也可提升农村地区的生产率。与此同时，并不是所有人都会迁往城镇地区，有些人会永远留在农村地区。因此政府应持续发展对减贫至关重要的公共服务，如水和卫生设施。但这需要财政系统的助力。目前，包括公私合作模式在内的创新性输送机制已在农村地区出现，能够在无须大额网络投资从而降低成本的情况下解决农村供水。

第三，完善基础建设以连接不同地域，拉近落后地区与先进地区的经济联系。如果小城市交通便利并接入电网，就可以吸引那些在发达城市中运营成本过高的产业。那些追求规模经济的产业不一定非在大城市，反而可为小城市提供经济基础。当然，考虑到发展中国家资源有限，我们不可能将所有地区都连接在一起，因此必须要有所侧重。最明智的做法是先把人口最多的地区连接起来。而在人口较少的偏远地区，则更适宜于提供支持人口迁移的公共服务。

农业在城镇化进程中尤为重要，也是全球各地政策制定者都十分关心的问题，对于包容性发展和粮食安全都至关重要。可以说，17 世纪英国的农业革命先于工业革命发生，并且由于它释放了农村的劳动力，才使后者变为可能。日本和韩国等在上世纪迅速实现城镇化的国家也在推行城市化与工业化的同时实施了重要的农业改革。农业机械化虽未能满足不断增长的需求，但极大地提升了劳动生产率。农地产权清晰，农业推广服务，水利灌溉、农村道路、电力与农村组织等农村基础建设也十分重要。然而随着收入增长，对粮食安全的担忧有所消退，目前日韩两国进口大量粮食来满足其需求。

这对于中国来说意味着什么?

从很多方面来讲，中国的城镇化都取得了空前的成功。在过去 30 年的迅速城镇化与经济转型过程中，中国有 5 亿农村与城镇人口摆脱了贫困。2. 5 亿多农民工为了使家人过上更好的生活而进城打工。我和世界银行的同事都坚信，中国能够再现其在消除极端贫困方面取得的巨大成功，而通过智能型城镇化来促进共同繁荣则是下一步的明智之举。

在当前的经济环境下，政府必须坚定地走出危机，凝聚起新能量，实现更强劲的增长。在过去的一年多里，世行与国务院发展研究中心一起研究中国的城镇化问题。凭借着严密的分析与开放的态度，我们就如何通过新型城镇化模式来克服中国当前的挑战，共同提出了一系列综合性建议。

中国领导人已经认识到伴随成功而来的诸多挑战，如社会不公平加剧、城市污染以及对生产率与经济增速的担忧等。我十分高兴地看到，中国政府已经采纳了我们在合作研究中提出的许多建议。到目前为止，中国的城镇化规划始终将人放在改革的核心位置——注重向所有城镇居民提供普惠式服务，而不管他们有无居住许可；强调要完善城镇规划并加强协调等等。这清楚地表明政策制定者不仅看到了挑战，也意识到城镇化的健康发展能够带来更多促进经济增长的机遇。

两天后我们将在北京召开会议发布这份研究报告。我们希望，如同在许多其他方面一样，世界其他国家能够学习中国的成功经验及克服挑战的方式、办法。

赵国华

施耐德电器集团董事会主席、首席执行官

城镇化无疑是本世纪的发展立足点，也是李克强总理反复强调的一个问题。不过我们所看到的数据令人震惊，因为城市只占全球土地面积的2%，却占人口总数的50%、能耗总量的80%。所以我们谈到可持续性和包容性，谈到让大家一起过上更好的生活时，就要把重点放在城市。

我们这一代人所面临的挑战更加严峻，因为在接下来的40年里，涌入城市的人口将会翻番。我们公司主要关注能源问题。据我们研究，一个居民离开农村到城市生活的时候，他/她的能源消耗至少会是之前的三倍，这给我们带来巨大的挑战。我们认为可持续性和包容性是一个重大挑战，而城市是这一挑战的核心所在。哪个国家是城镇化的核心所在呢？那就是中国。无论是就规模还是就速度而言，中国所面临的挑战都是其他国家以前从未经历过的。我们可以回顾一下，中国城镇化的速度是五六十年前欧洲城镇化速度的两倍，所以在这方面没有既有的经验可以传授给中国。中国所面临的挑战是独一无二的，而中国应对挑战的方式也是独一无二的。在这些挑战面前，我们可以毫不保留地说，地球上最难的工作就是担任大城市的市长。

我想从技术角度来谈谈这个话题。先说说提升城市的智能程度和效率。智能城市一直是一个热门话题，在此我首先想说明，技术只是一个推动力，是要为人服务的。技术的问题在于引进，而只有把人置于技术发展的中心，才能真正地把技术用好。所以技术必须以人为本，它只是一个推动力。技术的重大发展是从孤立的系统向集成式智能基础设施发展，并提升城市的吸引力。城市现在所面临的问题就是要具有吸引力，要与全球其他城市进行竞争。而且在一个城市里有各种利益相关方，

根据会议发言录音翻译整理，未经本人审定。

我们需要调和其中的矛盾，形成高度参与的社区。

在这些挑战面前，也有一些好消息，那就是技术正在朝着这个方向发展。目前城镇化所使用的技术使城市更加环保、有效，事实上还能让城市联结在一起，更加智能，而且不仅是更容易和机器联结在一起，同时也是与市民联结在一起。最后，云技术的运用也使利益相关方得以共享城市数据，更好地共享城市资源。所以说技术可以从三方面发挥推动作用，第一是节约资源，第二是把大家联系起来，第三是让大家更好地共享城市资源。

我们不需要展望未来 100 年的技术飞跃，实际上现有的技术已经能够满足我们的需求，使建筑和住宅更加智能和有效、交通更有效率、能源系统更加智能、系统集成更加成熟。我们已经在全球 200 多个城市运用了这些技术，在此想和大家分享一些体会。首先，问题的重点不仅仅是软件，而是要通过软件将设施、住宅、建筑、交通目的地相结合，使它们能实时进行通讯。第二，人们有时会认为城市是全面一体化的，但实际情况并非如此。城市的需求是一点一点展现的。比如说你想改造某个社区，那就需要改造其智能网络，等两年之后再来处理交通问题。所以说就工业技术而言，我们欢迎开放的标准，这样城市体系就更加开放。还有一点，虽然这些体系很开放，而且是独立的，但它们会对同一事件做出反应。如果某地污染达到峰值，一切都会受到影响。我们必须调整交通和建筑消耗等来减少污染源。因此城市体系必须是灵活、可调整的，同时也要确保那些子系统会对同一事件做出反应。最后，我们还发现，这些城市的市长们非常务实，这些体系之所以行之有效，是因为它们能够带来短期效益。

由于互联网和技术的发展，我们可以节省 30% 的能源、20% 的水资源、10% 的出行时间，但是请大家不要忘了，大多数城市 85% 的能耗都来源于建筑物。现在 80% 的建筑物都效率低下，需要改善。另外，对水资源网络进行技术改造可以将水流失减少 30% 。智能电网可以降低消费者的能耗，从而减少污染。电动汽车的发展也会对交通产生影响。

我最后的结论非常简单，那就是我们在城市里可以采取多种不同的办法。我们现在面临的挑战是城市人口将在 40 年内翻一番。如果大多数城市变得不适于居住，那么我们必须从不同的角度来看待这些城市。技术使我们可以从不同的视角来进行思考，使城市更加环保、更有效率，与市民有着更好的联系。不过说到最后，技术只是一种推动力，我们必须确保在城市化的过程中以人为本。

戴杰儒

美国联合技术建筑及工业系统总裁、首席执行官

我预测，10年以后中国将在可持续城镇规划方面成为全球公认的领导者。为什么呢？原因有三：第一，等中国到2020年实现目标，使绿色建筑在新建房屋中的比例达到30%时，它所建成的绿色建筑将是世界上最多的；第二，中国的城镇化规模将为更具可持续性的建筑技术带来前所未有的影响；第三，中国会以自己的方式来实现城镇化，并借鉴其他国家的经验再加以改进。我们都知道，中国正在成为全球城镇化的典范，它的城镇化被视为人类历史上规模最巨大的转型之一。中国的城镇化使数百万人摆脱贫困，同时也加快了投资并且开始释放内需。现在中国有超过50%的人口居住在城市，而在1970年，这个比例只有18%。在接下来的15年里，中国的城镇人口将达到3亿，这几乎相当于整个美国的人口。到2030年，中国的城镇人口将接近10亿，这可是前所未有的。因此我们面临着一个具有挑战性的问题：中国如何在自然和人文方面实现可持续性发展？很多时候我们在讨论城镇化的时候都忽视了社区和文化等问题，不过现在很多国家都在努力让它们的城市变得更加环保，而中国则有机会从一开始就建立起具有可持续性的全新城市环境。

还有一个因素不容忽视，那就是创新。我们可以改善城市，使它们更加智能，提高建筑物的自动化程度，这也是中国新的城镇规划提出的要求。现在已经有很多技术可以帮助我们有效地减少城市造成的环境影响。我给大家举一个我们公司的例子。我们的电梯利用了重力这种基本力，在电梯下行的时候储蓄自由能，然后将其转化为帮助电梯上行的能量。这样，能耗下降了75%，如果再加上可再生电池，如太阳能和风能电池，那么能耗会降低80%。

根据会议发言录音翻译整理，未经本人审定。

技术非常重要，但另外一个重要问题是设定远大的目标。我们公司设定过一个目标，要将碳排放和水利用方面的环境影响减少1/3，现在我们已经实现了这一目标。所以说远大的目标可以带来惊人的结果。每次我研究中国的各项规划时，都会看到其中有一些远大的目标，因此毫无疑问，中国完全有可能实现包容性、可持续的城镇化。

建筑能耗占全球能源供应的40%，所以我们很有必要来研究一下所有能够派上用场的能效技术。中国也设立了自己的远大目标，那就是到2020年之前，30%的商业建筑都会是绿色建筑。绿色建筑正在改变城市，使其更加具有可持续性。在美国，新建商业建筑物中有47%都是绿色建筑，10年前这个比例只有2%。从全球范围来看，绿色建筑每三年就增加一倍，所以这方面的障碍正在消除，接受度不断提高，绿色建筑正成为一种全球风潮。绿色建筑不仅能够节约能源，而且本身也是很好的投资。对美国三万栋建筑的研究表明，那些绿色建筑在重新出售的时候产生的收益要比普通建筑物高出13%。中国的城镇化规划也考虑到了这一点。

想想看，从1950年开始，只有几百年历史的美国有1.6亿人进入了城市。而在有着5 000年历史的中国，城镇化人口将达到10亿。这是怎样一个巨大的挑战！那么如何在成功地进行城镇规划的同时也提升对人文的关注呢？世界上有很多著名的大城市都把自然环境和城市环境融合在一起，在城市中引入更多的绿色开放空间。绿色开放空间的价值在于它可以让社区成员和儿童在一起和谐地生活，同时也会让大家更好地明白自然环境的价值和作用。此外，绿色空间也是一个传承文化的好地方。中国有几千年的悠久历史可以借鉴，这其中蕴藏着巨大的机会。除了技术和绿色建筑方案，我们还需要对绿色开放空间加以综合的、巧妙的利用，这对包容性的可持续城镇化规划来说是至关重要的。把这几者结合在一起，就可以有效地让中国在可持续化城镇规划方面走在世界的前列。

目前城市用地只占全球土地的2%，但它们是全球经济增长的主要来源。城市在能耗方面占到了全球60%～80%的比重，碳排放方面占到75%，所以我们可以进一步改善城市的表现。如果中国成功建立一个更加智能、更具可持续性的城市发展模式，那这对全球来说将是至关重要的。我相信，通过共同努力，我们可以对建筑和社区等做出改变。

包容性与可持续发展：城镇化以人为本

联合技术公司建筑及工业系统

一、城镇化：经济增长的最强大力量

人类历史上生活在城市的人口在2010年首次达到全球人口的50%以上。到2050年，这一数字预计将达到75%、仅中国就有3亿人口（几乎等于美国全部人口）将在未来15年移入城市。2013年3月李克强总理指出，到那时，中国的城镇化水平将达到发达国家水平，中国将有约10亿城市居民。李总理还说，因为城镇化和工业化是现代化的主要标志，“这条道路确实不可避免，我们别无选择”。

在上一代，中国成为人类历史上最不平凡且在全球范围内最具代表性的变革之一。这个国家的城镇化努力使亿万中国人脱贫，激发出数万亿美元的投资，形成日益庞大的中产阶级，并开始释放出中国的内需。在过去20年，中国8.5%的GDP投资于基础设施建设，到2015年将建设70个新机场、4.3万千米的新高速公路以及新增2.2万千米的铁路。“城镇化提供的巨大潜力，”李总理说，“是中国经济增长的最强大和最持久的内生动力。”

但是，中国未来面临的挑战是巨大的。中国要用20年的时间建设几乎相当于美国全部的城市和乡镇。这一发展的成本预计将达到160万亿美元，为美国GDP的10倍多。1950年代1.6亿人口的美国所做的正是今天10多亿人口的中国正在进行的。中国的发展道路面临很多障碍，但也为提高人民的幸福水平同时保存中国丰富的传统和优秀文化提供了历史机遇。

二、现实挑战：可持续增长与生活质量

尽管要为引导增长和打造可持续未来而共同奋斗，但现代化来之不易，中国要

本文为联合技术公司建筑及工业系统为中国发展高层论坛2014年会提供的专题报告。

付出代价。政府为太阳能、风能、石油、天然气和水力发电进行了大量投资。中国仍然面临温室气体排放带来的挑战，大气污染影响了中国很多地区。因为健康问题、作物退化、污水处理和污染事故造成的损失占2010年GDP的3.5%。当然，这不仅仅是中国的问题。城市面积占全球的2%，是全球经济增长和生产力的主要来源，但是能源消耗占到60%～80%，二氧化碳排放占到75%。中国发展智能化和可持续城市模式的成功关乎整个世界的福祉。

一个特别有前景的改进领域是新城镇建设。目前，建筑占中国总能耗的33%，而政府计划到2015年将绿色建筑的建筑面积增加10亿多平方米。在递交给“重庆市市长国际经济顾问团会议第八届年会”的题为《展示全球领导力：重庆与共生城市》的2013年9月研究白皮书中，联合技术公司制定了一系列最佳做法，即使增长加速，也要保持平衡与可持续的城市环境。

①认识到可持续性是一项回报丰厚的投资。世界范围内绿色建筑相关活动不断增速，62个国家将近1/3的受访者表明他们的设计组合有60%以上与绿色建筑活动有关。中国一个酒店项目的实例，就是开利最近对上海国际金融中心暖通空调的升级改造，不仅能将冷站能耗降低40%，且每年节约120万美元。

②制定明确的“绿色目标”来促进行为改变和科技应用。中国的“十二五规划”要求到2015年末节能和减少碳排放分别达到16%和17%的目标，并且将非化石燃料在主要能耗中的比例增加到11.4%；还规定了一系列建筑节能政策和目标，其中包括改造现有建筑、安装住宅智能计量表以及强化建筑规范与家电能效标准。中国发挥创新与设计的作用，并采用全球最佳做法，在环境目标上不断提高人们的预期，给人留下了深刻印象。

③认识到高效流动性与运输是可持续城市的基本特征。快速城镇化需要在安全高效运送人员方面进行重大创新，特别是在城市中心的社区和交通枢纽，以及随着人口老龄化更是如此。中国的“垂直运输挑战”也是全球性的。今天，电梯每72小时的运输量相当于全球人口，而2012年全球电梯和扶梯市场总共为620亿美元。

中国以活力和热情对可持续增长的需要做出响应。住房和城乡建设部副部长仇保兴博士最近谈到，中国的绿色建筑施工项目总数从2008年仅10个项目猛增到2012年的389个。

三、新挑战：以人为本

李总理在总结中国需要快速城镇化所面临的难题时说道："环境优美但贫穷，不好；富足，但居住环境恶劣，也不好。我们需要制定发展的新思路。"

这一新思路逐渐聚焦在中国人本身，以及他们在保障健康增长和可持续性中所发挥的重要作用。同样，中国面临的挑战是艰巨的。960万平方公里的疆域是几十个多元民族的家园。在辽阔的国土上，中华文化的基石长期以来是乡村生活。城镇化重创这一伟大的国宝。2000年，中国有370万个村庄，2010年仅剩260万个，每天消失300个村庄。当村民移居城镇后，他们失去社区感、传统和历史感。一个实例是南县，天津郊区著名的木刻印刷中心，过去几年，那里有36个村庄消失。工匠师傅的知识不再集中在单一区域，不知道南县的木刻印刷传统是否能传给新一代。

中国的领导人认识到这些挑战，并深刻体认制定新的城镇化模式的必要性。这种模式包容快速增长、可持续性、社会公平，保持人与土地的联系，并保护传统和文化。文化尤其珍贵，一个政府项目在全国发掘出约9 700项"非物质文化遗产"，从歌舞到武术和礼仪。正如一位管理人员所说："如果随着我国走上繁荣之路而失去这些文化遗产，将是极大的遗憾。"

李总理分析了中国21世纪挑战的复杂性：工业化和城镇化是现代化的关键，因此是绕不过去的，但工业化和城镇化必须是可持续的，所以现在中国应该"推进以人为核心的城镇化"。

四、制定新的模式：以人为本、因地制宜

2013年5月在联合国科教文卫组织杭州国际大会上讨论了这个不寻常的挑战，形成了《杭州宣言》，寻求将文化作为可持续发展政策的核心。该宣言广泛定义了人类进步，强调"民族与民族、人与自然之间的和谐，以及平等、尊严、福祉和可持续性"。宣言称，文化是创造性、知识、活力、创新和复兴的源泉。宣言建议，关于发展与可持续性，要采用以人为本和因地制宜的做法。

在关键结论中，该宣言认为，"没有普遍适用的单一发展模式，不同的文化视角将产生不同的发展道路"。具体建议包括对历史性城乡地区以及各自的传统知识和习俗进行保护。这可能影响城镇和建筑设计，包括生产和消费方式。本地居民的

传统知识和技能应以科学和技术为依据，以便优化解决方案。

宣言还认为，人们离开他们的村庄后，即便提高了他们的生活水准，在新居住地保护和培育文化和传统也将为他们带来稳定感和对未来的信心，以及经受苦难的能力。保证城市劣势群体的发言权和参与程度也是保护社会组织结构、改善经济回报和提高城市的竞争力。文化在非常真实的意义上可以使社区及其环境保持“可持续性”。仇保兴副部长帮助定义了这种“新型”城镇化模式，强调从大型集中的基础设施向较小、分散、高密度枢纽的搬迁可创造健康的“微循环”，并且通过更大地依靠地下开发来明智地使用开放空间。

社会学家丹尼尔·贝尔和阿福诺·德沙里在《城市精神》一书中指出，不同的城市确认了它们自己的精神以便树立社区感、市民责任、城市规划和文化传统。纽约人强调个人主义，巴黎人强调他们的艺术和文化，蒙特利尔人强调他们的语言传统。研究表明，北京居民看重爱国、包容、创新、厚德，而杭州人显然注重环境。强烈的市民精神还可以促进经济发展。贝尔和德沙里还指出，正如曲阜市的城市精神体现在“孔子文化特区”的创立，被指定保护和纪念孔子故里及其多处历史寺庙和纪念堂，其中，有些被列为“联合国科教文卫组织世界文化遗产”。

五、最佳做法：文化作为可持续性的工具

利用文化作为可持续发展的重要工具刚刚在中国生根，是一种“新型”的城镇发展。但这里头有些难以回答的问题，诸如全新的城镇居民如何才能参与可持续的经济增长，同时保护他们的历史和传统。同时，更人性化的城镇格局，包括综合利用高密度区域的设想；较小的城市群落；减少汽车，增加人行交通……这些都须采用技术来优化特定地块的使用以确保社区的安全、稳定和方便。甚至可以指望以娱乐和旅游的形式，把传统和历史作为经济增长的来源。从许多方面来说，这种对文化的新关注试图以诸多方式移植和培育社区感，这对中国乡村生活至关重要，它将以某种方式增强中国新型城市的生机。

联合技术公司在应对增长、可持续性、稳定方便的社区和活力城市这些课题方面具有丰富的经验。一个多世纪以前，威利斯·开利在纽约市的一个印刷厂开启了现代空调的先河，一夜之间改善了工业程序的可持续性，并为未来舒适制冷搭建了平台。此后不久，奥的斯电梯公司推出无齿轮牵引电梯而在电梯历史上成为标准，

彻底改变了全球城市的天际线，以及人们出入城区的速度和机动性。爱德华、集宝和凯德消防都是联合技术公司大家庭的重要成员，都是全球知名的品牌，并以具有保护全球城市中心人员和财产安全的丰富经验而闻名于世。

联合技术公司营业额达630亿美元，业务遍及180多个国家，是当今全球100强公司之一，同时还是世界建筑业最大供应商之一。其产品包括节能的供暖和制冷系统、再生能源电梯、高效管理资源的门禁系统以及环保的消防系统等。长期以来，公司一直与公营和私营企业合作，在提升全球城市生活质量方面取得了巨大成功。

一个多世纪以来，联合技术公司在中国开展业务，今天为支援中国“新型”城镇化提供三种“最佳做法”，强调以人为本、因地制宜的可持续发展做法。

1. 为创建综合利用、高密度社区和低碳生态城市而奋斗

也许令人惊讶，但纽约市在美国所有社区中具有最小的人均碳足迹，每年人均温室气体仅为7.1公吨，而全国平均为24.5。（曼哈顿甚至更小，与瑞典人均大致相同。）造成这个结果的原因是人口密度。缩短人们上班和娱乐的路程就能减排降耗。特别是纽约市，人车比在全美最低，不到25%的曼哈顿居民只有一辆车。

对城市的研究表明，城市枢纽增大一倍，资源需求仅增加85%，而经济活动人均增加15%。物理学家杰弗里·维斯特报告称，无论城市大小，这种“集聚效应”保持不变。以人为例，“仅仅把他们迁入两倍大的城市，”维斯特补充道，“突然，无论是任何我们可以衡量的事情，他们都能多做15%。”

成都是中国西部的超大城市，正在建设一个样板城市中心，设计人口8万，所有居民工作与居住之间步行仅需15分钟。该项目具有宏大的可持续性目标，与同等大小的中国城市相比，能耗降低48%。然而，与可持续性一样重要，成都流动人口管理办公室被赋予明确的权力，帮助流动人口享受教育、医保和社会资源。

目前，中国有200个县级市计划建设低碳生态城，这一理念包括减排、环保和经济与社会可持续发展等。这意味着强调因地而异的高密度开发，这种开发要利用当地历史、文化和自然资源的优势；其中有些城市，例如重庆，涉及全新的施工建设。其他城市，如淮南，要进行“生态重塑”。淮南采用了“工促农，城帮镇，镇助村，城乡互动”的集成理念，其发展工作范围从恢复和再次利用报废煤矿的荒地到煤层气的高科技利用、吸引新的清洁工业例如制药企业以及保护和利用历史遗

址。这包括保护公元383年淝水之战的战场遗址，以及主办知名的“中国豆腐文化节”，两者都为快速增长的旅游收入做出了贡献。淮南邀请许多相关人士加入其规划，其中包括淮南居民。一位观察家评论道：“人们的习惯、行为和生活方式选择对生态城市发展有深刻影响。”淮南关注的关键之一是社会平等。

另一个经济优势下保护文化遗产的生态城市是广西壮族自治区首府南宁。开发工作集中在五象新区，面积175平方公里，包括居民住宅、行政管理、基础设施、娱乐游玩等区域。2012年有154个项目在建，还有通过采用大规模植树运动绿化城市的工作。南宁对文化区域进行了谨慎的保护，包括青秀山和杨梅古镇，它们的特色是中国古代建筑。

同样为促进绿色发展，涞源县政府也在进行类似的工作，通过旅游业来加强当地经济。其特色是利用当地的风景区，例如白石山，那是“房山世界地质公园”的组成部分。这为村民创造了向游客提供食宿的机会，并将涞源县27万人的未来与可持续资产联系起来，“这一资源不像其他资源，诸如矿产，会消耗殆尽”。

保护传统和历史的工作也在一些中国最古老、最大和最稠密的城市中进行。在北京天安门广场南面的大栅栏地区，当地政府选择改造古老的胡同，不是将之夷为平地而代之以仅仅模仿古老传统的新住宅和商铺。“重点是渴望保留老街坊及其人文活力，同时促其走向现代化。”这些“新”胡同的特色是具有设计工作室、画廊、店铺（不仅卖纪念品，还卖日用品）、餐馆和旅店等，是厚古怀旧式的高密度的、综合的利用。

最后，中国—新加坡天津生态城，虽仍处于初始阶段，但要设计成为中国可持续发展的样板，能够按比例进行复制。该生态城正在建设，到2020年人口可达35万，居住在政府补贴的公用住房内。设计特点是可供各种收入的人们毗邻居住，相互来往。该城的所有建筑都将达到绿色建筑的国际标准。天津还注重公共交通，以满足老年人和行动不便人群的需要。该生态城的设计还尊重当地历史，保护古老的千年蓟运河和两座现有村庄，将通过适应性再利用或部分重建予以保护。

当然，可以预见到中国生态城的高密度增长，及其对培育强烈社区感的重要性。这就存在一系列挑战。在城市环境中舒适安全地运送乘客需要仔细规划，通常需要先进的技术。联合技术公司鼓励中国领导“认识到高效机动和运输是可持续发展城市的重要特点”。同强调水平运输从小轿车到大运量公交转变一样，在高密度、综合利用地区，需要将人员垂直输送，出入住宅、上下班以及进出交通枢纽，对生活质量至关重要。无论是最年轻和最健康的公民，还是最贫困和最少活动的人们，都一样，毫无例外。例如，中国政府承诺提高社会平等程度，到2015年将为低收入家庭建造3 600万套公寓。奥的斯经过不懈努力，成为首家给这一重要市场提供旗舰式产品的公司。奥的斯的Gen2 CoreTM装置绿色环保，且价格适中，配备Re-GenTM驱动装置，与传统机组相比节能最高可达75%。这一创新技术2011年由公司在天津的工厂提供，并且已被南通、天津和长春等地的安置和社会住房项目所采用。

总起来说，对高密度交通节点（现代城市交通系统的“握手”汇聚处）的压力将增加，同过去十多年对可持续发展的压力增加如出一辙。全部旅行里程的64%在城市，到2050年市区的旅行里程预估将是现在的三倍。此外，经预测，中国的中位年龄将从2010年的34.6岁增加到2050年的46.3岁，这是14亿人口一个“12年”的上移趋势，城市规划人员应该采用有效的垂直运送解决方案予以应对。

生态城市仍处于初始阶段，与此同时，它们的潜在影响却不可小视。如果中国成功地创建具有活力社区的高密度、综合利用、可持续发展城市，到2030年估计可以减少多达8亿吨二氧化碳排放，这个数字超过2011年德国的碳排放量。

2. 绿色建筑是在中国“新型”城镇化中支持健康社区的不可或缺组成部分，别无替代

2013年5月联合技术公司与罗迪厄姆集团合作发布了一份研究报告，分析了到2030年美国建筑效能提高30%所产生的影响。使用现有技术和设计惯例实现这种改进是可能的，这将为美国家庭、企业和政府每年节约650亿美元的净投资成本，并且10年间的投资回报率（IRR）达28.6%。“就全球而言，”罗迪厄姆报告得出结论（对中国尤其重要），“在快速城镇化的新兴经济体，提高建筑效能将为节能建筑的设计和技术创造1.8万亿美元的市场。”

全球业主都正在认识到绿色建筑的经济价值，近一半的业主说绿色建筑可将建筑的价值提高6%以上，16%的业主说价值溢价达10%以上。广州的一个奥的斯客户最近建造了一座完全不影响环境的摩天大厦，这是世界上最绿色环保的摩天大厦之一。其特点是采用嵌入建筑物的风能透平、太阳能发电以及节能空调和电梯。与同等大小的建筑结构相比，估计此类节能技术将至少降低50%的大厦供电成本。该

摩天大厦的建造成本高于节能较差的建筑物的建造成本，但是预测表明，通过降低能耗，回报期为5年，并且不需要传统超大设备，这也为业主增加了出租面积。绿色环保的先期投资证明在建筑物的整个寿命期内可提供诱人的回报。

所有这些对中国的城市都是好兆头，那里的大量现有建筑适合绿色环保投资，并且预测那里将有巨额基础设施项目费用。通过教育和实例，中国可以有助于引领绿色革命，为业主提供诱人回报，提高居民生活质量，并帮助创建真正的共生城市，一次建造一座绿色建筑。

这一最佳做法的固有特点是不仅创建绿色建筑，而且创建绿色区域，从而规模化地优化资源消耗。例如，哥本哈根市对绿色基础设施进行了大量投资，是欧洲最具可持续性的城市。其特点包括区域集中供暖系统，以及无轿车交通的世界级基础设施。所有居民都居住在1/4英里公交范围之内。该市有241英里的环行线路。哥本哈根还采用节能住宅和商用建筑、可持续性能源网以及低排放交通系统来进行碳中性社区试验。

依赖可持续性、流动性和安防的高密度枢纽的另一个不同但有益的实例是全球性国际机场，中国新兴生态城市可以从中汲取大量珍贵经验教训。UTC的开利为香港国际机场的新中央大厅发展提供暖通空调系统，其姊妹公司集宝则提供先进的视频安防和门禁。香港国际机场由于其管理和降低碳排放措施而在过去两年将碳强度降低近14%，因此于2013年成为亚太地区首个被授予“机场碳认证‘最佳’”证书的机场。

李总理过去曾告诫国民：“环境问题产生在发展阶段，因此应在发展中解决。”中国的“新型”城镇化将此教训铭记在心，从开始就关注绿色建筑和可持续解决方案。

3. 鼓励中国继续试验并采用世界上可持续、具有文化活力城市的最佳做法

中国已经在高增长城市枢纽地区显示出采用最佳做法的高超技能，常常绕过陈旧的思路和技术。在这些同类最佳城市中，某些城市采纳智能技术和数据应用来推进可持续性、降低成本、保障生活质量和支援社区，其他城市坚持自己确定的促进社区和文化的目标，另有城市发展强大的公私合作关系。

韩国首尔附近的松岛市枢纽从开始设计就考虑智能技术。松岛仍在初始阶段就使用传感器监视能源利用和交通流量，甚至提醒乘客公交车到达时间。该城市为电

动汽车设立充电站，还有再生水系统，避免使用清洁水冲马桶。所有餐厨垃圾直接从每家厨房通过地下管网被抽吸到垃圾处理中心，有些垃圾将最终用作能源。为促进社区和文化建设，松岛围绕着中央公园进行设计，让每个居民步行上班。

里约热内卢在其发展中正在引入智能城市的内容。在与联合国国际儿童基金会（UNICEF）协调进行的项目中，儿童们利用释放携带数码相机的风筝对社区进行空中摄影。这些图像被上传到中央数据库，并被用来识别与登革热相关的蚊子滋生地。全市范围的相机群和一个中央运作中心还可测量车祸和检测潜在水患，帮助政府将居民撤离危险地区。中央运作中心还主办论坛，让居民与政府直接沟通。里约试图使用最高科技解决方案来满足社区最基本的需要，涉及各阶层居民，与中国新型城镇化不谋而合。

最佳做法涉及制定目标，这些目标不仅与可持续性相关，还直接与社区和生活质量相关。纽约市的绿色建筑计划包括公房、较小的建筑、历史建筑和市政府建筑的节能计划，以及修订法规和遵纪守法。这些目标旨在改善空气质量，加强节水，减少垃圾。但是，城市还要制定目标，明确强调加强社区建设，例如半英里转乘范围内新房所占百分比，以及公园周围 1/4 英里范围内纽约人所占百分比。

最后，中国在公私合作关系领域也正在制定最佳做法，旨在丰富社区。《杭州宣言》建议："公私合作关系的巨大和未被利用的潜力可以在支援文化方面提供另一种可持续的合作模式。"里约已经创立了一系列合作关系来开发老港区和基础设施，私人投资有助于腾出公共资金来支援基本服务例如学校建设。加拿大温哥华市有 35 亿美元的公私合作资金，旨在改善交通基础设施。

美国建筑基金会（AAF）是受美国联邦政府指定为美国市长进行可持续城市规划培训的民间组织，联合技术公司多年来与之合作。联合技术公司多年来还与中国住建部及其下属的中国城市科学研究会合作，特别是在组建并支援"中国绿色建筑委员会"上多次携手。联合技术建筑及工业系统在与其他组织合作方面一直非常有效，旨在围绕可持续能源来推动思想观念领导力。

六、展望未来

中国的领导层完全理解快速现代化的回报和风险。政府对环境问题日益增长的不满做出回应，2005 年将"发展第一"战略转为"可持续发展"战略，最终制定了强有力的生态城市计划。“人民希望过和平安定的生活，有好的工作和可观的收入，”李总理说，“但是还要有蓝天碧水。”

中国领导人认识到社会平等、传统、历史和文化在建设新社区中的重要性，这些将保障真正的可持续城市。这一新型城镇化已经在一些地方，例如天津和成都，在超大城市例如北京，加快发展，在农村地区，则刚开始发展成为城市枢纽。将人、地貌和建筑整合在一起的各种灵活设想在发生作用。很多设想围绕着高密度、综合利用的发展概念运转，这种发展是密集的、可步行的，是一种利用先进技术促进可持续性和社区感的城镇化形式。这种技术与传统的结合特别鼓舞人心，诺贝尔奖获得者经济学家约瑟夫·斯蒂格里兹认为：“中国的城镇化与美国的高科技发展是21世纪塑造世界的两个重要现象。”

风险是巨大的。卡内基国际和平基金会得出结论，一个国家管理其城市的能力将决定其全球竞争力。有些人认为在中国悠久丰富的历史中，城镇化是最重要发展趋势。随着3亿中国人口在未来20年将移居城市，中国的新型城镇化为他们提供维持生活质量的机会，同时大幅度提高生活标准，并一直保留他们的文化精神。一位学者写道，“文化形成了既定环境最稳定不变的特征”，并且是“决定可持续城市过程和内容的重要因素”。

机遇之城

普华永道

前言一：把握新型城镇化的历史机遇

城镇化是现代文明的基石。2011 年中国的城镇人口比例首次超越 50%，达到 51.27%，成为我国城镇化进程中一个重要的里程碑。2012 年中国的城镇化率进一步上升至 52.57%，与世界平均水平基本持平。

回望过去 30 多年，中国无疑是世界上城镇化速度最快、规模最大的国家。1978 年改革开放之初，中国的城镇人口比例只有 17.92%，换言之，80% 以上的国民生活在农村；而在中国改革开放所创造的经济奇迹中，目前已有半数以上的人口生活、就业在城镇。考虑到中国人口的规模，这一社会变动堪称人类文明发展史上的壮举。然而，在快速的城镇化过程中也面临一系列突出挑战：空气污染问题、城市公用事业滞后问题、公共设施不足问题、房价增长过快问题，以及城乡二元结构造成的社会资源再分配不均衡的问题；等等。

城镇化是中国迈向现代化的必由之路，但是在我们面前有两个可能的城镇化选择：一种是沿袭过去城镇化的老路，继续高投入、高消耗的模式，忽视人的全面发展需求的“半城市化”道路；一种是以人的发展和福祉的全面提高为目标，包容而可持续的新型城镇化道路。选择哪一条道路，答案不言自明。我们正处在城镇化中期，还来得及做出正确的抉择。但是也要注意到，选择的时间窗口越来越有限，必须要抓紧新型城镇化相关的研究，主动吸收借鉴国内外优秀的研究成果，为政策的制定提供有用的参考。

本文是普华永道为中国发展高层论坛 2014 年会提供的专题报告。前言一和前言二分别由中国发展研究基金会秘书长卢迈和普华永道全球主席戴瑞礼撰写。

研究中国城镇化的咨询报告已不鲜见，学术论文更不在少数。普华永道的“机遇之城”则以其独特的研究方法，为中国城镇化发展的研究增添了新的视角。本报告将普华永道连续几年观察世界范围主要城市的方法移植到中国，尝试性地选取了15个城市，从10个维度全面地评估了城市发展的竞争力、影响力和潜力。这15个城市各具特色、各有优势，评估结果有助于各城市相互借鉴、相互学习。虽然报告对各城市的经济社会发展状况做了排名，但是与任何一项指数化的排名一样，本报告的评估结果不是对城市的考核排名。这15个城市的发展起点、发展阶段、发展速度都有很大的差别，对各城市而言，更重要的是如何弥补劣势、发挥优势，并看到未来的特色和潜力。

中国发展研究基金会参加了报告各个阶段的讨论。对此，我们感到非常荣幸。借此机会，我也想对普华永道公司积极履行企业社会责任，积极为中国的改革发展和社会进步奉献智慧和视角表示赞赏和钦佩，对普华永道和中国发展研究基金会团队为该报告完成所付出的努力表示感谢。

前言二：与中国共同探索城市发展的道路

普华永道美国自2007年起，已经连续五次与纽约合作组织（Partnership for New York City）联合进行一项名为“机遇之都”（Cities of Opportunity）的研究，旨在考察世界主要城市的社会和经济发展现状，呈现它们迈向繁荣的经验。2012年该项目在全球范围内选取了27个城市，包括纽约、伦敦、多伦多、巴黎、斯德哥尔摩、新加坡、东京、悉尼和首尔等。中国的北京、上海和香港也在研究范围内。北京在该次调查中更被认为是经济影响力全球排名第一的城市。

我们在全球范围观察中国北京、上海、香港的同时，很自然地想到，是不是可以采用观察国际城市的方法分析研究中国的城市呢？是不是可以为《2012机遇之都》拓展一个姊妹篇——《机遇之城》呢？普华永道中国的同事怀着极大的热情投入了这项尝试。这个报告首次将国际版的理论框架移植到中国，选取了15个中国内地的城市（不包括北京和上海）作为观察样本。为了保持数据的一致性，同时也是由于数据的可获得性，《机遇之城》与国际版相同，从10个维度来审视它们的发展状况。这些维度囊括了智力资本和创新、区域门户城市、技术成熟度、健康、安全与治安、交通与城市规划、可持续发展与自然环境、人口结构和宜居性、经济影响力、宜商环境、成本。我希望通过引入“机遇之都”的研究方法和视角，既能让《机遇之城》观察中国城市发展的角度更加独到，也能成为一个契机，让普华永道与中国共同探索新型城镇化发展的方向与机遇。

有幸的是，我们的尝试得到了中国发展研究基金会研究力量的大力支持。与中国发展研究基金会的合作，为本调研报告的顺利完成提供了重要保障。这也是双方在去年为中国发展高层论坛提供《选择中国：跨国公司对改善中国投资环境的新见解》报告之后，又一次重要的合作。

普华永道中国的同事在研究《机遇之城》报告的过程中，邀请了一些中外学者、企业家、行业专家进行了访谈，他们的参与使我们的研究拓展了视野。在此，我对他们的贡献表示感谢。

《机遇之城》报告仅仅是个开端。今后，随着经验的积累，我们将持续对中国城镇化的发展提供观察认识，为中国的经济发展和社会进步略尽绵薄之力。

概述

当我们决定在观察全球 27 个城市的基础上，用同源性的研究方法分析研究中国城市的时候，第一个问题便是以什么标准选择观察对象、选择哪些城市。我们发现，选择中国的观察对象比在国际范围进行选择要难很多，或者说要复杂一些。

1. 关于城市的选择

中国是一个幅员辽阔、历史悠久的国家，不仅地形地貌复杂多样，而且文化传统多姿多彩。改革开放以来，中国的城市迅速成长，这些城市的产业基础、人文环境、自然禀赋和影响力各具千秋。因此，仅从人口规模、经济发展水平，或者像国际版那样从金融特征、文化特色的角度来选择是很难做出抉择的。2012 年末，我国境内（不包括港澳台地区）共有 4 个直辖市和 285 个地级以上的城市，我们首先把选择范围初步锁定在 4 个直辖市、5 个计划单列市和 27 个省会城市及自治区首府之内。然后，我们根据对未来中国城市群总体格局的判断，划定了东北、华北、长三角、泛珠三角、华中、西北六大区域。在此基础上，我们选择了上述区域内若干具有战略性地位的中心城市。最终，在中国发展研究基金会的指导下，我们确定了 15 个城市作为《机遇之城》的观察对象。它们是（按中国行政区划顺序排列）天津、沈阳、大连、南京、杭州、厦门、青岛、郑州、武汉、广州、深圳、南宁、重庆、西安及乌鲁木齐15个城市。从地理位置上看，东部9个，中西部6个；或者按照长江为界，则长江以北7个，长江以南8个。它们是中国经济网络中的重要枢纽，是区域的门户重镇，也是与国际经济交流的主要通道。巧合的是，普华永道在这15个观察对象城市中的11个设有事务所，这显示出，普华永道在中国设立机构的布局与中国改革开放的进程是趋于一致的。《机遇之城》的所谓机遇，是在世界经济基本复苏的大背景下，抓住全球化的机遇；是在中共十八届三中全会确定市场在资源配置中起决定性作用的前景下，走中国特色城镇化道路的机遇。这是中国所有城市的机遇。15个城市仅仅是中国众多城市中受到我们观察的样本。

我们特意不把北京和上海纳入研究范围，是因为北京和上海已在《2012机遇之都》报告中持续受到观察研究，它们的城市功能特征已经有与本项目同源性评价体系的评估。同时，更由于北京和上海是中国的特大型的国际性城市，它们面临的挑战和机遇与中国其他城市不在一个层面上。可以想象，将它们与国内其他城市放在一起观察的可比性并不强。然而，为了使读者了解我们对北京和上海已经做过的观察，我们将《2012机遇之都》报告中对北京、上海的研究和分析作为附件编入本报告作为参考。

在所有区域中，东部地区入选的城市最多，主要是因为这些城市在全国范围内的影响力较大。但我们也不得不作出一些取舍。例如，考虑到在海峡两岸交流合作的战略性影响，我们在福建省选取了厦门；考虑与日本和韩国在东北亚范围的经贸合作，在山东省选取青岛；中部地区我们选择了郑州和武汉。郑州是中原第一大城市，而且该市位居“中部崛起”发展战略的核心位置；武汉因其历史悠久的交通要冲地位和重工业基地入选。至于西部，我们选择了4个城市作为研究对象，分别是中国新丝绸之路和西北门户的乌鲁木齐、中国历史悠久的古都西安、中国西南重镇重庆和中国与东盟各国经济文化联系最直接的南宁。

2. 研究方法和数据来源

显然，使用观察国际城市的评价体系来观察中国的城市，是不能完全照搬的。我们从中国城市的特点出发，对部分观察角度做了适当微调。但总体上，我们保留了这个评价体系的框架，包括10个维度的设置和每个维度中变量的数目。这10个维度分别是：①智力资本和创新；②区域门户城市；③技术成熟度；④健康、安全与治安；⑤交通与城市规划；⑥可持续发展与自然环境；⑦人口结构和宜居性；⑧

经济影响力；⑨宜商环境；⑩成本。

这些维度的设置探析了一些深层次的问题，包括区域管理、教育、城市景观、可持续发展、交通拥堵状况及城市保护等。作为姊妹篇，《机遇之城》的观察变量与《2012 机遇之都》保持一致，总变量为 60 个。需要说明的是，由于在中国观察对象的角度与在国际上观察对象的角度有所不同，我们对国际版的 4 个变量，即“政治环境”“入境便利性：免签证国家的数量”“外国大使馆及领事馆的数量”和“总税率”做了重新定义。例如，以“行政透明度”替代了“政治环境”。

本研究项目的全部数据均来自于公开渠道，主要参考政府统计和公开出版物，包括中国统计年鉴、各城市统计年鉴、国家相关部委的统计公报和文献、社会科学文献出版社的蓝皮书和绿皮书系列、权威机构已发表的学术报告以及行业协会的统计数据等。数据采集的节点为 2012 年年底，在个别情况下，采用了 2012 ~ 2013 年跨年度区间的数据。

不可避免的是，定量化的数据梳理最终会出现分数上的差异，即受观察城市的排名。我们认为，打分制的运用是为了提升对读者的透明度及各城市间的可对比性，以确保本报告简明易懂。根据我们所获得的与每个变量相关的各城市数据，我们将从高到低对 15 个城市进行打分。其中，最高分为 15 分（最优），最低分为 1 分（最差）。在平分秋色的情况下，得分相同。对 60 个变量打分完毕并进行排序后，我们按照 10 个维度将 60 个变量进行分类（例如“经济影响力”的维度或“区域门户城市”的维度）。在每个维度中，每个变量元素的分数相加，得出每个城市在相应维度的总积分，即 10 个维度排名表，分别呈现出 15 个城市在各方面的表现。在此基础上，我们汇总出最后得分的最终总排名表。

我们希望通过构建一个通用且客观的指标体系，为我国“新型城镇化”各项政策的制定和发展路径提供一些参照和建议。同时，通过真实可靠的分析研究，构成今后对中国区域城市进行进一步观察的基础。

3. 15 个城市的观察结果

在 60 个变量打分完成后，总积分最高的是深圳，在 10 个维度中的 5 个都处于领先地位，因此总分排名第一。深圳市在中国城市发展中是最特别的：它只有 30 余年的城市发展经历，此前仅仅是一个渔村。但由于毗邻香港，它是邓小平改革开放初期亲自确定的“实验田”。解放思想和创新思维始终是贯穿深圳城市建设的主题，于是，深圳市成就了一个城市建设的奇迹。它的成长是“中国奇迹”的代表。

紧随其后的是广州和南京。这是两座中国的历史名城，它们与深圳一同构筑了一个领先的城市梯队。广州虽然没有在任何一个维度中独占鳌头，但大部分维度都处于前列，因此总分与深圳仅有微小的差距；南京在智力资本与创新以及人口结构和宜居性两个维度处于领先，反映其作为历史古都焕发了新活力。有趣的是，深圳仅仅才有30多年的城市记载，而广州在秦朝时便已形成城镇，距今已超过2 200年了，南京则有2 470余年的历史，以六朝古都而闻名于世。

武汉、天津、杭州、厦门、沈阳、西安6个城市居中。武汉居于这个梯队的首位，各项指标发展均衡，在“健康、安全与治安”方面处于领先地位；天津是共和国最早的直辖市之一，没有进入前列是因为天津大部分指标都处于前列但不够突出；杭州没有进入第一梯队，作为传统的旅游城市，在区域经济中的综合实力需要进一步提升；厦门的规模略小，但由于它在对外开放中的作用，特别是两岸交往中的地缘优势促成的进步使其令人刮目相看；沈阳是老工业基地，在现代化的经济转型中包袱较重，由于其在交通和城市规划方面的出色表现，排列进这个梯队说明了沈阳近年的巨大进步；西安在“成本”方面体现出明显优势，其“技术成熟度”也与领先水平仅有微弱差距，使其跻身这个梯队。

接下来是大连、重庆、青岛和郑州。大连是整个东北地区的出海港口，拥有对外开放的优势，“健康、安全与治安”“经济影响力”和“成本”都处于上游地位，但其他维度排名不高；重庆是中国的西南重镇，不仅历史悠久，而且作为中国第4个直辖市受到世人关注，“可持续发展与自然环境”“经济影响力”与“成本”方面处于上游，但其他维度仍有待提升；青岛在“区域门户城市”“技术成熟度”方面处于中下游，对其总体排名造成了影响；郑州在“区域门户城市”“技术成熟度”“可持续发展与自然环境”“人口结构和宜居性”和“经济影响力”等5个维度排名靠后，导致其总排名位列下游。

乌鲁木齐和南宁因多数维度积分不高而排列在最后。乌鲁木齐和南宁的“成本”排名都处于中游水平，相比而言乌鲁木齐在“区域门户城市”方面优势更为明显，而南宁在“可持续发展与自然环境”方面相对突出，在“财政平衡度”变量上也有排名靠前的表现。

4. 关于访谈

本研究项目邀请了一些中外学者、企业家以及行业专家结合中国城镇化的发展实践进行了访谈。我们选择访谈对象时考虑了本研究项目的观察角度，也尽量考虑到受访者的行业背景，但访谈题材与我们对15个城市的观察无直接关联。访谈对象包括：《中国特色新型城镇化发展战略研究》编委会成员、主要执笔人之一的石立英教授；北京大学城市规划与设计学院副院长陈可石教授；招商银行前CTO徐连峰先生；中央党校国际战略研究所前所长康绍邦教授；中国美国商会会长Gregory Gilligan先生；安东红坊建筑设计咨询（北京）有限公司总监Antonio Ochoa-Piccardo先生和中国建筑国际集团有限公司执行董事田树臣先生。

由于本项研究是一个社会责任型的研究项目，不带有任何商业目的，因此，我们特别感谢所有受访者的慷慨参与。由于受访者的参与，在他们丰富的经验和深邃认知的衬托下，本研究项目增添了睿智的内容。

分项排名比较与分析

1. 智力资本和创新

智力资本和创新能力是社会发展的源泉之一，影响着每一个城市的未来。在中国市场经济改革的大背景下，城市的发展不仅需要现有知识的集聚和运用，而且也越来越强调创新。在这个项目下，我们用了9个变量来衡量城市的发展，这些变量涵盖了教育（基础教育和高等教育）、科研、创新及知识产权保护等多个侧面。

比较结果显示，南京是该领域表现最突出的城市。主要是该地受过高等教育的人口比例是15个城市中最高的，另外其“受过高等教育的人员比例”“课堂规模”“重点大学的研究水平”这3个变量也名列前茅。在多种因素的拉动下，南京近年的经济结构逐步实现了转型，从2008年起其第三产业总产值及从业人员占比已经分别超过50%，2012年又有明显增长。南京的不足之处是“读写能力和受教育情况”排名不高。

在智力资本和创新维度中排名紧接着南京的是杭州、广州和深圳，3个城市积分相对比较接近。杭州是我们观察的15个城市中，除了深圳以外，创新土壤最肥沃的一个。杭州在重点大学的研究水平和创新指数方面都领先于其他各地，创新精神方面也仅随深圳之后；另外“创业环境”和“数理技能掌握”也名列前茅。杭州排名不理想是在于“读写能力和受教育情况”的得分偏低。

广州表现最突出的是“数理技能掌握”，在15个城市中排名第1，而在“重点大学的研究水平”则和南京不相伯仲，“创业环境”仅落后深圳位居第2。但是广州在“公共图书馆”和“课堂规模”两个变量上相对薄弱，导致其被南京拉开了差距。

15个城市中特点最鲜明的是深圳，共有3个变量占居首位，分别是“读写能力和受教育情况”，“创业环境”和“创新精神”。作为一个只有30余年成长经历的新兴城市，深圳一直是中国改革开放的前沿阵地，不仅吸引了大量中高等教育水平的人员落户，同时也是高科技企业和创业者的投资首选之地。深圳的劣势也十分明显。在“课堂规模”和“重点大学的研究水平”两个变量中，15个城市中均排名倒数第1；当地人口中“受过高等教育的人员比例”在15个城市中也只处于下游水平。显然，教育资源的积累是一个长期演化的过程。

• 访谈：关于城镇化发展战略

受访对象：石立英，《中国特色新型城镇化发展战略研究》编委会成员、主要执笔人之一，中国工程科技发展研究院副院长

据石教授介绍，《中国特色新型城镇化发展战略研究》是中国工程院重点咨询项目，由徐匡迪院士亲自担任项目组长，集中了20多位院士、100多位专家，历时两年，在全国做了广泛深入的调研，总结了中外城镇化发展的经验，收获了一系列重要成果，引起国家决策部门的重视。项目过程中，李克强先后两次听取了项目组的汇报。2012年6月项目组根据阶段研究成果，向中共十八大报告起草小组提交了关于“中国特色新型城镇化发展战略”的建议。

我们在此引用该调研报告有关城镇化发展战略的论述，以飨读者。

“城镇化被称之为现代文明的重要标志，是因为代表了现代社会人类追求的新文明的美好生活方式，提供了新时代人类精神追求和物质享受的社会家园，造就了推动社会生产力发展和创新的新空间聚集形式和生产组织模式。城镇化是伴随工业化进程的社会历史现象，是一个社会不断进化的过程，从表现形式上看，是以人口结构由农村向城镇转移为表征，产业结构从农业经济向工业经济、服务经济和知识经济转化为主体，社会结构从农村社会向城镇社会演进为指向的复杂过程。”

新型城镇化发展包括六个主要内容：“努力建设以人为本的宜居家园的发展”；

“更加注重提升质量和效益的发展”；“产业聚集、创新驱动、产城融合、四化同步的发展”；“城乡统筹、公共服务均等、逐步消除城乡二元结构的发展”；“以生态文明理念为指导，建设生态城市为目标的发展”；“体现中国城市地域特色、弘扬优秀文化传统的发展”。①

2. 区域门户城市

我们所观察的15个城市，除了是各自所在区域内人员流动、经贸往来的中心，更是该地区连接外部世界的枢纽。因此在这个维度中，我们所引用的变量侧重点也在商旅服务和交通客运基础设施方面，包括“五星级酒店数量”“国际游客”“飞机起降航班”“旅客周转量”“会展业综合指数”和“机场便利性”6个。

积分结果显示，走在改革开放前沿的两个南方城市——深圳和广州，在这个维度上分别位列第1和第2，重庆和武汉则分别位列3、4名。

深圳能够脱颖而出，主要是其在“国际游客”和“机场便利性”这两个变量上在15个城市中首屈一指，其他4项也均名列前茅。我们的“国际游客”统计中，包括了香港、澳门和台湾同胞，因此深圳坐享其作为中国内地与香港特别行政区的通道之地利。广州在某种程度上也是这种效应的得益者。

我们综合分析了机场到市中心距离、可使用的交通工具数量、成本和速度以及搭乘各种交通工具的便利程度，来反映从各城市机场到市中心的便利程度，厦门与深圳的得分并列第1。

广州在6个变量中，共有4个变量的排名位居榜首，分别是五星级酒店数量、飞机起降航班、旅客周转量及会展业综合指数。广州作为中国近代和改革开放以来最早开放的城市之一，不仅中国第一家中外合资五星级酒店在此诞生，同时也是15个城市中五星级酒店最多的城市。广州的白云国际机场，是除了北京首都国际机场外，中国内地第二大繁忙的机场，航班起降数量最多。另外得益于商品出口和转口贸易的传统优势，广州是所有15个城市中的“会展之都”。

然而，广州白云机场距离市区约30公里，在我们此研究报告中所统一观察的2012年的数据中尚未显示广州有轨道交通相连（目前新机场已通地铁——编者注），

① 《中国特色新型城镇化发展战略研究》综合卷，主编徐匡迪，中国建筑工业出版社出版，第4～6页。

在便利性变量中排名靠后。其整体得分略逊于深圳也正是受到这一个变量的影响。

重庆是共和国最年轻的直辖市，其凭借当地较完善酒店和机场等基础设施，在区域门户城市的维度中名列第3。其五星级酒店数量与广州并列第1。重庆相对偏弱的是“会展业综合指数”和“国际游客”，“会展业综合指数”在15个城市中只处于中游，“国际游客”为第5名。

武汉得以排名第4，主要受益于其“旅客周转量”的得分较高，在15个城市中仅次于广州排名第2。“旅客周转量”包含了铁路、公路和水路的旅客运送数量。另外，武汉的会展业综合指数也位居第3，体现了其作为区域中心城市的地位。

● 访谈：城镇化与文化传承

受访对象：陈可石教授，北京大学城市规划与设计学院副院长

城镇化是国家层面的大课题。纵观人类文明发展史，城镇建设在物质形态上体现了文化、艺术和文明的聚集。我国的城镇化发展，也将是一个华夏文化复兴的过程。

亚洲在近几十年经济起飞的过程中，经历了一个城镇化高速发展的阶段，从结果看，这个过程是个文化缺失的过程，是一个西方文化普及的过程。马尼拉、雅加达、吉隆坡以至东京，都是这样。城市建设起来了，但民族自身的文化却在流失，建筑变成西方文化的附庸。

从我国的城镇发展看，也是这样。沿海经济飞速发展的同时，大量地消灭了古镇古城，大量的文化遗迹被拆除、毁灭。去年我去看丹阳古城，2 400多年的历史，可能就在不久就要拆了。借用杜牧的话，就是取之尽锱铢、弃之如泥沙。要知道，在建筑上凝聚的文化，一旦拆除，就将永远消失了。

文化的传承是要长期积累的，雅典、罗马莫不如此。巴黎的现代建设不仅建设了新城，旧城也在不断扩大。而我国的大城市的建设，带有西化的特征，这是对传统文化价值观的贬低。今后，在我国城镇化的发展过程中，树立华夏文化的价值观是一个要深入思考并实践的问题。

3. 技术成熟度

随着工业化的升级推进，城市在发展过程中逐步会形成具有一定特色的产业链条，从而构筑起城市的特色。从我国的现状看，大体可看到资源型、旅游型、制造

业型、流通型、创新型等五类特色城市。其中创新型城市是指创新能力强、科技支撑引领作用突出、经济社会发展水平高、区域辐射带动作用显著的城市。2008 年以来，科技部开始组织国家创新型试点城市创建工作，已先后批准一批城市进入试点，我们观察名单上的 15 个城市中绝大部分都已进入这个试点范围。

技术成熟度这个维度包括 4 个变量，它们是："规模以上工业企业科研经费支出""宽带速度""数字经济"及"信息传输、计算机服务和软件业比重"。

统计结果显示，深圳、西安、南京、杭州、广州、厦门积分相近，其中广州和厦门并列第 5。我们将这 6 个城市列在第一梯队。大连、天津、武汉、沈阳、青岛、郑州列在第二梯队。乌鲁木齐尽管在这个维度中位居最后，但其在 2012 年已获科技部批准，进入了国家科技型试点城市序列，为今后在城市发展中发挥出科技支撑引领作用奠定了基础。

分变量看，深圳并没有一项得分最高，但因其在各项观察中表现均较出色，因此排在第 1，这与它是第一个国家创新型试点城市相匹配；西安在"规模以上工业企业科研经费支出"变量上得分最高，主要与其是电子信息产业的主要聚集地相关，迄今至少有 8 个世界 500 强的电信企业入驻西安；南京与杭州在几项得分中相同且相对均衡，并列第 3；广州与厦门并列第 5，广州在"数字经济"变量上得分最高，厦门则在"宽带速度"变量上获满分。

- 访谈：城镇化与科技进步

受访对象：徐连峰先生，招商银行技术顾问、招商银行前 CTO

科技创新对人类进步和经济发展有巨大的促进作用，从我国银行业发展的进程可以清楚地看到这一变化。20 世纪 80 年代初以前，IT 业在银行只是以电脑取代手工计算，仅仅是提升了运算速度和统计效率。随着 IT 行业和银行业务的进一步结合，信息科技技术才在银行业的发展中成为不可或缺的技术支撑力量。从而，银行业所宣示的"以客户为中心"的理念，才能成为实际的操作步骤。目前，互联网行业的兴起又对银行业的发展展现了新的课题，从中我们可以明显地感受到科技进步对行业的巨大推动作用。

对城镇化发展而言，能否吸引高科技企业的投资，是城市管理者的课题。从企业来说，除了硬件环境外，软件环境更重要，对高科技企业更是这样。在网络时代，企业设在哪里已不重要了，重要的是哪里能够提供资源充分流动的市场环境。

4. 健康、安全和治安

我国在不发达国家的基础上开展城镇化的建设，发展快、成绩大，但同时积累的矛盾和问题也十分突出，大城市中公用设施建设滞后，交通拥堵、安全隐患等“城市病”也呈现出来。为了从医疗体系、治安环境和公共管理的角度观察城市的发展，我们在本维度中使用了5个变量，包括：“医院及床位数”“医疗体系服务水平”“养老服务”“犯罪率”和“行政透明度”。统计结果为：武汉和杭州在这方面的积分分别排名第1和第2；南京排名第3；大连和广州并列第4。

武汉尽管没有一个单一变量名列首位，但其胜在较为平均。当地的“医疗体系服务水平”在15个城市中排名第2，仅次于广州，医院床位资源相对充裕，每万人享有的医疗机构床位数名列前茅。另外当地政府的“行政透明度”也排名第3，“犯罪率”这一变量得分为第3名，表明犯罪率程度较低。武汉在本维度中唯一的弱项是“养老服务”设施相对不足，65岁以上老人人均享有的养老院床位数排名倒数第3。

杭州是15个城市中在“养老服务”变量中得分最高的，65岁以上老人人均享有的养老院床位数最多；每万人享有的医疗机构和床位数以及医疗体系服务水平在15个城市中均排名第4。

南京在“医疗体系服务水平”和“养老服务”这两个变量的得分较高，使得其在本维度位居第3。不过，与当地的医疗体系服务水平相比，南京的人均医疗资源就显得不足，每万人享有的医疗机构和床位数在15个城市中排名倒数第3。

广州的“医疗体系服务水平”在15个城市中最高，且“养老服务”和“行政透明度”的得分亦较高，使其得以紧随南京之后，在该维度排名第4。广州的不足之处在于“犯罪率”得分较低，拉低了在这一维度中的排名。

与广州并列的大连，在“行政透明度”和“犯罪率”两个变量上表现优秀，分别位列第1和第2名。与武汉相同，该城市“养老服务”设施不足，65岁以上老人人均享有的养老院床位数排名倒数第2。

● 访谈：城市的危机管理

受访对象：康绍邦教授，中共中央联系高级专家、中央党校国际战略研究所前

所长、博士生导师

在现代城市管理中，有一个问题是要引起密切关注的，即危机管理问题。

危机管理，一般来说主要包括三部分：危机预防、危机处理和危机处理的回馈。改革开放以来，我国城市化进程加快，城市经济和城市建设快速发展，取得了举世瞩目的成就，同时也面临着许多挑战，产生了一些城市发展中的矛盾和问题。其中，既有发达国家城市发展经历过的问题，也有我们国家在发展中产生的独特矛盾。城市危机管理就是我国城市化进程中所面临的一个重要而又崭新的课题。

城市危机的发生或城市危机的类型大致可分为两种，恐怖性质的危机和非恐怖性质危机。恐怖性质的危机是指城市中发生的恐怖袭击事件。而非恐怖性质的危机比较复杂，其产生的原因既有自然因素，也有人为因素，而更多的往往是自然因素与人为因素的综合或叠加，如自然灾害的发生与城市建设落后、城市管理缺位的综合往往会导致严重的财产和生命损失；又如，生态环境的恶化，既有气候变化的自然因素，又有产业结构不合理、公共交通落后、居民生活方式变化等人为因素。

有人以为，危机管理问题，选好新闻发言人，引导好舆论民情就行了，这是很片面的。

危机管理的重点，一是要着眼于预防；二是要加强队伍建设；三是加强信息建设。首先，要做好危机预防，“预则立，不预则废”，将危机处理提前在苗头阶段。其次，危机管理不同于一般的行政管理，它是一个系统工程，必须建设一支综合力量队伍，需要公安、交通、气象、城管、财政、科技、宣传甚至军队等各部门的力量参加，特别是要由城市主要领导人负责。第三，当前的社会是信息社会，必须加强城市危机预防、处理及反馈的信息建设，配备专业人员及先进设备。此外，从危机管理的经验教训来看，危机的发生往往伴随着有关管理人员的渎职，因此，在危机处理的最后阶段即反馈阶段，必须进行对渎职的发现和处理。

总之，危机管理对我们的城市管理者来说是个新课题，我们还需要在实践中总结和探索。

5. 交通与城市规划

一个宜居的城市，日常出行和生活空间是重要的因素。本维度比较的是各城市对当地交通基础设施和生活空间的规划，用了“公共交通系统”“轨道交通覆盖范围”“公共休闲用地”“有营业牌照的正规出租车”“大型建筑活动”及“住房条件”6个变量来衡量。

比较结果显示，这15个城市虽然分出了高下，但彼此之间的差距却并不大。沈阳和天津仅以两分之差位列第1和第2；紧随其后的深圳和南京，积分也十分接近；武汉和广州更是以一分之差，排列第5与第6。

沈阳能够在这个类别中表现出色，主要得益于当地较为完善的交通基础设施。统计结果表明，沈阳的地铁或轻轨营运里程虽不是15个城市中最长的，却是覆盖率最高的。当地的正规出租车资源也相对丰富，每千人享有量居15城市第3。

天津的住房条件是15个城市中最宽裕的，城镇居民人均住房面积高达34.6平方米；另外当地的出租车资源也十分丰富，每千人享有量在15个城市中排名第2，仅次于乌鲁木齐。以上两个变量的较高得分，使得天津在本维度的积分紧随沈阳之后，然而与沈阳一样，天津在传统的公共交通系统的得分偏低，在15个城市中排名倒数第3，对本维度的总积分有明显影响。

本维度积分位列第3的深圳，虽然是15个城市中最年轻的，但其公共基础设施却十分突出。深圳在“公共交通系统”和“公共休闲用地”两个变量上均排列第1，体现了城市的规划和发展能力。深圳的轨道交通建设起步较晚，但覆盖率也能在15个城市中排名第5。不过，经过30多年的快速建设，深圳目前已经发展得具有一定规模，新开工建筑项目有限，导致其在大型建筑活动这一变量的得分不高。

值得特别提及的是，乌鲁木齐在“有营业牌照的正规出租车”变量中在15个城市中得分最高，而且，在“公共交通系统”变量的排名中，仅次于排列第1的深圳，与广州并列。

● 访谈：城镇化与建筑设计

受访对象：安东（Antonio Ochoa-Piccardo），安东红坊建筑设计咨询（北京）有限公司总监

20年前，中国城市并没有在世界现代建筑史上做出太多贡献。近15年，随着中国经济飞速增长，中国城市发展的速度也是惊人的，不可思议的新型建筑逐渐布满中国的城市版图。大多数建筑的构想都来源于成功的西方建筑样本，且偏重外观

设计。然而，构建及实施城市规划与促进城市发展的最终蓝图，仅仅追逐建筑外观的新奇是远远不够的。当然，这也不是建筑设计所追求的初衷。中国建筑师需要了解他们的过去，也就是传统中国建筑和本土建筑材料的内涵，从而更好地为中国建筑的发展做出贡献。同时，中国建筑师需要摈弃搜寻一个既定“风格”的想法，因为这是历史学家和批评家的职责，不是创造者的工作。

虽然政治家和经济学家（亦称为城市规划者）决定着城市未来的发展方向，建筑师的工作一直以来也发挥着重要作用。我们可以通过图片轻松地识别纽约或者伦敦，然而对于中国的大多数城市，却没有明显的城市特征。相似的街道、相似的建筑，造就了千篇一律的中国都市，仿佛这些城市的建造并没有设计师参与其中。中国的城市需要找到它们自己的特征。大多数城市因为没有太多历史记忆，需要重新寻找自身定位。中国的城市需要考虑城市空间和人口规模的关系，重新倡导使用自行车、鼓励绿色出行和加强建设户外运动设施等举措均值得提倡。所有的中国城市需要增加绿色的区域并开放给大众使用。最后，改善城市的空气质量势在必行。

6. 可持续发展与自然环境

2012 年，中国创造了世界 11.6% 的 GDP，但消耗了全世界 45% 的钢铁、21.3%的能源和60%的水泥。据统计，1990～2010 年的 20 年间，我国金属矿产消费增加了 8～15 倍，已经成为世界上铁矿石、氧化铝、铜等资源消耗量最大的国家。同时，我国年报废的旧机电产品、废弃电子电器产品等在 2 亿吨以上①。资源短缺、环境容量有限已成为我国城市发展的重要约束因素。

但是部分缺乏监督的工业生产对农田、江河以至城市地下水的重金属和有毒化学品的污染也已不再是个别现象。因此，越来越多的人们开始警醒，现代化的城市发展必须以区域生态承载力为前提。我们需要可持续发展的环境，需要自然安全的环境。这是这个维度设置的出发点。这个维度设计了 5 个变量，分别是“气温舒适度”“废物回收”“空气质量”“绿化面积”及“自然灾害风险”。

从统计结果可以看到，排在第 2 位的厦门十分醒目。尽管我们在“自然灾害风险”的数据梳理时特别考虑到了台风对厦门的影响，但厦门由于在“气温舒适度”

① 数据引自《中国特色新型城镇化发展战略研究》综合卷，主编徐匡迪，中国建筑工业出版社出版，第76页。

“废物回收”“空气质量”“自然灾害风险”4 项变量上都位居前列，特别是空气质量得到了最高分，因此总分累积排在了广州、青岛、大连的前面。

重庆得益于“绿化面积”“自然灾害风险”得分较高，而其他 3 个变量也都得到了居前的分值，因此与厦门并列第 2。

还有值得关注的是，南宁在这个维度中居于第 7 位，在中间靠前的位置。南宁是一个很有发展潜力的城市。由于地理位置的优势，它在我国与东盟国家经济交往中以及北部湾经济圈中发挥着区域枢纽的作用。随着我国与东南亚地区各国经济文化交往日益密切，南宁在我国城镇化发展的进程中将会迸发出新的活力。

● 访谈：城镇化与公共空间

受访对象：葛国瑞（Gregory Gilligan），中国美国商会会长

城镇化发展的思路或者说规划，对于中国来说真的十分重要。随着经济的发展，人口从农村逐渐向城镇聚集是个自然的过程。而且，中国幅员辽阔，各地民族、文化、习俗不同，各地的村镇也延续并且形成了自己的特色，使中国的城镇很迷人。在中国各地游览，可以有深切的体会。

中国人由于文化、传统的原因，喜欢聚集，而聚集在一起的人们，除了生活以外，还有活动、娱乐的需要，特别是在教育下一代的时候，需要为他们提供比自己这一代更好的活动场所，于是产生了公共活动空间的需求。在大城市，公共活动空间就是公共休闲、公共文化交流、公共体育运动的场所。中国在城镇化发展中需要认真研究这个问题。

现在中国的自行车少了，道路设计也不太考虑这个需要。而一些发达国家是鼓励多种交通工具并行的，他们照顾到开车人和骑车人两部分人的需要，人们可以从居住的小城镇骑自行车一直到市中心。运动休闲的场所也很多。高尔夫球比赛在美国是个很大的产业，也是因为有大众性的高尔夫球爱好作为基础。

再比如绿地，其实中国的城市绿化比率并不低，但很多是在单位、机构的围墙里，不是公共场所，不是街头绿地，所以利用率显得不高。

7. 人口结构和宜居性

城市向现代化迈进的过程中，人们的生活环境和生活方式也会随之改变。未来的城市发展，在农村人口逐步向城市聚集时，应成为一种随城乡经济一体化并顺应

产业发展需要的城乡居民的自主选择和自由迁徙，避免被动地城市化。换言之，新型城镇化必须以人为本。

我们用了“文化活力”“生活质量”“处于工作年龄的人口”和“交通拥堵状况”这4个变量来比较15个城市在人口结构和生活环境方面的情况。结果，南京积分排名第1；广州及沈阳积分相同，并列第2；西安、天津、厦门、武汉和深圳依次排名4至8名，其中厦门和武汉积分相同并列第6。事实上，排名第2至第8位的这7个城市积分十分接近。

我们知道，交通是否拥堵无法用一两个指标来衡量，因为当中涉及到道路的建造和布局是否合理和路政管理的效率，更重要的是使用者的习惯。总体而言，一个不可否认的事实是，近年来这15个城市乃至全国其他的城市普遍都面临着私人汽车数量迅速增长、道路建设和管理有待改进的现状。广州在这个维度中排名第2，主要是“生活质量”及“处于工作年龄的人口”排名靠前的缘故。然而，广州的交通状况并不理想，相关变量在15个城市中仅仅位居中游。沈阳能够与广州并列第2，主要是在“生活质量”这个变量领先所有城市。

我们用恩格尔系数来反映各城市居民的可支配收入，从而反映生活质量的高低。结果显示，沈阳排名第1。恩格尔系数较低，主要是两个驱动因素：食品价格较低或收入较高。以沈阳的情况来看，应该是两个因素同时存在，前一个因素的影响略大一些。西安的恩格尔系数较沈阳略高，排名第2；当地丰富的文化底蕴，使得其在文化活力这个变量上也仅次于重庆，位居次席。

本维度另一个变量，是“处于工作年龄的人口”，得分排名前5位的包括深圳、厦门、广州、武汉和天津。当中除了武汉以外，其他4个都是经济较发达的沿海城市。值得一提的是，如果将该变量与宜商环境中的城市就业吸纳能力作一比较，能够发现共有6个城市在这两个变量中的排名完全一致，且排名前3位和最后两位的几个城市一模一样。可见工作年龄人口的结构与一个城市吸纳外来人口情况是有一定关联性的。对于外来人口接纳性越强的城市，工作年龄人口也相应越多；反之则工作年龄人口占比越低。走在中国改革开放最前沿的深圳、厦门和广州，就是典型的例子。而南宁和重庆的工作年龄人口偏少，也可以从城市就业吸纳能力这个变量中找到答案：他们是15个城市中仅有的两个常住人口少于户籍人口的城市；换言之，他们本地的工作年龄人口有一部分迁移到了外地。

8. 经济影响力

城市是工业化的产物，城市的形成过程是产业布局和城乡结构以及贸易路径形成的过程。未来一个较长的时期，工业化仍将是我国城市发展的主要推动力。

在观察我国城市之间的影响力时，为了避免把目光局限在工业、产业这样的角度上，《机遇之城》特意选取了6个变量来观察，包括："世界500强公司的数量""金融和商业服务领域的就业状况""吸引外商直接投资：新建项目数""吸引外商直接投资：资本投入""城市生产力水平"及"实际国内生产总值的增长率"。

比较结果显示，深圳、广州及天津三者积分较接近，分别排前3位。然而，这3个城市的积分与排名4至7位的重庆、大连、武汉及青岛拉开了一定差距。

深圳作为我国两个证券交易所的所在城市之一，自然在金融及商业服务领域最为发达，在这个变量排名第1；而作为改革开放的前沿，深圳在吸引外商投资方面，无论是项目数量和金额上都十分突出。

然而让我们略感意外的是，南宁及沈阳的金融及商业服务业从业人员占当地所有城镇就业的比例也相当高，分居第2、3位，广州仅排在第4。相信这与两个城市作为地区经济中心的角色密不可分。南宁在中国与东盟国家经济往来中扮演重要角色，而沈阳作为东北地区的经济重镇，影响力也能够辐射到东北地区。而广州与深圳同处一省，地理位置也接近，因此在这个维度的比较上影响力稍逊一筹。

本维度中另一个引人注目的变量是"全球500强公司的数量"。比较结果显示，重庆和广州在500强公司的数量上旗鼓相当，分别排名前两位。深圳和武汉的500强公司的数量排名3、4位，天津排名第5。本维度中，排名8至11位的分别是南京、杭州、沈阳和乌鲁木齐，这4个城市组成了经济影响力的第三梯队；厦门、南宁、西安和郑州则排在12至15位。这些城市中较有特点的是乌鲁木齐，2012年GDP实际增长率在所有城市中最高，城市生产力水平也排第2。不仅乌鲁木齐，其他14个城市在我们观察的生产力水平和GDP增长率变量上也都有突出表现。

从整体排名和变量排名分析，我们也看到这些城市发展面对的挑战。例如，金融和商业服务从业人员排名靠前的南宁和沈阳，在经济影响力的总体排名分别只有第13和第9。乌鲁木齐的经济规模和生产力的增速都相当快，但在吸引外资和500强企业入驻方面排名靠后。

改革开放之初，中国经济发展的火车头是珠江三角洲，特别是毗邻港澳的深圳、广州，在吸引外资、扩大出口、安置就业、城镇建设等方面发展迅速。20 世纪 90 年代，以上海为中心的长江三角洲在我国经济发展中日渐重要，以国企改制、建立资本市场为特征的改革推动了市场经济的深化发展。踏入 21 世纪，以天津、沈阳及大连为中心的环渤海经济区，逐渐成为了改革和发展的新焦点；同时，随着西部大开发战略的实施，重庆在西部经济发展中的作用日渐突出。在我们的观察维度中，天津、重庆和大连 3 个城市分别排名 3 至 5，它们的潜力和上升空间不可限量，因为它们的经济影响力壮大，也象征着环渤海和西部的崛起，意味着中国地区经济发展将更加均衡。

9. 宜商环境

宜商环境包括 9 个变量："创业便利性""职工平均工资""财政收支平衡度""上市公司数量""员工管理风险""城市就业吸纳能力""对外贸易往来""资本市场参与度"及"社会公平"。

结果表明，最能体现中国改革开放成果的深圳，在这个维度中积分排名第 1，且较排名 2 至 5 位的广州、厦门、武汉及杭州积分拉开了一定的差距；后 4 个城市虽然排名有先后，但积分差距并不明显，厦门和武汉更是同分，并列第 3。

深圳和广州各有 3 个变量在 15 个城市中排名最高。深圳在"上市公司数量""城市就业吸纳能力"和"资本市场参与度位"居第 1，广州则在"创业便利性""对外贸易往来"及"社会公平"方面的得分最高。深圳和广州在大多数变量的得分都十分接近，使得这两个城市拉开差距的变量是政府"财政收支平衡度"。天津、青岛、沈阳、南京、大连排名 6 至 9 位，其中南京和大连并列第 9。西安、重庆、郑州、南京和乌鲁木齐 5 个城市处于最后一梯队。

在"创业便利性"这个变量中，除了广州和深圳的得分排名前两位外，分别位于我国中部和西部的武汉和西安排在第 3 和第 4，表明中西部城市在创业便利性上同样具有竞争力。

此外，在"财政收支平衡度"这个变量中，厦门表现突出，排名第 1；紧随其后的是杭州和南宁；排名最后的是西安和重庆。

流动人口和户籍管理是中国持续面临的挑战，也是中国特有的问题。2012 年末全国共有 2.8 亿人的户籍所在地和常住地分离，相当于 1/5 的人口。这些"人户分离"的人口绝大部分为流动人口。我们观察到有 13 个城市为人口净流入，其中深圳和厦门的外来人口比例最高。在这个变量中，大体上是沿海地区的城市排名靠前，西部城市的城市排名靠后，中部地区的城市居中。

10. 成本

城市生活的成本，基本由衣食住行构成。在本研究报告的前几个观察维度里，也有涉及出行、住宅、食品价格的变量，但本维度中的各个变量的设定与前面类似的变量在内涵上是不同的。本维度中积分排名最高的分别是西安和郑州两个内陆城市。西安在6个变量中有“公共交通成本”“商业用地的成本”及“消费物价水平”3个变量位列第1；郑州虽然在6个变量中没有一个排名首位，但在“商业用地的成本”及“居住成本”两个变量的得分排名第2，以及“最低工资标准”和“网络成本”两个变量得分排名第3，这样西安和郑州并列成为15个城市中成本最低的两个城市。

然而，这两个城市分别在“居住成本”和“消费物价水平”变量上排名偏低。沈阳、重庆、大连和武汉按照得分依次排在3至6位，其中重庆的“最低工资标准”为15个城市中最低，武汉则是“公共交通成本”最低的城市。沈阳是这4个城市中，甚至是所有15个城市中各项成本得分最均衡的一个，都位于中等或偏上。排名7至12位的城市分别为乌鲁木齐、青岛（与乌鲁木齐并列第7）、南京、南宁、厦门和天津。这些城市的综合积分虽然不高，但也各有特点。乌鲁木齐是15个城市中“居住成本”排名最高（成本最低）的一个；南京则是“网络成本”最低（排名第一）的城市。总体来说，本维度中排名前12位的城市，互相之间的积分差距并不大。然而值得注意的是，排名最后的三个城市，杭州、广州和深圳，总积分分别与排名第12位的天津拉开了一定的差距，说明这三个城市的居住成本明显高于其他12个城市。

在进行本维度的比较时，我们发现的另一个现象是，15个城市在这个维度中的排名，与它们在经济影响力及宜商环境两个类别的情况刚好相反。尤其是本维度里排名前两名的西安和郑州，也就是“居住成本”最低的两个城市，在经济影响力的排名中分别位列倒数第1和第2，在宜商环境也只分别排在第10和第12；而在经济影响力及宜商环境两个类别均排名前两位的深圳和广州，在“居住成本”竞争力的排名却是最后两名（成本最高）。

似乎有这样的现象：经济越发达的城市，商业活动越频繁，生活和居住的成本自然也就越高；反之生活成本越低。这样的结果让我们反思，经济发达和适宜的生活成本是否必然不可兼得？有没有可能在经济影响力、宜商和生活居住成本之间取得平衡？我们审视了《2012机遇之都》的情况，结果显示，大多数的城市在商业环境和生活成本方面都无法完全取得平衡。当然，也有一些例外的情况，比如在成本维度同处于第一梯队（成本较低）的还有德国的柏林、韩国的首尔和西班牙的马德里，这3个城市的经济影响力和宜商环境的得分排名都位于第二梯队（10～18名之间），首尔的表现尤其突出。另外加拿大的多伦多，在经济影响力和宜商环境两个变量的得分处于第一梯队，但成本的得分也能排在第二梯队内。这些城市的发展由其自身所处环境的多种原因促成，从《机遇之城》国际版的观察结果看，它们相对地在一定程度上平衡了经济发展和生活成本。

• 访谈：城镇化与城市建设

受访对象：田树臣先生，中国建筑国际集团有限公司执行董事兼副总经理、中建国际投资（中国）有限公司总经理

问：田先生是中国建筑国际集团负责国内投资的专家，贵公司在内地哪些城市有建设项目？

答：我们在国内15个城市有建筑项目投资，像天津、西安、重庆、杭州、郑州、武汉及山西、河北、福建等省的一些城市；主要以南方居多。

问：与我们的调研项目的15个城市不少有交集。“机遇之城”是一个观察城市的调研项目，以你自己的经验来看，中国的城市建设这三十几年有哪些变化？

答：表面上看，中国的城市这些年新式建筑增添了很多，每个城市都能看到新开工的工地。而且建筑风格也多样化了，既有传统风格的也有西方风格的。像北京东三环电视台那样的设计，不要说30年前，就是在20年前也不可想象。

但对于建筑行业来说，三十年的时间还不足以构成历史性的建筑风格。也许时间再延续几十年，才能更清楚地看出中国城市的风格，或者说看出城镇化发展的阶段式的特征。作为从业者来说，我们能切身感受到的是，市场经济对建筑业的发展具有决定性的影响。

过去建筑业生产的只是居住的房屋、工作或购物的场所，但随着中国经济的改革和深化，建筑业的产品已逐步演化为商品，开始是一般性的商品，再后来开始生

产精品。从住宅来看，已明显分出保障性住房、商品房、高档商品房等不同建设需求。近年在一些中等规模的城市还出现了结合环境治理、城市绿化、产业布局要求的住宅改造项目，市场需求已经远远不是满足居住那么简单了。我们体会，建筑行业是中国现阶段最市场化的行业。因此，构建城市的其实往往不是建筑业，而是市场的需求和约束。党的十八届三中全会作出了“市场在资源配置中起决定性作用”的决议，也许将对城市建设甚至包括对分布在广大农村的小城镇的发展产生深远影响。

中国的城镇化建设应从中国的实际状况出发，特别是小城镇，楼上不能养鸡，牛也进不了电梯，门口总得种些菜之类的嘛。我觉得，城镇化是一个结果，是一个长期演化的过程，应切忌避免口号式的、运动式的城镇化建设。

附一：《2012年机遇之都》报告城市概要

北京

(1) 经济影响力从第9位跃居第1位

北京从2011年起在综合排名上保持在第17位，然而2012年在经济影响力上却超越所有其他城市，包括众多历史上重要的全球首都城市，从第9位跃居第1位，令人难以置信。

(2) 全球巨人

北京不仅经济影响力第1，而且在该项指标的所有变量中（除1项外）均名列前5名。尤其是：

①全球500强总部的数目名列第2，仅次于东京；

②GDP增长率名列第3；

③外国直接投资按资本投资计算名列第3，按项目计算名列第5；

④金融和商业服务工作机会数目名列第4，仅次于米兰、巴黎和伦敦；

⑤居民享受低成本物资和服务，按成本指标衡量，其消费者物价指数名列第5。

(3) 重要的全球活动中心，吸引并欢迎来宾

北京现在是商务访客和旅游者的主要访问地点，作为门户城市名列第3，仅次于伦敦和巴黎，在亚洲名列第1。该城市：

①从机场到市中心的方便程度名列第1；

②酒店客房数目名列第 2，主持的国际会议数目名列第 4，国际旅游者人数名列第 11；

③旅客总流量名列第 6（在亚洲名列第 2，仅次于东京）。

（4）始终重视可持续性

北京了解成为可持续发展城市的必要性和重要性。尽管空气污染程度仍然很高，名列第 2，但在绿色空间方面名列第 7，在回收方面名列第 8。此外，北京在可负担公共交通方面名列第 1，使用者成本为第 3，低廉的交通成本，提高了城市的可持续发展性。

（5）增长空间

宜居性与经济增长息息相关、相互扶持。北京这方面的指标表明，还存在较大改善空间。北京在健康、安全和保安方面名列第 23，并在宜居性方面与布宜诺斯艾利斯并列第 20。尤其是：

①相对于人口而言的医院数目为倒数第 6，健康系统名列第 17——这是该市在此指标中唯一未被列入最末 10 名的变量；

②整体生活质量中等（第 19），在文化活力方面名列第 25，几乎最低。

此外，尽管北京的劳动年龄人口名列第 1，但在工作效率上倒数第 2。同样，由于经济进步和生活质量密切相关，高效劳动者数目的增加必将促进这些劳动者生活标准的上升。

最后，按智力资本标准衡量，北京和墨西哥城并列第 20，这项标准用于衡量教育成果等方面，因此是未来生活质量的明确指标。幸运的是，中国首都和其他亚洲城市一样，在数理教育方面取得卓越成绩，在这项变量中名列第 4，仅次于上海、中国香港和新加坡。但是，北京还需要在这项指标的其他变量中取得同样的好成绩，确保年轻一代在教育上有光明的前途。

以上不难看出，北京在全球 27 个受到观察的城市中十分引人注目。

上海

（1）全球经济影响力名列第 5

中国最大的城市和商业之都上海在经济影响力方面的排名较 2011 年上升三位，从第 8 名升至第 5 名，紧随这项指标历年来居前的全球经济中心纽约和伦敦。上海在全球 27 个观察对象中的总排名仍为第 19 名，和去年的排名相同。

（2）崛起的经济实力

上海已具备全球性影响力的经济实力，在经济影响力方面名列第5，紧随传统的经济大都会纽约和伦敦。

①在吸引国外直接投资方面名列第1，项目数量和投资金额两方面均居首位；

②国内生产总量的实际增长率名列第4；

③在全球500强总部数目方面名列第11。

（3）重要的全球大都会

上海迅速成为大都会中心，不仅是亚洲的中心，而且是全球的中心，按门户城市指标衡量名列第4，超过纽约、东京、香港和新加坡。

①酒店客房数目名列第1；

②机场到市中心商业区的方便性与香港和米兰并列第6；

③客流量和飞机起飞架次均名列第7；

④游客人数名列第9，不仅大幅超过北京，而且超过其他主要旅游地，如马德里、东京、旧金山、柏林、墨西哥城和布宜诺斯艾利斯；

⑤居民享受低成本商品和服务，消费者物价指数名列第3。

（4）未来具有多元实力

现在，全世界都认可上海15岁青少年在数理学科方面的素养名列第1。上海在创新型城市这一指标中名列第12位，此外，上海工作年龄人口数量名列世界第3位，这表明上海将有越来越多受过良好教育的年轻人，他们将会引领上海更加繁荣地发展。

（5）增长空间

上海仍需要改善宜居性，这不仅能留住在上海受过良好教育的年轻人，也能够培育更多富有创新精神、面向未来的企业。

最后，同样是为了留住最佳人才，并从世界其他地方吸引更多的人才，上海需要改善对环境的影响。上海在重复利用方面做得很好，但需要在其控制范围内的其他环保变量上做得更好。

附二：变量说明

1. 智力资本和创新

①课堂规模。课堂规模以每一位小学专任教师所负担的小学生数量为衡量标

准，反映各城市小学班级规模以及小学教师资源的充裕度。

②公共图书馆。该变量利用每10万人拥有图书馆数及人均可阅读公共图书量来共同衡量每个城市的图书资源，体现市民获取知识的便利程度。

③读写能力和受教育情况。该变量由成人识字率和接受中高等教育的人口比例两部分组成，主要体现各城市最基本的文化水平。受教育人口包括各类学校的毕业生、肄业生和在校生。

④受过高等教育人员比例。该变量以各城市每10万人拥有大学程度的人数作为依据，衡量当地接受过高等教育的人口基数，体现了各城市的知识储备和学习能力。受教育人口包括各类高等教育学校的毕业生、肄业生和在校生。

⑤重点大学的研究水平。该变量指各城市中所有重点大学（包括国家重点建设大学、985工程大学及211工程大学）在科研成果及教师平均学术水平这两个项目上的综合得分，用以衡量各城市的创新能力的储备状况及科研潜力。数据来源于《武书连中国大学排行榜综合实力300强》。

⑥创新指数。该变量以每千人年度专利授权数来表示各城市的科研成果数量，从而衡量各城市的创新能力水平。

⑦创业环境。创业环境采用了由清华大学启迪创新研究院得出的《中国城市创新创业环境排行榜》数据，从7个方面衡量了各城市创业环境的相对好坏程度，包括政府支持、产业发展、人才环境、研发环境、金融支持、中介服务、市场环境和创新知名度。

⑧数理技能掌握。该变量参考《中国区域人才竞争力报告》给出的科研人员指数来衡量各城市拥有高端人力资源的状况，科研人员由参加基础研究、应用研究、试验发展三类项目人员相加计算，从而反映了各城市的数理技能掌握程度。

⑨创新精神。该变量通过计算每千人专利申请数来反映各城市的科研积极性及热衷程度。

2. 区域门户城市

①五星级酒店数量。该变量指各城市拥有的五星级酒店数量，体现了城市待客服务的水平。数据来自中国旅游饭店业协会。

②国际游客。国际游客指来中国参观、访问、旅行、探亲、访友、休养、考察、参加会议和从事经济、科技、文化、教育、宗教等活动的外国人、华侨、港澳

同胞和台湾同胞的人数，反映了各城市对国际游客的吸引力。数据来源于国家旅游局官网、各城市旅游局及统计年鉴。

③飞机起降航班。城市各大主要机场空中交通工具的起降航班数，包括民用国际及国内航班、运输货物的飞机航班及非营收航班，但不包括军用机。起降架次指报告期内在机场进出港飞机的全部起飞和降落次数，起飞、降落各算一架次。数据取自中国民航局发布的《民航机场业务量排名》。

④旅客周转量。旅客周转量是反映一定时期内旅客运输工作量的指标，同时考虑了铁路、公路和水运旅客数量和运输距离。

⑤会展业综合指数。该变量是根据《中国展览数据统计报告》中的7项指标计算出的综合指数，用以比较各城市会展行业的总体发展状况。其中包括展览数量、展览面积、展览场馆数量、展览场馆面积、展览管理机构及协会组织数量、举办展览面积前100位的项目数量、举办各细分行业展览面积前3位的项目数量。

⑥机场便利性。该变量主要用来反映从各城市机场到市中心的便利程度，综合分析了机场到市中心距离、可使用的交通工具数量、成本和速度以及搭乘各种交通工具的便利程度。数据来源于中国民用航空局统计公报。

3. 技术成熟度

①规模以上工业企业科研经费支出。该变量考量了各城市规模以上工业企业的科研投入力度，从而侧面反映各城市企业的研究开发积极性。

②宽带速度。该变量以固定宽带端口的平均速率作为衡量宽带速度的标准，数据取自中国工业和信息化部官网发布的《中国信息化发展水平评估报告》。

③数字经济。该变量指评估各城市信息技术基础设施的质量，以及消费者、商业人士和政府运用信息通讯技术的能力。采用《中国信息化发展水平评估报告》中的信息技术应用和效益两个指数进行衡量。此份报告取自中国工业和信息化部官方网页。

④信息传输、计算机服务和软件业比重。该变量用信息传输、计算机服务和软件业产值占各城市地区生产总值的比重，反映各城市的信息及计算机技术产业的发展水平和成熟度。

4. 健康、安全与治安

①医院及床位数。该变量考量各城市的各类医疗机构（包括医院、卫生院和其

他医疗卫生机构）的医疗服务能力与资源的充裕情况，包含两个指标：每10万人可用医疗机构数及每万人可用医疗机构床位数。

②医疗体系服务水平。依据《医院分级管理办法》，三级甲等医院是医院分级管理体系中最高等级的医疗机构，因此三级甲等医院数量可以从一个方面反映各城市的医疗体系服务水平。数据源于卫生部批准的全国就医指导平台—挂号网。

③养老服务。该变量统计和计算了各城市养老服务机构的可用床位数与65岁以上人口数量的比例，从而侧面体现出各城市的养老服务水平。

④犯罪率。以各城市每万人刑事案件审结数量作为衡量标准。数据来源各城市法院发布的工作报告。

⑤行政透明度。该变量由《中国政府网站绩效评估结果》中的信息公开指数作为主要衡量指标，反映了各城市政府行政工作信息的披露量和透明度。其中主要分析了基础信息、行政权力、行政决策、财政资金、企事业单位、公开保障和决策解读的相关信息披露。

5. 交通与城市规划

①公共交通系统。该变量利用各城市的公共交通客运周转率及每10万人公共汽车数量来衡量公交网络的运营效率和供应量。

②轨道交通覆盖范围。该变量利用已建成轨道交通覆盖面积与各城市建成区面积的比例表示各城市的轨道交通覆盖范围，反映了各城市的轨道交通建设进程。

③公共休闲用地。该变量以各城市公共休憩区占建成区面积的比例作为衡量。建成区面积指市行政区范围内经过征用的土地和实际建设发展起来的非农业生产建设地段，它包括市区集中连片的部分以及分散在近郊区与城市有着密切联系并且具有基本完善的市政公用设施的城市建设用地。

④有营业牌照的正规出租车。该变量以每10万人拥有的正规出租车的数量反映各城市出租车的供应量。

⑤大型建筑活动。该变量以每个城市的房屋建筑施工面积作为各城市在建规模的考量。房屋施工面积是指报告期内施工的房屋建筑面积，包括本期新开工面积和上年开发跨入本期继续施工的房屋面积，以及上期已停建在本期复工的房屋面积。本期竣工和本期施工后又停建缓建的房屋面积仍包括在施工面积中。

⑥住房条件。该变量衡量各城市城镇居民人均住房面积以反映居民的居住

条件。

6. 可持续发展与自然环境

①气温舒适度。该变量反映了各城市的气候舒适程度，用城市气温与最宜室温（22℃）的平均偏离值来表示。平均偏离值越小，越适宜人类居住，亦利于劳动者的工作环境和企业的生产环境。

②废物回收。该变量反映了各城市对环保的重视程度，选用固体废物综合利用率和城市三废处理利用指数作为衡量废物回收、利用和处置等综合治理的状况。固体废物是指工业企业再生产过程中产生的固体状、半固体状和高浓度液体状废弃物；三废包括废气、废水和废渣。

③空气质量。该变量反应各城市空气质量，选用空气质量优良天数占年度之百分比作为衡量指标。空气污染指数（API）值小于等于50，说明空气质量为优，相当于达到国家空气质量一级标准；API值大于50且小于等于100，表明空气质量良好，相当于达到国家空气质量二级标准。该数据来自于社会科学文献出版社出版的《环境绿皮书》即《中国环境发展报告》及环保局官网。

④绿化面积。该变量选用绿化覆盖率和人均绿地面积作为衡量指标。主要包括城市园林及公共场所的绿地面积，并不包括未开发的崎岖地形区域及不易开采和不适宜用作公共空地的荒地。该变量与前述的“公共休闲用地”有较大的区别，“公共休闲用地”主要是休憩场所，绿化面积很有限，绿化面积反应每个城市的环保程度。

⑤自然灾害风险。该变量指城市及周边地区发生自然灾害的风险，自然灾害包括旱灾、洪涝、山体滑坡、泥石流、台风、风暴、低温冷冻和雪灾。以各地区自然灾害作为衡量此风险的指标。该变量所称风险是指实际发生的经济损失，其中包括人员伤亡的考虑。数据取自2009~2013年《中国民政统计年鉴》。

7. 人口结构和宜居性

①文化活力。文化活力是一个状态，为了能够定量地进行衡量比较，这里选用了各城市艺术表演场馆和博物馆数量作为衡量指标。艺术表演场馆指由文化部门主办或实行行业管理的有观众席、舞台、灯光设备，公开售票，专供文艺团体演出的文化活动场所。

②生活质量。生活质量是一个综合的评价指标，观察角度不同会有很大差异。

为简化对 15 个城市的衡量标准，我们选择使用恩格尔系数。恩格尔系数指城镇居民家庭食品支出占总消费支出的比例，比例越低表明该观察对象的居民的可支配收入越高，从而生活质量相对较高。

③处于工作年龄的人口。该变量反映城市中劳动力人口的比例。根据最近一期全国人口统计即 2010 年第六次人口普查数据，计算出城市人口中 15 ~64 岁的人口数占总人口的比重。

④交通拥堵状况。该变量以每平方米道路面积所承载的汽车数量来体现各城市交通拥堵的状况。承载量越大说明交通拥堵压力越大。

8. 经济影响力

①世界 500 强公司的数量。该变量表示在各城市投资的世界 500 强企业的数量。“世界 500 强”是美国《财富》杂志每年 7 月评选的全球最大 500 家公司排行榜。数据来源于各城市发改委及相关政府网站。

②金融和商业服务领域的就业状况。该变量指城市金融及商业服务领域的工作岗位数量占整个就业市场的份额。金融服务工作包括：银行、保险及养老金、与金融中介相关的服务等；商业服务包括以下多个领域的活动：房地产及租赁服务，与信息技术及计算机相关的活动，研发活动，建筑、机械和其他技术类活动，法律，会计、簿记及审计活动，税务及咨询活动，广告业务，专业科技服务及其他。

③吸引外商直接投资：新建项目数。该变量指外商在各城市直接投资并有助于创造新工作岗位的项目的数量。

④吸引外商直接投资：资本投入。该变量指外商在该城市直接进行的有助于创造新工作岗位的资本投资活动之总价值。投资额越多说明外商在该城市参与度越高。

⑤城市生产力水平。该变量表示从业人员人均生产总值数量，表示劳动力资源的实际利用情况。由国内生产总值除以从业人数得出。从业人员指从事一定社会劳动并取得劳动报酬或经营收入的全部劳动力，包括在岗职工、再就业的离退人员、民办教师以及在各单位工作的人员和港、澳、台方人员。

⑥实际国内生产总值的增长率。国内生产总值的增长率反映一个城市的经济发展速度，选用 2011 ~2012 年实际国内生产总值增长率作为考量。

9. 宜商环境

①创业便利性。企业家在设立法人机构或注册新公司时需做出制度上和法律上的评估，某些情况下还需获得资质认定，以及向注册登记机构缴纳相关的法律及专业服务费用。创业便利性指数取自《中国政府网站绩效评估结果》，从企业开办、经营纳税和资质认定等方面衡量了企业家在各城市开办企业或机构的便利程度。《中国政府网站绩效评估结果》取自商务部官网。

②职工平均工资。在岗职工年平均工资反映了经营企业过程中所需人力资本的概况。数据取自各城市统计年鉴。

③财政收支平衡度。该变量以一般预算收入与一般预算支出的比重作为财政收支平衡的衡量标准，反应一个城市发展经济的财政能力。

④上市公司数量。上市公司的数量表明一个地区的企业参与资本市场的状态，一定程度上也反映了境内外投资者对这个地区经营环境的关注。在这里，我们将它视为为衡量各城市经济和综合竞争力的一个参照指标。数据取自中国证券监督管理委员会官网及国泰安数据库。

⑤员工管理风险。企业的稳定发展和人力资源管理息息相关。此部分风险主要来自于劳动报酬、社会保险、工伤保险和劳动合同等方面产生的争议，采用各城市此类劳动争议案件受理总数作为考量。数据来源于《中国劳动统计年鉴》。

⑥城市就业吸纳能力。该变量以各城市吸纳外来人口的能力为观察角度，体现潜在的劳动力市场和消费市场规模。由于我国户籍制度的特殊性，一个城市的常住人口和户籍人口的比值可以在一定程度上反映经济发展对流动劳动人口的需求。

⑦对外贸易往来。对外贸易往来体现了各城市经济对外开放程度，以进出口贸易额和外商投资比重作为衡量标准。

⑧资本市场参与度。证券机构是各类资本参与资本市场活动的窗口。该变量以证券公司营业网点数量作为衡量标志，来反映各城市受到资本市场参与者关注的程度。数据来源于中国证券监督管理委员会官网。

⑨社会公平。公平竞争的经济环境是实现资源优化配置的一个重要考量。而资源的优化配置和企业家的经营成本息息相关。该变量从教育服务、社保服务、就业服务、医疗服务、住房服务、交通服务六方面来衡量城市公平性。数据来源于商务部发布的《中国政府网站绩效评估结果》。

10. 成本

①公共交通成本。每个城市都有公交车和出租车这两种交通工具。该变量以中国信息网的普通公交车票价和出租车起步价作为各城市出行成本的考量。数据来源于发改委价格监测中心的官网—中国价格信息网。

②商业用地的成本。该变量以《房地产蓝皮书》即《中国房地产发展报告》中各城市办公楼年平均价格作为考量。

③居住成本。居住成本采用了城镇居民家庭人均全年居住消费支出的相关数据，包括：水电燃料费、住房装潢支出、维修用建筑材料支出、租赁房租、取暖费、物业管理费、维修服务费等，不包括购建房支出和自有住房虚拟租金。

④消费物价水平。鸡蛋和猪肉为全国最基本且最普遍的居民日常消费食品，其价格差别可作为一个观察角度，反映各城市综合的消费物价水平。数据来源于各城市物价局或发改委价格监测中心官网——中国价格信息网。

⑤最低工资。最低工资一定程度上可反映各城市居民的最低生活成本。各城市最低工资有分档标准的，我们选取最高一档的数据。该变量数据采集自各城市人力资源和社会保障局官网。

⑥网络成本。各城市居民普遍使用中国电信的4M有线宽带。因此，这里以4M宽带包年费用作为网络成本的衡量指标。

附三：鸣谢

感谢以下人士接受我们的专访。

• 石立英教授　《中国特色新型城镇化发展战略研究》编委会成员、主要执笔人之一，中国工程科技发展研究院副院长

• 陈可石教授　北京大学城市规划与设计学院副院长

• 徐连峰　招商银行技术顾问，招商银行前CTO

• 康绍邦教授　中共中央联系高级专家，中共党校国际战略研究所前所长，博士生导师

• 安东（Antonio Ochoa-Piccardo）　安东红坊建筑设计咨询（北京）有限公司总监

• 葛国瑞（Gregory Gilligan）　中国美国商会会长

• 田树臣　中国建筑国际集团有限公司执行董事兼副总经理，中建国际投资（中国）有限公司总经理

普华永道和中国发展研究基金会的以下人员，为本报告的出版作出了主要贡献。

专家委员会	
方　晋	中国发展研究基金会副秘书长
俞建拖	中国发展研究基金会研究一部主任
蔡晓峰	普华永道中国高级顾问
林怡仲	普华永道中国大陆及香港市场主管合伙人
吴卫军	普华永道中国公共政策与监管事务主管合伙人，普华永道中国北京首席合伙人
顾　宜	普华永道中国上海首席合伙人
陈　静	普华永道中国审计部合伙人，普华永道中国北方区房地产行业主管合伙人
金　军	普华永道中国战略咨询部合伙人
Colin McIlheney	普华永道美国
William S Sand	普华永道美国
核心编辑团队	
雷　颖	中国发展研究基金会
陈　浩	中国发展研究基金会
郑安淳	普华永道
邓　亮	普华永道
于　浩	普华永道
杨新虹	普华永道
阮庭杰	普华永道
孙材娟	普华永道
陈战渝	普华永道
Sabrina C McColgan	普华永道英国

特别致谢数据调研委托机构：澳门大学工商管理学院会计及信息管理系主任袁振业副教授、管洁琦博士及其团队。

项目管理团队	
徐瑾瑾	中国发展研究基金会
陈细丽	普华永道
陈南燕	普华永道
冀　菲	普华永道
黄蕊蕊	普华永道
设计团队	
周志伟	普华永道
张翔	普华永道
朱晨	普华永道

有关中国发展高层论坛合作调研信息，请向以下人员查询：

陈细丽，普华永道亚太区市场推广及传讯部总监，+852 2289 8715，cynara. sl. tan@ hk. pwc. com；

Suzanne Snowden，普华永道全球思想领导力主管，+44 20 7212 5481，suzanne. snowden@ uk. pwc. com。

媒体查询，请联络：

于浩，普华永道中国市场推广及传讯部高级顾问（北京），+86 10 6533 8723，jenny. h. yu@ cn. pwc. com。

关于本调查报告的研究方法查询，请联络：

郑安淳，普华永道中国战略咨询部业务总监，+86 10 6533 7409，angeline. cheng@ cn. pwc. com；

邓亮，普华永道中国市场推广及传讯部顾问（北京），+86 10 6533 3567，jeff. deng@ cn. pwc. com。

循证城镇化[①]

日立集团

目前，中国正在推进“新型城镇化”这一伟大的、有挑战性的事业。本报告将根据中国城镇化的现状，从健康医疗、公共交通、能源等三个方面进行提案。

一、总论

中国的“新型城镇化”是世界史无前例的宏大的挑战，是中国为进一步扩大内需实现可持续的发展而采取的有效的措施。日立认为在推进“新型城镇化”过程中，采用分析“人”的活动的循证[②]方式制定政策和计划，通过运营实践，实现以人为本的舒适、安全、安心的生活，是搞活城市经济的有效措施。

中国基于“十二五”规划推动“新型城镇化”，力求进一步扩大内需。日立认为，这是实现中国可持续发展的有效措施，将会扎实地推进下去。

“新型城镇化”是将流入大城市的农村人口吸收到有规划配置的小城镇的计划，与以下几个问题密切相关：①流动人口的规模非常大；②城镇化进展的速度非常快；③将城市分散，适度地控制各城市的规模；④“人的城镇化”即将农村户籍转移到城市。从以上几点来看，“新型城镇化”是世界上别无仅有的宏大计划。日立认为，今后城市基础设施将进一步完善，随着农民户籍向城市户籍的转移，公共服务将进一步扩充，不断增加的城市常住人口的就业机会将进一步增加。

为持续地运营城市基础设施及提供公共服务，不仅建筑、设备等硬件重要，以人为本的视点也很重要。运营者除了遵循经验原则外，还需参考通过分析“人”的

① 本文为日立集团为中国发展高层论坛2014年会撰写的专题报告。

② 循证：evidence-based，基于证据，基于科学依据。

活动相关数据所得到的“证据”进行计划和运营，改善运营状况和做投资判断。在推进这一史无前例的城镇化的过程中，采用循证方式制定政策及计划，实时掌握实际情况，根据实际情况不断地修正计划、推进城市化，是很重要的。

虽然日本和中国的城市化在发展速度和城市的规模上，有所不同，但在健康医疗、公共交通、能源等三个领域，日本城市化的经验及积累的知识可能对中国的“新型城镇化”有所参考。下面就此详细论述。

二、健康医疗

通过循证方式有效地预防慢性疾患，提高“人”的QoL[①]并抑制医疗保险费的增加；

将医疗卫生信息平台积极地用于政府的“医疗改革”，通过医疗机构及医疗的整体高效化，削减医疗的社会成本。

1. 健康医疗领域的现状

中国发表了“健康中国2020”，将“重点健康课题”“重大疾病”“健康危险因素”、“医疗水平的提高”作为优先课题，制定了具体的数值目标和行动计划，正在推进医疗制度改革。特别是在提高医疗水平方面，提出了农村地区的卫生服务普及率达到95%，国民基本医疗保险参加率达到100%，将医疗费的个人负担降低到全部费用的1/3以内，政府卫生支出占财政总支出的比例达到11%等目标，并在扎实地推动全民皆可享受基本医疗服务的工作。

因此，在以下的提案中，我们将介绍日本的事例，同时对进一步加快中国医疗制度改革的举措进行考察。

在许多发达国家，医疗费的增长速度超过了经济的增长速度。其主要原因有老年人口的增加、生活习惯病[②]的增加、医疗技术的高尖端化等等。各国都正面临着削减医疗费课题。

削减医疗费有多种方法，但大的趋势是从“治疗”向“预防”转变。例如，在日本，规定了对所有加入公共医疗的保险者做体检，预防生活习惯病，以及保健

---

① QoL：Quality of Life。

② 生活习惯病：是指因生活习惯引起的慢性疾病，包括高血压和心肌梗塞等循环系统疾病、中风等脑部疾病、糖尿病等。

指导以改善生活习惯的义务。需要老年护理的第一原因是脑中风，改善生活习惯与预防或推迟老年期护理直接相关。目前，这个措施已见效，上述检查受诊率越高的地区老年人的人均医疗费就越低。

同时，在中国，因生活习惯等引起的慢性疾患及其“后备军”的高血压症和肥胖症都在增加。今后，随着城市化和老龄化的急速进展，医疗费将以超过预想的速度上升，有可能会成为政府支出和国民生活的很大负担。

2. 通过预防医疗提高 QoL 及抑制医疗费

作为中国医疗信息化示范城市之一的常州市，从 2009 年开始，以所有市民为对象，阶段性地推进由政府主导的 EHR① 示范工程，构建市和医院之间共享的信息平台。此平台将把个人病历、健康诊断信息以及在社区“健康小屋”测定的个人健康数据与市政府有关部门及医院共享。

构建医疗卫生信息平台的城市，应将信息平台作为预防因生活习惯引起的慢性疾患的对策。使用信息平台积累大量的个人数据，通过数据的共享，以及对共享数据的分析、预测和结果验证等，可获得早期发现慢性疾病的“后备军”并找出重病机理的证据。同时，根据证据提供适合每个人的最佳生活习惯计划，可为提高“人”的 QoL、抑制公共医疗费做贡献。

日立认为，在推进预防医疗过程中，大数据分析技术、安全技术、保健服务的实际知识、基于检查制度的保健指导服务，以及利用 IT 制定生活习惯病对策等是重要的知识和技术。

3. 通过推动医疗协作实现区域医疗的高效化

削减医疗费的另一个措施，是有效利用有限的医疗资源。在中国，存在患者不愿意选择二级和一级医院，而集中到具有高水平医疗设备及优秀医生的三级医院的倾向。构建国民能够放心选择与自己的病情相符的医院的机制是当务之急。

例如，常州市市政府构建了医疗卫生信息平台并与其下属医院联网，可收集经营数据和医疗数据。另外，常州市正在构建区域内医疗联动的平台，实现医院之间共享个人诊疗信息及健康诊断信息等。

今后，将医疗卫生信息平台运用到各城市的区域医疗的提效中是很重要的。首

① EHR：Electronic Health Record。

先，分析下属医院的经营、评估医疗的质量及安全性，然后在各城市卫生局的领导下，改善各医院的经营的同时，分析区域的医疗联动情况，将三级到一级的各个医院分类为“高度急性期医院”“慢性期医院”“全科医院”等，明确其各自的职责。在此之上，形成将“全科医院”作为初诊患者的接收医疗机构，基于病历健康管理数据并根据症状等为患者介绍“高度专业医疗医院”的机制，是很有效的。另外，同时构建在治疗结束后介绍“康复医院”及“全科医院”的逆向介绍机制。根据这样的机制，各医院只要确保与其职责相符的设备及人财即可，患者也将随着疾病的内容和程度相应地均衡开来，这样就可以实现区域的医疗高效化。

为了推动区域的医疗高效化，须构建初级护理及预防医疗体制并进行宣传教育。另外，其实施需要积累、分析、加工庞大的数据及决策需要运用IT技术，同时也需要针对保险人（国家、企业）和医疗机构的咨询以及系统支持等的经验。

这样，运用各城市正在构建的医疗卫生信息平台，提高区域医疗的整体高效化的同时，通过基于循证实施高效的慢性疾病预防方案，可尽早地预防今后的医疗费用上涨的风险，不断提供高质量的医疗服务。

三、公共交通

掌握和引导宏观“客流”，可创造以公共交通为中心的多方面的新业务，扩大就业机会；

掌握和引导微观“客流”，可扩大区域的商业机会。

1. 交通领域的现状

中国中部地区的集群经济中心城市——湖南省长沙市，随着城市化的展开，预计其总人口将从现在的700万人增加到2020年的1 000万人以上，市内的交通拥堵问题将日益加重。作为对策，长沙市已经开工建设地铁，计划到2020年建造6条地铁线路。另一方面，1条地铁线路的造价总额超过100亿元，这对地方政府来说是个非常大的投资，因此，今后将公共交通事业作为一项可持续的、具有收益性的服务进行运营是很重要的。

2. 公共交通的宏观“客流”的利用

“客流”是指将“人”从起点到终点的移动信息，及其性别、年龄、人与人的交集等信息由IT平台收集、积累并分析得到的结果，是关于“人”的移动模型，即证据。

通过横向地且持续地掌握地铁及BRT① 的区域间移动等宏观“客流”，以及公共汽车和出租车等多种交通方式的情况，分析其过去多年的数据，可了解城市居民的居住、工作、学习及休息等不同目的的“人”的宏观移动模型。日本的私营铁路公司通过掌握和引导宏观“客流”，除公共交通（铁路+公共汽车）业务外，还创生了房地产业务、流通业务、宾馆/休闲业务，及IC卡业务等多方面的业务，实现了长期稳定的高效益经营。日本几家具有代表性的私营铁路公司的约45%的营业额来自流通业，约30%利润来自房地产业。这些私营铁路公司数十年来通过掌握人口动态，判断其新的投资方向。

战略性地配置居住地、商业地、公共设施等，引导更多的市民持续地利用公共交通，是从环境、社会、经济方面支撑城市的有效手段。近年来，公共交通措施所带来的社会效益，不仅显现在移动时间的缩短等直接效益上，还显示在将丰富多彩的高水平人才集中到城市，由此带来经济效应等间接效益上。此间接效益获得各界很高的评价。

3. 利用公共交通的微观“客流”

交通枢纽的中心站及其周边是具有商业潜力的区域。在该区域，通过掌握乘客的年龄、性别、通过的时间带及途径等微观“客流”信息，以此模型为证据，变更空间结构，去除障碍物，实现舒适的公共交通移动。日本的TOD② 模式在车站等交通交接点处，计划性地使客流在区域内停留，以此提高繁华度，刺激购买欲，提高销售额。

“客流”数据本身具有商业价值，可成为催生新业务的催化剂，因此，在日本“客流”数据已有市场，作为商品开始流通。

通过宏观地、微观地掌握和引导“客流”，可提高公共交通及相关产业的效益，创生新的业务，增加就业机会。

四、能源

实现最佳平衡多种多样的分散型电源的能源供应，和“人”的能源需求的能源

---

① BRT：Bus Rapid Transit。

② TOD：Transit Oriented Development。

管理，削减长期的运营成本；

通过循证方式，综合运用水、电、热等能源的基础设施，实现城市整体的能源最佳分配及能源最小损耗。

1. 能源领域的现状

近年来，中国在能源基础设施建设方面采用了可再生能源、分散型电源等多样化的措施。另外，热能供应和废热的有效利用也在逐步扩大。在可再生能源利用方面，制定了至2020年实现一次能源（太阳光、地热等）比例为15%的目标。在地方城市中，如贵阳市、长沙市等，利用热泵供应冷气和暖气。另外，深圳市也在计划实施引进燃气发动机等分散型电源。

2. 今后的能源管理

随着新型城镇化的发展，预计未来地方城市对能源的需求会越来越大，可再生能源及分散型电源应用将迅速普及，需求倾向重叠，由此带来的电力供应不稳定、用电高峰等问题将日渐显著。以往发电站根据电力需求控制发电量，而今后的智能城市，若要在满足人对舒适性要求的同时实现“削峰填谷”并维持供电稳定，其方法将与过去的管理模式完全不同。“需求响应（Demand Response）”是考虑到需求方的同时追求供电稳定化的有效措施。

所谓“需求响应”是指通过设定能源使用费激励制度，向高峰时减少使用电力的“人（需求方）”支付代价等方式，使得“人（需求方）”能够积极地参与能源稳定供应的机制。为了实现这个机制，需要在实时掌握能源供应方和需求方信息的基础上，对供求关系进行分析后得到关于能源使用的数据，然后实现能源需求的控制。在日本，已经开始了“需求响应”的实证实验，其具体效果是削减了约15%的电力使用量。这样，通过提高能源的自律性和减少高峰时段的电力需求，能够达到削减运营成本的目标。

3. 水、电、热的能源综合运用

另外，水、电、热的能源供应方通过实时掌握“人”（需求方）的状况，分析供需数据的相关关系，以此得到的数据为循证，进行综合运用，也是有效的节能方法。所以，今后应推广通过能源的最佳分配、能源的通融及设备的最佳运行，使得能源损失达到最小化的“能源综合运用”模式。能源综合运用的目的在于，通过实时显示并掌握水、电、热等能源基础设施的能源使用情况，提高能源效率，向需求方提供最大限度的能源。

例如，当出现电力的需求超过供应量等紧急情况时，可利用水或者热等不同领域的能源补充电力不足，实现能源融通。并根据能源使用情况，通过停水、热等能源基础设施的运行或者低负荷运行，实现削减基础设施/设备的电力能源消耗，从而确保面向社会的电力供应，将“人”的生活提升至更为舒适的状态。

这样，灵活应用能源及其他基础设施的循证，实现整体的高效运用，可以持续稳定的为地方提供能源。

五、结束语

以上，就健康医疗、公共交通、能源等三个领域，说明了开展循证运营的重要性。可以说，在各领域及城市整体运营中，实施循证的计划和运营，是实现城市可持续发展的有效措施。

中国的可持续城镇化：合作促成功

陶氏化学公司

一、纲要

中国的经济发展和城镇化在过去35年取得了令人瞩目的成就。今天，中国城市人口的收入和消费量达到农村人口的三倍以上，预计到2025年约有近10亿中国人居住在城市，城市人口将创造中国95%的GDP。中国在转变经济发展方式的同时，城镇化拥有巨大潜力释放生产率并促进消费。

然而，虽然快速的城镇化提高了7.1亿城市居民的生活水平，城镇化的规模和速度亦给中国的土地、劳动力、环境和金融带来了空前的压力。在接下来的20年，预计3亿农村人口将迁徙至城市，若目前的趋势未得到缓解，日益加剧的不平等现象、环境破坏、人口结构压力、能源依赖性和经济失衡将日趋恶化。当务之急是确保新一轮的城镇化更加具有战略性、生态性和包容性。陶氏的主要建议将围绕提高中国的能源使用效率、环保和基础设施展开。

①城市战略规划：控制城市扩张，关注城市密度。

②建筑能效：明确并加强建筑能效标准和法规，鼓励公平竞争；加强建筑业能源使用方面的法规建设。

③空气质量：提高机动车标准，鼓励使用低挥发性有机化合物及轻量材料以降低能耗和二氧化碳排放；充分重视室内空气质量，室内空气质量与人体健康有直接关系。

④水：升级已有的废水和应用水处理设施以改善水质，并建造新的水处理设施、扩大水处理覆盖面；要求使用高质量产品以更好地执行更高的水处理标准。

本文是陶氏化学为中国发展高层论坛2014年会撰写的专题报告。

⑤基础设施：要求使用高质量材料以提高安全性和可持续性；对材料成分更清晰地界定以提高公众意识；提高无线连接覆盖面以支持中国日益增长的服务业。

⑥新能源：升级智能电网能力，加强新能源发电和输电网的协调。

⑦财政激励：为地方政府加强城市可持续性提供更多奖励。

⑧教育和研发：鼓励国际合作，吸引研发人才，增强意识，并开发创新的解决方案应对环境方面的挑战。

陶氏拥有120年的全球专业技能、技术和最佳范例，能够为中国提供最佳解决方案以应对以上挑战。

二、位于十字路口的中国

中国的经济发展正处于关键时刻。中国的城镇化进程增速每年加快1%，快速的经济增长令5亿中国人走出贫困并反过来为年均GDP增长做出10%的贡献。与此同时，经济增长也对环境和社会结构带来了冲击。李克强总理在十二届全国人大二次会议政府工作报告中指出雾霾天气范围扩大，环境污染矛盾突出，“是大自然向粗放发展方式亮起的红灯”，强调中国亟须向可持续的发展方式转型。

中国领导人深知从中等收入向高收入国家转型比从低收入国家向中等收入国家转型困难。中国领导人已采取关键措施减少经济发展模式中出口、资本密集型投资和廉价劳动力的比重，以确保中国的经济具有国际竞争力，为日趋老龄化和城镇化的劳动力提供更高的薪酬。

中国领导人显示出决心，提高经济增长的质量而非仅关注速度。中国领导人在十八届三中全会上提出综合改革方案，决心由市场在资源配置中扮演关键角色，并宣布水、油、天然气、电力、交通和电讯部门的市场定价改革。以上改革将逐渐提高竞争率和效率，降低能耗并防治腐败。中国80%的劳动力受雇于中小型民营企业，本轮改革将使中小型民营企业有机会在城镇化进程带来的预计40万亿元的投资需求中分一杯羹①。

实施和执行是关键。中国政府可以制定清晰透明的环保和可持续性的标准和法规并确保一致的实施。企业界，无论是国有企业或是私营企业，无论大小，无论是

---

① 新华社，《中国城镇化进程升级遇到挑战》，http：//english. people. com. cn/90778/8376405. html。

中国企业还是外企，必须能够公平竞争，不受政府干预，这一点至关重要。政府可以加速放松绿色行业的外商市场准入控制。提高竞争将给中国消费者带来最大的实惠并帮助中国提高行业标准和全球竞争力。

三、新一轮的城镇化

城镇化更加具有战略性、生态性和包容性，对中国将来的经济增长和改善民生将至关重要。2013 年中央城镇化工作会议提出规划，以以人为本的城镇化为切入点，实现中国工业和农业现代化，创造更加平衡的区域发展。李克强总理在政府工作报告中称城镇化为“现代化的必由之路，是破除城乡二元结构的重要依托”。报告提出 2014 年城镇化应着重解决好现有的“三个 1 亿人”问题，即促进约 1 亿农业转移人口落户城镇，改造约 1 亿人居住的城镇棚户区和城中村，引导约 1 亿人在中西部地区就近城镇化。

户籍制度改革是确保可持续发展的关键。政府承诺为农业转移人口落户城镇设定合理标准，设法让在城市打工的农民工能够获得低价的住房、教育及社会服务。陶氏意识到以上诸多挑战，并与中国仁人家园展开合作，为上海 25 户低收入老人修缮房屋。

中国承诺给农民更多的土地权利，减少对归为建筑用地的农村土地流转的限制。如果农民将其土地视为资产，亦可促进进一步的迁徙。此外，中国提出方案改革政府收入系统，通过税制改革分清中央与地方政府的开支责任分配，并允许地方政府发行债券融资。

1. 可持续的解决方案

中国新一轮的城镇化可专注于能效、环保和绿色基础设施升级。不断提高的城市能源需求管理重要性凸显，因为全球范围内与能源相关的温室气体排放有 70% 来自城市。由于工业生产的原因，天津、上海和北京的温室气体排放已超过伦敦、东京和雅加达。为绿色环保材料和新能源提供激励并且制定更严厉的环保法规十分必要。陶氏与环保部一道已为加强中国化工行业能力提供2 000万元的资金支持。陶氏的培训和试点项目已产生近3 000个清洁生产计划。

2. 城市战略规划

中国的城市扩张速度高于城镇人口增速，导致大片区域过度开发，利用率低。

中国可提高城市密度，开发巨型城市以减少公共交通成本、交通流量、污染，并减少建造业侵入有限的农田。大城市的能源使用效率高，低廉的能源成本将在日后的几十年惠及企业和消费者。大城市还能吸引更高层次的人力资本和投资，人均DGP高于小城市。城市设计的国际合作将对实现最可持续的城市规划模式起重要作用。

3. 建筑能效

建筑物消耗大量的能源。中国拥有大量的建筑物，其中3/4需要维修才能达到能效标准。中国政府在人大会议上作出郑重承诺，提高建筑物能效、为高能效产品的生产提供补贴并开发绿色低碳技术。陶氏用于建筑物翻新和维护的高能效材料可减少建筑物的能源浪费，降低维护频率和热传导。陶氏与北京市政府合作，将陶氏的建筑解决方案保温材料运用于北京奥运会运动员村，陶氏的水性多彩解决方案亦运用于2014南京青奥会的场馆，显著提高了以上设施和场馆的能效。陶氏的高性能高耐用性保温材料、电缆和涂料将一如既往地为中国企业减少能源消耗和能源更换的成本。

中国设立目标将于2015年前完成10亿平方米的绿色建筑开发，到2020年绿色建筑将占所有建筑项目的30%。在新一届人大会议上，中国宣布将实施能效领跑机制，对大于20 000平方米的新公共建设项目执行绿色建筑标准以提高公众福祉。在全国范围内对新的建筑实行清晰的标准并严格执行十分有必要，因为新建筑的性能可保持几十年。建筑物能源性能的投资将为能源安全、环保、健康和创新带来红利。

4. 空气质量

中国设定目标到2020年把碳强度在2005年的基础上降低40%～45%。李克强总理在人大会议上向污染宣战，承诺降低大城市PM10和PM2.5浓度，改善城市工业结构和能效，减少机动车排放并且防止粉尘污染。城镇化提高了对房地产的需求，提高室内空气质量问题不容忽视，因为室内空气质量直接影响公众健康。陶氏的低气味、低挥发性有机化合物黏减少甲醛的涂料有助于改善室内空气质量。此外，陶氏用于汽车的低挥发性有机化合物黏合剂产品和轻量材料有助于降低汽车能耗和碳排放，有助于中国达到更高要求的减排目标，降低空气污染。

5. 水

城镇化将提高农业、工业和火力发电对水的需求，加剧中国的水资源匮乏。节水和清洁水项目是中国2014年的工作重点，政府已承诺加快城市污水和垃圾处理设施的建设。中国政府可利用陶氏的可持续水采购和水处理解决方案加强饮用水水源地保护，防止主要河体水污染。2008年，陶氏水处理产品为北京奥运会提高了水再利用率，陶氏的水净化技术和系统目前也运用于北京首都国际机场。陶氏与中国环保部和当地政府一道，利用陶氏创新的工程和工艺解决方案为中国多个城市和地区改善水质、提高运行效率，并提高了水处理设施和工业废水处理厂的成本效益。

陶氏还利用其独到优势与中国水利部合作，提高公众节水和保护水资源的意识，以助改善中国民生和中国的水安全。放眼长远的未来，中国可通过使用高质量产品并推动实现更加可持续的成果来实施用水的高标准。政府亦可对工业用水和居民用水实施严格的法规，强化城镇老化输水管网翻修的法规，并对城镇漏水率执行严格的限制。

6. 基础设施和网络

中国的城镇化将推动城市基础设施的巨大投资，基础设施可以以公共交通枢纽为中心以减少机动车使用、能源消耗和污染。此外，有必要提高建筑和室内装潢原材料成分的透明度。中国计划到2015年基本建成高速公路网络83 000公里①、公路网络650 000公里②。公路涂料实行高标准将提高安全性、减少维护成本并提高可持续性。最后，李克强总理在政府工作报告中承诺加快4G网络建设，在城市建成速度可达100M的光纤网络并让宽带连接走向农村。陶氏高性能高纯度的声音与数据高频信号传输产品可帮助中国实现全国通网的目标。

7. 新能源

预计的电力需求增长除了来自城镇化以外，电动车也将给电网带来负担。陶氏的产品能够帮助中国升级智能电网的能力并加强新能源发电和输电网络之间的协调。尽早投资智能电网并为该行业提供激励机制将使中国受益，并确保新能源行业可持续增长。

---

① 《中国十二·五计划》，第4页，http：//www. britishchamber. cn/content/chinas-twelfth-five-year-plan-2011-2015-full-english-version。

② 毕马威，《中国的基础设施》，第11页，http：//www. kpmg. com/CN/en/IssuesAndInsights/Articles-Publications/documents/Infrastructure-in-China-201302. pdf。

8. 金融激励机制

节能材料及建筑设计投资不足、民众认知不足都是可以解决的问题。政府有必要向地方政府提供更大的支持，并要求地方政府为可持续性提供更多财政支持，减少绿色建筑业主的税收，为绿色建筑购买者提供较低的利息，在土地竞拍环节中给绿色建筑项目提供优惠待遇。

9. 教育和研发

开展合作吸引人才以应对环境方面的挑战并提高公众意识，对实现可持续的城镇化至关重要。低端消费者往往缺乏环保意识，因此可持续性的成本难以分摊给消费者。陶氏与北京大学设立的“陶氏可持续学生创新挑战赛奖”吸引了参赛者用最佳的创新理念来共同解决中国城镇化面临的挑战，并且先后为北京、上海、广州200余所小学28 000多名学生提供了以可持续性为主体的课程。此外，陶氏位于上海的研发中心不断孕育人才，培养中外科学家和工程师的创新精神，对开发绿色解决方案发挥了关键作用。

四、结论

中国领导人已采取一系列措施确保新一轮的城镇化更加有战略性、生态性和包容性，2014 年是执行这一政策的关键一年。陶氏致力于中国长期可持续的发展。陶氏上海中心拥有500 名顶尖的科学家和工程师，陶氏多年来不断与中国企业成功合作，帮助中国解决可持续性方面的挑战，并且为中国消费者提供最佳的产品。陶氏还为希望成为国际领军企业的中国绿色行业公司提供了宝贵的走向国际的平台。陶氏与中国环保部的合作成功提高了中国的行业安全标准和可持续性标准，成果受到广泛认可。有陶氏一路随行，中国具有历史意义的城镇化进程定能够不断向前，并将对公众健康和环境的影响降至最低。

第4章

陆海丝绸之路与人民币国际化：开启全球可持续增长新时代

张业遂

外交部党委书记、副部长

丝　路

——从过去到未来

我很高兴应邀参加中国发展高层论坛，就“建设陆海丝绸之路”发言。

去年9月和10月，习近平主席访问哈萨克斯坦和印尼时，先后提出了建设“丝绸之路经济带”和打造“21世纪海上丝绸之路”的倡议。为什么要提出这“一带一路”的倡议？依我理解有三个层面的考虑。

第一是中国新一轮改革开放的需要。近年来，中国经济取得了很大的成绩，总量跃居世界第二，去年货物贸易量世界第一。但是中国的发展还面临诸多问题，尤其是东部和中西部发展不平衡的问题比较突出。中西部地区占中国国土面积的80%，人口近60%，但只占全国进出口的14%，吸引外资的17%，对外投资的22%，GDP也只有1/3左右。中西部要实现跨越式发展，需要加快东部产能向中西部的转移，发挥中西部地区与邻国交流合作的潜力。

中国经济增长以往更多得益于东部沿海的率先开放，更多强调“引进来”，相对更重视发达国家市场；而今是全方位开放，“引进来”和“走出去”并重，与发达国家和发展中国家都加强经济合作。中国不仅要打造中国经济的升级版，也希望通过“一带一路”等途径打造中国对外开放的升级版。“一带一路”建设将助力新一轮对外开放，加快培育国际竞争新优势，实现对外开放和改革发展的良性互动。

第二是推进亚洲区域合作的需要。亚洲已成为世界经济增长的引擎，是经济全球化的中坚力量，但也面临不少新老问题。比如，亚洲的区域一体化水平与欧洲、北美相比还有不小的差距，特别是亚洲各区域之间发展不平衡、联系不紧密，交通基础设施不联不通、联而不通、通而不畅的问题突出，对深化区域合作构成不小的阻碍。又比如，全球贸易、投资和能源格局酝酿深刻变化，亚洲国家处于经济转型升级的关键阶段，要适应格局变化，保持经济强劲和可持续的增长，避免踏入“中等收入陷阱”，压力前所未有。

“一带一路”倡议将可能成为亚洲整体振兴的两大翅膀，有助于连接中亚、南亚、东南亚、西亚乃至欧洲部分区域。“一带一路”包含基础设施建设和体制机制创新，有利于改善区域内和有关国家的营商环境，促进区域内要素有序自由流动和优化配置，加快内陆国家和各国边远地区的开发，创造新的经济增长点，增强经济的内生动力和抗风险能力。

第三是世界和平与发展的需要。古代欧亚大陆历经血与火的洗礼，但丝绸之路是和平之路、合作之路和友好之路。通过丝绸之路，各国实现了商品、人员、技术和思想的交流，推动了经济文化和社会的进步，促进了不同文明的对话与交融，在人类历史上写下了灿烂的篇章。古代丝绸之路展现的和平友好、开放包容、互利共赢的精神，是中国人民的精神财富，同时也是全世界的非物质文化遗产。进入21世纪，面对纷繁复杂的国际和地区形势，继承和弘扬古代丝绸之路精神，为其注入新的时代内涵，将为促进世界和平与发展作出独特的贡献。

关于“一带一路”的主要内容目前尚处在探讨和研究阶段。一个具有广泛基础的共识是，“一带一路”应优先发展互联互通。具体来讲，可视不同情况逐步实现“五通”。

一是“政策沟通”，通过领导人、部门、地方等各层次进行政策对话。

二是“道路联通”，既有传统的公路、铁路、航空、航运、管道等的联通，也有电力、电信、邮政、边防、海关和质检、规划等新领域的联通。

三是“贸易畅通”，重点促进贸易和投资便利化。

四是“货币流通”，包括推广本币结算和货币互换。

五是“民心相通”，促进不同文明和宗教之间的交流对话，推进教育、文化交流，发展旅游。

在初始阶段，交通基础设施互联互通是“一带一路”的优先和重点。在这方面并不是白手起家，而是有很好基础，包括中国和俄罗斯、中亚国家以及缅甸的油气管道，始发自中国重庆、西安、成都、连云港、郑州等地的欧亚铁路货运班列，中国西部—欧洲西部公路，澜沧江—湄公河航运等等。

陆、海两个丝绸之路的建设各具特色，应该齐头并进、相互支持。陆上的口岸和海上的港口，陆上的道路和海上的航道，都是新时期丝绸之路建设的支点和重点。海上合作可以航运、渔业、资源开发、环保、旅游、防灾救灾为重点，合作建设一批临港经济区和海洋经济示范区。中国和马来西亚共建钦州和关丹产业园区，中国建立 30 亿元人民币的中国—东盟海上合作基金，都是好的示范。最近发生的马航 MH370 航班失联事件，震惊世界，令人揪心，凸显了亚太各国加强海空安全合作、信息共享和应急机制建设的必要性。

“一带一路”覆盖的国别是开放的，源于但不限于古丝绸之路，古代陆、海丝绸之路上的国家、中国的友好邻国都可以参与进来。未来“一带一路”进程中的很多项目，涉及的国家和实体可能更多，开放性也更强。

“一带一路”建设是一个复杂的系统工程，不可能一蹴而就，可以由易到难、以点带面，从线到片，逐步形成更大范围的区域合作。

“一带一路”上的国家无论大小、强弱，都是“一带一路”平等的参与者和建设者。正确的理念应该是共同商量、共同建设、共同受益。中国将周边作为外交优先方向，坚持与邻为善、以邻为伴，坚持睦邻、安邻、富邻的方针政策。中国希望通过“一带一路”建设，在寻求共同发展的基础上，为周边国家和区域合作提供更多的公共产品，为区域经济社会发展作出自己的贡献。

“一带一路”是合作倡议，中国没有特别的地缘战略意图，无意谋求地区事务主导权，不经营势力范围，不会干涉别国内政。

丝绸之路，给我们以美好的回忆和梦想。这条路是中国的，也是亚洲和世界的。我想引用中国文学家鲁迅的一句话来结束我的发言——“世上本没有路，走的人多了，也便成了路。”

吴晓灵

全国人大财政经济委员会副主任委员

人民币跨境结算与人民币国际化

我先简单讲一下人民币跨境结算与人民币国际化。

目前我们的人民币跨境使用已经开辟了很多的路径，在对外的支出方面，已经可以用于外贸的进出口的支付、境外的直接投资、境外项目的人民币贷款，还有就是适当的境外的人民币的证券投资（QDII），在一定额度之内也是可以的。

在人民币的回流方面，我们有外贸的出口收入，有外商的直接投资，有境外的一些机构可以投资银行间的债券市场，还有境外的投资合格者可以投资境内证券市场。

我们可以看到跨境的人民币贸易结算的数量已经在逐渐地增加，到今年一月份跨境的人民币结算量已经占到了服务贸易总额的20%。在国际的主要支付货币当中，人民币的地位也在逐渐的上升，大家可以看到人民币已经成为世界上第七大支付货币。

人民币作为世界支付货币的市场占有率，已经占到了1.39%，尽管这个数是很小的，但是前景是很大的。那么是不是人民币的时代到来了？我认为还没有。人民币投资渠道的广度、深度，和中国经济的稳定增长将会决定人民币国际化的进程。大家知道中国的中央银行——中国人民银行，从来没有在正式场合说过推动人民币国际化，只是说推动人民币的跨境结算，因为货币的功能之一是完成支付。那么只要实体经济有什么样的需求，我们就为它提供什么样的金融服务，随着提供金融服务的渠道的拓宽和数量的增加，人民币在国际上的地位就会提高。人民币在外面能够走多远，取决于人民币能够用多大的速度、多宽的广度和深度回流到中国来。因而人民币能不能有它的时代，取决于国内的改革，尤其是金融的改革。我认为作为中央银行来说，更多的不是考虑怎么样把人民币变成国际化的货币，而是怎么样把我们国内的金融体制搞好，使我们的市场主体能够有更强的市场约束，我们能够为市场主体提供更好的金融服务和更多的金融工具，这样人民币就能够被广大的国内外投资者来使用，人民币才可能实现国际化。

因而人民币国际化是中国改革和经济发展的结果，重要的是要做好中国的事情，其他的要顺势而为。这也就是为什么周小川行长在两会期间答记者问的时候说，我们要做好自己的家庭作业。中国改革的深化，决定了人民币未来的前景。

王莉霞

陕西省副省长

加快建设丝绸之路经济带新起点

各位嘉宾，女士们，先生们：

大家好！很高兴能和各位相聚在春日北京。在此，请允许我代表秦兵马俑的故乡——中国陕西省的3 700多万人民向各位致以诚挚的问候！

陕西是古丝绸之路的起点

在中国广袤的大地上，有这样一个地方——她南靠秦岭、北依黄河，历史上13个朝代曾在此建都；她既有深厚底蕴，又不乏万种风情。这个地方有个美丽的名字叫西安。2 100多年前，西汉张骞从这里出发，开辟了一条横贯欧亚、绵延万里的伟大商路。“驼铃声声，马蹄阵阵，东来西去之使者，往来不绝”，这是古丝绸之路的生动写照。发展到唐代，古丝绸之路迎来了鼎盛时期，西安也因此成为闻名世界的大都会和全球最大的国际贸易中心。这条贸易往来之路、文化交流之路极大地推动了欧亚大陆文明的交流融合，对世界文明进程产生了深远影响，至今仍令人感到十分自豪！

去年9月，习近平主席访问中亚四国，提出共建丝绸之路经济带的战略构想。对这个战略构想的意义，刚才张业遂部长已经做了介绍，可以说这个战略构想得到了国际社会的高度评价和积极响应。习主席在纳扎尔巴耶夫大学演讲时动情地说：“我的家乡陕西，就位于古丝绸之路的起点。站在这里，回顾历史，我仿佛听到了山间回荡的声声驼铃，看到了大漠飘飞的袅袅孤烟。这一切，让我感到十分亲切。”这番话使陕西人民深受感动和鼓舞。古代文化与现代文明交相辉映的陕西迎来了新的历史机遇。

陕西正在打造丝绸之路经济带新起点

陕西位于中国大地圆点，承东启西，连接南北。经过多年的发展，经济基础良好、科技实力雄厚、人文资源丰富，拥有亚洲最大的铁路客运站、中国最大的陆地港口、两个功能齐全的综合保税区和两个出口加工区，这为陕西这个不沿海、不延边、不沿江的内陆省份共建丝绸之路经济带提供了对外开放的更多有利条件和合作空间。共建丝绸之路经济带为陕西带来了新的机遇，那要如何抓住这样的机遇？陕西省委、省政府认真研究，在丝绸之路经济带战略构想中确定了陕西的定位，那就是建设丝绸之路经济带新起点的战略目标，即努力把陕西建设成为国内外向西开放新起点、深化区域合作新起点和促进中外文化交流新起点。具体来说，有三方面内容。

1. 推进交通物流枢纽和国际商品物流集散中心建设，努力把陕西建成国内外向西开放的新起点

西安是全国六大铁路枢纽和八大区域枢纽机场之一，高速公路交会密集，已成为欧亚大陆桥上重要的交通枢纽和物流中转站。通往中亚的国际货运班列“长安号”已成为中欧快线的第一列。我们将加快西安国际化大都市建设，统筹推进集航空、铁路、高速公路、城市轨道交通为一体的综合交通枢纽建设，提升西安国际港务区和空港新城服务功能，建设“陆、空、数字”三条丝绸之路，完善国际中转物流枢纽综合服务平台，使陕西成为服务国内外向西开放的新起点。

2. 完善合作机制，加强区域合作，努力把陕西建成深化区域合作的新起点

刚才张业遂部长介绍了共建丝绸之路经济带的战略意义，丝绸之路沿线国家要共同商量、共同建设、共同受益，这对于丝绸之路沿线国家是机遇，对于中国更是机遇；在中国对东部是机遇，对于西部更是机遇。这就需要我们加强国家、区域之间的合作。我们希望借助两个平台来推动这样的合作。一个平台就是以欧亚经济论坛为平台，拓展与中亚以及欧洲国家的交流合作。我们已经办过五届，按照外交部的要求两年一届，也就是明年9月份将举办“第六届欧亚经济论坛”。第二个平台就是已经举办了十七届的“中国东西部投资与合作贸易洽谈会”，我们对这个平台进行改版升级，将丝绸之路经济带的主题纳入其中，举办“丝绸之路国际博览会”，希望通过这样一个平台促进东中西部地区与沿线国家在商贸物流、先进制造、科技教育、现代农业等领域的务实合作；加强东中西部互动，联手共同向西开放；申报

设立面向中亚的丝绸之路经济带自由贸易园区，通过体制机制创新，为西部地区扩大开放探索路径。

3. 传承丝路文明，促进民心相通，努力把陕西建成促进中外文化交流的新起点

丝绸之路经济带建设，我们以文化先行促进民心相通。西安作为世界历史文化名城，凝聚着中华民族文化的精华，也传承着丝路文明，成为丝绸之路经济带重要支点。现在每年都有3 000多名中亚国家学生来陕学习汉语和文化。我们将以丝绸之路联合申遗为契机，发挥沿线各国旅游文化资源优势，与各方联手打造丝路风情精品景点和旅游线路，形成丝路文化旅游带。宣传和利用好西安、咸阳获批72 小时过境免签政策，大力开拓国际航线，加快国际旅游业发展。建设国际文化交流平台，培育一批具有世界影响力的历史文化品牌产品。加强教育、卫生、生态等领域合作，提升双方公共服务水平。挖掘沿线国家文化资源，发展文化保税区、文化免税店等新模式，支持建设丝路经济带语言服务业平台。

站在新的历史舞台上，一个绿色、现代、开放、和谐、美丽、奋进的陕西正扬帆起航，满载机遇，驶向未来！欢迎各位宾朋来到陕西参观考察访问！今年 5 月“第十八届中国东西部合作与投资贸易洽谈会暨丝绸之路国际博览会”将在陕西西安举办，我代表大会组委会诚挚邀请各位嘉宾届时参会，顺访陕西！

谢谢大家！

牛锡明
交通银行董事长

以直接投资带动和推进人民币国际化

人民币国际化是非常迅速的，交通银行 2013 年的跨境人民币结算量已经达到了4 300亿人民币，比 2002 年增长了 80%。我今天想谈的观点是以直接投资来带动和推进人民币的国际化。

2012 年底中国的对外投资以及进口相当于美国的 10%、英国的 30%，所以中国的海外投资的发展潜力，当然非常巨大了。经过数十年的学习和积累，我们国家在交通港口通讯等基础行业，已经具备了全球的领先的技术优势和丰富的实践经验，并拥有了综合能力强并积极寻求国际化发展的企业。通过对外投资将更多的人民币向境外扩散，国内潜在的通胀的压力会得以缓解。也就是说对外投资还能带动过剩产能的输出，有利于缓解产能过剩的压力。

现阶段我国对外投资应该以直接投资为主，金融投资为辅。相对于金融投资，直接的投资看得见，摸得着，也抓得住，有利于为人民币国际化奠定稳定的实体经济基础。在具体的策略上，应该着力拓展以人民币进行直接投资的渠道，尤其是鼓励和支持在东南亚国家投资的企业使用人民币，扩大人民币的境外流通和存储，积极开展跨境人民币贷款，境外人民币债券融资、权益类融资，以支持民族企业走出去。

还可以考虑成立人民币的对外投资基金，专门用于以人民币的形式投资国外的基础设施建设，矿产资源开发等项目。中资的银行，应该为境内企业、境外投资提供本外币统一、离在岸联动、优质的国际化金融服务。中资银行可以通过买方信

根据会议发言记录整理，未经本人审定。

贷、并购贷款、内保外贷等方式，为企业对外投资提供融资支持。通过参与设立风险投资基金、私募股权投资基金等扩大融资渠道。在中国上海自贸区内开展跨境本外币贷款，境外发行本外币债券业务为企业从境外流入低成本资金，加快跨境人民币产品和创新，灵活运用离在岸汇款利率差异，创新推动人民币保底、买方信贷、协议存款、协议付款、协议融资等，创造条件继续推进跨境人民币贷款业务，开展跨境人民币资金池业务，为企业集团资金统一管理、资金划拨提供便利，以境内外联动为依托，为客户提供全流程的服务支持，这是我的一个基本的观点。

季志业

中国现代国际关系研究院院长

“一路一带”的发展是中国领导人的倡议，也是一种构想，提出来之后在国际上引来了不同的猜测，其中一种就是大家都在想这“一路一带”究竟会给现有的国际体制产生什么样的影响——是另搞一套？还是加入其中？这可能是国际社会最担心的一个问题。

从我的角度来看，“一路一带”的发展首先是为了共同发展的需求。环顾中国的周围，不管是丝绸之路经济带，还是海上丝绸之路，所经过的地方除了个别国家之外，绝大多数都是新兴经济体或者是发展中国家。中国经过 35 年的改革开放，应该说取得了很好的发展，但中国要继续发展，光靠自己不行，必须和周边的国家一起发展。

其次，我们说的“一路一带”，讲的还是利益驱动。就是我们提出的构想和倡导，包括互联互通这些设想，看是否符合各个国家的利益，符合了就参加。

第三，我觉得确实要回答刚才雷默先生提到的问题，你是不是还要另外搞一套？是不是允许大家都来参加？我想这个已经做了非常明确的回答，就是在现有体制下，一种经济利益的驱动相互合作不排斥任何一个国家。

搞“一路一带”的可能性何在？首先，是这些年来中国改革开放和世界各国之间建立了良好的合作关系。中国发展到今天，正进入两个重大的变化。一个变化就是中国正在由世界工厂向既是工厂又是市场转变，中国已经成了第一大贸易国，中国对外贸易的平衡性越来越好。也就是说进口量会不断增加，作为一个世界市场的地位正在不断形成。第二个重大变化，就是中国正在由一个资金吸引国向既是资金

根据会议发言记录整理，未经本人审定。

吸引国又是资金输出国转变。这个转变也是非常重要的，去年中国引进的外资是1 100多亿，而去年中国输出的资金也超过了1 000亿，输出资金和引进资金也正在取得一个新的平衡。这两个重大转变恰恰是中国推动“一路一带”发展，推动这个规划最重要的基础，也是我们讲的最大的可能性之所在。

当然不能否认要推动“一路一带”的发展还会遇到许许多多的问题和障碍。首先，在这个地区存在着很多领土、领海之争，怎么寻找一种新的模式来解决这些矛盾，也恰恰是“一路一带”方案提出来的一个很重要的动因。我们可以通过经济合作、交通网络、通信网络的合作，使存在争端、存在争议的国家之间通过合作来解决问题。我们这个地区还存在着一些其他的问题，比如说世界上没有一个地区能像中国的周边文化多样化。各种各样的文化，像中国的儒家文化、印度文化、俄罗斯文化都是历史悠久和灿烂的文化。这些不同文化的多样性也会对我们推动“一路一带”的合作带来一定的负面影响，但同时也会使“一路一带”的合作更丰富多彩。

还有很重要一点就是，我们周边国家的发展是不平衡的，有发达国家，也有落后国家，怎样使得这种不平衡平衡起来，这恰恰是“一路一带”推动的重要作用。所以我相信在我们的共同努力和周边国家的协商之下，在“一路一带”的推动下，我们的周边国家和整个世界会变得更加和谐！

赵晋平

国务院发展研究中心对外经济研究部部长

我主要讲三个观点。

第一个观点，我认为陆海丝绸之路建设的核心实际上是一个国际大通道和经济大走廊的建设，从长远的目的来看在于有效地促进要素跨境有序流动，促进各种资源的高效配置，促进市场的对接和融合，同时促进人员来往。要想促进丝绸之路建设，我认为最关键的在于要从现在做起，创造一个互联互通的条件和环境，这是促进陆海丝绸之路建设的关键之举。

第二个观点，我们知道陆海丝绸之路建设涉及到的国家和地区非常广泛，有人做过计算，可能涉及到了世界上大约 40 多个国家、30 多亿人口。姑且不说是否有明确的界限，在一定意义上我们认为其意义可能远超过了这样的工程本身。这个国际大通道和经济走廊的辐射影响是非常大的。既然如此，首先涉及到的问题是国际合作层面的问题，在促进国际合作方面张部长所提出的互联互通和“五通”的概念是值得我们去关注的一个切入点。下面就“五通”发表我的一些看法和做一些小的补充。

首先是民心相通。促进丝绸之路建设事关政治之间的互信，中国和周边国家由于地缘相近，文化虽然是多元的，但民心是相通的，事实上也具备了很好的基础。但是这是一个大的战略构想，涉及到了长远，也难免会有一些隐患，客观上来看在各个国家之间也存在着一些问题。所以我想为了真正能够做到互联互通，加快丝绸之路建设，首先需要建立互信。这个互信不仅仅是政治上的互信，也包括了民众基础上的互信。比如说在建设过程中文化的交流、旅游业的发展也是至关重要的一个

本文根据会议发言整理，未经本人审定。

内容，彼此之间的了解很多是通过文化和人的流动来实现的。

第二点是政策沟通。丝绸之路建设最大的受益者之一应该是企业。但是政府要在丝绸之路构建中发挥非常重要的作用，需要通过加强国际合作来为它们创造合作的制度环境和政策环境。在相邻国家之间加强合作已经形成了共识，比如就陆路丝绸之路而言，上海合作组织国家之间已经通过了有关长期睦邻友好协定的计划，实际上这个计划本身就是相关地区进一步来推动合作的一个行动纲领，在加快相互之间的合作、促进这个地区的共同发展方面形成的共识。当然我们也要看到，由于在继续交流和合作过程中会涉及到经贸和其他方面的因素，在一定意义上这种疑虑还会对政策沟通产生一定的影响。所以，我认为政府层面的政策沟通，是丝绸之路经济带建设的重要支撑。搭好一个台子是非常重要的。

第三点是道路畅通。我们所说的道路畅通绝对不仅仅是公路、铁路，也包括了空中走廊，而实际上在这方面我们也有一定的基础。比如说从陆上丝绸之路建设而言，有横贯欧亚大陆的欧亚大陆桥，这个大陆桥事实上已经在为融通各国的商品、人员方面发挥了非常重要的作用。但是我们需要看到另一个方面，目前现有的大通道事实上还存在着一些硬件上的缺陷和不足，比如说一个货物要从中国走到欧洲，至少从铁路运输本身来讲还是要经过两次的换轨，可能会加大在运输方面的时间和成本。从这个角度来讲，加强在硬件或者基础设施方面的建设和完善，也是我们的当务之急。

第四点是贸易流通。贸易是企业和个人之间融会贯通的一种方式，通过贸易的流通实实在在地为相关国家带来巨大的经济利益，使我们真正能够成为发展的共同体、利益共同体。我们也应该看到在贸易便利化和自由化发展方面，这个地区目前已经取得了一些成果。比如说中国和东盟建立的自由贸易区、俄罗斯和中亚一些国家建立的关税同盟及其他一些经济合作。这样一些合作对促进贸易的往来发挥了很大作用，但我们也要看到在贸易便利化方面还有很多工作需要去做。比如在铁路运输、海上运输过程中，涉及通关、检疫检验等其他方面的贸易便利化和企业的要求相比还有一定的差距，所以在一定程度上软件方面的建设也不可或缺。

第五点，是资本的融通。我们知道一个地区的发展，无论是从中国的经验来看还是从其他国家的经验来看，如果你具备了足够吸引各方投资的吸引力，事实上对于带动当地经济的发展和开放会起到巨大的作用。我们这样一个丝绸之路建设，是希望通过贸易便利化等其他基础设施条件的完善，为企业投资提供更好的平台。真正做到资本的融通还需要另外一个方面，就是金融的作用。我们需要通过金融的合作来为企业、为政府、为个人提供更加便利的服务。

在基础设施的投资方面，尤其在一些重要设施的建设方面，我们可以通过建立一个基础设施的合作开发金融机构或者基金来为推进这样的事业创造更好的条件。

这“五通”，我认为确实是我们的当务之急，也是我们重要的切入点，这是从国际层面来看。

第三个观点，从国内来看，我认为关键需要解决的是有效地处理“点、线、面”的关系。各个地方政府在推进丝绸之路建设、突出本地发展的重要性方面，确实是非常关注，也有非常强烈的愿望。某种意义上，在很多场合，甚至导致了一些非常激烈的竞争。中国的这些城市想要加强和周边国家的合作，在丝绸之路这样一个大通道上真正能够有所获、有所不与、有所与，我认为还是需要很好的处理“点、线、面”的关系。

首先第一点，丝绸之路建设必须走东中西部联动发展的道路。不管是古代的丝绸之路还是海上丝绸之路，都有具体的地理界线。但是当今的丝绸之路建设应该是统和东中西部所有的要素和资源来共同促进国际大通道的发展。如果中西部不能通过丝绸之路经济带向东部沿海地区战略延伸，我们所需要的很多要素和资源可能是相对匮乏的。据我们研究，东部沿海的重要出海口在推动向中西部延伸、向西开放方面可以发挥重要的桥头堡作用。我们曾经在连云港做过调研，港口货物的80%左右是来自中西部地区，其中又有相当一部分来自于中亚国家，所以这样一种东中西部的联动发展是未来发展的重要方向。

第二点，点的发展是需要改革、创新、开放推进的。刚才陕西的王省长提到了丝绸之路自由贸易区的问题，我认为这是如何把每一个节点或者每一个重要城市，让它变得更璀璨的重要举措，而这样一个平台可以造成要素的聚集，为企业提供非常便利的环境，是直接和国际市场对接的重要手段。一个城市只要能够做到这一点，就会成为璀璨的珍珠。我们要做的是把每一个散落的珍珠串起来，串成非常漂亮的项链，这是在丝绸之路建设方面更应该关注的问题。在这一点上，我们要促进东中西部联动发展，促进要素在东中西部之间的连通，这是国内统筹布局推进的战略起点。

王　丹

中国人民银行货币政策二司副巡视员

很高兴参加中国发展高层论坛，就人民币国际化展开讨论。我今天讲三个问题：第一个是目前人民币跨境使用所取得的一些进展；第二个是关于我们目前所面临的一些差距；第三个是我们将来还要做些什么工作。

第一个方面，人民币跨境使用目前所取得的进展。刚才几位嘉宾都已经举了很多的例子，我补充几个数字和一些事实。在2013年，ODI对外直接投资人民币结算的比重是5.2%，FDI外商直接投资人民币结算的比重是21.6%。在人民币计价方面，海关已于2013年1月开始以人民币和美元公布进出口总额、进口总额、出口总额和进出口差额四项数据。2014年1月开始，我国进出口贸易、外商直接投资、对外直接投资、工程承包、国际收支等涉外经济统计数据都以人民币和美元同时公布。还有一个数据是关于离岸市场的，刚才几位嘉宾也都提到了离岸市场的快速发展。目前在香港市场人民币的客户存款已经将近9 000亿人民币，在台湾市场已经超过2 000亿，也就是说在离岸市场人民币的存款已经超过了10 000亿。另外，在人民币作为储备汇率方面，很多国家和地区的中央银行在在岸的人民币市场和离岸的人民币市场买人民币计价的产品来作为它们储备的一部分。从境外机构投资境内银行间债券市场的数字来看，目前境外机构投资境内银行间债券市场的投资额度已经超过了6 600亿元人民币，目前已经向中国台湾、新加坡、英国的境外机构授予了5 000亿的RQFII额度。

第二个是关于我们目前所面临的差距。虽然现在人民币已经成为第七大国际支付货币，但我们的比重只有1.39%，跟欧元的33.51%、英镑的9.39%比还有很大

本文根据会议发言记录整理，未经本人审定。

的距离。另外，人民币计价的比重仍然比较低，2013 年人民币在货币贸易中所占的比例已经超过了 10%，达到了 11.7%，但是这 11.7% 中有一半不是以人民币计价的。还有一个问题是来自目前的资本市场的深度和广度。人民币资本项目还没有完全可兑换，另外人民币和汇率的改革仍然在进行之中，我们企业和金融机构的国际竞争力正在得到进一步的提升。这个过程会对人民币的使用造成一定的制约。

第三个问题是我们将来要做些什么。刚才吴行长已经强调了，我们还是要做好自己的家庭作业，也就是说利率和汇率的改革。资本市场的进一步开放，尤其是需要突破原来的“重流入、轻流出、宽进严出”这样的一个长期的思维定式，要构建均衡的资金双向流动的机制。另外要想进一步扩大在跨境贸易和投资中使用人民币结算，就要进一步简化人民币使用的流程。刚才刘董事长已经讲到了，我很同意他的观点，在人民币进行对外投资过程中，应该鼓励企业和银行在这个方面做更多的工作。这些方面的工作，还包括境内机构到境外机构发行人民币债券，还有支持符合条件的境外注册公司在境内发行人民币债券。另外要推动境外机构使用人民币投资境内的证券市场，推动个人经常项下跨境人民币结算业务的开展，探索个人对外投资人民币结算业务。第三个方面仍然是需要继续大力推动人民币的计价、对外统计和管理部门在前端的审批环节、中后端的统计和核算环节都以人民币计价，鼓励市场主体在逐步对外贸易和投资中采用人民币计价，推动大宗商品现货和期货跨境交易使用人民币计价结算。第四个方面是完善人民币业务基础设施建设。这包括了推动人民币跨境支付系统的建设，建立安全、高效、便捷的人民币跨境清算和结算网络。

乔舒亚·库珀·雷默

基辛格协会副会长

几年前的一个下午，基辛格博士去拜访在北京的一位老朋友——中国杰出的政治家黄华。他是中国外交界的传奇人物，曾担任过朱德和周恩来的助手，在联合国工作过，后来又出任副总理，以思维缜密和见识广博而著称。当时基辛格博士邀我同去，于是我有机会聆听这两位伟人的对话，收获颇丰。

我们坐在黄华副总理的庭院中一边品茗一边谈天，话题逐渐从追忆过去转向对权力和政策的讨论。他们首先讨论的问题是：政治家或国家领导人，应该如何进行决策？黄华对此的态度非常明确。他认为，卓越的政策都始于一个简单的问题——大局势的本质是什么。这个问题的重要性不逊于其他任何相关问题，甚至包含了人们要解决的主要问题。这是因为如果判断正确，那么整个时代的力量都能为我所用，如经济、政治、和平、贸易、武力和科技等方面的特点。但如果判断失误，大环境就是致命的敌人。正如中国战略家刘亚洲所说："什么都可以出错，战略不能出错；什么都可以失败，战略不能失败。"那么，我们应该如何向黄华描述我们这个时代的特征呢？应该如何对它做出判断？时代特征是否能预示新丝绸之路的出现方式？

或许我们可以先从这个时代的一个显著特征入手，来了解它的深层模式，那就是很多事物的合法性正在丧失，如美国国会、欧元、互联网规范、国境边界等等。当然，眼下最明显的例子就是北非政府。合法性危机像病毒一样在侵蚀着它们。

目前，这场危机在加速蔓延，加深了它的复杂性：我们都看到了危险，却没有行之有效的解决办法。还记得三年前发生福岛事件时，尽管全世界都能看到核泄漏

根据会议发言录音翻译整理，未经本人审定。

带来的悲剧，但是却无能为力。对墨西哥湾的 BP 石油泄漏事件也是如此，我们只能眼睁睁看着悲剧发生，却束手无策。目前存在的很多问题都是如此，例如收入差距、金融系统风险、全球变暖、数据信息管理等等——就像有一台高清电视专门播放这些反乌托邦式的节目，清晰可见，却让人根本无计可施。

这样的问题会越来越多，一些是突然爆发的危机，一些是渐渐显现的顽疾。它们之所以会出现，不仅是因为我们这个时代不甚稳定，还因为网络传播速度太快，能够将危机爆发的消息迅速传遍世界的每个角落。

危机的可见性与不可解决性就像是两个相互角力的杠杆，无情地扭松了曾经合法的秩序的螺栓。不仅在座各位能够看到这一点，所有的人都可以。

信息革命带来的压力和网络社会的力量带来一场剧变。看起来，它的影响会超过工业革命和启蒙运动，而工业革命和启蒙运动在过去几百年里几乎撕碎了欧洲的所有制度。现在我们所面临的情形和当年相似。我们这个时代的特点似乎就是制度的崩塌、改革和创新。在这种不稳定的背景下，必须建立起一条新的丝绸之路或者新型的贸易、经济、核扩散秩序。

很多问题会影响新体系的形成和它的合法性。我想特别指出其中三个。

首先，体制应该如何应对开放。相互连通的网络要求我们尽快给出答案，因为开放就像是照在农作物上的阳光，初期的状态会决定未来的发展。

开放有利有弊。开放的体系通常优于封闭体系，譬如 Windows、Linux、TCP/IP 协议这样的系统最终取代了封闭的网络设计。展望未来的机器学习框架，开放与否决定了它的成败。

但是开放的体系也蕴含着风险。我们希望网络运行更快，并投资于此，但是随着运行速度的加快，风险的传播速度也更快。正如哲学家保罗·威尔吉（Paul Virlio）所说，如果有了马车就意味着会发生马车事故，有了火车就会发生火车事故，那么有了网络就意味着网络事故在所难免。

任何持久、合法的新秩序不仅会驾驭开放带来的益处，而且能找到管理风险的方法。是开放还是封闭？开放到什么程度？这些问题至少说明了新自由主义开放市场论的谨慎态度。我们也许会问：新丝绸之路会不会使用托宾税？

第二，现行体制不仅会遭遇和产生自身不能解决的问题，而且会受到不对称累积逻辑的驱动，即富人更富，也叫作齐波夫定律（Zipf’s law）。不平等似乎已经成为现行体制中越来越突出的特征，同时不对称性制造出体制、信息和经济杠杆。这种不平衡不仅可能扭曲增长，而且带来非线性的政治和政策压力。新丝绸之路若想取得合法性，必须解决这一问题。

第三个问题涉及的是新体制所出现方式的本质。显然，它的演进过程给现行体制中的王者和最大的新兴力量提出了挑战——美国和中国。这一点通常反映在美国关于中国的讨论中：究竟美国需要“遏制”中国还是“拉拢”中国？而在中国，人们则在讨论应该与美国结盟到何种程度最可取。

更合理的发展道路既不是遏制、拉拢或躲避，也不是要将世界分割成独立运行的两种体制，而是我所提出的“共生演化”（co-evolution）。这一概念来源于科学领域，描述了两种物种根据环境的变化一同进化的过程。譬如，全球变暖导致某些兰花的花蕊形状逐渐发生了改变，而传播这类兰花花粉的鸟类则根据花蕊的变化改变了自己喙的形状。两种物种共同进化，更加适应周围的环境。

要想推动中美双边关系，第一步是要对所处时代的本质有着精准的共同认识，随后再尝试进行体制创新。中美关系所面临的最大风险不是双方发生冲突，而是不认同彼此对世界本质的认识。一旦双方对未来的看法发生分歧，就无法开展合作，由此产生的风险是“共生演化”的对立面——“共同灭绝”。

中美两国需要根据自己的历史和国情做出调整，以适应全球政治经济环境的变化。除此之外，别无选择。这是个相互作用的过程，其中会出现新的角色和力量来源。也许，新丝绸之路就是其中之一。

也许在过去一段时期内，双方的力量对峙曾建立起竞争网络，协同能力有限。但是网络科学自身的逻辑和规则意味着，全方位的联系与合作会带来稳定、繁荣和灵活性等方面的效率和益处。任何反对协同合作的举动起初看来是维护了国家安全，但最终结果是向网络崩溃迈出危险的一步。

冼博德

渣打银行集团首席执行官

我想简单地就人民币国际化谈五个问题，即人民币国际化的现状；未来的前景；人民币国际化是好事吗；促成人民币继续在全球舞台上不断发展的主要因素是什么；渣打银行集团对于人民币国际化的应对。

人民币国际化的现状

人民币已经成长为全球第七大支付货币。去年人民币在全球贸易融资中的比重已经达到8.7%，超过了欧元（6.6%）。不过美元仍然处于主导地位，在贸易融资中的比重超过了81%。2009年时，中国的外贸中几乎还不太使用人民币，但现在它的使用比例已经超过15%。这种增幅相当惊人。渣打银行专门开发了“人民币环球指数”，用多个领域全面衡量了人民币国际化的情况，如贸易融资、点心债和外汇买卖等。我们将2010年8月的情况定为基准100，因为当月第一次发行了点心债。现在这个指数已经上升到1475。去年它上涨了18%，今年一月又上升了8%。这主要是由香港的人民币业务驱动的，但台北、新加坡和伦敦的人民币业务量也不断上升。如果你对这个指数有所怀疑，那么我还想提供一些数据来介绍渣打自身的人民币业务情况。去年我们的人民币支付业务上升了113%，离岸人民币存款上升了35%。

人民币国际化未来的前景

目前人民币国际化的速度惊人，所以很难准确地预测未来的情况。但是总的来说，我们估计全球的人民币支付会在2020年前翻两番，人民币将成为全球第四大

根据会议发言录音翻译整理，未经本人审定。

支付货币。我们的测算表明，人民币离岸债券市场每年的扩张速度会达到30%，到2020年将达到3万亿的规模。直觉告诉我这可能会存在上行风险，不过由于它并不是线性发展，所以很难精确地预测它的发展前景。

人民币国际化是件好事吗？

我认为这非常好。中国企业会从中受益，因为这降低了交易成本和“走出去”的风险。与中国有贸易往来的外国企业也会从中受益。譬如，巴西公司向中国出口铁矿石时，如果能直接用人民币结算的话，就没道理先用雷亚尔计价的货物折算成美元，最后再折算成人民币。总的来说，我认为全球降低对美元的依赖有百益而无一害。在当前的体系里，所有跨境贸易和投资都依赖单一币种，所以单纯从灵活性和弹性的角度来看，人们应该有更多选择空间。这也给中国带来有趣的政策问题。人民币越来越多地在国际舞台上一展身手是中国日益强大的经济实力的自然反映，但也是一种“软实力”工具。人民币国际化的进程有效地催化了国内改革的步伐与国际形势之间相互依赖。

决定人民币未来发展情况的主要因素

首先，人民币发展成为国际货币具有自我实施性。一旦人们开始使用人民币，就会一环接一环地产生新的使用，而且使用和接受人民币的成本和风险会非线性消失，所以它的活力也表现为非线性。人民币的使用会逐步呈现加速状态。未来大宗商品开始用人民币定价和结算标志着人民币国际化向前迈出了非常重要的一步。外国央行开始增加人民币储备也是非常重要的一步。目前，基本上所有使用人民币的场合都是与中国有关的进出口贸易。如果有一天人民币用于与中国无关的贸易，那么会非常有趣。这是现在美元使用的一个显著特征。虽然这还没有成为现实，但是一旦人民币用于与中国无关的贸易，那么将是非常重要的一步。

第二个因素是配套基础设施的建设。这既包括监管技巧等软基础设施，也包括硬基础设施。中国人民银行非常积极地与其他央行展开了互换货币信贷额度方面的工作，对监管规定进行大量微调以方便人们在国际上使用人民币或进行人民币汇款。我认为放宽人民币的汇率波动区间是一个非常积极的表示，因为人民币只升不降只利于投机，却破坏了贸易融资、支付和结算。国际货币必须具备双向波动性。

第三，国内金融市场自由化与人民币国际化之间存在着非常重要的关联性。如果不开放国内金融市场，那么人民币的国际化程度是有限的。所以放开利率、建立上海自贸区和建设国内债市等的进展都会影响到人民币国际化。

渣打全程参与了人民币国际化的进程

我们是首家在香港开设跨境贸易人民币结算的外资银行，也是首家为外资公司发行人民币债券和点心债的外资银行。我们将继续开拓创新，扩大这些业务。2013年12月，我们宣布与农行在伦敦联合推出人民币清算业务。2014年1月，我们成为首家在新加坡发行人民币点心债的外资银行。2月起我们开始利用上海自贸区这个平台，帮助我们的客户开展双向人民币资金池业务。

我认为从全球金融体系的本质来看，人民币国际化是几十年一遇的重大转折——就像美元当年取代英镑一样。我的意思并不是说人民币很快将代替美元，但是人民币必将发挥非常重要的作用。所以人民币的时代到来了吗？我认为美元一统天下的局面将终结，因为我们将进入一个公司和投资者有更多货币选择的时代。显然人民币将会是他们的首选之一。

彼得·诺兰

剑桥大学教授

国家、市场和基础设施：新丝绸之路

一、国家、市场和基础设施

基础设施对于发展至关重要。基础设施是必要的，因为它能释放企业家的创造力。不论是处于哪个发展阶段的国家中，市场往往不能够提供必要的基础设施建设。国家参与基础设施建设的必要程度和本质或许会因为各个国家的不同规模和传统，以及所处的不同历史阶段而有所不同。政府提供基础设施建设与发展之间的复杂关系在亚当·斯密的论述中得到了精准的阐述：

君主或国家的第三种义务就是建立并维持某些公共机关和公共工程。这类机关和工程，对于一个大社会当然是有很大利益的，但就其性质而言，假设由个人或少数人建设，那所得利润决不能偿其所费。所以这种事业，不能期望个人或少数人出来创办或维持。并且，随着社会发达时期的不同，执行这种义务所需的费用的大小也非常不同。（斯密，1776 年，第 2 卷：244）

二、中国发展中的基础设施

1. 近代中国

直到 18 世纪，中国的技术水平都一直先进于欧洲（李伯重，1986，1998，2000）。18 世纪的中国生产了全球制造业产出的 1/3，与此相对应的则是西方不足 1/5 的产出（Bairoch，1982）。中国长期经济活力的基础是竞争激烈的市场经济力量。早在 18 世纪，比利时耶稣会神父杜赫德就写道：

每一个省份特有的富饶，加上通过河道和运河运输商品的能力，都赋予了帝国长期的繁荣。中国内部进行的贸易如此巨大，整个欧洲都不可望其项背。（摘自何

炳棣，1959：199）

为了使市场机制有效运转，中国政府发挥了极为重要的职能作用。包括建立和平与法律的框架、减少饥荒、稳定商品价格以及控制货币供应。然而，在地区和国家层面上最为重要的政府职能是治水，包括大规模集中管理的项目，比如黄河的治理和大运河维护，以及成千上万的地方治水机构。清初官宦文人顾士琏认为：

守令为亲民之官，水旱皆切身厮痛。相原隰，问通塞，稽门闸，有关国计民生，须一一留心筹算。（摘自冀朝鼎，1936：72）

2. 现代中国

在中国改革开放政策之下，市场经济的范围不断扩大。中国基础设施的增长在释放市场力量方面起到了至关重要的作用。自20世纪70年代以来，中国在扩建港口、公路、铁路、机场、电力供应、污水处理、供水、电信网络以及学校、大学、医院和住房方面都取得了长足进步。

基础设施建设对于创造一个有利于国内外资本投资的环境是非常关键的。基础设施就相当于“笼子”，而其中的“鸟”就是市场力量，随着“笼子”的扩大“鸟”就可以展翅飞翔。中国的地方政府和中央政府在扩大基础设施建设方面都发挥了极其重要的职能作用，国有银行对于基础设施建设的融资起到了关键性作用。自2008年以来，西方国家支出了不到政府财政刺激计划总额1/5的资金用于基础设施的修复和扩建。而在中国，大部分财政刺激计划都致力于基础设施扩建，以及建立利于发展的生产性资产。

1990~2011年间，中国的用电量从6 230亿千瓦时增加到41 930亿千瓦时，货物周转量从26 000亿吨公里增加到159 000亿吨公里（见表1）。城镇人均住房面积从14平方米增加到33平方米，城镇天然气供气人口比例从19%上升到92%，城镇自来水用水人口比例从48%上升到97%，而公共交通车辆运营数也从每千人2.2辆上升到11.8辆。截至2011年，中国每百人的手机持有数达到74台，互联网使用人数超过5亿。

三、基础设施和丝绸之路

1. 陆路通道

(1) 古丝绸之路

中国的古丝绸之路起源于汉代，当时的欧洲经济正在罗马统治之下趋于统一。

表1　　1990~2011年中国基础设施的增长情况

年　份		1990	2000	2011
货物周转量（十亿吨公里）		2 621	4 432	15 932
铁路		1 062	1 377	2 947
公路		336	613	5 137
水路		1 159	2 373	7 452
石油/天然气管道		63	64	289
民航		negl.	5	17
用电量（十亿千瓦时）		623	1 347	4 193
工业用电		487	1 000	3 087
居民生活用电		48	145	512
城镇				
公共交通车辆（公共汽车、无轨电车等）每千人运营数		2.2	5.3	11.8
供水、供气人口比例				
天然气用气比例		19	45	92
自来水用水比例		48	64	97
建筑施工				
房屋建筑竣工面积（百万平方米）		196	807	3 164
人均住宅面积（平方米）	农村	18	25	36
	城镇	14	25	33
信息技术				
每百人手机持有数		—	7	74
互联网用户数量（百万）		—	23	513

资料来源：ZTN，2012：276，378，393，602，623，和657－8。

罗马帝国覆灭之后，中国通过中亚到拜占庭的贸易经由一些中间商网络仍旧延续。古丝绸之路通道上的贸易在唐代得到了扩大，随后在穆斯林统治之下的中亚大部地区得到了蓬勃发展。马可·波罗在他穿越亚洲前往中国的路上遇到了一连串生机勃勃的商业城市，包括巴格达和巴士拉（伊拉克）、大不里士、亚兹德、克尔曼（伊朗）以及新疆的喀什地区。

喀什的村庄和城镇都很多。那儿的居民以商业和制造业为生。他们有美丽的花园、果园和繁荣的地产。棉花种的很多，亚麻和大麻的产量也很丰富。这里的土地肥沃孕育着一切生命。这个国家是众多商人出行到世界各地去售卖他们商品的出发

点。（马可·波罗，1974：80）

集体行动对于充满活力的丝绸之路至关重要。在贸易通道上为商人们提供安全的歇脚场所对于中亚地区商业的蓬勃发展非常关键。比如唐代的佛教寺院和随后几个世纪中的穆斯林商队驿站都提供了这样的场所。陆路通道上的贸易在近代，整个18世纪都保持了生机和活力。然而，在传统技术条件下，主要使用骆驼和骡子，穿越丝绸之路的运输成本很高，因此之后的海上贸易逐渐超越了陆路贸易。

（2）新丝绸之路

公路的发展，特别是铁路技术和中亚地区政治构建的转型为陆路通道开启新的纪元提供了可能性。俄罗斯帝国和苏联统治下广袤的土地从欧洲延伸到太平洋，是政治上的统一体。1891～1916年间，俄罗斯帝国修建了穿越广大草原的西伯利亚大铁路，并在哈萨克斯坦和乌兹别克斯坦之间铺就了铁路。苏联统治下的中亚铁路密度大大扩展，有助于刺激该地区的经济发展。

铁路技术的进步，包括电气化、铁路集装箱卡车和现代信号系统都促进铁路系统提高了效率。乘坐西伯利亚铁路从北京前往莫斯科最快仅仅需要8天，而以往通常都需要两周之多。相比较而言，欧洲和中国之间的现代海路运输则需要40～50天。随着基础设施建设投资的发展，利用现代技术发展公路铁路，包括高铁，将缩短中国和欧洲之间运输物资的时间，而且连接的可靠性也将提升。

2. 海上通道

（1）古丝绸之路

穿越南海到东南亚和南亚贸易已经是非常古老的传统了，到汉代时已发展得极好。唐代南海贸易得到了极大的扩展：

南海是所谓亚洲东西方商品资讯贸易的主要通道。它是第二个丝绸之路。其水域和岛屿海峡就好像是中亚通道上的金沙和山脉；其港口就好像商队古驿站。对于南方的中国人而言它就好像是北方的中国人眼中的玉门关外的土地。（王赓武，1998）

之后的近千年里，广州成为了与东南亚蓬勃贸易的中心。早在13世纪，马可·波罗写到厦门时描述道：

厦门是所有来自印度的船只抵达的港口，这些船上装载着昂贵的商品和高价的珍贵宝石以及高品质的大珍珠。这儿还是所有周边地区商人们的港口，因此港口进

出的珍宝和其他商品总量是令人惊异的。（马可·波罗，1974：237）

从16世纪开始，欧洲的航运技术不断进步，欧洲中产阶级的需求也在不断上升。欧洲采购中国的茶叶、瓷器和厚重纺织品（比如南京棉布）的数量都大幅增加。19世纪的快速帆船代表了帆船技术的最高峰。乘快速帆船从中国到欧洲需要大约120～150天，相比较而言近代的陆路通道则需要几年时间。到19世纪初，中国和欧洲之间的海上贸易远远超过了中亚贸易。

主要由欧洲公司拥有和运营的蒸汽机船革新了19世纪的海上通道的局面。直到1900年，南海被欧洲殖民地所包围，包括印度尼西亚、菲律宾、印度支那和马来半岛。18世纪以前东南亚国家的华人社会逐步发展起来，之后在欧洲殖民统治下加速发展。

（2）新丝绸之路

如果需要新丝绸之路完全发挥作用，那么海上通道的沿途国家就需要大量的基础设施投资。

2014年2月在悉尼召开的G20会议选择了“全球基础设施融资”为主题。在高收入国家，超低利率刺激了股票、房产和其他资产的新一轮泡沫，而这些仅仅有益于有限的小部分人群。在大多数发展中国家，发展受到了匮乏的基础设施建设的制约。

南亚和东南亚国家的基础设施建设仍远远落后于中国。和其他几大亚洲国家相比，中国适龄人群的高等教育入学比例更大，每千人床位数更多，而且人均用电量也更高（见表2）。中国享有卫生设施和电力供应的人口比例也更高。中国的交通基础设施比其他几大亚洲国家发展得要好得多。印度、巴基斯坦、孟加拉国和印度尼西亚是除中国之外人口最多的四大亚洲国家。四个国家的总人口达到18亿，而中国的总人口数是13亿。然而，中国的铁路货运量、港口集装箱货运量、航空客运量和空运货物周转量都是其他四大亚洲国家总和的好几倍（见表3）。中国在交通基础设施的融资、建设和运营方面的丰富经验在发展中国家里是无可匹敌的。

进行广泛的基础设施建设项目的国际合作是有着巨大的潜在共同利益的，这些项目可以刺激并加速新丝绸之路海上通道国家的福利改善。

表 2　　中国和四大亚洲发展中国家基础设施对比的若干指标

	高等教育入学率（%适龄人群）（2010）	每千人床位数（2005/10）	享有改进卫生设施的人口比例（2010）		供电普及人口比例（2009）	人均用电量（千瓦时）（2009）
			城镇	农村		
中国	26	4.2	74	56	99	2 631
孟加拉国	11	0.3	57	55	41	252
印度	16	0.9	58	23	66	571
印度尼西亚	23	0.6	73	39	66	590
巴基斯坦	5	0.6	72	34	62	449

资料来源：世界银行，2012：86－7，101－1，108－9，166－7，288－9，和 324－5。

表 3　　中国与四大亚洲发展中国家的交通基础设施对比

	铁路货物运输（十亿吨公里）（2000～2010）	港口集装箱货物运输量（百万 TEU）（2010）	航空客运量（百万）（2010）	空运货物周转量（百万吨公里）（2010）	人口（百万）
中国	2 451	129.6	268	17 441	1 338
四大亚洲国家的总和	611	21.7	107	2 775	1 788
孟加拉国	1	1.4	2	85	149
印度	600	9.8	64	1 720	1 225
印度尼西亚	4	8.4	35	660	240
巴基斯坦	6	2.1	6	310	174

资料来源：世界银行，2012：320。

结论

基础设施对于扩大国际经济关系以及加深文化互动都非常重要。近几十年来，中国已经在基础设施项目的融资、建设和运营方面积累了比其他任何国家都要多的经验。基础设施是新丝绸之路发展的核心。和平的国际关系是新丝绸之路成功的根本性前提。邓小平“搁置争议，共同开发”的思路，为无论是陆路还是海路的新丝绸之路上的基础设施建设提供了重要的指导。

参考文献

[1] Bairoch，P.，1982，‘International industrialisation levels from 1750 to 1980’，Journal of European Eco-

nomic History, Fall, 269 ~ 334.

[2] Chi, Ch'ao-ting, 1936, Key economic areas in Chinese history, New York, Paragon Reprint.

[3] Ho Pingti, 1959, The Population of China, Cambridge, Harvard University Press.

[4] Li, Bozhong, 1986, The development of agriculture and industry in Jiangnan, 1644 ~ 1850: Trends and prospects, Hangzhou, Zhejiang Academy of Social Sciences.

[5] Li, Bozhong, 1998, Agricultural Development in Jiangnan, 1620 ~ 1850, Basingstoke, Macmillans.

[6] Li, Bozhong, 2000, The early industrialisation of Jiangnan, 1550 ~ 1850, (in Chinese), Shehui kexue wenjian Publishing House, Beijing.

[7] Liu, Xinrui, 2010, The Silk Road in History, Oxford, Oxford University Press.

[8] Polo, Marco, 1974, The Travels, Penguin Books.

[9] Smith, Adam, 1776, The Wealth of Nations, Chicago, University of Chicago Press, Cannan edition (1976).

[10] State Statistical Bureau, 2012, Chinese Statistical Yearbook (Zhongguo tongji nianjian), (ZTN), Beijing, Zhongguo tongji chubanshe.

[11] Wang Gungwu, 1998, The Nanhai Trade, Singapore, Times Academic Press.

[12] World Bank, 2012, World Development Indicators, Washington, DC, Oxford University Press.

刘遵义

中投国际（香港）有限公司董事长

刚刚开启的人民币时代

前言

人民币时代刚刚拉开序幕。要想正确理解人民币的崛起，就必须认识到从GDP和国际贸易的角度来看，全球经济的重心已经在过去几十年里逐步从北美和西欧向东亚移动。而在东亚内部，经济重心则在从日本向中国转移。中国的GDP总量已经使其跃居全球第二大经济体，并且成为第二大贸易国，而且中国经济的增长态势不改，增长率远远高于北美、欧洲经济体和日本。凭借着其超过40%的国家储蓄率，中国对于世界各国来说都是潜在的大规模直接投资者和证券投资者。

一、全球背景下的中国经济

自1978年改革开放以来，中国的经济发展突飞猛进。目前，中国是全球增长速度最快的经济体——在过去的30年间，它的年均增长速度达到9.8%。一个经济体能在这么长的时间里维持如此的高速增长前所未见。在1978～2013年间，中国的实际GDP增长了26倍，从3 565亿美元上升到9.32万亿美元（按2013年美元价格计算）。2010年，中国超过日本成为全球第二大经济体，仅次于美国。相较而言，2013年美国的GDP（约为16.8万亿美元）不足中国GDP的两倍。

东亚（此处“东亚”定义为东盟10国和中、日、韩）在全球GDP中的比重从

刘遵义先生是香港中文大学蓝饶富暨蓝凯丽（Ralph and Claire Landau）经济学讲座教授，斯坦福大学李国鼎（Kwoh-Ting Li）发展经济学荣誉教授。这是刘遵义先生于2014年3月22日，在第15届中国发展高层论坛经济峰会“人民币时代到来？”分会场所做演讲的整理补充版。所述内容都是作者本人的观点，并不反映作者所述机构的观点。作者感谢刘麦嘉轩女士、熊艳艳教授和郑欢欢教授的宝贵意见和建议，并自行将承担文中可能出现的错误。

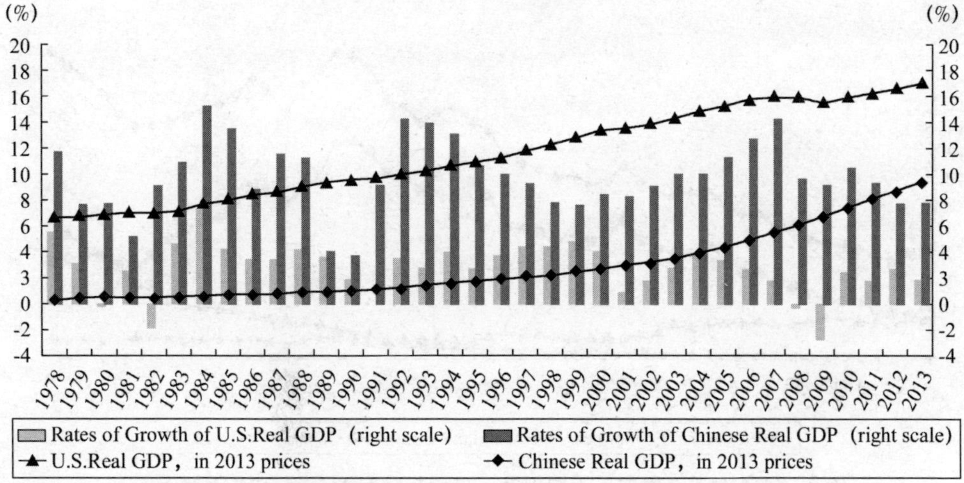

图1 中国及美国的实际 GDP 及年增长率（单位：万亿美元）

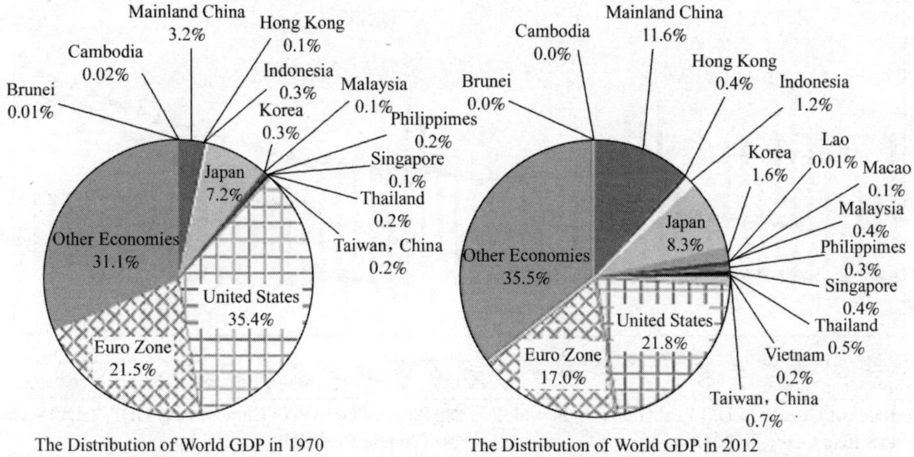

图2 1970～2012 年全球 GDP 的分布情况（单位：美元）

1970 年的 10% 以上增长到 2012 年的 25% 左右日本在全球 GDP 中的比重比 20 世纪 90 年代中期巅峰时刻的 18% 下降到 2012 年的 8%。中国（内地）在全球 GDP 中的占比从 1970 年的 3% 上升到 2000 年的 4%，随后于 2012 年飙升到 11% 以上。

有预测表明在 2013 至 2030 年间，中国和美国经济的年均增长速度分别为 7.3% 和 3.3%。中国的实际 GDP 有望在 15 年后（即 2029 年左右）赶上美国。到时两国的实际 GDP 都将超过 28 万亿美元（按 2013 年的美元价格计算）。这相当于中国的 GDP 增长两倍，美国的 GDP 增长不到一倍。到那个时候，两国在全球 GDP 中的占比均达到 15% 左右。

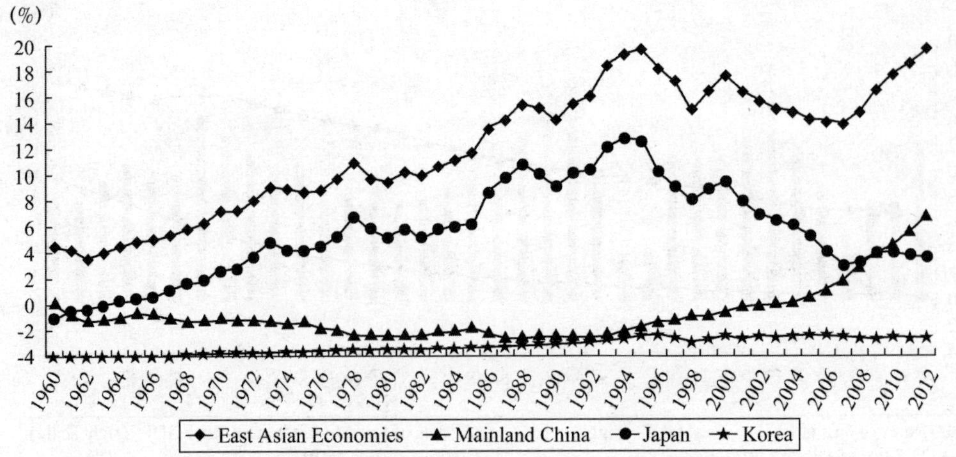

图 3　1960 年至今东亚、中国大陆、日本和韩国在全球 GDP 中的占比

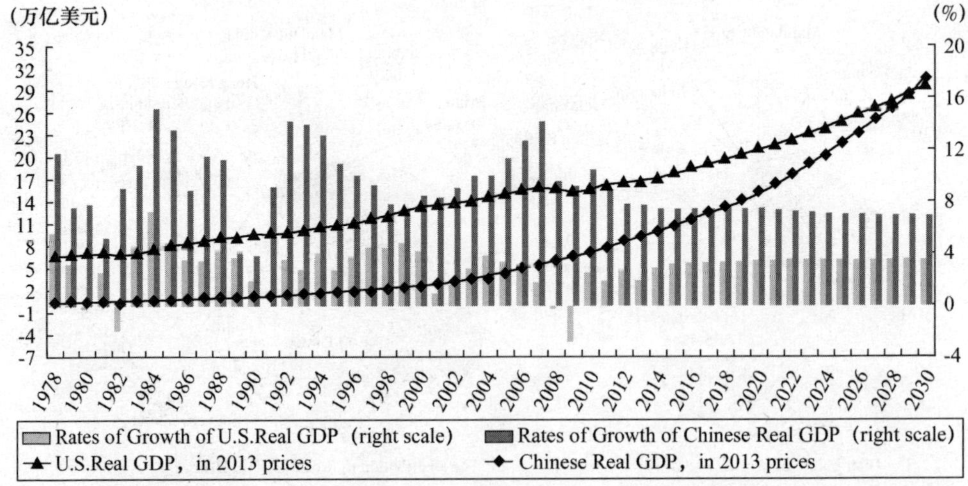

图 4　中国和美国的真实 GDP 和预测实际 GDP 及其年增长率（按 2013 年的美元价格计算）

尽管中国经济的增速惊人，但是按人均实际 GDP 来算，中国仍然算是发展中国家。在 1978 ~ 2013 年间，中国的人均实际 GDP 增长了 18. 5 倍，从 370 美元上升到6 850. 5美元（按 2013 年的美元价格计算）。与此同时，美国人均 GDP 约为 53 086美元，是中国的 7. 7 倍（按 2013 年的美元价格计算）。到 2030 年，中国的人均实际 GDP 有望超过21 000美元（按 2013 年的美元价格计算），届时美国的人均实际 GDP 约为83 600美元，前者仅占后者的 1/4。中国需要花大约 45 年时间，也就是在 2060 年左右，才可能达到美国的人均实际 GDP 水平。

中国的国际贸易飞速增长，特别是在 2001 年加入世界贸易组织（WTO）后。

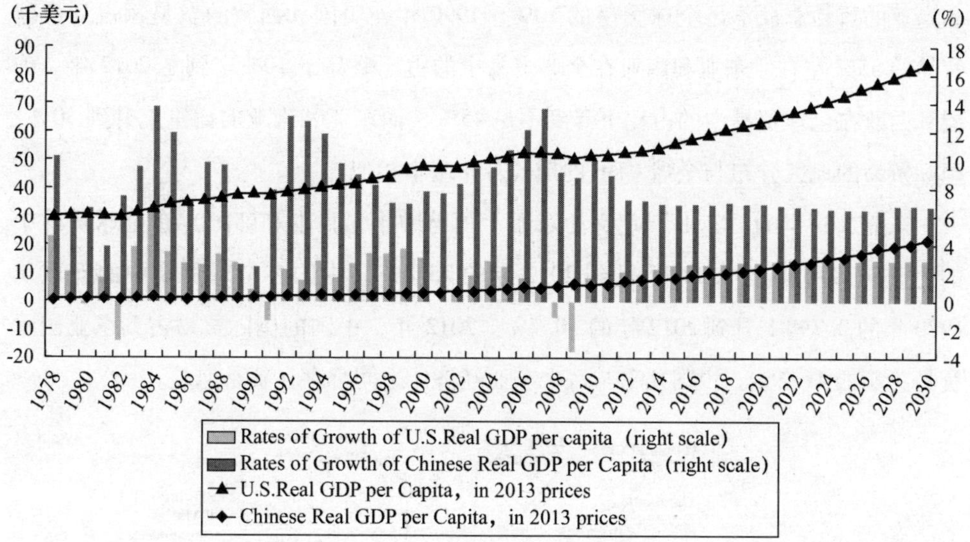

图 5　中国和美国的真实 GDP 及预期人均实际 GDP 和年均增长率（按 2013 年美元价格计算）

从货物和服务的国际贸易总额来看，中国已经成为全球第二大贸易国，仅次于美国。中国是全球最大的货物和服务出口国，美国紧随其后，不过美国是全球最大的货物和服务进口国，中国位居第二。单就服务而言，美国是最大的进口和出口国，紧随其后的是英国和德国。

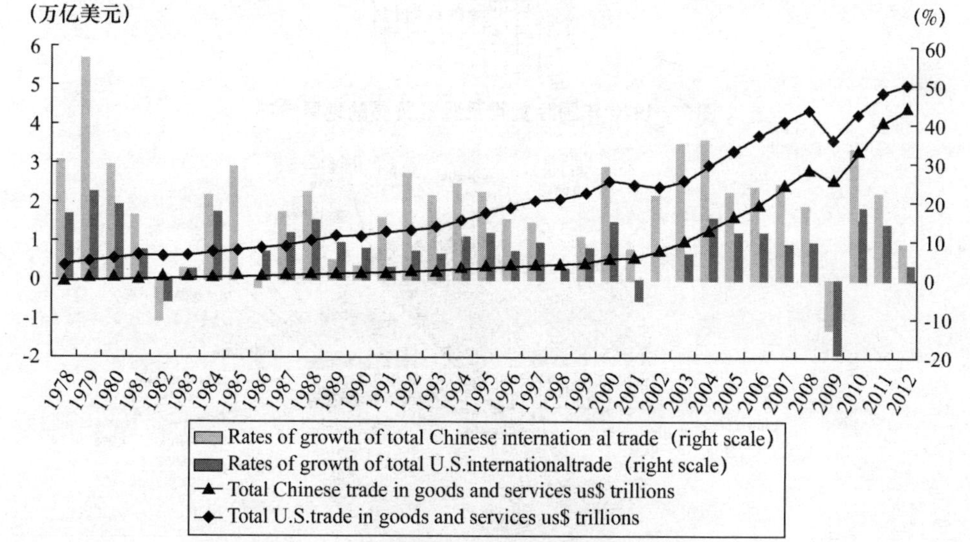

图 6　中国和美国的国际贸易额及增长率对比

1970 年，美国和西欧的贸易总额占到全球贸易的 60% 以上。与此相对，东亚和南亚的贸易总额不足全球贸易的10%。1990年，美国和西欧的贸易额占到全球贸易的55%左右，东亚和南亚在全球贸易中的占比略高于10%。到了2012年，美国和西欧在全球贸易中的占比下降到不足45%，而东亚和南亚的比重上升到30%。国际贸易的地区分布与全球GDP的地区分布基本相似。

东亚（这里的“东亚”定义为东盟十国与中国、日本和韩国）在全球贸易中的比重从1970年的9.9%上升到2012年的25.8%。中国在全球贸易中的比重从1970年的0.7%上升到2012年的10.7%。2012年，中国的国际贸易占到东亚国际贸易总额的41.2%。中国几乎与每个东亚经济体之间都存在贸易逆差。

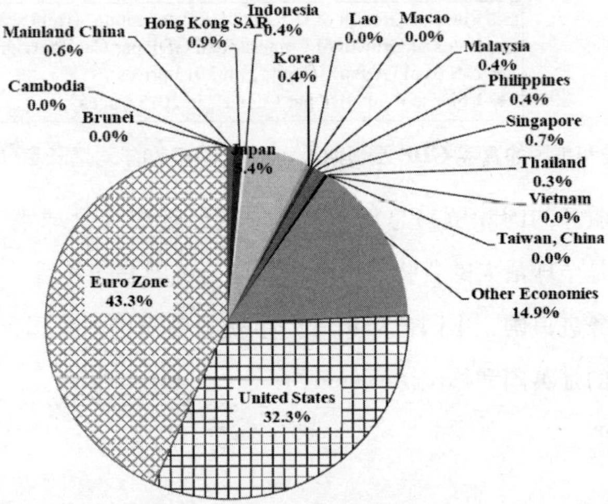

图7　1970年国际货物及服务贸易的地区分布

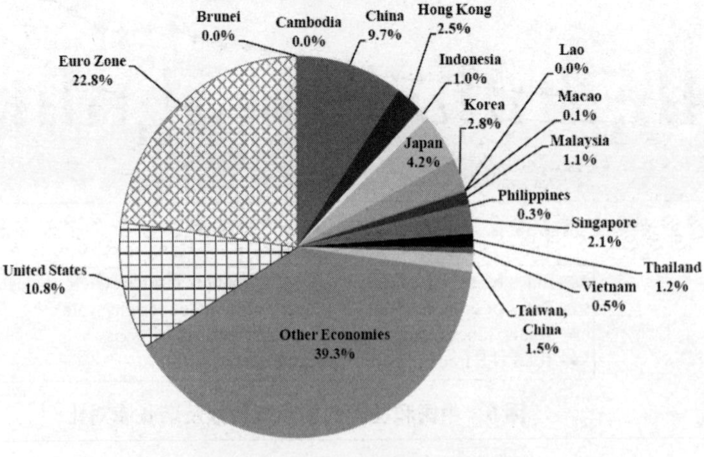

图8　2011年国际货物及服务贸易的地区分布

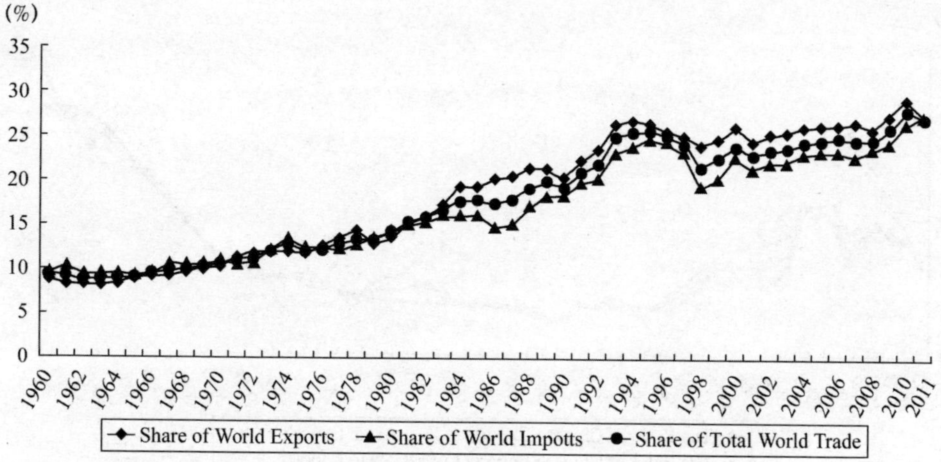

图 9　1960 年至今东亚在全球贸易中不断上升的比重

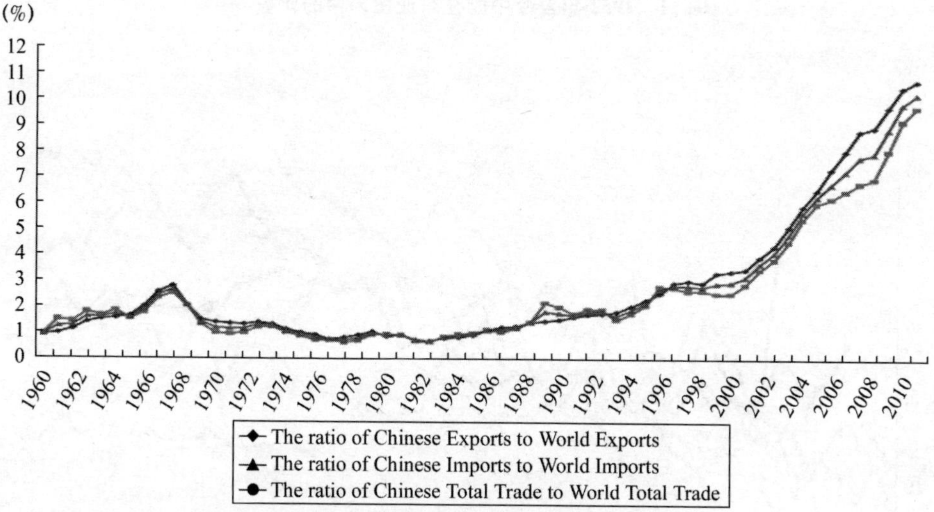

图 10　1950 年至今中国在全球贸易中的比重

除了菲律宾以外，东亚各国国内的高储蓄率支撑了其高速经济增长（参见图12）。国内储蓄率高意味着绝大多数东亚经济体只依靠自己的国内储蓄就能满足国内投资的资金需求。因此，它们无须依赖变化无常的国外资本流入就可以实现有形资本存量的高速增长（“外国资本流入”包括外国直接投资、外国证券投资、国外贷款或国外援助）。

自 1978 年开始，中国的国内储蓄率高达 30% 以上。这支撑了中国的飞速增长，也保障了一直居高不下的国内投资率。自 20 世纪 90 年代初开始，中国的储蓄率在

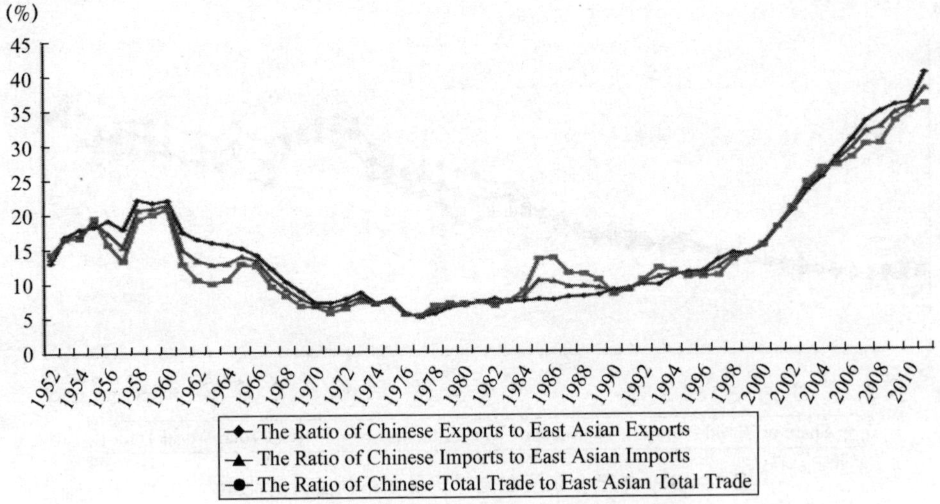

图 11　1952 年至今中国在东亚贸易中的比重

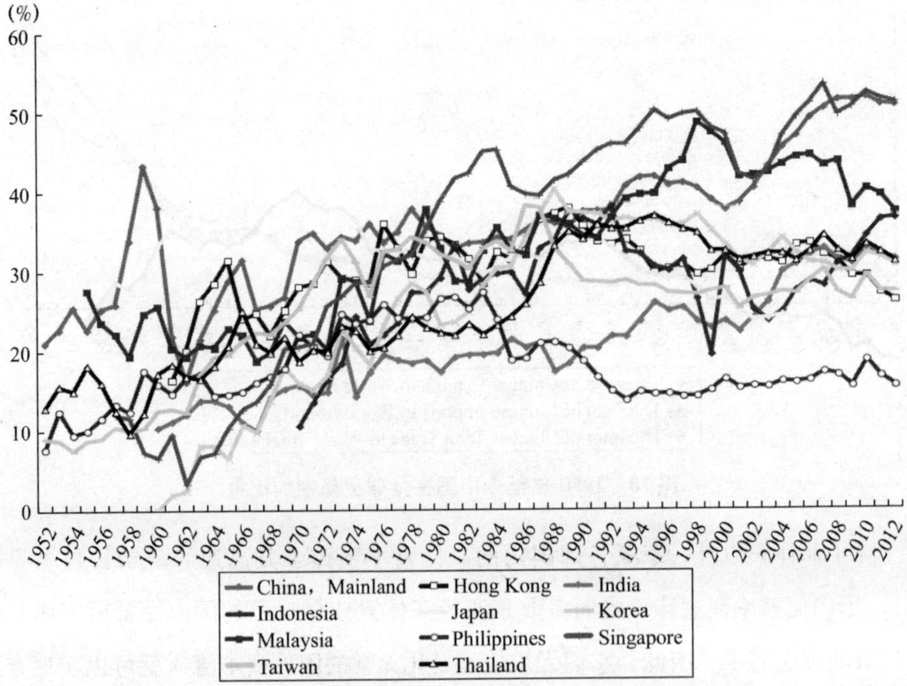

图 12　特定东亚经济体的储蓄率（1952 年至今）

40% 上下波动，近年来甚至出现接近或超过 50% 的情况。

自 21 世纪头 10 年的中期开始，中国的直接对外投资和境外证券投资一直处于增长态势。如果这种趋势持续不变，那么数年后中国很可能成为净外国直接投资者，从而导致外汇储备的一个增长来源发生逆转。凭借着庞大的储蓄和对于投资组合多样化的需求和愿望，中国企业和家庭将成为主要的对外直接投资者和境外证券投资者，由此在国外创造出对人民币资产的需求。

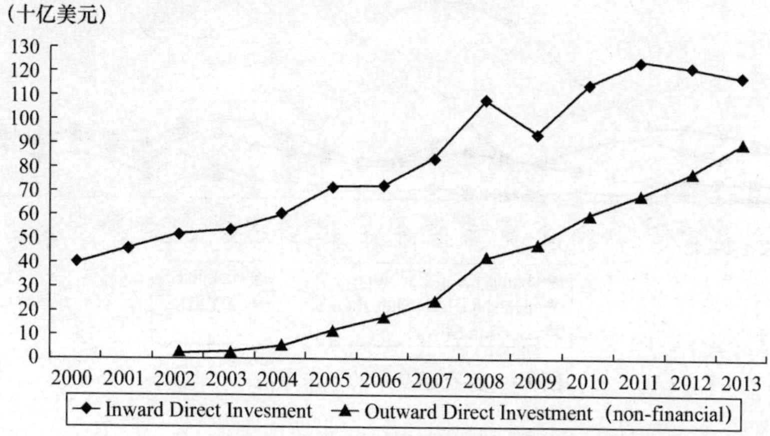

图 13　中国对内和对外的外国直接投资

东亚经济体的资本市场在过去几年里也取得长足的发展。在 2013 年底，所有东亚证券交易所的市值加起来达到 15.8 万亿美元，虽然比不上美国所有证券交易所的市值（24 万亿美元），但是超过了欧洲所有证券交易所的市值（13.2 万亿美元）①。这仍然是近期才出现的现象。中国直至 20 世纪 90 年代中期才开设了上海证券交易所和深圳证券交易所。而现在中国证交所的总市值已经与香港、伦敦和日本不相上下。

二、人民币国际化

人民币国际化对不同的人群意义不同。基本上来说，人民币国际化意味着在中国内地以外的地方出于各种目的使用人民币。

①在跨境贸易中将人民币作为“记账单位”。这意味着用人民币来计价或报价

---

① 美国证券交易所包括纳斯达克和纽约证券交易所；欧洲则有雅典证券交易所、西班牙马德里证券交易所、布达佩斯证券交易所、塞浦路斯证券交易所、德意志证券交易所、爱尔兰证券交易所、伦敦证券交易所、卢森堡证券交易所、纽约－泛欧交易所集团、奥斯陆证券交易所、瑞士国家证券交易所；东亚的证券交易所包括吉隆坡证券交易所、香港证券交易所、印度尼西亚证券交易所、韩国证券交易所、菲律宾证券交易所、上海证券交易所、深圳证券交易所、新加坡证券交易所、台湾证券交易所、泰国证券交易所、东京证券交易所。所用数据来自世界交易所联盟。

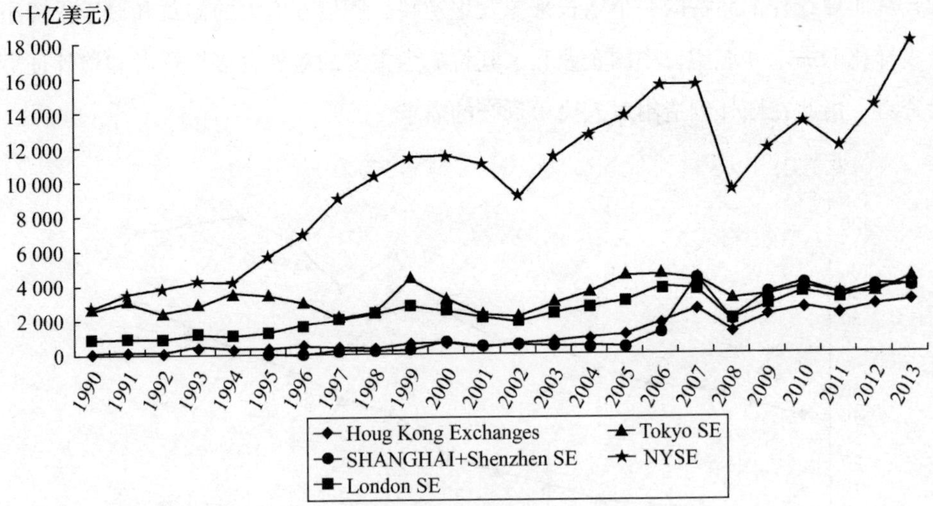

图 14　特定证交所的年末市值

（不过这并不一定意味着用人民币结算）。

②将人民币作为“交易媒介”。这意味着将人民币用于实际贸易结算，如在中国和贸易国/地区之间的跨境交易中使用人民币，最终在自愿的基础上使贸易国/地区在彼此之间的交易中使用人民币。

③将人民币作为“价值储藏手段”。这意味着个人和机构会长期持有人民币和人民币资产。当其他国家/地区的央行或货币当局持有人民币时，人民币就成为了外汇储备货币。

④将人民币作为“国际融资货币”。这意味着外国实体机构可以通过发行用人民币计价或者（在适当情况下）交易的债券和股票来筹资。

⑤将人民币作为“主要国际储备货币”。各国家/地区的央行和货币当局像持有美元和欧元一样持有人民币或人民币资产，将人民币作为其外汇储备。

虽然从法律上来说，人民币还不是完全可兑换或者可自由兑换的币种，但是由于东亚经济体已经普遍自愿地接受人民币，所以人民币在部分东亚经济体已经成为事实上的可兑换货币。目前，中国香港、中国澳门、老挝、缅甸和其他边境地区已经广泛接受和使用人民币，在零售业中将人民币作为交易媒介和价值储藏手段——虽然它在这些地区并不是法定货币。香港的内地游客可以在街上自由地用人民币购买商品或服务，也可以轻松地兑换港币，或通过港币兑换美元和欧元等“硬通货”。

自2009年起，中国特定省、市和地区的进出口商获准在自愿的基础上在香港用人民币结算跨境贸易，前提是每次交易需在进出口商之间签署共同协议。2011年底，这项措施已经覆盖到整个内地，而且可用人民币结算的地区也拓展到香港以外，如新加坡和中国台北。人民币日益成为跨境贸易的计价货币和结算货币，特别是在有中国企业参与的交易中。

在中国内地的国际贸易中，以人民币结算的贸易比重迅速上升。2010年第一季度几乎还没有用人民币结算的贸易，而到了2013年第四季度，此类贸易额已经上升到2 400亿美元，相当于货物和服务贸易总额的21.8%。从绝对值来说，现在中国每年有9 600亿美元的国际贸易用人民币结算。人民币还用于了对内和对外的外国直接投资和境外证券投资，不过政府可以进一步放宽对其使用的限制。

许多国家/地区的央行及货币当局已经与中国人民银行（即中国的央行）签订了货币互换协议，由此促进了人民币作为计价货币和结算货币的使用。

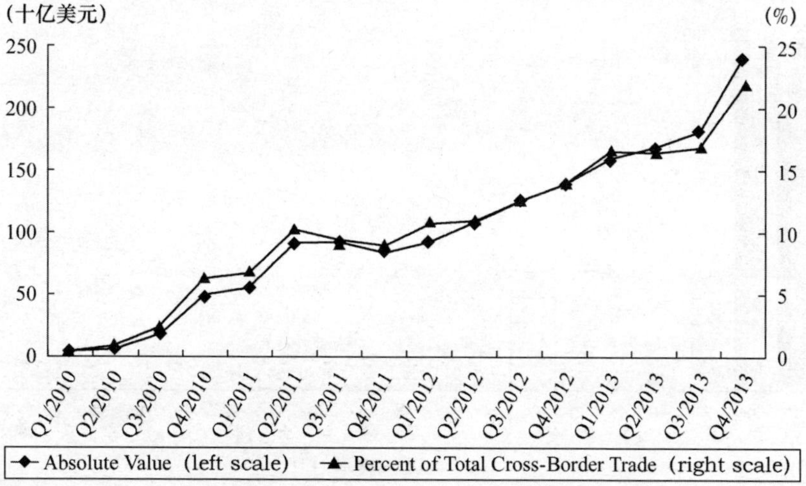

图15　中国跨境贸易中用人民币结算的贸易额和比例

图17展示了2013年1月至2014年1月全球支付的货币分配情况。美元超越欧元重新成为全球使用最广泛的交易媒介，占到支付总额的38.8%。排名第二的是欧元，占到支付总额的33.5%（欧洲的主权债务危机和欧元区仍未消退的经济衰退导致欧元的国际支付额下降）。在2013~2014年间，人民币在国际支付中的比重迅速从0.6%（全球排名第十三）上升到1.4%（全球第七），超越了瑞士法郎和港币。

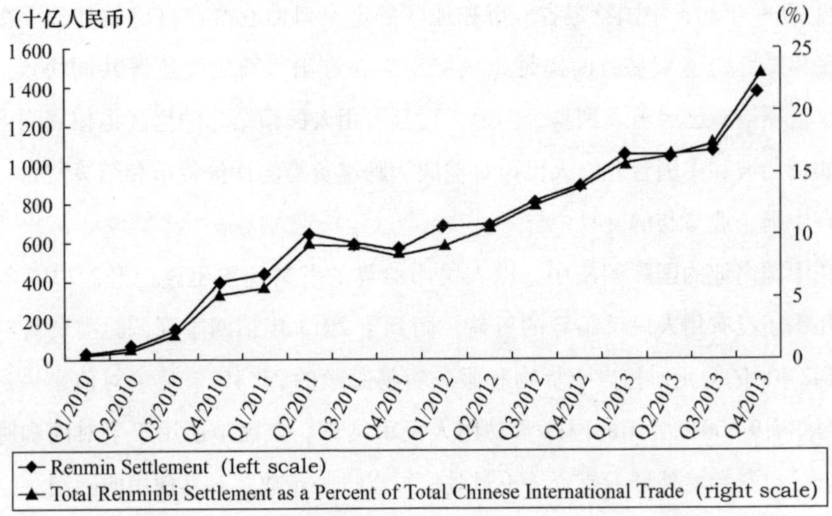

图 16　中国跨境贸易中用人民币结算的贸易额和比例

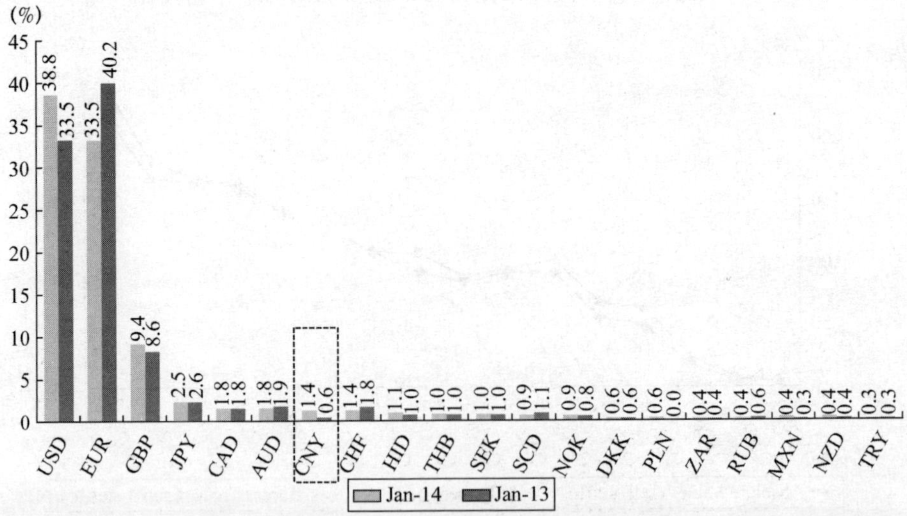

图 17　2013 ~ 2014 全球贸易支付的货币分布情况

图 18 和图 19 分别描述了 2010 年和 2012 ~ 2013 年主要国家在全球贸易中的比重与其货币在全球贸易结算中所占比重的对比情况。虽然中国的贸易额占到全球贸易额的 10% 以上，但人民币在贸易结算中所占的比重不足 1%。与此相对，美国在全球贸易中的比重与中国相似，但用美元结算的贸易额占到总量的 35%。尽管人民币在贸易结算中的使用情况在短短几年里有了很大提升，但是未来在跨境贸易结算中还有很大的增长空间。

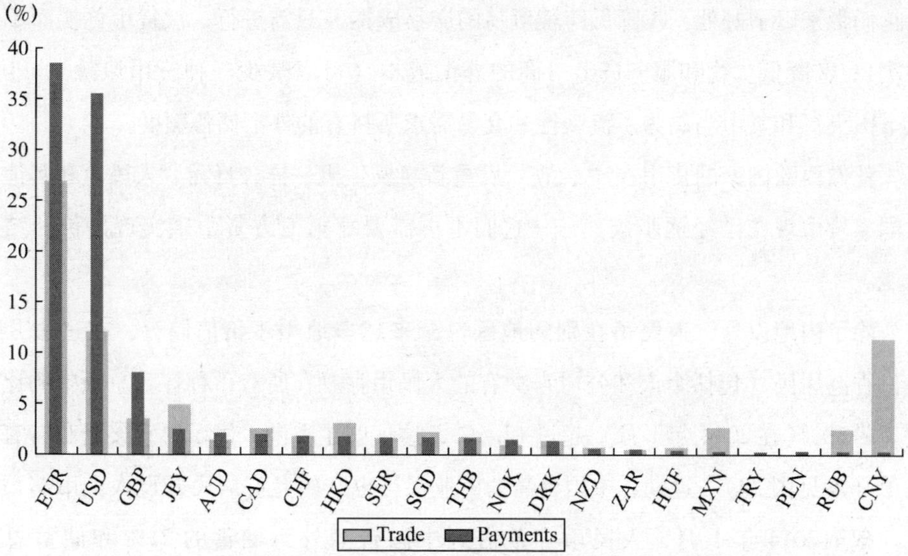

图 18　2010 年结算货币和全球贸易的分布情况

Source：SWIFT Value Analyser. Trade（import/export）2010，in value.，WTO working poper，Daiwa.

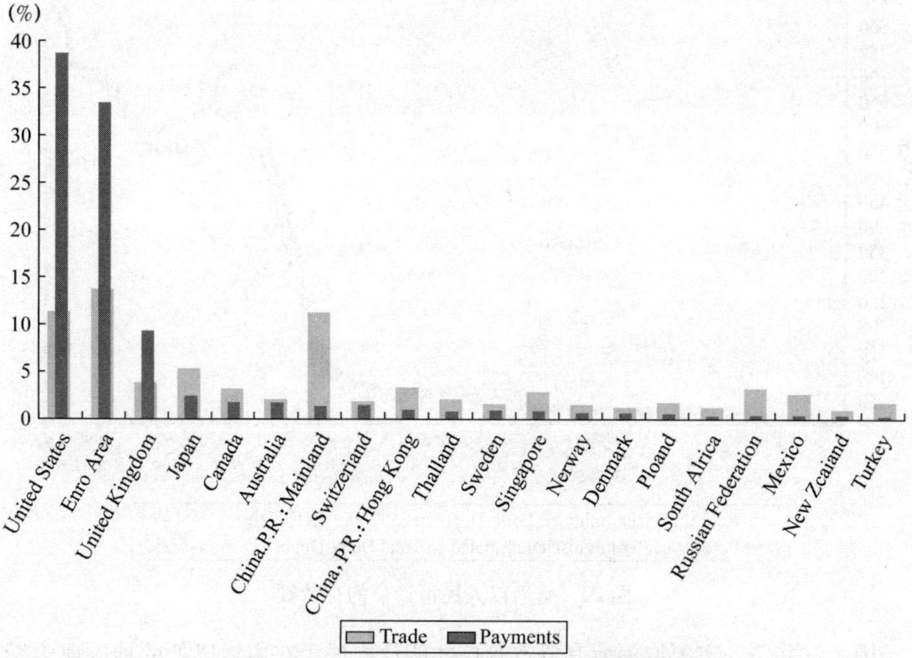

图 19　2012～2013 年结算货币和全球贸易的分布情况

对于中国的进出口商和它们的贸易伙伴来说，在跨境贸易中使用人民币或贸易伙伴所有国的本币作为计价货币或结算货币，而不是美元或欧元等第三方货币，可为它们带来以下好处：①降低跨境贸易的交易成本（只需进行一次货币兑换而不是两次）；②降低货物和服务进出口商的外汇成本（可以减少一种货币风险）；③降低本国央行和货币当局为了流动性和交易需求所持有的外汇储备额度。

就像西欧国家的货币在“二战”后重新焕发生机一样，日元、人民币和其他东亚国家货币现在已经逐步成熟——它们不再需要靠第三方货币来实现计价和结算功能。

除了内地以外，人民币在别的地区也越来越多地用于价值储存。在过去几年里，香港居民（包括个人和公司）拥有的人民币存款在所有币种存款总额中的比例快速攀升，（在2014年1月）超过12.5%，这证明了香港人民币愿意接受和持有人民币（参见图20）。近期，中国台湾的商业银行也开始允许居民开设人民币储蓄账户。截至2014年1月，人民币存款占到中国台湾外币储蓄的21%和储蓄总额的3%。

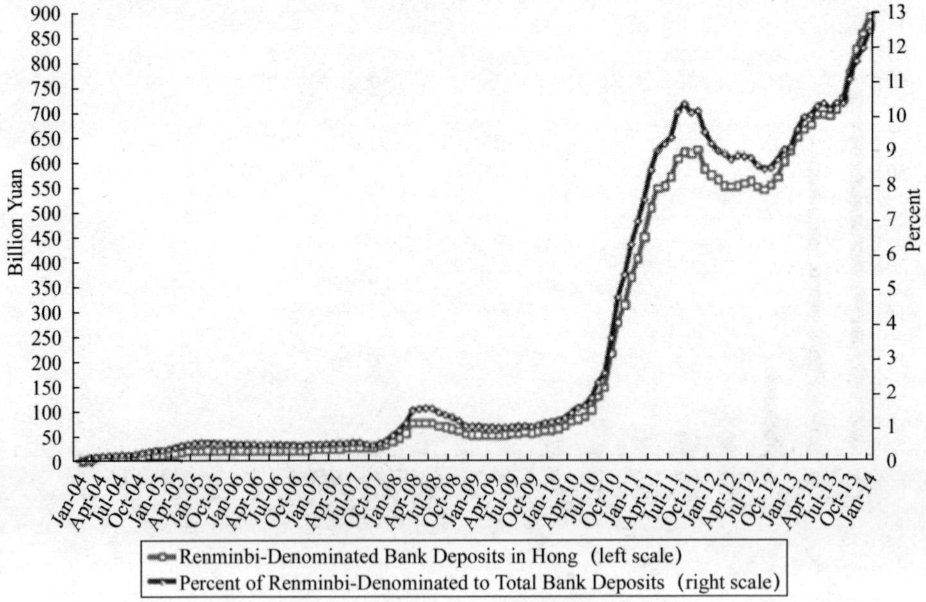

图20　香港以人民币计价的存款额

因此，并不一定要取消所有资本管控才能使人民币在内地以外的地区成为交易媒介或价值储存手段。虽然人民币尚未实现完全自由兑换，但它的接受度仍然很广。

将人民币作为国际融资货币是指，个人和公司在内地以外的地区将人民币作为借贷、产权投资或其他融资活动时使用的货币。中国必须在自愿的基础上逐步拓展人民币的这种用途，因为只有达到一定规模才能使这种用途具备效率。中国政府、国家开发银行、中国企业和外资企业都已在香港发行过人民币债券（即所谓的“点心债”）。该市场未来还可能继续扩张。最近香港金融管理局宣布将制定人民币基准利率，即人民币在香港的银行间同业拆借利率（HIBOR）。确定基准利率可以有力地促进人民币成为国际融资货币。

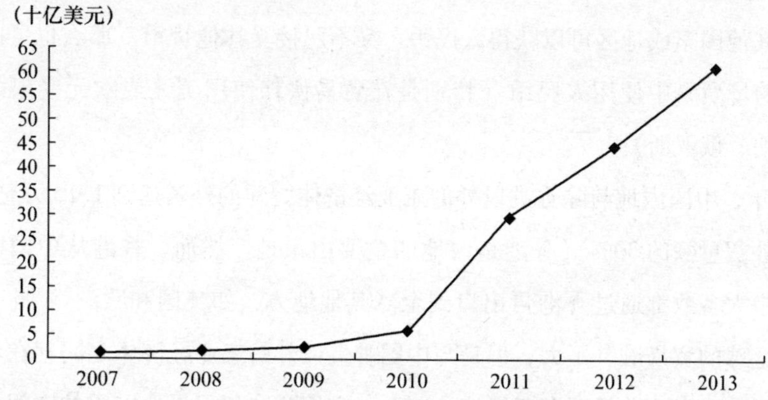

图 21　香港发行的人民币债券

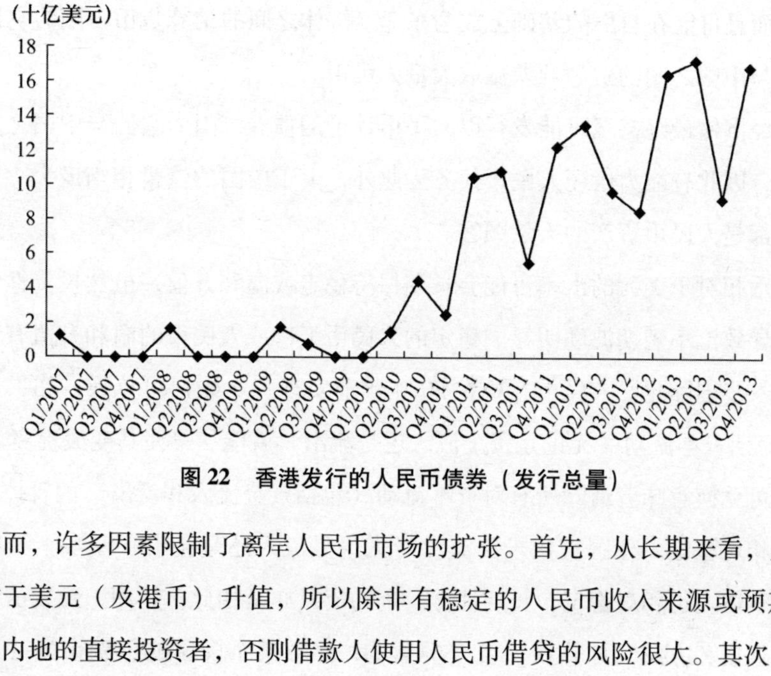

图 22　香港发行的人民币债券（发行总量）

然而，许多因素限制了离岸人民币市场的扩张。首先，从长期来看，人民币有望相对于美元（及港币）升值，所以除非有稳定的人民币收入来源或预期有此来源，如内地的直接投资者，否则借款人使用人民币借贷的风险很大。其次，通过离岸市场募集的人民币资金不一定会自动回流到内地使用。第三，香港的人民币存款不足内地人民币存款总量的1%。

三、人民币未来的角色

今后人民币可能将直接用于以人民币计价的证券交易，譬如在香港证交所上参与股票交易。如果这变成现实，那么即使不存在资本账户可兑换，内地投资者也可以在海外购买或出售人民币股票。

如果其他国家或地区可以获得人民币，又不愿接受其他货币，那么也可以在它们之间的跨境贸易中使用人民币（特别是在贸易伙伴使用美元或欧元受限的情况下，如伊朗、俄罗斯）。

2012年，中国内地与除香港以外的东亚经济体之间的外贸达到1.15万亿美元，约占中国外贸总额的30%（香港是内地的主要出口地。然而，香港从中国内地进口的货物中大多数都通过香港再出口到全球其他地方，如美国和欧洲。）此外，尽管中国与全球的贸易顺差不大，但是与中国香港以外的东亚经济体之间存在着巨大的贸易逆差。这意味着只要东亚经济体愿意，它们赚取和积累人民币的空间会相当大。因此，人民币不仅可能替代美元作为中国与东亚贸易伙伴之间结算进出口交易的货币，而且可能在自愿的基础上成为东亚经济体之间的结算货币，因为它们都有能力通过与中国之间的贸易顺差赚取大量人民币。

东亚经济体最终甚至可能发行以人民币计价的债券，因为它们与中国之间都有贸易顺差，因此有能力偿还人民币债务。此外，由于中国的储蓄相当庞大，所以中国投资者都是人民币资产的天然顾客。

人民币相对于美元的汇率可能会长期保持稳定或温和升值，虽然投资性资金流动可能会导致汇率短期波动明显。稳定的人民币汇率或人民币的温和升值有助于人民币的进一步国际化。人民币有望在2020年前实现资本账户可兑换。如果适当地“抵制”短期资本流动（无论是资金流入还是流出）就能尽早使其变成现实。

完全可兑换意味着清除所有对资本流动（包括资金流入和流出）的管控。国际贸易往来相对稳定。外国直接投资流量（无论是流入还是流出）基本上具有长期性，因此整体上也相对稳定。长期证券投资的流量亦是如此。然而，短期流量容易受到流动规模和方向（如热钱）突变的影响，导致某个国家的金融市场（如外汇

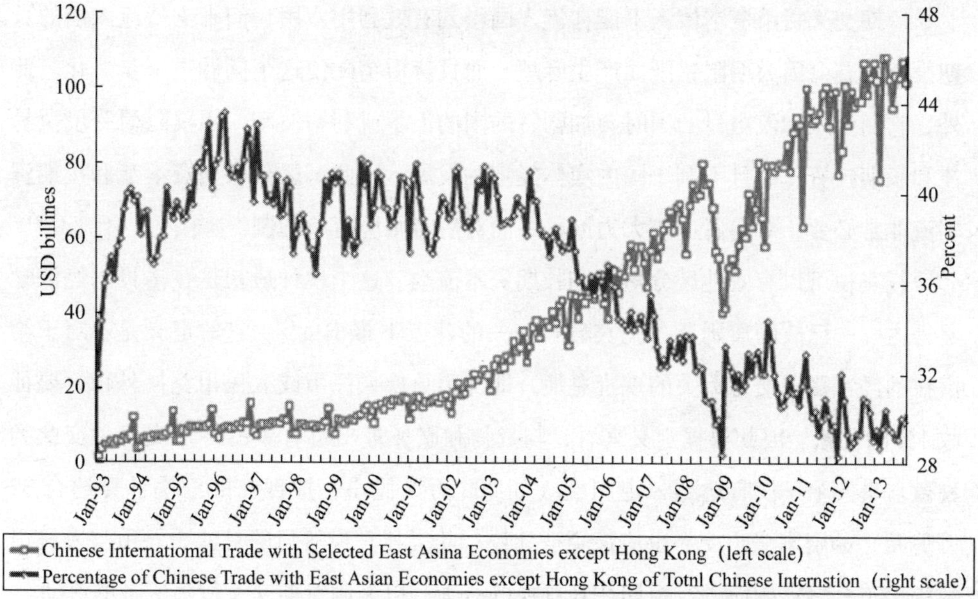

图 23　中国与中国香港以外的东亚经济体之间的外贸情况

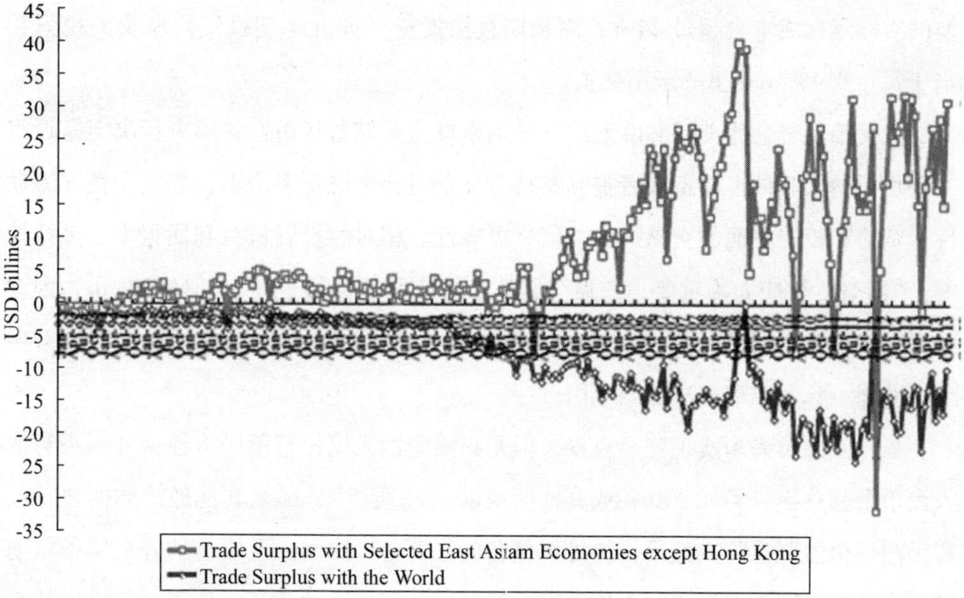

图 24　中国与世界及与香港以外的东亚经济体之间的贸易顺差

市场、信贷市场和资本市场）动荡不安，从而对实体经济造成负面影响。不过反对短期交叉货币国际资本流动最强烈的呼声认为：除了与短期贸易相关的融资以外，短期交叉货币国际资本流动不具备任何社会生产力。

短期交叉货币资本流入不能在流入国得到有效利用。用它们来支持流入国的长期投资时总会因为期限错配而产生麻烦，而且货币错配使这个问题进一步恶化。此外，它们流入和流出目的国时会加剧目的国的汇率或利率波动，不仅阻碍跨境贸易流和长期投资，而且不利于国内实体经济的发展。因此，区分长期资本流和短期资本流非常必要，对前者应该大力鼓励，而对后者则应有所抑制。

托宾税可以有效地区分短期和长期资本流动。这个税种最初是在诺贝尔经济学奖得主——已故的詹姆斯·托宾教授——的建议下推出的①。它的定义是：对于与潜在的经常账户交易无关的现货兑换，即外币兑换人民币或人民币兑换外币，要征收1%的税款。因此根据定义来看，与货物和服务进出口有关的外汇交易免交此类税款。事实上，没有达到一定门槛（如200万人民币，按现在的汇率计算约合32万美元）的资本账户交易也应该免征此税。此类托宾税的目的是惩罚外币与人民币纯粹出于金融目的而进行短期往复兑换的行为，以遏制短期交叉货币资本的流动。

如果每次人民币与外币互兑都要交纳1%的税款，那么每个月进行这种往复兑换的实际年化成本会超过24%，而长期直接投资（如五年期投资）所交的税只相当于每年0.4%，几乎等于不交税。

人民币是否会像美元和欧元那样成为全球主要储备货币？各国央行决定是否将一种货币纳入其外汇储备或者提高其持有比例时会考虑很多因素，如安全性、流动性、贸易和投资方面的交易需求、信贷可靠性、相对的投资机会和回报率、多样性等。“网络”效应尤为重要——央行们乐于持有其他央行也持有的储备货币，因为这样利于彼此之间的结算，而且提高了流动性。这也是为何各央行通常都持有美元、欧元、日元和瑞士法郎的原因。

虽然人民币尚未实现完全兑换，但是只要中国人民银行承诺将任何外国央行的人民币余额兑换成美元、欧元或其他所谓的“硬通货”，那么其他经济体的央行或货币当局仍然愿意将人民币作为外汇储备的一部分。中国人民银行的外汇储备目前已经高达近4万亿美元，这也使中国央行有底气做出这种承诺。外国央行可以持有人民币，以便与中国或其他愿意接受人民币的经济体之间开展贸易。

---

① 2013年月2月，欧洲委员会发布会了关于征收“金融交易税”（FTT）的倡议，这也是一种托宾税。但欧盟的27个成员国中只有11个愿意响应这个倡议，如法国、德国、意大利和西班牙。

中国人民银行已经与许多央行和货币当局签订了双边货币互换协议，如阿尔巴尼亚、阿根廷、澳大利亚、白俄罗斯、巴西、欧元区、香港、匈牙利、冰岛、印尼、哈萨克斯坦、韩国、马来西亚、蒙古、新西兰、巴基斯坦、俄罗斯、新加坡、泰国、土耳其、乌克兰、阿联酋、英国和乌兹别克斯坦。中国还将与其他更多国家签订此类协议①。

一种货币成为他国的主要国际储备货币时，既会为本国带来益处也要付出相应的代价。益处之一自然是"吹牛权"。换句话说，其他国家和地区的央行愿意持有这种货币相当于积极地肯定了发行国的经济表现。主要国际储备货币发行国所享受的真正经济益处实际体现在货币铸造税上，即发行国可以通过印钞票来支付进口货物（或发行债券，两者的作用基本相同）。出口国的居民要么持有自己收到的货币，要么把它们卖给本国央行。央行把自己购得的外汇放入外汇储备，以存款或债券的形式持有这些资产。因此，发行国有能力用自己随心所欲印出来的钞票——它们从本质上来说不过是纸张而已——来获得具有真实价值的货物。这的确是一个巨大的优势。

国际储备货币的发行国要付出的"代价"则是：为了从货币铸造税中获益，它必须保持贸易逆差，或长期净购入外国资产（如果它长期保持贸易顺差，那么就无须印钞票（或债券）来支付进口产品，其他国家就很难获得它们的货币）。贸易逆差越大，发行国从印钞票中获得的益处就越大。然而，具有重商主义倾向的国家不喜欢贸易逆差，因此也不希望本币成为全球主要的储备货币。

另外一个"代价"是当某种货币被别国/地区的央行和货币当局广泛持有并作为外汇储备时，可能给它带来风险，即这些央行和货币当局可能出于经济或非经济的原因，在某个时间点放弃持有这些货币或以这些货币计价的资产，结果可能乱发行国的汇率、利率和金融市场。

可完全兑换的货币不一定是主要的国际储备货币，即不一定被各国央行作为外汇储备来大量持有，譬如港币和新加坡元。日元虽然可完全兑换，但是日本政府并不鼓励别国将它作为主要的国际储备货币。人民币最终是否会成为主要的国际储备

① 中国人民银行的网站上列出了与中国签订双边货币互换协议的国家，具体请参见 http：//www.pbc.gov.cn/publish/huobizhengceersi/3135/index.html。

货币仍然要拭目以待，因为正如前面的分析所示，这会在带来利益的同时产生代价。

中国应该避免使人民币汇率成为全球对冲基金赌博和投机的目标。每天全球的外汇交易量达到5.3万亿美元，相当于每年1 500万亿美元。全球每年的国际贸易总额达到20万亿美元左右，约合外汇交易总量的1.3%，其中也包括了不需要货币兑换的跨国或跨地区交易，如欧元区内部的交易。这些交易都是必需的吗？

这些数据表明大多数外汇交易都是短期赌博和投机，它们导致汇率不必要地波动，对实体经济体没有任何益处，却给从事这些交易的银行带来巨额利益（这就像运营赌场一样，虽然主要银行要求外汇市场规定价格）。此类投机活动导致的汇率波动对于美元大有裨益，因为它既处于主导地位，又是唯一的避风港货币。

无论进出口商都愿意用本币结算外贸交易，因为这降低了交易成本和汇率风险，也使得国家没有必要一直大规模持有外汇储备。然而，不是每一对贸易国都能达到双边平衡。在本币结算的情况下，有些国家可能持有的外币过剩，而其他国家持有的该种外币则不足。因此，集中结算更合乎情理。在特定的国家集团里，一国持有的外币过剩时可以用来弥补别国在这方面的不足。这种相互抵销的做法在一个团体内部相当有效，因为每个成员与其他成员之间多多少少都存在贸易平衡。

在20世纪50年代和60年代初，巴塞尔国际结算银行帮助西欧国家履行了集体结算的功能，因为这些国家刚刚从"二战"的硝烟中恢复生机，而且尚未对别国货币建立起信心。这个结算体系在马歇尔计划的支撑下得以顺利运行。西欧国家内部先相互抵销外币，随后马歇尔计划提供美元来结算剩下的余额。

亚洲内部也可以在自愿的基础上建立类似的结算银行来履行相似的功能，以便于它们用本币结算。中国（或许还有日本）可以凭借它们庞大的外汇储备，用人民币（或日元）或其他主要国际储备货币（如美元或欧元）来结算内部相互抵销后剩下的交易。

两种货币之间的实际汇率是根据两国之间相对的通胀率进行调整后的汇率。稳定的实际汇率有利于实体经济。出口商、进口商、直接投资者和长期证券投资者都希望实际汇率保持在稳定的水平上。在达成共识的国家集团内部建立起自愿的实际汇率协调机制来应对它们的经常账户顺差和逆差及它们的相对通胀率，这样会避免它们采取"损人利己"政策或彼此之间出现破坏性的竞争性货币贬值。此外，如果这个集团内建立起有效的实际汇率协调机制，那么能促进各国货币的汇率作为一个整体对于主要国际储蓄货币进行调整，因为在这种情况下，这个集团里没有一个国家相对其他国家具备特别的优势或劣势。在实际汇率协调机制的作用下，集团内部的相对外汇平价将重返布雷顿森林式稳定，但却无须动用黄金。

这种汇率协调机制最适用于贸易和投资关系极其密切的国家在自愿基础上组成的集团，如东盟10+3。如果经济体集团内部建立起有效的实际汇率协调机制，那么集团内的任何一种货币和其他货币都没有分别（其中也包括人民币）。如果东亚经济体或它们中最重要的贸易国成功建立起实际汇率协调机制，那么最终会形成蛇形浮动汇率制。

四、为合格参与者建立本金可交割远期人民币市场

在人民币向可自由兑换货币过渡的过程中，如果能利用本金可交割远期人民币市场帮助真正以进出口交易为目的的商家对冲人民币汇率风险，那么就可以大大推动人民币在跨境交易中更多的扮演计价和结算角色。然而，其中蕴含的挑战是如何为真正的进出口商提供低成本工具来对冲它们的汇率风险，而不是为利用人民币汇率赌博和投机的活动创造新的收益，因为后者只会对中国实体经济的发展带来负面影响。

因此，这种远期外汇市场只能对合格的参与者开放，如与中国开展实际货物和服务进出口贸易的商家。每个进出口商可用来购买和出售的人民币远期外汇数额不应超过其潜在贸易额。这个市场应由中国人民银行建立，也可以由中国银行在中国人民银行的授权下建立。对于那些选择购买或出售人民币远期来支持其外贸的进出口商来说，由中国人民银行或中国银行建立人民币远期市场消除了所有潜在的交易对手风险。

这个市场的首要目标是提供一种低成本工具，帮助那些在跨境交易中用人民币计价和结算的进出口商对冲汇率风险。并不是所有进出口商都要对冲这种风险。这些远期合同都不可转让，应被视为“保险”合约，允许以进出口交易为真正目的的商家为具体交易对冲具体的汇率风险（换句话说，这些人民币远期外汇合约必须有“保险”价值）。人民币远期市场的目标并不是为了确定远期汇率。

人民币投机分子不能参与此类市场，因为它们没有从事任何需要对冲人民币汇率风险的实际货物和服务交易。这种远期市场也不应该对外国直接投资者开放（无论是对内投资还是对外投资），因为他们的投资时间范围通常都超过两年，对于高效的汇率对冲来说时间过长。此类投资者更需要注意的是使投资项目预期收入和成本所使用的货币以及自己在被投资国的资产和负债之间相匹配，而不是对冲它们在市场上所面对的外汇风险。

远期外汇货币合约应该如何定价呢？从原则上来说，如果美国进口商从中国进口价值6亿人民币的货物，并约定在12个月后交付和结算，那么可以通过现汇买入6亿人民币12个月定期存款的收益来消除汇率风险。因此，如果人民币12个月定期存款的利率为每年3%，那么需要购买的现货人民币为6亿人民币/1.03 = 5.8252亿人民币。也就是说，如果将5.8252亿人民币存为12个月定期存款，而且年化利率为3%，那么到期时正好得到6亿人民币。美国进口商可以利用这笔钱来结算进口交易。

为了实现这个目标，美国进口商需要用美元余额购买现货人民币，他们为此付出的代价是这段时间里损失的美元利息。如果美元和人民币12个月定期存款的利率相同，那么美国进口商就不会为此付出任何利息方面的代价。因此，若想让美国进口商认为购买远期人民币合同有利可图，合同成本就应该相对较低。在这种情况下，中国人民银行可以按当前即期汇率向美国进口商提供12个月的远期人民币合同，再收取小额服务费（例如合同金额的1%）。合同金额小于等于美国进口商和中国出口商之间已经达成的以人民币计价的订单金额，并由保兑行开具信用证。

然而，为了确保美国进口商在12个月里履行承诺，即在12个月后按合约约定的时间购买现汇人民币，就要求进口商最多需预付5%的总定金，其中包括1%的服务费；除去服务费，剩下部分就可用于12个月到期后执行远期交易合约。假设美国进口商确实在12个月内执行了远期合约，那么它的净成本为合同金额的1%。根据这一协议内容，美国进口商能够按当前的即期汇率在12个月后按事先约定好的数额购买人民币，而净成本仅有1%。

不过，一旦人民币和美元之间存在利率差，那么就必须在成本里反映出来。假如人民币的利率高于美元，那么美国进口商提前购买人民币就可以获利，因为它的利息收入超过了付出美元时损失的利息。在这种情况下，没必要用特别手段吸引美国进口商以即期汇率购买人民币，远期人民币合约的成本为1%的服务费，此外还可能有4%可退还的定金，总计为5%。假如人民币利率低于美元利率，那么美国进口商用美元购买即期人民币并将所购买的人民币在自己的人民币账户中存成12个月人民币定期存款以对冲利息风险时，就要付出净利息成本。因此，只要能降低对冲的净成本，那么美国进口商会乐于买入远期人民币。

我们用具体例子来说明这个问题。假设人民币对美元的即期汇率是6，人民币的年利率为1%，美元的年利率为3%。那么以现价购买12个月远期人民币合约的溢价不应该超过2%，即人民币和美元的利差，此外还有1%的服务费。两者利差的中值看起来是个合理的溢价（在本例中为1%），因为中国人民银行并不会在这个市场上获利，只是提供具有正外部性的服务（譬如，对中国出口商的外部性服务），而且它有能力与美国进口商分担对冲成本。根据合约建议，美国进口商可以按当时的即期汇率购买事先约定数量的人民币，而净成本仅为2%（当然，美方需存入5%的定金，其中3%可退还）。

如果远期指6个月，而不是12个月，那么会发生什么？在这个例子中，利息成本减半，那么以即期价格购买6个月远期人民币合约时所需的成本为1%的服务费再加上0.5%的溢价（即六个月利差的一半）。进口商总共应存入5%的定金来确保其远期合同，其中3.5%根据购买协议的规定可返还。如果远期指24个月，那么利息成本会比12个月的远期翻番，这样以即期价格购买24个月远期人民币合约时所需的成本为1%的服务费再加上2%的溢价（即24个月利差的一半）。进口商总共应存入5%的定金来确保其远期合同，其中2%可返还。

同样，对华出口的美国商家用人民币计价和结算时，会发现卖出远期人民币对自己有利，因为这样减少了汇率风险。假设价值6亿人民币的货物要在12月后交付中国进口商。美国出口商可以在现货市场上售出6亿人民币来换购美元，并且将美元存成12个月定期存款，那么就能消除汇率风险。美国出口商的净成本是6亿人民币12个月定期存款的利息收入与等值美元同样存款的利息收入之差。

如果美元和人民币的利率相同，那么美元出口商不承担任何净成本。以即期汇率出售12个月远期人民币合约的成本仅为1%的服务费。出口商支付的总定金为5%，其中根据合同还可退还4%。然而，如果人民币利率高于美元利率，那么美国出口商就要承担净利息成本。为了吸引美国出口商签订人民远期币卖出合约，远期合约的成本必须降低美国出口商对冲风险的净成本。

我们来看一个具体例子。假设人民币对美元的即期汇率为6，人民币的年利率为3%，美元的年利率为1%。那么远期合约以即期汇率卖出人民币的成本就不应该超过2%，即人民币与美元的利差。同样，由于中国人民银行并不在这个市场上获利，而且有能力与美国出口商分担对冲成本，那么合理的溢价是两者利差的中值，此外还要加上1%的服务费。因此，远期合同的总定约为5%，根据合同其中3%可返还。

如果人民币利率低于美元利率，那么美国出口商以现价卖出人民币换购美元，并将美元存为12个月定期存款时，就可获得净利息收入，无须额外吸引它售出人民币。因此，远期合约只是以现价销售12个月远期人民币并购回美元，再加上少量手续费（如合同金额的1%）。美国出口商的净成本为1%，不过需支付5%的定金。拥有人民币余额或人民币借款能力（即能拿到人民币合同或中国进口商的信用证）的美国出口商可能会不向中国人民银行出售远期人民币，而是自己直接对冲风险。

以上讨论可以总结成以下几点。

如果人民币和美元的利率相当，那么以即期汇率买入和卖出远期人民币的成本都为1%的服务费。

如果人民币利率高于美元利率，那么外国进口商以即期汇率购买远期人民币合约只需支付小额服务费，如合同金额的1%；外国出口商以即期汇率出售远期人民币合同需支付1%的服务费以及年化利差的一半。这两类合同都需支付5%的总定金，其中大部分都可返还。如果利差的一半超过年均4%（虽然这不太可能），那么年均净成本的上限为5%。

如果人民币利率低于美元利率，那么外国进口商以即期汇率购买远期人民币合约的成本为1%的服务费和年化利差的一半；外国出口商以即期汇率出售远期人民币合约的成本仅为1%的服务费。无论在哪种情况下，国外方面都需支付5%的定金。

我们要记住对于使用人民币计价和结算外贸的进出口商来说，人民币的远期购买和出售交易是一种用来抵御不可预见的汇率变化的保险手段。它们的目的是为了保护进出口商在实际经济中免受人民币汇率波动的冲击。确定人民币远期购买和出售汇率的框架都以此为唯一基础。

国外进出口商拥有这些对冲风险的工具时，就更愿意在外贸中使用人民币计价和结算，这不仅对它们自身有利，也利于中国进出口商，因为后者的交易成本大幅降低，而且使用人民币计价和结算规避了所有汇率风险。

根据利率平价理论，利于人民币的利差意味着人民币可能相对于美元贬值。因此，用美元以即期汇率购买远期人民币合约的成本不应该超过服务费太多，但是以即期汇率出售人民币远期合约则会产生净成本。然而，只有资本能够自由地对内或对外流动时，利率平价理论才真实可靠且具有适用性。目前中国还不具备这个条件。我们建议使远期人民币合约的定价符合利率平价理论预测的方向。

六、结语

在过去几十年里，全球经济的经济重心逐步从北美和欧洲向东南亚转移。东亚的经济重心也在从日本向中国转移，而且这个过程还未停止。2007～2009年的全球金融危机已经加速了人民币国际化的脚步——尽管这看起来有些自相矛盾。中国将按照计划逐步有序地实现人民币国际化，其开端就是在自愿的基础上允许外贸交易将人民币作为计价和结算货币。随着时间的推移，中国在外贸中越来越多使用人民币计价、清算和结算，特别是在与东亚经济体的贸易中。中国与美国和欧洲的交易则继续分别用美元和欧元计价和结算。

东亚经济体内部也可能在自愿的基础上将人民币用于外贸结算，这是因为几乎所有东亚经济体相对于中国都存在贸易顺差，所以只要它们愿意就可以储备人民币来结算贸易。鉴于东亚经济体都可能持有过剩人民币而且涉及到的货币兑换较少，所以用人民币而不是美元来结算贸易更加经济可靠、也更高效。

由于对内和对外的资本控制将被大幅放开，所以中国有望在2020年前实现资本账户可兑换。如果适当地“抵制”不利于实体经济的对内和对外短期投机性资本流动（即热钱），那么这一天会到来得更早。鉴于托宾税可以有效地区分短期和长期资本流动，所以征收托宾税有利于管控热钱的流入和流出。

特别需要指出的是，人民币完全可兑换并不一定意味着人民币的汇率完全由外汇市场自由决定。人民币将继续采取受管控的浮动汇率体系。港元就是一个最好的范例，它虽然是可完全兑换的货币，但是其汇率却不是自由波动的。

我们并不清楚让人民币像美元和欧元那样成为主要的国际储备货币是否最符合中国的利益。要想让人民币被各国央行广泛持有，并享受作为主要国际储备货币所带来的货币铸造税，那么中国很可能会拥有高额贸易赤字，但这背离了中国的利益。此外，如果外国央行不合时宜地抛售人民币或人民币资产，那么也会给中国带来风险。

中国不应该也不能将未来的目标确定为让人民币取代美元的国际储备货币地位。与此相反，人民币应该在国际货币秩序的演进过程中扮演辅助角色，从而为个体经济用本币结算打造一个更加稳定和可持续性更强的平台。就像国际结算银行在20世纪50年代支持西欧国家实现经济复苏一样，中国可以率先推动和帮助东亚各国实现本币结算，如支持建立亚洲内部结算银行。另外，更进一步的倡议是中国还可以引领和推动东亚国家内部的汇率协调。

在人民币向可自由兑换货币过渡的过程中，如果能够为真正以交易为目的的进出口商建立远期人民币外汇市场，来对冲人民币汇率风险，那么就会大力推动人民币在跨境交易中的计价和结算作用。人民币远期外汇市场可由中国人民银行建立和维护，也可由中国银行在中国人民银行的授权下建立和维护。这个市场可以产生非常积极的外部性，因为当人民币在外贸中用于计价和结算时，中国进出口商的交易成本和汇率风险将大幅下降。

伊夫杰尼·加夫利连科夫

俄罗斯联邦储蓄银行常务董事、首席经济学家

非常感谢主办方邀请我来参加此次论坛。

我想先谈谈俄罗斯的周边环境。俄罗斯周边有中国这个超级大国。中国是一个GDP总值超过9万亿美元的经济体，每年还会增长约1万亿美元。去年俄罗斯的GDP总值是2.1万亿，今年由于货币疲软可能会略有下降。中国的经济规模日益接近欧美。过几年等中国的GDP达到12万亿至13万亿美元时，它的规模将与这两大经济体相当。而相比之下，俄罗斯就是一个很小的实体，所以俄罗斯必须了解邻国的发展潜力。那么我们该如何看待中国的发展呢?

首先，我们都知道近期中国金融业出现了一些问题，如高达3万亿美元（约合17万亿人民币）的地方债务和影子银行等等。这些问题都是可以解决的，我觉得它们还没有严重到影响中国经济。我认为中国经济会持续高速增长。由于经济规模越大，增长速度就会越慢，所以在接下来的几年里，它的增长速度可能达不到7.5%，但仍会达到6.5%~7%的增长，继续对全球经济增长做出重要贡献。

我认为在继续进行经济结构调整的道路上，中国首先要继续刺激内需。其次，金融自由化也是不容回避的问题，如放开资本控制。当然，我指的并不是今年就要实现这些目标，而是到中国经济规模与欧美相当时逐步完成这些工作。

我想中国也在讨论人民币或许会在某个时候成为第三种国际储备货币。这对丝绸之路来说意味着什么？在我看来这是一个新的变化。过去我们所说的贸易主要是商品贸易和技术贸易，而现在我们可以在新丝绸之路这个背景下讨论金融贸易。如果中国政府以后真的实现资本自由化，开放资本账户，进一步放开外汇政策，那

根据会议发言录音翻译整理，未经本人审定。

么人民币很有可能会成为三大国际货币之一。

要实现这个目标的话就一定要发展债券市场。我认为如果将现有债务证券化，就可以解决中国目前可能存在的金融问题，而且这将成为中国又一大商业。此外，这也可能会影响到丝绸之路经济带的国家，比如中东地区那些经济过剩的国家，其中也包括俄罗斯。

以上这些就是我对中国未来发展的看法。我主要关注的是结构调整，中国可以借此成为一个超级金融大国，而不仅仅只是一个超级经济大国。在我看来，与中国建立更加紧密的金融关系之后，俄罗斯将会从中获益。

杰弗里·萨克斯

美国哥伦比亚大学教授

开启全球可持续增长新时代

在过去的15年里，中国发展高层论坛让我们对中国发展有了更深刻的了解，促进了彼此之间的深入交流，使我们这些参会者获益良多。我也很荣幸有这个机会和大家一起探讨一下我眼中当下最重要的经济问题：如何找到一条增长之路，不仅能够实现金融的可持续发展，而且能够实现环境和社会的可持续发展？

全球都需要改变当前的发展模式。沿袭现有的发展机制不会引导我们走上稳定增长的道路，因为我们面对的根本矛盾是经济发展轨迹与地球的基本生态体系不匹配。我们必须认识到这一点，并调整发展机制和政策设计，以努力克服当前的困难。对于中国、美国、欧洲和整个世界，均是如此。

当前全球经济高度依存，我们有着共同的命运。任何一个国家都不能独善其身，这意味着在考虑世界未来的发展道路时，任何一个地区都不能规避他们必须承担的责任。

摩尔定律是我们所处时代的决定性因素，也是我们这个时代的技术革命。在过去的200年里，每个时代都迎来了自己的革命，如200年前的蒸汽机革命、19世纪末的电气化时代。而我们这个时代的革命就是信息技术革新。这些革命让我们对于找到新的经济增长轨迹保持着乐观态度。自1958年开始，我们在数据存储、处理和传输方面的能力已经增长了10亿倍；在芯片上集成晶体管的能力翻了29番，最新的微软芯片上集成的晶体管数量已经达到50亿个。虽然我们刚刚开始从本次革命中获益，但它已经对全球通讯技术革新做出了巨大贡献。譬如，我们可以在全球

根据会议录音翻译整理，未经本人审定。

任何地方随时下载电影。即使非洲最偏远的村落也已经能够和全球其他地区保持联络，而这在五年前还只是梦想。然而，本轮革命必须渗透到社会的各个方面，无论是能源、医疗、教育还是运输，因为这是我们找到可持续增长道路的希望。

现在科技的点点滴滴都基于数字革命。我们所知道的一切都可以用0和1这两个数字表示，而且我们的信息处理速度已经是过去的10亿倍，使得各行各业取得了突破性进展。现在人类基因分析的成本下降速度已经超过摩尔定律的预期，从最初的1亿美元下降到现在的1 000美元。摩尔定律预测芯片的性能每18个月至24个月就能提高一倍，而自2000年开始，人类基因分析的成本平均每九个月就下降一半。众所周知，中国对于材料科学的突破发挥了决定性作用，如纳米技术和光伏板技术。中国大幅降低了光伏板的成本，从1977年的76.67美元/瓦特下降到现在的74美分/瓦特。从根本上来说，制造工艺和化工业方面的技术进步为本轮信息技术革命奠定了基础，而且纳米技术将促成原子级精密制造方面的更多进展。这些让人振奋，也大力推动了时代的进步。

现代经济发展的历史只有区区200年。从罗马帝国和汉帝国到1800年，技术革新的进展非常缓慢。曾经有人说过：如果罗马帝国时代的农民突然神奇地穿越到1750年的英国，那么他不会有任何不适应。这1750年里没有发生什么重大的技术进步。但1800年之后，全球迎来了五次主要的技术浪潮，每次浪潮持续20～40年，成为经济增长的核心动力。很多科学研究已经从很多角度证明，如果没有这些技术浪潮，就不可能实现长期的经济增长。这些技术变革从根基上推动了经济增长。我认为我们需要刻意引导第六次技术浪潮，而不是等待市场上的偶发事件引发技术革新，因为我们没有时间再等待下去。到这里，关于经济增长的好消息都汇报完了，接下来我要谈谈坏消息。

不过我要多谈一条“好”消息，它貌似利于经济增长，但实际上是把双刃剑。我们描绘了从公元纪年到现在的GDP增长情况。从公元纪年到1800年，GDP基本没有实现显著增长，直至随后的五次重大技术浪潮驱动GDP直线上升。现代经济增长都集中在这个时间段里。著名分析家托马斯·罗伯特·马尔萨斯（Thomas Robert Malthus）在1798的著作《人口学原理》中说过，人口会随着经济生产率的上升而增长。他写这本书时全球人口为9亿，现在已经达到了72亿，是原来的8倍。与此同时，人均收入从1800年到现在上升了30倍左右。当然，这种对比并不精确，因为我们生活在不同的时代。不过，如果把人口数量和人均产出的上升考虑在内，人类对地球的影响增长了240倍。这就是我们所面对的现实。随着人口数量和生产力不断提高，我们在日复一日地榨取地球。这并不是我们的本意，只是技术革新的副产品。

有学者列出了十个人类活动超越地球承载界限的领域。实际上，造成这些问题的关键是人类活动的规模，因为在一两代人之前，我们还没有越界，但现在由于人类活动的规模日益扩大，我们越过了地球的承载范围。仅就中国来说，它的崛起就使人类活动的总规模自1978年开始增加了32～35倍。中国空前的高速经济增长让我们为之喝彩，但是整个地球的承载力已经接近了危险的临界点。我想简要地介绍一下这十个领域。

在过去几十年里，除了战争威胁以外，气候变化是迄今为止人类所面临的最可怕的危险。在我们这个时代里，气候变化带来的严峻挑战前所未有。上一次全球二氧化碳浓度和现在水平差不多时，距今已有3 000万年，当时的世界与现在完全不同，人类还没进化出来，可见这期间的变化有多么剧烈。

大气中的二氧化碳浓度导致海洋酸化速度惊人，海水表层的PH值已经降低了0.1，这意味着海水的酸度提高了30%，由此导致甲壳类水生动物和珊瑚礁大批死亡。这些生物都是海洋食物链的基本组成，也是人类食物链的基本组成。

第三个被人类活动侵犯的领域是平流层臭氧耗竭。我们采取了一些保护措施，但尚未完全脱离险境。

第四和第五个领域是氮和磷循环，这主要是因为农业需要使用含氮和磷的化肥才能满足72亿人的粮食需求。每年仅氮肥就要使用1亿吨，严重破坏了生态平衡。

第六个领域是全球淡水资源枯竭，地下水已近枯竭，而且水文循环在发生改变，喜马拉雅和安第斯山脉的冰川因为人类活动而迅速消融。

第七个领域是土地使用情况在发生大规模的改变。

第八个领域是生物多样性方面的损失。

第九个领域是大气气溶胶浓度的变化。我们只要走到户外就可以用肉眼看到它的影响。

第十个领域是大规模的化学污染。

人们在这十个领域里造成的破坏前所未有。我们需要认识到这些变化的速度有多快，因为我们无论从心理上还是政治上都还没有组织起来，以应对以几何速度增长的地球变化，而这些变化是由人类的经济腾飞和人口大幅增长造成的。

在接近80万年前，二氧化碳浓度的变化主要受到轨道周期的影响，它们在冰期和间冰期之间自然地上下浮动。地球的轨道周期发生变化时，就会在南部海洋深处启动二氧化碳脱气过程，像个放大器一样改变气候。在过去的100年里，二氧化碳浓度直线上升，特别是在过去40年里，而今年已经达到400PPM，这是过去300万年里从来没有出现过的情况。可见我们已经打破了自然周期，使地球出现了人们从未遇到过的气候，即使在史前也不曾出现过，而这不过发生在一瞬之间。

这的确让人感到恐怖，但我们还没有恐慌起来。在我所居住的城市——纽约，热带风暴“桑迪”（Sandy）引发洪水，警车浮在水面上，整整漂出十条街道。风暴过后，曼哈顿用了一个月才全部恢复电力供应，而纽约被看作世界上最先进的城市之一。

北京的空气污染严重到看不见天空，空气中的颗粒物浓度比安全水平高出数倍。巴黎最近也是如此。颗粒物的浓度过高，迫使政府限制机动车运行。

由于发生严重的旱灾，圣保罗的水供应已经下降到正常水平的15%。然而国家和政府没有开展任何救灾活动，因为一方面要筹备世界杯，另一方面选举在即，政府不想引发局势动荡，可是水力供应的危机迫在眉睫。

黄河和长江等河流将过于丰富的营养带入大海，大规模污染了中国的海岸线，导致藻类大量繁殖，从而引发缺氧而形成死区。同样，密西西比河流域的大量家用肥料排入墨西哥湾，那里也出现了长达200英里的死区。

这些证明全球气候已经很不稳定，而这还仅仅是前面所说的十个领域中的一个而已。此外，这不过是开端，因为我们还在不断累积破坏地球的因素，比如二氧化碳浓度不断提升，导致温度随之上升。自1998年，全球变暖的速度开始放缓至之前的一半，这多少让我们感到欣慰。不过，鉴于目前太平洋赤道海域海水温度已经达到出现厄尔尼诺前兆的程度，所以我预测全球变暖的速度会骤然加快，出现大规模厄尔多尼诺现象，从而改变全球政治。在过去的15年里，我们基本上处于“拉尼娜”时期，即“反厄尔尼诺现象”，期间偶尔出现温和的厄尔尼诺现象。但即将爆发的大规模厄尔尼诺现象将改变全球气候及政治。

女士们，先生们，我们还没有认真对待以上提到的这些问题。全球经济在不足

20年的时间里实现了翻番，可以说非常成功。市场和技术充分发挥了作用，但是这种增长速度不符合地球的需求和实际情况。两者之间的冲突早已存在，只是其发展速度慢于我们的政治体系发展。后者往往每两三年才会发生变化，而且缺乏解决这些现实问题的能力。

要想解决这些问题并非易事，因为自从18世纪以来，大多数国家的发展途径都是效仿先行的发达国家，根据后者的经验绘制技术路线图。它们所关心的是如何加快发展速度来追赶发达国家。这个模式很成功，帮助中国取得了人类历史上最令人瞠目结舌的增长奇迹。但是现在任何国家的模式都不能再成为效仿的范本，因为没有一个国家处于可持续增长的轨迹上。我们都必须改变发展方向。

2015年将发生两项重大的外交事件。首先是在九月召开的世界各国领导人峰会上制定全球发展日程，确定可持续的发展目标，将经济可持续和环境可持续融入可持续发展的定义。这是第一次将可持续发展作为全球发展的核心战略。其次在该峰会两个月后，即12月将在巴黎召开联合国气候变化框架第21次缔约方大会。各国将在这次会议上达成应对气候变化的协议。这些严峻的任务在等待我们采取行动。

潘基文秘书长任命我组织一个全球知识网络的力量，努力找出务实的可持续发展道路。我们必须在一定时间框架内改变自身的发展途径，按照地球的实际情况而不是为了政治目的来确定经济发展的速度。所以我们与清华、北大等许多中国研究中心和全球研究机构开展了密切合作，以找出实用的可持续发展道路。我们向全球各国提出了一系列可持续发展目标，如结束极端贫困、促进可持续增长和就业、倡导全民教育、推进社会融合、推广全民医疗、建立可持续农业、建立可持续城市、促进可持续能源使用和气候变化、促进可持续的生活多样化、加强科学治理等。联合国大会内部越来越多的成员对此达成共识。我们需要将工作重点放在经济、社会和环境的可持续发展上，并采取全盘统筹考虑的思路。我们需要可持续的粮食供应，需要在低碳战略的基础上实现可持续的能源供应，需要可持续城市，使它们有能力适应各种变化以及人口大量流入。

接下来，我想谈谈肯尼迪总统的领导力。他成功地鼓舞了一代人完成艰巨的任务。他曾经说过："我们要更加明确我们的目标，让它看起来完全在掌控之中，而且离我们并不遥远，这样可以让所有人看到这个目标，从目标上汲取希望，并且无法抵挡其诱惑力而不断向前。”我对此深以为然。我也坚信我们必须确定目标，然后向这个目标进发。我们不仅需要一个开放的系统，而且这个系统必须是目标导向型的。这也是我为什么对这些可持续发展目标深信不疑，它们并不是空洞的词语，而是有实质内容来引导并且鼓舞全球人民采取行动的。

我来给大家举一个例子。在长达35年的经济政策研究中，我遇到很多复杂的问题，其中之一就是深度脱碳。我们有非常充分的理由相信，必须将全球温升目标控制在2℃以内。一旦气候变暖超过2℃这个底线，那么就会达到非常危险的临界点，如破坏粮食供应、出现风暴和生态系统崩溃，使人类处于非常危险的境地。全球虽然对这个目标达成共识，但没有认真考虑如何将其变成现实。要想实现这个目标，各国必须切实抓好碳预算执行。简单说来，2014年全球能源系统可排放360亿吨二氧化碳，到了2020年，这个数字应达到150亿吨或更少，不足当前水平的一半。而界时全球经济规模可能是现在的三倍。如果按照现在的发展模式，那么2020年全球的碳排放量会达到500亿吨或600亿吨，导致温度上升4℃。如果我们草率从事，那么无异于毁灭整个地球和子孙的家园。IEA（国际能源署）的研究表明，如果温升幅度达到3.6℃~5℃，那么就无法控制整个地球和人类的毁灭，数亿人将在饥饿中挣扎。

考虑到2050年时全球可能出现90亿人口，那么要想遵守150亿吨的碳预算，人均排放额度约为1.7吨。现在美国的人均碳排放为17吨，高出整整九倍。中国的人均排放约为8吨。可见我们面对着史无前例的巨大挑战。顺便说一句，我非常热爱化石能源，没有它们就没有现代社会，没有它们，我们就像1776年瓦特发明蒸汽机之前的人们那样过着苦日子。但是我们必须找到为能源体系脱碳的方法。这意味着首先要开展大规模技术革新。发电的排放量必须下降，从传统火力发电的1000克/千瓦时下降到100克/千瓦时以下。我们应建造大量清洁建筑，特别是零排放建筑。我们应该使用更清洁的机动车，即无论使用汽油、生物汽油的汽车还是电动汽车，就不应该再排出二氧化碳。我们需要清洁产业，因为许多像钢铁业这样的高排放产业都可以大幅下降碳排放量。我们还需要智能城市，依托信息技术大幅提高能源、交通和建筑的使用效率，减少材料使用等。以上这些设想都是切实可行的，但是还未能实现规模化。我希望强调的一点是：虽然中国、美国和欧洲都启动了许多很好的环保项目，如风能项目或太阳能项目，但问题的关键仍然在于碳排放量到底减少了多少，而不是这类减排项目有多少。只要不降低排放就无法实现我们的目标，而迄今为止我们还没有达到目标。全球主要国家都没有朝这个方向努力。我无意于指责任何一个国家，只是在陈述事实而已。

我相信可持续发展需要的经济发展战略不同于现有战略。我认为中国的机制最接近这个目标，因为它的规划体系非常奏效。中国关注未来，并且确定了未来要实现的目标和指标。而美国没有任何规划，它也应该成立一个发改委。我这么说完全没有开玩笑的意思。现在美国缺少展望未来的能力。不过，我认为可持续发展的经济战略不应墨守成规。

首先，我们应设立 2030 年和 2050 年的远景目标。可持续发展不可能用“五年”或“十年”计划完成，至少需要一代人的时间，甚至到 21 世纪中叶才能初步取得成效。要想改变能源体系就需要花费两代人的时间，所以必须从现在就开始着手，对自己需要完成的工作有清晰的认识。其中需要艰苦的工作，但并非不可完成。其次，我们需要根据时间倒推，寻求实现目标的途径。第三步是绘制技术变革的路线图。我们不能低估路线图对于摩尔定律取得成功的重要性。各个产业现在就可以根据路线图开始进行技术升级，而且在未来几十年里坚持这种目标。这有助于清除障碍，使摩尔定律持续发挥作用。我们需要为可再生能源、电动汽车、间歇性能源的储存、碳捕获和隔离等各种先进技术绘制路线图。第四步是建立原型，通过试点使各个技术周期产出的技术迅速得到应用。第五步是利用公私合作（PPP）扩大试点规模。扩大试点规模本身并不是市场经济，也不是公共基础设施，而是公共部门与私营部门之间开展合作的方式。第六步，我们需要加快教育的普及性，利用在线工具为数百万甚至数十亿学生提供教育，向他们解释为何要实现可持续发展，可持续发展面对的挑战有哪些。

总而言之，我将这些称为“有指导”的投资驱动型增长。换句话说，这并不是开放的市场经济，而是利用“有指导”的技术变革使市场经济实现长期可持续增长。

美国领导人教育中国领导人要增加消费的行为，在我看来都是无稽之谈。储蓄就已经不容易了，为什么要让别国人民照搬美国人的恶习。美国的净储蓄率为零，甚至为负数，这真是丢人。美国已经停止了对本国的投资，甚至包括对儿童和基础设施的投资。但是中国有全世界最大的储蓄池，就应该将这些资金用于长期投资。

中国有很好的机遇来清洁空气和水，使能源体系脱碳，使中国在许多世界急需的突破性技术方面领军全球。这就是“有指导的”投资驱动型增长。我们需要新的机制来实现这个目标。这是华尔街做不到的。按照现在的设计来看，对冲基金也实现不了这个目标，它只是将长期储蓄变成转瞬即逝的财富而已。我们需要有长期储蓄来支持长期投资，如养老基金和保险业。后者不应该把钱再投回对冲基金，而是应该投资于为期三四十年的基建项目。华尔街推出的各种衍生品都是为了交易，而不是为了长期投资。所以不要随便动用长期存款。我们需要长期规划，谋划我们的未来，但在美国已经没有规划这一说了。

此外，我们需要技术变革的路线图。

以上这些建议都是切实可行的。现在的技术中有些已经实现商业化，有些尚未实现商业化，但在现行政治体系的影响下，它们都是支离破碎的，没有拼凑在一起。

在此，我想再引用一段肯尼迪总统的话。当时他说这段话时正值 1961 年初，美国宇航员成功登月，并在 60 年代末顺利返回地球。事实上当时 NASA 并没有制定登月计划，它用了 18 个月来探讨“水星计划”“双子星计划”和“阿波罗计划”的顺序，而且登月舱的设想根本就没有得到首肯。当时肯尼迪总统对此发表了著名讲话：“我们决定登月，我们决定在这个 10 年间登月，并且完成其他的事，不是因为它们轻而易举，而是因为它们困难重重，因为这个目标将促进我们最佳能源的组织以及最佳技能的检验，因为这个挑战是我们乐于接受的，因为这个挑战是我们不愿推迟的，因为这个挑战我们志在必得，对于其他的挑战也是一样！”

让我们一道，为实现可持续发展继续努力！

中国自由贸易区及其对全球贸易投资的影响

波音公司

波音公司感谢能有这样一个机会，为中国发展高层论坛提供支持，就中国自由贸易区（自贸区）及其对全球贸易投资的影响发表看法、提供建议。

一、公司概述

波音是全球最大的航空航天企业，并且是民用喷气机和防务、空间以及安全系统的领先制造商。作为美国的一家顶级出口企业，波音公司为遍布150个国家的航空公司以及美国和盟国政府客户提供支持。

波音公司的总部在芝加哥市，员工总数超过170 000名，遍布美国各地以及全球70个国家。波音与全球26 500家供应商及合作伙伴保持着生产、服务及技术上的合作关系。公司的民品业务部门——波音民用飞机集团（BCA）总部位于华盛顿州的普吉特湾地区，其员工人数超过80 000名，并在2013年实现营业额达530亿美元。波音民机集团包括5个飞机项目、VIP衍生机型、大规模的机加工和组装设施以及一个全球性的客户支持组织。

二、当前市场预测

我们预测，全球对于新飞机的长期需求将达到35 280架，价值4.8万亿美元。这些新飞机中，将有14 350架（新飞机交付总量中的41%）将被用来替换老龄的、效率较低的飞机，以降低航空出行成本并减少碳排放。剩余的20 930架飞机将用于机队增长，刺激新兴市场扩张，以及创新航空公司业务模式。约有24 670架飞机（新飞机交付量的70%）是单通道机型，这反映出包括中国在内的新兴市场的增长

本文是波音公司为中国发展高层论坛2014年会撰写的专题报告。

以及全球范围内低成本航空公司的持续扩张。

三、波音在华业务及增长推动力

目前，中国有超过50%的现役民用喷气飞机是波音飞机。同时，全球有超过7 000架现役波音飞机安装着在中国制造的零部件及组件。中国在每一个波音民机机型上都发挥着作用，包括737、747、767、777和最为新型、最具创新的787梦想飞机。

在亚太地区，中国持续引领着新飞机的交付。在未来20年里，我们预测中国航空公司将需要近6 000架新飞机，价值7 800亿美元，占亚太区预测交付总量的40%。

贸易的自由化及国际贸易的开放程度对航空运输的增长和飞机销售具有潜在的影响。

以营运客公里（RPK）计算的航空出行量的增长与经济增长密切相关。航空出行的增速一般会领先GDP增幅1~2个百分点。

GDP出现的起伏会对航空运输量产生相应的影响。

四、强投资协定的优势

强投资协定和协议能够开放市场，并提供核心资产保护，是长期以来全球经济体系的重要标志，使得各国促进自己经济及产业的利益成为可能。确保各产业在海外的投资仅能够受到有限的限制，对于产业发展非常重要，也能够促进投资国的研发、资本支出和出口。美国长期以来所奉行的，并且波音公司长期以来所支持的是以“负面清单（限制清单）”为基础的适用于新的及现有投资的投资协定。这样的规定意味着，每个国家同意不对新投资进行歧视性对待（通过国民待遇和最惠国规定），除非协议中对相关领域有具体的特殊规定。这些规定有利于在各个产业增加投资，以及在技术迅速变化的环境里对新兴产业增加投资。这样的方式同样能够着重体现出一种开放的投资市场，这样的开放投资市场不仅对波音和其他在中国的美国投资者具有吸引力，同样对在美国的中国投资者具有吸引力。

五、自由贸易区（自贸区）的优势和相关建议

为支持波音的供应链及服务性活动，波音会定期评估节省成本的机遇。波音的

进出口活动——包括供应链物料、零备件支持和其他的机队服务支持活动——会受到一系列关税与非关税障碍的限制。此类障碍在增加成本的同时降低了生产效率。供应链成本包括海关费用、行政和临时仓储费用、进口关税和税费、运输成本，以及生产投入的议定价格。此外，非关税障碍虽不那么显而易见，且难以量化，却也会带来成本。

确保上海自贸区的开放投资环境对于今后提升其吸引力和重要性至关重要。增强上海自贸区吸引力的最为有效的方式之一就是在除有具体限制的相关领域外，开放所有形式的投资。这种“负面清单”的方式将释放出这样一个强有力的信号，那就是上海自贸区已做好业务准备并将帮助搭建一个平台，使中国就其双边投资协定与美国展开强有力的谈判，波音对此强烈支持。

波音支持政府的贸易促进政策及帮助降低供应链及其他商业成本的政策举措。自由贸易区（自贸区）就是其中一项削减这类成本的机制，自贸区机制使得某些供应链及服务支持活动免受海关当局的干预，并由此带来了关税及费用上的节省。就我们的经验而言，自贸区机制提供了机会，使贸易成本（关税和税收）得以延迟，同时使支持航空公司客户的零备件得以在全球战略要地部署。

波音为政府最近对中国自贸区发展提供的支持感到鼓舞，并正处于将一些设施迁移至上海自由贸易试验区的进程中。该自贸区将改善海关流程时间，缩短货物交付周期，放松库存持有条件。额外的优势包括外汇支付相关规定的放宽以及关税和税费的降低。

根据波音全球的自贸区使用经验，波音认为政府以及自贸区运营机构应当就自贸区运营建立清晰的规定。这将有助于减少商业规划流程的不确定性，有助于最大化优势并降低建立流程的成本。此外，允许民营部门参与自贸区运营能减少利益冲突，并为自贸区参与者创造效率。在这一模式下，海关部门将负责为自贸区颁发执照并进行监督，但不直接参与运营。

我们为中国未来向这一模式迈进的可能性感到鼓舞，我们相信这一模式将为波音创造额外的效益。

第5章

转变经济增长驱动力：从投资驱动到创新驱动

林左鸣

中国航空工业集团公司董事长

用创意开启新红利时代

在人类的历史中很多社会进步靠的是科技的突破，但是也不乏很多创意的推动。特别是我们国家进入了通过改革释放新红利的时代，这次改革和30年前的改革是有很大不同的，那个时候改革主要是“松绑”，是松绑型的改革，通过“松绑”解除束缚，而今天的改革更多的是需要创意。

金融危机以后如何来解救经济呢？大家首先想到的是高科技，盼望出现很多高新技术来拯救今天的经济。企业家首先发现不太可能，因为这是需要周期的。当我们了解了分子和原子的时候我们的化学工业有了突飞猛进的发展，当打开了原子核发现了中子和质子的时候我们获得了核能。今天大量运用互联网技术，驱使电子来为我们创造财富。很多科学的发展基于材料技术的发展，而材料技术的背后是离子科学的发现。

今天发现组成电子的是更基本的微观粒子，当探讨这样的问题的时候我们感觉到今天的科技发展要有很重大的突破还不是时候。这种情况下我们不能坐等，我们必须使得经济不断地发展，首先企业家必须通过创意推动经济的进一步发展。

围绕互联网平台有很多创意出现。中国人现在很关切新的互联网平台业务的出现，特别是跟金融和支付有关的业务的出现，引起了很多的关注。实际上互联网成了新创意的同盟军，推动着经济的快速发展。除此之外应该说，今天的经济也进入了泛文化产业的时代，很多的产品不单纯是物质的制造，更多的赋予物质新的理念、新的文化内涵来提升它的价值，赢得客户的青睐。

根据会议发言记录整理，未经本人审定。

产业形态的创新、产业组织的创新、商业模式的创新，以及品牌价值的塑造，越来越多地成为企业经营的新内容，为经济创意的发展打开了新的广阔的天地。这是中国经济发展的必由之路。甚至可以冒昧的提出这样的观点，没有创意经济就没有今天的发展。全世界可能都差不多，物质财富的生产已经到了一个瓶颈，新的物质财富的生产需要新技术的突破，在原有技术的基础上组合创意来满足人的新的需求，成为经济新的很重要的活力。讲到创新的一个很重要的问题是，要用现有的资源，通过创意的形式来实现创新。

当然了，既然要创新显然也要伴随着新的投入，并不是说不需要投资了，只是需要用更少的投资，尽可能调动现有的资源来实现我们的经济发展。我们也看到，在创意激情迸发的时代，很多创意产品被推上了舆论的风口浪尖，人们对很多创意产品采取不同的看法或者是有非议的现象也不在少数。我们觉得面对这样的情况应该非常理智地认识到，对待创意的产品不能简单地否定。如果把创意产品简单地否定掉，或者是简单地用行政手段进行干预，会限制经济的发展。还是应该按照十八届三中全会的精神，充分发挥市场在资源配置中的决定性作用，用这样的理念来对待当前出现的创意产品和创意经济的新事物，用更包容的心态对待这样的事物。我相信这样的话，对经济的发展一定可以起到很好的促进作用。

郑昌泓

中国南车集团公司总经理；南车股份公司董事长

从投资驱动到创新驱动的中国改革

全面深化改革的中国，从投资驱动到创新驱动，是中国改革的一个主要的组成部分，其实质是发展思路、路径和模式的变革。这个变革的过程不仅需要创新的知识、技术、组织制度、商业模式等发挥有效的作用，更需要对原始的发展方式、创新增长的理念和相关的创新体制进行改变。这一点对长期处于以物质要素投资实现经济增长轨道的中国来说是非常有挑战性的。

创新驱动成为国家战略，这让我们这些企业人既兴奋又感到责任非常重大。科技创新是经济社会发展的引擎，是应对新时期新挑战的战略选择。发达国家能不断实现跨越式的发展，和它们始终引领了科技创新不无关系。在有十几亿人口的现代化中国，建成小康社会必须要能够充分地依靠科学技术来支撑发展、引领发展和驱动发展。

技术可以花钱买，但是创新的能力是市场换不来、花钱买不到的。近几年我国铁路和城轨的建设迅猛的发展，自主创新的捷报频传。借助中国发展的大势，通过创新和高端制造积累了多年的实践经验，这些经验驱动南车发展的同时，也让我对中国高端制造的未来充满期待。2004 年南车在较短的时间内完成了时速 200 到 250 公里动车组的引进吸收，之后又推出了 300、350、380 公里高速动车组，并且在实验台上跑出了 605 公里的速度，真正进入了高端制造领域。我们注重夯实创新的基础，按照国际先进的标准，系统建设设计了制造产品的三大技术平台，形成了我国独具特色的产学研用创新体系。坚持培育的自主创新能力使我们深刻体会到，高端

根据会议发言记录整理，未经本人审定。

装备制造业的发展活力，主要是来源于自主创新，而创新必须要建立在扎实的基础上，有了基础有了底气我们的合作才是有可能的，才是主动的。

在全球经济一体化的今天，我认为蓝海战略比红海战略更能够通行天下，共赢才能共存，“竞争”和“合作”本来矛盾的词才能融合在一起，竞合关系也因此而出现了。中国企业想要成为国际化大公司，“引进来”的基础上还要积极的“走出去”，甚至走进去输出我们的技术和服务，与当地的企业携手合作一起成长、共同发展，这才是企业的国际化的经营发展之道。

本月18日，南车在南非成功一次性签单超过了20亿美元的电力机车，让中国装备享誉全球。中国南车实现了今年“走出去”的开门红。这项电力机车的本地化率会超过60%，符合了南非黑人振兴计划的要求，南车在从输出产品到输出产品加技术加服务的转变的道路上迈出了坚实的一步。

未来南车会加快培育国际化经营的能力，并布局全球研发体系。企业强则国家强，企业做强才是根本，做大仅仅是结果，只有强的企业才会真正做大，一个强大的企业必须发展到一个比较合适的规模，这个规模可能很大，也可能不是太大，其适合度其实是由企业所在这个行业的特性来决定的。鉴于此我更倾向于适度规模，结合实现中国梦的诸多要素，我们修订了“十二五”发展战略目标。规模不再是我们追逐的目标，我们开始了从投资驱动到创新驱动的战略转变，企业的发展以质量、效益和效率为主。

春潮已在望，创新正当时。我相信，创新驱动必将在中国改革发展的实践中扮演越来越主要的角色。

冯　飞

工业和信息化部产业政策司司长

从制药、从移动互联网对金融的影响、从汽车的创新开始，引发了一系列的话题，有可能全球正在进行新一轮的工业革命或者叫产业革命，对于这个命题的提法很多。

谈到第三次工业革命，也有许多不同的认识。有人认为是互联网和能源技术的结合；有人认为是以数字化制造为特征的；还有人认为是第四次工业革命，特别是德国提出来的，以互联网和制造领域的融合所形成的 CPIS 为特征的第四次工业革命。

所以对于这些不同的提法，我们如何从中得到一些结论？我个人的看法是，判断革命要看以下三点：

第一，是否引发生产方式的革命，引起生产效率的大幅度提高。

第二，是否给民众的生活和社会带来全面而深刻的影响和变化。

第三，是否出现了标志性的技术和产业，甚至出现了很多新的业态。

那么基于这样三个角度，我认为这一轮新的产业革命呈现出"一主多艺"的特征。所谓"一主"，就是制造业的数字化、网络化和智能化，就是 IT 互联网技术和制造领域的深度结合；所谓"多艺"，就是其他的学科技术不断地出现，包括能源、生物、新材料等，不同的技术之间还产生了协同和耦合效应，这是这一轮产业革命非常重要的特点。比如刚才主持人讲到了基因测序，我去看了一家基因测序公司，号称是拥有世界最强基因测序能力的一家公司，它的核心竞争力是 BT 和 IT 的结合，是一种耦合式的创新。这是我想谈的第一个观点。第二，主持人刚给我出了一

根据会议发言记录整理，未经本人审定。

个题目，在这样的一个形势下，作为一个政府、作为一个监管者，怎么来看待这次革命？我想对于一个监管者而言，出现这样一次革命，早期阶段大家都在摸索其特征，企业在摸索，政府也在摸索。所以对于政府而言，政府的创新和技术的创新、商业模式的创新要跟得上。在这样一个急剧变化的世界，对于政府而言，我觉得有这么几个挑战。

第一，是行业界线变得越来越模糊。我们将产业分为第一、第二和第三产业。第二产业当中，我们又基于传统的产业做了很多不同行业的分工。政府对应不同的行业，设置了不同的管理机构。而现在行业间界线变得模糊起来，互联网和汽车结合起来，IT 技术和 BT 结合起来，还讲了一个能源技术和 IT 的结合形成了能源互联网。行业界线非常之模糊，那么怎么去有效管理呢？

第二，是生产者和消费者的界线变得模糊起来。因为有互联网、有个性化的需求，消费者直接影响生产者，甚至消费者本身就是一个创客，而不再是一个简单的产品和服务的被动接受者，这里带来了一个很大的挑战。

第三，第三次工业革命非常重要的一个特点，叫作分散化生产，不是一个集中的大规模的生产。当然大规模生产还存在，但越来越多地会出现分散化生产。比如一个个人买一台 3D 打印，就可以作为一个生产者。原来面对很多中小企业的管理就已经很头疼了，现在又有一个分散化生产的趋势，政府怎么去做好管理者？

第四，商业模式的创新不断产生新的概念。政府要不断地学习才能跟得上这样一种变化。

所以在这样一个过程当中，我个人的看法，政府应该做四件事情：

第一，放松经济管制以激励创新。

第二，应该提供一些竞争前的创新支持。

第三，提供市场化初期的需求刺激和激励政策，比如说新能源汽车市场还不成熟，像美国加州的适度补贴政策也可以引入进来。

第四，监管模式的创新。刚才讲到生产越来越分散化，不应该去管一个一个的企业，而是管理市场。另外一个转型要从经济性的管制转到以社会性管制为主的方向上，比如对能源、对环境的监管，可以促进绿色和低碳发展。

约翰·德·尼琛
英菲尼迪全球总裁

颠覆性技术：重塑商业模式

私人交通工具是促进社会经济发展和实现人类个体幸福的重要推动力。125 年来，汽车工业让全世界越来越多的人拥有了私人交通工具。去年，全球汽车销量超过了8 300万辆，而中国作为世界最大的汽车消费市场，销量近2 200万辆。尽管中国市场的增长速度有所放缓，但 13.87% 的增长率依然十分健康，超过全球其他主要市场。此外，从市场的整体规模来看，270 万的绝对增长量也说明了为什么中国被视为全球汽车产业增长的引擎。

近 125 年来，汽车行业在不断地进行自我重塑。例如，1913 年生产线的问世标志着汽车大规模生产的开始。大量汽车主动和被动安全技术的应用将一些国家的交通事故死亡率降低了 75% 到 80% 。比如，德国的交通事故死亡率从 20 世纪 70 年代早期的历史最高点下降到今天的世界最低水平。

处于汽车技术创新前沿的企业也在不断颠覆行业现状，推动行业格局的变革。渴望成功、追求成功带来的回报，这些原动力推动这些公司不断革新和打破现状。

根据波士顿咨询公司的一项研究，去年全球 20 家最具创新的公司中，有近一半来自汽车行业，第一次超过了科技公司的数量。汽车行业在研发方面的总投入高达每年1 000亿美元，并在过去四年里每年增长 8% 。

我们正在见证汽车技术和互联技术的融合，因为消费者希望个人交通工具的使用不会影响他们对实时互联的使用。

车辆互联不是汽车工业仅有的技术飞跃。当前，汽车行业正经历两大技术

根据会议发言录音翻译整理，未经本人审定。

变革，除车辆互联技术带给我们的挑战，我们还必须面对社会对零排放不断增长的需求。

无论是依靠电池技术或燃料棒技术，毫无疑问，汽车发展的长期趋势是使用电力驱动。尽管完成这一转变的时间要比很多人预期的长一些，但方向是非常明确的。战略上各国希望摆脱对化石燃料的依赖，环境上人口密集的城市希望推广清洁能源、实现零排放，两者具有相同的迫切性。

汽车行业正努力推动移动互联技术在汽车上的运用，同时，移动互联也成为汽车工业发展的重要优势：移动互联技术能够将原先固定的应用设备——广播、DVD、音乐播放器或者移动电话——整合到汽车上。这样，汽车驾驶不仅变得更加安全和充满乐趣，而且更为便捷和高效，因为它将人们日常生活中越来越重要的技术从住宅移植到了汽车上。如今，搭载移动互联技术的汽车已成为继平板电脑和手机之后发展最快的终端技术设备，来自非汽车行业的企业正努力试图进入这个领域。这个事实促使整个汽车行业不断进取，也显示出汽车企业的独特优势。豪华汽车品牌，包括英菲尼迪在内，在技术创新方面发挥着独特作用。科技是所有豪华汽车品牌发展的关键推动力。我们的顾客愿意成为新技术的尝鲜者，并为此买单。随后只有到规模经济拉低产品售价的时候，这些技术才会被普及到大众品牌上。

当我们正在经历这两大变革的时候，另一项更具革命性的变革也悄然而至，这就是汽车自动驾驶。

自动驾驶听起来可能有些让人不可思议，但它确实可以带来诸多好处。我希望大家能够记住，英菲尼迪制造高性能车型完全是为了满足消费者对驾驶乐趣的追求。我们会推出自动驾驶汽车，但我们不会忽视驾驶者的诉求。在蜿蜒的乡村公路或者崎岖的山路上驾驶的刺激感，高性能汽车加速时的快感，这些都是很多驾驶者追求的乐趣，我们不会湮没这些乐趣。

相反，我们要利用自动技术消除驾驶中枯燥的部分，让驾驶更有乐趣。比如，遇到走走停停的路况，或是在平行泊车的时候，自动驾驶能够解放驾车者，为旅途带来更多有品质的时间，人们可利用这些时间享受我刚才谈到的汽车互联技术。

不仅如此，在驾车者进行人工驾驶时，自动驾驶系统也会默默地为其提供安全技术支持，以防危险情况发生。

即使是最有经验的驾驶员，也无法在辨别交通标志、判断交通状况、处理信息并做出反应的速度方面，与使用多部摄像头和监测仪的电脑处理器相媲美。自动驾驶可以避免很多由于驾驶员注意力不集中而导致的交通事故。或者想象一下我们从错误的入口开进了高速公路，这种情况经常引发致命的交通事故。一辆自动驾驶的汽车则可以在第一时间防止汽车进入错误的入口，从而避免事故的发生。

自动驾驶还将对交通管理和环境产生积极影响。随着人们对私人交通工具的需求不断增长，我们需要在城市的道路上停靠和行驶更多的车辆。如果汽车之间能够进行信息交流，车辆之间相隔的距离就可以尽量缩短一些，车辆靠得更紧密一些。这样就会减少交通拥堵，行驶也会更畅通，节省更多的时间和能源。

自动驾驶汽车还有一个好处，它能够给无法开车的人带来移动的便利和自由。比如老年人或者残疾人士。自动驾驶汽车能够极大提升他们的生活质量。

英菲尼迪和我们的母公司——日产汽车，处于自动驾驶技术领域的领先地位。我们正在投入可观的研发经费进一步推动这项技术的发展。我们已经宣布将于2020年向市场推出一款自动驾驶车型。事实上，我们知道，自动驾驶在技术上是可行的，但现阶段我们需要政府部门的明确指导，以确保我们的发展规划能够稳步推进。

创新是汽车行业发展进程中永恒不变的主题。创新是我们的工作，也是我们的目标。汽车创新促进经济的发展和个人自由的实现。新的行业进入者和新技术不断颠覆这一产业，最终让消费者受益。我们尊重豪华汽车品牌领域的其他竞争对手，但英菲尼迪将会是行业的挑战者和下一个颠覆者。

弗格斯·格林
尼古拉斯·斯特恩
伦敦政治经济学院

中国的创新和可持续增长之路：关键10年

摘要

在未来10年里，中国所采取的行动对于中国乃至整个世界的未来都至关重要。中国是否能在这10年里走上一条具有创新性和可持续性的低碳增长道路，都对以下两个问题起到了决定性作用：①有限的全球自然资源导致人们日益重视资本效率、技术革新、知识和服务，而且劳动力和资本在全球范围内高度流动，这会如何影响中国的长期经济前景；②全球能否大幅降低温室气体（GHG）排放，从而控制气候变化带来的可怕风险。

中国在未来两年内所做的决定（即2016～2020年的“十三五”规划）会深刻地影响它在未来10年里采取的举措。鉴于联合国将于2015年底在巴黎召开气候变化大会，各国也可能在这两年里完成关于气候变化的全球讨论。

中国对于提高增长可持续性的雄心壮志，以及它的城镇化规划和战略性新兴产业政策，都表明中国未来的发展前景势不可挡——超过十亿中国人将在具有吸引力的城市里生活和工作。服务业、高技术产业和创新成为驱动城市增长和繁荣的发动机。

要想创造和实现这些愿景，并在降低储蓄率和投资率的同时维持强劲的经济增长，中国必须提高资本生产率，具体措施包括提高效率（特别是能效）、提高服务

本文是作者为中国发展高层论坛2014年会提供的政策报告。弗格斯·格林是格兰瑟姆气候变化与环境研究所及气候变化经济学与政策中心斯特恩教授的政策分析师和研究顾问。尼古拉斯·斯特恩是IG帕特尔经济与政府学教授，格兰瑟姆气候变化与环境研究所所长，气候变化经济学与政策中心主任。

业在GDP中的占比。中国可以依靠改善投资环境来促成以上结构调整，如降低公司的融资难度或使融资更具可预测性。这些措施将支撑中国提出的规划，使市场在资源配置中发挥“决定性作用”，减少对新公司的行政障碍，实现资本结构多元化，改革国有企业的角色并提高它们的治理水平。

1. 四大战略性领域

中国的战略将集中在以下四个重点领域里，从而在转变经济增长方式的同时实现可持续增长，提高人民生活质量。这些战略将体现在它的“十三五”规划和相关城镇化规划里。

①能效：其他国家的经验表明，在调整产业结构的背景下，产出的能源强度在中国还有很大下降空间。降低产出的能源强度就可以大幅降低中国的温室气体排放，同时提高经济的生产率。在这方面，有三项措施尤为有效：一是改革能源市场，从而确保能源价格反映出供求关系，并且使能源价格日益体现出所有环境和社会成本；二是加强监管，特别是强化建筑节能的强制性标准；三是推动节能服务业的持续发展。

②城市：中国要想在未来的环保事业和经济增长方面有所建树，那么完善的城市规划必不可少。有效的城市规划倡导采用密集紧凑的城市形态和混合开发模式，并提高公共交通的可及性。在城市规划中具备这些基本特征的城市可以在长期发展中“锁定”更加高效的土地使用模式和资源使用模式，降低污染、交通堵塞、噪音和碳排放。如果这个规划中还包括修建绿地、美丽街景、安全步行和骑行基础设施等内容，那么效果会更加明显。在全球化的世界中，几乎所有元素都是流动的，所以打造出前文描述的城市对于帮助中国吸引全球的资金和创意人才，在技术创新和专业服务方面抢占先机至关重要。

③煤炭：中国可以集中精力降低自身的煤炭依赖性。中国已经就此开展了很多讨论，有些观点建议中国使自己的煤炭消费量在2020年（或更早的时候）达到峰值，随后逐步淘汰煤炭。这将给中国经济带来切实的利益——降低中期能源供应冲击的风险，缓解对原本就资源匮乏的水供应的压力，降低城市空气污染，降低气候变化的风险。如果针对单一问题采取解决方案，那么只会恶化其他问题。特别要指出的是，利用煤炭气化为城市中心提供合成气来发电，会增加煤炭使用量和温室气体排放，并且加大水资源的压力（虽然采取成功的碳捕捉和储存措施能在付出一定

代价的前提下减少温室气体排放）。只有逐步淘汰煤炭才能一举解决这四个问题。政府可以通过清晰的规划来阐述这一目标，并且采取一系列配套措施，如在采取煤炭税的同时辅以监管和直接控制措施（后文将详细讨论这个问题）。

④创新和研发：大规模创新和研发对实现以上目标大有裨益。目前中国的优势集中在创新链的最末端，即大规模技术转换和应用。同时，它在不断推进现有低碳技术，如PV（太阳能光伏）技术、风能和高铁，对全球低碳创新做出了巨大贡献。然而，要成为具有创新性和可持续性的经济体，中国还需要关注创新链的前两端。

一是对可商业应用的技术（即创新链的中端）开展试点、商业演示和早期应用，重点关注那些可以通过学习和规模效应显著降低成本、明显有利于降低全球碳排放和有力推动全球市场增长的技术。此类技术包括：太阳能光伏技术、太阳能光热发电技术、蓄电池、电动汽车及相关网络基础设施（如增强电网和电动汽车充电基础设施）。中国与发达国家和其他新兴国家开展合作和相互协调的空间很大，可以使重要的低碳技术逐步成熟起来——如这些技术处于学习/成本曲线的最高点或需要克服网络及协调带来的挑战时，相互分担风险和成本并分享经验教训。中国的国内市场规模庞大，使它具备了特别的甚至可以说是无可比拟的规模优势，因此在全球的创新技术试点及应用方面发挥了关键作用。

二是针对低碳技术开展用途启发性基础研究、应用研究和开发（即创新链的前段）。要想在未来成功地将自身不断提高的技术能力转化成低碳能源中的突破性创新，中国需要为此类创新培育必需的战略、机制、金融和文化条件。譬如，中国可以建立能源研究实验室，并且用长期（10年以上）研究战略来支持这些实验室，使科研负责人拥有冒险、失败和学习的学术自由。这些机构可以和能源创新集群融为一体，使研究者得以与企业家和风险资本家进行互动，并且打造一个利于自主创新和早期创新的法制和融资环境。这些环境能够确保中国的研发投资通过早期低碳创新产生巨大效益。

采取以上措施可以为中国经济和社会的中长期发展带来巨大中期效益。它们能够显著降低空气和水污染，提高能源安全性，降低温室气体排放，打造出更清洁、健康、安全、生产力更高和更具吸引力的城市，驱动中国的长期增长。然而，要将目标变成现实需要中国在短期内进行重大结构调整，不可避免地会引发一定混乱。解决这些及其他短期问题凸显了本文讨论的能效措施的重要性，因为它们可以创造不少短期的社会经济效益。此外，对于那些因为结构调整和制度紊乱而受到影响的人群，政府采取的管理措施也非常重要。

2. 相关的金融和治理改革

①从地方层面上来说，地方政府面临着迫在眉睫的重大挑战，即用合适的激励确保地方政府开展可持续的空间开发，投资具有可持续性的基础设施，并且为现有市民和新晋市民提供高质量的公共服务。中国可以采用两项关键性金融改革来推动完善其税收体系，为日益发展的城市源源不断地提供稳定的财政收入。一是全面征收房产税（这为打造可行的地方政府债券市场奠定了基础，从而为城市基础设施投资提供资金）；二是利用金融措施来内在化本地城市的外部性成本，特别是那些与交通有关的成本（如拥堵成本）。相应地，这些措施可以将财政收入提升 1% ~ 1.5%，将中国的 GDP 提高 0.5%.

②在中央层面需要开展重要的金融改革，即利用税收解决全球温室气体的外部性问题，以及煤炭（及其他化石能源）引发的地方性环境、卫生及其他外部性问题。除了为低碳发展提供强有力的激励措施以外，这种税收的收入可用来资助低碳创新和基础设施，保护贫困人口免受经济转变带来的冲击，并且降低其他税收（此类税收大概占到中国 GDP 的 7% ~9%）。中国可以建立绿色投资银行，撬动更多私人资本进入低碳基础设施和项目。

③金融改革必须遵从合理的公共财政原则，即效率、公平和问责制。这也是务实之举，因为明确将税收与投资和服务挂钩的“一揽子”全面改革，直接或间接地使绝大多数人受益，并且融入全国的改革大格局，有助于赢得公众的广泛支持。

3. 对全球的意义

如果将前面描述的这些措施结合起来，那么不仅会使中国直接受益，而且会激励全球采取更有力的措施来控制气候变化，对中国也大有裨益。

①目前许多国家都对中国的规划和成就一无所知。中国起草“十三五”规划时可以向全球展露自己在低碳发展方面的计划，从而扩大自身影响力。过去的经验证明中国对世界的贡献可信可靠。世界不一定需要用正式的条约来规定它的义务，但可以用一系列结果来具体描述。它们的上限可以是碳排放、碳消费和低碳技术等方面宏大但可能实现的目标，但不要让中国保证必须实现这些目标。

②如果中国做出以上贡献，那么就可以有力地推动发达国家和其他新兴国家采

取更加有力的减排措施，引发一波低碳创新和低碳投资的热潮。中国会凭借自己的贡献而占得先机，既可以引领也可以分享低碳创新和低碳投资带来的全球增长，而且会因为气候变化放缓造成的破坏减少而获得巨大益处。

一、前言

习近平主席曾经说过，中国目前的经济发展模式“不平衡、不协调、不可持续”[①]。中国领导层已经表明其目标在于“加快增长模式转变……使中国成为创新型社会”，并且“推动更加高效、公平和可持续的经济发展”（CCCPC，2013）。的确，随着全球自然资源日益匮乏，全球化程度逐日提高并且日益关注不公平和效率问题，实现结构转变对于中国的长期经济前景至关重要。

中国已经向世界展现了它超凡的变革速度。在过去30年里，中国年均国民生产总值（GDP）的增长速度达到10%左右[②]，数亿中国人民摆脱了贫困，城市居民的增幅达到250%。这些增长可以算得上非凡的成就，但是没有平等地惠及所有人，而且使人们赖以生存的环境和自然资源付出沉重代价。当前的城镇化模式、治理结构和金融安排依赖于不可持续的物质基础设施和社会关系，不仅难以改变而且改变的成本相当高昂。在未来10年里，中国的GDP可能翻番（按7%的年均增速计算），新增城市人口达到3.5亿。因此这个10年至关重要，它决定了中国所渴求的可持续经济转变是否会变成现实，或如何变成现实。

既然这个10年如此关键，那么今后两年将决定着它的成败。换句话说，中国制定“十三五”规划（2016～2021）时所做出的决策将深刻地影响到它在今后10年所采取的行动。由此，中国的新一届领导[③]掌握着为下一波经济增长和繁荣奠定结构性基础，描绘未来经济、社会和可持续发展蓝图的历史性时机。

未来10年对全球也至关重要。要想有效地管控气候变化的严峻风险，全世界必须在21世纪的后50年里建立起一个零碳能源体系。在全球经济日益增长的背景下，我们必须在今后40年里将每单元产出的碳排放降低七至八倍。只有进行彻底

① 习主席在2013年11月召开的十八届三中全会上发表了此评论（参见2013年《经济学人》）。

② 自1980年起，中国每10年的年均GDP增长（按现值美元计算）分别为9.75%，9.99%和10.29%（World Bank，2013）。

③ 习近平主席和李克强总理于2013年3月履新。

转变，开展全新的能源工业革命，才能有力地应对气候变化。在“齿轮效应”的影响下，每年排放的温室气体不断提升大气中的温室气体浓度，而且在排放密集型资本和基础设施的“锁定效应”影响下，全球在今后10年采取的行动决定了它是否能实现自己的目标。在这个问题上，今后两年也发挥了关键性影响：2011年末在德班召开的《联合国气候变化框架公约》（UNFCCC）第十七次缔约方会议（COP）上，与会各国就2015年底在巴黎召开的第二十次缔约方会议上达成新的全球和解协议制订了时间表。因此，这场关键的全球气候讨论结束时，中国也将完成其“十三五”规划的制订过程①。

鉴于中国处于结构改革的关键期，本文突出了增长、创新、效率、公平和可持续性之间的相互联系。它强调了必须要加快向低碳经济的转变，才能将所有要素连接起来，使中国走上一条充满吸引力并通向可持续高速增长的道路。本文的第二章至第四章就此展开了详细讨论。第二章探讨了一些适用于中国可持续经济转变的普遍性宏观经济问题。第三章就能效、城市、煤炭和低碳创新为中国提出了具体的行动建议。第四章概述了可以驱动经济发展实现可持续转变的金融和治理改革。这些章节的核心内容是：无论全球在气候变化上开展了哪些工作，沿着文中这些主线开展低碳结构调整都可以为中国带来诸多益处。

第五章重点从国际范畴探讨了中国结构调整。它不仅强调了中国在未来10年里采取的实际改革行动会影响到全球缓解气候变化行动的本质和规模，而且强调了中国阐述其新兴目标和目的的方式对于即将开展的全球气候讨论也至关重要。本章的一个主要观点是：中国开展低碳结构调整的目标越宏大，其他国家（包括非国家参与者）加强自身减排活动的可能性就越高，气候变化的风险降低和低碳创新及相关发现给中国带来的利益就越大。

大胆全面的改革可以给中国带来它所渴望的强劲、公平而可持续的经济增长。在实现这些目标的同时，它也使全球人民共享的世界更加安全和迷人。

二、中国新增长战略中的创新和结构调整

在过去30年里，中国的增长速度惊人，储蓄率和投资率居高不下。从宽泛的

---

① 中国共产党的领导层于2010年底的第十七届五中全会上就“十二五”规划（2011～2015）的内容展开了辩论。2011年3月14日，全国人大讨论并通过了“十二五”规划。

宏观经济的角度来说，中国结构调整的目标是维持高增长率（增长率可略低于以前的水平，但保持在年均7%之上），同时降低储蓄率/投资率，提高消费的GDP占比（12FYP；CCCPC，2013）。本章依据基本的宏观经济原则，简要探讨了有助于实现结构调整的部分策略。

Roy Harrod（1939）的理论认为，产出的增长率等同于投资率（或投资与产出的比率）除以增量资本产出率（ICOR）①。换言之，它是投资率的产物，也是投资生产率的衡量手段——无论直觉还是Harrod理论的计算结果都非常明确地反映出这一点②。因此，中国要想在提高消费比重的同时维持增长，方法之一就是努力提高资本效率，并降低投资率（Stern，2011）。

有四种方式可以直接降低国家的增量资本产出率：①将结构调整的方向确定为资本需求低的产业（特别是服务业）；②提高各个产业的资本使用效率和生产效率（特别是能效）；③促进各个行业间的资本有效分配（可以借助金融业实现这个目标）；④提高劳动生产率（特别是技能水平、就业和流动性）。

大力发展服务业，有利于以资本需求低的产业为方向开展结构调整。在过去的20年里，中国增量资本产出率的历史水平在3～4之间徘徊（以净投资为基础），最近由于增长率略微降低而提升到5。英国和美国等发达国家的增量资本产出率一直处于非常低的水平——平均在2～3之间（Stern，2011）③。由于整个服务业的增量资本产出率比总的增量资本产出率低40%左右（这个比例基于美国/英国的数据），所以中国的增量资本产出率总值之所以与美国/英国之间存在差异，部分原因就在于服务业在英国和美国经济中的占比更高（在英国和美国，服务业的占比为

---

① ICOR = $\Delta K/\Delta Y$。ΔK表示投资，或资本增长。ΔY表示特定年份的产出增长。ICOR反映了资本增量与新增单位产出之间的关系（Walters，1966）。

② 该理论使用的基本数学计算公式是 $(\Delta Y/Y) = (\Delta K/Y) \div (\Delta K/\Delta Y)$。换句话说，增长率等同于投资率除以ICOR的结果。显然$\Delta K/\Delta Y$是"投资生产率"的特定版本。其他投入和技术的变化方式、不同的资本特点及使用方式都可以影响到$\Delta K/\Delta Y$。严格来讲，这个公式中的产出和投资应该是"净"概念。有时这些净概念很难计算，所以计算过程就用总概念来进行计算。

③ 这些计算都基于世行的数据（即World Development Indicators）。这些数据努力保持了各国数据之间的一致性。用国家层面的数据估算出来的增量资本产出率不一定符合文中引用的结果。然而，本文的目标并不是计算出精确的增量资本产出率，而是以此来阐述中国可以用来降低增量资本产出率的投资和增长战略。

75% ~80%之间，而它在中国的占比只有45%）[①]。如果中国要把当前的增量资本产出率从5降到4，那么它可以在维持当前GDP增长速度（7.8%）的同时，把净投资率降低到30%左右[②]。

作为结构调整的内容之一，中国还计划大力发展高技术产业和高附加值产业。它确定了七大战略新兴产业，如节能环保技术、新能源、新能源汽车、新一代信息技术、生物科技、先进设备制造和新材料。中国政府为这些新兴产业对GDP的增长贡献制定了明确的目标：2010年它们占GDP的2%左右，之后每年将增长20%，在2015年达到GDP的8%，2020年达到GDP的15%（State Council，2012）。如果这些目标可以变成现实，假设这些现代产业都能高效利用资本，"重工业"程度低于现有产业活动，那么中国的增量资本产出率会进一步降低。

要想提升服务业和高科技产业的比重以及资本效率，那么方法之一是改善中国的投资环境。我们可以认为投资环境代表着能够影响公司信心、开展业务并且实现投资回报目标的社会特质。具体说来，投资环境所包括的元素有：公司与监管机构的互动方式（如行政措施、税收和法务体系等）、基础设施的可得性和质量、融资的可得性和质量、适宜的劳动力、能源和水资源等。

目前中国在努力扩大市场在整个经济体系中进行资源配置和资本配置的作用。改善投资环境是这个战略的重要组成部分。中央和张高丽副总理都强调了，改革国家和市场的关系对于实现可持续经济转变意义非凡，即市场将在资源配置中发挥"决定性"作用，而政府在经济中的作用将逐渐从直接参与资源配置过渡到提供公共服务，开展"法治"及宏观经济和市场监管，纠正市场失灵并开展环保工作（CCCPC，2013；Zhang，2014）。我们必须认识到改善投资环境的大背景——中国经济发展战略的核心是从不可持续道路向可持续道路转移。

为了与结构调整的目标保持一致，政府已经表示将降低对新公司的行政限制，推进资本结构多元化，并且改革国有企业（SOE）的角色和治理模式。政府的"正面清单"和"负面清单"制度使企业法无禁止即可为，使政府法无授权不可为

---

① 世行的数据（即World Development Indicators）在统计服务业数据时涵盖了私营部门和政府部门。目前存在的问题是各国对于服务业的定义并不一致。

② 我们假设资本的折旧率为8.5%。

(Zhang，2014)。此外，政府还要推进更加多元的所有权结构，使“国有资本、集体资本和非公共资本”相互融合（CCCPC，2013）①。中国还计划改革国有资产管理体系，推动国有企业建立现代公司治理体系，改善它们的财务、管理和就业等(CCCPC，2013)。这些改革有助于改善产业内部与产业之间的资本（及资源和劳动力）效率（这也影响到中央财政。本文第四章将探讨这个主题。）

改善中国投资环境的另一个重要途径是降低公司融资的难度和可预测性——这也是对中国市场导向型改革的有效补充。世界银行的企业调查（Enterprise Survey）表明，“融资渠道”是在中国经营的最大挑战。在2012年的调查中，每五位在华企业的管理者和所有者中就有一位认为“融资渠道”是他们所面临的最大障碍(World Bank，2014)②。特别要注意的是，这项调查显示有90%的公司固定资产是由公司的内部资金购买的（即留存利润），只有10%借助银行贷款、卖方信贷或出售股票获得。与此相反，全球的平均比例分别为2/3或1/3。这表明中国降低企业(特别是小企业）外部融资难度的空间相当大（World Bank，2014）。

上文提到的各种改变有助于改善投资效率，提高具体行业措施促进产业调整的效果。接下来将详细阐述这些措施。

三、中国采取行动的四个主要领域

中国出台了强有力的规划来降低温室气体排放，控制地方空气污染，提高城市环境的宜居性，其中涵盖了能效、可再生能源和核能源、超级电网、高铁、电动汽车，并且列出了土地利用、林业和农业中提高可持续性和碳汇能力的重要举措（参见12FYP；NDRC，2013）。规划中描绘的行动规模和速度意味着，中国可以在很多方面成为经济“减碳”的领导者。然而，要想实现可持续结构调整和城镇化的宏伟

① 十八届三中全会发布的《中共中央关于全面深化改革若干重大问题的决定》表示：“允许更多国有经济和其他所有制经济发展成为混合所有制经济。国有资本投资项目允许非国有资本参股。允许混合所有制经济实行企业员工持股，形成资本所有者和劳动者利益共同体。”［CCCPC，2013，(6)］

② 该调查列出了商务环境中的十五个障碍，要求2 700家企业的所有者和高管从中选出本企业在经营过程中遇到的最大障碍。在2011年11月至2013年3月之间，该调查通过访问收集了大量数据（World Bank，2014）。

目标，要想使全球排放走上正确的道路，“合理地”规避气候变化带来的危险①，中国仍然要在许多领域里进一步加快步伐。

目前，中国在可持续增长方面的宏伟目标，以及它的城镇化规划和战略新兴产业的发展政策，都表明其目光非常长远，即超过10亿中国人将在具有吸引力的城市里生活和工作。服务业、高技术产业和创新驱动了这些城市的增长和繁荣。要实现这个愿景，中国的战略需要在四个领域里加强力量，即能效、城市、煤炭和低碳创新。这也就成为制定“十三五”规划和相关城镇化规划的背景及其内容。大力发展这些领域的低碳产业有助于转变中国的增长方式，确保它在维持高速增长的同时提高效率、公平和环境可持续性并由创新引导增长。一旦开展这些工作，中国就可以为世界树立榜样，展现如何利用政策和结构改革为强劲并且高质量的增长奠定基础。

1. 能效

假设中国能够维持目前的强劲增长（即年均增长率在7%或以上），那么在今后10年里，中国的经济总量很可能翻番，相当于多出来一个和现在经济规模相同的经济体。如果中国能够按照预期目标实现可持续的经济转变，全球能够踏上温升幅度控制在2°C的道路，那么多出来的经济体的能效必须大幅低于现在的经济体，而且现有经济体的效率也应该有所转变。

在过去30年里，中国经济的能源强度（即每单元经济产出所消耗的能源）显著降低。它曾在21世纪初达到峰值，随后由于政府采取的节能减排措施在接下来的10年里逐步下降②。然而，中国似乎落后于自己设定的“十二五”目标，即在2015年底之前，使能源强度在2010年的水平上下降16%③。此外，中国经济的能

---

① 根据UNFCCC坎昆决议（2010），人们对气候变化全球目标的理解通常为将全球的平均温升幅度控制在2°C或略低于工业化前的温升水平。“合理”表示实现目标的可能性为50%，仍然存在温升幅度达到3°C的概率——在过去的300万年里，地球上从没出现过这种温升速度。

② 在IEA的“能效政策和措施”数据库（IEA’s Energy Efficiency Policies and Measures database）中搜索关键词“中国”可以找到一系列中国的能效政策措施及相关描述：http：//www. iea. org/policiesandmeasures/energyefficiency/。

③ 根据中国媒体的报道，在“十二五”的前两年里，中国的能源强度只在2010年的水平上下降了5. 5%。据称发改委经过中期评估后，要求在剩下的三年里，将每年的能源强度下降目标从3. 5%上调到3. 84%（China Daily，2013）。

源密集程度仍然远远高于发达经济体，特别是德国和日本（参见图1）。尽管目前中国的工业结构与这些国家相去甚远，但将它们进行对比后表明，由于中国正在调整经济结构，所以它有很大的空间来降低能源强度。在其他条件相同的情况下，降低能源强度也会减少温室气体排放。为了便于阐述，我们在图2中假设中国能源业的温室气体排放逐步下降（这是因为中国的能源构成中用低碳能源代替了煤炭），单位产出的能源强度也逐步下降①，那么中国经济产出的能源排放强度会在2040年前接近2009年德国/日本的水平。我们估计在这种情景下，中国在2020~2040年的排放量平均每年比参考情景下降约30亿~50亿吨二氧化碳当量②。

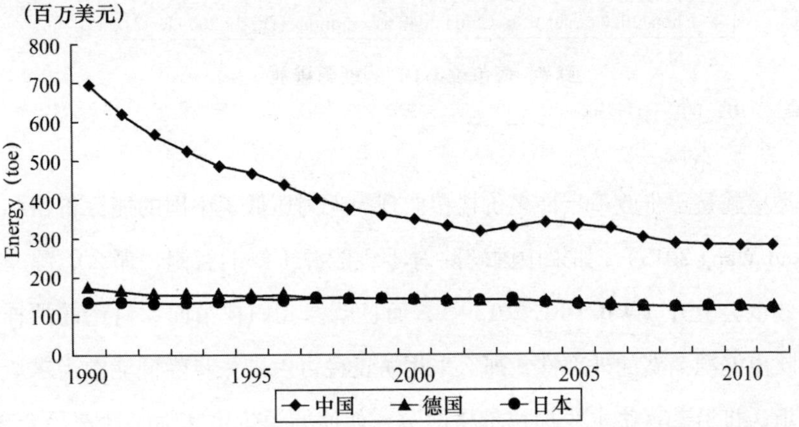

图1　1990~2011年特定国家的能源强度（按2005年购买力平价计算GDP）

Source：WB Development Indicators 2014.

中国提高能效会带来显著的经济效益。能源生产率的提高不仅与全要素生产率（TFP）的提高和GDP增长息息相关，而且对中国进行的初步计量分析表明它们之间存在着因果关系，即能源生产率每增长1%，TFP就会上升1.1%（Ward et al.，2012）。如果采取更多措施来提高中国的能效/能源生产率，那么就能产生大规模的经济效益③。

我们突出介绍了能够在今后10年或更长的时间里大幅提高中国能效的三类措

① 如果忽略非能源业，那么经济产出的温室气体排放强度取决于产出的能源强度和能源的排放强度。

② 图2没有考虑“反弹效应”。

③ Ward et al.，（2012）的附表2描述了得出这一结论所使用的计量过程。

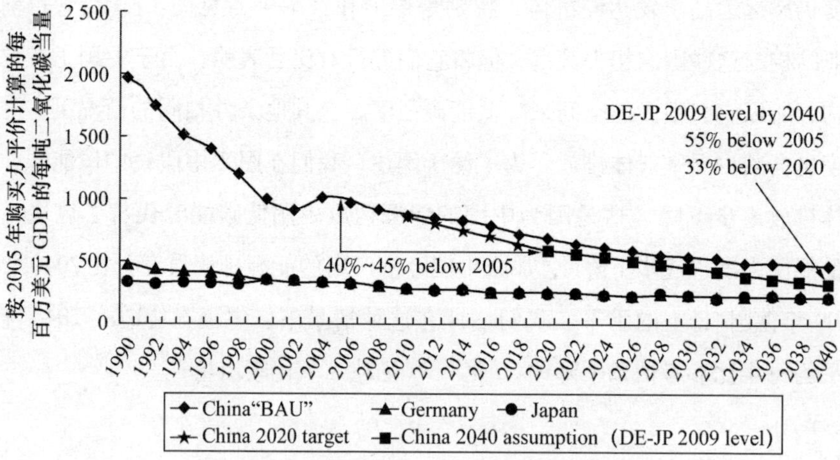

图2　每单位GDP的能源排放

Sources：WRI，WB，calculations.

施。第一类措施是定价改革。许多价格扭曲现象人为压低了中国的能源价格和电价（Ahmad and Wang 2013）。如果中国解除对零售能源价格的管制，那么能源需求会降低，能效也会上升（WB/DRC 2013①），而且就像我们在第四章讨论的那样，假如价格反映出能源消费的外部性，那么采用矫正税可以进一步降低能源需求。中国政府已经承诺将沿着这些主线加快价格改革，如使能源价格和临时性费用合理化，并且考虑外部性税收（CCCPC，2013）。正如我们在第四章讨论的那样，可以将它们与再分配措施及其他助贫性金融措施一起打包，使所有人平等地享受这些改革的成果。

第二类措施是监管，特别是对建筑、交通、工业和电器引进或采用更严苛的强制性能效标准，因为它们可以大幅降低排放和成本②。这些能效标准不仅会降低这些领域里的能源使用，而且还会培养相关的市场需求，“拉动”中国的创新政策希望推动的能源业、能效、材料和技术的发展。

以建筑业为例。中国现有建筑的能源消耗和排放量相当庞大，而且在不断上升。在1990~2005年间，中国存量住宅的能源消费上升了75%（CPI，2013）。据

① 参见pp. 243~244的讨论和参考书目。

② 这方面的证据相当充分，譬如澳大利亚的实践（Daley and Edis，2011）。

估计，中国的建筑存量中有40%将建于2010至2030年（Liu et al.，2010）。从保护环境和节能减排的角度来说，中国现有的建筑耗能模式不可能具备可持续性。不过鼓舞人心的是，中国是首批推行强制性建筑节能规范（BEEC）的发展中国家，而且在合规强化方面取得了重大进展（Liu et al.，2010）。这为政府的下一步行动搭建起重要的平台，即采取更严格的最低能效要求，强化建筑规范合规，而这为未来数十年节约能源和成本的工作创造出关键性机遇①。此外，如果国家政策能够推出合理的激励措施，将更多小规模可再生能源科技、先进的供热制冷材料、“智能”能源需求管理技术和电动汽车的蓄电池技术等融入建筑，那么将为提高建筑的能效和低碳性创造出令人激动的机遇。值得注意的是，这些技术涵盖了中国七大战略新兴产业中的六项产业，表明中国有巨大的潜力充分利用这些生机勃勃的新兴产业的协同作用。此外，在中国城镇化和大规模兴建房屋的背景下，这些都是中国可以大规模利用的机遇。

第三，中国需要让市场在鼓励节能方面发挥越来越多作用，这点非常重要。提高能效的工作非常复杂，涉及各种市场失灵和挑战。譬如，为了提高能效而翻新现有建筑和厂房时往往要面对着技术、财务、组织、行为、法务和激励方面的挑战，因此设计和修建高能效的新建筑蕴含的挑战要小得多②。节能服务公司（ESCO）可以提供识别、评估、落实、监控和评估能效项目的专业服务，而这通常是其他企业所匮乏的。中国的节能服务业已经发展地相当迅速，它的收入也从2000年的零增长到2010年的120亿美元（The Economist，2014b；WB/DRC，2013）——虽然它的发展存在地域差异（Draugelis，2012）。

政府可以大力促进节能服务业的发展，如利用政府采购来培育这个产业，在政府机构和私营ESCO之间建立起培训和信息交换机制（Draugelis，2012）。其他辅助性措施也极为重要，如提高金融业对能效项目的借贷和投资能力，提高现有节能服务业中技能和产品的互动衔接性等（Draugelis，2012）。发展导向型金融机构可以在这方面发挥重要作用，譬如为地方银行提供贷款来资助公司的能效项目，而且将

---

① 当然，提高建筑法规只是提高建筑能效的部分工作，它包括了建筑选址、建筑围护结构、内部供热网和供暖系统（Draugelis and Li，2012）。

② 除了发展节能服务业以外，改建新建筑的工作难度小一些，因为中国在不同地域对不同的监管和激励机制进行了试点（Draugelis and Li，2012）。

贷款与其他资金支持和落实方面的配套措施结合起来，以传播相关知识，并在金融业和行业中进行相关能力建设①。重要的是，这种由市场推动的措施不仅能够间接推动中国的节能事业，而且直接促进节能服务业发挥更大作用，助力新兴战略产业扩大发展。

2. 城市

中国的新增经济多半集中在城市——现在的经济也是如此。到了2025年，中国城市居民有望达到全国人口总数的70%②，在2010年的基础上新增3.5亿城市居民，城市产出将达到产出总量的95%（MGI，2009）。城市的形态和交通基础设施都属于可“长期使用”的资产，易于在土地使用、交通和资源利用方面形成“路径依赖”（Rode and Floater，2013；MGI，2009）。因此，中国现在和未来20年完成的城市规划决策及其他相关政策和投资决定对增长、生产率、温室气体排放、污染、宜居性和社会福利的影响颇为深远。随着气候变化的影响日益加深，淡水等原本就相当匮乏的资源承受的压力不断加大，粮食产量下降，海平面上升，自然资源不断恶化，中国所建造的城市必须有能力应对这些负面影响——这一点至关重要。

规划不善的城市密度较低，沿着公路肆意蔓延——如“洛杉矶”模式。这种模式的资源成本、碳排放、空气污染、噪音和拥堵程度都很高，使城市经济付出沉重的代价（更不必提城市的吸引力）③。令人担心的是，许多城市都在效仿这种模式。近年来，城市发展的土地使用模式往往不具备可持续性，浪费了宝贵的农田或对生

---

① 欧洲复兴开发银行（EBRD）一直是能效融资方面的先锋，在东欧和中亚的发展过程中累积起大量成功案例。比如，它通过自己的“可持续能源融资设施”拓展本地金融机构的信贷额度，然后这些金融机构再资助自己的客户开展节能项目和小规模能源项目。此外，欧洲复兴开发银行还调动由本地专家和国际专家组成的“项目执行组”来支持本地金融机构及其客户（EBRD，2014）。欲了解更多信息及案例，请参见EBRD的网站：http：//www.ebrd.com/pages/sector/energyefficiency/sei/financing.shtml。

② 中国的城市居民将从2005年的5.32亿上升到2025年的9.26亿（MGI，2009）。在2025年前，3.5亿新增城市居民中有2.4亿居民来自农村（MGI，2009）。中国已经在制订详尽的城镇化管理规划（Xinhua，2014a）。

③ 仅交通堵塞这一项的成本就奇高。Rode和Floater（2013）的研究结论表明：“交通堵塞通常是由土地使用和交通一体化效率低导致的，由此造成的经济损失相当大。在城市化程度很高的欧盟和英国，交通堵塞的成本占到GDP的0.75%，高达200亿英镑（约合320亿美元）。在许多发展中国家的城市，交通堵塞的成本更高，在布宜诺斯艾利斯占到GDP的3.4%，在墨西哥城占到GDP的3.4%，在达喀尔占到GDP的3.4%。”

态系统非常珍贵的土地（MGI，2009；Chen et al.，2008）①。此外，中国的许多城市规划都倾向于“机动化”。在1994～2008年期间，中国的机动车数量每年增长约20%（Pan，2011）。在2002～2007年间，中国的人均收入翻番，而汽车保有量却几乎是原来的三倍（Kutzbach，2010）。如果中国城市和经济增长下一个阶段的目标是避免使自己的可持续增长和低碳目标受到威胁，那么必须改变当前这种趋势②。

要让中国的增长模式具备可持续性，它的城市形态至少要基于空间紧凑、城市中/高度密集和通过公共客运体系紧密联系在一起的城市模式。“哥本哈根/香港式”城市规划被广泛视为实现城市绿色增长的基础性“支持体系”③——尽管这不足以提高城市的吸引力，还需其它要素使中国城市变成“以人为本型”城市（参见Chen et al.，2008；UCI，2013）。对于中国而言，“以人为本”这个词的内涵强调了提供必需的公共服务，特别是教育和卫生医疗服务，并开展城市户口改革（Xinhua，2014b；CCCPC，2013）。要全面实现以人为本，城市必须建立起强大的社区，并且具备其他吸引人的特色，如公共绿地、优美的街景、低污染、便于安全行走和骑行的基础设施、就业机会、利于社会和文化互动的设施（请参见Gehl，2014）。

随着资本和劳动力在国内外的流动性不断加强，人们和产业更容易在美丽宜居的地方扎根发展。譬如，中国之所以能成功地将上海转变成全球金融中心，部分原因就在于它有充足的魅力吸引人才和流动性服务专业人士到访上海或在上海生活。从这个角度来说，更加紧凑、可持续性更强和更灵活的“以人为本型”城市似乎更易于吸引城市发展所需的本地人才和国际精英，将资本投入服务业和高技术产业。

但是创建这类城市需要全面的金融和治理改革，从而为可持续的规划、服务供应和基础设施发展提供适宜的机制和激励体系。第四章将详细阐述这些问题。

3. 逐步淘汰煤炭

目前中国的能源体系和工业生产严重依赖煤炭。在过去的十余年里，由于中国

---

① 中国的人均耕地面积不足世界平均水平的一半。在过去10年里，约185万公顷农地转化为城市用地（Chen et al.，2008）。分散的城市增长日益消耗着绿地和林地。

② 在已经“锁定”道路依赖型结构的地区，要想降低机动化会难上加难，不过如果通过快速公交系统或其他措施来大幅提高机动车的利用率就可以取得重大进展（C40/Arup，2014）。

③ 对于中等密度的哥本哈根和超高密度的香港来说，高效的空间规划对于打造美好环境和实现经济飞速发展不可或缺。此类规划将土地使用和交通融为一体，促进了高密度紧凑型城市形态的采用和混合发展，并且提高了公共交通的可及性（参见Rode and Floater（2013）第48～60页及援引的参考书目）。

的工业结构向能源密集型重工业生产转移，并且全国都处于城镇化进程中，所以中国的煤炭消费直线上升——从2002年的15亿吨飙升到2012年的37亿吨（BP，2013）。尽管在这一时期，中国的GDP凭借其工业扩张实现了强劲增长，但是政府日益意识到由此产生的巨大代价和风险，并且开始采取措施控制未来的煤炭消费增长，由此引出了一个问题：中国的煤炭消费何时可能达到最高点？本章前半部分研究了这个问题，后半部分展望了中国在未来10年里尽快使煤炭消费达到最高点并逐步淘汰煤炭给中国和世界所带来的益处。

（1）中国的煤炭消费——何时会达到最高点？

对于中国和世界来说，中国的煤炭消费/需求何时会达到最高点非常重要，而且已经成为中国决策圈里的重要讨论议题。然而，这个问题分析起来非常复杂，专家的预测往往相去甚远（参见图3）。

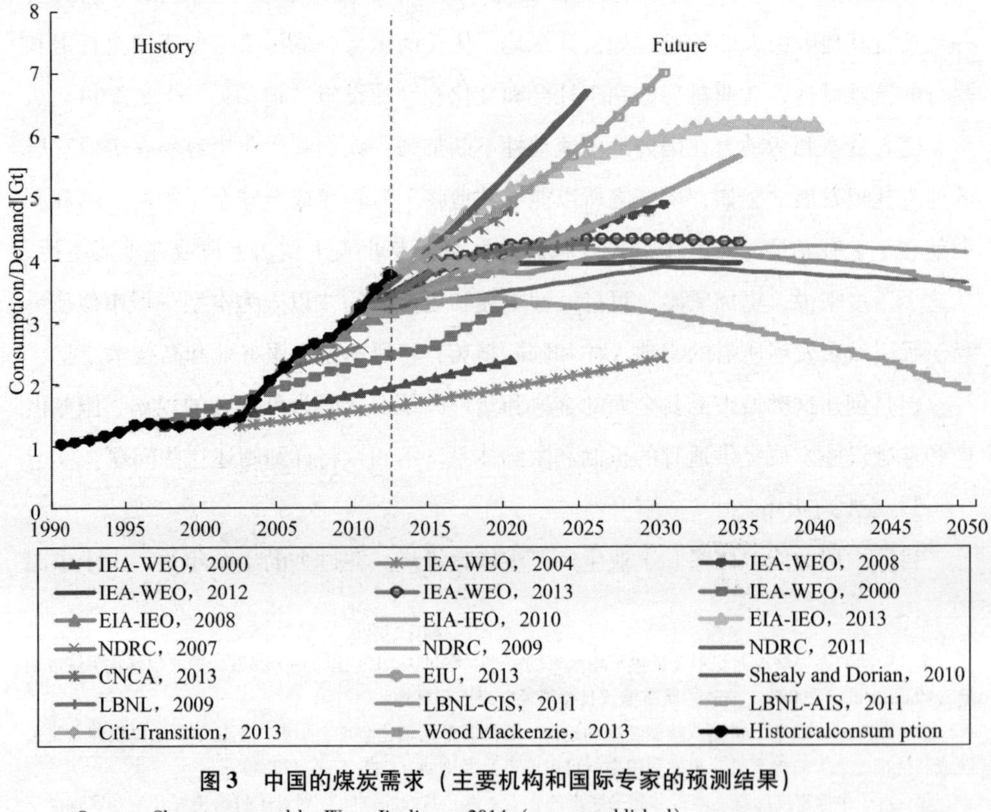

图3　中国的煤炭需求（主要机构和国际专家的预测结果）

Source：Chart constructed by Wang Jianliang，2014（not yet published）.

一方面，中国的煤炭需求已经表现出增长放缓的信号，至少在发电方面是如此。中国在努力用大型超临界和超超临界发电厂代替低效的小型火力发电厂，这为近期的燃烧热能发电增长放缓做出了巨大贡献（Garnaut，R.，2013），每年可能降低1亿吨二氧化碳排放（CPI，2013）①。继续推行这种“以小换大”替代机制将在未来几年里迅速遏制热能煤炭消费（Mai and Shanghao，2013；Garnaut，R.，2013）。加快推行这些机制以及发电和重工业的其他污染控制措施有助于将明年中国的煤炭消费降到初级能源消费总量的65%以下②（其他措施包括国务院2013年9月发布的《大气污染防治行动计划》），并且使中国的煤炭消费在2015年达到最高点，即39万亿吨③。总的来说，这些措施会让中国的煤炭消费在这个10年内达到顶峰。最近有资深专家预测这一天会在2020年到来（Xinhua，2014c），还有专家预测这一天可以提早至2015④。在另一方面，有些人认为政府的煤炭消费已经超过了39万亿吨的上限，还将在2015年超过40亿吨⑤。事实上，许多专家认为在未来数年里，中国的煤炭消费会随着经济增长继续直接上升（参见图3）。

然而，必须谨慎地审视以经济增长为基础预测得出的结果，即中国煤炭消费将继续强劲上升。人们很容易观察到，不断上升的经济产出不一定意味着煤炭使用量随之上升。为了说明这一点，我们可以发现，如果将煤炭在能源组合和产出能源强度中的比重均下降30%左右，那么既可以使产出翻番也可以使能源使用达到峰

---

① 中国燃煤发电厂的热效率在过去10年里大幅上升。（在20世纪70年代）老式燃煤发电厂的热效在25%至30%之间，它们正在被热效达到35%～45%的新型发电厂取代（Citi，2013）。

② 在2011年，煤炭在中国能源消费中的比重达到总量的68.4%（NBSC，2012）。国家能源局预测能源消费总量将在2014年上升3.2%达到38.8亿吨煤当量，而煤炭消费只上升1.6%达到38亿吨煤（Platts，2014）。中国的标准“煤当量”衡量方式假设煤炭的热值为7000千卡/吨。事实上，中国热能煤的热值要低得多，约为5 000～5 500千卡/吨，这意味着产生一个标准煤当量的能量需要超一吨以上的煤炭。

③ 国家发改委能源研究所所长姜克隽博士向国务院展示了一系列能源方面的新情景。他认为“煤炭消费的巅峰不会超过40亿吨”（Garnaut，J，2013）。

④ 至少有一位中国专家预测煤炭消费会在2015年达到顶峰，且不会超过42亿吨，即中国社科院的潘家华（Garnaut，J，2013）。

⑤ 譬如，请参见《中国日报》（2012）援引的中国电力企业联合会的预测和Manning（2013）的研究。

值①。此外，就像图 3 中 Shealy 和 Dorian（2010）的预测那样，假如中国的煤炭需求持续高企，那么鉴于中国的煤炭产能有限，这意味着中国将大幅提高煤炭进口量，给本国的能源安全带来风险（Wang，Feng & Tverberg，2013）②。考虑到这些风险及下文探讨的煤炭消费增长带来的其他风险，中国的最高领导层现在极其重视煤炭消费问题，使更多人认识到煤炭需求必须在未来 10 年的某个时间点达到顶峰。

鉴于以上原因，本文认为中国的煤炭消费将在未来 10 年里达到顶峰。这不仅完全行得通，而且下面的讨论表明这符合中国和世界的期望。

（2）煤炭消费尽早达到顶峰和有序地淘汰煤炭消费

无论专家如何预测，中国集中精力降低煤炭需求会给中国带来巨大的短期、中期和长期利益，具体表现为制订计划，在专家预测的最早时间（如 2020 年或之前）使煤炭消费达到顶峰。

首先，作为过去中国能源安全的支柱之一，中国国内的煤炭生产日益成为发展的掣肘。自 2003 年左右起，中国煤炭消费的快速增长对能源安全产生了两个重要影响。它刺激了国内煤炭生产的扩张，并且加速了中国向煤炭生产高峰的迈进——目前预计这一高峰将于 2020 ~ 2025 年到来（这个时间是根据不同建模研究的预测结果计算出来的平均值，请参见图 4）。此外，中国煤炭消费的大幅扩张将中国从煤炭净出口国转变成净进口国，而且对进口的依赖程度与日俱增。2012 年，中国进口煤炭约 3 亿吨，占到全球煤炭出口的 1/4 左右。③ 如果中国的煤炭需求增速维持在过去 10 年的水平上下，而中国国内的煤炭生产在 21 世纪 20 年代初达到 40 亿吨左右的最高点，那么中国会日益依赖煤炭进口，国际煤炭价格的上涨及波动对中国的影响也不断加大——鉴于中国的煤炭市场规模庞大，所以中国国内的煤炭生产达到高峰时，这个问题会变得非常尖锐（Tao and Li，2007；Lin and Liu，2010；Mo-

---

① 煤炭/产出 =（煤炭/能源）×（能源/产出）。如果产出翻番，那么煤炭/产出减半时，煤炭使用总量会保持不变。因此，等号右侧的两个因子为原来的 0.7 时就可以使煤炭/产出减半。

② Shealy 和 Dorian（2010）预测中国的煤炭消费量将在 2025 年高达 60 亿吨。然而，个别专家认为中国的国内煤炭产量达到顶峰时不超过 40 亿吨（参见图 4）。Wang，Feng & Tverberg（2013）认为从国外进口 20 亿吨煤看起来并不可行，因为这意味着在未来 10 年里，中国的煤炭进口将增长六倍，并几乎使全球煤炭交易翻番。

③ 中国煤炭进口的数据来自 NBSC（2013a；2013b）。全球煤炭出口数据来源于美国能源信息管理局（EIA，2014b） hr，2010）。事实将证明，国际煤价波动对中国的影响极具破坏性，且代价高昂，刺激了中国迅速向煤的替代品过渡。与此相反，放缓煤炭需求的增长速度，使其在2020年左右（或更早）达到最高点，能够缓解不断逼近的供应压力，使中国更有序地从煤炭向替代能源及替代型工业投入过渡。

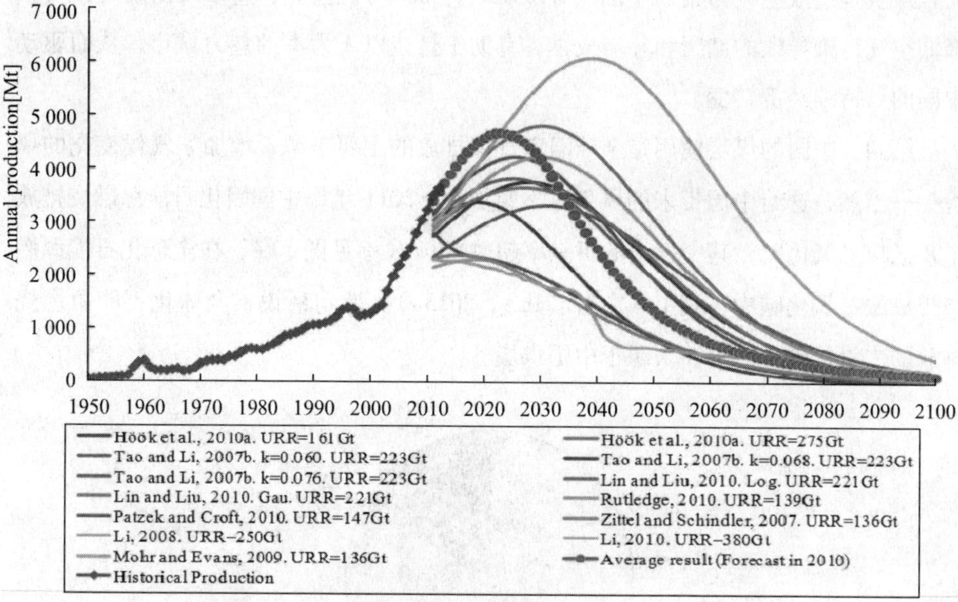

图4　中国的煤炭生产（主要机构和国际学者的预测）

Source：Wang，Feng，Davidsson and Höök 2013.

第二，煤炭对中国可利用的水资源影响颇大。2010年，煤炭业（即采矿、加工和发电等相关行业）消耗的水资源占到消费总量的15%～20%（BNEF，2013；Schneider，2011）。此外，中国现有和规划中的煤炭生产和热能发电集中在水资源最紧张的地区。中国约85%的煤炭储备和60%的热能发电集中于华北，而该地区的水资源还不足全国总量的1/4（BNEF，2013；Tan，2013）。截至2012年7月，新建火力发电厂中有一半以上位于华东地区，即水资源匮乏或极其匮乏的地区（Luo et al.，2013）。如果这些地区的煤炭生产和消费持续上升，那么水供应的压力会不断升级：按照2012年7月的规划，60%的新增火力发电集中于六个省份，而它们的水资源仅占全国的5%。此外，家用、农业和工业用水之间的竞争原本就已经非常激烈（Luo et al.，2013）。与此同时，水资源的可利用量正在下降。自2000年起，中国江河湖泊和蓄水层可利用的水资源总量已经减少了30%（Schneider，

2011），而且这种情况很可能会随着气候变化而逐日恶化（IPCC，2004）。

第三，发电和生产消耗的煤炭量日益上升，导致城市的空气污染不断恶化，影响了公共健康（从而降低了生产率并提高了医疗成本），并严重破坏城市的宜居性。仅以经济产出来衡量，中国的空气污染消耗了 GDP 的 6.5%（WB/DRC，2013）①，而且煤炭是造成空气污染的主因（WB/SEPA，2007）。因此，逐步淘汰煤可以大幅降低空气污染导致的健康和环境成本，有助于打造以人为本的魅力城市，从而驱动中国的可持续经济转变。

第四，中国的煤炭使用是全球温室气体排放的主要来源，增加了气候变化的风险——当然，这给中国带来的风险也不断加大。2011 年，中国因化石能源燃烧排放了 8 亿吨二氧化碳，其中煤炭的贡献率超过 80%（参见图 5）②，在全球化石能源燃烧排放的二氧化碳中占到 1/4 左右（IEA，2013a）。换句话说，全球化石能源燃烧排放的二氧化碳中约 1/5 来源于中国煤炭。

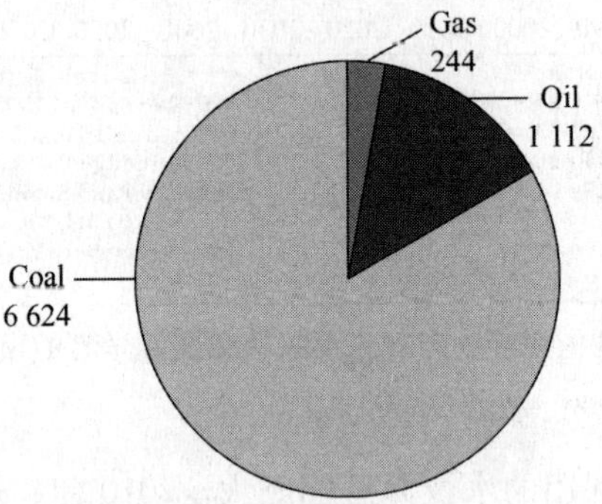

图 5　2011 年中国各种化石能源燃烧排放的二氧化碳（二氧化碳排放总量为 80 亿吨）

Source：IEA Emissions Stotistics，2013.

如果中国的煤炭消费像大多数专家预测的那样持续上涨，到了 2025 ~ 2035 年之间的某个时间点仅仅开始缓慢下降（参见图 6），那么中国的二氧化碳排放总量很可能在 2030 年前超过 150 亿吨，很难使全球温升幅度控制在 2°C 以内的概率达

① 之前的研究认为仅空气污染对健康的影响这一项就消耗了 GDP 的 3.8%（WB/SEPA，2007）。

② 与此相对的是，同年在全球化石能源燃烧排放的 303 亿吨二氧化碳中，煤炭的贡献率是 43%（IEA，2012a）。Oliver et al.，(2013) 的研究表明，2012 年在中国化石能源燃烧排放的 100 亿吨二氧化碳中，煤炭的贡献率达到 3/4 左右；当年中国因化石能源使用和水泥制造排放的二氧化碳总量超过 100 亿吨，占到全球总量（345 亿吨）的 29%。

到一半①。当然，大气中由于历史原因累积起来的温室气体排放需要由发达国家承担主要责任，但事实上，一旦跨越2°C这个门槛，气候变化可能给中国带来的风险就会大幅攀升——气候变化的冲击可能让中国在过去几十年里取得的增长和发展出现倒退（IPCC，2007；WB/PIK/CA，2012；Stern，2012）。

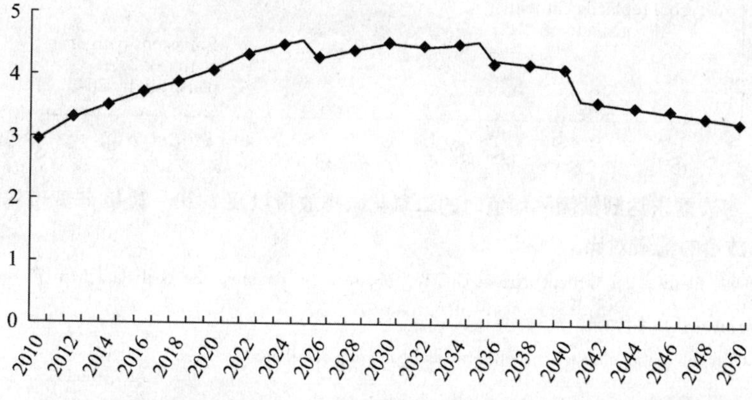

图6　中国的煤炭消费情况（主要机构和国际专家的预测结果平均值）

Note：The vertical axis shows Gt of coal.

Source：Constructed from data supplied by Wang Jianliang，2014.

与此相对，逐步淘汰煤炭将大幅降低中国的温室气体排放，这本身就减少了气候变化给中国带来的风险，而且像我们在第五章讨论的那样，这还可能刺激其他国家采取行动来缓解气候变化，从而进一步降低气候变化的危害。正如图7所示，假如中国能使煤炭消费在2020年达到最高峰，并在2040年前逐步淘汰煤炭（用虚线表示），那么粗略计算一下，根据各方专家对中国煤炭需求增长估算的平均值来看，每年由煤炭产生的二氧化碳排放量会减少4.5亿吨（用实线表示）②。如果我们大致假设用天然气、核能和可再生能源替代煤炭后，净排放量下降60%（这个假设仅仅为了说明问题），那么在2020~2040年间，中国每年的二氧化碳排放量将减少

① 要使温升幅度控制在2°C以内的概率达到50%，那么2030年时全球的二氧化碳排放总量应控制在320亿~330亿吨左右（Bowen and Ranger 2009）。正如Stern（2012）阐述的那样，如果2030年中国的二氧化碳排放量达到150亿吨，那么到时给全球剩余70亿人“留下”的排放额度为150亿~160亿吨二氧化碳，相当于人均排放额度为2吨左右（如果把中国排除在外，2012年全球人均排放量略高于7吨）。不过全球排放量超过预期的情况更可能变成现实，将世界置于更加危险的境地（Stern，2012）。

② 图6描绘了各方专家对于煤炭需求的估算平均值，数据来源于Wang Jianliang的分析。我们假设每吨煤排放2吨二氧化碳。

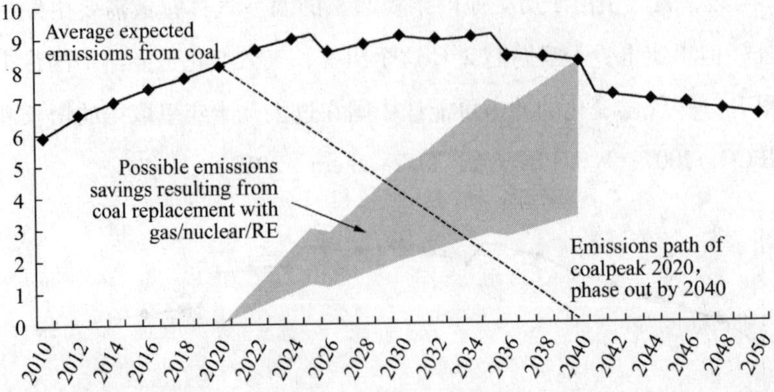

图7　煤炭需求达到预测平均值时的二氧化碳排放量以及 2020～2040 年逐步淘汰煤炭时二氧化碳排放量的情景对比

Note：In this figure，the vertical axis is $GtCO_2$，obtained by doubling the coal data from Figure 6，above（which were expressed in Gt coal）.

Source：Own calculations based on data provided by Wang Jianliang.

20 亿～30 亿吨（参见图 7 的阴影部分）。①

不少"部分"解决方案只着眼于以上四个问题中的某一个问题，可能反而会加剧其他几个问题。特别是（2013 年）中国批准建造七家煤炭转换成合成天然气（SNG）的大型工厂，所制造的天然气将引入东岸各大城市，用于燃气发电厂来取代严重污染大气的火力发电厂（Yang and Jackson，2013）。但是将煤炭转变成合成天然气需要大量能源和水，而且温室气体排放量极大。杜克大学的研究者在《自然》杂志上发表了他们近期的研究成果，表明用合成天然气发电时，整个周期排放的二氧化碳量比煤粉发电厂高出 36%～82%（Yang and Jackson，2013）。这项研究还发现，合成天然气的整个生产周期排放的温室气体（即不包括下游使用的排放量）比页岩气开采生产的排放量高出七倍，前者的用水量是后者的 50～100 倍（Yang and Jackson，2013）。

利用碳捕获与封存（CCS）技术来降低煤炭燃烧的排放量，可以创造出一个以合理成本控制温室气体排放的中期机遇。但是要以 50 美元/每吨碳排放量的成本实

① 我们假设逐步淘汰煤炭不会直接改变能源需求，而是用低碳能源来取代由煤炭衍生出来的能源，如天然气（至少在短期内可采用这种能源）、核能、水力和非水力可再生能源。假设天然气燃烧时排放的二氧化碳是煤炭排放量的一半，而核能及可再生能源的排放量为零，那么煤炭产生的二氧化碳排放可下降约 60%。为了简化起见，我们忽略了生产这些能源时的上游排放以及能源替代的间接影响。

现规模化商业推广的可行性仍然不高。我们认为合理估算的碳的社会成本至少在这个水平而且会不断上升。此外，不同的碳捕获技术的“能源损失”不同，还要酌情在成本上增加20% ~25%的“能源损失”（EEA，2011）。中国庞大的规模意味着，它对于探索各种CCS技术发挥了全球性的重要作用，但是只有继续使用煤炭时这些探索才会取得成功。由此对水供应造成的压力（这取决于国内的煤炭生产情况）和国际能源价格波动带来的冲击（这取决于煤炭的进口情况）仍然会不断攀升[①]。

只有逐步淘汰煤炭才能一举解决这四个由煤炭使用引发的问题。[②] 逐步淘汰煤炭的具体行动包括：规划目标，通过税收、监管和投资替代品来落实目标（此外还要辅以能效管理及其他需求管理措施）。在解决煤炭问题的政策组合中，中国不可避免地要继续采取监管措施和直接管控机制。尽管直接措施的效率低于设计周全的市场机制，但它的优势在于内容明晰肯定，降低了执行成本。我们在第五章里探讨了煤炭税如何影响煤炭引发的碳和环境/健康外部性。煤炭税的税收可用于资助低碳基础设施和创新，以迅速扩大低碳替代技术的应用规模，渐渐填补因逐步淘汰煤而造成的能源空缺。

4. 研发

大规模技术创新能够助力实现我们在本章讨论的所有可能性——即大幅提高能效，建设具有吸引力的集约型低碳城市，并用低碳能源取代煤炭[③]。创新的确已经成为中国的首要任务，而且重要性不断提高。“十二五”规划提出了在2015前将研发投入提升到GDP2.2%的目标。创新（尤其是低碳创新）目前是中国战略新兴产业的发展的核心任务（State Council，2012）。最近十八届三中全会也在决议中重点强调了这项战略优先任务，倡导为科技发展建设全面的“国家创新体系”

① Stern勋爵是全球碳捕获与封存研究院的董事会成员。

② 当然，替代技术的影响也需要考虑在内。然而，在所有可以考虑得到的问题中，可采用的替代技术（如可再生能源、大型水力发电、天然气和核能）的负面影响明显小于煤炭（在部分情况下，它们的差距相当大），唯一的例外可能是对水的影响，但这取决于所采取的具体技术。核能、水力、天然气的水力压裂过程和太阳能聚光都需要大量用水，因此必须对不同的煤炭替代技术进行审慎管理，仔细权衡能源－水的取舍关系。

③ 技术创新，指为了创造和推广技术，使它们成为商业化成熟技术的全链条活动，从基础研究一直延伸到商业应用（商业化成熟技术指可以在没有政策支持的情况下进行大规模价格竞争。）

(CCCPC，2013)。我们先从宏观的角度来研究低碳创新，接着简要分析两个具体案例[①]。

市场失灵导致对创新的投资不足[②]，而且随着技术沿着开发—试点—早期规模化商业应用的轨迹向前发展，所需资金不断增加，投资不足引发的问题也会日益凸显出来——即所谓的“死亡之谷”现象（参见图8）。非能源创新方面的研究（如Henderson and Newell，2011）揭示了成功的技术转型普遍具备三个因素：一是资金充足、管理完善的研发项目；二是需求的快速增长（这可能需要政策支撑和/或相互合作)；三是在创新链上的适当环节出现企业间的激烈竞争。

由于当前与气候变化有关的核心商品和服务存在价格错位（特别是温室气体排放的定价偏低)[③]，而且低碳创新的资本需求极高（特别在能源生产方面)[④]，所以日益损害了对低碳创新的经济激励。因此，比起过去的许多科技创转型浪潮，低碳创新和转型若要取得成功，更需要得到公共政策和投资的支持。

更具体地说，引导低碳创新的关键措施是找到合理的政策组合。碳价和对创新的强大支持共同激励推动了变革。现有的理论（Acemoglu et al.，2012)、建模研究（Fischer，2008；Fischer & Newell，2008）和实证研究的结果（Popp，2006）都表明，有效的低碳创新策略需要结合以下两组互补性政策工具：对温室气体外部性及其他与化石燃料有关的环境外部性进行定价并/或监管的一项或一系列政策，及针对创新链上从研发到商业应用等各个环节的一系列政策。如图8所示，各个环节都有相应的政策和工具（这些政策需要同时实施，因为在任何时点，一套完整的技术都在经历不同的创新链节点)[⑤]。

一套完整的低碳创新政策会涵盖创新链上的每一个环节。然而，各个国家会不

---

① 不过，中国的低碳创新不应局限于此，其他许多领域的创新活动也有效地补充了本文介绍的低碳转型，如先进材料（建筑和能源所需材料)，信息和通讯技术（智能技术）和其他节能技术。

② 这些包括积极的外部性、知识/技术的公共产品性、资本市场的缺陷和风险分担、基础设施网络和协调问题。

③ 除了温室气体排放定价偏低以外，天然资本和生态系统服务、能源（不）安全、化石能源带来的员工健康和安全问题、化石能源对公共健康的影响（特别是它引发的空气污染和水污染的影响)、化石能源对宜居性的影响、天然资源匮乏和租金等问题的定价都不尽合理。

④ OECD和IEA将低碳技术的研发描述为“双倍公共产品”(Philibert，2004)。

⑤ 当然，在不同的时间点，不同的技术会处于创新链上的不同位置，因此需要在整个创新链上同时推行这些政策。

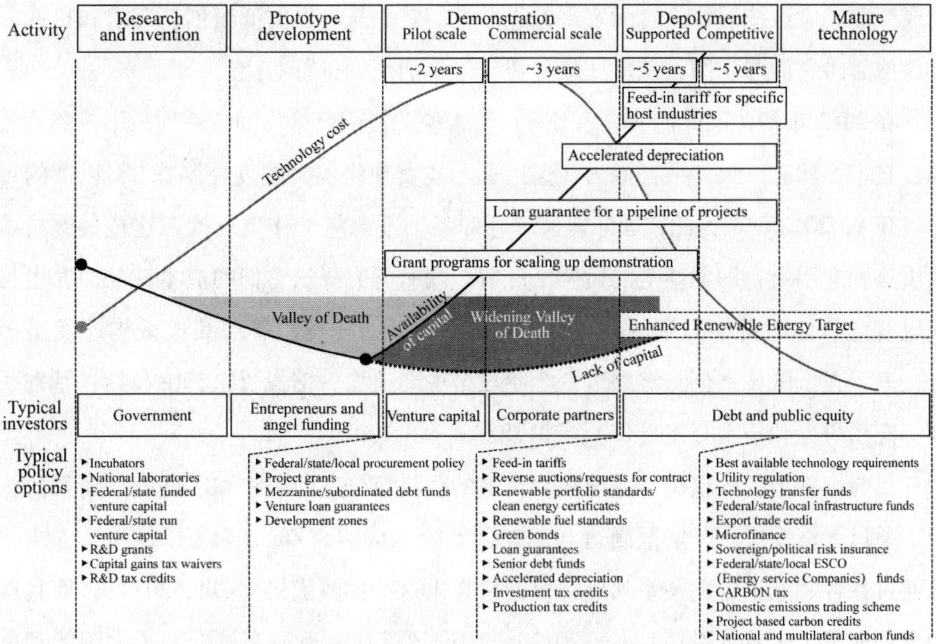

图8　创新链、“死亡之谷”和各个阶段的政策机制

Source：Ernst & Young（2010）.

可避免地根据自身的比较优势，强调创新链的某些阶段而忽视其他阶段，因为它们的比较优势决定了它们的技术专长。如果将全球缓解气候变化行动的重点领域和深入的市场机遇考虑在内，那么会影响到各个国家在不同时期的创新重点。这些观察表明可以利用一个（非常基础的）三维框架来思考虑个体国家（本文中特指中国）的创新方向。

①创新链的各个阶段：为了简化分析，本文将创新链分为三个部分，即初级阶段、中级阶段和最后阶段。初级阶段是研发期；中级阶段是试点期，将创新技术融入应用的早期阶段和支持性应用，在这个阶段，规模经济开始显现重要性；最后阶段是实际应用，重点是通过规模经济、增量制造和工艺创新来降低成本。

②技术/行业。

③时间表。短期技术创新往往集中在现有相对优势较明显的领域。而随着国家不断开发新技能，相对价格变动，政策重心改变并且出现新的机遇/需求，国家具备长期相对优势的领域会发生转移。

如果用这个框架来看中国，那么中国应该在创新链的哪个阶段重点发展哪些技术或产业？应该按照什么时间表来推进？我们首先从世界的低碳创新需求和机遇入手，然后将它们与中国目前的比较优势和未来的规划进行对比。

在2012年初，国际能源署（IEA）警告说，目前已推出的一系列尚不成熟的关键性技术虽然有巨大的减排潜力，但远远不能实现将温升幅度控制在2℃以内的目标（IEA，2012b）。为此，国际能源署呼吁各国紧急将工作重点放在这些关键技术的试点和应用上，即创新链的后两个环节，同时努力降低它们的成本，从而在中长期以有竞争性的价格开展减排（IEA，2012b）。国际能源署和其他机构还发出警告，表示在低碳技术创新链的第一个阶段至少要追加一倍投资，其中包括：基础研究、应用研究和技术开发（IEA，2013b；Stern，2007）。

目前，中国的比较优势体现在创新链的第三部分，即调整和改进海外研发的技术，通过大规模应用、增量制造和工艺创新降低成本（Zhi et al.，2013）。它主要是通过在各领域里建立一系列支持机制培育出这些比较优势（CPI，2013），而且这种方法取得了实效（Zhi et al.，2013）。中国通过这种途径有效降低了太阳能和风能的价格（参见图9了解太阳能的情况），为全球气候减缓带来利好（Grau et al.，2012；Wang，Qin and Lewis，2012），同时在这些技术的国际市场上占据主要份额。

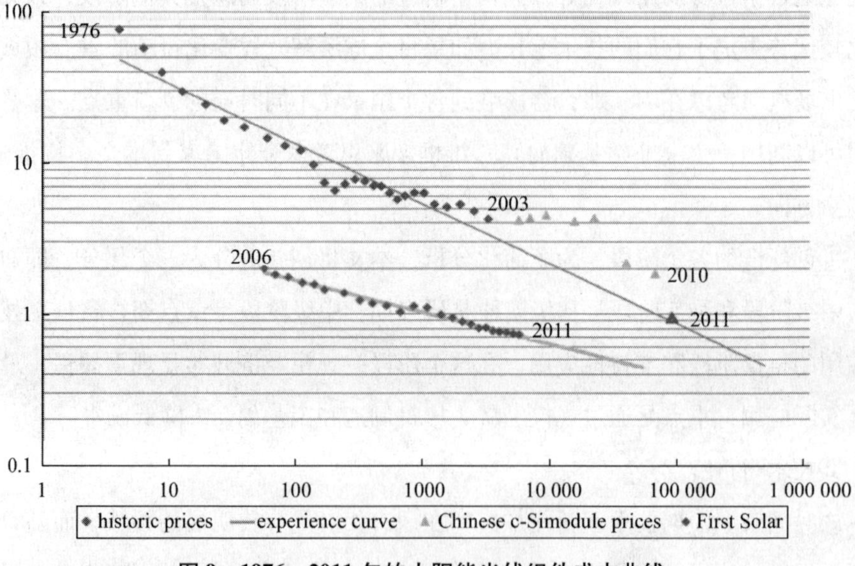

图9　1976～2011年的太阳能光伏组件成本曲线

Source：Bazilian et al.，2012.

迄今为止，中国的产业结构一直在按照它的目标向高附加值、高科技产业推进，而且技术相对于其他国家来说比较先进。因此，它越来越需要向创新链的前两环节迈进，将最终阶段的商业应用政策与自身对“上游”环节的关注结合起来（参见 Grau et al.，2012 的研究）①。由于全球迫切需要对潜能巨大的关键性技术开展创新，所以这也日益强化了中国对创新链中间环节的关注——假设中国希望减少煤炭使用，实现可持续经济转变，并且使自己有能力抵御气体变化的可怕风险，那么中国和全球的需求没有什么差别。从逻辑上说，这将成为中国进行经济重组和发展经济的新前沿。

除了在太阳能光伏和陆上风电方面进一步开展创新以外，中国可以更专注于一系列关键的技术，如可再生能源、能源储存和汽车技术等（理想的状况是与其他国家开展合作，第五章将深入探讨这个问题）。国际能源署指出，这些技术不仅需要来自于创新链中间环节的支持（2012b；2013b），而且都涉及到中国的战略新兴产业，如聚光太阳能热发电（CSP）、海上风能、电动汽车、蓄电池和相关网络基础设施（电网和充电）。这需要复杂的政策和投资组合②。

中国国内市场庞大，为培育这些技术和其他低碳技术以及它们的成熟发展带来了特殊的、无与伦比的“规模优势”。中国的庞大规模不仅能够使其凭借规模经济降低价格，而且使它有能力探索多种创新方式，从这种实践中进行学习，并承担和分散各种创新的内在风险。在全球创新赤字频现红灯的背景下，中国的规模决定了它将在世界低碳转型中发挥关键作用。

用两个例子来说明这个问题。电动汽车带来了巨大的市场机遇（Ward et al.，2012），但由于面临一系列技术（例如电池技术的限制）、协同、网络基础设施和社会/文化等层面的障碍，所以相关技术的成熟过程相当复杂。电池成本对于电动汽车的应用至关重要。在 2010～2013 年，电动汽车电池的成本下降了 50%（IEA，2013b）。如果保持目前这个进度，那么电池成本在 2020 年或更早就能具备竞争性。然而，电池技术创新方面必须加大政策支持和投资的力度，这对于减排工作达到必

---

① 近年来，中国基础研究和应用研究领域的创新活动非常少（2009 年这个比例为 17%；Zhi et al.，2013）。

② 这些领域也是发挥协同作用的关键领域，如：汽车电气化使电的需求上升，石油的需求下降；汽车电气化改善气候的前提是电能来源于非化石能源；只有提高汽车的电池存储技术，才能实现间歇性可再生能源并网的全部益处。

要的规模至关重要。中国特有的规模优势可以在这个过程中发挥重要作用①。与此同时，中国应通过电动汽车推广机制中“从实践中学习”这种模式，将主要关注点放在克服协调、网络和行为障碍，并且提高自身能力，将平价蓄电池技术并入电网，并且提高可再生能源的普及率，这些都将帮助中国向可再生能源和电气化能源发电的能源体系和交通体系转型做好更充分的准备②。

中国的规模经济对于太阳能的发展同样有着重要意义。前文已经指出，中国在降低太阳能光伏发电的成本方面做出了重要贡献。只要能克服蓄电的技术问题和系统需求，太阳能光伏发电的成本会再次减半，从而在中国形成具有竞争力的规模，满足中国预期的大部分电力需求（Grau et al.，2012）。即使对化石能源征收小额碳税，那么也可以提升太阳能光伏发电的发展，并小幅降低它的成本。中国可以制定技术应用目标和支持政策来加大对国内光伏市场的开发力度，加强投资和研发标准之间的衔接（以鼓励新型光伏技术和多种备选方案的开发），这将极大地促进中国实现提升光伏发展的目标（Grau et al.，2012）。中国庞大的规模对于降低全球聚光太阳能热发电的成本同样重要。许多发达国家（如美国）以及发展中国家（如南非）正在扩大关键技术的应用规模③。除了达到2020年3千兆瓦的目标以外，中国还可以进一步加大对商业试点项目和实践应用的支持力度，扩大在太阳能充沛的中西部省份的技术应用规模，以支持基于非碳氢能源的经济发展。在中国西南地区建设长期、大规模的聚光太阳能热发电站后可以通过超高压输电线路向东部省份供电。

最后，中国要想成功将其不断提高的技术水平转化成低碳能源的长远突破性创新，即完成创新链的第一部分，那么需要培育必要的技术、体制、资金、管理和文化条件（Zhi et al.，2013；Cao et al.，2013）。例如，中国可以效仿美国建立财力

---

① 一些业内人士正着力削减成本。例如特斯拉公司 CEO 伊隆·马斯克（Elon Musk）宣布该公司将投资40亿~50亿美元建设“千兆工厂”，将全球的锂离子电池产量翻番，从而使电池价格在三年后降价30%，到2020年降价50%（The Economist，2014）。

② 就连一级方程式赛车目前也要求采用混合动力引擎，如2014年澳大利亚大奖赛（Gover，2014）。

③ 目前有四种主要的 CSP 技术，即槽式太阳能热发电、线性菲涅耳太阳能热发电、太阳能发电塔和碟式太阳能热发电技术（NREL，2010）。

雄厚的实验室，实施长期（10年以上）研究策略[①]来支持科研人员和研究管理人员，使他们享有承担风险、失败和学习的研究自由，并相应地评估他们在这些方面的表现（Anadon，2012；Zhi et al.，2013；Cao et al.，2013）[②]。如果能和能源创新集群结合起来，利用集群的法律和金融环境来实现早期的自主创新，并且利用后者的“创新生态体系”来增进研究人员、企业家和风投资本家之间的互动，推动基础研究和应用研究的商业化，那么这些研究机构的实际效果更明显。适宜的环境有助于中国的研发投资享受到早期低碳创新的巨大效益。

尽管中国已经建立起以能源为主的研发集群，但是它们的参与者多局限于国有企业。政府尚未建立起具体的基础研究和应用研究机制，帮助能源技术转化为商业产品、传播信息或推广创业活动（Anadon，2012）。中国要克服在研发、试点和应用方面的差距，不仅需要新型政府机构来协调这部分创新链的活动，而且要鼓励私营部门、创业型技术公司和投资者的参与。因此，政府努力扩大市场并推进国企改革（CCCPC，2013）对于开发高效的创新生态体系，促进突破性技术发展发挥了非常重要的支持作用。

采取上文提到的各种措施能为中国的经济社会带来巨大的好处。（相对于未采取这些措施的情景）它们的总体效果包括以下几点：①提高能源生产率；②提高全要素生产率；③显著降低空气和水污染，减少因此引发的健康问题、死亡率以及对环境的破坏；④使城市更清洁、健康、安全、安静，减少交通拥挤状况，提高生产力和城市吸引力；⑤提高能源安全；⑥大幅降低温室气体排放；⑦使人们更公平地享有基础设施、就业机会和清洁环境（下文的讨论表明，如果财政改革注重公平，那么这种效果更显著）；⑧降低化石燃料价格波动性的影响，以促进经济和社会稳定；⑨为中国的战略新兴产业拓展市场；⑩促进创新型增长。

尽管这些益处中有部分在长期才能显现出来（如降低气候变化的风险），但绝大多数益处在中期就能实现（即5~10年里或接下来的两个“五年规划”里）。

然而，实现这些益处需要政府开展重大的结构调整，不可避免地会在短期内引

---

① 基础研究需要跨越多个“五年计划”（至少10年），获得稳定的创新政策的支持。Zhi et al.，（2013）认为，各个“五年计划”的创新重点和风险承受力有所不同，这是过去阻碍中国基础研究的主要因素之一。

② 譬如，上海、深圳、苏州和北京。

发一些混乱。这些压力将与中国增长当前面临的各种压力和风险交叠起来，并相互作用。当前的压力和风险包括房地产和重工业（如煤炭）的产能过剩问题，银子银行的违约风险等（参见 Sender，2014；Wolf，2014）。如何在本文中提到的结构调整需求和短期稳定及增长之间达成平衡，对中国提出了严峻的挑战。

这个挑战凸显了本节所介绍的措施的重要性，因为后者兼顾了短期经济和社会益处，特别是提高能效的措施可以相对迅速地产生效益，提高要素生产率，创造就业机会，节约资金和资源，并且迅速提升短期增长和福利水平。此外，这个挑战还表明，收入补助、再教育、提供新的发展机遇等措施非常重要——因为它们的目的在于管理结构调整效果，当部分群体的生活福祉受到结构调整的影响进行相应地处理。最后，这个挑战意味着政府开展改革时必须要采取表述清晰有力并具有说服力的战略手段，这样才能让民众和公司信服未来的长期发展方向、由此带来的益处以管理短期调整的手段。下一章关于财政和治理改革的讨论中将涉及最后两点。

四、通过财政和治理改革实现可持续结构转型

要实现大规模的可持续结构转型，必须开展财政和治理改革。其目标是为了确保：①落实合理的激励机制；②使政府有充足的税收和合理的财政收入来源，以保障必需的支出项目；③各级政府能积累起一定财政收入（其中既包括直接收入，也包括通过合理的财政收入分享安排机制获得的收入）①。考虑到这些中级目标，本文列出了一系列可帮助中国实现可持续结构转型目标的财政措施。

值得一提的是，这些改革的目标仅在于解决本文第三章讨论的问题，应被视为对 Ahmad、Rydge 和 Stern（2013）提出的广泛财政改革建议的补充。Ahmad、Rydge 和 Stern 的改革建议还涉及到增值税、企业所得税、个人所得税和消费税。此外，本文没有考虑国企改革（参见第二章）对公共财政的影响。本文注意到，一方面，中央的改革蓝图（CCCPC，2013）表明国企发挥的作用将逐渐减弱（这暗示着基于市场的非公有资本配置将发挥更大作用），但另一方面，国企将向政府上缴更多收入用于公共福利②。要脱离拥有强大公有制和完全掌握资源配置的计划经济进

---

① 虽然省级改革也很必要，但本文着重关注了中央和地方层面的财政改革。

② 十八届三中全会的决定［CCCPC 2013，(6)］表明，政府将“提高国有资本收益上缴公共财政比例，2020 年提到 30%，更多用于保障和改善民生”。

行转型，就需要用激励手段、市场结构、监管和高效公平的税收体系（用来获取公共支出必需的财政收入）来取代对资源配置的直接管控。

1. 地方财政改革

当前存在着一个关键而迫切的挑战：如何合理地激励地方政府，确保它们推行可持续的空间发展，投资于可持续基础设施，并且为现有和新增城市人口提供高品质的公共服务。城市化的快速发展，再加上城市结构的“锁定效应”，意味着地方政府在未来10年内的决策将会对中国的城市生活品质和可持续经济发展产生深刻影响。现有的财政安排使市级政府过分依赖于国有土地交易的税费收入，而且不合理地刺激了城市扩张，将郊区土地并入城市，造成环境破坏。近期中国的土地流转收入相对减少，地方公共债务激升，使得这项改革显得尤为紧迫（Ahmad and Wang，2013）。

有两项关键性的金融改革可以帮助中国向新的税收体系转移，为其不断扩张的城市提供更加有活力[①]且稳健的税收基础[②]。

第一项改革是税率较低但根据房产价值广泛征收的房产税[③]。其它中等收入国家的经验表明，若房产税的设计合理，可以将GDP提高1%～1.5%[④]。房产税的收入可以为不断增长的中国城市人口提供基本的公共服务，而不会使没有户口的城市人口受到歧视。征收房产税还可以支撑中国领导层暗示即将开展的户口改革（CCCPC，2013），并且降低地方政府的债务风险，从而为建设可行的市政债券市场奠定基础。在中国的城镇化过程中，这一债券市场对于可承受气候变化、可持续的城市基础设施建设的投资融资具有重要作用（Ahmad and Wang，2013）。（或许在2025年左右）当前这一轮的城镇化浪潮有所减退，且大部分新基础设施已经建好

① 与公共财政有关的文献经常用“有弹性/灵活”来描述一种稳定地来源于收入的税收。我们可以用这个词来解释“有活力的”。

② 都市区和各省需要更高效的自源性收入——特别是要取代那些具有扭曲性的高额商业税，因为这类商业税阻碍了商业发展（Ahmad and Wang，2013；Ahmad et al.，2013）。

③ Ahmad and Wang（2013）指出，中国有多种房产税，但是除了上海和重庆的试点项目以外，其他房产税项目都没有对私有住宅征税，而且总收入很少。2012年，此类房产税所征税额为1 372.49亿人民币，只占中国税收总额的1.2%。他们认为，应该对自建房屋或商业住宅征收新型房产税，探讨了各种可能的设计特点，并指出上海和重庆在新型房产税试验中所面临的挑战。最后，他们得出的结论是：中国在设计有效的房产税体系方面要还任重道远，但这项任务不仅重大而且非常紧迫。

④ Ehtisham Ahmad，pers. comm. 6，2014年3月。

时，房产税还可以为资本保全提供重要的资金保障。

第二项改革是利用财政手段对城市外部性定价，尤其是与交通有关的外部性，例如交通拥堵、事故、（汽车尾气导致的）空气污染和道路损坏。这些财政手段激励着人们努力解决这些问题，而且可以增加额外收入（可能达到 GDP 的 0.5%）①，用于必要的基础设施支出（Ahmad and Wang，2013）。伦敦②和新加坡等地成功地开征了拥堵费，还采取了其他机动车管理措施，这意味着中国可以从丰富的国际经验中学到经验教训，来设计和推行自己的财政措施。大多数机制都没有对车辆使用的外部性进行全额收费，一旦这么做的话，创收的潜力可能会更大。

2. 中央财政改革

为了实现可持续增长，财政改革面临的第二项紧迫挑战是利用激励措施逐步淘汰煤炭——总的来说，就是改变不可持续的能源消费、污染和温室气体排放模式。这些激励措施使中央政府获得必要的收入，培育对低碳创新和抵御气候变化的投资，尤其是对低碳能源生产和相关网络基础设施的投资。政府可能通过税收（尤其是化石燃料消费税）来降低温室气体排放和环境外部性，从而更有效率地完成转型。根据第三章第三节讨论过的原因，本文将讨论重点放在煤炭上——虽然最理想的状况是使这些措施适用于所有化石燃料。

目前的资源税，尤其是和煤炭有关的税收，并不能有效抑制资源需求，产生用来解决外部性的收入。很多时候，这些税收的效果都被大额补贴抵销了（Ahmad and Wang，2013）。在 2011 年的油气税收改革之后，政府很快就会完成对现有煤炭资源税的改革规划，将基于附加值而不是生产征收税款。这是非常明智的开始（因为煤炭是排放的主要原因）。令人鼓舞的是，中国政府已经强调了深入改革的重要性，从而更加有效地对资源租金、环境和碳的外部性征税（CCCPC，2013）。

在这方面，煤炭消费税可以成为中国逐步淘汰煤炭，实现其他目标的主要政策机制③。本文认为所采纳的煤炭税应该解决全球温室气体的外部性和煤炭对本地环境和

---

① 这个估算结果基于对国际专家的咨询结果。

② 例如，在 2009 ~ 2010 财年，伦敦的拥堵费收入为 1.48 亿英镑。伦敦政府将此项收入全部用于改善城市交通（TFL，2014）。

③ 化石燃料的资源税结构包括三部分：增值税、租金和外部性税收，因此外部性税收也是其中的一个要素。

健康等造成的外部性。它应该采取消费税的形式，并且大致接近外部性造成的社会成本（Ahmad and Wang，2013）。以解决环境和碳的外部性为目标征收消费税具备以下两个优势：①比起单纯的生产税或消费税，这种税收的环境针对性更强；②这种税收没有单纯的排放税或排放交易体系那么复杂，而且行政成本较低（Ahmad and Wang，2013）[①]。虽然本文主要研究了煤炭，但其他化石燃料也应该征收类似的外部性税收，根据不同燃料的不同碳排放水平和环境影响调整消费税（Ahmad and Wang，2013），譬如对含铅汽油和不含铅汽油征收不同消费税，以减少含铅汽油的使用。

这类税收的价格效应将强烈刺激人们用污染水平低的低碳替代能源代替煤炭。如果再辅以明晰的煤炭淘汰目标和相关监管措施，那么煤炭消费税将传递出逐步淘汰煤炭的强大信号，提高完全淘汰煤炭使用的可能性，而不会使政府采取“部分”解决方案，后者虽然缓解了城市空气污染却也增加了煤炭消费、温室气体排放和对水资源的压力[②]。这项税收可以在可预见的范围内逐步上升，确保企业和家庭对未来可能的税率上升有合理预期并做出适当规划。这样才能激励长期结构转型，减缓人们和家庭受到的短期影响。

煤炭税的收入将用于低碳创新和基础设施的公共投资，并刺激这些领域的私人投资。为了展示这些税种的潜在税收，我们以只涵盖碳外部性的税率为切入点。假设每吨二氧化碳的（名义）社会成本是35美元[③]，那么相当于对每吨煤征收95美元72。目前中国每年的煤炭消费量为37亿吨（（BP，2013），因此每年的煤炭税将达到3 500亿美元，接近中国年均GDP的4%～5%[④]. 如果税率能再反映出本地的空

---

① 我们注意到，2012年中国在北京、天津、上海、重庆、湖北省、广东省和深圳进行了一系列碳排放交易机制的试点。深圳在于2013年6月推出了碳排放交易平台（NDRC，2013）。因此，在中长期内，中国的碳排放交易将直接影响温室气体排放外部性的定价。

② 譬如，在人口较少的西部地区扩大煤炭使用。

③ 这个成本价格是根据美国官方统计计算得出的（Greenstone et al.，2013），但Stern（2013）指出该结果可能偏低。

④ 假设中国的GDP约为8万亿美元（按当前美元价格计算）（World Bank，2013）。

气污染成本，那么由此增加的税收会达到 GDP 的 3% ~4% 。①

根据上述计算来看，如果煤炭税的税收达到 GDP 的 7% ~9%，那么这些税收足以支持向低碳经济强劲迅速转型所需要的创新和基础设施支出。如果公共资金能够有效地利用民间金融，那么效果会更加明显。政府可以通过绿色投资银行或未来发展银行的绿色投资机构来推动对民间金融的利用。由于政府政策的稳定性超过银行业，所以这些绿色投资银行或发展银行在降低私人投资者风险方面占据很大优势。此外，由于此类银行的信誉通常超过私人银行，所以如果需要对各种相关的一揽子金融方案进行组合，前者的说服力更强。

这些价格效应和投资渠道可以降低关键的低碳型煤炭替代技术的中期成本，特别是太阳能光伏、聚光太阳能、风能和核能等，因为中国需要越来越多地采用这些技术来取代逐步被淘汰的煤炭产能，并满足交通电气化等新增的能源需求。当然，随着煤炭消费的下降，煤炭税的税收也会减少。但是如果像本文建议的那样，将这些税收用于低碳基础设施和替代技术，那么结构性转型就可以满足自身的资金需求，从长期来看不再需要这种税收。此外，这类税收还可以不断扩张天然气的使用（由于天然气排放的温室气体远远少于煤炭，所以天然气排放的税负较少），有利于逐步淘汰煤炭，但是从中期来看，要想减少排放就要逐步淘汰天然气或使用碳捕获与封存技术。

总而言之，如果上述各级政府的财政改革措施目标明确、设计周全，并采取合理有效的推行速度，那么粗略估计一下，它们将使中国 GDP 的总量上升 8% ~11%（参见表 1）②。政府研究引进这些措施的时机时要考虑相关的政治和经济因素。税收的使用情况将对外公开，不过有观点认为需要采取相辅相成的一揽子措施。

---

① 中国国家环境保护总局和世界银行的联合研究表明：中国大气污染造成的健康伤害大约占到中国 2003 年 GDP 总值的 3.8%，而且煤炭消费是大气污染的主要诱因（WB/SEPA，2007）。如果再考虑到其他跟大气污染有关的问题，比如水污染对健康的影响，渔业和农作物受到的破坏，这一比重还会上升（WB/SEPA，2007）。世界银行和发改委发布的《中国 2030》联合报告根据世行 2008 年的统计数据进行计算后，表明大气污染的成本占到中国 GDP 的 6.5%（WB/DRC，2013，at p. 39）。

② 表 1 中的数据是基于前文有关章节的潜在税收进行粗略计算得出的，同时参考了国际专家对于中国和本文中提到的财政政策的咨询意见。

表1　可持续经济转型采用的新税种及它带来的额外收入（完全开征这些税种后粗略的估算结果）

税　种	税收目标	估算的税收（GDP 占比）	管辖范围	税收用途（参见本表注解）
房地产	土地价值	1～1.5	地方政府	提供公共服务；为可持续基础设施的债券市场奠定基础
外部性/矫正性	城市外部性（如交通拥堵）	<0.5	地方政府	
	温室气体排放	4～5	中央政府	低碳创新和基础设施；结构调整
	环境/污染	3～4	中央政府	
总　计		8%～11%		

注：某项税款是否应该有指定的用途，对此的讨论颇多。支持对税款指定用途的论点认为，这有助于使政治层面接受一揽子改革，或将这种做法与其他改革结合时会形成强有力的刺激效果。

3. 原则明确且务实的一揽子政策

本文介绍的财政改革还应该遵循合理的公共财政原则，它们的设计应达到以下目的：①提高生产效率，加快创新速度；②改善分配结果；③强化支出的问责制（Ahmad et al.，2013）。相对于标准的公共财政分析而言，除了合乎规范以外，遵循以上这些原则可以帮助改革赢得公众和市场支持，克服既得利益和公众利益的政治阻力，从务实的角度来说也非常必要。

如果这些改革具备效率，那么从定义来看，改革赢家的所得应该超过受影响者的损失，而且足以找到并培育改革联盟。以提高效率为目的的税收改革还应该获得金融界和商业界的支持。譬如，设计周全的财政改革应该能改善中国的投资环境，提高资本和劳动力的生产率，增强中国的外资吸引力。正如本文第二章讨论的那样，这些改革还将加速中国向服务业和战略产业中的高端制造业转移。此外，严密的税制也能减少不合理的税收（参见 Ahmad et al.，2013）

通过直接税收和相关合理的转移支付来改善分配结果，有助于改善低收入阶层的经济状况，缩小相对不平等（即人与人之间、城市与农村、东部与西部之间的不平等）。举例来说，在低碳经济中用碳税/环境税的部分收入来帮助受影响的工人和社区找到新的就业机会和收入来源，这既是道德要求也是政治上的当务之急。这些税收还可以保护贫困人群免受能源价格上涨的影响。

要让公众相信财政改革会切实地兑现政府承诺的支出，那么必须要加强支出方面的问责制，特别是在省或市/县（负债问题日趋严重的地方）层面。例如，政府应明确房产税收是用来为所有城市居民提供基本服务的，而且地方政府对此负有重要责任，这将减轻人们对房地产税收分配结果和问责制的担忧。如果不这么做，那么会加重人们对该税种的抵制①。

即使政府能够推行公平有效的改革，而且公共部门能够负责地推行改革，当前这种广度和深度的改革仍然对政治层面提出了严峻的挑战。不过，拖延行动只会加剧挑战。就像基础设施一样，社会、政治和经济模式日益被现有政策和制度“锁定”。但我们有理由相信政府可以采取大胆的改革。勇气是一种美德：如果一次性解决多个复杂、富有挑战性的改革项目，将它们作为一揽子改革的组成内容，那么要比单独开展各项温和改革有效得多（Ahmad and Stern，1991）。过去中国成功地用这种“组合拳”开展了大规模财政改革，如90年代早期的税收改革，这项改革为20世纪90年代和21世纪初的持续增长和结构变化奠定了基础（参见 Ahmad et al.，2013）。“组合拳”同样也是墨西哥政府2013年税收改革方案取得成功的关键，它将增值税、企业所得税、碳税、能源价格、消费税、墨西哥石油公司的改革以及最低基本养老金融入了一个一揽子方案。②

至少可以有两种方式利用“组合拳”降低政治和财政改革的难度。首先，当改革涉及多个维度并包含提升效率和再分配转移的内容时，那么就可以让整个“组合拳”惠及更多人。从总体来说，本文列出的改革有可能改善绝大多数中国人的生活——当然也包括保护中低收入者——同时保护他们免受未来可能的冲击和风险。第二，人们可能难以理解单个的财政改革及其合理性，所以将它们打包整合起来，有利于政府将迥然不同的技术改革纳入一个规模更大且因果关系更清晰的改革方案，而后者的原则和目的更容易被人们理解和接受（Kahneman，2011；Gauri，

---

① 要想避免刺激地方政府作弊，那么可以通过省级政府负责管理地籍和房地产估价，由地方政府制定税率（Ahmad，2013）。

② 我们非常感谢 Ehitisham Ahmad 对于这个案例的贡献。他是墨西哥改革的顾问。

2012）。中国正面临着环境、社会、财政和治理等方面的尖锐挑战，而本文探讨的财政改革对于解决大部分挑战都大有帮助。目前中国领导人掌握着为未来几十年的可持续发展和繁荣奠定基础的历史机遇，抓住这个时遇会让中国的未来更加强大。现在采取行动会让中国走上一条极具吸引力的道路，而推迟行动则使中国难以找到正确的道路。

五、创新和应对气候变化的国际合作

前文讨论的措施不仅使中国直接受益，而且会激励全球采取更多措施来应对气候变化，随之给中国的可持续发展带来更多利益。本节探讨了在即将举行国际气候变化讨论的背景下，中国如何通过与其他国家开展合作来扩大本国措施的影响，以及这些合作可能为中国带来的额外好处。

中国不再是一个全球发展中“随大流”的新兴经济体，而是直接影响全球发展的主要参与者，在低碳经济转型中的作用尤为显著。由于中国规模庞大，经济高速增长，而且对温室气体减排采取了积极行动，所以世界期待着中国及其他主要新兴经济体未来对应对气候变化做出更多贡献。

与此同时，包括中国在内的新兴国家一直担忧在减排方面出台正式的约束条件可能会破坏经济增长。因此，虽然现有经验和分析越来越清晰地表明，中国可能实现大幅减排的目标，而且这个目标极具吸引力，但中国仍然会谨慎地制定减排规模的目标。

近年来在气候变化方面不断出现各种问题，各国对此的共识和共同预期出现了两个关键性变化。首先，越来越多人认识到低碳发展之路在探索、增长、技术变革以及提高生活质量方面蕴含着巨大的潜力。因此，除了假设气候变化合作只是在分担“负担”和“成本”以外（这种假设具有误导性），各国开展低碳运动的趋势越来越明显。

其次，自从2009年召开哥本哈根会议以后，国际气候合作的重点出现了微妙而关键的转变——即采取更加灵活、以行动为导向、充满活力和合作性的方法。这种方法更利于发达国家和新兴经济体之间达成协议并取得进展，对于中国的包容性更强。具体表现之一就是各国不再纠结于“具有法律约束力”和“自愿”承诺之间苛刻的二元区分，而是将重点转向各国正在为全球减排做出贡献的范围，以及它们承诺可做出贡献的范围。美国的政治现实应该和主要新兴国家的政治现实结合起来，共同推动了这种转变。这意味着，主要国家的政治层面不可能接受以条约为基础（在这种情况下意味着“具有法律约束力”）的减排目标，而且人们意识到不管怎样，“具有约束力”的正式目标都无法确保各国开展减排行动，更不要说为此展开必要的深层结构性改革。国际上“有约束力的承诺”可能缺乏可信度。加拿大背叛京都议定书的行为就是最好的佐证。

反过来也是如此：贡献和承诺不一定具有国际约束力，但却很可靠。譬如，需要指出的是欧盟、美国和中国密切关注自己在哥本哈根气候大会上和 COP16 坎昆会议正式做出的 2020 年减排承诺——即使这些承诺并不具有法律约束力。以下措施可以提高承诺的可靠程度：国家承诺本国减排贡献的本质、程度和可行性；国家为了支持和落实减排行动或减排贡献时制定的措施、法规和机制；国家在减缓气候变化方面的历史表现。

从以上每一条标准来看，中国的行动和贡献的可靠程度都很高。中国已经就气候变化做出许多重要且可实现的承诺，如在 2020 年前使经济产出的排放强度比 2005 年减少 40% ~45%，而且这些已经纳入中国的中央规划，其中最明显的就是“十二五”规划。近年来中国对可再生能源的使用达到历史新高，彰显了它为限制排放增长所做出的努力。举个例子来说，从 2005 ~2011 年，中国的可再生能源装机容量（非水电）从全球第十跃升至第一（EIA，2014a；参见图 1）。此外，中国制订“十三五”规划时极有可能扩大气候政策的渠道。虽然其他国家的国家政府中也将减排目标写进本国政策中（例如印度的五年计划），但这些目标仍然停留在愿望的层面。但中国的“五年规划”一直得到本国的强有力保证，是人民评判领导层能力的重要手段，并且还有相应制度来支持它的落实。此外，中国的中央规划工具在制定和实现它雄心勃勃的经济目标和气候变化目标方面的历史记录一直非常可靠。

然而，其他国家并不一定熟知、理解或认可中国的这些国内政策和承诺。目前，还有很多国家不了解中国政府迄今为止在气候变化方面取得的成就和未来的规划，结果某些国家认为其他国家也没有采取强有力的减排行动，所以忽略了自身对此的贡献。这种困境表明，中国有巨大的潜力促进国际间的相互理解、信任和信心，并借助制定“十三五”的契机更加有效地传达自己日益宏大的减排意图，促使各国做出更有力的承诺。联合国部长级气候变化峰会即将于 2014 年 9 月召开，这为中国提供了一个绝佳的机会，与其他国家讨论本国正在斟酌研究的各种选择方案，并在 2015 巴黎缔约方会议到来之前对各国的努力和期望有所判断。如果有有

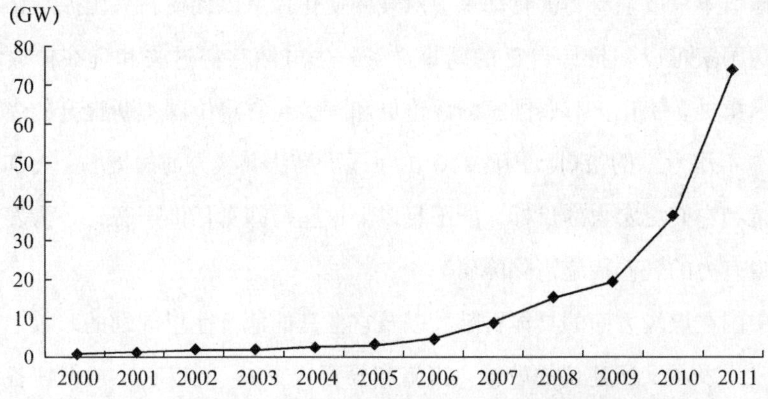

图10 2000~2011年中国非水电可再生能源的总装机量

Source：EIA Councry Database，2014.

关各方，如主要国家、投资者和国外民众，能够充分地理解中国的宏大目标（或者说它可以制定宏大的目标），那么这将极大地提高他们对于降低气候变化的预期。另外，中国的顶尖研究机构参与国际合作也会使全球更清楚地认识到中国低碳计划的可靠性（如清华大学参与卡尔德隆委员会）①。

在这种新的国际背景下，应该从中国利益出发就中国可能做出的减排贡献制定一个一揽子方案，并列出一系列中国可能达到的目标和结果，它们的上限应该是宏大但仍可能实现的目标——不过应该认识到中国不需保证一定要实现这些目标。②具体来说，如果中国能提供一系列情景，描述如何使煤炭使用达到顶峰、逐步淘汰煤炭和征收煤炭税，从而使排放量的绝对值达到上限，那么可以积极地推动全球气候变化合作。

如果中国与其他新兴国家（例如在"基础四国集团"内）进一步协调减排方法，并且使集团内部承诺的"减排上限"相互关联，推动发达国家的行动，那么会强化全球的减排行动。过去发达国家认为新兴市场（特别是中国）缺乏行动力，常

① 卡尔德隆委员会又称全球经济和气候委员会。需要了解相关信息，请访问 http：//newclimateeconomy. net/。

② 看起来，各国愿意用不具备法律约束力的方式描述自己对全球减排的贡献，如一系列可能实现的结果。尽管过去各国往往避免做出政治承诺，从而尽可能地兑现承诺（以免未能兑现承诺时对本国造成官方或名誉影响）。哥本哈根气候大会之后。各国采取灵活的减排方法可以使它们有效地承诺减排上限和下限，而不必担心未能实现目标上限时引发消极后果。

常以此为借口不采取强有力的行动来应对气候变化，所以促使新兴国家承诺减排目标会使发达国家难以扫推卸自己的减排义务——虽然它们过去和现在排放量都很高，应该承担更多工作。有些国家的评论员和官员经常将中国不断提升的煤炭用量作为自己“不作为”的借口。因此，中国在逐步淘汰煤炭方面的雄心，再加上发达国家的支持和它们更宏大的目标，能平息以上这些推卸责任的声音，并为发达国家采取更加强有力的气候措施清除障碍。

鉴于中国在煤炭方面的具体贡献，以及它在其他他行业里规划的政策、措施和投资计划（以及本文所建议的政策、措施和投资方案），所以它愿意促使各级政府在研发、技术试点和应用、资金、能力建设以及其他实际工程等方面加强合作。这种多层次、务实的合作是后哥本哈根气候格局的新特点，未来中国可以对此加以充分利用。对那些处于成本曲线最顶端的核心低碳技术，如本文在低碳创新方面提到的电动汽车/蓄电池、聚光太阳能热发电和相关网络基础设施，进行相关试点应用为开展合作做好准备，以便于共同分担成本和风险，传播知识和分享学习经验（IEA，2013b；Grau et al.，2012；World Bank，2012）。

在建设低碳经济的全球努力中，市级政府正在发挥着越来越重要的作用。伴随着大城市 C40 网络的出现，这一点显得更加明显。世界各大城市之间已经成功地加速了知识和最佳实践相互转移的脚步，并促进了相互协作（C40/Arup，2014）[①]。正如 C40 董事会主席以及现任联合国应对气候变化行动特使迈克尔·布隆伯格（Michael Bloomberg）所言：“城市有能力、专业知识、政治意愿和充足的资源继续采取有意义的气候行动。而且比起以往更适于站在应对气体变化的前沿，担任低碳运动的领导者、创新者和实践者（C40/Arup 2014）。根据前文所述的市政治理和财政结构改革，以及本文所强调的城市在落实大量低碳措施时的核心地位，越来越多地参与这类合作对中国的市级政府大有裨益。

本文描述的“目标远大”的情景本身就会给中国带来许多非气候变化方面的福利，而且在中国力所能及的范围内大幅降低排放规模会切实地降低最糟糕的气候

① 譬如，该组织最新的研究对比了 2013 年和 2011 年各个城市采取的行动，表明“自行车共享”项目已经从 6 个城市拓展到 36 个城市。2011 年，快速公交系统只在南美广泛采用，现在 C40 中的 35 个城市已经或计划发展这个系统，其中 57% 位于发达程度更高的北半球（C40/Arup，2014）。

变化可能发生的概率。我们还认为，中国提出远大的目标可以促使其他发达国家和新兴经济体提高自己的减排目标，这一点可以通过两个渠道给中国的雄心壮志提供丰厚的回报。

第一个渠道是积极减排后会显著降低气候变化带来的危险。生动经济学和其他研究（Ward et al.，2012）的估算结果显示，各国协同行动降低气候变化的风险后可带来以下益处（以下分析只为了说明情况）：①2050 年前发达国家的碳排放量在 1990 年的水平上降低 80%；②G20 里的新兴国家[①]确保 2050 年前将排放量（不包括土地使用变化造成的排放）恢复到 2005 年的水平，包括土地使用变化在内的排放比 2005 年的水平降低 50%。这些研究还指出在这种合作情景下，2100 年时最可能实现的（模式）温升幅度比 1990 年的水平高出 2.4°C——如果仅有发达国家参与行动，那么可能实现的温升幅度要整整高出 1°C，即 3.3°C（Ward et al.，2012）[②]。协作还能大大降低了在本世纪内出现极端温升（即温升幅度达到 6°C 或之上）和海平面大幅上升的可能性。

这些研究还运用了一系列经济模型[③]来评估前面提到的两种不同减排情景对经济的不同影响。它通过建模研究发现，如果发达国家不与新兴市场国家合作而独自采取行动，那么 2100 年气候变化对中国造成的损害占到 GDP8% ~10% 的风险机率为 10%，但如果双方采取协同合作，那么损失可能会降到 GDP 的 2% ~4%（Ward et al.，2012）。这些结论都可能严重低估了以上两种减排情景在经济影响方面的差异，因为在它们采用的模型中，表示气候变化影响的参数过小，排除了许多重要的气候机制和风险，而且模型中的参数也没有涵盖重要的经济影响和相互作用（Stern 2013）。它们没有认真地考虑相关利害关系对 GDP 以外的影响，其中最明显的就是它们在健康、人口流动、冲突等方面对人类生活和福祉的影响（Stern 2013）。同理，如果中国与它国开展合作，缓解气候变化对于收入，特别是对人类生活和福祉

---

① 20 国集团中的新兴市场（GEMSs）包括阿根廷、巴西、中国、印度、印尼、韩国、墨西哥、南非和土耳其。他们是京都议定书中列在附件二中的 G20 国家，即没有法定约束减排承诺的国家。在京都议定书基准年，即 1990 年，这些国家的人均国民总收入（或按国际美元购买力平价水平计算）低于人均9 000 美元。20 国集团的其他国家当年的人均国民总收入均高于这一水平（Ward et al.，2012）。

② 如果发展中国家和发达国家都参与合作，那么温升幅度的中值为 2.7°C；如果发展中国家不采取行动，那么温升幅度的中值为 3.9°C。

③ 参见 RICE，PAGE 和 FUND。

的影响，那么对中国大有裨益。

第一种渠道描述了中国在规避严重影响/高风险方面的益处，第二种渠道则涉及了在气候缓解方面开展有效合作给世界带来的经济收益，而中国可以在其中占得先机。这里所说的“协调一致的全球行动”很可能会引发全球低碳技术的投资热潮，因为我们可以清楚地看到全世界对低碳经济转型持非常严肃认真的态度。这些行动将会推进清洁能源的大规模投资、创新和发展，引发能源工业革命。这不仅仅会带来增长和繁荣，还会使得增长和繁荣与环境和气候变化之间的关系变得协调可持续。从中长期来讲，这是唯一合理的增长方式。若继续维持高碳增长模式，会导致环境恶化，最终自取灭亡。

正如前文讨论的那样，重新关注低碳创新会使中国在这一轮创新引领型增长和发展中受益颇深。虽然中国实现繁荣发展，领导高科技市场的发展潜力看似巨大（Ward et al.，2012），但只关注封闭状态下的单一市场，可能会低估像中国这样可以从一系列新兴高科技领域的协同发展中获益的国家可能得到的利益，这些领域包括可再生能源、电动汽车、先进的信息通讯技术以及高科技材料。由此看来，如果中国能够采取表述明晰，并且与其他国家相互协调的宏大气候政策，激励其它主要国家在缓解气候变化方面共进退，那么对于中国找到新型增长道路的雄心壮志来说无异于一个有效补充。

换句话说，如果中国“雄心勃勃”的缓解气候变化战略有助于促使其他国家共同抵御气候变化，那么这种战略不仅可以成为中国的气候变化保险战略，而且可以成为它的高科技出口市场发展战略。

六、结语

在过去的35年里，中国已经采取重大的结构改革，为未来的长期增长奠定了基础。20世纪70年代末开始推行的改革开放帮助中国在80年代实现了快速经济发展。1993年和1994年进行的财政改革也为整个90年代及21世纪初的高额政府投资和持续强劲增长奠定了基础，使中国有坚强的后盾来抵御90年代末和21世纪初的亚洲经济危机和世界经济危机（Ahmad et al.，2013）。中国在确认改革方向，描绘和落实下一轮改革方面展现的实力一次又一次地让世界发出惊呼。

放眼未来，中国面临着很多威胁。自然资源的压力已经相当突出；空气，水和土地的污染正在严重影响人类的健康和福祉、经济生产力和国家形象；中国急需开展基层治理和财政改革；气候变化的威胁使已有的环境和社会压力雪上加霜，而中国的温室气体排放量又对迅速下调的全球排放额度带来巨大压力。但与此同时，中国也处于大好时机中——它有潜力发展具有高附加值的高技术产业和服务产业；有潜力开展创新，并通过城市化、创造就业和提高社会福利使数亿人口脱离贫困。

面对以上的挑战机遇和其他挑战机遇，中国渴望通过更具可持续性、创新性、平等性和更高效的道路来实现未来的增长和发展（CCCPC，2013）。本文表明，只有以低碳经济为方向开展结构转型才能使中国实现这一目标。我们认为，这种转型的特点是大幅提升能源利用效率，促进规划周全且以人为本的城市发展，逐步淘汰燃煤，大力支持低碳创新，以碳税和地方环境外部性为重点广泛开展财政改革和政府治理改革，在规范、政策和实践层面加强与其他国家和非政府组织的气候变化合作。

这种转型是完全可以实现的，但是需要中国高屋建瓴地制订自己的目标，并且再次证明自己有能力找到改革方向并开展彻底改革。本文的分析一再强调改革越大胆越好：中国低碳行业的发展和财政改革越大胆越全面，随之产生的效益越多。当中国不断提升低碳经济的目标，采取更多行动时，它会发现自己在全球气候变化合作、缓解气候风险和低碳技术出口发展方面获得的回报越喜人。此外，只要中国低碳经济和财政改革具备效率、公平性和透明度，并且融入对国家未来繁荣发展的因果描述中，那么举措越大胆越全面，它就会为自己的改革日程动员起更多支持者，改革日程对于国内外的说服力也更强。

这个十年对于中国和世界都至关重要。我们一致认为：在此期间所采取的行动将深刻影响中国未来几十年的增长模式，并直接或间接地影响全球在未来几个世纪的气候条件。中国将在未来两年里开始筹备“十三五”规划，并准备与世界各国一同迎接2015巴黎气候大会，这将决定中国未来的行动。中国富有创造力、决策力和执行力，也具备庞大的规模来向世界展示未来的蓝图。

致谢

很多人以各种方式支持了本文的研究和写作。本文作者对此深表感激。我们要特别感谢 Rodney Boyd 提供了本文的绝大部分数据分析和图片，并提出了宝贵的意见，对我们帮助颇多。Ehtisham Ahmad 和 Athar Hussain 对全文——特别是财政和治理部分——的建议和评论也很珍贵。James Rydge 的意见亦是如此。Wang Jianliang 欣然提供了关于中国煤炭的精确数据，而且允许我们使用他尚未发布的对中国煤炭需求的专家预测。此外，与以下专家就具体领域的讨论和通信也使本文作者受益匪浅，这些专家包括：Laura Diaz Anadon、Antoine Dechezleprêtre、Reuben Finighan、Ross Garnaut、Stefan Heck、Kim Henderson、Cameron Hepburn、Karl Hallding、Isabel Hilton、Ian Parry、Dimitri Zenghelis 和 Cathy Zoi.。本文的错误和疏漏之处由作者承担全部责任。

注释1：本文之前的一个版本是斯特恩教授为参加2014年3月22日中国发展高层论坛峰会"从投资驱动到创新驱动"分组会而准备的发言稿。之后根据论坛上的讨论以及张高丽副总理在会上就中国深化经济改革发表的主旨演讲进行了少量修改，形成现在这个版本。

注释2：气候变化经济学与政策中心（CCCEP，Cerctre for Climate Change Economies and Policy）成立于2008年，其宗旨在于通过缜密的创新性研究推动公共和私营部门对气候变化采取行动。该中心由利兹大学（University of Leeds）和伦敦政治经济学院（London School of Economics and Political Science）共同发起成立。英国经济与社会研究理事会（UK Economic and Social Research Council）和慕尼黑再保险公司（Munich Re）为该中心提供了研究资金。欲了解更多信息，请登录网站 http：//www. cccep. ac. uk。

注释3：格兰瑟姆气候变化与环境研究所（Grantham Research Institude on Climate Change and the Environment）于2008年由伦敦政治经济学院发起成立。该研究所汇聚了全球经济学、财政、地理、环境、国际发展和政治经济方面的专业研究，在政策研究、气候变化及环境的教学培训等方面成为全球领先的研究中心。其资金来源于格兰瑟姆环境保护基金会，后者还资助了伦敦帝国理工学院（Imperial College London）的格兰瑟姆气候变化研究所。欲了解更多信息，请登录网站：http：//www. lse. ac. uk/grantham/。

参考文献

[1] Acemoglu，Daron，Philippe Aghion，Leonardo Bursztyn and David Hemous，2012. "The environment and directed technological change". American Economic Review，102（1）：131～166.

[2] Ahmad，Ehtisham，2013. " Generating inclusive and sustainable growth ". Paper for the G24，Washington，D. C.

[3] Ahmad，Ehtisham，James Rydge and Nicholas Stern，2013. "Structural Change Drives Tax Reform Drives Structural Change". Paper for the China Development Forum，March 2013.

[4] Ahmad，Ehtisham and Nicholas Stern，1991. The Theory and Practice of Tax Reform in Developing Countries. Cambridge：Cambridge University Press.

[5] Ahmad，Ehtisham and Wang Zhikai，2013. "PR China：Fiscal Reforms for Sustainable Structural Change"

(unpublished monograph).

[6] Anadon, Laura Diaz, 2012. "Missions-oriented RD&D institutions in energy between 2000 and 2010: a comparative analysis of China, the United Kingdom, and the United States". Research Policy, 41: 1742~1756.

[7] Bassi, Samuela, Sam Fankhauser, Fergus Green and Michal Nachmany, 2014. "Walking alone? How the UK's carbon targets compare with its competitors'". Policy Paper, Centre for Climate Change Economics and Policy and Grantham Research Institute on Climate Change and the Environment.

[8] Bazilian, Morgan et al., 2012. "Reconsidering the Economics of Photovoltaic Power". London: Bloomberg New Energy Finance.

[9] Bowen, Alex and Nicola Ranger, 2009. "Mitigating Climate Change through Reductions in Greenhouse Gas Emissions: The Science and Economics of Future Paths for Global Annual Emissions". Policy Brief, Centre for Climate Change Economics and Policy and Grantham Research Institute on Climate Change and the Environment.

[10] Bloomberg New Energy Finance (BNEF), 2013. "China's Power Utilities in Hot Water". Executive Summary: http://about.bnef.com/files/2013/03/BNEF_ExecSum_2013-03-25_China-power-utilities-in-hot-water.pdf.

[11] BP, 2013. Statistical Review of World Energy (June 2013). http://www.bp.com/statisticalreview.

[12] Cao, Cong, Ning Li, Xia Li and Li Liu, 2013. "Reforming China's S&T System". Science, 341 (6145): 460~462.

[13] Central Committee of the Communist Party of China (CCCPC), 2013. "Decision on Major Issues Concerning Comprehensively Deepening Reforms" (15 November 2013). http://news.xinhuanet.com/politics/2013-11/15/c_118164235.htm; English Version available at http://english.people.com.cn/90785/8525422.html.

[14] Chen, Haiyan, Beisi Jia and S. S. Y. Lau, 2008. "Sustainable urban form for Chinese compact cities: Challenges of a rapid urbanized economy". Habitat International, 32: 28~40.

[15] China Daily, 2012. "China's coal consumption continues to rise". China Daily. 27 February 2012.

[16] Citi, 2013. "The Unimaginable: Peak Coal in China". Citi Research (Commodities). https://ir.citi.com/z5yk080HEXZtoIax1EnHssv%2Bzm4Pc8GALpLbF2Ysb%2Fl21vGjprPCVQ%3D%3D

[17] Climate Policy Initiative (CPI), 2013. The Policy Climate 2013. San Francisco: CPI. http://climatepolicyinitiative.org/publication/the-policy-climate/.

[18] C40/Arup 2014, Climate Action in Megacities: C40 Cities Baseline and Opportunities Volume 2.0.

[19] Daley, John and Tristan Edis, 2011. Learning the hard way: Australia's policies to reduce emissions. Grattan Institute Report No. 2011-2 (April 2011). Melbourne: Grattan Institute.

［20］Draugelis，Gailius，2012. “Industrial Energy Efficiency”，in Axel Baeumler，Ede Ijjasz-Vasquez and Shomik Mehndiratta（eds.），2012. Sustainable Low-Carbon City Development in China. Washington，D. C.：World Bank.

［21］Draugelis，Gailius and Shawna Fei Li，2012. “Energy Efficiency in Buildings”，in Axel Baeumler，Ede Ijjasz-Vasquez and Shomik Mehndiratta（eds.），2012. Sustainable Low-Carbon City Development in China. Washington，D. C.：World Bank.

［22］Energy Information Administration（EIA），2014a. Countries Database-China. http：//www. eia. gov/countries/.

［23］—2014b. International Energy Statistics：Coal Exports. http：//www. eia. gov/cfapps/ipdbproject/IEDIndex3. cfm？tid = 1&pid = 1&aid = 4.

［24］Ernst & Young，2010. “Navigating the valley of death：exploring mechanisms to finance emerging clean technologies in Australia”. Report prepared by Ernst & Young，Clean Energy Council，Australia.

［25］European Bank for Reconstruction and Development（EBRD），2014. Sustainable Energy Financing Facilities，http：//www. ebrd. com/pages/sector/energyefficiency/sei/financing. shtml.

［26］European Environment Agency（EEA），2011. “Air pollution impacts from carbon capture and storage（CCS）”. EEA Technical report No 14/2011. Copenhagen：EEA. http：//www. eea. europa. eu/publications/carbon-capture-and-storage.

［27］Feng，F. et al.，2011. “China’s Low Carbon Industrial Development Strategy.” Report to the China Council for International Cooperation on Environment and Development（CCICED）. CCICED 2011 Annual General Meeting，Beijing，November 15-17. http：//www. cciced. net/encciced/policyresearch/report/.

［28］Fischer，Carolyn，2008. “Emissions pricing，spillovers，and public investment in environmentally friendly technologies”. Energy Economics，30：487 ~ 502.

［29］Fischer，Carolyn and Richard G. Newell，2008. “Environmental and technology policies for climate mitigation”. Journal of Environmental Economics and Management，55：142 ~ 162.

［30］Garnaut，John，2013. “Time for change：China flags peak in coal usage”. Sydney Morning Herald. 6 February 2013. http：//www. smh. com. au/business/carbon-economy/time-for-change-china-flags-peak-in-coal-usage-20130206-2dxrv. html.

［31］Garnaut，Ross，2013. “China’s Climate Change Mitigation in International Context：Issues for Australia and China”，in Ross Garnaut，Cai Fang and Ligang Song（eds.），China：A New Model for Growth and Development. Canberra：ANU E-press.

［32］Gauri，Varun，2012. “MDGs That Nudge：The Millennium Development Goals，Popular Mobilization，and the Post-2015 Development Framework”. World Bank Policy Research Working Paper 6282.

［33］Gehl，Jan，2014. “Jan Gehl：Making Healthy Cities”. Danish Architecture Centre http：//www. dac. dk/

en/dac-cities/sustainable-cities/experts/jan-gehl-making-healthy-cities/.

[34] Gover, Paul, 2014. "Formula One cars in Australian Grand Prix using hybrid engines". Herald Sun, 13 March 2014. Available from Fox Sports website: http://www.foxsports.com.au/motor-sport/formula-one-cars-in-australian-grand-prix-using-hybrid-engines/story-e6frf3z3-1226854143136.

[35] Grau, Thilo, Molin Huo and Karsten Neuhoff, 2012. "Survey of Photovoltaic Industry and Policy in Germany and China". Energy Policy, 51: 20 ~ 37.

[36] Greenstone, Michael, Elizabeth Kopitsy and Ann Wolverton, 2013. "Developing a Social Cost of Carbon for US Regulatory Analysis: A Methodology and Interpretation". Review of Environmental Economics and Policy, 7 (1): 23 ~ 46.

[37] Harrod, Roy, 1939. "An essay in dynamic theory". Economic Journal, 49 (193): 14 ~ 33.

[38] Henderson, Rebecca M. and Richard G. Newell (eds.), 2011. Accelerating Energy Innovation: Insights from Multiple Sectors. NBER Books. Chicago: The University of Chicago Press.

[39] Intergovernmental Panel on Climate Change (IPCC), 2014. Climate Change 2014: Impacts, Adaptation and Vulnerability. Contribution of Working Group II to the Fifth Assessment Report of the Intergovernmental Panel on Climate Change (Final Draft Report). Chapter 24 (Asia).

[40] International Energy Agency (IEA), 2012a. "CO2 Emissions from Fuel Combustion: 2012 Highlights". http://www.iea.org/co2highlights/co2highlights.pdf.

[41] —2012b. "Energy Technology Perspectives 2012: Pathways to a Clean Energy System". http://www.iea.org/Textbase/npsum/ETP2012SUM.pdf (Executive Summary only).

[42] —2013a. "CO2 Emissions Statistics-Country". http://www.iea.org/statistics/topics/co2emissions/.

[43] —2013b. "Tracking Clean Energy Progress 2013". http://www.iea.org/publications/freepublications/publication/TCEP_ web.pdf.

[44] Kahneman, Daniel, 2011. Thinking, Fast and Slow (1st ed.). New York: Farrar, Straus and Giroux.

[45] Kutzbach, Mark, 2010. Megacities and Megatraffic. UC Berkeley: University of California Transportation Center. http://escholarship.org/uc/item/2wq039sh.

[46] Lin, B., and Liu, J., 2010. "Estimating coal production peak and trends of coal imports in China". Energy Policy, 38: 512 ~ 519.

[47] Liu, Feng, Anke Meyer, and John Hogan, 2010. "Mainstreaming Building Energy Efficiency Codes in Developing Countries—Global Experiences and Lessons from Early Adopters". World Bank Working Paper No. 204. Washington, DC: World Bank.

[48] Luo, Tianyi, Betsy Otto and Andrew Maddocks, "Majority of China's Proposed Coal-Fired Power Plants Located in Water-Stressed Regions". World Resources Institute. 26 August 2013. http://www.wri.org/blog/majority-china%E2%80%99s-proposed-coal-fired-power-plants-located-water-stressed-regions.

[49] Mai，Yinhua and Shanghao，Feng，2013. “Increasing China’s Coal-fired Power Generation efficiency：The Impact on Carbon Intensity and the Broader Chinese Economy to 2020”，paper to State Information Centre and National Development and Reform Commission Workshop，Beijing.

[50] Manning，Paddy，“‘Too late’ for China to cap coal use at 4b tonnes”. Sydney Morning Herald. 6 February 2013. http：//www. smh. com. au/business/mining-and-resources/too-late--for-china-to-cap-coal-use-at-4b-tonnes-20130206-2dy8k. html.

[51] McKinsey Global Institute（MGI），2009. “Preparing for China’s Urban Billion”. McKinsey & Company.

[52] Mohr，Steven，2010. Projections of World Fossil Fuel Production with Supply and Demand Interactions（PhD thesis，University of Newcastle）.

[53] National Bureau of Statistics of China（NBSC），2012. China Statistical Yearbook 2012.

[54] —2013a. China Statistical Yearbook 2013.

[55] —2013b. Statistical Communiqué of the People’s Republic of China on the 2012～2013 National Economic and Social Development.

[56] National Development and Reform Commission（NDRC），2013. China’s Policies and Actions for Addressing Climate Change. Beijing：NDRC.

[57] —2007. Bureau of Energy，NDRC Energy Research Institute，China Association of Resource Comprehensive Utilization Expert Committee，and China Renewable Energy Industry Work Committee. China Renewable Energy Industry Development Report（2006），http：//www. efchina. org/csepupfiles/report/200762245840354. 3728109999679. pdf/China%20RE%20Industry%20Development%20Report_ 070330%20CN. pdf.

[58] National Renewable Energy Laboratory（NREL），2010. “Concentrating Solar Power Projects by Technology”. http：//www. nrel. gov/csp/solarpaces/by_ technology. cfm.

[59] Olivier，Jos G. J.，Greet Janssens-Maenhout，Marilena Muntean，Jeroen A. H. W. Peters，2013. “Trends in global CO2 emissions：2013 report”. The Hague，Netherlands：PBL Netherland Environment Assessment Agency.

[60] Pan，Haixiao，2011. “Implementing sustainable travel policies in China”. International Transport Forum，OECD，Discussion Paper No. 2011-12. http：//www. internationaltransportforum. org/jtrc/DiscussionPapers/DP201112. pdf.

[61] Philibert，Cédric，2004. International Energy Technology Collaboration and Climate Change Mitigation. OECD Environment Directorate and International Energy Agency. COM/ENV/EPOC/IEA/SLT（2004）1. http：//www. oecd. org/env/cc/32138947. pdf.

[62] Platts，2014. “Energy efficiency to slow China′s growth in coal，oil consumption”. Platts. 27 January 2014. http：//www. platts. com/latest-news/oil/singapore/energy-efficiency-to-slow-chinas-growth-in-coal-27867182

[63] Popp, David, 2006. "R&D subsidies and climate policy: is there a 'free lunch'?". Climate Change, 77: 311 ~ 341.

[64] Rode, Philipp and Graham Floater, 2013. Going Green: How cities are leading the next economy. London: LSE Library Services, London School of Economics and Political Science.

[65] Rosenzweig, Cynthia, William D. Solecki, Stephen A. Hammer and Shagun Mehrotra, 2011. Climate Change and Cities: First Assessment Report of the Urban Climate Change Research Network. Cambridge University Press, Cambridge,

[66] Sargent & Lundy, 2003. "Assessment of Parabolic Trough and Power Tower Solar Technology Cost and Performance Forecasts". Sargent and Lundy LLC Consulting Group (Commieeions by US National Renewable Energy Laboratory).

[67] Schneider, Keith, 2011. "Coal is China's Largest Industrial Water Consumer". Grist, 24 February 2011. http://grist.org/article/2011-02-23-coal-is-chinas-largest-industrial-water-consumer/.

[68] Sender, Henny, "China's shadow banks at risk of a property crash". Financial Times. 1 April 2014.

[69] State Council of the People's Republic of China, 2012. Circular on the Planning and Development of Strategic Emerging Industries of the 12th Five-year Plan.

[70] Stern, Nicholas, 2007. The Stern Review of the Economics of Climate Change. Cambridge University Press, 2007.

[71] —2011. "Raising Consumption, Maintaining Growth and Reducing Emissions". World Economics, 12 (4): 13 ~ 34.

[72] —2012. "A strategy for growth in a difficult decade for the global economy". Paper for the China Development Forum, March 2012.

[73] —2012b. "How we can respond and prosper: The new energy-industrial revolution". Lionel Robbins Memorial Lectures 2012, Lecture #2, 22 February 2012. http://www.lse.ac.uk/asiaResearchCentre/events/individual/2012/120221-23-Stern.aspx.

[74] —2013. "The Structure of Economic Modeling of the Potential Impacts of Climate Change: Grafting Gross Underestimation of Risk onto Already Narrow Science Models". Journal of Economic Literature, 51 (3): 838 ~ 859.

[75] Tao, Z., and Li, M., 2007. "What is the limit of Chinese coal supplies-A STELLA model of Hubert Peak". Energy Policy 35: 3145 ~ 3154.

[76] Tan, Debra, 2013. "Water for Coal: Thirsty Miners?" China Water Risk (Analysis & Reviews), 9 May 2013. http://chinawaterrisk.org/resources/analysis-reviews/water-for-coal-thirsty-miners-feel-the-pain/.

[77] The Economist, 2013. "The party's new blueprint". The Economist, 16 November 2013. http://www.economist.com/blogs/analects/2013/11/reform-china.

[78] —2014a. "China loses its allure". The Economist, 25 January 2014. http://www.economist.com/news/

[79] leaders/21595001-life-getting-tougher-foreign-companies-those-want-stay-will-have-adjust-china.

[80] —2014b. "Negawatt Hour". The Economist, 1 March 2014. http://www.economist.com/news/business/21597922-energy-conservation-business-booming-negawatt-hour.

[81] —2014c. "Driving Ahead". The Economist, 3 March 2014. http://www.economist.com/blogs/schumpeter/2014/03/teslas-gigafactory.

[82] Transport for London (TFL), 2014. "Congestion Charging: Benefits". http://www.tfl.gov.uk/roadusers/congestioncharging/6723.aspx.

[83] Urban China Initiative (UCI), 2013. "China Needs More People-Centered Compact Cities". http://www.urbanchinainitiative.org/china-needs-more-people-centered-compact-cities/.

[84] Walters, A., 1966. "Income capital-output ratios". Economic Journal, 76 (304): 818 ~ 822.

[85] Wang, Jianliang, Lianyong Feng and Gail Tverberg, 2013. "An analysis of China's coal supply and its impact on China's future economic growth". Energy Policy, 57: 542 ~ 551.

[86] Wang, Jianliang, Lianyong Feng, Simon Davidsson and Mikael H?? k, 2013. "Chinese coal supply and future production outlooks". Energy, 60: 204 ~ 214.

[87] Wang, Zhongying, Haiyin Qin and Joanna Lewis, 2012. "China's wind power industry: Policy Support, Technological Achievements, and Emerging Challenges". Energy Policy, 51: 80 ~ 88.

[88] Ward, John, Cameron Hepburn, David Anthoff, Simon Baptist, Philip Gradwell, Chris Hope and Max Krahé, 2012. "Self-interested Low-carbon Growth in Brazil, China, and India". Global Journal of Emerging Market Economies, 4: 291 ~ 318.

[89] Wolf, Martin, 2014. "Debt troubles within the Great Wall". Financial Times. 1 April 2014.

[90] World Bank, 2012. Inclusive Green Growth: The Pathway to Sustainable Development. Washington, D. C.: World Bank.

[91] —2013. Development Indicators-China. http://data.worldbank.org/data-catalog/world-development-indicators. Accessed 5 March 2014.

[92] —2014. "Enterprise Surveys—China", accessed 26 February 2014, http://www.enterprisesurveys.org/Data/ExploreEconomies/2012/china.

[93] World Bank (WB) and Development Research Centre (DRC) of the State Council, People's Republic of China, 2013. China 2030: Building a Modern, Harmonious, and Creative Society. Washington, D. C.: World Bank.

[94] World Bank (WB), Potsdam Institute Potsdam Institute for Climate Impact Research (PIK) and Climate Analytics (CA), 2012. Turn Down the Heat: Why a 4°C Warmer World Must Be Avoided. Washington, D. C.: World Bank.

[95] World Bank (WB) and State Environment Protection Administration (SEPA) of China, 2007. Cost of Pollution in China: Economic Estimates of Physical Damages. Washington, D. C. : World Bank. http://siteresources. worldbank. org/INTEAPREGTOPENVIRONMENT/Resources/China_ Cost_ of_ Pollution. pdf.

[96] World Resources Institute (WRI), 2014. Climate Analysis Indicators Tool (CAIT) 2. 0. http://cait2. wri. org. Accessed 6 March 2014.

[97] Xinhua, 2013. "China Sets Slower Energy Consumption Targets", 25 January 2013, http://news. xinhuanet. com/english/china/2013-01/24/c_ 132125842. htm.

[98] —2014a. "China to release people-centered urbanization plan", Xinhua English News, 21 January 2014. http://news. xinhuanet. com/english/china/2014-01/21/c_ 133063118. htm.

[99] —2014b. "China to carry out people-centred urbanization", Xinhua English News, 5 March 2014. http://news. xinhuanet. com/english/special/2014-03/05/c_ 133162371. htm.

[100] —2014c. "China's coal demand to peak in 2020: expert", Xinhua English News, 4 March 2014. http://news. xinhuanet. com/english/china/2014-03/04/c_ 133159681. htm.

[101] Yang, Chi-Jen and Robert B. Jackson, 2013. "China's synthetic natural gas revolution". Nature Climate Change. 3: 852 ~ 854.

[102] Zhang Gaoli, 2014. "Comprehensively deepen reforms to promote sustainable and healthy development of the economy and society". Speech at the 15th China Development Forum. 23 March 2014. http://cpc. people. com. cn/n/2014/0324/c64094-24714056. html.

[103] Zhao, Qian, 2013. "China's coal tax reform on track", Global Times, 26 December 2013. http://www. globaltimes. cn/content/834361. shtml#. UxNhPuN_ u8A.

[104] Zhi, Qiang, Jun Su, Peng Ru, and Laura Diaz Anadon, 2013. "The Evolution of China's National Energy RD&D Programs: The Role of Scientists in Science and Technology Decision Making." Energy Policy, 61: 1568-1585.

[105] 12th Five Year Plan of the People's Republic of China (12FYP). English version available from http://cbi. typepad. com/china_ direct/2011/05/chinas-twelfth-five-new-plan-the-full-english-version. html.

提高家庭消费将要面临的挑战

德怀特 · H · 珀金斯　美国哈佛大学教授

提高中国家庭消费的GDP占比这一挑战远比一些分析师的判断困难得多。在改革开放前几十年的政策影响下，1978年，中国的家庭消费在GDP中所占比重较低（49%）。据官方估计，从1978~2010年间这一比重稳步下降至35%，并保持在这一水平。许多分析师认为官方数据保守估算了家庭消费在GDP中的真实比例。但即便在数据估算的过程中出现相当明显的错误，这一比例也很可能为40%或略高于40%，而在多数中高收入国家中，家庭消费占到国内生产总值的60%。

提高家庭消费的比重对于未来10~20年内是否能保持高增长率具有重要意义。如果这一比重可以提高到60%，那么生产型产业和服务型企业会发现，在这个过渡期里，对其产品和服务的国内需求将以高于GDP增长率的速度稳步上升。中国将不再需要依赖出口额以每年两位数的速度增长来拉动经济，因为考虑到中国出口的总体规模，这几乎是不可能完成的任务。中国也不再需要每年将国内生产总值的1/4投资于房屋和基建项目。继续依靠房屋和基建项目的快速增长将不可避免地导致这些投资的回报越来越少，从而不断压低国内生产总值的增长率。

造成目前这种状况的原因并不是1978年后改革时代的政策失误。其部分原因在于1978年之前的发展方式，但自此之后尽管城乡家庭收入快速提高，但仍低于国内生产总值的增长速度。造成这种现象的原因有两个。一方面农村地区的大量剩余劳动力限制了城市地区低技能劳动力的工资增长。另一方面，毫无疑问随着公社时代的结束，享有充分福利的终身雇佣制逐渐消失，个人必须把更多收入储存起

本文是作者为中国发展高层论坛2014年会提供的背景报告。

来，为养老金、医疗、子女教育等其他问题做准备。不可能在一夜之间彻底扭转过去30多年的趋势彻底扭转，或提高家庭支出的比例。

那么到底如何提高家庭消费的比重呢？首先，这在很大程度上取决于未来10～20年内城镇技术和非技术人员的工资增长速度。愿意迁移到城市的农村剩余劳动力现在大幅减少，他们的工资增长速度似乎正在超过GDP增长速度，但是从长远来看这是否具备可持续性？如果工资增长的速度像现有这样不断提升，那么工资收入在国民收入中的比重将在现在的低水平上大幅提高，而且增加的部分多半将转化为消费。不过工资能不能比每年的GDP增长率高出3%？如果这能变成现实，那么消费过低的问题将在10年后得到显著解决（如果储蓄率保持不变，家庭消费的GDP占重将从40%提高到53%）①。但是，没有先例表明工资增长速度能在很长一段时间内远远超出GDP的增长速度。这是一个值得研究的课题，但是据我所知目前还没有学者就这个问题开展跨国比较研究。

在第十八届三中全会提出的六十项改革任务中，有一条建议农民工与城镇职工同工同酬，如果这一政策得到落实会产生积极影响。三中全会还呼吁改善员工与管理层的劳资谈判程序，这一点也有助于提高收入，但是世界上其他国家的劳资谈判对收入水平的提升普遍影响甚微②。在市场经济环境下，收入水平的提高从根本上说是由市场规律决定的，政府政策只能起辅助作用。

要想提高收入促进消费，更为直接的方案是对最低收入人群实行收入补贴，因为这些人通常将全部收入用于消费。比如说，如果政府可以为10%的城市特困人口和20%的农村特困人口提供相当于他们家庭收入20%的补助，那么家庭收入和消费占GDP的比重就会提升2.5%③。但是这种补贴幅度是否可行？怎样落实这项政策？会产生哪些预想不到的影响？

其他提高家庭收入和消费的措施包括：提高家庭金融资产的回报率，尤其是家庭的银行储蓄回报率。放宽利率管制对此大有裨益。假设放宽利率管制可以将家庭

---

① 假设初始家庭消费占GDP的40%，年均GDP增长率7%，收入增长率10%。

② 过去研究劳资谈判是否能真正提高工资水平的报告都没有给出明确的结论，特例是由法规建立的一些垄断性行业中，工人提出加薪，管理层批准并面向消费者提高价格。美国行业去管理化之后这种做法基本已经消除。

③ 计算使用了近期对城乡家庭收入与消费的估计数字。

资产的回报率提高2%，那么家庭消费占GDP的比重或许能上升1.25%左右。但是大幅上调资产回报率可行吗？这个问题必须经过大量分析，还要对放款利率管制进行反复试验才能回答。

也许还有很多其他方法可以提高家庭收入，但是另外一个途径是尝试降低家庭存款比率。中国政府一直在努力改善养老金和医疗保险体系，三中全会也提出进一步推进这些改革。预计这些措施和其他福利政策（比如失业保险，贫困生助学金等）将使存款率下降5%。即便不扩大国家福利体系，人口的老龄化也可能会拉低存款率。如果这种情况发生，家庭消费占GDP比值会再提高两个百分点。

三中全会提出过改革或取消户籍制度。如果这能使大批农村儿童跟随父母迁移到城市，那么也应该可以提高家庭收入的GDP的占比。要让这变成现实，国家至少应该在城市建造大量经济房，但这是可行的。城市人口的产品和服务消费通常高于农村人口，因为农村人口可以在更大程度上自给自足，但是我很难对此给出一个具体数字。

当然，还有一些我没有想到的措施。通过这些假设和预估我只想表明一点，那就是政府完全可以提高家庭收入所占GDP的比重，但是需要配合一系列重大举措和努力，因为单独使用每一种方法对于提高比重的作用都很有限。同时，这些措施是否能够将家庭收入占GDP比重提高到中等收入国家的标准水平，还取决于劳动力市场的工资情况，这是我无法预测的。

推动以促进经济增长和优化城市生活质量为核心的道路交通创新

米其林公司

一、前言

我公司（米其林）非常荣幸能受邀就一个对中国极为重要的话题而发表建议，同时也很感谢中国发展研究基金会对我们的信任。

人员的流动和货物的运输能给经济增长带来灿烂的前景，例如增加就业岗位、提高人民生活水平。但是，在该领域还存在很大的创新空间。

针对一些在创新的道路交通生态系统中的突破性发明，如下的“宣言”阐述了它的价值以及其影响力。它重点强调了为保证可持续移动发展为社会做出重大贡献所需要的迫在眉睫的举措。因此，这份报告的目的就在于提出一个包括实现可持续交通发展的优先决策和切实可行的解决方案的具体而新颖的视角。

一些与交通相关的挑战十分紧迫：健康问题、公共财政、交通拥堵、日益增长的温室气体排放、巨额原油费用对大部分国家的支出平衡所带来的负面影响。然而，得益于新技术和思维创新，解决这些问题的机遇也触手可及。

现在正是从缓步增长向彻底变革迈进的大好时机。

中国能够将这些创新引领至大规模应用，从中获得的益处可以促进经济增长，提高人民生活水平，并改善世界局势。

本文是米其林公司为中国发展高层论坛2014年会撰写的专题报告。前言部分由米其林集团总裁让－多米尼克·盛纳德亲撰。米其林作者：Olivier Dario，Antoine Féral，Erik Grab，Eric Leyval，Patrick Oliva，Patrice Person，Matthieu van der Elst，Wang Zhaohua，Lucy Zhang。在此衷心感谢以下组织和个人：Arthur D. Little；Chaire Economie et Climat；Alain Ayong le Kama，Hakim Hammadou，Bénédicte Meurisse，Claire Papaix，Christian de Perthuis；Frost & Sullivan；IHS；ITF；OECD；Oliver Wyman。

本报告的撰写由米其林公司全权负责，期间得到众多知名咨询公司和学术界的帮助。它将在地区、国家乃至世界范围内起到抛砖引玉的作用，更重要的是，能够促进具体可行的方案的出台。米其林愿随时为大家提供协助。

二、执行摘要

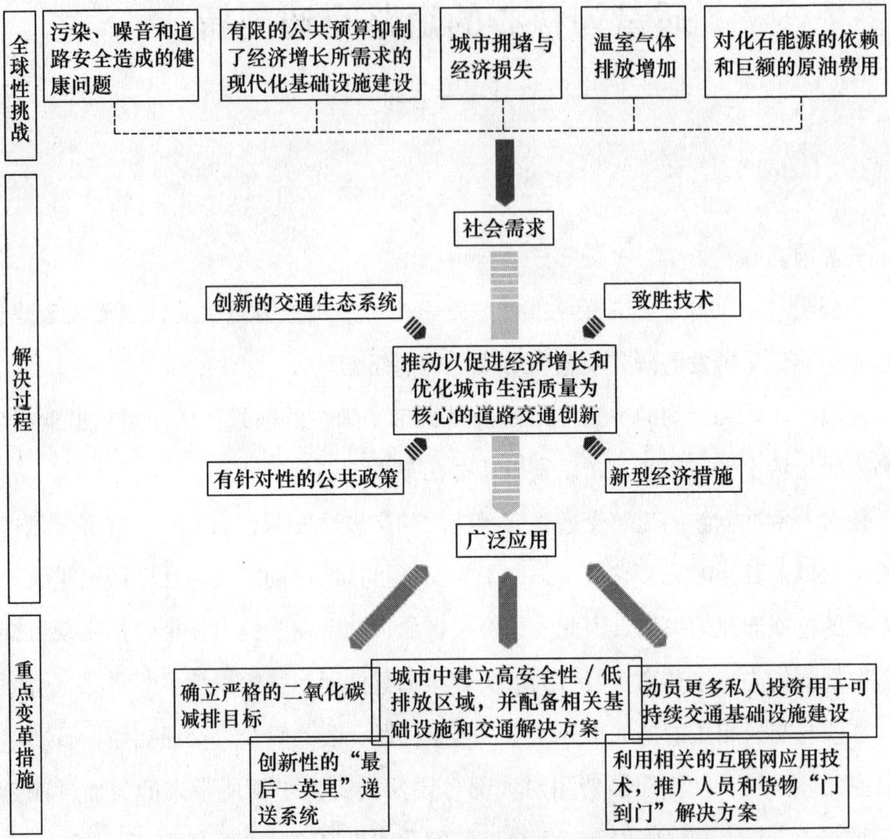

图1　克服五项全球性挑战，满足社会要求的五项重点变革措施

现代人需要就业，追求更好的生活品质，渴望都市繁华和交通便利兼得。因此，从20世纪承袭的运输模式向新世界的转变势在必行。

我们必须将道路交通视作支撑整个经济发展机遇的源泉，提供交通设备和服务不仅本身是一个欣欣向荣的经济行业，也可为其他经济领域提供支持的动力，还是提高生活标准的推进器。要实现可持续交通，我们所有人必须认识到：一些打破窠臼的方案必须尽快引入，然后大规模实施。

在过去的15年中，我们看到了交通运输行业内发生了一些显而易见的技术进步和组织革新。例如燃料利用效率提高，车辆污染排放降低，智能交通系统的引入，道路基础设施建设不断发展，更便捷的交通模式间的连接，互联网信息共享系统的开发等。尽管我们取得了这些阶段性的进步，然而交通运输的需求却以更大的规模在增长，全球范围内也因此面临着更严峻的挑战。在这些挑战中，如下五个问题亟待我们集中精力将其全面解决：①全球性温室气体形成与二氧化碳排放量的增加；②由于污染、噪音、久坐的生活方式和道路安全而引起的对城市居民健康的关注；③有限的公共预算抑制了现代化基础建设的融资和必要的经济增长需求的扩张；④城市交通拥堵给居民生活和经济发展带来的后果；⑤对化石能源的过度依赖和巨额的原油消耗费用。

然而另一方面，得益于数字化技术的蓬勃发展，新技术和不断变化的新思维都正在为我们提供千载难逢的机遇。

为了解决以上五大问题，坚持不懈的努力固然必不可少，但同时我们认为有五项重要变革措施应当同时得以实施。它们带来的益处将不仅限于其自身领域，而且将会在更大的范围内促进新产品和新服务的发展并带来更多就业岗位。这五项重点变革措施包括：①确立严格的二氧化碳减排目标，采取相应的经济手段；②在城市中建立高安全性/二氧化碳超低排放区域，并配备相关基础设施和交通解决方案；③动员更多私人投资用于可持续交通基础设施建设；④采用新手段、新公司和全新商业模式，重新设计并施行创新性的“最后一英里”货运递送系统；⑤利用相关的互联网应用技术，推广人员和货物“门到门”解决方案。

现在解决问题所需要的技术模块已经足够成熟。更清洁、更高效、更安全的车辆已经得以演示并且可以投入商业销售。多式联运技术和智能交通系统可以极大地改善公共交通，优化交通管理，同时减少负面外部影响。互联网技术应用和为人员及货物提供的“门到门”解决方案都受到了广泛期待，而且已经做好了实施准备。以货运池生态系统为基础的“最后一英里”递送解决方案也将能得以实现。

因此，目前的挑战在于通过建立创新而高效的交通生态系统，从而将愿景变为现实。本报告基于去年中国发展高层论坛倡议的提案《创新与工业化新浪潮》之上，后者重点强调了对灵活的生态系统的需求。同时，相关配套政策制度和经济措施也需要尽快实施。只要我们集中精力解决前面提到的几个重点问题，充分发挥出更大范围的产品、服务和企业创新的协同效应，胜利就在眼前。这些可持续的积极效应能够满足社会的普遍需求和期望，包括经济增长、就业岗位的增加和城市生活的改善等。

三、导语

我们随时准备着书写令人激动的历史新篇章：一方面，全球化、城市化与连接畅通创造了众多机遇；另一方面，人口持续增长、就业压力加大，可持续发展也面临困境。因此，这是一个机遇与挑战并存的新时代。

2050 年 90 亿地球总人口的 70% 将是城市居民，而我们现在却无力规划更为健康的生存模式。我们能接受这样的现实吗？我们还能够在人口集中的区域继续燃烧燃料吗？如果我们继续建立使用现有的交通体系而不加控制，那么到 2050 年二氧化碳排放量将翻番，这样的话，我们还能声称自己想要控制大气温室气体排放吗？当城市生活面临交通拥堵的困难时，我们是否能继续如此广泛地依赖私家车辆的使用？物流运输业必须有利可图才可以促进行业的现代化发展和偿还各方投资，我们还能否继续任由其成本持续上涨而导致行业利润紧缩呢？我们是否要继续只依赖有限的公共预算而限制交通基础设施建设的发展，却无视大量私人投资其实可以促使交通更智能化、更通畅，从而提高城市活力呢？

此外，智能交通系统刚开始发挥减少拥堵、优化多种交通方式联运的潜力的同时，我们是不是已经在迫不及待地过度抽取这项红利了呢？难道我们不能从现有的城市电动交通模式（两轮车、有轨电车、地铁、火车等）的巨大成功中汲取灵感从而推动四轮车、巴士和卡车的创新吗？开放式大数据的存在以及无论在办公场所还是在家中都广泛使用的同样的数字装置，这一现象是否可以让我们挖掘出新的服务潜能呢？此刻不正是最好时机去激发数字一代的潜能以共享应用、打造对新生代人群极具吸引力的“零危害/零烦恼”概念吗？

所有这些思索都呼吁我们付诸行动。社会对交通领域的变革需求每天都在急剧增加。这些社会需求来自于：①政府，它希望减少贸易平衡中的能源消费，交通便利性得以提高，以及一个外部效应降低并且可以增加就业的可持续发展的经济环境；②经济参与者，特别是私营企业，他们希望改善供应链，降低准入门槛，从而获得发展，消除瓶颈；③以市民和消费者为代表的社会大众，他们通过特定的朋友圈、博客、社交网络来直接表达自己的看法，并且期待交通在安全性、价格水平、经济实用性、换乘便利性、健康保障以及时间节省等方面的改善。

此刻，对社会需求的方方面面做出回应迫在眉睫。为此，首先要做的是确定那些将会产生最重大影响的行动。要应对这项巨大的创新挑战，有五项优先措施可以同时开展。它们拥有强大的协同效应，也是社会所寻求的真正重要的变革措施。

设定二氧化碳减排目标是全球范围内所有节能努力的第一步。除了减少因人类所导致的气候变化以外，碳排放减少的另外一项额外益处在于减少城市污染和其他外部效应。同时结合在城市内设立"超低排放区"的措施，它可以为发展电力交通（这是发展替代能源的必要条件）、建立智能电网、推广轻型汽车和多种电气化交通方式等创造相应的环境。除了这些技术外，重新设计"最后一英里"货运递送商业模式以及发展"门到门"客运解决方案也是推进可持续交通创新的两项重要内容。当然，这些举措都离不开对基础设施建设的大力投入，而这些投入又依赖民间资本的调动和创新的交通生态系统的建立。

我们推荐这种五管齐下的方式。时机就在当下，因为环境已经成熟，政治、技术和社会发展共同创造了一个难得的机遇。这种创新的推动不仅为日常生活带来便利，更会在创新活动领域增加就业，从而向可持续发展迈出一大步。

从政治角度来看，联合国环境气候变化框架公约第21次会议即将召开。针对重要目标达成的国际共识将为新一轮的能效创新创造有利环境。从技术角度来看，智能交通系统、远程信息处理系统、电力动力总成、多模态联运解决方案的技术日臻成熟。从社会角度来看，交通拥堵和城市污染迫使人们渴望变革。另外，数字一代已经准备好创造并接受新的解决方案。

一个全新的世界的正向我们走来，让我们共同打造新的交通领域。

四、社会挑战与趋势：未来交通的需求与实施方案

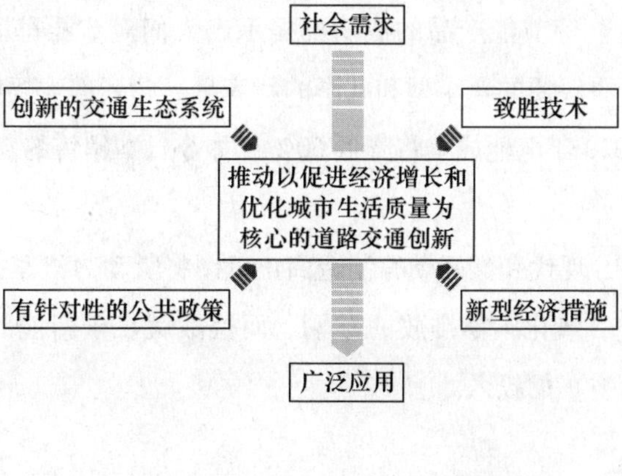

现在我们正面临五项全球性社会挑战：全球性温室气体的形成与二氧化碳排放量的增加；由于污染、噪音、久坐的生活方式和道路安全而引起的对城市居民健康的关注；有限的公共预算抑制了现代化基础建设的融资和必要的经济增长需求的扩张；城市交通拥堵给居民生活和经济发展带来的后果；对化石能源的过度依赖和巨额的原油消耗费用。

城市化发展前所未有地持续蔓延，这种发展要求与之相适应的交通基础设施配套，也使得上述的挑战更为艰巨。据估计每年死于污染导致疾病的人口达70万，全球每年死于道路交通事故的人口超过120万，其中亚洲占到了60%。交通拥堵严重制约着经济增长（例如欧洲地区国内生产总值降低1.5% ~2%，相当于每年生产力损失逾2 000亿欧元）。鉴于2000 ~2020年全球范围内对客运交通的需求将增长35%，货运交通的需求将增长50%，为了确保未来交通的可持续发展，对能源和二氧化碳的控制措施势在必行。

在中国，公民和政府对可持续交通需求的不断增长将会影响对大规模实施的解决方案的选择。例如，北京、上海、南昌、杭州以及最近的成都已经采取了车辆限行措施或新车额度分配制以减少交通拥堵。但是仅仅这些限制措施远远不够。为了对未来的客运交通和货物运输产生深远的影响，以下对全球社会趋势和需求的分析必须予以考虑。

1. 走向“零排放”车辆和道路交通“零事故”的严苛目标

“至零方休的创新”在各行各业得到越来越多的认同，例如生产中的零瑕疵、“工作场合零事故”的政策和碳平衡工厂等。这种趋势自然会延伸至交通领域。

到2020年的时候，插电式混合动力车和电动汽车的“零排放”应当会变得更为切实可行。丰田混合动力汽车“普锐斯”或尼桑电动汽车“聆风”等车辆，或者米其林“绿色轮胎”等节能产品的成功都揭示出人们对节能车辆日益增长的需求。随着研发领域（更轻便的新车型和共享的新底盘）投资的大幅增加，规模经济效应不断扩大，到2020年电池成本将降低60%。如今日本销售的新车中几乎有2/3是混合动力车。

有趣的是，本田、现代和戴姆勒等制造商正试图将氢动力汽车推向市场，致力打造“油箱到车轮”二氧化碳零排放的车辆。而挑战就在于新能源基础设施（充电站、燃料电池站……）的投入。

由于对安全性的高要求，汽车行业如今也正在通过开发防碰撞技术来实现“零事故”目标。这些驾驶辅助技术与主动安全技术最终将在必要时取代司机。

针对所有这些清洁安全的特性，我们也应通过简约和包容性的创新来满足“金字塔底层”的需求：功能稍少一点，设计更简洁一点，以降低成本，从而让“真正的卡车”或“真正的汽车”走入寻常百姓家，但同时又不牺牲安全性并达到减少污染的目的。

未来更进一步的是无人自动驾驶车辆在2020年以后有望成为现实。这样一种机遇将为车辆制造商和道路交通运营商创造一条新的道路交通价值链，同时，信息通讯技术（ICT）的重要性将日益提高。

2. 车辆与基础设施走向全面连接

人们通过社交网络和互联网可以始终保持相互联系的需求日益增长，并且会通过实时信息网络对道路安全和交通拥堵起到显著的帮助［例如：位智（Waze）］。但同时，这也会对舒适、便捷、沟通、资讯娱乐和导航（梅赛德斯数字驱动或是奥迪互联技术是早期案例）、无缝联运及和先进的车队管理等方面提出更高的要求。

最为重要的道路交通发展趋势之一是智能交通系统（ITS）的持续发展。过去，智能交通系统这一概念通常强调通过交通信号控制或者是嵌入式道路感应线圈来实现的交通管理，如今新的机遇通过信息联通的车辆和基础设施（自动紧急呼叫功能、车辆与基础设施之间的通讯等）不断涌现。它也包括车辆自动识别（AVI），或者定位收费和强制措施等。所有这些一方面使政府部门能够更好地征收车辆使用税，同时也可以让使用者获取更多信息，从而实现更安全、更有效协调的、更智能的交通网络的应用。

此外，还要强调成本及收益的平衡（例如经济模型）。

3. 交通及道路交通基础设施走向新的融资方式

人们已经意识到连接服务与智能交通系统能够带来巨大的机遇，然而由谁来支付这些基础设施建设费用的问题依旧有待解决。同样，基础设施建设应该遵循何种标准也需要明确。许多共享的汽车网络平台很有可能与技术企业形成。例如最近谷歌的“开放汽车联盟”，使得安卓软件已应用于几个品牌的汽车。类似的针对连接性基础设施的运营和管理的综合联盟毫无疑问会不断涌现，比如智能电动车充电站和输电网的创建。

在具有挑战性的经济时代，政府应该鼓励私营企业主动采取行动，促进多种模式的交通和连接畅通的交通网络的长远发展。这样可以发挥出一体化的、互相连接的车辆和基础设施产业链的全部潜力。由此所涉及到的不同方案包括货币化数据或电子内容，或对新型道路交通基础设施进行赞助等。这一方法在伦敦（巴克莱银行），纽约（花旗银行），巴黎（德高集团）的自行车租用系统项目运营上卓有成效，而且正在考虑应用到一些新的领域，例如为地铁站提供赞助支持。

在所有情况下，只要采取正确的步骤，地方政府就能一直扮演舵手的角色。

4. 让成为“道路交通消费者”的城市拥有更高决断力

正如弗若斯特沙利文咨询公司（Frost & Sullivan）所提及的，波哥大市长古斯塔沃·佩特罗（Gustavo Petro）曾经有过一则富有深意的言论：“一个发达的国家并非是穷人有车开，而是富人使用公共交通工具。”

对于波哥大或世界其他一些面临交通拥堵问题的城市来说，交通的概念并不仅仅简单意味着人口及商品在城市内的流动，它包括更为广阔的层面——基础设施以及综合的项目，其中包括市领导的积极性、技术解决方案提供商、通信运营商、交通运营商、支付工具和在线预订机构的整合，甚至公民对交通可持续模式所采取不同行为的意愿，并且设计出一站式道路交通解决方案。

管理众多利益相关方以及提出全面综合的现代交通解决方案需要城市当局细致的计划、管理及协调。成功治理拥堵及建立交通网络的城市都创建了有自主管理权的机构来应对这些问题，并采用网络连接作为有效手段。公共交通运营者巴黎运输管理局（STIF）及伦敦交通局（TFL）管理着市内包括自行车和各类私人及公共交通在内的交通工具。自主管理权以及对市长直接汇报的机制为产生符合经济规律和社会趋势的解决方案提供了更多的灵活性。

放眼未来，城市可能会采取越来越多的措施治理交通拥堵及污染，成为道路交通运营商的关键客户，例如管理车辆进城（客运和货运），推广低排放或零排放区域，权衡各种经济工具，打造出独具一格的交通和基础设施产业链等。

5. 走向复杂但更高效的交通生态系统

随着城镇化的加速和城市（或城市群）的持续发展，对交通的要求愈发错综复杂。

解决方法多种多样。多种解决方案、方式及政策措施需要加以落实，从而实现一体化道路交通网络。这要求道路交通运营商能够提供具有可操作的功能性（单一支付手段、公平的费用体系及公开的服务及数据……），并在公共机构和私营主体之间针对防止反竞争行为而达成共识。最终目标是为市民提供从甲地到乙地的最优路径，为他们带来无缝的门到门旅行。为了实现这一目标，政治意愿（动员构建一体化道路交通网络所必需的各种利益相关者）和使用开放型大数据以及新型道路交通商业模型将成为必然。

6. 走向超越道路交通的新型交通商业模型

长期以来“可持续交通”都是一个广泛的概念。如今，它正成为一个拥有巨大增长机遇的市场。道路交通不仅限于货物运输领域，同样，潜在的道路交通商业模型也不仅限于货物运输领域。

如今我们已经见证了许多新商业模式的崛起，例如车辆共享或拼车服务，信息的普及、智能手机预订以及车辆的存在让这些模式成为可能。五年前欧洲使用这种道路交通解决方案的人不到 10 万，而今已经达到了 350 万，2020 年预计将达 2 000万。

甚至连出租车、私人租车服务这种早已成熟的市场也会因 Uber 和 Hailo 等应用软件的出现而发生巨变，它们可以保证最近的服务，而且可以实现信用卡支付和无纸化收据。无人自动驾驶车辆也将让道路交通发生巨大变革，并开辟出新的道路交通商业模式。

不同的趋势也展现出与道路交通有关的思维模式的变化，从零担合运模式到优化的“最后一英里”递送服务，到一体化的门到门客运交通方式，后者因使用更为便捷而取代了私家车作为城市唯一和受欢迎的交通形式。需要注意的是，发达国家驾驶汽车的渴望在不断下降。欧洲的 16 ~ 29 岁人口的驾照申请人数在过去的 10 年中出现下降趋势（英国、法国、德国分别下降 9%、4% 和 14%），同样的趋势也存在于其他国家。

为了实施这些新商业模型以及汇集足够的财力将其落实，一些新的经济手段和激励措施有必要加以介绍。

7. 走向可持续交通发展的经济工具和激励措施的大面积贯彻实施

制定二氧化碳减排目标、给二氧化碳的排放定价（这是经济参与者和国际组织不断提出的要求）将成为在国家层面上减少对化石能源的过度依赖和巨额原油费用，从而迈入良性可持续交通模式的第一步。与此同时，还有其他以政策为导向的重要举措可以继续跟进，包括投资及补贴高效运输模式（例如公共交通）、通过更智能的手段将小汽车及卡车纳入到城市道路交通的范围中来（例如交通拥堵费、通行费，或者是低排区的建立）。事实上，实现可持续交通目标最成功的国家将会是那些通过发展综合性手段全面实施新经济工具，同时对温室气体排放进行估价的国家。

8. 走向综合性更强的公共政策体系

越来越多的本地、区域性、全国性和国际性政府部门选择共同合作，试图制定出一种全局性的综合方法来减少温室气体的排放，通过大力投资可持续性道路及铁路交通，从而减少能源费用以及对化石资源的过度依赖性。与此类似的是，公共机构在标准方面的合作对于整合道路交通规划非常重要，而不应将它们毫无效率地堆砌在一起。这种一体化公共政策系统不仅需要国家层面，也需要跨洲间的合作，这样人员和货物才能够无缝旅行和运输，能源和外部效应也能维持在合理水平。例如人们可以想象从法国克莱蒙费朗（Clermont-Ferrand）到成都，只用一张票就可以囊括所有交通方式，并通过一部智能手机在旅途中获得信息和保持联系。

通过从这些遴选而出的全球社会趋势中获益和挑战道路交通运营商们去实现宏伟的可持续目标，我们能够满足社会需求，开发出可持续网络的所有经济潜能，释放未开发的增长潜力，并保证交通发展中最有效的资源分配。整个社会已经蓄势待发，所需要的就是一个包括创新型道路交通生态系统、制胜技术、具有针对性的公共政策和新型经济措施在内的综合性视角和方法。

五、创新的交通生态系统

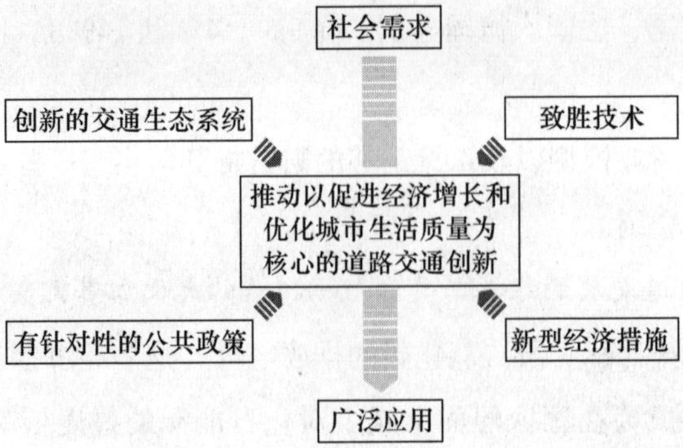

2013 年中国发展高层论坛上关于“创新和新工业化浪潮”这一参与课题旨在倡导建立创新型生态系统，从而对“如何创新”进行创新。

长久以来，交通生态系统一直以一种非正式的形式存在，它停留在一种概念或观念，而并非一个具体的组织或商业形式。为什么需要以具体的、涉及多个利益相关方的商业组织和解决方案提供者的形式出现正式的交通生态系统，我们可以从下面的几个方面来解释。

①消费者需要更多便利。他们对无缝隙的整体交通解决方案的期待（无烦恼）越来越高，而非靠他们自行组合不同的产品和服务。

②私营企业的商业模型不断多样化。企业需要成长，通过多种相关技术融合而使得企业可以了解周边业务领域的关键技术，从而开始不断发展、创新并将核心业务扩展至周边业务市场。这种新转变可以通过多层面技术带来的综合知识得以体现。

③新技术与共享数据。为系统层面的创新奠定了基础。相比过去，我们可以开始从语言、开放资源和技术所具有的共性中获益。

④公共机构的新角色。同样地，政府部门必须处理更为复杂的情况来实现产业增长，增加就业。他们需要更具竞争力（多极世界），为企业的成功创造良好的条件，同时还要面对基础设施建设的财政限制（债务水平）。

一直以来公共机构与私营企业的关系问题都因国家情况而异，还未在全球的角度采取全面的措施。从某种意义上说，在当今，简单的社会公私二元关系已经需要更新。现代挑战的复杂性需要同时着眼于多个角度，没有哪一方（公或私）可以独立有效地解决这三个层面的问题：经济、社会及生态。

许多具体的生态系统目前都在不断创新，以应对本报告中提及的五大全球性社会挑战。例如奥地利的斯米莱生态系统旨在成立一个全国性的综合旅行规划体系，它包含有 30 多个公共和私人利益相关者。这种交通和服务的组合可以促使商业模式的完全转变。

然而，当新交通系统（尤其是城市）要求不同的专有技术，而且市民渴望全面的解决方案时，是什么仍然在妨碍我们建立更多数量的生态系统呢？阿瑟·D·利特尔（Arthur D. Little）在“城市交通 2.0 的未来”（“Future of Urban Mobility 2.0”）研究中评估了全球 84 座城市的交通发展状况。他发现大部分城市在处理即将面临的挑战面前尚未做好准备，他强调要处理阻碍发展和进步的那些低效率因素：①无法使供需实现自然平衡。城市交通管理过于分散，缺少协作，无法促进公平竞争，不能为投资者提供充分回报，不利于创新，而且忽略市民的需求和价值。②缺少清晰的交通远景规划。城市交通方案常常看上去像是美好意愿的清单而已，并没有着力促进不同交通方式之间的协同效应。③城市交通战略规划和该城市的其他战略规划之间缺乏联系。交通和城市运输是体现城市魅力所有基础方面中关键的一环。这一点还没有得到足够认识。④公有和私有层面的沟通不畅。大多数来自于公共机构的决策都没能很好地利用私有企业潜在的贡献（包括目标制定的过程）。

波洛莱集团所支持的位于巴黎的 Autolib 电动车租赁项目成功地应对了这些挑战。

两轮电动车在中国取得了无与伦比的巨大成功（据估计目前有3 500万辆）。但是2010 年实施的力图将汽车、电池、充电服务、电力供应领域等结合起来的 SEVIA（国有企业电动车辆产业联盟）规划却没有获得同样的成功。在分析这一项目失败的根本原因时，大部分专家都认为这一规划没有综合考虑市民（消费者的需求），没有在各方中实现协作（协作平台），没有将公共和私人层面的各方结合起来（生态体系视角）。

在系统层面中，城市交通是交通的各方所面临的最为艰巨的挑战之一。在未来，一体化与系统层面的协作对创新型交通服务的驱动要远大于单一交通模式的改进。

1. 创新型交通生态系统是求新求变的催化剂

从“单一运输供应商”到“综合交通解决方案”到的发展，将需要不断发展和建立公共与私人利益相关方之间的关系网络，目标是为了满足人们的需求和体现人们的价值。我们只有提供具有吸引力的交通解决方案和体验，才能改变人们的行为习惯。

20 世纪西方国家的交通使用者，主要是以“自我为中心”及“社会地位”为主导。最近10 年间，中国的“汽车行业的繁荣”沿袭了这种同样的不可持续的交通发展模式：大型私家车的动力总成装备了直喷式内燃机，排放大量二氧化碳，而公共交通系统占总交通模式的比重却不到一半。

无论是公共机构还是私营企业，都不可能仅靠自己的力量来迫使市场接受相应的制度或技术而取得成功。他们必须为满足市民的真正需求而创造必要的条件（拉动效应）。归根到底，真情实感的体验才是导致市民认同的关键因素。因此，一个体现新一代人的价值观（例如分享、连接畅通和更为现代）的交通生态系统才是促使市民采用现代、安全和清洁的交通方式（吸引人的汽车设计、合理的动力系统、辅助驾驶系统、车内信息通讯配置、多种交通模式联运的便利性……）的最有效率的工具。

除了提高生产率外，高效的交通生态系统能够提供个性化产品及服务，以更好地满足不同的需求，从而创造更多就业岗位。最为有名的区域性案例是香港1997年发行的八达通卡，还有其他实现了一体化生态系统的成功案例包括SMILE（维也纳）、Trafiken. nu（斯德哥尔摩）、Path2Go（旧金山湾区），以及Goroo（芝加哥大都会地区）。

2. 中国交通的独特性引出特殊优先的行动方案

由于经济快速增长，以及大批人口从农村迁往城市，中国现在已经站在了城镇化的前沿。到2025年，中国人口达到或超过20万的大型城市所产生的GDP将超过中国GDP总额的90%，因此这也会导致城市内交通（例如“最后一英里”递送）需求量猛增和巨大的市民交通需求（尤其是从车站到家）。

在道路安全方面，中国每年死于道路交通事故者超过10万人。“安全第一”应成为所有交通生态系统的前提条件。

环境恶化已成为中国面临的首要问题，2012年中国的二氧化碳的排放量已位居全球第一，城市居民面临严重的空气污染问题。

此外，中国每年的能源消费达到数千亿美元，即便不考虑炼油厂设备现代化改造（提高燃油质量）的资金需求，这一数字还在升高。

最后，生产效率的提高迫在眉睫：中国公路上约60%的卡车处于空载状态［信息来源于奥纬咨询（Oliver Wyman）］，交通运输业占到中国GDP总量的14%，而欧洲和美国分别为6%和4%（信息来源米其林市场信息部门）。

创新的中国交通生态系统必须主动应对这些挑战，才能让可持续的公共交通更具吸引力。因此我们需要使其价格更合理，方便易用，更高效，来实现城市生活更加美好。

为实现这一结果，我们建议中国集中精力优先实施三项非常重要的行动（三项重要变革措施），从而真正开始实现城市发展的转变：①在城市中心区域建立超低排放区，将交通规划与城市和环境政策进行整合，发展相关的基础设施和车辆；②支持新的“最后一英里”递送方案，因为中国的经济对“最后一英里”递送方案的需求（例如电子商务和移动商务）将促使未来15年里车辆数量从700万增长到超过2 200万，这也为中国车辆制造商推广清洁型和智能型车提供了难得的机遇；③对“门到门”交通解决方案进行创新，在中国的大城市中，人们可以在网上进行行程规划，解决到家的最后一英里的交通解决方案。

3. 在城市中心建立超低排放区

首个低排放区于2003年建于东京。2006年以来，欧洲也开始广泛建立低排区，欧盟内部的法律体系规定了严格的空气质量标准；欧洲各国已经决定进一步推广该举措。

对市民的出行而言，设立超低排放区要求步行及自行车出行成为城市交通的重要组成部分。公共交通以及城市中心的插电式混合动力车/电动车汽车共享方案也需付诸实施，同时还需要专门设计的基础设施来将市民安全和清洁能源供给最大化。

对货物运输而言，城市同样需要建立智能交通生态系统来促进发展：在马路上开设清洁型运输车辆的专用车道或绿色车道、中央仓库，以及专为消费者设计的收取网购包裹的存放地等。

4. 优化城市内物流：“最后一英里”递送

据估算，“最后一英里”递送的全球年收益将从2011年的2.6万亿美元剧增到2020年的6万亿美元，这是目前为止增长最快的物流业务。到2020年，其每天的递送量将达到至少3亿次。这一业务价值的增长量是其业务量的1.5倍。如同2013年中国发展高层论坛在“城市：中国的新起点”这一参与课题中所倡导的一样，中国的特殊环境可以推动实现创新型“最后一英里”物流的生态系统：城市地理环境的变化对于铁路方面的投资、超大型城市环保政策的实施和城市层面（某些案例中，甚至是区县层面）的决定权也在不断加强。

如果能够通过高效的交通生态系统优先采取以下措施，我们就可以将城市的物流战略用于平衡经济增长导致的负面效应和城市生活质量提升之间的矛盾：在市中心以外的地区建立仓库平台；应用车联网解决方案来监管效率及物流装载；增加货物运输中新能源车辆的使用量；发展专属的城市内物流中心；对货物运输设立日间限制；鼓励多式联运（客运—货运、公路—铁路联运等）。

想要搞清楚城市物流这个问题并不容易，因为它包含了多个层面的复杂情况，数量众多的利益相关方对这些问题的现状、轻重缓急以及最佳解决方案又缺乏共同的认识。

要实现中国城市中公共交通占65%的宏伟目标，最关键的一步是为人们提供“门到门”的客运解决方案，而非“站到站”。因为在中国大城市中，从车站到家的距离太远，导致人们无法轻易减少私家车的使用。

中国的交通解决方案正日益进步，而且扩张极快；但是鉴于中国大城市的规模，依靠传统的运输方法无法实现“最后一英里到家”。这对提高生产力（节省交通时间）、提升城市生活质量（压力更小）和减少整体车辆使用而言都是一个重要问题。

这种“最后一英里到家”的需求的确无法通过12米长的公交车来得到解决，其满载率在“高峰时段”以外已经比较低了（每天平均低于40%）。要解决这段“从车站到家”的距离问题，我们推荐采取以下措施：①缩小公交车站间的距离；②多式联运交通枢纽中提供更多便捷服务；③自行车租赁方案（车站附近）；④拼车和租车的解决方案；⑤建立“快速客运”交通工具。

“快速客运”是指没有司机的公共自动交通工具，载客量6~8人，电力驱动，新颖有趣而且容易搭乘。

这样的解决方案与交通生态系统完全融为一体，并通过信息通信技术和智能交通实现应用，从而满足市民（价格低、使用便捷、新颖有趣）与城市（降低污染排放、推广成本低）的双方需求。例如，由利吉尔公司（Ligier）开发、正在克莱蒙费朗试用的VIPA自动公交原型车已经证明其应用成本更低，也能满足更多市民的需求。

我们之所以推荐上述三个重要的方面是因为它们也清楚地展现出其他不断涌现的必要的变化：①促进不同交通模式间的公平竞争，创建一个效益更高、更清洁、提高就业的交通领域；②赋予私营企业更多的授权，2013年中国共产党第十八届代表会第三次全体会议强调私营企业需担负更大的责任，国有企业需现代化，政府应始终处于制定目标及规定的中心；③发展拥堵监控系统（智能交通）作为优化的交通监控系统，据估计能够将交通拥堵减少15%；④发展个人的多种交通方式辅助计划（“情境化旅程规划”），这有助于乘客自行计划从起点到终点的旅行，无论他使用了多少种交通方式（实时、情景消费等）；⑤将两轮及三轮交通工具融入未来城市交通，它们具有价格低、占用空间少、停车压力小的优点，但需要提高其安全性。

5. *如何实施推荐的解决方案并为中国建立一种创新的交通生态系统*

当务之急是确定一个远景规划和从初期到落实的创新实践流程。西方社会所尝试过的问题解决方案并不适用于中国，因为它们从未针对中国环境的规模和特性进行试验。

在2013年11月召开的中共中央十八届三中全会上，国家主席习近平重申“国家需由城市化走向现代化”，同时也强调“城市化不应被视为目标，而是一个过程”。

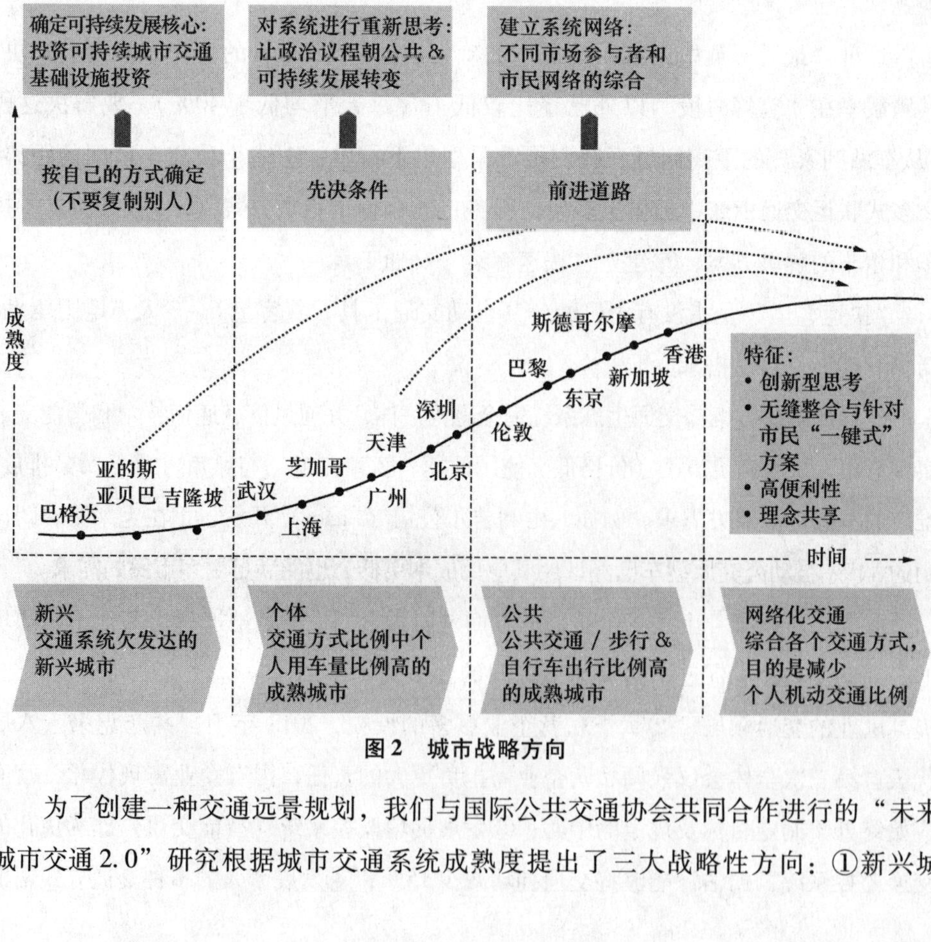

图2　城市战略方向

为了创建一种交通远景规划，我们与国际公共交通协会共同合作进行的“未来城市交通2.0”研究根据城市交通系统成熟度提出了三大战略性方向：①新兴城市，它们需要建立自己的可持续发展模式。通过不断兴建和涌现的交通基础设施和技术，这些城市有机会成为未来城市交通系统的试验点和发源地；②个体城市，这一类城市个人用车的数量很大，其发展模式必须重新思考，朝着公共交通和可持续发展演变；③公共城市，公共交通所占的比例较大（包括步行和自行车），需要将整个交通系统网络化。

未来的解决方案就是互相联系的不同方案所形成的网络，它必须和城市发展道路相适应，实现增长与提升城市生活质量之间的平衡。

试图确立可持续城市交通生态系统的各方需要考虑如下4个重要方面。

第一是前瞻性战略和生态系统。城市必须在所有的公共和私有利益相关者之间战略一致性的基础上，确立一种政治远景和城市交通目标。这应当是前瞻性城市交通战略的基础，能够确保规划和可行性之间的平衡。

第二是交通供给管理。城市需要扩大其公共交通供给，通过与第三方结成伙伴关系和联盟，使公共交通从“提供交通”向“提供交通解决方案”转变，从而满足无缝、具有试验性而且多种模式联运的需求。

第三是交通需求管理。城市必须确定何种方式励/惩罚。以鼓励交通行为习惯的改变。这样的措施数量众多，其中一些已证明大有裨益。

第四是公共交通融资。为保证财政活力，交通部门和运营商需要对机会进行评估，核算第三方服务所产生的额外费用，对公共交通的间接收益人征收费用。

在初期阶段，城市需要对上述4个方面进行认真评估，但这项工作经常被忽略，因而需要有正式的工作流程。所有4个方面同时提高至关重要，因为整体效果会受到其中最弱一方绩效的短板效应影响。

6. *最终实施要求创新且严格的流程*

同时满足个人及商业的出行需求，则应建立一个具有前瞻性和适用于多方利益相关者的城市交通战略。我们推荐以下4个步骤来作为中国政府所提及的城市化进程的组成部分（见图3）。

成功实现超低排放区、“最后一英里”递送、“门到门”客运解决方案，这些都涉及到可以同时大规模应用的制胜解决方案、有针对性的公共政策以及相关的经济措施。

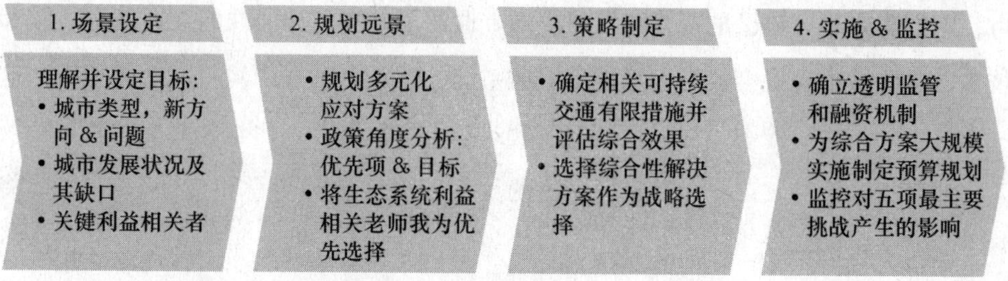

图 3　4 个步骤推进城市化进程

六、制胜技术

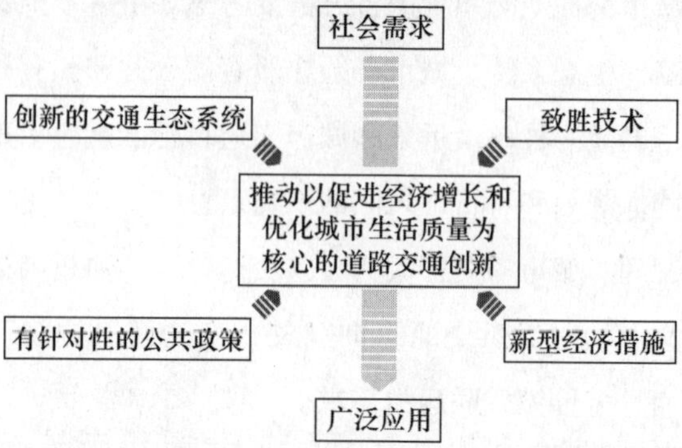

在与世界各国交通领域的利益相关者共同合作了 15 年的经验基础上，我们可以自信地说，米其林所提出的发展先进交通生态系统的技术和措施已达到成熟阶段。相信在未来 10 年中，根据城市当地的实际情况，这些相关措施能够在实践中得到具体的应用。

在文中我们提到的“制胜技术”是发展新型交通生态系统技术的奠基石，必将引发新一轮工业及服务领域的发展浪潮。这些新技术为未来 10 年间的第二阶段新型交通运输系统的应用和推广铺平了道路。

1. 轻型又安全、小巧又美观、清洁又高效、在娱乐中又能学习到技能、时尚又环保、流行又便利的汽车研发模式，是高新技术带来的成果

这些多方兼顾的考虑将成为新型研发模式，促使汽车从一个机械化的产品向着有生命力、能够实现信息沟通的产品转型。三个主要的制胜技术——更安全、更清洁、信息化，将为促进可持续交通及经济发展做出不可小觑的贡献。尽管科学技术的水平越来越先进，但是它们的发展从来没有达到尽头，高新技术的潜力也并未被百分之百挖掘出来。

制造商和客户们更倾向于循序渐进的技术发展过程，例如：①虽然我们在减少内燃机燃料消耗方面已经进展显著，但是目前仍有很多车辆由于重量过大，无法真正实现高效的节约燃料消耗；②基于以前传统技术平台生产的电动车消耗过多能源，而又不能在城市之外行驶过程中，拥有足够的自主性从而真正成为经济可行的电动车（除了在某些高端的有限领域或特定的应用实践中），在任何国家都保证“油井到车轮”低二氧化碳排放量，所以要进一步改进低消耗电动车辆；③要重点研发和推广车身重量显著减轻但同时配置有智能防碰撞设备的车辆；④要开发不同驾驶辅助设备之间的协同作用，从而开发出半自动或全自动驾驶技术。

为了实现这一目标，我们应该着重研发以下几项高新技术。

（1）城市车辆

研发燃油消耗低于每100千米10千瓦时的三轮或四轮车或者从油井到车轮的二氧化碳排放量低于每千米50克的新型节能车辆（取决于电力消耗产生的二氧化碳排放的计算），改善市中心交通运输状况，并缓解城市交通所带来的大气以及噪音污染等问题。

未来汽车能源发展的关键词是能源多元化，因为汽车保有量将成倍增长而石油的资源却无法实现这一增长。我们希望未来重量小于800公斤的轻型乘用车和货运车应该使用电力、热动力或其他形式的混合动力。电动车依靠电池驱动，而随着充电站设施的完善，在不久的将来，电动车将会使用氢燃料电池。超低滚动阻力轮胎的应用能够进一步扩大车辆的活动范围，同时节约燃料消耗。在理想的情况下，电动发动机能够安装在汽车的轮毂内，动力通过电线传输，最大程度上为小型车辆节约空间。

如今，燃料电池电动汽车已经有了原形车，而且前景光明。然而，燃料电池电动汽车的广泛应用需建立在一套完整的基础设施建设以及低成本生产（因为要使用铂作为原料）的基础之上，我们预计至少到2030年这项技术才能真正得到推广。此外，现存的大量以石油燃料为主的基础设施以及有限的公共预算影响了氢燃料推动技术的应用速度。

配有速度限制设备、具备自动性能的小型电动车辆将顺应城市交通发展的需要（日常出行中，很少有驾驶员真正会用到功率达到180马力的汽车）。这些电动车辆需要通过信息网络与交通辅助设备以及多式联运交通系统地连接在一起（“门到门”客运服务或“最后一英里”递送服务）。

同时，超轻型城市车辆的出现，将缓解城市交通所带来的众多问题：城市中心区仅允许零排放或超低排放的车辆进入；小型汽车将缓解交通和停车场拥堵；电动车速度和续航能力的劣势将不会成为使用的障碍。

（2）低二氧化碳排放城际客运汽车

需要实现长距离的行驶，对舒适度和空间要求高。车辆可以采用小型插电式混合动力的涡轮增压发动机。

为了实现二氧化碳排放量低于从油井到车轮每千米 50 克的温室气体排放标准的目标，我们必须进一步减轻车辆重量。达到这个标准的混合动力车辆可以完全使用电动模式跨城市行驶。

混合动力汽车的应用将在未来 10 年内逐渐变得普遍，慢慢进入人们的生活。随着混合动力汽车技术的快速发展，中国将有机会在这一领域占据领先地位。

（3）快速城市公交系统与电动公共汽车的结合

城市的快速发展和规划促进了中国经济的增长。实践证明，快速公交系统的应用能够缓解交通拥堵，方便最终乘客（前提是与其他交通工具的良好衔接）。不仅如此，建立快速公交系统的资金使用量较少，比建立和操作地铁控制网要节约很多（花费相差 18 倍）。

快速公交系统的发展与电动公交车的研发相辅相成，这两个项目带来的高新技术的结合，不仅能够促进快速公交系统基础设施、充电设施的建设，还能够减轻噪音污染，营造一个安静的社区环境。汽车生产数量占据世界领先地位的整车厂可以充分利用快速充电技术（纳米技术）生产相关产品。比如公交车的充电量，只需最多维持 30 千米的距离。在技术上，如今已经可以做到在每个公共汽车站点进行无线充电了。

（4）自动驾驶车辆

在特殊地区提供无人驾驶的公共交通做为“门到门”服务的一部分，为市民提供“最后一英里运输到家”的服务。自动驾驶汽车和快速公交系统的有效结合是可能的、便利的、可靠的“门到门”公共交通运输战略的体现（请见 IHS 报告“新型城市交通的影响”）。在智能交通运输系统以及高峰时期车辆管理系统在城市内广泛应用的前提下，上述技术才具备可行性。

这些拥有高新技术的车辆能够满足人们出行的对便利性的需求以及对成本的考虑。此外，在非交通高峰时期，自动驾驶车辆可用来进行货物运输以及“最后一英里”递送服务。

（5）卡车车队

通过车辆与车辆间的技术协助，在“卡车领头车”的带领下，其他卡车紧随其后在公路上行进，成为高速公路上低碳交通解决方案。

这种行驶模式的优点众多：减少燃油消耗（其中50%的燃油消耗来源于汽车高速行驶过程中产生的空气阻力）、监控并掌握稳定的速度、减少空间占用量以及通过小组运输形式提高货运盈利能力。

（6）为驾驶员提供的先进驾驶辅助系统

先进驾驶辅助系统不仅能够提高车辆的安全性，降低燃料消耗，还能增加舒适度。无论车型如何，在驾驶员行进过程中，驾驶辅助系统能够增加车辆和道路的安全性。

其中最有效的技术分别是：①车辆与车辆间的通讯系统能够促进以下b/c两点技术的实现，增强安全性；②防碰撞系统，例如撞击预警以及车道辅助系统（提高安全性/避免交通堵塞）；③速度自动调节设备（避免交通堵塞/燃油消耗/队列行驶）；④全球定位系统与交通标识相结合（提高安全性/避免交通堵塞）。

2. 必要的技术能够真正得以应用从而满足社会需求吗

（1）道路安全是人们关注的首要问题

中国道路交通事故死亡总数的比例非常高。中国轿车的安全设备配置的比例比西方国家至少低4~5倍。规范高新技术的法律法规的制定对提高道路安全起着非常重要的作用。随着人们对交通需求的提高，这些法律法规也将会越来越严格。针对整车厂：碰撞试验、安全气囊、防抱死刹车系统、电子稳定程序等；针对驾驶员：速度限制、血液酒精浓度测试、身体素质测试等。

除了规章制度的作用外，一系列高新技术的出现同样能够改进车辆的安全性能。如今，这些技术应市场需求，已在实践中得到应用。我们将其分为两组：①旨在减少交通事故发生概率的主动安全技术：车辆动态控制系统、制动系统、电子稳定系统等；②旨在减轻交通事故后果的被动安全技术：主体结构设计（碰撞能量管理、行人保护设计等）、制动系统（安全气囊、带有束力限制装置的安全带等）以及车内特殊填充物保护。

以上系统的设计以保护乘客/行人的道路安全，能源管理以及减轻车辆损坏为目的。这是一个由被动安全性向主动安全性转变的过程，整车厂应加强从减少碰撞事故到减缓事故伤亡的综合性研究。在不久的将来，一旦发生交通事故，自动装置将及时向其他车辆/基础设施发出危险警告的信号，并向救援组织发送紧急呼救（此项技术已存在）。提高安全性与减少空气污染和温室气体排放、避免交通堵塞也紧密相关。

（2）健康问题紧随道路安全之后

道路运输对人们健康的影响来自于运输过程中产生的大气污染（氮氧化物、硫氧化物、一氧化碳、未燃烧的碳氧化合物和可吸入颗粒物）以及噪音污染。因此，向更清洁、低噪音的新型车辆转型的任务迫在眉睫。在过去的15年中，我们对噪音污染的管理制度越来越严格。降低尾气排放的多种措施也逐渐在实践中得到了应用。

①为减少内燃机燃料消耗，发动机在闲置时间下采用“停止和启动”模式；选择更加节能的润滑油；改进空气动力学技术、同混合动力传动相结合的再生制动系统。减小内燃机的体积和使用更轻型的制造材料、优化内燃机功率达到17HP/I也是有效的解决途径之一。

②更清洁的发动机及排放系统，通过直接喷射法、涡轮增压和废气后处理等方式实现燃烧优化。这些解决方案不仅不会改变驾车者原有的驾驶方法，还能够使他们更好地享受新能源车辆带来的益处。

③使用天然气、液化石油气、生物燃料等低碳燃料，实施节能驾驶方法。通过驾驶员电子辅助系统，在学员培训以及考取驾照的过程中，推广节能驾驶方法。传播保持较低速度的行驶不仅不会增加时间，反而能够保持甚至减少旅行时间的理念。

④减少交通拥堵。无论是在车内还是车外，智能交通系统和信息通讯技术都能够为驾驶员提供优化的交通信息、行车路线和停车信息等。

⑤采用节能型轮胎：超低滚动阻力轮胎不仅能够节约5%～10%的能源使用，轮胎安全性能还能保持甚至达到更高的水平。在过去的15年间，由于超低滚动阻力轮胎的使用，能源共节约了30%。

⑥采用更清洁的混合动力或电力动力系统，能够满足对未来交通运输的需求。

随着这些技术的应用，几乎每一个汽车制造商都研发了一系列的混合动力汽车生产方案。与低碳的电力驱动以及节能相结合，电动车辆还能够达到降低噪音污染的目的。电池的研发不断稳步发展，带来了更多应用的可能性。随着电池的普及和生产率的提高，制造成本也逐渐降低。当今，电池技术的研发适应了部分城市交通运输的发展需要，在邮政运输以及汽车共享等交通方式中得到了应用。

我们应该注意到，这些高新技术的运用不仅能够缓解人们的健康及安全问题，还在一定程度上降低了石油消耗的高额费用。

所以说，走向智能化是必经之路。

（3）智能交通信息系统

在交通运输领域中最具突破性的革新莫过于建立将车辆与基础设施建设紧密相连的智能交通信息系统。现代化的远程信息网络技术通过车用通讯设备将人与机器紧密相连，用于优化交通、提高安全性及保护环境。与此同时，为出行的人们、交通基础设施建设、交通运营者提供的新型服务也在不断发展中。

随着这些信息技术的不断发展，未来城市交通信息网络正呈现出三种基本发展趋势：

①走向“万事万物相连接”的大力转变。例如“机器与机器”间的信息传递，个人数据连接。

②微电子组件体积更小，但是信息处理的速度大幅提高。高速电脑的产生加速了海量信息数据的处理速度，信息的新价值在于将收集的大数据转换成有价值的信息传递给用户，吸引人们向新型交通生态系统模式的转变。这不仅仅意味着信息硬件及软件工具的结合，更是向用户传递的信息价值本身。因此，要解决交通运输领域发展引发的诸多问题，信息技术的应用和推广至关重要。

③安全问题是重中之重：紧急呼救、远程道路救援服务以及先进驾驶辅助服务。

④生态价值的体现：通过公共交通管理、行驶路线优化及交通管理、汽车共享、多式联运、天气预测措施。

⑤经济价值的体现：智能信息系统通过车辆数据管理（监测实时车辆速度、反映基础设施负荷、交通监测、道路规划、拥堵控制的情况）能够创造更多新型的商业模式。这些商业模式将会成为新的收入来源并且增加就业机会。

⑥新的客户行为习惯：节能驾驶、远程办公、新型出行模式（现驾现付、汽车共

享、多种出行方式结合、交通中转站服务等）不断出现而且不会影响出行的乐趣。

⑦新市场新主导：信息通讯技术和智能交通信息系统的出现使得交通工具联网的范围不仅只限于汽车厂商，而是包括由分散在各地的不同利益相关者所组成的复合交通生态系统（政府法规制定部门和运营商、汽车制造商、其他交通模式（如铁路）、服务供应商、新技术提供商以及融资机构等）。

这些创新的突破将以人员与服务、交通工具与基础设施、汽车以及汽车研制技术广泛连接的信息连接技术的广泛应用为前提。各种形式的无线通讯技术（如智能手机、全球定位等）均已存在并能通过超高频率/甚高频率或者超低频（根据不同的技术应用）与智能交通信息系统进行交换。

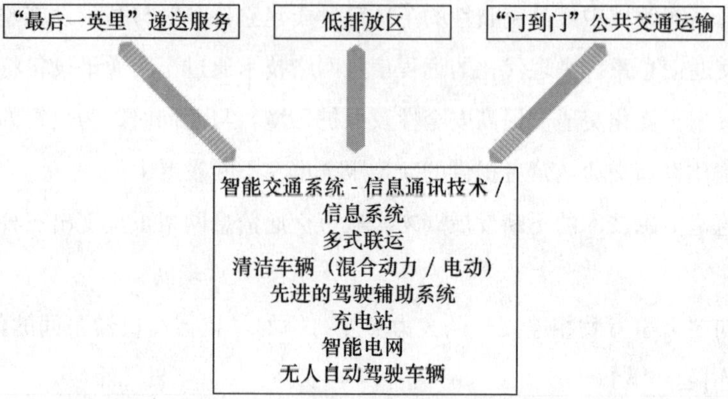

图 4　由通用的技术走向变革

实现智能交通系统的推广应用的先决条件是在车辆中广泛运用传感技术，例如射频识别、V2V 以及 V2I、车内传感器、感应线圈、视频车辆检测传感器等。所有的这些先决条件形成了车用先进驾驶辅助系统（ADAS）。但另一方面，这些新技术标准化和规章制度的制定也至关重要。

智能交通信息系统最先进的技术之一是自动驾驶技术，它是道路运输的大革命。具备一定自动驾驶性能的车辆（例如奔驰 S 级豪华轿车）以及技术更高的原型车（例如谷歌公司自主研发的自动驾驶汽车）的出现向人们展示了这些技术如今至少在短途交通中已经可以应用。这也为未来新型交通运输模式的规划和发展铺平了道路。无人驾驶技术的研发应该基于人们的接受程度、责任方的确立以及相应法律条款的约束下。比尔 · 福特曾经说过：“正如我们所知，汽车改变着人们的生活。而汽车的发展将进一步加快并真正改变人们的生活！”自动驾驶汽车的出现离我们已不再遥远。它发展的最大阻碍莫过于自动驾驶汽车道路使用的相关法律规范与责任制度的建立。我们应该首先研发一个全球性的方案从而解决这一法律障碍。

所有这些电子、软件、传感器以及制动器等新技术发展带来的后果，首先就是安装有这些电子设备的汽车价格将比原来增加了40%左右。零件供应商或道路交通集成商等新型竞争对手的出现预示着汽车制造行业正经历着从机械驱动车辆向生产软件驱动车辆的转变时期。其次，这些新技术带来第二个后果，就是灵活地运用这些技术，高效地处理整合所收集的信息，从而为人们提供新的服务。而人们会愿意支付更多的花费。

中国政府需要协助智能交通信息系统的建立。举例来说，中国政府应加强对现有安装了智能交通信息网络以及设备的公司（超过5 000个公司）在分享信息数据和同步设备的时间等方面的协调。如今，标准信号控制规范的不完备造成了软件集成的运转困难；服务等级协议的缺乏也使得智能交通信息系统维护不佳，不能正常运转。

公共政策将再次成为实现向智能交通信息生态系统转变的关键。同时，它能够让政府成为信息数据的拥有者和使用者。的确，数据是一种关键资产，我们可以通过创新的数字化应用、向私营企业出售数据作为融资的辅助来源，从而对数据进行分析、创建城市交通运营监管系统、做出正确的决策和激励正确的交通行为习惯。针对这些问题，相应的解决方案和技术支持已经问世了。

为建立低排放区及超低排放区、优化“最后一英里”递送服务、为城市居民提供“门到门”客运服务，这一系列技术的研发是必不可少的，这也是为什么我们称之为制胜技术。

七、有针对性的公共政策

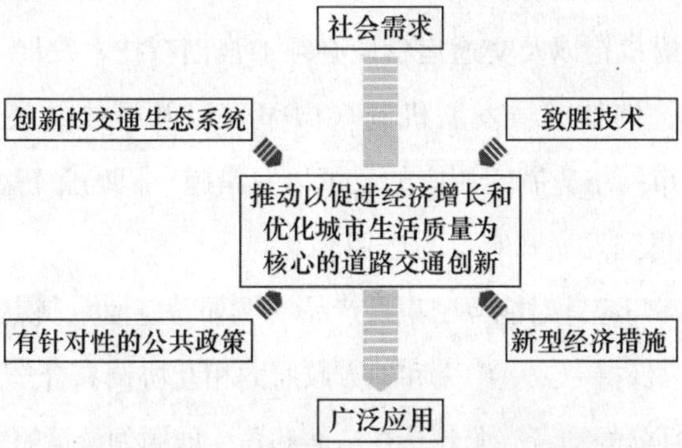

政府的责任在于寻求人们的“共同利益”并且维护人们的人身安全，这也是联合国开发计划署对政府责任的定义。获得就业机会、接受教育、享受医疗服务以及其他设施服务是组成平等社会的基本元素。在此前提下，更高效、更完整的公共交通设施以及服务是将守法公民与社会和经济结构重新连接的重要一环，无论他们的经济或社会地位情况如何。

在整合以下我们提倡的在变革中发挥重要作用的五大重点中，政府的角色至关重要。

1. 贯彻坚定的策略以减少全球温室气体排放，制定适用于交通运输领域的目标、标准以及法规

我们不能接受到2050年全球与运输相关的二氧化碳排放量将翻倍，相反地，全球二氧化碳排放量应减少50%。我们将减少温室气体排放量视为降低人们对化石燃料的过度依赖性和促进交通领域的能源转变的一种方法。此外，二氧化碳排放量的减少通常伴随着燃烧的减少，因此也会有助于减少其他污染物的排放。

从国际层面上出发，首先我们应该积极响应《联合国气候变化框架公约》提出的规范和要求。第21届联合国气候变化大会将于2015年在法国巴黎举行，会议要求所有的成员国应主动披露各国的气候变化情况。中国将有机会就控制二氧化碳排放量与其他成员国达成一致。我们和世界可持续发展工商理事会共同认为，二氧化碳减排政策的制定将促进创新技术的发展，发起新一波的经济可持续发展浪潮。为此，国际范围内正在创造新工具以帮助政府部门解决这一问题，包括多边气候技术基金（MCTF）、基准线排放存量（BEI）、可持续能源计划行动等国际项目（CSEAP）的诞生和发展。

为了支持上述措施，国家有关部门应要求各城市确立清洁能源使用的目标并配置监控工具。地方政府机构以及交通运营商必须加强创新技术发展，充分运用各种激励措施和金融机制，例如清洁发展机制（CDM）以及排放量交易等新型机制。接下来，中国及其城市网络应制定相应的政策以及措施，以确保新型经济措施（下一部分中将会提到）得到发展和有效的运用。

除此之外，政府部门应针对能源密集型产品（例如蓄电池）制定一系列的新的政策措施。各项行动应当保持一致。中央和地方政府的相互协调和合作是建立生态文明社会，实现社会公平目标的基石，尤其是在清洁和再生能源领域策略的实施上。

在遵循全球二氧化碳排放管理标准的前提下，国家和地方机构应协同合作。

2. 推行建立超低排放以及零排放区，并配套相应的基础设施建设以及车辆的措施（建立环保的交通生态系统以及多式联运交通运输模式）

很多城市在市区设立了低排放区，以达到仅允许清洁车辆行驶的目的。这些城市通常都是在国家方针的基础上设立低排放区。例如在一些欧洲城市，一些限制措施的实施通常建立在欧洲空气污染排放标准之上。

每一个城市都由其自身来决定豁免和控制政策。优良的体制将激励消费者购买使用新型清洁车辆以及清洁燃料（城市案例：荷兰鹿特丹、德国柏林以及意大利博洛尼亚）。

随着低排放区的实际运用，我们需要解决的首要问题就是增进驾驶者以及其他利益相关者对低排放区的规定、应用以及好处（减少交通拥堵、污染、健康问题和噪音）的了解。这样才能促使他们去遵守执行这些规定。

国家政府机构协调一致，大力鼓励城市低排放区建设的举措，从长远的方向看，将促使交通工具使用者、汽车制造商和供应商、服务提供者以及装备制造企业以更有经济效益的方式投身这一领域。从国家以及国际组织的层面出发设立相关的制度规范，将为降低交通技术成本做出应有的贡献。因此，如果城市设立明确和统一的政策，比如允许电动车辆/插电式混合动力车辆优先行驶，这一举措将会激励制造商生产电动车辆，促使普通的市民选择可替代能源车辆或其他交通方式，同时可以推动低排放区交通运输产品和服务的发展。

为此，我们认为城市可以建立更加环保的“超低排放区”（ULEZ），最大化地推广零排放车辆（混合动力车辆以及电动车辆），促进多式联运交通方式的发展。

从经济学的观点来看，除了低排放区之外，停车场的收费标准也反映了城市土地的经济价值，成为了一种新型的商业模式。例如，对私家车征收较高的停车费将促使人们更多地使用公共交通以及汽车共享的模式。

在基础设施条件允许的情况下，推广近距离出行时选择步行或自行车也是一种降低二氧化碳排放的“健康方案”。这些基础设施包括：为出行不便的人设置的城市道路无障碍环境、自行车租赁点、自行车存车换乘、防盗自行车棚、安全的自行车专用道、专用信号系统及在公共交通中设立的自行车存放空间等（城市案例：丹麦的哥本哈根）。

3. “最后一英里”递送服务的重组和创新

即使在一些城市开发了针对货物运输的低排放区，“最后一英里”运输服务仍未得到所需的广泛关注以使其真正起效。交通工具的选择影响着人们对消费和服务的需求。城市间的运输调配需要靠长途运输以及运送到终点的短途运输服务的高效结合。小型、节能和清洁的车辆可以应用于区域运输。“最后一英里”交通服务的重组需要依靠具体的政策。

首先，政府机构应该了解，“最后一英里”运输服务措施的成功实施需要相应的土地使用政策的配合以及新的城市道路空间分配。根据计算，除乘用车外的其余车辆中，有40%从事交通运输服务（包括清除障碍服务、维护服务以及小型运输服务等）。分配给居住、商业发展和主要交通基础设施的土地数量对城市生活质量有着多样和深远的影响。

城市货物运输可以与当地的政策制定和机构设置进行更好地整合。其发展需要各利益相关者的参与。我们应该关注以下领域：①得益于城市区域内的多式联运和一些有准入法规的区域，可通过有效的路线规划以避免空载或不必要的行驶和泊车；②郊区装卸平台的协调发展。例如出台一项简单的措施来规定只有当卡车的载货量达到最佳情况才允许进入市中心；③交通运营以及交通服务管理（时间安排、组织、技术投入以及多用途方法）；④运输需求管理；⑤多式联运方能更高效、聪明地利用现有能力，如促进竞争者之间相互合作；⑥在城市运输中仅使用更安静、更清洁的或使用可替代燃料的车辆（混合动力汽车、氢燃料汽车等）。

进一步来说，可以考虑成立国家物流指挥机构来协调城市间的物流运输。

我们强烈支持在去年的中国发展高层论坛上提出的“城市：中国的新开始”项目。这个项目的内容是：整合公共和私人土地，将空中和海上交通方式融合于一个将城市、区域以及全球各目的地城市紧密相连的系统内。

4. 为人们提供“门到门”的客运交通解决方案，而不仅仅只是交通运输

为更好地向人们提供“门到门”客运交通运输，政府机构应将政策法规和措施相互结合，形成一套完整的政策系统，推动城市多式联运交通模式和无缝对接交通解决方案。

首先，地方政府应发展可持续城市交通计划（SUMP）。这一综合性战略包括土地利用规划、收费制度、高效的公共交通服务以及基础设施建设（包括充电/加油

站建设）政策。政府部门应更好地协调公共交通多式联运运输方式与相关的基础设施建设（例如停车转乘、自行车换乘、汽车租赁以及合伙拼车）间的关系。为实现这一目标，政府部门应推广合伙拼车、汽车共享、车辆共同管理，以利于日常通勤。通过“绩效合约”优化公共交通运营和成本支出的方式也应该得到鼓励，例如快速公交通道和/或快速客运交通系统。

快速客运交通系统的模式多种多样，能够为“门到门”客运服务提供多种解决方案。合理地应用快速客运交通系统技术能够满足城市交通发展的特定需要。高新技术解决方案其中之一就是无人自动驾驶汽车技术的应用。然而，无人自动驾驶汽车的相关道路法规还有待完善。另外，仍然缺乏法律框架来明确责任和义务。制度体系认证、商业模式以及基础设施的建设等问题也有待研究。

城市公交企业由于运营不利引发的亏损问题应得以进一步调研。人们应该认识到交通运输的收入能够帮助可持续交通的发展，并且促进新型、清洁的城市基础设施的建设。

智能交通系统是“门到门”客运交通服务战略中的关键一环。政府机构应该全面发挥信息和数据采集能力，重视通讯系统的互通性（城市内与各城市间）以及标准化应用。国家政府机构应该详细地制定相关的规范和制度来推广这些信息通讯技术。

5. 动员公共以及私人资金投资建设可持续交通基础设施

由于用于新型基础设施建设、车辆和新技术研发、改善服务质量的政府补贴金额的不足，国家或地方层面与私营企业建立新型合作伙伴关系成为了当务之急。

在具体的组织和立法框架下，国家层面政府机构可以制定以下措施：①征集并推广最佳范例的公共运输合同；②针对基础设施建设的私人投资以及公私混合投资设立操作模式；③展开公共交通服务的竞争招标；④通过财政支持激励公共交通发展；⑤私营企业和个人对可持续交通的发展起着主要的作用（从社会层面的角度），不仅能够加强人们对公共交通的认知，还可以向人们宣传公共交通模式带来的益处（地区案例：法国巴黎法兰西岛运输联合会 STIF）。

此外，可以建立为特定项目寻求财政支持的机构（例如：发展充电基础设施网的建设）。

在地方政府层面，应鼓励地方政府在交通系统的发展上投入更多资金，拓展新型合作伙伴关系（城市案例：剑桥市议会（英国）通过邮局与私营交通运输公司

TNT 的合作，专门运送小型包裹）。城市可以通过当地新形式的税收模式来筹集资金（地方所得税、营业税、计划土地价值房产税、停车场收费、车牌拍卖收入以及城市道路使用费）（“拥堵费”城市案例：斯德哥尔摩 - 伦敦 - 哥德堡）。

值得一提的是，一些国际组织也可提供大量资金来支持公私合作伙伴投资可持续交通解决方案（例如：世界银行在一些城市吸引个人投资者的举措——欧洲投资银行为现代公共交通系统发展提供贷款等等）。城市间应在国内和国际间彼此分享最佳的实践和经验，这将有助于新的法律和规定的建立（区域案例：欧盟“西维塔斯”计划）。

公共政策与措施的创新在营造一个良好的城市交通运输环境中起着关键的作用，它需要同样程度的经济手段的创新来大力支持。

建立大幅度减少二氧化碳排放的目标并采用新型经济措施	阿姆斯特丹、鹿特丹、哥本哈根、斯德哥尔摩、根特、埃因霍温、慕尼黑
部署零排放区以及高度安全区域，建设相应的基础设施并制造安全的零排放车辆	斯德哥尔摩、伦敦、米兰、圣埃蒂恩、波兹南、格拉茨、克拉科夫
积极调动可持续交通基础设施建设的私人投资	伦敦、米兰、阿姆斯特丹、赫尔辛基
重新设计并加强最后一英里递送系统的创新	柏林、哥德堡、鹿特丹、斯德哥尔摩、斯图加特、圣埃蒂恩
依靠相应的网络技术，开发“门到门”客运服务解决方案	里昂、伦敦、雷丁、维也纳、巴塞罗那、博洛尼亚

图 5　城市典型案例

八、新经济措施

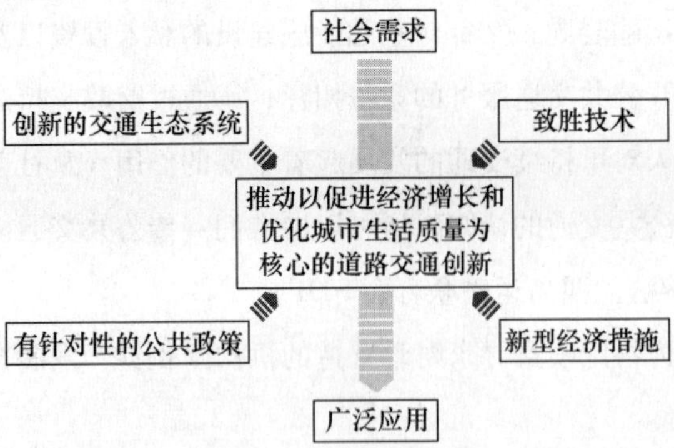

克里斯汀·珀修斯（气候经济学科学委员会主席）曾经说过：“为了实现可持续发展的低碳道路交通模式，技术法规以及社会突破性创新是成功的关键。它们不

会同时出现，而是在相辅相成的新型经济和法规措施的紧密结合下诞生的。”

我们认为以下两个发展方向将起到主导作用：①为二氧化碳排放价格引入商业模式以及全球经济；②鼓励私人投资，为可持续交通基础设施建设融资。

1. 赋予二氧化碳排放市场交易价值，是促进社会可持续发展的动力

二氧化碳的买卖通过实践证明在工业领域中颇有成效，但是在交通领域中的应用还没有大规模展开。人们关注的首个交通领域的试点实践近期将在加利福尼亚、魁北克或上海市开展。

就交通运输领域来说，我们认为应该采用间接机制来制定二氧化碳价格，这一机制将对车辆以及基础设施定价以及使用起到积极的影响。当间接二氧化碳价格机制符合当地法律规范并与其他经济措施相结合，产生的催化效果则更加明显。

①二氧化碳交易价格与燃油定价的相互结合，必然提高车辆使用成本，因为它与汽车的污染排放量成比例。这一措施通过减少燃料消耗降低当地大气污染，使普通人群受益。

②赋予二氧化碳交易价值将促进现有的交通模式向电气化交通模式的转型，在中国进行的一系列实验表明，发电行业是最先受碳交易市场影响的领域。

③交通系统构架的改革应该建立在个体道路交通形式（包括汽车共享、拼车等等）和公共交通的平衡之上。根据当地车辆交通的实际情况，合理地实施汽车使用费、过路费和停车费等收费措施十分重要。针对二氧化碳排放量收费的措施，配合其他有效的收费政策，将会大力促进公共交通的使用率，减少道路交通带来的大气污染。

与监管工具不同，碳排放价格控制措施与使用收费政策协调配合会带来额外的收入。这些收入可以被政府部门再利用，用于高新技术的研发。加上私人机构的投资，将解决创新资金来源的难题。

凭借建立了超低排放区，实施“最后一英里”递送服务以及“门到门”客运服务等城市的成功实践案例的影响，相信我们能够从最大程度上获取二氧化碳排放市场价值带来的利益。

（1）在城市内合理地使用内燃机车辆

为了更加合理化地使用私家车，以下一系列的经济措施值得运用到实践中：征收车辆购置税、汽车使用费（例如拥堵收费）或燃料以及二氧化碳排放税。比如，

城市收费系统已在欧洲投入使用，这一举措在伦敦、斯德哥尔摩、瓦莱塔、米兰、哥德堡和其他几个城市都取得了成功。在推行经济政策措施的同时，推广新型交通工具的举动应十分谨慎。如果这些措施在新型交通生态系统中起到了积极的作用，将会为促进城市中心经济增长、大幅度提高城市居民生活质量做出贡献。若这一收入的合理运用能够使所有人从中获益，相信市民们对额外税收以及收费系统费用的接受程度也能得到进一步提高。

（2）促进电动汽车以及混合动力汽车的普及使用

双重行动应该开展起来。我们要缩小电动汽车（包括引入电池租赁价格）与内燃机汽车购买时的价格差异，同时加快充电基础设施建设的发展。

①减少购买电动车辆用户的增值税（挪威）、提供奖金（法国、西班牙、英国）、减少个人所得税（比利时、瑞典、美国）等措施都已经在试验中取得了成功。

②鼓励兴建街头充电系统（例如在欧盟地区）；通过在配有停车场的大楼建设充电设备，有效地加快充电基础设施建设速度（例如在法国）。

③另外，电动汽车以及混合动力车辆的驾驶员能够享受优惠的城市收费政策、免费停车、允许进入低排放区以及使用高承载率专用车道。

（3）发展有吸引力的大规模公共交通解决方案

为了实现城市交通可持续发展，基础设施建设的融资问题有待解决。为减轻政府财政赤字问题，适当的交通基础设施建设与收费制度的设立起到至关重要的作用。

另一个有效的经济措施来自于在土地位置靠近公共交通枢纽的情况下，土地价值会被列入销售价格中，相关房地产的价格会提高。最简单的经济措施就是交通局在建立新型交通基础设施前将土地收回，以保证在今后的房地产价格升值及其他租金中获益。此外，城市公共交通票价体系的设立也十分重要（单一票制、高峰/非高峰时间定价、分区收费、政府补贴、免费票）。

还应有正确的政府激励措施的交互运用，包括平衡私人交通和公共交通和为基础设施的建设提供资金支持。此外，限制车辆登记措施（例如车辆配额制度于1990年在新加坡、印度尼西亚应用，后在中国大陆地区广泛发展：2011年于北京、贵阳，2012年于广州实施）或车辆流通限制措施（高承载车辆专用道、低排放区、停车限制）等的推广，促进了大规模交通系统的平衡发展。

快速公交系统是低成本高效益的交通系统。如今，信息化的公共交通（例如快速公交、地铁等等）促进了出行优化（例如减少拥堵）以及多式联运交通的发展。在欧洲应用的快速公交系统，又称为高品质公交服务系统，萌生于拉丁美洲（2000年哥伦比亚的波哥大最早采用这一系统），随后传播到亚洲地区（2009年印度的海德拉巴，2010年中国的广州）、欧洲地区（2010年英国的伦敦）、北美地区（2010年加拿大的布兰普顿）以及美国（2012年）。

（4）推广可替代共享交通模式的解决方案

汽车共享服务发展迅速，模式多种多样，有单程式、返程式以及点对点模式。汽车共享模式逐渐被欧洲各地区采纳推广，并已成为了众多国家铁路公司的主要竞争对手。汽车共享政策对公共/私人融资起着重要的影响作用，也从当地交通部门获得了很大的支持。

有一个很好的例子——法国巴黎电动汽车租赁公共项目取得了很大的成功，并发展到其他城市。2011年，法国首都巴黎开始运营名为“Autolib”的电动汽车租赁公共服务项目。这是一个在法国博洛雷集团领导下运行的公共/私人服务（电动汽车租赁公共项目联盟），致力于：①提供一种可替代的“环保型”的交通运输服务，使每个市民都能够享用这项服务；②减少私家车的使用。这项服务在500个地面车站以及200个地下停车场均有提供。同时，3000辆名为Bluecar的电动概念车预计在2014年投入使用。这意味着将减少2.25万辆私家车的使用，高污染车辆减少行驶1.645亿公里。电动汽车租赁公共项目成功地推广到了法国其他城市以及美国地区。

中国城市反馈的资料信息反映了自行车的广泛使用（占据了共享交通工具模式的一大半），正推动着自行车共享模式的不断发展。然而，自行车共享模式（包括电动摩托车）的推广很大程度上取决于公共资金的投入。

2. 私人投资参与可持续发展的交通基础设施以及现代化交通工具的建设

世界经济合作与发展组织2013年的研究报告①指出，在现有政策体制以及对未来的设想下，预计2050年全球对陆地交通系统的投资将达到平均每年3万亿美元。

---

① Ang G. 和 MarchalV.（2013）《调动私营企业投资于可持续交通：陆路客运基础设施建设案例》（“Mobilising Private Investment in Sustainable Transport: The Case of Land – Based Passenger Transport Infrastructure”），世界经济合作与发展组织（OECD）环境工作论文第56号，世界经济合作与发展组织出版社。

目前，我们认为这个投资数目既不能满足我们倡导的创新的交通基础设施建设的发展需求，也不足以支撑经济的进步。

有一个斯德哥尔摩的例子值得研究。斯德哥尔摩实施解决交通拥堵和交通相关的二氧化碳排放问题的措施的经验（2/3 的市民表示满意）表明，各种经济措施可以共同被有效地施行：收取交通燃料的碳排放税，对清洁能源车辆（乙醇和沼气车辆、替代燃料车辆、混合动力汽车和纯电动车辆）停车费减免，对替代燃料车辆减免拥堵费，引入新公交线路。

潜在的资金来自哪里？自 20 世纪 90 年代早期，公共财政的压力不断加大，财政收入增长也受到越来越苛刻的条件限制；而另一方面，社会支出也不断提高，这些问题促使政府加大了与私人机构在交通领域合作和投资的力度，大部分项目都取得了成功。这也催生了多种多样的经济模式的发展，从服务合同到公私合营，再到完全的私有化运营，不过大部分的投资还是来源于政府的公款。

2008 年北美地区和欧元区经济危机的爆发，加上发展中国家对交通可持续发展的大力投资，导致公共财政的压力不断加大。这些原因都促使国家和地方政府积极鼓励私人机构参与其中。

为鼓励私人领域的参与，对“交通创新”的投资政策制度应该满足以下两点先决条件：①存在真正有吸引力的投资机遇；②一个明确分担风险的投资协议书（包括对加强长期战略和商业模式的稳定性等敏感问题的承诺）。

与前文中提到的“创新的交通生态系统”章节相呼应，为了使公共机构以及私人机构实现双赢的合作，政府机构的决策应更加明确。①预先制定有远见、透明度高的策略；②通过可靠的融资方案增加投资回报；③通过相关的政策，加强对交通创新的鼓励措施；④为保证项目参与者的顺利合作，制定相关流程和控制措施。

在上述情况下，大量的融资机制的建立不仅分散了投资项目的风险，使公共机构以及私人机构共同分享了回报，还为私人投资在可持续交通基础设施建设上做出了指导。新型技术的快速实践需要依靠私人资金的支持以及私营领域承担项目风险的能力。

（1）公私合营的合作伙伴关系已得到实践

2010 年，在整个低碳投资领域，“高效交通”领域占据了排名第三的份额，得到了私人股权和风险投资的青睐，对交通运输的投资数额粗略估计高达 12 亿美元，仅次于太阳能以及风能领域的投资。

在交通系统领域中，公私合营的模式已经证明其吸引力，私人投资者抓住各种机会投资交通基础设施的建设，包括快速公交运输系统、城际铁路及地铁、汽车共享系统以及高速公路的管理运营等。其中最大的项目包括法国的图尔至波尔多的高速铁路以及印度海得拉巴德市的地铁项目。如果仅仅为了卸下政府财政的包袱而没有盈利产生，公私合营的合作关系将难以获得成功。应当制定对主要代理人予以激励并鼓励其创新的公私合营的合同。

（2）获得土地价值的新型经济措施值得探究

正如我们前文中所提到的，由于地理位置靠近交通枢纽地区，所以土地的不动产税以及商业税随着土地价值的提升保持着增长势头，这部分的收入组成了公共交通的资金收入的来源之一。以往的经验以及研究证明了这种大幅度的土地增值以及由此带来的财税收入，将弥补政府对特殊铁路以及地铁等交通项目的投入。成功的城市案例有很多，例如波哥大、香港、东京以及纽约市等等。为了实现更多的融资机会，世界经济合作与发展组织正在对这一发展模式展开不同相关的研究。

为了支持创新的交通策略，我们认为前文中提到的二氧化碳交易以及鼓励私人投资的措施等一系列的经济措施的相互结合、相互补充以及共同发展至关重要。成功的关键在这些措施的制定实施都应遵循同一个清晰明确的战略。

表1　　高新技术—公共政策—战略—经济措施

高新技术	公共政策	战略	经济措施
热动力车辆	更清洁 减少拥堵	合理化	汽车使用税、燃油税、交通拥堵费、停车费
电动车辆（尤其是超轻型城市车辆以及个人公共交通）	更清洁 减少噪音污染	改善	充电基础设施建设补贴：兴建电动车辆充电站（大街上/建筑中）；监控电动车充电标准化；电动汽车购买奖金或减税；城市收费系统（优忠关税）；免费停车；允许使用高承载车道；低排放区/零排放区；专用车位
混合动力车辆	更清洁	改善	混合动车辆购买奖金；城市收费系统（优忠关税）；允许使用高承载率车道低排放区/零排放区

续表

高新技术	公共政策	战略	经济措施
车辆共享模式：汽车共享、自行车共享	更清洁 优化出行/减少拥堵	改善	公共—私人合作伙伴关系
公共交通系统（快速公交系统以及地铁等）	更清洁 优化出行/减少拥堵 多式联运	转型	为基础设施建设融资；获取土地价值；推广公共交通使用；公共交通票价设置
无人自动驾驶汽车	优化出行/减少拥堵 节约出行时间	改善	限制车辆运行；专用车道；法律体制（意外事故中的责任承担）；购车补贴

九、结论

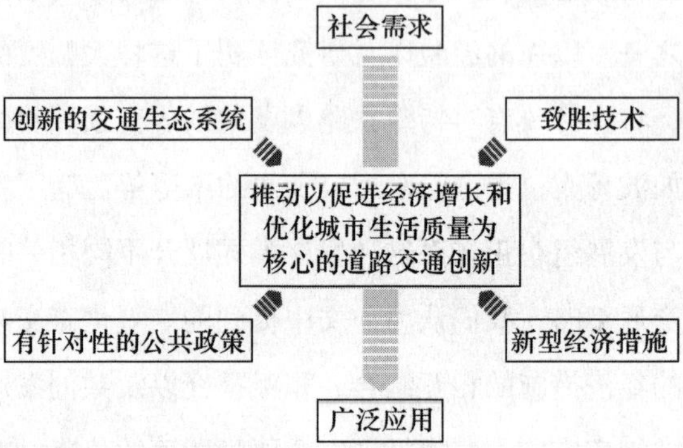

让我们步入创新的行列中吧！

为了促进经济增长、实现城市可持续发展、提高人们生活水平，我们在这份报告中所提到的创新技术及措施必须得到运用并广泛地进行推广。

综上所述，文中提到的五大可行性重点变革措施都具备很强的可操作性，它们分别为：①二氧化碳减排达标；②在城市中心广泛设立二氧化碳低排放区以及零排放区；③实施创新型的“最后一英里”货物递送服务；④为人们提供“门到门”的客运交通解决方案；⑤鼓励私有投资向可持续交通基础建设的转移。同时，配合成熟的及研发中的突破性技术、国际国内及城市层面上有针对性的政策制度和新型经济措施的实施和促进创新的交通生态系统的发展，将为实现目标又注入强大动力。相信这些方案措施能够让中国在全球交通领域中展现强大的发展潜力，占据领先位置，实现交通可持续发展和人们需求间的良好平衡。

当然，每一个解决方案都会对人们的交通出行产生不同程度的影响，但单个措施的实施并不足以改变当今的交通领域的发展进程和模式。只有当所有的措施相辅相成时，它们才会推进世界交通运输领域体制的变革、改变城市生活以及商业模式。我们敢说，这些方案的综合实施将会为新一代交通运输领域创造更多的经济活动以及就业机会，同时优化人们的生活。

至此，我们期待着随着创新型交通生态系统的发展，文中提出的建议能得到进一步讨论，更重要的是开展真实的案例实践。我们将在未来的六个月中，同来自世界各地的交通领域的专家更加深入地探讨我们在报告中所提出的想法，这些专家包括法规政策的利益相关者、公共交通部门、整车制造商、车队管理公司、智能交通系统和信息通信系统供应商、学术机构专家以及国际组织（如国际交通论坛、国际能源组织、经济合作与发展组织、世界可持续发展工商理事会）等。以上提到的想法也将被收录在绿皮书中，书中涵盖了为促进现代化城市交通发展提出的各种可行性建议与实施办法。我们将努力对这些措施如何能够降低交通运输产生的不良外部影响（二氧化碳排放问题、交通拥堵以及环境污染），同时最大限度地促进经济增长，在增加就业等方面做出量化预测和模型分析。

我们希望这些建议和措施能够在不久的将来得以深入的研究及开展，得到国际组织（联合国气候变化框架公约、联合国开发计划署等）、中国以及地方政府机构的认同。

米其林集团为能够受邀协助中国在其利益的重要领域内尽一己之力而感到荣幸，我们将竭力提供具有远见以及切实可行的解决措施和方案，继续在这一领域做出应有的贡献。

本报告附件：减轻燃油消耗以及降低排放的技术工具

相当数量的高性能乘用车已经被广泛地推广到市场，这些车辆的二氧化碳排放指标基本上低于100克每公里。而在15年前这绝对是一个被视为极限的挑战。而今，我们甚至可以想象将二氧化碳排放标准定到50克每公里。

1. 系列的高新技术进步正在发生

(1) 使汽车变得更节能

高压电控直喷式系统（也称为共轨技术）、涡轮增压器、低转速机械增压系统以及电子流量控制器等高新技术的广泛应用，使柴油机的燃油效率得到了巨大的改善，并大大减少了柴油发动机/汽车的燃油消耗。同时，（直接）喷射系统以及电子流量控制器的应用也为汽油发动机的发展做出了很大的贡献。

涡轮增压器不仅可以缩减发动机的体积，还能够减少气缸的数量，甚至降低发动机的功率。涡轮增压器的应用使得一个四缸的发动机能够在更低转速下替代六缸发动机产生与之相同的最大功率和扭矩峰值。

空气动力的研究，以除了越野车以外的车辆为例，目前车辆前部迎风部分的面积基本都在 2 平方米左右，当车辆行驶速度超过 90 公里/小时，空气阻力系数会提升到接近 0. 30，这会使车辆的燃油消耗增加原来的一半以上。

随着润滑油质量以及稳定性的不断提高，传动系统装置内部产生的摩擦阻力大幅度减少（从 2004 年的 50 牛顿到现在平均值为 35 牛顿）。除制动系统外的摩擦阻力的大幅减少，都在一定程度上节约了燃料的消耗。

在加速、爬坡的行驶过程中，汽车的重量直接影响着燃料的消耗，尤其是在刹车的过程中，燃料的消耗将会更多。同时，车身重量也会造成车轮和传动部件间的能量消耗并增加轮胎滚动阻力。近 10 年来，车身的平均重量一直在增长，但是车辆动力总成和轮胎性能的不断提升对这种重量增长造成的能量消耗进行了补偿。在减速以及刹车时的能量回收系统的研发正在蓬勃发展，而且正在逐步扭转汽车重量过重造成的不良影响。

自动起停的机械设计实现了能量回收，当轿车在停止驾驶时，重型卡车在停止驾驶 5 分钟后，车辆的发动机将自动熄火来减少燃料的消耗。

平均来说，与 20 年前相比，乘用车的轮胎滚动阻力系数已经降低了一半左右。

（2）减少污染气体排放

汽车的能源消耗以及所使用的能源直接影响着汽车污染气体的排放。改进内燃机技术、加强尾气处理装置的创新已经为减少污染气体（碳氧化合物、硫化物以及可吸入颗粒物）的排放做出了应有的贡献，减少高碳燃料的使用也能够在一定程度上缓解大气污染。当然，电动汽车在使用过程中是不会产生排放污染的，但是充电站在为车辆充电的过程中会对环境产生或多或少的影响，相对于传统内燃机来说，污染可能比较小也可能更大，这完全取决发电站系统与配电系统对原始能源的使用效率。

还有一条能够降低车辆能源消耗的措施，经常被遗忘。解决交通拥堵，建立完整的智能交通信息网，也是有效的减少排放污染的措施之一。

（3）减少二氧化碳排放

二氧化碳排放量与使用的燃料碳成分的含量有关。因此，减少燃料消耗与二氧化碳排放量有直接关系。使用碳元素含量较低的燃料也是一个不错的选择。生物燃料（农业燃料）通过植物光合作用储存二氧化碳而减少60%的排放。

电动汽车在使用过程中不产生二氧化碳排放，但也会间接排放二氧化碳，因为电力中含有二氧化碳成分或氢气生产过程中都会排放二氧化碳。二氧化碳排放总量取决于国家的能源结构中用于发电以及制造氢气的工艺流程（电解或转化过程）。

（4）促进电动汽车市场发展

电动汽车不会造成本地污染，但是如果发电厂使用化石燃料发电的话，它会间接产生二氧化碳。电动汽车无噪音，性能优越，但由于购买价格、续航里程、过长的充电时间和相对有限的充电点而受到消费者的质疑。

（5）混合动力车

混合动力车是必然的转变或未来的解决方案。混合动力车的类别从停车起步式到插电式混合动力均有。两种能源和两种动力方式的益处和互补性已经不再需要任何证明，最有效的车型将赢得市场。混合动力车的重大贡献在于恢复和重新利用在刹车时损失的动能。如今使用高效发动机和低碳排放燃料的插电式混合动力车已成为可能，一种能量密度为200Wh/kg（是如今电池的两倍）的电池在2030年有可能成为主流。

（6）安全交通工具和道路基础设施

过去30年间，无数新技术被研发出来，例如头部保护装置、预紧式安全带、安全气囊、车辆动态控制系统（防抱死制动系统、电子稳定控制程序）、驾驶座加固、弯鼻形首柱钢板车辆、增强制动性能、驾驶员辅助系统、车道变化预警系统、疲劳驾驶预警系统、酒精检测装置、盲区摄像系统、防撞相机系统、行人保护装置等。

道路基础设施也在不同的国家经历了不同的发展。最大的问题依旧是交通方式组合，尤其是在新兴的机动化国家。

互联信息系统领域尚未发挥出在道路交通上的所有潜能，但在事故预防和危险区域即时避让方面已经开始展现其潜力。

(7) 重型卡车和公交车

节省燃料是公路运输公司的重点关注问题。在新的二氧化碳排放标准下，例如欧洲的欧六排放标准和美国的 CAF 重型卡车尾气排放标准等迫使车辆制造商对动力系统、变速箱、空气动力学、柴油动力化和轮胎选择等做出优化，在汽油还是天然气、电力还是混合动力之间做出选择。

例如，挡风玻璃结合处的黏合、驾驶室扰流板和挡风玻璃所形成的12°夹角都将长距离运输卡车的空气渗透系数提高到12%。装有最新齿比控制系统的自动变速器在市区行驶中可以节省3%到7%的燃料。安装于卡车的起停系统可以在车辆停止5分钟后关闭引擎并进行制动，这样每小时可节省3升燃料。

多种多样的驾驶辅助系统、转向灯、多功能三通可调方向盘、汽车停止时自动锁住的全电子停车制动、盲点和倒车摄像头等都让车辆安全性得以提高。(以雷诺卡车为例)

与此同时，车辆互联功能也在两个重要方面取得进步。首先，如果有需要，司机通过一个24小时全天候切换按钮来进行车辆定位，并实时汇报它所有的技术数据。另外，通过安装一套车队管理系统可以实现降低燃油消耗的效果（每个使用环保驾驶方法的车队可以减少15%的能耗），最佳导航功能的实现能够节能、帮助减少二氧化碳排放并提高运营盈利能力。

2. 车辆挑战二氧化碳排放低于50克/千米的技术指标（从油井到车轮的指标）

(1) 城市车辆

城市车辆的尺寸应该趋于中等，以避免加剧交通拥堵和停车问题，重量限制可以保证频繁启动的最低转动惯性。结构优化和新材料的使用（合成材料、高性能钢铁、镁材料……）有望取得巨大进步。停车起停系统和制动能量回收系统的应用也越来越广泛。

①内燃机汽车的局限性。假设一辆内燃机汽车装载有优化效能接近0.32的500cc发动机（位移内耗为2.5kW/1 000tr/min/L，边际效率为0.48），载重约为700公斤，安装有滚动阻力系数为6kg/t、阻力系数为0.55的轮胎，配件消耗为300W，摩擦力约为30N，在市区跑一圈的能量需求为6.5kWh/100km。假设变速箱效率为0.92，那燃料的消耗指标为2.2L/100km。车辆制动或减速阶段的动能

恢复效率为0.64，可以将燃料消耗指标减少到1.8L/100km。这种乐观的计算方法设定了内燃机汽车可以获得最有利的能量利用极限值，但冷启动性能指标并未包括在内。（在欧洲实行的汽车行驶油耗测试工况的试验法ECE标准下平均提高10%。）

以上能量回收（1.8L/100km）的实例中，“油箱到车轮”的二氧化碳排放指标将为49g/km，而“油井到车轮指标”的排放为56g/km。（+15%）

最重要的燃料耗损来自于发动机效率（占耗损的66%）和车辆重量（无能量回收情况下为50%，能量回收情况下为25%），因此这些方面都是可以取得进步的重要途径。

发动机效率应当继续与均质压燃技术和相应的合成燃料共同取得新的进展。

未来的燃料，除了专门进行研究的合成燃料以外，另一个取得快速进步的途径在于降低使用高碳排放燃料，例如天然气或合成氢（甲烷）。第二代和第三代生物燃料不会与食物进行竞争，也是降低二氧化碳排放的解决方法。然而，在本地排放方面，它们所起到的作用很有限。

②城市电动车。对于目前的竞争者，最有可能的赢家就是电动车，它没有尾气排放，噪音低而且很自然能够在刹车时实现能量回收。然而，需要注意的重要的一点是，“油箱到车轮”的二氧化碳排放量虽然是零，但这并未太多涉及上游阶段。“油井到车轮”的平衡依赖于国家的能源结构。法国为80g/kWh，欧洲平均为450；美国为500，如果煤大量使用的话可以高达800。

这就涉及那些对高碳发电依赖比较大的国家对每100千米的能源消耗的限制。

表2

重量（kg）	百公里量消耗（kWh/100km）	国际二氧化碳排放标准 gCO_2/km	中国二氧化碳排放标准 gCO_2/km
700	5.3	30	41
800	5.6	31	43
900	5.9	33	45
1 000	6.1	34	47
1 100	6.4	36	49
1 200	6.7	38	51

续表

重量（kg）	百公里量消耗（kWh/100km）	国际二氧化碳排放标准 gCO_2/km	中国二氧化碳排放标准 gCO_2/km
1 300	7.0	39	53
1 400	7.3	41	56
1 500	7.5	42	58
1 600	7.8	44	60

（2）城际车辆

城际车辆的大小和重量并不取决于外部因素，例如交通拥堵或停车问题。另一方面，诸如高速行驶中的舒适性或安全性等方面更为重要，需要考量不同的因素。

①内燃机车辆的极限值。一辆内燃机车辆的燃料消耗高度依赖于它的占空比。现实世界中的平均机械效率从低至10%以下到30%～35%主要取决于占空比。典型的以平均/中等大小的内燃机车辆为例，配有整体效率接近0.42的1 000cc发动机（位移内耗为2.5Kw/1 000tr/min/L，边际效率为0.48），载重1 200kg，装有滚动阻力系数为6kg/t、阻力系数为0.55、设备和附件消耗为300W、内摩擦为30N的轮胎。欧洲实行的汽车行驶油耗测试工况的试验（EUDC）对能量消耗的要求为10kWh/100km。假设变速箱效率为0.92，燃料消耗为2.8L/100km。刹车或减速过程中的能源恢复效率为0.64，可以将燃料消耗降至2.4L/100km。这种对内燃机车辆所能获得的最优极限值进行确定的优化计算中没有包含冷启动性能测试结果。

在最有利的情况下，即在有能量恢复（2.4L/100km）的情况下，“油箱到车轮阶段”的二氧化碳评估结果为60g/km，这意味着“油井到车轮”为69g/km。（+15%）。

最重要的能量损失取决于发动机使用效率（造成60%的损失）、空气动力阻力（造成35%的损失）和车身重量（无能量恢复时为25%，有能量恢复时为10%）。因此这些都是可以取得重要进步的领域。同样在这种情况下，发动机效率应当继续与均质压燃技术和相应的合成燃料共同取得新进展。

另外一个可行方法是混合动力技术。

②充电式混合动力或插电式混合动力车辆。完整结合机械性能和电能利用的电动车性能良好，其中插电式混合动力无疑是其中发展最快的技术。电能在城镇中驾驶使用和内燃机驱动在高速道路上使用，它可达到几乎理想的效率应用（即每台发

动机在最佳条件下运行)，因此在燃料消耗和尾气排放方面都达到平衡。根据国家能源结构，表 3 列出了在电动模式下的比例使用。

例如，在那些规定二氧化碳排放总量在 300g/kWh 的国家，如果要将车辆的二氧化碳排放指标控制在 50g/km 以内，就意味着纯电模式驾驶时间差不多要占 50%。因此，在混合动力车上使用碳元素含量更少的燃料，如天然气、合成氢 (Hythane) 或生物燃料（农业燃料)，可以扩大能源应用的范围。

③重型车辆。对于长途行驶的卡车来说，50% 的有效能源由于不良的空气动力设计而损失，如果减少 20% 的空气阻力，将使车辆节省 10% 到 15% 的燃料消耗。因此，重型卡车要达到节省燃料消耗的最终目的，可以在设计上做以下的改进：改进前挡风玻璃的贴合技术以及挡风玻璃安装的角度，或者在不阻碍车辆原地转向的情况下在车头和拖车之间设计整流罩，也被认为可以有效地降低燃料消耗。还有，在拖车下设计扰流侧裙、在道路行驶的时候使用封闭式车厢都是通过空气动力设计来减少燃料消耗。

表 3　　电动模式下的比例使用

电力驱动使用比例	0	100	200	300	400	500	600	700	800	900	1 000
0%	69	69	69	69	69	69	69	69	69	69	69
10%	62	63	64	65	66	67	68	69	70	71	72
20%	55	57	59	61	64	66	68	70	72	74	76
30%	48	51	55	58	61	64	67	70	73	76	79
40%	41	46	50	54	58	62	66	70	75	79	83
50%	35	40	45	50	55	60	66	71	76	81	86

下一个十年的中国中产阶级

——他们的面貌及其制约因素

麦肯锡公司

中产阶级的成长正在潜移默化地推动着中国的经济变革与社会转型。在这份报告中，我们将探讨中产阶级如何成为中国可持续增长的经济驱动力。同时也慎重指出，如果不着力打造中国年轻一代的能力，使之符合未来中产阶级的要求的话，这一幕也许并不会真的发生。

一、中国中产阶级的潜力

就在2000年，中产阶级仅占中国城市家庭的4%；到2012年，这一比例已飙升至68%。今天，城市人口占到中国总人口的52%；到2022年，还将涌现1.7亿城市新居民，届时城市化比例可能攀升至63%。到2022年，中产阶级的数量将达到6.3亿——为城市家庭的76%和总人口的45%。中国正在快速成长为中产阶级国家。这股浪潮的核心是城市化，以及伴随而来的居民收入的水涨船高。

不断壮大的中产阶级主力军来自技能型白领，他们代表着更高的生产力，也赚取更高的薪水。这既体现在基础设施建设“硬”效益，也反映在教育和医疗保健条件改善的“软”效益。中国城市基础设施的迅猛发展众所周知，但政府对有利于释放中产阶级经济潜能的软性推动力的投资或许不太为人所知。以保险为例。2005年基本医疗保险覆盖了近1.5亿中国人，如今95%的中国人享受着基本医疗保险。对于城市居民而言，自费比例已经从59%下降到35%。这表明中国政府已经意识

本文为麦肯锡公司为中国发展高层论坛2014年会撰写的专题报告。我们将“中产阶级”定义为家庭可支配年收入在6万~22.9万元人民币之间的人士，以购买力平价法计算，这一范围处于巴西和意大利的平均收入之间。这一群体在生活必需品上的支出低于50%，同时，其消费行为比起其他阶层也独具特点。

到，中产阶级的发展质量与数量同等重。

二、上层中产将成为新主流群体

我们将中国中产阶级划分为两大类：大众中产阶级——家庭年收入在6万~10.6万元人民币之间，相当于9 000~16 000美元之间，这个群体2012年占城市家庭的54%；上层中产阶级——家庭年收入在10.6万~22.9万元人民币之间，相当于1.6万~3.4万美元之间，这个群体2012年占城市家庭的14%，其消费额占城市居民消费总额的20%。也许到2020年，这个结构会大为不同，上层中产阶级将占到城市家庭的54%，其消费额占城市居民消费总额的56%，而大众中产阶级占比约为13%。不过，这一前景的前提条件是中产阶级家庭收入保持持续增长。

向上层中产阶级的华丽转身，将为企业带来更加成熟、更具吸引力的市场。相对于大众中产阶级，上层中产阶级消费者更愿意为优质产品支付溢价，对知名品牌更为信任，并且更愿意为非必需品及服务埋单。他们的视野也更加国际化，对国际品牌持开放态度，甚至充满渴望。

中国的上层中产阶级消费者正在日趋成熟。逛街购物已经不再是理想的全家活动，与10年前相比，他们花在休闲活动和旅游上的时间明显更多。2000~2012年，中国的酒店客房接待能力增长了4倍，自2010年以来，电影院的票房收入增长已超过30%，仅2013年一年就有超过1 000家新电影院开业。

上层中产阶级是富裕一族，他们在购物方面也比大众中产阶级更为经验老到。将近60%的上层中产阶级消费者购买过数码相机，而在大众中产阶级中，这一比例仅为40%。与此类似的是51%的上层中产阶级购买过笔记本电脑，而在大众中产阶级中这一比例仅为32%。衣物柔软剂的购买情况也印证了同样的规律，56%的上层中产阶级购买过该产品，而大众中产阶级仅为36%。

这两个群体对产品吸引力的理解也大不相同。产品基本功能对大众中产阶级消费者具有吸引力，他们当中2/3的人将“耐用性”作为洗衣机的前五大购买因素之一。而上层中产阶级提到这一因素的人还不到一半。对于智能手机，62%的大众中产阶级把耐用性列入前五大考量因素，仅有36%的上层中产阶级消费者持相同看法。对于上层中产阶级消费者而言，产品在情感和社交方面的卖点正日趋重要，相比大众中产阶级，他们更有可能提到购买洗发水和手机背后的考量因素，比如“彰显我的品位”以及“让我感觉家人过上了更好的生活”。

相比普罗大众，不断壮大的中国上层中产阶级具有明显的外向型心态。他们更愿意选购洋品牌，洋食品和洋饮料受到34%的上层中产阶级青睐，比起普通市民要高10个百分点。上层中产阶级更倾向于出国旅行——2012年，10%的城市中产阶级选择出国旅行，整个中国城市人口只有3%。这种国际视野的形成受多种因素的影响。上层中产阶级受教育程度更高，外语能力更强——34%的人拥有大学本科或以上学历，26%的人听得懂英语并且会说。他们也因此成为金融服务、专业服务以及旅游业等新兴高薪职业的宠儿。

互联网的广泛应用是国际化的另一个重要元素。上层中产阶级更愿意网购，用于网购的支出比例也更高。虽然中国市场的独特性仍会存在，但如果上层中产阶级形成新主流群体，我们应当预期它与国际成熟市场的相似性会越来越多。

三、变化中的地域分布

中产阶级的最大增长将会发生在哪里，企业需要对此有一个细致的了解。值得注意的是，情况正在发生变化。虽然城市一直是孕育中产阶级的摇篮，但未来在地域分布上将会趋于均衡。

2002年，40%的中国中产阶级居住在北京、上海、广州和深圳等人口超过1000万的一线超大城市。然而到预计2022年将降至16%，同时二三线城市的中产阶级比例将会提高。2002年，中国三线城市的中产阶级家庭仅占15%，2022年可望上升到31%。中产阶级家庭占比的大头从超大城市到中型城市的转移，也意味着从沿海大城市向内陆城市的迁移。2002年，仅有13%的城市中产阶级居住在内陆省份，预计2022年将升至39%。

举两个小城市的例子说明这一变化。吉林省的蛟河是中国东北四线内陆城市，因其地处交通枢纽，发展迅速。这里拥有丰富的自然资源（如中草药和食用菌类），是中国最重要的葡萄酒和米酒生产基地。2000年，蛟河7万户家庭中尚不足900户达到中产标准。预计2022年该市将有16万户家庭，其中约9万户（近60%）将跻身中产阶级。再如甘肃省武威市，同属四线内陆城市，其优势是位于金昌——武威经济开发区；拥有富饶的矿产资源（邻近的石墨烯和钛铁矿储量居全国之首），而且地处铁路和数条高速公路的交通要道。2000年，该市8.7万户家庭达到中产标准的不足 900 户。预计 2022 年，65 万户家庭中约 39 万户家庭（60%）为中产阶级。

如今，地理位置的偏远与否对于塑造消费者的需求和购买行为越来越无足轻重。7 年前中国高铁启用时，许多人称这只是形同虚设的基础设施建设，不可能实现满负荷使用。事实证明他们大错特错：高铁日均输送乘客已从 2007 年的 25 万激增到去年的 130 万。需求实在是被低估了。如今，沪宁线高铁列车每隔 15 分钟开出一班，商业和零售聚集带正在融合，中产阶级每日坐通勤火车上班和购物。目前高铁运营线路已达9 000公里——按计划，未来数年内还将翻番。

另一个因素，网络零售“生来就是全国性”的。上海能买到的所有产品，武威也能。实体零售店举步维艰，除了在三线城市建旗舰店之外可能不会有别的举动。某些细分市场，如 B2C 服装，2013 年其在线销售几乎实现翻番，而整个 2012 年，网络零售飞速上位，一举成为主流渠道。在三线城市，互联网渠道贡献了 2012 年奢侈品销售的 14%，而 2010 年还几乎为零。中国消费者花在网络社交媒体的时间已达到 55%，而美国消费者为 38%。新消费行为由此形成，如通过微信等社交媒体购物，或者逛商场只是为了娱乐休闲，而不是单纯地购物。

四、向第二代中产阶级消费者过渡

生于 20 世纪 80 年代中期的新一代中产阶级消费者正在崭露头角。他们的父母经历过长期的物资匮乏时期，消费心态比较保守。“第二代”（G2）生活环境较为优越，安全感更强，更愿意“活在当下”。由于严格的计划生育政策，他们大多也是家中的独生子女，对于工作的满足感和收入增长抱有极高的期望

麦肯锡研究发现，G2 消费者比父辈更加自信，更愿意支付溢价。事实上，他们认为昂贵的产品才是更好的产品。他们乐于尝试新的东西，渴望拥抱新科技。与父辈相比，他们忠诚于自己信赖的品牌，钟爱小众品牌。重要的是，他们比老一辈寻求更多的信息来源，更依赖互联网获取产品信息。这一代正成长为对中国经济举足轻重的消费者群体。到 2020 年，预计中国总消费额的 35% 将来自 G2 消费者，他们是购买休闲、个人服务、旅游和酒店服务的主要生力军。

五、繁荣的制约因素

中产阶级的繁荣需要薪水丰厚的工作保驾护航，尤其是受过高等教育的上层中产阶级，他们是拉动整体消费的主力。但有迹象表明，就业问题正日渐严峻。中国

社科院称，2013年9月，有17.6%的应届大学毕业生处于无业状态。2013年，20~29岁年龄段的大学毕业生中，无业者占到12.5%①。大学自己也声称，仅有50%的学生在毕业前找到了工作。中国社科院/麦可思的调查表明，接近半数的毕业生感到自己被大材小用，工作不符合自身的潜力和期望。

我们对于国家劳动局的统计分析表明，由于这种错位，过去10年来大学毕业生的年均实际工资涨幅仅为3%，而工人年均工资涨幅为11%。跨进中产阶级门槛的工作有之，而更上一层楼晋升上层中产阶级的工作则可能很是缺乏。今天的劳动力市场可谓扑朔迷离。到2020年，中国可能将有超过1.15亿的大学毕业生，单单是就业问题，就可能实质性地压低新兴中产阶级的工资水平、削弱其整体购买力。

无独有偶。许多国家普遍存在大学毕业生失业或半失业危机，拉低了中产阶级的收入，削减了他们对于未来的信心。这些情况有些发端于2008年金融危机，有些则不是。发达国家的长期趋势是以技术取代大学毕业生所向往的、薪水优厚的中产阶级工作（正是它支撑着在中国方兴未艾的生活方式）。放眼欧洲，年龄段在15~24岁的大学毕业生失业率超过17%，希腊高达50%，德国为4%。英国2012年高等教育统计署的记录显示，不仅10%的大学毕业生6个月后仍然没有找到工作，而且50%的人从事着不要求学位的工作，5%的人从事着仅要求高中学历的工作。然而同时，许多雇主仍然无法找到需要的人才。

无论是什么国家，当预测就业和工资情况时，必须将技术的影响纳入考量，中国也不例外。未来的中国将会积极利用技术取代劳动力，大学毕业生只有具备全新的技能，方能获得待遇优厚的工作。在制造业领域，10年来资本密度持续增加。2000~2012年，计算机数控（CNC）机械工具的国内产量增长了15倍，工业机器人市场同期骤增55倍。

技术的影响也渗透到了当今的服务业。未来5年内，当保险销售和银行服务转移到网上（现在，一家大型保险公司可能拥有超过50万名销售代理），当零售业进一步向网上发展，现有的工作岗位将有多少会消失？根据国际经验，30%~50%的保险销售可能转移到网上。已经有超过5%的零售业销售通过在线方式完成，服装和消费电子产品类的连锁企业正纷纷关掉门店。假如15%的零售转移到网上，意味

① 中国就业情况统计。

着将失去多少零售业岗位？已有25%的机票和6%的火车票是在线销售。国际标杆表明，这一比例可能提升至50%，票务代理和旅游顾问们不再有用武之地。国际标杆的数字对中国而言可能还太低，因为中国对线上解决方案的应用要快于世界任何一个国家，中国的在线零售份额已经高于美国。这些“正在消失”的工作有许多收入水平高于城市平均值（例如，上海的金融服务业收入水平为该市平均值的2.2倍①）。所以，消失的不仅有中产阶级的主要工作来源，还有很多高薪职位。

六、现在必须采取行动培育中产阶级

中国政府正大力发展教育和培训以满足现代经济的需要。国家的中长期教育改革和发展规划强调了发展职业教育的必要性，为社会转型奠定了基础。此外，政府需要采取一系列措施，包括转变大学毕业生的工作期望，加速改革学术机制来培养学生的技能。与此同时，大型用人单位也必须担起责任，在培养学生发展“适应未来”的技能方面投入。政府和用人企业举措的有效结合，有助于中国转向大学毕业生失业率较低的德国模式，进而推动中产阶级释放潜力，成为中国经济的引擎。

七、对政府的建议

政府扮演着十分关键的角色。下文将对部分重要举措进行详细阐述。

①顺应潮流。取代人工的技术终将得到应用。中国有太多行业的竞争十分激烈，因此这一趋势在所难免。无论是私营企业、跨国公司还是国有企业，都有其增长目标和市场份额目标，多数情况下，上市公司还设有盈利目标。如果技术能通过提高效率、降低成本、改善客户服务为公司带来竞争优势，企业必然会放眼全球寻找最佳实践，然后根据自身情况加以调整，再进行投资。中国政府的职责应当是支持这一转变，针对被裁员工开展大规模的再培训、再部署项目，而不是向企业发放补贴，让它保留不再需要的员工。

②振兴中小企业。经济合作与发展组织的报告显示，全球所有新增的工作岗位中60%～70%来自中小企业（SME）。在欧盟范围内这一比例为85%。同样，中国未来新创造的工作岗位中，有很多必然来自中小企业。政府必须加快清除中小企业的发展障碍。世界银行2014年报告指出，在开设公司的便捷程度方面，中国在189

---

① 上海政府统计数据，CEIC。

个国家中位列158——对于小规模创业者而言，便捷程度是最大的影响因素。中小企业所面临的第二大挑战在于获取资本。随着中国银行业越来越市场化，它们将寻求机会更多地向中小企业发放贷款，但是首先需要发展新的风险评估技能。政府应当引导银行重点聚焦这方面的工作。尽管电子商务市场如阿里巴巴能通过营运资本贷款弥补不足部分，但银行也必须抓紧跟上。

③为新角色培养新技能。麦肯锡全球研究院2013年采用中国国家统计局的数据进行了相关研究，预测未来十年里大学毕业生工作岗位增长最快的三个行业将是健康与社会服务、高端制造业（大学毕业生需要操作更加复杂的工厂设备）和教育，而不是金融服务。应当引导大学新生把握这些机会，课程设计也应特别围绕这些角色。

④改变思维。2011年清华大学调查显示，2/3的大学毕业生把国有企业作为就业首选，仅有11%的人选择小企业。中国需要更多具备创业激情、立志成为成功企业家的顶尖人才。将来，国有企业几乎不会再增加所谓的终身制工作岗位。政府需树立小企业创业楷模并大力弘扬。

八、对公司的建议

公司有责任与政府携手合作，确保学生为迎接中产阶级未来的工作做好准备。建议采取以下措失。

①尽早吸引新生代员工。当新技能的需求产生时，行业应与尚在高中学习的新生代建立联系。由行业牵头的项目能让中学阶段的青少年对特定职业产生认知。例如，南非的“Go for Gold”项目由20家工程和建筑公司发起，其宗旨是把年轻人吸引到工地。项目选拔尚在高中阶段的学生，为其提供数学、科学和生活技能的培训。英国的“Higher Apprenticeship”直接录取有才华的高中学生，在公司工作的同时取得与学位相当的资质。2013年，1.3万名学生参加了这一项目，较上年翻了一番。

②打造专属人才后备军。中国石油天然气集团公司（中石油）早在1978年就创办了中国石油管道学院，这是一所培养中石油后备军的职业学校，同时也为其他公司提供一次性课程。该校每年录取5 000名新生，从大学到普通职业教育在内的所有课程都与油气管道建设与服务相关。中国南车股份有限公司在2012年成立了

一所高级职业学院，为本公司及客户员工提供培训，目标每年招收1 000名学生。为期8～12周的短期技能培训旨在着重培养对相关职业影响至深的精选特殊技能，能卓有成效地建立和更新学员所需的能力。印度信息科技巨头Wipro每年招聘1.5万名工程技术员；约有30%的人不具备工程学位，公司通过为期12周的密集培训提升他们技能，达到有学位员工的程度。

③分享投资。中小企业常常纠结于如何有效开展培训，这方面的不足让它们饱尝苦果。一种方式是大公司向中小企业开放其培训项目。例如，韩国领先的电信企业SK为300家供应商提供了100多个技术和软技能培训项目。通过帮助供应商提升技能，SK在线下获得了更好的产品和服务。中国职业培训控股有限公司是一家成立于1995年的私营企业，依托与汽车行业近2000家公司的合作，每年在中国培训10万名学生。

一个规模壮大、成功自信的上层中产阶级，是确保中国未来经济成功的中流砥柱。虽然目前的经济势头正有力推动中国朝这一方向前进，但技术的颠覆性发展也有可能偏转方向。政府与企业必须并肩努力，充分认识到技术之于中国经济增长和工作岗位需求（及淘汰）的影响，对大学毕业生及职业培训迅速做出调整，培养中产阶级所需的技能，创造一个欣欣向荣的未来。

京津冀区域产业转型和升级

波士顿咨询公司

中国发展研究基金会

摘要

按照国家发改委的界定，京津冀城市群包括北京市、天津市和河北省的石家庄、唐山、保定、秦皇岛、廊坊、沧州、承德、张家口八个地市其所属的通州新城、顺义新城、滨海新区和唐山曹妃甸工业新域。京津冀城市群区域面积为18.34万平方公里，人口8 500万。京津冀区域是中国北方地区对外开放的前沿，具有重要的战略地位。改革开放以来，京津冀区域快速发展，目前已成为与长江三角洲、珠江三角洲并列的我国三大人口与社会经济活动的集聚区域之一。京津冀区域是我国重要的政治、文化与科技中心，是我国北方最大的经济核心区，是我国参与全球竞争与率先实现现代化的先导区和示范区，也是北京建设世界城市的区域基础。

在中国产业转型升级的整体背景下，京津冀地区的产业转型和升级面临三大挑战：①北京作为中国智力、信息和科技创新资源最密集的地区，如何率先进行产业升级，成为我国创新驱动产业先驱和龙头。②区域内部分地区高污染和低附加值传统重化工业大量低水平重复建设，不但给整个区域的生态环境带来严峻问题，而且造成严重产能过剩（以钢铁行业为突出代表）。如何改造和提升传统重化工业，以及如何解决削减落后产能后的就业和产业缺口。③区域内经济发展不平衡，河北经济发展远远落后于北京和天津，区域产业协同薄弱，如何突破区域内隔阂，促进要素流动，实现优势互补和协同发展。

本为是波士顿咨询公司和中国发展研究基金会合作的报告。波士顿咨询公司本项目团队的领导和参与者包括廖天舒、周园、程娜、屠毓琳、杨昕舟、曾春阳。

针对这三大挑战，本文通过国际经验对标，地区禀赋分析、企业调研，以及借鉴波士顿咨询公司在全球及中国范围内的相关咨询项目经验，对京津冀三地分别提出了产业转型和升级的目标：北京着力发展知识密集型产业，包括知识密集型服务业和高新技术产业，逐步降低制造业比重；天津着力发展先进制造业、现代物流业和金融服务业；河北应着重改造和提升传统重化工业。

本文围绕这些目标提出了四大举措建议：①扶持创新型中小企业；②改造和提升传统重化工业；③激活和发展民营经济，使其向高附加值转型；④推进区域间产业转移和配套合作，加强区域协作。文章也进一步提出了具体行动方案和政策建议。

一、京津冀发展定位

发达国家及经济体的产业升级经验，为京津冀地区的发展提供了宝贵的借鉴。从包括德国、芬兰、瑞典、日本、韩国、新加坡和台湾地区在内的多个国家和地区经济体产业升级的历史中，可以看出大部分经济体[①]都经历了从资源密集型产业向资金密集型，进而向技术密集型和知识密集型产业演进的升级过程[②]。产业升级需要分步进行，循序渐进，而非一蹴而就。每一个阶段为下一个阶段积累必要的技术能力、人力资源和市场基础。京津冀三地经济发展水平和产业发展阶段差距较大（见图1、图2），在产业升级目标设定方面也应因地制宜，避免采用单一化的标准去要求所有地区，欠发达地区无法直接实现向高精尖新兴产业一步到位的转型。

本文基于三地的产业基础和资源禀赋，分别归纳建议了北京、天津和河北的产业转型和升级目标。

1. 北京：大力发展知识密集型产业，逐步降低制造业比重

北京作为中国的首都和国际化大都市，已经进入了后工业化时代，形成了以服

---

① 一些大都会城市可能因城市的特殊定位（例如政治、文化中心，而非经济中心）或者自身土地资源的稀缺和紧张，而跨越制造业大规模发展的阶段直接进入服务业主导，但对于绝大多数独立经济体，以上产业升级的规律都是遵循的。

② 参考迈克尔·波特，《国家竞争优势》，2012 版。

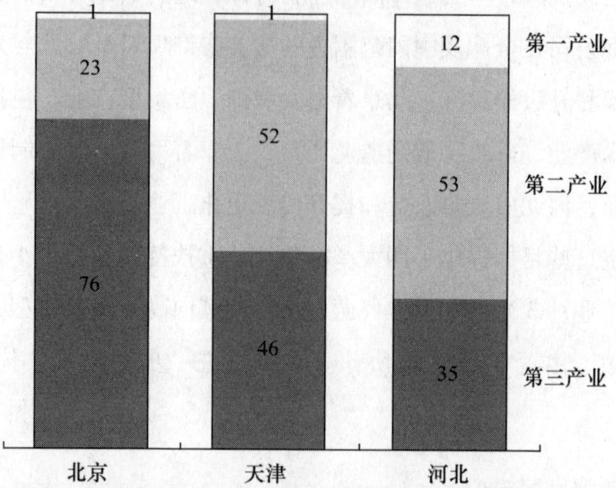

图 1　京津冀的产业结构处于工业化的不同阶段

资料来源：中国统计年鉴，2012。

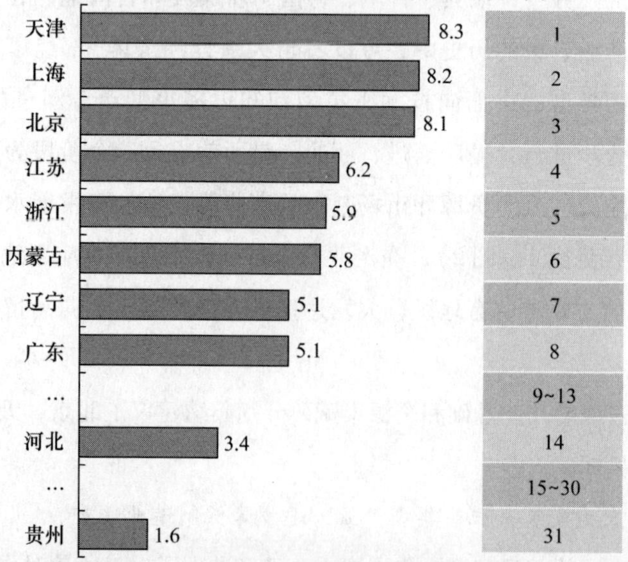

图 2　京津经济发展水平位于全国前列，而河北与京津有较大差距

资料来源：中国经济年鉴，2012。

务业为主导（2012 年，服务业占 GDP 比重 76%①）的产业结构。信息技术、科技研发、教育文化为代表的知识密集型产业发展尤为迅猛，在全国居于领先。从自身

① 数据来自北京市统计年鉴，2012。

禀赋分析，北京一方面是中国智力、信息和科技创新资源最密集的地区，另一方面制约制造业发展的关键要素土地和劳动力成本居高不下。世界主要都会城市的制造业一般都在GDP的10%①左右或以下，相形之下，北京的制造业比重（不含建筑业）占GDP18.8%②（2012年），仍然有下降空间。综合产业基础和禀赋条件，北京应该一方面逐步降低制造业比重，另一方面大力发展以创新经济为核心的知识密集型产业，力争成为中国的研发和创新基地，成为知识经济和创新驱动产业升级的先驱。

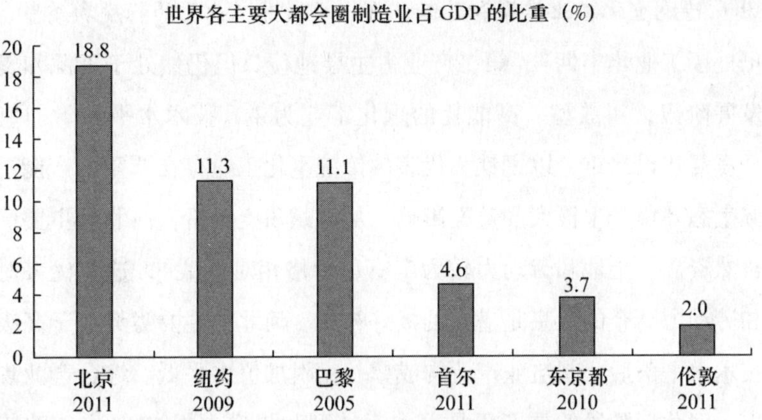

图3 相对于世界主要大都市，北京制造业比例仍然较高

注：为保证不同统计口径的一致性，建筑业未包含在制造业中。

资料来源：北京市统计年鉴，美国经济分析局，Insee，韩国国家统计局，东京都统计局，英国国家统计局。

2. 天津：北方先进制造业中心、现代物流中心以及金融改革创新基地

天津处于工业化后期，第二产业仍是最重要的支柱，占比达到52%③。天津具有良好的制造业基础：形成了门类齐全，配套完善、较高水平的现代工业体系，拥有一批龙头企业，特别在航空航天、新材料和光电一体化等高新技术产业带动下，先进制造业快速发展，在全国形成优势产业集群。同时，现代服务业逐步发展：依

① 根据各地区的近5年统计数据整理得出主要世界级大都市的制造业水平如下：纽约11.3%，巴黎11.1%，东京3.7%，首尔4.6%，伦敦2%。数据分别来自美国经济分析局，Insee，韩国国家统计局，东京都统计局，英国国家统计局。

② 为了统一比较口径，此处制造业未包含建筑业。数据来自北京市统计年鉴，2011。

③ 根据天津市统计年鉴，2012年天津GDP一、二、三产业占比分别为1%、52%和46%

托天然的区位和港口优势，天津是北方重要的国际航运中心和物流中心；同时围绕现代制造业和国际贸易物流的发展，相关的金融服务业发展迅猛，也为制造业和物流业的发展提供重要支撑。天津成为继北京、上海、深圳之后全国少数拥有金融全牌照城市之一，是全国私募基金、融资租赁服务和产权交易等的重要聚集地（至2011年，天津私募股权投资基金和基金管理公司达到917家；融资租赁业务总量占全国24%[①]）。综合产业基础和禀赋，天津应该着力打造北方的先进制造业中心和现代物流中心，并以此为契机，推进金融改革与创新。

3. 河北：传统重化工业转型和升级，进一步提升工业化的程度和质量

河北仍处于工业化中期[②]，第二产业占主导地位，但仍然处于资源和资金密集型的早期发展阶段，粗放型、高能耗的重化工业为主，技术水平和附加值相对较低。低水平重复建设严重，以钢铁为代表的传统重化工业存在严重的产能过剩，而且对于区域生态环境产生极大的负面影响。从禀赋角度分析，河北的主要优势是毗邻京津，自然资源、土地和劳动力较为丰富，价格相对低廉[③]，这一优势对于土地资源稀缺和劳动力高企的北京是潜在的极好补充。河北的主要劣势在于高级人力资源缺乏，技术水平落后，制造业产业构成单一，附加值水平低。综合产业现状和禀赋不难看出，河北现阶段的重点仍是着力于转型和提升占据GDP主体的传统制造业，降低粗放型重化工业的比例，寻求转型和升级。与此同时，河北可以抓住京津发展高端服务业和先进制造业的契机，吸收京津原有产业的转移，同时成为京津服务业和制造业的产业外围和上下游延伸和配套基地。

二、京津冀产业转型和升级的举措和政策建议

从京津冀产业升级目标中可以进一步总结出三大关键课题：①鼓励创新驱动的知识密集型经济，其中尤以北京为代表；②改造和提升传统重化工业，使其向环保、高附加值方向转变，其中尤以河北为关键；③强化区域协同，拉动欠发达地区，实现优势互补，促进区域内平衡协调发展。围绕这三大课题，本文提出以下四

---

① 基于天津市市长黄兴国2011年1月6日，《关于天津市国民经济和社会发展第十二个五年规划纲要的报告》。

② 根据河北省统计年鉴，2012年河北GDP一、二、三产业占比分别为12%，53%和35%。

③ 河北工业用地价格为北京的30%，天津的60%；平均工资为北京的40%，天津的60%。数据由2013年第一季度中国城市地价动态监测，北京、天津、河北2012年统计年鉴原始数据整理计算得出。

大举措和政策建议。

1. 鼓励扶持创新型中小企业

京津冀地区以北京为龙头发展创新驱动经济，需要大力扶持有创新活力的中小企业发展。国际经验表明，中小企业对于发展创新驱动的知识经济可起到重要的拉动作用。即使在韩国、新加坡等传统以大企业为主导的亚洲经济体，在向知识经济发展的转变过程中，中小企业的重要性也日益受到关注。近年来各国出台了一系列旨在促进创新型中小企业发展的政策，如新加坡的SPRING机构①和GET-UP②计划，及韩国的“300全球之星”③ 计划。这些政策注重选拔出有潜力的创新型中小企业，帮助其加强研发、管理和营销等能力，使其成为新兴产业乃至全球化的生力军。结合对北京创新型中小企业的调研，我们认为政府可以在科技研发、创新融资和基础设施三方面，为支持创新型中小企业发展提供有力帮助。

（1）在科技研发方面，建议创建以应用技术研发及转化为根本目标的应用技术研究院，并以此为基础为中小企业提供强有力的技术支持。

目前北京虽然有众多高校和科研机构，但是由于定位和机制问题，科研成果的产业转化率不尽如人意。通过组建应用技术研究院，可以打造以市场和企业需求为导向的应用技术研究能力。研究院的建立可采用政府、产业和科研院所合作的方式，而研究项目可以包括受企业委托的攻坚项目、科研院所基础研究实用化项目以及具有实用前景的自主研究。应用技术研究院的另一项职能是打造中小企业的研发实验室，通过向中小企业共享实验设备、提供测试及其他研发服务，可显著降低其研发成本，加速研发流程。最后，研究院可以成为一个理想的应用技术人才和创业

---

① 新加坡Spring机构：全称新加坡标准化、生产力与创新局（Standards，Productivity and Innovation for Growth），其通过与贸易促进机构合作，通过政府资金注入、管理和能力提升，技术和创新提升、协助国际化等方式来扶持本地中小企业。（SPING网站，http：//www. spring. gov. sg/）

② 新加坡GET-UP计划：全程企业技术提升计划（The Growing Enterprises with Technology Upgrade）是一套有多项计划配套、多部门参与实施、开放式的、新型的促进企业技术创新的计划。目的是通过与地方企业分享科技人才及技术，提高企业对研发和知识产权的认知，帮助本地技术型企业成长、闪光和全球化，即所谓3G（Grow，Glow and Globalize）。（GET-Up Program with A＊STAR网站http：//www. astar. edu. sg/Industry/ProgrammesforSMEs/GETUpProgramme/tabid/220/Default. aspx）

③ 韩国“300全球之星”：从2010起，韩国政府连续3年每年挑选100家中小企业帮助它们成为在相应领域具有国际竞争力的企业，政府为他们提供技术、资金、网络和国际市场调查等多维度的支持。（http：//www. koreaexim. go. kr/kr2/08_ hiddenchamp/01_ info/01. jsp）

家培育摇篮。研究院应该鼓励研发人员从事应用技术的开发，同时通过初创企业孵化机制帮助他们将新技术产业化。这方面台湾工业技术研究院①的经验提供了有益借鉴（见图4）。

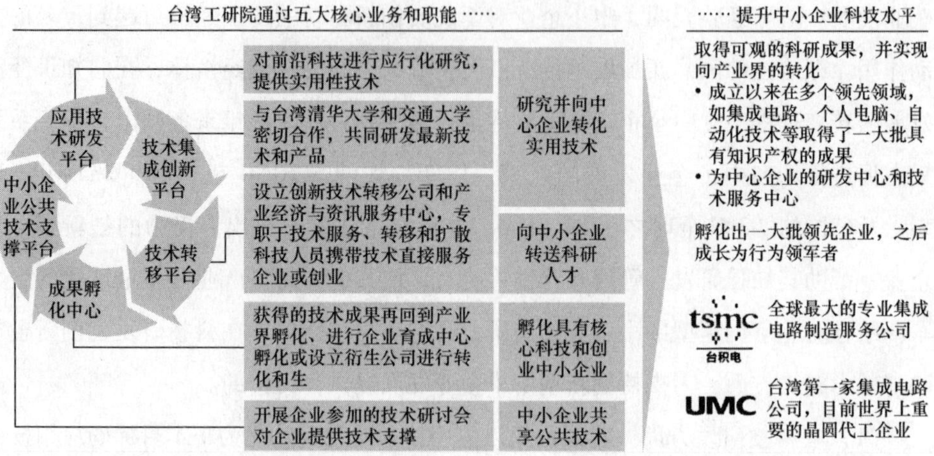

图4　案例：台湾工研院以五大平台功能，综合提升中小企业技术能力

资料来源：台湾工业技术研究院，BCG 研究。

（2）在创新融资方面，政府应该充分引入市场化的投资决策机制来进行相关扶持和引导资金的分配。

调研发现，当政府直接分配创业扶持资金时，由于决策过程的透明度低和利益不兼容等问题，资金分配和利用的效率不尽如人意，从而使得资源很难到达最有潜力的项目。针对此情况，我们建议将政府基金作为投资（可以通过贷款、有限参股、共同投资等不同模式）交给市场化的专业投资机构来运作，由其进行项目筛选和投资。这样不但可以优化投资决策，还可拉动更多的私人资本为创新性中小企业

① 台湾工业技术研究院：是由台湾省政府成立的台湾省最大的产业技术研发机构。1973 年成立以来，工研院一直以“以科技研发，带动产业发展，创造经济价值，增进社会福祉”为主要任务，从创新研发、人才培育、智权加值、衍生公司、育成企业、技术服务与技术移转等过程，对台湾产业发展产生举足轻重的影响。自成立以来，培育超过140 位的产业 CEO，新创及育成228 家公司，累积超过1.9 万件专利，不但为台湾开创许多前瞻性、关键性的技术，并孕育多家台湾新兴科技产业，培育无数科技人才。（台湾工研院网站：http：//www. itri. org. tw）

提供融资。在国际上，这方面的成功案例包括以色列政府的 Yozma 计划①，其主要运作方式是与国际知名的创业投资机构合资发起创业投资基金，或合作进行创业投资，在合资成立的子基金中，以色列政府资金最高占40%，私人资本则占60%以上。新加坡、台湾地区政府均有类似的投资政策。目前我国国有资金参与投资，仍然有一系列复杂的管理流程和审批程序，难以匹配市场化投资的效率要求，政府应该考虑简化手续，鼓励和支持政府基金进入市场化投资渠道②。

（3）在基础设施方面，首先，我们认为政府应着重促进中小企业能力的提升，应该提升现有高科技产业园的创业孵化辅导和其他软性增值服务的能力。

北京虽然建立了以中关村科技园为代表的一系列高新技术产业园区，然而大部分产业园仍以提供场地和硬件为主，核心是工业地产。对于创新型的中小企业，创业辅导、商业资讯、法律服务和融资服务等增值服务更为关键。政府管理的高新技术产业园应该重点加强软性服务能力，这方面可参考国外高科技企业孵化器的经验，如美国硅谷 Y-Combinator 和德国 Seed Camp。根据企业所处的不同的生命周期，提供创业导师辅导、融资计划咨询、行业知识分享等多种增值服务。针对中小企业寻求商业咨询的经验和支付能力有限，新加坡政府曾聘用专业的管理咨询公司③，针对中小企业的管理能力提升，设计一系列可复制和推广的辅导计划以及提升政府部门服务中小企业能力的长期方案，取得了良好的效果。同时，政府也应该鼓励市场环境自然衍生出的新兴创业孵化机构发挥积极作用，如联想之星、3W 咖啡等。

其次，确保中小企业能够获取和使用世界一流的信息基础设施与网络。为了实现

---

① 以色列 Yozma 计划：1992 年，以色列政府为促进本国创业投资的发展，投资 1 亿美元启动了 Yozma 计划，用以解决中小技术企业在股权和债权融资的双重困境。Yozma 计划的主要运作方式是与国际知名的创业投资机构合资在以色列发起创业投资基金，或合作在以色列进行创业投资。在合资成立的子基金中，以色列政府资金最高占40%，私人资本则占60%以上，这样政府的 1 美元资金就可以带动 1.5 美元以上的私人资本。所有子基金均为有限合伙制基金，政府担任有限合伙人，不参与子基金的日常投资决策。（YOZMA 网站：http：//www. yozma. com）

② 基于波士顿咨询公司曾帮助北京某国家级高新开发区设计市场化创新融资平台和体系的实际项目经验。

③ 波士顿咨询公司 2012 年受新加坡政府委托进行中小企业全球化竞争力提升计划，并协助政府加强对中小企业的服务能力。其中全球化竞争力提升计划通过调研总结新加坡的中小企业在全球化过程中面临的常见和突出挑战，提供各种解决建议，并协助这些中小企业提升战略制定能力、改善企业组织架构、强化市场营销和兼并收购等能力。该项目通过设计一整套提升方案和政府政策和工具来达到广泛服务中小企业群体的效果。

互联、合作以及进行竞争，中小企业需要获取易于使用、价格适宜、值得信赖且安全可靠的信息和通讯技术（ICT）网络。根据波士顿咨询公司对美国、德国、中国、印度、巴西这五个全球最大经济体的4 000多家中小企业2010～2012年的企业经营状况调研结果①显示，各行业中的“技术先锋企业”（主要针对新兴IT工具利用）创造工作岗位的速度几乎是其他中小企业的两倍，年收入增长率高出其他企业15%。北京作为中国信息产业的中心，具有得天独厚的信息基础设施的优势，可以充分发挥其对本地、整个区域乃至全国中小企业的服务作用。建议政府可以采取的行动包括：确保中小企业能够获取新信息技术，提供有效利用此类技术所需的支持和培训，创造一个良好的法律环境，以便中小企业充分利用此类技术并保护各类创新成果。

2. 改造和提升传统重化工业

区域内，以河北为代表，传统重化工业经过多年粗放式增长面临严重产能过剩，不但效益低下，而且造成严重环境污染和资源承载压力。转型和提升需充分考虑环保、效率和就业三大因素。本文将以问题最突出的钢铁行业为例进行讨论（见图5）。

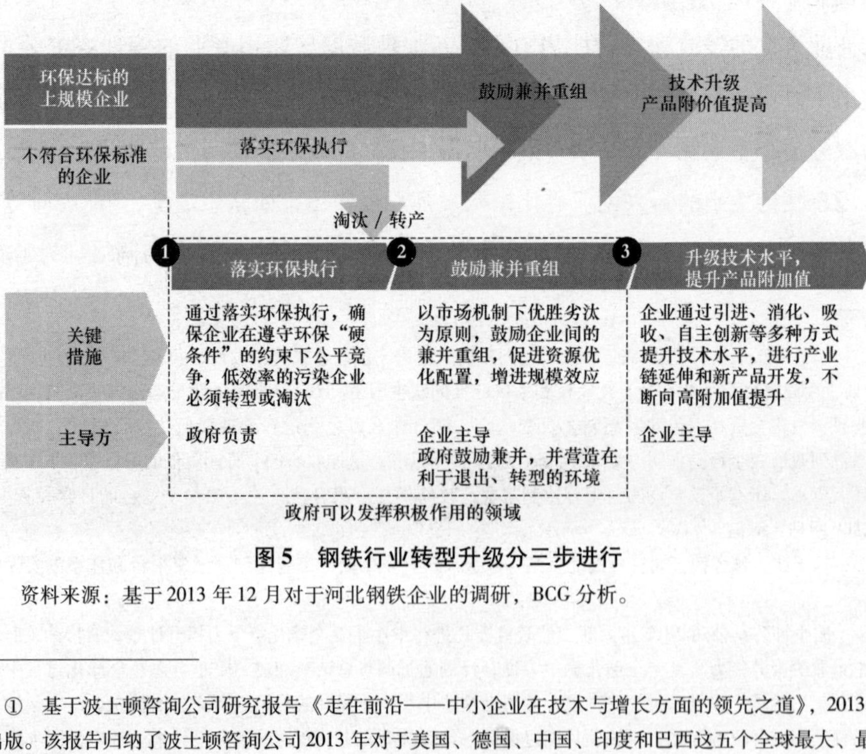

图5　钢铁行业转型升级分三步进行

资料来源：基于2013年12月对于河北钢铁企业的调研，BCG分析。

① 基于波士顿咨询公司研究报告《走在前沿——中小企业在技术与增长方面的领先之道》，2013年10月出版。该报告归纳了波士顿咨询公司2013年对于美国、德国、中国、印度和巴西这五个全球最大、最多元化的经济体中的中小企业决策制定者进行的关于IT能力以及企业核心能力的调研。

首先，当务之急是严格落实环保标准的执行。

在过去很长时间，部分地方政府从保证 GDP 的角度出发，在环保问题上放松监管，存在大量钢铁企业违规运营，成为空气污染的主要原因之一。严格落实对企业的环保要求是真正缓解京津冀的环境污染压力的必要步骤。同时，相比于政府直接干预产能规划，落实环保是淘汰落后产能的公正且有效的途径。节能环保不仅有明确的法律要求，也有相对完善的标准体系和监管措施，它的公正透明性可以减少企业的寻租空间，淘汰真正的污染企业，并保留能够改进技术降低排放依然具备市场竞争力的优秀企业，为建立在公平基础上的市场竞争打好基础。调研发现许多落后产能的存在，得益于逃避环保等其他社会责任的收益，环保合规和非合规企业的环保成本差距高达 100 ~ 120 元/吨①。通过落实环保，违规企业将无利可图，必然进入淘汰或升级的轨道。

关于实现产业的环保，我们的具体建议包括：①严格落实对企业排污情况的监控和达标要求。现代信息技术已经使得 24 小时排污实时监测成为可能，关键是地方政府的执行意愿，需要通过加强对地方环境指标的考核以及引进社会公众监督体系为保障。②除了违规处罚外，环保部门也可以尝试采取更多市场化的激励手段，比如向企业拍卖排污量，建立排污量交易的二级市场等。③推广节能减排技术和最佳实践，建立循环经济体系，强调资源综合利用与可持续消费。根据调查②，高耗能行业（如钢铁行业）的大多数企业在维持相同产量条件下至少有节省 30% ~ 40% 能耗和 50% 温室气体排放的空间，这将为企业带来可观的能源和排污成本的节约，促进企业生产力和经济效益的提升，为企业加强环保提供正面激励。

其次，行业效率和企业竞争力的根本性提升还需要通过基于市场自由竞争下的兼并重组。

只有通过让优秀企业兼并吸收落后企业，才能促进整个行业健康的新陈代谢。这对于注重规模效应的钢铁行业尤为重要，国际钢铁主要生产国的钢铁行业发展历程中大规模的行业兼并重组是推动行业技术升级的关键步骤。然而，产业整合重组要想真正发挥作用，需要让市场之手来决定资源如何重新配置和优胜劣汰，让企业

① 基于对唐山地区若干代表性钢铁企业的访谈，2013 年 12 月。

② 基于波士顿咨询 2011 年全球企业能源效率调查。

根据市场需求调控投资和产能。历史经验证明政府主导的重组往往易于失败。政府在资源重组的过程中最重要的是提供公平竞争和企业自由组合的环境，不要让所有制形式，地方保护主义等因素影响市场力量发挥作用。此外，兼并重组后的整合工作也尤为重要，是影响兼并重组成功的关键因素。

淘汰落后产能，压缩产量，必然造成短期地区经济下滑失业增加。需要充分认识到社会影响的严重性，建立配套机制，理顺产能退出通道，缓解受影响地区的阵痛，同时帮助它们寻找新的发展机遇。我们建议采取以下几方面措施：①建立区域统筹基金，为受影响的区域提供一定的财政转移支付，提供过渡性的转型补贴和融资支持；②帮助下岗职工再就业，尤其是引入职业培训，提供专业咨询、优惠贷款等；③提升教育水平，加强教育投入，弥补高等技术人才的缺乏；④积极鼓励民营经济发展，开拓有地方特色的新产业（下节重点讨论）；⑤延伸传统产业的产业链，发展下游深度加工，吸收就业。

3. 激活和发展民营经济，向高附加值提升

通过激发民营经济活力和促进其转型提升，可以加速经济增长、创造就业机会、完善产业结构、促进城镇化特别是县域经济发展。我们重点调研①了河北民营企业（以中小企业为主），从中发现：河北民营经济呈现分区域小产业集群，如白沟箱包、安平丝网、文安板材等，但产品均以技术水平低和附加值低的工业原材料和初级加工品为主。面对下一步的发展和升级，河北民营经济面临几大困境：缺乏发掘好的商业机会的能力，人才缺乏，管理落后，融资困难。我们建议参考长三角、珠三角经验，从打造商贸平台，鼓励优秀人才创业和发展中小企业融资体系三方面着手支持民营经济发展。

一是打造线上线下商贸平台。打造河北民营经济商贸平台旨在解决河北中小企业商机信息闭塞的问题，同时帮助搭建一个河北中小企业与外界市场的桥梁。通过商贸平台，企业可以和外界市场交流，同时获取市场信息和商机，亦可以向外进行品牌宣传，推介产品。可以利用已有大型线上电子商务平台，如广东东莞在阿里巴巴平台上开辟东莞专区，同时也可以打造线下的展会和定期商贸参访的机制。针对

---

① 基于对于河北省石家庄、保定、廊坊大城县、衡水武强县等四地的民营经济产业集群和企业代表的实地访谈，2013 年 11～12 月。

河北民营经济分区域小产业集群的特点，区域集合品牌对外推介是一个好的选择，如浙江义乌以小商品闻名，通过区域行业协会进行区域集群产品的统一宣传、统一谈判、统一协调，整体提升区域产业集群的知名度。

二是鼓励优秀人才回流和创业。企业家精神和优秀技术和管理人才是促进产业升级的重要因素。河北人才外流至京津的情况比较突出。因此鼓励具有技术和管理能力，视野开阔的高级人才在本地创业，吸引人才回流，对于提升民营经济具有重要的意义。为此，地方政府应该站在企业家的角度在软硬件两方面积极建设优良的生活和创业环境。

三是发展地方性的中小企业融资体系。融资困难是河北乃至全国民营中小企业的共同问题。我们建议，一方面应该大力发展本地化的小微金融服务（本地中小银行有助于解决这一问题）；另一方面可以通过信息技术降低融资成本。政府可以通过鼓励中小企业的信息化和交易的电子化，以及支持线上商贸平台的发展，借助互联网金融等创新手段缓解中小企业融资难。

4. 推进区域间产业转移和配套合作，加强区域协作

现阶段在推动京津冀区域的产业合作方面，有两个关键的撬动点：一为推动北京制造业和低附加值配套产业的外移，二为增强河北承接产业转移的吸引力和产业配套的能力。

北京对外产业转移和延伸的动力已经存在：一方面是土地和人力成本的不断上涨，另一方面环境污染和资源承载能力已经接近极限。事实上，许多企业已经表现出了转移的意愿，例如访谈了解到北京80%以上的电商企业已经开始将仓储物流环节转移至天津。我们也了解到许多企业希望将人才和信息密集型的研发和营销环节保留在北京，而将附加值较低且土地和劳动力密集型的制造环节转移到北京以外的低成本地区。这实际是市场实现资源优化配置的最佳选择。然而当前的问题之一在于地方政府往往对企业外迁带来的经济指标下滑有所顾虑，甚至阻拦。针对这种情况，区域可考虑借鉴成都与上海异地产业园模式，建立京津冀三地产业合作的飞地，通过利益共享机制在制度上增强转移方政府的意愿。

三地合作的另一个关键因素是河北自身的产业承接和配套能力，这是移出企业是否愿意选择河北落地的关键。外资引进的历史数据显示，河北对于外部资金的吸引力在东部沿海地区较为落后。究其原因，除了人力资源、基础建设等相对落后

外，商业环境、政府服务意识等软性因素也是一大掣肘。我们建议，应该转变政府职能、提高服务意识，在注册、审批和生产等环节的服务能力切实为企业的发展提供帮助。另外，政府应着重提升招商引资能力，可通过引入专业的招商机构来加强服务和管理的专业性。这方面已看到积极的尝试，如廊坊经济开发区和固安县政府引入专业化工业园招商及管理机构打造固安产业新城。国际范围内，产业在毗邻区域转移成功的代表案例有新加坡与和其接壤的马来西亚依斯干达（Iskandar）① 特区的产业合作，马来西亚中央和地方政府引入大量专业顾问和机构参与该园区的城市规划、房地产规划、环境规划、法律、市场营销、业务再造流程、社会政策等战略制定，为当地打造了良好的文化、教育、卫生、商业、法律环境。

三、小结

总结而言，京津冀产业转型和升级目标在于：北京成为创新为驱动的知识密集型产业中心，天津成为先进制造业、现代物流中心和金融改革创新基地；河北持续推动传统重化工行业的转型和升级。围绕实现这三大目标，政府需要下大力气鼓励和扶持创新型中小企业的创立和发展；通过严格落实环保政策和鼓励兼并重组推动传统重化工业的转型和升级并通过大力发展民营经济打造新产业并创造就业机会；最后加强区域协同，促进区域内的产业转移，提升相对落后地区的投资环境和配套能力，实现整个区域产业合作，共同发展。

① 马来西亚依斯干达（Iskandar）特区成立于2006年7月30日，它毗邻新加坡，成立以来大量吸引了新加坡的制造业和劳动密集型服务业转移至此地。

开拓创新确保稳定增长：迈向知识型经济的必由之路

诺华集团

摘要

中国政府一直将鼓励创新作为战略要务。政府已经意识到创新对于重新平衡经济增长的重要性，因为创新能够催生新产品、新市场和新的就业机会，从而提高生产力，促进产业升级。创新同时也能为中国人民带来实实在在的好处，为消费者提供更好的产品和服务，从而提高人们的生活质量。

虽然医药行业一直被认为是推动经济增长的研发密集型、高度创新的产业之一，但是中国本土医药企业的创新能力远远落后于其他战略新兴型产业。为创建一个强健有力的国家医药创新体系，推动医疗技术的发展，使中国政府能够有效地满足人民的健康需求，诺华提出以下四点建议。

一是加大基础研发领域的公共投资。中国政府已推出了许多措施来支持基础研发，然而，目前中国的基础研究占研发经费总支出的比重仍然很低，中国应当加大在这方面的投资。政府对基础研发的财政支持应考虑到可持续性和长效性，鼓励公共和私营部门合作，提升基础研发能力，将更多的科研成果向市场转化。

二是培养专业人才。为增强创新能力，诺华认为政府可以通过将学校课程和全球企业人才需求紧密结合的途径来加强本土教育，并通过更有针对性的人才投资来为创新型产业培养人才。同样重要的还有鼓励跨国企业在国内开展研发，从而在提升本土人才水平的同时吸引海外人才来华。由政府和企业合作开展人才培养项目，推动公共和私营经济之间的合作。

三是建立支持创新的监管体系。对于医药产业这样受到高度监管的行业，只有

本文是诺华集团为中国发展高层论坛2014年会撰写的专题报告。

落实保护奖励创新、鼓励竞争的利好政策，才能够实现创新。为了支持创新，推动政策环境的不断完善，诺华有以下四点具体建议：①提升国家食品药品监督管理总局（CFDA）的管理水平，与国际接轨，简化临床试验和药品审批流程；②为专利和监管数据保护营造透明、可预测的政策环境，确保高标准的知识产权保护；③完善定价和报销模式，奖励创新，提高创新药物的可及性；④进一步加强基药招标中对质量的要求。

四是激励外商投资的机制。中国政府需继续推出促进外商投资的政策，在创新型产业中尤其如此。特别是简化投资审评程序，鼓励外商投资开展高质量的本土研发，这些都有利于创造吸引外资企业的投资环境。

中国政府迄今为止所做出的各项努力是值得称赞的，诺华希望能够继续在上述建议的执行过程中贡献力量，为推动中国成为全球创新中心而努力。

一、创新：中国未来发展的核心驱动力

1. 简介

为了将经济增长方式由投资导向型和出口导向型转变为创新驱动型和消费驱动型，中国政府制定了创新驱动发展战略。诺华对此非常支持。同时我们也相信，建立强大的、创新型的企业对实现经济的可持续发展至关重要。创新能够催生新产品、新市场和新的就业机会，从而提高生产力，促进产业升级，最终推动经济增长。创新能为中国人民带来实实在在的好处，为消费者提供更好的产品和服务，从而提高人民生活质量。

中国社会的老龄化进程正在加快。据中国国家老龄委估计，中国 60 岁以上人口在 2013 年底已突破 2 亿。老龄化社会需要更多的卫生服务，服务周期更长，合并症及并发症也将更多。如果没有创新的疾病干预措施，到 2030 年中国将有2 270万中度到重度慢性阻塞性肺病患者，2040 年将有2 250万中度到重度阿尔茨海默病患者，这相当于世界其他国家患者的总和。国家必须尽快制定创新的医疗政策和干预措施，鼓励创新型干预措施，降低老龄化对医疗支出、生产力等方面的巨大经济影响。因此，鼓励和加强在医疗卫生领域的创新迫在眉睫。

长期以来，医药行业一直是创新驱动型产业的典范。作为一家全球领先的制药公司，诺华随时准备为中国提升创新能力尽一份绵薄之力。本文分析了中国医药产

业创新体系的现状、政策走向和面临的挑战，并在此基础上就如何提升中国医药产业创新能力以及企业的竞争力提供了建议。

2. 中国一如既往地把创新摆在首要位置

中国政府一直将鼓励创新作为战略要务。2006 年，国家领导人提出要在 2020 年把中国建设为创新型国家。2012 年，中共十八大确定了创新驱动的发展战略。2013 年 11 月举行的中共十八届三中全会部署了全面深化改革的主要任务，强调创新是未来中国科技产业发展的强劲动力。

3. 中国市场向创新迈进

中国政府为推动创新所做的不懈努力成果显著，国内科研机构和企业的创新能力逐步提升。2013 年，中国发明专利的申请量达到了 82.5 万件，比 2012 年增长了 26.3%①，连续三年保持发明专利申请量世界第一的位置。随着创新环境的不断优化，世界财富 500 强企业中已有 467 家在中国建立了研发中心②。从 1990 年以来在中国提交的 230 万件发明专利申请中，以跨国公司为主的海外机构申请总数达到了 38%，高于国内公司 28% 的比例③。这些数字足以证明，跨国公司在中国的大力投资不仅为中国的市场带来了创新，更重要的是为中国消费者开发了创新产品，为本土人才提供了就业岗位。因此，跨国企业和国内企业都应该在中国的法律框架下享受公平和平等的待遇。为各类企业提供平等待遇也将鼓励竞争，进一步刺激企业对创新的投入。尽管研发经费总额与创新环境或创新产品的完善并非直接相关，但研发经费呈现不断增长的趋势对于渴望创新的中国来说仍然令人乐见。2013 年，中国全社会研发经费总额达 1.19 万亿元人民币，占 GDP 总量的 2.09%④。经济合作与发展组织（简称经合组织）预计，中国研发经费将在 2018 年超过欧洲，2022 年超过美国。

诺华支持中国政府致力于持续投入研发领域的努力。然而，要将研发经费转化

---

① 国家知识产权局：《我国发明专利：结构优化质量提升》，http：//www.sipo.gov.cn/zscqgz/2014/201402/t20140221_906416.html，2014 年 2 月 21 日。

② 《万钢：促创新要素向企业流动》，大公报，2012 年 11 月 3 日。

③ 中国日报：Nation lacks innovation despite patents，http：//usa.chinadaily.com.cn/2014-02/21/content_17295604.htm，2014 年 2 月 21 日。

④ 国家统计局：《2013 年国民经济和社会发展统计公报》，2014 年 2 月 24 日。

为创新型产品和创新型商业文化，还需要付出更多的努力，例如建立开放的市场和支持性的监管环境。中国的科技成果转化率为10%，而经合组织各国平均水平已达到近40%[①]。中国需要重新思考其创新制度框架，确保大量的科研投入最终能够提升创新能力，将更多的技术向市场转化。

二、医药领域创新现状

在全球范围内，医药行业一直是推动经济增长的研发密集型、高度创新的产业之一。然而，中国本土医药企业的创新能力远远落后于其他战略新兴型产业。

国家发改委的数据显示，国内大多数药企的研发投入只占其销售额的1%～2%，而大型跨国药企研发比重平均在15%～20%之间。例如，2013年诺华集团将17%净销售额（约合99亿美元）用于研发领域的投资，这也展示了诺华坚持创新的承诺。制药领域的研发经费达到了72亿美元，占该领域净销售额的22%，这些经费主要集中在病人需求最多、科研投入最大的领域。

监管层面的药品注册周期长、创新药报销比例低等现状也打击了市场的创新积极性。本土行业研发能力不足、创新市场回报的缺失直接导致了落后、低质产品的产能过剩。

中国政府意识到了这些问题，正在制定一系列政策鼓励医药产业的创新。例如，国家重大新药创制专项计划提出了到2015年研制30个创新药物的目标。此外，政府计划修订《药品管理法》，更新国家医保药品目录，并改革药品定价规则。诺华认为，若能在政策修订中对创新这一因素加以考量，以上政策措施将为建立国家创新体系发挥重要的促进作用，帮助提高产业竞争力。更重要的是，这将改善中国人民的生活质量。

诺华希望能够就此提出一系列建议，并认为这些建议将有助于中国创新体系的建设。中国正努力提高其创新能力，诺华希望能够在这些政策的实施过程中提供咨询和协助，让更多的中国人享受到创新带来的好处。

三、政策建议

中国的国家创新体系应被引入并应用到医药产业价值链的所有环节，从而使产

---

① 新浪网：《国家发改委官员：中国科技成果转化率仅10%》，http://finance.chinanews.com/cj/2013/12-21/5647840.shtml，2013年12月21日。

品的研发、生产和患者应用等各环节同时得到加强。在创建和维护医药产业创新生态系统的过程中，政府能够起到积极的作用。各国政府在鼓励创新方面积累了很多宝贵经验，例如：①加大研发投入；②培养人才；③建立支持性的监管环境和竞争性的市场环境；④吸引专项外资。

在国家创新体系下，引领行业创新的企业应当受到鼓励，本土和国外企业应当能够平等地推进私营经济的创新。跨国药企在推进私营经济的创新方面已经做出了巨大贡献。近年来，跨国药企在华研发投入持续增长，目前投资额已达每年80亿元人民币，同时直接创造了约3 000个高附加值的研发岗位。这些投入帮助中国发展出了一个市场容量约为60亿元人民币的临床研究产业①。

为了在医药领域创建一个强健有力的国家创新体系，进而推动医疗技术的发展，更有效地满足人民日益增长的健康需求，诺华提出以下四点建议。

1. 加大基础研发领域的公共投资

基础研发是一项高风险且耗时耗财的公共事业，政府一直在筹资环节发挥主导作用，中国也不例外。近几年，中国政府已推出了许多措施来支持基础研发。

然而，中国的基础研究占研发经费总支出的比重仍然很低。2012年，基础研发仅占政府研发投入总额（1.03万亿人民币）的4.8%②。但在大多数发达国家，这一比例超过了10%。为实现创新驱动型经济，中国应当加大基础研发投资。诺华建议中央和地方各级政府增加对高校和科研机构等基础研发机构的财政支持力度。

政府对基础研发的财政支持应考虑到可持续性和长效性。目前，基础研发投入大量集中在短期项目上，但支持基础研发要有长远的战略眼光。缺乏长期稳定的财政支持会削弱高校和科研机构的研发能力，进而阻碍创新转化为经济和产业成果。

政府可以促进科研院校、医院和大型跨国公司之间的合作。此类合作有助于提升中国的基础研发能力，并推动科研成果投向市场。企业对市场更加敏感，可以帮助政府调整基础研究投资方向，使之更加契合市场的需求。在医学研究方面，诺华建议政府建立示范中心，针对常见病、罕见病以及独特的疾病机制加以研究。

---

① 中国外商投资企业协会药品研制和开发行业委员会（RDPAC）：《全力提升中国医药产业创新能力研究报告》，2012年12月。

② 国家统计局、科学技术部、财政部，《2012年全国科技经费投入统计公报》，2013年9月26日。

案例分析：美国国立卫生研究院（NIH）的基础研发

美国国立卫生研究院每年的投资费用高达30.9亿美元，是全球最大的医学研究资助方。该院由27个研究机构组成，每个都有其专门的研究重点。NIH通常将近一半的预算用于基础科研，因为院方坚信基础研究是推进医疗领域创新的基础。仅在2011年，NIH在全球申请500项专利，其中389项获批。美国政府对基础研究的投入也激发了企业的投资。据估计，1美元的政府基础研发投资在八年后能催生8.38美元的企业研发投入。

2. 培养专业人才

培养有科技专业技能、具有全球竞争力的高素质人才也决定了中国的创新发展水平。中国政府早已意识到增加教育投入的必要性，尤其注重提高创新能力。《国家中长期人才发展规划纲要》指出，到2020年人力资本投入要占GDP的15%，同时还要提高用于教育和科研的整体支出。在政府的努力下，中国已成为全球人力资源储备最大的国家。据官方预测，截至2020年中国具有高等教育文化程度的人数将达到1.95亿①。

诺华认为，政府可以通过将学校课程和全球企业人才需求紧密结合的途径来加强本土教育，并通过更有针对性的人才投资来为创新型产业培养人才。例如，目前中国医药产业非常缺乏毒理学、病理学、统计学、卫生经济学人才以及临床研究和调查人员，为增加此类人才储备，中央政府和大学应加大投资，设计相应的课程，鼓励跨校跨国的合作交流项目。同样重要的还有鼓励跨国企业在国内开展研发，从而在提升本土人才水平同时吸引海外人才来华。在此方面，政府已通过开展“千人计划”等项目取得了卓越成效。

诺华希望政府和企业能够合作开展人才培养项目，推动国内外学界与企业合作。此举不仅能够提升中国青年人才的专业技术能力，同时还能在医疗领域促进国内外公私机构之间的合作。

案例分析：瑞士的人才投资

瑞士的创新体系通过有效的投资和全面的机制来培养高素质人才。这一体系不

① 《国家中长期教育改革和发展规划纲要（2010～2020年）》，2010年7月29日。

仅包括政府对研发、创新和人才培养的支持，同时也鼓励私营企业的参与。例如，创新科技联邦委员会负责促进学术机构和私营企业之间的知识沟通。瑞士联邦技术创新委员会的教育培训支出达到每人每年14 900美元，在经合组织国家中仅次于美国。这笔资金直接用于培养在数学、IT、自然科学和技术领域的人才，这使得瑞士一直是全球创新的领头羊。

增加教育投资，并将教育经费有针对性地按照市场需求来分配，将有利于中国实现创新驱动型经济，提升国际竞争力。

3. 建立支持创新的监管体系

促进创新不仅需要财政支持和人力投资，还需要有利于创新行为的监管环境。在医药产业这样受高度管制的行业内，只有保护奖励创新、鼓励竞争的利好政策到位，才能够实现创新。近年来，为鼓励医药行业创新，中国政府已推出了一系列与国际接轨的监管改革举措。

诺华高度赞赏中国政府所做的努力，并在此就建立鼓励创新的监管体系提出一些具体的建议。2014 年，政府已将修订《药品管理法》、更新国家医保目录、改革药品定价规则提上了工作日程，诺华认为这正是建言献策的好时机。

（1）提升国家食品药品监督管理总局（CFDA）管理水平，与国际接轨

中国政府在简化药品审评审批流程，尤其是提高国内外药企临床试验流程方面做出了许多努力，诺华对此表示高度赞赏。然而，目前的审评审批流程较其他许多国家仍较长。虽然中国已建立了与欧美相似的临床试验申请机制，但其审批通常至少需要七个月，而美国和欧洲分别只需 30 天和 60 天。中国的新药审批至少需要五年，平均为八年；而同样的过程在美国仅需 20 个月，在欧洲为一年。

现行的《药品注册管理办法》规定，如果境外申请人想要在中国进行国际多中心临床试验，临床试验用药应当是已在境外注册的药品或者已进入 II 期或 III 期临床试验的药物。此外，若进口药品要在中国境内进行新药申请，该药物必须在境外已获批准。我们建议食药监总局可按国际惯例制定政策，允许进行国际多中心临床试验；免除进口药品在中国进行新药注册申请之前需取得境外批准的条款，总局可与他国药品审批部门同时进行审评审批。参与国际多中心临床试验能够让中国的患者尽早用上安全有效的创新药物，还能够通过加入全球研发来提升临床试验中心的

创新能力，并提升本土研发产业的竞争力。

临床试验和药品审批耗时漫长的另一个原因是药品审评中心技术审查人员严重不足。鉴于国务院为食药监总局设定的人员编制有限，总局需要从中央政府调配额外的资源，扩大技术审查人员队伍。同时可以考虑改革筹资机制，可借鉴美国FDA、欧洲EMA及瑞士Swissmedic的做法，收取监管费。

诺华建议总局继续采用国际公认的标准实施临床试验、审批新药；将原料药管理纳入《药品管理法》，这将加快高质创新药进入市场；采用有科学依据的国际标准，使所有药品申请适用于统一的审批程序，并消除对国内外厂商的区别对待。消除在监管流程中对国内外厂商的区别待遇将提升国内企业的创新能力，提高其在国际市场上的竞争力。

（2）确保高标准的知识产权保护

为确保对创新进行持续投资，制药企业需要一个透明、可预测的政策环境，通过专利和监管数据的保护（RDP）来保证其知识产权不受侵害。

诺华观察到，在过去的20年里，中国在提高专利制度的质量和透明度方面已取得长足进步。但是，在专利侵权行为的惩罚力度方面仍存在不确定性因素。例如，在发明专利仍然有效的情况下，法院应当对可能侵犯该专利的侵权产品实施上市前临时禁令。然而，法院采取临时禁令的及时程度目前仍然存在不确定性。

目前正在修订的《药品管理法》也为中国完善监管数据保护提供了良机。在批准上市前，药品生产企业需提供大量有关药物疗效和安全性的数据。由于此类数据的敏感性，政府需要建立一个全面的RDP系统以保证企业的敏感数据免于“不公平商业用途”。有效一致的监管数据保护将为国内外原创厂商的研发投资保驾护航。

去年签署的《中国—瑞士自由贸易协定》即是中国政府致力于保护监管数据的一个良好范例，因为该协定对有关生物制药产品的监管数据保护等级做了非常明确的阐述。

（3）完善定价和报销模式，奖励创新

自中国2009年开始实施基本药物制度和相应的报销模式以来，病人的用药难问题显著改善。然而，在此模式下绝大多数患者仍然难以获得高质创新药。为提高创新药的可及性，诺华建议在包括制药等各类医疗服务、干预措施和技术领域里逐步将目前以成本加成的定价报销方式转变为以药品价值为基础的定价报销方式。

诺华认识到，制定这样一个复杂的定价报销体系并非短期之内就能实现。为使患者能尽快用上创新药，诺华建议为高度创新的药物制定一个单独的报销目录，此类药品的定价应以药品价值、质量和患者需求为基础。这一目录的制定可作为试点，为今后发展以药品价值为基础的定价报销体系提供经验。此举将帮助政府区分两大药品市场。①基本药物市场：产品质量高且来源多，市场竞争能够提高其可负担性；②创新药市场：这一市场为中国患者提供最新的创新疗法。

为增强创新药的可及性，政府需要进一步建立国际化的上市审批及市场准入流程，并通过报销模式来奖励创新药的价值。创新药的价值可由基于健康结果的支付体系来决定，也可由卫生技术评估来决定。健康结果的例子包括血压控制率或人数、疫苗接种的数目、癌症生存率等。基于结果的支付体系也可以包括对"超出药丸的服务"的激励，比如鼓励患者及医生教育项目，因为通过这些附加、增值服务，可以提高获得期望的健康结果的可能性。

诺华认为，以药物价值为基础的定价报销体系能够确保正确的药物在正确的时间用在正确的人身上，从而提高定价报销体系的效率，为患者创造最大的价值。

（4）进一步加强基药招标的质量要求

基本药物政策确保了以合理价格供应符合一定质量标准的药物。2013 年 2 月，国务院规定了省级基本药物招标采购原则，规定"双信封模式"应秉承质量优先、价格合理的原则。然而，由于"双信封模式"在省级层面的执行过程中具有一定的灵活性，许多省份仍然在采用"唯低价是取"的模式。

"唯低价是取"模式给高质量的药物带来了很大压力，这些药物被迫与成本低、质量差的药品竞争。为了保护患者、鼓励创新并促进医药产业的健康发展，诺华建议基药招标采购应当更加注重药品质量。

4. 激励外商投资的机制

中国吸引外资数量已升至全球第二位。世界排名前 20 位的制药公司中已有 13 家在华设立了研发中心。上海自由贸易区的建立也标志着中央政府放松外商投资限制、鼓励在公共和私营经济领域开展国际合作的意向。然而，为了能够持续提升创新能力，中国仍需建立促进外商投资的激励机制，在创新性产业中尤其如此。

诺华认为可采取以下措施来推动这一进程。①在上海自贸区等改革试点地区简化投资审批程序，此举将继续把外资直接引入创新产业。②激励企业继续投资本土研发。研发投入可进一步催生其他投资，从而推动整体经济增长。③诺华建议政府出台对企业具有吸引力的政策，例如对先进、创新型的研发设备进出口提供海关优惠政策，对从事高附加值、创新驱动型研究企业提供税收和贸易优惠政策等。

案例分析：新加坡大力投资研发

作为全球医药行业中最受外资青睐的市场之一，新加坡在将外资转化为研发、生产能力方面取得了显著成果。新加坡医药行业每年颁发的专利数已经从2002年的仅两项增长到了2012年的56项，其主要原因在于该国营造了一个良好的监管环境来吸引外资。为鼓励企业进行高附加值、创新型研发活动，政府出台了多项鼓励性项目。值得一提的是，新加坡经济发展局为从事战略型行业的企业制定了企业税收减免政策。同时，该局还制定了研究奖励计划，为建立研发中心或者拓展研发能力的注册企业提供政府拨款。通过出台吸引外商投资特定研发项目的优惠政策，新加坡成功地利用监管环境提升了本国的创新能力。

四、结语

诺华针对阻碍中国提升医药研发创新力的主要问题提出了上述建议。诺华相信，如果政府能在以下领域制定相关政策，上述建议将非常有助于中国建立可持续的创新体系：①鼓励私营企业成为创新的驱动力；②在医药产业价值链的所有环节确保本土和外国的创新企业享受平等待遇；③通过定价和报销体系，区分基本药物市场和创新药市场，突出两大市场各自的特色。

中国政府迄今为止所做出的各项努力是值得称赞的，诺华希望能够继续在上述建议的执行过程中贡献力量，为推动中国成为全球创新中心而努力。

第6章

农业现代化与中国粮食安全

袁隆平

全国政协常委；湖南省政协副主席；中国工程院院士

发展杂交水稻，为世界粮食安全做出贡献

目前全球人口是 70 亿，而且 2030 年估计会达到 80 亿。如何让大家都能吃得饱这是个大问题。我们有很多方式、方法来增加粮食的产量，而最好的、最有经济效益的办法就是使用高产的杂交稻。根据我们的经验，杂交稻可以顺利地增加每亩的单产量，从而有效解决粮食安全问题。

那么，什么是杂交稻呢？杂交稻其实是使用杂交这种优势来增加粮食的母产量。实际上任何物种上都有这样的杂交优势，而在水稻上这个优势我们可以更充分地利用起来。

杂交稻的父种和母种杂交，就获得了杂交稻。杂交稻的根系与普通稻相比是很不相同的，父系和母系杂交之后使得其根系分布比较合理，而粮食的产量也能够迅速增加。但是杂交的活力只存在于子一代，所以我们每年都需要培育子一代的杂交稻种。

我们来看一下目前中国的状况。现在中国的水稻种植面积大约为3 000万公顷，平均单产量是每公顷 6. 4 吨。种植杂交稻的面积为1 700万公顷，平均单产量是每公顷 7. 5 吨。故比起传统稻种，杂交水稻有 20% 的产量优势，这种优势可让7 000万甚至更多的人获得充足的粮食供应。

我们来看一下最新进展。我们目前正在研发超级杂交稻，它的单产量非常高。为了满足 21 世纪的粮食需求，中国农业部设立了一个超级稻育种项目。这个项目可以分成四个阶段（其实是三个阶段）。第一个阶段是从 1996 ~ 2000 年，它的目标

根据会议发言记录整理，未经本人审定。

是单季水稻的产量达到10.5吨/公顷，产量增长20%；2001~2005年，单季产量达到12吨/公顷；2006~2015年，单季产量达到13.50吨/公顷。

我们的示范田已经有6.7公顷，达到了原定目标。一些新增的超级稻品种在2000年之前就开发出来了，且达到了一期的产量标准，而平均产量在大规模的商业化运作当中达到了8.3吨/每公顷，高于日本（日本每公顷的单产量是6.6吨）。印度等等其他国家基本上也达不到这样高的单位产量，所以说我们的超级稻研究是领先的。

2004年，我们的二期目标比计划提前一年就完成了。二期超级稻的种植面积在2012年接近100万公顷，平均单位产量超过9吨/每公顷。我们的示范田中甚至可以有12吨左右的单位产量。

第三阶段的超级稻育种计划，在2011~2012年达标。2011年测算，我们7.2公顷的示范田单产达到13.9吨/公顷。

在以上进展的基础上，第四阶段的超级稻育种计划已经开始了，我们的单产目标是15吨，我们认为可能在2015年实现。我希望今年能够取得一些突破性的进展。2013年这个种就是两优，已经接近15吨的单产量了。

杂交稻不仅中国有，世界其他地方也取得了很好的效果。外国有520万公顷的种植面积，单产多是常规稻种的2倍，包括印度、孟加拉、印尼、越南、菲律宾和美国。前面五个国家是发展中国家，美国作为超级大国也种植超级稻，而且产量喜人，单产比他们当地最好的品种高20%。在菲律宾收获超级稻时，我问当地的农民，重不重啊，他说好沉。我说你高兴吗，他说很高兴，单产量是10.4吨，远超本地种的4吨左右的单产。

美国是用直升机去播种超级稻并进行花粉授粉工作的。巴基斯坦、巴西、埃及、马达加斯加、利比里亚等都在种植超级稻方面取得了重大进展。2007年，利比里亚总统参观了我们的试验田，可见对在本国种植杂交稻这件事的重视。

总结一下，在21世纪确保粮食安全方面，杂交稻将发挥关键的作用。如果世界上50%的水稻田都种上了超级稻，那么全球的稻米产量能够再增加1.5亿吨，再满足4亿~5亿人的吃饭需求。因此，为了全人类的福祉，我们的研究所还有我本人都非常愿意帮助其他国家特别是发展中国家开发杂交稻。

于旭波

中粮集团有限公司总裁

从全球角度看中国粮食安全

我主要讲四个观点。

第一，中国的粮食安全问题必须放到全球来看。因为粮食问题本来就是全球的事情。由于资源、人口、经济发展水平、技术进步程度在全球不同国家分布不均，必然会出现有些国家要出口，有些国家要进口，而且可能是“大出”和“大进”，通过国际贸易实现全球粮食生产和消费均衡的情况。亚洲人口占世界总人口的60%，耕地只占34%，而美洲人口只占13%，耕地却占27%，这就导致了目前的全球粮食流通基本格局，即从美洲流向亚洲。

中国是一个资源总量大、人均资源少、小农经济占主导的国家，中国农业再现代化，也改变不了这一基本特征。这不仅是中国的问题，也是资源禀赋和中国类似的日本和韩国等东亚国家共同的问题。我们经常以用9%的耕地养活了世界超过20%的人口而自豪，但那是一种相对低水平的自给自足。随着中国经济发展和城镇化的推进，食物消费结构升级，如果希望以国内资源来满足国内所有的需求，一味追求自给率，可能出现的结果是资源和环境压力将不堪承受，而且还无法从根本上解决问题。所以应大力增加进口，过去几年中国农产品进口不断增加也印证了这一结论。2011年，中国已经成为全球最大的农产品进口国，这两年仍以较高速度增长。因此我们认为，十八大以来逐渐清晰的中国粮食安全战略，集中国内资源保重点品种，即谷物，特别是口粮，“适度进口”利用国际市场和资源，是客观的、实事求是的。

第二，全球也有能力来解决粮食供给问题。全球有14亿公顷可耕地，更重要的是技术进步、投入物增加、经营体制变革带来的单产提高潜力，过去50年对谷物产量增长的贡献率超过80%。

各国生产力水平差异大。以中南半岛的老挝、缅甸和柬埔寨为例，它们水土资源丰富，但目前开发程度低、单产低、出口能力低。这三个国家稻谷平均单产只有中国的40%左右，在全球大米出口市场中的份额不到4%，发展潜力巨大。需要通过技术转移，加强全球农业合作，来提高这些资源丰富地区的粮食供给能力，进而提高全球粮食安全系数。

合适的价格刺激可以提高全球供给能力。2007年以来的全球粮食高价已经刺激了供给，目前全球粮食市场进入新一轮供求关系相对宽松的阶段。

第三，通过全球经济合作，有助于从根本上缓解全球对爆发所谓“粮食危机”的担心，中国粮食就会更安全。历史上出现的所谓“粮食危机”都不是因为全球粮食供给出现实质性短缺，基本都是发生在欠发达国家和地区，是由于贫困，在全球粮价上涨时购买力不足，才出现问题的。因此，全球“粮食危机”的实质是贫困和发展问题。中国已经成为中等收入国家，不会因为购买力不足而出现粮食危机，但通过加强全球经济合作，提高欠发达地区的经济发展水平，有助于缓解全球粮价上涨对低收入国家带来的冲击，打破全球粮价由于预期恶化而出现的不理性上涨，为中国的粮食安全提供一个良好的外部市场环境。

第四，建立全球粮食供应网络是更好利用两种资源、两个市场的重要方式。怎么更好利用两种资源、两个市场？坐在家里直接进口，短期可以，长期可能存在风险；出去种地也不可行；如果能够建立一个稳定的、覆盖全球的粮食供应网络，上游有港口码头、有仓储物流、有贸易团队、有风险控制，可以“买全球、卖全球”，中国市场只是这个网络的下游“出口”之一，上游的粮食供应能力与国内的港口码头、加工物流、品牌渠道相结合，可以打通全球粮食产地到中国消费者的粮食通道，可能是一个比较好的方式。

柯爱伦

杜邦公司董事长、首席执行官

首先，我要祝贺中国连续10年粮食增产。在中国努力实现粮食安全的进程中，这是一个非常重要的里程碑。中国为此采取了多种措施，如推行强有力的政策、采用新技术、控制灾难等。我认为这是一个漫长的旅程的起点，但这个旅程本身至关重要。

中国是世界农业大国。作为世界上人口最多、粮食消费量最大的国家，粮食安全对它利害攸关。政府对此的投入也相当大，如大力推广农业技术、提高单产等，最重要的是保障农田数量。最近，农业部发布了《主要农作物品种审定办法》，有力地支持了引进技术和农作物注册流程。从根本上来说，它使所有种子公司拥有了平等进入市场的机会，也进一步改善了相关知识产权保护。这对于保障研发的长期投资非常必要，有助于农户产生更多价值。

杜邦是一个科学公司，每年拨出20亿美元用于研发，其中超过60%的资金用于农业和营养。我们之所以广泛关注了这个领域，是因为粮食本身就涉及多个方面，它不仅指培育良种，在不同环境下保证高产，而且包括防治农作物病虫害的创新技术。我们的目标不仅是提高产量，还要提高粮食的营养价值，因为从长远来看，后者的重要性要强于前者。

粮食的保存期限也很重要。中国的粮食产业正在从本地向城市转移，所以保存期限的作用日益突出，需要通过相关技术、包装和其他方法来提高保存期限。此外，政府还应该找到从粮食生产的源头快速检测食品安全的技术，这样才能改善食品安全，提升人们对食品安全的信心。减少产后损失也是一个值得注意的问题。

根据会议发言录音翻译整理，未经本人审定。

以上这些领域都是杜邦关注的重点。袁隆平教授在发言中提到，在中国人口不断上升的背景下，粮食增产非常必要，我对此完全赞同。中国的人口增长速度意味着粮食产量要在2050年前翻番，而增产多来源于小农户的产量增加，这对于创建极其稳定的粮食安全网络至关重要。

我们愿意与中国合作提高粮食安全。我们在种子业、农作物保护、粮食包装、粮食营养成分等领域里投入了大量资源。我们不仅致力于帮助政府制定广泛且深入的政策，而且努力开发能够被大家接受使用而且创造美好未来的科学技术。我们的产品线非常丰富，而且我们每天都在努力融入所在社区，扩大与中国的合作。

中国在知识产权保护方面的进展有目共睹。我们认为这一点非常重要，因为只有整个产业采用先进科技，而且愿意为美好的未来和粮食安全共同投资，才能解决最艰难的问题。

索恩·施罗德

邦吉公司首席执行官

我们有能力在未来以可持续的方式满足世界对粮食的需求，但是需要合理的政策、技术和市场信号。与此同时，全球38%的土地和人口的农业产出只占到全球GDP的6%，而在发展中国家的生产环节和发达国家的消费环节中，40%的食品被浪费了。虽然中国已经消除了贫困，但是目前全球仍然有8.5亿人口吃不饱饭。我们需要付出巨大努力来提高全球农业供应体系的效率和公平性。

在任何国家，粮食安全都是政府最关心的问题。很多国家为了解决这个问题都努力实现自给自足。这种做法虽然无可厚非，但并不一定总是最经济的解决方法。中国的务实做法就给别国树立了一个典范。在过去的20年里，中国的农业产出大幅增长，满足了人民日益增长的粮食需求和不断改变的饮食结构。玉米产量已经翻了一番，小麦产量增加了23%，而所使用的土地减少了9%；粮食进口只占到消费总量的1%~2%，可以说中国已经基本实现了粮食的自给自足，虽然也为此付出了一定的环境代价。中国必须解决好所面对的环境挑战，不过这并非不可能。与此同时，中国成为世界上最大的大豆进口国，进口量达到6 000万吨，占到全球大豆贸易的60%。这使得中国国内的肉鸡产量翻了两番，而且全球一半左右的猪肉供应来源于中国。

中国积极参与了世界农业贸易，并且在农作物种植的选择方面为其他国家提供了大量信息，譬如农民可以根据玉米与大豆的相对价格来迅速调整自己所种植的农作物种类。全球的粮食市场和油籽市场关联度很高。以市场为导向的高效贸易，以及有效维持市场秩序的监管，有利于全球降低市场波动性，减少通胀水平急升的可

根据会议发言录音翻译整理，未经本人审定。

能性。它使进口国发掘到全球的过剩产出，特别是在旱灾肆虐全球供应紧急的时候。全球农业贸易有望在2050年前翻番，气候变化的重要性将日益突现出来。

全球贸易对于中国也很有益。我们相信与市场参与者，特别是生产过剩国，建立起坚实的合作关系和结构性纽带是粮食安全战略的要素。粮食生产波动剧烈的时候，中国往往能从可靠的全球合作伙伴那里获得稳定的供应，因此它将继续这种合作模式。中国对国内粮食生产的支持，以及对大豆的重点进口，从根本上保证了粮食的自给自足，而且在土地的用途上有更多选择。巴西、阿根廷和美国的土地资源非常丰富，所以大豆种植的效率更高。未来中国在农作物种植的选择上会更加倚重市场导向和农民的选择。随着土地使用权的明晰，资本和技术将更加自由地进入农业，中国的经济规模进一步扩张。农民获得的政府补贴将有助于农民基入市场需求选择自己所种植的农作物，并且不断提升他们的生产率。要让市场高效运作并符合生产者和消费者的利益，农民需要获得准确、透明的市场数据。G20发布的“农产品市场信息体系”（AMIS）就非常有效地帮助人们获得可靠的供求信息。中国对这个体系至关重要。可靠的信息和透明度便于市场参与者预测市场走向，并相应地调整自身的供求情况，从而确保全球商品的有效流动，并降低波动性。

总而言之，中国取得了令人注目的经济和农业生产增长，基本实现粮食的自给自足，然而与全球大豆市场的联系仍然非常紧密。我想这个趋势仍将继续。中国有能力获得全球过剩的粮食和油籽生产，特别是本国生产遇到挑战时。这对于中国和全球农业生产都非常有益，因为这是中国农民基于市场做出的选择，而且他们有能力进一步提高生产率。在可靠数据和正常市场运作的支持下，中国农业的前景一片光明。

英凯师

赢创工业集团董事长、首席执行官

食品安全是一个全球性的挑战。人类活动无可争辩地对地球和其资源产生了影响，在资源日趋减少、气候不断变化的情况下，如何让不断增长的全球人口保持较高的生活水平，成为我们谈论的话题。全球人口每年增长8 000万并将于2050年达到90亿。为所有人提供健康和营养食品，是全球关注的焦点之一。

在过去的几十年里，新兴市场经历了快速的发展，数千万人的生活水平大幅度提高。如果保持这样的增长速度，到2050年全球的资源消费总量将是现在的三倍。这意味着食品需求量将增加约70%，肉类产品需求量增加27%。这两个数据体现了动物蛋白消费量与收入增长和城市化之间的直接联系。

食品安全是一个复杂的全球性话题。中国在过去几十年里成为了增长的动力和农业大国，在全球食品安全方面也起到了重要的作用。中国成功地减少了贫困和饥饿人口的数量，并成为全世界领先的农业生产国之一。在过去10年里，中国的农业产出增加了逾400%。中国已经成为猪肉的第一大生产国，并实现了千年目标，即减少50%处于极度贫困的人口。

虽然中国取得了巨大的成功和进步，但有些问题依然存在，有些是由于发展带来的新问题。中国不仅需要应对人口增长带来的食品安全问题，还需要寻找提供安全和健康食品的方法来应对不断增长的中产阶级。要使中国的农业生产达到目前的水平需要重视产量，但这也是导致一系列阻碍食品安全、产量提高和城市化战略的因素。中国政府已经把保护耕地、土壤、水和空气作为工作的重中之重。接下来的几十年我们需要应对这样一个挑战，即在有限的自然资源基础上进一步提高产出与

根据会议发言录音翻译整理，未经本人审定。

减少农业生产对环境影响之间进行良好的平衡。

经济增长和食品安全与自然资源消耗率的脱钩是对全球的一大挑战，对中国来说尤为如此。联合国布伦兰特委员会于1989年提出的可持续性的定义为“既能满足目前的需求且不影响后代满足其需求”。这也可以成为中国应对食品安全挑战的指导原则之一。

中国政府有决心实现国家和农业的可持续发展。我们在两会上听到了相关政策、措施。在为本次论坛准备的报告中，我们描述了一些想法，包括中国如何从欧洲国家应对食品安全问题和挑战中获益。这个过程并非一帆风顺，仍需不断努力。我们相信，通过采用世界最先进的技术和最佳的实践，中国在应对为不断增长的人口提供健康食品的挑战中可以取得重大的突破。

请允许我与大家分享几个科技如何帮助我们应对挑战的例子。

畜牧业中饲料所占的成本是最高的，也是提升生产力和节约资源最重要的方面。减少动物饲料中蛋白质的含量是关键的策略。氨基酸是一类饲料添加剂，可以在这个领域所有作为。它们可以减少动物饲料对饲料作物的需求，提升饲料转换效率并大幅度减少牲畜的排放。

从数据上来说，全球动物饲料使用蛋氨酸减少了约5 000万吨二氧化碳的排放，相当于德国工业二氧化碳年排放量的67%。每年全球使用蛋氨酸而节省的饲料作物土地达到了15万km^2，约相当于突尼斯的国土面积。在中国生猪养殖中每减少3%的粗蛋白喂养，就可以减少超过24%的氮化物排放，且无须额外增加成本。

赢创是全球领先的动物饲料用氨基酸生产商。我们非常重视我们的领导地位，虽然单靠我们的产品无法完全解决未来的挑战，但我们致力于贡献我们的力量。可持续性是赢创企业价值的核心，作为全世界最大的特种化学企业，我们成功地减少了我们的生态足迹。特别是在大中华地区，我们的3 200多名员工分布在17个不同的地点，我们充分理解并接受企业在华的环境责任和人文责任。

我们希望今天的论坛能够成为相互交流的平台，让政府、学术界和私人企业的经验和知识共同用于应对这个美丽的国家繁荣发展道路上的挑战。

保障中国粮食安全

瑞士再保险公司

摘要

粮食安全是个重要问题，对新兴市场和发达国家都会产生影响。2007～2008 年和 2010～2011 年间，世界一些地区发生的粮食价格上涨都导致了社会动荡。因此，管理粮食安全问题，或减少饥饿人数是联合国倡导的千年发展目标中的重要目标之一。过去几十年来，中国在减少贫困、缓解饥饿和改善营养不良方面成就显著。虽然中国在确保粮食安全方面付出了巨大努力，但依然面临着很多挑战。第一，可耕种土地和水资源有限是中国粮食生产面临的固有挑战，而土地和水源污染恶化更是雪上加霜。第二，粮食安全和营养摄取不平衡问题日益成为严重关切的问题。第三，减少饥饿和改善营养计划尚未惠及很多农村和偏远地区或贫困社区。应对这些挑战需要来自社会各界的努力和协调。本报告旨在强调保险在管理粮食安全方面的作用。很多新兴市场越来越多地将农业保险纳入到整体农业风险管理计划之中。保障范围正向粮食价值链的上下游扩展，同时还考虑到价值链的潜在责任风险。适当将保险解决方案纳入农业风险管理中将有助于中国更好地管理粮食安全方面所面临的挑战，例如通过市场激励措施，鼓励企业确保为消费者提供安全、营养的食品等。这也证明，保险可以为实体经济做出贡献并提高消费者利益。

一、全球粮食安全趋势

粮食安全概念多年来一直在演变。这一术语最初是指全球基本粮食供应是否充

本文为瑞士再保险公司为中国发展高层论坛 2014 年会提供的专题报告之一。

足，之后含义逐步扩大，包括可以满足人们积极健康生活和饮食偏好等所需要的安全而富有营养的食物（图1）。

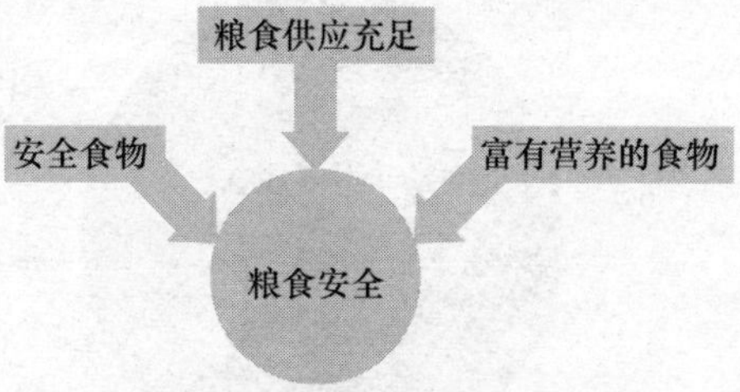

图1　粮食安全定义的核心元素

资料来源：瑞士再保险经济研究及咨询部。

目前尚无现成可得、全面的衡量粮食安全的方式，通常使用的指标是世界饥饿或营养不良[①]人数。虽然营养不良并不是粮食安全问题的直接衡量指标，但的确是一个重要表现形式。例如，1996年世界粮食峰会率先制定出粮食安全政策行动方案，主要目标是到2015年将饥饿或营养不良人口减少一半。

根据联合国粮农组织统计的数据，1990～1992年和2004～2006年间，世界饥饿人口数量减少了1亿以上，但是自此之后该数字未明显变化。导致这一情况的主要原因是2007年和2008年初粮食价格飙涨及随后而来的全球金融和经济危机。另一个因素是政府和国际机构对农业重要性有所忽视。粮农组织最新估计数据显示，2011～2013年，全球有8.42亿人，或大约每8个人中就有一人长期处于饥饿或不能定期获得正常生活所需的足够食物[②]。

在2011～2013年全球8.42亿饥饿人口中，有98%来自新兴市场地区。如图2所示，亚太地区占总数的63%，排在其后的是撒哈拉以南非洲地区（27%）、拉丁美洲和加勒比地区（6%）及西亚和北非（3%）。发达国家也存在粮食安全问题，不过规模要小很多。这些地区的粮食安全问题主要是食品安全和营养问题（即营养过剩问题），而不是新兴国家的营养不足问题。

---

① 关于营养不良的定义，请参见 http：//www.fao.org/hunger/en/。一般是指主要营养素和/或微量营养素消费不足、不均衡或过度所造成的异常生理状况。重要的是，营养不良包括营养不足和营养过剩以及微量营养素不足。

② 计算依据是粮农组织（2012年）报告的饥饿和营养不良人数。请参见 http：//www.fao.org/hunger/en。

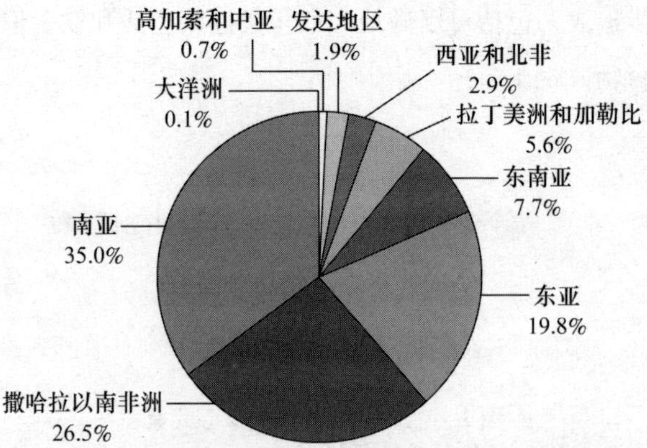

图2　2011～2013年饥饿/营养不良人口的区域分布

资料来源：粮农组织，http：//www. fao. org/hunger/en/。

与此同时，世界有数亿人患有饮食过度或饮食不均衡导致的疾病。2000年以来，世界超重人口几乎与饥饿人数相等①。例如，哥伦比亚41%和巴西36%的成人被认为超重。在中国，超重成人的比例从1989年的9%增至1992年的15%。虽然肥胖往往被视为富足的象征，但通常却是营养不均衡或营养过剩的征兆。据估计，世界超过一半的疾病可归咎于饥饿、能量摄取不均衡或维生素和矿物质不足——而发展中国家正迅速加入营养不足或过剩方面导致严重健康问题的国家之列。

未来几十年，鉴于全球粮食价格不断上涨、世界人口迅速增加、城市地区扩张和极端天气事件频发，粮食安全势必将成为甚至更严峻的挑战。将粮食安全和营养作为公共政策和计划的重点，对于大幅度减少贫困和营养不良现象至关重要。

二、中国面临的主要粮食安全问题

中国为全球扶贫工作做出了杰出贡献。世界银行指出，1990～2005年间，世界贫困人口（以2005年购买力平价计算，日均生活费为1.25美元或以下）从19亿减少至13亿。这期间，中国贫困人口从6.83亿减少4亿至2.12亿，降幅达61%。中国成为提前实现千年发展目标之首要目标的国家之一（见表1）。在减少营养不良方面，中国取得的成就也值得褒奖。2000～2002年间，中国营养不良人口的比例

① 请参阅Gary Gardner和Brian Halweil所著《营养不足和营养过剩：世界营养不均衡流行病》（Underfed and Overfed：The Global Epidemic of Malnutrition），世界观察报告150号，世界观察研究所，2000年3月。（http：//www. worldwatch. org/node/840）

占14%（1.835亿人），2011～2013年间降至11.4%（1.58亿人）[1]。

表1　截至2012年底中国实现千年发展目标之首要目标的完成情况

目　标	当前状态	政府支持	挑　战
目标1A：1990～2015年间，日均收入不到1.25美元人口的比例减半	已经完成	强劲	无
目标1B：实现包括女性和年轻人在内的所有人获得充分的生产性就业并拥有体面的工作	有希望完成	强劲	劳力供求矛盾
目标1C：1990～2015年间，饥饿人口的比例减半	已经完成	强劲	无

资料来源：中华人民共和国外交部，联合国驻中国机构，《中国千年发展目标进展2013年报告》（CHINA'S PROGRESS TOWARDS THE MILLENNIUM DEVELOPMENT GOALS，2013 REPORT）。

1978～2012年间，中国农业GDP增长强劲，年增5%左右，显著超过其间人口增长。主要农业产量实现从长期粮食短缺到基本满足国内粮食需求的新水平的历史性转变。例如，主要粮食总产量从1978年的3.04亿吨增至2013年的6亿多吨。这期间，农作物、水果、牛奶和水产等产量的年增长率都在5%到10%之间。中国在粮食安全方面取得了巨大进步，但是仍面临一些主要挑战，包括农业生产资源短缺、营养不良与食品安全问题共存，及农村与城市地区之间的食物摄取差异问题。

1. 中国依然是世界上农业生产资源严重短缺的国家之一：仅拥有占世界9%的耕地和6%的水资源，但是却要养活占全球20%的人口

过去几十年来，中国在粮食生产方面取得了长足进步。2013年，中国粮食总产量连续第10年实现增长，同时连续第7年粮食总产量超过5亿吨——这一成就来之不易。这表明中国有能力满足人口未来的粮食需求。20世纪80年代初推行的家庭联产承包责任制、80年代中期以来取得的科技进步和开展的价格改革都对农业生产迅猛增长起到了推动作用。

中国虽然取成就斐然，但仍面临很多严重挑战。中国户均耕地面积远低于其他国家，如美国和欧盟成员国（见图3）。其中，北京户均耕地面积最小，仅为0.2公顷，黑龙江最大，户均约3公顷[2]。此外，多年来，中国耕地面积和土壤质量一

① 资料来源：粮农组织，http://www.fao.org/hunger/en/。

② 资料来源：国家统计局，2012年。

直在下降。20世纪80年代中期，中国耕地面积总计达21.57亿亩（1.44亿公顷），2001年，这个数字已经降至19.06亿亩（1.27亿公顷）。到2008年，中国耕地面积进一步萎缩至18.26亿亩（1.22亿公顷）。在快速工业化和城镇化过程中，要达到政府提出的维持18亿亩（1.2亿公顷）耕地面积的目标显得越来越困难。

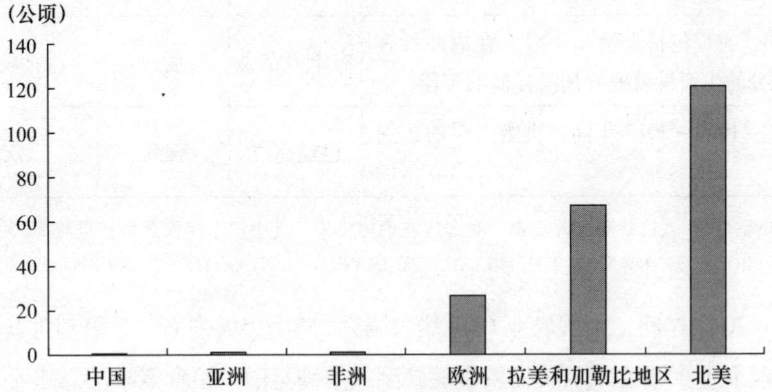

图3　中国与其他地区户均耕地面积比较

资料来源：Von Braun，J.《全球化及其对小农户的影响》（Globalisation and its effects on rural small household），2005。

水源缺乏也对农业生产形成重要挑战。中国水资源总体不足，可利用水源与耕地面积之间不匹配现象进一步恶化。中国北部的水资源（包括松花江、辽河、海河、黄河和淮河以及西北地区的河流）仅占中国水资源总量的16.8%，但耕地面积却占全国的70%左右。此外，中国人均水资源仅为全球平均水平的1/4。

从劳动力角度来说，中国农业生产也面临着劳动力匮乏现象。特别是随着中国城镇化进程进一步推进，越来越多的农村劳动力正迁至城市地区并在各个非农业部门工作。中国国家统计局指出，截至2012年底，约2.5亿劳动力迁移到城市地区并从农业转到非农业部门；即便是那些留在农村地区的人，很多也转而从事非农业部门的全职或兼职工作。

中国粮食安全前景面临的其他潜在威胁包括：①气候变化和自然灾害导致粮食产量波动；②农业和食品行业供应链对于关键基础设施和供应商（尤其是种子供应和食用油加工）的依赖度较高；③一些重要粮食作物（如大豆）依赖进口，会让中国面临国际粮食价格波动风险。

展望未来，正如最近发布的针对农业产业结构调整的中央一号文件中所强调的，中国的粮食供应将日益依赖传统农业大省，如吉林、黑龙江和河南。在确保粮食安全方面，无论是在国家还是省份层面，中国都将面临新的挑战。

2. 随着人均收入的提高，食品质量，尤其是食品安全和营养方面成为全社会的关注焦点

随着收入增加，中国居民的食品消费也从以谷类为主转向更多的糖、脂肪、食用油和蛋白质。饮食与人体健康密切相关。充足而健康的食物消费加上均衡的营养摄取，可改善人们的健康，并帮助预防食物相关疾病。而不健康的饮食、营养过剩或不足则可能是有害的。

根据波士顿咨询集团、嘉吉公司、瑞士再保险、新西兰恒天然集团共同提交的2013年中国发展论坛报告①，中国人均肉类产品摄取量预计将从2010年的45公斤增至2020年的53公斤。与此同时，中国消费者更加注重营养。据波士顿咨询集团在其2012年全球消费者信心指数调查中发现②，超过75%的中国消费者认为健康因素是他们增加未来食品支出的原因；这一比例高于所调查的任何其他国家（美国、意大利、西班牙、法国、德国、英国、巴西、俄罗斯和印度）。此外，中国消费者在2012年给予"营养保健类食物"的排名显著高于此前在2010年所做的调查。

目前，中国城市地区所面临的营养问题已经与发达国家的没有多大差异。高血压是中国人死亡的主要原因之一，鉴于中国人吸烟比例较高，这也许并不令人感到意外，但是这也受到中国人饮食习惯的显著影响。最近研究显示，中国人的钠消费量比世界卫生组织建议的最高水平高出近三倍，并且比一般美国人的消费量高出50%。糖尿病也成为城市地区的一个主要疾病，并已经达到类似美国的水平。儿童II型糖尿病在30年前属于"难以想象"之事，但现在已经在中国出现③。

随着中国已经基本能够实现粮食安全这一目标，食品安全正迅速成为另一个关注焦点。进入21世纪以来，一系列的食品安全事故接连曝光（见表2）。食物中的

---

① 波士顿咨询集团、嘉吉公司、瑞士再保险、新西兰恒天然集团，《构建中国粮食安全的万里长城：粮食危机离中国有多远?》，2013年中国发展论坛提交的合作论文。

② 波士顿咨询集团，《中国消费者的变化》和《把握全球消费业的新潮流：2011年BCG全球消费者信心调查报告》，http://www.bcg.com.cn/cn/newsandpublications/newsandpublications_splash.html。

③ 乐施会（香港），《食物分配公正性研究（中国报告）》，2003年4月13日。

有毒和有害物质（食物的生物或化学污染）对健康有害，并引发公共安全问题。中国在食品安全方面最重要的问题包括食物中有毒物质如重金属和药物残留过多、微生物污染和生物毒素过多，以及生产和加工过程中的食物掺假现象。

表2　2009年新的食品安全法生效后发生的主要事件（2010和2011年）

时　间	事　件
2010年2月	海南豇豆发现有杀虫剂残留
2010年2月	地沟油
2010年2月	查获被三聚氰胺污染的奶粉
2010年3月	连锁超市销售的草莓发现有杀虫剂残留
2010年7～8月	南京小龙虾中毒
2010年12月	有关过氧化苯甲酰作为面粉漂白剂的争论
2011年2月	婴儿食品中发现砷和有毒金属
2011年3月	双汇猪肉产品中发现氨哮素或“瘦肉精”
2011年3月	沈阳毒豆芽案件
2011年8月	燕窝中发现亚硝酸盐

资料来源：“改善中国食品安全“（Improvement of food safety in China），中国卫生部与德国国际合作协会（GIZ）的一个合作项目。

截至2010年，全国有450 000家食品加工企业，但是约有170 000家没有食品生产卫生许可证。环境污染往往是导致食品不安全或被污染的一个主要因素。据估计，中国70%以上的河流和湖泊受到污染，近1/6的耕地受到重金属污染，65%以上的耕地由被污染水源灌溉。水源和土壤污染往往会导致消费者的食物被污染。杀虫剂和兽药管理不力及非法使用食品添加剂也是主要因素。

3. 中国城市与农村地区之间的食物消费差异较大

中国在解决粮食安全、改善城市和农村居民营养和健康方面已做出巨大努力并取得重大成功。然而，这种改善在各地区并不一致；很多农村地区依然面临营养摄取不均衡、食物所致疾病发病率较高及粮食安全程度较低等问题，尤其是对于较低收入群体来说更是如此。总之，虽然在全国层面已经取得巨大进步，但是对于边远地区的很多贫困家庭来说，粮食安全问题在数量和营养方面依然是个基本问题。

在食品支出占家庭总支出的比重方面（恩格尔系数），中国农村地区家庭显著高于中心城市地区。城市地区的恩格尔系数一直在下降，从1978年的57.5%降至

1995 年的 50.1%，2000 年进一步降至 35% ~37%（见表 3）。根据联合国的标准，这是相对“富裕”的状态。而同一时期，中国农村地区的恩格尔系数从 1978 年的近 70% 降至 2012 年的 39.3%，与中国城市地区 2000 年的数字相近，表明中国农村地区家庭食品支出方面的改善落后于城市地区约 10 年时间。

表 3　　1978 ~2012 年中国人均年食物消费情况

年 份		1978	1985	1990	1995	2000	2005	2010	2011	2012
恩格尔系数（%）	城市	57.5	53.3	54.2	50.1	39.4	36.7	35.7	36.3	36.2
	农村	67.7	57.8	58.8	58.6	49.1	45.5	41.1	40.4	39.3

资料来源：中国统计年鉴，历年。

从食品消费结构和趋势来看，农村和城市地区也存在显著差异。在中国城市地区，主食在食品消费中的比例稳步下降，从 1985 年的 45% 降至约 2011 年的 33%。同期鸡蛋消费比率从不足 10% 提高至 15%。猪肉、牛肉和羊肉消费增幅甚至更大。而另一方面，在农村地区，过去 30 年间谷物消费量一直稳定在 60% 左右。此外，肉类消费保持在低位。1985 年，中国农村地区人均肉类消费量不到城市地区的一半。虽然目前农村地区肉类消费逐年增长，但是这种差异依然存在。

中国农村和城市地区之间的食品消费差异从营养摄取方面也可以看出。与城市居民相比，农村居民摄入的碳水化合物更多、蛋白质和脂肪更少，例如，城市地区的动物蛋白占总蛋白摄取量的 35.8%，而农村地区只有 21.3%，这表明食物的能量摄取较低依然是农村地区食品消费的一个常见特征。

三、根据国际经验提出的政策建议

根据国际经验，我们认为在应对粮食安全问题方面中国需考虑以下因素。

1. 农业保险在确保可持续的农业风险管理方面可以起到重要作用

农业保险是任何可持续农业风险管理体系的重要部分，对于确保粮食安全起到重要作用。如图 4 所示，农业保险对于提升粮食安全有多方面的作用。农业保险可帮助管理食品价值链风险并稳定农业收入；也可以作为信贷抵押，使得小农户获得资金；还可用来鼓励农业基础设施投资，包括仓储和运输、配送及其他物流服务。这是新兴市场农民从自给自足农业转向可持续农业经营转型的途径之一。

农业保险不只是仅限于农作物保险，还包括牲畜、林业、水产和温室保险。保

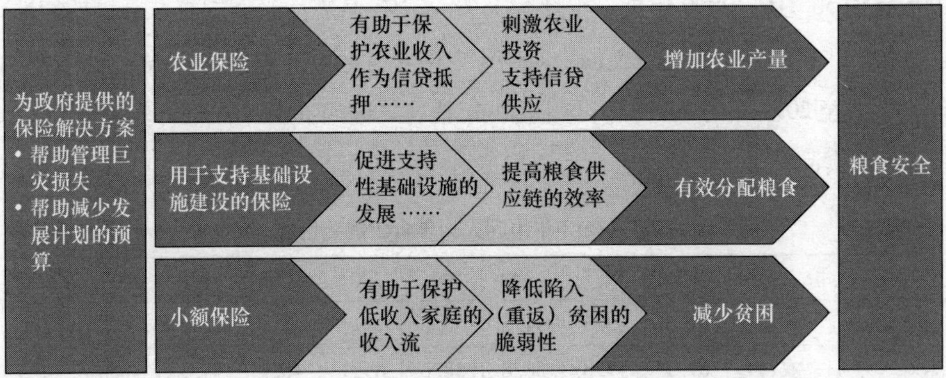

图4　（再）保险在农业风险管理中的作用

资料来源：瑞士再保险经济研究及咨询部。

障范围也可从单纯的财产保障扩大到包括责任和其他金融风险。农业保险产品涵盖补偿性产品（目前主流农险产品）以及指数产品和小额保险等创新性解决方案等。

农业保险计划因国家而异，且主要受到社会经济发展阶段、农作方式、基础设施建设和政府政策等因素的推动。农业保险计划结构由多个元素决定，包括保障风险、保障类型（强制性或是自愿性）、参与方（政府机构、私营市场业者，或两者都有）、政府支持（事后或事先）以及产品种类（传统型或指数产品）。

在欧美等发达市场，农业保险具有悠久历史，发展相对良好。这些市场的特点是技术先进、农场规模大，供应链系统完善，而且容易融资。政府通过补贴和各种返税政策支持农业部门发展。补偿性农业保险产品在这些市场非常普遍，提供针对指定灾害、多种灾害、价格风险以及经营风险等广泛保障。农业保险市场结构完善，包括提供风险保障的专业保险公司和再保险公司、分销代理机构和中介机构，以及提供核赔和结算服务的专业理赔机构。这些发达市场通常可以提供时期较长的农业保险数据，这对于确定风险模型十分重要，并有助于为保险产品准确定价。

以美国为例。美国农作物保险计划规模居世界第一，2011 年保险金额和保费收入分别为1 140亿美元和120 亿美元①。美国农业保险体系以市场为基础，以公私合作模式为主并可获得政府补贴。保险计划面向 100 多种农作物，包括产量保险产

① 雨水冰雹保险协会《2012 年农作物保险最新信息》（2012 Crop insurance update），2012 年5 月。

品、农作物收入保险产品、美元计划（Dollar Plan）①、团体保险计划以及牲畜保险②。巨灾风险保障可背书，其保费由联邦政府支付，生产者只需支付管理费。

新兴市场的农业保险已取得快速发展，尽管市场间的农作方式差异很大。例如巴西和俄罗斯的农业模式更接近发达市场，采用大规模农场作业，并使用现代技术。因此，这两个国家的农业保险市场与发达保险市场相仿，补偿性农业保险产品在这里更为普遍。而在东南亚和非洲，小农作业更为流行，农业部门的特点往往是发展落后，供应链体系和金融市场处于初步发展阶段。小农户也普遍缺乏保险意识，而且保险产品种类有限，甚至没有。分销渠道有限、农业或天气数据缺乏、个人损失评估成本较高等限制了传统补偿性农业保险产品的发展。在一些市场，除了补偿性产品，还在探索性地推出创新性保险产品，如指数保险。

新兴市场如要成功、可持续地推行农业保险计划，以下因素十分关键：①有效的分销渠道是农民获得保险产品的关键；②各方需要共同努力提高农民风险意识，以便鼓励参保；③农业保险业务模式必须具有成本效率，以确保产品在农户的可承受范围内；④保险公司对产品定价时应该力求遵循保险公正原则；⑤获得客观、准确和及时的数据至关重要；⑥发展农业保险需要良好的基础设施，包括银行、运输、物流和仓储。新兴市场政府在农业保险市场增长过程中起到重要作用。

2. 管理整个食品价值链的风险以确保粮食安全

实现粮食安全的很大一部分工作不仅包括改善农业部门，还要改善整个食品价值链的风险状况。实际上，粮食安全的主要推动因素取决于提高食品部门的生产力。食品部门的确是粮食安全问题的中心所在。表4显示了在很多市场经济体中常见的食品价值链结构及其面临的主要风险。风险是互相关联的，例如，价格和产量风险之间存在负相关性（在宏观，而非微观层面），它们是独特的并有助于抵消或减少农户所面临的风险，因此可作为天然的风险对冲机制。监管变化会影响到农业生产和食品加工业面临的责任风险。技术进步可带来抵御干旱或病虫害的新型种子，但是如果发现存在健康隐患，也可能具有潜在的责任风险。风险格局的复杂性

---

① 美元计划是指可用于部分商品保险的保险计划。通常是以每英亩或其他一些计量单位按美元投保。最高金额是建立和RMA出版。被保险人选择的最大金额的建立担保的百分比。当美元每英亩数低于保险金额时，就会发生损失。

② 其他产品包括团体收入保险、牲畜总收入，降雨量指数和植被指数。

要求采取整体的风险管理策略，涵盖全部风险范围及其相互关系。这对于大型农场比较容易，但是对于自给自足为主的小农户则非常困难。

中国食品供应系统逐渐由传统的统购统销方式转向面向市场的价值链系统。虽然农业生产依然是确保粮食安全的焦点所在，但是价值链的其他环节也应得到适当的关注，并要防范价值链上不同的风险事件。这些价值链组成部分包括提供如种子和化肥等必要投入的上游活动以及加工、包装和配送等下游活动。此外，粮食生产需求增加预计将会刺激对设备和机械等农业基础设施的投资。

价值链上一种较少被关注，甚至不受关注的风险就是责任风险。新兴市场目前的责任保险深度非常低，因为相关风险往往被认为较小，且在可控范围内。然而，与发达市场目前的状况一样，未来责任保险将成为新兴市场的一个主要保险类型。责任风险可包括业务中断风险、第三方责任风险（在食品/农产品质量未达标的情况下）和食品召回风险等。产品召回（具体而言就是食品召回，比如在受到污染时）现在已经被认为是食品行业所面临的一个重要风险。据估计，全球保险行业每年的召回成本已经超过10亿美元，因此对盈利形成巨大压力[①]。在消费者保护力度

表4　　食品价值链上的主要风险

主要推动因素　包括政府举措/政策、金融服务（银行和保险）、支持性服务

投入品供应商（种子、化肥）	农业生产（农户）	国内外贸易及物流	食品加工企业	零售商	消费者
生产风险＊	√	√√√	√	√	√
经营风险	√√	√√√	√√	√√√	√√
市场/价格风险	√√	√√√	√	√√√	√√
财务风险	√	√√√	√	√	√
技术风险	√√	√√√	√	√√	√
法规风险	√	√√	√	√√	√
基础设施风险	√	√	√	√	√

注：＊生产风险包括影响农户的天气风险和影响地区/国家的自然巨灾风险。

风险等级划分：高（√√√）、中（√√）、低（√）。

资料来源：瑞士再保险经济研究及咨询部。

---

① 怡和立信（亚洲），《食物和农业产业化》，2010，第4页。

加强、生产者责任增加和食品质量法规更严厉的背景下，对防范召回成本和第三方责任索赔的保险需求很可能会继续增加。

业务中断是与食品生产相关且不断增长的责任风险。日益复杂的全球供应链要求来自各个供应商的原材料及时交付。这同样也适用于粮食生产过程，例如，从事食品加工的跨国企业依赖于全球各地的合作社/生产者提供农产品。由于业务中断风险加剧，对防范损失的保险需求也随之增加。业务中断保险包括[①]由于原材料短缺而造成食品加工停产，或者生产或加工过程中设备发生故障，或者由于疾病或传染病而造成牲畜供应不足等的情形。因此，保险产品不仅有助于粮食生产者平抑收入波动，对食品供应价值链上的其他从业者也都有所帮助。

3. *多方合作可以更好地确保粮食安全*

粮食安全情况十分复杂，涉及到供应、营养与食品安全，因此需要多方合作方式，方可确保有效、高效地推行旨在可持续保障粮食安全的结构性计划。例如，在发达国家，除了政府之外，非营利组织和私营部门也是确保粮食安全的重要参与者。政府对于提高食品价值链上各个部门的风险意识起到了不可或缺的作用，包括在产量不足、价格波动、运输风险、食品安全风险、饮食知识和业务中断等方面。而指数产品、天气衍生产品和业务中断保险也得到了积极推广并应用于特定情形。

通过进一步发展合约式农业，加工企业可稳定加工业务所需的原材料供应量。产量保险可在原材料供应严重下降时保持盈利稳定。通过支持发展商品交易所并让更多农产品进入，政府可以为农民和农业企业提供更多选择，以管理价格风险。

对于食品价值链上的企业来说，税收优惠政策或其他形式的经济支持可鼓励它们采取风险管理措施，包括适当的保险保障和内部风险管理程序。保险界可利用其专业知识和经验为各利益相关方定制解决方案，从而保障中国的粮食安全。

---

① 业务中断保险是财产保险的补充险种，涵盖修理中断业务时发生的额外开支或损失。承保范围取决于财产损失保险的基本保单，也可包括在临时场所经营所发生的额外费用。对小企业，基本财产保险保障多一揽子提供，如雇主责任险等。详见瑞士再保险 sigma 5/2012，《承保不断演变的商业风险》。

高效、开放、可持续的粮食安全保障体系

——国家粮食安全政策建议

邦吉公司

概览

随着中国经济进入现代化的新阶段，与时俱进的农业政策更突显出其重要意义。过去的30年，中国基本做到了粮食自给自足，同时维持了相对稳定的物价水平，且满足了人民日益多元的饮食需要。这是举世瞩目的伟大成就。然而，随着经济发展，城镇化的深入与现代化进程的推进，农村人口结构发生了重大变化，现有的农村经济产业结构也发生了相应的变化。为了调和资源环境的限制与人民日益增长的需求之间的矛盾，政府不得不通过农业补贴来调控农业资源的配置；同时，贸易壁垒带来的间接成本和密集的农业生产带来的环境成本也随着经济发展日益增加。因此，要实现粮食完全自给自足，中国必须付出越来越昂贵的代价。对内推广农业要素的市场化改革，对外积极参与国际市场活动，是中国建立高效、开放、可持续的粮食安全保障体系的有效途径。

中国应当根据自身人口发展的趋势、城镇化的速度以及国民经济产业结构调整的整体发展，全面衡量维持农产品自给自足的成本和收益，把有限的国内农业资源配置到效益更高的作物上，促进中国的农业现代化和经济的全面发展。应当清醒地意识到，中国自改革开放30年来，实际上已经成为国际农产品市场的一个主要参与者，只不过参与的方式和程度，与中国对农产品的需求以及国际农产品市场的特有规律和方式还有距离。更广泛地参与国际农产品市场，有助于中国建立安全稳定的农产品供给体系，有利于提高国内农业生产的效率和可持续性，有利于节省因资

本文是邦吉公司为中国发展高层论坛2014年会撰写的专题报告。

源的低效配置带来的经济成本。

本文指出，作为国际农产品市场上的一个主要参与者，根据中国的实际情况以及中长期的需求，加强与国际农产品公司的合作以减弱价格波动和单国减产带来的风险，是中国实现长期粮食安全的行之有效的途径。本文论述了中国过去30年农业生产取得的伟大成就，并分析了未来国内农产品的供需形势，指出对内推广农业要素的市场化改革，对外积极参与国际市场活动，是中国建立高效、开放、可持续的粮食安全保障体系的有效途径。

一、农业生产力发展的二次飞跃

过去30年，由于农村联产承包责任制等制度的实行，中国保证粮食自给自足的努力取得了巨大的成功。如果说农村联产承包责任制促成了中国农业生产力的第一次飞跃，那么，我们有理由期待2014年一号文件中首次提出的农业要素的市场化改革将带来中国农业生产力的第二次飞跃。两次改革均借助了市场的力量，促进了（或旨在促进）农业资源的优化配置。然而，资源的短缺和需求的增长是依然不变的事实，资源的优化配置在集中优势发展部分产业的同时，也揭示出非优势产业对外合作的内在需求。

1. 中国农业生产力发展的第一次飞跃

中国过去30年的农业政策使得中国农业在极少依赖进口的情况下满足了国人的粮食需求和多元的饮食结构。20世纪90年代以来，中国动物蛋白生产和消费得到大幅增长，这在人类过去半个世纪的食物供求演变历史中也是绝无仅有的。1990～2012年间，人工饲养的鱼类和贝壳类的产量增长了6倍以上，鸡肉的产量增长了4倍以上，蛋类的产量增长了2.5倍，猪肉的产量也翻了一番以上。同时期蔬菜的产量增长了两倍以上，品种也从原先的以大白菜为主扩展到多种类其他蔬菜；水果的产量增长超过十一倍。在肉类、水果、蔬菜的消费快速增长的同时，人均粮食消费的增长速度却呈现出相对缓慢甚至下行的趋势，粮食的生产也没有呈现快速的增长。1990年以来，小麦和大米的产量仅分别增加了23%和8%。但同时，为了适应饲料需求的增长，玉米和油籽等饲料原料的产量有所增长，玉米产量翻了一番以上，大豆产量增长了15%。大豆产量的增长主要发生在20世纪90年代，到2000年以后就因劳动力和土地向玉米转移而逐步缩减，其中2012年比2011年减产7%。

中国所有农产品产量的增长几乎都得益于良好的政策。良好的政策使得农民能更快地对市场信息做出反应，更有效地利用资源，把土地从食用谷物转向饲用谷物和油料作物，同时采用更先进的种植技术，增加化肥的使用量。大米和小麦的种植面积自1990年以来分别缩减了9%和21%，而玉米的种植面积增加了64%，油菜的种植面积也增加了35%以上。同时，单产的增加比种植面积的扩大更有效地提高了作物产量。

2. 中国农业生产力发展的第二次飞跃

2014年中央一号文件提出“赋予农民对承包地占有、使用、收益、流转及承包经营权抵押、担保权能”并“抓紧抓实农村土地承包经营权确权登记颁证工作”。土地确权是农业要素流动和构建新型农业经营体系的必要前提。社会资本的流入，为发展资本和科技密集型的高附加值经济作物及现代化种植养殖提供了可能，从而优化农业内部结构并提升农业劳动生产力。

农业生产要素的市场化改革无疑是国家在探索现代化农业政策过程中做出的激动人心的有益尝试。市场经济已经在历史上无数次证明了其在资源配置中无可替代的高效性，农村联产承包责任制的成功就是农业领域最鲜活的案例。可以想象，在人多地少的基本国情下，对于农民就业和粮食安全的考虑可能为全面推动农业要素的市场化流动带来掣肘，因此市场红利无法得到最大化地释放。但我们依然有理由期待，在市场这只无形之手的影响下，社会资本将在第一时间流入政策允许范围内收益最大的部门，并且以最快的速度实现产业升级，实现最大的产出。

从国家战略的角度，我们必须做到“口粮绝对安全”，由此产生的一切资源配置的低效和不可持续都应纳入实行国家战略的成本。但我们应将这种成本减到最小，即，将农业要素的市场化改革扩展到所有除口粮外的农作物品种，毕竟，不管从国家的角度还是世界全局的角度，长远来看，把有限的资源最高效的利用，才是对国家粮食安全以及全球粮食安全作出的最大贡献。保护农民收入对于社会稳定的重要性不言而喻，但如果放到更长的历史空间来看，过度的保护只会进一步削弱农民在劳动力市场中的竞争力，这与强调可持续发展的科学发展观是矛盾的，如何在中长期提高农民在劳动力市场中的竞争力是国家更应高瞻远瞩的问题。当然，农民就业问题的解决还依赖于城镇化的推进和经济社会的全面发展，因此不是一个一蹴而就的过程。农业要素的市场化改革扩展到整个农业，才实现了真正意义上的中国农业生产力发展的第二次飞跃。

二、供求矛盾依然存在，对外合作不可或缺

尽管中国农业生产力的二次飞跃，将中国的农业产出提升到全新的高度，但有限的资源和日益增长的需求之间的矛盾是依然存在的客观事实，更广泛和有效的国际合作成为不可或缺的选择。

1. 资源和环境的制约

人多地少是我国的基本国情。中国的人均耕地面积约为1.4亩（少于0.1公顷），仅为世界平均水平的40%，世界排名第126位以后（图1）。尽管中央划定了18亿亩的耕地红线，但人均耕地面积水平将会随着人口的增长进一步下降。在现有的18亿亩耕地中，只有34%分布在平原、盆地，一级耕地仅占耕地总面积的41%。

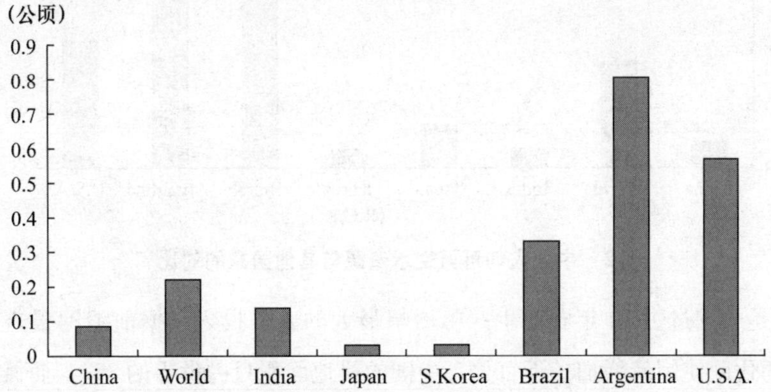

图1　中国人均耕地面积与其他国家的对比

有限的水资源是限制中国农业产量进一步提升的另一重要因素。中国的人均淡水占有量约为2186立方米，仅为世界平均水平的28%，在世界上名列第110位（图2）。目前全国城市中有约2/3缺水，约1/4严重缺水。以华北为例，虽然地处黄河、海河、淮河三河流域，却仍然是中国缺水最严重的地区之一。这里占有全中国40%的耕地，水资源却只占全国的10%，但生产出了70%的小麦、50%的棉花和40%的玉米，几乎已经把资源禀赋利用到了极限。水质的污染使得本已经稀有的水资源更岌岌可危。据监测，全国废污水排放量由1980年的315亿吨增加到2012年的685亿吨。多数城市地下水受到一定程度污染，并且有逐年加重的趋势。据2013年初步调查表明，华北平原浅层地下水综合质量整体较差，几乎已无Ⅰ类地下水；可以直接饮用的Ⅰ～Ⅲ类地下水仅占22.2%；需经专门处理后才可利用的Ⅴ类地下水则占56.5%以上。2012年，国家批复《重点流域水污染防治规划（2011

~2015年）》，积极开展水生态保护和修复工作；2013年，《华北平原地下水污染防治工作方案》发布，标志着我国地下水污染治理工作迈出了重要一步。然而，当前我国水污染的整体形势仍未扭转，多起水污染事件的接连上演，例如山西长治苯胺泄露事件及昆明东川小江变“牛奶河”事件等。如此紧缺和污染的水资源无疑会严重制约中国农业产出的进一步提升。

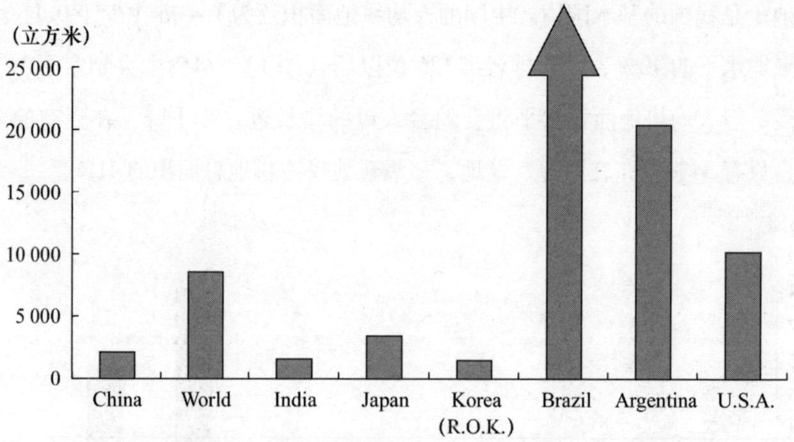

图2　中国人均可再生水资源与其他国家的对比

化肥是中国过去30年农业生产中增幅最大的要素投入。据前瞻网报道，我国近60年的化肥使用量增加了近百倍。中国的耕地面积只占世界的8%，而氮肥和磷肥的用量占到世界总用量的1/3。为了满足快速增长的需求和提高业已高企的农业产出，中国只能进一步加强密集耕种和化肥使用。然而，化肥中的有害物质至今仍难以有效降解，会进一步污染水资源。过度种植还会降低土壤肥力，例如缺乏根瘤作物（如大豆）与玉米的轮种，土壤的含氮量就会降低，进而使土地更依赖化肥。

今天的中国用少于世界8%的耕地和6%的可再生水资源生产出了世界1/2的猪肉、1/3的大米、1/4的棉花和1/5的玉米。然而，由于上述环境和资源的限制，农产品产量继续大幅上升的空间已极为有限。

3. 人民日益增长的需求

尽管中国在粮食生产上有着成功的经验，但需求的快速增长使有限的资源显得捉襟见肘。随着城镇化的深入和人民生活水平的提高，中国人的饮食结构正在发生巨大的变化，尤其是对动物蛋白的需求快速增长。从以碳水化合物为主的饮食结构转向更多的蛋白类食品消费，是人民达到更高生活水平时对更健康生活方式的必然诉求，在很多发达国家的历史上都有所见证（图3）。农村和城镇低收入家庭的肉类消费大大低于城镇中高收入人群，因此收入的增长及城镇化的推进将持续推高中国对肉类的总需求（参图4），而对肉类需求的增加又将推高对饲用粮食（如玉米）以及粕类蛋白的需求。同样，对水果、蔬菜和食用油的总需求也将继续增加。尽管对小麦和大米的需求会保持稳定，甚至略有下降，但因此富余的耕地远不足以弥补对其他农产品的需求增加。

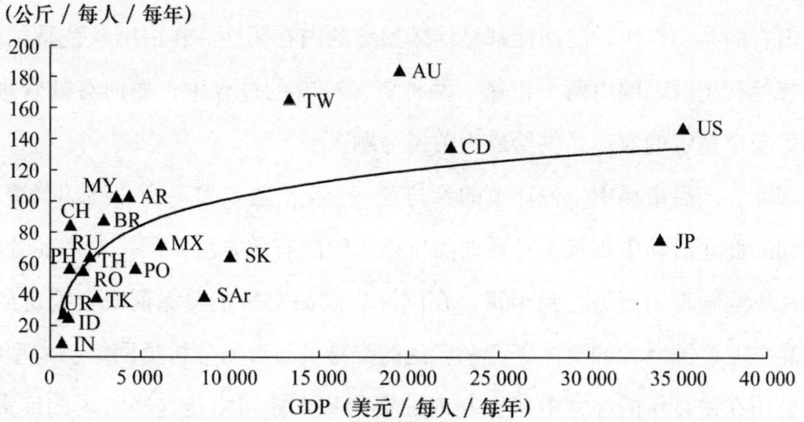

图3　世界各国肉类需求

注：肉类包括鸡、鸭、火鸡、猪肉、羊、牛、水产。

资料来源：世界粮农组织、美国农业部，2003、2004。

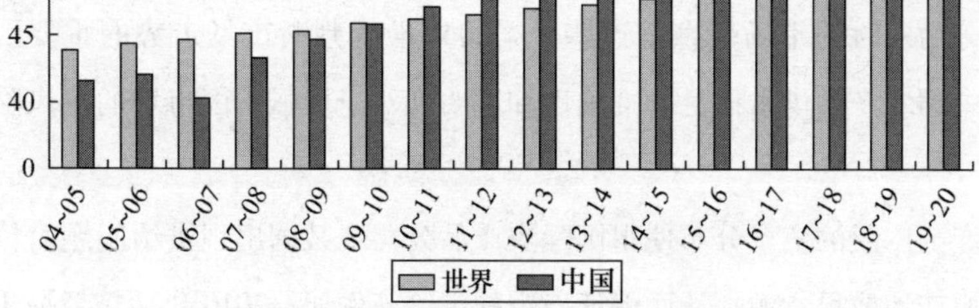

图4　中国与世界人均肉类需求预测

综上所述，尽管在过去30年，中国的农产品产量得到了大幅的提升，基本做到了粮食的自给自足，然而资源环境的限制和人民不断增长的需求之间的矛盾将在未来不可避免地扩大。一方面制定可持续的国内农业政策，优化资源配置，另一方面积极寻求国际合作，逐步成长为国际市场的成熟参与者，双管齐下，统筹利用国际国内两个市场、两种资源，是确保中国长期粮食安全的明智之选。

三、开展广泛、有效的国际合作

无论是国内农产品市场还是国际农产品市场，由于天气、物流、需求、政策等不确定因素的共同作用，波动性都是伴随始终的内在属性。在中国从注重国内市场向注重统筹利用国际国内两个市场、两种资源转变的过程中，如何有效管理风险、如何确保安全稳定的农产品供给成为关键命题。

在国际农产品市场中，各环节的参与者——生产者、贸易商、终端消费者——都在长期的商业活动中积累了管理商品价格风险的有效方法，国际农产品公司在大宗农产品风险管理上更是经验丰富。在国际农产品交易中要保证安全稳定的货流，必须依靠在原产国巨大的实体资产和广泛的交易员与市场分析员网络。大型的国际农产品公司在逾百年的经营中建立起来的资产和人才网络是这些公司的宝贵资产，也是中国在参与国际农产品市场的过程中可以选择的合作资源。

成熟的网络和专业的人才是这些公司的宝贵资产。农产品的供求形势瞬息万变，在农产品交易中长期持有一定头寸会使自身暴露于价格风险。对价格走势的判断依靠大量的市场信息，也依靠独立交易员和市场分析员的有效合作。判断失误有可能会造成巨大的经济损失。农产品交易的历史是许多公司发展壮大的历史，也是很多人因有效风险管理的缺失而变得一无所有的历史。部分成功的大型农产品公司能较早预判这些价格走势，以便于在合适的时机和地点进行商品的交易。需要指出的是，充分而及时的市场信息是这些公司得以准确判断市场走势的重要因素，因此，增加中国农产品供求信息的准确性和透明度对于增强中国市场的抗风险能力至关重要。

在原产国广泛的资产分布使得国际农产品公司在某国出现供给问题时依然有能力从其他原产地取得货源，从而保证稳定的供给。例如，2010 年，俄罗斯干旱导致小麦产量大幅下降，俄罗斯政府对小麦出口实施禁运，邦吉迅速从巴西、阿根廷和欧洲组织了约 100 万吨的小麦，供给中东和北非地区的俄罗斯小麦传统进口国，从而缓解了这些地区的粮食短缺。

同时，国际农产品公司在长期的经营中，与原产国的生产者和消费国的终端用户都建立了强大而广泛的联系，他们为生产者和消费者提供可靠的客户或货源，以及丰富的风险管理经验，生产者和消费者也为他们提供稳定的货源和客户，从而扩大他们的信息和业务网络。这些信息和业务网络最终有可能发展成合资公司，形成全球—本土的合作模式，以追求稳定的货流和共同的利益。

以邦吉为例。19 世纪初在荷兰阿姆斯特丹成立，经过半个多世纪的发展，公司将重心逐渐转移到阿根廷，20 世纪初拓展到巴西，在南美两大农产品原产国一百多年的经营中，邦吉日臻完善其“从农场到餐桌”的完整产业链。随后，邦吉将总部迁至美国，将其在原产国的优势拓展到北美。近年来，为提供更完善的全球粮食安全解决方案，邦吉又开始大力开拓亚洲和非洲等新兴市场。在近两个世纪的历史中，邦吉在全球主要农产品原产地积累了巨大的实体资产，建立了遍布全球的优秀的市场研发团队和经验丰富的风险管控团队，相对有效地降低了油籽和谷物在全球贸易流动过程中的市场风险。

加强与国际大型农产品公司的合作能为中国提供更安全稳定的农产品货源，以更低的成本满足日益增长的粮食需求和人民饮食结构多元化的需求，从而将资源转移到投入产出更高的农产品或其他产业，在确保粮食安全的同时促进中国经济的整体发展。中国国有粮企借助广泛的国内网络在其中发挥重要作用，同时国际农产品公司借助其强大的国际网络和风险管理经验为国有粮企提供风险管理和货源支持，并在此基础上寻求协助中国农业“走出去”的契机，合作共赢，联手保证中国的粮食安全和与国际市场的平稳融合。

四、多目标农业政策的实现困境与政策建议

1. 多目标农业政策的实现困境

农业是关乎国计民生的基础产业，因此我国历来的农业政策往往同时肩负粮食安全、农民增收、物价稳定等多重使命。然而，与世界上许多其他宏观经济政策一样，各目标之间的内在客观矛盾使得多目标农业政策在实行过程中往往陷入顾此失彼甚至适得其反的困境。

以菜油的收储为例（图 5）。自 2008 年起，国家为保护农民收入、稳定国内物

价，开始实施菜油收储，至今总共已收储 700 万吨以上。然而，五年间，除了在 10/11 年度通过顺价拍卖和直接放储的形式向社会释放约 200 万吨菜油外，其余时间基本没有顺价销售的机会。这是因为，为了保护农民收入，收储价格逐年提高，但同时国际市场的植物油价格却因产量充足而相对稳定，于是造成了国际国内价格的巨大倒挂。国家如果要放菜油，就必须接受价差带来的损失，同时产生的还有巨大的存储成本和质量恶化带来的损失。巨大价差的存在为在储备菜油中非法掺混进口菜油带来丰厚利润。2013 年，据多家主流媒体报道，个别被赋予托市收购资格的企业，利用进口的便宜菜油掺入国产菜油上交国储库，从中赚取差价。同时，收储政策也向国际市场发出来自中国的“虚假需求”信号，使得国内植物油长期供大于求，造成了国内资源的浪费，也不利于国际农业资源的优化配置。不仅如此，菜油收储与否已成为决定国内菜油乃至其他植物油价格的晴雨表，收储的消息一出，全盘飘红，收储结束，市场又大跌至原来水平，这无疑人为增加了市场波动，与稳定物价的目标背道而驰，也不利于农产品价格的市场化改革。

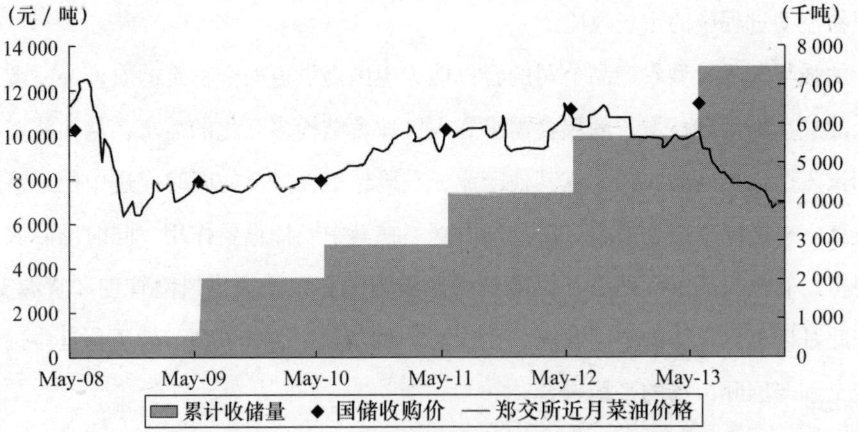

图 5　2008 年至今国储菜油收购价格与收储量、郑交所菜油价格

与菜油相似，针对其他诸多农产品的收储或补贴政策也因其对市场的扭曲和对社会资源的浪费而逐渐显现出其弊端，寻求更有效的国内农业政策已成为燃眉之急。多目标政策的困境是在宏观经济学领域被广泛探讨的命题，也是世界上许多其他国家面临的难题，在农业领域尤为如此。在诸多现实面前，政府确立并引导农业的长期发展方向，同时着力加强农民的就业竞争力、推动农业科技创新和生态环境保护，而让市场更大程度地发挥在资源配置中的基础作用，更符合“建立高效、开放、可持续的粮食安全体系”的要求。可喜的是，2014 年一号文件对“口粮绝对安全”的精确定义和农业要素的市场化改革，使得集中精力保证口粮安全而对其他农产品进一步市场化在未来成为可能，市场的巨大力量得到重新重视。

2. 政策建议

今天的中国已经成为国际农产品市场的一个主要参与者，而根据中国中长期的需求，对内推进农业要素的市场化改革，对外建立广泛、有效的国际合作，更好地利用国际国内两个市场、两种资源，从而建立高效、开放、可持续的粮食安全保障体系，是实现长期粮食安全的行之有效的途径。因此我们提出以下三方面的政策建议。

①建立全面和透明的中国农业数据库。全面建立涵盖各品种、各地区农产品生产、需求、库存信息的中国农业数据库，实现对中国农业信息的系统化动态管理，使之服务于研究、政策决策和商业决策。同时，在合理的范围内增强信息的透明度和可得性，使得农产品供求各方能及时预判未来的供求形势，避免因需求的突然涌入或供给的突然短缺而造成剧烈的市场波动。

②全面推进国内农业要素的市场化改革。理论和实践已经证明，市场的内在机制能优化资源配置的效率，而过多的人为干预则会导致额外成本。就国内农业生产而言，将农业资源配置到投入产出率更高的品种，有利于提高土地的总产出，也有利于提高农民收入。同时公平的竞争环境有利于鼓励市场参与者更积极广泛地参与国际市场的活动，对个别品种加大改革开放力度，有利于促进市场化供给体系的建立，降低整体采购成本。

③开展广泛、有效的国际合作。国际合作是解决农产品供求矛盾的内在要求和未来方向。建立广泛、有效的国际合作，不仅不会让中国受制于国际政治风险，更有助于中国建立国际合作网络、积累风险管理经验，使中国成为国际农产品市场的成熟参与者，从而在根本上确保中国的粮食安全。

五、结语

未来 10 年，市场环境会变得更加复杂，中国的食品供给将面临更大挑战。尽管依靠国内供给能满足短期供给，却会因为要素价格的上涨提升食物的价格。向有限禀赋攫取无限产出，使中国不得不继续加强密集耕种，导致环境恶化、水资源枯竭、土壤肥力下降，最终降低产出。但另一方面，中国人对肉类需求的增长，尤其现代化养殖业的发展，使蛋白粕类和饲用粮食的需求大幅增长。

更有效地配置国内资源、进一步融入国际农产品市场是中国实现粮食安全的长期有效途径。注重统筹利用国际国内两个市场、两种资源，通过建立“公共—私有”的新型伙伴关系，开创中国政府、国有企业与国内外私营企业之间的合作双赢局面，既有利于充分发挥大国经济体的优势，又有助于中国多渠道有效利用全球资源和国际市场，是新形势下中国粮食策略的发展方向。在国际市场一体化的进程中，价格风险和其他风险的有效管理至关重要。广泛参与国际市场、建立与国际大型贸易公司的互利互信，有助于中国更好地管理风险，确保粮食安全稳定的供给。

食品的安全与可持续性：平衡中国的肉类消费和自然资源

赢创工业集团

一、概述

世界各国正在为不断增长的人口努力提供充足的健康食品，中国在其中发挥了重要的作用。中国在过去的几十年里，成功减少了处于贫困和饥饿的人口，并成为全球领先的农业生产大国之一。如何利用有限的自然资源来提高农业产出并减少农业特别是畜牧业对环境的影响，将成为今后十几年中国需要应对的挑战。特别是在猪肉生产领域，需要更多发展理念和政策引导，因为猪肉的消费在整个经济中具有极其重要的地位。

我们认为通过在饲料生产和饲养方式中引入最佳实践可以显著提高生产力和产出，而不会对生态环境和自然资源产生额外的负担。在从饲料到食品的生产链中实施可持续的理念和整体措施，可以帮助我们评估和减少养殖业的排放量。这需要更多的研究和创新以及政策支持，把这方面的知识和技术广为传播。

二、食品安全一直是一个全球性的挑战

人类活动无可争辩地对地球和其资源产生了影响，在资源日趋减少、气候不断变化的情况下如何让不断增长的全球人口保持较高的生活水平，成为人们的热议。大家关注的一个重要问题是，全球人口在2050年将达到90亿时，如何为这90亿人提供足够的健康和营养食品？

在过去40年里，新兴市场经历了快速的发展，数千万人的生活水平大幅度提

本文是赢创工业集团为中国发展高层论坛2014年会撰写的专题报告。

高。1997 年是历史上第一年居住在城市的人口超过了农村。事实上，超过 10 亿的人口（大约占世界人口的 20%）已经迁入了城市，使得城市的规模越来越大。城市带来的后果就是食品和生活方式消耗的资源越来越多，更多用于农业和牧场的土地变成了城市。如果保持这样的增长速度，到 2050 年全球的资源消费量将是现在的三倍，食品需求量增加 70%，肉类产品需求量增加 27%。这体现出了动物蛋白消费量与收入增长和城市化之间的关系。到 2050 年，全球中产阶级将从目前的 18 亿增加到 49 亿，增长了 172%；人均肉类消费量从 41 公斤增加到 52 公斤；每人每天从食品摄入的能量将从2 860千焦升高至3 130千焦。如果对比过去 20 年的数据，我们会发现今后发展的速度和带来的影响是巨大的。1990 至今，全球食品消费增加了 45%，用于种植大豆的土地面积增加了 75%，氮肥的用量增加了 135%。

食品安全是一个复杂的全球性话题，金砖国家在过去十几年中不仅仅发展速度很快，而且也成为了农业大国，因此在食品安全方面起到的了重要的作用。中国现在已经是猪肉生产的第一大国，巴西是家禽生产的第一大国。与此同时，印度仍然有相当多的人口营养不良；中国虽然取得了巨大的成就，但按照联合国的标准仍然有 1. 58 亿的人口营养不良。

中国已经实现了千年目标，即减少 50% 处于极度贫困的人口。1990 年以来，中国的人口增长了 2 个亿，营养不良的人口减少了 1 个亿（42%）。根据世界粮农组织的统计，全球有 1. 73 亿人脱离了食品安全问题，中国占到了 2/3。

三、中国面临的环境挑战

中国已经取得了巨大的进步，但有些问题依然存在，有些是由于发展带来的新问题：中国不仅需要应对人口增长带来的食品安全问题，还需要寻找提供安全和健康食品的方法来应对不断增长的中产阶级。过去对产量的重视让中国的农业生产达到了目前的水平，但这也是导致一系列阻碍食品安全、产量提高和城市化战略的因素：生产需要更多的土地和水资源，但目前的做法恰恰减少了土地的供应。中国政府近期所做的一项调研指出，333 万公顷的土地，大约相当于比利时的国土面积，由于严重的污染已经不能用于农业生产。这占到全国耕地面积的 2%，也让总的耕地面积逼近了政府宣布的 1. 2 亿公顷红线。

这些都源于对饲料作物的巨大需求，而对增长和生产力的追求会产生负面影响，比如会减少动植物自然栖息地，土地退化或矿物化。农药和杀虫剂的使用的确可以让作物增产，但现在也成为了一个问题。为了提高产量，中国现在使用的合成氮肥总量比整个欧洲和北美加起来还要多。水的情况也不容乐观，世界银行已经发出了警告，对后代会造成严重的后果。中国只拥有世界7%的水资源，但要支撑世界20%的人口，在人口密集的华北平原，情况更加糟糕，缺水每年都会造成相当大的损失。除了自然资源的缺乏和旱灾，个人和工业生产包括农业用水量的增长使得水资源越来越匮乏。江河和地表水的污染非常严重，2012年的一份政府报告把中国40%的河流都归为严重污染。污染的原因是多方面的，但农业生产消耗了中国60%的水，也是造成污染的主要原因，比如化肥的使用和氮、磷的排放。

四、肉类生产是可持续增长的关键

中国的发展与肉类的生产和消费息息相关。与其他所有国家不同，猪肉是中国百姓最重要的肉类产品。我们可以用下列的数据来说明猪肉对于国人的重要性：2014年猪肉产量预计将达到5 500万吨（占全世界的50%），人均猪肉消费量39公斤，而美国是27公斤。在中国人的食谱里，虽然牛肉和家禽的量也不少，但猪肉绝对是最主要的肉类。它的重要性不仅体现在消费者的选择和饮食习惯上，也来源于历史和文化传统，还有就是吃肉被认为是生活水平提高。从政治和经济的层面来说，猪肉价格的变动对家庭食品开支有很大的影响，迫使政府必须要监督和稳定猪肉的生产和销售。中国是世界上唯一通过猪肉的储备来稳定价格的国家。

从20世纪70年代开始政府就大规模促进这个领域的发展，推动生猪的养殖从农户散养到规模化、专业化的饲养，一直延续至今。1985年的时候，大约95%的猪肉都是农户散养的，每户猪的数量不超过五头。如今，散养的比例已经降到了27%，主要发生在过去的10年里。在规模和形式上，中国现代化的养猪场已与西方国家的标准很类似，中国培育了一些龙头企业来引导农业的现代化。与西方社会相比，中国的消费者，特别是城市的中产阶级，认为这种产业化是现代化的表现，它对食品安全和质量很有帮助。

五、技术是全球食品生产的重要驱动力

随着对畜牧业产品需求的不断上升，全球畜牧业的结构已经发展了变化，包括集约化、垂直整合和规模化以及更多转向精饲料喂养的猪和家禽。中国的生产商适

应了大部分的变化，但中国仍然既有散养也有世界一流的设施，这方面为生产力的提高提供了巨大的潜力。

中国的农业产出从1987到2011年增长了450%。从全球来看，肉类的生产效率从1980到2005年提高了35%，使得猪肉的产量翻番。技术进步是实现这些增长的主要驱动力。先进的育种和饲养技术，农作物灌溉和肥料技术，精饲料的使用，通过基因实现高产的品种和动物健康的改善是最重要的一些因素。

但全球9%的二氧化碳，35%～40%的沼气和64%的氨排放是来自养殖业，生产1公斤的猪肉需要消耗5 200升的水充分表明这些方面的改善会对环境有巨大的影响。

六、结论和行动的焦点

经济增长和食品安全与自然资源消耗率的脱钩是对全球的一大挑战，对中国来说尤为如此。“既能满足目前的需求且不影响后代满足其需求”是联合国布伦兰特委员会于1989年提出的可持续性的简单定义，这也可以成为中国应对食品安全挑战的指导原则之一。

在过去的40年里，创新和技术在全球的增长和生活水平的提高中发挥了重要的作用，很显然这样的发展也是有成本的。斯坦福大学生物学家保罗·厄利驰在20世纪70年代早期提出了这样一个方程式I＝P×A×T，人类对环境的影响（I）与人口（P）、生活水平/消费（A）和技术（T）正相关。这个公式描述了人口增长，生活水平和技术发展会增加我们对环境的影响。P人口增长是难以控制的，A消费更多食物的趋势似乎在短期内也难以改变，T技术必须成为变化的因素，需要知识和政策相结合，研究与企业共同合作。

今天中国猪饲养的粗蛋白摄入水平是18%，如果该数字下降到15%，每公斤猪肉的氮消耗量将减少6.13克，假设每人每年食用35公斤猪肉，氮的排放将因此下降24%。如果猪肉的消费量增加到每人每年45公斤而粗蛋白的摄入量不变，如果不采用先进的饲养技术，氮的排放量将增加28%（假设人口数量不变）。这充分说明我们需要改进饲养方法和运用先进的饲养技术。

接下来的建议主要针对食品生产领域的技术改进，特别是在猪肉的饲料到食品生产链。我们将提出提高肉类生产效率以满足不断增长的需求的方法，同时减少肉类生产对自然资源和生态环境的影响。我们会提供其他国家解决这类问题的案例以及中国可以借鉴的领域。

七、对政策和行动的建议

赢创认为，通过采用世界最先进的技术和最佳的实践和有效地执行饲料到食品产业链的政策和指导原则，中国在满足不断增长的食品需求上还可以有巨大的提高，并为将来的增长打下良好的基础。

1. 进一步提高畜牧业的生产力

（1）畜牧业更加高效地使用自然资源

主要有以下三点原因：

①畜牧业中饲料的成本是最高的，也是提升生产力和节约资源最重要的方面。减少动物饲料中蛋白质的含量在学术界和产业界已有多年的讨论，有证据表明这个变化可以带来多方面的好处：

②动物饲料中的蛋白质来源于植物，这与人类食用的蛋白质和生产加工有直接的竞争。减少饲料中的蛋白质可以让出一部分耕地资源和减少土地用途的转换。

③减少饲料中的蛋白质可以减少动物粪便的排放，进而减少温室气体产生以及引起酸化和富营养化的氮和氨的排放。

氨基酸是一类饲料添加剂，可以在这个领域所有作为。它们可以减少动物饲料对饲料作物的需求，提升饲料转换效率并大幅度减少牲畜的排放。从数据来说，全球动物饲料使用蛋氨酸减少了约4 940万吨二氧化碳的排放，如果做一个对比，它相当于德国工业二氧化碳年排放量的67%。

节约自然资源的效果同样显而易见，2 公斤的赖氨酸和 1 公斤的蛋氨酸混合使用，其氨基酸的含量相当于 54 公斤的鱼肉和 34 公斤的大豆混合使用。最终的效果就是节约了资源，减少用于生产饲料作物的土地。全球使用蛋氨酸而节省的饲料作物土地达到了 15 万平方公里，约相当于突尼斯的国土面积。

这些效果已被人所知，全球饲料用氨基酸的使用也逐步扩大。中国在“十二五”计划中已经把氨基酸的自给自足作为一个目标。饲料用氨基酸的生产不是问题，国内外厂家均有生产，问题在于其用于生猪养殖的比例仍然有待提高，特别是在中小型的养殖场。虽然国内的研究和成功的案例都有，但目前中国只有很少一部分饲料和肉类企业实施了低蛋白的生产理念。

简单计算的话，饲料中每减少1%的粗蛋白成分，动物的粪便就会减少10%的氮排放和10%的沼气排放，降低3%的水消耗和5%的粪便量。把这个比例放到中国并与其他国家相比，潜力是巨大的。这个转变无须额外增加成本，可以推广到任何规模的养殖场，当然也可以应用于小型的养殖场。

世界上已有一些政府和非政府组织了解了减少动物饲料中粗蛋白的含量是减少资源消耗行之有效的方法，比如世界粮农组织有针对提高畜牧业效率的项目。蛋白质减量和使用食品添加剂来提高饲料转换率是他们建议最有效的方法之一。饲料添加剂的使用也可以通过加入新的原料来改善营养结构。欧盟委员会在2014年将发布最新的家禽和生猪集约饲养的最佳技术参考文件。这份文件将明确规定通过分阶段喂养和添加氨基酸来减少动物饲料的蛋白质。

（2）采用和执行最佳实践技术

虽然在过去的几十年里中国肉类的生产力得到了极大的提高，但仍然有改进的余地，包括：缩小现代化大规模养殖场与数量仍然不少的中小农场之间的差距；应用国际最佳的实践知识和技术。本建议不涉及各类标准和最佳实践案例的具体内容，但涉及如何能够高效地推广这些标准和技术。

我们看一个国际上的案例。欧盟委员会已经推出一系列关于改进服务、产品和生产流程质量和安全的技术方法的文件。这些文件虽然不是强制性的，但它们成为几乎所有欧洲新项目的技术参考，包括能源、住房、建设和农业领域。获取政府对项目的审批需要执行这些最佳技术（英文缩写BAT）。

回到中国，这些文件也可以作为饲料和食品生产企业的标准，帮助当地政府评估新项目，拓展新技术应用于所有的市场参与者，特别对于中小企业。它们也会减少各类建议的碎片化和责任的重叠。

这些标准的发展需要中国各农业大学顶尖研究人员、农业部和其他政府部门的专家以及优秀企业的共同努力。国际学者和企业的积极参与也一定会大大促进其发展。如果能够让国外的企业参与标准的制定和执行，这会比单纯借鉴经验的方式更加有效。

2. 规划和评价食品生产需要考虑对环境的影响

（1）建立针对现代饲料和食品生产的生态足迹评估

整体来说，世界各国的消费者越来越关心食品和其他农产品是如何生产的。因此，中国的畜牧业在提高产量以满足需求的情况下，也会受到针对环境影响评估、改进和沟通的压力。公众对此的关注意味着畜牧业需要从传统的业务游说转向寻求改善环境影响的解决方案。比如，欧洲不久前认识到他们迫切需要动物性食品供应链对环境影响的定量分析信息。只有这样做，消费者才能了解哪些领域需要优先采取行动，才能更好地对饲料和食品体系做分析研究。

（2）把畜牧业的排放与饲料配方和营养进行关联

饲料粗蛋白成分减量化是先进的动物饲养方式，它可以提高饲料的转化率和营养价值。为了应对生产健康食物对环境影响的压力，改进饲料配方并监督不同饲料对环境的排放可能是唯一的解决方法。由此，消费者可以根据透明的信息来做出自己的选择。

（3）采用全生命周期评价（LCA）的方法来评估和优化肉类的价值链

全生命周期法是通过收集和评估所有生态投入和某一产品在生命周期各个阶段对环境的影响来描述该产品整体影响的方法。它包括原材料的生产、消费者的使用以及废物的处理。全生命周期法最早是用于工业生产流程的，现在也已成为农业生产的一个标准化方法。

3. 在城市规划中引入区域食品供应系统的概念

随着生产体系的不断专业化和食品加工业逐渐向人口密集的城市群集中，农作物的生产也就是动物饲料的来源与肉类生产加工逐渐分离。虽然系统化的方式可以给经济型、资源效率和环境影响带来更多益处，比如家畜粪便可以作为农作物的天然肥料，但这样的分离可以让价值链单独一个环节最优化。

目前大家讨论很多的是城市和城市群的规划和联动发展，包括投资、能源、基础设施、交通等等。可持续和低碳的食品供应链应该纳入规划之中。比如生猪养殖，多数都位于农村地区，满足的是城市和城镇化发展的需求。农场对资源的消耗、合理的补偿以及放心肉的供应都必须在区域发展的基础上进行协商，而不是某一个城市的规划。

城市的食品发展战略和规划是一个很新的话题，但在许多国家迅速扩大，食品安全和供应是关注的焦点，包括可持续性以及一些社会因素。国家上的项目有联合国粮农组织多学科的“城市食品”等项目。

4. 细化政策和项目，扶持农业的可持续发展

与其他国家不同，中国运用了多种政策的组合来推动其结构调整和经济发展，并取得了很大的成功。农业发展始终是政府的头等大事，五年规划和每年政府的一号文件都体现了农业的优先地位。目前针对农业的政策主要有四大类：谷物生产的国家收购、农业产出的补助、农业机械的补助和优良品种的补助。这些政策和配套措施主要针对提高产量和农民的收入，财政支持的力度是相当大的。

虽然近期农业的环境影响和可持续发展问题被不断提及，政策的组合需要更加明确目标和方法，特别是如何实施这些政策并平衡那些可能会造成此消彼长的目标。

（1）在整个从饲料到食品产业链上提高对农业可持续发展的认知度

推动可持续的理念和政策必须让产业链上的主要参与者采取有效的行动。由于中国小农场和现代化饲养在产业化和知识技能上的巨大差别，而小农场主更加关心他们的生产力和收入，这就需要引入和实施新的理念。国际政策制定者和国内的分析都强调了农业项目的有效性问题，特别是在畜牧业生产上，成功的策略是难以改变的。少用资源达到同样或者是更高产出的方法往往受到质疑。

实现这个转变，政策是基础，更需要一套有效的指导体系来进行沟通、培训、演示和实践的分享。饲料和添加剂的私有企业，无论国内还是国外，可以积极支持最佳实践的应用和地方项目的实施。

（2）通过公私合作方式有效地执行

有充分的证据表明，在设定标准和制定政策时引入私有部门比如公司、行业协会、食品零售商和非政府组织的参与，可以有效地执行这些政策和标准，并能获取主动的承诺。荷兰“绿色协议”的目标就是加强私有部门的参与，比如荷兰乳产品产业致力于实现零排放。法国的“农场环境认证”也是与许多相关方共同开发的。

作为合作项目的典范，联合国粮农组织推出的“畜牧产业链环境影响标准和监督合作”项目就是由领先的学术机构和产业协会共同合作的，他们提供了一份最佳营养实践的清单。畜牧业环境评估合作项目（简称 LEAP）也是政府、社会组织和私有部门共同合作的，提供优化的方法和指导。欧盟委员会也推出了产品生态足迹规则（简称 PEFR），邀请了供应链的相关合作方共同开发饲料和牲畜的评价标准和方法。

在中国，此类公私合作的方法可以让利益各方主动承诺，使项目能够有效地执行，并不断交流各自进程中积累的知识和经验。

北京和成都这两座中国的城市参与了国际城市农业和食品安全中心（简称RU-AF）的基金会，与各方合作开发知识、工具和项目。在一些国家，这些方法使得私有部门的利益相关方与各地的政府之间主动达成了有效的协议，并且不需要具体的政策支持。在政府支持的地方合作项目上，澳大利亚、加拿大和新西兰都有成功的案例。

(3) 提高公众的意识

其他国家成功的可持续发展案例认为政策是成功的关键因素，但同时强调公众的看法和消费者的行为是主要的推动力。食品安全已经是一个大家都关注的问题，特别是在城镇化的地区和中产阶级，他们更愿意表达自己的需求和关注，这就让私人和公共决策者把食品安全问题摆在了更重要的位置。

欧洲和北美国家的案例显示，消费者迫使超市和零售商引入可持续的目标，并与他们的供应商共同遵守。产品的可持续概念，全生命周期评估和碳排放或者生态足迹数值越来越成为参与价值链活动的先决条件。虽然亚洲国家还未采用碳或者生态足迹标识政策，产业界积极推广，某些企业通过在他们的肉类产品上标注碳或者生态足迹创造了差异化的优势。

中国应当利用对食品安全的讨论来推动公众的意识，并作为政策实施强有力的基础。

食物保障在中国

杜邦公司

摘要

在中国漫长的历史上，甚至近至20世纪70年代，饥馑屡屡发生。然而，就在这近20年里，中国一跃成为粮食净出口国。在人口不断激增、粮食供应问题越发引人关注之际，中国的成就举世瞩目，其成功经验值得世界各国借鉴。

人类社会的生产力现已达到一个前所未有的水平，为民众提供足够的食物不是一种政治选择，而是一项基本人权。中国所取得的成就表明：为其民众提供足够的食品是可以实现的。对于其他许多面对同样难题的国家来说，这也应该是一个可以实现的目标。中国已取得了令人瞩目的成就，然而要为国民建构一个可持续的食品体系，还有很多的工作需要做。

虽然中国的农业产量已居世界之首，但是这个全球人口第一大国却面临着耕地严重短缺的大问题，这一问题受气候变化、工业化和快速城市化进程的影响，显得越发严峻。与此同时，随着生活日渐富裕和都市化水平的提高，中国民众要求更好、更安全、更有营养的饮食。中国有很多地方值得全世界学习。她花了大气力重构粮食供应链——从提高耕地利用效率到改善基础设施，乃至采用新的生物科技和农机技术，做了方方面面的工作。

中国面对的挑战并不是她所独有的，世界上许多发展中国家都需要应对同样的局面，而且在一定程度上，发达经济体也不例外。中国人口现为13亿，未来将呈温和增长态势，预计到2050年将达到15亿；而届时全球人口总量估计将膨胀近

本为是杜邦公司为中国发展高层论坛2014年会撰写的专题报告。

30%，达到90亿[1]。中国人口占世界总人口的19%，但其耕地面积只有世界耕地总面积的7%，人均耕地面积仅0.23英亩——与之形成对照的是，美国的人均耕地面积为3英亩。由于城市化、荒漠化和洪水冲蚀等原因，中国现有的耕地存量仍在不断减少。中国之所以在非洲、澳大利亚和新西兰等海外地区购入耕地，原因就在于此[2]。另外值得一提的是，中国耕地损失最严重的地方大多是以往农耕最发达的地区。

中国政府深知国家当前和未来所面临的粮食挑战，正在推行多种措施加以应对。杜邦祝贺中国通过政府政策的支持、对先进技术的运用以及对灾害的控制，连续十年实现粮食收成的增长。作为世界上人口最多的国家和最大的粮食消费国，中国集中力量实现食物保障，这些努力包括提高农业技术来提高土地产量和保证耕地的面积。

在中国共产党第十八次全国代表大会把食物保障作为发展的首要任务后，中国国家主席习近平承诺将促进中国的农业基础设施建设。习主席的支持、国务院食品安全委员会的成立和中共中央最新发布的政策建议，让实现中国农业现代化和为所有人确保食物保障的目标变得触手可及。这些成就已得到国际社会的广泛认可和尊重。

当我们展望未来，创新、技术和协作依旧是持续增长的支柱。杜邦公司期待与中国政府和其他合作伙伴进行协作，以确保中国农民拥有必要的工具来满足食物保障要求。

一、实现食物保障的路线图

1. 食品供应与民众承受能力

“今天，人类生产的粮食足够养活每一个人，”拉吉·帕特尔（Raj Patel）2011年在《外交政策》杂志（Foreign Policy）上撰文指出，“然而，由于粮食分配方式的缺陷，致使10亿人口尚处于饥饿之中。”不过，问题不仅仅在于糟糕的分配和全球粮食库存的多少。与食品的供应量相比，民众的承受能力也是同等重要的一个因素。高昂的食品价格剥夺了消费者的食品安全感。就在不久前的2007~2008年，全球粮价飙升，在许多贫困国家造成动荡不安，同时伴随着囤积现象和食品贸易禁

① 联合国世界人口展望，2010年修订版。

② 玉米与大豆辑要，2011年4月20日。

运。另一方面，粮价过低同样具有破坏性，它威胁着农民和食品生产及相关领域参与者的安全处境①。

联合国粮农组织（FAO）的科斯塔斯·斯塔穆里斯（Kostas Stamoulis）警告说，全球粮价上升在今后15到20年内几乎是必然的，而且价格振荡会更加剧烈。因此，中国和其他国家必须作好准备，应对不可避免的粮价周期性波动。测算食品开支占家庭总收入的百分比，这是一项能够真实反映国民富裕程度的指标。中国居民在许多方面都有了长足的发展，但其购买食品的支出仍然相当高。2006年，中国人的食品开支占家庭总收入的平均比例为39.8%，相比之下，在美国这个数字为13.7%。据经济学人智库（Economist Intelligence Unit）在杜邦公司赞助下发布的“全球粮食安全指数”报告，过去20年间，在世界各国中，中国农业生产的波动性最低。之所以如此，一部分原因在于中国地域辽阔，但是也得益于中国政府对粮食生产的大力奖励政策。不过，政府正逐渐淡出奖励粮食生产的做法，而是通过其他方式加以鼓励。

2. 营养与健康

随着人口的增长，中国的目标已不只是增加粮食产量，更要提升营养成分，增加主食品中微量营养素和维生素的含量。此外，随着中国民众日渐富裕起来，他们的饮食习惯也在悄然发生变化。和所有生活蒸蒸日上的人群一样，中国民众希望获得营养更丰富、消耗更多农业资源的食品，诸如肉、鱼、禽、蛋和奶制品，以及与其日益城市化和工业化的生活方式相适应的各种包装食品和方便食品。

据国际商业观察组织（Business Monitor International）的报告，中国的零售食品消费（相对于本地出产、本地消费的食品）正以每年11%的惊人速率高速增长。鉴于此，保持健康、均衡的饮食，着眼长远，增进国民健康，对于中国来说至关重要。食品营养价值是个复杂的话题。营养不良问题涉及穷人和富人。“传统的中国饮食包括丰富的蔬菜和碳水化合物，而源自动物的食品很少，但这种饮食结构如今已趋于消亡”，巴里·波普金（Barry Popkin）2008年在《保健事务》杂志（Health

---

① M. Ravallion，世界银行政策研究报告“Do Price Increases for Staple foods Help or Hurt the Rural Poor?”，1989-3：167。

Affairs）上撰文指出[①]。10 根据联合国粮农组织的统计，在 1965 ~ 2005 年间，中国人餐桌上肉类的消费比例从 6% 增加到了 27%。因此，肥胖现象在中国越来越令人担忧就顺理成章了，糖尿病、心脏病等更多问题也接踵而来。巴里·波普金在同一篇文章中还指出，中国的成年人当中体重超标者占五分之一。据《糖尿病护理》杂志（Diabetes Care）最近估计，2010 年中国大约有9 240万名糖尿病患者。在中国和其他发展中国家，城市化和不断增长的对高脂肪、高糖分、低营养的加工食品的需求均与“富贵病”的发生密切相关[②]。

3. 食品安全

在中国，食品安全是人们普遍担忧的一个突出问题。各种食品污染事件频发，动摇了公众的信心。2010 年底由《柳叶刀》杂志（The Lancet）发起的一项调查显示，中国民众认为食品安全问题是其日常生活中面临的第二大风险，排名仅次于地震。广为曝光的食品安全丑闻包括毒奶粉事件（婴幼儿配方奶粉中混入三聚氰胺）、瘦肉精事件（一种名为盐酸克伦特罗的合成类固醇被混入饲料喂猪）、铬大米事件、地沟油事件，等等[③]。中国国家食品安全中心刘秀梅研究员指出，政府当前的食品安全工作的重点还是查处非法添加物，因为此类案件的公众影响极大。

食品安全问题有一部分属于基础设施问题。中国有 6 亿多农民，人均拥有耕地面积还不到 0.65 公顷（1.6 英亩）[④]。中国的大多数农户规模非常小，这意味着，离开政府的补贴就难以维持。北京亚洲农业咨询公司（Asian Agribusiness Consulting）的迈克尔·博丁顿（Michael Boddington）在一文中这样写道：“在经济意义上，它们微不足道，农民缺乏必要的知识和技术，去预防和抵御病害的爆发。”[⑤]

相关的挑战包括假冒及劣质农药的使用和土地和水的工业污染。更好的作物保护和农民教育将减少化学品的过度使用和随之而来的有害残留物。杜邦公司已经与中国农业部控制研究所农药（ICAMA）合作制定作物安全指导方针。杜邦还向中

---

① 巴里·波普金，Will China's Nutrition Transition Overwhelm Its Health Care System and Slow Economic growth? 保健事务，2008 - 7/8，27（4）。

② Diabetes Saps Health and Wealth from China's Rise，柳叶刀，2012 - 6 - 16。

③ China's Invisible Burden of Foodborne Illness，柳叶刀，2012 - 5 - 3。

④ 莱斯特·布朗，《扭转中国谷物产量下降的局面，地球不堪重负》，地球政策研究所，2005。

⑤ 爱尔兰时报，2012 年 5 月 15 日。

国引进了低毒的 Coragen 杀虫剂。

4. 食品浪费

联合国粮农组织近期的一项研究估计，中国的粮食损耗和浪费可能高达其总产量的 1/3 左右。中国农业部农产品加工局张天佐局长表示："如此之高的损耗确实惊人。"中国粮食损耗之所以如此巨大，部分归咎于其高温、高湿的环境条件，这增加了粮食病害和腐败变质的风险。尽管中国使用的种子 100% 都是杂交品种，但是它们抵御疾病、虫害和温度变化的能力水平差别很大。中国也需要提高农作物收割和储藏的质量标准。

此外，据世界观察研究所，在中国每年超过 320 亿美元的食物被丢弃。中国政府已经采取措施，通过"光盘运动"和"垃圾分类"等活动来提升人们对减少食物浪费方法的了解。持续的创新可以帮助在食品价值链上减少浪费。还有特别重要的一点，就是需要开发适当的食品添加剂，帮助延长食品的保质期，抑制酵母和霉菌，以及改进食品包装，降低食品在运输途中和在商店货架上变质、遭受污染和破漏的风险。

5. 可持续性农业

在增加食物供应的同时，中国必须重新规划其农业架构和基础设施建设、改善粮食存储、抑制浪费，并注重耕地与水资源的质量提升和保护。由于耕地和水资源数量惊人的流失，中国北方近年来遭遇了历史罕见的沙尘暴和干旱，而南方沿海部分地区则遭到特大洪涝灾害的蹂躏。中国农业可持续发展所面临的挑战还不止于此，农村劳动力的不断萎缩也是一大问题。的确，中国拥有大约 6 亿农民，但据估计，这一人群的平均年龄介于 50～60 岁之间。在中国，务农在很大程度上仍然仅够维持生计，这是造成农村劳动力萎缩现象的主要原因。据国际粮食政策研究所高级研究员张晓波（音译）（他本人就是在一个农村公社里长大的）介绍，中国农户拥有耕地的平均规模不足 2/3 公顷（1.6 英亩），通常由五六块分散的小片土地组成，农民每天到各处田间去照看一圈，路上就得花费两三个小时。无怪乎现今中国农村的年轻人都不愿在家务农，而是期望进工厂、当白领。

二、中国在食物保障方面的显著进展

尽管面临诸多挑战，中国迄今为止所取得的显著进步，令人们有理由对于在未来一些年内，中国乃至整个世界的食物保障感到乐观。

另一个值得乐观的理由是，中国政府对于前路上的挑战有着充分的认识，正与众多跨国公司、非政府组织和农业专家们，在粮食安全、可持续发展、农业贸易、科学和发展等领域着力开展合作。这一开放的姿态，为包括杜邦在内的许多跨国企业提供了机会，与中国公司和政府机构建立协作关系，把先进的技术带进中国，并依据各地的具体情况进行适应性调整。

达成食物保障需要一套综合、全面的措施，包括基础设施投资，农业和经济的发展，以及多种相互关联的因素的作用—比如，增强人与人之间的理解和互动。但无论如何，科学和技术是这个综合体中不可或缺的一部分。

中国应对自身食品需求的成功秘诀在于有效的长期战略的制订与实施。过去25年间，中国对于科技的投入带动了农业产量的突飞猛进，而且投资势头至今持续不衰。据国内媒体报道，中国计划在今后10年间投入超过4万亿元人民币（6 360亿美元），狠抓良种繁育、畜禽生产以及农产品的运输和储存①。另据陈志钢为英国科学办公室（British Office of Science）所做的一项研究，鉴于人们对环保的关注日益增长，中国有关方面的研发支出也相应地聚焦于灌溉、水资源保护、水土流失和荒漠化等方面②。

此外，中国政府还充分认识到伙伴关系和协作的重要性，他们欢迎那些能够带来尖端的专业技术，并热心参与和帮助中国开发合适的解决方案，以应对食物保障问题的有识之士。

杜邦在中国的发展充分体现了中国与全球众多最具创新力的企业之间紧密合作的关系。杜邦中国集团有限公司于1988年在深圳成立。目前，杜邦在中国建立了大约50家独资和合资企业，致力于提供农业与营养、安全与防护、高性能材料、电子和通信技术等领域的解决方案。

杜邦直接与中国的政府部门、客户和消费者开展合作，包括农户、当地和全球性的非政府组织以及其他企业。杜邦向中国市场提供300多个系列的产品，从合成

---

① 中国日报，2012年3月5日。

② 陈志钢、张玉梅，Agricultural R&D as an Engine of Productivity Growth：China. Foresight Project on Global food and Farming Futures，英国科学办公室。

纤维到农业产品、从食品配料到电子产品，涵盖相当广泛。杜邦将中国视为创新的热土。多年来，杜邦见证了中国解决其主要食物保障问题的决心，也见证了中国与广泛的、拥有尖端专业技术和科技知识的私营公司及各界精诚合作的努力。

在努力实现食物保障方面，包括中国在内的各国政府并不是孤军奋战。政府们会同来自全球的公共和私营部门的业界领先专家，努力催化变革，达成既定目标。成功的关键在于投资研发和善用科学技术，以及鼓励机械化、向农民传授最佳实践，促进创新成果在基层转化为应用。

三、投资科技

科学与创新无疑是中国农业持续进步的关键所在。农业创新在中国可谓历史悠久，早在2000多年前，中国人就发明了改良型水泵和谷物加工技术。今天，中国再次依靠强大的技术创新来增进自身的食物保障水平。

中国科学院发布的“2050科学发展路线图”呼吁在2020年将农业研发资金增加到1.5%，到2050年时争取达到2%。另一方面，对农业研发的私营投资正在飞速增长，但与发达国家相比依然偏低（中国目前私营农业研发投入占公共研发投资的22%，而在发达国家这个比例达到了50%）。

四、开发本地化解决方案

粮食安全是中国的当务之急。有鉴于此，目前政府对农业研发的投入有半数以上都集中在粮食作物方面。私营机构也把主要精力用于提高粮食产量，以养育子孙后代。

以杜邦为代表的一批公司也在投资于粮食相关领域的研发。杜邦公司承诺在全球范围内投入高达百亿美元的研发资金，致力于在2020年前推出4 000种新产品，来满足各地民众在增强营养、可持续发展和安全性方面的需求①。同时，杜邦也着力让自身的技术更加适应中国的特定需求，因为我们相信只有本地化的科技才能对一个国家或社会产生强有力的影响。

为了应对中国市场特定的食品安全问题，杜邦 BAX 全自动病原微生物快速检

① 渴求变革的中国——发展中的中国食物保障战略食物保障白皮，http：//foodsecurity. dupont. com/food - goals/。

测系统专门开发了一项用于检测志贺菌的功能。这种细菌在中国是造成食物污染的三大元凶之一，但在其他国家却十分少见。志贺菌用传统培养工艺很难检出，但杜邦 BAX 检测系统拥有超一流的敏感性，在 5 毫升的样本中，只要存在一个细菌，用杜邦检测系统就可以检出。

开发本地化的解决方案还能带来更多的效益。杜邦在华销售收入的很大一部分来自在本地开发的产品。本地开发的产品可以在其他地区开辟新的市场。酸奶饮料在中国市场上十分畅销，但在国内一些地方冷链配送可能无法保证，杜邦公司非常关注这一供应链问题。于是，该公司开发了 YO-MIX 酸奶菌种，即使在室温下也能防止产品后酸。一个额外的好处是，YO-MIX 在中国的成功还扩展到中东、非洲和世界其他地区，成为本地化产品带来全球性收益的一个范例。

中国对科学和新技术的开放态度，促成了国内外公司、机构之间数不胜数的协作。中国迅速增长的科技实力——其研发支出位列全球第二；材料科学和化学领域发表的论文数量居全球首位；专利数量居全球第三，这些都体现出中国对于运用科学解决挑战的承诺，而这也正是杜邦公司所承诺的。

五、工业化与机械化

尽管中国人的饮食日益复杂多样，对农产品的需求相应增加，但是愿意留在乡下务农的人数却日渐减少。越来越多的小农户把农业收入看作城市务工收入的一个补充。劳动力的短缺意味着对农机设备需求的增长。为了提高农业生产效率，中国正致力于农业的产业化，以期提高生产力，再上一个新台阶。在这一进程中，机械化将发挥关键作用。据中国农业部介绍，中国已经设定了“到 2020 年实现 70% 机械化”的目标，到 2012 年，采用机械耕种和收获的比例将达到 5.6%①。

为了鼓励农机的使用，政府增加了对农民的补贴，由 2008 年的 1.96 亿美元增加到 2012 年的 33 亿美元。小麦和水稻等一些作物的机械化种植进展较快，但油料种子等作物的种植就不太容易实现机械化，因为没有专为这些作物设计的农机，另外，像玉米这类庄稼通常由小农户在小地块上栽种，不适合农机操作。小麦和水稻等作物的种植已有 70% ~80% 实现了机械化。当农民采用现代化技术耕种，收入可

① 中国农业部统计发布。

能比进城务工还要高。

外国公司所起的一个重要作用，就是向农民展示可用的技术，比如，让他们了解实行机械化的可能。杜邦先锋良种公司认识到，尽管它所提供的种子帮助中国农民大幅增产，但低效的手工采收却造成了浪费。联合国粮农组织的一项调查结果显示，全球粮食作物每年遭到损失或浪费的比例高达1/3。于是，该公司便与河北的一家收割机制造企业联手，向当地农民展示机械化收割的优势。

六、供参考的政策解决方案

30多年来，中国在增加农业产量、提高食品标准和质量、开发新技术等方面取得了长足进步，以满足其不断增长的人口的营养需求。由政府主导的改革强力推进经济发展，加上农业科技和知识的革新与应用，共同促进了上述变革。其结果是，今天的中国已经成为世界上最大的农业生产国，据联合国粮农组织资料，中国饥饿和营养不良人口比率从1990年的21.4%降至2012年的11.5%①。以下是我们推荐的一些政策方案以供参考。

1. 加强防伪和知识产权保护

作为一家学公司，杜邦高度重视知识产权（IPR）。我们赞赏中国为之付出的巨大的努力和所取得的进步，特别是专门成立了全国领导小组办公室来协调防伪工作，开展了一系列活动严厉打击侵犯知识产权，还进行了相关司法的改革和法律法规的修订，大大改善了知识产权所处的环境。中国所取得的这些成就已经受到创新者、科学家和整个国际社会的关注。尽管取得了一些进展，我们认为可以在某些方面进一步加强防伪工作。例如，商业机密保护、打击网络造假和农业产品的知识产权保护。美国的公司欢迎中国政府官员继续与我们在这些方面进行合作。

作为一家科学公司，杜邦感激中国政府为打击造假活动所提供的大力支持，并愿意全面合作，为美国和中国的创新者在中国推进知识产权的保护。

2. 鼓励长期外商研发投资

我们希望中国将继续开放跨国公司在中国的长期研发投资。集中精力确保对合作协议（即如合资企业等各种商业模式等）、研究协议和专利进行及时的审查，将

---

① 2012年世界粮食不安全状况，联合国粮农组织。

继续促进中国经济的发展和繁荣。杜邦在中国的协作模型支持与本土中国企业在中国的创新，这将营造出中国正在努力实现的创新型经济文化。我们期待继续与我们的本土合作伙伴进行协作。

3. 减少对国外种子公司所有权的限制

我们期待与中国合作来解决中国和世界各地的食物保障问题。怀着这个雄心勃勃的目标，我们希望中国可以考虑在不久的将来放宽合资种子公司中的外资所有权限制。我们正在努力工作以继续实现我们的承诺：分享技术，用我们的科技来支持中国农民，并不断追求加大对中国的投资。

4. 加速农业人才培养，以确保健康的农业人才输送

现代农业需要能够使用技术进行机械种植和收割的现代人才。中国有相当水平的人才。关键需求是要吸引非传统人才进入中国的农业生产。随着农业的发展，这些新型领导人能快速掌握推动现代、高效、可持续化和全球农业系统的方法。

中国成为世界领先的粮食净出口国之一的进程将为世界其他国家提供重要经验教训。中国对发展本土农业的承诺为整个食物价值链创造新的机遇，让我们可以期许一个激动人心的未来。对包括专利保护在内的创新投资的持续支持，将继续促进中国专业的农业产业的成长，激励下一代的中国科学家、企业家和农业专家。当我们展望未来，创新、技术和协作依旧是持续增长的支柱。杜邦公司与中国有着相同的愿景。我们期待着与中国政府和其他合作伙伴携手前进。

第7章

应对产能过剩：从制造大国到制造强国

徐匡迪

第十届全国政协副主席；中国工程院主席团名誉主席、院士

进入新世纪以来中国制造业的总量迅速攀升。根据世界银行和联合国工业统计数据，中国已经是世界第一制造大国。请注意我原本用的全部是国际数据，没有用我们中国的统计数据，因为有些人怀疑中国的统计数据可能不准。但是这个我必须用中国数据，就是制造业已经成为中国城镇就业与出口的主力。现在中国72%的就业人口在城镇里，在制造业领域。我们出口的95%是制造业的成品货物，原材料已经基本没有。而且过去10年最大的变化是中国制造业已经从传统的纺织、衣帽、鞋子这些轻工业向装备制造业转化。据联合国的统计，中国的制造业总量已经超过了德国、美国和俄国。但是，中国制造业虽然大，但是大而不强。

第一，核心技术对外的依存度高。中国80%的高端芯片依靠进口，2012年集成电路的进口是1 920.6亿元，仅次于石油2 600.2亿美元的进口。根据亚行估算，一部手机所需要的成本189.86美元，多数归属了日本、韩国、美国等企业，负责组装的中国企业只得到了6.5美元。

第二，制造业规模的增速缓于规模的增速，多年来我国制造业过度依赖资源和资金的投入，发展经济粗放，经济效率低。发达国家的制造业增加值率一般是在35%左右，美国、德国甚至超过了40%，中国在2010年只有21.4%，去年更低。劳动生产力虽然有所提高，大概提高了一倍多一点，但是增速明显低于规模的增长，我们制造业规模21世纪初10年提高了四倍。

第三，产品质量和技术标准整体水平不高。制造业基础质量相对薄弱，产品质量和技术标准整体水平不高，产品质量合格率不高。制造业每年直接质量损失超过

根据会议发言记录整理，未经本人审定。

2 000亿元，间接损失超过10 000亿元。世界知名品牌前100位中12年来没有中国品牌，只有这个数据我们是用了中国自己的统计数据。

第四，资源利用效率偏低，环境污染严重。中国GDP大概占世界的8.6%，但是能耗占世界的19.3%，单位GDP能耗是世界水平的2.2倍。2010年，全国钢铁建材化工等行业单位能耗比过去先进水平高出10%到20%。

最后一个，不是不重要的，是非常重要的，制造业的信息化水平不高。中国制造业的信息化水平仍处于初级和局部应用阶段。发达国家的制造业已经进入了与信息化全面综合化、智能化、网络化为特点的新阶段，而我国制造业的信息化、智能化处于起步阶段，因此我们的效率和效益远低于发达国家。德国从2012年起启动了工业4.0计划，把智能工厂、物联网、互联网一体化。

怎么样解决这些问题？我着重讲一下中国制造业发展的评价和我们工程院的预测。关于制造业的竞争力主要指标有很多，我们选用了四个：第一个是瑞士IMD，就是瑞士管理学院的指标；第二个是达沃斯世界经济论坛的全球竞争力指数；第三个是联合国工业发展指数的工业竞争力指数；第四个是中国社科院工业经济研究所的中国制造业可持续发展指标。根据这些指标来算一下，从1946~2012年中国制造业综合竞争力的综合指数趋势。因为“文革”结束以前，中国没有可靠的数据，所以没有进行计算，现在这个综合竞争力的指数接近80。但是发达国家，像美国接近160，日本是120，德国是115，所以中国还是远远地落在了后面。

根据各阶段综合指数平均的各个国家增速，我们预测在2020年中国制造业竞争力指数大概能达到美国、德国、日本工业化中期的水平，就是20世纪80年代的水平，2030年达到美国、德国、日本、英国完成工业化的时的水平，就是20世纪90年代的水平。到了2050年，我们的制造业可以和美国、德国、日本、英国、后工业化时期的年平均增速的平均值相一致。中国的起点很低，在1990年我们的综合竞争力指数只有19.48，到了2010年提高到76.74，我们预测在2020年可以提高到95左右，这样就达到了工业化、后工业化时期的水平。

中国的制造业正面临转型升级的关键时刻，必须依靠创新驱动，大力推进数字化、网络化、智能化制造，提高创新能力、设计能力，完善企业创新体系，大幅度提高产品的质量，推行绿色制造，发展现代制造服务业，形成有国际竞争力和知名品牌的企业群体。这是中国制造业的唯一出路。

苏　波

工业和信息化部副部长、党组副书记

应对产能过剩

产能过剩是一个带有普遍性的经济现象。在市场经济条件下，适度产能过剩是正常现象，可由市场自行调节，也有利于形成有效的市场竞争。但中国目前钢铁、水泥、电解铝、平板玻璃、船舶等行业，已出现了严重的产能过剩。我国钢铁、水泥、电解铝、平板玻璃、船舶产能利用率，2012 年底分别仅为 72%、73.7%、71.9%、73.1% 和 75%，2013 年分别为 74.9%、75.7%、73.5%、73.5% 和 65.7%，明显低于正常水平。

造成这些行业产能严重过剩的原因，除市场因素外，还有体制机制、管理方式、发展方式等诸多深层次原因。

首先，部分地方政府以追求经济和财税收入高速增长为目标，通过低地价甚至零地价供地、税收减免、财政补贴、信贷扶持等资源配置方式招商引资，扭曲了市场信号，影响了企业的正常投资决策。

其次，由于土地、能源、资源等要素价格不合理，社会成本、环境成本未能全部体现在企业经营成本中，市场配置资源的决定性作用难以有效发挥。

第三，对违规审批项目的地方政府缺乏有效的约束和责任追究制度，在竞争性行业依靠行政性审批的管理方式，难以有效遏制产能无序扩张。

第四，部分行业发展方式粗放，创新能力不强，产业集中度低，没有形成由优强企业主导的产业发展格局，行业无序竞争、重复建设严重。

第五，推动企业公平竞争的市场环境建设滞后，对已有措施执行也不到位，事中事后监管不到位甚至缺位，导致一些达不到环保、能耗、安全等标准的企业以不公平的方式参与市场竞争，加剧了产能过剩。

当前部分行业产能严重过剩的情况，如不及时采取措施制止，不仅会加剧市场恶性竞争，造成行业亏损面扩大，影响产业健康发展，而且会引发企业职工失业、金融机构不良资产增加等问题。

化解产能严重过剩矛盾是一项十分复杂艰巨的任务，也是当前我国产业结构调整的重中之重，需各部门、各地政府加强协作，共同努力。工业和信息化部高度重视化解产能过剩矛盾工作，围绕充分发挥市场配置资源的决定性作用和更好发挥政府作用，坚持标本兼治、长短结合，综合运用经济、法律、标准和必要的行政等手段，主要在控制产能总量、调整优化存量、建立长效机制等方面下功夫，积极推进化解产能过剩工作。

一是将化解产能过剩和严控新增产能、淘汰落后产能相结合。对钢铁、水泥、电解铝、平板玻璃、船舶行业，今后几年不以任何名义核准、备案新增产能项目。坚持疏堵结合的原则，运用发展的理念，构建淘汰与发展相结合的良性互动机制，对产能严重过剩行业项目建设，实施等量或减量置换，在京津冀、长三角、珠三角等环境敏感区域，实施减量置换。强化环保、能耗、安全生产等产业准入标准约束，加强运用差别电价和惩罚性电价、水价等经济手段，营造公平竞争市场环境，通过严格执法和市场竞争淘汰落后产能。

二是将化解产能过剩和促进企业兼并重组、优化产业组织结构相结合。进一步优化企业兼并重组的市场环境，发挥市场机制作用，完善企业兼并重组相关审批制度，提高审批效率，完善财税政策，丰富支付方式和融资渠道，协调解决跨地区、跨所有制兼并重组中的问题，促进企业做优做强，通过兼并重组整合压减过剩产能。

三是将化解产能过剩和促进产业升级、优化空间布局相结合。落实工业转型升级规划，加强企业技术改造，加快关键共性技术和工艺研发应用。改善有利于新兴产业发展的消费环境，加快支撑其产品规模应用的基础设施建设，健全促进有效市场需求形成的优惠政策。加强分类指导，按照国家主体功能区规划要求，根据各地的资源环境承载力，合理确定各地产业发展方向和优先承接发展的行业，推动产业向生产要素优势集中的地区转移。

四是将化解产能过剩和深化体制改革、转变政府职能相结合。约束“有形的手”，放开“无形的手”，主要采取市场取向和法制、法规的做法，注重建立公平竞争的市场环境。要更多采用市场化的手段，综合运用环保、节能、质量、技术、安全标准等经济手段淘汰落后产能。在《钢铁行业规范条件（2012年修订）》的基础上，制定更加严格的能耗、减排和环保标准，提高污水排放、大气污染排放标准等，加快淘汰落后产能。要进一步简政放权，大幅度减少和下放行政审批事项，减少政府对企业投资活动的行政性干预，落实企业的投资自主权，强化事中事后监管。

五是将化解产能过剩和鼓励企业“走出去”相结合。统筹全球产业变革和国内工业转型升级，充分利用两个市场、两种资源，在更大范围、更宽领域、更深层次上推进对外开放。利用丝绸之路经济带和海上丝绸之路、中巴经济走廊、孟中印缅经济走廊，以及中国－东盟自贸区、中非、中拉、中俄经济合作等各类经济合作平台，鼓励企业“走出去”，加强对外产业合作。支持国内企业在海外靠近市场、靠近资源的地区投资建厂，引导产能过剩行业向外有序转移。积极推动优势领域和战略性新兴领域积极参与国际竞争和合作。

产能过剩既是当前中国经济发展中的大问题，也形成了促进企业转型升级的倒逼机制，同时为跨国公司提供了深化投资合作的新空间。我们欢迎跨国公司参与我国产能过剩的治理，进一步放宽投资准入，鼓励外资企业与中国企业深化合作，开展产品结构和工艺技术升级。积极支持外资企业在华设立研发中心，开展协同创新。工业和信息化部将加强与相关部门的协调配合，制定开放发展长远战略，强化贸易政策和产业政策协调，完善多边双边投资合作促进机制，营造开放发展的良好环境。

柳传志

联想控股股份有限公司董事长、执行委员会主席

联想集团创始人、名誉董事长

联想集团的发展

——中国制造业发展的缩影

联想是一个做电脑行业的公司，我想把它作为中国制造业发展的简单缩影，向各位做一下介绍。联想成立于1984年，由20万元人民币起家，开始时有11名科技人员。现在的联想集团是我们总公司下面一个专门做电脑的子公司，员工人数是42 000人，营业额达340亿美元，占全球市场份额的18.5%，居世界第一。

我们当时是怎么开始起家的呢？1984年我从中科院出来的时候，其实中国还没有一家真正的企业，所以，我们实际也没有学习的对象。我们通过给外国公司做代理，来学习、了解什么是市场，怎么样做营销，什么是管理等等。当时我们最好的老师是惠普，我从惠普学了很多东西。做代理的五年时间，我们积累了很多，包括资金。当时的电脑没有中文，我们自己开发了一款汉字系统，叫联想时代汉字系统，把这个插进去以后，电脑就有了中文，这对于我们代理促销起了很大的作用。经过极其艰苦的努力，我们有了自己的品牌。这个努力主要是向中国政府申请生产许可证，在当时计划经济的情况下，这点非常不容易。

中国政府在20世纪90年代以前，为了保证中国的电脑行业发展，采取了封闭的保护政策，用高关税、用批文不让外国电脑进口。但保护的结果是电脑的价格高、质量次，严重影响了信息化发展。所以从1990年以后，1991～1992年在我们电脑行业，就逐步开始了开放，取消了进口批文，大幅度降低关税。这样一来各行各业就很好使用了电脑，但是做电脑的行业受到了巨大冲击。

中国最大的一家电脑公司是国家办的，叫作长城。国家投了很多的钱，但是在

1993 年一年就突然就被外国的电脑公司冲垮了。因为它是国企，完全不懂怎样去做销售。我们联想当时与外国的企业（如 IBM 等）比，简直如小舟和巨轮，在资金、管理、技术方面差得很远。当时我们冷静地研究了与外企的差别，考虑到本身的缺陷，就从组织架构到业务模式进行了彻底的改组。当时选择了 29 岁的年轻人负责做电脑事业部的总经理，他就是杨元庆。从此以后，奇迹果然产生了，我们在中国的市场越做越好，节节胜利。到 2001 年的时候，我们占到了中国市场的 27.5%。有人问诀窍是什么？其实有很多方面，其中一个就是我们反复地、深入地研究了行业特点和竞争对手，并努力向它们学习。时间的关系我只说一点，即电脑的成本主要在哪里。不在什么推销费用、营销费用上，而主要是在元器件部件本身。比如，在 1996 年的时候 CPU、存储器、显示器等占了整个电脑成本的 85%。然而随着技术的发展，新型的元器件很快会出来，因此库存时间的长短将是成本高低的决定性因素。我们了解到这个情况以后，在当时没有 ERP 的情况下，采取了一系列土办法来缩短库存，把库存从 84 天缩短到了 16 天，大大降低了成本。另外再举一个例了，比如说技术。我们没有能力去进行开发 CPU 或者是操作系统这样的核心技术，但是我们可以了解市场最需要的产品，把成熟的技术用上去。比如说 1998 年的时候，互联网时代开始了，但是老百姓买了电脑以后很难上网的，原因是什么呢？你买了电脑以后要加一个影片的卡然后再自己装软件，还要到电信集团去登记才有可能上网，其实谁也做不到。于是我们推出一款电脑软件叫作一键上网，按一个键，这个电脑就可以立刻上网。这在技术上并不难，但它完全适合了用户的需要，仅此一项把我们的市场份额提高了 11%。

举这些例子主要是想讲一下我们在行业里怎么样去研究、战胜竞争对手。到了 2001 年以后，我们的份额就接着往下掉了，由 27% 变成了 25%，原因是出现了一个更大的竞争对手——美国的戴尔公司。他们有一个业务模式的创新，从美国一直打入欧洲，进入中国以后就开始蚕食中小企业的市场，我们就节节败退了。我们在对他们进行了三年的认真研究以后，有了大幅度的调整，有了更加创新的模式，在中国彻底战胜了戴尔。2004 年以后戴尔在中国就再也没有翻身。同时我们不断地研究企业的管理规律。除了行业规律以外，对于企业管理的根本顾虑是一个企业怎样有一个好的班子，最高的管理层怎样能够很好地在一起工作。另外怎样制定战略，能够比较客观地制定正确的案例，拿无数的案例去研究，尽量得到科学的结论。还有一点就是带队伍，怎样让你的员工热爱公司，高兴地工作，同时懂得怎样去工作等等。我们把它们定义为管理三要素：建班子、定战略、带队伍。

2004 年 12 月 8 号联想宣布并购了 IBM 的 PC 部分业务，当时引起很大的轰动。宣布以后，记者给了一片掌声，下来以后记者告诉我们这是一个蛇吞象的并购，我们给你鼓掌是鼓励了你们的勇气，但是谁也不相信这个并购能够成功。他们很高兴地跟我说老柳，我觉得你们给中国人争了光，你们就是死了也值了。最后的结果就是我们今天这么一个队伍。2004 年没有并购以前营业额是 29 亿美元，2012 年营业额为 339 亿美元，2013 年是 370 亿美元。尽管并购以前我们在中国是最大，但也只是 2.4% 的市场份额，2013 年我们占了 18.5% 的市场，成为了世界第 329 位。那么当时在并购之前我们考虑什么问题呢？大概主要是这么几点：第一个问题当然是 IBM 为什么要卖了 PC 部分，为什么 IBM 不能做，我们买过来就能做，这是第一个要研究透的问题。第二个是主要我们买什么，买品牌、技术、国际化的资源。第三个是买了以后，风险是什么，怎么样去克服。在金融危机的时候，由于文化上磨合确实出现了问题，我们的业务一度出现大幅度的下降，出现了亏损。这时我们又进行了班子的调整，我又回去当董事局的主席，和杨元庆配合，他做 CEO。我做的第一件事情是组织了一个中西合璧的领导班子，让中国人和外国人很好地磨合在一起工作。第二件事情是制定了一套正确的战略，第三是建立了一套中西方共同承认的企业文化，好的核心价值观。

后边我们连续并购了日本 NEC 公司，收购了德国 Medion 公司、巴西 CCE 公司。我们还获得了一些国际性奖项。当时购买的主要是技术和品牌，当时想的就是怎样让品牌在世界上存在，让美国人、日本人很好地跟中国人在一起工作。

联想并购 IBM 的 PC 成功的标志，不仅是财务回报，而是没有派一个中国人到国际各个区域去担任领导，但是战略和文化完全是一致的，联想集团现在已经是一家真正的国际化公司了。联想集团现在面临着移动互联网带来的新的巨大挑战。一个高科技企业必须不断地在业务模式、技术创新上突破，否则就是等死。联想集团的发展过程是改革开放中中国民营企业发展的缩影，是中国制造业发展的缩影。

凯　飒

西门子股份公司总裁、首席执行官

中国当前面临的最严峻的挑战之一就是产能过剩。造成产能过剩的原因有很多，包括经济的快速增长和大规模经济刺激方案的实施。在全球经济危机时期，经济刺激计划的开展对于推动经济复苏扮演了重要的角色——不管是在中国还是全球其他地区。但是目前，从中期来看，我们正在感受某些领域产能过剩的后果。

这些问题并非中国所独有。在欧洲，对钢铁的需求近年来也一直在急剧下滑。目前的产量仅占实际产能的70%～75%，导致减少了3万个就业机会。另一方面，德国能源结构的转型也是上述问题的一个具体体现。由于政府补贴造成对某些技术的需求膨胀，因此扰乱了市场秩序，导致产品供应超出所需。现在德国正在积极解决这一问题。

在中国，政府部门也在考察造成这个问题的原因，并积极寻求补救方案和得力的措施来应对这一挑战。解决目前中国产能过剩问题的一个重要举措是建立更开放的经济环境，让市场的力量来决定资源的配置。去年11月，中共十八大三中全会上做出了这一大胆决策，目前这一决策已列入全国人民代表大会发表的政府工作报告之中了。在此我祝贺中国领导人果断勇敢地跨出了这一步。响应市场需求意味着中国制造也必须调整产出。他们的目标应当是改进产出，而非提高产出。

我所说的“改进”是指：目标更加明确；响应更加迅速；更加符合市场不断变化的需求。在未来几年，我们所面临的挑战将是，提升产品的质量和效率，使产量逐渐与全球市场的需求保持一致。这正是西门子这样的公司为全球客户所努力做出的工作：提升生产能力和生产效率。

根据会议发言录音翻译整理，未经本人审定。

下面我举几个例子来说明西门子采取了哪些措施，帮助客户管理生产流程并高效利用其产能。我们采用的一个重要杠杆是技术创新，比如我们推出了制造执行系统（MES），可优化工厂的生产效率。比如说，在需求放缓的时期，这种系统可暂时关闭五个生产流水线中的一个，让其余四个生产线承担所有的生产任务。另外一个重要举措是工业4.0（Industry 4.0），即制造业的数字化生产。工业4.0可以使工厂实现从批量生产到高效生产的转型，从而大大提升工厂的生产灵活性。在这方面，汽车行业就是一个典范。现在，同一流水线几乎不会生产出两辆完全相同的汽车。

应对产能过剩问题是一项艰难复杂的工作，需要更新和修订产业政策、经济规划和劳工政策。未来的中国仍将是全球最重要的生产基地之一和世界上最大的出口国之一。但是未来中国能否在全球市场和国内市场继续铸就成功，将取决于中国能否改进生产流程，实现对产能的高效分配。我们期待着与你们携起手来，共同实现这些目标。

山姆·威尔士

力拓集团首席执行官

大家可能会想，为什么一个矿业公司的 CEO 可以在这里和大家探讨制造业。矿业的业务不是很简单吗？挖个洞卖石头就行了。它的复杂程度怎么能和制造业相提并论呢？我刚踏入职场时，在汽车制造业工作了 20 年，所以可以理解大家为何产生这种观点。不过在过去 23 年里，我转战矿业公司，了解到矿业的另外一面。现代矿业的复杂程度一点也不逊于制造业。它们面对着相同的挑战，而且需要相互学习。在某种程度上，这两个行业甚至是相互依赖的，无法脱离对方而单独生存发展。力拓的绝大多数客户都是制造公司，它们需要我们稳定地供应原材料，我们也需要制造业的健康发展来驱动对我们的产品需求。此外，我们要向制造商购买设备和技术，并学习它们的管理技术，这能够提高我们的生产力和效率，从而降低成本。

管理现代矿业公司和管理制造业公司都需要关注全球供应链和先进技术，它们的生产线可能蔓延数百公里。和现代制造业一样，矿业公司采用了许多自动化和中央控制的采矿设备和运输设备，我们也在努力提高生产率并降低成本。中国制造业对我们的帮助很大。10 年前力拓几乎没有向中国采购过任何产品，当时的贸易是单向性的。但现在的情况发生了翻天覆地的变化。仅仅在过去的 4 年里，力拓在中国的采购量就超过了 50 亿美元，用于全球运营。这些产品质量突出而且技术含量较高，包括卡车、轨道车和船用装载机等。我们在华采购的高速增长折射出中国制造业在质量和技术方面的大幅提升。所以当我们提到制造大国和制造强国时，我首先想到的就是，既“大”又“强”的制造业不仅指规模庞大，而且要更注重质量

根据会议发言录音翻译整理，未经本人审定。

而不是数量，达到国际标准，有能力应对高工资和日益激烈的竞争带来的压力，在健康、安全和环境方面有严格的监管。中国制造业在这方面取得了突出进展，但仍有改善的空间。

中国制造业如何更强？我想简单谈谈安全和质量问题。

安全是矿业和制造业共同面对的问题，有很多可供分享的经验和做法。这两个行业的许多生产活动都需要工人近距离操作重型机械，因此具有内在的危险性。现在还有不少公司错误地把安全问题看作负担，将合规成本降到最低。力拓的做法恰好相反，我们把安全作为核心价值观。如果必须在安全和利润之间做出选择，那么胜出的永远是安全。不过，这个决定势在必行。历史经验证明，安全和业绩密切相关。安全生产不仅是职责所在，而且是一种比较优势。员工都愿意在安全的公司工作，客户愿意从安全记录好的公司购买产品。安全和生产率密切相关，也是力拓选择供应商时关键的考量指标。我们的中国供应商都愿意并且有能力提高安全业绩，但经常缺少相关资源和领导力。我们与中国供应商密切开展合作，为他们提供必要的培训和支持。这方面的投入对我们来说并不大，但是效果非常喜人。

去年我们的中国供应商为力拓完成了1 150万小时的工作，没有一个小时因为工伤而浪费了。在这种情况下，我们发现领导层的支持至关重要。因为过去的经验表明，只要领导重视安全问题，并身体力行，那么会促使整个公司加强安全生产和管理。而把安全作为重要的评估标准，会有效地保障领导层对安全问题的重视。

良好的安全纪录可以让客户对产品质量产生信心。现在还存在一些偏见，认为中国的产品和服务质量不佳，虽然有时这种看法全无道理可言，但仍然给中国供应商带来损失。在这种情况下，中国供应商可以投资购买检测设备，证明产品达到国际先进标准，以摆脱这种困境。我认为更好的解决办法是通过创新超越国际标准，这样可以不断提升自我，满足客户日新月异的需求，而不用过于依赖别国的知识产权。如果中国想在价值链上不断提升，那么这一点非常重要，让“中国制造”成为质量的象征。

我的同事曾给我们讲过从中国供应商那里购买轨道机动车的故事。当时力拓已经拥有全球最大的私营铁路网，上千辆轨道车每天在往来运输铁矿石，整个系统运转非常顺畅，所以我们对系统设计非常满意。当时我们只想以较低的成本采购相同的轨道车。我们把自己的设计图交给黑龙江的一家制造商，想看看它们能不能造出这样的车。但他们拒绝了。这并不是因为他们生产能力不足，而是因为他们不想造出劣质产品。他们给我们提交了一份改进后的设计方案，不仅价钱更低，而且车体更轻、装载量更大。我们矿区的轨道长达1 400公里，所以即使对轨道车进行一点点改进，产生的效益也相当惊人。黑龙江制造商提供的这份方案对我们来说非常宝贵。他们的设计、工作态度和成品都给我们留下了深刻的印象。现在我们在澳大利亚的矿区里已经采购了4 000多辆来自这个厂家的轨道车。这个厂家的例子清晰地体现了创新、客户服务和质量控制的力量，而且在中国制造业中越来越多地涌现出来。如果中国制造业向这样的案例学习，不断提升自身的安全和质量，那么我坚信中国一定能够巩固自己作为全球制造中心的地位。

罗睿兰

IBM 公司董事长、总裁、首席执行官

昨天张高丽副总理谈到如何为中国引进具有竞争性的现代市场体系，并且强调了对于中国，这个全球第二大经济体，在创新的驱动下从经济大国向经济强国转变的重要性。他还提到中国在这个转型过程中所需解决的挑战，而工业产能过剩是其中的一项严峻挑战。今天，我很高兴就这个重要议题发表自己的看法。

许多人都研究过这个问题，而且已经沿着四条主线提供了具体建议，即允许企业之间相互兼并和允许企业退出，推升需求，提高效率以及/或创造差别化。我对此都表示认同，但还想深入地提出一条建议：所有受影响的产业必须沿着价值链向上升级。

如何“沿着价值链向上升级”取决于工业化和信息化的交集。最新的“十二五”规划将重点放在“下一代 IT”上，而且苏波副部长等领导也称工业化和信息化的交集是中国经济大战略的组成部分。

我非常赞同他的观点。无论传统产业还是新兴产业，所有产业都应利用技术来提升自己在价值链上的位置。这些产业会成就中国未来的经济成就。

我想在这里列举几个例子。

第一，钢铁业。近年来，钢铁业所处的商业环境非常严峻。行业领袖日益依赖技术来解决产业中的长期问题和结构性问题。它们正在转变直觉驱动型决策方式，而是采用分析驱动型决策，以提高效率、精度和产品质量。它的目标是最终建立一个数字化程度更高的运营管理体系，作为自己的核心能力。

第二，汽车业。尽管汽车业的经营状况强于钢铁业，但是人们仍然将它视为传

根据会议发言录音翻译整理，未经本人审定。

统制造业。然而，汽车业日益将自己视为数据和技术公司。机动车开始变得“智能”且具备“连通性”——依靠先进软件来获得方向，提供信息，甚至规划自己的维修安排。只要采用云软件、分析软件和内置软件等先进技术，就突然出现了一个可以生产不同产品，拥有不同流程、能力和生态系统的新兴产业。

第三，技术产业。一方面，技术是促使许多产业在价值链上不断升级的要素。另一方面，中国的技术产业自己也面对着在价值链上升级的机遇。譬如，除了组装行业里的标准产品以外，它还拥有着设计、建造和制造高性能系统，创造出周边生态系统的机遇。

现在的世界瞬息万变。我相信这类现代技术创新不再是某个公司或某个国家的产品——创新已经成为全球合作的结晶。这也是IBM为何要将全球研发实验室设在中国的原因，因为中国本土的精英每天都在一个开放的合作性环境中与全球伙伴开展创新。

我们相信这个模式对于中国产业的价值升级大有裨益。为此，IBM承诺与中国建立战略性技术合作关系。为了实现这种“开放的合作性创新模式”，IBM已经开放了自身的技术，其中的典型例子是“Open Power”。我们和中国企业联手提高自身在价值链上的位置。此外，我们还与八十余家大学合作开发自身所需的技能。很高兴这些努力能够得到政府的支持。

35年前，中国开启了自己的改革开放之旅，IBM非常有幸能够陪伴中国走上这条旅程。今年是IBM进入中国30周年。随着中国不断深入落实自己的改革日程，我们希望与中国进一步加深合作伙伴关系。

鲍达民

麦肯锡公司董事长、全球总裁

我重点谈谈对产能过剩的几点意见。

首先是对地方政府的刺激政策阻碍了传统的必要措施。譬如，它们的 KPI（关键业绩指标）是以 GDP 增长和就业为导向的。我认为如果不改变现状，那么任何改革只是空谈而已。

第二点与中国面临的新机遇有关，如先进制造业和服务业。因为据我们了解，创造就业是政府的头等大事，也是改革的重头戏。我们估算产能过剩可能导致这些行业的失业率上升 30%，所以这些领域是政府要重点关注的。

要解决这些问题，我们要先看一下大背景。首先，重工业的产能过剩问题很严重。我们对产能过剩的定义是产能利用率不足 75%. 除了张高丽副总理提到的五个行业以外，还有一些行业也不容忽略，如石化业的产能利用率为 55%，太阳能光伏业的产能利用率为 62%，煤炭发电设备的产能利用率为 50% ~60%。我们必须谨慎地使用"产能过剩"的广义定义，因为部分行业内部的产能水平并不均衡。导致各行业出现产能过剩的原因各不相同，有些是周期性的，有些是结构性的，后者指提供过多的激励措施或补贴。政府必须根据不同的情况采取不同的解决方案。鉴于当前的情况，我们认为可以采取多利益相关者参与的方法，因为：首先产业和企业自身要考虑如何应对产能过剩；其次，提高产能是地方政府获得税收和支持的重要渠道，它们热衷于制造就业岗位和提升税收；第三，银行也参与其中，特别是国有银行。国有银行的监管要求和利率上限有所差异，所以刺激了它们鼓励企业加大产能。由此可见，产能过剩牵扯到各个方面。

根据会议发言录音翻译整理，未经本人审定。

我不想用经典的解决方案，即关停相关企业，来应对产能过剩。政府还可以采取其他方案。在这里，我认为韩国在1997年金融危机后大幅削减产能过剩的做法很值得借鉴。它迅速在15个行业里同时开展了降低产能的工作，并且为就此引发的失业采取了大量措施。中国可以从韩国的做法中学到一些经验。

我还想关注的另外一个领域是地方政府。我们知道，KPI的作用非常重要，而中国地方政府的KPI推动了产能过剩，所以我们应该考虑一下服务业在地方经济中的比重，因为服务业蕴含着巨大的机遇。大家可以把纸版的纽约市黄页电话簿和北京市黄页电话簿的厚度进行比较，从这里就可以看出两地服务业的数量差距，也说明可以通过服务业创造出大量就业机会。目前，中国可以通过升级制造业来减少产能过剩，但服务业也是一个重要的助力工具。KPI中还应包含每单位GDP的能效和水效指标，这对于降低产能过剩也至关重要。

关于地方政府融资方式的改革势在必行，如市政债券。如果政府能通过这些改革和税收体系获得充足的财政收入，而不必把卖地作为主要收入来源，那么有助于减少政府对产能过剩产业的补贴。所以这再次表明，应该依靠地方政府的调整来降低产能过剩。

最后一点，减少产能过剩涉及到一个非常复杂的生态系统，因为企业、地方政府、中央政府和银行都参与其中。我们可以借鉴邓小平改革初期的一些做法，用点－线－面的方式改变管理。譬如20世纪70年代末的铁路改革先从铁路交会点武汉入手，然后以这个点开展铁路体系中其他地方的试点，服务于工业生产，随后扩展到整个面，将钢铁、食品加工等整个行业都涵盖其中。这种“试点”的概念可以引入产能过剩的五大行业，以解开问题的症结。

迈克尔·里奇

美国兰德公司总裁、首席执行官

集群与创新产业

在过去30年里，中国主要通过制造业扩张取得了卓越增长，并成为世界工厂。不过中国的制造厂商要想更上一层楼，就必须提高自身的创新能力。当然现在已经有不少极具创新性的中国企业，但创新并不是中国制造业的主要特色。我所讲的“创新”是指采取显著改进了的新服务、新流程、新市场营销方式、新商业模式和新工作组织方式等。在全球范围内，创新多半发生在集群地区，即许多相似但相互竞争的企业聚集在同一个地区。研究集群的著名学者迈克尔·波特强调说，集群并不一定只包含单一产业，有时也包括供应商和消费者。根据别国的经验来看，中国应该培育更多集群以促进制造业创新。兰德在创新方面已有多年的研究，其中部分研究就以集群为主。我们也研究和考察了中国的许多集群。

任何产业都可形成集群，如美国坎布里奇的生物科技集群、孟菲斯的义肢设备集群、米兰的时尚产业集群和休斯顿的石油产业集群。集群具备三大优势。它为具备特殊技能的工人创造出巨大的市场，使供应商更易于投入专业的资源和服务，利于公司之间和工人之间分享知识、相互学习，促使新颖的观点以出乎意料的方式相互结合。集群可以提高生产率和产出，创造更多就业机会，并且扩大本地税基。对于未来的中国制造业，集群可以培育出更多创新性企业和产业，这一点非常重要。

我想向大家介绍以色列自20世纪70年代开始建立的ICT（信息通信技术）集群。当时以色列自身缺少优秀的科学家和工程师，所以这个集群是以一小群在以色列投资的美国跨国公司为核心发展起来的。从80年代中期开始，以色列开展的重大改革显著改善了商业环境，这个集群也随之取得突破性进展。以色列的国防研究和从苏联移民过来的熟练技术工人也有力地促进了这个集群的发展。以色列持有的美国专利大幅上升，一方面表明新概念、新观点在不断涌现，另一方面由于这些专利达到美国、日本和欧洲专利局的严苛标准，所以也说明它们的原创性和创新性都相当突出，越来越多以色列发明者达到了全球创新标准（图1）。

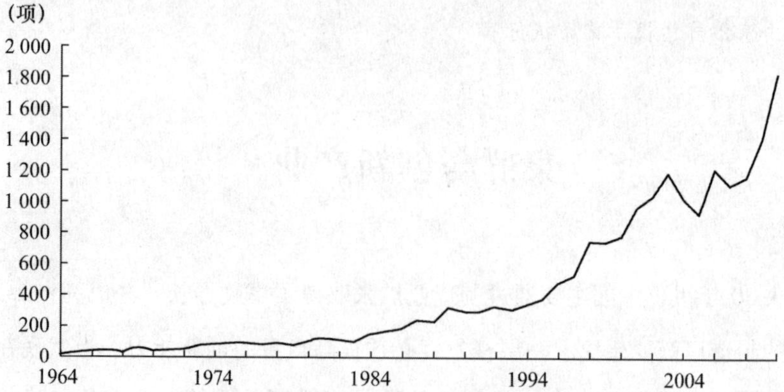

图1　以色列发明家获得的美国专利

我们的研究力求回答一个问题：创新集群是如何形成的？它有几个共性。

首先，围绕一个或一系列“锚”机构形成。“锚”机构可能是具有创新性的个人雇主、研究机构或大学，如斯坦福大学。“锚”机构能吸引才华横溢的工人和众多供应商，而且对供应商要求极高。“锚”机构大都可引发溢出效应，制造出许多大公司。如果暂时缺少“锚”机构，那么必须利用投资工具来吸引它们。

第二，许多集群都建立在非常宜居的地方。知识型员工的流动性很强。他们希望所住的地方有一流的学校、优美的环境和丰富的文化机遇。

第三，创新公司需要资金支持，如天使投资或风险资本。这些融资都必须是由市场驱动的，因为市场最能判断出创新能否产生高回报。

总之，与集群政策有关的研究文献并未就“政府能否有效推动集群形成”达成共识。譬如，某些情况下税收优惠和补贴有助于集群形成，但在其他情况下，这种政策的成本相当高。不过也有些案例证明了政策对于集群的作用，如鼓励研究机构和大学的研究人员将自己的研究成果商业化，以便于推出新产品，甚至促成新公司的成立。此外，知识产权保护有利于吸引国际投资者来投资创新，帮助国内公司更好地融入国际网络。当“锚”机构、人才、充足的资金支持和政策结合起来，就可能形成强大的创新性制造业集群，创造优质就业机会，且驱动国民经济的增长。

中国的产能过剩风险及其化解[①]

赵昌文 国务院发展研究中心产业经济研究部部长

近年来，在行政干预、投资冲动和经济周期等多重因素的影响下，我国的投资率不断提高，各行业产能持续快速扩张。但2011年下半年起，受内外部环境变化影响，我国经济增长速度明显下滑，各种产品的市场需求增长放缓，新一轮产能过剩矛盾凸显。本轮产能过剩具有涉及行业广、持续时间长、影响程度深、化解难度大的特点，已经成为中国当前经济发展中面临的突出问题和主要风险之一。

一、当前产能过剩的总体情况、主要特征及严重风险

实际经济中各行业特征千差万别，如何判断各行业的产能过剩并没有明确统一的标准，不同个人和企业的认识也不尽相同。综合多种经济现象、研究结果以及调研中[②]的发现，我们认为，当前中国的产能过剩问题总体较为严重。

1. 多数工业部门存在较为严重的产能过剩矛盾

①产能利用率较低是目前产能过剩的直接体现。一般认为，产能利用率小于75%即为严重过剩。根据《国务院关于化解产能过剩矛盾的指导意见》［国发（2013）41号］，近年来主要产能过剩行业的产能利用率基本在70%到75%之间，

---

① 本报告是为中国发展高层论坛2014年会提供的专题研究报告，报告参考了国务院发展研究中心企业所2013年完成的“进一步化解产能过剩的政策研究”和“产能过剩背景下企业退出的政策体系研究”，特此致谢！

② 针对当前的产能过剩问题，国务院发展研究中心成立课题组，在河北石家庄、邯郸、邢台、唐山，山东淄博，河南郑州、焦作，浙江杭州、绍兴，江苏苏州、无锡、常州以及上海、北京等地开展了调研活动，分别与省、市政府相关部门、行业协会、100余家国有及民营企业召开多场座谈会，到数十家当地企业了解具体情况。

如2012年钢铁行业的产能利用率为72%，水泥为73.7%，电解铝为71.9%，平板玻璃为73.1%，船舶为75%。根据国家统计局调查，2013年上半年，我国工业产能利用率为78%，是2009年第四季度以来的最低点。在39个产品中，有21个产能利用率低于75%。

②企业盈利状况恶化是产能过剩的直观反映。从近十年的情况看，2003~2007年间，规模以上工业企业平均销售利润率在5.8%到6.5%之间；2008年金融危机以后，企业利润率有所下降，2008年和2009年分别为6.11%和6.37%；此后，在国家经济刺激计划下又逐步回升，2010年、2011年分别为6.2%和6.5%；但是，由于外部环境并没有出现根本性变化，企业利润率一直保持在一个比较低的水平，甚至有所下降，2012年为6.1%，但上半年仅为5.34%，2013年为6.1%。

从亏损面看，2008年为18%，2009年为17.4%，2010年12.9%，但近三年基本处于上升趋势，2011年为9.8%，2012年为12.0%，2013年为11.9%。从主要行业看，2013年钢铁行业的平均利润率为2.16%，亏损面23.4%；电解铝4.25%，有色金属（含电解铝）亏损面19.81%；水泥7.9%，平板玻璃6%，建材（含水泥、平板玻璃）亏损面12.47%，船舶为23%（上半年）。

③工业部门的产出效率也反映了产能过剩情况。根据对规模以上工业企业中固定资产、就业与产出的分析研究，2000~2007年各行业的平均产出效率在72.1%~73.7%之间（本行业各企业投入产出情况与行业先进企业对比），也就是说，这一期间在既有投资和从业人员的基础上，产出规模还有近1/4的提高潜力。以2007年为例，在共168个3级分类工业行业中，产出效率在75%以上的共68个，占行业总数的40.5%；在70%~75%之间的共65个，占38.7%；还有35个行业的产出效率在70%以下，占20.8%。从我们对多个行业的调研看，2008年以后是各行业产能急剧扩张的阶段，虽然限于数据原因无法直接度量，但可以推断近年来行业平均产出效率比2007年有大幅度降低。因此，从工业部门总体看，产能过剩问题较为严重。

2. 产能过剩矛盾突出的主要是三大类行业

虽然近年来我国投资率高企，各个工业行业普遍产能过剩，但并不是所有行业都问题突出，例如食品、家电、汽车等行业就较为平稳。总体来看，产能过剩矛盾突出的行业具有显著的特征。

（1）地方政府重点招商引资且产品同质化程度高的重化工业

由于产值大、对就业和税收等带动作用强，重化工业一直是地方政府招商引资的重点。但在企业已经成为投资主体的情况下，那些需要品牌、没有明显市场需求的项目，即使政府有一定优惠也难以上马。而一些同质化程度高的产品，比如钢铁水泥，由于其竞争优势主要在成本，在一些优惠政策刺激下容易大量投资，造成产能过剩。

不少产能过剩行业都有这一特点：

①钢铁行业。我国钢铁行业整体上面临较严重的产能过剩压力。2012 年，我国钢铁产能已达到 10 亿吨左右，产量 7.2 亿吨，约占全球产量的 46%，产能利用率为 72%。

②水泥行业。2012 年，全国水泥生产能力达到 30.7 亿吨，水泥产量 22.1 亿吨，产能利用率为 73.7%。如果考虑到目前正在建设的新型干法水泥生产线约 290 条，全部建成投产后，产能将达 36.3 亿吨，整体产能利用率会进一步下降至 60% 左右。

③电解铝行业。根据工信部原材料工业司的统计，2012 年中国电解铝产量为 1988 万吨，产能 2765 万吨，产能利用率仅为 71.9%，而且电解铝行业的产能仍然在快速增加。2013 年以来，电解铝行业价格下跌、效益下降的状况并未好转，全年电解铝行业亏损额仍超过 7 亿元。

④平板玻璃行业。2012 年，平板玻璃行业的产能 10.4 亿重量箱，产量 7.6 亿重量箱，约占全球产量 50%，平均产能利用率为 73.1%，如果正在建设的浮法生产线 32 条全部建成，总产能达 11.3 亿重量箱，产能利用率将会进一步下降。

（2）受到过多政策优惠的战略性新兴产业

在大力发展战略性新兴产业的导向下，一些地方一哄而上，不顾自身条件盲目吸引新兴产业上马，造就了一些产能过剩行业，如风电设备制造、多晶硅、光伏电池等，尤其典型的是光伏行业。

2008～2012 年，中国光伏行业产能加速发展，已有及在建的组件产能总量超过 30GW，占全球光伏组件总产能的 60%，光伏行业的产能利用率仅 57%。2012 年，江苏省硅片、电池和组件的产能利用率均未超过 60%，规模以上光伏企业数量从 418 家减少为 380 家。

（3）由于国内或国外原因市场需求骤降的行业

有些行业的产能过剩问题，既有过度引导投资的原因，但更多是由于市场形势变化的结果，这种行业的产能过剩呈现更多的周期性特征，船舶和光伏最为明显。

船舶行业的过剩是由于国际经济下滑造成的全球过剩。世界造船市场年平均成交量在 2007 年出现峰值，曾一度高达 2.7 亿载重吨，而 2012 年只有4 686万。目前，世界船舶行业的产能约 2.2 亿载重吨，中国约为8 010万（5 万吨以上，另外还有小造船能力约4 000万载重吨），如果包括三年以上没有产出的产能以及转至海工和修船等领域的产能，总体产能约 1.2 亿。在市场低迷的环境下，中国船企开工普遍不足。2013 年国务院发展研究中心的调研发现，各地船企大都处于 1/3 骨干企业生产经营正常，1/3 企业任务不足，1/3 企业生产难以为继的状况。

3. 产能过剩孕育着严重的经济社会风险

虽然按照一般认为的产能利用率 75% 标准判断，我国不少行业存在产能过剩，但也很难得出行业产能“严重过剩”的结论，2011 年以来也还没有出现企业大面积破产倒闭等严重问题，但我们认为，产能过剩孕育着严重的经济社会风险，必须加以高度重视。

①存在产能过剩进一步发展且集中爆发的风险。由于前几年的大规模投资，许多行业的产能仍然处于快速增长过程中。如钢铁行业约 1.5 亿吨，水泥行业 5.6 亿吨，电解铝约1 000万吨，平板玻璃 1.23 亿重量箱。如果算上新增产能，所有行业的产能利用率都将大大下降。但另一方面，中国经济发展已经到了一个相对更高的阶段，服务业对经济增长的贡献即将超过工业，许多重化工行业发展的峰值即将临近，不少行业的需求在今后几年将达到峰值。所以，如果不超前进行过剩产能化解，推进结构调整和转型升级，若干年后可能会出现产能过剩矛盾进一步扩展，导致各种问题集中爆发和经济“硬着陆”风险。

②产能过剩持续可能导致企业恶性竞争效益下降，甚至大面积倒闭破产的经济社会风险。从 2013 年以来的情况判断，虽然目前尚不会出现大规模的企业破产倒闭情况，但一些行业如钢铁、化工、煤炭等潜在的问题已经越来越大。浙江省单晶硅硅片生产企业 96% 停产，光伏电池、组件生产企业中，中小型企业开工率不足 50%；全省光伏产业就业人员从 2011 年的近 10 万名缩减至 2012 年的约 5 万名。全省 370 家光伏企业中有 2 家破产、5 家清算，20 家离开光伏行业。

③产能过剩会导致风险的积聚和市场秩序恶化。当前，在实体经济领域存在大量低效率的企业由于政策优惠、地方保护等原因不能及时退出市场，优质企业无法公平地参与市场竞争，在产能过剩背景下有可能出现“劣币驱逐良币”的后果，破坏实体经济的市场结构和秩序。其次，一些产能过剩行业短时间内不会出现企业退出、大量从业人员安置等问题，在某种程度上是由于企业（主要是地方国有企业）承担了相应责任。这些大企业“拆东墙补西墙”，利用盈利业务补贴落后产能，将经济社会风险内部化。这种做法只是在一段时期内掩盖了产能过剩可能引发的经济社会风险，但企业的运营风险却在不断累积。在一定意义上，产能过剩就是“实体经济领域中的泡沫”，表面看，实体企业在正常运营，其实是在“泡沫”中获利。一旦泡沫破灭，会形成巨大的系统性风险，给整个社会经济发展造成严重的负面影响。

二、产能过剩形成原因的“中国特色”

产能过剩问题虽然是市场经济条件下一个带有普遍性的现象，但中国当前产能过剩问题有深刻的发展阶段和体制机制原因，具有非常明显的“中国特色”。

1. 从企业层面和市场角度分析

①经济快速增长条件下企业对未来的超常预期形成的过度投资。在过去30多年来的绝大部分年份中，中国经济一直处于快速增长的过程中，企业习惯了通过增加投资扩大产能实现发展的路径，加之在过去由于后发优势的存在，企业很容易对下一个有前景的产业产生共识，“一哄而上”进行投资，即出现投资的“潮涌现象”。在生产能力持续扩张而市场需求放缓的情况下，则必然出现产能过剩。

②部分行业相关的进入壁垒比较低导致企业容易出现进入过度。比如，由于环境标准要求不高，或者实际执行宽松，不少行业的企业甚至一些小规模企业也可以很容易地将环境成本外部化。在我们调研中，某企业反映，全球印刷线路的所有生产能力几乎都在中国，主要原因就是其他国家相关的环保要求高，很难设厂，而中国相对要求宽松。

③经济增长速度的回落，国际市场需求增速的放缓也是许多行业产生产能过剩的原因。不少企业反映，在2008年时由于经营形势不好，许多企业都放缓了投资计划，但2009的国内市场又一下子好起来，市场需求突然增大，许多企业纷纷加

大了投资，但2011年下半年以来经济增速突然放缓，企业难以适应经济环境的剧烈调整。

④退出不畅加剧了产能过剩。不少企业由于考虑银行贷款、员工队伍等原因，即使产品不符合市场需求，只要没到无法继续经营的程度仍会持续生产。兼并重组困难也是导致退出不畅的重要方面。许多低效率企业往往不愿意关闭破产，更愿意被重组，这样损失较少。但不少企业反映兼并重组的手续烦琐，过程漫长。例如并购项目完成后，往往涉及工商登记变更、权证和批文更名或资产过户等手续，还可能涉及更换或重新申请生产许可证、排污许可、资源综合利用、水土保持等证照和/或手续。上述过程需经多个部门的层层审批，耗时耗力，并且存在着各地政府部门理解、执行政策不统一等问题。

以上更多的是从企业层面和市场角度的分析。实际上，中国的产能过剩背后也有着极其深刻的政策因素、体制原因和发展方式的问题。

2. 从政策、体制及发展分式上分析

①财税体制、官员考核评价体系及其衍生的地方政府竞争很容易促进过度投资。从财税方面看，中国以间接税为主，只要企业有生产，就会带来税收；从考核体系看，尽管中央一再强调不唯GDP导向，但实际上各级政府之间还是将经济增长作为最重要的考核指标。由于地方政府促进经济增长最重要的手段就是招商引资、上大项目，因此，往往给予大项目各种优惠政策。我们发现，许多项目是在明显面临亏损的情况下仍然一哄而上，不少企业投资的主要目的并不是真正在于项目的投产，而是为了获取当地的土地、煤炭等资源以及未来的升值空间，为了获取政府的各种补贴和返还，真有点“功夫在诗外”的意味。

②产能过剩的根源在于没有发挥市场在资源配置中的决定性作用。地方政府之所以能够通过低低价甚至零地价供地、优惠价出售甚至搭配矿产资源、不规范的“包税”税收减免等方式招商引资，根本在于土地、能源、资源等要素市场化改革滞后，价格不合理，缺乏公平的竞争环境。由于社会保护网不完善，一些地方政府基于失业问题或社会稳定的考虑，给予一些补助或支持，也使少数低效率企业能够依靠政府支持生存而难以退出，加剧了产能过剩。

③一些地方政府对近年来产能过剩问题的认识误区助长了产能过剩。虽然中央和国务院已经多次强调产能过剩问题的严重性并提出要把化解产能过剩作为当前经

济工作中的一个突出任务，但根据我们的调研，并不是每一个地方都认识到了问题的严重性、任务的艰巨性。不少地方领导仍存在“产能过剩是国家宏观经济的问题，只要本地企业有市场、有效益就不用担心”“今天看起来过剩，明天可能就不过剩了”等认识，于是，就出现了“一边过剩，一边建厂”的情况。如电解铝行业现有的产能中，按照规定由国务院相关部门审批的仅400万吨，近年来新增的1 800万吨产能中，由国务院相关部门审批的仅80万吨，而相当部分都得到了地方政府（部门）的核准或备案。

④产能过剩反映出我国工业化进程中，经济增长方式转变的阶段性特征，也暴露出我国工业存在的深层次、结构性矛盾和问题。除了上述体制、机制和政策的原因之外，严重的产能过剩实际上是多年以来宏观经济、微观主体均存在重投入、重速度、重数量等粗放式发展方式所带来的直接后果。

三、化解产能过剩的重点和难点

当前，国家已经出台的化解产能过剩政策主要立足于“四个一批”。调研中，不少企业反映，现行政策存在“出台的政策不完善，完善的政策不落实，落实的政策不公平”等问题。

1.“四个一批”政策面临的主要困难

（1）“消化一批”政策最受期待，但鼓励不同产业的政策重点和方向应该有所区别

①当前政策没有进一步明确产能过剩的特点并据此制定出更有针对性的政策。比如船舶、光伏等行业产能过剩的主要原因是受本次金融危机的巨大影响，国际需求急剧下降；而钢铁、水泥等行业国内需求并未出现明显下降，但供给增长过快并大大超过需求。

②相关鼓励政策出台后，有可能会导致落后产能更加难以淘汰甚至“死灰复燃”。目前，各地关注的扩大内需政策主要集中于短期目标和地区目标，甚至一些地区可能利用国家有关政策保护本地区落后产能，使本该淘汰的企业不能被市场淘汰。

③对于应该开拓哪些具体领域很难明确。例如，钢铁行业下游需求多数已经饱和，目前只有一些供应家电、汽车行业的冷轧产品供不应求，但随着新建产能的释

放将很快出现供大于求；船舶行业的产品质量和技术仍与国外有较大差距，短时间内扩大需求只能依靠政府扩大军用船和公务执法船等采购，“国轮国造”消化产能的困难非常大。

（2）“转移一批”更多的是解决企业未来发展问题，对国内当前存量过剩产能的化解作用有限

鼓励企业“走出去”在海外投资生产，在短期内对化解国内存量过剩产能的作用有限。调研发现，钢铁企业普遍缺少通过跨国经营转移产能的意愿，更希望“走出去”的是产品而非产能。电解铝全球市场的产能都过剩，向境外转移产能亦存在诸多困难。船舶企业明确提出向国外转移一批产能的提法不科学、不准确、不现实，认为中国综合制造环境比其他发展中国家都要好。光伏企业同样希望的是产品“走出去”。

（3）“整合一批”需要突破政府干预和所有制限制

通过产业重组化解产能过剩是国外的成功经验，但中国企业间的整合必须面对地方政府的干预和所有制的限制。总体上讲，央企与央企之间的整合相对容易些，央企与地方国企之间、地方国企之间、国企和民企之间则没有那么简单。例如一些地方政府为引入光伏企业，甚至提供了政府担保贷款购买设备的优惠政策，成为光伏企业的“背后股东”。如要并购，必须保证国有资产的保值增值。此外，金融和税收政策也限制了企业兼并重组的积极性。

（4）“淘汰一批”的标准不高，执行不严

以环保、安全、能耗为标准“淘汰一批”的思路非常正确，关键是标准的制定和执行。如果标准迁就下限，淘汰的空间仍然不大。例如钢铁行业取消了235兆帕和335兆帕的钢材强度标准，采用400兆帕标准，但仅仅淘汰了1 000万吨左右的产能。由于地方保护、难控制等原因，标准的执行问题也非常大。而且，经过多年的发展，中国很多行业的技术水平有了较大幅度的提升，纳入统计的产能基本不属于落后产能，可淘汰的空间有限。

2. 化解产能过剩需要对相关政策进一步细化完善

（1）进一步完善和落实“消化一批”的政策

①应根据产业特点制定更加有针对性的政策。对于因金融危机导致需求骤减的行业，如船舶、光伏等，可采取救急性的刺激国内需求措施，防止多年形成的产业

基础和核心能力崩溃；对于需求相对稳定、供给增长超过需求增长的行业，如钢铁、建材等，政策着力点应放在需求升级的引导上，重点开发高端需求，引导产业不断升级。

②应把握好政策实施的力度。政策实施的目标是“解产业之危”，而不是“脱产业之困”，政策力度应适度从紧，加速高竞争力企业兼并重组低竞争力企业的进程。

③应坚持公平竞争的原则。应由国家统一出台扩大内需政策措施，避免地方政府层层加码，不断加大补贴地方企业的力度。

④应加强行业信息服务。政府主管部门、行业协会应及时发布行业投资信息和未来需求方向，防止非理性投资导致产能过剩。

（2）进一步完善和落实“转移一批”的相关政策

①针对不同行业特点制定和实施“转移一批”的具体鼓励政策。对于海外市场前景较好、产业配套要求相对低的过剩行业，结合海外援助、国际合作项目，通过海外建厂的方式发挥企业生产能力，减轻或抑制国内新建产能压力，例如水泥、平板玻璃、光伏等行业；对于基础设施和产业配套要求高、投资规模巨大的行业，可以通过鼓励下游主要行业向海外转移的方式，促进该行业国内产能的消化，例如鼓励钢铁行业的下游家电、汽车等行业转移产能；对于全球化竞争激烈、国内生产条件优势明显的行业，可以通过海外建立销售网点的方式扩大出口，消化国内产能，例如船舶等行业。

②完善转移产能的配套措施。对产能转移项目采取投资更为便利化的政策，减少项目审批限制，提供信息、法律等专业化的中介服务；鼓励政策性银行为转移产能企业提供贴息贷款；完善海外投资保险制度，减少企业海外投资风险。

（3）进一步完善和落实“整合一批”的政策

①要调整税收政策，加强对兼并重组的激励和引导作用。对兼并重组其他企业可以给予扩大税收抵扣或税收减免的措施，例如对被转让的设备资产允予原值（而非净值）抵扣增值税，对因兼并重组或者关闭破产等出售或转让土地、厂房和机械设备的收入，免征或减征由此而产生的营业税、所得税和土地增值税等相关税收。

②引导金融企业加强对兼并重组的融资支持。支持产能过剩行业的优秀龙头企业进行直接融资，对银行给予产能过剩行业并购贷款不纳入贷款额度控制。

③建立跨区域兼并重组的利益协调和共享机制。规范区域之间横向税收分配，降低地方政府由于担心企业被兼并导致税源流失而产生的阻力。

④应明确要求地方政府降低在产能过剩重点行业（竞争性领域）的国有股份比例，减弱地方政府对兼并重组的干预，促进采用市场化的方式推进兼并重组。

（4）进一步完善和落实“淘汰一批”的相关政策

①主要通过能源资源消耗、污染物排放、质量安全、生产安全、职业危害等方面的强制性标准依法推动落后生产能力退出。首先，要尽快制定一系列新的量化标准；其次，要严格执行各项环保标准；第三，要加强对上述标准的动态调整；第四，要加快完善中国节能减排制度。

②整合“关小基金”“淘汰落后产能基金”等相关财政资金。设立统一的企业退出扶助基金，对退出企业遗留的问题（尤其是工资拖欠、社会保障等）或政策性关停进行政策兜底。

③建议减少审批以加强竞争来“优胜劣汰”，推动产业健康发展。即使对产能过剩的行业也应减少审批限制，通过加强竞争减少对落后企业的保护，形成“优胜劣汰”的产业健康发展市场机制和市场结构。

四、建立防范和化解产能过剩的长效机制

从根本上打破“过剩、干预、再过剩、再干预”的怪圈，必须通过进一步深化改革，充分通过发挥市场在资源配置中的决定性作用，并更好发挥政府的引导作用，构建防范和化解产能过剩的长效机制。

①进一步深化行政管理体制改革，特别是改革地方政府的考核评价体系，从根本上消除地方政府的投资冲动和短期行为，同时，要将地方政府行为纳入法制的轨道。

一是将各级地方政府的考核机制科学化、规范化、制度化。国务院关于化解产能过剩的《指导意见》将遏制重复建设、化解产能严重过剩矛盾工作列入地方政府政绩考核指标体系，落实地方政府主体责任，抓住了问题的“根本”，可以从根本上消除产能过剩背后的政府推手，关键要落实。已经出台的“四个一批”政策要很好地落实，地方政府也至关重要。如“消化一批”要求地方政府不能搞市场保护；“退出一批”要求地方政府取消对落后产能的补贴政策。从长期看，改变地方政府行为的关键在于改革考核评价体系，不能单纯看 GDP、财政收入等经济指标，而要更加全面、更加科学，如应该包括民生和环境指标，应该将短期目标与中长期目标结合起来。

二是将地方政府行为纳入法制的轨道。从短期看，可以利用中央现有行政法规和部门规章抑制地方政府的市场分割行为，清理和废除各地区、各部门制定的带有地方保护、行业垄断色彩且与国家法律、法规相抵触的地方性、行政性法规与规章。从长期看，要抓紧制订和完善反对地方保护主义的法律法规，明确非法限制竞争行为的具体形式、法律责任和处罚措施，并增强相关法律的可操作性和针对性，做到依法行政，以促进统一开放、竞争有序市场体系的形成。

②进一步深化资源、要素价格市场化改革，理顺资源、要素价格的市场形成机制，充分发挥市场机制在化解产能过剩和防范产能无序增长中的决定性作用。

生产要素市场化程度不足是导致当前产能过剩水平远远高于一般市场经济国家的主要原因之一。一是改革土地征用和补偿制度，提高土地使用的透明度。坚决清理和废除各级地方政府在招商引资中采用土地和其他公共资源等有损公平竞争原则的优惠政策。二是按照资源稀缺性原则，对产能过剩行业实行差别电价、水价和环保收费政策。

③进一步完善市场经济体制，为不同所有制、不同规模企业创造公开、公平、公正的竞争环境。

一是继续转变政府职能，理顺政企关系，切实减少各级政府对企业生产经营活动的行政干预，让企业有更多的自主经营决策权。

二是深化国有企业改革，特别是通过公司化、股权多元化等产权制度改革，完善公司治理结构，强化资产管理、信贷管理、投资管理和风险管理，消除盲目扩张行为。同时，加强国有资本战略性结构调整。政府作为出资人对所出资企业进行资本层面的结构调整，既符合市场经济规则，又可以落实政府产业政策的意图，这是政府有效配置资源的重要手段。

三是要在绝大多数产业领域和一些产业领域的部分产业环节降低准入门槛，通过引入竞争用更有效的市场机制来消除垄断、提高效率，防止新增产能的不合理增长。同时，要引入垄断行业的监管机制，适当加大反垄断法针对企业垄断行为的适用范围和执行力度，确保垄断企业不滥用市场支配地位。

④进一步加强社会性规制，强化标准管理，没有的标准要尽快制定，低的标准要大力度提升，已有的标准要严格执行。

一是完善各行业准入标准，引导新产能合理布局。改革以规模为主的“一刀切”式的准入政策，采用水、电、煤等主要能源和原材料消费、污染物排放、设备转化效率以及规模等作为主要考核指标。标准的选取要与中国产业升级和经济结构调整相结合；与节能减排和大气污染防治目标相结合；以前较低的标准要根据新的要求不断修改提高；标准的确定必须各行业全国统一、争取一步到位。

二是严格企业运行监管标准，发挥法律、信息作用，保证司法、质量监督、环保体系的独立性和公正性。在下放审批权，不搞一刀切审批的同时，可从法律建设、信息监督两方面入手，着力杜绝违规扩大产能，坚决淘汰落后产能。尽快出台针对违规产能和落后产能的法律法规，大幅提高违法的处罚力度，追责相关责任人的法律责任；严密监控产能过剩企业及工厂所在地的能耗、环保指标，发现问题严厉处罚，及时整改。为确保在化解产能过剩中出现问题有法可依、有部门去管，必须保证司法、质量监督、环保体系的独立性和公正性。

⑤进一步完善企业退出的法律、政策体系，完善社会保护网，为企业退出创造良好环境。

企业退出政策是市场经济体制的重要组成部分，也是解决产能过剩问题的重要手段。完善的退出政策可以让那些生产效率低、经营困难的企业得以顺畅、低成本地退出，避免困难加剧和矛盾积累，从而及时化解经济风险。当前我国应对产能过剩的政策体系还不完善。各种政策主要强调企业做大做强，提高产业集中度和龙头企业竞争力等方面。总体而言，对困难企业或行业进行帮扶的政策较多，而帮助企业顺利退出的政策较少，需要进一步完善企业退出的政策体系。我国已经初步形成了企业退出的有关政策法律框架，既包括市场化的企业退出活动，如企业破产和公司解散等，也包括淘汰落后产能等政策性重点任务。总体上讲，这些政策措施较全面，但仍偏重于行政手段上，市场机制缺乏；政策短期效果明显，中长期效果较差；淘汰落后产能政策执行较好，控制新增产能政策执行较差。

企业退出政策应当坚持市场化的方向，包括准入条件和运行标准的设定及动态调整，以及财政税收政策的合理调整，主要通过市场经济的倒逼机制，实现经济的自我优化调整。但是，政府也要发挥其应有的作用。当前重点要从几个方面完善退出政策体系：一是整合成立统一的企业退出扶助基金，发挥财政政策的支持作用；二是改革完善税收制度，发挥税收政策的引导与激励作用；三是严格落实资源环境要求，发挥市场的倒逼机制作用；四是减少审批促进竞争，形成有利于产业健康发展的市场结构；五是加快资源市场化改革，提高企业退出的压力。其他还包括完善金融政策促进对企业退出的资金支持，引导国有资本从产能过剩领域退出，完善人力资源政策，加强知识产权保护，调整产业政策促进企业转型等内容。

⑥进一步加强不同政策之间的协同效应。

化解当前的产能过剩，需要政策发挥必要的引导、约束和保障作用，必须构建包括环保、产业、财政、金融、社保等多部门参与的全面政策体系，重点在准入、监管环节制定严格、科学、统一的标准，发挥政策的协同作用。近年来，关于化解产能过剩问题已经出台了许多文件，例如2013年在不同层面上先后下发了《关于坚决遏制产能严重过剩行业盲目扩张的通知》《关于加快推进重点行业企业兼并重组的指导意见》《关于金融支持经济结构调整和转型升级的指导意见》《国务院关于化解产能严重过剩矛盾的指导意见》等。下一步出台新的政策措施时，要加强对这些已有政策的配套、协调和完善，充分发挥政策的协同效应。